Rudolph Lexow

Deutsch-amerikanische Monatschefte für Literatur, Kunst, Wissenschaft und öffentliches Leben ...

Rudolph Lexow

Deutsch-amerikanische Monatschefte für Literatur, Kunst, Wissenschaft und öffentliches Leben ...

ISBN/EAN: 9783741174070

Hergestellt in Europa, USA, Kanada, Australien, Japan

Cover: Foto ©Andreas Hilbeck / pixelio.de

Manufactured and distributed by brebook publishing software (www.brebook.com)

Rudolph Lexow

Deutsch-amerikanische Monatschefte für Literatur, Kunst, Wissenschaft und öffentliches Leben ...

Deutsch-Amerikanische Monatshefte
für
Literatur, Kunst, Wissenschaft und öffentliches Leben.

Redigirt von

Rudolph Lexow

| III. Jahrgang. II. Band. | 1866. | Juli-Heft. |

Neger und Negerſklaven im Alterthum.
Hiſtoriſch-geographiſche Skizze von Dr. Joſ. Löwenherz. (New-York.)

Die afrikaniſche, mit Unrecht auch äthiopiſche Race genannt, hat wegen ihrer Eigenthümlichkeiten von jeher das Intereſſe aller anderen Racen auf ſich gezogen. Zu keiner Zeit jedoch hat dieſelbe mehr von ſich reden gemacht, als ſeit den letzten fünf Jahren. Die wichtige Rolle, welche ſie in der jüngſten Geſchichte dieſes Landes geſpielt hat, und die nicht minder wichtige, welche ihr in Zukunft vorbehalten zu ſein ſcheint, rechtfertigt in den Augen der Leſer vielleicht das Beginnen des Verfaſſers, der im Folgenden eine kurze Geſchichte der Neger und Negerſklaverei zu geben beabſichtigt. Die Data, welche er zu dieſem Ende beibringt, werden zu Vergleichungen der alten mit der neuen Zeit aufforderm und hoffentlich zur Berichtigung mancher irrigen Anſicht über die ſchwarze Race und ihre Stellung zu den übrigen Volksfamilien beitragen. Er holt zu dieſem Ende allerdings ziemlich weit aus; indeß wird man bald finden, daß dies keineswegs überflüſſig iſt.

Die Griechen nannten alle Völker von dunkler Farbe, mochten ſie nun in Aſien wohnen oder in Afrika, A e t h i o p e n, oder auch ganz allgemein Barbaren. Es läßt ſich nicht behaupten, daß ſie zu irgend einer Zeit unter Aethiopen das verſtanden, was wir afrikaniſche oder Negerrace nennen. Dennoch haben ſpäter Geographen und Naturforſcher, wenn von Eintheilung der Erdbewohner in Racen die Rede war, ſtets von einer ä t h i o p i ſ c h e n R a c e geſprochen. Und dieſer Irrthum dauert noch heute fort, obgleich ſchon Karl Ritter, der Begründer einer geographiſchen Wiſſenſchaft, den Rath ertheilt hatte, das Wort A e t h i o p e überhaupt aus der geographiſchen Nomenclatur zu entfernen. Wie begründet dieſer Rath war, werden nachſtehende Notizen zur Genüge darthun.

Die homeriſchen Gedichte ſind die älteſten Urkunden, in denen ſich der Volks- oder Völkername A e t h i o p e n findet. Es bedarf indeß nur eines Blickes auf die wenigen Stellen, in denen der Dichter ſie erwähnt, um zu ſehen, daß der Name Aethiope hier ganz gleichbedeutend ist mit Hesperiden, Pygmäen und so weiter, das heißt Fabelwesen. Sie wohnen nicht im Süden, sondern im Osten und Westen, an den beiden Enden der von ihm als Scheibe und vom Flusse Oceanus umgeben gedachten Erde. Er glaubte von diesen Aethiopen, sie seien den dort in unmittelbarer Nähe wirkenden Sonnenstrahlen ausgesetzt. Darum sind sie von dunkler, jedoch nicht schwarzer Farbe. Sie sind besondere Lieblinge der Götter, die ihre Opfer sehr hoch schätzen, und sie, wie Poseidon, persönlich in Empfang nehmen. Sie sind ohne Tadel und führen ein frommes Leben von außergewöhnlich langer Dauer. Es ist also leicht ersichtlich, daß Homer mit dem Namen A e t h i o p e n keine Afrikaner bezeichnen wollte.

Bekanntlich ist Homer den Griechen in allen Dingen eine Autorität, welche auch in den aufgeklärtesten Zeiten des Alterthums kaum Jemand anzutasten wagte. Namentlich sind es die Dichter, welche aus ihm schöpfen, und den Kreis seiner Bilder, Ideen und Kenntnisse selten verlassen. Doch auch die Historiker können sich nicht leicht von den homerischen Anschauungen losmachen, wie denn z. B. Ephoros, trotz der Forschungen des Herodot, der bereits die später vorzugsweise so genannten Aethiopen besucht hatte und geradezu wollhaarige und glatthaarige Aethiopen unterscheidet, von einem äthiopischen Erdgürtel im homerischen Sinne redete. Allerdings schließt dieser Ausdruck schon einen Fortschritt in sich, jedoch nur einen sehr geringen. Die Wirkungen der Sonne auf die Haut werden dadurch nicht auf die beiden entgegengesetzten Punkte, wo sie auf- und untergeht, beschränkt, sondern erstrecken sich über die ganze dazwischen fallende gerade Linie, worunter nicht der Aequator verstanden ist, da Ephoros die sphäroidische Gestalt der Erde noch völlig unbekannt war. Beide, Ephoros und Homer, stimmen darin überein, daß Aethiopen im Osten und Westen wohnen. Von westlichen Aethiopen wissen indessen die übrigen alten Schriftsteller mit Ausnahme der dem Homer folgenden Mythographen nichts. Die eigentlichen Geographen, z. B. Strabo, Pomponius Mela kennen sie ebenfalls nicht. Aber so weit ging der Respekt vor dem Homer, daß Strabo Diejenigen, welche Jenem aus der Annahme westlicher Aethiopen einen Vorwurf machen, ernstlich tadelt. Er sagt, daraus, daß zu seiner Zeit keine Aethiopen mehr im Westen wohnten, brauche nicht zu folgen, daß auch zu Homer's Zeiten dort keine gewohnt. Man nenne jetzt auch nicht mehr alle Griechen A c h ä e r, wie sie der Dichter genannt. Diese strabonische Apologie des Homer hindert nicht, daß sämmtliche neuere Forscher in der Ansicht übereinstimmen, Homer's westliche Aethiopen seien Geschöpfe seiner Phantasie. Auch fand man im späteren Alterthum, da man den Westen schon genauer kannte als der blonde Sänger von Chios, daselbst keine Menschen, auf welche die Bezeichnung „A e t h i o p e n" paßte, sondern nur solche, welche von ebenso heller Hautfarbe waren, wie Griechen und Römer selbst; also wurden auch die im Westen wohnenden Völker in späterer Zeit nie wieder so genannt.

Anders verhielt sich's mit dem Osten. Dort wohnten Völker, welche von allen Schriftstellern des Alterthums „A e t h i o p e n" genannt werden. Einige Forscher behaupten, die Ostäthiopen Homers seien die an der Südküste des Schwarzen Meeres seßhaften Kolcher gewesen. Auf sie würde auch der Name „Aethiopen" passen, denn sie hatten eine dunklere Hautfarbe als die Griechen, was aus ihrer Abstammung von Aegyptern oder von anderen afrikanischen Völkern zu erklären ist. Auch Phönizien und Syrien heißen bei einigen alten Autoren Aethiopien. Entweder es ist dieser Umstand auf einen ägyptischen, oder, was hier keinen Unterschied macht, äthiopischen Eroberungszug, das heißt einen Eroberungszug desjenigen Volkes im Süden von Aegypten, dessen Land im späteren Alterthum insbesondere Aethiopien hieß, zurückzuführen, oder, wie Andere behaupten, dadurch zu erklären, daß die Assyrer in alter Zeit „Aethiopen" hießen. Auch noch weiter gegen Osten, am Indus, wohnten Völkerschaften, welche die Griechen wegen ihrer dunklen Hautfarbe „Aethiopen" nannten. Sie hielten dieselben für eine der afrikanischen verwandte Race und konnten deshalb, wie zum Beispiel die Soldaten Alexanders des Großen, nicht begreifen, daß sie nicht gleich den Afrikanern Wollhaar hatten: Und diese Verwunderung war bei jenen Soldaten ganz natürlich, da sie auf ihrem früheren Zuge nach dem Tempel des Jupiter Ammon nur Schwarze mit Wollhaar, also eigentliche Neger, kennen gelernt hatten.

Die schwankenden Vorstellungen der Griechen über die Wohnsitze der „Aethiopen" lassen sich am genauesten in dem berühmten Mythus von Memnon verfolgen. Wenn man diesem äthiopischen Heros gleich so vielen anderen sagenhaften Heerführern und Königen in der Geschichte der vorderasiatischen Völker einen Platz anweisen will, so ist das nach allen auf ihn bezüglichen Nachrichten und den ihm zugeschriebenen Denkmälern leicht gethan. Danach ist Memnon ohne Frage ein Sproß des assyrischen Königsgeschlechts, dessen Herrschaft sich etwa um 1300 vor Christo vom Indus bis auf die Inseln des Mittelmeeres erstreckte und das Gebiet von Troas, dem er in dem Kriege gegen die Griechen mit Heeresmacht zu Hülfe geschickt wird, ebenfalls umfaßte. Die Dichter und Mythographen lassen ihn bald von der Grenze Indiens, vom Flusse Choaspes oder aus Susa, bald aus dem jenseits Syene gelegenen Aethiopien kommen, das bekannt ist unter dem Namen des Aethiopenreiches von Meroe. Maler und Bildhauer, welche seine Geschichte für ihre Kunst ausbeuten, suchen ihn als Aethiopen entweder einfach in barbarischer Kleidung, das heißt etwa durch Beinkleider, zu charakterisiren, oder sie geben ihm Neger zu Begleitern, während er selbst mit völlig normaler, griechischer Gesichtsbildung dargestellt wird. Auf ihn bezügliche Kunstwerke dieser Art sind noch mehrere vorhanden, in Marmor sowohl als auf gemalten Vasen. Die Dichter nennen seine Gefährten schwarz, nachtfarbig und so weiter, ihn aber schön, ein Prädikat, das sie ihm auch dann noch beilegen, als sie unter einem Aethiopen nur noch einen Neger oder schwarzen Inder begreifen, die nach antiker Anschauungsweise niemals schön sein konnten. Für die römischen Dichter, die den Mythus und die demselben zu Grunde liegende Bedeutung nicht mehr verstehen, ist Memnon ein Neger im eigentlichsten Sinne des Wortes, denn das Wort „Aethiops" ist für sie

identisch mit Neger. Desbalb reden sie von memnonischer statt schwarzer Farbe
und wissen nicht anders, als daß er aus dem Reiche von Meroe nach Troas
kommt, um den bedrängten Troern beizustehen. Schließlich wird Memnon mit
dem ägyptischen König Meca—moun, von den Griechen Amenophis oder Pha-
menophis genannt, identificirt, und so führt eins der beiden bekannten vor den
Thoren des Amenophis-Tempels bei Theben befindlichen, kolossalen Sitzbilder
den Namen der „tönenden Säule des Memnon," eine Verwechslung, welche
auf völliger Unkenntniß der Mythen und Geschichte Vorderasiens und Aegyp-
tens beruht.

Mit anderen Mythen, zum Beispiel der von der Abromeda, der Tochter
des assyrischen Königs Orpheus, kann man Aehnliches beobachten. Bald ver-
setzen die Dichter und Mythographen seine Lokalität nach Asien, bald nach
Afrika, je nachdem sie die ursprüngliche Bedeutung des Wortes Aethiopen verstehen oder nicht.

Aethiopen wurden alle Völker von dunkler Farbe genannt, als: Libyer,
Mauren, Nubier, Inder und so weiter; nur unterschied man später,
als auch eigentliche Neger bekannter und gleichfalls A e t h i o p e n genannt
wurden, zwischen woll- und schlichthaarigen A e t h i o p e n. Zu den Zeiten
der römischen Kaiser wurde die Anwendung des Wortes eine beschränktere, wie
denn auch der Verfasser eines bekannten äthiopischen Romans, Heliodos, unter
seinen Aethiopen nur Neger begreift, d. h. die Einwohner des Reiches von
Meroe. Es verhält sich mit den griechischen Worten A e t h i o p s und
A e t h i o p i a, wie mit dem semischen Kûsch, griechisch Kissia, wovon
die Namen Kusohten oder Kissier, welche sich auf dunkelfarbige Völker
indogermanischen Ursprungs ebenso gut bezogen wie auf die afrikanische Race,
und Länder der einen Race nicht minder bezeichneten als die der andern.

Wenn also der Name A e t h i o p e nicht gleichbedeutend ist mit dem Worte
Neger, woran nach dem Gesagten Niemand zweifeln darf, so kann von einer
„äthiopischen Race", wofern dieser Ausdruck dasselbe bezeichnen soll, wie „afrikanische", oder „Negerrace", auch durchaus nicht mehr die Rede sein.

Es ist nicht leicht zu ermitteln, wann die Griechen zuerst wirkliche afrikanische „A e t h i o p e n", d. h. Neger, kennen lernten; noch schwerer läßt sich
bestimmen, in welcher Zeit sie nach dem eigentlichen Griechenland kamen. Die
handeltreibenden griechischen Inselbewohner und auch die reichen Handelsstädte
Kleinasiens standen seit den ältesten Zeiten mit Aegypten in Verbindung, und
daher ist es wohl nicht unwahrscheinlich, daß einzelne Griechen sie daselbst, wo
sie niemals etwas Seltenes waren, schon früh zu Gesichte bekamen. Im eigentlichen Griechenland werden Neger schwerlich vor der Zeit der Perserkriege allgemeiner bekannt gewesen sein. Bei der Invasionsarmee des Xerxes befanden
sich nach Herodot's Zeugniß A e t h i o p e n, d. h. Wollhaarige, also Neger.
Nach dem letzten großen Siege der Griechen über die unter Mardonius Führung
befindlichen Ueberbleibsel der großen Armee bei Plataeae, haben sich unter den
dort gemachten Gefangenen jedenfalls auch die beiden Arten der Aethiopen be-

funden, die Herodot erwähnt, und wovon eine unsern Negern entspricht. Daß ihr Loos, wie das aller übrigen Gefangenen, die Sklaverei war, ist nach den Gebräuchen der Völker des Alterthums selbstredend.

Für unsere Vermuthung, es seien Neger erst um die Zeit der Perserkriege in Griechenland bekannter geworden, spricht noch Folgendes: Polygnot malte ein Bild des Memnon, an dessen Seite sich ein Negerknabe befindet. Pausanias, der dieses Bildes in seiner Reisebeschreibung Erwähnung thut, nennt den Knaben nur einfach einen Aethiopen, was nach den früheren Bemerkungen über dieses Wort die Uebersetzung „Neger" durchaus nicht rechtfertigen würde. Indeß zeigen gleichzeitige Münzen so vollkommene Nachbildungen von Negerköpfen, und giebt uns ein wahrscheinlich nach dem Polygnot'schen Original gezeichnetes Vasenbild eine so vollendete Darstellung eines in Memnon's Begleitung befindlichen Negerknaben, daß wir schwerlich fehlgreifen, wenn wir annehmen, Pausanias habe mit dem Ausdruck „Aethiopenknabe" einen Neger bezeichnen wollen. Daß aber alle durch Gruppirung und Zeichnung hervorragenden Vasengemälde, sowie andere Erzeugnisse des Kunsthandwerks, stets nach bedeutenden Originalen hervorragender Künstler angefertigt wurden, ist eine anerkannte Thatsache. Finden wir doch in unseren Tagen dasselbe, indem wir z. B. auf Porzellan selten von wirklichen Künstlern ein Gemälde eigener Composition, wohl aber die Arbeiten untergeordneter Maler sehen, welche sich begnügen, bekannte Originale von Ruf zu copiren.

Etwa zu gleicher Zeit mit diesem Gemälde zu Delphi ist noch ein anderes im Alterthum berühmtes Kunstwerk angefertigt worden, an welchem sich „Aethiopen" dargestellt fanden, und von denen man gleichfalls annehmen darf, daß die Bilder wirklicher Neger waren. Die sogenannte Nemesis von Rhamnus hielt eine Schaale in der Hand, welche den Oceanus vorstellen sollte. An dem Rande desselben wohnten, nach der seit Homer verbreiteten Vorstellung, „Aethiopen." Wenn man nun, wie wir gesehen, anzunehmen gezwungen ist, der Aethiopenknabe in der Kirche zu Delphi sei ein Neger gewesen, so darf man sich auch nicht dagegen sträuben, die Wahrscheinlichkeit anzuerkennen, daß ein mit Polygnot gleichzeitig arbeitender Künstler einen Neger für seine Aethiopen als Modell benutzt habe.

Die genannten Aethiopen-, das heißt Negerbilder, können als um so entschiedenere Beweise dafür gelten, daß erst um die angegebene Zeit Neger in Griechenland allgemeiner bekannt wurden, als die frühere Kunst keinerlei Bilder von Negern aufweis't, und sie auch dann noch nicht bildete, wenn sonst die Veranlassung dazu ebenso nahe lag, wie bei den genannten Bildwerken.

Es ist schon bemerkt worden, daß den Griechen in Kleinasien und auf den Inseln Neger und Negersklaven früher bekannt waren, als denen im eigentlichen Hellas. Diese Vermuthung stützt sich eines Theils auf die Thatsache, daß zwischen Jenen und Aegypten, sowie den nordafrikanischen Küstenländern, schon ein früherer Verkehr stattfand, als die Bewohner von Hellas je hatten, (man denke nur an die Freundschaft des samischen Polykrates mit dem Aegypter Amasis), andern Theils auf die Geschichte, oder vielmehr auf die auf geschichtlichen Thatsachen beruhende Sage, von dem Fabeldichter Aesop.

Zunächst ist es ziemlich zweifellos, daß Aesop ein Aethiope, d. h., ganz allgemein genommen, ein Abkömmling irgend einer dunkelfarbigen Völkerschaft war. Ob er aus dem südlich von Aegypten gelegenen Reiche von Meroe stammte, oder den am Indus seßhaften Aethiopen entsprossen war, darüber läßt sich nach den auf ihn bezüglichen Schriftstellen der Alten nicht entscheiden. Auf seine äthiopische Herkunft führt zunächst sein Name, von dem der große Philologe Welcker in überzeugender Weise nachgewiesen hat, daß es eine Nebenform des Namens „Aethiops" sei. Hiernach müßte man indeß immer noch Anstand nehmen, den Aethiopen Aesop einen Neger zu heißen. Daß er aber dennoch ein solcher gewesen, dafür liefert uns wenigstens eine von zwei erhaltenen griechischen Münzen, die auf dem Avers einen Negerkopf zeigen, einen Beweis.

Die Alten verfuhren bei der Auswahl von Münztypen ziemlich in derselben Weise wie wir. Unabhängige Städte ließen auf den Revers den Münzwerth und auf den Avers ein unseren Wappen ähnliches Symbol setzen, so Athen die Eule, welche der ihrer Stadt gleichnamigen Schutzgöttin heilig war. Dieser Gebrauch erlitt hier und da eine Ausnahme, sowohl in Athen als in anderen Städten. Es wurden bei besonderen Gelegenheiten andere Münztypen angewandt, etwa in der Weise, wie bei uns currente Münzsorten durch ein auf ein besonders merkwürdiges Ereigniß bezügliches Gepräge in eine Art von Medaillon verwandelt werden. So hat man den auf delphischen Münzen sonst nicht vorkommenden Negerkopf aufzufassen. Natürlich stellt man sich nun auch die Frage: Welche besondere Veranlassung hatte Delphi, diesen Negerkopf auf seine Münze zu setzen? Wir antworten:

Dem Fabeldichter Aesop sollten die Einwohner von Delphi, angeblich weil er als Gesandter des Krösos das für sie bestimmte Geld in Folge eines Zwistes zurückbehalten und wieder nach Sardes geschickt hatte, bei der Abreise eine heilige Schaale unter das Gepäck geschoben und ihn darauf, des Tempelraubes angeklagt, von dem Felsen der Tempelfrevler gestürzt haben. Als aber die Gottheit, darob erzürnt, sie mit Noth und Krankheit heimsuchte, boten sie, auf Rath des Orakels, um die Blutschuld zu heben, durch öffentlichen Ausruf für das Leben des unschuldig Gemordeten Sühne aus. Aber erst im dritten Geschlechte hob ein Samier den Sühnepreis, weil Aesop seines ihm gleichnamigen Großvaters Sclave gewesen sei, und 'te die Delpher von ihrer Schuld. So erzählt Plutarch. Nun ist es sehr wahrscheinlich, daß der erwähnte Sühnpreis in Münzen bestand, welche auf dem Avers das Bild des Ermordeten trugen, eine ebenso sinnige, als passende Andeutung ihres Zweckes; und von diesen Münzen ist nach der übereinstimmenden Ansicht der Archäologen die uns erhaltene ein Ueberbleibsel, in dem darauf befindlichen Negerkopf also eine Art Porträt des Aesop zu erkennen.

Wenn man, was bei den Münzbildern der Alten überhaupt unstatthaft ist, rücksichtlich der athenischen, ebenfalls auf dem Avers einen Negerkopf zeigenden Münze, einer Triobole, nicht annehmen will, dieselbe sei eine bloße Curiosität, so muß man die Gründe zu erforschen suchen, die Athen bewogen haben können, die Triobole mit einem solchen Bilde zu versehen. Und da finden wir denn, daß Athen und Delphi schon seit den ältesten Zeiten in nahen Beziehungen zu einander stehen, wie die oft in einander übergehenden Localmythen beider Städte zur Genüge beweisen. Nun gelten die Aethiopen von Alters her als besondere Pfleger der Gerechtigkeit und werden in dieser Beziehung mit Apollon, dem Verkünder von Recht und Gerechtigkeit, dem Rächer und Bestrafer der Schuldigen, in Zusammenhang gebracht. Dieser allgemeine Gedanke im Verein mit jenem von Plutarch erzählten Ereigniß ist offenbar das Motiv der Athener gewesen, einmal einen Negerkopf auf ihre Münzen zu setzen, den man, was von den Numismatikern jetzt noch allgemein geschieht, als einen Aesop aufzufassen hat, der denn überhaupt als Repräsentant der Aethiopen und besonders der äthiopischen, d. h. Neger-Sklaven, gilt.

Negersklaven waren bei allen Völkern und zu allen Zeiten des Alterthums eine große Seltenheit, ein Umstand, für den wir erst im weiteren Verlauf unserer Auseinandersetzung die Gründe beibringen werden. Daß schon die Juden Neger als Sklaven benutzten und sie wegen ihrer Stärke besonders hochschätzten, darüber liegen unzweifelhafte Zeugnisse vor; doch scheinen sie auch hier nie in überwiegender Anzahl das Schicksal ihrer Race getheilt zu haben. Auch läßt sich bei den humanen Institutionen der Juden voraussetzen, daß ihre Knechtschaft keine drückende war. Es ist sehr natürlich, daß die Juden, die, außer unter ihren Königen David und Salomo, niemals einen bedeutenden Handelsverkehr mit entfernten Nationen unterhielten, auch die Negersklaven, gleich andern Handelsartikeln fremder Länder, durch die Vermittelung der ihnen benachbarten Aegypter und Phönizier erhielten, welche Letztere namentlich den Gewinn, den die Menschenwaare abwarf, nie verschmähten. Dieses kühne Handelsvolk war, wie aus der Gründung Karthagos und der Anlegung vieler Faktoreien an den Küsten Nordafrikas hervorgeht, schon früh mit den Negervölkern in Berührung gekommen und hatte sich hier, wie überall, wohl nicht bloß mit dem legitimen Handel, wobei auch Menschen in den Markt gebracht wurden, begnügt, sondern auch, wo es eben anging, Menschen geraubt, wie denn ihre direkten und indirekten Nachkommen, die Barbaresken, diesen Menschenraub an den Mittelmeerküsten noch vor wenigen Jahrzehnten mit dem größten Erfolge betrieben.

Sklaverei existirte bei fast allen Völkern des Alterthums. Nach den bei ihnen herrschenden Begriffen von Recht und Humanität trat der Schwächere in den Dienst des Stärkern, ward der Besiegte des Siegers und der Verschuldete des Schuldners Sklave. Die Person, die als Sklave reines Sachgut, repräsentirte einen Werth wie dieses und wurde als solches ge- und verkauft. Sklaven machten im Alterthume einen sehr bedeutenden Handelsartikel aus, und vor der Großartigkeit einzelner antiker Sklavenmärkte treten die Menschenverkäufe, welche noch vor wenigen Jahren den Boden der Vereinigten Staaten schändeten, völlig in den Hintergrund. Die Sklaverei beschränkte sich indessen bei den Alten nicht, wie bei uns, auf eine Race, die für eine der herrschenden untergeordnete gegolten hätte, denn sie kannten keine Racen in unserem Sinne und dachten nicht daran, in der Farbe der Haut und andern Aeußerlichkeiten fremder Nationen eine Inferiorität derselben zu erbliden. Das gebildetste und hochbegabteste Volk konnte der Sklave eines anderen werden, wenn es ihm im Kriege unterlegen war. So gab es in Rom Sklaven, deren Bildung so groß war, daß die ersten Männer des Staates es sich zur Ehre anrechneten, mit ihnen zu verkehren. Der berühmte Komödiendichter Terenz fand Zutritt zu den feinsten Kreisen Roms, und Tiro, erst Sklave und dann Freigelassener des Cicero, war der intimste Freund dieses Humansten aller Römer. In den letzten Jahren der Republik, sowie unter den Kaisern der ersten Jahrhunderte, gab es wohl kaum eine angesehene Familie in Rom, die nicht einen griechischen Sklaven als Erzieher und Lehrer ihrer Kinder gehabt hätte. Und nicht selten führten unter den Kaisern, abwechselnd mit den Weibern, ihre begünstigten Sklaven das Regiment.

Je nach dem Grade der Bildung und Begabung war die Stellung der Sklaven eine mehr oder weniger angenehme. Daher kann es denn auch nicht auffallen, wenn wir die Angehörigen weniger cultivirter Nationen mit den niedrigen, eventuell niedrigsten Arbeiten betraut finden. In Athen waren es vorzugsweise scythische Sklaven, welchen diese zufielen, nicht aber Neger, und zwar aus sehr nahe liegenden Gründen. Diese waren selbst in den blühendsten Zeiten Griechenlands eine große Seltenheit, schwer zu bekommen und demgemäß außerordentlich theuer; also konnten nur reiche Leute sich schwarze Sklaven halten. Sie galten für einen solchen Luxusartikel, daß Diejenigen, in deren Besitz sie sich befanden, eine sehr auffallende Ausnahme waren. Es mag wohl ein nicht seltener Kunstgriff schlauer oder eitler Personen gewesen sein, sich öffentlich mit ihnen sehen zu lassen, um auf diese Weise die Bewunderung des Volkes auf sich zu ziehen, und auch wohl um ihren Credit zu heben, ähnlich wie es auch in Europa vor nicht gar zu langer Zeit als der entschiedenste Beweis des Reichthums galt, wenn Jemand aus einem fremden Erdtheile mit schwarzen Dienern zurückkehrte. Theophrast in seinem höchst eigenthümlichen Buche „Die Charaktere" betitelt, beschreibt einen eitlen Geden und erwähnt als ein hervorstechendes Zeichen seiner Gedenhaftigkeit, daß derselbe sich öffentlich in Begleitung eines schwarzen Sklaven zeige.

Die Negersklaven wurden in Griechenland jedoch nicht blos wegen der großen Kosten, die ihr Ankauf verursachte, sondern auch aus anderen Gründen mit besonderer Rücksicht behandelt. Menschen von dunkler Hautfarbe, führten sie den Namen Aethiopen, und als solche galten sie für Abkömmlinge derjenigen Aethiopen, von welchen Homer und andere Dichter erzählt hatten, sie seien die gerechtesten der Menschen und besondere Lieblinge der Götter. Freilich fiel es

Niemandem ein, sich die beiden den Beinamen „Aethiops" führenden Gottheiten Apollo und Artemis als Neger zu denken; dennoch aber kam dieser Umstand den Negern zugute. Auch ist sehr wahrscheinlich, daß man sie um des Aesop willen, der den Griechen zu allen Zeiten sehr viel galt, rücksichtsvoll behandelte. Die Seltenheit der Neger, ihr hoher Preis und endlich der Gedanke, man habe in ihnen von den Göttern besonders geliebte Wesen vor sich, alles das bewirkte, wie gesagt, daß sie nicht, gleich anderen Sklaven aus barbarischen Nationen, zu untergeordneten Arbeiten verwendet wurden. Man benutzte sie vorzugsweise zum Dienste beim Baden. Wahrscheinlich qualificirten sie sich zu den dabei nothwendigen Verrichtungen besser als andere Sklaven, und boten auch ihren Besitzern auf diese Weise Gelegenheit, mit ihnen zu prahlen. Denn nächst den öffentlichen Spaziergängen, Märkten und Gerichtshallen, waren die im Leben der Alten eine so hervorragende Rolle spielenden Bäder diejenigen Orte, wo sich die Menschen am zahlreichsten zusammen fanden.

Für unsere Behauptung, daß Neger besonders beim Baden verwendet wurden, spricht außer einer ausdrücklich diese Thatsache erwähnenden Stelle eines alten Schriftstellers noch die antike Kunst, welche, wenn sie auch aus nahe liegenden Gründen mit einem gewissen Widerstreben Negerbilder, die an sich Selbstzweck waren, schuf, und uns daher auch nur wenige Kunstwerke dieser Art überliefert hat, doch einige aufweis't, die geradezu als Darstellungen von beim Baden oder Waschen gebrauchten Negern zu betrachten sind.

In Italien und speciell in Rom war die Stellung der Neger und Neger-Sklaven ziemlich dieselbe wie in Athen. Vielleicht die Handelsstädte Groß-Griechenlands, d. h. Unter-Italiens und Siciliens, die schon in früher Zeit mit Karthago und Nord-Afrika im Verkehr standen, ausgenommen, sind Neger dort vor den Kriegen mit Pyrrhus und den Karthagern ebenso wenig bekannt gewesen, wie in Griechenland vor der Periode der Perser-Kriege. Negerköpfe auf umbrischen Münzen, nach deren weiterer Beziehung man vergeblich geforscht hat, datiren aus der Zeit nach jenen Kämpfen.

Neger, sowohl freie als Sklaven, waren in Rom zu allen Zeiten selten. Die Sklavenhorden römischer Großen, gegen deren Besitzungen unsere Zucker- und Reis-Plantagen nur als kleine Landgüter erscheinen, bestanden stets aus Angehörigen der kaukasischen Race. Zum Landbau und zu gröberen Hantirungen scheinen die Neger auch in Rom nicht benutzt worden zu sein. Theils mochte dies, wie in Griechenland, daran liegen, daß sie zu theuer waren, theils auch wohl und vorzüglich darin, daß sie sich mit der kaukasischen Race in dem gemäßigteren Klima nicht messen konnten, wenn es die Ertragung großer Strapazen galt. Ein weiterer Grund dafür, daß in Rom die Neger so selten waren, mag auch wohl in dem Aberglauben der Römer zu suchen sein. Schwarz galt ihnen bekanntlich für gleichbedeutend mit unheilbringend, und das Begegnen eines Negers beim ersten Ausgange am Morgen war ein malum omen. So erzählt uns Plutarch im „Leben des Brutus", daß die erste Person, welche diesem am Morgen vor der Schlacht bei Philippi begegnete, ein Neger gewesen sei, was denn auch als eine böse Vorbedeutung angesehen wurde.

Die wenigen Neger, welche es zu Rom gab, wurden ebenfalls zu Diensten beim Baden verwendet und waren auch hier ein sehr in die Augen fallender Luxusartikel. Selbst in den spätesten Zeiten der Kaiserherrschaft, wo man sich doch schon an alle möglichen Seltsamkeiten hätte gewöhnt haben sollen, waren sie, wie Sopiscus im Leben des Kaisers Probus erzählt, eine entschiedene Merkwürdigkeit. In besonderer Gunst standen sie zu Rom bei den Damen, was jedoch keineswegs als Negrophilismus, sondern vielmehr als eine Ausschreitung übersättigter und blasirter Weiber anzusehen ist, wofür sie die Satiriker Juvenal und Martial mit dem bittersten Spotte geißeln.

Wie aus dem Vorhergehenden leicht zu ersehen, reichen die direkten, auf Neger und Neger-Sklaverei bezüglichen Nachrichten nicht hin, um danach eine eingehendere Geschichte derselben zu schreiben; wir haben fortwährend stumme Quellen dabei zu Rathe ziehen müssen. Zu diesen gehören hier die erhaltenen Werke alter Kunst, und zwar der Plastik in Bronce und Marmor, und das untergeordnete Kunsthandwerk der Vasenmalerei. Die Künstler der guten Zeit, aus der Periode des Phidias und Polyklet, des Praziteles und Skopas, haben, so viel sich aus den von ihnen erhaltenen oder den ihren Werken nachgebildeten Arbeiten, die auf uns gekommen sind, und aus den auf jene Männer und ihre Leistungen bezüglichen Schriftstellern schließen ließ, kaum jemals Neger in Metall und Bronce gebildet. Die niemals im Alterthume sehr ausgebildete und zur Zeit der genannten Männer noch auf sehr niedriger Stufe befindliche Malerei mochte es eher wagen, von dem einmal angenommenen Ideal der menschlichen Schönheit abzuweichen und Negerphysiognomieen darzustellen, wie wir dies an Polygnot gesehen haben. Erst in späterer Zeit, als sich die naturalistische Bildnerei Bahn brach, als man um der Portraittreue willen die ideale Seite der Kunst immer mehr vernachlässigte, fing man an, die Eigenthümlichkeiten barbarischer Nationen nicht mehr lediglich in der Kleidung, sondern auch mit der Physiognomie und in anatomischer Bildung auszudrücken, besonders aber dann, als zur Zeit der mittleren und jüngeren Komödie die Neigung zu Witzelei und Uebertreibung in der bildenden Kunst zu Karrikatur um sich griff. Aus jener Zeit stammen die zahlreichen geschnittenen Steine mit den unzüchtigsten Bildern, üppige Wandgemälde, obscöne Sculpturen und dergleichen. Blasirte Reiche, denen weniger an der Kunst lag als vielmehr daran, mit der Liebe zu ihr zu prahlen, denen die einfache Schönheit nicht mehr genügte, sondern Aufregung und Reiz der erschlafften Sinne die Hauptsache war, füllten ihre Paläste mit allerlei Kunstsachen, welche diesem Geschmack entsprachen. Fratzenhafte Alte, Satyrn, Scenen aus den Liebesabentheuern der Götter und Heroen waren beliebte Sujets, und die bekannten Mythen von Zeus und Herakles waren ausgiebige Stoffe. Die Künstler gefielen sich im ausgesuchtesten Raffinement, und fanden in ihren Mäcenen die bereitwilligsten Abnehmer für das, was sie schufen. So allein ist es erklärlich, wie sie Neger bilden konnten, die, wenn auch als Abkömmlinge der gerechten Aethiopen respektirt und gefürchtet, doch den Alten, namentlich den in Puncte der Schönheit so äußerst difficilen Griechen, sehr abschreckend vorkommen mußten. Wo man sie auf griechischen Vasengemälden als Schildbilder antrifft, sind sie daher als Schreckbilder aufzufassen. In Bronze gegossen, eine Art Statuetten, wie sie zahlreich in Pompeji gefunden worden sind, mögen sie auch als Amulette gebraucht worden sein. Negerköpfe in Terracotta, inwendig hohl, wurden als Trink- und Schöpfgefäße benutzt und wohl hauptsächlich der Curiosität wegen geformt.

Ist Strauß's "Leben Jesu" widerlegt?
Mitgetheilt von C. B.

Lassen wir hierüber Strauß selbst in seiner klaren und bündigen Weise sprechen.

In seiner geharnischten Vorrede zu Hutten's Gesprächen *) sagte er: „Noch weit übler jedoch als dem Dogma unter seiner (Schleiermacher's) Hand, erging es, kaum daß dieser die Augen geschlossen, der Quelle des Dogmas nach protestantischer Vorstellung, der sogenannten heiligen Schrift, und man mußte nachträglich noch den Mann bewundern, der sich zum Voraus so glücklich darauf eingerichtet und sein credo oder Glaubensbekenntniß von derselben unabhängig zu machen gesucht hatte. Hier werden manche Leser meinen, ich wolle von meinem Buche über das Leben Jesu reden, und werden mir entgegenhalten, daß dieses ja längst widerlegt sei. In der That wollte ich das nicht; weil aber von Widerlegung gesprochen wird, so will ich nicht ausweichen. Um über Worte nicht zu streiten, so sei ich also meinetwegen widerlegt; es fragt sich nur, wie? Das will ich dem verständigen Leser sagen. Gesetzt, ich hätte berechnet, meinem Gläubiger 2000 Gulden schuldig zu sein, und es käme ein Anderer, rechnete mir nach und sagte dann: deine Rechnung ist falsch, du bist ihm nicht mehr als 500 Gulden schuldig, so würde ich über eine solche Widerlegung meiner Rechnung, wofern sie Grund hätte, gewiß ebenso wenig Ursache haben, verdrießlich, als mein Gläubiger, vergnügt zu sein. Nicht anders ist mein „Leben Jesu" widerlegt worden.

Als ich an die Ausarbeitung des Buches ging, lagen mir über die evangelische Geschichte, insbesondere ihre wunderbaren Bestandtheile, die von jeher der Glaubenslehre die wichtigsten waren, zwei- oder vielmehr dreierlei Ansichten vor. Die eine faßte dieselben wie sie sich gaben, als Berichte von übernatürlichen Vorgängen, die sie als wirklich so geschehen annahm, auf; solchen Glauben wußte ich nicht von mir zu erhalten. Die andere sagte gleichfalls: die Geschichten sind wahr, aber es ist Alles natürlich zugegangen, die Erzähler verschweigen nur gewisse Mittelglieder, gewisse Nebenumstände, vielleicht weil sie meinten,

---

*) „Gespräche von Ulrich von Hutten", übersetzt und erläutert von David Friedrich Strauß: Leipzig, 1860.

sie verstünden sich von selbst, und daher der wunderbare Schein; zu einer so gewaltsamen Deutung der biblischen Erzählungen konnte ich mich nicht entschließen. Eine dritte Ansicht lag im Hintergrunde, welche bald die Thatsachen, bald die Erzählungen für Blend- und Machwerke von Betrügern ausgab; ein solcher Verdacht war mir widerlich. Was also thun, um einen Ausweg zu finden? Ich blickte mich in den heiligen Erzählungen der alten Religionen um, die heute Niemand mehr weder mit Herodot übernatürlich faßt, noch mit Euhemerus natürlich erklärt, ebenso wenig mit den eifernden Kirchenvätern Teufelsspul oder Betrug darin sieht, sondern man faßt sie als Sagen, die sich aus der frommen Phantasie der Völker und ihrer Dichter heraus ohne Arg und Absicht gebildet haben. So demnach, als Erzeugnisse der absichtslos dichtenden urchristlichen Sage, betrachtete ich die evangelischen Wundergeschichten, wenigstens ihrer Mehrheit nach.

Nun bin ich ja aber widerlegt. Es ist nachgewiesen, daß ein großer Theil dieser Erzählungen gar sehr absichtlich zu bestimmten und bewußten Parteizwecken erdichtet ist. Gut; wer kann dagegen etwas haben? Ich gewiß nicht. Wer kann sich dieser Widerlegung des „Lebens Jesu" freuen? Gewiß nicht meine orthodoxen Gegner. Noch Eins. Das vierte Evangelium (Johannes) ging in meiner Rechnung nicht auf; es war nicht wohl denkbar, wie der Erzählungsstoff der drei ersten Evangelien ohne bewußte Absichtlichkeit eine so bedeutende Umwandlung erlitten haben sollte, wie sie im johannischen Evangelium vor Augen liegt. Ich hatte das Wort dieses Räthsels noch nicht gefunden; seitdem ist bewiesen worden, daß das vierte Evangelium eine Composition ist, deren Verfasser sich seines freien Schaltens mit dem geschichtlichen und Sagenstoff zu philosophisch-dogmatischen Zwecken so bewußt war, wie Plato dessen, daß er in seinen Dialogen den Sokrates gar Manches reden und thun ließ, was diesem in Wirklichkeit nicht eingefallen war. Gut; wer verliert dabei? Ich wieder nicht; ich würde es nur, wenn es mir in der ganzen Sache um meine Meinung und meinen Namen zu thun gewesen wäre; es war mir aber vielmehr darum zu thun, Luft zu schaffen für die freie Bewegung des Geistes durch Wegräumung des alten Gemäuers, das ihn hier beengte; je gründlicher dies daher weggeschafft, je unwiederherstellbarer in die Luft gesprengt wird, desto lieber muß es mir sein. Ich habe also auch hier nichts verloren und meine frommen Gegner nichts gewonnen.... Solcher Zerstörung der Grundlagen der bisherigen Theologie arbeiteten gleichzeitig die übrigen Wissenschaften in die Hände. Das eifriger als je geplagte Geschichtsstudium gab einen Maßstab für die Glaubwürdigkeit historischer Urkunden, an welchem gerade diejenigen biblischen Bücher, die der Theologie die wichtigsten waren, am wenigsten bestanden. Die zu staunenswerther Blüthe sich entfaltenden Naturwissenschaften bauten immer vollständiger eine Weltanschauung aus, innerhalb deren sich der Kirchenglaube, wie der stehengebliebene Rest eines alten Hauses in einem darüber gebauten Palaste, störend und entstellend ausnahm. An das Mißverhältniß der christlichen Vorstellungen von Himmel und Hölle zur

Astronomie, der Schöpfungsgeschichte zu eben denselben und zur Geologie, der biblischen Wunder zu den rechten und großen Wundern, in die uns die Physik und Chemie den Einblick öffnen, ist kaum nöthig, zu erinnern. Und diese Ergebnisse der Geschichts- und Naturforschung blieben nicht, wie dies in frühern Jahrhunderten möglich gewesen war, ein Sonderbesitz der Gelehrten, sondern wurden, dem Geiste der Gegenwart gemäß, alsbald im Wetteifer für das Volk verarbeitet, in zahlreichen Büchern und Zeitschriften zum Gemeingut gemacht.

Nur allein Humboldt's „Kosmos" mit seinen populären Bearbeitungen hat dem Kirchenglauben unberechenbaren Abbruch gethan, und ich kann es Humboldt's Leichenredner in Berlin, meinem alten Freunde, nicht verdenken, wenn er dem heimgegangenen Naturforscher nur sehr bedingte Aussicht auf den christlichen Himmel zu eröffnen wußte. Vergessen wir auch unsere großen Dichter nicht. Erst in den letzten dreißig Jahren wurden sie gründlicher studirt, allgemeiner angeeignet; jede neue Auflage von Schiller's und Goethe's Werken war eine neue Niederlage für die Orthodoxie.

Es standen also nun die Sachen so. Von Seiten der wissenschaftlichen Theologie war die Auflösung der bisherigen Glaubenslehre, sammt deren vermeintlich historischer Grundlage in der biblischen, besonders evangelischen Geschichte (jene großentheils schon durch Schleiermacher, diese weniger durch mich als durch Andere nach mir, die es besser gemacht haben), mit einer Schärfe und Bündigkeit vollzogen, deren sich kein Urtheilsfähiger erwehren konnte. Von der andern Seite kamen Natur- und Geschichtsforschung diesen Ergebnissen bestätigend, ja sie fordernd, entgegen. Und endlich war das Alles längst über die abgeschlossenen Kreise hinaus ruchbar geworden, die auf Jeden, der sich nicht gewaltsam abschloß, unwiderstehlich eindrangen. Das Räthsel der Sphinx war gelös't, aber in den Abgrund springen mochte sie nicht. Wir sind weit entfernt, ihr dies zu verargen; nur über die guten Thebaner müssen wir uns wundern, daß sie sich all' den Spuk gefallen ließen und noch immer gefallen lassen, den die Alte seitdem angestellt hat. Denn all' ihr Bemühen ging von jetzt an dahin, die Welt und am Ende gar auch sich selbst glauben zu machen, es sei mit Nichten aus mit ihr, sie vielmehr immer noch ein gutes Haus, und die Gerüchte von ihrem Bankerott nur von leichtfertigen Buben ausgesprengt. Kurz, sie geberdete sich wie ein Kaufmann, der sich vom unvermeidlichen Ruin in der letzten Stunde noch zu retten sucht: sie schwindelte, nahm Anlehen auf wo man ihr noch borgte, und verwirrte dadurch ihre Angelegenheiten nur um so mehr. Ein Blick auf die theologische Literatur der Gegenwart zeigt ein seltsames, widerwärtiges Schauspiel. Einem verschwindend kleinen Häuflein von Solchen, die wissen und wissen wollen, wie es um die Theologie steht, die sich zum Geschäfte machen, die Wahrheit zu erforschen, und zur Pflicht, was sich ihnen als solche ergeben hat (vorbehältlich manches menschlichen Fehlgriffs im Einzelnen), ungescheut auszusprechen, steht die unermeßliche und äußerlich herrschende Mehrheit Derer gegenüber, denen im Gegentheil Alles daran liegt, die sich aufbringende Wahrheit, von der sie sich in ihrem kirchlichen Besitzstande gefährdet sehen, vor sich selbst und Anderen zu verstecken, das Unleugbare in Abrede zu stellen, das Offenbare zu vertuschen, zwingenden Gründen sich durch Seitensprünge zu entziehen, gegen jeden Beweis eine Ausrede, sei sie noch so schlecht, in Bereitschaft zu haben; und dieses Gebahren geht von der stumpfen oder feinen Selbsttäuschung bis zum frechen Umsichwerfen mit wissenschaftlich unwahren Behauptungen fort. Daß man sich dabei nothgedrungen einzelne Ergebnisse der Kritik aneignet, dies aber durch Schmähen auf die Kritiker verdeckt und jedenfalls die Consequenzen ablehnt, trägt nur dazu bei, die Verworfenheit und Unlauterkeit des ganzen Treibens desto offenbarer zu machen. Wer hat seit zwanzig Jahren gegen die Tübinger Schule, die Trägerin der theologischen Kritik, vom vermeintlich wissenschaftlichen, religiösen und sittlichen Standpunkte aus unermüdlicher gepoltert als Ewald? Und nun hat er eine Geschichte Christi ans Licht treten lassen, die nur als ein sich selbst widersprechendes Gemisch von gläubiger, natürlicher und mythischer Auffassung, gehüllt in den Nebel einer überschwänglichen und doch zugleich hinterhältigen Sprache, bezeichnet werden kann."

Welcher Unbefangene, der aus der sogenannten heiligen Theologie kein Geschäft und Gewerbe macht, möchte die Wahrheit des von Strauß Gesagten bestreiten? Hier zu Lande freilich giebt man sich gar nicht die Mühe, auf wissenschaftlichem Wege Theologie zu treiben. Es ist ein Gewerbe, ein business, wie Alles. Bei den hundert Sekten, die wir haben — die katholische Kirche ist bekanntlich als unfehlbar auch unkritisirbar, und Alles steht heutzutage noch felsenfest da, wie tausend Jahre zurück — hat jede ihren besondern Glauben und ihre besondern Statuten. Danach hat sich der Prediger zu richten und einen Contract deshalb zu unterzeichnen. Mag er selbst für seine Person Vieles oder Alles für baaren Unsinn halten, das kommt nicht in Betracht. Er kann für sich denken und glauben was er will, und hat dagegen seiner Gemeinde zu predigen und zu lehren, was ihm durch die Statuten dieser vorgeschrieben ist. Dafür wird er bezahlt und betreibt nach dem Willen und Wunsche seiner employers das business. Theologische Vorbildung à la Deutschland giebt es hier nicht; es giebt vielleicht einige theologische Seminare und Colleges, und der Aspirant ist in zwei Jahren oder weniger fix und fertig. Manchmal ist dies nicht einmal nöthig. Er geht zu einem Pfarrer im Amt und lernt dort das business in einigen Monaten. So ist es bei den Deutschen und Amerikanern hier zu Lande. Amerika ist ja ein praktisches Land! Wozu das lange Studiren? Sagt ja doch Strauß selbst an einem andern Orte, es sei jetzt in Deutschland dahin gekommen, daß gerade die Theologie Studirenden am Ende ihrer Universitäts-Carriere finden, daß die Theologie keine Wissenschaft sei, und daß sich die Kirchen ihre Diener künftig nicht aus den theologischen Lehrsälen, sondern aus den Werkstätten und Schreibstuben holen müssen. So kann sich das „Geschäft" wohl noch einige Zeit lang halten und noch Mancher sein „gutes" Leben damit machen.

Bemerkungen über Schul- und Erziehungswesen, mit besonderem Bezug auf die Gründung deutsch-amerikanischer Anstalten.
Von J. Klund. (New-York.)

I.

Wenn in der vorwiegend materiellen Tendenz dieser Zeit irgend eine Erscheinung wohlthuend an den Freund geistiger Entwicklung und Gestaltung herantritt — doppelt wohlthuend an Den, der im herzlosen Getriebe der großen Geschäftsmaschine von der Liebe für deutsches Denken und Streben, dem Glauben an höhere Ziele und einen vernünftigen Zweck des Daseins und der Hoffnung einer immer schöneren Entfaltung der Blüthe echter Humanität sich noch etwas gerettet hat — so ist es der unverkennbare Antheil einer stets wachsenden Zahl deutscher Landesgenossen an Bestrebungen auf dem Gebiete der Erziehung und Bildung der Jugend. Weit entfernt, sich zu dem Glauben der hoffentlich bald nur noch in der Tradition fortlebenden deutsch-pennsylvanischen „Urbauern" zu bekennen, daß „Lernen" dem „Schaffen" Abtrag thue, scheint man sich mehr und mehr der Ansicht zuzuneigen, daß Lernen eine „Macht" sei, ja eine der Großmächte selbst auf dem Kampfplatze materieller Interessen, und daß Erziehung, Kräftigung des Denkvermögens, Bereicherung des Geistes auch an und für sich ein „Erwerb" sei, der wohl der Mühe lohnt, ein Kampfpreis, so reich und schön, als je „des Sängers Stirne krönte".

Sofern dieses erfreuliche Zeichen der Zeit sich besonders in der Gründung speziell deutscher Anstalten manifestirt, die aller Orten in der weiten Union ins Leben gerufen werden, wird es der deutschen Bevölkerung gegenüber nicht nur gerechtfertigt, sondern gewissermaßen als Pflicht erscheinen, daß Männer von Fach die Resultate ihrer Erfahrung und ihres Nachdenkens zur öffentlichen Kenntniß bringen, und so zur Förderung der guten Sache auch ihren Theil, und sei es auch nur eine bescheidene Gabe, bereitwillig beitragen. Als ein solcher Beitrag wollen auch die folgenden Zeilen angesehen werden.

Wenn von einer deutsch-amerikanischen Anstalt die Rede ist, so darf man als ein Hauptaugenmerk voraussetzen: die Verpflanzung und Fortpflanzung deutscher Bestrebungen und Errungenschaften in Wissenschaft, Kunst, Industrie — im ganzen Gebiete geistiger Thätigkeit — und deren Naturalisation in dieser, unserer neuen Heimath. Sollte es aber dazu nöthig sein, das ganze deutsche höhere Erziehungssystem in allen seinen Verzweigungen und Schattirungen hier ein- und durchzuführen? Das ist ebenso unmöglich wie es — zum Glück — unnöthig ist. Sollen wir z. B. unserer Jugend acht Jahre — die Jahre der Aussaat für die künftige Ernte — wegstehlen und zu drei Viertheilen zum Studium todter Sprachen verwenden, um das Material für verknöcherte deutsche Beamte, theoretisirende Pedanten und mystifizirende Theologen zu liefern, während unser jetziges Zeitalter überströmt von praktischer Wissenschaft, Kunst und Industrie, die wahrlich eines ganz andern theoretischen Unterbaus bedürfen, als lateinischer und griechischer Vokabeln? Was aber den Inhalt betrifft, so können wir jedenfalls die Weisheit des Sokrates und die Beredtsamkeit Cicero's in einer guten Uebersetzung besser und gedeihlicher genießen und würdigen, ganz, unverstümmelt, wie die Meisterwerke unserer eigenen Literatur, und zwar in ebenso vielen Tagen, wie wir sie jetzt in Jahren, stückweise, seciren, anatomiren, präpariren und allenfalls in Bier- und Weingeist präserviren — als Mumien. Denn ist nicht in weitaus den meisten Fällen mit dem letzten Examen all' das galvanische Leben des todten Frosches vollends und gänzlich entwichen? *) Nein, mit diesem petrifizirten Mönchsprogramm werden wir uns hier hoffentlich nicht mehr schleppen, und um so weniger, als der Amerikaner, der Schablonenmensch par excellence, in seinem Streben, die großen altenglischen "models" Oxford und Cambridge in seinen Colleges zu verwirklichen, in den klassischen Studien ungefähr das hier Mögliche leistet — was übrigens durch den Drang der Umstände, „durch Hunger und durch Liebe," glücklicher Weise auf ein Minimum reduzirt wird, so daß seine Jackson, Clay, Douglas, Lincoln ꝛc. über dem attischen Salz nicht das Salz des Lebens einbüßen. Den Stolz, der Welt die besten Editionen griechischer und lateinischer Autoren geliefert zu haben und noch zu liefern, sollten wir also getrost dem alten Vaterlande überlassen, von den Todten an die Lebendigen appelliren, und jedenfalls kein deutsches Gymnasium gründen.

Aber unsere herrlichen, großartigen, weltberühmten deutschen Universitäten! Ja, da haben wir freilich einige Dutzend Anstalten, wie sie kein anderes Land ähnlich aufzuweisen hat, namentlich aber nicht in solcher Zahl, und die werden doch wohl, wenn das Material nicht gar zu gering ist, einige Ausbeute liefern — Wunder, daß es nicht mehr ist! In der Theologie und Philologie, da sind sie allerdings die Führer der — doch was geht uns das an? Die Erstere ist hier sehr vernünftiger Weise dem Privatvergnügen überlassen, und was den ausgebeuteten Schacht der Letzteren betrifft, daraus werden wir die deutschen und holländischen Zöpfe wohl ebenso wenig vertreiben wollen, als der Californier Goldjäger seine Quarzmühlen verläßt, um Gold zu waschen am klassischen Rhein. Die Philosophie, in der That den deutschen faustischen Geist, der sich aus Wissensdurst sogar dem Teufel verschreibt

---

*) Mit dieser Wort- und Sylbenklauberei verlieren wir in der That so viel Zeit, daß wir keine mehr übrig haben, uns mit dem Inhalt und Geist der römischen und griechischen Klassiker vertraut zu machen und von dem Leben und Denken der Alten ein Gesammtbild in uns aufzunehmen, außer etwa, was wir geschichtlich davon erfahren. Wenn wir uns auf einem deutschen Gymnasium im Laufe eines Jahres mühsam durch ein oder zwei Bücher des Livius hindurchwinden, so scheint es blos zu geschehen, um — nicht zu wissen, was darin steht. An die Lektüre des Gesammtwerkes denkt natürlich von Hunderten nicht Einer. Hätten wir nicht mit einem kleinen Theil desselben ein ganzes Jahr „verloren", so fänden wir vielleicht einige Stunden, um ihn „deutsch" zu lesen. Deutsch — welche Profanation! Und doch ist es — wenn es erlaubt ist, einen alten Schriftsteller zu citiren — der Buchstabe, der da tödtet, der Geist, der lebendig macht.

und der Hölle selbst zur Hölle folgt, den konnte die Zunft nicht vernichten, sonst hätte sie es gethan; doch bannte sie ihn in seine magischen Kreise, und das Volk kennt ihn nur als — Gespenst. Jurisprudenz? Musterhaft, in ihrer Art, vom hohen Reichskammergericht bis zur letzten Prügelamtsstube— wo nicht etwa das Gewitter der französischen Revolution hineinfegte, und die sibyllinischen Blätter deutscher Kanzlei und Rechtsgelehrtheit in alle Winde zerstreute! In der Medizin hat Deutschland ohne Zweifel Großes geleistet, und doch steht es wohl verhältnißmäßig nicht so hoch über England und Frankreich, wie man nach seiner Phalanx von Hochschulen und der immensen gelehrten Armatur erwarten sollte. Hier wäre indessen, namentlich für Amerika, noch manches zu lernen, wenn auch nicht durch Doktor-Promotionen mit obligaten Dissertationibus und Disputationibus in — o heiliger Cicero, bitt' für uns! — klassischem Latein, doch in deutscher Gewissenhaftigkeit und Gründlichkeit, und einer besseren Grundlage in den wahren Vorstudien der Medizin: Chemie und Naturwissenschaften.

Und so dürften uns denn auch die gerühmten deutschen Universitäten trotz manches Trefflichen kaum als Muster einer deutsch-amerikanischen, theoretisch-praktischen Bildungsanstalt vorleuchten, nicht in der Auswahl der Studienkurse, nicht in der Pedanterie eines großen Theils der Fachgelehrten, am wenigsten aber im Geist der Studirenden selbst, der leider oft mehr der Genius des Bremer Rathskellers als der ernste Geist der Wissenschaft ist. All das mag gut genug sein, um das Heer deutscher Routine-Beamten zu liefern, wie sie eben sind, und sie wenigstens ebenso gut, wenn nicht besser zu liefern, als die demagogische Rough- and Ready-Beamtenmühle von diesseits, und außerdem unter der Masse gelehrten Materials noch manches wahrhaft Gute und sogar Ausgezeichnete zu Tage zu fördern. Indessen ist ja die Frage nicht die, was von zwei Dutzend Universitäten mit etwa 20,000 Studirenden und mit solch enormen Mitteln und Wegen geleistet werden kann, oder vielmehr, trotz alledem und alledem, geleistet werden muß, sondern das ist die Frage, wie etwa mit sehr bescheidener Triebkraft das möglichst Ersprießliche versucht, begonnen, und mit der Götter Gunst zu gedeihlicher Wirksamkeit heran- und fortgebildet werde. Und diese Aufgabe wäre denn zunächst in's Auge zu fassen. Auch drüben in Deutschland war die Mangelhaftigkeit des höheren Erziehungswesens nach altem Schnitt am Ende zu unverkennbar hervorgetreten, um den Ruf nach Reform noch länger überhören zu ignoriren zu lassen. Den Aristokraten und Büreaukraten gefiel es allerdings gut genug wie's eben war; wurden doch die Schaafe für sie geschoren, und nach dem alten Grundsatz: „Sei im Besitze und du bist im Recht", gaben sie von der alten privilegirten Domäne des Beamtenthums (Gymnasien und Universitäten) auch nicht ein Titelchen auf, und verstanden sich nur zögernd dazu, dem neuen Eindringling (real-technisches Element) gnädig zu gestatten, sich neben ihnen so bequem einzurichten, wie es eben „unter den Umständen" möglich war. So „tolerirt", wuchsen die neuen Anstalten, — Real-, Gewerb-, Bürgerschulen, technische, polytechnische Schulen — vorzugsweise als Kinder des Volkes auf, nicht hoffähig, nicht im Mistbeet und Rahmen des Privilegiums und der Zunft, nicht in der Sonne königlicher Ehren (war und ist doch das ganze mittlere und höhere Beamtenthum, selbst in den technischen Fächern, durch allerhöchstes Geruhen, an die „Weihe der klassischen Studien" gebunden!) und trotzdem hat das plebejische Stiefkind dem allgemeinen Aufschwung in wissenschaftlicher, technischer, industrieller, kommerzieller und finanzieller Beziehung in wenigen Jahrzehnten mehr genützt, als all der alte Kram in so vielen Jahrhunderten — und eben hier haben wir einen Fingerzeig, was uns in diesem Lande, wo es sich nicht um die Gelüste und Vorurtheile von Fürsten, Aristokraten und Büreaukraten, sondern vor allem um die Interessen des Volkes, um Freiheit, Bildung und Wohlstand für Alle handelt, bei der Gründung einer Erziehungsanstalt näher zum gewünschten Ziele führen wird.

Wenn in Deutschland, aus den angedeuteten Gründen, die höhere Erziehung schon auf der Stufe, wo sie hauptsächlich **allgemeine menschliche Bildung** zum Zweck hat oder haben sollte, in mehrere abweichende Richtungen sich spaltete — Gymnasien, Real- oder Gewerbschulen, höhere Bürgerschulen, Seminarien 2c. — so wird hoffentlich für uns, wo weder Kastengeist noch Zwang von oben die Reihen des Volkes trennt und Vorurtheil sie nicht trennen sollte, die Möglichkeit vorliegen, auf einen Plan sich zu vereinigen, nach welchem die Bildung des Menschen und Bürgers sich einheitlich und harmonisch entfalten mag.

Aber, könnte man fragen, sollte Amerika, das dem Fortschritt der Entwickelung und Civilisation in jeder Richtung so gewaltig Bahn zu brechen weiß, nicht vielleicht auf dem Felde der höheren Erziehung das Rechte bereits gefunden und das möglichst Beste geleistet haben? Wie schon früher bemerkt, hatte dieses verhältnißmäßig so junge Gemeinwesen nicht viel Zeit für theoretische Untersuchungen, Vergleichungen und Proben. Es wurde dadurch veranlaßt, und hat sich nun leider daran gewöhnt, mehr als irgend ein anderes gebildetes Volk nach Mustern (patterns) zu arbeiten, und in der höheren Erziehung war und ist dieses Muster, mehr oder weniger, der englische, geist- und seelenlose Formalismus. Sollten wir uns jedoch zu dem Glauben verleiten lassen, daß die amerikanischen höheren Anstalten (Academics, High Schools, Colleges, Universities) nur Schatten- und nicht auch ihre Lichtseiten hätten, so würden wir einem Irrthum verfallen, unter dem wir selber eventuell am meisten zu leiden hätten. Der Schreiber dieser Zeilen selbst, eine Reihe von Jahren hindurch Fakultäts-Mitglied an einem englisch-amerikanischen College, hatte volle Gelegenheit, sich zu überzeugen, daß bei der Anwendung des Spruches: „Prüfet Alles, und das Gute behaltet!" auf dem Gebiete der Erziehung und Bildung solche Anstalten aus äußeren und inneren Gründen ganz und gar nicht zu übersehen sind.

Bei unseren Plänen für den Aus- oder Umbau der Volkshalle der Erziehung sollten wir jedenfalls nicht vergessen, auch auf das Fundament und der

Unterbau — die Volks- oder Distriktschulen — einen forschenden Blick zu werfen. In dieser Kategorie ist vielleicht kein besseres Modell, so weit es M a s ch in e ist, in der Welt zu finden, als das sogenannte „Preußische Schul= system", und hätte das Ding eine lebende Seele, so wäre es „werth der Un= sterblichkeit". Einstweilen jedoch, bis etwa Prometheus-Wilhelm der todten Form den Götterfunken (den er jedenfalls auch vorher st e h l e n müßte) aller= gnädigst einzuhauchen geruhen sollte, leisten unsere amerikanischen Schulen trotz so mancher Lücken und Mängel doch entschieden mehr und Besseres — denn das L e b e n steht ihnen zur Seite. Der Yankeeschulmeister streut den Saamen der Civilisation — Saame und Aussaat nach Muster, doch nicht immer muster= haft — das r e p u b l i k a n i s c h e L e b e n entwickelt ihn zur Blüthe und zur Frucht, manche schädlich, doch im Ganzen eine großartige Ernte. Lesen, Schreiben, Rechnen, das alte Kleeblatt, hier eigentlich ein vierblättriges — denn nicht allein das gelesene und geschriebene, auch das g e s p r o c h e n e Wort ist in einem freien Gemeinwesen des Lehrens und des Lernens werth, ehe es, eine gefährliche Waffe, in den Kampf des Lebens geschleudert wird zum Heile oder Verderben — mit diesen vier, wenn richtig aufgefaßt und ange= wandt, ist im ganzen Katalog der Bildungsmittel keines an Wichtigkeit, Um= fang, Tragweite zu vergleichen, und was damit allein sich schon erreichen läßt — ist nur der Mann vom echten Schrot und Korn — das zeigt in keinem Lande sich deutlicher, als in dieser großen Republik mit der herrlichen Turner-Devise: Bahn frei! — L e s e n , richtig und mit Ausdruck, mit Verständniß und Refle= xion — S c h r e i b e n , nicht bloß die mechanische Fertigkeit, sondern auch und hauptsächlich die Fähigkeit, seine Gedanken klar und richtig und logisch auszudrücken, was ebenso natürlich und nothwendig das D e n k e n selbst vor= aussetzt, wie in dem bekannten Recept der Hasenbraten den Hasen — S p r e = chen, ja, gesprochen wird allerdings genug in diesem gesegneten Lande, Reden werden gehalten bei Tausenden und Zehntausenden, und die Demosthenes und Cicero springen wie die Pilze über Nacht aus der Erde; doch Gedanken, Logik, W a h r h e i t sind die letzten Ingredienzien, die zu einer großen Speech ge= hören, ja die Wahrheit ist absolut schädlich, da sie meistens den Effekt stört, und neben den gigantischen „interessanten" Lügen sich auch gar zu hölzern, einfältig und ungeschlacht ausnimmt, ja oft wirklich unangenehm wird! — Was wäre deshalb wohl ersprießlicher und nothwendiger, als die e c h t e Redekunst zu fördern, und wahre Redner z u e r z w i n g e n d u r c h H ö r e r , die die Wahr= heit verstehen und lieben, die Lüge verachten, entlarven, vernichten! — R e ch = n e n ist die Seele des Geschäftes, des business, und so weit es in Kalkuliren und Speculiren besteht, ist sicher genug und darüber in Yankeeland vorhanden, wäre es nur auf soliderer Basis. Diese wird es aber jedenfalls in der ober= flächlichen und banalen Behandlung nicht finden, die ihm gewöhnlich zu Theil wird, und eine gründlichere Kenntniß mit seiner Anwendung auf praktische Fälle (Buchhaltung, kommerzielle, national-ökonomische und andere Beziehun= gen) würde sehr geeignet sein, die Extravaganzen und Hohlheiten der Specu=

lation in die Schranken zurückzuweisen. Der Deutsche aber, mehr Gemüths-
mensch als Rechner, bedarf dieser nüchternen Wissenschaft doppelt, für eigenes
Gleichmaß sowohl und systematische Entwickelung (to balance the mind),
als zu Nutz und Schutz und Trutz nach außen. In der Endlosigkeit ihres Gebietes und sichrer Anwendungen, wie schärft sie den Blick und erweitert den
engen Horizont des Krämers zu dem des Welt- und Geschäftsmannes, wie
kontrollirt und ernüchtert sie, als exaktes, solides Wissen, nebelhaften Schwindel
und Projektmacherei! Neben diesen vier Grund- und Eckpfeilern der Erziehung,
die in ihrer wirklichen Ausführung, wie mir dünkt, noch lange nicht auf die
Vollendung korinthischer Säulen Anspruch machen können, wäre noch manches
Material zu erwähnen, — das, namentlich in amerikanischen Schulen, bei
weitem die Beachtung nicht findet, die dessen Wichtigkeit, um nicht zu sagen
Nothwendigkeit, verlangt. Dahin gehören z. B. Geschichte und Geographie, welche mit einer Einseitigkeit und Engherzigkeit betrieben werden, die
man kaum in Rom oder China erwarten sollte und den Schritt vom kosmo-
politischen zum politischen Knownothingismus als natürlich und folgerecht erscheinen läßt. Es giebt gewiß kein allgemeines Bildungsmittel, welches
den Horizont des Geistes so sehr erweitert, das Herz mehr veredelt,
die Wolken des Vorurtheils und nationalen Dünkels so zerstreut, so
den Ideenkreis belebt und zum Denken und Handeln erregt, wie das
Studium der Geschichte, namentlich der Universalgeschichte, und auf spätere
Bildungsstufe deren mehr kulturhistorische und philosophische Behandlung. Und
wie eine große, Handel treibende, stolze, „weltumspannende" Nation sich mit
einer so lächerlich geringen geographischen Kenntniß dieses im Netze der Telegraphendrähte, Dampfbootlinien und Eisenbahnschienen immer mehr sich ver-
engenden Planeten, diesem „Wohnsitz von Nachbarsleuten", begnügen mögen,
ist wirklich unbegreiflich. Wie wenig weiß der Amerikaner im Durchschnitt von
England und Frankreich, wie gar nichts von Deutschland, Italien, Ungarn
und Spanien, von Rußland und der Türkei! — Ein anderer Punkt ist das
Zeichnen. In Europa, namentlich in Deutschland, England und Frankreich, ist nun bereits seit Jahren dessen hohe Wichtigkeit allgemein anerkannt
und gewürdigt. Und wie steigert die Wichtigkeit sich zur Nothwendigkeit hier,
in einem Lande, das in so manchen Zweigen der Industrie, und zumal in
Sachen des Geschmacks, so sehr von Europa abhängig ist, daß diese Abhängigkeit fühlt und es als einen Punkt der Ehre sowohl als des Gewinnes ansieht,
das Joch so bald als möglich abzuwerfen! Und doch ist die „Kunst der Formen",
in welcher, wie in keiner andern, das Nützliche mit dem Schönen sich gattet, als
Theil der Volks- und namentlich der höheren Erziehung so vollständig ignorirt,
oder doch so spärlich bedacht, wie kaum in irgend einem andern civilisirten
Lande der Welt, und Worte der Reform, wie z. B. Chapman's eindringlicher
Mahn- und Warnungsruf in der Vorrede zu seinem Drawingbook, wo er
die zeichnenden Künste vom Standpunkte des pekuniären Vortheils sowohl wie
der Kultur des Schönen, als handmaid and promptor wie als accom-

plishment, so trefflich beleuchtet, verhallen wie die Stimme des Predigers in der Wüste — und nach wie vor müssen Schutzzölle, nicht innerer Werth, die amerikanische Industrie auf den Beinen oder vielmehr — Krüden erhalten. Schmachvoll!

Dazu die M u s i k (besonders, als allgemeines Bildungsmittel, G e s a n g), die Sänftigerin der Sitten, die, der menschenfreundlichste der Engel, die Leiden mildert und die Freuden erhöht, wie wenig ist sie berücksichtigt in der Erziehung des Volkes — das Prärogativ und Privilegium des Reichen! Hier hat indeß der deutsche soziale Geist wacker Bahn gebrochen, und wo die Gelegenheit sich bot, seine Mußestunden der lieblichsten der Musen geweiht.

Der Werth der N a t u r w i s s e n s c h a f t e n, in weiterem Sinne, ist jetzt jedenfalls unter den Deutschen so allgemein anerkannt, daß es keiner weiteren Worte bedarf, um sie den Schulen des Volkes zu empfehlen, so weit es eben praktisch und thunlich ist. Dazu Gesundheitslehre, Rechtslehre, Erziehungsprinzipien ꝛc.

So hätten wir denn Stoff genug, die „Volkserziehung" nicht nur auszufüllen und abzurunden, sondern bedeutend zu erweitern und zu erhöhen, ohne sie schon auf dieser Stufe in eine patrizische und plebejische zu spalten, um mit den „Auserwählten" das Studium todter Sprachen so früh zu beginnen, daß sie am fernen Ende desselben — nicht einmal wie Kinder darin lallen können. Oder wären wir von der Mutter Natur so ärmlich bedacht, daß wir in dieser geflügelten Zeit noch jener alten Krüden bedürften, anstatt den eigenen Beinen zu vertrauen, wie doch die Griechen selber thaten, die schon vor Jahrtausenden Weise, Dichter, Redner, Helden und Staatsmänner a u s s i c h s e l b e r h e r a u s b i l d e t e n, ohne etwa die ägyptischen Mumien in ihrer Ruhe zu stören und ihr Gehirn mit Hieroglyphen und Keilschriften zu martern — als Disciplin des Geistes und Volksschule der Humanität!

Die höheren Bildungsanstalten — höhere Bürgerschule (ein guter Ausdruck für die höhere Ausbildung des Menschen und freien Bürgers), High-School, Academy (ein schöneres Wort für den Zweck im alten griechischen Sinne, als das einseitige Wort College, das den „klassischen" Instituten verbleiben möchte), Realschule, Polytechnikum (letzteres bereits mehr einer speziellen Richtung angehörend), solche höhere Anstalten hätten hauptsächlich die oben angeführten Lehrgegenstände der Volksschule zu größerer Vollendung und zum Abschluß zu bringen, fortschreitend vom Lesen und Schreiben und den einfacheren Stylproben zur Literatur, zu Rhetorik, Poetik, Kritik, Philosophie und mehr komplizirtem eigenen Schaffen — vom Sprechen zum Reden — von der Grammatik der Muttersprache zu der fremder Sprachen — von der Arithmetik zur Mathematik — von der Naturlehre zur Naturwissenschaft — von der Copie zur Composition und Produktion ꝛc.

Bezüglich des Studiums fremder Sprachen würden, nach obigen Andeutungen, statt der alten die neueren, statt der todten die lebenden in den Vordergrund treten, und zwar für den Deutsch-Amerikaner, neben dem Deutschen und

Englischen, zunächst das Französische, für den Anglo-Amerikaner Deutsch und Französisch; denn wer auf der Höhe der Zeit stehen will, sollte die Sprachen der drei leitenden Nationalitäten verstehen, den Schlüssel besitzen zu den Schätzen ihrer Literatur, ihrer Erfindungen, Verbesserungen und Erfolge in jedem Zweige des Wissens, der Kunst, der Industrie, und, mit besonderem Bezug auf das Französische, zur Diplomatie, um nicht, wie Hans Ohnesorgen, wenn es sich um Lebensfragen der Union handelt, am Hofe der Tuillerien und anderen Höfen Maulaffen feil zu halten.

Ganz ohne Latein würde indessen auch unser Lehrkurs weder sein können noch wollen; denn auch das Lateinische ist eine Art Universalsprache, und wäre es nur die der gelehrten und technischen Terminologie. Was zu deren leichterer Aneignung und besserem Verständniß nothwendig wäre, das ließe sich, wenn mit diesem besondern Augenmerk studirt, jedenfalls im Laufe eines Jahres ausreichend erlernen. Selbst Anfänge im Griechischen wären aus ähnlichen Gründen, etwa in der oberen Klasse, besonders beim Uebergang zu einer entschieden gelehrten oder theoretisch-wissenschaftlichen Laufbahn, sehr zu empfehlen. Die formelle Bildung aber, für welche die Pädagogen der alten Schule den todten Sprachen das Monopol vindiciren, wird nicht weniger die Frucht des vernünftigen, geistig anregenden Studiums irgend einer literarisch und wissenschaftlich ausgebildeten Sprache eines lebenden Volkes sein, wenn man nicht etwa auch annehmen will, daß es vorzuziehen sei, die Heilung körperlicher Leiden von den gebenedeiten Knochen eines Heiligen anstatt von den trivialen Mixturen und Latwergen gewöhnlicher Sterblichen zu erwarten.

Der Untergang eines Volkes.
Von Victor Ernst.*)

Erst zwei Jahre sind verflossen, seit der Großfürst Michael, Kommandant im Kaukasus, unterm 2ten Juni 1864 folgende Depesche an seinen Bruder, den Kaiser Alexander, schrieb: „Sire, ich schätze mich glücklich, Euer Majestät zur definitiven Beendigung des glorreichen kaukasischen Krieges gratuliren zu können. Der letzte Stamm hat sich unterworfen, und heute hat in Gegenwart der vereinigten Truppen ein feierlicher Dankes-Gottesdienst stattgefunden." Dies Telegramm war das letzte Glied einer zahllosen Menge von Bulletins, welche ein mehr als halbhundertjähriger Kampf hervorrief, und es bezeichnet ein Ereigniß, welches noch lange nicht in seiner ganzen Tragweite gewürdigt worden. Man muß der russischen Politik eine eiserne Konsequenz nachrühmen. Unbeirrt durch irgend welche Schwierigkeiten und oft sogar unbeachtet, verfolgt sie

---
*) Zusammengestellt aus La Russie dans le Caucase, par C. Dulaurier.

ihre Vergrößerungspläne. Der Krieg am Kaukasus· hat über sechszig Jahre in Anspruch genommen, hat ungeheure Anstrengungen, enorme Summen von Geld und entseßlich viel Blut gekostet. Europa betrachtete das Schauspiel als gleichgültiger Zuschauer, gleich als könnten die dortigen Ereignisse nie in den Gang großer Begebenheiten eingreifen. Aber schon vor dreißig Jahren schrieb der brittische Gesandte in Persien, Sir John Mac Neil, an seine Regierung: „Was dort vorgeht, wird das politische Gleichgewicht der Welt aus den Angeln heben."

Die Eroberung des Kaukasus sichert Rußland nicht nur einen Gewinn an Terrain, sondern auch ein neues Element der Macht und Stärke, eine strategische Position von der größten Wichtigkeit. Das erworbene Gebiet begreift Landstriche in sich, welche einst blühende Reiche umfaßten — Armenien und Georgien, und im Norden der Kaukasische Isthmus, welcher, das Schwarze und das Kaspische Meer beherrschend, Europa mit Asien vereinigt, und durch seine gewaltigen Berge ein furchtbares Bollwerk, ein wahres russisches Gibraltar, bildet. Der Kaukasus vervollständigt die kolossale Grenzkette, deren eines Ende in das Baltische Meer taucht und welche von dort durch Sibirien und das Gebiet des Amur bis an das Japanische Meer reicht. Gegenwärtig trennt nur noch der Pundjab Rußland vom brittischen Indien. Noch ein Schritt, und die beiden Nebenbuhler haben einander erreicht.

Aber damit ist noch nicht Alles gesagt. Der Kaukasus, dessen Scenerie an Schönheit von nichts auf der Welt übertroffen wird, ist überaus reich an Naturprodukten, welche ihm im Alterthum eine zahlreiche griechische Kolonisation zuführten. Rom hatte dort zur Kaiserzeit gleichfalls große Handels-Niederlagen. Im Mittelalter wurden von dort die Schätze Indiens und Chinas an's Schwarze Meer geschafft, um alsdann von den in der Krim etablirten Genuesen über ganz Europa verbreitet zu werden. Dieser Handel kann sich jetzt erneuern und viel größere Proportionen annehmen als je zuvor, wenn die Eisenbahn, welche über den Kaukasischen Isthmus führen soll, das Kaspische und das Schwarze mit dem Mittelländischen Meere in Verbindung setzt. Astarabad, am südöstlichen Winkel des Kaspischen Meeres, möchte, durch die Dampfschifffahrt mit Baku auf dem Isthmus verbunden, einst als Getreide-Depot für Europa dieselbe Bedeutung erlangen wie Odessa.

Aber sollte Rußland diese Vortheile erreichen, so mußte ein kleines, tapferes Volk zu Grunde gehen. Wir können ihm nicht durch seine mehr als sechszigjährigen Kämpfe folgen; nur das melancholische Schauspiel seines Untergangs soll uns hier beschäftigen. Nach der Gefangennahme Schamyls wurden die Tscherkessen nur noch durch den Muth der Verzweiflung aufrecht erhalten. Nichts als ein grenzenloses Elend vor sich sehend, von feindlichen Bayonnetten umringt, in ihre letzte Felsen-Citadelle getrieben, sahen sie keine andere Wahl vor sich, als Exil oder Tod, und Unzählige zogen den Heldentod auf dem Boden der Heimath dem Leben in der Fremde vor. Traurige Odyssee eines ganzen Volkes! Durch die Waffen der Russen und epidemische Krankheiten decimirt,

in Hunger und Elend verkommend, suchten die Letzten Gastfreundschaft auf
türkischem Gebiet, wo ihrer ein noch schreckliches Loos harrte und die Meisten
von ihnen ihr Grab fanden. Auf immer wird der Name dieser unglücklichen
Freiheitskämpfer verbunden sein mit dem der Eroberer, von denen sie erdrückt
wurden, und ewig wird der Gedanke an sie wie ein Trauerflor über dem
Triumphwagen des russischen Eroberers hängen.

Die erste tscherkessische Emigration fand bereits im Jahre 1859, nach der
Gefangennahme Schamyls, statt, und zwar unter einem Stamme, welcher schon
seit längerer Zeit der russischen Herrschaft unterworfen war. Es zeigte sich dabei,
daß er das Joch nur scheinbar geduldig, in der Hoffnung auf bessere Zeiten,
getragen. Sowie diese Hoffnung schwand, überwog der Haß gegen die Un-
terdrücker. Im Sultan erblickten die Tscherkessen den mächtigsten Herrscher der
Welt, welcher im Stande sei, sie wider alles Ungemach zu schützen. Denen,
welche ihnen abriethen wollten, antworteten sie: „Vielleicht würden wir's
unter Euch gut haben; aber wir wollen unter unsern Brüdern leben und sterben, und unsere Gebeine sollen in geweihter Erde ruhen." Einige über die Russen
davongetragene Vortheile verliehen den Zurückgebliebenen wieder frischen Muth;
als aber im Jahre 1863 eine Katastrophe der andern folgte, begann die Emigration von Neuem, und diesmal nahm sie solche Proportionen an, daß es unmöglich war, sie zu hemmen oder zu regeln. Eine plötzliche Entmuthigung hatte
sich Aller bemächtigt, ein blindes Entsetzen trieb sie die Berge hinab an das
Gestade des Meeres. Der Schrecken und die Verwirrung vergrößerten sich noch
durch die Ankunft der Familien, welche sich in die entlegensten Orte geflüchtet
hatten und durch die Säbel der russischen Soldaten daraus vertrieben waren.
Der Anblick der Tausende, die sich schutz- und hülflos am Ufer drängten,
machte einen herzzerreißenden Eindruck. Die Männer bildeten die Majorität,
weil ihr kräftiger Körper den Leiden am besten widerstehen konnte; unter den
Weibern, Kindern und Greisen hatten aber Hunger und Elend entsetzlich auf-
geräumt. Trostlos über das Meer schauend, sahen sie nur einige türkische
Barken auf sich zukommen, in welche sie sich gierig stürzten und um deren dürftigen Raum sie unter einander kämpften. Diese Fahrzeuge nahmen fünf
oder sechs Mal mehr Passagiere an Bord, als ihre Größe es rechtfertigte. Die
Schiffer, Schmuggler von Profession und durch den Sklavenhandel demoralisirt,
nahmen nur Die auf, welche in klingender Münze, mit irgend einem werthvollen Gegenstand oder am liebsten durch Hingabe ihrer Weiber und Kinder bezahlen konnten.

Man muß es den Russen nachsagen, daß sie ihr Möglichstes thaten, um
diesem Treiben zu steuern. Der Großfürst Michael erließ die dringendsten Befehle und beauftragte seine Adjutanten mit deren Ausführung. Auf Kosten
des kaiserlichen Schatzes wurden Dampf- und Segelschiffe gemiethet, die Fahrzeuge der Kompagnieen in Requisition gesetzt, und gleichzeitig schickte die türkische
Regierung Kriegsschiffe, welche in Transportfahrzeuge umgewandelt waren.

Im Frühling 1864 wurden drei aus russischen Offizieren bestehende Kommissionen niedergesetzt, um die Einschiffung der Emigranten zu überwachen, einer Ueberfüllung vorzubeugen und dafür zu sorgen, daß die Schiffe genug Lebensmittel, sowie die nöthigen Arzneien an Bord hätten. Die von der Regierung gemietheten Schiffe mußten die von den Kommissären bestimmten Passagiere umsonst aufnehmen, und auf den Handelsfahrzeugen bezahlte die Regierung den Passagepreis Derer, welche ohne alle Mittel waren. Für die Andern aber wurde das Fahrgeld auf ein Minimum herabgesetzt.

Folgen wir jetzt den Heimathlosen über die Fluthen des Schwarzen Meeres zum Lande ihrer Hoffnung. Die Bestandtheile unserer Erzählung sind dem offiziellen Bericht des Doktors Barozzi entnommen, welcher vom Gesundheitsrath in Konstantinopel nach dem Ausschiffungspunkte in Kleinasien geschickt wurde, um dort die nöthigen Anordnungen zu treffen und den erforderlichen Beistand zu leisten. Einen zuverlässigern Führer als diesen trefflichen Menschenfreund könnten wir uns nicht wählen.

Die hauptsächlichsten Punkte an der türkischen Küste des Schwarzen Meeres, wohin die Tscherkessen dirigirt wurden, waren Trapezunt und Samsun. Schon im November 1863 kamen sie, trotz der Strenge des ungewöhnlich früh eingetretenen Winters, ohne Unterbrechung in Trupps von vier- bis fünfhundert, in kleine Barken gepfercht, auf denen sie Unsägliches ausstanden. Oft nahm die Ueberfahrt eine lange Zeit in Anspruch, und die Sorglosigkeit wurde so weit getrieben, daß die Leichen unterwegs nicht einmal von den Lebenden getrennt wurden. Indem der Strom sich vergrößerte, sah man sie in Schaaren von vier, fünf und zehn Tausend auf einmal im bejammernswerthesten Zustande ankommen. So wird unter andern ein Transport von 6000 Personen namhaft gemacht, auf zwanzig Barken, in deren Raum Todte und Sterbende unter einander lagen. Da die Reise eine sehr langwierige und stürmische war, mußten die Unglücklichen, um ihren Durst zu löschen, Seewasser trinken. Bei ihrer Ankunft waren sie so schwach, daß man sie wie Waarenballen ans Ufer bringen und auf den Küstensand legen mußte. Viele litten an Durchfall und Blattern, aber **Alle starben durch Hunger und Kälte!**

Natürlich stürzten sich die ausgehungerten und in jeder Beziehung verkommenen Emigranten, getrieben von dem unwiderstehlichen Drang nach Nahrung und Obdach, sofort auf die Städte, welche keineswegs zur Aufnahme solcher Gäste vorbereitet waren. In den ersten Tagen des December, also einen Monat nach dem ersten Transport, befanden sich schon 5000 in Trapezunt, täglich kamen mehrere, und bald überstieg ihre Anzahl 100,000. Um die Mitte des April hatte die Anhäufung an diesem Ort ihren Höhepunkt erreicht, und der Strom wurde durch den absoluten Mangel an Raum gezwungen, sich nach Samsun zu wenden, welches von jetzt an das Ziel der Auswanderer wurde. Bald waren auch dort 120,000 Tscherkessen zusammengehäuft, und in beiden Städten wußten die Einwohner nicht mehr, was sie beginnen sollten. Ihre Lage sowohl wie die der Flüchtlinge verschlimmerte sich fortwährend.

In Trapezunt waren alle öffentlichen Plätze und Straßen von ihnen bedeckt, Lazarethe, Magazine, alle disponibeln Häuser von ihnen angefüllt. Die epidemischen Krankheiten, welche sie mitgebracht, verbreiteten sich mit rasender Schnelle, und die Sterblichkeit nahm erschreckende Dimensionen an. Der Kirchhof in der Stadt füllte sich mit Leichen, welche nur mit einer dünnen Erdschicht bedeckt oder gar unter dem Schnee verscharrt wurden. Sobald Thauwetter eintrat, mußten tödtliche Miasmen die Luft erfüllen. Von Geschäften war nicht die Rede, und Alles athmete hülflose Verzweiflung. In Samsun herrschten noch schrecklichere Zustände. Die von allgemeiner Plünderung bedrohten Einwohner ergriffen die Flucht. Schwerlich hat die Welt je zuvor solche Zustände gesehen. Die Ankunft befreundeter Flüchtlinge übte dieselbe Wirkung, wie die Invasion eines feindlichen Heeres.

Die türkische Regierung that trotz ihrer Armuth was sie konnte; aber die von ihr gesandten Lebens- und andern Hülfsmittel waren bald erschöpft, oder kamen gar nicht an. Es durfte keine Zeit verloren werden, wenn nicht die furchtbarsten Folgen sich geltend machen sollten. Die Zerstreuung der Emigranten war das Erste, woran gedacht werden mußte, denn schon verbreiteten sich die Epidemieen und drohten auch die benachbarten Provinzen zu erfassen. Im December transportirte man mehrere Tausende an verschiedene Küstenpunkte des Schwarzen Meeres; zweitausend wurden nach Konstantinopel geschafft und auf öffentlichen Plätzen in der Stadt untergebracht, von wo die Krankheiten, deren Keim sie in sich trugen, sich in die nächsten Quartiere verbreiteten. 40,000 wurden an der europäischen Küste, bei Varna und Kustendje, gelandet und von dort auf der Donau oder per Eisenbahn in das Innere des Landes, bis nach Widdin, befördert. Die Reiseroute wurde durch ihre Gräber bezeichnet, und wo sie kamen, verbreiteten sie Typhus und Blattern.

Jetzt trat im Strome der Emigration eine Stockung dadurch ein, daß auch die Besatzungen der Schiffe von Krankheiten erfaßt wurden. Ein Kapitain wurde mit seiner Mannschaft auf der Rückfahrt nach der türkischen Küste dahingerafft, weil er, obgleich bei dem Transport nach der Türkei keine Krankheiten an Bord vorgekommen, bei Trapezunt einer halb erfrierenden Schaar von Weibern und Kindern erlaubt hatte, sich ein Stündchen im Maschinenraum zu wärmen. Das hatte hingereicht, um das Schiff zu verpesten.

Der muselmännische Fatalismus konnte in solchen Zuständen nicht helfen, und deshalb wurde der Doktor Barozzi mit unbeschränkter Vollmacht von Konstantinopel an die Küste geschickt. Am 10ten März 1864 kam er in Trapezunt an und begann sofort sein menschenfreundliches Werk, welches die unbeugsamste Energie und eine vollendete Klugheit erforderte. Es fehlte schlechterdings an Allem; auch die Ortsbehörden waren durchaus nicht geneigt, den europäischen Arzt zu unterstützen, sondern legten ihm im Gegentheil alle möglichen Schwierigkeiten in den Weg. Aber Herr Barozzi ließ sich durch nichts abschrecken. Unter Beanspruchung der wenigen Ressourcen, welche die Gegend ihm bot, mit Hülfe einiger einflußreicher Menschenfreunde und namentlich unter

Beistand des Tscherkessen-Häuptlings Ismail Bey gelang es ihm endlich, Trapezunt von seinen überzähligen Gästen zu befreien, es gründlich zu reinigen und vor dem vollständigen Ruin zu retten, dem es sonst unbedingt anheimgefallen wäre. Man kann die Größe der Gefahr danach beurtheilen, daß im Monat Februar von den 2300 Personen, welche sich im Hospital befanden, 1600 starben. Die Tscherlessen wurden in drei Lagern in gemessener Entfernung von der Stadt untergebracht, und in jedem mußte ein Militär-Detachement die Ordnung aufrecht halten. Die von Konstantinopel gesandten Zelte konnten nur die Wenigsten beschützen; 27,000 Tscherlessen mußten auf dem feuchten und kalten Boden unter freiem Himmel campiren.

Mittlerweile wurde die Gegenwart des Doctors Barozzi auch auf andern, noch mehr bedrohten Punkten verlangt, und am 15ten Mai machte er sich nach Samsun auf. Dort galt seine erste Sorge der Beerdigung der Leichen, welche überall umherlagen. Um dies zu bewerkstelligen, mußte er die Arbeit meistens aus seiner eigenen Tasche bezahlen. Ein am Ufer des Meeres liegendes Häuschen, welches kaum dreißig Personen fassen konnte, enthielt deren 207, Alle krank oder todt. Mit eigenen Händen räumte er, unterstützt von einem hochherzigen Türken, diese Pesthöhle, in welche sich sonst Niemand wagen wollte. Auch dort wurden die Emigranten, trotz der Indolenz der Behörden, aus der Stadt geschafft und in Lagern untergebracht. Zweiundzwanzig Tage genügten Herrn Barozzi, um das Riesenwerk mit Hülfe des Quarantänearztes Marcoalti und Ismail Bey's, vor allem aber durch seine rastlose Energie, zu Stande zu bringen. Am 5ten Juni verließ er Samsun, um in Konstantinopel Bericht zu erstatten und das Nothwendige zu veranlassen. Aus diesem Bericht heben wir Folgendes hervor:

„Die Lage der Emigranten auf der Ueberfahrt ist entsetzlich, und nach der Landung sind sie nicht besser daran. Sie haben kein Obdach, sind ganz und gar sich selbst überlassen, ohne Menschen, die sich um sie bekümmern, ohne eine Gesundheitspolizei, ohne irgend welchen Beistand. Sie leben im tiefsten Elend, umringt von unbeerdigten Leichen, decimirt von den Blattern, welche sie mitgebracht und weiter verpflanzen, vom Typhusfieber und andern Leiden, die mit ihrer Lage verbunden sind. In den Lagern zählt jede Familie mindestens einen Kranken, und viele sterben dort ganz aus. Die Kranken erhalten gar keinen Beistand. Nackt liegen sie auf der Erde, allen Witterungswechseln ausgesetzt, und in diesem Zustande trifft sie der Tod. Die meisten Körper faulen da, wo das Leben aus ihnen entwich. — Besonders groß ist die Sterblichkeit unter den Frauen und Kindern. Im Monat April starben in Trapezunt unter 30,000 Emigranten täglich 400; aber noch viel ärger war es in Samsun. Während der zwei und zwanzig Tage, welche ich dort zubrachte, konnten nur 40,000 Rationen unter 100,000 Individuen vertheilt werden. In Ermangelung des Brodes suchen sie sich von Wurzeln, Kräutern und thierischem Abfall zu ernähren."

Dieser Bericht hatte zur Folge, daß etwas mehr Regsamkeit in die türkische

Regierung kam. Es wurden in Konstantinopel Kriegs- und andere Fahrzeuge ausgerüstet und mit Geld und Lebensmitteln nach Trapezunt und Samsun gesandt; aber bald griff der Schlendrian wieder Platz, und nahm die Sterblichkeit ab, so lag dies nur daran, daß die Emigration inne hielt und die Tscherkessen sich mehr zerstreuten.

So waren mehrere Hunderttausend Flüchtige an die türkische Küste geworfen. Dort betrug die Sterblichkeit unter ihnen täglich ein Prozent. Wäre es hundert Tage in derselben Weise fortgegangen, so wäre nicht ein Einziger übrig geblieben, und wie das Verhältniß jetzt steht, darf man annehmen, daß höchstens 100,000 Tscherkessen, über das ganze Gebiet der Türkei zerstreut, noch am Leben sind.

Indem die türkische Regierung diesen Unglücklichen die Hand der Gastfreundschaft entgegenstreckte, glaubte sie tüchtige Soldaten in ihnen zu gewinnen; aber es zeigte sich bald, daß diese Söhne der Freiheit sich unmöglich der Disciplin einer regulären Armee beugen könnten und in ihr mehr ein Element der Schwäche als der Stärke bilden würden. Man beschloß deshalb, sie in die christlichen Provinzen der Türkei zu vertheilen, um dort das muhamedanische Element zu stärken. Diese Maßregel, welche bereits zur Ausführung gekommen, versetzt der tscherkessischen Nation den Gnadenstoß. Unter eine Bevölkerung gemischt, welche ihnen in jeder Beziehung völlig fremd ist, werden die Tscherkessen derselben stets fern und antipathisch bleiben. Nichts auf der Welt kann so grundverschiedene Elemente einander nahe bringen. Und wie sollen sie, nachdem die ungeheure Mehrzahl ihrer Frauen während des Krieges oder im Exil untergegangen, unter einer Bevölkerung Weiber finden, welche nur wenige, alle der amtlichen oder aristokratischen Welt angehörende Muselmänner enthält? Rechnet man noch die Einwirkungen des fremden Klimas hinzu, so kommt man zu dem Resultat, daß innerhalb eines Menschenalters fast die letzte Spur vom heldenmüthigen Tscherkessenvolk verschwunden sein wird. Noch vor wenigen Monden wiederhallten die Berge von ihrem Waffenklang; bald werden sie nur noch in der Sage leben, und die Geschichte wird bereichert sein durch ein schauriges Kapitel vom Tode eines ganzen Volkes.

Ueber die Ursachen der Krankheiten.
Von ∗ ∗ ∗

Eine der häufigsten Fragen, welche dem Arzte vorgelegt werden, wenn er an das Krankenbett tritt, ist die: Woher kommt diese Krankheit? Was ist wohl die Ursache? Und in weiterer Folge kommen die Vermuthungen des Kranken selbst und seiner Umgebung über den etwaigen Zusammenhang mit vermeintlichen oder wirklichen Schädlichkeiten, welche die Aufmerksamkeit des Laien erregten. Jeder Bildungsstand hat da seinen besonders beliebten Ideengang, dem Alles untergeordnet wird, und dem in seiner Irrigkeit und Unsinnigkeit gerade der tüchtige und gebildete Arzt oft vergeblich entgegen tritt. Und doch muß er solchen Ansichten entgegentreten, denn oft hängt die Erreichung der Heilung von der Erkennung und Entfernung der krankmachenden Ursache ab, oft kann die Erkennung einer Krankheitsursache dazu beitragen, den Menschen, wenn er nur will, für immer in dieser Richtung zu schützen. Ich erinnere an die glänzenden Entdeckungen im Gebiete der Eingeweidewürmerlehre, an die gediegenen Arbeiten über die Ursachen der Cholera, des Nervenfiebers und anderer sogenannter zymotischer oder Infectionskrankheiten, Entdeckungen, auf die ich weiter unten ausführlicher eingehen werde. Und doch, trotz dieser schönen und reichen Errungenschaften ist unsere Kenntniß über die Ursachen der Krankheiten noch eine sehr geringe, besonders wenn es sich darum handelt, im einzelnen Falle den Zusammenhang zwischen Ursache oder Ursachen und Krankheiten nachzuweisen. Die größte Schwierigkeit bei solchen Untersuchungen besteht darin, daß wir es nicht mit einer einzigen, wohl charakterisirten Ursache zu thun haben, sondern daß eine Unmenge von Agentien zu gleicher Zeit wirkt, daß wir es mit einem Organismus zu thun haben, den wir für den complicirtesten aller uns bekannten Organismen zu halten berechtigt sind. Eine geringe Veränderung eines einzigen Factors zieht nothwendig die Veränderung aller übrigen nach sich, bis nach und nach wieder eine Ausgleichung stattfindet. Wie mannigfaltig ist das Wechselspiel der Witterung, und wie einfach sind hier die Factoren im Vergleich zu den Vorgängen im Menschen! Ein Steigen und Sinken der Temperatur eines gegebenen Ortes um wenige Grade genügt, um auf einem großen Theil der Erde bedeutende Witterungsveränderungen hervorzurufen. Stetiger Wechsel, stetige Bewegung herrscht in der Atmosphäre, herrscht in der einzelligen Pflanze, herrscht in dem wunderbar mannigfaltig zusammengesetzten menschlichen Körper. Da sehen wir nirgends einen Anfang, nirgends ein Ende. Ueberall können wir willkürlich einen Anfangspunkt bestimmen, und das Ende fällt wieder mit diesem Anfang zusammen. Es ist ein ewiger Kreislauf des Lebens, vor dem wir bewundernd stehen, und aus dessen einzelnen Theilen, die gerade unserer Beobachtung zugänglich sind, wir die übrigen berechnen, vermuthen müssen, wie der Astronom aus einem kleinen Theil der Bahn eines Himmelskörpers den ganzen übrigen Theil dieser kaum begreifbaren Entfernungen ermittelt. Doch wie unsicher sind unsere Berechnungen oder Vermuthungen auf dem Gebiete der Medicin im Vergleich zu den unumstößlichen, mathematischen Wahrheiten der Astronomie! Es ist demnach ziemlich gleichgültig, mit welcher Gruppe von Ursachen wir unsere Betrachtungen beginnen, die nur in leichten Umrissen das große Feld der krankmachenden Agentien scizziren sollen und vorzüglich bei den Umständen verweilen werden, deren Kenntniß zur Vermeidung der Krankheiten dem Laien nützlich, ja nothwendig ist.

Einen großen Einfluß auf die Lebensvorgänge im menschlichen Körper übt die Witterung, das Klima, dessen Hauptfactoren wir in ihrer Wirkung einer näheren Betrachtung unterziehen wollen.

Am auffallendsten sind die Wirkungen der verschiedenen Temperaturen, der Hitze und Kälte. Es ist merkwürdig, wie unter manchen Umständen, besonders wenn die Einwirkung nur eine kurz vorübergehende ist, große Hitze- und Kältegrade ohne Nachtheil ertragen werden können. Englische Naturforscher haben mehrere Minuten, ja eine Stunde in einer Stube zugebracht, in der die sehr trockene Luft auf 160—180 Fahrenheit erhitzt war; auf der anderen Seite setzen sich die Menschen der Einwirkung der Kälte oft ohne Schaden aus. Die russische Sitte, aus dem heißen Dampfbade hinaus in den Schnee zu rennen und für einige Minuten auf diesem kühlen Pfühl zu ruhen, ist ja allbekannt. Aber auch für längere Zeit werden große Hitze- und Kältegrade sehr gut ertragen. Die nomadischen Völker der Sahara sind oft einer Temperatur von 50 Réaumur (122 Fahrenheit) ausgesetzt und befinden sich dabei recht wohl; die Nordpolfahrer haben oft Monate lang eine Kälte ertragen, die das Quecksilber gefrieren machte. Krankheiten, die durch extreme Wärmegrade hervorgebracht werden, sind der Sonnenstich und leichte Entzündungen der Haut. Die Wirkungen der Kälte sind in Gestalt erfrorener Gliedmaßen, rauschartigen Zustände (in London werden im Winter viele Arme als betrunken auf die Polizeistation gebracht, die nur unter dem Einfluß der Kälte stehen) und schließlich der Tod durch Ueberfüllung des Gehirns mit Blut. Am häufigsten treten die Wirkungen der Kälte als sogenannte Erkältungskrankheiten auf, bei denen aber in der Regel ein anderer, sehr thätiger Factor in Betracht kommt, die Luftfeuchtigkeit. Jedermann weiß, daß die Luft Feuchtigkeit, Wasserdampf, enthält, und zwar in sehr verschiedenem Grade; aber wenig bekannt ist es und bis jetzt auch noch wenig von den Aerzten beachtet, daß die Luftfeuchtigkeit sehr wesentlich die Hautthätigkeit der Menschen beeinflußt. In den gemäßigten Climaten läßt sich die Wirkung der verschiedenen Feuchtigkeitsgrade der Luft nicht rein beobachten, weil der Wasserdampfgehalt unter diesen Breiten wesentlich von den Temperaturgraden abhängt, also meistens Feuchtigkeit und Kälte zu gleicher Zeit wirken. In manchen Tropengegenden ist dies Verhältniß anders. Die Temperaturschwankungen sind dort das ganze Jahr hindurch sehr gering; der Unterschied der Jahreszeiten wird nur durch den Wasserdampfgehalt der Luft bedingt. In der nassen Jahreszeit ist die Luft sehr feucht, und es regnet fast jeden Tag; in der trockenen fällt gar kein Regen, die Pflanzen vertrocknen, fußhoher Staub bedeckt die Wege, Bäche und Ströme versiegen. Beim Uebergang nun von der trockenen zur nassen Jahreszeit ändert sich oft in 24 Stunden der Feuchtigkeitsgehalt der Luft um 20 Prozent, während die Temperatur die nämliche bleibt. Die krankmachende Wirkung ist so allgemein, daß nicht nur die Menschen, sondern auch die Hausthiere, Pferde, Kühe fast ohne Ausnahme an mehr oder weniger starken Diarrhoen erkranken, die dann meistens nach und nach, wenn sich die Hautthätigkeit mehr dem größeren Feuchtigkeitsgehalt der Luft gemäß regulirt hat, von selbst aufhören. Auch auf manche

Brustkranke hat dieser verschiedene Gehalt an Wasserdampf einen sehr merklichen Einfluß. Leute mit Asthma fühlen sich in der Regenzeit, wo die täglichen Temperaturschwankungen nur 2 Grad betragen, meistens sehr schlecht; und doch schickt man solche Leute noch oft auf die feuchte Insel Madeira! Von geringerer Bedeutung ist der Luftdruck; nur bei sehr bedeutender Bodenerhebung, 8000 Fuß und mehr, wird die Luftverdünnung empfindlich; es treten Athemnoth und Blutungen aus der Nase ein. Doch meistens gewöhnt sich der Mensch schnell an diese geringere Last, ohne von erheblichen Krankheitserscheinungen belästigt zu werden; ja Höhen von 4 bis 6000 Fuß sind bei geeigneter Temperatur zu den angenehmsten Aufenthaltsorten zu rechnen. Auch die Winde, abgesehen von ihren Temperaturen und ihrem Feuchtigkeitsgehalt, beeinträchtigen oft die menschliche Gesundheit; bei bewegter Luft kann selbst bei hoher Temperatur ein schwitzender Körper sich leicht erkälten, eine Thatsache, die besonders hier in New-York sehr zu beherzigen ist. Gewiß ist auch die Luftelectricität von nicht unerheblichem Einfluß auf unsere Gesundheit; aber wir sind bis jetzt nicht im Stande, mit Sicherheit zu sagen, worin dieser Einfluß, der unter Umständen also auch ein schädlicher sein wird, besteht. Noch unsicherer sind unsere Kenntnisse über den Ozongehalt, trotz der sanguinischen Speculationen, die man schon auf ungenaue Beobachtungen begründet hat.

Lebensart, Beschäftigung bilden die Ursache für viele und gefährliche Krankheiten. Welcher Unterschied zwischen den feuchten Höhlenwohnungen der Armen und den lieblichen Sommersitzen der Reichen mit ihren duftenden Gärten und schattenden Parks; welcher Unterschied zwischen der Lebensart des Bergmanns, der tief im Schooße der Erde kriechend sich durch die Kohlenflöze arbeitet, und dem Centaurenleben des Gaucho, der auf seinem Renner durch die unendlichen Pampas jagt und das Fleisch des erlegten Rindes unter seinem Sattel zur Mahlzeit vorbereitet! Sieh hier diese hohlen und bleichen Gesichter der Schleifer in den Stahlfabriken, dort die Bachusgestalten der Bierbrauer und die lernigen Leiber der Fleischer! Sieh hier in dem lieblichen Appenzell mit seinen grünen Matten, seiner herrlichen Bergluft, seiner köstlichen Milch, die armen Stickerinnen, welche mit Mühe bei angestrengter Arbeit täglich 10 Cents verdienen, dahinsiechen und der Schwindsucht unterliegen, während Tausende von Brustkranken, die Fortuna etwas mit ihrem goldenen Regen bedachte, in dem nämlichen Orte sich Linderung ihrer Leiden, ja Heilung verschaffen. Sieh hier die zitternde Gier, die schlaflosen Nächte des hageren Speculanten, des rasenden Spielers, dort den behäbigen Bauer, wie er auf eigenem Stückchen Land mit einer Pfeife Taback gemüthlich hinter seinem Joch Ochsen hertrollt. Dort drehen sich allnächtlich im wirbelnden Tanz reich geschmückte Sylphiden; Jugendlust und Freude strahlt aus ihren Augen. Wenige Jahre später, und man erkennt in den elenden, abgemagerten Gestalten die früheren Göttinnen nicht wieder. Hörst du den vollen Rundgesang der kräftigen jugendlichen Stimmen, wie sie beim funkelnden Wein, beim braunen Gerstensaft für Vaterland und Freiheit schwärmen? Siehst du, wie sie männiglich allnächtlich ein Faß nach dem anderen leeren? Erkennst du den dünnen, erdfahlen Referendar wieder, der mit mattem Lächeln den dünnen Thee des Herrn Regierungsrathes schlürft? Doch genug mit diesen Lebensbildern. Schlechte Nahrung, ungesunde Wohnungen, sitzende Lebensweise, Excesse aller Art, aber auch eine ganze Reihe von Beschäftigungen, die für unsere jetzige Civilisation nöthig, also nicht zu vermeiden sind, geben Veranlassung zu Störungen einzelner Körperfunctionen, besonders der Verdauung und Athmung. Aus diesen anfangs oft unbedeutenden Krankheitserscheinungen entwickeln sich oft in kurzer Zeit gefährliche, ja tödtliche Uebel.

Bei Steinhauern, Schleifern, Müllern dringen beständig feine Staubpartikelchen in die Lungen, reizen dieselben und bringen nach und nach entzündliche Vorgänge zu Stande, die zur Lungenschwindsucht führen. Das Tragen eines Watterespirators würde das Leben dieser Leute bedeutend verlängern.

Arbeiter in Bleifabriken, Anstreicher, die mit Bleifarben zu thun haben, setzen sich durch Unvorsichtigkeit sehr häufig einer langsamen Bleivergiftung aus, die sich als Bleikolik, als Bleilähmung äußert und oft der ärztlichen Behandlung große Schwierigkeiten entgegensetzt. Einer etwas näheren Betrachtung ist wohl noch der Mißbrauch der Spirituosen, besonders der alkoholreichen, wie Rum, Branntwein u. s. w. werth, da sich der Laie wohl kaum eine Vorstellung macht, wie mannigfaltig die üblen Folgen der Trunksucht sind, und die langweiligen Sittenpredigten der Mäßigkeitsvereine, ihre übertriebenen und lächerlichen Gesetze gegen die Trunksucht wenig Theilnahme bei den Lesern dieser Hefte gefunden haben werden. Zunächst treten durch übermäßigen Genuß alkoholartiger Getränke Störungen in der Magenverdauung ein, und im weiteren Verlauf dieser Störungen können Geschwüre im Magen entstehen. Die Blutgefäße, die Muskeln erkranken und verfetten, es treten leicht Schlagflüsse und Fettherzen auf; durch die geschwächte Herzthätigkeit werden Störungen im Blutkreislauf bedingt, Lungenkatarrhe kommen ziemlich häufig bei Säufern vor. Wichtiger noch sind die Nierenerkrankungen, die durch den großen Verlust von Eiweiß, den sie herbeiführen, den Körper erschöpfen, Wassersucht und schließlich den Tod herbeiführen. Nicht minder gefährlich sind die Leberkrankheiten, besonders die fast nur durch Mißbrauch von Spirituosen entstehende chronische Leberentzündung, welche schließlich zu einem Schwund dieses wichtigen Organs Veranlassung giebt und im weiteren Verlauf regelmäßig den Tod herbeiführt. Die Engländer nennen diese Krankheit sehr bezeichnend gin drinker liver, Die größte Bedeutung hat die Trunksucht in der Erzeugung von Störungen im Nervenapparate, unter denen das Dolirium tremons am bekanntesten ist. Man nimmt an, daß unter den sämmtlichen Irren der amerikanischen Anstalten ein Drittheil in Folge von Trunksucht geisteskrank wurde. Da nun auf je 500 Seelen ein Geisteskranker kommt, so kann man leicht das enorme Contingent berechnen, welches jährlich durch die Trunksucht dem Wahnsinn verfällt. In England berechnete man vor Aufhebung der Korngesetze die Zahl der durch

Spirituosenmißbrauch entstandenen Geisteskrankheiten auf die Hälfte aller vorkommenden Fälle; jetzt, wo durch billige Kornpreise das Bier ein allgemeines Getränk geworden ist, ist die Zahl der Geisteskranken aus Trunksucht auf ein Achtel gesunken, nicht aber durch die Wirksamkeit der Mäßigkeitsvereine. Man sollte diese Thatsache in den Vereinigten Staaten beherzigen, für ein gutes und billiges Bier in reichlicher Menge sorgen, und bald würden die guten Folgen solcher Maßregeln sichtbar sein. Ich habe mich über diesen Punkt etwas ausführlicher verbreitet, weil er von der größten socialen Bedeutung ist, und weil gerade jetzt ein großer Fehler in dieser Beziehung im Staate New-York begangen wurde.

Es würde zu wenig Interesse haben, auf Einzelnheiten in Bezug auf die Stoffe einzugehen, die wir im gewöhnlichen Leben mit dem Namen Gifte bezeichnen. Der Begriff Gift ist ein sehr unbestimmter. Wir können unter Umständen fast jeden Stoff ein Gift nennen. Kaffee wird Niemand als Gift bezeichnen, und doch führt übermäßiger Genuß desselben einen plötzlichen Tod herbei. Die Vergiftungen haben deshalb ein verhältnißmäßig geringes Interesse, weil sie im Ganzen selten vorkommen und weil die gebräuchlichsten und stärksten Gifte unter der Aufsicht besonderer Personen stehen, die mehr oder weniger für den Nachtheil, den solche Gifte anrichten, verantwortlich sind. Nur der Vergiftungen durch Kohlensäure und Kohlenoxydgas möge hier etwas ausführlicher gedacht werden. Kohlensäure und Kohlenoxydgas sind Verbrennungsproducte unserer Heizmaterialien und wirken, selbst wenn sie nur in mäßigen Quantitäten der atmosphärischen Luft beigemengt sind, welche wir athmen, leicht tödtlich. Besonders ist das Kohlenoxydgas zu fürchten, das sich dann vorzüglich entwickelt, wenn nicht genügende Luft zur Verbrennung des Holzes und der Kohlen vorhanden ist. Daher ist es dringend zu empfehlen, bei allen Oefen und Kaminen auf genügenden Zug zu achten, weil dadurch jeder Gefahr vollkommen vorgebeugt wird. Uebrigens hat man auch in neuester Zeit Warnapparate construirt, die schon sehr geringe Mengen von Kohlenoxydgas durch ein Glockensignal anzeigen.

Sehr interessant sind die Krankheiten, die durch auf dem Menschen und in dem Menschen lebende Pflanzen und Thiere entstehen, und die durch die Entfernung oder auch nur Tödtung dieser Thiere mit Sicherheit geheilt werden können. Unter den Pflanzen sind es einige Pilze, die nicht gar selten den menschlichen Körper zu ihrer Entwicklung wählen. Der Erbgrind, die Entwicklung kleiner einzelliger Pilze in der Umgebung der Kopfhaare, ist eine bekannte und gefürchtete Krankheit, jedoch durch Reinlichkeit sehr leicht zu vermeiden. Ganz ohne Bedeutung für das Allgemeinbefinden ist die Entwicklung eines anderen Pilzes auf der Haut an allen beliebigen Stellen derselben in Gestalt bräunlichgelblicher Flecke, leicht zu heilen durch den Gebrauch einer mäßig starken Sodalösung. Beide Pilze sind nur durch das Microscop zu erkennen. Viel wichtiger sind die schmarotzenden Thiere. Bei der verabscheuten Krätze, einer ziemlich häufigen Hautkrankheit bei Menschen, die den Gebrauch der Seife als einen überflüssigen Luxus ansehen, lebt eine kleine Milbe, die Krätzmilbe,*) in den obersten Schichten der Haut, besonders an zarten Stellen derselben, weil sie sich dort leichter eingraben kann. Sie minirt sich beträchtliche Gänge, legt ihre Eier an den Enden derselben ab und veranlaßt durch ihre Gegenwart leichte Entzündungen und ein sehr unangenehmes Jucken, das zum Kratzen auffordert, und dadurch werden neue Momente für die Entzündung der Haut gegeben, die bei empfindlichen Personen und bei Vernachlässigung einen hohen Grad erreichen kann. Alle Mittel, die die Milben tödten, sind gute Krätzmittel, und daher ist die Reihe solcher Heilmittel eine ziemlich lange. Früher, ehe man die Milben kannte, hielt man die Krätze für die Aeußerung einer innerlichen Krankheit, schlechter Säfte u. s. w., und noch bis auf den heutigen Tag huldigen selbst einzelne conservative Aerzte, denen das Microscop ein Gräuel ist, diesen Ansichten.

Ein sehr bekannter Bewohner des menschlichen Darmkanals ist der Spulwurm, welcher besonders bei Kindern oft in beträchtlicher Menge vorhanden ist. Meistens ruft seine Anwesenheit keine Störungen hervor, obgleich er oft unschuldig als Anstifter dieser oder jener Krankheit verfolgt wird. Bisweilen giebt er allerdings zu Nervenstörungen Veranlassung, ja er kann dadurch, daß er sich in den Gallengang verirrt, den Tod herbeiführen. Wichtiger sind schon die Störungen, welche die Bandwürmer hervorrufen, indem ihre Gegenwart die Ernährung des Körpers oft auf die empfindlichste Weise stört. Die Bandwürmer, in ihrer äußeren Gestalt bekannt, machen nach den interessanten Forschungen der Neuzeit eine sehr merkwürdige Entwickelungsgeschichte durch, die leider bei einigen Arten noch nicht in ihren Einzelnheiten verfolgt werden konnte. Drei Arten von Bandwürmern kommen vorzüglich im Menschen vor. Botriocephalus latus, im östlichen Europa von der Weichsel an und in der Schweiz, ist in Bezug auf seine Entwicklung noch unbekannt. Dagegen kennt man die Entwicklung der beiden andern Arten recht genau. Taenia solium lebt als Finne im Schwein, und nur der Genuß von Schweinefleisch, in dem sich noch lebende Finnen befinden, ist im Stande, den Bandwurm in den Menschen einzuführen. Die Finnen entwickeln sich aus den von den Schweinen gefressenen Eiern des Bandwurms, welche zeitweise vom Menschen entleert werden. Taenia medio canellata lebt als Finne im Rindvieh, ist jedoch in unserer Gegend nicht sehr häufig. Dagegen ist dieser Bandwurm in Abyssinien eine wahre Landesplage. Die Abyssinier lieben es, ihren lebenden Rindern mit dem Schwerte Stücke Fleisch auszuschlagen und diese Lederbissen, die reich mit Finnen gespickt sind, noch thierwarm zu verspeisen. Eine gute Sanitätspolizei, die streng auf finnige Thiere fahndet, und tüchtiges Kochen und Braten des Rind- und Schweinefleisches wird mit Leichtigkeit vollkommenen Schutz gewähren. Das Schwein beherbergt noch andere unangenehme Gäste, die in

---

* Der Krätzmilbe nahe verwandt ist die Käsemilbe, die selbst schon unter einem schwachen Microscop genügend vergrößert wird, um eine Idee von der Gestalt der Milben zu geben.

neuester Zeit so vielfach besprochenen Trichinen. Da ich wohl voraussetzen kann, daß das Wichtigste über diese Thiere bekannt ist, so möchte ich nur in Erinnerung bringen, daß man jetzt das häufige Vorkommen dieser unangenehmen Würmchen auch in den nordamerikanischen Freistaaten mit Sicherheit constatirt hat. Microscopische Untersuchung des Schweinefleisches und sorgfältige Zubereitung desselben durch stundenlanges Kochen und Braten ist also auf das Dringendste zu empfehlen.

Doch der Mensch beherbergt nicht nur Bandwürmer, sondern auch Finnen, eine frühere Entwicklungsstufe der Würmer. In Amerika ist diese Krankheit selten, auf Island leidet ein Sechstel der Bevölkerung daran. Diese Finnen, Echinococcus genannt, sind eine Entwicklungsstufe eines Bandwurms, der im Hunde vorkommt, und da in Island Menschen und Hunde sehr vertraulich unter einander leben, Reinlichkeit dort noch viel mehr zu den frommen Wünschen gehört als in New-York für manche Straßen, so ist eine Uebertragung vom Hunde auf den Menschen sehr leicht begreiflich. In Aegypten entziehen kleine Würmer, welche im Dünndarm des Menschen leben, dem Körper eine so beträchtliche Menge Blut, daß die größte Blutarmuth entsteht, ägyptische Bleichsucht genannt. Der Tod ist das Ende dieser unfreiwilligen Aderlässe. Ein sehr kleiner Wurm lebt in den Blutgefäßen der menschlichen Harnblase, ist die Ursache von Blutharnen und häufigen Steinbeschwerden. Er wurde bis jetzt mit Sicherheit in Aegypten und am Cap der guten Hoffnung beobachtet. Der Medinawurm, einem Stück Bindfaden ähnlich, macht Arabien und die Nachbarländer unsicher, indem er sich in die Haut bohrt und dort unangenehme, ja gefährliche Eiterungen verursacht. Doch ich will die Geduld des Lesers nicht länger ermüden und diese unvollkommene Aufzählung menschlicher Schmarotzerthiere schließen mit dem Wunsche, daß ihnen mehr Aufmerksamkeit als bisher geschenkt werde, um nach und nach die Vernichtung dieser bösen Gäste zu bewerkstelligen.

Ist schon die Aufsuchung der Schmarotzerthiere oft sehr mühsam und schwierig, so sind doch die Schwierigkeiten gering im Vergleich zu denen, welche wir bei der Erforschung der Ursachen zu bekämpfen haben, die eine Gruppe von Krankheiten erzeugen, bekannt unter dem Namen ansteckender Krankheiten. Es ist diese Bezeichnung eine ungenaue, nicht scharf umgrenzende, unlogische; doch ist sie einmal gebräuchlich, und deßhalb, wenn wir uns über das Wesen dieser Krankheiten verständigen, ganz gut beizubehalten. Die hierher gehörigen Krankheiten sind meistens gefährlich, ja einige eine wahre Geißel des Menschengeschlechts. Wir nennen eine Krankheit ansteckend wenn sie von einem Menschen auf den andern übertragen wird; wir nennen sie aber auch ansteckend wenn unter gewissen Umständen, von gewissen Lokalitäten ein gewisses Etwas auf den Menschen übertragen wird und in ihm eine Krankheit erzeugt. Menschenpocken werden jetzt nur von dem Menschen auf den Menschen übertragen; das Wechselfieber wird niemals vom Menschen auf den Menschen übertragen, sondern nur in bestimmten Gegenden, meistens Sumpfländern, durch ein gewisses Etwas menschlichen Organismus erzeugt.

Das Gemeinsame in beiden Krankheiten ist, daß ein Etwas in sehr geringer Quantität übertragen wird, in so geringer Quantität, daß bis jetzt alle chemischen und microscopischen Versuche zum Nachweise desselben ohne Resultat gewesen sind. Nichts desto weniger ist man in neuester Zeit geneigt, die Hypothese aufzustellen, daß kleine microspische Pilze die Vermittler und Träger dieser Krankheitsstoffe seien, indem die glänzenden Entdeckungen Sarleurs von verschiedenen Arten von Gährungspilzen bei verschiedenen Gährungen (Weingährung, Buttersäuregährung ꝛc.) dazu den Anstoß gaben. Es würde zu weit führen, auf diese Hypothese weiter einzugeben, besonders da auch manche triftige Gründe wenigstens gegen eine Verallgemeinerung auf alle Infectionskrankheiten sprechen. Nur von Menschen auf Menschen werden übertragen Menschenpocken, Scharlach, Masern und Syphilis. Es ist dies natürlich so zu verstehen, daß wir jetzt keine sicher beglaubigten Fälle kennen, wo diese Krankheiten ohne Communication mit einem schon kranken Individuum, sei es auch durch eine dritte Person, entstanden sind. Ließen es also unsere socialen Zustände zu, die genannten Krankheiten auf einmal unter absolute Quarantäne zu setzen, so würden dieselben vollständig erlöschen. Gegen die Menschenpocken sind die Kuhpocken ein ziemlich wirksames Schutzmittel, wie die statistischen Tabellen von Ländern, wo die Kuhpocken obligatorisch sind, auf das Schlagendste beweisen. Gegen Syphilis kann sich Jeder leicht schützen, wenn er nur will, und so bleiben nur Masern und Scharlach über, deren Infection wir noch nicht verhüten können. Es steht aber zu hoffen, daß wir uns gegen diese Krankheiten bald wirksam zu schützen lernen. Eine andere Reihe von Krankheiten wird niemals von Menschen auf Menschen übertragen; dies sind die sogenannten Malariafieber (Malaria böse, schlechte Luft), Sumpffieber, Wechselfieber, Intermittirende und Remittirende Fieber. Diese Fieber, in ihren leichten Formen auch in den nächsten Umgebungen New-Yorks sehr wohl bekannt, geben in den südlichen Staaten und vielen tropischen Ländern zu den gefährlichsten Krankheitserscheinungen Veranlassung. Wenn wir auch die Macht der Malaria, des Giftes, welches das Sumpffieber erzeugt, nicht kennen, so wissen wir doch manche Eigenthümlichkeiten dieses gefährlichen Agens. Die Malaria liebt die untersten Schichten der Luft, wird durch laubreiche Bäume angezogen, wirkt vorzüglich des Nachts schädlich; Diätfehler, überhaupt jede den Körper krank machende Ursache, begünstigen die Wirkung des Malariagiftes. Daraus folgt eine Reihe praktischer und nützlicher Verhaltungsregeln. Man soll so hoch als möglich wohnen und schlafen; Nachts die Fenster des Schlafzimmers schließen; Sümpfe mit schattigen, laubreichen Bäumen umpflanzen, regelmäßig und einfach leben. Mit diesen Vorsichtsmaßregeln wird man selbst in gefährlichen Fiebergegenden lange Zeit ungefährdet leben können. Bei einer dritten Gruppe von Infectionskrankheiten wird das krankmachende Agens sowohl vom Menschen auf den Menschen, als auch von einzelnen Infectionsherden auf

auf Menschen übertragen. Pest, Fleckfieber (Schiffsfieber, exanthematischer Typhus), Abdominaltyphus (Nervenfieber), Gelbes Fieber und Cholera können hierzu gerechnet werden. Die Pest ist jetzt seit langer Zeit in Europa, das sie früher unter dem Namen Schwarzer Tod verheerte, nicht mehr vorgekommen, Dank den besseren Sanitätseinrichtungen. Auch in der Türkei und Aegypten hatten gute Sanitätseinrichtungen die Folge, daß die Krankheit seit 1844 nicht mehr vorkam. Indeß wurden noch in den Fünfziger Jahren kleinere Epidemieen in Ostindien und Tripolis beobachtet, so daß die Krankheit immerhin noch nicht als ganz erloschen zu betrachten ist. Eine gute Quarantaine gewährt gegen die Einschleppung vollständigen Schutz, und Reinlichkeit im weitesten Sinne des Wortes an den Hauptpestherden wird auch dort diese Geißel der Menschheit für immer vernichten. Das Fleckfieber (Schiffsfieber) ist besonders in Irland heimisch, wo Elend und Schmutz das gefährliche Gift erzeugen. Belagerte Städte, überfüllte Schiffe werden gleichfalls häufig von dieser Art des Typhus heimgesucht und fürchterlich verheert. Gute Luft, Reinlichkeit, gute Nahrung geben wirksamen Schutz, besonders da meistens ein einmaliges Zusammensein mit solchen Kranken nicht genügt, um angesteckt zu werden. Krankenwärter und Aerzte an Hospitälern, die Fleckfieberkranke verpflegen, werden fast ohne Ausnahme ergriffen. Eine viel größere geographische Verbreitung hat die andere Art des Typhus, der Abdominaltyphus, in Deutschland unter dem Namen Nervenfieber bekannt. Er ist bei weitem nicht so ansteckend von Person auf Person, wie die eben erwähnte Art; jedoch liegen genug Beweise für diese Art der Ansteckung vor. Er entsteht durch die Wirkung eines uns unbekannten Etwas, das vorzüglich in mit organischen Materien durchtränktem Boden, der bald weniger, bald mehr mit Wasser durchfeuchtet ist, sich entwickelt. In München hat man nachgewiesen, daß die Höhe der Typhusepidemieen regelmäßig kurze Zeit nach dem niedrigsten Stande des Grundwassers fällt, also kurze Zeit nachdem die größtmögliche Menge durchfeuchteter organischer Stoffe unter der Zersetzung günstige Bedingungen versetzt wurde. So lange nämlich organische Stoffe vollständig mit Wasser bedeckt sind, ist die Zersetzung derselben eine sehr geringe, wie Jeder sich leicht selbst überzeugen kann, während auf der andern Seite vollständiger Mangel an Wasser wiederum die Zersetzung organischer Stoffe unmöglich macht. Andere, wohl beglaubigte Fälle zeigten, daß Trinkwasser, mit einer Cloake in Verbindung stehend, Typhus erzeugen kann. Auch der Genuß von verdorbenem Fleisch kann unter Umständen ohne Hülfe von andern Ursachen Nervenfieber erzeugen. In Andessingen in der Schweiz erkrankten nach einem Feste, bei dem verdorbenes Fleisch genossen wurde, mehrere Hundert Personen. Wir sehen also auch hier wieder, wie sehr Reinlichkeit, nicht blos in blendend weißer Leibwäsche, feinen Besuchszimmern, sondern besonders in Bezug auf die Dinge, die wir als gebraucht und unbenutzt aus unserer Nähe entfernen, nöthig ist. Das Gelbe Fieber, die gefürchtetste Krankheit Westindiens, hat auch für New-York eine nicht unerhebliche Bedeutung, denn gar nicht selten werden einzelne Fälle eingeschleppt, die unter begünstigenden Umständen eine größere Epidemie erzeugen könnten. Sehr interessant ist es, daß die Herde des Gelben Fiebers sich auf die größeren Seestädte Westindiens und der Küsten des mexikanischen Golfes, sowie auf einen kleinen Strich der afrikanischen Westküste Sierra Leone zu beschränken scheinen. Von h'er aus wird die Krankheit durch Schiffe, ohne daß auf denselben kranke Personen sind, und durch Kranke verschleppt. Das Gelbfiebergift scheint nur an der Seeküste entstehen zu können, kann aber auch in höhere Gegenden verschleppt werden. Strenge Quarantaine schützt Orte, die nicht selbst Herde dieser Krankheit sind, vollständig. Besonders scheint schlechtes Kielwasser in den Schiffen die Erzeugung des Miasmas zu begünstigen. Nordländer, neue Ankömmlinge, werden viel mehr befallen; einmaliges Ueberstehen schützt für lange Zeit vollkommen, ja schon langer Aufenthalt an einem Gelbfieberorte giebt bedeutenden Schutz. Thatsachenreicher sind unsere Kenntnisse über die Ursachen der asiatischen Cholera, einer Krankheit, die in ihrem äußeren Erscheinen nur mit großer Sorgfalt, oft aber auch gar nicht, von der gewöhnlichen Brechruhr zu unterscheiden ist. Die asiatische Cholera wird durch den Menschenverkehr von Ostindien aus, wo sie immer mehr oder weniger stark herrscht, unter begünstigenden Umständen nach allen Himmelsrichtungen weiter verbreitet, dem stärksten Passatwind entgegen, die höchsten Gebirge nicht vermeidend, wenn eben der menschliche Verkehr in dieser Richtung eine Hauptstraße hat. Weiter steht es fest, daß hauptsächlich, wo nicht ausschließlich, die Ausleerungen von Choleragift inficirter Personen die Träger und Verbreiter dieses Giftes sind, besonders dann, wenn solche Ausleerungen mit anderen in Zersetzung begriffenen organischen Stoffen in Berührung kommen.

Ferner muß noch hervorgehoben werden, daß scheinbar ganz gesunde Personen von Choleragift inficirt sein können, selbst nicht auffallend erkranken, durch ihre Ausleerungen aber die Krankheit weiter verbreiten. Alles, was die Anhäufung von sich zersetzenden organischen Stoffen begünstigt, begünstigt die Weitererzeugung des irgendwo deponirten Choleragiftes. Alles, was den Körper schwächt, besonders was Verdauungsstörungen erzeugt, macht den menschlichen Körper fähiger, dem Gifte ausgesetzt, leicht zu erkranken. Jeder sollte daher nach allen Kräften den jetzigen Gesundheitsrath der Stadt New-York unterstützen, Jeder sollte ihn ermuthigen, noch energischer einzuschreiten, Jeder sollte in seinem eigenen Hause auf das Genaueste Reinlichkeit und Desinfection ausüben und auf diese Weise einen ächten republikanischen Gemeinsinn zeigen. — Es unterliegt keinem Zweifel, daß die psychischen Vorgänge einen bedeutenden Einfluß auf das Entstehen und auf die Modification der Krankheiten haben; aber den Mechanismus nachzuweisen, ist bis jetzt noch wenig oder gar nicht gelungen. Anhaltender Kummer stört die Ernährung und kann dadurch Todesursache werden. In Göthes Clavigo stirbt die Marie Beaumarchais den Tod der Schwindsucht im Gram über ihre verhöhnte Liebe. Häufig sind Geisteskrankheiten auf eine Reihe von heftigen Gemüthserschütterungen, oder gar nur auf eine einzige, zurückzuführen. Das Ergrauen, Erbleichen der Haare nach

Godiva.

Von Marie Westland.

Der Herr von Koventry saß beim Gelag,
Trank einen Humpen um den andern leer,
Sang freche Lieder in den hellen Tag,
Und redet' zu sich selbst, vom Weine schwer.
Dann auf der Halle dröhnendes Gestein
Stampst er den Fuß, daß seiner Hunde Schaar
Erschrocken auffährt, heulend hinterdrein,
Zag knurrend, ob der dräuenden Gefahr....
Da lacht und flucht er.   Lärmend mit im Bunde,
Bedünkt's den Herrn die schönste Tafelrunde.

Doch anders war es draußen vor dem Thor.
Es zieht heran mit scheuem, weichem Schritt
Und ballt sich dicht und pflanzt sich auf davor,
Und Knaben zieh'n und kleine Kinder mit:
Ein Heer von Bettlern. — Bürger gestern, doch
Verarmt, bedrückt von schwerer Steuerlast,
Blieb ihnen nur der Weg der Bitte noch,
Und schwer ist Bitten, wo man zürnt und haßt.
Wer geht zuerst, wer hat den Muth zu sprechen?
Ach, Keiner mag's, das Herz will ihnen brechen!

Wohl kündet's schon der Weiber bleich Gesicht:
„Wir darben, Herr, wir müssen untergeh'n,
Wenn uns dein Mund nicht vom Erlasse spricht!"
Doch wird er gnädig nur durch's Fenster seh'n?
Es regt sich Nichts, — nur daß ein Sonnenstrahl
Sich mitleids-licht aus grauem Nebel hebt,
Beleuchtend rings das herrlich grüne Thal,
Erquickend jede Kreatur, die lebt....
Da geht des Volkes Botin ein zum Schlosse.
Der Wächter stutzt, und winkt zurück dem Trosse.

„O Herr, Erbarmen!" ihre Kraft gebrach —
Hin sank sie auf der Schwelle marmorkalt....
Der Herr fährt auf.   „Wer drang in mein Gemach?
He, Wacht, ein Weib! Entfernt sie mit Gewalt!"
Sie kamen folgsam, trugen rasch sie fort,
Die ganze Meute bellte mit darein —

ausgestandener Angst ist eine verbürgte Thatsache. Auf der andern Seite trägt eine heitere Gemüthsstimmung, eine freudige Ueberraschung wesentlich zum körperlichen Wohlbefinden bei. Zufriedene, sanfte Naturen erfreuen sich gewöhnlich einer anständigen Körperfülle. Leute, die mit Begeisterung eine Idee zur Ausführung zu bringen suchen, ertragen oft Strapazen und Mühseligkeiten, denen sie ohne diese begeisterte Stimmung unterliegen würden. Ein solches Beispiel scheint mir der berühmte Reisende Robert van Schomburgk zu sein. Auf seiner großen Reise in das Innere der Guiana hatte er fortwährend mit Krankheit zu kämpfen; aber seine unermüdliche Begeisterung für die Wissenschaft ließ ihn einen geistigen Sieg über seinen siechen Körper erringen, der seinen Namen unsterblich machte. Wie erträgt eine liebende Gattin, eine sorgende Mutter ein wochenlanges Wachen am Krankenbette des Gatten, des geliebten Kindes, ohne Müdigkeit zu fühlen, während ohne solche Anregung eine einzige schlaflose Nacht sehr unangenehm empfunden wird! Die fanatischen Hindus ertragen die größten Qualen und Martern mit Lächeln, christliche Märtyrer sangen Loblieder auf der Folter, auf dem Scheiterhaufen. Sehr merkwürdige Thatsachen von der Gewalt des Geistes über den Körper! Aber wie auf mechanischem Wege zu erklären?

Nun noch einige Worte über Erblichkeit. Die Frage nach der Erblichkeit einer Krankheit ist für unsere socialen Verhältnisse eine sehr wichtige. Man hat schon oft versucht, solche Personen, die mit erblichen Krankheiten behaftet waren, an der Fortpflanzung ihres Geschlechts zu hindern, und zwar aus Humanitätsrücksichten. Es sind solche Maßregeln gewiß nur mit großer Mäßigung zu nehmen, wenn man nicht gerade inhuman handeln will. Selbst bei den von allen Autoren als erblich anerkannten Krankheiten erbt sich die Krankheit keineswegs regelmäßig fort, und auf der andern Seite scheinen Krankheiten bisweilen erblich in einzelnen Familien, die es häufig nicht sind. Zu den erblichen Krankheiten rechnet man die Syphilis, den Aussatz, die Gicht, den Krebs, eine ganze Reihe anderer Geschwulstformen, viele Nerven- und Geisteskrankheiten, die Schwindsucht und noch manche andere. Alle diese Krankheiten, vielleicht nur den Aussatz ausgenommen, können aber auch auf andere Weise entstehen, und man thut besser, sich in Bezug auf die Erblichkeit von Krankheiten so auszudrücken, daß die Kinder von Eltern, die mit einer als erblich angesehenen Krankheit behaftet sind, eine größere Chance haben, von dieser Krankheit befallen zu werden, als Andere. In England hat man berechnet, daß, wenn man die Schwindsüchtigen am Heirathen hindern wollte, das Land sehr schnell an Bevölkerung abnehmen würde, eine Errungenschaft, die gewiß nicht einer gesunden Volkswirthschaft wünschenswerth erscheinen möchte. Aehnlich verhält es sich mit den übrigen Krankheiten. Die Aufgabe des Arztes ist es, solche Kinder, die von einer erblichen Krankheit bedroht sind, besonders zu überwachen, bei den Eltern und Erziehern auf solche Maßregeln zu bringen, die der zu fürchtenden Krankheit am meisten vorbeugen. Nur wenn der Arzt Freund und Rathgeber der Familie auch in gesunden Tagen ist, wird er seine schöne Aufgabe, das Menschengeschlecht freier von Krankheiten, also glücklicher zu machen, erfüllen können.

Die Harrenden zerstreut' ein einzig Wort....
Still murrend zogen sie zur Stadt hinein.
Die Morgensonne spielt' auf gold'nem Becher,
In dumpfen Schlaf verfiel der edle Zecher.

* *

Doch von des Schlosses Altan sah's mit Schmerz
Des Hauses Herrin.... O welch' tiefe Schmach!
Dem sie ihr Leben gab, er hat kein Herz,
Kein menschlich Lieben! Trauernd sinnt sie nach....
Nein, sie erträgt es nicht! Der Christin Pflicht
Ruft sie, zu lindern ihres Volkes Noth.
Legt er auf ihre T h r ä n e n kein Gewicht,
Erzwing' die T h a t ein linderndes Gebot.
Und muthig trat sie hin, da er erwachte
Und gähnend ihr in's schöne Antlitz lachte

Warum so trüb wie eine Klosterfrau,
Und hast doch blitzendes Geschmeid' und Gold?
So sagt er, zupfend an dem Kettlein rauh,
Daß Perl' um Perle sacht zur Erde rollt. —
„O sag', was kann ich thun, den strengen Sinn
Dir zu erweichen, daß des Volkes Schaar
Nicht hungern muß für seines Herrn Gewinn?
Sprich, für den Widerruf, was biet' ich dar?"....
Du wolltest? sagt' er, schielend nach den Steinen
In ihrem Gürtel; pah, für die Gemeinen!

Was thätest du für sie? — Wohlan, es sei!
Thu' die Gewänder ab und reite mir
In Eva's Kleid am Mittag, frank und frei,
Durch uns'rer Stadt Gebiet! Dann schenk' ich dir
Der Steuern Einsatz — Niemand zahle sie!
Und gellend lacht er auf und schüttelt sich
Im Uebermuth.... Sie aber beugt ihr Knie,
Und leise spricht sie: „Ich ergebe mich!"
Sie wankt hinaus, er bläs't zur Jagd den Mannen,
Und rasch gesattelt, reiten sie von dannen.

* *

Tief eingehüllt in mädchenhafte Scham,
Flieht sie in ihr Gemach, im Widerstreit
Aufflammender Gefühle; Purpur kam
Und ging auf ihren Wangen lange Zeit,

Wie ein Gewitter, das verborgen kämpft,
Nur hin und wieder rothe Blitze schießt,
Bis allgemach des Sturms Gewalt gedämpft
Und das erschütterte Gewölk sich schließt.
Es fliegt ihr Puls, da Nadel sie und Riegel
Vom Kleide lös't, wie heil'gen Buches Siegel.

Da sie das letzte der Gewänder all'
Erbebend von dem weißen Leib gestreift,
Lös't sie der Flechten gold'nen Wogenschwall,
Der weit hinab zu ihren Füßen schweift.
Gleich einem Mantel zog sie rings um sich
Des Haares Fülle; mit gesenktem Blick
Erreicht' sie leis' die Thür, und lautlos strich
Sie weiter, blindlings folgend dem Geschick.
Verkündet war's vom Herold in den Gassen:
Zur Stunde soll kein Mensch sich blicken lassen!

Geschlossen soll ein jedes Fenster sein,
Kein Auge nach der Straße zugekehrt!
Den höchsten Preis setzt Eure Herrin ein,
Sie macht Euch frei. Zeigt Euch der Liebe werth!"
Doch zitternd noch, gleich wie man Böses träumt,
Von Stufe sie zu Stufe niedersteigt.
Hier unten steht ihr Rößlein aufgezäumt,
Das mit dem Fuße scharrt, sich klug verneigt.
Und schnell wie Sturmwind fliegt es durch die Straßen.
Die Nüstern bläht's, ehrgeizig ohne Maßen.

Doch hat die Sonne nicht ein Augenpaar?
Der Stein, der Wurm am Weg? Der Vogel auch?
Der Greif im Wappenschild? Der See so klar,
Warum trübt seinen Spiegel nicht ein Hauch?
So schwirrt es durch den Sinn dem edlen Weib....
Doch blieb geschlossen Mauer, Haus und Thor.
Kein Auge sucht so niedern Zeitvertreib,
Des Rosses Hufschlag selber lauscht kein Ohr....
Leicht ist des Weichbilds eng Revier durchritten,
Doch schwer zu sagen, wie's in ihr gestritten.

Der Biene Summen und der Rinder Schrei,
Des Käuzchens Klagen, und im fernen Rohr
Das raschelnde Geflatter — was es sei,
Fast wie Verrath drang's an ihr keusches Ohr.

Ihr Odem stockt, sie blickt zum Himmelblau,
Nur licht Gewölk schaut friedlich stumm herab.
Ist das nicht ein Gesicht? Ist's Mann, ist's Frau?
Nichts, nichts! sie spornt das Roß zu schnellerm Trab.
Weich wird der Grund, schwer streift an ihre Wange
Der Weidenbaum mit sprossendem Behange.

Hier ist die Mark! Den tiefsten Athemzug
Thut sie aus ihrem tiefsten Herzen hier.
Wo schon der grüne Wald die Wurzeln schlug,
Da wendet sie ihr Roß: „Ich danke dir!"
So schmeichelt sie und streicht's mit weicher Hand,
Daß wiehernd umblickt ihrer Noth Gefährt.
Aus ihrer Brust die letzte Furcht entschwand.
„O Herr, du gabst, daß man Godiva ehrt!"
Vom Thurme schlägt am Ende ihres Ganges
Die zwölfte Stunde, feierlichen Klanges.

Jetzt vor des Schlosses schützendem Portal
Stieg sie vom Roß, warf leicht den Zügel hin.
In Lust verwandelt sich der Seele Qual,
Ein singend Vöglein wird ihr schwerer Sinn.
In der Gemächer stiller Einsamkeit
Umhüllt sie sich mit Rob' und Schleppenrock;
Von Freude funkelt, wie zuvor von Leid,
Ihr feuchtes Aug', — des blonden Haares Gelock
Wird wieder aufgerafft in gold'ne Spangen,
Der edle Leib vom Gürtel fest umfangen.

So trat sie vor den strengen Herrn: Vollbracht,
O Meister, ist der Vorsatz durch die That!
Jetzt gieb auch du, in dessen Hand die Macht,
Die frohe Ernte zu der guten Saat.
Sie neigte sich mit Anmuth, und besiegt
Zu ihren Füßen lag der Leu hinfort!
Am Abend ward in süßen Schlaf gewiegt
Das Volk durch ihrer Botschaft Friedenswort.
Und ob die Winde ihre Form verwehten,
Ihr Name lebt in innigen Gebeten.

Noch zeigen sie des Schlosses Zinnen hier,
Palast und Hütte kennt Godiva's Mähr;
Von einem Lauscher auch erzählt man dir,
Der frevelnd sich vergaß — er büßte schwer.

Aus einer Mauer künstlichem Verschluß,
Nur durch den Spalt, schickt er des Auges Strahl —
Da ward der Sehkraft göttlicher Genuß
Dem Sündigen geraubt zu ew'ger Qual.
Doch Keiner kannt' ihn, Niemand hat's erfahren.
Sie reden nur davon — nach tausend Jahren!

Der Nicaragua-Transit.
Touristisch-ethnographische Skizzen von Theodor Kirchhoff.

II.

Die Regierung des Staates Nicaragua hat sich neuerdings sehr bemüht, Europäer und Nordamerikaner als Ansiedler ins Land zu ziehen, um durch deren Fleiß und Energie seine reichen Hülfsquellen mehr zu entwickeln. Die Zahl der in Nicaragua lebenden Weißen, welche sich in den letzten zwei Decennien eher verringert als vermehrt hat, beträgt nur ein sehr geringes Bruchstück seiner gesammten Bevölkerung, wie es folgende statistische Tabelle, welche dem Census von 1846 entnommen ist, veranschaulicht:

Weiße	30,000
Neger	18,000
Indianer	96,000
Mestizen (d. h. Mischlinge von Indianern und Spaniern)	156,000
Einwohnerzahl Nicaraguas	300,000

Wie der Alcalde in San Juan mir mittheilte, erhält jetzt jeder Einwanderer vom Staate eine Schenkung von 260 Adern Landes, ist auf zehn Jahre von Abgaben befreit und kann während dieser Zeit Alles, was er zum Unterhalt und an Maschinen, Ackerbaugeräthschaften und dergleichen mehr bedarf, und Alles was er producirt, zollfrei ein- und ausführen. Größeren Gesellschaften werden noch bessere Anerbietungen gemacht.

Die Ergiebigkeit des Bodens von Nicaragua wird von keinem Lande der Welt übertroffen. Unter den zahlreichen tropischen Landesproducten bringt der Cacao dem Anbauer des Bodens den meisten Nutzen. Es ist allerdings große Sorgfalt nöthig, um die Schößlinge und jungen Bäume aufzuziehen, und es erfordert sowohl Capital als Arbeit, um eine Cacaopflanzung anzulegen. Ist eine solche jedoch einmal sicher gegründet, so ist es ein Leichtes, dieselbe durch Anpflanzung neuer Bäume jährlich zu vergrößern. Ein Mann ist im Stande, tausend Bäume in Obhut zu nehmen und ihre Ernte einzusammeln, weshalb Cacaopflanzungen weit werthvoller sind als die von Zucker, Indigo, Baumwolle oder Cochenille. Der jährliche Ertrag einer guten Cacaopflanzung beträgt etwa zwanzig werden könne. Als West-Endpunkt des Canals schien ihm die an der Mündung des Rio Grande gelegene Stadt Brito am geeignetsten, von der er den Canal zunächst nach der Mündung des Rio Lajas an den See Nicaragua führen wollte, und von dort quer durch den See Nicaragua an den Ausfluß des Rio San Juan. Den Kostenaufwand zur Erbauung des Canals, mit Einschluß eines bei Brito anzulegenden künstlichen Hafens, veranschlagte er auf $31,638,318. — Die Länge desselben würde 194¼ englische Meilen betragen. Ein Canal von 17 Fuß Tiefe, wie O. W. Childs ihn projektirte, mit 50 Fuß Weite am Boden und 118 Fuß an der Oberfläche, wäre jedoch für den Weltverkehr der Gegenwart durchaus ungenügend. Eine Tiefe von 25 Fuß mit entsprechender Breite müßte jedenfalls das Minimum seines Gehalts sein, was die Kosten des Baus natürlicher Weise bedeutend steigern würde.

Obgleich nun allerdings die Möglichkeit eines die beiden Oceane verbindenden Canals hinlänglich erwiesen worden, so ist es doch nicht möglich gewesen, europäische Capitalisten zu bewegen, das Werk zu unterstützen, das sich ihrer Ansicht nach nicht rentiren würde. Der Hauptnutzen des Canals würde auch nur den Vereinigten Staaten, nicht Europa zu gute kommen, da der europäische Handel mit Ostindien und China ohne Frage die fünfzehnhundert Meilen nähere und weniger kostspielige Linie um das Cap der guten Hoffnung — vom Suez-Canal gar nicht zu reden — nach wie vor benutzen würde. Auch fand man in England die Erbauung eines künstlichen Hafens bei Brito der Größe des Unternehmens durchaus unwürdig, an dessen Stelle man jedoch die, obgleich entfernter gelegene, herrliche Bucht von Fonseca wählen könnte. Die Durchführung eines die beiden Oceane verbindenden Canals wird also aller Wahrscheinlichkeit nach, wenn je, von den Vereinigten Staaten allein, als der von demselben den meisten Nutzen für sich erwartenden Nation, bewerkstelligt werden.

Das neueste Projekt einer Verbindung der beiden Oceane ist auf die Herstellung von zwei Schienenwegen gegründet, von denen der eine von der am Caraibischen Meere gelegenen Stadt Blewfields an den See Nicaragua und der zweite über den Landstreifen westlich von den Seen an's Stille Meer zu legen wäre. Die Verbindung zwischen den beiden Eisenbahnen müßte durch Dampfer auf dem See Nicaragua hergestellt werden. Die jetzige Transit-Compagnie befürwortet diesen Plan; ob es ihr aber möglich sein wird, die zu einem derartigen Unternehmen nöthigen Capitalien flüssig zu machen, darüber muß die Zukunft entscheiden.

Unter dem köstlichsten Wetter durchkreuzte unser Dampfer mit seiner lebendigen Fracht von über sieben hundert Passagieren den herrlichen See. Von den heftigen Windstößen, welche auf diesen Gewässern mitunter mit solcher Stärke auftreten, daß die Dampfer genötigt sind, hinter einer der hohen Berginseln Schutz zu suchen, wurden wir gottlob ganz verschont, obschon unser Capitain einmal einen solchen prophezeihte, der die Wasser des Sees wie Meereswogen im Sturm aufrühren sollte.

schauer heftiger und zu allen Jahreszeiten häufig sind, undurchdringliche Dickichte, die Heimath giftiger Fieber, bildet.

Der Regenfall in Rivas betrug im Jahre 1850 bis 1851, während der Monate Mai bis November, 90.30 Zoll, und von December bis April 7.41 Zoll. Im Februar fiel gar kein Regen, im Juli 22.64 Zoll und im October 17.86 Zoll.

Die Zukunft dieses Landes, welches vermittelst eines Canals oder durch Schienenwege Aussicht hat, dereinst eine der Hauptverbindungsstraßen zwischen zwei Oceanen durch sein Inneres zu führen, berechtigt zu den kühnsten Hoffnungen. Wenn der Rückschritt, den dasselbe in Folge der Flibustier-Expeditionen erlitten hat, überwunden sein wird, und vermehrte Einwanderung eine thatkräftigere Bevölkerung die jetzt das Land bewohnenden Mischlingsracen regeneriren und dem Handel einen neuen Aufschwung geben wird — was sicherlich nur eine Frage der Zeit ist — so werden wenige Jahre daselbst Wunder bewirken.

Die Perle des Landes, welche ihm eine gütige Vorsehung geschenkt, ist sein herrliches, 300 Meilen langes und 150 Meilen breites Centralbecken, ein Thal, das zum größten Theil in ausgedehnten und überaus fruchtbaren Ebenen besteht, in deren Mitte die Seen Managua und Nicaragua liegen, welche die von allen Seiten ihnen zuströmenden Gewässer des Staates durch einen einzigen Ausfluß, den Rio San Juan, in die Caraibische See ergießen. Ein bloßer Blick auf die Landkarte genügt, um den Eifer zu erklären, mit dem man seit Jahrhunderten die Ausführung eines die beiden Oceane durch das Innere Nicaraguas verbindenden Canals als ein der gesammten civilisirten Welt unberechenbare Vortheile bringendes Unternehmen erkannt hat

Verschiedene Canal-Nivellements sind seit der Zeit der Eroberung des Landes durch die Spanier sowohl von europäischen als nordamerikanischen Ingenieuren gemacht worden, welche sämmtlich mehr oder minder günstige Resultate geliefert haben.

Bereits im Jahre 1527 wurde von den Spaniern ein die beiden Oceane zu verbindender Canal projektirt, und seit der Zeit hat ein solches Unternehmen wiederholt die Aufmerksamkeit verschiedener Seemächte erregt. Früher glaubte man, daß ein kurzer Durchstich durch den zwischen den Binnenseen und dem Stillen Meere gelegenen schmalen Landstreifen für einen Schiffscanal genügend sein und der San Juan Fluß, ein wenig vertieft, Seeschiffen einen Durchweg gestatten würde. Alle bis zum Jahre 1851 gemachten Nivellements beschränkten sich deshalb auf oben erwähnten Landstreifen.

Im Jahre 1851 beauftragte die jetzt eingegangene "Atlantic and Pacific Canal Ship Company" den New-Yorker Ingenieur O. W. Childs, die ganze Linie von der Mündung des San Juan Flusses bis zum Stillen Meere genau zu nivelliren. Derselbe fand, daß der San Juan Fluß vermittelst Schleusen, von denen er vierzig für nöthig erachtete, und hier und da nothwendigen Excavationen für einen Canal von siebenzehn Fuß Tiefe benutzt

Wagenrad im Kreise umherlaufen, auf der bloßen Erde zermahlen. Das Silber wird alsdann entweder durch Feuer aus der zerriebenen Masse herausgeschmolzen, oder diese nach einer kostspieligen Methode mit Quecksilber amalgamirt, aus dem dann das Silber durch Verdünstung gewonnen wird. Welchen Aufschwung diese Minen, deren Reichthum unerschöpflich ist, durch Anwendung neuerer Maschinen nehmen könnten, ist unberechenbar.

Das Klima des Staates Nicaragua ist an seinen Seeen und in den westlich gelegenen Landstrichen, besonders aber in seinen nördlichen Minendistricten, der weißen Race im Allgemeinen sehr zuträglich. Dagegen sollten die dem Caraibischen Meere zugewendeten Küstenstriche, welche wärmer und feuchter als die westlichen sind und häufig Fieber verursachen, von weißen Colonisten möglichst vermieden werden. Die im Osten gelegenen Landestheile sind ihres ungesunden Klimas halber auch weit spärlicher bevölkert, als die im Innern des Landes und am Stillen Meere liegenden.

Im großen Centralbecken von Nicaragua ist das Klima bedeutend gemäßigter als in andern unter demselben Breitengrade liegenden Ländern der tropischen Zone. Die in seinem Innern liegenden ausgedehnten Landseen geben den durch Bergketten ungehindert vom Atlantischen Meere über den Isthmus streichenden Passatwinden freien Spielraum, um die Luft abzukühlen und von schädlichen Dünsten zu reinigen.

Die Jahreszeiten zerfallen in die trockene und in die Regenzeit, von denen die erste Sommer und die letzte Winter genannt wird.

Die Regenzeit beginnt im Mai und dauert bis zum November, während welcher Zeit, namentlich zu Anfang und Ende derselben, es häufig Tage lang regnet, oft jedoch Wochen lang kein Wölkchen am Himmel zu sehen ist. Regenschauer sind häufig, meistens am Nachmittage und während der Nacht. Wälder und Felder kleiden sich mit dem üppigsten Grün, und die Temperatur wechselt zwischen 78 und 88 Grad Fahrenheit. Mitunter, aber selten, kühlt sich während der Nacht die Luft bis zu 70 Grad ab, und erhitzt sich Nachmittags bis zu 90 Grad Fahrenheit.

Während der trockenen Jahreszeit, welche vom December bis gegen das Ende des Monats April dauert, ist die Temperatur bedeutend kühler. Namentlich des Nachts tritt sie alsdann mitunter mit fröstelnder Kälte auf. Der Himmel ist wolkenleer, und nur selten fallen Regenschauer auf das ausgedörrte Land. Die Vegetation auf den Feldern wird von der Sonne versengt, das Vieh zieht sich in die feuchteren Gründe, an die Seen und Flußläufe, und der umherfliegende Staub ist in den Städten fast unerträglich. Er bringt durch die glaslosen, offenen Fenster und durch die Ziegeldächer massenweise in die Häuser, findet einen Eingang durch die kleinsten Spalten in Schränke und Verschläge, und zieht wie Höhenrauch durch die Straßen. Diese Jahreszeit, obgleich unangenehm, ist die gesundeste und hat auf die Pflanzennatur den Einfluß eines nordischen Winters, indem sie die zu üppige Vegetation beschränkt, welche z. B. in dem nur um wenige Grade weiter südlich gelegenen Panama, wo die Regen-

Unzen Nüsse für jeden Baum, was für tausend Bäume zwölfhundert Pfund erzielen würde. Da der Marktpreis fünf und zwanzig Dollars per Quintal (101 Pfund) beträgt, so beläuft sich der jährliche Ertrag von tausend Bäumen und einem Arbeiter auf dreihundert Dollars. Der Cacao von Nicaragua ist nächst dem von Soconusco,*) welcher unter der spanischen Herrschaft ein Monopol der Krone war, der vorzüglichste der Welt, und hat hier zu Lande den drei- und vierfachen Werth des von Guayaquil, welche letztgenannte Sorte fast ausschließlich nach den Vereinigten Staaten exportirt wird.

Alle Arten tropischer Producte gedeihen in Nicaragua auf's Ueppigste. Zuckerrohr bringt zwei, und wenn der Boden bewässert wird, drei Ernten im Jahr, und braucht nur einmal in zwölf bis vierzehn Jahren frisch gepflanzt zu werden. Baumwolle, obgleich bis jetzt nur wenig cultivirt, ist von ausgezeichneter Güte. Reis, Indigo, Taback, Cochenille, Kaffee, sind werthvolle Landesproducte. Farbehölzer, Mahagony- und Rosenholz werden in unerschöpflichen Quantitäten gefunden. Mais wird drei Mal im Jahre geerntet, Gemüse sogar sechs Mal. Die Eingebornen verdingen sich für zwanzig Cents pro Tag und Verpflegung, und sind als Farmarbeiter in genügender Anzahl zu finden.

Der nördliche, gebirgige Theil des Staates, Nueva Segovia, der das Klima und den Baumwuchs der gemäßigten Zone hat, ist reich an Gold, Silber und Kupfer. Viele der dortigen Ströme führen Gold mit sich, welches von den Indianern in bedeutenden Quantitäten ausgewaschen wird. Von San Francisco aus, wo man hiervon unterrichtet ist, sind schon mehrere Compagnieen von Bergleuten in diese Minendistricte gezogen. Auch auf unserm Schiffe befand sich eine Gesellschaft von Deutschen, welche von Virgin Bay aus dorthin wandern wollten. Obgleich die Production edler Metalle seit der spanischen Herrschaft sehr abgenommen hat, so ist dieselbe, namentlich die des Silbers, immer noch nicht unbeträchtlich. Die Bearbeitung der Silberminen wird jedoch sehr nachlässig betrieben, und von neueren Maschinen, wie sie in Californien, Nevada und andern Minenländern angewendet werden, weiß man hier gar nichts.

Die Eingebornen bringen höchstens bis zu fünfundvierzig Fuß tief in die Lagen und wühlen, so zu sagen, wie Maulwürfe darin herum. Auf eingekerbten Baumstämmen klettern sie, Lasten von hundert bis zu hundert und zwanzig Pfund Erz in einem über die Stirn gehängten Ledersack tragend, die Löcher hinauf, welche sie in die Erde gewühlt haben und die nicht den Namen Schachte verdienen. In den Minen sitzen die Arbeiter nackt auf dem steinigen Grunde und hauen das Erz beim Lichte eines über ihnen im Felsen steckenden Talglichts aus der Erde los. Wasserpumpen, um die Tiefgänge trocken zu legen, sind ihnen gänzlich unbekannt. Das aus den Minen herausgeschaffte Erz wird mit ungeheuren, tausend bis fünfzehnhundert Pfund schweren Steinen, die wie ein

---

*) Gegenwärtig der südlichste Staat Mexico's, am Golf von Tehuantepec und nördlich von Guatemala gelegen.

Diese Windstöße, Papagayos genannt, sind die atlantischen Passatwinde, welche hier, von Bergzügen ungehindert, über die ganze Breite des Isthmus streifen und, die entgegengesetzten Luftströmungen vom Stillen Meere treffend, mitunter äußerst widerwärtige Wirbelwinde verursachen. In der Regel wehen sie heftig am Abend aus Nordost und legen sich gegen Morgen, so daß die Gewässer des Sees, von ihnen emporgetrieben, sich an seiner Südküste abwechselnd zu heben und zu senken scheinen, und das niedrigere Land dort häufig überfließen. In früheren Zeiten glaubte man, daß der See wie das Meer regelmäßig Ebbe und Fluth zeige, oder daß ein unterirdischer Abzugscanal ihn mit dem Stillen Meere in Verbindung setze, was Alles jedoch nur auf der von den Papagayos verursachten Täuschung beruhte.

Die Kegelkuppen der Vulkane Omotepec und Madeira weit hinter uns lassend, näherten wir uns, als die Sonne höher stieg, allmälig dem östlichen Ende des Sees, welchem der Rio San Juan entspringt. Die Ufer rechter Hand wurden niedriger, und Inseln, mit dunkelgrünen Waldungen geschmückt, lagen hier und da traulich in den klaren Fluthen. Auf mehreren derselben gewahrte ich Wohnungen und angebautes Land. Fast beneidete ich die glücklichen Besitzer dieser Eilande, welche in dem herrlichsten Klima der Welt, umgeben von den Reizen einer tropischen Natur, dort in sorgenloser Abgeschiedenheit lebten und dabei von ihrer Thürschwelle die brausenden Boten der neueren Civilisation begrüßen konnten.

Die Passagiere unseres Dampfers befanden sich in der besten Stimmung und bewunderten das herrliche Landschaftsgemälde. Jedermann schien die schlechten Transportmittel der Transit-Compagnie zwischen San Juan del Sur und Virgin Bay vergessen zu haben und erwartete mit Sehnsucht die Einfahrt in den San Juan Fluß. Die socialen Genies thaten ihr Bestes, die Reisegesellschaft zu erheitern, und Gesang und Scherz erschallten aus mancher Gruppe, die in süßem Nichtsthun auf dem Verdeck lagerte.

Gegen Mittag jedoch, als sich bei der Mehrzahl der Passagiere, welche von der Zeit an, als wir den Dampfer „America" verließen, bis jetzt auf eigene Unkosten gelebt und seit dem frühen Morgen keinen Bissen zu sich genommen hatten, eine Sehnsucht nach leiblicher Speise einstellte, verlor die romantische Scenerie des Sees alle Reize, und es bemächtigte sich eine unverkennbare Unruhe aller Gemüther.

Die Transit-Compagnie hatte allerdings in den San Francisco-Zeitungen bekannt gemacht: "No extra charge for board on the Isthmus", aber— wo blieb das Mittagsmahl? von dem Frühstück oder Lunch gar nicht zu reden, welches die Compagnie in dem Wirrwarr der Einschiffung wahrscheinlich aufzutischen vergessen hatte. Selbst die feinsten Riechorgane konnten keine Spur von werdenden Beafsteaks, Trüffeln, Pfannekuchen, Torten oder dergleichen Erfrischungen entdecken.

Endlich erschien ein Chimborazo der elendesten Sandwiches, welche je einen civilisirten Menschen beleidigt, und dazu etwas schmutzig-gelber Kaffee, der wie ein Abguß von gerösteten Linsen schmeckte und ohne Kaffeelöffel in ohrenlosen Tassen verabreicht ward, so daß man gezwungen war, Bleistifte und Zahnstocher als Löffel zu improvisiren, um ein diminutives Quantum von Zucker in der Kaffee sein sollenden Flüssigkeit aufzulösen. Dieses barbarische Kaffeegebräu — das mich lebhaft an den texanisch-conföderirten Kaffee von 1862 erinnerte — hier im Vaterlande des Kaffee, der vor unsern Augen auf's Ueppigste am nahen Ufer wuchs, war ein entsetzlicher Hohn der tyrannischen Transit-Compagnie auf unsere rebellischen Mägen; und wenn schon wegen der Sandwiches, auf denen die Butter selbst unterm Mikroskop nur wie hingehaucht erschien und der Schinken an Hungersnoth mahnte, derselben von siebenhundert Passagieren wenigstens siebenhundert Flüche entgegengeschleudert, so waren die Verwünschungen wegen des Kaffees wahrhaft furchtbar.

Glücklicher Weise hatte ich mich in Virgin Bay mit einem gebratenen Hühnchen und einem halben Schock hartgesottener Eier verproviantirt, da ich mich auf die Auslegung des Orakelspruchs der Transit-Compagnie nicht gern verlassen wollte. Wo nichts gegeben wird, da wird auch keine Zahlung verlangt; das schien mir jetzt die Meinung der Zeitungsanzeige der Transit-Compagnie zu sein, welche uns aus purer Menschenliebe die famosen Sandwiches und den Pseudo-Kaffee verabreichen ließ.

In keineswegs gehobener Stimmung liefen wir um ein Uhr Mittags in den San Juan Fluß ein, woselbst uns ein kleinerer Dampfer erwartete, der uns zunächst nach Castillo bringen sollte. Südlich von dem Ausfluß des San Juan, dem Fort San Carlos schräg gegenüber, ergießt sich der Rio Frio in den See Nicaragua, ein nicht unbedeutender Fluß, der an dem 11,400 Fuß hohen Vulcan Cartago in Costa Rica entspringt.

Das vom Rio Frio durchströmte, schwer zugängliche Thal ist die Heimath der Guatuso-Indianer, welche sowohl den Spaniern als den heutigen Regierungen Central-Amerikas gegenüber ihre Unabhängigkeit stets bewahrt haben und jegliche Versuche, sowohl von Reisenden als Militärabtheilungen, in ihr Gebiet einzudringen und sich mit ihnen bekannt zu machen, blutig zurückgewiesen haben. Die Vermuthungen über ihren Ursprung, in so weit dieselben durch Sprachverwandtschaften Wahrscheinlichkeit erhalten, scheinen sich dahin zu vereinigen, daß die Guatuso-Indianer zu derselben Aztec-Race gehören, welche zur Zeit der spanischen Eroberung im Thale von Anahuac in Mexiko und im jetzigen Staate San Salvador wohnte. Wahrscheinlich bewohnten sie, als Gil Gonzalez d'Avila im Jahre 1522 das jetzige Nicaragua der spanischen Krone unterwarf, das westliche Ufer des Nicaragua, von wo aus sie vor den Spaniern die Thalengen des Rio Frio hinauf flüchteten, in denen sie, wie bereits erwähnt, bis auf den heutigen Tag ihre Abgeschlossenheit und Unabhängigkeit gegen alle Eindringlinge bewahrt haben.

Linker Hand auf einem hohen Bluff, nahe dem Ausflusse des Rio San Juan, stand das alte Fort San Carlos mit einigen elenden Strohhütten im Innern desselben, welche durch eine einzige wohlgezielte Bombe in Brand geschossen, die Besatzung schnell ausräuchern würden. Ein paar alte Kanonen, auf massiven Lafetten ruhend, beherrschten die Flußmündung, und nicht weit davon lagen die Ueberreste eines untergegangenen Dampfers, ein Monument der Flibustier-Expedition, deren gesetzlosem Treiben von den Costa Ricanern unter dem Befehl des braven Spencer im December 1856 und zu Anfang des Jahres 1857 auf dem San Juan Flusse ein Ziel gesetzt ward. Die ganze Transit-Route ist übrigens so mit Walker identificirt, der seinen Namen an derselben überall mit blutigem Griffel eingegraben hat, daß man sich unwillkürlich in jene Zeit zurück versetzt, als er mit einer Handvoll Abentheurer in diesem Lande ein neues Reich zu gründen versuchte, und noch heute seinen Kriegszügen mit unvermindertem Interesse folgt.

Bald war unsere gesammte Reisegesellschaft auf das mit zwei Rädern am Stern versehene Dampfboot „City of Leon" versetzt, wo wir es uns auf dem ringsum offenen oberen Verdeck auf Bänken und Stühlen bequem machten. Ein über die ganze Länge und Breite des Verdecks gespanntes Leinwandtuch gab Schutz gegen die Sonnenstrahlen, und die Aussicht nach allen Seiten war durch nichts gehindert.

Der Rio San Juan, welcher bei einer Breite von hundert bis abwechselnd zu vierhundert Yards mit seinen Windungen eine Länge von 128 englischen Meilen hat, ist, wie bereits früher erwähnt, der einzige Ausfluß der Nicaragua-Binnenseen. Die Vortheile, welche er einem zu schaffenden Canal bietet, sind jedoch sehr überschätzt worden, da seine Tiefe zu Zeiten sehr gering ist und in der trockenen Jahreszeit stellenweise kaum zwei Fuß erreicht. Die zahlreichen Stromschnellen und Untiefen bilden alsdann für die Schifffahrt fast unübersteigliche Barrieren. Während der Regenzeit oder kurz nach derselben — wie zur Zeit meiner Reise der Fall war — ist jedoch die Masse des Wassers in ihm sehr bedeutend.

Freie Gemeinden.
Zweite Betrachtung.
Von Dr. Rud. Dulon.

Die freien Gemeinden haben in Amerika wenig Glück gemacht. Versuche sind an vielen Orten angestellt worden, nirgend, so viel ich weiß, mit erheblichem Erfolge. Die bedeutendste Gemeinde, von der ich Kenntniß habe, ist die in Philadelphia. Sie mag seit etwa 15 Jahren bestehen und hat das Glück gehabt, als Sprecher Männer zu gewinnen, die in dem Rufe tüchtiger Wissenschaft und bedeutender Beredtsamkeit standen und stehen. Ich lernte die Gemeinde vor etwa 12 Jahren kennen. Damals zählte sie über 200 Mitglieder, die regen Eifer und großes Interesse an den Tag legten. Jetzt ist nach einem Bericht, den vor Kurzem die Blätter für freies religiöses Leben brachten,

die Zahl der Mitglieder auf etwa 280 gestiegen, und der Bericht starrt von
Klagen über Gleichgültigkeit, geringe Theilnahme, leere Bänke; — das Alles
trotz eines Sprechers, der als ein Ausbund ergreifender Beredtsamkeit dargestellt wird.

Das sieht sehr übel aus, um so übler, je gewisser es scheint, daß keine andere
Gemeinde der von Philadelphia an Bedeutsamkeit gleichsteht. So lange
Jahre der Wirksamkeit, so tüchtige Kräfte, ein so reiches, großes Feld, und —
ein so trauriger Erfolg!

Woher kommt das? Wer trägt die Schuld, daß es mit den freien Gemeinden nicht fort will? Die Unentbehrlichkeit, die Nothwendigkeit ist da und
absolut unbestreitbar. Weshalb der Erfolg der Bestrebungen so winzig klein?

Die Gleichgültigkeit ist zu groß! Sie fühlen das Bedürfniß der Fortbildung
und Erhebung nicht! Sie sind völlig befriedigt mit dem Gelde, welches sie verdienen, mit dem Lagerbier, welches sie trinken, mit jenen wunderssamen Schön-
heiten, die sie in den Concertsalons finden. Nur dürftige Jugendbildung, nur
dürftiges Verständniß unserer großen Zeit und dürftige Einsicht in die Geheimnisse des Lebens,—sie wollen von eurer Weisheit nichts wissen, können ihr Geld
besser gebrauchen, wollen Vergnügen haben und sind tausendmal weisheit-
getränkter, als ihr es euch träumen laßt.

So—? Wäre es das? Wir dürfen es vorläufig nicht annehmen. Es
wäre zu entsetzlich. Es würfe ein zu schmachvolles Licht auf diese Elemente.
Versteht ihr euch so wenig? Wollt ihr euch selbst entwürdigen? Wollt ihr euch
den Maschinen gleich stellen? Sollte schmachvolle Trägheit, sollte ehrlose Gleichgültigkeit gegen das, was keinem anständigen Menschen gleichgültig sein d a r f,
die hervorragende Eigenschaft dieser Millionen sein? Wir dürfen es absolut
nicht voraussetzen. Müßten wir endlich, zu allerletzt, darauf zurückkommen —
es würde uns sein wie ein Todesurtheil.

Ich habe als Schulmeister eine Methode sehr probat gefunden. Wo es
nicht gehen, mit einem Lehrer, einer Klasse, einem einzelnen Schüler nicht recht
von der Stelle wollte, da pflegte ich in erster Instanz mich selbst mit recht großen und offenen Augen anzusehen, und siehe da, gar nicht selten fand ich heraus, daß der Fehler doch nur an dem Herrn Schulmeister lag. Die Methode
ist probat und hilft zu erfreulichen Erfolgen.

Wir sollten sie annehmen, die wir uns hier oder dort, jetzt oder ehemals
an freien Gemeinden versucht haben. Welche Fehler haben wir gemacht?

Es sind von den freien Gemeinden grobe und plumpe Fehler gemacht
worden. Sie haben oft operirt nicht als wollten sie gewinnen und locken,
sondern als wollten sie verjagen und abschrecken.

In nicht seltenen Fällen sind sie in der Negation stecken geblieben.

Das Verneinen ist hochwichtig und ganz vortrefflich. Der Unsinn, den
das Pfaffenvolk von den Kanzeln herab den horchenden Gemeinden allsonn-
täglich an den Kopf wirft, muß nachdrücklich verneint, muß in seiner Wahrheits-
widrigkeit, in seiner empörenden Verderblichkeit und Schändlichkeit dargestellt

werden. Aber dieses unaufhörliche Donnern und Poltern gegen die Pfaffen, dieses unaufhörliche Wiederkäuen des tausendmal Dagewesenen, dieses unermüdliche Bestreiten einer abgestorbenen Weisheit, kann es locken und gewinnen, muß es nicht endlich zum Ekel und zum Ueberdruß werden? Ihr Männer der modernen Weltanschauung, ihr habt eine Welt der schönsten, erhabensten und ergreifendsten Gedanken; — weshalb gebt ihr nicht in reicher Fülle, nachdem ihr genommen; weshalb baut ihr nicht lichtvolle Tempel, nachdem ihr die düstern Hallen der Vergangenheit zerstört habt? Ihr reißt ein. Aber halt, da ist werthvolles Material, da ist brauchbares und berechtigtes! Das Alles wollt ihr in blindem Eifer zum Fenster hinauswerfen? Vor allen Dingen soll der liebe Herrgott beseitigt werden. Nun, Gott sei's geklagt, der alte Herr hat viel Unfug in der Welt angerichtet, viele Pfaffen gemästet und viele kräftige Menschen entmannt und entwürdigt. Es wird Zeit, ihn unschädlich zu machen. Aber— seid ihr blind? Wo nicht, so müßt ihr im Gottesglauben ein Zweifaches unterscheiden, die I d e e n, die in ihm den Ausdruck suchten und nach Veranschaulichung rangen, und die F o r m, in der die Ideen zur Veranschaulichung kamen und sich als lebensvolle Persönlichkeit präsentirten. Zerbrecht die Form, wenn sie euch überflüssig und verderblich scheint. Jener Jehovah der Juden, der in seinen Himmeln den Despoten spielte, mit dem Teufel schmähliche Strafen abkartete, die Herzen verstockte und die Sünden der Väter boshaft genug an den Kindern heimsuchte, dieser böse Gesell taugt in der That nichts und wir müssen das Beste thun, jeden denkenden Menschen von seiner Nichtsnutzigkeit zu überzeugen. Und jener Christengott, der die Pfaffen mästet, die liederlichen, rechtverachtenden, gott- und menschenhöhnenden Fürsten unterstützt, die Bornirten in ihrer Bornirtheit bestärkt und regelmäßig nur die wackeren Freiheitsfreunde im Stich läßt, dieser wunderliche Herr der christlichen Rechtgläubigkeit ist keinen Deut besser. Zerbrecht die Form! Macht eine neue oder laßt es bleiben, wie es euch gut scheint. Ehe ihr aber mit den I d e e n leichtfertig umspringt, besinnt euch ein wenig und seht sie genau an. Unter den Ideen sind einige von ewiger und ganz unbestreitbarer Berechtigung, einige, die für die kraftvolle Entwicklung der Menschheit wichtiger sind, als eure ganze Weisheit. In dieser wunderschönen Natur tritt uns ein Erhabenes entgegen, in Tiefe und Größe der Weisheit, die der Spötter bespötteln mag, die aber kein Mensch, der eines ernsten Gedankens fähig ist, verkennen und bestreiten kann; tritt uns eine Allmacht entgegen, die, mit der Weisheit im unauflöslichen Bunde, zum Staunen zwingt und zur Bewunderung hinreißt; tritt uns — ob sich's unter einander bekämpft und auffrißt, — eine segnende Liebe entgegen, die Freuden ohne Zahl und Glück ohne Maß zahllosen Millionen empfänglicher Wesen bereitet. Das sind einige von den Ideen, die im Gottesglauben den Ausdruck fanden. Nun ist's allerdings wahr, diese Ideen passen nicht recht in unsere grundgelehrte und grundnüchterne Zeit hinein; und diese Philosophen, die große Männer sein würden wenn sie von der Philosophie nur überhaupt etwas Rechtes verständen, lächeln mit großer Geringschätzung und sehr vornehmmer Miene. Laßt sie lächeln! Wenn mancher dieser freigemeindlichen Rede-halter längst begraben und vergessen sein wird, wird die wunderschöne und erhabene Natur in immer neuer Kraft und Deutlichkeit zu empfindenden Menschen reden, und sie werden die Weisheit erkennen, die Allmacht und die Liebe schauen, deren Träger der lichtvolle Tempel ist, in dessen Heiligthum wir Alle stehen. Wenn ihr aber, ihr Redner der freien Gemeinden, nichts habt, als die Verneinung, verbrämt mit etwas Hohn und Spott, die Hinz und Kunz längst auch gefunden; wenn ihr eure Blößen mit etwas Physiologie, etwas Geologie, etwas Astronomie zu bedecken sucht, was Alles in populären Aufsätzen tausendmal besser zu finden ist, als in euren Vorträgen; wenn ihr im Uebrigen selbst in euch nichts findet, als das sehr Ordinäre, Alltägliche und Gemeine, was Hinz und Kunz auch mit sich herumschleppen, und das durch schlechte Witze so wenig wie durch grobe Schmeicheleien zu einer gewinnenden und fesselnden Kraft erhoben werden kann: so weiß ich wahrlich nicht, was die Menschen, die ihr ruft, aus ihren Bierlokalen heraus- und in eure Versammlungen hineinlocken sollte. Verneint, aber bejaht; nehmt, aber gebt; reißt ein, aber baut auf. Reißt das ganze Gebäude des Blödsinns ein, welches Priesterschlauheit aus den Materialien erbaut hat, die die sittliche Gemeinheit und Schwäche zusammengetragen; aber behauptet mit Nachdruck den Fluch, den sittliche Gemeinheit immer und überall gebiert. „Die Sünde ist der Leute Verderben!" Nehmt diesem Worte die priesterlichen Schrecken; aber daß der schnöde Verrath an dem sittlichen Grundsatz im Interesse der gierigen Sinnlichkeit, der Verrath am heiligen Recht im Interesse der Habsucht, der Verrath am Vaterlande im Interesse der nichtswürdigen Selbstsucht, der Ruin des Menschen und der bitterste Feind des Menschenglückes sei, — das, das hebt mit Kraft und durch die Kraft schlagender Gründe hervor. Stürzt die Altäre der Götzen und der Götter um, aber errichtet einen Altar wie er der Gegenwart ziemt, und stellt den Menschen darauf, das stolzeste und schönste Werk der schaffenden Natur, in der ganzen Größe seiner Kraft und des schönen Glückes, das er gewähren und genießen kann. Stellt die Wissenschaft darauf, nicht als eine wüste Masse gelehrter Brocken, sondern als die stolze Macht, die das ganze Menschenleben durchleuchtet. Stellt die Kunst darauf, nicht als eine beliebige Hanswurstbude, die man Theater nennt, nicht als belleckste Bogen, mit denen man die Wände verunziert, nein, als jene Himmelstochter, die mit der Kraft die Schönheit vermählt und den höchsten, menschenwürdigen Genuß erzeugt. Stellt den Staat darauf und die Familie, und die Schule und das Recht und das Gesetz, und neben Recht und Gesetz die wahrhaftige Freiheit und in der Freiheit das schönste Menschenglück. Eine Welt voll erhabener, tief ergreifender Gedanken breitet sich vor uns aus; wir wissen, wo wir anfangen, aber wahrlich nicht, wo wir aufhören sollen, und das bewegte Herz fühlt sich fortgerissen von Gedanken zu Gedanken. Und ihr bleibt beim Dräuen und Poltern, beim Verneinen und Streiten, beim Einreißen und Niederwerfen? Wahrlich, wo das geschieht, vermag ich nichts Anderes zu erkennen, als Bettlerarmuth, wo überfließender Reichthum so nahe liegt.

In den freien Gemeinden hat sich in nicht seltenen Fällen eine Wissenschaft der allerzweifelhaftesten Sorte geltend gemacht. Der Radicalismus florirt in den freien Gemeinden. Der Radicalismus! Ein großer Herr und vortrefflicher Schulmeister! Mit der Wurzel soll der Irrthum, soll der unnütze Gedanke, soll die verkehrte Weltanschauung herausgerissen werden, nicht Stumpf noch Stiel soll übrig bleiben, die Wahrheit allein, die ganze Wahrheit, nichts als Wahrheit, soll dominiren im Menschenherzen. Das ist vortrefflich! Das ist ohne alle Frage der wahre Zweck und die höchste Kunst! Glück auf, ihr Herren! Frisch ans Werk! Wir folgen euch, sitzen als bei.begierige Schüler zu euern Füßen und sperren pflichtschuldigst Nase und Mund, Augen und Ohren auf. Also mit der Wurzel heraus! Aber, ihr Herren, habt ihr schon einmal ein Rübenbeet bearbeitet? Mit der Wurzel sollte das Unkraut heraus. Ihr mietetet und jätetet und thatet euer Bestes, und siehe da, das Beet sah aus wie ein Kind im Sonntagsstaate. Aber — acht Tage, ein erfrischender Regen, und — an allen Ecken und Enden sproßte das Unkraut auf's Neue! Oder hattet ihr einmal die fixe Idee, einen Rasenteppich zu erzielen, der den schönsten Sammetteppich an Frische und Schönheit weit überragte? Alle fremdartigen Grasarten und Kräuter wurden als Unkräuter verdammt, und monatelang brachtet ihr alle eure Mußestunden zum Opfer, und „mit der Wurzel heraus" war die Losung. Es half verzweifelt wenig. Erst das Kraut selbst, indem es, von euch gepflegt, sich entwickelte und wucherte, erstickte in sehr allmäliger Arbeit das Unkraut. Und der Irrthum, ist er ein Etwas, das daneben steht, daran hängt, zur Tasche heraussieht? Der Irrthum ist zum Theile des Wesens geworden, ist mit dem ganzen Menschen erwachsen, mit allem Denken und Wollen und Empfinden zu einem lebensvollen Organismus verzweigt. Und ihr wollt ihn mit dem Schwerte eurer kecken Behauptungen urplötzlich herausreißen? Was bei euch vielleicht das Resultat jahrelanger Studien, der Abschluß eines gründlichen, alles Wissenswerthe umfassenden Denkprozesses, das endliche Ergebniß der Arbeiten eines Menschenalters gewesen ist, das wollt ihr, in einer etwas andern Form gegossen, ohne Umstände dem Kinde, dem Jüngling, der sorgenden Hausfrau, dem Manne dürftiger Vorbildung an den Kopf werfen? Ihr Herren, das ist Thorheit und Unverstand. In der Gemeinde dürft ihr nicht vergessen, daß die Wahrheit dem Strebenden und Suchenden gegenüber keine Frucht ist, die man fix und fertig an den Baum hängt, sondern eine Frucht, die sich aus Keim, Knospe und Blüthe nach bestimmten Gesetzen sehr allmälig entwickeln muß, wenn sie Leben h a b e n und eine lebenerweckende Kraft s e i n soll. Mit der Wurzel den Irrthum herausreißen, heißt in tausend Fällen das Verkehrteste thun. In dem Irrthum liegen oft Keime, die respectirt werden müssen. Ja, der Irrthum ist gar nicht selten die Hülle, der leise Anfang, der Wahrheit selbst. Aus dem Irrthum den Irrthum zu verdrängen und die goldne Frucht zur lichtvollen Erkenntniß zu gewinnen, giebt es nur e i n e n Weg, und den e i n e n Weg zeigt uns die Natur in ihrer Schöpferkraft. Das Heute ist die Frucht des Gestern, die heutige Erkenntniß eine Frucht der Erkenntniß, in der das Gestern die Wahrheit glaubte. Jede Frucht ist das Werk eines Entwicklungsprozesses. Die Entwickelung schafft Neues aus Altem, beseitigt Ueberflüssiggewordenes, ergänzt das zur Dauer Berechtigte und führt es langsam in die vollendetere Erscheinungsform hinüber. Die Entwicklung a l l e i n zeitigt die Wahrheit. Sie vollzieht sich nach unwandelbaren Gesetzen, in deren Bereich der Radicalismus k e i n e Berechtigung hat. Bricht die Blüthe mit der Knospe, oder die Frucht mit der Blüthe? Reißt die Natur im gewöhnlichen Laufe der Dinge mit der Wurzel aus, wenn sie schönere, reichere Lebensformen schaffen will? Reiße ich das Gestern aus meinem Bewußtsein heraus, wenn ich mich auf die stolze Höhe des Heute zu erheben suche? In dem Heute ist das Gestern, in der Frucht die Blüthe, in der Blüthe die Knospe, so weit sie zur Dauer Berechtigung hatten. Radicalismus deutet auf Tod und Untergang, organische Entwickelung auf reicheres und höheres Leben.

Unsere Gemeinden, sagt ihr, wollen den Radicalismus? Das also ist es! Es kommt nicht auf ein gemeinschaftliches Fortstreben und Fortschreiten, nicht auf immer gründlicheres Erkennen, immer deutlicheres Verstehen, immer tieferes Eindringen, immer erfolgreicheres Anwenden an, — Gott bewahre! Eure Gemeinden wollen den Rabikalismus, und ihr dient ihnen mit dem Radicalismus. Seht einmal dorthin! Da stehen Hunderte, stehen Tausende. Sie möchten wohl, aber sie können nicht. Sie sind Produkte bestimmter Umstände, Verhältnisse und Einwirkungen. Sie fühlen das Unzureichende ihres Standpunktes, fühlen sich unbehaglich diesen Strohmännern gegenüber. Sie möchten sich losreißen, aber mit ihrem ganzen Sein und Wesen sind die Vorstellungen ihres früheren Lebens verwachsen. Sie hören auch. Manches erscheint ihnen wie ein Licht vom Himmel her. Aber da rückt nun das Donnergepolter heran, da kommt der Radicalismus mit seinen Entwurzelungsgelüsten, und so gern sie euch folgen möchten, sie verstehen euch nicht, sie finden bei euch schnöden Verrath am Heiligen und — gehen verstimmt von dannen. Seht ihr nicht, daß die Fertigen, die in sich Abgeschlossenen eurer kaum bedürfen, daß diese Hunderte, diese Tausende dagegen das Feld eurer verheißungsreichsten Wirksamkeit sein würden? Ihr verjagt, während ihr sie hättet gewinnen können und gewinnen sollen, und die Schaar der Gläubigen, der dummgläubigen Nachbeter gottseligen Unsinns, mehrt sich. Zuweilen, das ist wahr, zuweilen feiert der Radicalismus Triumphe. Plötzlich ergreift's den Menschen. Plötzlich geht ihm das Licht auf und er gehört euch mit Leib und Seele. „Leer gebrannt ist die Stätte!" Wo der Gott schirmte, wo der Muttersegen stärkte, wo das Vaterwort im dankbaren Herzen brannte, — juchheh, da ist gründlich entwurzelt, und der Radicalismus hat sein Werk gethan. Achtet auf eine nicht kleine Zahl eurer radicalen Nachbeter. Prüft ihr Leben. Zeigt es das, was i h r wollt?

Und weshalb das Voranstürmen, das Drängen, Zurückstoßen und Abschrecken?

Wie, so weit müßtet ihr mit euren Gemeinden? Da allein sei die Wahrheit?

Wunderbar! Dort an den Grenzen der heutigen wissenschaftlichen Forschung, dort wogt der Kampf, dort wird der Abschluß eines wichtigen Prozesses g e s u c h t, dort hat die Wissenschaft, eben d i e Macht, die das dritte Wort in eurem Munde ist, für eure radicalen Behauptungen sehr ernste Worte in Bereitschaft, dort hat sie einige Nüsse aufbewahrt, an denen sich die Kraft eurer Zähne erst noch erproben soll, und — dorthin müßt ihr durchaus schnurstracks eure Gemeinden, diese Jünglinge, diese hübschen Kinder, diese Männer und Frauen führen? Dort ist der Platz eurer Gemeinden? Ihr schwimmt in einem Meere der bedeutendsten, schönsten, unbestrittensten Resultate; ihr steht in einem Leben, so unendlich reich, so furchtbar mächtig, so unübertroffen groß; ihr habt die hohe Aufgabe, d i e s e s Leben mit d i e s e n Resultaten zu durchtringen, es in dem wunderschönen Lichte zu zeigen, das von dem Strahlenkranze dieser Resultate auf seine bedeutsamsten Offenbarungen fällt. Und ihr thut es nicht? Unbekümmert geht ihr an dem Reichthum vorüber, der vor eurer Nase liegt, und im lältesten Präceptertone tischt ihr die lecken Behauptungen eurer zweifelhaften Weisheit immer aufs Neue auf, stolz auf den Beifallsjubel, der euch umtobt? Seid i h r berufen, der harrenden Welt die letzte Entscheidung in den höchsten Fragen der Wissenschaft zu überbringen?

Wunderbar! Eine ungeheuer reiche Geschichte wissenschaftlicher Thaten liegt hinter uns. Bis auf A r i s t o t e l e s und die Alexandriner, bis auf die Höhe der Scholastik und des Papstthums, bis auf H u t t e n und E r a s m u s, C o p e r n i c u s, K e p p l e r und N i c o l a u s L u s a n u s, bis auf L e i b n i t z, S e m m l e r, L e s s i n g, N e w t o n, bis auf K a n t und H e g e l, A r a g o und H u m b o l d t, ja, bis auf die lebendige Gegenwart, — eine überreiche Geschichte, und überall — Entwicklung! Heute nun soll plötzlich der Radicalismus der Trumpf sein, der die Entscheidung giebt? H e l v e t i u s, D i d e r o t mit seinen saftigen Romanen, die H u m e, B o l i n g b r o k e u. s. w., so weit ihr sie zu den Radicalen zählt, waren vornehme Männer und große Herren; aber die Meister des Fortschritts, die weltbewegenden Führer zum Freiheitsbewußtsein der großen Gegenwart waren sie nicht! H e l v e t i u s und D i d e r o t bezauberten die vornehme Welt, entzückten alle Prinzen und Hofherren und verdrehten den Prinzessinnen und Hoffräulein dutzendweise die Köpfe, — ihren Einfluß auf den Gang der w i s s e n s c h a f t l i c h e n Entwicklung ihrer Zeit und vieler folgender Jahrzehnte kann man mit der Laterne suchen.

Wie kommt nun der Radicalismus heute urplötzlich zu der Ehre des entscheidenden Wortes?

Wir wollen die Macht, die heute als Radicalismus im freigemeindlichen Gebiete auftritt, auf ihren Gedankeninhalt ansehen.

Der Radicalismus ist ein aufgewärmter, ein wiedergeborener H e l v e t i u s, mit neuen, bedeutsameren und mächtigeren naturwissenschaftlichen

Stützen und Handhaben reichlich versehen. Große Männer waren es, die bei der Wiedergeburt die Pathenstelle vertraten. Auf seinen Gedankeninhalt hat das geringen Einfluß gehabt.

Vor allen Dingen kein Gott in der unendlichen Welt, keine Spur davon und kein Gedanke daran. Fort mit den Formen, in denen der Gottesglaube aufgetreten ist, und gleichermaßen fort mit den Ideen, deren Träger die Form war. Was Ideen, was Weisheit, Allmacht, Liebe, was einheitlicher, weisheitsvoller Plan; — der chemische Proceß, der physicalische Proceß, Licht und Wärme, Electricität, Magnetismus und Galvanismus, — das sind die selbstherrlichen Mächte, die die Welt gebaut haben mit Allem, was darin und daran ist. Von einem das Weltall durchdringenden, im Weltall sich offenbarenden Geiste, von einem Geiste der Natur zu reden, ist phantastische Faselei, nicht Wissenschaft, ist Wahn, nicht Wahrheit, und was die Kurzsichtigkeit als weisheitsvollen Zweck auffaßt, ist schlicht und recht das nothwendige Ergebniß aglrender und reagirender Kräfte, die sich selbst setzen und sich selbst durchsetzen zu schöpferischem Wirken. Und wie es in dem Mikrokosmus der unermeßlichen Welt ist, so ist es in dem Mikrokosmus der allerliebsten kleinen Welt des Menschen. Der Mensch ist eine äußerst niedliche, überaus hübsche Maschine. Die Seele ist ein Wesengebilde, was wir Geist nennen, eine Offenbarungsform körperlicher Thätigkeit. Der Mensch denkt und will, wie er verdaut und schwitzt; er lernt und erinnert sich, wie er ißt und trinkt; er schafft Wissensschätze und Grundgedanken, wie er Muskeln, Haut und Knochen schafft. Mancherlei Thätigkeiten, Processe und Schwingungen bilden das Menschenleben. Sie alle, die eine wie die andere, sind Thätigkeitsäußerungen der körperlichen Organe. Der Urin ist ein Product der Nierenthätigkeit, der Gedanke ein Product der Gehirnthätigkeit. Da ist kein Unterschied, nur der vielleicht, daß man den Urin glücklicher Weise loswerden kann, die Gedanken aber oft verzweifelt festsitzen. Trinke, so kommt der Urin; öffne Augen und Ohren, Mund und Nase, so tritt die Außenwelt an dich heran, in dich hinein, und die Gedanken müssen kommen, sie mögen wollen oder nicht. Die Strahlen und Wellen und Schwingungen der dich umgebenden Dinge bearbeiten die Sinneswerkzeuge, die Sinneswerkzeuge setzen die Nerven in Bewegung, die Nerven berichten an das Gehirn, das Centralbureau der sogenannten geistigen Thätigkeiten, das Gehirn beginnt dem Inhalte der Berichte gemäß seine Schwingungen, sendet flugs seine Befehle nach allen Richtungen, und siehe da, Vorstellungen, Anschauungen, Begriffe, Urtheile, Schlüsse, Gedanken aller Art, Entschlüsse und Vorsätze, Selbstbewußtsein und Selbsterkenntniß sind fix und fertig. Wie die Nieren und der Urin, so das Gehirn und die Gedanken. Es ist äußerst einfach und ganz allerliebst. Die Natur ist ein Hexenmeister erster Größe. Welche Wunder die Menschen einst dem alten Herrgott und seinen Propheten in die Schuhe geschoben haben mögen, — sie sind nichts gegen d i e s e Wunder der Natur.

Das ist des Pudels Kern. Sie nennen das Ding Materialismus, materialistische Weltanschauung, just als wären ihre Gegner allesammt Spiritualisten und Geisterklopfer. Wir wollen ihnen die „materialistische Weltanschauung" gern lassen, erlauben uns jedoch, die Anschauung ihrer beachtenswerthesten Gegner als die „wissenschaftliche Weltanschauung" einzuführen.

Die materialistische Weltanschauung hat vor der Hand auf den Titel einer **wissenschaftlichen** keinen unbestreitbaren Anspruch. Sie gründet sich auf die Naturwissenschaften und tritt mit naturwissenschaftlichen Stützen auf. Die großen Ergebnisse einer wissenschaftlichen Forschung von colossaler Bedeutung, der philosophischen, ignorirt sie. Sie ist einseitig, Einseitigkeit aber ist der sichere Weg zur irrthümlichen Auffassung. Und auch vom Standpunkte der Wissenschaften, die sie allein würdigt und — kennt, hat sie noch nicht einmal eine Erklärung für die **Möglichkeit** der geistigen Processe nachzuweisen vermocht, deren Wirklichkeit das Leben verbürgt. Gleichwohl — es mag ihr endlich gelingen. Wir wollen beide Augen zudrücken und die Möglichkeit zugeben. Möglich, daß eine tiefer durcharbeitete Theorie der Wellenbewegung und der Schwingungen, ein tieferes Erfassen der Interferenzerscheinungen selbst für die unleugbaren Freiheitserscheinungen des geistigen Lebens einst eine genügende Erklärung darbiete. Vielleicht **kann es** so sein, wie die materialistische Anschauung es will. Ob es in der That so sei, ist die **Frage**; daß es so sein **müsse**, dafür zeugt **kein** durchschlagender Grund. Höchstens also ist die materialistische Anschauung eine in wissenschaftlicher Form auftretende **Hypothese**.

Männer der Naturwissenschaften sind die modernen Väter dieser Hypothese.

Die Männer der Naturwissenschaften haben colossale Verdienste. Fast scheint es Barbarei, sie zu rühmen und zu preisen. Kann es einen Menschen geben, der den Glanz und die Macht dieser Verdienste verkennen könnte?

Die Männer der Naturwissenschaften treiben — Naturwissenschaft; sie sehen — Naturwissenschaft, denken Naturwissenschaft, träumen Naturwissenschaft, kennen — leider — oft nichts als Naturwissenschaft. Von der Naturwissenschaft allein leiten sie das Heil der Welt und alle sonstigen heilsamen und nützlichen Dinge ab. So ist es recht oft.

Wohl ihnen! In ihrem stolzen Selbstbewußtsein, in ihrem stolzen, nur auf Eins, aber auf das Eine mit ganzer, voller Kraft gerichteten Eifer haben sie eine staunenswerthe Macht entwickelt und der Wahrheitserkenntniß Triumphe nach Triumphen gewonnen.

Wagen sie sich in ihren Schlußfolgerungen auf ein ihnen fremdes Gebiet, — immerhin! Hinter den Bergen wohnen auch Leute, und ihre Thaten sind so groß, so schön, daß Fehlschlüsse auf anderen Gebieten ihrem Ruhme kaum einigen Abbruch thun. Karl Vogt und Moleschott bleiben große Gelehrte, scharfe Naturbeobachter, Meister in der Darstellung des Beobachteten, selbst wenn ihre philosophisch klingenden Urtheile haltlosem Behaupten und Bestreiten sehr ähnlich sehen sollten.

Die Männer der Naturwissenschaften in hohen Ehren!

Aber wie steht es m[it] [d]iesen Herren von den freien Gemeinden? Von ihren großartigen naturwissenschaftlichen Thaten ist hiesigen Orts absolut gar nichts bekannt. Wie es scheint, denken und sprechen sie just nach, wie Andere es auch thun. So hätten sie sich wenigstens einen freieren Standpunkt sichern, ein offenes Auge und einen hellen Blick auf das ganze Gebiet der Wissenschaft retten sollen. Macht gegen Macht, Resultat gegen Resultat, Gedankeninhalt gegen Gedankeninhalt, das war wenigstens ihre Aufgabe. Sie mußten die Leute, die hinter den Bergen wohnen, hören und verstehen, ihre Resultate aber ohne Vorurtheil und ohne blind machende Leidenschaftlichkeit gewissenhaft prüfen.

Da steht eine stattliche Reihe von Männern, denen kein urtheilsfähiger Mensch der Welt tiefe Gelehrsamkeit, umfassendes Wissen, gründliche Beobachtung, eiserne Consequenz im Denken, seltenen Scharfsinn und ebenso seltene Kraft des tiefdringenden Verstandes absprechen wird. Unter den Meistern nenne ich die Großmeister K a n t und H e g e l. Was unsere Tage anbelangt, so ist es leichter, A u g e zu bekritteln als ihn zu verstehen.

Wollen wir nun zunächst die Philosophie und die Philosophen — — lächerlich machen?

Das ist äußerst leicht. Ich will ein unfehlbares Recept geben. Nehmt einige Herder'sche Ideen, etwas Hamann'sche Mystik und Kant'sche Schwerverständlichkeit, eine Quantität Schelling'schen Blödsinns mit naturphilosophisch zu sich selbst gekommenem Kiesel, einige verunglückte Hegel'sche Definitionen, mischt Alles mit der nöthigen Unkenntniß durcheinander und thut etwas Witz daran, so habt ihr ein Ding zum Todtlachen.

Glücklicher Weise alterirt das Lachen die Philosophen gar nicht, und für den Gedankeninhalt ihrer Systeme ist es vollkommen gleichgültig. Was ist bei ihnen des Pudels Kern? Wir zeigen den Kern, so weit er hier von Interesse ist.

Der Mensch ist geistbegabt, geisterfüllt. Das Denken und Wollen der Menschen nach allen ihren Erscheinungsformen als Einheit gefaßt, sind der Geist des Menschen, nicht seinen Eigenschaften und Merkmalen, sondern seinem Wesen nach. Der Mensch ist ein Kind seiner Zeit. Er ist ein Kind der Verhältnisse, unter denen er geboren, der Umstände, unter denen er sich entwickelt, der Vorbilder, die ihn umgeben, der Anschauungen, die er in der Kindheit gewinnt, der Meinungen, die auf ihn eindringen, der Kenntnisse, die er sammelt. Alle diese Dinge wirken bestimmend, fördernd oder hemmend auf ihn ein. Aber er unterliegt nicht ihrer Macht. Er ist der Freiheit, der absoluten Freiheit fähig. Was er empfängt, ist mächtig, aber er k a n n es in seiner Kraft selbstständig verarbeiten. Von dem, was seine Sinne afficirt, erhebt er sich zu dem, was die Sinnenwelt nicht zeigt, von dem Sichtbaren zu dem Unsichtbaren, von den vorübereilenden Erscheinungen zu dem, was bleibt und dauert. Er hat die Kraft der freien Denkbestimmung, und in Begriffen und allgemeinen Wahrheiten, die ihm nicht die Dinge zeigen konnten, sondern nur sein Denken, hat er diese Kraft e r w i e f e n. Denkend ordnet er die Erscheinungen, erhebt er Beobachtungen zum System, baut er den Tempel der Wissenschaft; denkend erkennt er das Wahre der Dinge, des Menschen, der Familie, des Staates und die Bedingungen ihres immer glücklicheren Gedeihens; denkend wird er der Herr der ihn umgebenden Welt und erhebt sie mit sich zu immer höheren Stufen der Vollkommenheit. Er hat die Kraft des freien Wollens, ist der Selbstbestimmung in vollkommener, absoluter Freiheit fähig. Er beherrscht die Triebe, mäßigt die Begierde, hemmt die Leidenschaft, beherrscht die Lust und unterwirft sich im vollen Widerspruche zu mächtigen Eindrücken in stolzer Freiheit dem Gedanken, in dem er den Ausdruck des Rechten und Wahren erkennt. Er gewinnt immer größere Kraft und erhebt sich zu immer höherer Würde und Macht.

Das ist hier der Kern. Die wissenschaftliche Berechtigung ist unbestreitbar. Scharfe Beobachtung steht neben scharfer Beobachtung, deutlicher Begriff gesellt sich zum deutlichen Begriff, wohlbegründeter Schluß reiht sich an wohlbegründeten Schluß, und eine unerbittliche Logik ist der Werkmeister vom Fundament bis zum Dach des festen, wohlgefügten Gebäudes. Und der g a n z e n Wissenschaft, und j e d e r Wissenschaft ihr volles Recht! Heran, ihr Naturwissenschaften! Mit Siegesfreude werden eure großen Resultate begrüßt, und im Ruhmestempel sind eure Jünger die Gefeiertsten. Nur heran! Eure Wellen und Schwingungen, eure Nerventhätigkeit und Gehirnfluctuationen, eure chemischen und elektrischen Eroberungen verbreiten ein wunderbares Licht und stehen mit den Ergebnissen der philosophischen Forschung im schönsten Einklange. Und Alles, was die Geschichte lehrt, was diese ungeheuer reiche Literatur mit lauter Stimme sagt, was das Leben dem gewissenhaften Beobachter täglich zuruft, was wir in uns selbst finden, was wir mit Augen gesehen, die Thatsache der Selbstbestimmung, des selbstbewußten Fortschritts, diese Thatsachen der freien Denkbestimmung und der freien Willenskraft, — Alles, Alles steht im vollkommensten und schönsten Einklange; das ganze reiche Leben und der ganze reichbegabte Mensch steht in einem hellen und überaus freundlichen Lichte vor uns.

Die Kluft, die beide Standpunkte trennt, ist unausfüllbar. In der wissenschaftlichen Weltanschauung Freiheit, in der materialistischen Unfreiheit, absolute Unfreiheit. Da ist jede Vermittelung unmöglich. Freies Denken, freies Wollen haben im Materialismus dasselbe Recht, dessen sich freies Uriniren, freier Stuhlgang, freies Schwitzen, freies Athemholen, freier Blutumlauf erfreuen, nämlich k e i n s. Jene auf materialistischem Gebiete versuchten Phantasieen über freies Wollen und Denken sind Beweise der Inconsequenz oder des Mißverständnisses, die ihren Urhebern zur Last fallen. Wie der Urin zur Niere, so der Gedanke zum Gehirn,—das charakterisirt die materialistische Weltanschauung scharf und treffend.

Wir denken selbstverständlich nicht daran, die Sache zum Austrag zu bringen. Wir haben lediglich die freien Gemeinden im Auge.

So weit sich der vielbesprochene Radicalismus innerhalb der Gemeinden als materialistische Weltanschauung entpuppt, kann die freie Gemeinde nicht gedeihen

Dem Materialismus geht die Möglichkeit einer kräftigen Gemeindebildung ab.

In der Gemeinde ist die gemeinschaftliche Arbeit ein Fortschritt zur wahren und wirklichen Freiheit, zu einer Auffassung und Verwirklichung des Lebens, die des freien Menschen würdig ist, das Lebenselement.

Diese Arbeit ist unter der Herrschaft des Materialismus unmöglich. Was wollt ihr? Was könnt ihr wollen? Naturwissenschaftliche Vorträge und Studien? Habt ihr Apparate, Instrumente, Laboratorien, Gläser u. s. w.? Habt ihr den unentbehrlichen Fleiß und die ebenso unentbehrliche Ausdauer, die Klasseneintheilung und die Stundenzahl, ohne die selbst der Schein der Gründlichkeit unmöglich ist? Oder ihr wollt lieber interessante Vorträge geschichtlichen Inhalts. Zu welchem Zweck? Nun ja, die Nerven arbeiten allerliebst, das Gehirn schwingt und Bilder eines anderen Lebens stehen vor euch. Aber kaum sind die letzten Worte verhallt, so kommt das Leben, dieses ungeheuer reiche Leben mit seinen millionenfachen Eindrücken; die Sinne und die Nerven haben alle Hände voll zu thun, das Gehirn muß schwingen vom Morgen bis zum Abend, und Gedanken, die der Gegenwart, dem jetzigen Moment entsprechen, fallen wie Schuhnägel in rastloser Folge in euer Leben hinein. Arme Geschichte! Oder meint ihr das Leben, den Menschen, den Staat, die Familie anders und besser auffassen zu können, als diese Menschen, diese Ereignisse, diese Bestrebungen, dieses Jagen, dieses Lügen und Trügen sie darstellen? Vergebliches und thörichtes Bemühen! Dieses Leben setzt die Nerven in Bewegung; ihm entsprechen die Fluctuationen des Gehirns, ihm die einzigen Gedanken, die im Bereiche der Möglichkeit liegen. Und werden die Zuhörer sich einstellen, wenn ihr sie nicht angenehm unterhaltet, etwa ihrer Neugierde oder ihrer Eitelkeit, oder ihrer Lachlust fröhnt? Ich denke, sie werden es vorziehen, den Stoffwechsel zu befördern, die Nerven zu stärken, und an ihren freien Tagen keine Stunde diesen wichtigen Geschäften zu rauben. Alles Andere ist ja doch eitel. Wo die Freiheit fehlt und selbst die Möglichkeit der Freiheit, — da ist die zweckmäßigste aller Arbeiten und die einzige von erheblichem Erfolge — das Einölen der Maschine.

Wir haben uns hier länger verweilt, als wir beabsichtigten. Zur Entschädigung unserer Leser wollen wir uns im Folgenden sehr kurz fassen.

Die freien Gemeinden haben die Macht des Gemüthes verkannt, haben übersehen, daß die Gefühle, z. B. das Gefühl für das Schöne und Erhabene, Großmächte auf dem Gebiete des Menschenlebens sind.

Die freien Gemeinden haben ihre Mitglieder und ihre Gäste nicht selten in Tanzsälen und Biersalons mit den beabsichtigten wissenschaftlichen Speisen versorgt. Weshalb nicht? Ich finde da keinen Widerspruch. Tanz, gesellschaftliches Vergnügen jeder Art, Studium und Erbauung. — Alles arbeitet nach demselben Ziele hin, will das Schönste und Bedeutsamste hervorbringen, was die Erde kennt, den glücklichen Menschen. Also des Morgens ein ernstes Streben, des Abends ein heiterer Tanz, — wie vortrefflich! Allein kommt es darauf an, was ich vortrefflich finde oder was dir zusagt? Hier stehen Andere. Sie fordern Anderes für das ernste Geschäft, dem sie einen Theil des Sonntags widmen. Der Eindruck, den das Aeußere macht, soll den Empfindungen ihres Herzens entsprechen, soll ihrem Vorhaben entgegenkommen, soll sie in demselben befestigen und kräftigen. Das Aeußere soll ihnen zusagen, ihnen imponiren, sie ergreifen. Ob es gut sei, das es so ist, ist nicht die Frage. Es ist so. Und wenn du nicht wissen solltest, verehrter Leser, daß die Zahl dieser Andern eine sehr große ist, so würde ich dir rathen, von deiner Beobachtungsgabe ja recht kleine Stücke zu halten. Was nun aber die lustige Unterhaltung, das muntere Gebahren, das burschilose Wesen, den Cigarrendampf und die Cigarrenstummel anbelangt, so gestehe ich offen, daß diese Dinge vor langen Jahren auch mir den Appetit an den freigemeindlichen Seelenspeisen gründlich verdorben haben. Noch jetzt kann ich mich lebhaft in die Stimmung Derer hineindenken, denen alle diese Dinge ein Greuel sind, und es unterliegt keinem Zweifel, daß gerade solche Aeußerlichkeiten große Schaaren, Männlein und Fräulein, von den freien Gemeinden zurückscheuchen oder sie ihnen fern halten, unter ihnen eine große Zahl Solcher, auf die am kräftigsten und erfolgreichsten gewirkt werden könnte.

Sodann — das ewige Einerlei dieser Vorträge! Kein Gesang, keine Musik, keine Symbolik, immer die Rede und nichts als die Rede! Und mitunter — was für Reden! Hölzern zum Verzweifeln, langweilig zum Davonlaufen, kalt und starr wie Eiszapfen, würdelos wie Kneipengeschwätz, weisheitgetränkt, als wollten sie im Kopfschütteln üben. Oft, daran ist kein Zweifel, sind die Reden gediegen und tüchtig. Aber — du armer Redner, sollst du Alles auf deine Kappe nehmen, — es ist ein schweres Stück Arbeit!

Die freien Gemeinden haben selbstverständlich die Kirchen verdonnert. Uns scheint, sie könnten von den Kirchen recht viel lernen und aus den Kirchen recht viel für den Dienst der Freiheit gebrauchen. So wirkt man auf den Menschen. So lockt, gewinnt, packt und hält man ihn. So baut man die Ueberzeugung auf. Die Kirchen selbst, diese großen, imponirenden, schönen Gebäude, sind äußerst werthvoll. Die Orgeln thun vortreffliche Dienste. Diese großen, ergreifenden Melodieen bringen bis auf den Grund des Herzens, und diese gedankenreiche Symbolik wird manchem Gedanken zur rettenden Brücke, der ohne sie unbenutzt und unverstanden in der Fluth versinken würde. Dieselben äußern Dinge, die in der Hand der Priester eine Macht der Verblendung und des vergiftenden Wahns sind, können in der Hand freier Männer eine Macht der Freiheit werden. Sie gleichen offenen Gefäßen. Gießt nur den Feuergeist der Freiheit und der Kraft hinein, so können sie d a s thun, was — bis heute n i ch t gethan ist.

Das hieße jungen Most in alte Schläuche gießen? Weshalb soll ich den jungen Most nicht in alte Schläuche gießen? Soll ich ihn ohne Weiteres verschütten, da neue nicht zur Hand sind? Könnte ich Kirchen bauen, nicht ein einziges aller dieser Prachtgebäude würde gebaut werden. Die Versammlungshäuser der Gemeinden der neuen Zeit müßten in der plastischen Schönheit vor Allem den Stempel eines heiteren Ernstes, einer heiteren Würde, einer lichtvollen Klarheit tragen. Wäre es möglich, so würde ich den griechischen Baustyl mit dem gothischen vereinen; da es nicht möglich ist, so würde ich den griechischen Baustyl allen andern vorziehen. Und Orgeln, — nun ja, wenn ich zugleich für die Künstler sorgen könnte, die sie mit Meisterschaft zu handhaben wissen; aber jedenfalls müßte die Musica als Großmacht gelten, vor allem der Gesang. Diese großen, mächtigen Melodieen, — macht sie zu Trägern der Freiheitsgedanken, und sie wirken wie der Sturmwind im Dienste der Freiheit.

Eins steht fest. Die freien Gemeinden haben wenig, fast nichts geleistet. Die neue Zeit hat auf die Seite geschoben, unbeachtet gelassen, zerstört und niedergerissen; gegründet, geschaffen, gebaut hat sie nicht. Oder soll diese geistige Trägheit, diese rohe Gleichgültigkeit, diese maßlose Geldgier, diese Genußsucht, diese freche Verachtung sittlicher Grundsätze, dieser Singsang ohne die erhebende Kraft des Gesanges, diese Theater ohne Kunstsinn und Kunstgeschmack, ohne eine Ahnung dessen, was die Kunst ihrem innersten Wesen nach sein soll und wollen m u ß , diese Masse von Dingen, die Schimpf und Schande verdienen: sollen sie als die entsprechenden Werke der neuen Zeit gelten?

Es m u ß gewirkt werden. Ist es unrecht, einen anderen Weg vorzuschlagen und einzuschlagen, wenn sich der früher betretene als nicht zum Ziele führend erwiesen hat? Viele Wege führen n a c h Rom. So können verschiedene Wege v o n dem Rom der alten Knechtschaft in die lichtvolle Welt der Freiheit zurückführen.

Dort, sagt ihr, wird es anders versucht und auch nichts geleistet. Dort? Arbeiten dort die rechten Männer? Sind dort die nöthigen Mittel? Ist dort jene Gabe der Rede, die gewinnt und festhält? Ist dort die rechte feurige Jugendkraft, die rechte Ausdauer und zähe Beharrlichkeit? Ein Beispiel, ein verfehlter Versuch beweis't n i c h ts . Und ist's dort schon aller Tage Abend? War Goliath ein Riese, als er aus dem Mutterleibe kam? Langsam reift die Saat, aber gewirkt muß werden, und verschiedene Wege führen nach Rom, und von Rom in die weite, freie Welt.

Graf Bismarck.

Charakterstudie von Friedrich Lexow.

Unter den Linden geht, vom Schloß des Königes kommend, ein Mann, welcher im bunten Getriebe der Weltstadt, wo sonst der Einzelne in der Masse verschwindet, nicht unbeachtet bleibt. Alles blickt ihn an, Alles schaut ihm nach. Hier und dort fallen Bemerkungen über ihn, und sie sind nicht der angenehmsten Art. Er aber würdigt Niemanden seiner Aufmerksamkeit. Die unfreundlichen Blicke mögen ihm nicht entgehen, sein Ohr mag auch einige der ihm gewidmeten Bemerkungen auffangen; aber dergleichen berührt ihn nicht, denn er ist daran gewöhnt; er weiß, daß man ihn haßt, aber es ist ihm gleichgültig. Daß er's weiß und daß es ihm gleichgültig ist, verräth das spöttische Lächeln, welches, wenn er öffentlich erscheint, so regelmäßig auf seinen Lippen schwebt, daß man ihn an diesem Merkzeichen erkennt. Es ist sonst für Minister des Königs nicht gebräuchlich, das Schloß zu Fuße zu verlassen. Bismarck aber mischt sich gern unter die Menge, die ihm nicht gewogen ist, und zeugte nicht schon sein Erscheinen dafür, daß er sich nicht fürchtet, so würde man es an seinem spöttischen Lächeln erkennen. Plötzlich knallen Schüsse hinter ihm; in der nächsten Secunde ringt er mit einem jungen Menschen, welchen seine kräftigen Arme leicht bewältigen, und selbst bei diesem Ringen fährt er fort zu lächeln. Noch einige Schüsse; der junge Mann ist überwunden und gefesselt. Ruhig geht Bismarck weiter, und er lächelt gerade so wie er's vorhin gethan. Der Muth imponirt, hier und dort jubelt Einer ihm zu; er neigt dankend das Haupt, aber das höhnische Lächeln bleibt dasselbe. Seine Kleider sind durchlöchert, aber die Kugeln prallten ab. Er weiß, was es damit auf sich hat; er weiß, weshalb er lächelt.

Sollte ein Steckbrief wider den Grafen Bismarck erlassen werden, so dürfte in der Personalbeschreibung jenes Kräuseln der Lippen nicht fehlen. Wir aber können nicht den Gedanken von uns weisen, daß dies Merkzeichen nicht nur den äußern, sondern auch den innern Menschen verräth.

Mit dem Worte „Lächeln" pflegen sich gar freundliche Begriffe zu verknüpfen. Wo etwas einen recht wohlthuenden Eindruck auf uns macht, da sagen wir, es lächelt uns an. Uns lächelt der Frühlingsmorgen und der Blüthenbaum, der blaue Himmel und das bestirnte Firmament, der ruhige Wasserspiegel, die Blume, die Sonne, die ganze schöne Natur, und gestaltet sich für uns das Leben recht freundlich, da lächelt es uns. Nichts Schöneres giebt es auf der Erde, als das Lächeln der Mutter und des Kindes, des Freundes und der Freundin, als das Lächeln der Liebe, der Begeisterung und des Entzückens. Es giebt ein Lächeln des Weisen, welcher sich durch die Thorheiten der Welt nicht im Glauben an die Menschheit irre machen läßt. Die Blüthe reinster Humanität entfaltete sich in dem Lächeln, mit welchem Huß auf dem Scheiterhaufen sein O sancta simplicitas sprach. Wie ein Sonnenblick über die wolkenbeschattete Landschaft, so streift über das ernste Leben das Lächeln, welches dem reinen, heitern Herzen entstammt. Das Lächeln aber, mit welchem wir es h i e r zu thun haben, ist etwas ganz Besonderes. Es entspringt nicht der Liebe zur Menschheit, es verräth kein schönes, humanes Gefühl, es läßt uns nicht Den lieb gewinnen, an dem wir es bemerken. Es ist dasselbe Lächeln, mit dem Dionys die Bürgschaft des „Freundes" annahm; — es ist das Lächeln der M e n s c h e n v e r a c h t u n g. Was man nicht a c h t e t, das kann man nicht l i e b e n. Was aber soll man von Dem denken und halten, welcher, zur Leitung eines Staates berufen, keine Spur von Liebe für sein Volk, keine Spur von Achtung vor demselben in seinem Herzen trägt? Fehlt die Menschenliebe und Menschenachtung — was kann da der Impuls der Handlungen sein?

Bismarck lächelte höhnisch, als er den Erwählten des Volkes, den gefeiertsten Bürgern des Landes, als er feindlich Männern gegenüberstand, deren Namen die Welt mit Verehrung nennt. Er lächelte als die parlamentarischen Donner ihn umtobten, denn er dachte: Dies Gewitter liefert nur k a l t e Schläge. Er lächelte spöttisch, während ihm die gröbsten Verbrechen, Treulosigkeiten und Rechtsverletzungen ohne Zahl nachgewiesen wurden; denn wußte er das Alles nicht schon längst? Er lächelte wenn ihm Beschuldigungen vorgehalten wurden, gegen die selbst e r nichts aufbieten konnte. An die Stelle der Gründe trat der stumme Hohn. Er lächelte während er unerwartet die königliche Ordonnanz verlas, welche die Vertreter des Volkes gleich unnützen Buben nach Hause schickte. Und selbst jetzt schwindet nicht das höhnische Geträusel von den Lippen. Durch s e i n Verschulden ist der Friede der Welt gefährdet; er aber lächelt. Rings um ihn her Ruin und Verzweiflung; Bismarck lächelt. Der Bürger wird von seinem Herde, von Weib und Kindern fortgerissen, um sein Blut nicht für das Vaterland, sondern für die Laune eines Herrn zu vergießen. Thränen rinnen über die Wangen, Verzweiflung starrt aus den Augen, die krasse Noth, der bleiche Kummer tritt über die Schwelle; Bismarck lächelt höhnisch. Hoch lodert der Zorn aller Rechtschaffenen; Flüche, vor denen jedes Herz, in dem noch eine Spur von reinem Gefühl zurückgeblieben, erbeben müßte, wälzen sich zu ihm heran; er aber lächelt. Er weiß, daß ein millionenfacher Haß auf ihm ruht; er weiß, daß die Verwünschung aller wahren Patrioten ihn trifft; er weiß, daß er im Nu ein Elend verbreitet, welches zum Theil nie, zum Theil nur in Jahrzehnten wieder gut gemacht werden kann. Aber das Alles kümmert ihn nicht. Der Intelligenz und bürgerlichen Tugend eines Volkes steht er gegenüber — mit der Beschränktheit eines Königs, welcher das Volk ebenso wenig achtet und liebt wie er, u n d d a s g e n ü g t! Bismarck w i l l, und der König m u ß. Der König m u ß, und das Volk s o l l. Der Nimbus des Königthums hat ja während seiner politischen Carriere noch immer den Glanz der Tugend überstrahlt, die Borniertheit noch immer die Einsicht, das Laster noch immer die Tugend überwuchert. Was hätte er denn zu fürchten, und weshalb sollte er nicht höhnisch lächeln?

Bismarck hält sich selbst für groß, das Volk ihm gegenüber für winzig klein. Er sagt sich, daß er allein den Muth der That, und daß er, der Große, deshalb die Bestimmung hat, über die Kleinen zu herrschen. Aber wer in Versuchung kommt, ihn wegen seiner Erfolge für einen großen Mann zu halten, wird gerade durch den steten Hohn, der aus seinem Antlitz spricht, dieser Gefahr entrückt. Versucht dieses Lächeln mit einem der Heroen der Menschheit in Verbindung zu bringen; es gelingt euch nicht. Der wahrhaft Große, das heißt der zugleich Gute, trauert, wenn er Fehler und Schwächen an den Menschen entdeckt, welche er so gern beglücken, so gern unbeschränkt verehren möchte. „Man könnte verzweifeln!" rief schmerzerfüllt Joseph der Zweite, als das Volk die wohlthätigen Reformen, für die es noch nicht reif war, zurückwies; auf Washington's edlem Antlitz malte sich ein bitterer Unmuth, wenn das Volk sich der theuer erkauften Freiheit nicht immer würdig zeigte, und ein Börne schrieb seine Sarkasmen mit dem Blut seines Herzens und dem Saft seiner Nerven. Kalter Spott und Hohn gegen das Volk lassen sich schlechterdings nicht bei einem Menschen denken, der wahrhaft Großes vollbringen will, und bei einem Manne, der seine Zeitgenossen verachtet, läßt sich nimmermehr ein hoher Gedankenflug, ein edles Herz voraussetzen. Ein Bismarck kann nicht in heiligem Zorn entbrennen, er kann keine Begeisterung empfinden, kann für nichts Edles erglühen, kann nicht von einem Ehrfurcht gebietenden Schmerz erfüllt werden. Seine scheinbare Größe wurzelt in der scheinbaren Kleinheit Derer, mit welchen er sein Spiel zu treiben sucht. Mag er Reiche über den Haufen werfen, er wird dadurch nicht größer. Mögen die kühnsten Unternehmungen, die blendendsten Combinationen ihm gelingen, er wird dennoch nie aus der Sphäre niedriger Intrigue heraustreten. Jenes spöttische Lächeln ist der hippokratische Zug eines öffentlichen Charakters. Bismarck hat es nicht erfunden; es ist auch Andern eigen gewesen, die so waren wie er; aber Jeder von diesen gehört zu Denen, von welchen man wünschen möchte, daß sie nie gelebt hätten, und Jedem von ihnen wurde, bevor er starb, der Mantel falscher Größe von den Schultern gerissen.

Man nenne uns einen schönen Gedanken, welcher von Bismarck ausgegangen; man nenne uns ein edles Gefühl, welchem er Worte verliehen; man nenne uns eine ächt menschliche That, welche ihn zum Schöpfer hat. Sein Vorbild ist der jetzige Napoleon; aber dieser steht, obgleich an innerm Werth oder vielmehr Unwerth ihm gleich, hoch über ihm. Dort läßt sich keine Aeußerung des Hohnes erspähen; fühlt er ihn, so ist er zu klug, um ihn hervortreten zu lassen. Auf jener verschlossenen Stirn wetterleuchten gar oft große Gedanken; öffnen sich jene schweigsamen Lippen, so sprechen sie nicht selten Worte, welche wohl werth sind, die Runde durch die Welt zu machen. Groß ist auch Napoleon der Dritte nicht, weil er nicht gut ist; wohl aber ist er im Stande, sich für große Ideen zu begeistern und sie zur That werden zu lassen. Dies Vorbild zu erreichen, wird Bismarck nie im Stande sein. Auf den schlüpfrigen Pfaden der niederen Politik vermag er mit ihm gleichen Schritt zu halten; in die höheren Regionen aber kann er dem Napoleonischen Aar nicht folgen. Der Neffe des Corsen hat bei aller Verworfenheit doch etwas Bestechendes; die Verworfenheit ist bei Bismarck dieselbe, das Bestechende aber fehlt.

Von Bismarck's Privatcharakter wissen wir nur, daß er stets ein vollendeter Junker und Schuldenmacher war. Seine politischen Studien machte er als preußischer Gesandter am Bundestag, als schwatzhaftes, alles Noble cynisch verhöhnendes Landtagsmitglied, als Vertreter Preußens am russischen und am französischen Hofe. An letzteren wurde er versetzt und auf seinen jetzigen Posten befördert durch den Einfluß und auf den Wunsch des Kaisers, welcher in ihm einen verwandten, wegen seiner verhältnißmäßigen Beschränktheit nicht gefährlichen, aber höchst brauchbaren Geist erblickte. Schöne Seelen finden sich. Seit Bismarck in Paris gewesen, hat er nicht aufgehört, in seiner Weise zu napoleonisiren; in wie weit ihm die Copie gelungen, liegt dem Urtheil der Welt vor, und wie weit das Einvernehmen zwischen Beiden geht, wird sich ehr bald herausstellen. Möglich, daß Bismarck den Kaiser zu seinem Werkzeug machen zu können glaubt, gerade so wie dieser ihn als das seinige betrachtet. Die Perfidie ist auf beiden Seiten völlig gleich, nur die Capacität nicht.

Louis Napoleon, dem seine Schulden es zur Nothwendigkeit machten, Kaiser zu werden, treibt persönliche Politik mit patriotischer Beimischung. Jene ökonomische Nothwendigkeit mochte auch bei Bismarck vorhanden sein, und auch er treibt p e r s ö n l i c h e Politik. Ob es ihm nun lediglich darum zu thun ist, seinen Namen zu verewigen, oder ob er nebenbei auch noch Patriot ist, jedenfalls schwebt ihm schon seit vielen Jahren ein bestimmtes politisches Ziel vor Augen.

Er wollte und will Preußen von den Fesseln des Bundes befreien und es an die Spitze Teutschlands stellen. Dies Streben wäre durchaus gerechtfertigt, wenn es sich mit einer edlen Gesinnung und einem geläuterten Freisinn paarte. An die Stelle, welche Bismarck einnimmt, gehörte ein großer Mann, ein ächter Reformator, und dieser würde der Heiland des neunzehnten Jahrhunderts sein; daß der Posten einem Bismarck zufiel, ist der Fluch der Gegenwart.

Bismarck mag in seiner Art ein Patriot sein, aber jedenfalls ist er nur ein preußischer. Er will nicht Preußen deutsch, sondern Deutschland preußisch machen, sein preußisch gewordenes Deutschland soll nicht dem Volke, sondern dem Hause Hohenzollern und den Junkern gehören, und wo er dem Volke ein deutsches Parlament oder etwas Aehnliches als Köder hinhält, da liefert sein höhnisches Lächeln den Commentar dazu. Höher als das Deutschthum gilt ihm das Preußenthum, höher als das Preußenthum das Junkerthum. Dem Könige Wilhelm hängt er an weil derselbe, beschränkt bis zum Blödsinn, sich von ihm benutzen läßt; das Volk aber v e r a c h t e t er, und sollte es ihm nächstens A c h t u n g abzwingen, dann wird er es ebenso sehr h a s s e n, wie er jetzt vom Volke gehaßt wird.

Die Zeit der Krisis ist da. Die alten Formen haben sich überlebt und neue müssen an ihre Stelle treten. Was könnte in diesem großen Moment ein großer Mann an der Spitze der Verwaltung Preußens wirken, ein wahrer Staatsmann, ein ächter Volksfreund, ein auf der Höhe der Zeit stehender Apostel der Freiheit! Aber der Beherrscher der Situation ist der Nachäffer und das Werkzeug des Mannes, welchem Alles an der Zerstückelung und Knechtung Deutschlands, an der Vernichtung der Freiheit in allen Ländern und unter allen Völkern liegt. Der faktische Beherrscher Preußens ist der verbissenste Feind der Freiheit und jeglichen Rechtes, ein Verächter des Volkes, ein Verhöhner jeder edlen Regung. Und inmitten einer Nation, welche mehr wahre bürgerliche Tugend, mehr liebenswürdige Humanität, mehr Bildung, eine größere Thatkraft enthält als jede andere, ist er der Einzige, welcher bis jetzt den M u t h d e r T h a t entfaltet hat. In diesem Bewußtsein triumphirt er, in diesem Bewußtsein schreitet er von einer Willkür zur andern, in diesem Bewußtsein verlacht er jede Opposition, und dies Bewußtsein nagt am Herzen jedes deutschen Patrioten.

Aber die Zeit ist sehr nahe, wo die Intelligenz eines Volkes mehr gelten wird als die Bornirtheit eines Königes, wo in Deutschland, dem europäischen „Reich der Mitte" im edlen und erhabenen Sinne, jeder Junker, der noch eine gebietende Rolle spielen will, nur als wahnsinniger Thor betrachtet sein wird. Jenem spöttischen Lächeln sind die Stunden gezählt, und Allem, was mit ihm verwandt ist. Wir leben in einer Zeit, deren Ergebnisse gar oft die kühnsten Erwartungen überflügeln. Im Fluge gebiert sie erlösende Thaten der Freiheit und Menschenwürde. Ist der letzte hervorragende Vertreter eines auf Laster und Dummheit basirten Systems ein Bismarck — desto besser, denn selbst die Sentimentalität wird ihm alsdann keine Thräne nachweinen können, und nur mit sittlichem Ekel wird man sich des verendeten Monstrums erinnern. Und so schließen wir mit den Worten aus Tiedge's Elegie auf dem Schlachtfelde von Kunersdorf:

„Was nicht gut ist, wird in Nacht verschwinden.
Sterne werden aus dem Nebel gehn.
Zittern werden die bekränzten Sünden,
Und der Mensch wird vor der W a h r h e i t stehn."

Der Briefkasten der Madonna.
Von Julian Werner.

(Fortsetzung.)

„Ich bringe Ihnen hier die Urkunde, meine Liebe, von der wir neulich sprachen. Sennor Corvo, der Notar, hat sie in meinem Auftrag abgefaßt; ich hatte noch nicht Zeit zur Durchsicht, aber es wird wohl Alles in bester Ordnung sein, denn Corvo ist ein pünktlicher Mann, der die ganze Rechtspraxis am Schnürchen hat und jeden Buchstaben so zu setzen weiß, daß daran schlechterdings nichts mehr zu dreh'n und zu deuteln ist. Wollen Sie mir erlauben, Ihnen das Aktenstück vorzulesen?"

„Muß das sein, Sennor? Mich graut vor solcher Lektüre!" versetzte die junge Frau, die ihrem Gemahl halb den Rücken kehrte, und deren Blicke über die Brüstung des Balkons nach der dunklen Straße hinab schweiften, auf der jetzt einzelne Lichter auftauchten.

„Nur wenige Sekunden schenken Sie mir Gehör, dann setzen Sie Ihren Namenszug darunter, und das ganze lästige Geschäft ist erledigt."

„Ich höre, Sennor!" entgegnete Leontica seufzend, ohne in ihrer Haltung eine Aenderung vorzunehmen.

Escovedo hatte das Papier entfaltet, hielt es so, daß das Licht der Kerzen darauf fiel, und ließ seine Augen darüber hingleiten.

„Wie ich vermuthete, die Fassung ist tadellos", sagte er. „Ich verschone Sie gern mit Sennor Corvo's juristischem Formenkram, von dem ich sehr wohl begreife, daß er Damen keine angenehme Unterhaltung bietet. Das Papier besagt eben nicht mehr und nicht weniger, als wir bereits verabredeten. Es ist ein rechtsgültiges Mandat, welches die Verwaltung aller Angelegenheiten der Familie Mureno in meine Hände legt, mich zu deren Administrator ernennt, dem sowohl die Erfüllung aller Verbindlichkeiten obliegt, wie auch die Eintreibung aller Forderungen, Ausstände und die Uebernahme etwaiger Vermächtnisse zusteht."

„Forderungen, Ausstände und Vermächtnisse! Ich fürchte, Sennor, Sie laden sich da eine schwere Bürde auf. Die Familie Mureno hat so viel zu fordern, so gewaltige Capitalien einzutreiben und so glänzende Vermächtnisse zu erwarten, daß die Leitung aller dieser Angelegenheiten Ihre ganze kostbare Zeit in Anspruch nehmen dürfte."

Der Millionär ließ sich durch den Spott seiner Gattin nicht irre machen. Seine Gelassenheit, seine conventionelle Höflichkeit blieb dieselbe.

„Leicht möglich, Sennora, daß die Erledigung der Verbindlichkeiten, die Abtragung der Schulden etwas mehr Zeit erfordert — doch einerlei, das Document macht mir Eines wie das Andere zur Pflicht. Ich habe Ihnen meine Gründe dargelegt, die mich zur Uebernahme dieser Verpflichtungen bewegen. Es bleibt mir nichts übrig, als um Ihre Unterschrift und die der verehrten Mama nachzusuchen."

„So lassen Sie Mama den Anfang machen. Ich folge willig ihrem Beispiel."

„Als Gattin des Mannes, den Sie mit dem Vertrauen beehren, die Angelegenheiten Ihrer Familie zu ordnen, gebührt Ihnen der Vorrang, meine Liebe."

„Mama ist das Haupt unserer Familie. Es würde mir schlecht anstehen, ihr vorzugreifen."

Don Escovedo war ein zu vollendeter Weltmann, um dem Aerger, den er empfand, Ausdruck zu verleihen. Mit einem verbindlichen Lächeln wandte er sich an die Duegna, die bisher so beharrlich geschwiegen, als ob sie die Angelegenheit durchaus nicht berühre.

„Sennora, ich mache Ihrer Erziehung mein Compliment. Die Mutter schlägt den Gatten aus dem Felde."

„Wünschen Sie sich Glück zum Besitz einer so folgsamen Gattin", sagte Donna Urasa mit gravitätischem Ernst und ohne durch freundliche Miene oder Betonung auf die scherzhafte Redeweise Don Escovedos einzugehen.

„Folgsam — der Schwiegermama!.... Ich werde mir erst überlegen müssen, ob ich da auch Ursache zur Beglückwünschung habe. Doch Scherz bei Seite! Darf ich bitten, Sennora, daß Sie den Anfang machen, und Ihren Namen unter dieses Papier setzen?

„Mein Sohn, ich erkenne mit Dank den Eifer, welchen Sie für die Interessen und den guten Ruf meines Namens an den Tag legen. Ich weiß, daß unsere Angelegenheiten in keinen bessern Händen ruhen könnten als den Ihrigen; ich habe Ihnen durch die Einwilligung in Ihre Verbindung mit meiner Tochter den Beweis geliefert, daß ich ein unbeschränktes Vertrauen in Sie setze, Sie für einen Mann halte, dem die Mureno's ihr Geschick getrost überantworten können, und der keinen Augenblick die hohe Ehre und den beneidenswerthen Beruf, welcher ihm damit zu Theil wird, außer Augen lassen wird."

Don Escovedo konnte es nicht über sich gewinnen, die salbungsvolle Rede der alten Dame ohne Unterbrechung anzuhören.

„Mama, ich danke Ihnen.... ich habe Ihnen schon oft gedankt, denn es ist nicht das erste Mal, daß Sie mir alles dies sagen."

„Wenn ich es wiederhole, so halte ich diese Wiederholung für nothwendig, Sennor", versetzte die Duegna mit Nachdruck und offenbar etwas ungehalten über die Unterbrechung. „Ich thue es um nicht eigennützig, nicht undankbar zu erscheinen, wenn ich auf einer kleinen Aenderung in der Abfassung jenes Documents bestehen muß."

„Aenderung?" fragte Escovedo überrascht. „Jetzt, da es bereits durch die Hände des Notars gegangen?"

„Für Sie, mein Sohn, ist sie von keiner Bedeutung, wohl aber für mein Gewissen, meine Ruhe, meinen Seelenfrieden. Ich ertheile Ihnen jede gewünschte Vollmacht, doch die Rechte meines erstgeborenen Sohnes, über dessen Tod ich bis zu dieser Stunde keine Gewißheit habe, müssen gewahrt bleiben, unserer heiligen Kirche, der ich die glücklicheren Tage meines Alters verdanke, darf die schuldige Rücksicht nicht vorenthalten werden. Es ist leere Form, ich weiß es; den Mureno's blieb wenig genug an irdischem Besitz — und dennoch, ich thue was ich für meine Pflicht halte. Ist es doch vor Allem die Gesinnung, die einer Handlung den Werth verleiht."

Ueber Don Escovedos Züge flog eine Wolke der Enttäuschung, des Unwillens. Er mußte sie jedoch rasch zu bannen, ja es gelang ihm, sich den Anschein vollkommenster Gleichgültigkeit zu wahren.

„Versteh' ich recht, Sennora, so ist es Ihre Absicht" ———

„Die Sorgen, Mühen, Opfer Ihnen zu überlassen, mein lieber Sohn, doch den Nutzen und Segen, falls solcher als Frucht Ihrer Arbeit ersprießen sollte, unserer gebenedeiten Himmelskönigen und deren irdischer Vertreterin, der Kirche Madonna do la compania. Ihrer herzlichen Zustimmung zu diesem Entschlusse gewiß, habe ich bereits mit dem hochwürdigsten Pater Ugarte Rücksprache genommen, und auch er war der Ueberzeugung, daß Don Escovedo, der treueste Sohn der Kirche, keinen Augenblick anstehen werde, mein Verhalten gut zu heißen."

„Natürlich, Sennora; sind Sie doch freie Herrin Ihres Willens, und nichts liegt mir ferner, als in solcher Angelegenheit Ihre Entschließungen beeinflussen zu wollen. In Wahrheit läuft ja auch mein Vorschlag und Ihr Entschluß auf eins und dasselbe hinaus. Mir die Arbeit, der Kirche die Ehre; Sie sprachen es aus, — ich habe nichts hinzuzufügen."

„So werden Sie also diese kleine Aenderung an dem Document vornehmen lassen?"

„Es geht sogleich an den Notar zurück. Sennor Corvo ist gegenwärtig mit Arbeiten sehr überhäuft; er wird es inzwischen bei erster Gelegenheit erledigen. Ich bedauere, daß ich die Damen mit dieser Sache behelligen mußte, und wenn wir sie heute nicht endgültig erledigen konnten — mein ist die Schuld nicht. Darf ich Sie noch zu einer Spazierfahrt einladen, Sennoras? Der Abend ist so lieblich, daß man ihn im Freien genießen sollte."

„Verzeihen Sie, Sennor, wir werden dem Abendgottesdienst in Madonna do la compania beiwohnen", fiel Leontica ihrem Gatten rasch in's Wort.

„So darf ich Ihnen wenigstens meine Gesellschaft anbieten?"

„Nicht doch, Sennor, legen Sie sich unseretwegen keinen Zwang auf", sagte Donna Uraca.

„Wir werden bis zu Ende ausharren", fuhr die junge Frau eifrig fort. „Bruder Manuel predigt heute.... seine Worte sind so voll Schwung und Begeisterung.... ich möchte keine Silbe von seinen Lippen verlieren."

„Sie fürchten, meine Frömmigkeit werde dem Redefluß des ehrwürdigen Paters nicht Stand halten? Ah, das käme auf einen Versuch an."

„Die Vesper wird fast nur von Frauen besucht, mein Sohn", bemerkte die Duegna.

„Der triftigste Grund, um mich gleichfalls einzufinden. Doch seien Sie unbesorgt, meine profane Gegenwart soll Ihre Andacht nicht stören. Ihnen, werthe Schwiegermama, darf ich meine Leontica schon anvertrauen; an Ihrer Seite wird ihr keine Gefahr drohen."

„Verlassen Sie sich auf mich, Sennor!"

„Mein Wagen steht vor der Thür; bedienen Sie sich desselben, Sennora's!"

„Wozu den Wagen? Wir legen den Weg nach der Kirche gern zu Fuß zurück."

„Es sind nur wenige Straßen, mein Sohn!"

„Der Abend ist so unbeschreiblich angenehm — Sie sagten es selber, Don Escovedo."

„Wenn Sie der Weg nicht ermüdet — ganz nach Belieben! Auf Wiedersehen, Sennora's! Möge Sie die Rede des ehrwürdigen Paters erbauen!"

Die Damen hatten sich erhoben und ließen sich von einer Zofe, die auf Donna Uracas Wink eingetreten, die Mantillas umhängen. Die faltigen Kapuzen der zierlichen seidenen Mäntelchen verhüllten Kopf und Gesicht, so daß nur ein Theil der Stirne, Nase und Augen sichtbar blieben. Die knappe, kleidsame Tracht hebt die Gestalt vortrefflich ab und verleiht ihr eine eigenthümliche Grazie. Allerdings gehört der schlanke und doch üppige Bau, das zierliche Wesen der Chileninnen dazu, um sie so vortheilhaft erscheinen zu lassen.

Don Escovedo gab den Sennoras in eigner Person das Geleit. Erst an der breiten Marmorstiege, welche nach der unteren Halle führte, deren Stufen mit üppig grünen, von goldgelben Früchten geschmückten Orangen- und Citronenbäumen bestellt waren, verabschiedete er sich. Donna Uraca und Leontica stiegen die Treppe hinab, der Herr des Hauses aber kehrte in das eben verlassene Zimmer zurück. Erst jetzt, wo er sich unbeobachtet wußte, ließ er dem in ihm gährenden Unmuth die Zügel schießen. Das wohlgefällige Lächeln auf seinen von Natur häßlichen, plumpen Zügen verschwand, die Stirn faltete sich, aus den Augen sprach Tücke und verbissener Grimm. Mit hastigen Schritten durchmaß er das Zimmer und schlug dabei mit der geballten Faust auf den Tisch, daß der Crystallbehang des schweren silbernen Armleuchters klirrte und die Kerzen unstät hin und herflackerten.

„Was war das? Was mußte ich hören? Offener Trotz! Offene Widersetzlichkeit! Sie wagen es, in solcher Angelegenheit meinem bestimmt ausgesprochnen Willen zuwider zu handeln, meine wohl berechneten Pläne zu durchkreuzen? Da gilt es, auf meiner Hut zu sein, um größeres Unheil abzuwenden! Doch was in aller Welt ist mit diesen Weibern vorgegangen? Was giebt ihnen den Muth, mir so zu begegnen? Sollte Ugarte mit ihnen im Bunde sein? Ich habe sein ausdrückliches Versprechen, meine Pläne zu unterstützen; ich glaubte unbedingt auf ihn zählen zu dürfen — und nun stoße ich gleich im Beginn meiner Operationen auf Zweideutigkeit und Widerstand! Diese Priester sind und bleiben die unzuverlässigsten Bundesgenossen. Je mehr man ihnen opfert, um so mehr verlangen sie — ihre Habgier ist unersättlich! Wenn mich Ugarte hintergeht, mag er sich vorsehen, daß nicht zuletzt er selber der Verlierende ist. Noch kann er mir keinen Schaden zufügen; trotz seines Spürtalents und seiner unersättlichen Neugier ist es ihm nicht geglückt, den Schleier zu lüften, der über meiner Vergangenheit liegt. Ich aber kenne sein Thun und Treiben seit mehr als zwanzig Jahren, kenne die Blößen, die er sich durch seine Herrschsucht, seinen Ehrgeiz gegeben, und brauche mich nur mit seinen zahlreichen Gegnern in- und außerhalb des Ordens zu verbinden, um seinen Sturz gewiß zu machen."

Don Escovedo war an einen Seitentisch getreten, auf welchem sich allerlei

Schreibmaterialien befanden, und blätterte in einer mit Papieren gefüllten Mappe. Plötzlich wurden seine Blicke durch einen mit wenigen Zeilen beschriebenen Papierstreifen gefesselt, den er ganz zufällig aus einem feinen weißen Briefbogen hervorgezogen.

„Leonticas Handschrift — die Züge noch ganz frisch, wie es scheint! Laß doch sehen, um was er sich handelt.... Ei, ein Briefentwurf.... leider nur der Anfang.... An wen hat sie doch zu schreiben?.... Tod und Teufel! am Ende gar — — — Ach, nein, an die heilige Mutter Gottes, die gebenedeite Jungfrau Maria! Gepreßten Herzens und tief bekümmerten Gemüthes wendet sich die Schreiberin an die erhabene Himmelskönigin, um von ihr einen Rath, einen Fingerzeig durch die sie umgebende Nacht des Leidens, der Entsagung zu erflehen.... Der Entsagung? Was soll das heißen? Was bedeutet diese geheimnißvolle Sprache? Welchen Rath verlangt Leontica von der Mutter Gottes?.... Der Brief bricht hier ab.... es war nur ein Versuch.... ein Anfang — und das vollendete Schreiben wandert vermuthlich schon seiner Bestimmung entgegen!.... War es das, was Leontica heute so eifrig zum Besuch des Abendgottesdienstes bei Madonna de la compania trieb? Was ihr meine Begleitung so überflüssig und lästig erscheinen ließ?.... Sie hat Madonna ein Geständniß zu machen.... sie sucht ihren Rath und Beistand.... hier handelt es sich um ein Geheimniß, das ich um jeden Preis ergründen muß. Ich könnte Ugarte's Vermittlung in Anspruch nehmen, könnte von ihm Einsicht in diesen Brief verlangen — — nein, so geht es nicht! Es hieße mir eine Blöße geben, und wenn die Priester, wie es den Anschein hat, gemeinsame Sache mit den Weibern machen, und falsches Spiel mit mir treiben, würde ich doch nimmermehr die Wahrheit erfahren. Noch giebt es andere Wege, dieser verdächtigen Correspondenz auf die Spur zu kommen. Man spricht davon, daß es nicht allzu schwer sei, sich über den Inhalt des Briefkastens der Madonna Gewißheit zu verschaffen, die dort niedergelegten Geheimnisse zu ergründen.... wohlan, lassen wir es auf einen Versuch ankommen! Gil Perez ist ein gewandter Bursche, der mit solchen Geschäften Bescheid weiß; wenn ich mir ihn als Gehülfen wählte — — es wäre eine Wahl, die ich doch wohl am Ende bereuen möchte. Die argentinischen Gauchos sind willfährige Werkzeuge der Priester; sie glauben an ihr Gaukelspiel und lassen sich ohne Mühe bethören. Bei all seiner Schlauheit, seinem Eigennutz, könnte ich mich auf Gil nicht unbedingt verlassen, wo es sich um einen Schlag gegen die Kirche und deren Diener handelt. Es ist besser, ich gehe allein. Thut Hülfe Noth, der reiche Escovedo wird sich zu verschaffen wissen. Sennoras, Sie sollen nicht allein den Genuß haben, die erbauliche Predigt des ehrwürdigen Bruder Manuel, dieses Wunders der Beredtsamkeit, anzuhören!"

Der Millionär schritt hastig aus dem Gemach der Frauen und begab sich nach den von ihm selber bewohnten Zimmern, auf einem anderen Flügel des Gebäudes. Dort schlug er einen weiten Poncho um seine Schultern, drückte sich einen breitrandigen Hut tief in's Gesicht und verließ darauf, von der Dienerschaft unbemerkt, das Haus durch eine nach einem Seitengäßchen führende Thür, zu der er den Schlüssel meist bei sich trug. Die Dunkelheit war schon völlig eingebrochen, doch die Straßen erglänzten in der hellen Beleuchtung zahlreicher Kaufläden und öffentlicher Lokale. Die Seitenwege längs der Häuser wogten von Menschen, die sich in dichten Gruppen hin- und herschoben. Ueberall lebhafte Unterhaltung, Scherz und Frohsinn, schallendes Lachen, dazwischen Saitenspiel, Gesang und Castagnettenklappern. Nach der Kirche Madonna de la compania war es nicht weit. Sie lag am Ende eines kleinen freien Platzes, in welchem verschiedene Straßen mündeten. Die hohen, spitzen Bogenfenster, vom Strahl der Kerzen hell erleuchtet, hoben sich schon von ferne prächtig ab aus den dunkeln Umrissen des Gebäudes. Frei und majestätisch ragte der Thurm der Kirche in das tiefe Blau des nächtlichen Himmels. Aus der Höhe erklangen die Glocken in feierlich-harmonischem Geläut. Der Gottesdienst hatte bereits begonnen, aber noch immer strömten die Frauen und Töchter Santiagos durch die weit geöffneten Flügelthüren in das Innere des Heiligthums. Das Schiff der Kirche war ziemlich geräumig. An Bildwerken, Statuen und sonstigen Ausschmückungen, wie sie in den Domen und Gotteshäusern gut katholischer Städte zu finden sind, herrschte kein Mangel. Aus den tiefen Wölbungen des bunt bemalten Plafonds hingen reich vergoldete Kronleuchter herab, deren flimmernde Kerzen ein zauberhaftes, doch die weiten Räume nur mäßig erhellendes Licht verbreiteten. Eine andächtige Menge füllte die Stühle und Gänge. Auf den langen Reihen der Betschemel lauerten, dicht gedrängt, zierliche Gestalten, die mit gespannter Aufmerksamkeit an den Lippen des Redners hingen, der von der Kanzel herab mit glühender Beredtsamkeit das göttliche Wort verkündete. Selbst in den Bogengängen, zwischen den Pfeilern, standen die schwarz verhüllten Gestalten noch Kopf an Kopf; aber aus der neidischen Hülle der unvermeidlichen Kapuzen blitzte gar manches feurige Auge, lächelte gar mancher liebliche Mund. Die andächtige Versammlung bestand zum größten Theil aus Frauen, doch war hin und wieder auch das starke Geschlecht vertreten. Die anwesenden Männer schienen übrigens weniger des berühmten Redners als anderer Gründe wegen gekommen, denn sie gehörten nicht eben zu den aufmerksamsten Zuhörern. Die meisten wanderten einzeln durch den hinteren Theil der Hallen und Bogengänge, bald beobachtend, bald sich beobachten lassend; allerdings gab es auch Ausnahmen von der Regel, und zwar hauptsächlich solche, in welchen je ein Herr und eine Dame, beide gewöhnlich dicht vermummt, in einem der entlegeneren Betstühle knieten, und vereint inbrünstige Gebete emporsandten zur lichtumflossenen Himmelskönigin, die durch ihren göttlichen Sohn die Welt vom heidnischen Haß erlös't und ihr die christliche Religion der Liebe geschenkt.

Durch eine der zahlreichen Seitenpforten betraten zwei in landesüblicher Weise verhüllte Frauengestalten die Kathedrale. Beide waren von zierlicher und doch üppiger Gestalt; ihr Gang war leicht und schwebend, vorzüglich der der Einen, die, das Marmorpflaster des Bodens kaum mit den äußersten

Spitzen ihrer zierlichen Füßchen berührend, einer im zitternden Mondenlicht über Blüthenstaub und Waldesgrün gleitenden Elfe vergleichbar, durch die gewölbten Hallen einher schwebte. Bei einem der Weihbecken, durch einen breiten Pfeiler verdeckt, standen sie still und nahmen die übliche Ceremonie vor.

„Wir hätten jetzt gleich nach der anderen Seite gehen und den Brief in die Lade legen können", flüsterte die eine der beiden Frauen der andern in's Ohr, während sich diese über das geweihte Gefäß beugte, und der weiche, süße Ton verrieth sogleich die Stimme eines jungen Mädchens.

„Nein, das geht nicht, Nola, wir müssen warten bis nach Beendigung des Gottesdienstes", entgegnete die Begleiterin, eben jene zierliche Elfe. „Du weißt doch, daß Madonna keine schriftliche Bitte berücksichtigt, wenn nicht erst ein frommes, inbrünstiges Gebet voraus geschickt wurde."

„Ich werde meine Bitten mit den Deinigen vereinen, Pepa. Gewiß, Madonna muß Dich erhören, sie muß Dir eine Antwort auf Deine Bitte zukommen lassen. Zeigt sie sich Dir gnädig, verheißt sie Dir ihren Schutz und Beistand, dann würde ich fast Muth fassen, mich auch an sie zu wenden. Verschafft sie Dir einen Vater, eine Mutter, warum sollte sie mir nicht einen Liebsten gönnen, gerade Den, für welchen ich am meisten empfinde, der mir lieber ist als alle Anderen, obwohl er sich so wenig aus mir macht!"

„Du bist sehr beherzt, Nola. Eine solche Bitte wagte ich doch nicht an Madonna zu richten."

„Weil Du noch nie so recht von Grund des Herzens geliebt hast. Ach, die Liebe giebt Muth zu Allem."

„Thut sie das wirklich?"

„Mir scheint es wenigstens so. Ich wollte Alles, Alles unternehmen, wenn ich dadurch Gil's Herz bewegen und machen könnte, daß er mir ein klein wenig gut wäre, nur den hundertsten Theil so gut wie er — Dir ist, Pepa!"

„Du täuschest Dich, Nola. Ich weiß nicht, ob er mir wirklich gut ist."

„Aber ich weiß es, und Jeder weiß es, der ihn seit den letzten Wochen beobachtet hat. Früher kam er niemals nach unserer Pulperia, obwohl ich ihn längst als einen der schmucksten Burschen kannte und ihm auch schon recht zugethan war. Erst seit Du zu uns kamst und bei uns wohntest, stellte auch er sich ein, und so oft er jetzt kommt, gilt sein Besuch immer nur Dir, nach Dir allein fragt er, mit Dir nur allein will er reden — ich glaube, er weiß gar nicht, daß mein Vater eine Tochter hat und wie diese Tochter eigentlich aussieht."

„Er ist mein Landsmann, mußt Du bedenken."

„Ach, wenn es d a s ausmachte! Ich bin hier von lauter Landsleuten umgeben, aber Keiner giebt sich solche Mühe um mich, wie Gil Perez um Dich; es ist, als ob Du ihn behext hättest."

„Nola!"

„Ja, ja, die alte Tante Ursula meinte es neulich auch, mit euch Weibern und Mädchen drüben aus den argentinischen Pampas sei's nicht ganz richtig."

„Du kränkst mich, Nola! Wenn Madonna solche gotteslästerlichen Reden in ihrem Heiligthum vernimmt, sie wird unseren Bitten nimmermehr ein gnädiges Ohr leihen."

Nola erschrak. Sie tippte behende wieder den Finger in das Becken und machte das Zeichen des Kreuzes. „Das ist wahr! Verzeihung, Pepa, ich bin ein einfältig Ding, und wenn mir gar der Gil in Gedanken kommt, da sprech' ich sicher immer recht verkehrtes Zeug. Verzeihung, heiligste Mutter Gottes!"

„Du bist ein gutes, braves Mädchen, Nola. Sieh, ich will auch Alles für Dich thun, was irgend in meiner Macht steht, um Dir den Gil geneigt zu machen."

„Das wolltest Du, Pepa?"

„Ganz gewiß! So wahr mir Madonna beistehe!"

„Du liebst ihn also nicht — wirklich nicht — gar nicht ein wenig?"

„Nein! Warst Du davon noch nicht überzeugt?"

„Ach nein!.... Ach ja!.... Ich weiß selber nicht!" Sag mir nur, Pepa, was willst Du thun?"

„Ich bin nun seit zwei Monaten in Santiago, aber ich werde nicht immer hier bleiben können."

„Nicht? Ach freilich, Du mußt in Deine Heimath. Das ist gut — — nein, das ist schlimm, dann wird der Gil gar nicht mehr nach unserer Pulperia kommen!"

„Er soll um so öfter kommen, soll Deinetwegen kommen und Deinen Vater bitten, daß er Dich ihm ganz geben möge."

Nola klatschte in die Hände und hätte vor Freude fast laut aufgeschrieen, hätte nicht die Ballerina ihre kleine Hand auf ihren Mund gepreßt und sie auf den heiligen Ort aufmerksam gemacht, an dem sie sich befanden. Sie konnte übrigens nicht verhindern, daß das überglückliche Mädchen ihre Hand ergriff und heiße Küsse darauf preßte.

„Tausend, tausend Dank, meine liebe, herzige Pepa! Ich wußte es immer, daß Du meine wahre Freundin bist."

„Wenn Madonna ihre Zustimmung giebt, reise ich vielleicht noch in dieser Woche", fuhr die reizende Pepita fort.

„Du reisest? Wie, aber wenn dann am Ende der Gil auch reisen wollte?"

„Wo denkst Du hin? Welche Absicht könnte er dabei haben?

„Dieselbe, die ihn jetzt zu Dir führt."

„Thörichtes Mädchen! Wenn ich ihm ober ausdrücklich sage, daß ich ihn nicht liebe, ihm nie angehören kann, wenn ich ihm dagegen Deine Liebe schildere, ihn darauf aufmerksam mache, daß Dein Vater ein ganz bemittelter Mann ist, der außer Dir keine Kinder hat, daß Eure Pulperia recht hübsch ihren Mann ernährt, und er doch im Grunde gar nichts Besseres thun könnte, als sich auf diese Weise unabhängig zu machen.... Laß mich nur gewähren, ich werde ihm das schon vorstellen, und wenn er auf meinen Rath nur ein ganz klein wenig Gewicht legt, wird meine Vorstellung nicht vergeblich sein. Jetzt komm,

Nola! Dort drüben, dicht bei der Kanzel, ist ein Stuhl leer. Wir wollen unsere Gebete verrichten und dann an die Bestellung des Briefes denken. Geh' Du hier rechts, ich will links gehen; einzeln kommen wir leichter durch das Gedränge, und erregen weniger Aufsehen."

Don Escovedo, der sich fest in seinen Poncho gehüllt, war, ohne auf der Straße angeredet oder erkannt worden zu sein, bis zum Hauptportal der Kirche gelangt. Sich dicht an die Mauer haltend, trat er durch dasselbe ein, und wandelte, indem er dem Strom der Menge folgte, den nach dem Hochaltar führenden Hauptgang zur Rechten des Gebäudes entlang. Der Betstuhl seiner Familie befand sich dicht unter der Kanzel; dorthin hatten sich Leontica und Donna Uraca vermuthlich begeben. Er wollte sie aus der Ferne beobachten, und ihnen dann nach Beendigung des Gottesdienstes heimlich folgen, um zu sehen, ob sie dem viel genannten buzon de la virgon einen Besuch abstatten würden. Als er fast das hintere Ende der Kirche erreicht hatte, drängte er sich in die Reihen der Andächtigen, um nach der Stelle, wo er die Damen zu suchen hatte, hinüberbliden zu können. Zwei verhüllte Gestalten saßen in dem Stuhl — ohne Zweifel, sie waren es. Nun wollte er, den Hochaltar von hinten umgehend, nach der anderen Seite hinüber, um ihnen näher zu sein, sie in dem nach Beendigung des Gottesdienstes entstehenden Gedränge besser im Auge behalten zu können. Um den Pfeiler wendend, der ihn vor den Blicken der Menge verbarg, sah er sich plötzlich einer jungen Sennorita von wunderbarer Schönheit gegenüber. Die Kapuze der Mantilla war durch eine rasche Bewegung über den Nacken zurückgefallen, so daß er, allerdings nur im Halbdunkel des Kreuzganges, das volle Antlitz sehen konnte, dessen Augen wie verwundert auf ihn gerichtet schienen. Escovedo prallte zurück; er wäre vielleicht gefallen, wenn er sich nicht rechtzeitig am Pfeiler gehalten hätte; seine Kniee schlotterten, seine Augen schienen aus ihren Höhlungen zu treten, er streckte die Hände aus und stammelte mit bebenden Lippen den Namen: „Isabella!" Für einige Augenblicke bot er ein Bild des Entsetzens; ein Anblick unbeschreiblicher Lieblichkeit, der jeden Andern entzückt haben würde, hatte ihn völlig niedergeschmettert und aller Fassung beraubt.

Es war die von ihrer Freundin bereits getrennte Ballerina gewesen, der sich Don Escovedo gegenüber gesehen, und deren Begegnung einen so merkwürdigen Eindruck auf ihn hervorgebracht. Pepita hatte zwar den Fremden bemerkt, der so ängstlich und scheu vor ihr zurückgewichen, dessen wilde, unheimliche Blicke sie für einen flüchtigen Moment mit dem Ausdruck verzweiflungsvollen Schreckens angestarrt; ihre Aufmerksamkeit war jedoch so ausschließlich von andern Dingen in Anspruch genommen, die Bewegung, in welcher sie sich gerade befand, ward mit solcher Hast ausgeführt, daß sie sich durch die wunderliche Erscheinung nicht aufhalten ließ, sondern, die über den Nacken gesunkene Kapuze empor ziehend, rasch ihren Weg fortsetzte. Mitten durch die Reihen der Andächtigen drängte sie sich nach der gegenüber befindlichen Seite der Kirche. Escovedo, der sich von seiner jähen Aufregung zu erholen begann, folgte ihr unverwandt mit den Augen. Ihre herrliche Gestalt, ihre zierlichen Bewegungen schienen ihm jetzt nicht geringeres Staunen einzuflößen, als ihn vorher ihre engelschönen Züge erschreckt hatten.

Pepita schritt in derselben Reihe vorwärts, in welcher Donna Uraca und Leontica knieten. Sie befand sich jetzt dicht hinter deren Stuhl. Nur die hohe Rücklehne trennte sie von den Betenden. Plötzlich verlangsamte sie ihre Schritte. Was war das? Sie beugte den Kopf zu Leontica herab.... sie flüsterte ihr etwas ins Ohr.... die Betende richtete sich empor.... über ihre Lippen flog es wie ein Schein seligster Verklärung ... sie lächelte.... die Fremde sprach noch immer.... jetzt wendete sie sich.... sie setzte ihren Weg fort.... sie verschwand hinter den Pfeilern des jenseitigen Bogenganges, dessen vorspringender Sockel die Kanzel tragen half.

War das Alles ein seltsamer Traum, eine Sinnestäuschung gewesen, oder hatte es Escovedo wirklich gesehen? Fast war er geneigt, sich für das Erstere zu entscheiden, wenn nicht das Bild des Mädchens noch mit solcher Deutlichkeit vor seinen Augen gestanden, daß er vermeinte, es mit den Händen fassen zu können. Verwirrt und zitternd starrte er bald auf Leontica, die wieder, das Auge zu Boden geschlagen, in ihrer knieenden Stellung verharrte, bald auf den Punkt, an welchem die räthselhafte Fremde verschwunden war, als sich plötzlich von hinten eine schwere Hand auf seine Schulter legte.

„Balzado!"

Der Bankier fuhr mit einer Bebendigkeit herum, als ob seine Muskeln durch eine geheimnißvolle, unwiderstehliche Kraft bewegt würden.

„Was soll's? Wer seid Ihr? Ich kenne Euch nicht."

„Aber ich Euch um so besser."

„Ihr nanntet einen fremden Namen.... Ihr irrt Euch in der Person."

„Bah! Namen lassen sich wechseln, wie man Kleider wechselt, die heute grob und morgen fein sind."

„Ich heiße nicht Balzado."

„Aber ich nenne Euch so."

„Scheert Euch zum Henker! Ich nehme keine Notiz davon."

„Vielleicht doch, wenn Ihr erst in mir einen alten Freund erkennt."

Escovedo sah schärfer nach dem Fremden. Sein Aeußeres war sehr schmutzig und verkommen. Er trug die Kleidung der gemeinen Gauchos. Aus einem pockennarbigen, von grauem, struppigem Bart umrahmten Gesicht blitzten ein paar kleine unheimliche Augen. Der Körperbau war ehemals offenbar athletisch gewesen, jetzt aber von Alter und Krankheit gebeugt und verfallen.

„Unter Leuten Eures Schlages pflege ich meine Freunde nicht zu suchen."

„Oho, nur nicht so stolz, Balzado! Es ist freilich schon etwas lange her, daß wir uns kannten, aber damals wart Ihr doch mit Rodriquez e i n Herz und e i n e Seele."

„Rodriquez — Ihr?" rief der Bankier fast tonlos, zum zweiten Mal ein Bild des Schreckens und der Verzweiflung.

„Freilich! Dacht ich's doch, daß Ihr Euch freuen würdet."

Die Freude des Bantiers äußerte sich nur darin, daß er leichenblaß geworden und starr wie eine Bildsäule stand.

„Herr des Himmels! Oeffnen sich denn heute die Gräber, um die Todten wieder herauszugeben?"

„Das geschieht nur am jüngsten Gericht, und so weit sind wir noch nicht. Jedenfalls wäre das für Euch ein sehr unangenehmer Zeitpunkt."

„Ihr lebt also noch, Sennor Nodriquez?"

„Wie Ihr seht, Sennor Balzabo."

„Und was wollt Ihr von mir?"

„Hm, närrische Frage! Euch sprechen, unsere alte Freundschaft erneuern."

„So kommt wenigstens heraus auf die Straße; hier ist nicht der geeignete Ort dazu."

Die beiden Männer schritten den Kreuzgang entlang und verließen die Kirche durch die erste Seitenthür, welche sie erreichten. Draußen auf der Straße suchten sie eine dunkle Stelle auf. Anfangs unterhielten sie sich stehend; dann wanderten sie, in eifriges Gespräch vertieft, eine Weile auf und ab.

Fast in dem Augenblick, als sie das Heiligthum verließen, war die Predigt zu Ende gekommen. Bruder Manuel, der heute noch feuriger, überzeugender und hinreißender gesprochen, als man es sonst von ihm gewohnt war, trat von der Kanzel ab und zog sich in die Sacristei zurück. Die Orgel ertönte, vom hohen Chor fiel der Gesang ein, und vor dem Hochaltar wurden von Priestern und Chorknaben die üblichen Schlußceremonieen des Gottesdienstes vollzogen.

Unmittelbar vor der Kanzel erhoben sich zwei Frauen aus ihrem Betstuhle und eilten hinter die Pfeiler des nächsten Bogenganges.

„Laß mich! Laß mich, Mama! Es war eine Stimme von oben, ein Engel des Himmels, den mir Madonna gesendet, zu der ich in der Verzweiflung meines Herzens um Hülfe und einen Ausweg aus dieser Trübsal gefleht."

„Kind, Du träumst, Du sprichst im Fieber!....Komm, laß uns nach Hause gehen.... begieb Dich zur Ruhe.... Dein Zustand erregt mir Besorgniß!"

„Nein, nein, Mama, mir ist wohl.... o so wohl, wie mir lange nicht war! Hörtest Du denn nicht die Stimme des Engels?"

„Welche Stimme, Kind? Ich hörte nur die des Priesters, der so ergreifend, so voll Begeisterung sprach, dessen verklärte Blicke stets auf uns gerichtet waren, daß ich wähnte, er rede nur für uns allein."

„Aber jene himmlischen Töne, die in mein Ohr drangen, jener sanfte Odem, der meine Wangen berührte, das Rauschen dicht hinter uns wie vom Flügelschlag eines Engels — Mutter, Mutter, vernahmst Du es nicht?"

„Kind, es war ein Wahn, eine Täuschung Deiner aufgeregten Sinne!"

„Nein, ein Bote Madonnas war es, aus jenen lichten Regionen niedergeschwebt, um mir den erflehten Fingerzeig zu geben. Jetzt weiß ich, was mir zu thun obliegt! Die Himmelskönigin hat mein Gebet erhört — ich habe ihr nur meinen Dank zu übersenden!"

Leontica öffnete ihr Gebetbuch und schrieb mit dem goldenen Stift, welchen sie mit andern Schmucksachen an einer Kette trug, hastig einige Worte auf eines der goldberänderten weißen Blätter desselben. Dann riß sie das beschriebene Blatt aus dem Buche und faltete es in Briefform zusammen.

„Komm, Mama! Madonna soll wissen, daß ich mich ihrem Willen unterwerfe und bereit bin, das schwere Unrecht zu sühnen, dessen ich mich in unbegreiflicher Verblendung meiner Sinne schuldig machte!"

„Leontica, Du stürzest Dich in's Verderben, Du beladest das graue Haupt Deiner Mutter mit Kummer und Schande!"

„Nicht doch, Mutter, ich bin eine Mureno, ich weiß, was ich meiner, Deiner Ehre schuldig bin!"

Leontica eilte voran und bahnte sich ihren Weg durch das Gedränge. Donna Uraca folgte ihr kopfschüttelnd. Die beiden Frauen verließen die Kathedrale durch einen der seitlichen Ausgänge, gerade gegenüber demjenigen, durch welchen kurz vorher Escovedo und der Fremde in's Freie getreten waren.

Ein scharfes, glühendes Augenpaar hatte sie während aller dieser Vorgänge unausgesetzt beobachtet; ihm war sogar das kurze Zwiegespräch Leonticas mit Pepita nicht entgangen. Der Diener des Herrn, der an heiliger Stätte das Evangelium verkündete, Pater Manuel, hatte während der ganzen Dauer seiner Rede nur für die jugendliche Gattin des Millionärs Augen gehabt; sie war es, die seine ganze Seele erfüllte, die ihn zu so unwiderstehlicher Beredtsamkeit hinriß. Seine Lippen predigten die himmlische Verheißung, aber in seinem Herzen tobte die irdische Leidenschaft. Während er von Gott, dem Erlöser und der heiligen Jungfrau sprach, schwelgten seine Augen im Anblick des Wesens, das nach den Gesetzen derselben Religion, die er zu lehren berufen war, unauflöslich mit einem Andern verknüpft war. Er schilderte mit geläufiger Zunge den Lohn der Tugend, die Vergeltung für jede irdische Sünde in einer andern Welt; aber in seinem eigenen Innern beschäftigte er sich mit jenem Plane, den er in stiller Mitternacht auf der einsamen Hacienda zum Fall eines Weibes geschmiedet.

Als Pater Manuel die Kanzel verlassen hatte und in die Sacristei hinabgestiegen war, setzte er von hier aus die Beobachtung Leonticas fort. Das seiner Meinung nach von keinem Andern bemerkte Zwiegespräch mit einer vermummten Gestalt, die sich während des Gottesdienstes an die Betende herangedrängt, konnte nur mit einem sträflichen Verhältniß dieser Letzteren im Zusammenhang stehen; vielleicht war noch für denselben Abend eine geheime Zusammenkunft verabredet worden, die zu belauschen und möglicherweise zu unterbrechen jedenfalls in seinem Plane lag. Unter allen Umständen kam es ihm darauf an, die beiden Frauen nicht aus den Augen zu verlieren.

Die Sacristei war ein kleiner viereckiger Raum, unmittelbar unter der Kanzel. Ein dichtes eisernes Gitter, von Innen durch grünseidene Vorhänge verschlossen, trennte sie von den übrigen Theilen der Kirche. Es war unmöglich, von außen zu beobachten, was in derselben vorging; doch ließ sich, bei der etwas erhöhten, sogar die seitlichen Begengänge beherrschenden Lage, aus dem Innern der ganze übrige Raum der Kirche mit Leichtigkeit überblicken. Manuel hatte gleich bei seinem Eintreten alle Bewegungen Leonticas mit den Augen verfolgt. Er sah die beiden Frauen sich aus ihrem Stuhl erheben und nach der Seite gehen; hinter dem entgegengesetzten Gitter lauschend, sah er Leontica den Brief schreiben, und dann, von der Duegna gefolgt, die Kirche nach jener Seite verlassen, an welcher der Briefkasten der Madonna angebracht war. Ohne Säumen warf er einen in Bereitschaft gehaltenen Mantel über, bedeckte sein Haupt mit einem der länglich geformten Hüte, wie sie die katholischen Priester jener Länder zu tragen pflegen, und verließ dann, den Zipfel des Mantels über die Schulter schlagend, die Sacristei. Mit raschen Schritten die ehrfurchtsvoll ausweichende Menge durchschreitend, eilte er nach einer schmalen, nur vom dienstthuenden Clerus benutzten Treppe, die nach den Gallerieen führte. Nachdem er verschiedene in Dunkel gehüllte Gänge und Gemächer durchkreuzt, mehrere Stiegen auf- und abwärts gewandert, gelangte er nach einer am äußersten Ende des Gebäudes befindlichen Thür, vor welcher ein Laienbruder Wache hielt.

Die Thür führte nach einer an der Außenseite der Kirche hinlaufenden bedeckten Gallerie. Dicht vor derselben, auf einer steinernen Terrasse, zu der mehrere Stufen emporführten, hing die große Lade, welche in vergoldeten Buchstaben die Aufschrift trug: Buzon do la Virgen, und zur Aufnahme jener öfters erwähnten merkwürdigen Correspondenz mit der Mutter Gottes bestimmt war. Die Oeffnung der Gallerie nach der Straße hin war durch bewegliche Jalousieen geschlossen. Hinter diesen Jalousieen ließ sich mit aller Bequemlichkeit beobachten, was draußen vorging; wer sich dem buzon näherte, war selbst bei Nacht leicht zu erkennen, da dicht davor mehrere Lampen brannten, welche über die ganze Umgebung ein helles Licht verbreiteten. Eine Oeffnung am Boden der Gallerie führte in die Brieflade; es bedurfte nur eines Griffes mit der Hand, um den Inhalt der Lepteren zu entleeren. Wie die ganze Einrichtung des buzon eine spezielle Erfindung Ugartes gewesen, so hatte sich dieser auch die Ueberwachung desselben ausschließlich vorbehalten. Er selber bewahrte den Schlüssel zur Gallerie, und um jedem Unberufenen das Eindringen unmöglich zu machen, ließ er, wenn die Kathedrale zur Messe oder zum Gottesdienst geöffnet war, die Thür noch obendrein durch einen Laienbruder bewachen.

Manuels beharrliches Spähen und Suchen hatte ihn im Innern der Sacristei das geheime Fach entdecken lassen, in welchem der Prior jenen Schlüssel aufbewahrte. Der Zugang zur Gallerie lag ihm offen, sobald es ihm gelang, den wachehabenden Laienbruder unter irgend einem Vorwand zu entfernen. Auf dem Wege aus der Sacristei bis zur Thür hatte er über einen solchen Vorwand nachgedacht; als er an Ort und Stelle anlangte, fand er, daß ihm ein glücklicher Zufall in die Hände gearbeitet. Der Laienbruder, des einsamen Postens müde, war auf der Bank dicht neben der Thür eingeschlafen. Manuel näherte sich auf den Fußzehen schleichend, um kein Geräusch zu machen. Ueberflüssige Vorsicht; der gute Bruder schlief so fest, daß man ihn wahrscheinlich nach seiner Zelle im Convent hätte tragen können, ohne ihn zu erwecken.

Der junge Priester steckte den Schlüssel in das Schloß.... die Thür öffnete sich.... er betrat die Gallerie. An die Jalousieen gelehnt, übersah er draußen den hell erleuchteten Raum. Es war Alles still. Aus den Thüren der Kirche entströmte die Menge, doch der Strom ergoß sich nicht nach diesem abgelegenen Winkel. Plötzlich regte sich etwas.... leise Tritte knirschten auf dem Sande.... seidene Gewänder raschelten.... zwei Frauengestalten, die eine wohl um ein Dutzend Schritte voran, huschten dicht an der Kirchenmauer hin, und näherten sich rasch der Terrasse. Die Vordere flog die Stufen hinan.... Manuels Herz klopfte stürmisch und vernehmbar, denn nur eine dünne Wand trennte ihn von dem Gegenstand seiner heißen Sehnsucht.... eine kleine weiße Hand reichte empor und ließ ein Papier in die Oeffnung der Lade fallen.... die Hand des Priesters hatte es erfaßt ehe es noch den Boden des Behälters berührte. Im nächsten Augenblick war die schöne Erscheinung schon wieder verschwunden; die beiden Frauen entfernten sich ebenso eilig wie sie gekommen. Manuel folgte ihrem Beispiel; er verschloß die Thür der Gallerie und befand sich schon nach einigen Augenblicken wieder in der Sacristei, noch ehe die übrigen beim Gottesdienst celebrirenden Brüder dieselbe betraten. Hut und Mantel ablegend, trat er hastig unter die in der Mitte des kleinen Raums aus der Wölbung der Decke niederhängende Ampel, um den Brief zu lesen. Es waren nur wenige Zeilen, mit flüchtigen Bleistiftzügen auf ein zerknittertes Blatt geschrieben. Sie lauteten:

„Heilige Mutter Gottes! Du hast einen Deiner Engel zu mir hernieder gesandt, und ich folge seinem Ruf. Morgen begeben wir uns auf die Hacienda meiner Mutter. Ist es Dein Wille, daß ich seine Verzeihung erflehen soll — o so führe ihn mir entgegen und nimm uns in Deine gnädige Hut!   G. M."

Manuels bleiche Züge belebten sich, fieberhafte Gluth bedeckte seine Wangen, als er diese kleinen zierlichen Schriftzüge nicht ohne Mühe entzifferte. „Endlich! Endlich!" murmelte er vor sich hin. „Das Netz ist gestellt — ein Ruck, und die Taube ist gefangen! Mag sie sich sträuben, mag sie bluten — kümmert es den Jäger, wenn seine Beute eine leichte Verletzung davon trägt?"

Der Mehner trat mit den Chorknaben in die Sacristei. Manuel verbarg hastig den Brief in dem faltigen Aermel seines Gewandes.

Vom Thurme der Kathedrale erklangen die Glocken. Die Töne der Orgel brausten durch die Hallen, und in feurigem Rhythmus mischte sich ein Schlußchor dazwischen. Durch die weit geöffneten Thüren strömte die Menge ins Freie.

Escovedo und sein Begleiter, die sich nach einer benachbarten Straße verirrt, kehrten hastig zurück.

„Ihr tragt die Schuld, daß ich die Spur verlor", sagte der Bankier ärgerlich. „Euer Dazwischenkommen wird mein ganzes Vorhaben vereiteln."

„Kann ich dafür, wenn Ihr Euch durch die Begrüßung eines alten Freundes von wichtigen Geschäften abhalten laßt?" sagte Rodriquez höhnisch.

„Der Gottesdienst ist zu Ende.... die Kirche entleert sich.... ich werde die beiden Frauengestalten nicht wieder finden...."

„Ah, ein Rendezvous.... und gleich zwei auf einmal, erwartet Ihr? Viel Vergnügen, Balzabo, ich will nicht stören. Wir treffen uns schon wieder. Gute Nacht!"

„Einen Augenblick! Ihr könntet mir vielleicht behülflich sein."

„Soll ich die Eine unterhalten, während Ihr mit der Anderen zu thun habt?"

„Tölpel! Es ist meine Frau, die ich erwarte."

„Eure —? Auch recht! Und die Andere?"

„Die Schwiegermutter!"

„Aha!"

„Beide befinden sich in der Kirche. Auf dem Heimweg werden sie einen Brief in den buzon werfen. Diesen Brief muß ich haben."

„Weiter nichts?"

„Vorläufig bin ich damit zufrieden."

„Es wird leichte Arbeit sein."

„Wie wollt Ihr es bewerkstelligen?"

„Laßt mich nur gewähren. Eine geschickte Hand.... etwas Wachs an einem Draht.... das Kunststück hat mir seit meiner Rückkehr zur Stadt schon öfter ein kleines Taschengeld eingetragen. Der Mensch muß sich eben ehrlich durch's Leben helfen!"

Escovedo hatte nach allen Seiten umhergespäht. „Dort nahen zwei weibliche Gestalten!" rief er plötzlich. „Wenn mich nicht Alles täuscht — sie sind es! Tritt hier in den Schatten der Mauer, damit sie uns nicht bemerken."

Die beiden Männer drückten sich fest an die Wand der Kirche. Ueber den freien Platz huschten zwei verhüllte Gestalten. Allmälig wurden ihre Schritte langsamer. Zögernd näherten sie sich der Terrasse, auf welcher der Briefkasten der Madonna angebracht war. Die Männer schlichen im Schatten der Kirche entlang und beobachteten alle ihre Bewegungen. Beide Frauen stiegen zur Terrasse empor und traten dicht an den buzon heran. Jedenfalls hatten sie einen Brief in denselben fallen lassen, denn schon im nächsten Augenblick waren sie wieder auf dem Rückwege, und verschwanden gleich darauf im Dunkel der Straße.

„Seid Ihr Eurer Sache gewiß, daß es die Rechten waren?" fragte Rodriquez.

„Kein Zweifel! Leonticas Gestalt und Haltung, — auch die Alte hab' ich genau erkannt."

„Gut, so wartet hier einen Augenblick. Was ich zu meiner Arbeit bedarf, ist ganz in der Nähe zu finden. In fünf Minuten bin ich zurück."

Rodriquez entfernte sich. Der Bankier ging mit verschränkten Armen auf und nieder; sein Hirn brannte, sein Blut wallte — wilde Gedanken stürmten ihm durch den Kopf, und vor seinen Augen stand noch immer das Bild jenes wunderbar schönen Mädchens, das ihm solches Entsetzen eingeflößt. Aengstliche Schauer durchbebten ihn, er fühlte sich unheimlich an dem einsamen Ort, und er dachte an Rückzug — da stellte sich Rodriquez schon wieder ein.

„Nun kann's an's Werk gehen! Habt Acht hier, daß mich von dieser Seite Niemand stört. Die Priester sollen neuerdings ihre Geheimnisse besser bewachen lassen."

Ohne eine Antwort abzuwarten, eilte er die Terrasse hinan. Escovedo konnte im Schein der aufgestellten Lampen aus der Entfernung beobachten, wie er sich um den Briefkasten zu schaffen machte. Seine Bemühungen schienen mit Erfolg gekrönt zu sein, denn schon nach wenigen Minuten kehrte er zurück, einen versiegelten Brief in der Hand haltend.

„Nun, versteh' ich das Geschäft? Was zahlt Ihr mir jetzt als ehrlichen Finderlohn, Balzado?"

„Zwanzig Dublonen gehören Euer!" rief Escovedo und griff hastig nach dem Briefe.

„Ah, das läßt sich hören! Ihr seid freigiebiger als die Andern, für die ich bis jetzt solche Arbeit verrichtete, und könnt doch wohl nicht in so ganz beschränkten Umständen leben, wie Ihr mir vorhin erzähltet."

„Ich bin nicht reich.... o nein! Doch der Brief ist mir von Wichtigkeit. Ich thue auch ein Uebriges für Euch."

„Daran erkennt man den wahren Freund! Gott lohn' es Euch, Balzado! Ich hoffe, Ihr habt Euch mit meiner heutigen Begegnung ausgesöhnt und seht mich auch ferner in Nahrung."

Rodriquez entfernte sich lachend.

„Schurke!" murmelte Escovedo. „Welcher Dämon wirft Dich gerade jetzt wieder in meinen Weg? Einst warst Du ein brauchbares Werkzeug in meiner Hand.... Jetzt haben sich die Zeiten geändert, Du bist etwas stumpf geworden — einerlei, vielleicht kannst Du mir doch noch von Nutzen sein. Der Anfang war wenigstens nicht ganz unglücklich."

Der Bankier stand vor dem Hauptportal der Kirche. Die letzten Personen verließen eben das Gebäude. Eine Reihe von Lampen verbreitete ein taghelles Licht rings umher. Escovedo gedachte des Briefes, und vermochte die Neugier, seinen Inhalt zu erfahren, nicht länger zu bezähmen. Da er sich unbeachtet sah, trat er an eine der Lampen heran und erbrach den Brief. Beim Anblick der Handschrift fuhr er erstaunt zurück.

„Was seh ich? Das ist nicht Leonticas Schrift! Wer hat mir diesen Betrug gespielt?"

Zitternd begann er zu lesen, und mit jeder Zeile wuchs seine Aufregung.

„Heilige Madonna! Deinem Befehl gemäß habe ich das Land, wo einst meine Wiege stand, nach allen Richtungen durchwandert, um eine Spur der geliebten Eltern zu entdecken — doch Alles war vergebens! Ist es Dein Wille, heilige Jungfrau, daß ich meine Bemühungen fortsetze, oder soll ich über die Cordillere zu der fernen Pflegemutter zurückkehren, um aus ihrer Hand jene Zeichen und Andenken in Empfang zu nehmen, die mir einen Anhalt gewähren und mich in den Stand setzen werden, die gesuchten Eltern zu finden? Gieb mir ein Zeichen, gnadenreiche Himmelskönigin, und erleuchte mit Deinem göttlichen Licht die heimathlos und unstätt irrende Waise.
                                                                        Pepita."

„Seltsam! Seltsam!" rief der Bankier, als er den Brief zu Ende gelesen. „So war es doch kein Truggebilde meiner aufgeregten Phantasie! Es lebt hier ein weibliches Wesen, das mit Isabellen eine so täuschende Aehnlichkeit hat, daß ich sie vor mir zu sehen glaubte, jung, blühend und lebensfrisch, wie sie vor zwanzig Jahren vor mir stand. Und dieses Wesen, das aus ferner Gegend hierher gekommen, sucht nach seinen Eltern, die es nie gekannt und bis jetzt nicht gefunden... und in weiter Ferne giebt es Zeichen und Beweise, die ihm die Auffindung erleichtern würden.... Kein Zweifel, es war die Schreiberin dieser Zeilen, die mir in der Kirche gegenüberstand, die mit Leontica redete, die ihr so Wichtiges mitzutheilen hatte, daß sie sie im Gebet unterbrach... Und ich, ich stehe rathlos hier, muß es geschehen lassen, daß sie sich zu meinem Verderben verbinden, mich vielleicht um die Früchte der mühseligen Arbeit eines Lebens betrügen!.... Nein, ich will nicht müßig bleiben, will mich vorbereiten, ihnen begegnen.... es soll, es muß Licht werden, damit ich einen Ausweg aus diesem Labyrinth finde! Robriquez, Du bist noch zu guter Stunde gekommen — es wird Arbeit für Dich geben!"

(Fortsetzung folgt).

Die Einwanderung und der Süden.
Von Rudolph Lexow.

Die Wogen der Einwanderung thürmen sich dieses Jahr höher als je zuvor. Statistische Tabellen weisen für den Hafen von New-York allein eine Zahl von über neunzig Tausend für die ersten fünf Monate dieses Jahres, für den Monat Mai nicht weniger als vierzig Tausend auf. Europäische Zeitungen sprechen von den dortigen Rüstungen zur Uebersiedelung nach Amerika wie von denen einer Völkerwanderung. Die von den Emigranten bevorzugten deutschen Hafenstädte wissen die auf Einschiffung Wartenden kaum unterzubringen. In Hamburg allein will man schon Anmeldungen von hundert und fünfzig Tausend Personen erhalten haben, und die Bremer Rhederei giebt die Versicherung, daß ihr Hafen nicht hinter dem der Schwesterstadt zurückstehen werde. Diese

Zahlen mögen zu hoch gegriffen sein, doch dürfte es uns andererseits nicht befremden, wenn die Listen der Einwanderung mit Jahresschluß den Beweis brächten, daß die Einwohnerzahl unserer Republik durch das Zuströmen fremder Elemente um fast eine halbe Million vermehrt wäre. Niemals gab es wohl für den Europäer der Reizmittel so viele, sich dem großen Zuge westwärts anzuschließen, als in dem gegenwärtigen Moment. Der mannigfache Zündstoff, welcher den ganzen Continent von Europa mit jedem Augenblick zu einem der blutigsten und erschöpfendsten Kriege entflammen kann, einem Kriege, zu welchem trotz der feierlichst verbürgten Verträge die Veranlassung immer in ungeschwächter Kraft fortbestehen bleibt, ist niemals schärfer an die Oberfläche getreten als es durch die österreichisch-preußischen Verwickelungen geschah, und theilte den Massen ein Gefühl der Unsicherheit mit, zu dessen Beschwichtigung sie eben nur zum Heimathswechsel schreiten können. Irland, welches das nächstgrößte Contingent zur Emigration stellt und darin in früheren Jahren das gesammte Deutschland übertraf, geht zur Zeit aus den Nachwehen einer Conspiration, die das Ziel hatte, sich Englands Herrschaft zu entziehen, hervor, auf die Hunderttausende ihre letzte Hoffnung gesetzt hatten und deren Fehlschlagen diese Elemente mit der äußersten Entmuthigung erfüllt. Die dort immer rege Wanderlust wird dadurch zu einem selbst für englische Anschauung bedenklichen Grade gesteigert. Die Einwohnerschaft ganzer Landschaften rüstet sich zur Abreise. Die großen Besitzthümer englischer Lords liegen verödet aus Mangel an Arbeitskraft. Der Handwerker verläßt seine Werkstätte, der Feldarbeiter den Pflug, der Commis sein Comptoir, und zieht nach Amerika. Australien, Brasilien und die minder wichtigen Regionen, die früher einen Theil der Einwanderung an sich zogen, werden kaum mehr beachtet von diesem Menschenstrom, der sich von den europäischen Hafenstädten ergießt. Die vier Jahre der Prüfungen, welche wir bestanden, haben uns Europa näher gebracht, statt uns ihm zu entfremden. Die Entstellungen rebellischer Agitatoren und der ihnen leider nur zu bereitwillig dienenden Presse haben das Volk nicht zu täuschen vermocht über das Wesen unserer Institutionen oder die materielle Zukunft unserer Republik. Das anlockende Angebot unserer Obligationen hat die Menge veranlaßt, sich auf das Gründlichste über unser Land zu unterrichten, und das Resultat dieser Erkundigungen war, daß Hunderte von Millionen in einem vergleichsweise geringen Bezirk Deutschlands Käufer fanden, unter denen namentlich der sog. Mittelstand am stärksten repräsentirt ist. Das Stichwort „amerikanischer Schwindel", mit welchem man gewohnt war, hiesigen Verhältnissen den Stab zu brechen, wird nur noch in aristokratischen Kreisen drüben beibehalten; das ebenso populair gewordene „Humbug", mit welchem man ohne weitere Untersuchung Alles bezeichnete, durch das man von hier aus fremdartig berührt wurde, ist über die Betrachtung unserer glänzenden Errungenschaften und unserer beispiellosen Opfer, der Zeugen des Ernstes, der Ausdauer und der Größe unseres Volks vergessen. Statt des Argwohns, den man empfand, macht sich jetzt das unbegrenzteste Vertrauen zu allen Plänen geltend, in welchen die amerikanische Republik den Hintergrund bildet. Niemand wird die Bedeutung dieser Frucht des jetzt hinter uns liegenden Ordeals verkennen. Mehr noch als die in Europa sich entwickelnden kräftigen Factoren zur Vergrößerung der Emigration, wird sie dazu beitragen, die auf frühere Censusangaben gestützten Berechnungen der Zunahme unserer Bevölkerung Lügen zu strafen und unsere Republik einer Entwicklung zuzuführen, deren reißende Schnelligkeit selbst die Prophezeihungen der jetzt als Phantasten Betrachteten weit hinter sich läßt.

Eine Zunahme der Einwanderung, wie wir sie beschrieben, ruft selbstverständlich viele Projecte in allen Sectionen des Landes hervor, eine möglichst große Zahl der Ankömmlinge zu veranlassen, in der Wahl ihrer neuen Heimath gewissen Lokalitäten den Vorzug einzuräumen. Fast jeder der westlichen Staaten ist hüben wie drüben durch Commissairs vertreten, deren ausschließliche Pflicht darin besteht, die Vortheile der von ihnen repräsentirten Staaten näher zu verdeutlichen, und wir finden bei genauer Erkundigung, daß sie in dieser Aufgabe der Wahrheit ziemlich getreu bleiben, wenn sie auch nicht die Schwierigkeiten neuer Ansiedelung an den äußersten Grenzen der Civilisation in so entschiedenen Farben zeichnen, wie der Thatbestand es erfordern dürfte, oder das dazu erforderliche Capital in so verläßlichen Zahlen berechnen, wie die Erfahrung weniger Monate sie dem Ansiedler später vorzeichnet. Der Staats-Commissair beruhigt sich mit der Ueberzeugung, daß, wenn er ohne allzu stark über die Stränge zu schlagen den Zukunftsplänen der Passagiere eines Emigrantenschiffes eine bestimmte Richtung gegeben, er nicht nur seinem Mandat genügt, sondern auch die Existenz dieser Menschen gesichert hat, falls sie, wie er doch annehmen darf, die Hände nicht in den Schooß legen und sich durch die ersten Täuschungen ihrer vielleicht etwas überspannten Erwartungen und die ersten Erschwerungen ihres Strebens nicht entmuthigen lassen wollen. Die Geschichte unzähliger blühenden Farmen, deren schon seit Jahren kultivirte Felder der Pflug zuerst durchfurchte als der Westen nur noch die ungenügendsten Verbindungsmittel aufzuweisen vermochte, und als seine eignen, jetzt so großen Stapelplätze nur noch winzige Städtchen waren, zeugt von den Früchten eines Fleißes, einer Ausdauer und Entsagungsfähigkeit, die unter jetzigen Verhältnissen nur noch in vergleichsweise geringem Maße beansprucht zu werden brauchen, um unendlich viel größere Errungenschaften zu ergeben, als die heroischen Pioniere sie aufzuweisen vermochten.

Neben den von den Staaten angestellten Beamten finden sich auch, namentlich an den Ausschiffungsplätzen, die Repräsentanten von spekulativen Körperschaften, und Individuen, die sich einer ähnlichen Aufgabe mit Bezug auf die anlangenden Einwanderer widmen. Auch sie sind durch die Menge der Ankommenden zu größerer Thätigkeit angespornt, und ihre Bemühungen werden zweifelsohne durch bedeutenden Erfolg belohnt. Durch keinen moralischen Zwang in ihrer Agitation beengt, nehmen sie es weniger genau mit ihren Angaben und Versprechen, als ihre oben gedachten Konkurrenten. Es mag in dem

Interesse einer Eisenbahngesellschaft liegen, gewisse, bisher aus guten Gründen unbewohnt gebliebene Distrikte an ihrer Bahn besiedelt zu sehen, oder es mag zur Lebensfrage für einen bedeutenden Landspekulanten geworden sein, daß mit der Colonisirung auf seinen Länderstrecken ein Anfang gemacht werde, und die Stadt New-York stellt Beiden ein starkes Kontingent, von welchem Jeder sich auf Veranlassung des hiesigen Agenten ein paradiesisches Leben ausmalt, dagegen sich am Bestimmungsorte in einen Kampf mit den schwierigsten und deprimirendsten Verhältnissen verwickelt sieht. Je unbemittelter der Einwanderer, der in die Hände eines solchen Agenten fällt, um so werthvoller ist er für ihn, denn einmal da angelangt, wo man ihn verwenden will, ist er an die Scholle gebannt; er muß, wohl oder übel, sich dazu verstehen, ein Werkzeug der Spekulanten, die sich seiner bemächtigt haben, zu werden.

Außer den bezeichneten zwei Klassen der Agitatoren für gewisse Staaten, Counties oder Bezirke finden wir seit der Beendigung des Krieges noch eine dritte, die hier in früheren Jahren selbst zu den lebhaftesten Zeiten der Einwanderung unbekannt war. Sie begreift Alle in sich, die unter der uns zuströmenden Arbeitskraft für die Südstaaten Propaganda machen. Diese Klasse unterscheidet sich sehr wesentlich von den beiden andern, denn sie will in den meisten Fällen nicht Ansiedler, sondern nur Arbeiter. Mit dem poetischen „sonnigen Süden", den sie im Munde führt, um sich das Ohr der Einwanderer geneigt zu machen, ist sie meistens gezwungen, sich des prosaischen Wortes „Rationen" zu bedienen, wenn die Frage auf's Tapet kommt, welche Behandlung man denn eigentlich in jenen von der Sonne so begünstigten Regionen zu gewärtigen habe, und was es dort, bei der zu erwartenden harten Arbeit und unter dem ungewohnten Klima, für einen deutschen Magen zu verdauen gebe. So und so viel das Jahr und die üblichen Rationen, das ist das Gebot, dem der „sonnige Süden" als Folie dient. Rationen sind eins der vielen, aber auch anstößigsten Ueberbleibsel der früheren Feudalherrschaft; aber mit dem Lohn haperte es meistens gar sehr, und statt seiner gab es gewöhnlich so und so viele Prügel. Es ist nicht zu leugnen, daß der April 1865 einen bedeutenden Umschwung in den ökonomischen Ansichten der südlichen Ritterschaft herbeigeführt hat, doch darf man sich wohl die Frage vorlegen, ob dieser Wechsel tief genug Wurzel geschlagen, um es namentlich für den deutschen Einwanderer rathsam zu machen, daß er diese verführerischen Angebote für seine Arbeitskraft annehme. Die Beantwortung dieser Frage wird selbstverständlich auch die der Berechtigung der besagten Agitation entscheiden.

Die Zeit ist nicht ferne, wo die bisher dem Süden zu Gebote stehende Arbeitskraft nicht für die mit Hülfe nördlichen Kapitals zur Ausbeute seines Bodens in's Leben tretenden Unternehmen genügen wird. Es giebt gegenwärtig schon weite Landstriche, die der Arbeitskraft fast gänzlich entbehren, denn die Campagnen der letzten Kriegsjahre ließen manchen Negerbaron den Verlust seiner Sklaven befürchten und sie nach anderen, vom Kriegsschauplatz entfernten Punkten treiben, wo sie jetzt als freie Männer ihre Heimath finden. So ist namentlich Texas um mehrere Hunderttausende von Farbigen reicher geworden, während Virginien, Georgia, Tennessee, Alabama und Mississippi von ihnen stellenweise gänzlich entblößt worden sind. Aber im großen Ganzen ist es nicht die unabweisliche Nothwendigkeit, die den südlichen Plantagenbesitzer veranlaßt, sich nach dem Norden um Arbeitskraft zu wenden, sondern sein Wunsch, sich der Benutzung der früheren enthalten zu können. Wie er bisher den deutschen Einwanderer haßte, weil er mit freiheitlichen Ideen die Gestade der Republik betrat und mit diesen da ansteckend wirken mochte, wohin der Segen der Freiheit noch nicht gedrungen, so haßt er jetzt den Farbigen, weil er das dürftigste Recht der Freiheit, die individuelle Selbstbestimmung, für sich beansprucht. Wir haben erst vor Kurzem in diesen Heften eine Schilderung der Zustände entworfen, die der Süden zur Zeit aufweis't, und wir brauchen auf diesen Punkt nicht wieder zurückzukommen. Aber die Stellung der Deutschen, die sich bewegen ließen oder noch bewegen lassen mögen, ihre Heimath in den Südstaaten zu suchen, veranlaßt uns zu einigen Bemerkungen, zu welchen wir den Text in den südlicherseits gemachten Offerten, wie auch in den schon vorliegenden Ergebnissen solcher Engagements finden.

Was nun zuerst die Rationen betrifft, so geben wir gern zu, daß der Haupteinwurf gegen sie in der durch ihre Verabreichung lebendig gehaltenen Erinnerung an ein Arbeitssystem besteht, das mit dem ganzen Umsturz der gesellschaftlichen Verhältnisse des Südens selbst bis auf die geringsten Details der Vergessenheit übergeben sein sollte. Der südliche Negerbaron hatte sich das Wort Rationen wohl nur aus dem Grunde aus der Militärsprache zugeeignet, um, indem er seine Verpflichtungen, für den nothbürftigsten Unterhalt der Hörigen zu sorgen, erfüllte, dadurch zugleich die Disciplin und die Abhängigkeit zu bezeichnen, in der sie zu ihm standen, und gerade deshalb ist die jetzige Beibehaltung dieser Art des Unterhalts nichts weniger als passend. Im Uebrigen aber sind die verabfolgten Rationen auch nur unter gewissen Umständen zur Erhaltung des Lebens und der Kräfte genügend und der Gesundheit nicht schädlich. Sie bestehen bekanntlich aus Speck und Maismehl, und obgleich der Sklave sich durch die stete Wiederholung dieser Kost darauf angewiesen glaubte, nächtlicher Weile, pour corriger la fortune, sich alles nicht Nagelfeste auf benachbarten Plantagen anzueignen, und namentlich gegen Hühner, Truthühner und Ferkel einen Krieg à l'outrance zu führen, so ist doch auch nachweislich ohne solche Hülfsmittel für ihn die Kost nicht allein ausreichend, sondern auch gesund. Der Irländer lebt in seiner Heimath meistens von Kartoffeln, und sieht Fleisch höchstens einmal in der Woche vor sich; im Norden Deutschlands besteht die Hauptkost in Brei, Erbsen und obligatem Speck, und in dem noch nördlicheren von Europa liefern Gerste und Buchweizen, zu einer Grütze bereitet, das hauptsächlichste Nahrungsmittel für die Feldarbeiter. Selbstverständlich ist es nur die schon mit dem frühesten Alter beginnende Angewöhnung an diese stereotype Kost, welche sie erträglich macht und den Magen so disciplinirt, daß er den Menschen bei Kräften und in Gesundheit erhält; aber die plötzliche Versetzung eines irländischen Arbeiters nach Deutschland oder eines deutschen nach den dänischen Inseln, würde durch den Wechsel der Nahrungsmittel auf lange Zeit Schwäche und andere Krankheitserscheinungen hervorrufen. Gerade so steht es mit der Versetzung des deutschen Feldarbeiters nach den Südstaaten, nur daß die Kostveränderung um so stürmischere Erscheinungen bei ihm hervorrufen muß — und es erfahrungsweise auch thut — als ihre Wirkung durch äußerst starke klimatische Einflüsse erhöht wird. Die allmälige Gewöhnung an die von südlichen Plantagenbesitzern gebotenen Rationen ist daher die Grundbedingung des Zugeständnisses, daß sie a u s r e i ch e n d seien, denn Demjenigen, der die Kost nicht vertragen kann, wird außer jenen nichts geboten, um seinen Hunger zu stillen, und die Frage, ob sie gesund, wird durch dieselbe Bedingung erledigt. Wir brauchen hier kaum zu bemerken, daß im Gegensatz zu dem Süden, die Farmer des Westens keine kontraktliche Feststellung der Menge und Beschaffenheit der Lebensbedürfnisse ihrer Arbeiter treffen, sondern sie mit nur sehr wenigen Ausnahmen an ihrem eigenen Tische von der Kost, die sie selbst genießen, speisen lassen.

Die L o h n f r a g e repräsentirt den Hauptpunkt jedes Arbeiters bei dem von ihm abgeschlossenen Engagement, und ist sie nur zufriedenstellend oder übertreffen ihre Bedingungen die gehegten Erwartungen, so drückt man schon des größeren Verdienstes wegen über manches Andere ein Auge zu. Der Erfolg der hiesigen Agitation für den Süden wäre daher leichter erklärlich wenn dem deutschen Arbeiter ein glänzendes pekuniäres Aequivalent dafür geboten würde, daß er seine Schritte dorthin richte. Aber hier stoßen wir auf eine Thatsache, die wir gern als Selbstverleugnung des Deutschen und als einen lebenswerthen Versuch, den etwas zerrütteten Vermögensverhältnissen der südlichen Landwirthe einen neuen Aufschwung zu geben, hinstellen möchten, aber die viel leichter in der Einfältigkeit der Betreffenden ihre Erklärung findet. Die meisten Angebote für tüchtige field hands — abermals eine Bezeichnung, die dem Plantagenbillionär entlehnt ist, und einem young, likely Nigger gleichbedeutend ist — belaufen sich auf hundert bis hundert fünfundzwanzig Dollars per Jahr, zahlbar bei Ablauf des Engagements; für Frauen, von denen ebenfalls unausgesetzte Feldarbeit erwartet wird, sechszig bis fünfundsiebzig Dollars. Für minder tüchtige und ältere Arbeiter wird ein bedeutender Abzug gemacht, und für die Arbeit vierzehn- bis siebzehnjähriger Bursche ein Spottpreis bezahlt. Vergleichen wir diese Ansätze mit den im Norden, Osten und Westen gezahlten Löhnen, so stellt es sich heraus, daß der deutsche Feldarbeiter, wenn er für seinen eigenen Unterhalt sorgt und sich dabei mit der frugalen Kost des Südens begnügen sollte, am Ende des Jahres eine mindestens dreifach größere Summe an sich gebracht haben würde, als er es unter den südlichen Producenten zu thun vermag. Denn der Lohn eines rüstigen Arbeiters stellt sich in allen Theilen der nördlichen Staaten bei eigener Beköstigung auf 1¾ bis 2 Dollars per Tag, und steigert sich während der Erntezeit und in anderen sehr geschäftigen Perioden des Ackerbaus häufig um fünfzig und auch um hundert Procent.

Einschließlich der Kost und der Nahrung kann die Summe von dreihundert bis dreihundert und fünfzig Dollars als der Jahreslohn eines guten Arbeiters angenommen werden, und selbst die uns durch die Auflösung unserer Armee von einer Million Menschen gewordene neue Arbeitskraft hat diese Forderung nicht zu ermäßigen vermocht.

Doch gehen vom Süden noch andere Angebote aus, die sich auf dem Papier recht gut machen, bei genauer Prüfung jedoch kaum größere Berechtigung haben als die oben kritisirten. Ihnen zur Basis liegt eine Theilhaberschaft des Arbeiters an der erzielten Ernte. Der Plantagenbesitzer verspricht die unvermeidlichen Rationen, Obdach, d. h. eines der früher von den Sklaven bewohnten "quartors", und so und so viel der zu machenden Ernte. Wer das annimmt, entsagt der absoluten Sicherheit, daß ihm am Schluß des Jahres eine seinen Leistungen entsprechende Entschädigung werde, und betritt das Gebiet der Speculation. Er mag auf demselben viel weniger verdienen als ihm nach der Billigkeit zukommen sollte, oder günstige Conjuncturen mögen ihm ein recht erfreuliches Resultat liefern, ein so günstiges vielleicht, wie er unter allen Umständen in den nördlichen und westlichen Staaten durch gewöhnlichen Fleiß erzielen würde. Seine Aussichten hängen, wenn er diesen Contract eingeht, jedoch nicht nur von den Witterungseinflüssen auf seine Ernte, sondern auch von der Ehrenhaftigkeit seines Geschäftstheilhabers, des Besitzers, ab. Es mag Alles nach Wunsch und Willen gehen, aber der Plantagenbesitzer mag auch die „Rationen" kürzen, mag streitsüchtig oder despotisch werden, wenn die bevorstehende Ernte so gut zu werden verspricht, daß sie seine Habsucht, oder so schlecht, daß sie seinen Unmuth reizt. Es liegen uns Fälle vor, wo dem Contract schon wegen der Uebergriffe des Landeigenthümers, nachdem er seine Aussaat bestellt sah, von Seiten des Arbeiters entsagt wurde, Fälle, in denen die elendeste Kost die ganze Entschädigung für monatelange Arbeit war, denn umsonst sucht der von fremden Verhältnissen umringte, schüchterne und einflußlose weiße Arbeiter, der nicht wie die Neger des speciellen Schutzes des Freedmen's Bureau genießt, nach Gerechtigkeit, wenn ein bedeutender Landbesitzer vor dem Gericht die Gegenpartei bildet. Gegenüber Angeboten dieser Art sollte daher die umfassendste Vorsicht angewandt werden, und doch giebt es, ohne an Ort und Stelle zu sein, nur die schwächsten Anhaltspunkte, sie zu üben. Das Schlagwort der Agitatoren für die Beschaffung neuer Arbeitskraft nach dem Süden, daß das eigne Interesse des Plantagenbesitzers die beste Garantie seiner genauen Erfüllung der contractlichen Bedingungen sei, ist um so haltloser, als wandernde Negertrupps ihm fast zu allen Zeiten eine wenn auch nur temporaire Aushülfe für das Abgehen seiner Arbeiter bieten.

Der größte Theil der für den Süden engagirten Arbeitskraft soll der Production der Baumwolle zugewendet werden, und das führt uns auf die schon häufig besprochene Frage, ob der Weiße sich für diese Arbeit eignet. Ohne uns auf physiologische Vergleiche der Weißen mit den Farbigen einzulassen, halten wir uns vielmehr an bereits vorliegende praktische Entscheidungen dieser

Frage. Texas hat nicht nur mit Bezug auf den Baumwollenbau mit der weißen Arbeit experimentirt, sondern weiß bereits die bedeutendsten Errungenschaften in dieser Richtung aufzuweisen. Die sog. upland Baumwolle wurde dort seit Jahren vorzugsweise von Deutschen kultivirt, und dieser Stoff brachte dort immer höhere Preise als der von Farbigen gezogene. Georgia und selbst Alabama haben ebenfalls Bedeutendes durch die Arbeit Weißer in Baumwolle dieser Art geliefert; aber wenn auch an und für sich bedeutend, schwindet die Zahl der durch diesen Factor erzeugten Ballen zu einer winzigen Fraction, wenn mit den ungeheuren Resultaten des Baues dieser Pflanze in den Flußniederungen, den low und bottom lands, verglichen. Das aber sind Landstriche, in denen der weiße Mann nicht ohne die dringendste Gefährdung seiner Gesundheit und seines Lebens zu existiren vermag. Nur der Farbige, der inmitten der miasmatischen Einflüsse jener Gegenden geboren und von frühester Jugend an in der glühenden Hitze, mit welcher die tropische Sonne diese Niederungen erfüllt, an die Arbeit gewöhnt ist, vermag sie dort zu verrichten. Möge sich kein Deutscher vermessen, mit den Farbigen in den sumpfigen Thälern des Mississippi, des Arkansas und des Red River zu concurriren. Wenige Wochen würden genügen, ihn die verhängnißvollen Folgen dieses Unternehmens spüren zu lassen.

Aber es giebt noch andere Wege, um sich einen hinreichenden und vielleicht gar reichen Lebenserwerb in den Südstaaten zu sichern, mag man einwerfen, und damit sind wir gänzlich einverstanden. Unsere Bemerkungen galten nur der bisher von Seiten des Südens hervortretenden Frage nach Arbeitskraft, die in neun und neunzig aus hundert Fällen durch den neuen Aufschwung, den der Baumwollenbau genommen, erzeugt wurde und unter den früher bezeichneten Bedingungen ihr Ziel zu erreichen suchte. In fast allen sonstigen Kundgebungen mit Bezug auf die Ausbeute seiner Ressourcen, wozu ihm die eigenen Mittel abgehen, wendet sich der Süden an das Capital, nicht an die Arbeitskraft, und weis't, im Widerspruch zu seiner Agitation unter den Einwanderern, nicht selten auf die Schwarzen als das zur Verfügung stehende Arbeitsmaterial. Jedes erdenkliche industrielle Unternehmen wird vorgeschlagen, um nördliches Capital dorthin zu locken. Hier die Wild Cat Turpentine Company, dort die Mad Dog Farming and Mining Gesellschaft, General Industrial Association, United Banking and Trading Company, und was sie sonst noch für Namen haben mögen. Manche dieser neuen Erscheinungen dürften wohl nicht mehr Vertrauen erwecken oder verdienen, als die unter ähnlichem Gewande auf den Börsen des Nordens hervortretenden Unternehmen, die heute entstehen, morgen floriren, und übermorgen todt und vergessen sind; aber in vielen ist das durch sie angezogene Capital gut angelegt, und, was von noch größerer Bedeutung ist, wird auch einen Theil der Arbeitskraft des Nordens unter ebenso günstigen Bedingungen wie genügenden Garantieen für die Stellung und Behandlung der Betreffenden nach dem Süden ziehen. Vielleicht daß sich gerade dies als ein probates Mittel erweisen wird, die Ueberbleibsel des Feudalsystems, so weit sie sich in den zwischen dem Arbeiter und Arbeitgeber noch obwaltenden Verhältniß offenbaren, zu beseitigen. Der Plantagenbesitzer des Südens kann von dem Kapitalisten des Nordens Manches lernen, was seinem Interesse förderlicher sein wird als der bloße Geldvorschuß, namentlich die Erkenntniß der Würde der Arbeit, die er jetzt noch mit allen möglichen erniedrigenden Formen zu umgeben sucht. Ist er einmal zu dieser Reise gelangt, so ordnet sich alles das, was jetzt noch chaotische Zustände in der Gesellschaft bedingt, stürmische politische Spaltungen hervorruft, und einer raschen materiellen Entwickelung entgegen tritt. Jahre mögen noch vergehen, bevor diese Reise, diese Anschauung sich überall Eingang verschafft, denn sie hat hundertjährige Vorurtheile zu überwinden und die Zuflüsterungen eines schon tief gedemüthigten Stolzes zu beherrschen, der sich gegen Alles doppelt waffnet, was ihn auf's Neue verletzen könnte. Aber die chinesische Mauer ist einmal durchbrochen, und die Frucht des Triumphes über die Vertreter der Sklaverei säet sich unaufhaltsam weiter.

Stützte sich die Erwartung einer wirklich großen Zukunft für den Süden allein auf sein bisheriges Hauptprodukt, die Baumwolle, so dürfte sie sich niemals verwirklichen. Statt daß in diesem Produkt seine Stärke repräsentirt war, bildete es vielmehr, indem er sich der Erzeugung desselben vorzugsweise widmete, seine Achillesferse, weil das einzige Element, dessen er sich dazu bediente, der Kernpunkt der Gährung war, die voraussichtlich früher oder später einen gänzlichen Umsturz seines gesellschaftlichen Systems herbeiführen mußte und in diesem Umsturz eine sehr bedeutende Verminderung der bisherigen Arbeitskraft mit sich zu bringen drohte. Aber die Südstaaten sind wahrlich nicht auf diesen Artikel angewiesen, um sich eine beneidenswerthe Zukunft zu sichern. Sie alle besitzen Elemente unerschöpflichen Reichthums, die nur der Fluch der Sklaverei, welcher die freie Arbeit, die Trägerin des Fortschritts und der Entwickelung, gebannt hielt, brach liegen ließ. Vieles findet sich dort, dessen auch der Deutsche sich bemächtigen kann, und das ihm heimischer ist als der Bau der Baumwolle und des Tabacks, wie schon das Beispiel Missouri's, des einzigen südlichen Staates, wo die nicht auf die Niederlassung in Städten sich beschränkende Einwanderung festen Fuß gefaßt hat und sich des blühendsten Gedeihens erfreut, zeigt. Beschreiben wir in aller Kürze die Hülfsquellen einiger der Staaten, um uns die Stellung zu vergegenwärtigen, welche sie dereinst innerhalb der großen Republik einzunehmen bestimmt sind. Da ist zuerst die Wiege so vieler Präsidenten, das große, stolze und träge Virginien. Sein Boden eignet sich vorzugsweise zum Bau aller Getreidearten; aber der Tabak, wenn er auch das Land aussog und es nach kurzen Jahren schon werthlos machte, zahlte besser, und so gab man ihm den Vorzug. Gold, Silber, Blei, Eisen und Kupfer fanden sich so reichlich, daß man auch zu deren Ausbeute griff, und dicke Kohlenablagerungen durchziehen den ganzen westlichen Theil des Staates. Granit, Schiefer und Marmor sind im Ueberfluß vorhanden; man findet auch die feinste Porzellanerde, Mergel, Gyps und Salz, und die Oelquellen Westvirginiens fließen länger und reichlicher als die Pennsylvaniens. Die Ernte Virginiens nach dem letzten Census weis't an kleineren Getreidearten, Weizen, Roggen, Hafer u. s. w. ungefähr ebenso viel auf wie an Mais, und betrug in allen diesen Cerealien an achtzig Millionen Buschel Mehr als die Hälfte des Bodens ist noch nicht unter Kultur gesetzt, ein kleiner Theil nicht kulturfähig, aber weite Strecken öde liegenden Landes mit verfallenen und verlassenen Häusern geben Zeugniß von dem verwerflichen System der Landwirthschaft, das bisher dort verfolgt worden. Die Industrie Virginiens wies vor dem ersten Kriegsjahre einen Produktenwerth von fünfzig Millionen auf, fast doppelt so viel, als die Angaben des Census von 1850 feststellen. Die Handelsinteressen des Staates wurden größtentheils von den nördlicheren atlantischen Häfen beherrscht, denn trotz der Wohlhabenheit seiner eigenen Kaufleute mangelte es an der Thatkraft, bedeutende Verbindungen mit überseeischen Plätzen anzuknüpfen, und die direkten Importationen beliefen sich in dem günstigsten Jahre auf nur anderthalb Millionen. — Was in Virginien der Tabak, das repräsentirt in Nord-Carolina die Ausbeute der Fichtenwälder zum Gewinn von Terpentin, Harz, Theer, Pech. Man findet darin die bequemste Art, einen Lebensunterhalt zu gewinnen, und indem man mit den freiwilligen Gaben der Natur auf das Verschwenderischste umgeht, vernachlässigt man alles Uebrige, wodurch ein dauernder Nutzen und eine größere Wohlhabenheit erzielt werden könnte. Der Bergbau, obschon er bei den oberflächlichsten Experimenten die verheißendsten Resultate lieferte, indem man Gold, Kupfer und Silber in überraschender Fülle fand, wurde nicht fortgesetzt, weil die geringen Ansprüche der von der Kultur noch kaum berührten Landbewohner auf leichtere Weise befriedigt wurden. Die Kohlenminen bedecken ein Areal von über zweihundert Quadratmeilen. Die Produkte des Feldbaus genügten kaum zum eigenen Unterhalt, und bei seinem Bodenreichthum gab Nord-Carolina willig seine "naval stores" her, um dafür von dem Norden Lebensmittel und Futter für sein Vieh einzutauschen. An Reis lieferte es nur fünf Millionen Pfund, an Baumwolle kaum fünfzig Tausend Ballen, letztere kaum genug, um die dürftigen Anforderungen seiner Industrie zu befriedigen, deren Producte nur einen Gesammtwerth von neun Millionen aufweisen. Seine Ausfuhr nach überseeischen Häfen erreichte kaum eine halbe Million, seine Einfuhr von dort nicht die Hälfte dieser Summe, kurz, in Allem äußerte sich eine Lethargie, die, wenn nicht die Sklaverei aufgeboben wäre, schwerlich einen merklichen Fortschritt der Entwicklung von Nord-Carolina gestattet haben würde. Der Schwesterstaat Süd-Carolina ist dagegen viel thätiger. Neben den Cerealien des Nordens liefert er die Früchte der Tropen, erzeugt die Traube und die Ananas, den Apfel und die Feige — so verschieden sind seine Bodenbeschaffenheit und seine Temperatur. Seine Hauptprodukte sind Baumwolle und Reis; jedoch vernachlässigt er auch nicht den Mais und Weizen, und nur das Gras gedeiht dort nicht in solchem Maße, um ein hinreichendes Futter für das Vieh abzugeben. Der mineralische Reichthum des Staates ist bedeutend, aber er bleibt unausgebeutet, mit Ausnahme der Goldwäscherei, der man mit einiger Ausdauer, aber unter Beanspruchung der primitivsten Hülfsmittel, nachging. Große Kohlenlager hat man bis jetzt nicht entdeckt, nur kleine Adern, die der Ausbeutung kaum werth sind. Dahingegen besitzt der Staat den schönsten Marmor und Granit, reiche Lager von Feldspath, Gyps, die feinste Porzellanerde, und auch Edelsteine sind in großer Anzahl dort vorhanden. Aber Süd-Carolina importirt dessenungeachtet seine Granitblöcke und seinen Marmor aus dem Norden, importirt fast Alles, dessen es bedarf und was nicht in die Fächer schlägt, denen es sich speciell gewidmet hat. Der Ertrag seiner Manufakturen war vor dem ersten Kriegsjahre sieben Millionen, eine nur geringe Fraktion des von einem kleinen Fabrikstädtchen Neu-Englands produzirten Werthes, seine Ausfuhr nach überseeischen Häfen belief sich auf 17 Millionen, seine Einfuhr auf kaum zwei, denn der Norden importirte für ihn und ließ sich diesen Dienst theuer bezahlen. Diese Bemerkungen über Süd-Carolina können auch für Georgia gelten. Seine mineralischen Reichthümer liegen unangetastet, seine endlosen Kohlenlager unberührt. Ueber zwei Drittheile seines kulturfähigen Bodens sind unbebaut, seine schönsten Wasserkräfte liegen brach, seine werthvollen Fichtenwälder werden abgeholzt ohne daß Jemand daran denkt, eine neue Anpflanzung zu machen. Baumwolle — das ist auch hier das Hauptprodukt, wie in Alabama und Mississippi. Sechshundert Tausend Ballen dieses Artikels wurden in Georgia produzirt, aber von Weizen und Mais, von Butter und Käse, von Baumfrüchten, von Flachs und Zucker, Kartoffeln und Honig war nicht genug vorhanden, um die Bedürfnisse der eigenen Bevölkerung zu befriedigen. Seine Manufakturen hielten mit denen von Süd-Carolina gleichen Schritt, und in seinem Handel war es von den nördlichen Staaten gleich abhängig. Und so ist die Geschichte eines der früheren Rebellenstaaten fast die aller anderen. Dieselbe Lethargie, dieselbe Trägheit, und das Unvermögen, trotz aller ihnen verliehenen Elemente großen Reichthums auch nur eine annähernde kommerzielle Unabhängigkeit von denjenigen Staaten zu erzielen, in denen die Gleichberechtigung Aller zu regem Streben, zum unaufhaltsamen Fortschritt anspornt. Nur Louisiana, weil es das von so heterogenen und rührigen Elementen bewohnte New-Orleans in sich schließt, unterscheidet sich, so weit es den überseeischen Handel betrifft, wesentlich von den anderen Golfstaaten; aber seine Industrie ist ebenso beschränkt wie die der übrigen, und in seiner Bodenkultur weis't es nur das Zuckerrohr, statt des Reis und des Tabaks der nördlicheren Staaten, neben der Baumwolle auf.

Wir brauchen die Zeichnung der Hülfsquellen des Südens nicht weiter zu führen. Die nächsten zwanzig Jahre werden zu ihrer Ausbeutung mehr beitragen, als unter dem früheren System zwei Jahrhunderte es gethan haben würden, und unter den Elementen, die dahin wirken, werden die Deutschen wohl die bedeutendste Rolle spielen. Ihre Hand wird das in Angriff nehmen, was bisher gänzlich vernachlässigt war oder doch nur in dem geringsten Maße der Aufmerksamkeit für werth erachtet wurde. Die Rebe gedeiht auf das Schönste in dem ganzen Landstriche vom Mississippi bis an das Atlantische

Meer, nördlich von der durch die Grenze der Golfstaaten gebildeten Linie. Die Schafzucht, eine der reichsten Ressourcen des Landwirths, liefert auf den Hoch-ebenen von Tennessee, Alabama, Georgia und Nordcarolina ein Resultat, welches dem dieses Industriezweiges in Australien würdig an die Seite gesetzt werden kann. Die Seidenraupe gedeiht in fast allen Südstaaten, und mehrere derselben haben bereits erkleckliche Errungenschaften darin aufzuweisen, obgleich die kundige Hand noch fehlte, die zu dem vortheilhaften Betrieb des Seiden-baues unerläßlich ist. Kein Land ist reichlicher bewässert als der Süden der Ver. Staaten. Viele große Flüsse durchschneiden ihn, die von zahllosen Bächen genährt werden und den unerschöpflichsten Reichthum an Wasserkraft gewähren. Heilquellen sprudeln überall hervor, und dem Auge bietet die Natur dort Reize, wie der Norden keine verführerischen aufzuweisen hat. So ist das Land, welches jetzt der freien Arbeit die Thore offen wirft, aber noch nichts thut, um sie heranzulocken, als daß es das Angebot von „Lohn und Rationen" macht. Man wird wohl thun, zu warten bis die Offerten anders lauten.

Capua.
Von E. Burbog-Balcho.

Von Frühlingsduft umquollen,
Die heiße Brust entblößt,
Das Gürtelband der vollen
Holdseligkeit gelös't,

So lagst du vor dem Sinne
Des wunden Puniers da,
Und schmolzest ihn in Minne,
Syrene Capua.

Die dunklen Häupter, welche
Kein Alpenschnee verletzt,
Schnee der Orangenkelche
Beugt und begräbt sie jetzt.

Von weichen Flötentönen
Wird jetzt das Ohr bethört,
Das der Cohorten Dröhnen
Jüngst als Musik gehört.

Und während Roma schaudert,
Liegt Der, der es gestürzt,
Im Mädchenschooß, und plaudert,
Bekränzt und aufgeschürzt.

Ob auch aus dunkler Wolle
Hamilkar's Schatten droht,
In dem bethörten Volke
Ras't nur der Lust Gebot.

Es ras't in Taumelstunden,
Von keiner Scham gedämpft.
Roth werden nur die Wunden,
Die Cannä's Sieg erkämpft.

Nicht Blitz und Adlerfänge
Entsandte Jupiter
Im höchsten Kampfgedränge
Für seine Roma her;

Er warf, umschwelgt vom Süden,
Die Buhlerkönigin
Dem Sieg- und Lorbeermüden
Vor seine Füße hin.

Die Schlang, die Schlangengleiche,
Die Arme um ihn her,
Und küßte so zur Leiche
Dies einz'ge Heldenheer.

Dort sank von Mädchenlosen
Mehr als ein Weltenruhm.
In Myrthen und in Rosen
Starb ein Titanenthum.

New-Yorker Correspondenz.

New-York, im Juni. Für New-York ist der Juni der Erdbeeren-Monat. Verdient der Mai hier nicht eigentlich den Namen des Wonnemonds, sondern eher eine ganz andere Bezeichnung, indem er fast ausschließlich durch das Umziehen und die Beseitigung des während des Winters in den Wohnungen zusammengehäuften Unraths in Anspruch genommen wird, so sucht man sich im Juni dafür zu entschädigen, und es karakterisirt den praktischen Sinn des Amerikaners, daß er sich nicht an den ersten Blumen, sondern an den ersten Früchten erfreut. Auf den Eisenbahnen fahren täglich eigene Erdbeeren-Züge, auf den Flüssen Erdbeeren-Dampfboote, und in den Kirchen werden Erdbeeren-Feste veranstaltet, d. h. die Kinder werden dort auf Kosten der

Erwachsenen mit Erdbeeren und Gefrornem regalirt, wobei sorgfältig darauf Bedacht genommen wird, daß für die Kirche oder den Herrn Pastor noch etwas übrig bleibt. Die Erdbeeren-Saison ist für New-York das eigentliche Frühlingsfest; an dem lieblichen Aroma der Frucht, verbunden mit einem nicht minder lieblichen Geschmack, erkennt der Amerikaner, daß die Jahreszeit angebrochen, welche als die s c h ö n e zu betrachten er sich verpflichtet fühlt. Sowie aber der New-Yorker die letzte Erdbeere genossen, kehrt er, wenn es ihm irgend möglich ist, der Stadt den Rücken und flüchtet sich in Gegenden, wo eine geringere Einbildungskraft als hier erforderlich ist, in den Sommermonaten das Leben s c h ö n zu finden.

Das Kleben am Boden gehört nicht zu den Eigenheiten des Amerikaners; trägt er doch, wie die Schnecke, bei einer Ortsveränderung nicht selten sogar das Haus mit sich fort, bebt also, wenn ihn der Wandertrieb ergreift, vor keinen Schwierigkeiten zurück. Ein solches Reisefieber wie in d i e s e m Jahre hat man hier aber noch nie erlebt, und die Deutschen sind nicht die am wenigsten davon Ergriffenen. Schon seit Monden ist an den gewöhnlichen Zufluchtsorten auf dem Lande kein Zimmer mehr zu bekommen, und überhaupt sollte man es sich zur Lebensregel machen, für dergleichen schon spätestens im December zu sorgen. Ich weiß von Leuten, welche in den ersten Tagen des Januar sich um ein Sommerquartier am Hudson bemühten und überall die Antwort bekamen: „Alles vergriffen." Aber nicht allein aufs Land wollen die Glücklichen, welche nicht durch das leidige Muß an die Scholle gefesselt sind, sondern schaarenweise strömen sie über's Meer. Die Kriegsgefahr schreckt sie nicht ab. Werden die Furien entfesselt, desto besser, denn es giebt alsdann Schlachtfelder zu besehen. So denkt wenigstens der Amerikaner. Die Deutschen will ich gern vom Verdacht eines derartigen Kannibalismus frei sprechen; Thatsache aber ist es, daß sie sich durch die Wahrscheinlichkeit des Krieges nicht abschrecken lassen, bei Tausenden die alte Heimath zu besuchen.

Die Scenen bei der Ankunft und namentlich bei der Abfahrt eines deutschen Dampfers sind interessant genug, um Stoff für eine ausführliche Behandlung zu liefern; heute aber möge hier nur die Frage aufgeworfen sein: Welche Eindrücke mögen Deutsche empfangen, welche, seit vielen Jahren hier anwesend und vollständig eingelebt, den heimathlichen Boden wieder betreten? Die Impression wird nach der Verschiedenartigkeit der Individualität sich bei dem Einen so, bei dem Zweiten anders gestalten; nach den Erkundigungen, welche ein Zurückbleibender wiederholt bei Solchen, welche durch die Sehnsucht nach Deutschland geführt wurden, darüber einzog, mag jedoch in der Regel die Reihenfolge der Eindrücke sich wie folgt gestalten. Erst eine tiefe Erschütterung beim Anblick der heimathlichen Küste; dann, wenn man sie betritt, ein Gefühl der Beklemmung. Alles ist so eng, so fremdartig; es ist gerade so, wie es früher gewesen, und vielleicht noch etwas besser; aber man hat sich's nicht so vorgestellt, und man fühlt, daß man nicht mehr hineinpaßt, daß man in der Heimath fremd, in der Fremde heimisch geworden ist. Aber dann folgt die

Freude des Wiedersehens, und der erste Eindruck ist vergessen. Kommt man im Frühling, so lauscht man der Lerche und der Nachtigall, saugt den lange entbehrten Duft der Maiblümchen ein, findet Alles so sauber gehegt und gepflegt, und ertönt gar das festliche Pfingstgeläut vor den Thürmen, dann klingt es im tiefgerührten Herzen: „Deutschland, Deutschland über Alles, über Alles in der Welt!" Und so geht es fort, bis der erste poetische Freudenrausch vorüber ist und die nackte, oft gar prosaische, Wirklichkeit wieder ihr Recht fordert. Man stößt auf Ansichten, die Einem doch gar zu fremd sind, auf Sitten, denen man sich nicht mehr anbequemen kann und mag. Ueberall trifft man auf Schranken, an die man nicht mehr gewöhnt ist, und da bekommt man Heimweh — Heimweh nach der Fremde — Heimweh nach Amerika, während man noch vor Kurzem von Amerika durch das Heimweh nach Deutschland fortgetrieben wurde. Ziehet hin in Frieden, Ihr Glücklichen; aber was Ihr sucht, werdet Ihr schwerlich finden. Ihr seid älter geworden, und die Freunde auch. Das liebe alte Deutschland mag dasselbe geblieben sein, aber Ihr habt Euch verändert. Die Welt sieht drüben so wenig still wie hier, aber in manchen Dingen seid Ihr rascher fortgeschritten, und nur das wird Euch fühlbar. Die Freunde aber, welche hier mit Thränen Abschied von Euch nehmen, mögen sich trösten; gehört Ihr zur Regel, so kehrt Ihr früher zurück als Ihr selbst es ahnt.

Aber wie mögen Die, welche mit den englischen Pestschiffen hier angekommen sind, ihren Entschluß bereuen! Es sind ihrer Tausende; welchen Begriff mögen sie von dem Lande bekommen, das sie sich zur zweiten Heimath erkoren haben! Zurück! lautete der Ruf, der ihnen entgegendonnerte. Wie Aussätzige werden sie gemieden, und selbst die Quarantäne bietet den Erkrankten keine Zuflucht auf dem Lande, nach dem sie sich so heiß gesehnt, während die Gesunden, wenn sie endlich unter dem Schutze der Kanonen den Fuß ans Ufer setzen dürfen, dabei mit offener Feindseligkeit empfangen und mit dem Tode bedroht werden. Ein Unfug wie der unserer Quarantaine kann nicht lange dauern; ist er beseitigt, so wird es Einem schwer werden, zu glauben, daß dergleichen jemals möglich gewesen. Als die Gesundheitskommissaire Seguins Point auf Staten Island in Besitz nahmen und ihre Position dort befestigten, ergriffen sie gerade das unglücklichste Auskunftsmittel, denn die Insel ist viel zu dicht bevölkert und der Stadt zu nahe, um ein passender Ort für eine Quarantäne sein zu können; auch wird dieselbe bald von dort verlegt werden müssen. Die ganze Schwierigkeit aber liegt darin, daß die Quarantaine eine Staatseinrichtung und keine nationale Institution ist. Hätte der Congreß nicht versäumt, die nöthigen Bestimmungen zu treffen, so wäre das stupide New-Jersey um die Abtretung seiner gelben Perle Sandy Hool nicht gefragt, vielen Menschen das Leben gerettet und eine Barbarei vermieden worden, welche Land und Volk zur Schande gereicht. Es wird behauptet, daß auf den zuletzt angekommenen Schiffen unter den Irischen keine Erkrankung mehr vorfiel sobald die Deutschen von ihnen getrennt waren. Zeigt auf jenen Schiffen die Cholera, oder welche Krankheit es sonst sein mag, wirklich eine Vorliebe für Deutsche, so muß dies darin liegen, daß Letztere weniger an Schmutz und des Schweinefutter, welches dort geboten wird, gewöhnt sind. Das ist unzweifelhaft des Pudels Kern, und hoffentlich werden fortan nur Solche mit Liverpooler Schiffen fahren, welche im Koth ihr Lebenselement finden.

Daß wir der Cholera entgehen werden, ist trotz aller angewandten Vorsicht nicht anzunehmen. Schon tritt sie in einzelnen Fällen mit nicht selten tödtlichem Ausgang auf. Man mag sich damit trösten, daß solche Fälle in jeder Saison vorkommen, oder sich gegen den Glauben sträuben, daß man wirklich die leibhaftige asiatische Cholera vor sich hat; jedenfalls sieht aber das Ding der ächten Waare so ähnlich, wie ein Zwillingskind dem andern, und klüger wird es sein, sich mit dem Gedanken vertraut zu machen, daß der lange gefürchtete böse Feind schon unter uns weilt, gierig nach Opfern umherspäht, und hier und dort, wie die Kreuzspinne, eins, welches ihrem Netz unvorsichtig zu nahe kam, erfaßt. Aber bis jetzt ist nichts von dem erwarteten Panik zu bemerken, und das haben wir den trefflichen Anstalten, der richtigen Taktik, welche von den Behörden befolgt wird, zu verdanken. Zumal ist es lobenswerth, daß sie durchaus kein Geheimniß beobachten und dem Volk an jedem Tage ganz genau das sagen, was während der verflossenen vierundzwanzig Stunden passirte. Da weiß man woran man ist, übertriebene Gerüchte können nicht aufkommen, und der Feind, dem wir in's Auge schauen können, hat den größten Theil seiner Schrecken verloren. Die Rettungsanstalten sind untadelhaft systematisirt. Sobald ein muthmaßlicher Fall von Cholera vorkommt, wird er ons Hauptquartier der Gesundheitskommissaire berichtet. Dort steht schon ein Wagen mit Desinfektionsmitteln und den nöthigen Medikamenten bereit. Ein Arzt schwingt sich hinauf, und im Gallopp geht es von dannen. Ob nun der Patient genes't oder stirbt — in allen Fällen wird die Wohnung gründlich gereinigt, Inspektion in den Nachbarhäusern gehalten und auch dort das Nöthige vorgenommen. Sämmtliche Aerzte der Stadt haben den Commissairen ihre Wohnung angeben müssen und sind so zu sagen militärisch organisirt. Beamte gehen in den vom ärmern Theil der Bevölkerung bewohnten Gegenden täglich von Haus zu Haus, um wo möglich den ersten Symptomen auf die Spur zu kommen, welche gewöhnlich vom Patienten nicht beachtet werden. Diese Methode hat in europäischen Städten so außerordentlich segensreich gewirkt, daß dadurch der Epidemie Tausende von Opfern entrissen wurden, die ihr sonst unrettbar verfallen wären. Außerdem werden genaue Verhaltungsregeln für die Bevölkerung veröffentlicht, so daß Jeder so ziemlich weiß, was er zu thun hat, um sich der Krankheit zu erwehren oder, falls er dennoch von ihr erfaßt wird, ihr zu begegnen. Endlich aber wird die Stadt in einem so reinlichen Zustande erhalten wie noch nie zuvor. Aus allen diesen Gründen hat New-York bei seiner günstigen Lage die beste Aussicht, wenigstens einer förmlichen Epidemie zu entgehen. Die wöchentliche Zahl der Sterbefälle weis't keineswegs eine Zunahme gegen frühere Jahre auf, und thöricht ist es, sich, wenn man Alles thut, was die Vorsicht gebietet, wegen der Cholera Besorgnissen hinzugeben. Sie ist ein

Gegner, welcher leicht zu überwinden ist, wenn man ihm kühn entgegentritt und beherzt mit ihm ringt.

Die New-Yorker Chronik der Monatshefte würde unvollständig sein wenn nicht der seit der Abfassung meines vorigen Briefes eingetretene Tod des Generals Scott einen Platz darin fände, denn Westpoint, wo der alte Held sein Leben aushauchte, ist im vollsten Sinne des Wortes ein Appendix der Metropole. Das Lob des Verschiedenen ist schon hundert- und tausendfach verkündet worden; hier kann es lediglich unsere Aufgabe sein, der Wahrheit etwas näher zu treten, als es gewöhnlich geschieht. „Wen die Götter lieben, den lassen sie jung sterben." An Keinem hat die Wahrheit dieses Wortes sich auf tragischere Weise bewährt als an Winfield Scott. Hätten die Götter ihn lieber gehabt und nur um einige Jahre früher zu sich genommen, so wäre das für ihn unendlich viel angenehmer gewesen. Lange hatte seine Riesengestalt gegen die Einflüsse des Alters gerungen; in den letzten Jahren aber ging es mit ihm verzweifelt schnell bergab. Wer ihm nahe stand, konnte unmöglich in ihm den Helden verehren; es war von seinem früheren Selbst nichts mehr übrig geblieben als eine materielle Masse mit möglichst wenig geistiger Beimischung, sein Anblick erregte mehr Widerwillen als Sympathie, und seine Laune war vollends nicht geeignet, für ihn einzunehmen. Die einzigen Thätigkeits-Symptome, welche noch bei ihm Stand hielten, waren das Whistspielen und das Trinken, womit übrigens nicht gesagt werden soll, daß er jemals ein Säufer gewesen. Wie von allen großen Männern, wurde auch von ihm die letzten Lebensäußerungen bewahrt; jedoch wird es schwer sein, mit denselben erhebende Begriffe zu verbinden. Seine letzten Worte waren: „Ich habe meinen letzten Trumpf ausgespielt!" und sein letztes Autograph, welches sich im Besitz der Eigenthümer von Cozzen's Hotel befindet, lautet: "A bottle of brandy." Es hätte wohl mehr Pietät darin gelegen, dies zu verheimlichen, und daß es überall bekannt wurde, zeugt eben von der geringen Anhänglichkeit, deren Scott sich in den letzten Jahren seines Lebens zu erfreuen hatte. So wurde denn auch mit seiner Leiche wie mit einem lästigen Stück Möbel umgegangen, und die Bemühungen der Geistlichen, ihn als einen äußerst religiösen Mann darzustellen, vervollständigen, da das Gegentheil landeskundig ist, nur die Disharmonie. Ja, ja, es bleibt dabei, wen die Götter lieb haben, den lassen sie jung sterben. Die letzten Lebensjahre Winfield Scotts müssen erst vergessen sein, bevor er im Pantheon der amerikanischen Geschichte die Stelle einnehmen kann, welche ihm in der That gebührt. Dieser Scott war nur eine Ruine; der wahre zeigte sich als Held in den Kriegen der vereinigten, als Patriot in den Tagen der zerrütteten Republik, und nur in diesen beiden Eigenschaften darf er im Bewußtsein des Volkes, welches ihm so unendlich viel zu verdanken hat, fortleben.

Es ist in der seit dem Erscheinen des vorigen Heftes verflossenen Frist gar vieles passirt, was in den meisten andern Ländern zu den unmöglichen Dingen gehören würde. New-York war das Haupt-Depot eines gegen einen Nachbarstaat gerichteten Krieges. Von hier aus setzten sich die Fenier bei Tausenden nach der Grenze in Bewegung ohne daran gehindert zu werden, und von hier aus ergingen die Befehle. Unter sehr nothdürftigem Deckmantel war in Tammany Hall ein Werbe-Bureau aufgeschlagen, dem es nicht an Kunden fehlte, und Niemand trat dagegen auf. Es war interessant, wenn auch nicht sehr erquickend, die Schaaren zu beobachten, welche sich dort drängten. Sie gehörten zu Denen, welche man gern scheiden und ungern kommen sieht, und haben die Canadier sich auch sehr wenig Anspruch auf das Wohlwollen amerikanischer Bürger erworben — beim Gedanken an den ihnen bevorstehenden feindlichen Besuch solcher Elemente konnte man sich doch eines mitleidigen Gefühls nicht erwehren. Mit trübseligem Gesichte kamen die Abgewiesenen, freudestrahlenden Antlitzes die Angenommenen wieder zum Vorschein, und beide Theile gingen in die benachbarten Wirthshäuser, um ihrer Freude oder ihrem Aerger den Ausdruck zu geben, welcher dem Irländer am nächsten liegt. Und doch würde man zu weit gehen, wenn man alle die Leute, welche sich an jener Bewegung betheiligten, als Lumpengesindel betrachten wollte. Es befanden sich darunter Irregeleitete, welche wirklich einer heiligen Pflicht zu genügen glaubten und zu Opfern bereit waren, die einer wirklich heiligen Sache nur zu selten gebracht werden. So kam ein älterer Sohn Irlands mit einem Beutel angeschleppt, welcher über zweitausend Dollars in blanken, vollwichtigen Goldstücken enthielt. Es war das Ersparniß eines Menschenalters, aber der Bringer schätzte sich glücklich, seinen Schatz auf dem Altar des Vaterlandes niederlegen zu können. Hat wohl jemals Einer, dessen Namen die Geschichte mit Ehrfurcht nennt, sittlich höher gestanden, als jener geistig beschränkte, aber von aufrichtiger, wahrer Vaterlandsliebe erfüllte Irländer? Man muß sich nur stets vor einseitigem Urtheil hüten. Kein über die Leiter dieser Bewegung gefällter Tadel kann zu scharf ausfallen, und unter der Masse der Fenier befinden sich die unsaubersten Elemente. Aber bei diesen fällt gar Vieles auf Conto der Verwahrlosung, welche nicht die Schuld der darunter Leidenden ist. Der Patriotismus hat in diesem Fall eine grundfalsche Richtung eingeschlagen; aber er ist vorhanden, und würde er besser, redlicher geleitet, so könnte er unter günstigen Verhältnissen Großes bewirken. Als endlich die Regierung eingriff, die Invasion unterdrückte und der kriegführende Präsident Roberts hier verhaftet wurde — da mußte Letzterer, nachdem er sich geweigert, Bürgschaft zu leisten, wieder entlassen werden, weil man, obgleich seine Schuld klar am Tage lag, Niemanden finden konnte, der Lust oder Muth hatte, wider ihn als Zeuge aufzutreten — ein Beweis für das Zusammenhalten unter den Irländern, zugleich aber für die Gefährlichkeit dieses Elements, wo es einen so bedeutenden Theil der Gesammt-Bevölkerung bildet wie hier. Stephens, der ehemals in geheimnißvolle Glorie gehüllte Messias der grünen Insel, ist jetzt eine gefallene Größe. Seinem Kommen nach Amerika hat er's zu verdanken, daß seine Rolle unbedingt ausgespielt ist, und damit erging es ihm wie so manchem andern großen Manne, der hier auf einmal winzig klein wurde und sich am Ende in

Nichts auflös'te. Amerika ist ein gar gefährliches Pflaster für politische Größen. Seinen Sturz hat Stephens seiner Opposition gegen die Invadirung Canada's zu verdanken. Er verlangte Geld, ohne Thaten dafür aufweisen zu können. Auch Roberts wollte Geld haben, aber sofort die That dafür bieten, und mag man die Sache sonst betrachten wie man will — leugnen läßt es sich nicht, daß die Thatkraft der Irländer, ihr glühender Wunsch, für das Vaterland zu kämpfen, den Ausschlag gab.

Die europäische Krisis läßt hier nur e i n e Sympathie hervortreten, nämlich die für Garibaldi. Nicht nur haben ausgezeichnete deutsche und amerikanische Aerzte dem Helden ihre Dienste angeboten, sondern es wird auch eine Legion gebildet, welche ihm eine Fahne und zugleich sich selbst zum Kampfe für die Befreiung Venetiens überbringen soll. Traurig genug ist es, daß Deutschland in Krieg entbrennen muß ohne daß Deutsche im Stande sind, der einen oder der andern Seite ihre Sympathie zuzuwenden, ja daß sie in den Fall kommen können, sich Dem zur Verfügung zu stellen, welcher im Kampfe gegen deutsche Waffen seine heiligste Pflicht erkennt. Hoffentlich wird der Krieg die Folge haben, daß solche Abnormitäten für die Zukunft unmöglich werden.

Die Kunstwelt trauert um den Verlust der Academy of Music, oder eigentlich freut sie sich darüber, weil sich ihr jetzt die Aussicht auf ein besseres Opernhaus eröffnet. Der Herald nannte die Academie in seiner Wuth über den siegreichen Kampf, welchen Maretzek ihm geboten, „die alte Scheune" oder „die Catakomben", die Bühne des Hauses den Ort, „wo Menschen, die sich anständiger und ehrlicher beschäftigen könnten, in absurden Costümen vor die Lampen traten und eine Reihe von unsinnigen Worten abheulten, von denen sie selbst nicht eine Sylbe verstanden." Uns aber überschlich am nächsten Morgen beim Anblick der kolossalen Mauern, zwischen welchen „des Himmels Wolken hoch hineinschauten", dasselbe Gefühl wie einst bei der Einäscherung eines andern alten und lieben Bekannten, des Krystallpalastes. Die Catastrophe war das Resultat einer Brandstiftung, welche so planmäßig stattfand, daß sie eine stunden-, vielleicht tagelange Vorbereitung erforderte, und ich könnte Leute namhaft machen, welche schon während der Vorstellung den Geruch brennenden Holzes verspürten. Die Brandstifter mußten Leute sein, welche im Etablissement genau bekannt waren, sie mußten verschiedene Male ein- und ausgehen, und sie mußten ein M o t i v dabei haben, welches wahrscheinlich in der Rache zu suchen war. Daß sie dennoch nicht entdeckt wurden, würde unglaublich sein, wenn es nicht wahr wäre. Ueberhaupt scheint die Mordbrennerei hier zu den erlaubten Gewerben zu gehören, denn die Schuldigen werden so gut wie n i e ermittelt. Nach langem Zögern entschlossen sich die Versicherungs-Gesellschaften, eine Belohnung von t a u s e n d T h a l e r n auf die Ergreifung der Brandstifter des Opernhauses zu setzen. Wären die guten Leute etwas gescheiter und splendider, so würden sie jährlich Hunderttausende und Millionen ersparen. Unsere geheime Polizei hat den Ruf, das finden zu können, was sie finden w i l l. Der Wille ist aber erfahrungsmäßig nur d a n n vorhanden, wenn das Geschäft sich l o h n t. Was den Neubau betrifft, so haben wir es den Clementen zu verdanken, daß einer Unvorsichtigkeit vorgebeugt wurde, welche die schrecklichsten Folgen hätte nach sich ziehen können. Noch immer standen in schwindelnder Höhe die nackten Mauern da — mit Spalten und Rissen, aber doch nach der Ansicht der Aktionäre gut genug, um ein neues Opernhaus tragen zu können. Da kam ein barmherziger Orkan aus Südost und stürzte eine dieser Mauern um, glücklicherweise bei Nacht, denn wäre es bei Tage geschehen, so möchten etliche Dutzende von Menschen dabei ums Leben gekommen sein. Die übrigen Mauern stehen jetzt noch gefährlicher da, und hoffentlich wird man doch nicht mehr daran denken, sie für den Neubau zu benutzen, oder sollte man dennoch dieser Ruchlosigkeit fähig sein, so werden hoffentlich die Behörden es verhindern. Wie weit hier überhaupt dem Privatinteresse auf Kosten der allgemeinen Sicherheit Rechnung gegeben wird, das übersteigt alle Begriffe. Am Broadway steht in der Nähe von Barclay Street eine Ruine, welche mit Balken gestützt werden muß, oben eine schwere Last trägt, und, wie schon der flüchtige Blick zeigt, in jedem Augenblick mit dem Einsturz droht. Aber es wird um diese Ruine ein Prozeß geführt, im Interesse der einen Partei liegt es, daß das Gemäuer stehen bleibt, und deshalb muß stündlich das Leben Derer gefährdet werden, welche gezwungen sind, den lebhaftesten Theil des Broadway zu passiren. Davon läßt sich nun wiederum sagen, daß es nur in Amerika und vielleicht auch dort nur in New-York möglich ist.

Auf dem Gebiet des deutschen Vereinslebens muß ich den „Verein deutscher Techniker" namhaft machen, welcher erst seit Kurzem besteht und schon viel Gutes bewirkt hat. Am 3ten Mai vorigen Jahres beschlossen elf unter einander befreundete deutsche Techniker, einen solchen Verein zu gründen, um der großen Anzahl deutscher Techniker zunächst in New-York und der Umgegend einen festen Anhaltspunkt in socialer sowohl als wissenschaftlicher Beziehung zu gewähren. Sofort wurde zur Ausführung geschritten, und schon am 27sten Mai desselben Jahres konstituirte sich der Verein mit 21 Mitgliedern. Jetzt zählt er deren schon 42 und vermochte bei seiner ersten Stiftungsfeier bereits auf eine sehr erfolgreiche Wirksamkeit hinzuweisen. Wöchentlich werden Versammlungen und Discussionen abgehalten, wobei Einer dem Andern seine Entdeckungen, Erfahrungen, Kenntnisse und Ansichten mittheilt und wiederum vom Andern lernt. Möge der Verein zum praktischen Nutzen der Betheiligten und des Landes, sowie zur Ehre des deutschen Namens, sich in der Folge immer schöner entwickeln und anderwärts zur Nacheiferung spornen.

U n c a s.

Herr Bandmann
auf dem deutschen Theater in New-York.
Von Udo Brachvogel.

Die erste Rolle, in der wir Herrn Bandmann auftraten sahen, war die des Uriel Acosta. Eine erstaunliche Begabung trat uns in diesem Künstler entgegen. Die schöne Gestalt, der prächtige Männerkopf (wirklicher Männer- und nicht Theaterkopf), ein meistens vollkommener Anstand! Dazu gesellt sich ein kraftvolles, umfangreiches und wohlcultivirtes Organ, welches, in den richtigen Tonlagen gehandhabt, von einem eigenen Zauber ist. Leider geschieht dies aber nicht immer von Seiten unseres Künstlers. Er forcirt, — aber nicht im Sturm der Leidenschaft (hier war er immer von ausreichender Kraft), nein, er macht von einem gewissen gepreßten, heiseren Mittelregister zu häufig Gebrauch, um damit künstlerisch zu wirken. Dies Register gehört gar nicht in das metallische und biegsame Organ, und wenn man die Augen schließt, würde man kaum glauben, daß diese heiseren und nicht schönen Töne aus derselben Brust steigen, der jener leise vibrirende Ruf bei seinem ersten Erscheinen, oder jener volle Orkan in der großen Rede des dritten Actes entquoll.

Schreiber dieser Zeilen fühlt sich durch Herrn Bandmanns Leistung verpflichtet, in seiner Beurtheilung d e n Maßstab anzulegen, den er durch Davison, Joseph Wagner und Emil Devrient gewöhnt ist anzulegen, und namentlich ist es die unvergeßliche Erscheinung des Letzteren als Uriel, die sich bald zum Nachtheil, bald aber auch zum Vortheil unseres hiesigen Tragöden in der Erinnerung geltend macht.

Von der reinsten und schönsten Wirkung war Herrn Bandmanns erstes Erscheinen. In wie rührender und doch männlicher Resignation schwebte da sein ganzes Wesen, wie weich klagend, und doch voll waren seine Accente! Hielte seine Darstellung in den übrigen Acten dieses schöne Maß, diese einfache Wahrheit fest, — ein schönster Kranz müßte ihm zu Füßen gelegt werden. Dieses aber war nicht immer der Fall, — wenigstens nicht für die deutsche, idealere Kunstanschauung. Alle ruhigen Momente waren von vollkommener Schönheit und Wahrheit; namentlich fand die Wehmuth in Ton und Geberde ihren rührendsten Ausdruck; in der Leidenschaft wurde Action wie Sprache oft zu gewaltsam, oft zu verzerrt, als daß sie den ewigen Gesetzen jener Beiden noch hätten untergeordnet werden können. Die Darstellung überschritt bisweilen jene Grenze, jenseits welcher für den Zuschauer keine Perspective mehr liegt; man fühlte, der Künstler gab seine Kraft vollkommen aus, das Tragische wurde melodramatisch. Und dennoch — warum fesselt diese geniale Kraft auch da noch, wo sie verirrt? Einfach darum, weil man mit Freuden fühlt: dieser Darsteller braucht nur w e n i g e r zu geben, um vollendeter zu sein. Ihm fehlt nur Beschränkung; Armuth ist die Klippe, an der oft die denkendsten und emsigsten Schauspieler scheitern, — für Herrn Bandmann liegt nur in seinem

Reichthum Gefahr. Dieses waren die Betrachtungen, die sich uns während des dritten und vierten Actes namentlich aufdrängten, und zumal in dem Moment, wo Herr Bandmann in der großen Rede des vierten Actes plötzlich aus seinen tönenden Wortcataracten in den rapidesten halben Conversationston übersprang, um dann wieder ebenso jäh in den früheren Donner zurückzufallen. Dies schien mehr Bravourstückchen, als logisch motivirte Kunst. Der fünfte Act dagegen bot wieder ausschließlich Schönes; ja Herr B. spielte hier so ergreifend, daß man selbst Judiths dreigestrichenen Discant und schablonenhafte Action vergaß. Die Schlußrede und die ganze verstörte Erscheinung waren meisterhaft.

Seitdem ist Herr Bandmann noch mehrere Male aufgetreten. „Die Räuber" zu besuchen, war uns leider verwehrt; „Der Mann mit der eisernen Maske" ist ein zu schlechtes Machwerk, als daß es auch in der vorzüglichsten Aufführung (die ihm denn hier doch kaum zu Theil geworden sein dürfte) irgendwie Vergnügen machen könnte. So sahen wir denn den Künstler nur noch als Richard III.

Es scheint zu den Qualitäten eines englischen und amerikanischen Schauspielers zu gehören, daß er Alles spielt, — daß er heute im Gewande des idealen Helden an uns vorüber schreitet, während er morgen als Cacodämon unser Haar sich emporsträuben machen will. Eine solche Universalität in wirklichem Einklang mit den Anforderungen der Kunst ist undenkbar. Der Schauspieler, der ein vollkommener Posa ist, wird unmöglich ein guter Franz Moor sein, und wer den poetischen Sammet-Mantel Tassos in würdiger Weise trägt, den wird gewiß das „starre Seidenmäntelchen" Mephistos unnatürlich kleiden. Wie lebhaft drängt sich dieses Raisonnement auf, wenn man den Uriel Acosta des Herrn Bandmann mit seinem Richard III. vergleicht! War in der ersten Leistung auch Manches outrirt und selbst ins Unschöne hinüberstreifend, so war das Gesammtbild doch ein Ganzes, ein aus einem Guß Geformtes, das Meiste würdevoll und natürlich, Vieles erhebend, ja Einzelnes geradezu hinreißend poetisch. Herr Bandmann ist Liebhaber und Heldenspieler vom reinsten Wasser, — das sogenannte Charakterfach, zu dessen schwierigsten Leistungen gerade Richard III. gehört, hat an ihm keinen bedeutenden Vertreter.

Die ganze Leistung, namentlich aber die drei ersten Akte, waren künstlich aus verschiedenen mimischen und bellamatorischen Theater-Coups zusammengesetzt. Ohne alle logische Nothwendigkeit wurde die ganze Scala des Organs, seine natürlichen und unnatürlichen Register herauf und herunter gestürmt. Die Mimik war eine überladene, und dabei doch ohne jene infernalische Kraft, durch die Richard III. wirken muß. Ueberhaupt fehlte das Element gänzlich in Herrn Bandmann's Darstellung, welches den fürchterlichen Gloster auf der Bühne einzig genießbar macht: das Unheimliche, das Dämonische. Wie eine Elementarkraft muß diese Bosheit vor des Zuschauers Augen wirken und arbeiten, bis sie in sich selbst, einem austobenden Vulcane gleich, zusammenbricht. Ein Schauder im Publikum muß die Wirkung der diabolischen, zerstörungsseligen Kühnheit dieses Unholds sein, — nie aber ein Lachen über den Hohn, mit dem er Andere behandelt. Herr Bandmann wird wohl selbst gehört haben, daß gerade dieses Lachen mehr als einmal durch so manche Betonung und Geberde hervorgerufen wurde. Wodurch fascinirt dieser Gloster denn Alles so, was ihn umgiebt, gleich der Schlange, die das Vöglein mit bloßen Blicken lähmt? Doch wahrlich nicht durch melodramatische Tartuffiaden, oder eine Bettlerberedtsamkeit mit cynischen Pointen. Wie der Würgengel stürmt er seinen Weg empor, grausig, schaubererregend, ein Genius der Nacht, — aber nie klein und an's Komische auch nur streifend. Sein Hohn ist basiliskenäugig, nervenlähmend, — aber nie das Zwerchfell reizend.

Geradezu unbegreiflich ist, wie Herr Bandmann seinen Monolog im ersten und zweiten Akt so zerhackt, so zusammenhangslos geben kann, oder wie er z. B. den Schluß des:

    Komm, holde Sonn', als Spiegel mir zu Statten,
    Und zeig' mir, wenn ich gehe, meinen Schatten!

mit vollen Posaunentönen, als wolle er Kinder damit schrecken, sprechen kann. In dem Ganzen liegt ein eigenthümlicher Kitzel, wie Gloster sich über seine eigene Ungestalt lustig macht, eine zischende Ausgelassenheit, eine infernalische Coquetterie, — aber keine bramarbasirende Periode eines Predigersermons. Die diesem Monologe vorhergehenden Scenen mit Lady Anna (das Kühnste, was Shakespeare wohl je Zuschauern und Darstellern zugemuthet) hatte von Seiten dieser Lady so viel kindisches Gewinsel, so viel abnorme Krähwinkler Sommertheater-Tragik gebracht, daß auch eines gewaltigeren Glosters Mühe verloren gegangen wäre.

Zu einer gewissen Größe der Darstellung erhob Herr Bandmann sich erst im vierten Akte. Den gebietenden, keinen Widerspruch ertragenden Tyrann brachte er bei weitem besser zur Anschauung als den Kronenschleicher. Geradezu meisterhaft war die Scene mit Budingham, wo dieser seine Belohnung fordert. Diese Scene war überhaupt das Beste, was der Künstler bot, während z. B. am Schluß des dritten Aktes nach Annahme der Krone und Entlassung der Bürgerdeputation ein ganz anderer, wenn auch nicht lauterer, Teufel aus der Brust des Shakespeare'schen Richard, als aus der des Bandmann'schen lacht. Und doch, wie interessant ist es, eine imponirende Begabung sich auch an einer ihr fern liegenden Aufgabe versuchen zu sehen! Auch das Scheitern athmet noch Hoheit, und die Mißgriffe tragen den Stempel der Noblesse. Dies war der Eindruck, der uns von Herrn Bandmann's Richard aus dem Theater begleitete.

Reisender Agent für die Monatshefte:
Carl Wieland.

Das große Frühlings- und Sommer-Aperient.

TARRANT'S

Leidende an krankhaftem Kopfschmerz,
Leidende an Unverdaulichkeit,
Leidende an nervösem Kopfschmerz,

EFFERVESCENT

Leidende an versauertem Magen,
Leidende an biliösem Kopfweh,
Leidende an Hartleibigkeit,

SELTZER

Leidende an Sodbrennen,
Leidende an Piles,
Leidende an Seekrankheit,

APERIENT.

Leberleidende,
Leidende an Indigestionen,
werden durch

Tarrant's Effervescent Seltzer Aperient

auf sichere, angenehme und dauernde Weise hiervon sowie von ähnlichen Leiden geheilt werden.

Allein angefertigt von
TARRANT & CO.,
278 Greenwich-Street, New-York.
☞ Zu haben in allen Apotheken.

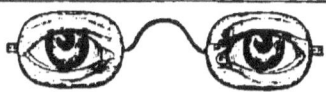

J. B. HOEKER,
PRACTICAL OPTICIAN,
312½ FULTON STREET,

Near Pierrepont;   BROOKLYN.

Staten Island.
FANCY DYING ETABLISHEMENT.
Barrett, Nephew & Co.,

No. 5 und 7 John Street, } New-York.
718 Broadway,

No. 269 Fulton-, Ecke von Tillary Street, Brooklyn,
und No. 47 North 8e Straße, Philadelphia,

fahren fort, Damen- und Herrenkleider zu färben und zu reinigen; seidene, Sammet, Merino un anbere Kleider, Mäntel, u. s. w. werden mit Erfolg gereinigt, ohne aufgetrennt zu werden. Ebenso Herrenröcke, Hosen, Westen u. s. w.

Glacee-Handschuhe und Federn gefärbt oder gereinigt. Lange Erfahrung und Geschäftskenntniß befähigen die Unterzeichneten, ihre Arbeiten mit Erfolg zu betreiben. Waaren werden per Expreß geho und zurückgeschickt.

Barrett, Nephew & Co.,
5 und 7 John Street, und 718 Broadway, New-Yor
269 Fulton-, Ecke von Tillary Street, Brooklyn,
und 47 North 8te Straße, Philadelphia.

Künstliche Arme und Beine.

Selpho's Patent, 516 Broadway.

Die willkommensten Substitute für verlorene Gliedmaßen, welche jemals erfunden wurden. (Etablirt 26 Jahren.) Um sich vollständig über das Nähere in Kenntniß zu setzen, lasse man sich ein Patent mitgutheilen von Selpho u. Co. Sou, 516 Broadway, New-York, dem N.-J. Hotel gegenüber, senden. N.B. Soldaten werden gegen eine Promesse vom General-Chirurg der Armee der Vereinigten Staten kostenfrei mit dem Fehlenden versehen.

Henry Greenebaum,   David S. Greenebaum,   Louis Kuhman.

Henry Greenebaum & Co.

Deutsches
Bank u. Passagegeschäft,

Ecke Lake- und Lasalle-Straße,

CHICAGO,   ILLINOIS.

Wechsel in beliebigen Summen und Sichten auf alle bedeutenden Städte Deutschlands, Frankreichs, Norwegens, Schwedens, Dänemarks, Italiens und der Schweiz.

Passage per Dampfer und Segelschiff von Hamburg, Bremen, Antwerpen, Rotterdam, Havre, Christiania, Liverpool und Queenstown.

Incasso-Geschäfte werden durch unsere ausgedehnten Verbindungen in ganz Europa mit Schnelligkeit besorgt und eingezogene Gelder in Gold ausbezahlt.

H. Greenebaum & Co.,
Chicago, Ill.

HILLER & CO.,
Bank- u. Inkassogeschäft,

No. 3 Chamberstr., New-York,

ben Wechsel und Creditbriefe auf alle größeren Plätze Europa's, versenden Gelder nach jedem Orte Deutschlands mittelst des deutschen Postvereinsbandes, und besorgen den Einzug von Erbschaften und Vermögen vermittelst Vollmachten auf schnellste und billigste Weise.

☞ Anfragen aus dem Lande finden prompte Beachtung. ☜

E. STEIGER,

Deutscher Zeitungs-Agent, Importer und Buchhändler,
Verleger und Buchdrucker,
17 und 19 North William-Street, New-York,

empfiehlt sich zur schnellen und billigen Besorgung

aller Bücher und Zeitschriften,

gleichviel in welcher Sprache und wo erschienen.

Hält ein vollständiges Lager billiger amerikanischer und eigener Publikationen in deutscher Sprache und der hier gangbaren

Schulbücher, Jugend- und Volksschriften, Kalender,

überhaupt aller Bücher, wofür hier Bedarf ist. Was nicht vorräthig, wird schnell und billig besorgt.

Cataloge von Büchern und von Zeitschriften gratis.

Importirt von Deutschland mit jedem Hamburger und Bremer Dampfer, und ist demnach im Stande

allwöchentlich

zu liefern.

Uebernimmt für eigene Rechnung oder commissionsweise die Herstellung und Verbreitung von deutschen Büchern, obei ihm einerseits der Besitz einer mit den schönsten Typen ausgestatteten Druckerei, anderseits aber die ausgedehntesten Verbindungen besondere Vortheile bieten.

Liberale Bedingungen für Agenten und Händler.

Die porösen Pflaster des Dr. Allcock.

Diese Pflaster werden jeden Tag mehr und mehr bekannt. Jedermann, der Schmerzen im Rücken oder in der Brust hat, wird nach Anwendung eines solchen sofort geheilt.

Ein Herr kam heute in die Office und erzählt, daß er mit vielen Schmerzen in der Brust geplagt war und mit einem einzigen Pflaster vollkommen geheilt wurde. Ein Anderer sagte dasselbe von Rheumatismus in seiner Schulter. Der letztere Herr kann in No. 15 Beckmann Street, New-York, obenauf, gesehen werden. Wir besitzen Zeugnisse von Tausenden von Doktoren, welche alle voll Lobes sind.

Heilung einer zerquetschten Brust.

Den 7. Mai 1855.

Meine Herren! — Im Dezember 1863 wurde mein Brustknochen von einem schwerem Riegel zerquetscht und schlimm verwundet. Ich wurde bestimmungslos nach Hause geschafft, wo ich einige Wochen dem Tode nahe lag. Meine Aerzte konnten sehr wenig für mich thun und ich mußte unendliche Schmerzen leiden. Der Arzt dachte, daß das Nasenpflaster, auf die Brust gelegt, mir helfen würde, ich dachte aber, dafür eins von Allcock's porösen Pflastern zu versuchen. Ich legte eins auf meine Brust und Seite, und von da an fühlte ich besser und war in einer Woche gesund, frei von Schmerzen und fähig, mein Geschäft wieder zu besorgen. Jedermann kann kommen und meine Brust sehen, und ich will ihm ein neues Wunder von Heilung zeigen. J. R. Buck, No. 2 South Fifth Street, Williamsburg, N. Y., Thos. Allcock & Co., No. 4 Union Square. Hauptoffice Brandreth Building, New-York. Zu verkaufen in No. 4 Union Square bei allen Händlern und jedem respektablen Druggist.

Holloway's Pillen und Salbe.

Thatsachen gegen leere Behauptungen.

Salz-Rheum, Scrofeln ec. Ein New-Yorker Polizeibeamter, welcher im obern Theil der Stadt Dienste thut und dessen Namen wir auf seinen Wunsch unterdrücken, litt seit vielen Jahren am Salz-Rheum in den Händen, und alle Heilmittel wurden vergebens dafür aufgeboten. Das Uebel wurde immer ärger, so daß er zuletzt nicht mehr seine Hand schließen oder den Knittel anfassen konnte ohne den peinigendsten Schmerz zu empfinden. Schon sah er sich der Nothwendigkeit gegenüber, seine Stelle zu quittiren und sich ins Bellevue Hospital aufnehmen zu lassen, als man ihm rieth, Holloway's Pillen und Salbe zu probiren. Er that es, verspürte bald Linderung und ist jetzt vollkommen gesund. Das ist nur ein Fall unter Tausenden. 160

New-Yorker Belletristisches Journal.

Erscheint wöchentlich in großem Format und eleganter Ausstattung. Enthält regelmäßig drei Originale-Novellen, europäische Correspondenzen, politische Rundschau, Besprechungen der Tagesereignisse und socialen Fragen, und eignet sich als scharfer Beobachter der amerikanischen Zustände, sowie wegen der

Geschichte des amerikanischen Bürgerkrieges,

besonders zur Versendung nach Europa. Preis $5 per Jahrgang, 10 Cents die einzelne Nummer.

C. F. ADAE,
Europäisches Bank- und Wechsel-Geschäft,
Cincinnati, Ohio.

CONSULAT fuer Preussen, Bayern, Wuerttemberg, Hannover, Sachsen, Baden, Oldenburg, Grossherzogthum und Kurfuerstenthum Hessen, Mecklenburg-Strelitz und Schwerin, Nassau, Sachsen-Meiningen und Altenburg und Frankfurt a. M.

C. F. ADAE, CONSUL.

Laflin, Butler & Co.,
Fabrikanten und Händler in
Schreib-, Druck- und Pack-Papier,
Bindfaden und Papier-Säcken aller Art,

No. 42 und 44 State-Straße, gegenüber dem „City-Hotel,"
CHICAGO, ILL.

☞ Für Lumpen wird der höchste Marktpreis baar bezahlt. ☜

Ländereien in Missouri.

Cultivirte, Mineral- und andere Ländereien in Missouri, so wie im Westen überhaupt, werden gekauft und verkauft.

Die Locirung von Ländereien, nach den wirklichen Vermessungen, zu Regierungspreisen, wird in allen westlichen Staaten durch ansässige Agenten besorgt; Landwarrants werden gekauft, verkauft und locirt; Steuern bezahlt; Karten und Vermessungen angefertigt und Berichte über Mineralschätze ausgearbeitet; Besitztitel vervollständigt; Patente von der Vereinigten Staaten Regierung und alle in das Grundeigenthum und allgemeine Landgeschäft einschlagende Arbeiten besorgt.

Der Unterzeichnete, einer der am längsten etablirten Landagenten im Westen, hat viel Zeit und Mühe darauf verwendet, um jede auf dieses Geschäft bezügliche Auskunft zu sammeln, und er versichert aus Ueberzeugung, daß Alle, welche werthvolle Farm- oder Mineral-Ländereien im Westen kaufen wollen, nichts Besseres thun können, als sich zu wenden an

R. W. Dunstan,
No. 44 PINE STREET, ST. LOUIS, MISSOURI.

Deutsch-Amerikanische Monatshefte
für
Literatur, Kunst, Wissenschaft und öffentliches Leben.
Redigirt von
Rudolph Lexow.

III. Jahrgang. II. Band.   1866.   August-Heft.

Petöfi.
Der Dichter Ungarns und der ungarischen Revolution.
Von Udo Brachvogel.

> Freiheit und Liebe!
> Diesen zwein
> Muß ewig ich
> Zu eigen sein.
> Für meine Liebe opfert' ich dahin
> Mein ganzes Leben;
> Der Freiheit hab' ich meine Liebe
> Hingegeben.   (Petöfi's Motto.)

Jenseits von Theiß und Donau fängt Asien an. Die Pußta ist der Zwilling der Steppe; die Sprache, die man dort hört, hat ihre Klangschwestern im Orient. Der West-Europäer kennt nichts, was sich mit Unter-Ungarn vergleichen ließe. Eigenthümlich starren ihn diese baumarmen, ununterbrochenen Ebenen an; kaum wird er glauben wollen, daß auch nur ein Hauch von Poesie über dieses grenzenlose Einerlei wehe, — und doch giebt es hier Schätze von Romantik zu heben. Zwei Juwelen aber vor Allem sind es, die der Pußta eigenthümlich wie das Nordlicht dem Polarlande, wie den Strömen Brasiliens das Blumenwunder der Victoria regia. Diese zwei Juwelen sind: délibáb, die Luftspiegelung der Steppe, und Petöfi, ihr Dichter.

Das Leben von Alexander Petöfi war folgendes. Kind des Volkes, wurde er in Kun Szent Miklós den 1. Januar 1823 geboren. Sein Vater vereinte das Geschäft eines Wirthes mit dem eines Fleischers, und da er ursprünglich nicht unbemittelt war, gab er den Sohn, — den er eigentlich zum Nachfolger in seinem Handwerke*) bestimmt hatte, und der daher so ziemlich als

---

* Petöfi sagt selbst in einem artigen Gedichtchen aus dem Jahre 1846:
> Meines Vaters Handwerk und das meinige.
> Stets sprachst Du, guter Vater mein:
> „Mein eignes Handwerk zeig' ich Dir,
> „Ein wackrer F l e i s ch e r sollst Du sein!"
> Indeß — ein D i ch t e r ward aus mir.

Wildling heranwuchs, — auf ein Gymnasium. Von dort entlief der Fünfzehnjährige, ward jedoch vom nacheilenden Vater erreicht und auf eine Bildungs-Anstalt nach Oedenburg gebracht. Auch hier ward ihm die Schulstube zum Fegefeuer; er entfloh demselben und rettete sich in die — Hölle der Caserne. Zwei Jahre war er gemeiner Soldat; sein Regiment wurde nach Steyermark versetzt, wo ihn die übermäßigen Strapazen, mehr aber das brennendste Heimweh, tödtlich krank danieder warfen. Als Invalid wurde er entlassen, und der Himmel der Heimath heilte den Gebrochenen bald wieder vollständig. Es folgte ein kurzer Aufenthalt in Pápa, wo Petöfi bemüht scheint, die großen Lücken seiner Bildung ein wenig auszufüllen. Doch scheint er trotz ästhetischer Studien, die er hier gemacht haben soll, seine wahre Mission nicht erkannt zu haben. Sonderbar! Während die Muse des Gesanges ihre schönsten Gaben in seine Wiege gelegt hatte, glaubte er sich zum Priester der tragischen Kunst berufen. So ward er denn 1842 Schauspieler. Bei einer elenden Wandertruppe brachte er es nach großer Mühe dahin, eine bedeutendere Rolle darzustellen. Er fiel vollständig durch, — und nun beginnt eine Art Vagabundenleben. Bald im Anschluß an kleinere Comödiantenbanden, bald allein, zieht er in Unter-Ungarn umher, berührt einige Male Pesth, weilt längere Zeit in Duna Vecse bei seinen indeß verarmten Eltern, und bringt den Winter von 1843—1844 in Debreczin zu. Und hier, im poesielosesten Winkel der Erde, war es auch, daß die bitterste Noth an ihn herantrat. Hören wir ihn selbst:

An das Ende des Winters.

Ihr Alle sehnt dem Frühling Euch entgegen, —
Getrost: er kommt, genuß- und freudenschwer;
Die Biene wird auf's Neu' die Schwingen regen
Zum Sturme auf der Blumen holdes Heer.

Und während hier ergrimmt zum Kampfesreigen
Der emf'ge Feind der keuschen Knospen zieht,
Schwillt dort begeistert aus den dunkeln Zweigen
Der Vögel Schmettern wie ein Schlachtenlied.

Was kümmern Blumen m i ch, was Seim und Lieder,
M i ch, dessen Kerker ein erstorbnes Herz?
Und dennoch perlt auch mir die Thräne nieder,
Die Sehnsuchts-Thräne nach des Lenzes Scherz.

Du schlägst auf Ochsen mit dem Beil,
Ich mit dem Kiel auf Menschen los;
Ein gleiches Loos ward uns zu Theil —
Die Namen sind verschieden blos.

Wißt Ihr warum? Weil dann des Frostes Jammer
Entfliehet vor des Tages wärmerm Kuß,
Und ich dann nicht in meiner eis'gen Kammer
Allein und abgeschabt mehr frieren muß.

Aber seine Seele war voll Musik; in der eisigen Dachkammer sammelt er seine Gedichte; es gelingt ihm, sich einige belletristische Journale der Hauptstadt zu eröffnen, und so kommt er Ende 1844 als Mitredacteur einer gelesenen Modezeitung nach Pesth. Hier im Hause des Dichters Báhot erfaßt ihn geheime Liebe zu dessen Schwägerin Stella, — aber plötzlicher Tod raffte die Fünfzehnjährige dahin, und was er der Lebenden nie gestanden, an ihrem Sarge strömt er es aus, das Geheimniß unendlicher Leidenschaft. Auf die Lippe der Todten drückt er den ersten Kuß.

Was nicht hätt' ich hingegeben,
Blondes Kind, zu Liebe Dir, —
Aber ach, mit ehrnem Finger
Schloß ein Gott die Lippe mir.

Alles was für Dich zu thun
Mir erlaubt des Schicksals Arg,
War, daß ich Dein todtes Köpfchen
Bettete in diesen Sarg.

In demselben Jahre erschienen seine Cypressenblätter (cyprus lombok), welche er auf dem Grabe seiner Verlorenen niederlegte. Eine andere Sammlung Gedichte war schon Anfang 1844 erschienen und hatte naturgemäßen Anklang gefunden. Aber der Boden von Pesth, wo er so viel hatte dahinsinken sehen, brannte unter seinen Füßen. Er unternahm eine Wanderung nach Ober-Ungarn und fand überall freundliche Aufnahme. Auch scheint es, daß er in Szall Szent Márton eine Art neuen Liebesromans durchlebte, — oder sind die dort entstandenen erotischen Gedichte nur poetische Reproduction seiner Empfindungen für die blonde Stella? Wie wenig jedenfalls die Wunden seines Gemüths heilten, beweis't ein anderer in dieselbe Zeit fallender Cyklus contemplativer Gedichte, der von dort datirt ist.

Vergänglichkeit.

Der Kön'ge König ist Vergänglichkeit,
Das Weltall der Palast, den er durchschreitet,
Kein Ort in ihm so hoch gebaut und weit,
Daß seine Schleppe nicht darüber gleitet.

Sein stolzer Gang ist Niedersturz und Nacht,
Er schüttelt, hell von Blut und Thränenflimmer,
Vom Fuße sich geborstner Kronen Pracht,
Gebrochne Herzen, welker Blumen Schimmer.

Eins seiner berühmtesten Gedichte, „Der Wahnsinnige," gehört auch hierher. Nur in der Brust eines zum Tode Getroffenen können Verzweiflung, Hohn und Menschenhaß solche Töne finden, wie sie darin angeschlagen werden. Das war Anfangs 1846. Nach erneuertem kurzen Aufenthalte in Pesth, wo er mit neuen Publikationen hervortrat und seine journalistischen Verbindungen löf't, beginnt er wiederum, Ungarn zu durchreisen, jetzt freilich ein schon bekannter Dichter, überall mit Auszeichnung, oft schon mit Begeisterung empfangen.

Und nun kommen die besseren Zeiten für ihn. Er hatte sie kennen gelernt „die himmlischen Mächte"; sie waren versöhnt. In Szathmar Ende 1846 lernte er Julie Szendrei kennen, und eine Liebe bemächtigte sich seiner, die, wenn auch Anfangs unerwiedert, doch bald auf beiden Seiten ebenso glücklich wie leidenschaftlich wurde. Der Trotz der Eltern, die ihre Tochter „dem Bettler, dem Thunichtgut, dem Dichter" durchaus versagten, wurde durch List und Gewalt besiegt, und im September 1847 ward Julista des 24jährigen Petöfi Weib.

Sein erster Wunsch war erfüllt:

    Zu leben für die Geliebte.

Auch der zweite sollte ihm nicht versagt werden:

    Zu sterben für's Vaterland.

Er führte seine junge Frau nach Pesth, und von diesem Moment an ist die Geschichte Ungarns auch diejenige Petöfis. Jener denkwürdige Kampf Ungarns, zu welchem Oesterreich erst selbst die Waffen lieh, und zu dessen Unterdrückung es anderthalb Jahre darauf den Arm des großen Czaren herbei flehte, brach aus.

Das Vaterland rief, und Petöfi, sein brünstigster Sohn, gehorchte. Durch die Entzückungen der Brautnacht, durch das berückende Liebesgeflüster der Flitterwochen vernahm er den ehernen Nothruf.

  Warum, o Liebe zu dem Vaterland
  Hängst du an meinem Schritt zu jeder Zeit,
  Und starrst mich an mit aufgehobner Hand
  Verstörten Angesichts, im Trauerkleid?
  Ich muß dich sehn, — und lebr' den Blick ich fort,
  Tönt um so flehnder nur dein flehend Wort.

An der Wiege, die für sein erwartetes Kind bestimmt war, dichtete er seine großen patriotischen Hymnen. Berühmtheit, behäbiges Auskommen, volles Liebesglück war sein, — aber draußen erklingen die Drommeten; er tritt in das 27ste Honvedbataillon, geht nach Siebenbürgen und wird der Person Bem's attachirt. In jeder Schlacht zeichnet er sich aus, bei Deva und Szász-sebes wird er decorirt. Hier blitzt sein Schwert den Genossen voran, — durch das ganze Land aber blitzen seine Marseillaisen, sie singend stürzen sich die

Schaaren in den Kampf. Der Winter 1848 und 1849 führte ihn noch einmal nach Hause. Er sah sie wieder, zwar verwundet, aber nur geschmückt, nicht entstellt durch diesen schönsten Schmuck eines Mannes; er sah sie wieder, der er, als sie ihm das Schwert umgürtete, zum Abschiede zugerufen hatte:

> Nicht Ruhmbegier reißt mich aus deinem Arm —
> Wie hätte Lorbeer auch auf meinem Haupt
> Noch Platz, — auf diesem Haupt, das deine Hand
> So reich mit Glückesrosen hat umlaubt?
>
> Und kehr' ich einst als Krüppel auch zu dir,
> Verrathen von des Kampfes falschem Glück, —
> Du liebst mich doch, — denn im zerstückten Leib
> Bring ich Dir doch mein ganzes Herz zurück.
> Mein schönes, junges Weib, Gott sei mit dir,
> Die du Herz, Liebe, Seele, Dasein mir!

Er sah sie wieder, und noch mehr des Glücks: den Erstgebornen reicht sie ihm ans Herz! Kaum hatte er diesen Anfangs 1849, wohl ahnend, daß er ihn nicht würde erziehen können, dem Vaterlande übergeben, da rief ihn das Schicksal auf seinen Posten zurück. Hier die letzten Strophen des Gedichts, darin er den Neugebornen begrüßte:

> Rühre, Tod! mir nicht an diesem Haupte,
> Denn nicht m i r gebar die Mutter ihn.
> Ehr' ihn, Tod, er ward mir nur gegeben,
> Für das Vaterland ihn zu erziehn.
>
> Nicht, mein Söhnchen, tret' ich aus den Reihen,
> Sei's im Kampfe, sei's von Alter matt,
> Streben wirst du mich zu überflügeln,
> Oder doch zu stehn an meiner Statt?
>
> Daß man einst an meinem Grabe spreche
> Ernst, doch ohne Trauer, dieses Wort:
> Zwar er starb, — doch nicht dem Vaterlande,
> Denn sein Herz schlägt in dem Sohne fort.

Wieder eilte er nach Siebenbürgen, wo sich der letzte und Hauptkampf vorbereitete. Und hier fällt er in einer der letzten Schlachten. Wo? Man sagt, bei Schäßburg. Es wurde nie aufgeklärt, seine Leiche hat Niemand gefunden. Was thut's? Ungarn ist sein Grab.

Ein sonderbarer Lebenslauf. Stehen wir nicht vor einer Sphinx? Wie entziffern wir, wie rücken wir es uns näher, dieses Gemisch von Gamin und

Genius, von Diogenes und Leonidas, von Narciß und Rouget de Lisle?
Auf die einfachste Weise, indem wir seine Gedichte zur Hand nehmen. Dieselben, in chronologischer Reihenfolge stets mit dem Orte ihrer Entstehung bezeichnet, sind in vier Bänden erschienen, und umfassen die Zeit von 1842 bis 1849, zu seinem Tode.

Da liegt die Seele des Dichters vor uns wie eine erschlossene Rose, und Blatt für Blatt können wir die Prächtige entblättern, um den Grund ihres tiefsten Kelches bloszulegen. Kein Dichter der Welt war naiv-ehrlicher in seinen Bekenntnissen, keiner gab so ausschließlich nur seinem innern Leben Entschöpftes, und keiner fand so auch für das geringste Erlebniß den poetischen Ausdruck.

Es giebt in dieser großen dichterischen Beichte eine Menge Dinge, die man von ästhetischem Standtpunkte ohne Bedauern missen könnte; wer aber aus ihr das Bild eines einzigen, ganz originellen Menschen abstrahiren will, der wird auch nicht ein Hälmchen dieser üppigen Flur hingeben wollen, — hingeben dürfen.

Petöfi ist fremdartig, fremdartig wie seine Nation, fremdartig wie sein Land. Aber gerade er in seiner Fremdartigkeit liefert den siegreichsten Beweis, daß das rein Menschliche unter allen Formen ein Einziges sei. Wenn er seine Puszta mit Csikósen (Pferdehirten), Haidschenken und fiedelnden Zigeunern besingt, ist es Etwas Anderes, als wenn Mignon, an des Meisters Kniee gelehnt, von Italien, seinen Myrthen und dem Pomp seiner corinthischen Säulen schwärmt? Ja, und je ärmer an wirklicher Schönheit uns dieses Steppenland erscheint, um so tiefer muß uns die fast wilde Inbrust rühren, mit welcher er ihm den Purpur poetischer Verklärung aus seinem Herzblute webt. Aus den Alpen Steyermarks, den Carpathen Ober-Ungarns flieht er; er staunt sie an, aber er athmet nicht frei; jauchzen und weinen kann er nur da, wo Donau und Theiß ihre Wellen durch endlose Ebenen rollen. Verbannt von diesem Boden verstummte er; heimgekehrt wird dem poetischen Antäus wieder jedes Lachen, jede Thräne Gedicht.

> Dich schönes Unterland, endlose Ebne, dich
> Erwählt zum Lustrevier mein Herz vor allen sich.
> Das zad'ge Oberland, mit Berg und Schlucht, ist ein
> Foliant, deß Seiten all' durchblättert wollen sein.
> Doch du, mein Unterland, wo Berg auf Berg nicht steigt,
> Bist ein erbrochner Brief des Freund's, der Alles zeigt!

So liebte er die Heimath, — wie nun erst das Vaterland! Sein Leben und Sterben beweis't es, und seine Gedichte illustriren es.

> Ich ließe nicht von meinem Mutterlande
> Um Krösus Gold, um Alexanders Thron,
> Weil ich dich liebe, dich und deine Schande,
> Lieb' und vergöttre meine Nation!

Hatte er nicht Alles erreicht? Aus den Armen des angebeteten Weibes, von der Wiege des Erstlings stürmt er in den hoffnungslosen Kampf und fällt. Doch am schönsten offenbart sich sein Patriotismus wenn ihm die Gesunkenheit seines Volkes, die unnatürlichen Verhältnisse der Kasten unter einander, Töne der Klage oder Empörung entreißen. Mit wie schneidendem Hohn spricht er sich über das Herkommen aus, welches den Edelmann vor den Armen der strafenden Gerechtigkeit schützte. Man höre:

Der Edelmann.

Man schleppt zur Prügelbank den Schurken
Zum Lohne unerhörter Schmach;
Er stahl, er raubte, — weiß der Teufel,
Was er sonst Alles noch verbrach.

Doch er fängt furchtbar an zu toben:
„Zurück, und rühret mich nicht an!
„Ich bin von Adel, und vor Schlägen
„Schützt das Gesetz den Edelmann."

Hörst du den Schimpf, Geist seines Ahnherrn,
Mit dem er dich im Grab zersetzt?
Jetzt müßt' er schon nicht mehr zur Stockbank,
Nein, an den Galgen müßt' er jetzt!

Mit olympischem Zorne wendet er sich gegen die im Auslande lebenden Magyaren, gegen die Privilegien des Adels, gegen die Stumpfheit der niederen Klassen. Diese Letzteren emporzureißen, sie bewußt zu machen ihrer ewigen Menschenrechte, — das ist sein Ideal. Darin verkörpert sich ihm die reizendste Gestalt der Freiheit. Er ist durchaus demokratisch-patriotischer Dichter. Nicht für republikanische Freiheit des Staates schwärmt er, das Volk will er befreien, die misera contribuens plebs — befreien durch Gleichstellung, dadurch, daß er sie bewußt macht ihres berechtigten Anspruchs auf alle Wohltaten bürgerlicher Existenz. Dieses Volk, dem er selbst entstammte, ist sein Ideal, — und so wand ihm denn auch dieses Volk seinen schönsten Kranz: es singt ihn.

Natürlich tritt dieser großartige Patriotismus in Petöfi's Dichtungen immer prächtiger hervor, je verwickelter die Verhältnisse seines Landes werden. Aus Heimathliedern und vaterländischen Hymnen werden in den Jahren der Noth Schlachtrufe und Kampfgesänge. Wie man auch häufig über die Form derselben denken mag, ihre Seele ist Erz und ihr Ton Schwertgeklirr.

In der deutschen Literatur hat nur Arndt, in neuerer Zeit etwa Herwegh, Aehnliches gegeben. Nicht sind sie wie die Quelle, die crystallen und mit silbernem Gesange von Fels zu Fels tanzt, — sie sind Sturzbäche, die, Stein und Geröll mit sich reißend, von Klippe zu Klippe schmettern. Der Mythus von Tyrtäus wird in ihnen Wirklichkeit. So schreibt er auf der Eisenbahn:

   Eisenbahnen sollt ihr ziehn
   An die hundert, an die tausend,
   Welche, durch die Länder brausend,
   Adern gleich die Welt durchfliehn.

   Adern sind es, ja, darin
   Strömt der Bildung Feuerblutstrom,
   Drin des Geisteslebens Gluthstrom
   Fließt nach allen Seiten hin.

   Warum habt ihr sie bisher
   Nicht gebaut schon? Eisen fehlt noch?!
   Eure Ketten brecht, dann fehlt doch
   Eisen euch fürwahr nicht mehr!

Wenden wir uns zu den andern Elementen der Petöfi'schen Poesie, so finden wir vor Allem die Liebe und den Wein gefeiert. Beide haben an unserm Dichter einen treuen, Letzterer vielleicht einen nur zu treuen, Priester gehabt. Auch gesteht er seine Zügellosigkeit darin in mehreren Gedichten von unnachahmlicher Naivität ein.

   Wer da kein Liebchen hat,
   Der setze sich zum Wein,
   Und ihm zu Füßen liegt
   Ein jedes Mägdelein.

   Und Wein auch trinke Der,
   Der ohne Heller Geld,
   Und bald gebietet er
   Den Schätzen aller Welt.

   Und wen des Kummers Nacht
   Umhüllt — nur schnell zum Wein,
   Und seine Seele wird
   Voll lichten Jubels sein.

   Ich hab' kein Lieb, kein Geld,
   Nur Noth und Scheererei,
   Und schelten wollt ihr, daß
   Ich trinken mag für drei?

Wir finden Apotheosen des Rausches, Rhapsodieen der Trunkenheit; in seiner Vagabundenzeit lohnte er dem Gastfreunde den reichlich aufgetischten

Wein mit einem Liedchen, — überhaupt gab es keine Freude, kein Fest für ihn ohne reichliche Libationen für Bachus. Was Wunder? Gehörte er doch einem Lande an, wo die Rebe fast freiwillig ihr Süßestes und Feurigstes spendet. Oft freilich zuckt durch dies wüste und unmanierliche Treiben ein Blitz der Verzweiflung, ein Krampf innerer Pein (wie in dem prachtvollen Toast aus dem Jahre 1843); aber schnell gehen sie unter im Rausche und sterben in den Fluthen des Tokayer.

Aber in den reinsten Klängen, die je ein Engel einer Dichterbrust entlühte, feierte er die Liebe. Die Todtenklagen um die blonde Etelka begründeten seinen Dichterruhm, und mit Recht. Durch diese Gedichte geht ein verhaltener Schmerz, der an das Zucken bleicher Lippen mahnt, welchen die Gewalt inneren Jammers die volle Rede unmöglich macht. Wir gedenken des Vögeleins, welches Byron auf dem Grabe der Braut von Abydos singen läßt. Kirchhofsdämmerung schauert durch diese Gesänge; heiße, thränendurftige Augen starren uns aus ihnen an, Bahrtücher rauschen, — trostlose Traurigkeit das Ganze. Anders erscheint der Dichter in den von Szallszent Márton Ende 1845 datirten erotischen Dichtungen. Sie sind bei weitem nicht so tief, so überzeugend, so mit wirklichem Herzblut geschrieben; wahrscheinlich dictirte sie Liebschaft und nicht Liebe, noch wahrscheinlicher sind es nur Reminiscenzen an die Verlorne. Aber zur Sonnenhöhe der Liebesleidenschaft steigt der Poet in den Mitte 1846 beginnenden Liebesliedern, deren Gegenstand seine Julie ist.

> Es schmiegt ein Rosenstrauch zum Hügel sich,
> So schmiege du an meine Schulter dich,
> Und Himmelsoffenbarung giebst du mir,
> Wenn stumm vor Liebe bebt die Lippe dir.
>
> Licht auf der Donau schwebt der Sonne Bild,
> Und hoch der Strom in Flammenfreude schwillt.
> Er wiegt die Zitternde so leis und lind,
> Grad' wie ich dich, mein liebezitternd Kind.
>
> Wie lügnerisch ist meiner Feinde Sinn!
> Sie sagen, daß ich Gottesleugner bin,
> Und bete hier doch, bet' inbrünstiglich —
> Stumm, starr belausche deinen Herzschlag ich!

In ihnen lodert der Orient. Fortan kennt der Dichter nur zwei Quellen des Lebens, Liebe und Patriotismus. Eine Ursprünglichkeit, wir möchten sagen anatomisch genaue Wiedergabe der momentanen Empfindungen, spricht aus diesen Gedichten, die fast erschreckt. Aber nicht ist es der Dämon entfesselter Sinnlichkeit, der diese Opfer bringt, — nein, nur der Engel der keuschesten Zärtlichkeit streut sein Rauchwerk in die prächtige Flamme. Dazu gesellt sich eine sorgsamere Behandlung der Form, eine größere Reinheit der Sprache, überhaupt eine fortschreitende Bildung, so daß man bei dem letzten Gesange nur mit dem größten Schmerz inne hält, daß das Schicksal dieses so verschwenderisch begabte, zur Vollendung heranreifende Dichterherz mit 26 Jahren brach!

Ohne Vorbildung, Anfangs ohne jegliche Bildung überhaupt, dichtete Petöfi aus der Gluth seines Herzens heraus. Ihm wird Alles Gedicht; wie wilde Rosen schüttelt und stäubt er sie um sich her. Das wilde Kind der Pußta schuf sich seine Poesie allein, zwar ohne volle innere Harmonie, ohne äußeres Maß, nicht schön wie ein jonischer Tempelbau, aber reizend und einzig wie ein Felssturz, aus dessen Rissen mährchenschöne Blumen in allen Farben hervorbusten. Ursprünglich dichtete er ohne zu wissen, daß er dichtete, darin ähnlich mit Robert Burns. Freilich ist hier die Kehrseite, die auch der glänzendste Naturalismus hat, nicht zu übersehen. Petöfi's Form ist mangelhaft. Gut ist sie nur da, wo er den Volkston anschlägt; hier überhaupt ist er vollendet. Der Beweis dafür ist, daß seine Lieder dieser Categorie überall in Ungarn gesungen werden, nicht etwa wie die des Béranger von den unendlich gebildeteren Franzosen, nein, bis hinab in die niedrigsten Schichten der des Lesens und Schreibens unkundigen Bevölkerung des flachen Landes. Man singt ihn, den modernen Dichter, so, als ob er schon tausend Jahre gesungen würde. So feiert er den ungarischen Csikós (sprich Tschikósch,) den Pferdehirten, der die den ganzen Sommer im Freien weidenden Heerden von unzähligen Stüden selbst zu Roß hütet, in folgendem Liedchen:

  Heimath ist mir die Pußta weit und flach.
  Ich hab' kein Haus mit Schornstein und mit Dach,
  Doch hab' ein Roß ich, wie der Blitz gewandt, —
  Csikós bin ich im flachen Unterland.

  Wie lustig sitzt sich's auf dem bloßen Pferd!
  Eins ist es mir, wohin der Weg sich kehrt.
  Mein Roß trägt keines Sattels drückend Band, —
  Csikós bin ich im flachen Unterland.

  Fein ist mein Hemd, die Leinwandhosen fein,
  Umsonst hat sie genäht mein Röselein.
  Hei, meine Rose, bald wirst du genannt
  Des Csikós Frau im flachen Unterland!

In seinen erhabneren Dichtungen steht der Ausdruck nur in seiner letzten Periode auf der Höhe des Gedankens oder der Leidenschaft. Mit dem Tage, da sein Leben ein geordneteres ward, ward es auch seine Dichtung — aber ach, mitten im Heranreifen dieser fast beispiellosen lyrischen Begabung sank der jugendliche Dichter. Er ließ zwei Wittwen zurück: sein Weib und Ungarn.

Einen eignen Werth hat Petöfi für den Cultur-Historiker. Kein Dichter spiegelt sein Land mit allen Eigenthümlichkeiten seiner Scenerie und seiner Bewohner so treu ab, wie er. Da sehen wir den Edelmann, den Csikós, den Zigeuner, den poetischen Räuber sich tummeln; Délibáb webt ihre Schleierbilder in den Himmel; hohe Ziehbrunnen ragen empor; die Tscháoden (Landwirthshäuser) stehen an den hundertgeleisigen Wegen, da ein jeder nach Belieben sich seine Straße durch die graben- und baumlose Ebene zieht; Zigeuner fiedeln, — aus jedem Verse tritt uns Ungarn entgegen.

Aus diesen vier Bänden Gedichte wird der Forscher späterer Zeiten Lebens- und Sittenbilder schöpfen, und der Historiker der Jahre 1848 und 1849 wird Ungarns Geschichte ebenso wenig ohne Petöfi's Lieder aus jenen Tagen schreiben können, wie diejenige Frankreichs von 1789 ohne Rouget de Lisle und seinen Marseiller Hymnus!

Wenn man sich dies Herausgeborensein aus dem Herzen seines Volkes, dieses Auf- und Untergehen vergegenwärtigt, dann wird man die Vergötterung gerechtfertigt finden, die dem Dichterhelden von seinen Landsleuten gezollt wird. Der Ausländer aber wird dem treuesten Repräsentanten einer durchaus nobeln Nation, einem der größten lyrischen Genüsse aller Zeiten, einer trotz aller Regellosigkeit hinreißend poetischen Persönlichkeit den reichsten dichterischen Lorbeer nicht versagen.

Und in diesem Sinne legte Schreiber dieser Zeilen einst die folgenden Strophen zu den Füßen der Statue des gefallenen Dichters, als man vor einigen Jahren eine Feier zu seinen Ehren in Ungarn beging:

Petöfi Sándor.*)

Es rief in Tagen wetterschwer
Ein Gott zum blut'gen Bachanale;
Als König schritt der Tod einher,
Und leerte aus des Zornes Schale.
Da sank manch' Eichenstamm in Splitter,
Und mehr als das, es brach der Hauch
Der wuthentketteten Gewitter
Die süßeste der Rosen auch.
Petöfi Sándor, — weint, o weint,
Petöfi Sándor, der vereint
Das Loos Leonidas', Tyrtäens Loose,
Petöfi, Ungarns wilde Haiderose.

Ist Einer werth, daß ihn bewein'
Ein Mannesaug', hier darf's geschehn,
Und lichter Frauenaugen Schein
Darf ganz in heißer Fluth vergehn.

*) Sándor gleich Alexander.

Und dennoch, **nein**! Nein, keine Thräne
Dem Heldenschwan, der so erliegt, —
Denn wer beweinte die Phaläne,
Die jauchzend in die Flamme fliegt?
Nein, tretet schweigend an sein Grab,
Und senkt den Doppelkranz herab
Von Eich'- und Lorbeerlaub zum dunkeln Moose.
Darunter schlummert Ungarn's Haiderose.

Ach, an sein Grab!*) Zwar ist bekannt,
Wo die dreihundert Sparter fielen,
Doch der Magyaren heilig Land
Umfaßt zu viele Termopylen.
Wer zeigt der gramerfüllten Welt,
Wo **einer** fiel von **tausend Helden**?
Doch Er war mehr als nur ein Held,
Drum sollt' es auch die Sage melden.
Von hundert Schlachtgefilden eins,
Das ist sein Grab — so gut wie keins,
Und ohne Stein- und Erz-Apotheose
Blieb Ungarns hingesunkne Haiderose.

Indeß, was thut's? Was soll ein Sarg
Von Marmorglast und todten Erzen
Dem, den der Völker wärmstes barg
In ein lebendig Grab von Herzen?
Draus, ein Messias des Gesanges,
Er stündlich immer neu ersteht,
Ein freier König freien Klanges,
Von hunderttausend Lippen weht?
Wer singt ihn nicht? Geh' nur das Land
Entlang der blonden Tissa Strand,
Und selbst im Busch der Nachtigall Getose,
Es schluchzt um Ungarns welke Haiderose.

Doch du, wo du auch seist, die ihn
Bedeckt, sei mir gesegnet, Scholle,
Und Dem, deß Pflüge dich durchziehn,
Gieb Ernten, goldne, übervolle!
Und mehr noch, **Lieber**, seid gesegnet,
Des einz'gen Dichters Testament,

---

* Es ist oben gesagt, daß man nicht weiß, in welcher der letzten Schlachten des ungarischen Krieges P. gefallen ist, und daß man keine Spur seiner Leiche gefunden hat.

Und alle Herzen, drein ihr regnet,
Und jede Lippe, drauf ihr brennt!
Auf in die Welt, und mit Gewalt
Erobert sie, ihr, die ihr bald
Wie Thränen weich, bald grimm wie Schwertgetose
Entquollen Ungarns wilder Haiderose!

Du aber jauchz', entzückte Welt
Dem Stern trotz seiner dunkeln Wolke!
In seinem kleinsten Liebe schwellt
Das Herz von seinem ganzen Volke.
Er kettete mit ehrnem Faden
Sich an sein Land, der Güter Gut,
Dem, ein Poet von Gottes Gnaden,
Gesang er gab, und mehr — sein Blut.
Erkenn' ihn erst, dann reicht, wie heut
Der Deutsche ihm die Palme beut,
So auch der Britte, Wälsche und Franzose,
Der Lyrik Krone Ungarns Haiderose.

Das Brod
als Typus unserer Pflanzenkost und sein Einfluß auf den Culturzustand der Völker.
Von Dr. Jul. Hoffmann.

Einleitung.

Das Brod wird als der Vertreter unserer leiblichen Bedürfnisse schon seit den ältesten Zeiten betrachtet; jedenfalls bildet es den Typus der Pflanzennahrung aller civilisirten Völker. Viel mehr als seiner äußeren Form, seiner Bequemlichkeit im Transport und der Leichtigkeit seiner Aufbewahrung, hat es seinen Werth der Art seiner Zusammensetzung zu verdanken, die alle Erfordernisse erfüllt, die man an ein gesundes und allgemeines Nahrungsmittel zu stellen, auch vom Standpunkte der Wissenschaft aus, berechtigt ist. Es giebt fast keine Sprache auf dem ganzen Erdkreis, die nicht ein Wort für den Begriff „Brod" besäße. Die ältesten Schriften der asiatischen Urvölker, die uralten Baudenkmäler des ägyptischen Volkes mit ihren Skulpturen und Malereien, diese stummberedten Zeugen, einige Jahrtausende älter als die Bibel, älter selbst als der älteste Mensch nach biblischer Chronologie, sie nennen das Brod; und wo sich Schrift und Kunstwerk im grauen Alterthume verlieren, da zeugen rohe Thonwerke und ofenartige Erdhöhlen von den ersten Anfängen der Brodbereitung.

Wer die ersten Menschen gelehrt hat, Aepfel zu essen, das habe ich von den Priestern der christlich-germanischen Duodezstaaten oft erzählen hören. Wer aber zuerst die Menschen gelehrt hat, aus Getreidekörnern Brod zu bereiten, darum haben sie sich nie gekümmert. „Neben Katechismus und Bibel ist ja kein Raum mehr für Naturwissenschaft; sie paßt auch nicht für das Volk!" In dem bekannten Mährchen vom Paradiesgärtlein ist meines Wissens nicht erwähnt, daß die Allgütigkeit des großen Weltgeistes neben den Apfelplantagen auch noch Weizen- oder Roggenfelder schuf.

Wer hat den Menschen gesagt: Esset die kleinen Körner, baut sie auf großen Feldern, auf größern als das Paradies; baut sie über die ganze Erde, damit ihr nicht bleibt ein Thier in Menschengestalt, wenn auch im Paradiese; zermalmt sie, verbackt sie zu Brod; das erhält euren Leib und giebt euch die Macht über die wilden Thiere!

Von den Thieren haben es die Menschen gelernt; sie sahen die Vögel des Himmels die kleinen Samen verzehren und die Thiere der Erde sie in ihre Wohnungen zusammen tragen. — Um das Brod in seiner

Zusammensetzung

zu beurtheilen, ist eine Betrachtung des Mehles, aus dem das Brod gebaden wird, vor Allem nöthig. Das Mehl wird bekanntlich aus den Körnern verschiedener Getreidearten gewonnen. Betrachten wir ein solches Korn auf dem Durchschnitte unter einer sehr starken Vergrößerung (Mikroskop), so stellen sich uns folgende Gebilde dar:

1) Ganz außen die harte, ziemlich undurchsichtige Samenschale, welche wieder aus zwei Theilen besteht, aus der Oberhaut (epidermis) und einer vielfachen Lage von zusammengedrücktem Zellgewebe von leeren, getrockneten, hartwandigen Hüllhäuten (Zellen).

2) Unmittelbar darunter sehen wir größere, mit einer körnigen Substanz gefüllte Zellen liegen. In ihnen befindet sich das für die Ernährung so wichtige Eiweiß, Klebstoff oder Kleber genannt, Proteinverbindungen, also stickstoffreich, bei Roggen besonders aus Kleber und Eiweiß bestehend, und endlich

3) Zellen anderer Gestalt und auch größer als die vorigen; in diese Schicht ist das eigentliche Mehl, die Stärke, eingebettet, mit wenig Protein; nach der Mitte des Kernes wird sie immer proteinärmer, endlich, im Centrum des Kornes, trifft man nur noch reine Stärkemehlkörnchen. Bei unreifen Körnern sieht man sie unter dem Mikroskop als kleinere oder größere Kügelchen von $\frac{1}{5000}$ bis $\frac{1}{10000}$ Zoll in den Zellen eingebettet, von dem Safte des Korns umgeben.

Betrachten wir diese beiden Klassen von Pflanzenbestandtheilen (Kleber und Stärkemehl) in ihrer

Bedeutung als Nahrungsmittel.

Soeben haben wir gesehen, daß das Mehl in den einzelnen Körnern nicht etwa enthalten ist wie in einem Sacke, sondern aus einer Anzahl besonderer

Gebilde besteht, die wieder besonders gruppirt oder gelagert sind. Durch das mechanische Zerkleinern in der Mühle wird eine Sonderung seiner Bestandtheile bewirkt. Zuerst werden sich die weicheren Theile (Stärke) herausmahlen, später die stickstoffhaltigeren und zuletzt, als der härteste Theil, die Hülse mit anhängendem Kleber. Die innern Theile des Korns geben in Folge ihrer größeren Feinheit leichter durch das Beuteltuch; je feiner also die Mehlsorten sind, um so reicher sie sind an stärkemehlartigen Bestandtheilen, um so ärmer an stickstoffhaltigen Theilen sind sie, obgleich sich im Volke noch fortwährend der Glaube enthält, daß das feinere, weiße Mehl auch das werthvollere sei und das gröbere, g r a u e das weniger werthvolle.

Ohne Zufuhr stickstoffhaltiger Nahrung kann der menschliche Organismus nicht bestehen, denn der in jedem Augenblicke vor sich gebende Stoffwechsel, der jeden Körpertheil betrifft und überall stickstoffhaltige Bestandtheile ausscheidet, macht einen Ersatz derselben nöthig. Außerdem ist es zum Leben erforderlich, daß durch Zerreiben der Nahrung auch eine gewisse Quantität von Wärme im Körper erzeugt werde. Dies läßt sich durch stickstofffreie ebenso gut wie durch stickstoffhaltige Nahrungsmittel erreichen. Wenn es also blos darauf ankäme, die Körperwärme zu erzeugen, so könnte der Mensch recht wohl ausschließlich von stickstofffreier Nahrung, z. B. Stärkemehl, Zucker, Gummi u. s. w. leben. Wegen der ununterbrochenen Ausscheidungen aber durch Harn, die Excremente, den Schweiß ꝛc. geben bei stickstofffreier ebenso gut wie bei stickstoffhaltiger Nahrung immer entsprechende Mengen von Körperbestandtheilen verloren. Bei ausschließlich stickstofffreier Nahrung würde der Körper förmlich verhungern; er würde sich nach und nach aufzehren, und ohne daß das betreffende Individuum gerade das Gefühl des Hungers empfände, müßte es zuletzt doch vor Entkräftung zu Grunde gehen. Hieraus ergiebt sich, in welcher Weise diese beiden verschiedenartigen Nahrungsmittel Hand in Hand gehen.

Allerdings reichen die stickstoffhaltigen Nahrungsmittel allein aus, um alle Bedingungen des normalen Lebens zu erfüllen. Sobald die Zufuhr stickstofffreier Substanzen unterbleibt, geht nicht nur die Erneuerung der Körpersubstanz, sondern auch die Entwickelung von Wärme ausschließlich auf Kosten der stickstoffhaltigen Nahrungsmittel von Statten, wie z. B. bei den Fleischfressern. Der Mensch gehört jedoch, theils durch seine natürliche Ausstattung, theils durch den Einfluß der Civilisation, zu den Omnivoren (Fleisch- und Pflanzenfressern); er wird also außer stickstoffhaltiger noch stickstofffreie Substanz mitgenießen, um seinen Ernährungsprozeß zu vollenden. In der Vertheilung also des Stickstoffes liegt der größere oder geringere Nährwerth der verschiedenen Mehlsorten.

Ein gutes Brodmehl muß wo möglich die ganze innere Masse des Getreidekorns enthalten. Es muß gelblichweiß, nicht bläulichweiß, nicht allzu trocken, doch auch nicht so feucht sein, daß es sich zusammenklumpt. In den Händen muß es sich weich anfühlen und durch Druck ballen lassen. Es muß einen reinen, angenehmen Geruch und einen süßlichen Geschmack besitzen und darf vor allen Dingen nicht dumpfig sein. Gehen wir nun zu einer

Analyse

der verschiedenen Brodsorten über. Gut ausgetrocknetes Brod von Weizenmehl enthält ungefähr 45 Procent Wasser, also fast die Hälfte seines eigenen Gewichtes, so daß wir bei der Aufnahme von Brod essen und trinken zugleich. Das Wasser ist in dem Brode chemisch gebunden, und man darf nicht mit den Augen danach suchen wollen. Von Natur aus enthält jedes Mehl schon 12 bis 18 Procent Wasser, nimmt aber während seiner Verwandlung in Brod noch weit mehr davon auf.

Der Grund, weshalb sich in ausgebadenem Brode so viel Wasser befindet, ist der, daß ein Theil des Stärkemehls sich während des Badens in Gas umwandelt, welches das Wasser fester zu binden vermag, als die Stärke; ein zweiter Grund ist der, daß der Kleber, sobald er einmal vom Wasserstoff durchdrungen ist, sehr schwer wieder trocknet, und daß er um jede kleine, hohle Zelle im Brode eine zähe Wandung bildet, welche das in dem Brode befindliche Gas an seinem Entweichen und das Wasser am Vertrocknen und Verdunsten verhindert; und ein dritter Grund beruht darauf, daß die trockene Rinde, die beim Baden um das Brod entsteht, für das Wasser fast undurchdringlich ist. Das sogenannte Trockenwerden des Brodes beruht nicht sowohl auf einem wirklichen Wasserverluste, als vielmehr auf einer Ablagerung der inneren Atome. Trockenes Brod wiegt ebenso schwer, wie frisches Brod nach dem Erkalten. Setzt man sogenanntes trockenes, altbackenes Brod in einer gut verschlossenen Blechkapsel der Temperatur siedenden Wassers aus, so wird es wieder wie frisch. Unmöglich kann es doch Wasser bei diesem Verfahren aufgenommen haben. Bekannt ist uns, daß das betrügerische Aufwärmen der Wecken von Seiten der Bäcker, besonders in kleinen Landstädtchen, stattfindet.

100 Pfund gut ausgebadenes Weizenbrod enthalten:

```
Wasser.....................45—48 Procent,
Kleber.....................  6— 6¾  „
Stärke....................⎫
Zucker....................⎬ 49—46¼  „
Gummi....................⎭
```

Wir haben schon oben gesehen, daß die nährende Eigenschaft jeder Getreideart von dem Kleberantheile abhängt, den sie enthält. Durch das Ausbeuteln machen wir also das Mehl weniger nahrhaft, und wenn wir bedenken, daß die Kleie selten weniger, meist sogar bedeutend mehr als ⅕ von dem ganzen Gewichte des Korns ausmacht, so müssen wir einsehen, daß die gänzliche Abtrennung der Hülse des Korns eine große Verschwendung von dem menschlichen Nahrungsstoffe verursacht. **Aus dem ganzen Mehle gebadenes Brod ist weit nahrhafter, und da viele Menschen außerdem finden, daß es eine gesündere Nahrung darbietet als das weiße Brod, so sollte man es auch im Allgemeinen anwenden.** Schwarzes Brod wird außerdem viel leichter verdaut als weißes, wenigstens von dem gesunden, körperlich und geistig arbeitenden Volke; weißes Brod verstopft, schwarzes dagegen hält den Leib offen, ohne gerade Diarrhoe herbeizuführen. Freilich wird ein geborener Faullenzer, der außerdem durch unzweckmäßige, falsche Nahrung seinen trägen Leib ruinirt hat, oder ein bloßer Bureaukrat nicht plötzlich und ohne Weiteres zum schwarzen oder westphälischen Brode seine Zuflucht nehmen können, um seinem verflauten Blute Thatkraft beizubringen. Die kleinen Körner sind nahrhafter, als die großen, vollen.

100 Pfund Roggenbrod enthalten:

    Wasser.........................48½ Procent,
    Kleber.......................... 5⅓ „
    Stärke..........................46¼ „

Die beiden Brodarten sind also an Bestandtheilen einander sehr ähnlich, und es ist, wenn man von dem Geschmacke absieht, gleichgültig, ob wir von dem einen oder andern leben. Das Roggenbrod besitzt jedoch eine in vielen Beziehungen werthvolle Eigenschaft: es behält nämlich seine Frische und Feuchtigkeit länger als das Weizenbrod, und kann Monate lang liegen ohne trocken, unschmackhaft oder gar schimmelig zu werden, vorausgesetzt daß der Ort der Aufbewahrung günstig dazu ist. Dies rührt hauptsächlich von gewissen Eigenthümlichkeiten her, welche die im Roggenkorn enthaltene Kleberart an sich hat.

Alle übrigen gebräuchlichen oder vorgeschlagenen Mehlsorten stehen, mit Ausnahme des Wälschkorns und Hafers, den obengenannten nach, und sind, wenn manche den Weizen und Roggen auch an Klebergehalt weit übertreffen, aus andern, hier nicht näher zu erörternden Gründen zur Brodbereitung nicht verwendbar.

Hafer......		14	Wasser,	18	Kleber,	6	fettes Oel,	62	Stärke.
Reis.......		92	„	7–8	„	—		—	
Quinoa.....		16	„	19	„	5	„	60	„
Buchweizen..		—		10½	„	—		—	
Durrhamehl .		—		11½	„	—		—	
Bohne .									
Erbse..									
Lupine .	enthalten in 100 Theilen	—		24	„	2	„	—	
Wicke..									
Linse ..									
Feige......		21	„	6	„	—		73	„
Banane		—		5½	„	—		94¾	„
Kartoffel....		—		8	„	—		92	„
Zwiebel		—		25–30	„				
Kohl		—		30–64	„	(getrockneter Blumenkohl).			
Pilz		—		56					

Von den verschiedenen zum Zwecke dieser Skizze von mir analysirten Brod- und Mehlsorten hat sich mir in jeder Beziehung als das beste erwiesen:

das mit der Kleie verbackene pure Roggenmehl der Gebrüder Deding in New-York, weshalb ich die Analyse hier folgen lassen will.

In 100 Theilen des Brodes . . . . des Mehles befinden sich

Wasser . . . . . . 46¾ 15¼
Kleber . . . . . . 5¾ 11¼
Stärke 44 72
Gummi ⎫
Zucker ⎬ . . 2¾
fettes Oel ⎭
Mühlsteinsand ⎫
und Verlust ⎭ ¾ 1

5 = 100 100

Dieses Brod wird also wegen seines glücklichen Verhältnisses von Kleber und Stärke für jeden arbeitenden Menschen, besonders aber für den sich viel in freier Luft aufhalten müssenden, dann für schwächliche und bleiche Kinder das nahrhafteste, billigste und leichtverdaulichste zugleich sein. Kindern unter 1½ bis 2 Jahren giebt man wegen der noch unvollständig entwickelten Speicheldrüsen, die nothwendig sind zum Verdauen von Stärke und Kleber, gewöhnlich kein Schwarzbrod; schädlicher als dieses ist es jedenfalls, wenn man sie mit weißem Brode oder mit Kuchen auffüttern will. Einen kleinen Mißstand hat aber das Schwarzbrod, Pumpernickel, westphälisches Brod, oder wie man es sonst nennen will, nämlich das fast gänzliche Fehlen von Poren oder Luftblasen, welchem Mangel indessen durch gehöriges Zerkauen und Einspeicheln leicht abzuhelfen ist. Bei dem kleberarmen Kuchen sind die Poren aber ebenfalls nur sehr unansehnlich, und zwar, weil der zum Zurückhalten der Kohlensäure, welche die weinige Gährung aus dem Zucker erzeugte, erforderliche Kleber in ungenügender Menge vorhanden ist.

Fassen wir die Resultate vorliegender Skizze zusammen, so erhalten wir: **Schwarzbrod ist eins der vollkommensten Nahrungsmittel, und unter den von Menschenhänden bereiteten das allervollkommenste.**

Müßte es daher nicht der Stolz eines jeden civilisirten Staates sein, durch billigste und beste Herstellung des Schwarzbrodes mit andern Staaten zu wetteifern und so den Anfang des Civilisationszustandes mit dessen höchster Spitze zu verbinden? Noch immer ist das Brodbacken das erste Zeichen der fortschreitenden Civilisation eines wilden Volkes gewesen. Sobald die Nomadenvölker anfingen, Ackerbau zu treiben statt Jagd und Viehzucht, fing auch das Brodbacken an. Die läppisch süßlichen Weizenkuchen, sogenannten Matzen (Mezzo) der Juden haben sich bis in die Cultur unserer Tage herein verschleppt, als der roheste Anfang des Backens jener Nation. Der

Einfluß auf den Volkscharakter,

welchen der Getreidebau und das Brodbacken ausübt, auf dessen Kraft und Nationalreichthum kann nicht besser dargelegt werden, als dies in der Rede eines nordamerikanischen Häuptlings geschah. Dieser empfahl seinem Stamme am Missouri den Aderbau, und sprach dabei folgende wahrhaft welthistorische Worte:

„Seht ihr nicht, daß die Weißen von Körnern, wir aber von Fleisch leben? daß das Fleisch mehr als 30 Monden braucht, heranzuwachsen, und oft selten ist? daß jedes jener wunderbaren Körner, die sie in die Erde streuen, ihnen mehr als hundertfältig zurückgiebt? daß das Fleisch, wovon wir leben, vier Beine hat, um davonzulaufen, wir aber nur zwei, um es zu haschen? daß die Körner da, wo die weißen Männer sie hinsäen, bleiben und wachsen? daß der Winter, der für uns die Zeit unserer mühsamsten Jagden ist, ihnen Ruhe gewährt? Darum haben sie so viele Kinder und leben länger als wir! Ich sage also Jedem, der mich hören will: bevor die Cedern unseres Dorfes vor Alter werden abgestorben sein, und die Ahornbäume des Thales aufhören, uns Zucker zu geben, wird das Geschlecht der Kornsäer das Geschlecht der Fleischesser vertilgt haben, wofern diese Jäger sich nicht entschließen, zu säen."

Und gewiß, Leben, Reichthum und Freiheit blühen der Nation, die Männer gezeugt hat mit Augen und Gehirn, die ewigen Wahrheiten der Naturgesetze zu erforschen, die mit Sinn und Gemüth hat, die Segnungen dieser Forschung dankend anzuerkennen und ehrfurchtsvoll in sich aufzunehmen; aber Armuth, Knechtschaft und Tod schweben über dem unglücklichen Volke, das in blinder Verstocktheit Herz und Ohr den Lehren seines eigenen Glückes und seiner eigenen Freiheit verschlossen hält. Werfet einen Blick in die Geschichte der Völker, und ihr sehet die kartoffelessenden Irländer und die reisessenden Chinesen stöhnen, geknechtet von einer verhältnißmäßig unbedeutenden Nation, der aber mit dem Blute Thatkraft durch die Adern rollt. Wenn nicht in Amerika der Stern der Freiheit für Irland aufgeht, in dem Stärkemehl ihrer Kartoffeln wird diese unglückliche Nation nie und nimmer die Begeisterung und die Kraft zu ihrer Unabhängigkeit finden.

Fulton-Markt.
Von Hermann Raster.

Wenn man in einer Stadt, deren einzige Ringmauer aus Strom und Meer besteht, von Thoren sprechen könnte, so wäre das Hauptthor von New-York die Fulton-Fähre auf der Ostseite der Stadt. Denn vermittelst der vier geräumigen und eleganten Dampfboote, welche diese Fähre bilden und von welchen auf jeder Seite eins in demselben Augenblicke abgeht, in welchem das andere landet, steht New-York in einer fast ebenso ununterbrochenen und jedenfalls bequemeren Verbindung mit der großen Vor- und Nachbarstadt Broollyn, wie es nur durch eine Brücke oder einen Tunnel geschehen könnte. Das breite, eiserne Doppelthor der Fulton-Fähre bildet den Eingang zur Stadt für einige hunderttausend Menschen, die, in Broollyn und den zahllosen Dörfern von Long Island wohnend, zum bei weitem größten Theile in der unmittelbarsten geschäftlichen Verbindung mit New-York stehen. Zu denjenigen Tageszeiten, wo die Geschäfte geöffnet oder geschlossen werden, ist es selten, daß ein einzelnes der kann von 5 zu 5 Minuten abgehenden Boote weniger als 1500 bis 2000 Passagiere, außer einer dichtgedrängten Masse von Fuhrwerken aller Art, trägt. Der Menschen- und Wagenschwall, der sich da des Morgens durch das Thor in die Stadt ergießt und mit der nervösen Hast, die dem Amerikaner eigen ist, in die nächsten Straßen stürmt, könnte zuweilen den des Anblickes Ungewohnten zu dem Glauben bringen, daß die Bevölkerung einer vom Feinde bedrohten Stadt sich über Hals und Kopf in Sicherheit zu bringen suche.

Sucht man die schmalste und am wenigsten lebensgefährliche Uebergangsstelle der Uferstraße, wo es immerhin noch einer ansehnlichen Gabe von Geistesgegenwart bedarf, um in dem Gewimmel der sich begegnenden Fuhrwerke ein Unglück zu vermeiden, so gelangt man mitten in eine Reihe baufällig aussehender, hölzerner Baracken, die das Trottoir, den Rinnstein und noch ein gutes Stück des Fahrwegs bedecken, dem letztern ihre durch Haufen von Kehricht und verdorbenem Gemüse verschanzte Rückseite darbietend. Diese Baracken, aus verwetterten und modrigen Brettern lüderlich zusammengenagelt und mit verrottetem Blech bedeckt, welches das Aussehen einer sich losschälenden Schorftruste hat, bilden die Außenwerke des Fulton-Marktes, des zweitgrößten, aber in einigen Spezialitäten den Hauptrang einnehmenden Marktes der Stadt. — Der eigentliche Markt füllt das von der Fulton- und Beekmanstreet nach der einen, von der Front- und Southstreet nach der andern Richtung umschlossene Rechteck, dessen kurze Seiten etwas weniger, dessen lange etwas mehr als 100 Schritte messen. Ursprünglich scheint der Markt nur aus einem drei Seiten dieses Vierecks umschließenden schmalen Gebäude bestanden und das innere Geviert einen nach der Uferstraße zu offenen Hofraum gebildet zu haben; aber von dieser architektonischen Anordnung ist kaum noch eine Spur wahrzunehmen. Denn das eigentliche Gebäude ist längst mit dem abenteuerlichsten Gewirr von Flicklappen bedeckt worden. Vorbauten, Buden, Kellerhälse, Wetterdächer, Baracken kleben und lehnen an der Außenseite, und über sie hinaus sieht man von der alten Façade kaum noch ein verwittertes und schäbiges Schindeldach mit einer oder zwei hölzernen, thurmartigen Spitzen, welche Taubenschlägen gleichen. Der Hofraum aber, in welchen man aus dem äußern Randgebäude auf lotbigen Treppen hinabsteigt, bildet ein Labyrinth von Buden, Markttischen und Ständen, deren aus Hunderten einzelner Stücke bestehende Dachbedeckungen im Laufe der Zeit aneinander gewachsen sind, so daß das Ganze ein auf regellose Weise bedeckter, durch blinde Dachfenster erleuchteter Raum ist, in dessen verworrenen Gängen sich ein Neuling nicht ohne Mühe zurechtfinden kann.

Als Bauwerk betrachtet, ist der Fulton-Markt nicht bloß uneinladend, sondern geradezu einer der leider nicht seltenen Schandflecke der amerikanischen Metropole. Doch auch als solcher ist er wenigstens pittoresk, und die tausendfach wechselnden Bilder und Scenen, die das Gewühl in den engen Budengängen des Vormittags darbietet, würden einem Genremaler zahllose Vorwürfe bieten. Noch ausgiebiger als für ihn dürfte der Markt für den Maler von Stillleben sein. Denn hier findet er Erzeugnisse aus allen Naturreichen und Himmelsgegenden im bunten Durcheinander angehäuft. Gleich am Eingange auf dem an den Markt annectirten Trottoir der Uferstraße thürmen sich Haufen der röthlich goldenen Ananas aus Westindien, sicilianischer Apfelsinen, riesiger, die Größe von Menschenköpfen erreichender Pompelmusen (shaddock), Kokosnüsse aus Süd-Amerika, Feigen aus Italien, Datteln aus Aegypten, Limonen und Pomeranzen, Wasser-Melonen und Tamarinden. Und von den Decken der Buden herab hängen die ungeheuren Büschel der in ihrer Form einer Gurke, an Geschmack einer sehr zarten und süßen, doch nicht allzu saftigen Birne gleichenden Bananen, — grüne, goldgelbe und dunkelrothe. Daneben und darunter stehen zu den geeigneten Jahreszeiten Tausende von Körbchen, Kistchen und Näpfchen Erdbeeren, welche die sorgfältige Cultur in Amerika zu einer in Deutschland ungekannten Größe gebracht hat, denn unter der als Triompho do Gand bekannten Sorte sind Exemplare von der Größe eines Hühnereis keine Seltenheit. Dann wieder die durch gleiche Sorgfalt bis zur Größe von Taubeneiern entwickelten Brombeeren; Preißelbeeren, ebenso groß, doch nicht halb so pikant wie die in deutschen Wäldern wachsenden; Kirschen, Melonen, Trauben und Pfirsiche, die im amerikanischen Haushalte dieselbe Rolle einnehmen, wie die blaue Zwetsche im deutschen; köstliche Birnen und vor allen Dingen das amerikanische Nationalobst, Aepfel, in zahllosen Sorten, alle an Güte die ordinären in Deutschland bekannten übertreffend, aber kaum eine an Arom und Zartheit die dortigen besten erreichend. Neben den Fruchtständen werden in Fässern Kartoffeln, Bataten, die scharlachrothen, nierenförmigen Paradiesäpfel, Ingwerwurzel und Gemüse aller Art feilgeboten; — auch Blumen in Töpfen, Blumensträuße von cyclopischer Arbeit und bäuerlichstem Geschmack, wie sie die Landleute mit zu Markte bringen; Pflanzen, Wurzeln, Zwiebeln und Sämereien für Dilettanten der Gartenbaukunst, die den Flächenraum ihrer Blumengärten in einer sehr bescheidenen Zahl von Quadratfußen ausdrücken können.

Das Alles findet man schon in der Vorhalle des dem Magen und Gaumen gebauten Tempels; Solideres bietet das Innere dar. Zwei Flügel des ursprünglichen Gebäudes sind den Metzgern überlassen, die dort in Hemdsärmeln und der als Handwerkszeichen unentbehrlichen blauen oder weißen Ginghamschürze hinter Marmortischen stehen, über welchen an Gerüsten herab kolossale Rindsviertel, halbe Kälber und ganze Schöpse oder Lämmer hängen. Im dritten Flügel befinden sich die Fischhändler. Da liegen ungeheure Haufen der beliebtesten Seefische, die widrig aussehenden, flachen und bis zu sechs Fuß langen Steinbutten, nicht minder große, doch nur von den ärmeren Klassen beachtete Störe, Kabeljaus in jeder Länge, der plumpe Katzfisch, der allen Feinschmedern wohlbekannte Seebars, verachtete Flundern und Schollen, die platten, wie gedrechselt und gemalt aussehenden Makrelen, die viel besser sind als ihr Ruf, magere Aale und fette Hummern, hartschalige Taschenkrebse und dünnschalige Krabben, die sammt der Schale gebraten und gegessen werden. In weniger großer Menge findet man Süßwasserfische, namentlich Hechte, Schleien, die kostbare Karpfenforelle und die noch seltenere gefledte Bachforelle. Dagegen kann man oft des Morgens Dutzende von Riesenschildkröten sehen, die, hülflos auf dem Rücken liegend, ihre eulenartigen Köpfe mit den fast menschlich klugen Augen und scharfen Zähnen zornig gegen ihre menschlichen Peiniger vorstrecken, sobald sich ihnen Jemand unvorsichtig nahet. Da thut man gut, sich in Acht zu nehmen, denn der Biß dieses mißgestalteten Thieres ist furchtbar; er kann den stärksten Finger so glatt abtrennen, wie das Amputirmesser des Anatomen.

In dem wüsten und verworrenen Mittelraume des Marktes befinden sich bunt durch einander die Buden der Geflügelhändler, Verkaufsstände für Wildpret, geräuchertes und gesalzenes Schweinefleisch, Zungen und Eingeweide, gedörrte Fische, Gemüse, Obst, Butter, Käse und Eier. Einen einladenderen Anblick kann sich kein Gourmand wünschen, als die Geflügelbuden um die Zeit des Dankfestes, Weihnachten und Neujahr, darbieten. Zwar an Menge der feilgebotenen Waare steht der Fulton-Markt dem Washington-Markt nach, aber an Güte weit voran. Solche Puter und Gänse, wie man sie hier findet, könnten auf der Tafel eines Fürsten Bewunderung erregen. Die alten deutschen Bauern in Bucks County (Pennsylvanien) verstehen sich meisterhaft auf die Geflügelzucht, und liefern zuweilen Gänse bis zu 25, ja 30 Pfund Schwere auf den New Yorker Markt. Spärlicher an Menge, doch von großer Mannigfaltigkeit ist das im Winter feilgehaltene Wildpret. Bären hängen hier nur selten aus, da die Großhändler sie meist im Ganzen an die Restaurationen verkaufen, vor deren Schaufenstern sie oft wochenlang ausgehängt werden, um den gehörigen haut gout zu erhalten, den schon Horaz zu würdigen wußte. Waschbären, die abgezogen wie mit Talg überzogene Katzen aussehen, finden sich zuweilen; ebenso die gräulich aussehenden, riesigen, Hamstern ähnlichen Opossums; Murmelthiere (woodchucks) in geringer und graue Eichhörnchen in großer Menge. Das sind Delikatessen, bei deren Anblick sich dem Europäer der Magen umwenden möchte. Man fragt sich dabei, mit welcher Stirn denn eigentlich der Amerikaner den Chinesen wegen seiner Rattenliebhaberei verspotten kann. Wer weiß, ob er nicht selbst noch bis zu Ratten herabsteigen wird. Wenigstens muß man ihm das nachsagen, daß er durchaus nicht das starre Vorurtheil des Engländers, oder selbst des Deutschen, gegen ungewohnte Nahrungsmittel hat. Er spottet wohl Anfangs darüber, probirt sie aber bald, und wenn sie ihm schmecken, nimmt er sie ohne Bedenken in das Repertoir seiner Küche auf. Das früher so heftig verspottete Sauerkraut, die Selleriewurzel, geräucherte Aale, die er jahrelang beharrlich für gedörrte Schlangen hielt, weißer Spargel und viele andere Dinge haben Gnade vor seinen Augen gefunden, sogar Froschschenkel, gegen die doch sonst bei Allem, was englisch spricht, ein unüberwindlicher Nationalhaß vorauszusetzen ist. Hirsche, wilde Kaninchen, canadische Hasen, zuweilen Elennthiere, (moose), wilde Puter, Schwäne, die zu den kostbarsten Ledereien zählenden canvass back-Enten, Schnepfen, Krammetsvögeln, Tauben, Wachteln, Prärichühner, Rebhühner und leider auch eine Menge der von rohen Barbaren massacrirten kleinen buntbefiederten Vögel, die, wenn nicht das Ohr, doch das Auge erfreuen und die besten Freunde des Landmannes sind, hängen auf dem Markte zum Verkaufe aus und bilden Gruppen, bei deren Anblick einem Teniers, oder Adrian von Ostade das Herz im Leibe gelacht haben würde.

Doch alles das bildet nicht die Spezialität des Fulton-Marktes. Diese, wegen deren er in der Vorstellung des geborenen New-Yorkers über allen Märkten der Welt steht, sind seine Austernschenken. Wenn der New-Yorker ein Menschenalter in China, Japan, oder Australien zugebracht hat und die meisten seiner Erinnerungen an die Stadt, in welcher er seine Jugend verlebte, erloschen sind, so wird unter den wenigen, die ihm noch immer wehmüthige Empfindungen erwecken und ihn veranlassen, mit falscher Stimme und wahrem Gefühle sein " homo, sweet homo" zu singen, der Austerkeller im Fulton-Markte stehen.

Was den Namen Auster hat, kennt man in Deutschland und Frankreich auch, aber was der Amerikaner darunter versteht, nicht. Die Schwester der verstorbenen Schauspielerin Rachel, die während ihres Aufenthaltes in Amerika die hiesige Riesen-Auster schätzen und lieben gelernt hat, ist jetzt eben damit beschäftigt, sie auf einem Gute an der Küste der Normandie einzubürgern. In der Regel finden Europäer den Geschmack der amerikanischen Auster fade im Vergleich zu dem pikanteren der kleinen Nordsee-Auster. Der Unterschied zwischen beiden ist mit dem zwischen Wildpret und dem Fleische zahmer Hausthiere, oder wilden Waldobstes und einer veredelten Gartenfrucht zu vergleichen. Diejenige Sorte Austern mit kräftigem Salzgeschmacke, welche Europäern so sehr behagt, findet man an der amerikanischen Küste auch, aber als wilde, die nicht in den Handel kommt und wenig geschätzt wird. Der Amerikaner theilt den Geschmack der alten Römer, die ebenfalls fette, gemästete Schalthiere den mageren, wilden vorzogen, verfolgt also in dieser Beziehung wenigstens eine klassische Geschmacksrichtung.

In dem flachen Souterrain unter dem nördlichen Flügel des Fulton-Marktes befindet sich eine Anzahl sehr einfach eingerichteter Zimmer, an deren Wänden lithographirte Bilder von Pferderennen, Porträts berühmter Boxer und schmachtende oder kokette Pariser Marienblumen, Rigoletten, wenn nicht Rigolboches hängen. Eine Anzahl schmaler, mit genauer Noth für vier Personen Raum bietender Tische steht so eng als möglich aneinander gedrängt an drei Wänden herum, während die vierte ein großer Anrichtetisch einnimmt, auf welchem gewaltige Vorräthe von gehobeltem Weißkohl, Lattich, Brodschnitten,

Schiffszwiebad, Thürme von Tellern und Haufen von Messern, Löffeln und Gabeln liegen oder stehen. Nach dem Innern des Marktes zu befindet sich vor dem Zimmer ein kolossales Kohlenbecken, eine Feuerfläche von zwei bis drei Fuß im Durchmesser enthaltend und eine Glühhitze wie ein Hochofen ausströmend. Ein Rost, groß genug, daß ein Fidschie-Insulaner sein beliebtes Gericht unzerlegt darauf braten könnte, liegt unmittelbar über dieser Gluth. Neben dem Ofen liegen, wie Klafterholz, Berge von Austern aller Sorten aufgespeichert, — denn die amerikanische Auster rühmt sich ihrer Heimath mit demselben Stolze, wie der Rebensaft vom Rhein. Die Sattelfelser (Saddle Rock) ist unter den Austern, was der Hochheimer unter den Rheinweinen. Theils neben, theils über ihr stehen die aristokratischen Cast-River, Princeß Bay-, Shrewsbury-Austern; unter ihr eine Unzahl kleineren Gelichters, und auch an dem, was dem ordinären Landwein entspricht, fehlt es nicht in den namenlosen Muschelthieren, die schesselweise oder (geöffnet) maßweise verkauft werden. Der Cyclop, welcher vor jenem feurigen Ofen steht, langt, sobald ihm aus der Stube von dem wachthabenden Aufwärter in kreischend-knarrender Stimme eine Bestellung zugerufen wird, aus dem Haufen, welcher die bezeichnete Sorte enthält, ein halbes Dutzend Austern hervor und wirft sie auf das Rost, wo sie binnen weniger Minuten in ihrer Schale sieden. Dann erfaßt er sie mit einer langen Feuerzange, legt sie in seine mit einem dicken, nassen Polster bewickelte linke Hand, öffnet sie und wirft die gesottene Auster in ein Blechgefäß. Daß sie in diesem Originalgefäß servirt werde, ist die Hauptsache. Die zum Braten bestimmten Austern liegen, bereits geöffnet und mit Krumen panirt, in fußhohen Haufen auf großen Schüsseln, werden von da in eine mit brodelndem Schmalze zolltief gefüllte Riesenpfanne geworfen und sind in kürzester Frist so schön braun, wie die appetitlichste Krapfel, die je eine brave deutsche Hausfrau gebacken hat.

Von zehn bis zwei Uhr Nachmittags stehen die Austerschenken in ihrer Glorie. Marktleute, Schiffscapitaine, Verstauer, Zollcommis, Negotianten, Produktenhändler, Comptoiristen, Schreiber, sporting-men, d. h. Leute, die nicht sowohl, wie der Industrieritter, von ihrem Witz, als von ihren Muskeln leben, bilden das ständige Publikum, was man in Berliner Weißbierlokalen die Stammphilister nennt —; aber daneben wogt noch ein fluctuirendes, zu welchem alle Klassen der Gesellschaft beisteuern. Denn auch die „goldene Jugend" beiderlei Geschlechtes verschmäht es nicht, gelegentlich das „Abenteuer" einer Wanderung nach den „scheußlichen Höhlen" des Fulton-Marktes zu bestehen, um nachher, wie von einer vollbrachten Heldenthat, darüber zu sprechen. Aeltere reiche Kaufleute, deren Einbildungskraft noch nicht durch französische Romane überspannt ist und die daher in dem nicht eben saubern Gewirr des Hafens und Marktes weder Romantik, noch Gefahren sehen, gehen ganz unbefangen an den ihnen noch von ihrer Jugendzeit her heimischen Ort und nehmen die dort waltende urthümliche Etikette, die im grellen Contrast zu der im Maison doréo oder bei Delmonico herrschenden steht, mit demselben Gleichmuthe hin, mit dem sie sich in einer schmutzigen Schweizer-Sennhütte in dem dortigen Brauch schicken würden. Stundenlang sind alle Stühle in dem engen Raume besetzt, und es stehen hinter den meisten noch Reserven von Solchen, die mit mehr oder weniger Geduld auf das Leerwerden eines Stuhles warten. Ein junger Mann in Schnurrbart und Hemdsärmeln, der Typus des „gesunden New-Yorker Jungen" (B'hoy), bewegt sich auf dem mit Sägespähnen bestreuten Boden mit merkwürdiger Geschwindigkeit hin und her, die Bestellungen der Gäste entgegennehmend. Er bückt sich zu Dir und fragt in energischem Tone, der wie eine schwere Drohung für etwaige Zögerung klingt: "Sir?" oder "You want?" Du sagst ihm in aller Bescheidenheit "Saddle Rock stow" oder was Du sonst begehrst. Im selben Augenblicke fährt der junge Mann, wie von einer Feder geschnellt, in die Höhe und gellt in einem markdurchschneidenden, kreischenden Tone, mit einem Accente, den nur eine langjährige Uebung geben kann: "Ono Saddlerock Stjiuuu!" Die Wirkung des Schalls, den er hervorbringt, auf die desselben ungewohnten Nerven ist mit nichts, als dem des Quietschens einer feuchten Fingerspitze auf einer Glasscheibe oder dem Feilen einer Säge vergleichbar. Doch kaum ist ihm das Wort entfahren, so stürzt er sich auf den Anrichtetisch, ergreift mit der L.nken zwei Teller und ein Besteck, fährt mit den rechten Arme in eine große Trube, holt daraus eine Handvoll thalergroßer „Craders" hervor und wirft sie auf den einen Teller, errafft mit den (zuweilen saubern) Fingern einen Haufen Salatblätter oder geschnittenen Kohles (cold slaw genannt, eine Corrumpirung des deutschen Wortes Kohlsalat), packt ihn auf den zweiten Teller und wirft mehr, als er sie stellt, beide vor Dich hin. Unter dem Arme hat er einen dicken, feuchten Lappen, mit welchem er in dem Augenblicke, wo ein Gast sich erhebt, den Theil des Tisches, an welchem derselbe gegessen hat, „rasch mit zwei geschickten Griffen" abfegt. Zu warten brauchst Du nicht lange. Der ewig siedende, schmorende und bratende Cyclop, welchem jener gellende Zuruf galt, erledigt ein halbes Dutzend Bestellungen in ebenso vielen Minuten. Verzichte auf die Hoffnung, eine Zeitung vor Dich zu legen, während Du Dein Mahl einnimmst, um mit dem Behagen des leiblichen Genusses zugleich einen mehr oder weniger geistigen zu verbinden: — zu solchen Dingen ist hier weder Zeit noch Raum; denn schon ruhet auf Dir erwartungsvoll das Auge Deines Hintermannes. Versuche auch nicht, eine Unterhaltung mit Deinem Tischnachbar anzuknüpfen; — Du wirst kaum mehr als ein unwilliges Brummen von ihm erhalten. Denn hier ist keine Heimath; Einer treibt sich an dem Andern rasch und kalt vorüber, denn Jedermann hat sein Geschäft. Und dieses Geschäft ist der Auster-Cultus. In ernstem Schweigen, nur unterbrochen durch das Klappern der Opfergeräthe und die Stimme der Ministranten, wird er vollzogen.

Aber die Austern (Allah, lasse ihren Schatten nicht kürzer werden!) sind gut, das ist wahr, und die Urthümlichkeit, in welcher sie servirt und genossen werden, gehört so wesentlich mit zum Genuß, wie in München die engen, unbehaglichen Räume, die rohen Bänke und Tische und das wilde Durcheinander des Hofbräuhauses zum Genuß einer Maß, oder wie am Rhein das räucherige Schenkzimmer irgend einer alten, soliden Winkelknelpe, zu dem eines „guten Schoppens." New-York hat — dem Himmel sei's geklagt — kein menschenwürdiges Getränk aufzuweisen, das es als seinen besondern Stolz betrachten dürfte; an Stelle eines solchen muß als Wahrzeichen dessen, was die Stadt Eigenthümliches für den leiblichen Genuß bietet, die Auster gelten. Denn die ist, selbst wenn ihr ein europäischer Feinschmecker das auf die Qualität bezügliche Prädikat " great" versagen wollte, jedenfalls " large", wie keine andere. Noch gebraten erreicht die " Saddle Rock" des Fulton-Marktes den Umfang einer Lamm-Cotelette, und selbst ein medlenburgischer Junker, der auf dem Wollmarkte die Zahl der bewältigten „Natives" oder „Colchesters" nach Schocken zählt, würde hier, wenn nicht im ersten, doch gewiß im zweiten Dutzend stecken bleiben.

Außer den geschilderten Lokalen giebt es im Fulton-Markte noch andere, den leiblichen Bedürfnissen Rechnung tragende. Es sind das Kaffeebuden, deren sich in dem Anbau über den Trottoirs auf der Nord- und Ostseite des Marktes eine Menge neben einander befinden. Dort nimmt coram publico der Landmann, der seine Rechnung mit den Händlern abgemacht hat, die Obstfrau oder Gemüsehändlerin, der Packträger, Markthelfer, Kärrner oder Hafenarbeiter „etwas Warmes" zu sich. Ungeheure blecherne Bottiche, unter denen eine ewige Lampe glüht, enthalten die stets heiße, schwarzbraune Flüssigkeit, die wie Detokt von Lederabfällen schmeckt und hier Kaffee genannt wird. Obschon die Bereitung der Flüssigkeit vor Jedermanns Augen geschieht, hat doch noch Niemand die dazu verwendeten Ingredienzien zu prüfen Gelegenheit gehabt; die Mischung muß als ein Fabrikationsgeheimniß betrachtet werden. Neben dem großen Behälter stehen Schüsseln mit Krapfeln, die gar nicht schlecht sind, mit Obst- und Crème-Kuchen, die sich wenigstens einer sehr kräftigen Farbe erfreuen, und mit harten Eiern, an denen nichts verdorben werden kann. In der Bude stehen eben solche Tische, wie in den Auster-Lokalen; doch ist hier der Zudrang bei weitem nicht so stark. Die Buden sind zum Besten der Marktleute den größten Theil der Nacht offen, und da sehen sie bei der hellen, Alles verschönernden Gasbeleuchtung freundlich genug aus, um zuweilen einen zu später Stunde aus New-York heimkehrenden Brooklyner Vorstädter zum Eintritte zu veranlassen. Aengstlichen Leuten, die gezwungen sind, in dunkler Nacht die unheimliche Uferstraße zu passiren, dienen die Lichter jener Kaffeebuden als Sicherheit verheißender Leuchtthurm. Nicht so die Branntweinschenken an der Südseite des Marktes. Da findet sich oft ein sehr verdächtiges Publikum zusammen und kommt manche blutige Rauferei vor.

Einen wesentlichen Theil des Fulton-Marktes bildet der durch die Breite der Uferstraße von ihm getrennte Haupt-Fischmarkt. Geht man unmittelbar an dem Fährthore die dort in den Strom reichende Wherfte hinab, so befindet man sich zu gewissen Tageszeiten in einem Gedränge von Hölzerwagen, welche dort von den Fischerfahrzeugen ihre Waare einkaufen. In diesen Fahrzeugen liegen die frischen Häringe, Makrelen, Flundern und was sonst für Fische in großen Massen mit Netzen gefangen werden, zu Hunderten von Centnern. Sie werden mit großen Schaufeln in Fässer geschüttet, wobei der „Capitän," der dabei sitzt, gelegentlich wohl einige Hände voll fauler, durch die Schaufel zerschnittener Fische den gierig auf solchen Glücksfund harrenden irischen Bettelweibern in die Schürzen wirft. Zwischen dieser und der nächsten Wberste ist ein Raum, kaum weniger groß als der Fulton-Markt selbst, mit Fischkästen bedeckt, zu welchen von den am Uferrande liebenden und hängenden Verkaufsbuden Stiegen oder Leitern hinabführen. Die Hinterseite der Buden bildet ein unbeschreibliches Gewirr von Pfosten, Ballen, Latten, Brettern, die wie durch einen Wirbelwind zu den unmöglichsten Verbindungen zusammengeweht zu sein scheinen. Selbst ein präraphaelitischer Maler müßte daran verzweifeln, dieses vermodernde, zusammenfallende Holzwerk in seiner ganzen Verworrenheit und Baufälligkeit wiederzugeben. Ob die Buden jemals neu gewesen sind, ist sehr fraglich. Die meisten sind wohl, wie die Hütten der irischen Squatter im obern Stadttheile von New-York, aus altem Baumaterial, alten Thüren und Fenstern, davon kein Stück zum andern paßt, zusammengeflickt worden. Allein in diesen elenden Baracken werden Geschäfte zu enormen Beträgen abgemacht, und von den hier hausenden Händlern haben manche die elegantesten Privatwohnungen, Kutsche und Pferde, wohl gar besondere Villen für den Sommer. — Wenn man weiß, daß der bei weitem größte Theil aller Fische, die in New-York verzehrt werden, vom Fulton-Markt kommt, so wird man von einem gelinden Schauer erfüllt bei der Betrachtung, daß die Cloaken des benachbarten Stadtviertels ihren Inhalt just in den Winkel an der Fähre entleeren, wo sich die Fischkästen befinden. Es ist in dem Sanitätsrathe zur Sprache gekommen, daß zahllose Fische dort in Folge der Verpestung des Wassers durch die Cloaken absterben, oder, wenn sie eben am Absterben sind, wohlfeil an die Höker verkauft werden, die sie in den von der ärmeren Klasse bewohnten Stadttheilen feil bieten. Bei den Hummern hilft man sich dadurch, daß man die abgestandenen siedet. Der Trägheitstrieb der amerikanischen Hausfrauen und Köchinnen macht sie zu allezeit bereiten Käuferinnen solcher schon vor ihrem legitimen Feuertode verstorbenen Krebse.

Hart an den Fischbuden befindet sich ein Verkaufsstand für lebende Vierfüßler und Vögel. In zahllosen Käsigen hocken da "fancy"-Kaninchen, "fancy"-Tauben, ditto Hühner, Meerschweinchen und ähnliches kleines Gesindel. Unter den Kaninchen sind manche von ungeheurer Größe, wie sie in Deutschland gänzlich unbekannt sind. Das Hauptgeschäft wird hier indessen in Kampfhähnen gemacht, die in einer Menge geheimer Hauptquartiere des Rowdythums von New-York zu den für diese Gesellschaftsklasse noch immer nicht außer Brauch gekommenen Hahnenkämpfen verwendet werden. So werden auch, obschon sie nicht auf dem Fulton-Markte, sondern einige hundert Schritte davon in einem nominell der Ungeziefer-Vertilgung gewidmeten Geschäfte zu haben sind, lebendige Ratten in unglaublicher Menge, zu Hunderten und Tausenden, für die über die Vorzüge von Rattenhunden eingegangenen Wetten gebraucht. Es wetten die Besitzer zweier solcher Hunde darüber, welcher von beiden in einer gegebenen Zeit die meisten Ratten erwürgen könne. Sie gehen zu dem Rattenhändler, der in einem Bodenraume, hoch über der Hörlinie der Polizei, eine Art von Arena hat. In diese werden aus einem damit in Verbindung stehenden Käficht Ratten gelassen, so rasch als der Hund sie tödten oder wenigstens zerbeißen kann, und nachher wird Rechnung gemacht. Der Verlierende bezahlt die von beiden Hunden getödteten Ratten dem Händler. — Das gehört zu denjenigen dunkeln Stellen im Leben der Stadt New-York, von welchen die meisten Deutschen, die noch nicht einmal Verständniß, geschweige denn Geschmack für solche Brutalitäten haben, nie etwas erfahren.

Zuweilen, wenn den Fischern in der Nähe von New-York einmal ein Haifisch ins Netz oder ein Wallfisch in den Wurf gerathen ist, wird der Erstere, und von dem Letztern wenigstens der Schwanz, in einem für diesen Zweck auf dem Fischbock des Fulton-Marktes errichteten Zelte ausgestellt. Daß im Hafen von New-York, ja wenige hundert Schritte vom Ufer im East-River, sich nicht allzu selten Haifische zeigen, und zwar Exemplare von sehr respectabler Größe, ist vielleicht auch manchem Bewohner der Stadt noch neu.

Von den Deutschen wird der Fulton-Markt weit weniger besucht, als irgend ein anderer; er ist mehr als irgend ein anderer ein Markt für amerikanische Familien. Das hindert nicht, daß er zu Zeiten ein recht gemüthlich deutsches Aussehen hat. Zu Weihnachten ist er auf der Süd- und Ostseite mit einem dichten Walde von Tannenbäumen umgeben, die dort in Menge gekauft und nach Brooklyn hinübergeholt werden. Denn kaum irgend eine andere deutsche Sitte ist — wenigstens in den Städten — in so großer Ausdehnung von den Amerikanern angenommen werden, wie die der deutschen Weihnachtsfeier. Dafür hat sich Sinn und Verständniß leicht gefunden. Und doch ist es den Deutschen nicht eingefallen, besonders dafür zu agitiren. Liegt darin nicht eine Lehre in Bezug auf die Art und Weise, wie Gebräuche, Sitten und Anschauungen einer Nationalität am einfachsten und sichersten einer andern mitgetheilt werden können? Doch das führt auf ein anderes Kapitel, das mit dem Vorstehenden nichts zu thun hat.

Das Leben in Pompeji.
Von Victor Ernst.*)

Während uns das Leben im alten Rom ein aufgeschlagenes Buch ist, wissen wir nur sehr wenig von dem in den römischen Provinzen. Der Grund ist darin zu suchen, daß diese von den eigentlichen Römern so wenig und so

---
*) Auszug aus der Abhandlung: Pompéi. La vie de province dans l'empire romain. Par Gaston Boissier.

flüchtig wie nur irgend möglich besucht und mit souverainer Geringschätzung betrachtet wurden. Der ächte Römer, vom Höchsten zum Niedrigsten, war sich vollkommen klar darüber, daß man nur in Rom anständiger Weise existiren könne, daß außerhalb der ewigen Stadt das Leben unerträglich sei. Cicero nahm verschiedene Male Gelegenheit, die Mängel Roms, seine engen Straßen und unausstehlich hohen Häuser, seinen Schmutz und Staub zu tadeln. Als er aber einmal längere Zeit fortgewesen war, rief er bei der Heimkehr entzückt aus: „O, wie schön sie ist!" und als Gouverneur von Cilicien schrieb er an seinen Freund Cälius: „Wohne nirgends anders als in der Stadt, mein Rufus, und lebe in ihrem Lichte." Cicero mochte sich nach dem Forum, in dem er glänzte, zurücksehnen; aber selbst der Arme, für den in Rom die Existenz so theuer und unvortheilhaft wie möglich war, mochte nicht fortgehen. Man würde sich deshalb von den Provinzen gar keine oder doch nur eine sehr falsche Vorstellung machen können, wenn nicht glücklicherweise eine Provinzialstadt gerade so, wie sie vor zweitausend Jahren gewesen, frisch aus dem Grabe zu uns emporgestiegen wäre und uns auf unsere neugierigen Fragen beredte Antwort gegeben hätte. Pompeji liegt, wenn auch nur als Grabesstadt, vor uns, und liefert tausendfältigen Aufschluß über die Sitten, die Freuden und Leiden Derer, welche einst in ihm lebten.

Bei der unbeschränkten Herrschaft, welche Rom über die damalige Welt ausübte und kraft deren selbst die fernsten ihm unterworfenen Länder sich nach ihm richteten, können wir uns überzeugt halten, daß auch Pompeji so viel wie möglich der Metropole zu ähneln suchte; wir haben es uns also als ein Rom in verjüngtem Maßstabe vorzustellen, und diese Auffassung finden wir bei einem Besuche der Stadt in jeder Hinsicht bestätigt, denn überall treten uns Nachahmungen der römischen Gebräuche entgegen. Selbst wenn wir nur die nackten Mauern, Ruinen, Monumente, Häuser, ohne jede weitere Erklärung vor uns hätten, würde uns ein Vergleich mit Rom den nöthigen Aufschluß liefern. Aber auch diese geringe Mühe bleibt uns erspart, denn fast alle Monumente tragen Inschriften und sagen uns Alles, was wir zu wissen wünschen. Die Inschriften waren damals das einzige Mittel, etwas zu verewigen oder zur öffentlichen Kunde zu bringen, und es wurde deshalb auch der umfassendste Gebrauch von ihnen gemacht. Man findet in Pompeji drei verschiedene Arten solcher Inschriften. Zuerst treten uns die in Marmor oder Stein gegrabenen entgegen, hier an der Façade der Tempel, um ihre Erbauer zu nennen, dort an dem Piedestal der Statuen, mit den Namen Derer, die sie vorstellten, oder der Bezeichnung des Zweckes, dem sie dienen sollten. Diese Inschriften waren bestimmt, so lange zu dauern wie die Monumente, welche sie trugen, und der Zufall, der sie uns erhalten, beging also keine Indiskretion. Dann giebt es mit dem Pinsel, schwarz oder weiß, gemalte Schriften an den Mauern der Häuser oder den Porticos. Diese, für uns viel interessanter und lehrreicher als die erstgenannten, erfüllten die Funktionen der jetzigen Anschlagezettel. Vermittelst ihrer wurden bei bevorstehenden Wahlen die Candidaten der Unterstützung ihrer Mitbürger empfohlen, der Unternehmer eines öffentlichen Schauspiels machte Tag und Stunde bekannt, der Hauseigenthümer meldete, daß er ein Zimmer zu vermiethen habe, und der Wirth des Gasthauses zum „Hahn" oder zum „Elephanten" sicherte einem hochgeehrten Publikum sorgfältigste Bedienung, gutes Essen und alle möglichen Bequemlichkeiten zu. Einer hat etwas verloren und bietet dem ehrlichen Finder eine anständige Vergütung. Einem Andern ist etwas gestohlen worden. „Eine Wein-Urne ist aus meinem Laden verschwunden. Wer sie mir wiederbringt, erhält 65 Sesterzen, und bringt er mir den Dieb, bekommt er das Doppelte." Die Inschriften dritter Art sind die, welche einfach mit einem Stift oder Messer geritzt waren, um Liebenden ein Stelldichein zu verschaffen, einem sonstigen zarten Herzensbedürfniß zu genügen oder einer Malice zu fröhnen. Man begegnet hierbei zuweilen einer sehr barbarischen Orthographie. Diese grafûti, wie man sie in Italien nennt, waren allerdings nicht für uns bestimmt; ihr Studium bietet aber das lebhafteste Interesse, da sie beredter als alles Andere über die Sitten Derer sprechen, welche einst hier lebten. Mit diesen Hülfsmitteln zur Hand, lernen wir, unter Beihülfe der uns sonst noch zur Verfügung stehenden Materialien, Pompeji und seine Bewohner ziemlich genau kennen.

Man wird sofort durch das freundliche Aeußere überrascht, welches die Stadt sich trotz ihrer langen Grabesnacht bewahrt hat. Es scheint hier nicht viele Arme gegeben, und außer den Sklaven, die nicht mitzählten, scheinen wenige Leute für ihren Unterhalt gearbeitet zu haben. Man hatte vollauf Muße und wußte sie zu benutzen. Hierfür bürgt die außerordentliche Menge der Gebäude, welche den Vergnügungen gewidmet waren; alle Pompejaner scheinen nur darauf bedacht gewesen zu sein, sich möglichst gut zu amüsiren. Alles zeugt hier für ein frohes, heiteres Leben, und die In- oder Aufschriften stimmen in dieser Beziehung vollkommen mit den Gebäuden überein, denn zum überwiegenden Theil reden sie vom Vergnügen, von der Liebe oder vom Schauspiel. Besonders Letzteres scheint die Passion der Pompejaner gewesen zu sein. Die Römer liebten ja stets ihre Circenses, die Pompejaner aber scheinen solche noch mehr geliebt zu haben. Es herrschte hier eine wahre Vergnügungswuth. Man hatte Stierkämpfe, große Bären- und Wildschwein-Jagden, Pferderennen, Athletenkämpfe und zuweilen auch Pantomimen. Wir wissen, daß Pylades, der größte Schauspieler jener Zeit, in Pompeji Vorstellungen gab. Aber am beliebtesten waren die Gladiatoren; es ist die Kunde von fünf verschiedenen Gesellschaften solcher Leute, die in Pompeji ihre Vorstellungen gaben, bis auf uns gekommen, und wahrscheinlich kennen wir sie noch nicht alle. Solche Kämpfe wurden durch Inschriften angekündigt, welche man noch in sehr großer Anzahl an den Mauern findet. Dieselben enthalten ein vollständiges Programm der gebotenen Attraktionen, vergessen nicht hervorzuheben, daß für Solche, welche die Sonne fürchten, Zelte vorhanden sind, und bestimmen entweder, daß im Falle schlechten Wetters die Vorstellung aufgeschoben wird, oder daß unter keinen Umständen ein Aufschub stattfindet.

Leute, denen etwas an der Gunst des Publikums gelegen war, bedienten sich dieser Vorliebe der Pompejaner um ihren Zweck zu erreichen. Wer ihnen Gladiatorenkämpfe bot, konnte sich auf sie verlassen. Der Duumvir Clodius Flaccus ließ volle fünfunddreißig Paare in einer einzigen Vorstellung kämpfen. In der Geschichte wird Pompeji's selten gedacht; Tacitus erwähnt es nur einmal, und gerade mit Bezug auf ein solches Schauspiel. Er erzählt nämlich, daß bei einem dieser Kämpfe, welche natürlich nicht sehr zur Sanftmuth stimmten, die Einwohner von Nuceria und die von Pompeji, wo das Fest stattfand, in Streit geriethen, daß sie sich erst zankten, dann balgten, und daß sehr viele Nucerianer dabei um's Leben kamen. Der Senat bestrafte die Schuldigen und befahl, daß für die Dauer von zehn Jahren alle Gladiatorenkämpfe in Pompeji verboten sein sollten. Härter hätte die Stadt nicht getroffen werden können.

Pompeji war also ein Vergnügungsort, und es unterliegt keinem Zweifel, daß die Bewohner der Umgegend von nah und fern dorthin pilgerten, um sich zu amüsiren. Einem solchen Besuche hat man wohl die Inschrift zu verdanken: „Dies ist ein glücklicher Ort! — Hic locus felix est." Man nannte Pompeji häufig die Colonie der Venus; aber die Schutzgöttin der Stadt war nur die sinnliche Liebesgöttin, und die größte Anzahl der erhaltenen Inschriften ist der Liebe gewidmet. Hier erhebt ein Verliebter seine Angebetete bis in den Olymp, dort weiht Einer die Ungetreue der Rache der Götter. — „Meine geliebte Sava, sei mir hold, ich bitte Dich darum!" — „Meta liebt ihren Chrestus von ganzer Seele. Möge die Pompejanische Venus ihnen günstig sein und möge ihre Eintracht ewig dauern." — „Asellia, mögest du verdorren!" — „Virgula ihrem Freunde Tertius: Du bist zu häßlich!" Dies sind einige der unzähligen Inschriften, welche uns nach dem Verlauf von mehr als anderthalb Tausend Jahren von Liebe und Haß Kunde geben.

Bei aller Vergnügungssucht versäumten aber die Pompejaner auch die Politik nicht. Jährlich fand bei ihnen eine Beamtenwahl statt, und die Inschriften bürgen dafür, daß man sich der dadurch bedingten Agitation mit außerordentlichem Eifer hingab, wofür wiederum die Inschriften Zeugniß ablegen. An dieser Stelle sei bemerkt, daß unter dem Kaiserthum der Despotismus nur in Rom selbst herrschte. Den Provinzen ließen die Kaiser ihre volle municipale Freiheit, und so erfreuten sich die Beherrschten des Besitzes aller der Güter, welche den Herrschern vorenthalten wurden. Es scheint kaum glaublich, ist aber klar erwiesen, daß die kaiserliche Regierung in Pompeji nicht einmal einen Agenten hatte, sondern die Stadt, oder „die Republik der Pompejaner", wie man sich gern ausdrückte, vollkommen sich selbst überließ. Es gab der Beamten nicht viele, denn die Administration war der einfachsten Art. Wegen ihrer Einkünfte wurden die Ehrenstellen nicht gesucht, denn die Beamten bezogen kein Gehalt, wohl aber mußten sie die Ehre sehr theuer bezahlen. Der Unterschied zwischen damals und jetzt wird am treffendsten durch das Wort Honorar bezeichnet. Jetzt bedeutet es bekanntlich die Summe, welche Jemand für seine Dienstleistungen empfängt; damals aber verstand man unter honoraria summa das, was man selbst der Stadt zahlte, um der Ehre, dem Volke zu dienen, theilhaftig zu werden. Und diese Summe war noch das Geringste, was dem Candidaten seine Wahl kostete; die Mitbürger, um deren Stimmen er sich bewarb, verlangten noch ganz andere Opfer von ihm. Selbst bei den kleinsten Aemtern mußte der Candidat seine Wähler mit Wein und Kuchen traktiren; vom Morgen bis zum Abend hatten die Armen das Recht, sich auf Kosten ihres Aedils oder Duumvirs zu regaliren. Freund — sagt eine Inschrift — fordere Kuchen und Wein; man wird es Dir bis zur sechsten Stunde verabreichen. Gehst Du leer aus, so hast Du es nur Dir selbst zuzuschreiben. Die Decurionen, d. h. die hundert Mitglieder des Senats, wurden vom Candidaten zu einem feierlichen Gastmahl eingeladen, wobei die übrigen Bürger zusehen durften; zuweilen aber erstreckte sich diese Liberalität auch auf das ganze Volk, und außerdem wurden noch, je nach dem Range, welchen die Einzelnen in der Stadt bekleideten, Geldgeschenke ausgetheilt. Das Wenigste, was auf den einfachsten Bürger kam, waren acht Sesterzen. Am meisten aber war es dem Volke um die von den Candidaten zum Besten gegebenen Spiele zu thun. Es verlangte von ihnen Pferderennen, Athleten- oder Gladiatorenkämpfe, und oft sogar alles dies zusammen. Aus einer Inschrift des Duumvirs Clodius Flaccus muß man schließen, daß es damals als die Pflicht eines Reichen betrachtet wurde, sich für das Vergnügen seiner Mitbürger zu ruiniren. Jedes Ereigniß in seinem Familienleben oder seiner politischen Carriere führte für ihn neue Ausgaben mit sich. Wurde er zu einem Amte erwählt, trat einer seiner Knaben in's Mannesalter, machte er eine Erbschaft — stets mußte er öffentliche Spiele, Gastmähler oder Geld zum Besten geben. Nebenbei fanden sich Viele veranlaßt, auch dafür zu sorgen, daß nach ihrem Tode ihr Name in gutem Andenken bleibe. So vermachte ein Duumvir der kleinen Stadt Pisano seinen Mitbürgern eine Million Sesterzen (200,000 Francs) unter der Bedingung, daß für die Zinsen von 400,000 Sesterzen jährlich am Geburtstag seines Sohnes ein öffentliches Gastmahl gegeben und für das Einkommen von 600,000 Sesterzen alle fünf Jahre ein Gladiatorenkampf veranstaltet werde.

Und selbst mit diesen erschrecklichen Ausgaben, welche den reichsten Privatmann heutzutage ruiniren würden, war es noch nicht genug. Das Volk verlangte neben den Festen und Schmausereien auch noch dauernde und substantiellere Wohlthaten. Der glückliche Beamte mußte öffentliche Werke auf seine Kosten ausführen, Straßen bauen und pflastern, Wasserleitungen anlegen, Monumente errichten lassen. Die schönsten Gebäude, welche man in Pompeji entdeckt hat, die Tempel der Fortuna und der Isis, die Porticos und das Theater waren die Werke einfacher Privatleute. Eine Inschrift besagt, daß ein Stadtbeamter neben den öffentlichen Gastmählern, den Geldvertheilungen und Schauspielen aller Art, eine lange Straße pflastern, fünf Tempel restauriren oder bauen, eine öffentliche Waage auf dem Markt konstruiren und auf dem Forum eine marmorne Tribüne errichten ließ.

So sind die schönsten Werke, deren Ueberreste man jetzt bewundert, entstanden ohne daß sie dem Staat oder der Commune das Geringste kosteten, und man kann sich denken, daß die Kaiser diese Freigebigkeit in jeder Weise entouragirten. Kaum glaublich ist es, daß trotz der kolossalsten Liberalität es nicht immer gelang, den Anforderungen des Volkes Genüge zu leisten. Nie gab es in Pompeji einen freigebigern Beamten als den Duumvir Holconius Rufus. Wenn man aber von den glänzenden Spielen kam, welche er dem Volke in dem auf seine Kosten erbauten Theater hatte geben lassen, beschuldigte man ihn, wie aus einer Inschrift hervorgeht, des schäbigen Geizes.

Immerhin bildeten diese Mißvergnügten nur die Ausnahme. Im Allgemeinen nahmen die Städte die Wohlthaten ihrer Beamten mit großem Dank entgegen, und viele Inschriften geben demselben beredten Ausdruck. Für die Gastereien und Schauspiele, welche man gratis empfing, revanchirte man sich durch Ehrenbezeugungen und Complimente. So lange der Wohlthäter lebte, überschüttete man ihn mit Lobeserhebungen; starb er, so gab man ihm eine glänzende Leichenfeier, verbrannte ihm zu Ehren ganze Stöße von Weihrauch und errichtete ihm ein Grabmal, eine Statue oder gar einen Tempel. Und hierin liegt denn auch der Grund für den Eifer, mit dem man sich zu so kostspieligen Ehren drängte. Der Horizont des Individuums war dazumal unendlich viel beschränkter als heut zu Tage, und es bestand ein viel innigeres Band zwischen dem Einzelnen und der Vaterstadt. In dieser unsterblich zu sein, war für Tausende das höchste Ziel des Ehrgeizes, und können wir füglich eine Wiederbelebung des Wahlsystems der römischen Provinzen nicht wünschen, so läßt sich daneben doch nicht leugnen, daß dasselbe in mancher Beziehung Früchte trug, welche sich gar nicht verachten ließen. Die Corruption mochte noch größer sein als jetzt; aber heute würden wir uns vergebens neben den Schattenseiten nach den hellen Lichtstrahlen umsehen, deren Reflex selbst nach dem Verlauf von Jahrtausenden nicht ganz erloschen ist. Eine sehr hübsche Abwechselung würde ein Mayor bieten, welcher, statt vor der Wahl sein Geld in Schnapskneipen zu werfen, nach derselben aus Dankbarkeit ein Opernhaus bauen, einen Park anlegen oder ein Hospital errichten ließe. Das wäre doch wenigstens eine Bestechung mit Anstand.

Der Nicaragua-Transit.
Touristisch-ethnographische Skizzen von Theodor Kirchhoff.

III.

Von dem Dampfer, der uns von Grey Town nach New-York bringen sollte, war immer noch nichts zu hören. Aufs Gerathewohl und über das Schicksal des New-Yorker-Dampfers gänzlich im Dunkeln, fuhren wir den San

Juan Fluß hinunter, mit der unwillkommenen Aussicht, in dem ungesunden Grey Town wenigstens auf eine Woche Quartier beziehen und dort die Ankunft des ersehnten See-Steamers abwarten zu müssen. Da es schon öfters vorgekommen, daß die Passagiere auf dieser Linie wochenlang auf eigene Unkosten auf dem Isthmus verweilen mußten, ehe die Dampfer von San Francisco oder New-York anlangten, welche sie weiter befördern sollten, so versetzte das Ausbleiben der Nachrichten vom New-Yorker Steamer uns Alle in eine keineswegs heitere Stimmung, welche sich bei minder resignirten Geistern in ungezählten Verwünschungen auf die Transit-Company Luft machte. Sobald wir jedoch den San Juan hinabfuhren und sich rechts und links vor unsern Blicken die herrlichste Tropen-Vegetation entfaltete, verschwanden Mißmuth und Feindseligkeit. Jeder suchte die Gegenwart zu genießen, und überließ es der Zukunft, für unser Schicksal zu sorgen.

Die Ufer, welche zuerst sumpfig waren, wurden fester je weiter wir kamen. Binsen und Schilfrohr machten den schön geformten Bäumen der Tropennatur Platz, während das saftig-dunkelgrüne Laubwerk unzähliger, unserer nordischen Pflanzenwelt verwandter Baumarten den Rahmen des Gemäldes bildeten. Cocos- und Bananenbäume mit ihren in dichten Büscheln von den Kronen hängenden Riesenblättern, unter denen ihre Früchte einladend hingen, drängten sich abwechselnd in langen Reihen an die nahen Ufer; wie Mauern standen die durch unzählige Schlingpflanzen — Lianen — mit einander verwobenen Bäume und Sträucher in langen Jagaden auf beiden Ufern da; überall reichte die Vegetation in üppigster Fülle bis hart an's Wasser und sogar bis in dasselbe hinein, als ob die Mutter Natur kein Fleckchen Erde unbenutzt lassen wolle, um den Ausfluß des schönsten der Seen Amerikas mit dem Schmucke tropischer Riesenguirlanden zu kränzen.

Je weiter wir kamen, um so großartiger zeigte sich uns die Tropennatur, so daß das Auge zuletzt fast ermüdete, die Pracht derselben zu fassen. Auch die Thierwelt, die Besitzerin dieser herrlichen Wildnisse, fing an, sich hier und da zu regen, schien jedoch das in ihr Heiligthum eindringende, Feuer schnaubende, schwimmende Ungeheuer des Menschen mit keineswegs freundlichen Augen zu betrachten. Große, langgeschwänzte Papageien, mit feuerrothem Gefieder, flogen schreiend über den dunkeln Wald oder saßen, unwillig ihre Federn spreizend, auf nackten Aesten da; schneeweiße, langbeinige Reiher und andere, mir unbekannte Wasservögel standen am nahen Ufer und reckten ihre langen Hälse mißtrauisch zu uns herüber; mit einem wahren Freudengeschrei wurden die ersten Affen begrüßt, die sich, an den hohen Aesten eines mächtigen Cibeba-Baumes mit ihren Schwänzen hängend, gemüthlich hin und her schaukelten und uns Grimassen zuschnitten.

Auf einmal bemächtigte sich, ob des augenscheinlichen Hohns dieser das menschliche Antlitz lächerlich machenden Zweibeinsthiere, triegerische Wuth fast sämmtlicher Passagiere. An fünfhundert Pistolenkugeln saus'ten mit einer knatternden Salve den Affen an den Ohren vorbei, und die Flucht derselben, wie sie sich mit ihren Schwänzen von Ast zu Ast schwangen und laut aufschreiend in's Dickicht eilten, wurde von uns mit Siegesgejauchze gefeiert und mit donnerndem Hurrah begleitet, als ob wir soeben eine Brigade feindlicher Reiter in die Flucht gejagt hätten.

Von jetzt an war nichts Lebendiges mehr vor unsern Pistolenkugeln sicher. Papagaien, Reiher, Vögel aller Art, Affen — Alles mußte vor unsern Salven flüchten, welche öfters wie Pelotonfeuer ein donnerndes Echo in den nahen Wäldern wachriefen. Alligators jedoch, von welchen der Fluß wimmeln soll, die wir weit lieber als jene friedlichen Thiere zur Zielscheibe unserer Kugeln genommen hätten, zeigten sich an diesem Tage nirgends, da die Luft bedeckt war und sie nur im Sonnenscheine an's Ufer kommen.

Hin und wieder sahen wir Indianerhütten am Strande, deren spitze Dächer mit getrockneten Riesenblättern gedeckt waren, und ein paar Mal begegneten uns Bungos, große, flachgebaute Kähne, welche von Indianern durch lange Ruder fortbewegt wurden. Mit donnerndem Zuruf wurden die nackten braunen Gestalten begrüßt, welche sich, von unserm Hurrah begeistert, nach jedem Ruderschlage sämmtlich aufrecht hinstellten und mit der ganzen Schwere ihrer Körper auf die Ruder fielen, um uns einen guten Begriff von ihrer Fertigkeit im Rudern zu geben.

Nachdem wir vor Abend die gefährlichen Toroe-Rapids passirt, langten wir nach Dunkelwerden bei dem alten Fort Castillo, vierzig Meilen von San Carlos, an, wo das Fahrwasser abermals durch Stromschnellen unterbrochen wird. woran dieser Fluß ganz besonders reich ist und welche in diesem Falle zu bedeutend waren, um eine Ueberfahrt mit unserm Dampfer wagen zu dürfen. Die Wasser des Flusses fallen daselbst in der trockenen Jahreszeit fast acht Fuß über eine Felsenbank in einer Strecke von kaum acht Yards; und selbst bei hohem Wasser, wie wir es hatten, sind die in Stromschnellen verwandelten Fälle für Dampfer nicht passirbar.

Hier wurden wir auf zwei kleinere, unterhalb der Fälle liegende Dampfboote versetzt, wobei ein Jeder gezwungen war, sein Handgepäck ein paar hundert Schritt weit von Boot zu Boot zu schleppen, indeß die Koffer auf einem Schienenwege in Handwagen transportirt wurden. Da wir an Bord derselben bis zum nächsten Morgen verweilen sollten, so mußten wir die Nacht verbringen so gut es ging.

Am Ufer stand wieder eine Reihe von Indianerhütten und Eß- und Trinkbuden — die Stadt Castillo —, wo wir Gelegenheit hatten, uns für den folgenden Tag zu verproviantiren, was die Mehrzahl der Passagiere auch sofort that, da die Aussicht auf eine Wiederholung der famosen Sandwiches und des Transit-Kaffees durchaus nicht einladend war. Kaum waren wir angelangt, so hatte ein wissenschaftlich gebildeter Jünger des Mercur seine drei Fingerhüte schon wieder in Bewegung gesetzt, um den spielsüchtigen Californiern die Zeit zu vertreiben. Nach den häufigen Verwünschungen der ihn umgebenden Menge zu urtheilen, muß der Fingerhut-Spieler mit den Geschäften in Castillo, womit er die ganze Nacht über anhielt, sehr zufrieden gewesen sein.

Da für Schlafstellen an Bord der Dampfer fast gar nicht gesorgt war, so streckten sich die meisten der Passagiere, so gut es ging, auf Plankets oder Ueberröden auf's ringsum offene Verdeck, um ein paar Stunden Schlaf zu erhaschen. Mehrere der mitreisenden Damen kamen dabei in das Dilemma, an der Seite fremder Männer in traulichem Durcheinander ruhen zu müssen, was mancher blöden Schönen keineswegs angenehm zu sein schien. Ich hatte das beneidenswerthe Loos, einer neuvermählten Jüdin einen Zipfel meiner Wollendecke als Schutz gegen die feuchte Tropennacht anbieten zu dürfen. Meine holde Nachbarin, ein poetischer Charakter mit schmachtenden, dunklen Augen, Römernase, schwarzem, üppigem Haar und milchweißem Teint, die gern Heine'sche Verse recitirte und ouf der Reise ihre Flitterwochen feierte, war erst nach langem Zureden von ihrem gefühllosen Gemahl zu bewegen, neben mir Platz zu nehmen. Sie vertraute mir unter Thränen an, daß sie diese Nacht zeitlebens nicht vergessen werde. Als Flitterwochen-Tour möchte ich auch die Reise über den Isthmus von Nicaragua keiner meiner Landsmänninnen — einerlei weß Glaubens — anempfehlen, da das Poetische derselben zu sehr an praktische Wirklichkeit stößt, um zarten Naturen besonders angenehm zu sein.

Trotz des Lärmens und Singens am Lande, wo eine geräuschvolle Tanzmusik die Vergnügungssüchtigen zu einem Fandango mit dunkeläugigen Signoritas aufforderte, versank ich bald in einen tiefen Schlummer, aus dem ich nicht eher erwachte, als bis ein schrilles Dampfsignal unseres Steamers den Herumlungerern und Tanz- und Spielsüchtigen am Strande die bevorstehende Weiterreise kurz vor Tagesanbruch kundthat. Es befanden sich etwa vierhundert Passagiere auf unserm kleinen Dampfer, welche den Platz so sehr beengten, daß eine freie Bewegung außer Frage stand und man sich nur langsam von einer Seite des Boots nach der andern bewegen konnte. Im Toilettenzimmerchen hatte die Transit-Company großmüthig für eine zinnerne Waschschüssel und einen etwa zwei Fuß langen Handtuch gesorgt, damit wir vierhundert Passagiere uns damit den Schlaf aus den Augen wüschen, auf daß wir die großartige Tropennatur mit klaren Blicken betrachten könnten. Die delikaten Sandwiches und der superbe Mocha fehlen zum Frühstück natürlich auch nicht. Ich nahm jedoch nicht Theil am Festmahl der Transit-Company, sondern speis'te bei einer freundlichen Signorita in einem Hotel von Castillo.

Sobald es Tag geworden, konnte ich die romantische Umgebung unseres Nachtlagers deutlicher als am Abend zuvor im Halbdunkel erkennen. Hoch auf einem steilen, mit grünem Rasen bedeckten Berge, am rechten Stromufer, lag das alte Fort Castillo, ein steinerner Bau mit runden, vorspringenden Eckthürmen, zinnen-gekrönten Bastionen und innerer Citadelle, welche den Fluß sowohl unterhalb als oberhalb beherrschte und den Anschein großer Stärke hatte, obwohl ein weiter rückwärts gelegener Bergrücken, Nelson's Hill genannt, einer angreifenden Truppenmacht eine dominirende Stellung zu geben schien. Von hier aus war auch das Fort im Jahre 1780 von Lord Nelson, damals Flotten-Capitän an Bord des brittischen Kriegsschiffes Hinchinbrook, mit Sturm genommen worden. Von zweihundert Mann, mit denen er zum Angriff ausrückte, brachte er nur zehn wieder nach der Flotte zurück, pflanzte aber das St. Georgs-Kreuz siegreich auf die alte Veste. Weniger glücklich waren Wallers Myrmidonen, welche unter ihrem Führer Titus — einem gewaltigen Maulhelden, der in Kansas Buschklepper-Commandeur gewesen war — das Fort den unter dem Befehl des kühnen Spencer es vertheidigenden Costa-Ricanern wieder zu entreißen suchten, vor dem drohenden Anblick der Veste aber so sehr in Furcht geriethen, daß sie, ohne den Versuch zum Sturm zu wagen, schimpflicher Weise wieder nach Grey Town zurückkehrten, wohin sie unter Anführung eines gewissen Lodridge von New-Orleans ausgezogen waren, um die Costa-Ricaner wieder vom San Juan zu vertreiben.

Ich nahm diesmal meinen Platz auf einer Bank ganz vorn auf dem Schiffe, um einen besseren Ueberblick auf beide Stromufer zu gewinnen. Bald setzte sich unser Dampfboot, das den stolzen Namen „City of Rivas" führte und dem ein anderer Dampfer mit dem Rest der Passagiere auf eine halbe Stunde vorangeeilt war, in Bewegung und fuhr langsam stromabwärts. Eine Abtheilung nacktbeiniger Eingeborenen, die am Bug postirt waren, sondirte mit langen Stangen den Fluß, der hier sehr viele Untiefen hatte, und war öfters genöthigt, das Schiff von Sandbänken loszustoßen. Bei niedrigem Wasser soll die Schifffahrt auf dem untern Stromlaufe sehr gefährlich sein. Die Transit-Company hat schon manches Boot daselbst verloren, trotzdem diese sehr flach gebaut sind und kaum zwei Fuß Tiefgang haben. Sogar bei hohem Wasser, wie wir es hatten, war das Anrennen des Schiffes an verborgene Sandbänke nichts Seltenes.

Nachdem wir die Wracks mehrerer Dampfer, Denkmale Wallers, passirt hatten, verloren wir bei einer Biegung des Stromes das Fort von Castillo aus den Augen und fuhren, wie am Tage zuvor, zwischen den grünen Waldmauern hin, die sich majestätisch, in immer wechselnden Formen, rechts und links am Ufer hinzogen.

Der Rio San Juan, der ein so schlammiges Wasser wie der Vater der Flüsse hat, das der verwöhnteste Alligator es sich nicht besser wünschen könnte, schlängelte sich mit einer Breite von etwa dreihundert Yards durch die Urwildniß, welche fast ununterbrochen überraschend schöne Ansichten zeigte. Ueberall waren die Bäume von einem undurchdringlichen Gewirr üppig wuchernder Schlingpflanzen durchflochten, die malerisch von den hohen Aesten herabhingen und darunter eine grüne Fläche, einem dicht überrankten Riesen-Gitterwerk ähnlich, bildeten, welche hin und wieder von Portalen, Säulengängen und reizenden Lauben unterbrochen ward. Mitunter stand eine Indianerhütte, mit getrockneten Blättern gedeckt, im Dickicht, und ein paar Mal begegneten uns Bungos, die am Ufer hinfuhren, und deren nackte Ruderer jedesmal mit Jubel begrüßt wurden. Die meisten der Passagiere standen schußfertig mit ihren Revolvern an der Brüstung des Dampfers und schossen auf jegliches Lebende, das sich am Waldessaum rührte.

Bei den in der trockenen Jahreszeit für die Schifffahrt sehr gefährlichen Machuca-Stromschnellen, auf denen das Wrack eines untergegangenen Dampfers, von einer dichten Pflanzenmasse überwachsen, eine kleine Insel mitten im Strome gebildet, landeten wir, um einen neuen Vorrath von Holz als Feuerungsmaterial für den Dampfer einzunehmen.

Bald befand sich die Mehrzahl der Passagiere am Lande und durchstreifte den Urwald nach allen Richtungen, um Kuriositäten einzusammeln, unbesorgt um Taranteln und Schlangen, riesige Ameisen und giftige Kräuter, vor denen der Capitän uns gewarnt hatte. Um eine mächtige Ceder, auf der sich auf einem der höchsten Zweige eine fast vier Fuß lange, bläulich schimmernde Eidechse, Iguana genannt, sonnte, hatte sich bald eine Schaar von Scharfschützen versammelt, welche nach mehreren Salven das fremdartige, ganz unschuldige Geschöpf erlegten und im Triumph auf's Schiff brachten. Ich war so glücklich, einer allerliebsten, blau- und weiß-roth gestreiften Schlange, barber's polo genannt, zu begegnen und ihr mit dem Knittel das Garaus zu machen. Unser Capitän behauptete, daß sie eine der giftigsten Schlangen dieser Wälder sei, deren Biß fast plötzlichen Tod verursache.

Als der Dampfer das Signal zur Weiterfahrt gab, eilte die im Walde umherstreifende Menge, mit riesigen Blättern, welche mit dolchartigen, einen halben Fuß langen Stacheln besetzt waren, mit Sträuchern und Blumen beladen, wie Macbeth's wandelnder Wald von Birnam, wieder an's Schiff, wo die Damen sich während unserer Abwesenheit damit unterhalten hatten, eine Legion kleiner und größerer Fische, die das Schiff umschwärmten, mit Brodkrumen zu füttern.

Um die Mitte des Tages passirten wir die Mündungen der Flüsse San Carlos und Serapiqui, die bedeutendsten Nebenflüsse des Rio San Juan, welche in den Hochgebirgen von Costa-Rica entspringen.

Bald darauf, als das Wetter sich gänzlich aufgeklärt, bemerkten wir zum ersten Male einen riesigen Alligator, der, von der Sonne warm beschienen, losig am nahen Strande zu schlummern schien. Ein paar Hundert Pistolenkugeln, die ihm ganz unerwartet auf dem Schuppenpanzer rasselten, störten den Beherrscher dieser Gewässer aus seinem Mittagsschläfchen und bewogen ihn, so schnell seine kurzen Beine es erlaubten, in die feuchte Tiefe zu watscheln. Von jetzt an mehrten sich diese riesigen Amphibien, welche öfters die Länge von fünfzehn Fuß hatten, so sehr, daß wir kaum Zeit fanden, unsere Pistolen zu laden, um ihnen beim Vorbeifahren, wenn sie sich wohlbehaglich am nahen Ufer oder auf Sandbänken im Flusse sonnten, einen Freundschaftsgruß in Gestalt bleierner Kugeln zuzusenden. Ob wir welchen derselben wehe gethan, ist wohl sehr fraglich, da nur ein Schuß in's Auge oder hinter das Schulterblatt, welches meistens unterm Wasser liegt, ihnen tödtlich sein soll.

Der Jubel der Passagiere war grenzenlos und das Geschrei: "Shoot him!" — "Hit him!" — "Give it to him! etc.," wenn die riesigen Thiere unbeholfen vor unsern Kugeln flüchteten, wollte gar kein Ende nehmen. Affen, Papagaien und die zahlreich uns umflatternden großen und kleinen Vögel waren jetzt sicher vor unsern Geschossen, welche nur die gebaßten Amphibien suchten. Oefters wurden diese von mehreren Kugeln getroffen, ohne daß sie sich nur gerührt hätten; aber ein halbes Dutzend oder mehr blauer Bohnen, die ihnen ganz unerwartet an den Schädel rasselten, bewogen sie jedesmal zum schleunigen Rückzuge. Das Knallen und Querrahrufen behandelten sie mit stiller Verachtung, und selbst der nur fünfzig Schritte vor ihnen vorbeirauschende Dampfer wurde von ihnen gänzlich ignorirt.

Nachmittags passirten wir mehrere niedliche Wohnungen, welche in reizenden Bananenhainen lagen, mit sauberen Gärten dabei, voll von tropischen Gewächsen und schimmernden Blumen. Männer, Frauen und Kinder standen unter den von Lianen überrankten Verandas und grüßten uns mit flatternden Tüchern. Dann sangen Vögel im Wald fremde Lieder, und die bunten Farben großer Papagaien schimmerten in dunklen Grün der Palmenkronen; vom obern Deck des Dampfers ertönten die frohen Klänge eines Waldhorns, dem ein Schweizer herrliche Töne entlockte, und welche das Echo jauchzend von fernen Waldmauern zurückrief. Im Hintergrunde der Landschaft zeigte sich höheres Land, auf dem der Wald sein dunkelgrünes Laubdach wellenförmig emporsteigend in den blauen Aether gebaut, — und dabei ein himmlisches Wetter, wie es nicht schöner zu denken war, eine Luft, geschwängert mit dem erfrischenden Dufte der vom gestrigen Regen noch feuchten tropischen Riesenwaldungen — wahrlich, eine Reise, die mir ewig unvergeßlich bleiben wird!

Leider sollte unsere Festfahrt noch kurz vor ihrem Ende durch einen Schreckensunfall unterbrochen werden, der alle Heiterkeit hinwegscheuchte. Als wir gegen Abend eine Anzahl von Inseln und Stromverzweigungen, worunter den rechter Hand abfließenden Hauptflußstrom des Colorado, passirt hatten und in der Dämmerstunde nur noch eine Meile von Grey Town entfernt waren, erscholl plötzlich der Schreckensruf: „Ein Mann über Bord!" — Kaum hatten wir den Unglücklichen gesehen, wie er mit den dunklen Wogen kämpfte, als schon sein Todesschrei über die Wasserfläche tönte. Ein riesiger Alligator riß ihn vor unsern Augen in die finstere Tiefe. Das Opfer des schrecklichen Todes war einer der Zwischendecks-Passagiere, ein Franzose, der aus Unachtsamkeit dem Bootrande zu nahe gekommen und über Bord gefallen war.

Der Name und die Heimath desselben konnten leider nicht ermittelt werden, da der Capitän es nicht der Mühe werth erachtete, sämmtliche Reisende nach der Passagierliste aufzurufen, blos um einen Zwischendeck-Passagier, und zwar nur einen Franzosen, zu identificiren. Jahre lang vielleicht hatte dieser den unzähligen Gefahren und Mühseligkeiten des Lebens in den californischen Goldminen getrotzt, um die Noth der Seinen zu erleichtern, kehrte nun heim nach dem geliebten Frankreich mit seinen Ersparnissen, und reis'te, wie so viele Andere, im Zwischendeck, um möglichst viel von seinem Erworbenen mit in die

Heimath zu bringen. Daheim erwarteten ihn vielleicht Eltern und Geschwister. Eine Gattin mit blühenden Kindern zählte vielleicht die Stunden und Tage, welche noch vergehen mußten, ehe sie den so lange von ihr Getrennten wieder an die klopfende Brust pressen könnte. Ach! die Stunden und Tage werden sich in Monde und Jahre dehnen; die Gattin wird grambgebrochen sterben, und die blonden Locken der Kinder wird der Schnee des Alters bleichen, wenn die Hoffnung, den lang Ersehnten wiederzuschauen, schon längst zu Grabe getragen worden ist. Nicht trauernde Liebe weinte an der Stätte, wo die ewige Nacht ihn ereilte; nur der Tropenstrom rauschte zwischen finstern Urwaldsmauern ihm ein Todtenlied.

Etwas nach Dunkelwerden landeten wir, durch den soeben stattgehabten Schreckensfall sämmtlich in niedergeschlagener Stimmung, nach einer Fahrt von 83 englischen Meilen, seit wir am Morgen Castillo verlassen, an dem Quai von Grey Town, auch San Juan de Nicaragua genannt. Der von New-York erwartete Dampfer war noch nicht angelangt, und die Transit-Compagnie weigerte sich, uns in der Stadt Freiquartiere zu geben, was einen Sturm der Entrüstung hervorrief. Nach längerem, zornigem Debattiren gab die Compagnie zuletzt in so weit nach, daß den Passagieren der ersten Cajüte Freibillette nach den verschiedenen Hotels der Stadt gegeben wurden, während die der zweiten Cajüte und die Zwischendecks-Passagiere nach wie vor auf die delicaten Sandwiches und den Transit-Kaffee angewiesen waren, oder auch sich selbst in der Stadt beköstigen durften, und entweder am Ufer in offenen Scheunen, oder auf dem Verdeck der Fluß-Dampfer auf Unkosten der Campagnie, oder auch für's eigene Geld in beliebigen Hotels schlafen durften.

Nach einem beschwerlichen Marsche von fast einer Meile in finsterer Nacht und in einer mir unbekannten Stadt, in der die fast häuserlosen Straßen mitunter durch Buschwerk und sumpfige Wiesen führten, und wobei ich gezwungen war, meinen vierzig Pfund schweren Handkoffer selber zu tragen, langte ich endlich transit-satt in meinem ersehnten Quartier, dem „Western Hotel", an, wo mein Herr Wirth, ein höflicher Afrikaner, mir ein trauliches Zimmerchen von etwa acht Fuß Geviert als Boudoir anwies, welches außer einem massiven Bett nur noch einen mit himmelblauem Damast überzogenen Lehnstuhl innerhalb seiner vier Wände als Mobiliar enthielt. An dem himmelblauen Lehnstuhl fehlte ein Bein, was ich leider nicht eher entdeckte, als bis ich arglos in ihm Platz nahm und in einer sehr unpoetischen Stellung plötzlich seitwärts auf den Boden glitt. Nachdem ich mein keineswegs mit schneeiger Leinwand überzogenes Bett erst gehörig recognoscirt und einen harmlosen Tausendfüßler, der es sich unterm Kopfkissen sehr bequem gemacht, ermordet, begab ich mich zur Ruhe entschlummerte bald, trotz bissiger Ameisen und brummender Musquitos, und träumte von Tropenwäldern, Alligatoren und Franzosen, bis der neue Tag durch mein scheibenloses Gitterfenster dämmerte.

Unser Aufenthalt in Grey Town hatte wenig Anziehendes. Die Stadt, welche sehr weitläufig gebaut ist, liegt in einer sumpfigen, von Wald umgebenen

Niederung, deren eine Seite an das Meer stößt, und soll für nicht Acclimatisirte sehr ungesund sein. Einem Fremden hat dieselbe nichts zu bieten, wodurch ihm ein längerer Aufenthalt in ihren Mauern angenehm gemacht werden könnte. Selbst die in ihren Straßen zerstreut dastehenden Cocos-, Palm-, Brodfrucht-, Bananen- und andere tropische Bäume verlieren das Interesse, sobald der Reiz der Neuheit vorüber ist. Das Wetter bei Tage war schwül und regnerisch, und Musquitos und Ameisen thaten ihr Möglichstes, Einem die Nächte gründlich zu verleiden.

Etwas Unterhaltung gewährte am zweiten Abende unseres Aufenthalts eine blutige Schlägerei zwischen Eingeborenen und Jamaica-Negern, welche letztgenannte, von der Insel Jamaica eingewanderte Menschenklasse sowohl auf dem Isthmus von Nicaragua als in Panama sehr zahlreich vertreten ist und durch ihre grenzenlose Frechheit, Faulheit und Unsauberkeit allen Reisenden den widerwärtigsten Eindruck hinterläßt. Das Gejammer und Zetergeschrei von den mit fliegenden Haaren und in losen Gewändern händeringend auf und ab rennenden schwarzen und braunen Frauen, das Fluchen in Spanisch und Englisch von den ihre langen Messer schwingenden, halb betrunkenen Männern — dieser Bedlamsskandal in halbdunkler Nacht übertraf an Wildheit und Rohheit Alles, was ich noch je in dieser Art gesehen hatte.

Der Hafen von Grey Town ist neuerdings durch eine Versenkung der Bar bedeutend verschlechtert worden, so daß die Transit-Company damit umgeht, ihr Landungs-Depot an den südlichen Hauptarm des San Juan, den River Colorado, zu verlegen, was dem Handel von Grey Town ohne Frage bedeutenden Schaden zufügen wird.

Froh waren wir, als nach zwei Tagen schon der stattliche Dampfer „Santiago de Cuba" auf der Rhede anlangte und sämmtliche Passagiere auf kleineren Dampfern nach einer vor dem Hafen gelegenen Sandbank, Punta Arenas, gebracht und von dort in Brandungsbooten zum Oceandampfer gerudert wurden. Die Fahrt durch die Brandung war der Schlußakt des Transits, der in unserm Fall ohne Unglück bewerkstelligt wurde, bei stürmischem Wetter jedoch sehr gefährlich sein soll. Das Wasser der Bai wimmelt nämlich von Alligators und Haifischen, welche die Rettung über Bord Fallender schlechterdings unmöglich machen, da diese von den Ungeheuern schneller weggeschnappt werden, als man eine helfende Hand nach ihnen ausstrecken kann. Im vergangenen Jahre schlug ein mit englischen Matrosen bemanntes Boot im Hafen um, dessen Inhaber sämmtlich, so zu sagen im Handumdrehen, aufgefressen wurden. Ich postirte mich, hiervon unterrichtet, wohlweislich bei der Ueberfahrt inmitten des ganz bedenklich wackelnden Brandungsboots, und war seelenfroh, als ich das sichere Verdeck des „Heiligen Jago" betrat.

Die Zeit des Transits, welcher nach dem Versprechen der Company in höchstens vierundzwanzig Stunden bewerkstelligt werden sollte, betrug von der Landung in San Juan del Sur bis wir an Bord des Dampfers „Santiago" stiegen, gerade fünf Tage und fünf Stunden, könnte jedoch mit besseren Verbindungsmitteln leicht in zwei Mal vierundzwanzig Stunden bewerkstelligt werden. Was die Bekanntmachung von der „freien Belästigung auf dem Isthmus" anbelangt, so war dieselbe von der Transit-Company wohl nur als unschuldiger Scherz gemeint, der Niemandem besonders wehe thun würde.

Ob das Interessante und Romantische der Reise die Unannehmlichkeiten und Verzögerungen auf derselben ausgleicht, ist eine Frage, die sich ein Jeder selbst beantworten möge. Wer eine schnelle und bequeme Reise von New-York nach San Francisco oder von dort nach den Staaten zu machen wünscht, oder in Damenbegleitung reis't, dem möchte ich, seitdem die mit Recht berüchtigten Vanderbilt-Steamer, welche in früheren Jahren zwischen New-York und Aspinwall fuhren, besseren Schiffen Platz gemacht haben, jedenfalls die Reise über Panama anrathen, welche gleich der über Nicaragua reich an herrlichen Naturbildern ist. Ich meinestheils werde das schöne Nicaragua, den Garten von Central-Amerika, in wohlwollendem Andenken behalten, und fühle mich durch das Abentheuerliche des Transits und durch die reiche Tropenwelt, welche ich dort geschaut, tausendfach für alle Unannehmlichkeiten der Reise entschädigt.

Giebt es eine vom Gehirn unabhängige Seele?
Von Dr. B. Schiller. (Columbus, O.)

— Et audiatur altera pars!

Nicht versagen konnte ich mir, nach Durchlesung einer Besprechung und Beantwortung der vorstehenden Frage in der ersten Nummer dieses Jahrgangs der „Monatshefte" dieselbe Frage einer nähern Betrachtung zu unterwerfen und deren Ergebniß den geehrten Lesern der „Monatshefte" zur Beurtheilung und Entscheidung vorzulegen. Ich werde mich einzig und allein auf dem festen Boden anatomischer, physiologischer und psychologischer Thatsachen bewegen, denn nur mit Hülfe dieser kann obige Frage wissenschaftlich behandelt und der Natur und Wahrheit gemäß beantwortet werden. Daß das Endergebniß meiner Betrachtung nicht so ausfällt, wie Mancher wünscht oder zu glauben gewohnt ist, liegt nicht an mir, sondern an der Natur der Dinge.

„S i n d S e e l e u n d L e i b z w e i w e s e n t l i c h v o n e i n a n d e r v e r s c h i e d e n e D i n g e ?" — so lautet die erste gegebene Frage.

Eine unleugbare Thatsache ist, daß der sich entwickelnde Körper eines Neugebornen an Umfang und Gewicht, also räumlich und stofflich, zunimmt; — es ist aber ferner auch eine unwiderlegbare Thatsache, daß mit der Entwickelung und Zunahme des Körpers, besonders aber des Gehirns, auch die Entwickelung und Zunahme des geistigen Geschehens, der sogenannten „Seele", Hand in Hand geht, daß namentlich die geistige Zunahme von der körperlichen, besonders der des Gehirns, abhängt. Für letztere Behauptung finden sich unumstößliche Beweise im gewöhnlichen Leben, und kommen einem Jeden zur Beobachtung; ich mache hier aufmerksam auf den Cretinismus als eine Folge zu früher Verwachsung gewisser Schädelknochen, durch verhinderte Entfaltung, und Massenzunahme des Gehirns wegen Raummangels; — auf den Idiotismus in Folge gehemmter Gehirnentwickelung während des Fötallebens; — auf die geistige Beschränktheit der Wasserköpfe (Hydrocephalus congenitus), bei welchen die Gehirnsubstanz nicht nur durch die vorhandene Flüssigkeit verdrängt und verringert, sondern auch noch dem Drucke derselben in der unnachgiebigen Schädelkapsel ausgesetzt ist.

Im folgerichtigen Gegensatze zu diesen Fällen einer naturwidrigen und gehinderten Gehirnentwickelung und der daraus folgenden abweichenden, abnormen Gehirnthätigkeit, der geistigen Schwäche, müssen wir bei einem regelmäßig entwickelten und normal gebildeten Gehirn eine naturgemäße, regelrechte Gehirnthätigkeit, einen gesunden und kräftigen Geist finden; — und wer möchte diesem widersprechen? Tritt nicht auch für diese letztere Behauptung die tägliche Erfahrung ein? Hatte ein Kant oder ein Fichte, ein Schiller oder ein Göthe, ein Humboldt oder ein Laplace die Gehirnbildung eines Idioten oder Wasserkopfes? Erwarb je ein Cretin die Krone der Unsterblichkeit?

Da wir letztere Fragen bestimmt verneinen, die vorangegangenen Behauptungen aber unbedingt bejahen können, so müssen wir zu dem naturgemäßen Schlusse kommen und uns gestehen, daß die Entwickelung und Größe der geistigen Fähigkeiten, des Empfindens und Vorstellens, des Denkens und Wollens abhängig seien von der mehr oder minder regelmäßigen Entwickelung und Größe des Gehirns; — aus diesem Satze aber müssen wir schließen, daß das geistige Geschehen (die „Seele") als ein Erzeugniß, eine Aeußerung der Gehirnthätigkeit zu erklären sei. Die Vorgänge im Gehirne, die Thätigkeit desselben sind somit nur in der Aeußerung, wodurch wir eben jene wahrnehmen und erkennen, verschieden von den Vorgängen oder der Thätigkeit im übrigen Körper (Leib), dessen Gesammtthätigkeit sich als „Leben" äußert. Wir sind von Alters her gewohnt, das geistige Leben dem leiblichen Leben gegenüberzusetzen und beide als wesentlich von einander verschieden zu betrachten; — dies ist falsch, denn sonst müßte man auch, um sich consequent zu bleiben, von einem „luftigen Leben", welches seinen Sitz in der Lunge hat, von einem „galligen Leben", das in der Leber thront, u. s. w. sprechen, denn der Luftaustausch, die Gallenabscheidung u. s. w. sind gleichfalls Thätigkeitsäußerungen der genannten Organe; — ebenso müßte man auch die Bewegung eines Muskels und die Keimfähigkeit eines Eies als deren „Seele" betrachten und demgemäß ihnen als wesentlich verschieden gegenüberstellen.

Aus dem eben Angeführten geht wohl klar und deutlich hervor, daß es physiologisch unstatthaft, um nicht eines andern Wortes mich zu bedienen, sei, zu behaupten, daß die Thätigkeitsäußerung eines Organs wesentlich oder in der Art von dem sie erzeugenden Organ verschieden sei. Die Lebenserscheinung eines Organs ist nicht eine vom Organ verschiedene Wesenheit oder Art, sondern nur die Aeußerung seiner Thätigkeit; sie verhält sich zum Organ wie die Folge zur Ursache, das Secundäre zum Primären. Unsere Antwort muß daher lauten: **Leib und Seele, Körper und Geist sind nicht zwei wesentlich von einander verschiedene Dinge.**

Betrachten wir nun einige Behauptungen meines Herrn Gegners in Betreff dieser ersten Frage etwas näher. Nicht gedenken will ich hier des Schlusses, den man aus Herrn R.'s Auseinandersetzung ziehen muß, des Schlusses nämlich, daß die „Seele" etwas Unfertiges, etwas sich Bildendes (das daher einen Anfang gehabt und ein Ende haben muß) und an den Stoff Gebundenes sei; denn Seite 37 heißt es: „so muß es (das Kind) doch bei dieser Zeit ein **Bewußtsein** erlangt haben, das es früher **nicht** hatte;" — erwähnen aber will ich und in das rechte Licht setzen das Unlogische der folgenden Behauptung. Wenn man, folgert Herr R., die Zustands- oder Thätigkeitsäußerung eines Körpers nicht in den Körper selbst verdichten, oder umgekehrt einen Körper nicht in seine Aeußerung oder Eigenschaft auflösen könne, daß dann diese beiden, der Körper und seine Aeußerung, wesentlich von einander verschieden und ein jedes als etwas Individuelles, Fürsichbestehendes zu betrachten seien. Daß dieser Satz nichts Anderes denn ein leeres Wortspiel und ein spitzfindiger Scheinbeweis ist, muß einem Jeden einleuchten; — so wenig wir vermögen, die magnetische oder elektrische Eigenschaft oder Zustandsäußerung gewisser derartiger Körper in solche magnetische und elektrische Körper zu verdichten, noch solche Körper in Magnetismus oder Electricität aufzulösen, — so wenig wir ferner im Stande sind, die Thätigkeitsäußerung eines Muskels, also Bewegung, oder einer Drüse, also Abscheidung, in Muskeln oder Drüsen zu verdichten, oder umgekehrt letztere in Bewegung und Abscheidung zu verfeinern, — so wenig wir, der Logik des Herrn R. entsprechend, sagen können, der Magnetismus und die Electricität gewisser Stoffe, die Bewegung des Muskels und die Abscheidung der Drüse seien etwas von diesen Körpern Unabhängiges, etwas Selbstständiges und Individuelles, deren „Seele", — ebenso wenig ist statthaft, weil falsch, zu behaupten: weil wir die Thätigkeitsäußerungen des Gehirns, das Empfinden und Vorstellen, in Denken und Wollen aufzulösen vermögen, seien diese Beiden, das Organ und seine Thätigkeitsäußerung, **wesentlich** von einander verschieden, und die Letztere (die Aeußerung, die „Seele") von dem Ersteren (dem Organe, dem Gehirn) unabhängig, etwas Individuelles.

Die zweite Frage: „**Ist die Seele ein Ding, das für sich besteht, ohne Verbindung mit dem Gehirn?**" wäre durch die Beantwortung der ersten Frage erledigt, und zwar gleichfalls verneinend. Doch sei es auch hier mir gestattet, einige Behauptungen meines werthen Gegners, denn als Beweise können solche Sätze unmöglich gelten, zu besprechen.

„Die Erfahrung zeigt also eine gradweise Verminderung der seelischen

Vermögen oder Sinne in Bezug auf ihre Fähigkeit, das Bewußtsein zu bilden, eine Fähigkeit, die in dem höchsten Sinne in Wissenschaft resultirt" u. s. w. Zeigt dies wirklich die Erfahrung? Ich glaube nicht; im Gegentheil, sie beweis't uns, daß die höheren Sinne, also Gesichts- und Gehörssinn, nicht so unbedingt nöthig sind, das Bewußtsein zu bilden, in Kunst und Wissenschaft zu resultiren; man gedenke der Blinden, welche durch Betasten erhöhter Buchstabenschrift, also mittelst des Gefühlssinnes, lesen, sich auch in Kunst und Wissenschaft auszeichnen, — der gebildeten Taubstummen, welche ebenso logisch richtig denken und das Gedachte niederzuschreiben vermögen, wie Hörende und Sprechende. Gesetzt den Fall, wir Menschen besäßen den Gesichtssinn nicht, so würden wir sicherlich die Pflanzen nach dem Geruche und dem Gefühle unterscheiden, und würde auch ein Linné ein System der Pflanzen danach aufbauen. Dies mag Manchem, der nicht weiter darüber nachdenkt, sonderbar und unwahrscheinlich dünken; ich muß daher nochmals darauf aufmerksam machen, daß Blinde mittelst des Gefühles besser unterscheiden denn Sehende; ferner erwähne ich, daß der Naturmensch, dessen Auge und Ohr durch steten Gebrauch geschärft ist, weiterhin und deutlicher sieht und hört, denn der Culturmensch, daß der Indianer entfernte Gegenstände und leise Geräusche viel eher wahrnimmt, denn der ungeübte Weiße.

Eine andere „unvollkommene Beobachtung, und folglich nicht wahr" finden wir im folgenden Satze (Seite 30): „Was wir Stoff nennen, ist nichts Anderes als Kraft, oder eine Vereinigung von Kräften, die den Sinnen erscheint als etwas Langes, Breites, ..." und wie sonst noch? Deutlich genug aber geht aus dem Weiterfolgenden hervor, daß dieser Satz nur aufgestellt ist um eine Theorie vollständig und plausibel zu machen; denn es heißt weiter: „Der Leib ist demzufolge ebenfalls ein System von verschiedenen leiblichen Kräften" (! —), „die seine Knochen, Muskeln, Gefäße, Nerven, sein Blut und seine Gase bilden, und insofern" (!! —) „bildet er kein schroffes Gegentheil zu den seelischen Kräften, sondern bietet als Kraft die Möglichkeit einer Erklärung seines Zusammenhanges .... So betrachtet, wirken dann Kräfte auf Kräfte...... Solch ein Zusammenhang zwischen Seele und Leib besteht thatsächlich." (?) Wem fällt da nicht Mephisto bei? Wer möchte nicht von Herzen mit ihm ausrufen:

„Denn eben wo Begriffe fehlen,
Da stellt ein Wort zur rechten Zeit sich ein.
Mit Worten läßt sich trefflich streiten,
Mit Worten ein System bereiten."

Ist jene Behauptung: „Kraft und Stoff ist eins" wahr, so ist Kraft und Stoff, folglich auch die Seele, etwas Stoffliches, Materielles, denn sie ist eine Kraft; dann möchte man auch, um der Logik des Herrn R. mich zu bedienen, Kraft in Stoff und Stoff in Kraft verwandeln, Seelen in Körper verdichten und Körper in Seelen verfeinern können, denn der Stoff, also auch der menschliche Leib, wäre nur eine Zustandsänderung, eine Modifikation der Kraft, der Seele, wie der Diamant eine Modifikation desselben Kohlenstoffes ist, aus dem die Kohle und der Graphit bestehen.

Aber jener Satz ist nicht wahr, wenigstens nicht in dem Sinne, wie Herr R. denselben auffaßt und b e n u tz t. Wer hat je gehört, daß die Sonne, unsere Erde, wie alle übrigen Himmelskörper, nicht S t o f f, sondern l e i b l i ch e Anziehungs k r a f t, daß der Magnetstein nicht Materie, sondern verkörperter Magnetismus sei? Wie einfach und naturgemäß dagegen ist es, die Kraft als eine Eigenschaft des Stoffes, als eine Aeußerung seines Zustandes zu betrachten! — Um eine Kraft zu erkennen oder zu beweisen, bedürfen wir stets des Stoffes. In diesem Sinne allein, nämlich daß die Kraft eine Zustandsäußerung des Stoffes sei, ist der Satz: „Kraft und Stoff ist e i n s" richtig, im andern Sinne aber falsch. Es ist daher begriffsverwirrend u:d, gelinde gesagt, unlogisch, zu sagen (Seite 39): „Die leiblichen Kräfte, die durch Entwickelung an r ä u m l i ch e r Ausdehnung gewinnen und den L e i b bilden". Eine physiologische, eine als Leben sich äußernde Kraft, — und mit solcher allein haben wir es hier zu thun, — kann nie eine räumliche (leibliche) Ausdehnung gewinnen; wäre es wahr, so läge es im Bereiche der Möglichkeit, den L e i b in seine Lebens k r a f t und umgekehrt zu verwandeln. Es ist aber falsch; die Lebenskraft ist ein den organischen Körpern, den Organismen, eigenthümlicher, allein zukommender Zustand, der eben als Leben sich offenbart oder äußert. Der thierische, wie auch der pflanzliche Leib besteht aus gemischten Stoffen, denen gewisse physikalische und chemische Kräfte, besondere Eigenthümlichkeiten innewohnen; diese Stoffe, eigenthümlich und mannichfaltig gruppirt, bilden die Organe, und die Organe in ihrer Gesammtheit den Leib. Das Leben, welches wir als die Thätigkeitsäußerung der einzelnen Organe und deren Gesammtheit, des Körpers, erkannt haben, müssen wir dem entsprechend als das harmonische Mit- und Aufeinanderwirken der besonderen Eigenschaften (Kräfte) der sie (die Organe und den Körper) zusammensetzenden Stoffe erklären. — „Viel' Elemente, innig gesellt, bilden das Leben, bauen die Welt." — Daß dieser Satz kein aus der Luft gegriffener, sondern wohlbegründeter sei, beweisen die neuesten Entdeckungen der Physio- und Hystochemie, die chemischen Beobachtungen und mikroskopischen Entdeckungen im Stoffwechsel und der Zellenbildung. Die Forschungen auf diesem Gebiete der Lehre vom Leben, der Physiologie, zeigen uns, daß überall im thierischen Körper chemische Vorgänge, Stoffumwandlungen vor sich gehen, daß Wärme und Bewegung, An- und Rückbildung, Ausscheidung und — geistiges Geschehen nur da zu finden sind, wo diese Stoffumwandlungen stattfinden können, deren Resultat, deren Aeußerung sie (Wärme u. s. w.) sind. Die Knochen, Muskeln, wie alle übrigen Organe, also auch das Gehirn, sind somit keine „leiblichen Kräfte", sondern eigenthümlich geordnete Stoffmischungen mit besonderen, sich v e r s ch i e d e n äußernden (Lebens-) Thätigkeiten.

In dieser anatomisch-physiologischen Erklärung bietet sich uns kein schroffer Gegensatz zwischen Leib und Seele, d. i. Körper und Geist; um sie zu beweisen, bedürfen wir keiner Hypothese und keiner Wortklauberei; sie führt Körper und Geist in naturgemäßer Weise auf einen Grund zurück: der ganze Körper ist das Organ des Gesammtlebens, das Gehirn des geistigen, die übrigen des animalischen Lebens.

Wir haben gesehen, daß die „Seele", das geistige Geschehen, stets an einen Körper (Organismus), insbesondere an das Gehirn, gebunden, eine Kundgebung der Gehirnthätigkeit sei.

Einen weiteren Beweis für die Wahrheit dieses Satzes finden wir darin, daß das geistige Geschehen durch Störungen in der Gehirnthätigkeit verändert, vermehrt oder vermindert, ja selbst ganz aufgehoben wird. Mittelst dieser Auffassung erklären sich naturgemäß viele Erscheinungen im geistigen Leben, welche mit einer vom Körper unabhängigen „Seele" nicht gedeutet werden können; so die Delirien, das Aufgeregtsein, die Jdeenflucht, welche hervorgerufen werden durch vermehrte, gesteigerte Thätigkeit des Gehirns bei Hirnreizungen in Folge des Genusses geistiger Getränke und giftiger Pflanzenstoffe, und bei Hirnentzündung; — so die Schlafsucht, der Stumpfsinn, Theilnahm- und Bewußtlosigkeit, welche verursacht werden durch verminderte, herabgesetzte Thätigkeit des Gehirns in den späteren Stadien des Alcoholrausches, der narcotischen Vergiftungen und der Hirnentzündung; denn die primär verminderte Hirnthätigkeit bei Hirnerschütterung (Schlag oder Fall auf den Kopf) und Hirndruck (Schlaganfall, d. i. Druck auf das Gehirn durch aufgetretenes Blut); hierher gehören ferner noch der Cretinismus, Idiotismus und der Stumpfsinn bei dem angeborenen und erworbenen Wasserkopf, von denen ich schon im Anfange gesprochen habe. Hieran schließen sich endlich noch der „Blödsinn des Alters," welcher besser und sachgemäßer mit vermindertes geistiges Gescheben im Alter bezeichnet wird, und die Schwächezustände des Geistes in jedem Alter nach anstrengenden geistigen Arbeiten.

Die letzten zwei Schwächezustände führen mich zur Besprechung der dritten Frage (Seite 40): nach der „Möglichkeit eines selbstständigen Zustandes der Seele, getrennt vom Leibe,....der Fortbauer der Seele nach dem Tode." Es ist zwar unnöthig, nach Verneinung der vorhergehenden Fragen die letzte Frage noch zu besprechen; doch halte ich es für meine Pflicht, einige Irrthümer und falsche Angaben des H. R. bloßzustellen und zu berichtigen. Die Erscheinungen einer verminderten geistigen Thätigkeit nach anstrengenden geistigen Arbeiten und im Greisenalter beruhen nicht, wie H. R. behauptet, in einer, sondern in verschiedenen, und zwar anatomischen Grundursachen; — auch bedarf es zum Beweis dieser einfachen Thatsache nicht einer langen hypothetischen, im Blauen umhertappenden und nichtssagenden Wortmasse, als da ist (Seite 41 und 42): „Stockung des gewohnten Gedankenlaufs, d. h. des Bewußtwerdens der Vorstellungen.... Da fehlt's also an Etwas, das diese Erzeugung schafft, und das sind die elementaren Vermögen" (?) „der Seele, die sich in Folge äußerer Reize durch Verschmelzung damit zu sinnlichen Empfindungen und Wahrnehmungen ausbilden, oder aber von Seelengebilde zu Seelengebilde überfließen und so die innere Erregung nach dem Gesetze der Ausgleichung bewirken. Dies erklärt denn vollständig" (?) „die vorübergehende Schwäche oder Stumpfsinnszustände in jeder Lebensperiode; sie treten in Folge des Verbrauches und consecutiven Mangels elementarer Vermögen ein....sind somit bloße Stockungen in der B e w u ß t w e r d u n g dieser Seelengebilde in Folge des Mangels an elementaren Vermögen oder Bewußtseinselementen."

Ich kann nicht umhin, abermals Mephisto für mich sprechen zu lassen, der so treffend sagt:

„Da seht, daß ihr tiefsinnig faßt,
Was in des Menschen Hirn nicht paßt;
Für was drein geht und nicht drein geht,
Ein prächtig Wort zu Diensten steht."

z. B. elementare Vermögen, Bewußtseinselemente, auch Sinne genannt, von denen aber nicht gesagt wird, was sie eigentlich sind, oder welche Begriffe sie vertreten.

Setze ich nun dieser oben angeführten „vollständigen" Erklärung (?) eine auf anatomische und physiologische Beobachtungen und Erfahrungen, eine auf Thatsachen begründete gegenüber, so wird es nicht schwer halten, zu entscheiden, welche die einfachste und einleuchtendste, daher naturgemäße und wahre sei.

Der längere Zeit in Thätigkeit versetzt gewesene Muskel zeigt verminderte Bewegungsfähigkeit, der durch Experimente angegriffene Nerv herabgesetzte Leitung, das durch langes Lesen überangestrengte Auge Undeutlichsehen u. s. w.

Wie nun in den einzelnen Organen, so finden wir desgleichen auch im Körper, dem Organencomplex; wenn derselbe längere Zeit in größere Thätigkeit versetzt gewesen ist, z. B. durch Arbeit, Krämpfe, Fieber u. s. f., so zeigt derselbe eine herabgesetzte Thätigkeit, eine Erschlaffung oder Ermüdung, welche, wenn das schädliche Moment (Ueberarbeiten) beseitigt wird (Ruhe), nach und nach schwindet und eine normale Thätigkeit wieder gestattet (Erholung).

Wesentlich verschieden davon in der Ursache ist die herabgesetzte Thätigkeit der Körperorgane und des Körpers im höheren Alter. Die Altersschwäche beruht nicht auf einer v o r ü b e r g e h e n d e n E r m ü d u n g in Folge zu großer Thätigkeit, sondern auf einer b l e i b e n d e n G e w e b s v e r ä n d e r u n g der Organe, in einer Rückbildung (Verfettung, Verkalkung, Zerfall und Schrumpfung) der feineren Elemente, der Zellen, welche die Organe bilden und die Thätigkeit der Organe bewirken. Diese Rückbildung ist unbestreitbar nachgewiesen und einem Jeden ad oculos demonstrirbar. Die so veränderten, fettig oder körnig gefallenen, geschrumpften oder verkalkten Zellen müssen naturgemäß anders functioniren, eine andere Thätigkeit entwickeln, denn unveränderte, normale. Die Thätigkeit der b l e i b e n d veränderten Zellen muß auch eine b l e i b e n d veränderte sein; — und dies ist auch der Fall, sie ist a n h a l t e n d verringert, in manchen Fällen selbst vollständig aufgehoben.

Eine davon gänzlich verschiedene anatomische Ursache liegt der Ermüdung, der herabgesetzten Thätigkeit eines Organes in Folge allzu großen oder allzu lang fortgesetzten Thätigseins zu Grunde; hier ist es nicht eine bleibende Rückbildung der zelligen Elemente, wie bei der Altersschwäche, sondern ein allzu großer oder allzu rascher Verbrauch der Zellen, deren Inhaltes und des zugeführten Verbrauchmateriales, des Blutes; daraus folgt in erster Linie Stoffmangel, in zweiter verminderte Thätigkeit; — mit anderen Worten: der Stoffverbrauch und die Stoffausgabe sind größer, denn der Stoffvorrath und die Stoffeinnahme (Blutzufuhr); diesem Ueberverbrauch und dieser Ueberausgabe muß unbedingt, um eines kaufmännischen Ausdruckes mich zu bedienen, eine Einstellung oder doch Verminderung der Arbeit oder der Baarzahlung folgen, welche so lange dauern wird, bis wenigstens die Zufuhr oder Einnahme den Verbrauch oder die Ausgabe wieder zu decken vermögen; dies geschieht am besten und vollständigsten während einer vollständigen Einstellung der Arbeit oder der Baarzahlung, während eines ruhigen Schlafes. Diese vorübergehende Schwäche in jedem Alter ist somit nur eine Erlahmung in Folge von Ueberarbeiten, ein erschwertes, temporär selbst unmögliches Weiterarbeiten eines Organes oder des ganzen Körpers. Ganz verschieden davon ist, wie wir schon gesehen haben, die Altersschwäche; sie ist nicht eine vorübergehende Einstellung der Arbeit oder der Baarzahlung, sondern ein anhaltendes totales Unvermögen wegen gänzlicher Zerrüttung und bleibender Veränderung der Verhältnisse, dieselben je wieder aufzunehmen.

Was ich bisher von den Organen im Allgemeinen gesagt habe, gilt nun auch für das Gehirn im Besonderen. Die Verminderung des geistigen Geschehens, die geistige Schwäche nach anstrengenden geistigen Arbeiten beruht auf allzu großem Stoffverbrauch, die im höheren Alter auf Gewebsveränderungen im Gehirn.

Erwähnen muß ich hier noch, um Mißdeutung und Irrthum zu vermeiden, daß allen Zuständen geistiger Schwäche zwar verschiedene anatomische, also bedingende Ursachen zu Grunde liegen, aber nur eine einzige physiologische, also Folgeursache, nämlich verminderter, herabgesetzter Stoffumsatz. Es mag nun ein Zustand geistiger Schwäche entstanden sein 1) in Folge allzu großen Stoffverbrauches im Gehirn durch angestrengtes geistiges Arbeiten oder durch Erregungszustände (Entzündung, Berauschung u. s. w.), 2) in Folge von Druck auf die Gehirnmasse und die sie versorgenden Blutgefäße, daher gehemmte Blutzufuhr; so bei Flüssigkeitsansammlungen in der Schädelhöhle (Wasserköpfe), bei Blutaustritt in die Gehirnmasse (Schlaganfall), bei Knocheneindrücken des Schädels u. s. w., oder 3) in Folge von Altersrückbildung, bei welcher nicht nur die verminderte Thätigkeit der verkrüppelten zelligen Elemente des Gehirns, sondern auch noch die verringerte Zufuhr eines nahrungsarmen Blutes durch die verengten und starren Arterien, eine Folge des s.g. atheromatösen Processes, in Betracht zu ziehen ist. In allen diesen Fällen geistiger Schwäche finden wir also, daß gestörte Blutzufuhr und Mangel an Umsatzstoff, welche einen herabgesetzten Stoffumsatz, eine verringerte Thätigkeit und Aeußerung bewirken, die nächstliegende, das anatomische Verhalten der Nervenzellen aber die Grundursache, das Bedingende und Primäre sei.

Aus dem eben Angeführten muß es einem Jeden einleuchten, warum selbst die stärksten äußeren Einwirkungen dem ermüdeten oder im Bau veränderten, in seiner Stoffzufuhr herabgesetzten Organ nur geringe oder gar keine Rückwirkungen abzwingen können.

Bedarf es nun noch einer Widerlegung der auf einer „genauen Beobachtung" basirten Schlußbehauptung (Seite 44): „Die Seele verfällt nicht mit dem Leibe, sondern ist in stetigem Wachsthum an innerer Stärke bis an's Lebensende hinaus begriffen"? Sie dürfte kaum gerechtfertigt erscheinen; dennoch wünsche ich derselben noch einige Worte zu widmen.

Es ist eine durchgreifende Regel, ein Naturgesetz im organischen Leben, daß kein Organismus von Bestand sei, sondern daß mit dem Aufhören des harmonischen Ineinanderwirkens der ihn zusammensetzenden Stoffe seine Lebensäußerung schwinde, sein Leben erlösche und er selbst zerfalle. Wie die Pflanze drei Stadien in ihrem Leben zeigt, nämlich: 1) Keimung und Wachsthum, 2) vollendete Bildung (Blüthe und Fruchtbildung), und 3) Rückbildung (Welken und Verwesen), — ebenso zeigen die übrigen organischen Wesen, die Thiere und der Mensch, dieselben drei Stadien. Beim Menschen bezeichnen wir sie als Jugend (Anbildung), Mannesalter (vollendete Bildung) und Greisenalter (Rückbildung), und deren Endpunkt (Tod in Folge von Altersschwäche).

Diese drei Stadien finden wir aber nicht allein im Gesammtorganismus wie in den einzelnen Organen, sondern auch in deren Functionen und Aeußerungen, d. h. in dem körperlichen und geistigen Leben, denn dieses ist ja nur ein Erzeugniß des Organismus. Wie in dem späteren Lebensalter die Bewegungen schwächer und unsicherer werden, das Auge blöder, das Gehör stumpfer, wie die Verdauung und Athmung häufigere Störungen erleiden, indem die Muskelfasern schwinden, die Nervenelemente und die Aufnahmsmedien (Sinnesapparate) des Auges und des Ohres zerfallen und sich in ihren Geweben ändern, indem ferner der Verdauungsschlauch und die Luftenge durch schädliche Einflüsse und häufige Erkrankungen in ihrem Bau Aenderungen erlitten haben, daher ein eiweiß- und sauerstoffarmes Blut produciren; — ebenso ist es mit dem Geiste des Menschen, welcher gleichfalls durch Rückbildung der Gehirnelemente und Verminderung der Gehirnmasse im Greisenalter verändert und abgestumpft wird.

Die Rückbildung des Körpers im Alter findet ihr natürliches Ende im Tode, dem Stillstehen der Thätigkeit des Organismus, welches naturgemäß eintreten muß sobald der Organismus in dem Grade verändert ist, daß ein Funktioniren seiner zelligen Elemente nicht mehr möglich ist. Mit der Thätigkeitseinstellung des Organismus müssen nothwendigerweise auch seine Thätigkeitsäußerungen, also das Leben, schwinden und aufhören; somit auch das geistige Geschehen, die sogenannte „Seele", welche, wie wir gesehen haben, nur eine Thätigkeitsäußerung, ein Erzeugniß des Gehirns ist. Der Tod erfolgt also nicht indem eine „Seele" den Körper verläßt, sondern, wie schon erwähnt, indem ein Fortbestehen des Lebens unmöglich wird, entweder im Greisenalter durch Rückbildung der Organe, wodurch Verdauung, Athmung, Blutumlauf u. s. w. bleibend gestört werden, welche Störungen ihrerseits wieder eine allgemeine Schwäche (seniler Marasmus), eine Verlangsamung und schließlich eine Stockung und ein gänzliches Aufhören des Stoffwechsels, den Tod durch Altersschwäche bedingen; — oder in einem früheren Alter in Folge von Momenten, welche hemmend oder vernichtend in das naturgemäße Ineinanderwirken der Organe und Säfte einwirken, also Tod in Folge von schweren Erkrankungen, Verletzungen, Vergiftungen, oder in Folge rascher wirkender Momente, z. B. Enthauptung, Erstickung, Schlag oder Fall auf den Schädel u. s. w. Aus diesem Grunde auch sind die Krankheiten von verschiedener Wichtigkeit für das Leben; eine Krankheit, welche ein zum Leben unbedingt nothwendiges Organ, z. B. Gehirn, Herz, Lunge u. s. w. befällt, ist viel gefährlicher, denn eine Krankheit, welche ein minder wichtiges Organ heimsucht.

Nach dieser länger denn beabsichtigt gewordenen Besprechung der Frage: „Giebt es eine vom Gehirn unabhängige Seele?" möchte ich den geduldigen Leser, der mir bis hierher gefolgt ist, bitten, auch noch der kurzgefaßten Zusammenstellung der im Vorstehenden weiter auseinandergestellten Sätze seine Aufmerksamkeit zu schenken.

I. Was wir Deutschen „Seele" nennen, was wir aber richtiger als „geistiges Geschehen" bezeichnen, ist die Aeußerung der Thätigkeit eines körperlichen Organes, und zwar des Gehirns.

Aus diesem ersten Satze folgt: 1) daß das geistige Geschehen das Erzeugniß des Gehirns, somit etwas Abhängiges und Secundäres sei; 2) daß es als solches nothwendigerweise mit dem Aufhören der Thätigkeit dieses Organes gleichfalls zu sein aufhören müsse; 3) daß der Regel gemäße, wie auch von der Regel abweichende Zustände im Gehirn in seiner Thätigkeitsäußerung sich kundgeben müssen; es muß somit ein regelmäßig gebildetes und regelmäßig ernährtes, also gesundes Gehirn eine regelmäßige Thätigkeit, dagegen ein unregelmäßig gebildetes oder abnorm ernährtes eine unregelmäßige, eine krankhafte Thätigkeit zeigen; im ersteren Falle müssen wir einen kräftigen und gesunden Geist, im letzteren einen krankhaft aufgeregten oder krankhaft geschwächten, oder perversen (irrsinnigen) Geist finden. Es folgt ferner daraus: 4) daß eine Ausbildung, Zunahme des Gehirns (in der Jugend) durch eine Mehrung, eine Rückbildung, Abnahme desselben (im Greisenalter) dagegen durch eine Minderung des geistigen Geschehens sich offenbare; 5) daß ein häufig oder stetig in mäßige Thätigkeit versetztes Gehirn durch geistige Stärke und Festigkeit, ein meistentheils oder stets in Unthätigkeit verharrendes dagegen durch geistige Schwäche und Ohnmacht sich äußere.

II. Die Organe des Körpers stehen unter sich in einem nicht nur anatomischen, sondern auch physiologischen Abhängigkeitsverhältniß.

Aus diesem zweiten Satz folgt: 1) daß eine Störung in der Thätigkeit des einen Organes in mehreren oder in allen übrigen ein Mitleiden bewirke; z. B. körperliche Krankheit, Geisteskrankheiten, und umgekehrt; 2) daß bei dem Außerthätigkeittreten eines Organes, dessen Thätigkeit temporär oder anhaltend, mehr oder minder vollständig durch ein anderes, zumeist ihm verwandtes Organ ersetzt werden kann, z. B. erhöhter Gefühlssinn bei Blinden, Flüssigkeitsausscheidung durch die Haut im Sommer, durch die Nieren im Winter.

Alle Sätze dieser Schlußzusammenstellung sind durch anatomisch-physiologische Thatsachen, welche ich zum Theil im Vorhergegangenen angeführt habe, bewiesen und nicht auf philosophische Spitzfindigkeiten und hypothetische Theorieen aufgebaut.

Ein flüchtiger Gang durch das amerikanische Geschäftsleben.
Von C. Bernays.

„Seit drei Monaten haben wir unsere Expenses nicht gemacht! Kaum möglich, Verluste wieder einzubringen! Man muß sich durchfinanziren!" Drei bitterböse Phrasen; viel häßlicher noch dem Wesen nach, sofern sie von ruchlosen, ungeschulten und leichtsinnigen Marodeurs im Handel angewendet werden, als sie es in sprachlicher Rücksicht sind. Aber da sind sie, und da sind auch ihre natürlichen Entstehungsgründe. Von kaum nennenswerther Bedeutung auf der allerniedersten Stufe des merkantilen Lebens, schwerer fühlbar in allen mittleren Berufen, unbeachtet und fast außer Frage bei jenen großen Combinationen, die meist auf indirekte Wirkungen und auf dauernde Steigerung der Culturbedürfnisse berechnet sind; wohlbegründet und strengen Regeln in jedem gut organisirten Geschäfte unterworfen, hängt der Gedanke, den sie ausdrücken, zu gleicher Zeit mit der gesammten Culturrichtung des amerikanischen Volkes zusammen. Der Reiche versteht darunter etwas ganz Anderes, als der minder begüterte Kaufmann; der zum Geschäftsmann Gebildete und Herangezogene etwas Anderes, als der vom Zufall und ohne alle merkantile Schule in die Handelswelt hineingeworfene Krämer und Freibeuter; wieder etwas Anderes der solide Mann, der leichtsinnige Speculant, der rechtschaffene oder der gewissenlose Kaufmann, und sie verlieren nahezu ihren Sinn auf der allerhöchsten Stufe commercieller Combinationen.

Der Zeitungsjunge, der wandelnde jugendliche Zündhölzerverkäufer, deren Geschäftslokal die offene Straße und deren Privatwohnung nirgendwo und überall unter Gottes blauem Himmelsdache ist, kommt am einfachsten über die drei bösen Kapitel hinaus. Die Stadt zahlt ihm die Miethe seines Geschäftslokales und seine Gasrechnung; der liebe Herrgott stellt ihm sein Nachtquartier gratis; und blieben ihm fünfzehn Cents von einem Dutzend verkaufter Zeitungen oder von einem Viertel Gros Zündhölzchen, die es ihm gelang, im Laufe des Tages abzusetzen, so mag er stolz und befriedigt durch die tobenden Geschäftsstraßen wandeln und unter irgend einem Vordach sein Stück Brod und seinen Bissen Wurst mit größerer Ruhe verzehren, als mancher seiner Kunden in den fünfstödigen Waarenhäusern sein lederes Abendmahl — seine Kosten hat er ja gemacht! Durchnäßt ihm dann auch einmal ein plötzlicher Regenschauer seine empfindliche Waare durch und durch, daß er sie gar nicht mehr an den Mann bringen kann, so geht er an den Hafen hinunter und trägt für einen ankommenden Reisenden einen schweren Reisesack nach dem Gasthof, und so hat er sich durchfinanzirt und seinen Verlust wieder eingebracht.

Der Holzkohlenhändler, der Jahr aus Jahr ein mit seinem einspännigen Karren durch die Straßen zieht, ist seiner Sache schon viel weniger sicher. Da ist schon Täuschung möglich, wenn er am Abend so viel über den Anlaufspreis seiner Kohlen eingenommen hat, daß er mit dem Ueberschuß sein Roß und seine Familie kärglich ernähren kann, und er dann glaubt, er habe seine Kosten gedeckt. Ist sein Kapital und sein Kredit nicht größer, als der Betrag, den er zum Ankaufe seines Pferdes, seines Karrens und einer Ladung Kohlen bedurfte, so ist er nahezu ruinirt, wenn ihm ein Rad zerbricht, oder wenn die alte Mähre krepirt, oder wenn ein halb Dutzend Irländer, die ihm bisher immer pünktlich bezahlt, mit ihren Familien weggezogen sind und vergaßen, die letzte Kohlenrechnung zu tilgen. Auf diese vom Schicksal und von ruchlosen oder unglücklichen Menschen ihm ausnahmsweise aufgelegten Ausgaben und Ausfälle hatte er nicht gerechnet; er müßte in der letzten Woche doppelt so viele Kohlen als gewöhnlich verkauft haben, sollte ihn das gebrochene Rad nicht selber zusammenbrechen, oder während eines ganzen Monats viermal so viel, als hinreichte, um im gewöhnlichen Laufe seines Vertriebes seine Auslagen zu bestreiten, um an Stelle seines gefallenen Pferdes ein neues anschaffen und einem andern halb Dutzend wenig begüterter Kunden fortan Kredit geben zu können. Bei diesem und allen ähnlichen Berufen, wo im allerregelmäßigsten Verlaufe des Geschäftes schon alle Kraft, alle Energie, aller Witz und alles Kapital aufgewendet werden müssen, um über die äußerste Nothdurft des Lebens Herr zu werden, liegt die Kunst des Finanzirens und des Einbringens von Verlusten ganz allein in der Kraft der Entbehrung und der zeitweisen Befähigung, seine Ausgaben auf ein erschreckendes Minimum herunterzubringen.

Will der kleine plattdeutsche oder irländische Spezereihändler, der in einem kaum halb fertig gebauten Hause einer entlegenen Vorstadt sein Krämchen aufschlägt, seine „Expenses" machen, so reicht das Darben allein schon nicht mehr aus, und ein Bischen Geschäftsroutine muß er haben. An derselben Stelle, wo jetzt ein avancirter „Porter" mit gutem Erfolg sein Geschäft betreibt, sind in den letzten Jahren fünf Anfänger im Spezereihandel zu Grunde gegangen, oder gaben ihr Geschäft wieder auf ehe sie gänzlich ruinirt waren. Der Erste hatte zu viel leicht verderbliche Waaren (porishable goods) im Verhältniß zur Möglichkeit des Absatzes im neuen Stadttheil eingelegt.

Eine Ladung Kartoffeln, die ihm im Keller verfaulten, ein Faß Butter, das ihm stinkend wurde, ein halb Dutzend Schinken und Schultern, die zu leben anfingen, ein Haufe Zwiebeln, die zum Kellerfenster hinauswuchsen, und seine zu Wurzelknorren zusammengeschrumpften Seifenstangen belehrten ihn bald, daß er hier seine Kosten nicht so bald aufbringen würde, und daß durch keinerlei Kunst, die ihm zu Gebote steht, seine Verluste wieder eingebracht werden könnten. Auch ein Zweiter sah sehr bald ein, daß es kaum möglich sei, an einem noch so dünn besiedelten Platze Waaren genug zu verkaufen, um davon leben, alle Auslagen decken und die Waarenvorräthe fortwährend complet erhalten zu können. Er war ein rechtschaffener Mann, und da er nicht verdiente was er brauchte, so entschloß er sich auch, nahezu nichts zu verbrauchen. Zuerst versagte er sich alles nicht absolut Nothwendige, dann beschränkte er auch die allernöthigsten Bedürfnisse von Weib und Kind. Gut gemeint, aber falsch verstanden. Das Nichtausgeben verursachte kein Mehreinnehmen; die Lebensmittel, die er nicht selbst consumirte, kaufte deshalb kein Anderer, und sie verfaulten und verdarben gerade wie bisher. Aufbrechen und wo anders aus den geretteten Trümmern sein Glück von Neuem aufzubauen suchen, — das war das Einzige, was ihm zu thun übrig blieb.

Als es der Dritte an derselben Stelle versuchte, war die Gegend schon besser besiedelt. Allein da er bisher Gehülfe in einem der größten Geschäfte im Mittelpunkte der Stadt gewesen war, so gab er seinen Einrichtungen einen Charakter, der sich mit der Lokalität nicht vertrug. Er hatte sich seit den letzten vier Jahren etwa 1200 Dollars erspart, und würde am äußersten westlichen Ende der Stadt mit dieser Summe Waaren genug haben einlegen können, hätte er nicht die Hälfte seines kleinen Kapitals für eingemachte Früchte, Rosinen, Sardinen, Salatöl und Austern ausgegeben, wonach eben die „kleine" Bevölkerung in diesem Stadttheile nicht fragte, während die reicheren Leute jeden Tag ihren Bedarf frisch aus den größten Etablissements der innern Stadt mit herausnahmen.

Auch einem Vierten gelang es nicht, seine „Expenses" herauszuschlagen, denn er glaubte sich's da draußen bequemer als in der Stadt machen zu dürfen. Er schlief bis um sieben Uhr und schloß zur Mittagszeit die Thüren zu. Er lebte bequemer — aber die Freude dauerte nicht lange. Denn die Leute, die des Morgens zwischen sechs und sieben Uhr nichts bei ihm kaufen konnten, gingen auch zu den andern Tageszeiten nach einem entlegeneren Krämer, und so machte der Fünfte endlich dem Sechsten Platz, der nun seit drei Jahren ausgehalten und mit besserem Recht als die Andern einer erfolgreichen Zukunft entgegensieht.

Und doch sind die Geschäftsauslagen dieses Mannes nicht unbedeutend. Er zahlt 30 Dollars Miethe per Monat, 15 Dollars für Unterhalt seines Pferdes, 5 Dollars im Durchschnitt für Reparatur des Wagens und Geschirrs und Beschlagens des Pferdes, etwa 6 Dollars für Gas und Feuerversicherung und wohl ebenso viel für Steuern; dazu kommt der Unterhalt seiner Familie und manches Unvorhergesehene, ehe von einem klaren Gewinn gesprochen werden kann, mit welchem je nach der Zunahme der Bedürfnisse der wachsenden Bevölkerung eine größere Auswahl von Waaren angeschafft oder das Nothwendige auf die Erziehung seiner heranwachsenden Kinder und das äußerliche anständige Auftreten seiner Familie verwendet werden kann. Fünf Andere mußten vor ihm abziehen, und vielleicht mußte er selbst es an fünf anderen Orten umsonst versucht haben, ehe er es an diesem Orte so angriff, daß er am Ende nicht nur seine „Expenses machte", sondern daß es über sie hinaus sein Geschäft mit G e w i n n betreiben konnte.

Diese Art von Geschäften führen, des unaufhaltsamen Wachsthums unserer Städte wegen, zahllose „kleine" Leute zu Wohlstand und Unabhängigkeit. Außer dem gewöhnlichen Grade von gesundem Menschenverstand, ohne den nicht leicht ein anderes als ein Zufallsgeschäft gelingt, gehören dazu nur Beharrlichkeit, eine gewisse Widerstandskraft gegen verlockende, dem ursprünglichen Geschäfte fremde Speculationen, Nüchternheit, auch vielleicht etwas demokratische Unparteilichkeit in der Behandlung der Menschen; aber es gehört dazu weder Muth und ein b e s o n d e r e r Grad von Befähigung, noch irgendwie bedeutendes Einsatzkapital. Sie werden meistentheils von Eingewanderten der ersten Generation unternommen, und haben gerade derjenigen Eigenschaften wegen, die nothwendig sind, um sie zu fördern, keinen Reiz für den Amerikaner früherer Einwanderungen.

Eine einzige Sprosse höher auf der Stufenleiter des Handels begegnen wir der alten und der neuen Bevölkerung in denselben Beschäftigungen. Der Kleinhandel im I n n e r n der Städte, in ihren älteren, längst dichter besiedelten Theilen überschreitet schon den Begriff von „Trade" und nähert sich dem „Commerce". Hier beginnt das größere Kapital schon seine Rolle zu spielen, und je höher der Rang der Geschäfte dieser Kategorie, desto mehr Erfahrung und commerzielles Talent verlangen sie, und namentlich ist es das erste von den drei bösen Kapiteln, das bei d i e s e n Geschäften, die sich gegen seine Mahnungen versündigen, am härtesten trifft. Denn die täglichen Geschäftslasten lasten gerade auf d i e s e n Mittelklassen am schwersten und stehen in der Regel im großen Mißverhältniß zu den Einnahmen. Die Miethen in unsern großen Städten sind fast unerschwinglich. Gas, Steuern, Feuerung, Assecuranz, Gehalte für Geschäftsgehülfen, Privatwohnung und Unterhalt der Familien sind um weniges geringer als die entsprechenden Ausgabeposten vieler Großhandlungen, während die Concurrenz die Gewinne auf das allermindeste Minimum herabdrückt und die Käufer fast niemals aus Rücksicht auf die Person eine Waare theurer bezahlen, als sie dieselbe anderswo bekommen können. Hier sind je nach der Lage und Natur des Geschäftes seiner Kundschaft die mittleren Einnahmen mit vergleichsweise großer Sicherheit voraus bekannt. Kapital und höherer Geschäftssinn sind es daher w e s e n t l i c h, auf denen durch geschickte, zeitgemäße, geschmackvolle und billige E i n k ä u f e, das Aufbringen der Kosten und des Geschäftsgewinnes beruhen. Wer die wohlfeilsten Quellen kennt; wer den Vortheil billigeren Einkaufes durch Bestellung größerer Quantitäten wahrnimmt; wer aus den ursprünglichen Quellen schöpfen kann und nicht gezwungen ist, einen Theil des Gewinnes schon vorweg auf andern Zwischenstufen zwischen dem Producenten und Kleinverläufer sitzen zu lassen; wer den Geschmack des Publikums studirt und ihm durch geschickte Anordnung und Mannigfaltigkeit seiner Waaren imponiren kann, der wird allen seinen Concurrenten, denen diese Vortheile nicht zu Gebote stehen, den Rang ablaufen. Die größeren und blühenderen Geschäfte dieser Art sind daher meistens in den Händen der älteren Bevölkerung. Sie erfordern schon einen Grad von mercantilem Muth und von geschäftsmännischer Initiative, ja sie erfordern eine gewisse Kenntniß des Nationalcharakters und der Strömungen der Bedürfnisse, die von dem Eingewanderten der ersten Generation nicht erwartet werden können. Allein e i n Umstand bricht epochenweise Tausende von diesen Detailhändlern im Innern der Städte nieder, der an den Kleinverläufern der Vorstädte, die sich nur mit dem Verlaufe des Allernothwendigsten befassen, fast spurlos vorüber geht. Dieser Umstand sind die Geschäftsstockungen, die Geschäftskrisen. In der Mitte der Stadt kann kaum ein Detailgeschäft bestehen, das nicht neben den s.g. Stapelartikeln auch feinere Waaren hält. Sobald die Stockungen eintreten, hört der Verlauf dieser feineren Artikel, an denen gerade die größten Gewinne gemacht werden, auf, oder verringert sich doch wesentlich. Nun ist es unmöglich, die Geschäftsauslagen im Verhältniß zum schwindenden Absatze zu reduciren, die Miethe, die Versicherung und Beleuchtung, der natürliche Verlust vom Schwinden und Altern gewisser Waaren, die Auslagen für Fracht oder das selbstgehaltene Geführt bleiben, und das Abschaffen eines Gehülfen, sowie die Einschränkung der eigenen Familie auf das Maß des Rückhaltens aller übrigen Consumenten, verfängt nur wenig dem mächtigen Ausfall der täglichen Baareinnahme gegenüber. Bei solchen Gelegenheiten machen Tausende von Kleinhändlern ihre „Expenses" n i c h t, und da stellt es sich heraus, daß auch i h r e gewohnte Rechnung auf einer falschen oder doch mangelhaften Basis aufgeführt war. Die Krise ist für den Kleinhändler in Masse, was das gebrochene Rad oder das gefallene Pferd für unsern Kohlenfuhrmann war, und Tausende erliegen ihr oder setzen die Gewinne verflossener Jahre wieder zu.

Fast alle diese Geschäfte haben sich gewöhnt, die Ausgaben für den Unterhalt ihrer Familien als zu ihren laufenden Geschäftsauslagen gehörig zu betrachten. Für den erst eingewanderten Geschäftsmann mag dies gelten; denn der Europäer ist gewöhnt, seinen Lebensunterhalt nach dem Maßstabe seines Einkommens zu berechnen. Der Amerikaner thut dies nicht. Seine Bedürfnisse mögen manchmal zufällig mit seinen Vermögensumständen in einem auch durch ökonomische Rücksichten begründeten Verhältnisse stehen; in der Regel aber sucht und findet der Amerikaner in a l l g e m e i n e n G e b r ä u c h e n und in seinem Bedürfnisse von Genüssen den Maßstab, nach welchem er sein häusliches Leben einrichtet. Das Nothwendige, Nützliche und

Angenehme sind bei ihm bei weitem nicht so strenge gesondert, als beim Europäer, und sehr viel von dem, was sich der Eingewanderte nur ausnahmsweise erlaubt und wofür er in seinem Ausgabenbudget gewiß die allerniedrigsten Ansätze gemacht, gehören dergestalt zu dem unabweisbar Nothwendigen in einer amerikanischen Familie, daß es herbeigeschafft werden muß, sollte darüber auch außer dem Einkommen ein Stück eigenen oder fremden Capitales (Credits) nach dem andern angegriffen werden.

Vermögen heißt sehr häufig beim Deutschen das Ausgeben können ohne wirkliches praktisches Verwenden. Der Deutsche sammelt und vermag auszugeben, er thut es aber nicht. Wie in Allem, so ist ihm auch hier am Wissen, er könne ausgeben, und an der abstrakten Kenntniß der Genüsse mehr gelegen, als am Genusse selber, während der amerikanische Erfahrungsmensch einen Genuß nur als solchen begreift, wenn er ihn wirklich in natura gehabt hat, und trotz aller angeblichen Humanitätsaspirationen läßt der Deutsche doch allzu häufig den eigenen Menschen dem abstrakten Vermögen zu Liebe an vielen Lebensfreuden Mangel leiden, die sich der Amerikaner trotz seines Unvermögens nicht versagt. Die eine Procedur kommt dem deutschen Geldbeutel, die andere dem amerikanischen Leben zu Gute. Während der kurzen Krisen fährt bei diesem System der Deutsche gewiß besser, aber während der langen regelmäßigen Geschäftszeiten hat der Amerikaner davon offenbar den Gewinn einer reicheren, mannigfaltiger gestalteten, menschenwürdigeren Existenz. Der Handel ist die Verwirklichung aller theoretischen Freiheitsbegriffe, insoweit sie sich auf das äußerliche Leben beziehen; soll der Verkehr auch den innern Menschen frei machen, so muß das Individuum die Resultate seines Verkehrs auch auf das innere Leben beziehen und dafür verwenden. Das Bewußtsein der Sorglosigkeit, das durch das europäische Aufspeicherungssystem erzeugt wird, hat gewiß einen untergeordneten Werth dem Gefühle gegenüber, daß man seinem kurzen Menschenleben an Fülle, an Genüssen und Mannigfaltigkeit das Erreichbare auch wirklich verschafft habe. Das allgemeine Gesetz dieses Verkehrs ist die Gewerbefreiheit, die Tochter der Demokratie, die Mutter des Wohlstandes namentlich in einem noch so dünn besiedelten, an Flächenraum und Ergiebigkeit aller Erwerbsquellen so unermeßlich reichen Lande. Aber eine unfehlbare Einrichtung ist auch die Gewerbefreiheit nicht. Sie ist wie das Meer offen für Jedermann, und gefahrvoll für Alle; die Viele bringt sie in sichern Port; Andere verschlingt sie, rücksichtslos sehr häufig auf rastlose Thätigkeit und die allergeschicktesten Manövers. Für Alle ist sie die Straße zu Wohlstand, Bildung und Freiheit — für Keinen eine Garantie, daß er dies Ziel auch erreiche.

Ein einziger Schritt weiter führt uns zu den Geschäften, die unter dem Namen der Großhandlungen bekannt, aber namentlich in den Binnenstädten der Union nichts Anderes sind, als Mittelstufen zwischen den sogenannten „Jobbers", Importeurs, und Fabrikanten und dem Detaillisten. Sie sind in der That nur die höchste Stufe des Kleinverkehrs. Manche von ihnen importiren birekt und beziehen mit Umgehung der „Jobbers" einen Theil ihrer Waaren unmittelbar aus den Händen der Fabrikanten und Producenten selbst. Im Ganzen aber ist ihr Charakter durch den Verkauf von Waaren in größeren Quantitäten, und zwar immer nach dem Maßstabe der Originalverpadung, bestimmt. Ihre Abnehmer sind alle diejenigen Kleinverkäufer auf dem Lande und in den Städten, deren Kapitalien und Geschäftsumfang ihnen nicht gestatten, selbst aus den ursprünglichen Quellen zu schöpfen. Sie haben es mit größeren Quantitäten und wenigeren Kunden zu thun, als die Kleinverkäufer, und die Concurrenz, die sie sich unter einander machen, besteht häufig in direktem, persönlichem Antritt an den Kunden durch Reisende und sogenannte „Drummers". In diesen Geschäften, namentlich wenn sie nicht auf sehr soliden Grundlagen beruhen, spielen „Chancen" schon eine mächtige Rolle, und das Auf und Ab schwebt sehr häufig zwischen totalem Ruin und plötzlich eintretendem Reichthum. Sie setzen daher bedeutende Combinationsgabe, viel commerciellen Muth und ein großes Kapital oder doch einen großen Kredit voraus. Bei einbrechenden Krisen, in Kriegszeiten, bei plötzlichen Veränderungen und bedeutenden Schwankungen der Valuta, beim Aufspringen neuer wirklicher oder imaginärer Handelswege und Absatzmärkte entscheiden häufig Kapital und richtiger Blick zwischen unerhörter Prosperität und plötzlichem Verschwinden der Firmen, und ebenso häufig hängen colossale Verluste und Gewinne oft von äußeren Umständen ab, die manchmal nicht in der Controlle selbst der allergeschicktesten Handelsleute liegen. Die Geschäftsauslagen und der Unterhalt der Familien, so groß die betreffenden Kosten auch immer sein mögen, kommen bei diesen Geschäften doch viel weniger in Betracht, als plötzliche Verluste und plötzliche Geldverlegenheiten. Die Krisen, welche Tausende von Detaillisten wenigstens temporär zahlungsunfähig machen, oder die doch den Großhändlern, deren Kundschaft etwa an weniger Kredit gewöhnt wurde, ihre Waaren auf dem Lager lassen, fallen mit ihrer ganzen Wucht auf sie zurück. Bei weniger scrupulösen Firmen, bei allen denen, die überhaupt nur die e i n e Chance des Gewinnes im Auge hatten, und die sich von Verlusten theils betäuben und aus ihrer Ruhe und Sicherheit bringen lassen, theils den Verlusten um jeden Preis zu entgehen entschlossen sind, beginnt hier eine Reihe von Proceduren, die sehr häufig voll der schmachvollsten und entwürdigendsten, und selber immer ungestraften oder doch von den Gerichten nicht erreichten Praktiken sind, oder die vollkommenen Ruin nach sich ziehen, wo skrupulöse Rechtschaffenheit und Besonnenheit noch manchen Ausweg gefunden hätten. Da hilft das plötzliche Einschränken nichts mehr, und nur mächtiger Kredit, oder was dasselbe ist, mächtiger Rückhalt an eigenem flüssigem Vermögen bieten Rettung. Wo jener Rückhalt fehlt, da fängt das Finanziren an; da wird zuerst der Bank-Kredit erschöpft; dann wird auf die Straße Geld zu zwei und drei Prozenten aufgenommen; dann wird für die Bezahlung der Waarencontos und Raten Ausstand für 6, 9 und 12 Monate verlangt, und da drängt sich häufig dicht an die Noth auch die Ungeduld, für i m m e r aus der schwierigen Lage herauszukommen. Da werden die Waaren auf Auktionen geworfen, da wird mit den Gläubigern ein Abkommen getroffen, um gegen Baarzahlung von 25, 30, 50 oder 60 Prozent, oder gegen kurze Raten für denselben Prozentsatz ganz und für immer frei gemacht zu werden, und da leidet manchmal neben dem Kredit des Kaufmanns auch noch das Gewissen des Mannes Schiffbruch.

Die größten Geschäfte können bei dem schwankenden Werthe unserer Valuta, bei Erschütterungen des Geldmarktes, die außer dem Bereich selbst der scharfsichtigsten Beobachter lagen, dem Finanziren nicht ausweichen. Ihr dadurch erzielter Gewinn mag sogar oft viel größer sein, als der rechtmäßig erwartete Nutzen vom Verkaufe ihrer Waaren. Der Importeur, der mit wohlfeilem Golde seine Schulden in Europa bezahlte, konnte gegen seinen Nachbarn, der von einem Tag auf den andern sich das nöthige Gold beschaffen mußte, über 150 Prozente im Vortheil sein. Ihn machte das geschickte Finanziren reich. Der weit über seine Kräfte in Geschäften steckende Handelsmann, der erst günstige Zufälle erwartet, und seinen Kredit durch Monate und Jahre künstlich erhalten muß, um endlich den Lotteriegewinn zu ziehen, auf den er spekulirte, ruinirt sich in hundert Fällen gegen einen durch Finanziren. Bei ihm häufen sich umgekehrt die beständigen, durch hohe Zinsen und Provisionen entstandenen Verluste zu einer Summe auf, welche die allerexorbitantesten Geschäftsgewinne meistens nicht mehr aufwiegen.

Wer durch die Geschäftsstraßen unserer großen Städte geht und ein gutes Gedächtniß für die Aushängeschilder von Handelsfirmen hat, der wird sich eine annähernde Tabelle von den Geschäften machen können, die das zwanzigste, das zehnte, das fünfte, das zweite Jahr erlebt, oder die wie Eintagsfliegen schon vor Ablauf des erstjährigen Geschäftsturnus aus der Klasse der Großhändler sich wieder weggeschlichen haben. Die Einen konnten nicht rechnen; die Andern konnten nicht über ihre Nase hinaus sehen; die Dritten verlockte der Gewinn einer glücklichen Saison, die sie als Clerks in einer Großhandlung mit angesehen; wieder Andere glaubten den Versprechungen von Kunden, die sie in andern Etablissements Jahre lang bedient; — wenn von allen diesen Kategorieen neugegründeter Großhandelsfirmen fünf Prozent das zweite Jahr überleben, so ist ein Wunder geschehen, oder es sind Conjunkturen so glücklicher Art eingetreten, daß sie einem Lotteriegewinn wie ein Tropfen Wasser dem andern gleichen. Wären die „Expenses" nicht so groß gewesen, oder wäre dieses oder jenes Unglück nicht über uns gekommen, — klagen dann Alle — wir wären stehen geblieben!

Das Glück und der Muth haben mehr Antheil an dem Gedeihen eines Geschäftes in Amerika, als sonst irgendwo in der Welt. Doch ist dieses Mehr auch hier sehr beschränkt und wird durch gleich starke Chancen unverdienter Verluste nahezu aufgewogen. Auch hier ist der s i c h e r s t e Weg des Gelingens das sich stufenweise Hinaufarbeiten in der Hierarchie des Handels. Auch hier ist d a s Geld das am sichersten verdiente, das durch Arbeitsamkeit und bescheidenen Gewinn erworben wird. Auch hier sind r e g e l m ä ß i g e

Geschäftsbetriebe, Ausdauer und Rechtschaffenheit die gesundeste Handelspolitik, und Excesse und forcirte Unternehmungen strafen sich auch hier immer noch häufig genug, um namentlich jüngere Leute, die eine lange Laufbahn vor sich haben, zur Wahl der **sichereren** Heerstraße des Handels zu bestimmen. Die Verlodung, **schnell** reich zu werden, ist groß; viel größer ist aber das Verdienst, ein bescheidenes Glück auf einer sicheren Grundlage aufgebaut zu haben. Doch bedarf dies Land der Einen wie der Andern. Es bedarf der kühnen Speculanten und der emsigen Erwerber bescheidener Vermögen. Hier sind die Rollen, das Stück heißt **flüchtige Größe** oder **dauernder Wohlstand** — daß die rechten Leute die ihnen passenden Rollen ergreifen, dies ist es, worauf es ankommt.

Doch vollendet die zuletzt beschriebene Art des Großhandels nur das Netz des alltäglichen Verkehrs zwischen den Consumenten mit einem Theile der Quellen der Production. Eine einzige Stufe höher, und es beginnen Geschäfte von so hohem Charakter und von so weitem Umfange, daß bei ihnen Kosten und Verluste kaum mehr in Anschlag kommen, und wobei nicht mehr das Privatcapital und der egoistische Trieb der Individuen ausreichen, sondern wozu neben dem demokratischen Massenbewußtsein und der höchsten Würdigung der Kulturbedürfnisse der Völker, mächtige corporative Kapitalien, ja sogar jetzt häufig der gesammte gegenwärtige und zukünftige Reichthum einer Gemeinde, eines Staates und selbst der ganzen Nation als Basis des nothwendigen Credites in Anspruch genommen werden. Am höchsten äußersten Ende des millionenfach gegliederten amerikanischen Handels begegnen wir wieder derselben Sorglosigkeit in Betreff der Aufbringung der Kosten und der Deckung von Verlusten, wie tief unten in der Region jener hausirenden Kinder. Und in der That, es schwinden im Vergleich zur Kulturbedeutung, zur indirecten und für alle Zukunft wirkenden Kraft jener Unternehmungen und zur Großartigkeit des Gegenstandes der Combinationen selbst die ungeheuersten Auslagen zu solcher Unwesentlichkeit herab, daß sie fast gerade so wenig in Betracht kommen als dort unten, wo sie der winzigen Natur jener Schmarotzergeschäftchen wegen kaum als erwähnenswerth gelten.

Nehmen wir noch eine Stufenleiter unter diesen Riesenoperationen an, etwa von Stewart's und Claflin's Waarengeschäften über Unternehmungen hinaus, wie unsere Expreß- oder wie die amerikanische Post-Compagnie, wie Butterfield's Ueberlandspost nach Utah und Californien, die, beiläufig gesagt, 20,000 Maulesel und ein ganzes Heer von Fuhrleuten und Kutschern in Anspruch nehmen, wie unsere großen Bankanstalten, schließen wir in diese Kategorie den Druck und Verschleiß von Ver. Staaten Documenten und den projectirten Bau der pacifischen Eisenbahn, und beginnen mit der Reihe dieser colossalen Betriebe mit unserer Postverwaltung und am äußersten Ende mit dem ganzen Verwaltungsgeschäfte der Angelegenheiten dieses Volkes und dem jüngsten Incidenzgeschäfte der Unterdrückung einer Rebellion, dessen Kosten wir auf ein volles tausend Millionen Dollars mehr oder weniger unmöglich berechnen konnten, und daß wir dennoch frischweg gerade so als eine Kulturnothwendigkeit unternommen haben, wie wir weit über unsere bereits beschafften Mittel hinaus unser inländisches Eisenbahnnetz vollendeten und unsere Städte besser selbst als die Wohnplätze der ältesten Kulturvölker eingerichtet haben — und wir müssen erkennen, wie der amerikanische Handelsverkehr in einer ununterbrochenen Kette die kleinsten bis zu den mächtigsten Thätigkeiten umfaßt und daß in diesem Verkehr das wahre, aber auch das ganze amerikanische Leben pulsirt. Wie klein, wie kläglich, wie quälend, daran denken zu müssen, wie man von heut auf morgen seine Kosten für Miethe, Beleuchtung, für Leibes-Nahrung deckt; wie man eine verlorene Schuld oder einem Brandschaden wieder gut, wie man ein Loch aufmachen muß, um ein anderes verstopfen zu können; und wie groß und erhebend der Gedanke, daß Verluste und Ausgaben niemals in Frage kommen, und daß das Gesammtvermögen der Nation niemals vergebens um Hülfe angesprochen wird, sobald es gilt, Unternehmungen ins Werk zu setzen, welche immer größeren Massen von Menschen die Mittel verschaffen, um immer höhere Stufen der Bedürftigkeit und der Genußfähigkeit von Lebensfreuden beschreiten und die erzeugten Bedürfnisse auch wirklich befriedigen zu können.

Der Briefkasten der Madonna.
Von Julius Werner.

(Fortsetzung.)

9. Die Reisegefährtin.

In dem an den Tajamar grenzenden Geschäftstheil Santiago's beginnt der Tag schon sehr frühe. Man geht zeitig an die Arbeit, um noch vor Eintritt der Mittagshitze diese nicht sehr behaglichen Regionen verlassen und sich in die reinere und kühlere Atmosphäre der Villas, in die duftigen Schatten der Haciendas zurückziehen zu können. Schon um fünf Uhr Morgens werden die großen Magazine und Waarenlager geöffnet; die niederen, mit Ochsen bespannten Carretas, gelenkt von schwarzhaarigen Chinos mit gelblichem Teint, setzen sich in Bewegung, um die Waaren nach oder von den Wherften zu schaffen, oder wohl auch, höher und sorgfältiger beladen, unter Vorspann eines einzelnen Pferdes oder Maulthiers, welches das Zwiegespann der trägen Wiederkäuer in lebhafterem Schritt erhält, nach den entfernteren Landdistrikten, den Städten, Dörfern und Haciendas längs der Cordillere, vielleicht gar bis tief in das Gebirge hinein, zu transportiren; kleine, ebenmäßig gebaute, aber mit seltener Muskelkraft ausgestattete Gauchos oder stämmige Indianer stellen sich schaarenweise an den Straßenecken auf, um beim Auf- und Abladen der Waaren behülflich zu sein oder sonstige Dienstleistungen in den Magazinen zu verrichten. Punkt sechs Uhr erscheinen die Commis und Schreiber, und nun nehmen die regelmäßigen Geschäfte des Tages ihren Anfang; gegen sieben endlich stellen sich, theils zu

Pferd, theils in zierlichen, zweirädrigen Buggis, die von zwei kleinen, langmähnigen Pferdchen der Steppe gezogen werden, die Herren Prinzipale ein, gewöhnlich in Begleitung eines elegant herausstaffirten, für das heiße Klima mitunter recht schwerfällig und unzweckmäßig gekleideten Reitknechts oder Kutschers, der während der Abwesenheit des Herrn für Thiere und Gefährt sorgen muß. Von 8—10 Uhr früh sind die Börsen- und Hauptgeschäftsstunden; wer einen der wohlhabenderen Geschäftsleute nach 11 Uhr in seinem Magazin oder Bureau aufsuchen wollte, würde wahrscheinlich vergeblich gehen, da die Geldaristokraten der chilenischen Hauptstadt um diese Zeit schon wieder den Heimweg nach ihren oft weit entlegenen Wohnstätten angetreten haben. Um die Mittagsstunde, wenn die Strahlen der südlichen Sonne senkrecht auf die Quadersteine der Straßenpflaster fallen, wenn von Boden und Mauern die versengende Gluth mit doppelter Gewalt zurückprallt, sind Läden und Thüren der Waarenhäuser schon wieder geschlossen, kein Frachtkarren rollt dann mehr über die Straßen, im tiefsten Schatten der Häuser oder hoch aufgethürmter Waarenballen lagern einzelne Arbeiter, in sanftem Schlummer ihre Siesta haltend, und der ganze Geschäftstheil der Stadt ist so öde und ausgestorben, wie in den Handelsstädten nördlicherer Länder und Zonen höchstens um Mitternacht.

Es ist keines der unbedeutendsten der in diesem Stadttheil Santiagos gelegenen Gebäude, welches mit großen, vergoldeten Buchstaben auf blauem Grunde den Namen der Firma „Hammer, Zang und Comp." zeigt. Zu ebener Erde befindet sich das Comptoir mit seinen Pulten, Zahltischen, Repositorien und feuerfesten Geldspinden; auf langen Tafeln ausgebreitet liegen die Proben der Waaren: Spezereien, Droguen und Farbstoffe, Alles vortrefflich geordnet und in vortheilhaftester Weise zur Schau gestellt, so daß das Auge des Käufers angelockt werden muß. Nach hinten schließen sich daran die Privatzimmerchen des Prinzipals und Geschäftsführers, sauber und freundlich, wenn auch nicht mit so verschwenderischer Eleganz ausgestattet, wie sie bei den reichen Kaufleuten Südamerikas oft im Schwunge ist. Die geräumigen Kellergewölbe und zwei obere Stockwerke dienen als Waarenlager, jene für die flüssigen Stoffe, Oele und solche Artikel, welche eines kühlen, feuchten Aufbewahrungsortes bedürfen diese für die Kräuter, Sämereien, Wurzeln und für Alles, was trocken und luftig gelagert sein muß.

Herr Eugen Hammer, der chilenische Vertreter der über mehrere Welttheile ausgebreiteten wohlbekannten Firma, nunmehriger Chef des Hauses zu Santiago, hatte wahrlich nicht zu viel gesagt, wenn er seinen Freund und Buchhalter Christian Nagel die Seele des ganzen Geschäftes genannt, ohne dessen rastlose Thätigkeit und pünktliche Pflichterfüllung der chilenische Zweig der Hamburger Firma niemals eine solche Blüthe erlangt und einen so soliden Boden gewonnen hätte. Es giebt geborene Geschäftsmenschen, wie es geborene Dichter und Künstler giebt; aber man muß dieselben weniger unter den großen Kaufleuten, den erfolgreichen Spekulanten, als vielmehr in der bescheidenen Sphäre der

Subalternen, der auf dem Comptoirstuhl und im Lagerhaus arbeitenden Gehülfen suchen; jene treibt der Gewinn, die Gier nach Vermehrung ihres Besitzes, nach Erweiterung und Vergrößerung ihres Geschäfts, diese arbeiten aus wirklicher Lust zur Arbeit, aus einem instinktartigen Geschäftstrieb, der sie schlechterdings nicht müssig sein läßt und keinen anderen Ehrgeiz kennt, als den, jeden Tag ein gewisses, möglichst großes Quantum Arbeit erledigt und dadurch zum Glanz der Firma, mit der sie sich identifiziren ohne doch an ihrem Gewinn Theil zu nehmen, beigetragen zu haben.

Man muß ihn sehen, diesen rastlos thätigen Herrn Christian Nagel, wie er, einer der Ersten am Platze, obwohl er das Privilegium hätte, erst kurz vor dem Prinzipal auf dem Comptoir zu erscheinen, von Morgens früh bis Mittags zum Geschäftsschlusse im weiß-leinenen Hausrock, die Feder hinter dem Ohr, Bleistift und Notizbuch in der Hand, das ganze Haus durchwandert, wie selbst das kleinste seiner Aufmerksamkeit nicht entgeht, wie er schreibt und notirt und rechnet, wie er überall selbst thätige Hand anlegt und Andere zum Handanlegen ermuntert. Nicht zufrieden mit den gewöhnlichen legitimen Arbeitsstunden, kehrt er oft des Nachmittags wieder, wenn sich alle Andern der Ruhe überlassen, um eine begonnene Arbeit zu vollenden, seine Bücher in Ordnung zu bringen oder eine Waarensendung zu sortiren.

Man muß ihn sehen, wie er auf dem Comptoir und im Magazin mit gleichem Fleiße arbeitet, wie er sich keinen Augenblick der Ruhe gönnt, wie er waltet und schaltet, den Inhalt der im Keller lagernden Fässer, der auf den Speichern befindlichen Ballen nach Quantität, Gewicht und Beschaffenheit auf's Genaueste kennt und jeder Zeit Auskunft darüber zu geben weiß, andererseits aber auch ein lebendiges Register der Geschäftsbücher ist, deren kleinsten Eintrag er genau im Kopfe hat, — das Alles muß man sehen und bobachten, um zu begreifen, welches Juwel die Firma Hammer, Zang und Comp. an ihm besitzt, wie der ganze Mechanismus des ausgedehnten Geschäfts in bedenkliches Stocken gerathen würde, wenn dieser Nagel nicht länger den bescheidenen Mittelpunkt bildete, um den sich das Ganze in geräuschloser Ordnung dreht. Ehemals mochte wohl auch Herr Eugen Hammer das Seinige beigetragen haben, um das Geschäft in Schwung zu bringen; seit aber jene verhängnißvolle Liebe zu der schönen Leontica Mureno in seinem Herzen Wurzel geschlagen, war sein Eifer erkaltet, er war träumerisch und gleichgültig geworden, und das Geschäft würde schwer gelitten haben, hätte nicht der doppelte Fleiß, die unermüdliche Aufmerksamkeit des Buchhalters Alles ersetzt, woran es der Hauptvertreter der Firma jetzt fehlen ließ. Als Herr Hammer später nach Europa reis'te und fast ein volles Jahr abwesend war, bewährte sich die Tüchtigkeit Nagels im vollsten Maße; es ging Alles seinen gewohnten Gang, Nichts ward vernachlässigt oder auch nur minder gut ausgeführt, und als der mittlerweile zum Theilhaber der Firma avancirte Chef zurückkehrte, erwiesen die Geschäftsbücher einen blühenderen Stand der Verhältnisse, als nur je zuvor.

Daß die Glieder ohne das Haupt so gut zurecht kamen, mußte als ein rechtes Glück betrachtet werden; wäre es anders gewesen, so würde auch durch des Letzteren Rückkehr nicht viel gebessert worden sein. Nach dem unglücklichen Zusammentreffen zwischen Eugen und Leontica im Garten der Esquina, das zu verhindern der treue Nagel sich so große Mühe gegeben, folgte für den armen Hammer eine schlimme Zeit, in der an Wiederaufnahme der früheren geschäftlichen Thätigkeit, für die er solche Lust und Begeisterung mitgebracht, nicht zu denken war. Seine jugendlich kräftige Natur trotzte zwar dem fürchterlichen Schlage, der ihn vom vermeintlichen Gipfel des Glückes in den tiefsten Abgrund der Verzweiflung schleuderte, insofern, als er nicht auf's Krankenlager geworfen wurde, und selbst bei der Nachricht, daß die nunmehrige Gattin Don Escovedos noch am Abend des Hochzeitstages gefährlich erkrankt sei und dann mehrere Wochen in höchster Lebensgefahr schwebte, seine körperliche Kraft und geistige Fassung dem äußern Schein nach bewahrte; nichtsdestoweniger war sein Zustand ein höchst beklagenswerther, leidenschaftliche Aufregung wechselte mit gänzlicher Erschlaffung; zuweilen brach er in laute Klagen aus, dann saß er wieder tagelang in dumpfes Hinbrüten versunken, ein Bild des schwersten Leidens und der tiefsten Bekümmerniß.

In dieser trüben Zeit bewährte sich so recht die aufopfernde Freundschaft Nagels. Nicht genug, daß er das Geschäft in herkömmlicher Weise leitete, daß er wo möglich noch kräftigere Anstrengungen machte, den Ruf und die Würde der Firma zu wahren, er pflegte und überwachte auch den Freund, dessen Herzensgeheimniß keine andere Seele durchschauen sollte, er wandte alle erdenkbare Kunst auf, um denselben zu trösten, mit dem Geschehenen auszusöhnen, zu welchem Ende er sich selber auf's Kundschaften verlegte und stets die neuesten Nachrichten aus dem Hause Don Escovedos einzuziehen suchte, die er dann Eugen so schonend als möglich und in der nach seiner Meinung geeignetsten Weise mittheilte. Dabei gab er sich alle erdenkliche Mühe, die Aufmerksamkeit des jugendlichen Chefs wieder auf das Geschäft hinzulenken, ihm durch Hinweis auf den erfreulichen Stand der Angelegenheiten, durch Anregung neuer, vortheilhafte Resultate versprechender Spekulationen und Unternehmungen Lust zu erneuter geschäftlicher Thätigkeit beizubringen, aus welcher er vermöge seiner veränderten Stellung in der Firma nun für sich allein den Ruhm und die Früchte zu ernten hatte.

Dieses kluge Verfahren Nagels blieb denn auch keineswegs ohne Erfolg. Die anfangs recht bedenkliche Gemüthsverfassung Hammers erfuhr allmälig einen Umschwung zum Besseren; die leidenschaftlichen Paroxismen verschwanden, das dumpfe, gleichgültige Hinbrüten machte einer freundlicheren, theilnehmenderen Stimmung Platz, die ursprünglich heitere Natur gewann wieder die Oberhand. Der junge Kaufmann kehrte zu seiner gewohnten Lebensweise zurück, erschien pünktlich auf dem Comptoir, prüfte Bücher und Correspondenz und durchwanderte, von Nagel geleitet, die weiten Waarenlager, um die vorhandenen Vorräthe zu beaugenscheinigen und sich von der Güte der Waaren zu überzeugen. Auch geselligen Vergnügungen, denen er übrigens nie lebhaft nachgeſtrebt, ward er wieder zugänglicher, und was Nagel für das günſtigſte Zeichen hielt: die Vorgänge im Hauſe Don Escovedos nahmen ihn nicht mehr ſo lebhaft in Anſpruch, ja es vergingen ſchon Tage, an denen er ſeines vom Glücke begünſtigten Nebenbuhlers und der für ihn verlorenen Leontica auch nicht einmal in leiſer Anſpielung gedachte. Jedem Verſuche des Freundes, ſeine Aufmerkſamkeit einem andern weiblichen Weſen zuzuwenden, ihn zur Anknüpfung eines neuen Verhältniſſes mit einer der reizenden Töchter Chilis zu bewegen, ſetzte er allerdings den lebhafteſten Widerſtand entgegen, ja er konnte ſich darüber ſo ernſtlich erzürnen, daß Nagel, der auf eine ſolche Wendung der Dinge bereits große Hoffnung geſetzt, ſich genöthigt ſah, jedem derartigen Bemühen einfür allemal zu entſagen.

War nun auch für den durch und durch nüchternen Geſchäftsführer der Firma „Hammer, Zang und Comp." die Liebe ein höchſt räthſelhaftes Etwas, deſſen Eigenthümlichkeiten er ſich ſchlechterdings nicht zu erklären vermochte, ſo ſah er doch an den ſo beunruhigenden Wirkungen derſelben, daß mit dieſer geheimnißvollen Kraft nicht zu ſcherzen ſei, daß vielmehr ein Jeder, der ihrer Einwirkung verfallen, gewiſſermaßen auf einem Vulkan ſtehe, der, wenn auch für den Augenblick zur Ruhe gelangt, in jeder zukünftigen Periode einem neuen Ausbruch ausgeſetzt ſein mag. Nagel fürchtete gewiß nicht mit Unrecht, daß irgend ein unglücklicher Zufall die erlöſchende Flamme im Buſen des armen Freundes auf's Neue entzünden und alle die kaum überſtandenen Stürme abermals heraufbeſchwören möge. Dem vorzubeugen, gab es wohl kein beſſeres Mittel, als Hammer für längere Zeit aus der gefährlichen Nähe des noch immer geliebten Gegenſtandes zu entfernen, zugleich aber ſeine körperliche und geiſtige Thätigkeit ſo vollſtändig in Anſpruch zu nehmen, daß er verhindert wurde, dem unglückſeligen Verhältniß länger nachzuſinnen und es durch die Macht täglich wiederkehrender Erinnerungen wach zu erhalten. Hammer hatte in früheren Zeiten oft von einer Reiſe geſprochen, die er zur Erweiterung des Geſchäftes über die Cordillere, nach den jenſeitigen Provinzen der argentiniſchen Staaten zu unternehmen beabſichtigte. Dieſe Idee brachte Nagel jetzt wieder in Anregung. Er ſprach von dieſen oder jenen Produkten der weſtlichen La-Plata-Staaten, an denen durch direkte Ankäufe an Ort und Stelle beträchtlicher Gewinn zu erzielen ſei; er ſtellte ferner vor, wie ſich die Koſten des Transports über die Cordillere leicht auf die Hälfte reduziren ließen durch Anknüpfung von Handelsverbindungen in jenen Regionen, ſo daß die mit argentiniſchen Produkten die Cordillere überſteigenden Karawanen als Rückfracht chileniſche Produkte mitnehmen könnten, die ihrerſeits dort drüben lohnenden Abſatz verheißen würden. Hammer ging mit unerwarteter Lebhaftigkeit auf dieſe Pläne ein. Auch er mochte einſehen, daß unter den obwaltenden Umſtänden eine länger dauernde Reiſe das beſte Mittel ſei, um der nunmehr hoffnungsloſen Leidenſchaft völlig Herr zu werden, um wieder jene geiſtige Sammlung, jenen unerſchütterlichen Gleichmuth zu gewinnen, deren er zum ferneren erfolgreichen Vordringen auf ſeiner merkantilen Laufbahn ſo dringend bedurfte. Eine Reiſe über die Cordillere, ſo mühsam sie auch sein mochte, hatte überdies für ihn, als Naturfreund und enthusiastischen Bewunderer großartiger Scenerieen ganz eigenthümliche Reize, die ihn um so verlockender dünkten, je öfter das Projekt angeregt wurde und je näher die Ausführung desselben heranrückte. Die Reise war eine beschlossene Sache. Die Vorkehrungen wurden mit Eifer und in umfassender Weise betrieben. Nagel sammelte eifrig alle Notizen, die in geschäftlicher Beziehung etwa von Werth sein mochten, und stellte schon Berechnungen an über die Ausdehnung, welche diese Reise den Unternehmungen der Firma gewähren werde. In einigen Wochen, sobald die durch die Sonnenhitze verursachten Lawinenstürze in der mittleren Gebirgsregion vorüber, sollte der Aufbruch der kleinen Handelskarawane stattfinden. Die Abwesenheit von Santiago war auf etwa drei bis vier Monate berechnet, so daß man die Cordillere wieder gekreuzt noch ehe die Regenzeit, die sich hoch oben im Gebirge zum grimmigen Winter gestaltete, hereingebrochen und die Gebirgspässe völlig unwegsam gemacht.

Es war früh am Morgen, die Schreiber und Gehülfen hatten eben ihr Tagewerk in gewohnter Weise begonnen, als ein tief in die Mantille verhülltes Frauenzimmer schüchternen Schrittes das Comptoir von „Hammer, Zang und Comp." betrat. Weiblicher Besuch war in diesen Räumen eine große Seltenheit; natürlich richteten sich sofort Aller Augen auf die ungewohnte Erscheinung. Die Fremde, durch diese Beobachtung noch zaghafter gemacht, stand einen Augenblick still und sah sich verlegen nach allen Seiten um. Ihre Züge waren unter der landesüblichen dichten Verhüllung nicht zu erkennen, die überaus zierliche Gestalt und die graziösen Bewegungen ließen aber mit Sicherheit auf Jugend und Schönheit schließen. Der Verlegenheit der Fremden ward durch den Geschäftsführer ein Ende gemacht, dessen scharfes Auge sie sofort erspäht hatte, obwohl er gerade am äußersten Ende des Comptoirs beschäftigt war, den Inhalt einiger Säcke Indigo zu prüfen. Nagel trippelte bebende herbei und erkundigte sich nach ihrem Begehr mit derselben geschäftsmäßigen Höflichkeit, wie sie ihm bei Bedienung seiner Kunden eigen war.

„Ich wünschte Sennor Prinzipalo zu sprechen," sagte die Fremde mit einer Stimme von wunderbar süßem Klang.

„Herrn Hammer? So .... so ...." Nagels scharfes Auge bemühte sich offenbar, die neidische Umhüllung zu durchdringen, um über die Persönlichkeit des auffallenden Besuches näheren Aufschluß zu erhalten. Die Fremde kam ihm bereitwillig zu Hülfe, indem sie den Kapuchon der Mantille etwas auseinanderschlug. Sogleich erkannte er die schöne Ballerina aus der Esquina, die bei Hammers Ankunft einen so mächtigen Eindruck auf ihn gemacht, der freilich durch die unmittelbar darauf folgenden Ereignisse wieder verwischt worden war. Nagel, der kein Mittel unversucht ließ, um seinen armen Freund einer vernichtenden Leidenschaft zu entreißen, hatte der schwarzäugigen Ballerina öfters gedacht, und einmal war es ihm sogar gelungen, Hammer nach der Esquina zu locken, wo er jedoch zu seiner Enttäuschung in Erfahrung gebracht, daß die schöne Pepa ihr öffentliches Auftreten in diesem Lokal schon seit Wochen eingestellt. Daß die Ballerina jetzt von selber kam und seinen Freund zu sehen wünschte, war ihm daher, so auffallend es auch erscheinen mochte, doch keineswegs unangenehm.

„Würden Sie mir wohl erlauben, einige Worte mit dem Sennor zu reden? Ich habe ihm Wichtiges mitzutheilen," bat die reizende Kleine mit ihrer süßen, klangvollen Stimme.

„Ah, die schöne Pepa!" rief der Geschäftsführer überrascht. „Gewiß, mein Kind; Herr Hammer ist hier...., er wird sich freuen, die kunstfertige Ballerina, deren Tanz ihn so entzückte, wieder zu sehen. Nur hier herein, wenn ich bitten darf!"

Nagel schritt voran und führte Pepa durch einige an das Comptoir stoßende Räumlichkeiten. Die letzte derselben, ein kleines, geschmackvoll ausgestattetes Cabinet, war Hammers Arbeitszimmer. Der junge Kaufmann stand vor seinem mit Büchern und Papieren bedeckten Pult und schrieb eifrig.

„Ein Besuch, Herr Hammer, ein überraschender Besuch — aber ich dächte, Sie sollten ihn noch kennen," sagte der Geschäftsführer pfiffig schmunzelnd, als er das schüchterne Mädchen dicht vor sich in das Zimmer des Prinzipals schob.

Eugen Hammer blickte gleichgültig von seiner Arbeit auf.... seine Blicke trafen das erröthende, in seiner ängstlichen Verlegenheit unbeschreiblich anmuthige Antlitz der Ballerina. Auch ihm stieg das Blut in die Wangen; er legte rasch die Feder aus der Hand und trat der Ankommenden mit gewinnender Freundlichkeit entgegen.

„Seh' ich recht!.... Pepa, die holde Künstlerin aus der Esquina?.... Was führt Dich hierher, meine reizende Kleine?"

„Verzeihen Sie, Sennor," versetzte das Mädchen mit äußerster Schüchternheit und fast als ob sie der kühne Entschluß bereits gereue; — „es war vielleicht sehr unrecht, daß ich mir die Freiheit nahm...."

„Nicht doch, meine Kleine, welches Unrecht wäre es, einen Freund, einen Bewunderer aufzusuchen, der sich über diesen Besuch aufrichtig freut, der Dich herzlich willkommen heißt."

„Ich bringe eine Botschaft, Sennor, und habe eine Bitte."

„Wirklich? Laß hören, Pepa!"

Das Mädchen warf einen verlegenen Blick auf Nagel, der in neugieriger Haltung und mit demselben schmunzelnden Lächeln in der Thür stand.

„Fürchte nichts! Dieser Herr ist mein vertrauter Freund, vor dem ich keine Geheimnisse habe. Kommen Sie doch näher, Nagel!"

„Nein, nein, Herr Hammer!" rief der Geschäftsführer zurückweichend. „Der Indigo muß sogleich sortirt werden. Die Sendung für Contreras soll noch heute abgehen .... entschuldigen Sie, Herr Hammer!"

Der Geschäftsführer huschte behende durch die Thür und ließ seinen Prinzipal mit dem zitternden Mädchen allein.

„Aber Nagel, ich bitte Sie, bleiben Sie doch noch einen Augenblick! ....

„Nein .... er geht .... er läßt uns allein .... Sei nicht ängstlich, Pepa, ... Du darfst volles Vertrauen zu mir hegen."

„Ich vertraue Ihnen, Sennor, — mein Erscheinen an diesem Orte bürgt dafür."

„Was hast Du also? Was bringst Du mir?"

„Eine geheime Botschaft, Sennor."

„Du, Mädchen?"

„Eine Botschaft des Glücks!"

„Was ist es, Pepa?" fragte Hammer betroffen.

Die Ballerina kam ganz nahe zu ihm heran, legte die Lippen an sein Ohr und flüsterte ihm einige Worte zu. Der junge Kaufmann zuckte zusammen, eine heftige Aufregung bemächtigte sich seiner.

„Gerechter Gott, welchen Namen nanntest Du da?"

„Sennora Leontica sendet mich."

„Zu mir? — Zu mir?!"

„Zu Ihnen, Sennor!"

„Unmöglich! Die Gattin Escovedos....?"

„Sennora wünscht Sie zu sehen...."

„Was hör' ich!"

„Auf der Hacienda ihrer Mutter.... sie begab sich heute in der Frühe dahin...."

„O mein Himmel! Ist es kein Traum?"

„Niemand wird Ihre Unterredung stören. Es ist Sennora's sehnlichster Wunsch, daß Sie kommen!"

„Leontica.... sie, die einzig Geliebte!.... O mein Gott, mein Gott! .... Sprichst Du auch die Wahrheit, Mädchen?"

„Glauben Sie, daß ich Sie täuschen könnte?" fragte Pepa betrübt.

„Nein, das kannst Du nicht, gute Pepa! Verzeihe mir meinen häßlichen Argwohn.... ich wollte Dich nicht kränken.... die Ueberraschung ist so groß!...."

Pepita blickte voll inniger Theilnahme auf den jungen Mann; in ihrem Auge schimmerte eine Thräne der Rührung.

„Sagte ich Ihnen nicht, daß es eine Botschaft des Glückes sei?" fragte sie.

„Des höchsten Glückes oder — des schrecklichsten Verderbens!" rief Hammer heftig. „Einerlei — ich folge ihr! Ist es doch der Mund eines Engels, der sie mir verkündet!"

„Könnte ich Ihr Schutzengel sein, Sennor!" sagte Pepita weich und mit einem Ausdruck, der aus vollem Herzen kam.

„Gutes, herrliches Mädchen, Du sollst es sein! Die Mutter Gottes, zu der Ihr in frommer Unschuld betet, sandte Dich mir zu!"

Pepita's dunkele Augen leuchteten. „Ja, Herr, Madonna hat mich gesendet!"

„Doch nun sprich, Mädchen! Erzähle, wie es kam..... Weshalb sie meiner gedachte und Dich zur Botin wählte!"

„Fragen Sie nicht, Sennor!.... Die Zeit ist kostbar.... später wird Ihnen Alles klar werden.... Darf ich auf meine Bitte zurückkommen?"

„Ich machte mich der schnödesten Undankbarkeit schuldig, wenn ich sie nicht zum Voraus bewilligte."

„Es könnte viel sein, was ich verlange, Sennor."

„Und wenn es mein Leben wäre! Sprich, Pipa!"

„Man sagt, Sie würden eine Reise nach meiner Heimath unternehmen, um die Provinzen der Argentina jenseits der Cordillere zu besuchen."

„So ist es, Kind. Alle Vorbereitungen sind getroffen. Ich reise bald."

„Darf ich Sie begleiten, Sennor?"

„Du, Pepa?.... Welcher Gedanke!"

„Meine Pflegemutter, die jenseits der Anden in der Provinz Catamaria lebt, ist alt und kränklich. Ich wünschte sie vor ihrem Ende noch einmal zu sehen. Auch ist sie im Besitze gewisser Gegenstände, die für mein ferneres Fortkommen von höchster Bedeutung sind, deren Auslieferung sie mir nicht verweigern wird, wenn ich sie nochmals darum bitte."

„Aber die Mühsalen und Gefahren der Reise über die Cordillere...."

„Ich kenne sie, bin ich doch von jenseits herüber gekommen. Unter Ihrem Schutze, Sennor, würde ich sie leicht bestehen und mich völlig sicher fühlen."

„Seltsames Mädchen!"

„Ich habe Ihr Versprechen."

„In Gottes Namen! Mein Wort ist mir heilig, wie es mir Deine Sicherheit sein soll."

„Ich werde Ihnen und Ihrer Reisegesellschaft in keiner Weise zur Last fallen, Sennor. Meine Bedürfnisse sind gering; an Entbehrungen und Mühsalen bin ich von Jugend auf gewöhnt. Alle Kosten der Reise bestreite ich gern aus eigenen Mitteln."

„Das findet sich, mein Kind. Indem Du Dich meinem Schutze anvertraust, mußt Du mir auch erlauben, Dich als meine Gefährtin zu betrachten und für alle Deine Bedürfnisse Sorge zu tragen. Halte Dich zum Aufbruche bereit; in acht Tagen sind wir vielleicht schon oben in den Bergen."

„Ich danke Ihnen von ganzem Herzen, Sennor! Jetzt — gedenken Sie Leonticas!"

„Ich habe keinen Gedanken außer ihr!"

„Vor Mittag noch wird sie Ihrer harren."

„Mein Pferd steht bereit; in einer Stunde trägt es mich nach der Hacienda."

„Sie kennen den Weg?"

„Hab' ich ihn doch in früheren, glücklicheren Tagen so manches Mal zurückgelegt!"

„Leben Sie wohl, Sennor! Madonna schütze Sie und Ihre Liebe!"

„Noch eine Frage, Pepa: was bewegt Dich, an meinem Geschicke so lebhaften Antheil zu nehmen? Welchem Umstande verdank' ich Deine Hülfe?"

Die Ballerina erröthete, doch sie antwortete nicht.

„Bist Du mit Leontica bekannt?"

„Der Auftrag, den ich Ihnen von ihr überbrachte, waren die ersten Worte, die sie an mich richtete."

„Seltsam! Wie erwarbst Du Dir ihr Vertrauen?"

„Ich sah sie im Heiligthum der Madonna und bot ihr meine Dienste an, die sie nicht ausschlug."

„So kanntest Du mein Verhältniß zu ihr; — wer weihte Dich in das Geheimniß ein?"

„Madonna hat es mir offenbart; ich handelte in Allem nur nach ihrem göttlichen Willen."

„Wunderliches Mädchen, ich verstehe Dich nicht; Du hast etwas Räthselhaftes in Deinem Wesen, aber ich liebe und verehre Dich und werde Dir meine Dankbarkeit zu beweisen suchen. Wann seh' ich Dich wieder?"

„Bald, bald, Sennor — noch ehe wir reisen!"

Hammer wollte die kleine Hand der Ballerina erfassen, um sie an seine Lippen zu drücken; sie aber, da er mit der Rechten kaum ihre Fingerspitzen berührt, wich scheu zurück und huschte, wie ein Schatten, behende und geräuschlos aus dem Gemach. Als er ihr durch das anstoßende Zimmer bis zum Comptoir nacheilte, hatte sie mit flüchtigen Schritten bereits die ganze Länge des Raumes durchmessen und verschwand, von den hinter den Pulten beschäftigten Schreibern kaum bemerkt, durch die nach der Straße führende Thür. Hammer machte keinen Versuch, ihr weiter zu folgen; als er aber einen der im Magazin beschäftigten Bursche gewahr wurde, rief er ihm zu, sein Pferd, das im Hofraume untergebracht war, sogleich vorzuführen und zum Gebrauche bereit zu halten.

Von stürmischen Gefühlen bewegt, kehrte er nach seinem Zimmer zurück, wo er sich zum Aufbruche rüstete. Hut, Handschuhe und Reitpeitsche lagen noch auf der kleinen Consola unter dem Spiegel bereit. Aus einem in seinem Pulte aufbewahrten Etuis nahm er einen zierlich gearbeiteten Revolver, den er, nachdem er die Ladung untersucht, in seine Brusttasche steckte. Kaum waren diese Vorbereitungen beendigt, als der Geschäftsführer neugierig in's Zimmer trat.

„Sie gehen schon wieder weg, Herr Hammer?"

„Ich muß, Nagel, ich muß! Nur heute noch entschuldigen Sie mich."

„Hat Sie die kleine schwarzäugige Tänzerin abgerufen?"

„Sie war eine Botin, die mir der Himmel gesandt, um mich noch einmal zu ihr zu führen!"

„Zu ....? Wen meinen Sie, Herr Hammer?"

„Zu Leontica, die mich zu sehen verlangt! O mein Gott, wie habe ich diesen Augenblick herbeigesehnt! Nur noch einmal ihr gegenüber, nur noch einmal in die bunkle, geheimnißvolle Gluth ihres Auges schauen, um dann —"

„Von ihrem Gemahl zur Rechenschaft gezogen zu werden. Um Gottes willen, lieber, bester Herr Hammer, stürzen Sie sich nicht kopfüber in's Unglück!" bat Nagel, auf dessen Zügen der Schrecken deutlich ausgeprägt war, in flehentlichstem Tone. „Es war ja Alles auf dem besten Wege.... Hätt' ich ahnen können, daß die kleine Hexe in solchen Geschäften käme...."

„Beruhigen Sie sich, Nagel, es ist ja das letzte Mal...."

„Freilich das letzte Mal, besonders wenn Don Escovedo Wind bekäme!"

„Wie sollte er? Leontica weilt heute auf der Hacienda ihrer Mutter. Kein Auge eines unbefugten Lauschers dringt durch die dichten Schattengänge dieses Gartens.... Bedenken Sie, es gilt einen Abschied für's Leben!"

„Der bei nächster Gelegenheit wiederholt wird."

„Unmöglich! Bald trennen uns unermeßliche Entfernungen und himmelstrebende Gebirge."

„Sie reisen, Herr Hammer?"

„Unwiderruflich in nächster Woche! Ich habe Pepa, die nach ihrer Heimath zurückzukehren wünscht, mein Wort gegeben, sie sicher in das Land jenseits der Cordillere zu geleiten."

„Die Ballerina ist mit von der Partie?"

„Hätte ich ihr die Bitte abschlagen sollen? Eine sterbende Mutter harrt ihrer mit Sehnsucht in der fernen Heimath."

„Behüte, Sie haben wohl gethan. Die Kleine wird mit ihrer Kunst zur Unterhaltung und Erheiterung der ganzen Gesellschaft beitragen.... könnten Sie die Reise nur gleich jetzt antreten!"

„Fürchten Sie nichts für meine Sicherheit! Mein guter Engel wacht über mir. Im Nothfall bin ich bewaffnet und weiß mich zu schützen. Wir sehen uns morgen wieder, mein Freund, und dann sollen Sie für immer mit mir zufrieden sein!"

Der junge Kaufmann drückte dem ängstlich besorgten Nagel, der ihn so gern festgehalten, die Hand und war im Fluge durch eine nach dem Hofe führende Seitenthür verschwunden. Dort stampfte schon das kleine schwarze Pferdchen der Steppe wiehernd das Pflaster und schäumte in das silberschimmernde Gebiß. Eugen Hammer schwang sich behende in den Sattel; hoch auf bäumte sich das feurige Thier, doch ein kräftiger Ruck des Zügels brachte es sogleich wieder auf die Füße, und gewaltig ausholend sprengte es im Galopp durch die dunkle Thorhalle hinaus auf die Straße, dem Reiter kaum so viel Zeit lassend, mit der freien Linken einen Gruß nach dem Fenster zu winken, an welchem sich in diesem Augenblick das bekümmerte Antlitz Nagels zeigte.

„Wenn das kein Unglück giebt, so bekehr' ich mich selber zu der viel gepriesenen Madonna, so wenig ich auch sonst mit irdischen oder himmlischen Madonnas zu schaffen haben mag!" sagte Nagel kopfschüttelnd. „Der arme Junge! Ich hielt ihn halbwegs für geheilt — da kommt so eine schwarzäugige

Wetterhexe mit ihrer Liebesbotschaft, und weg sind alle guten Vorsätze, alle vernünftigen Entschlüsse — kopfüber stürzt sich der Tollkühne wieder in den gefährlichen Taumel, dem ich ihn eben erst entrissen zu haben vermeinte. Nagel, Nagel, du hättest doch besser den Indigo zu anderer Zeit sortirt.... Gerade diese Eine hielt ich für ganz ungefährlich.... dachte sogar, daß sie ihn zerstreuen und auf andere Gedanken bringen würde.... nun muß auch sie das alte gefährliche Lied anstimmen!.... Auf der Reise nach der Argentina will sie ihn begleiten?.... Hm, sonderbar; im Grunde aber doch noch das Beste an der ganzen Sache! Das sichere Geleit nach der Heimath, die Sehnsucht nach der alten Mutter — das Alles wird am Ende doch nur Nebensache sein. Der junge, schöne Cavalier sticht ihr in die Augen.... ich habe keine Erfahrung in solchen Dingen, aber die Blicke, die sie ihm damals in der Esquina zuwarf, wo er freilich kaum darauf achtete, diese Blicke sprachen doch deutlich genug, um so leicht nicht mißverstanden zu werden.... Ach, lieber Gott, die Weiber sind allesammt vom Uebel, und ich danke meinem Schöpfer, daß er mich für ihre trügerischen Reize nicht so empfänglich gemacht wie den armen Herrn Hammer; wenn es aber jetzt zum zweiten Mal einem Weibe gelänge, ihn an sich zu fesseln und ihm den Kopf ganz wirr und toll zu machen, so daß die erste Liebe endlich den Laufpaß erhielte — ich glaube, ich könnte mich entschließen, einem solchen Weibe selber gut zu sein und sie, sollte sie auch eine fahrende Ballerina sein, meiner herzlichen Freundschaft zu versichern!"

Der gute Nagel verließ das Arbeitszimmer seines Prinzipals und machte sich wieder über seinen Indigo. Es war gewiß ein seltener Fall, daß man ihm Zerstreutheit vorwerfen konnte und daß er nicht mit Leib und Seele bei seiner Arbeit gewesen. Heute aber trat dieser Fall wirklich ein. Zwei bedeutende Sendungen Indigo wurden unrichtig expedirt und falsch adressirt, und wenn nicht glücklicherweise noch einer der Schreiber den Irrthum entdeckt, hätte es Herr Christian Nagel erlebt, das Haus Hammer, Zang und Comp. wegen dieses Mißgriffs getadelt zu sehen, ja noch obendrein das vernichtende Bewußtsein gehabt, daß er selber die unmittelbare Veranlassung eines in seinen Augen so unauslöschlichen Schimpfes gewesen.

Als Pepita das Geschäftslokal verlassen und die Straße erreicht hatte, lauerte dort, hinter aufgehäuften Waarenballen versteckt, bereits ein Mann auf sie, der ihr auf dem Herwege in einiger Entfernung gefolgt war und dann gewartet hatte, bis sie wieder zum Vorschein kam. Sie war so behende hinausgehuscht, daß sie vergessen, die schützende Kapuze der Mantille wieder über den Kopf zu ziehen. Als sie auf der Schwelle das Versäumte nachholte, hatte der Fremde, der sie erwartete, bereits einen Blick auf ihre unverhüllten Züge geworfen und war ihr dann, auf der entgegengesetzten Seite der Straße, mit raschen Schritten gefolgt, bis er ihr endlich, als Pepita eine Biegung machen wollte, den Weg vertrat und sie in vertraulichem Tone anredete:

„Holde Rose der Pampas, Du solltest Dich nicht der Sonnengluth und dem Staube dieses häßlichen Stadttheiles aussetzen; draußen in den Gärten der Vorstadt ist Dein Platz, nicht hier auf dem glühenden Pflaster und zwischen beengenden Mauern."

Die Ballerina erschrak. Ohne nur aus ihrer Verhüllung einen Blick auf den sie Anredenden geworfen zu haben, erkannte sie schon am Klang der Stimme Gil Perez, ihren Landsmann.

„Sieh da, Gil, was führt Dich des Weges?"

„Geschäfte, schöne Pepa."

„Zu dieser Stunde?"

„Die geeignetste Zeit — oder würdest Du sonst das Magazin des Carcaman besucht haben?"

„Ah, Du weißt, Gil ...?"

„Natürlich, ich sah Dich das Haus verlassen und folgte Dir bis hierher, um nicht die Gelegenheit zu verlieren, meine holde Landsmännin zu begrüßen, mich, wenn auch nur im Fluge, am Anblick der herrlichsten Rose unserer argentinischen Pampas zu weiden."

„Du hast es errathen, ich hatte Geschäfte in jenem Hause ...."

„Diese Geschäfte betrafen wohl mehr den Verkäufer als seine Waaren?"

„Pfui, Gil, Du solltest Dich schämen! Es wäre schlimm, wenn dergleichen ein Chilene sagte, aber gar Du, ein Argentiner ...."

„Hat Dir drüben in der Argentina nie Jemand die Wahrheit gesagt?"

„Es ist aber keine Wahrheit; es ist ein häßlicher, verleumderischer Argwohn."

„So wirst Du mich wohl überzeugen können, daß Du der Spezereien, Farbe- und Arzneistoffe des Carcaman bedarfst."

„Ich bedarf nichts dieser Art und halte es auch nicht für nothwendig, Dich von irgend etwas zu überzeugen!" rief das Mädchen heftig. „Wenn Du Dich aber doch einmal für befugt hältst, mich auf Schritt und Tritt zu überwachen, Gil, so magst Du wissen, daß ich den deutschen Kaufmann besucht habe um ihn zu bitten, mich der Karawane anschließen zu dürfen, die er in wenigen Tagen über die Cordillere abgehen läßt."

„Du reisest, Pepa — und mit ihm?"

„Soll ich den weiten Weg über die Gletscher und Abgründe des Gebirgs bis zu meiner alten Pflegemutter etwa allein zurücklegen?"

„Ich habe Dir meine Begleitung und meinen Schutz angeboten."

„Deine Begleitung — Deinen Schutz? Sieh, sieh, das sollte ein schönes Stück Arbeit werden, wenn wir Beide zusammen über die Cordillere klettern wollten!"

„Gehen nicht fast wöchentlich Karawanen ab, denen wir uns anschließen könnten?"

„Das ist's eben, was ich beabsichtige. Oder findest Du, daß es bei weitem schicklicher wäre, wenn ich mich als einzelnes Mädchen auf der weiten Reise unter Deine ausschließliche Obhut stellte? Sei vernünftig, Gil, und laß uns als Freunde scheiden. Mich ruft die Pflicht nach der Heimath, für Dich giebt es

keinen Grund, weshalb Du dieses Land, worin es Dir wohl ergeht, verlassen
solltest. Bedarf die alte Mutter meiner nicht, so kehre auch ich binnen Kurzem
zurück, und dann soll es mich freuen, Dich hier recht zufrieden und glücklich
wiederzufinden."

„Du bist grausam, Pepa! Wo sollten Zufriedenheit und Glück herkommen, wenn Du mich meidest?"

„Es giebt auch in diesem Lande und in dieser Stadt schöne und rechtschaffene Mädchen, die gar wohl geeignet sind, einen Mann zu beglücken," sagte
Pepita, indem sie ihrem heimathlichen Freund mit ihren großen dunkeln Augen
recht bittend und besänftigend in das wilde, aber doch männlich schöne Antlitz
schaute. „Ich darf es Dir wohl verrathen, Gil: Nola ist Dir so von ganzem
Herzen gut .... sie ist ein wackeres Mädchen, und an Schönheit sucht sie ihres
Gleichen .... als Mitgift brächte sie Dir die einträgliche Posada und auch
noch eine hübsche Aussteuer zu, da sie das einzige Kind ist .... Was zauderst
Du, Gil? Hier winkt Dir das Glück .... sei klug und fasse zu!"

Der Gaucho wendete sich unwillig ab. „Glaubst Du, daß ich von dem
Mädchen meines Herzens Geld und Gut verlange? Hier in Chili mag das
Sitte sein, nie in der Argentina!"

„Wenn sie Dir aber zu allen sonstigen vortrefflichen Eigenschaften das reiche
Gut zubringt, wirst Du es verschmähen? Ueberlege, Gil, was ich Dir sagte.
Du hast mich freundlich begrüßt in diesem fremden Lande, hast Antheil genommen an meinem Schicksal — laß nun die arme Pepa, die unter dem Klang der
Zither und Castagnetten tanzend weiter zieht, auch etwas für Dich thun. Wie
würde es mich freuen, wenn ich beim Abschied die Hand meiner guten Nola,
die Dich so innig liebt, in die Deinige legen könnte, wenn Du mir versprechen
wolltest, ihr ein treuer, liebevoller Gatte zu sein."

„Pepa, Pepa, Du spannst mich auf die Folter!"

„Ich will Dich glücklich machen. Keine Antwort jetzt! Laß nicht die
Leidenschaft, sondern die Vernunft reden. Komm' nach der Posada .... Nola
erwartet Dich .... es wird Alles gut werden!"

Pepita bot dem verwirrten Landsmann ihre kleine zierliche Hand und war
wie im Fluge verschwunden.

Der Gaucho sah ihr mit glühenden Blicken nach. „Wie sie die Worte
künstlich zu setzen weiß! Wie sie Gift und Balsam zugleich in die blutende
Herzenswunde ihres Opfers zu träufeln versteht! Sie ist so schön, so reizend
— und doch so voller Falsch und Arglist! Daß sie mich betrügt, ist sonnen-
klar. Die Reise des verhaßten Carcaman über die Cordillere liefert ihr
eine willkommene Gelegenheit, in seine Nähe zu gelangen, ihre Netze nach ihm
auszuwerfen, wenn sie seiner noch nicht völlig gewiß sein sollte. Er liebte einst
meine schöne Herrin, und Don Escovedo erblickt in ihm noch immer einen gefährlichen Nebenbuhler — pah! das würde ihn nicht abhalten, sich auch Pepas
zu erbarmen. Diese reichen Handelsherren pflücken ja so gern jede Blume, die
am Wege sprießt."

Die Aufmerksamkeit des Gauchos wurde plötzlich auf einen Reiter gelenkt, der in sausendem Gallopp die Straße einhersprengte und dann um eine Ecke bog. „Da ist er selber!" murmelte Gil Perez, sich rasch in Bewegung setzend, um jene Ecke gleichfalls zu erreichen. „Er verläßt sein Magazin lange vor der gewöhnlichen Zeit in solcher Eile, was mag das bedeuten? Hätte ihm Pepa irgend eine wichtige Nachricht gebracht, die ihn so rasch von dannen treibt? Es ist nicht der Weg nach seiner Wohnung, den er einschlug .... es ist die entgegengesetzte Richtung .... diese Eile kann nicht ohne Absicht sein .... wer doch diese Absicht zu errathen vermöchte!"

Der flinke Gaucho hatte die Ecke erreicht. Sein scharfes Auge vermochte den Reiter deutlich zu verfolgen, obwohl er schon in weiter Entfernung und noch immer in sausendem Gallopp dahinjagte. Es war die längs des Tajamar laufende Straße, welche er einhielt. Am äußersten Ende der Straße bog er plötzlich nach der Seite ab und verschwand nun im dichten Schatten der Algarobäume.

„Das ist der Weg nach Donna Uracas Hacienda!" rief Gil Perz lebhaft, und wie von einem plötzlichen Gedanken überkommen. „Vor einer Stunde hat sich die alte Dame mit Donna Leontica dahin begeben....Don Escovedo blieb in der Stadt zurück....sollte es sich hier um eine geheime Zusammenkunft handeln, und hätte die unschuldige Pepa die Zwischenträgerin gemacht?...... Nein, wäre es doch sehr thöricht, wenn sie selber den Carcaman schickte, was mir gewiß genug scheint. Es muß irgend etwas Anderes im Werke sein, und vielleicht etwas nicht minder Gefährliches!....Und dennoch — auf ein Rendezvous ist es abgesehen....die Umstände treffen zu seltsam zusammen....Ob sich nicht für mich ein kleiner Gewinn aus der Sache ziehen ließe?......Don Escovedo ist knickerig, wo aber seine Eifersucht in's Spiel kommt, würde er doch bereitwillig genug in den Säckel greifen. Ich könnte bei ihm einen mächtigen Stein im Brette gewinnen, wenn ich ihm die Gelegenheit an die Hand gäbe, dem verhaßten Nebenbuhler einen Denkzettel anzuhängen. Zu gleicher Zeit käme ich auch hinter die Schliche Pepas, denn daß sie in dieser oder jener Weise die Hand im Spiele hat, unterliegt mir keinem Zweifel......Was zauderst Du, Gil Perez? Jeder soll seinen Vortheil benutzen, und ist es ein erlaubter Vortheil, so wäre es doppelt thöricht, ihn sich entschlüpfen zu lassen. Wie es auch komme: ich will den Alten aufsuchen und sehen, ob sich ein vortheilhafter Handel mit ihm schließen läßt."

(Fortsetzung folgt.)

Unsere Sympathie.
Von Friedrich Lexow.

Oersted veröffentlichte einst eine Reihe von Aufsätzen, in denen er verschiedene, von jedem Aufgewedten empfundene Natureindrücke zu zergliedern, in ihre Bestandtheile zu zerlegen und dadurch klarer zu machen suchte. Bei allem Respekt vor dem gelehrten Forscher, kam mir damals diese Arbeit ziemlich überflüssig vor; dennoch kann ich jetzt der Versuchung nicht widerstehen, auf einem andern Gebiet mich einer ähnlichen, wenn auch viel gewagteren Mühwaltung zu unterziehen. Keine von der Natur empfangene Eindrücke könnten so verworren sein wie die, welche uns gegenwärtig durch die Ereignisse in Europa aufgedrängt werden, und vielleicht lohnt es sich der Mühe, einige Klarheit in dieselben zu bringen. Die Deutsch-Amerikaner zumal sehen sich in eine ganz merkwürdige Lage versetzt. An Ort und Stelle, wo Jeder durch das, was vorgeht, unmittelbar berührt wird, wo Jeder, mag er wollen oder nicht, auf eine oder die andere Weise mit handeln oder leiden muß, findet sich wohl die Parteistellung, nach Maßgabe der persönlichen Erfahrungen, Interessen oder unwillkürlichen Sympathieen, von selbst, und damit ist alsdann der nöthige Ruhepunkt gewonnen. Unsere Brüder in England scheinen es auch ziemlich leicht zu haben. Sie stehen auf der Warte der Revolution, pflanzen keck das Banner der deutschen Republik auf, glauben mit Erfolg für dieselbe wirken zu können und fühlen sich dabei leidlich wohl. Wir Deutsch-Amerikaner dagegen stehen den Ereignissen zu fern, als daß wir durch den Lauf derselben unmittelbar berührt oder bestimmt werden könnten, und sind, obgleich wir nicht minder für die deutsche Republik schwärmen als Karl Blind und seine wackeren Kampfgenossen, nicht sanguinisch genug, um uns dem Glauben hinzugeben, als seien die Chancen für die Republikanisirung Deutschlands gerade jetzt besonders glänzend, oder als könnten wir sie glänzender machen. Da wir nun bei dem, was unser eigenes Volk und Vaterland betrifft, unmöglich theilnahmlos bleiben können, werden wir von den widersprechendsten Empfindungen durchstürmt, und selbst wo sich eine Parteinahme bildet, ist dieselbe oft nicht consolidirt genug, um den Einwendungen Trotz bieten zu können, welche sich dem Individuum selbst aufdrängen. Dennoch scheint es mir, als müßte sich da, wo in der That der deutsche Partikularismus keine maßgebende Rolle spielt, eine gewisse Klarheit und Uebereinstimmung erzielen lassen, wenn man der Sache nur recht auf den Grund geht. Mag es gelingen oder nicht — versucht soll es werden.

Vor allen Dingen wird wohl Jeder zugeben müssen, daß der Friedensbruch in Deutschland sowohl wie in Italien nothwendig war und füglich nicht länger hinausgeschoben werden konnte. Was sich längst überlebt, das muß zusammenbrechen, und da kommt es auf dasselbe hinaus, welche Hand das morsche Gemäuer umwirft, wenn es nur überhaupt fällt. Zum Demoliren ist selbst das roheste Werkzeug edel genug, und dies Demolirungswerk, für sich betrachtet, ist also etwas, worüber wir uns Alle freuen können. Herunter mit den Thronen; sie haben schon viel zu lange gestanden. Fort mit den Fürsten; sie haben schon viel zu lange regiert. Je mehr Throne stürzen, je mehr Kronen in den Staub getreten, je mehr Fürsten zur Flucht gezwungen werden, desto besser, und unsere Freude soll wahrlich nicht durch den Gedanken getrübt werden, daß dieser Kehraus schon längst und auf andere Weise hätte stattfinden sollen. Besser spät als nie, besser so als gar nicht. Das ist doch praktisch, nicht wahr? Mag immerhin das Morsche demoliren, den Unrath fegen wer da will, wenn nur das Aufbauen Denen bleibt, welchen es von Rechts wegen gehört. Unsere einzige Sorge ist, daß die Mauerbrecher und Besenführer ihre Sache recht gründlich machen.

Es liegt etwas Unnatürliches und Empörendes in dem Gedanken, daß wir bei einem blutigen Zwist unter Deutschen etwas Anderes als Scham und Zorn empfinden, daß uns ein anderes Gefühl als das der Trauer beseelen soll, wenn deutsches Blut durch deutsche Waffen fließt, wenn andererseits in einer schlechten Sache Deutsche einen Sieg über Fremde erringen, oder eine gute Sache über die Leichen von Deutschen, welche sie bekämpfen, zum Triumph schreiten soll. Aber die Situation ist nun einmal gegeben, eine fortwährende Kopfhängerei, ein permanenter moralischer Katzenjammer würde zugleich unmännlich und lächerlich sein. So müssen wir denn, wohl oder übel, Grund zur Sympathie und Antipathie aufsuchen, und freuen uns, daß wir bereits einen Anhaltspunkt gefunden haben.

Wir sympathisiren — sei es nur gerade heraus gesagt, obgleich uns das Geständniß wie eine essigsauere Speise den Mund verzieht — bis zu einem gewissen Punkte mit den preußischen Waffen und freuen uns über einen preußischen Sieg, besonders wenn er, wie im Norden Deutschlands, recht gemüthlich und unblutig ausfällt. So gefällt uns z. B. die Kapitulation der hannöverschen Armee — obgleich wir, aufrichtig gesagt, den Preußen den damit verbundenen Triumph nicht recht gönnen — ganz außerordentlich, wenn auch dabei der Verstand erst das Gefühl klären mußte. Die Hannoveraner sind wackere Leute und verdienen etwas ganz Anderes als eine Kapitulation, welche durch die gnädigst gewährten „kriegerischen Ehren" nichts an ihrer Kläglichkeit verliert. Hätten die hannöverischen Truppen sich durchgeschlagen, so würden sie zu Denen gestoßen sein, welche ein Dutzend Throne, den deutschen Bund, und der Himmel mag wissen was sonst noch, aufrecht erhalten wollen, und das konnte uns doch unmöglich passen. Gehen die Leute jetzt mit kriegerischen Ehren nach Hause, so haben sie mit dem Kriege nichts mehr zu thun, es fließt desto weniger deutsches Blut, so daß also die Kapitulation ein direktes Ersparniß an diesem kostbarsten aller Säfte repräsentirt. Und wie sollten wir uns nicht endlich über die Demüthigung des edlen Welfen, eines der moralisch verwerflichsten und verschrumpftesten Menschenkinder, freuen? Wer könnte den Preußen dafür zürnen, daß sie dies auf so manierliche Art zu Stande gebracht? Und wie sollte uns nicht die Situation des Kurfürsten von Hessen mit süßer Befriedigung erfüllen? Warum sollten wir nicht mit Denen sympathisiren, welche ihn mit sanfter Gewalt aus Kassel entführten und richtig auf dem Stettiner Schloß, wohin er sich ganz und gar nicht gesehnt, ablieferten? Und wer sah nicht den Oberdirektor und Direktor des Zuchthauses in Waldheim — den König Johann und seinen Beust — mit Freuden Reißaus nehmen? Wer wünschte nicht, daß sie fortan als Flüchtlinge durch die Lande irren oder eines Tages selbst in irgend einer Strafanstalt als Nummer Soundso wieder auftauchen möchten? Ueber das Alles und über noch viel mehr freuen wir uns, und wünschen, daß Die, welche es vollbracht, noch recht viele derartige löbliche Werke verrichten möchten. Heil und Sieg den preußischen Waffen — bis s o weit und was d a s anbelangt.

Es ist schrecklich, eine Grausamkeit, ja eine direkte Niedertracht des Schicksals, daß wir gezwungen werden, uns über etwas zu freuen, was den König Wilhelm auch freut, etwas zu wünschen, was Bismarck auch wünscht. Das freisinnige Element Deutschlands muß schwere Sünden begangen haben, daß ihm zur Sühne ein so bitterer Kelch gereicht wird. Nicht wahr, dies Gefühl beseelt uns Alle und läßt uns nicht zum ruhigen Genuß unserer Freude kommen! Aber lassen wir uns dadurch in unserer angenehmen Stimmung über die Bismarckische Fürstenjagd nicht stören. Einer nach dem Andern. Nachdem das Wild erlegt ist, kommen auch die Jäger an die Reihe. Das ist ja schon mehr als einmal dagewesen.

„Ihr spottet unser, stolze Würdenträger?
Baut nicht zu sehr auf euer Ahnenschild.
Vielleicht noch e i n e n Tag die wilden Jäger,
Vielleicht schon morgen das gejagte Wild."

Eine geraume Zeit vor 1848 wurde dies von Georg Herwegh gesungen, und bekanntlich hat es sich bestätigt. Ebenso gewiß ist die Wahrheit des von demselben Dichter niedergelegten Sprüchleins: „Was einmal Gott der Herr erschuf, kann er auch noch einmal erschaffen." Ist dies nicht ganz genau das Gefühl, mit welchem wir Alle den preußischen Waffen Erfolg wünschen? Was Ihr an Eures Gleichen Gut thut, das wird Euch selber geschehen, und dann wird unsere Freude erst vollständig sein. Und arbeitet Wilhelm, geleitet von seinem Bismarck, uns nicht direkt in die Hände? Vernichtet er nicht selbst den Respekt vor der heiligen Legitimität, die ihm doch so sehr am Herzen liegt? Wilhelm, Wilhelm! Deine Krone ist nicht die einzige, welche vom Tisch des Herrn genommen wurde. Bismarck, Bismarck! Unter Denen, welche du vor dir her treibst, hat Keiner so viel gesündigt wie du, und auch dir wird Gerechtigkeit widerfahren, eher als du's denkst.

Hier stehen die Streitkräfte des deutschen Bundes, dort die preußischen. Preußen sagt: „Der Bund existirt nicht mehr und soll nie wieder existiren! Fort mit dem Gerumpel!" Was sich in Frankfurt und rund herum gesammelt hat, ruft dagegen: „Es lebe der Bund! Wehe Denen, welche die Hand an ihn legen!" Preußen sagt: „Der Bund war von jeher der Fluch Deutschlands und das Symbol seiner Zerrissenheit." Der Bund selbst sagt gar nichts, weil die Geschäftsordnung ihn noch nicht dazu kommen ließ; Oesterreich aber nennt ihn das Band der Einheit und Stärke für das deutsche Volk. Der deutsche Bund! Wer kann noch die Frechheit haben, ihm im Namen des deutschen Volkes das Wort zu reden und zu verlangen, daß im Kampfe für ihn deutsches Blut vergossen werde? „Das Ding ist zu skandalös, als daß man's Hottentotten bieten dürfte, geschweige denn dem Volke, welches uns den Korsen vom Halse geschafft!" rief Alexander der Erste degoutirt, als ihm der Plan zur Gründung dieses scheußäligen Monstrums vorgelegt wurde. Ja wohl, was selbst für Hottentotten zu schlecht gewesen wäre, wurde den Deutschen geboten, weil sie sich mit gewaltiger Macht im Namen der Freiheit erhoben und Europa von seinem Tyrannen befreit hatten. Weil man sie fürchtete, mußten sie gefesselt werden; durch ein halbes Jahrhundert hat dieser Skandal gedauert, und jetzt, da er endlich zusammenbricht, soll er noch gar verewigt werden! Und da sollten wir nicht mit Denen sympathisiren, sollten nicht Denen Erfolg wünschen, welche ihm den Tod geschworen haben? Das wäre ja mehr als das, was einst Welcker die Sympathie mit der Selbstständigkeit der Italiener nannte — mehr als ein **halber** Vaterlandsverrath! Man mag einwenden, daß Preußen nichts Besseres an die Stelle des Bundes setzen wird; aber man möge uns hierauf die Antwort gestatten, daß das zu den absoluten Unmöglichkeiten gehört. Alles Andere — sei es was es wolle — ist besser als der deutsche Bund. Wäre er nicht etwas so über alle Maßen Niederträchtiges, so würde doch wohl irgend ein Narr oder Schuft daran gedacht haben, sein fünfzigjähriges Jubiläum zu feiern.

Wir sympathisiren also — wohl oder übel — mit Preußen, wenn auch weder mit Wilhelm noch mit Bismarck — um mit Heinrich von Gagern zu reden, nicht **weil**, sondern **obgleich**. Es bleibt uns da eben keine Wahl, und noch viele Gründe lassen sich dafür angeben. Es ist noch nicht aller Tage Abend, und auf die Völkerdämmerung, in der wir jetzt leben, mag eine finstere Nacht folgen, welche durch gar widerliche, die Krone vom Tische des Herrn und preußische Pickelhauben tragende Kobolde unsicher gemacht wird. Aber es mag auch die Götterdämmerung der nordischen Mythologie sein, **die** Dämmerung, auf welche der helle, strahlende Tag der Völker folgt, und gewiß ist es, daß dieser Tag in nicht ferner Zukunft kommen **muß**. Dann aber wird die Sonne des jungen Frühlings der Freiheit nirgends heller strahlen als in Preußen. Preußen ist der Kern, es ist der Hort Deutschlands. Das schwarz-weiße Banner muß sinken, das Eulengesindel des Junkerthums in den Höhlen, in welche der helle Tag es treibt, verenden, Wilhelm und Bismarck müssen mit Allem verschwinden, was Ihnen ähnlich ist, ja selbst der Name Preußen darf nur in der Tradition oder als Bezeichnung einer Provinz fortleben. Aber im Angesicht aller der schönen Kraft, welche Preußen in sich birgt, im Angesicht der Unmöglichkeit, daß sich dort ein faules System auf die Länge halte, lautet unverkennbar der Spruch des Verhängnisses: Durch das preußische Thor zur deutschen Einheit und Freiheit!

Von unsaubern, unkeuschen Lippen ist das Wort geäußert worden: „Preußens Macht ist Deutschlands Macht, Preußens Interesse Deutschlands Interesse!" Aber deshalb enthält dies Wort nicht minder eine Wahrheit. Preußen muß seine Macht, seine Stärke, sein Interesse innerhalb Deutschlands und in Uebereinstimmung mit diesem suchen, und dies natürliche Verhältniß kann nie umgestoßen werden. Da in Preußen die größte kompakte Macht steckt, ist es ganz natürlich, daß in dem Einheitsbedürfniß das Kleinere sich zu ihm gesellt. Wir mögen darüber trauern, daß es unter den Deutschen zum Friedensbruch kommen mußte, aber wünschen und wollen müssen wir, daß als Preis des vergossenen Blutes dieser nothwendige Entwickelungsprozeß zu Ende gebracht oder mindestens befördert werde, damit wir doch um einen Schritt weiter kommen. Mit Oesterreich ist das Verhältniß ein direkt entgegengesetztes. Es ist nur zum kleinsten Theil deutsch und eignet sich daher nicht zur deutschen Vormacht. Ein unnatürlicher Complex verschiedener Nationalitäten, welche in einer Monarchie nur durch den Zwang zusammengehalten werden können, ist es zu seiner Erhaltung auf den Despotismus angewiesen, und all sein Einfluß in Deutschland kann nur auf die Knechtung des Volkes, alle seine Bestrebungen als deutsche Großmacht können nur darauf gerichtet sein, Deutschland zur Unterdrückung, zur Niederhaltung der ihm unterworfenen fremden Nationalitäten zu verwenden. Alle Kräfte der Hölle muß Oesterreich zu seiner Erhaltung aufbieten. Weshalb hängt es sonst so sehr an seinem Konkordat? Von jeher war Oesterreichs Bestreben darauf gerichtet, mit allen seinen Besitzungen im deutschen Bunde Platz zu finden, damit es verlangen könne, daß ganz Deutschland ihm zur Unterdrückung der Ungarn und Italiener Heersfolge leiste. Gewänne es jetzt die Oberhand, so würde die natürliche Consequenz seines Sieges die Erreichung dieses Zieles sein. Deutsche wären auf unberechenbare Zeiten dazu verdammt, als Büttel im fremden Hause zu dienen, als Trosbuben die Freiheit und Unabhängigkeit der benachbarten Nationen niederzuhalten. Sie wären dem infamsten Loos anheimgefallen, welches für ein Volk gedacht werden kann, und für sie selbst wäre nicht die Möglichkeit der Freiheit vorhanden. Der Sieg Preußens über Oesterreich mag für den Augenblick als ein Triumph des Junkerthums erscheinen; in seiner letzten Consequenz muß er die freiheit- und einheitliche Entwickelung Deutschlands sicher stellen. Preußen kann der Natur der Sache nach keine Souveränitäten in Deutschland neben sich dulden; Oesterreich als deutsche Vormacht wäre dagegen auf die Erhaltung der Vielfürsterei angewiesen. In Preußen hat der Despotismus nur eine ephemere Existenz, er ist in ihm etwas Unnatürliches; für das habsburgische Oesterreich dagegen bildet er das Lebenselement. Preußens Interessen — sagten wir oben — sind mit denen Deutschlands identisch; die Interessen des jetzigen Oesterreich und die Deutschlands sind dagegen direkt entgegengesetzt. In Oesterreich kann nur eine Hauspolitik maßgebend sein; die Politik Preußens muß einen nationalen Charakter annehmen. Will, kann, darf das deutsche Volk sein Heil von dem Herrscherhause erwarten, welches noch jetzt seine deutschen Unterthanen mit Füßen tritt, um den Ungarn, Kroaten, Böhmen, vor denen es mehr Respekt hat als vor ihnen, gefällig zu sein? Oesterreichs Zertrümmerung, wobei Deutschland das zu Theil würde, was ihm gehört, wäre für Europa und speziell für Deutschland ein Glück, Preußens Unterjochung durch die jetzige Coalition für Deutschland und ganz Europa die größte Calamität, die es geben könnte. Oesterreichs Untergang würde tausend Keime des Völkerglücks, die bis jetzt niedergehalten sind, zur fröhlichen Entfaltung bringen, selbst wenn es durch p r e u ß i s c h e Waffen zertrümmert würde; Preußens Unterdrückung durch Oesterreich und seine Verbündeten würde dagegen die Keime, welche gegenwärtig selbst durch alle Bemühungen des Junkerthums nicht niedergehalten werden können, ersticken. Freuen wir uns, daß ein dauernder Sieg Oesterreichs in Deutschland unmöglich ist; die Unmöglichkeit desselben liegt eben darin, daß er nicht stattfinden d a r f , darin, daß das deutsche Volk, wenn diese Gefahr entstände, gezwungen sein würde, Alles zu dulden, Alles zu wagen und zu opfern, damit nur das Unerträgliche nicht geschehe.

Haben wir mit dieser Auseinandersetzung nicht das getroffen, was — mehr oder minder klar — im Bewußtsein jedes aufgewedten, freiheitliebenden Deutschen lebt? Der Umstand, daß Oesterreich den Krieg nicht herbeigeführt, sondern zu ihm gezwungen wurde, kann unser Gefühl und unsere Ueberzeugung nicht beeinflussen; wir haben über den Moment hinauszublicken und die Situation in ihrer letzten Consequenz zu betrachten. Für Eines aber ist uns das habsburgische Oesterreich gut genug: es muß uns das preußische Junkerthum vom Halse schaffen. In dem Kampf zwischen Wilhelm und Bismarck einer- und Franz Joseph und Mensdorff andererseits wünschen wir Preußen den Sieg; aber die Einigung Deutschlands, die Vernichtung alles dessen, was als schwarze Klippe dem Aufschwung des edelsten Volkes im Wege steht, wollen wir nur d e m V o l k e zu verdanken haben. Der Kampf, welcher als Kabinetskrieg begann, muß sich zum Volkskriege gestalten, und nur habsburgische Siege über hohenzollern'schen Ehrgeiz können ihn dazu machen.

Der Sympathie im Kampfe zwischen Oesterreich und Italien ist von selbst ihr Platz angewiesen. Die Erlösung Venetiens vom österreichischen Joch müssen wir schon deshalb wünschen, weil nur dadurch ein brüderliches Verhältniß zwischen zwei Nationen erweckt werden kann, die durch fürstliche Intriguen so lange gegen einander gehetzt worden sind und doch stets Freunde hätten sein sollen. Erst dann, wenn Jeder Herr in seinem eigenen Hause, wenn die Gliederung der einzelnen Staaten eine auf natürliche Verhältnisse begründete ist, kann die „heilige Allianz der Völker", dieser schönste und doch einfachste Traum der edelsten Geister, zur Wahrheit werden, und ein schwerer Alp wird von dem Gewissen jedes Deutschen genommen sein, wenn kein Italiener mehr das Recht hat, ihn als seinen Feind zu betrachten.

Einem Gefühl müssen wir noch Worte verleihen, welches gewiß im

Herzen jedes Lesers ein Echo finden wird. Mit Stolz und Freude erfüllt uns die Thatkraft und Geschicklichkeit, welche sich in den militärischen Operationen und Combinationen, zumal der preußischen Heerführer, entfaltet hat. Wurden mit zauberhafter Schnelligkeit die großartigsten und glänzendsten Bewegungen ausgeführt und die kolossalsten Erfolge errungen, ohne daß das Herz des Volkes bei diesem Kriege war — wessen wird da das deutsche Volk fähig sein, wenn alle Herzen zusammen schlagen, wenn alle Kraft nach demselben Ziel hinarbeitet, wenn es zum Kampfe für's Vaterland und die Freiheit, für die Vertheidigung heimischen Bodens, für die Erringung oder Wahrung der höchsten Güter, wenn es zum wahrhaft heiligen Kampfe geht! Wer könnte daran zweifeln, daß Der, welchen es nach einem Stück deutschen Bodens, nach einer entscheidenden Stimme in deutschen Angelegenheiten, gelüstet, sich schon mit Grauen diese Lehre aus dem Geschehenen gezogen hat?

Was wir jetzt in Deutschland vor uns sehen, ist der **Einheitskampf**, welcher dem **Freiheitskampfe** vorausgeht. Wir sympatisiren mit Allem, was die Einheit fördert, in der festen Ueberzeugung, daß es auch ohne Wissen und Wollen Derer, welche jetzt an der Spitze stehen, zur Freiheit führt. Mit Befriedigung sehen wir einen alten Fluch schwinden, und gewahren wir, daß ein neuer an dessen Stelle gesetzt werden soll, so trösten wir uns mit dem Bewußtsein, daß das Volk auch noch mit dabei ist, mit der Gewißheit, daß das Volk das letzte, das entscheidende Wort sprechen wird. Und überschleicht uns die natürliche Trauer um das vergossene deutsche Blut, so erklingen in uns die Worte des prächtigen amerikanischen Freiheitsliedes:

„Gepeinigt wallet hoch das Erz,
Eh' es die Gluth macht fließen;
Gott kann das Volk nicht ohne Schmerz
Neu bilden und neu gießen!"

Fluch den Fürsten, Fluch dem Junkerthum! Aber Heil und Sieg dem edlen Volke, welches sich keinen Fußbreit deutschen Bodens entreißen lassen, keine Kette an seinen starken Gliedern dulden wird!

Obiges wurde geschrieben bevor die Nachricht von der Wendung nach der Schlacht bei Sadowa eintraf. Wird hierdurch nicht unsere Auffassung bestätigt, daß Preußen für Deutschland kämpfen **muß**, während Oesterreich für nichts Anderes als sich selbst kämpfen **könnte**, wenn es auch **wollte**? Es steht jetzt eine Entwickelung bevor, welche den deutschen Einheits- und Freiheitskampf unter preußischer Aegide als die am allernächsten liegende politische Nothwendigkeit erscheinen läßt. So möge es denn geschehen und das **deutsche Volk** — Habsburg, Hohenzollern, Bonaparte, Bismarck und allen Teufeln zum Trotz — für den **Ausgang** sorgen.

Bemerkungen über Schul- und Erziehungswesen, mit besonderem Bezug auf die Gründung deutsch-amerikanischer Schulen.
Von Ph. J. Klund.

II.

Ein wesentlicher und charakteristischer Bestandtheil englisch-amerikanischer Colleges verdient auch bei der Gründung deutscher Anstalten besondere Beachtung und lobende Anerkennung wegen seines bildenden Einflusses überhaupt und seiner praktischen Bedeutsamkeit, ja Unerläßlichkeit für ein Staatsgebäude, in welchem freie Rede und Schrift, ein edles Säulenpaar, eine hervorragende Stellung einnehmen. Es sind dies die von den Studirenden selbst begründeten, unterhaltenen und geleiteten sogenannten **Literary Societies**, deren jedes College gewöhnlich zwei besitzt (was schon wegen des spornenden Wetteifers wünschenswerth ist), jede mit einer oft bedeutenden Bibliothek, und regelmäßig jede Woche stattfindenden Versammlung mit obligatorischer Verpflichtung zu aktiver Mitwirkung in Deklamations- und Stylübungen und der regelmäßigen Debatte über irgend eine gegebene Streitfrage in Politik, Wissenschaft, Erziehung ꝛc. Das Interesse und die eifrige Betheiligung der meisten Studenten an diesen Gesellschaften und die Opferbereitwilligkeit für dieselben ist höchst erfreulich, und um so achtungswerther, als der Stimulus geistiger Getränke und rein socialer Unterhaltung, Musik, Gesang ꝛc. dabei gänzlich fehlen — was dem Mitglied einer deutschen Studentenverbindung wahrhaft unbegreiflich scheinen dürfte. Ohne in Abrede stellen zu wollen, daß auch hier noch Raum für Besseres ist, halten wir diese „Institution" der wärmsten Empfehlung werth.

Deutschen gegenüber dürfte es überflüssig sein, von der Zweckmäßigkeit **körperlicher Ausbildung** zu sprechen, da ja die Turnanstalten deutschen Ursprungs sind und so gedeihlich sich allerwärts entwickeln, daß wirklich die Frage nahe liegt, ob nicht, wenn es gelänge, eben diese Anstalten mehr zu „durchgeisten" — falls man den Ausdruck erlauben und nicht mißdeuten will — eben hier der Anhaltspunkt geboten wäre für die anzustrebende innigen Verbindung für Leben und Schule? — An die Leibesübungen schließen sich, da der freie Bürger jeden Augenblick willig und fähig sein sollte, für seine Ueberzeugung oder das Gesetz persönlich einzustehen, gegen Feinde von außen und Verräther von innen, militärische Exercitien und Waffenübungen — wie etwa in der Schweiz — und da die Demokratie nicht sowohl den Adel abgeschafft, als vielmehr jeden freien Mann geadelt hat, so müßte eigentlich Jeder im Stande sein, als Edelmann und Kavalier, die Waffen zu führen und ein Roß zu tummeln — was immerhin, wie man es auch ansehen möge, nicht wenig beitragen würde, dem Geist (spirit) und Selbstgefühl der Einzelnen, und somit der Gesammtheit, höheren Schwung zu geben. Es sind dieses **männliche Uebungen**, und jeder ächte Mann ist ein Edelmann, bis etwa auf die Eselshaut — das Diplom.

Das bisher Gesagte oder Angedeutete giebt zunächst oder hauptsächlich Umrisse und Winke für **allgemeine Erziehung** — Erziehung des Menschen und freien Bürgers — eine Erziehung, die nicht sowohl ein abgeschlossenes Schema bilden würde, ein „Alles oder Nichts", sondern Jedem die helfende Hand reicht, der in ihre Halle tritt, ihn theilnehmen läßt am Besten, was ihm paßt und das Haus gewährt, sich freut je länger er verweilen kann, doch ihn mit ihren besten Wünschen entläßt, wenn immer eine verschiedene Lebensrichtung oder sonstige Verhältnisse ihn abrufen — eine Erziehung, die außer dem allgemeinen und höchsten Zwecke, den Geist zu bilden und das Herz zu veredeln, als Vorschule des zu erwählenden Faches oder Berufes noch namentlich die Aufgabe hätte, **jedem Talent den ihm eigenen Horizont zu eröffnen** — eine Erziehung, die jedem künftigen republikanischen „Selbstherrscher", dem die Natur die nöthige Kapazität verliehen, zugänglich, ja so nahe gebracht werden sollte, daß nur eigene Schuld ihn davon ausschließen könnte.

Und eben hier treten nun zwei Fragen an uns heran, die, ob zwar etwa gerade so willkommen wie die Mahnung des Gewissens oder das Gesicht des Gläubigers, sich doch nicht umgehen lassen:

Sind diese gehobenen Anstalten so häufig, daß sie den Kindern des Volkes im Allgemeinen erreichbar sind?

Und wenn so, machen die Kinder des Volkes sich dieselben so zu Nutzen, wie sie könnten und sollten?

Als Antwort auf erstere Frage erscheint vor unsern Blicken eine lange Reihe von High Schools, Academies und Colleges, auf welche, freie Schöpfungen eines jungen republikanischen Volkes, dieses in der That stolz zu sein berechtigt ist. Haben die Deutschen ihr volles Theil an diesen Schöpfungen, diesem Stolze? Kaum. Und wie sollten sie auch? wird man fragen. Sind doch die meisten dieser Anstalten nicht dazu angethan, die Gunst und Liebe der deutschen Bevölkerung zu gewinnen! — Wohl denn, die Bahn ist offen: Laissez aller! Hier ist Raum für einen edeln Wettkampf. Doch wie spärlich sind die Kämpfer, und wie ärmlich sind sie ausgestattet! Ja, da sind so viel nöthigere und nützlichere Dinge, die man doch unmöglich verkürzen kann: Die heiligen Hallen (oder auch Kneipen) der Geselligkeit, Theater, Konzerte, Bälle (10—15 Dollars Entree — man denke!), die göttlichen Orakel der Mode und andere Dinge, too numerous to mention — da bleibt eben für den Luxus der Erziehung kaum etwas übrig. Man muß auch nicht das Unmögliche verlangen! — Ganz in der Ordnung: Wo mein Schatz ist, da ist mein Herz — und wo das Herz ist, da ist der Schatz, d. h. der Geldbeutel. — Indessen, es fängt hier und da zu tagen an, und wer's erlebt, kann vielleicht noch bessere Zeiten sehen. Doch gesetzt, wir hätten nun die Schulen, höhere und selbst höchste Klassen, wo finden wir die Schüler, wie füllen wir die Hallen der „blauäugigen Göttin"? — „Ei, ja wohl! Wer wird so ein Thor sein, Geld **auszugeben** (es sei denn für's Vergnügen), wo er welches **verdienen** kann!

und so auf's Gerathewohl und in's Blaue hinein! Wenn's noch, wie in Deutschland, ein angelegtes Kapital wäre, das in einem fetten Amte sich gut rentirte! Und zudem kann man ja selbst auf Fenzriegeln in's weiße Haus ein= reiten; wozu da all der gelehrte Kram?" — Die höhere Geistesbildung trägt, wie die Tugend, den Werth in sich selbst, und schon die alten Weisen nannten beide die höchsten Güter. — „Schrullen! Darüber sind wir lange hinaus und wissen jetzt besser, was die „höchsten Güter" und die „guten Dinge" sind." — Auch das wird wohl einmal anders werden, doch wird man noch einige Zeit Geduld haben müssen. Was langsam wächs't, hält vielleicht um so länger.

Da wir dem Amerikaner das „Geltmachen" so glücklich abgeguckt, und „wie er sich räuspert und wie er spuckt", so könnten — und sollten — wir wohl auch etwas Besseres von seinem „Genie und Geist" in den Kauf nehmen. Daß ein gutes Theil der amerikanischen Jugend die Erziehung um der Erzie= hung willen sucht, dafür findet man die Beweise nicht nur in dem Leben so vieler der größten und besten Männer der Republik, sondern alltäglich in jedem amerikanischen College, wo es eine gewöhnliche Erscheinung ist, den Studenten nicht nur mit „sporadischem" Schulmeistern, sondern selbst mit Schuhmachen, mit Hacken und Graben sich die Mittel zum Studiren verschaffen zu sehen, und die Erfahrung hat gelehrt, daß man wirklich oft mit dem besten Erfolg zweien Herren, oder vielmehr zwei Göttinnen, dienen kann, Ceres und Minerva; wie lange jedoch die Harmonie dauern würde, wenn Gott Bacchus oder Gambrinus als Dritter im Bunde erschiene, das ist eine andere Frage.

Daß die Kombination von A r b e i t und B i l d u n g bei den Deutschen hier zu Lande, wo, vom Handlanger bis zum Präsidenten, jeder Tag uns zeigt, wie sehr B e i d e s sich lohnt, trotzdem so wenig Anklang findet, das sind wohl ein Theil Nachwehen der europäischen socialen und büreaukra= tischen „Ordnung". Bei den oberen Schichten der Gesellschaft findet man es ganz natürlich, ja unerläßlich, daß die Erziehung systematisch und Schritt für Schritt den jungen Mann wenigstens bis zur Volljährigkeit, und noch darüber hinaus, begleite; bei den Kindern des Volkes ist die Schule mit dem dreizehnten oder vierzehnten Jahre vollständig „abgemacht", und Staat und Gemeinde be= kümmern sich um den künftigen „beschränkten Unterthan" nicht weiter, als um ihn am Leitseil der Polizei und auf der Conscriptionsliste zu halten. Und doch, wann ist Geist, Gefühl und Gemüth empfänglicher für gute wie für schlimme Eindrücke, wann impulsiver, federkräftiger, stoff= und formbildender, als gerade in dem Alter vom vierzehnten bis in die zwanziger Jahre, und welch unendli= ches Feld böte sich hier einer weisen Leitung für geistige und sittliche Veredlung des Individuums, der Gesellschaft, des Staates! Das Schlimmste aber ist, daß in Folge der Gewöhnung, Andere für sich denken zu lassen, diese verkehrte Idee von Volkserziehung sich so in die Gedanken und Gefühle des Volkes selbst eingelebt hat und leider auch hier in Amerika fortzuleben und zu wuchern scheint, daß man, von der Schulbank „erlöst", das Leben nur mehr eingetheilt denkt in Arbeit (labor, drudgery) und Vergnügen, Erstere als Mittel, Letz=

teres als Zweck, und die Meisten empfänden es, hier wie drüben, als eine unbillige Zumuthung (an invasion of sacred rights) von Seiten der Schule, sich auch da noch einzudrängen, die Leute — und zumal hier „freie Leute" — maßregeln, ihnen die sauer verdienten Stunden des süßen Nichtsthuns oder des Vergnügens schmälern zu wollen. Es ist klar, daß, wo solche Ideen die maßgebenden sind, einer durchgreifenden Reform und Verallgemeinerung höherer Erziehung und Ausbildung kein sehr günstiger Erfolg zu versprechen ist. Jedoch ein edler Sinn liebt edlere Gestalten, und deutscher Sinn und Geist ist wenigstens als unmittelbare Gabe der Mutter Natur jedenfalls nicht weniger empfänglich für höhere Entfaltungen des Lebens, für die Blüthen und Früchte geistiger Kultur, als irgend eine der begabteren Nationalitäten der alten oder neuen Zeit.

Und sehen wir nicht bereits den „edleren Sinn" sich mehr und mehr geltend machen? Vergißt doch der Deutsche schon hier und da, ängstlich die Cents zu zählen, die er allenfalls ersparen oder besser verwenden (?) könnte, und unterwirft sich freiwillig einer d o p p e l t e n Taxe, um einer Idee, der Idee der Jugendbildung, der Veredlung künftiger Geschlechter, neue Bahnen zu eröffnen!

Allerdings wird es bei dem besten Willen und mit den größten Opfern nicht möglich sein, höhere Unterrichtsanstalten in der unmittelbaren Nähe eines Jeden zu gründen, der die Fähigkeit und den Wunsch hätte, davon Gebrauch zu machen. Aber auch da, wo kleinere oder ärmere Gemeinden nicht im Stande wären, solche Anstalten zu errichten, oder des Lebens Zwang und Drang die Einzelnen verhinderte, die vorhandenen zu benutzen, auch da sollte man für die oben berührte Kombination der Arbeit und Bildung Mittel zu finden suchen, die dem Mangel einigermaßen abzuhelfen geeignet wären. Auch sind bereits dieser Richtung hin bereits Anhaltspunkte und Anfänge vorhanden, die blos des An- und Fortbaues bedürfen, um die Mittelpunkte segensreichen Wirkens zu werden. Dahin gehören: Abendschulen, Sonntagsschulen (nicht eben die spezifisch amerikanischen), Turngemeinden, literarische Gesellschaften oder Clubs (etwa nach dem Muster der vorgedachten Literary societies), Bibliotheken u. s. w.

Die eigentlichen F a c h s t u d i e n können mit oder nach den im wahren Sinne des Wortes „humanistischen," d. i. Menschen bildenden Studien betrieben werden, und zu den Fachstudien gehört nicht etwa nur Theologie, Jurisprudenz, Medizin, nicht die exklusive Elite der Wissenschaft oder auch der Kunst, sondern jede nützliche Thätigkeit, die nicht allenfalls, wie die Dreborgel, bloße Muskelbewegungen verlangt; zu den Fachstudien gehören Handel, Industrie, Gewerbe so lange und so weit der sie Betreibende d e n k t, nachsinnt, studirt, verbessert, vielleicht e r f i n d e t. Oder wären Arkwright, Whitney und Stephenson, Peter Hele und Wilhelm Bauer nicht ebenbürtig den gelehrten Auserwählten, die für's liebe Brod und das „Zugemüse" in Gesundheit, Gerechtigkeit und Seligkeit machen — nicht ebenbürtig, weil ihnen das Zunftzeichen nicht eingebrannt ist?

Die Fachstudien, nach ihrer höheren oder geringeren Bedeutung für die menschliche Gesellschaft, ihrer größeren Einfachheit oder Komplexität, erfordern verhältnißmäßig mehr oder weniger die Aufmerksamkeit und Sorgfalt der — subjektiv oder objektiv — Betheiligten. Wo nun in dieser Beziehung fühlbare Mängel hervortreten und zum öffentlichen Bewußtsein kommen, da wird es dem Staatsbürger und Menschenfreund zur Pflicht, mit Rath und That zur Hand zu sein und dem Bedürfniß nach Kräften abzuhelfen. — Von deutscher Seite wurde die Frage der eigentlichen Fachschulen öfters angeregt, doch hat sich, wie es scheint, die Absicht bis jetzt — außer in einigen theologischen Seminarien — nur in der medizinischen Fakultät in St. Louis zu einem wirklichen Erfolge krystallisirt.

Nach obiger Skizze dürfte es nicht schwierig sein, den Studienplan für die niederen, mittleren und hören Stufen der Erziehung zu entwerfen oder ihn den bestehenden Verhältnissen anzupassen. Und eben diese Verhältnisse und namentlich auch die finanziellen Bedingungen, müßten den Maßstab abgeben, wie breit und hoch der Bau anzulegen und eventuell auszuführen, welche der höchsten Fächer oder Departemente zunächst und vor Allem zu berücksichtigen wünschenswerth oder möglich ist, wie weit man sich etwa auf das Gebiet technischer Hochschulen, mechanischer Werkstätten, chemischer Laboratorien, oder in das der sogenannten gelehrten Professionen werde versteigen können — oder aber mit den mehr allgemeinen und direkt praktischen Real-, Gewerb-, Landwirthschafts- oder Handelsschulen sich bescheiden müsse.

Wenn vorstehender Abschnitt Winke und Vorschläge enthält für deutschamerikanische Schulen, und somit die Gründung solcher Anstalten nicht nur als berechtigt, sondern in der That als preiswürdig erscheinen läßt, so soll jedoch damit keineswegs gesagt sein, daß dieses deutsche „Edelreis" am Baume amerikanischer Erziehung und Erkenntniß, wie er eben ist — stolzen und kräftigen Wachsthums, doch etwas ungeschlacht und nicht sehr symmetrisch gebaut — auch dann noch demselben zu Schmuck und Nutz gereichen würde, wenn er wäre wie er sein sollte. Wie fast überall, so ist es auch hier in der Domäne der Erziehung die Einheit, die stark macht. Wo Privatunternehmungen, konfessionelle und nationale Sonderschulen der Freischule die Mittel und das Material entziehen, da wird diese, da werden alle nur eine mehr oder weniger ärmliche Existenz gewinnen können, und bei weit größeren Kosten wird die Ausbeute im Allgemeinen eine weit geringere sein — viel geringer und weniger befriedigend, als bei dem bereits in vielen Staaten der Union konsequent durchgeführten System der stufenweisen Frei- oder Unionsschulen (System of Graded Free schools or Unionschools). Im Westen leuchtet namentlich Ohio in dieser Linie voran — ein Resultat, erreicht und erreichbar nur durch die Vereinigung aller Kräfte und Bestrebungen, durch allgemeine Harmonie und guten Willen. Allerdings hat dabei der Anglo-Amerikaner eine noble und vorurtheilsfreie Gesinnung gezeigt, indem die Ansprüche der Deutschen auf Berechtigung ihrer Sprache im öffentlichen Erziehungswesen, wo sie in einigermaßen entsprechender Zahl sich fanden, bereitwillig anerkannt und ihnen in der korrekten Kenntniß dieser ihrer zweiten Muttersprache der Schlüssel zu einer Verdoppelung ihres geistigen Gebietes ohne Zögern gewährt wurde. Welch' hoher Standpunkt der Erziehung und welche allseitige Befriedigung daraus hervorgingen, davon kann Jeder sich überzeugen, der sich mit den Schulen in Ohio und speziell in Cincinnati näher bekannt machen will. Leider ist es jedoch nicht überall so, und dieser liberalen Gesinnung unserer anglo-amerikanischen Mitbürger, namentlich im Westen, steht in manchen weniger günstigen Himmelsstrichen — die Namen mag sich Jeder selbst ausfüllen — engherzig und beschränkt genug, Bigotterie und egoistisches Nichtswisser- oder Chinesenthum in traurigem Kontrast gegenüber. In diesem Falle ist es für die Deutschen, wo sie in hinreichender Stärke vorhanden sind, nicht nur eine Frage des Vortheils, sondern in der That eine Ehrensache, da, wo man ihren Wünschen kein Gehör schenkt, zusammenzustehen wie ein Mann, und entweder diese Berücksichtigung durch das Gewicht ihres Votums zu erzwingen, oder — und sei es auch mit bedeutenden Opfern — durch Gründung eigener Anstalten, und in Folge derselben die Verkrüppelung der spezifisch amerikanischen, dem hirnlosen Dünkel zu zeigen, daß die "Dutchmen" eine Macht bilden, die man nicht ungestraft mißachten darf. Und rufen wir denn zum Schluß den deutsch-amerikanischen Anstalten ein herzliches Glückauf! entgegen. Seien sie das Morgenroth tagender Erkenntniß, das die Spitzen der Berge vergoldet; seien sie die Hochwacht zum Schutze des deutschen Gedankens! Möchten sie die Vorboten sein eines schönen, langen Sommertages freier germanischer Civilisation!

Musikalische Revue.
Von Theodor Hagen.

Die Eröffnung des neuen französischen Theaters in der vierzehnten Straße und die Introduction einer auf amerikanischem Boden entstandenen komischen Oper sind Themata, die noch einer nachträglichen Besprechung bedürfen, trotzdem wir bereits mit der musikalischen Saison abgeschlossen zu haben glaubten. In den letzten Ton dieser Saison drang ein trüber Mißlaut. Unsere Academy of Music wurde ein Raub der Flammen. Der Tummelplatz so mancher künstlerischen und andern Ambitionen, der Vereinigungspunkt oft des Besten, was die Gesellschaft, die Presse, die Literatur und bildende Kunst in diesem Lande aufzuweisen haben; die Bühne, auf welcher wir einst eine Grisi, einen Mario und einen Mirato bewunderten und von der herab das Bedeutendste erklungen ist, was die dramatische musikalische Literatur seit Mozart produzirt hat — Alles das war in wenigen Stunden dahin. Einige siebenzig Opern in Partitur und Stimmen, Kostüme, Scenerieen — die Gebilde der alten und der neuen Welt, die stummen Zeugen klassischer Helden- und aller Arten romantischer Unthaten, alle die Herrlichkeiten so mancher Könige und Königinnen, Prinzen und Prinzessinnen — ach! es bedurfte nur einer kurzen Zeit, um sie das Loos alles Schönen und Unschönen auf dieser Erde theilen zu sehen. Was einst die Academy of Music war, ist jetzt ein großer Schutthaufen. Aber hier zeigt sich wiederum der Geist des Landes, in welchem wir wohnen. Während man sich in Europa erst lange darüber besinnen würde, ob man überhaupt eine neue Akademie bauen solle, und wo und wann, ist man hier schon dabei, die Trümmer wegschaffen zu lassen. Die Architekten haben ihre Pläne eingereicht, — man wird diejenigen wählen, welche die meisten praktischen Vortheile bieten, und in wenigen Monaten wird an der Stelle der alten Academy of Music eine neue stehen. Natürlich wird man die Fehler des alten Gebäudes zu vermeiden suchen, obgleich diese Fehler im Grunde durch die Vorzüge desselben aufgewogen wurden. Wir haben oft über unser altes Opernhaus klagen hören, und doch giebt es kaum drei Häuser in Europa, die besser sind. Wenn man z. B. das neue Opernhaus an der westlichen Seite der vierzehnten Straße in Betracht zieht, so muß man unserer alten Academy of Music gewiß die Palme reichen.

Wie man nach den mannigfachen guten Mustern, welche die amerikanischen Theater im Ganzen bieten, ein so unpraktisches Ding bauen konnte, wie dieses französische Theater, begreifen wir nicht. Statt eines einzigen breiten Einganges in das Parquet hat man zwei Wendeltreppen angebracht, die in eine mysteriöse Tiefe hinabführen. Als wir uns einer derselben anvertrauten, wußten wir nicht, ob wir in einen Keller gelangen würden oder an einen jener Plätze, die in der Regel dort angebracht sind. Endlich drang ein Lichtstrahl zu uns, und wir kamen in das sogenannte Parquet. Hier ist es allerdings schon recht gut hausen. Die Plätze sind bequem, bequemer als sie in der Academy of Music waren, und dem Flügelschlage einer freien Seele ist ziemlich viel Raum gelassen. Desto weniger aber finden wir auf der Bühne, namentlich zwischen dem Vorhange und den Bühnenlampen, die in einem sehr feuergefährlichen Verhältnisse zu einander stehen. Auch fehlt es dem Gebäude an der nöthigen Ventilation, wenn auch die Presse sich sehr stark bemüht, ihm dieselbe zu Theil werden zu lassen.

Es war in diesem Theater, in welches die sogenannte englische Oper ihren Einzug hielt. Ein deutscher Musiker, Namens Julius Eichberg, der früher lange Zeit in Genf war, und dann in Boston einen Wirkungskreis als Lehrer und Musikdirektor fand, kam mit einer zweiaktigen komischen Oper "Tho doctor of Cantara" zu uns, ein Werk, das einen freundlichen Eindruck machte und einen ziemlich andauernden Erfolg beim Publikum hatte. Der Text ist dem der bekannten französischen Operette „Bonjour Monsieur Pantalon" nachgebildet, und ist zwar hie und da höchst possenhaft und albern, genügt aber im Ganzen doch den Ansprüchen, die man vernünftigerweise an derartige Blüetten machen kann. Die Musik ist von einem leichten, melodischen Flusse. Die Ideen sind nicht sehr originell, aber sie deshalb platte Reminiscenzen nennen zu wollen, wie es von einigen Seiten geschehen worden ist, wäre ungerecht. Mit einem veränderten Rhythmus lassen sich gar viele Melodieen auf irgend eine Quelle zurückführen, nicht blos bei den neuen, sondern auch bei den bekannten alten Meistern. Ueberhaupt sollte man bei derartigen Operetten nicht so große Ansprüche machen. Die Hauptsache ist, daß der Componist die komischen Situationen des Textes zu erfassen und ihre Komik durch eingreifende Musik zu erhöhen weiß. Es giebt komische Opern, deren Musik höchst traurig ist, trotzdem daß sie, vom Standpunkte der Faktur aus betrachtet, positiven Werth hat. Der Erfolg Offenbach's ist einfach dem Umstande zuzuschreiben, daß er das Ziel erreicht, das er sich gesteckt hat, nämlich komische Musik zu liefern. Dazu gehört allerdings ein besonderes Talent, aber wir glauben, daß Herr Eichberg dasselbe besitzt. Er erreicht oft mit einfachen Mitteln einen höchst komischen Effect, selbst da, wo der Text ihm weniger zu Hülfe kommt. Ueberdies zeigt er überall den gewandten Musiker, wenn auch seine Instrumentation noch jener Finesse und Piquanterie entbehrt, die den Reiz der Auber'schen und Adam'schen Partituren bilden. Namentlich zeigte sich dieser Mangel in der Ouverture der Oper, die überhaupt als nicht gelungen bezeichnet werden muß. Eine andere einaktige Oper des Herrn Eichberg, „Eine Nacht in Rom", konnte keinen Erfolg beim Publikum erringen. Ihr Inhalt ist in jeder Beziehung unbedeutend zu nennen, obgleich auch in diesem Werkchen sich das Talent des Verfassers für musikalische Komik geltend machte.

Außer diesen beiden Opern wurde auch noch Balfe's "Rose of Castilo" aufgeführt, und zwar, wie wir hören, mit einer hier angefertigten Instrumentation. Das letztere Verfahren ist hier schon einige Mal angewandt worden, und kann natürlich nicht genug gerügt werden. Die Instrumentation einer Oper ist ungefähr dasselbe, was die Farben auf dem Bilde eines Malers sind. Eine unzulässige Farbenmischung gestaltet das Bild zu einer Karrikatur. So ist es auch mit der Instrumentation, die, oft falsch angewandt, einem wirklichen Gedanken alle seine Bedeutung nehmen kann. Ob dies bei der Balfe'schen Oper der Fall, können wir nicht beurtheilen, da wir die Originalpartitur derselben nicht kennen. Die Oper an und für sich ist zu unwichtig, um sich in eine nähere Erörterung dieser Angelegenheit einzulassen. Der Text geht noch über die Ungereimtheiten der meisten Gebilde der opera comique in Paris hinaus, und die Musik ist höchst schwerfälliger Natur, im Gedankengange sehr forcirt und in jeder Beziehung derjenigen untergeordnet, die der Verfasser in seiner „Gitana" und in seinen „Vier Haimonskindern" geliefert hat. Ueberdies macht sie an die ausübenden Künstler Ansprüche, welche die Truppe des neuen

Theaters durchaus nicht befriedigen konnte. Sie wurde damals für Louise Pyne und den Tenor Harrison geschrieben, und obgleich der Letztere eben nicht zu den Sternen erster Größe gehört, so hat er doch bei weitem mehr Routine als Sänger sowohl wie als Darsteller, um seiner schwierigen Rolle besser zu genügen, als unser Tenor Castle, der zwar eine hübsche Salonstimme besitzt, aber heute noch den Mund so voll nimmt, daß man nur das Wenigste davon hören kann. Was nun die Primadonna Carolina Richings anbetrifft, so ist sie nicht nur keine Louise Pyne (die, beiläufig gesagt, eine der ersten Koloratursängerinnen ihrer Zeit genannt werden muß), sondern überhaupt gar keine Sängerin, die auf eine künstlerische Methode Anspruch machen kann. Sie ist eine höchst routinirte Naturalistin, auf der Bühne wohl bewandert, und in dieser letzteren Beziehung allerdings den übrigen männlichen und weiblichen Mitgliedern der Truppe vorzuziehen, die mehr oder weniger nur Anfänger genannt werden können. Mad. Mozart, eine von den New-England-Sängerinnen, machte z. B. als Darstellerin einen höchst peinlichen Eindruck, während sie allerdings als Sängerin mindestens einige Studien offenbarte. Dasselbe möchten wir von der Altistin Zelda Harrison sagen, einer jungen Amerikanerin, deren Stimme sie kaum berechtigen dürfte, die Carriere einer dramatischen Sängerin zu ergreifen. Von den männlichen Sängern müssen wir noch des Baritonisten Herrn Campbels erwähnen, der allerdings ein reiches Stimmmaterial besitzt, aber dessen Ansatz so fehlerhaft ist, daß die Stimme kaum zu ihrem Rechte kommt.

Trotz des großen Erfolges, dessen sich die erste Oper des Herrn Eichberg "Tho Doctor of Alcantara" zu erfreuen hatte, nahm diese englische Operntruppe ganz dasselbe Ende, wie die meisten andern derartigen Unternehmungen in diesem Lande. Nach Verlauf von wenigen Wochen verschwanden die Direktoren, und Sänger und Publikum hatten ein höchst unangenehmes Nachsehen. Die englische Oper brach sich an denselben Schwierigkeiten, an welchen auch die deutsche Oper bis jetzt zerschellt ist, nämlich an der unrichtigen Erkenntniß dessen, was das Publikum bedarf, und wohl auch an den ungenügenden Mitteln, dieses Bedürfniß zu befriedigen.

Und so schlossen sich denn die Hallen des neuen Theaters, wie sich die Hallen so mancher alten Theater geschlossen haben. Aber freilich, im Herbste werden sie sich schon wieder öffnen, und zwar zu Gunsten der gefeierten Tragödin Ristori, die zwar auf keinen allseitigen Erfolg rechnen darf, deren Größe aber auch hier in den weitesten Kreisen anerkannt werden wird.

Mittlerweile erfreut sich das New-Yorker Publikum an den musikalischen Gaben, die ihm in den Gartenkonzerten der Herren Theodor Thomas und Carl Bergmann geboten werden. Der Erstere hat einen Cyclus von musikalischen Abendunterhaltungen in dem früheren Wincke'schen Bierlokal an der 59. Straße begonnen und bis jetzt damit einen außerordentlichen Erfolg erzielt. Das Orchester besteht aus ungefähr dreißig tüchtigen Musikern, die jeden Abend (mit Ausnahme des Sonntags) nicht blos populäre Musik, sondern auch solche aufführen, welche dem Genius unserer großen Meister entsprungen ist. Die

Konzerte unter der Leitung des Herrn Karl Bergmann finden blos jeden Sonnabend statt, und zwar in dem bekannten Löwen-Park des Herrn Paul Falk.

Wie immer in diesen Sommermonaten, treten die sogenannten Musikfeste der deutschen Gesangvereine in den Vordergrund, und wie immer fallen dabei die üblichen Streitigkeiten und Zänkereien vor, ohne die das deutsche Gesangvereinsleben in Amerika nicht zu gedeihen scheinen kann. Ein Beispiel davon hatten wir auf dem Feste zu Providence, R. J. Noch ehe es zu dem Letzteren kam, lagen sich zwei unserer bedeutendsten New-Yorker Vereine in den Haaren. Die liebe Eitelkeit, die liebe Eifersüchtelei, das ächte deutsche Kleinbürgerthum, spielte dabei die Hauptrolle.

Wir wissen sehr wohl, aus welchen divergirenden Elementen diese Vereine zusammengesetzt sind, wie selten der gebildete Theil der Mitglieder das Uebergewicht erhalten kann; aber wir sollten denken, daß mindestens Einzelnen vermöge ihrer Stellung ein solcher Einfluß zu Gebote stehen sollte, diese schmachvollen Hätzeleien und Rivalitätsausbrüche unmöglich zu machen. Wenn man alle diese Streitigkeiten näher in's Auge faßt, so sollte man glauben, die Vereine seien der Meinung, daß die ganze Welt sich um sie drehe und nur dazu da sei, ihre Interessen zu vertreten. Wir können den Herren versichern, daß die Welt sich nur dann um sie kümmert, wenn sie durch ihr Zusammenwirken im Interesse der Kunst und auch der Geselligkeit beweisen, daß es ihnen auch noch um andere Dinge zu thun ist, als um Befriedigung der persönlichen Eitelkeit und der Sucht, sich zu amüsiren. Die deutschen Gesangvereine in Amerika könnten so viel wirken, so manches Gute und Schöne fördern, wenn sie nur zusammenwirken und wirkliche Musikfeste feiern wollten. Vor allen Dingen aber sollten sie das Preissingen aufgeben. Dies ist unter den günstigsten Verhältnissen eine Farce, weil jeder Verein etwas Anderes singt, also von einer Messung der Kräfte in Bezug auf ein und dasselbe Thema keine Rede sein kann. Ein Verein mag ein unbedeutendes Lied recht gut singen und großen Erfolg haben, während ein anderer Verein einer schwierigen Composition nur theilweise gerecht und kaum beachtet wird, und dennoch kann unter Umständen dieser letztere Verein am besten gesungen haben. Es ist gerade dieses System des Preissingens, das zu den meisten Mißhelligkeiten in den Vereinen Veranlassung giebt, und je eher man es beseitigt, desto besser wird es um die geselligen und künstlerischen Interessen der Vereine stehen.

Aber vor allen Dingen sollte man bei den Musikfesten nicht die Frauen ausschließen, d. h. man sollte das Hauptgewicht auf die gemischten Chöre legen. Nur dadurch können wir hier annähernd erzielen, was man in England und Deutschland unter einem Musikfeste versteht. Die Männer mögen immerhin am ersten Tage das Feld allein einnehmen, aber an den beiden andern Tagen sollte man große Vokalwerke aufführen. An den Kräften dazu fehlte es uns nicht, an den pekuniären Mitteln auch nicht; auch Lust und Liebe zur Sache ließe sich wohl schon in genügendem Maße in den Vereinen finden oder doch wecken. — Es fehlt nur an der energischen Leitung, an den kompetenten

Männern, die diese Idee zur Ausführung bringen können. Jedoch auch diese werden auf die Oberfläche kommen, sowie der Schlendrian der in bisheriger Weise geführten Feste sich erschöpft und das Bedürfniß nach etwas Besserem, Zeitgemäßerem seinen Ausdruck in der öffentlichen Meinung gefunden hat. — Von den gesellschaftlichen Vorzügen, die derartige von uns angeregte Musikfeste haben, sowie auch von denen, welche dadurch den Vereinen selbst zu Theil werden würden, wollen wir vorläufig nicht sprechen, sie liegen auf der Hand. Genug, daß wir die Idee angeregt haben, zumal da wir mit Recht der Hoffnung Raum geben zu können glauben, daß sie früher oder später doch ihre Früchte tragen wird.

Die Teufelsbrücke.
Eine Schweizersage.
Mitgetheilt von J. Schläpfer. (Newark).

Unter den schweizerischen Städten nimmt Freiburg, die alte Zähringerstadt an der Saane, in Bezug auf Brückenbauten entschieden den ersten Rang ein; die wildromantischen Umgebungen der Stadt machen aber auch wirkliche Meisterwerke in diesem Fache der Baukunst nothwendig. Seit den zwanziger Jahren sind es die zwei Hängebrücken — auch Drahtbrücken genannt — die ganz nahe der Stadt wie leichte Spinnengewebe, die eine, größere, über die Saane, die andere über den Galternbach, gebaut sind, welche die Aufmerksamkeit und die Bewunderung aller Touristen auf sich ziehen. In neuerer Zeit ist es der ungeheure Eisenbahnviadukt an der Linie Lausanne-Fribourg-Berno, welcher als geniales Meisterwerk sich eine halbe Stunde unterhalb Freiburg über dem Wasserspiegel wölbt. Die Erbauer der „ponts suspondus", wie des Viaduktes, waren Franzosen. Daß diese Brückenbauten einen großen Aufwand von Zeit und ungeheure Opfer an Geld gekostet haben, braucht wohl nicht gesagt zu werden; denn wo käme in unsrer Zeit Einer her, der solche Riesenwerke in wenigen Stunden und dazu noch ohne klingende Belohnung in's Dasein rufen würde?

Etwa zwei Stunden oberhalb Freiburg aber wölbt sich seit Jahrtausenden eine andere Brücke über die Saane, der man es von weitem ansieht, daß der Baumeister gewaltige Eile gehabt haben muß. Felsenblöcke wurden auf Felsenblöcke gethürmt, ohne daß man sich die Mühe nahm, Richtscheit und Meißel an sie zu verschwenden, und — gekostet hat sie nichts. Der Baumeister war aber kein Franzose. Er gehörte nicht einmal unserer Welt an, geschweige denn dem großen Kaiserreiche. Es war — doch der Leser mag es selbst errathen, wer es war, wenn wir ihm sagen, daß die Brücke zu dessen Ehre noch heutzutage "pont du diablo" genannt wird.

Ehe diese Teufelsbrücke stand, befand sich das dort auf dem rechten Felsenufer der Saane liegende Dörfchen so recht isolirt, und seine Bewohner konnten nur auf ungeheuern Umwegen in die sonst nicht weit entfernte Stadt gelangen. Diese Abgeschlossenheit begann den guten Leuten lästig zu werden. Wollte Joseph ein Pferd oder eine Kuh auf den Markt bringen, so hatte er auch gar zu weit mit dem Verkaufsgegenstand in der Welt herum zu traben. Wollte sich Marie einmal das Vergnügen machen, den gnädigen Frauen in der Stadt für einen Korb Eier oder Kartoffeln einen Batzen abzugewinnen, so durfte sie nur mit Schrecken daran denken. Und dann die lustige Jugend, die vom nahen Hubel aus so oft schon den St. Nikolausenthurm von Freiburg gesehen, hätte gar zu gern einmal in die Geheimnisse der Stadt geblickt.

Schon unzählige Male stand ein besorgter Syndikus, umringt von einer Schaar Bürger und Bürgerinnen des Dorfes, auf dem Felsenvorsprung und schaute hinab in die jähe Tiefe und hinüber nach dem gegenüberliegenden Felsen, der so nahe schien, daß man ihn mit einem Stabe berühren zu können glaubte. Das war allerdings eine geeignete Stelle zu einem kühnen Bau. Das Wie der Ausführung war aber ein furchtbar schweres Räthsel für den guten Syndikus und seine lieben Unterthanen, denen eine Schule in's Reich der spanischen Schlösser gehörte und der eigene Kopf von der Natur nicht gerade zu reich ausgestattet war, um das Geheimniß zu entdecken, das ihnen zum gewünschten Ziele verhelfen konnte. Zudem fehlte es dem Dorfe, wenn auch nicht an Baumaterial — denn solches hatte man ja auf dem Platze an der Hand — so doch an den nöthigen finanziellen Mitteln, um die Brücke herstellen zu lassen. Und wenn auch zu selbiger Zeit die Gemeindearbeiten gewöhnlich durch die Hände der Bürger ausgeführt wurden, es hätte sich schlechterdings Niemand dazu hergeben wollen, in die schwindlige Tiefe hinunterzusteigen und Stein auf Stein zu schichten, bis ein Uebergang möglich würde.

Lange schon lamentirte die ganze Dorfschaft über die fatale Lage, bis ihr, die sich nicht selbst zu helfen wußte, urplötzlich die gewünschte und ersehnte Wohlthat zu Theil wurde.

Es saßen nämlich an einem Abende — zu welcher Zeit des Jahres, weiß ich nicht mehr, es ist zu lange her — eine Menge Bauern an dem langen Schenktische des kleinen Dorfwirthshauses, obenan das würdige Haupt der Gemeinde, der Syndikus. Das Gespräch drehte sich in eifrigster Weise um die Kalamität der Gemeinde, und man kam damit gerade so weit, wie wohl schon hundert Mal seit Jahren, d. h. zu gar keinem Ziele.

Siehe, da trat ein bildschöner junger Jäger in grünem Kleide in die bescheidene Dorfschenke, auf den dunkeln Locken einen Hut mit wallender Feder. Erstaunt sahen die Bauern dem hübschen Gaste in's freundliche Gesicht, und Mancher hätte darauf geschworen, einer der Grafen von Greyerz oder Savoyen wäre zu ihnen gekommen. Der Syndikus lüftete höflich seine gestrickte, roth und weiß gestreifte Mütze und ersuchte den Fremdling, den Ehrenplatz am Tische mit ihm zu theilen. Dankbar setzte sich dieser zur Rechten des Syndikus und ließ sich eine Flasche Rebenblut von den Weinbergen am Ufer des Genfersee's bringen. Aufmerksam folgte er der bald sich wieder anknüpfenden Unterhaltung über das beliebte Brückenthema. Als sein letztes Glas zur Neige ging, erhob auch er seine Stimme und sagte zu den sofort mäuschenstill lauschenden Bauern:

„Ihr lieben Leute, Eure Noth geht mir sehr zu Herzen; ich will Euch helfen. Morgen schon sollt Ihr an dem gewünschten Ort eine Brücke haben. Und zum Danke dafür verlange ich nichts als — die erste Seele, die über die Brücke wandelt. Ist's Euch recht so?"

Stumm glotzten die Augen Aller auf den unbekannten Redner, und Mancher fühlte schon ein frostiges Rieseln über seine Glieder ziehen. So konnte ja nur der leibhaftige Satan reden! Und doch sah man an dem schönen Räthselhaften weder Hörner, noch Schweif, noch Pferdefuß! Der schlaue Jäger!

Und als der Fremde nochmals fragte: „Ist's Euch recht so?" da räusperte sich der Syndikus und schob seine Mütze von der Linken zur Rechten und von der Rechten zur Linken, und sagte am Ende: „Meinethalb, ich gehe den Handel ein."

„Topp!" rief der seltsame Bauunternehmer; „Eure Hand darauf, Herr Syndikus. Das genügt! Schreiben könnt Ihr ja doch nicht!"

Dann stand er auf und wandte sich nach freundlichem Abschied der Thür zu, durch die er mit den Worten hinausschritt: „Auf Wiedersehen also morgen auf der Brücke!"

Den zurückgebliebenen Bauern war es aber doch nicht recht wohl zu Muth. Bald da, bald dort murmelte Einer, das gehe gewiß nicht mit richtigen Dingen zu. Daß man so bald eine Brücke erhielte, hätte sie mit lautem Jubel erfüllen mögen, wenn der Bau nicht mit einer so sonderbaren Bedingung verbunden gewesen wäre, für deren Erfüllung man sich jetzt keinen Rath wußte. Da es sich nun um den Preis einer Seele handelte, so erinnerte man sich in der Angst noch des Seelsorgers der Gemeinde, und während der größere Theil der Gäste heimkehrte, wandte sich der Syndikus mit den Assistenten Felix und Joseph noch trotz der späten Stunde der bescheidenen Wohnung des Kaplans zu. Da mußte Rath zu finden sein.

Der ehrwürdige Geistliche horchte bei der Erzählung der Bauern doch auf und bekreuzte sich unwillkürlich, als er die Bedingung hörte, unter welcher der Bau geschehen sollte. Doch faßte er sich gleich und fragte: „Hat sich der Fremde ausdrücklich eine Menschenseele oder nur im Allgemeinen eine Seele ausbedingt?"

„Man hat von keiner Menschenseele gesprochen", erwiderte der Syndikus.

„Dann ist Alles gut", fuhr der Kaplan fort. Paßt auf, was ich Euch sage. Ihr, Felix und Joseph, schickt morgen früh Eure Knechte mit einer Katze und einem Hunde auf die Brücke. Mag dann der Räthselhafte die vom Hunde gejagte Katze nehmen. Sie hat ja auch eine Seele, wie die Philosophen sagen. Ihr aber selbst kommt mit dem Syndikus und Euern Nachbarn bei Tagesanbruch zur Kapelle, damit wir mit Kreuz und Fahne nach der Brücke wallfahren; dann sollt Ihr sehen, mit wem Ihr heute einen Bund geschlossen, um eine Brücke zu haben. Aber früh, recht früh müssen wir sein, sonst könnte es dem Baumeister einfallen, sich nicht mit der Katzenseele begnügen zu wollen, und im fürchterlichen Zorne die Brücke wieder zu zerstören.

Erleichterten Herzens ging die Baudelegation nach Hause. Geschlafen wurde in dem Dorfe wenig oder gar nicht. Nächtliche Boten eilten von Haus zu Haus, um Alles für die Prozession vorzubereiten, und überall harrte man mit fieberhafter Spannung der Dinge, die da kommen sollten.

Ehe der erste Hahnenruf den neuen Tag angekündigt hatte, war es lebendig bei der Kapelle, und Alles wußte schon die große Neuigkeit, daß seit letztem Abend wirklich ein Wunder geschehen, und nun die so lange gewünschte Brücke fix und fertig da stehe. Neugierige hatten sich von der Thatsache schon überzeugt und den auf den übereingekommenen Preis harrenden Meister jenseits der Brücke auf einem Felsen sitzen gesehen.

Die Prozession setzte sich in Bewegung; matt schimmerte das silberne Kreuz in der Dämmerung, und leise flatterte die Fahne mit dem Madonnenbilde im Morgenwinde. Eben wandte sich der Zug um eine der Brücke nahe liegende Waldecke, als eine Katze zischend über den neuen Bau fuhr, gejagt von einem in Windeseile folgenden knurrenden Hunde.

Dieses Spiel mußte dem räthselhaften Architekten nicht gefallen haben; der Hut mit der wallenden Feder und das grüne Jägerkleid verschwanden wie durch einen Zauberschlag, und vor der staunenden Menge, die eben bei der Brücke ankam, stand — der leibhaftige Gottseibeiuns! Deutlich sah man seine Attribute, die am Abend vorher am langen Schenktische Niemand bemerkt hatte. Voll Entsetzen warf sich Alles auf die Kniee, den Blick auf das milde lächelnde Madonnenantlitz auf der Fahne wendend.

Diese neue Erscheinung jagte dem Baumeister aus der Unterwelt Entsetzen ein. Ohne sich die Mühe zu nehmen, sein nächtiges Werk durch einen Zauberschlag wieder in sein Nichts zurück zu werfen, hob er sich, gepeinigt von der Gegenwart der Insignien des Siegers über Tod und Hölle, hoch in die Lüfte und verschwand hinter dem nahen Bergessaum.

Jubelnd erhob sich dann die Menge und bewunderte das Werk der Nacht, das bis heute dem Zahn der Zeit getrotzt hat und dem ganzen Lande als "pont du diablo" bekannt ist.

Literarisch-artistisches Feuilleton.
Von J. W.

Ein Autor, der einmal ein epochemachendes Buch geschrieben, welches die ganze Gesellschaft aufgerüttelt, alle Federn und Zungen in Bewegung gesetzt, sieht sich dadurch, von dem augenblicklichen Ruhm natürlich abgesehen, für seine ganze Zukunft in einigermaßen mißlicher Lage. Bleibt er stumm und produzirt nicht weiter, so heißt es, er habe sich ausgeschrieben, seine Kraft schon nach dem ersten Anlauf erschöpft, und diese Ueberzeugung wird die ganz unvermeidliche Folge haben, daß man nun nach und nach auch sein früher bewundertes Werk nicht mehr so bewundernswerth findet, daß man an ihm schon die Spuren der nicht lange vorhaltenden Kraft, eines im Grunde mehr erkünstelten, nur durch zufällige Nebenumstände bedingten Aufschwunges herauszuwittern beginnt. Setzt er dagegen seine literarische Thätigkeit fort, so muß er darauf gefaßt sein, jedes neue Werk sofort in allen Details mit dem früheren verglichen zu sehen, ein Vergleich, der sicher immer zum Nachtheil des ersteren ausfällt, da sich ein Buch eben nie zweimal schreiben läßt, und eine Stimmung, in welcher es die große Masse der Lesewelt antraf, so leicht nicht wiederkehrt.

In solch' mißlicher Lage befindet sich in diesem Augenblick Ernest Renan. Sein „Leben Jesu" war das erfolgreichste Buch des letzten Jahrzehnts — vielleicht des neunzehnten Jahrhunderts; in Frankreich hatte es eine ganz unbeschreibliche Sensation gemacht, einen wahren Orkan des Beifalls und der Bewunderung heraufbeschworen; in Deutschland und England fand es begeisterte Aufnahme, namentlich in Ersterem, für das es sympathische, wohlbekannte Accorde anschlug; in allen übrigen europäischen Ländern — es giebt keine Sprache, in die es nicht übersetzt worden wäre — drang es mehr oder weniger in's Volk, sogar im strenggläubigen Italien und bigotten Spanien zählte es seine Leser zu Tausenden, und selbst die gebildete Welt des weit ausgedehnten osmanischen Reiches, die sich noch niemals für ein literarisches Produkt des Abendlandes begeistert, studirte mit Eifer die Geschichte des zweitgrößten Propheten, und der ebenso gelehrte wie tapfere Abd-el-Kader geht heute noch mit dem Gedanken um, dieselbe in arabischer Sprache, mit einem von ihm verfaßten Commentar versehen, der großen Masse der Gläubigen des fernen Ostens zugänglich zu machen. Das „Leben Jesu" war nun der erste Band eines größeren Werkes über den Ursprung der christlichen Kirche. Sieben Jahre lang war der Autor eifrig beschäftigt, das Material zur Fortsetzung dieses Werkes zu sammeln und den zweiten Band desselben auszuarbeiten. War jener erste Band gewissermaßen ein poetisch-philosophisches Glaubensbekenntniß, der Ausfluß einer begeisterten Stimmung und geläuterten Weltanschauung, so bedurfte es für diesen zweiten Band gründlicher historischer und archäologischer Forschungen, eines kritischen Geistes und unerschöpflich reichen Wissensfonds. Endlich waren alle Hindernisse, die sich seiner Ausarbeitung entgegen stellten, beseitigt und „Die Apostel" traten an's Licht. Interesse und Theilnahme sind außerordentlich. Renan ist seit dem „Leben Jesu" als Autor nicht vor das größere Publikum getreten; — natürlich ist alle Welt gespannt, wieder von ihm zu hören, die Fortsetzung seines merkwürdigen Buches kennen zu lernen.

Diesmal aber scheint der Erfolg nicht ganz derselbe. Die Stimmung ist getheilt; der Enthusiasmus will nicht wieder aufleben; die früheren begeisterten Lobredner zeigen sich merklich kühler, dahingegen werden ehemalige Gegner zu Freunden, — der Absatz des Buches ist sehr bedeutend, kann jedoch mit dem des „Leben Jesu" nicht entfernt verglichen werden.

Worin beruhte nur eigentlich der unwiderstehliche Zauber jenes „Leben Jesu?" Was war es, was das Buch in einer noch nie dagewesenen Weise populär gemacht? Die Frage wird in verschiedenen Ländern und von verschiedenen Standpunkten verschieden beantwortet werden. Für die romanische Race war es die Neuheit der Ideen, die Originalität der religiösen Anschauung, die, in Verbindung mit einer so meisterhaften, blendenden Form, wie sie diese auf äußere Vollendung eben so sehr wie auf inneren Gehalt erpichten Nationen nur je bewundert, dem Buche die entzückten Leser zu Hunderttausenden zuführte. Für die germanische Race, insbesondere für deutsche Leser war der Inhalt des Buches keineswegs neu. Fast achtzig Jahre früher hatte Lessing in den Wolfenbütteler Fragmenten ganz ähnliche Ideen zum Ausdruck gebracht. Die gründlichen theologisch-historischen Forschungen und der streng logische Gedankengang, die präcise Schlußfolgerung unseres Strauß waren von Renan bereitwilligst adoptirt worden; was endlich den poetischen Schmelz, den romantischen Duft anlangte, der die wissenschaftlich-philosophischen Resultate der Renan'schen Forschung umhüllte, so hatte der deutsche Dichter Sallet in seinem „Laienbrevier" schon ganz Aehnliches geleistet und denselben religiösen Grundideen gleich poetischen Ausdruck verliehen. Die Deutschen stießen in dieser Beziehung weniger auf Neues, allein es schmeichelte ihnen, daß ein hochgefeierter ausländischer Schriftsteller die Resultate ihres hundertjährigen geistigen Strebens so bereitwillig anerkannte und nun auch in seinen Kreisen zur Geltung brachte. Außerdem bewunderten sie, wie die Franzosen, den wirklich unvergleichlichen Styl, die blühende, hochpoetische Sprache, und hatten dazu im Grunde noch mehr Veranlassung, da man in Deutschland bis dahin nicht gewohnt gewesen, solche Ideen in solcher Prosa ausgedrückt zu finden. Hätte der an Tiefe des Wissens und Mächtigkeit des Geistes Renan überlegene Strauß etwas von der Formgewandtheit Jenes besessen, es würden in Deutschland selbst nicht erst Tausende die Ideen des heimischen Meisters zwanzig Jahre nach ihrer Verkündigung durch den fremden Schüler kennen gelernt haben.

Unser jüngst heimgegangener Friedrich Rückert, der die deutsche Sprache mit so manchen treffenden Ausdrücken bereichert, denen allgemeinere Anwendung zu wünschen wäre, hat unter anderen das Wort: „Der Süßschmeichelredewogige" erfunden. Treffender läßt sich wohl das Wesen Renan's nicht bezeichnen. Er ist ein Zauberer der Rede und mit seinen in sanftem Gewoge uns süß schmeichelnd umlosenden Worten bewirkt er nahezu jedes Wunder. Sein „Leben

Jesu" ist ein wissenschaftliches Werk; es behandelt eines der wichtigsten Themen, welche die Menschheit seit 1800 Jahren beschäftigt, — aber er thut dies nicht in der steif-zopfigen, das Herz kalt lassenden Form der Forscher und Fachgelehrten, sondern mit einer wahrhaft überirdischen Beredtsamkeit, in einer Sprache, wie sie den Lippen des Stifters der christlichen Religion und seiner beredtesten Schüler nicht süßer und überzeugender entquellen konnte. Renan's Gegner haben dem Buche den Vorwurf gemacht, daß es sich wie ein Roman lese. Nun, sie haben dadurch wahrscheinlich Keinen von seiner Lektüre abgehalten. Als es erschien, erzählte man sich in Paris eine hübsche Anekdote. Renan besuchte die Gattin eines bekannten Staatsmannes, der sich zugleich als Führer der Ultramontanen hervorgethan. Er fand sie über einem Buche, das sie selbst bei seinem Eintritt nicht aus der Hand legte: „Was lesen Sie da, meine Gnädige?" — „Den neuesten Roman des Tages", versetzte die Dame ironisch lächelnd, und hielt dem jungen Gelehrten den Titel zur Ansicht vor. Es war sein „Leben Jesu." Renan's scharfes Auge bemerkte, daß sie das Buch schon fast bis zu Ende gelesen hatte. „Ah, meine Gnädige", erwiederte er rasch, „da ich dieses Exemplar noch heute Vormittag unter Ihrer Adresse bei dem Buchhändler Michel Levy liegen sah, scheint Sie der Roman doch wenigstens nicht gelangweilt zu haben."

Um zunächst bei der Form zu bleiben, muß man den „Aposteln" einräumen, daß sie dem „Leben Jesu" durchaus nicht nachstehen. Der Styl ist reizend, unnachahmlich, classisch; stellenweise dünkt er uns noch gefeilter und gewählter als in dem früheren Werke. Es ist Musik, dieses Buch zu lesen. Der Geist, der in dieser entzückenden Form schlummert, wirkt allerdings auf die Massen nicht so zauberhaft mächtig, wie es dem ersten Theil des Werkes der Fall war. Dieser bewegte sich auf dem geheimnißvollen Boden der Mythe, jener führt uns plötzlich in's reelle Bereich der Geschichte hinüber. Dort war Alles Duft, Glanz und phantastische Farbenfülle; hier haben wir es mit festeren Couturen, bestimmtem Ton und regelregechter Vertheilung von Licht und Schatten zu thun. Dem Autor hat das gründliche Studium einer bis dahin noch wenig erforschten Geschichtsperiode unendliche Arbeit und Mühe verursacht, aber bei der Mehrzahl seiner Leser hat er sich doch bei Weitem nicht den Dank verdient als dazumal, wo er vorzugsweise aus dem üppigen Quell seiner Phantasie schöpfte. Die mythische Persönlichkeit Jesu Christi, hier zum ersten Mal in eine sinnlich faßbare, Gemüth und Verstand gleich ansprechende Gestalt gebracht, übte einen Zauber, dem so leicht Niemand widerstehen konnte; der Urheber einer erhabenen göttlichen Idee, von seinen in finstern Vorurtheilen befangenen Zeitgenossen angefeindet, verfolgt, verlästert und zuletzt auf den Richtplatz geschleppt, weckte die allgemeinsten Sympathieen und das große herrliche Werk, das er gestiftet und dem er den Namen gegeben, umgab das Haupt des am Kreuze gestorbenen Märtyrers der ewigen Wahrheit und reinsten Humanität mit einem Glorienschein, der hell in allen menschlich fühlenden Herzen widerleuchtete. Mit Jesu Tode verliert seine Schöpfung jenen zauberhaften

Reiz, den seine Persönlichkeit ihr bis zum letzten Augenblick seines Daseins zu verleihen vermochte; so groß auch die Apostel sein mögen, sie sind Pygmäen neben der riesigen Figur ihres Herrn und Meisters. Statt eines die geheimnißvollsten Mysterien der Menschheit enthüllenden, das ganze intellectuelle Interesse des Lesers aufs höchste spannenden Werkes erhalten wir eine — Kirchengeschichte, deren lichtvolle Fassung, deren blühender Styl selbst im günstigsten Falle nicht im Stande sind, den berauschenden Geist zu ersetzen, der uns dort entgegen wehte. Geschichtsforscher und Theologen greifen nach diesem zweiten Theile der Geschichte des Ursprungs des Christenthums eifriger als nach dem ersten, vertiefen sich hinein und schöpfen daraus eine unendliche Fülle des Wissens und der Belehrung; die große Masse des Publikums aber vermag das Werk nur in einzelnen Kapiteln zu fesseln, als Ganzes läßt es sie unberührt. Als die Frucht gereifter und umfassender Studien, als das Werk eines der geistreichsten Männer seiner Zeit, dem es gelungen ist, durch einen mäßigen Octavband die ganze civilisirte Welt in Bewegung zu setzen, verdienen inzwischen Renan's „Apostel" die Aufmerksamkeit aller Gebildeten, und wir halten es daher für angemessen, uns an dieser Stelle noch etwas ausführlicher mit ihrem Inhalt zu beschäftigen.

Unter den Schülern, denen die Vollendung des von dem großen Meister begonnenen Werkes oblag, ragen hauptsächlich drei hervor, die von jeher als wesentlichste Stützen und kräftigste Säulen der christlichen Kirche betrachtet wurden: die Apostel Petrus, Paulus und Johannes. Aus dem Volke hervorgegangen, ohne theologische Bildung, ohne einen Begriff von der politischen Weltlage, ja ohne alle sonstigen Vorkenntnisse für ihren Beruf, vergleicht Renan diese Männer sehr treffend mit jenen Sergeanten der französischen Revolutions-Armee, die, von der Pike auf dienend, sich allmälig zu tüchtigen Heerführern ausbildeten, und mit Geschick das von dem großen Feldherrn selber begonnene Werk fortsetzten. Wie es Schlachten giebt, die in Folge des von dem Feldherrn ersonnenen, von seinem Generalstabe gut geheißenen und von der Armee pünktlich zur Ausführung gebrachten Planes gewonnen worden, und wiederum andere, die sich lediglich als Errungenschaften der Massen, als sogenannte Soldatensiege darstellen, an denen das Genie des Führers wenig Theil hat, so lassen sich auch die großen Eroberungen auf geistigem Gebiete, die Religionen, theils als Feldherrnsiege, theils als Soldatensiege betrachten. Moses, Schalya-Muni, Mahommed waren solche religiöse Feldherrn, Männer der Reflexion wie der Aktion, welche die Bedürfnisse ihrer Zeit verstanden und durch Energie und Umsicht ihr Feld eroberten. Das Christenthum hingegen liefert uns das Beispiel eines Soldatensiegs. Gleich beim Beginn des Kampfes mit einer in ihren materiellen Interesse bedrohten fanatischen Priesterkaste von Denen, die rechtlich zu seinem Schutze bestellt waren, achselzuckend im Stich gelassen, von einer aufgehetzten, blutgierigen Menge bis zum Richtplatz verfolgt, mußte der erhabene Führer sein edles Leben für die große Idee auf der Wahlstatt lassen. Aber das kleine Häuflein tapferer Streiter, das er einmal für seine

Ideen gewonnen, behauptete seinen Platz und kämpfte muthig weiter. Jene drei Sergeanten stellten sich an die Spitze, vertrauend auf ihr gutes Schwert und begeistert für die heilige Sache des hingeopferten Führers. Ein zehnjähriger harter Kampf — und die Sergeanten hatten den Beweis geliefert, daß sich ihr Herr und Meister nicht getäuscht, als er gerade sie zu dem schwierigen Werke auserwählt; in Pulverdampf und Kugelregen waren sie zu Marschällen avancirt und der Sieg neigte sich überall auf ihre Seite. Hätte ihr Führer bis zu diesem Zeitpunkt gelebt, er würde, wie später Napoleon von seinen zu Marschällen gewordenen Sergeanten, den ächten Kindern der Revolution, von ihnen gesagt haben: „Als Zwerge fand ich sie, als Riesen ließ ich sie zurück."

Christus hatte seinen Ober-Sergeanten Petrus den Felsen genannt, der seiner Kirche ein sicheres Fundament bieten werde. Die Bezeichnung war in mancher Hinsicht treffend und das spätere Verhalten des vertrauten Schülers rechtfertigte wohl die von dem Meister in ihn gesetzten Hoffnungen. Sein zähes Aushalten in Jerusalem, wo ohne ihn der von Jesu ausgestreute Samen schon wenige Jahre nach dessen Tode spurlos verschwunden sein würde, verlieh dem neuen Glauben ein gewisses Ansehen und einen inneren Halt; von dort aus konnten stets neue Missionen ausgesandt werden; der selbst von den Römern als Weltheiligthum respektirte Jehovahtempel breitete seinen Schatten über die zarte Pflanze der neuen Lehre, die man lange Zeit nur für eine Sekte des Judenthums hielt. Kein Apostel, außer Petrus, besaß die Eigenschaften, um gerade an diesem hochwichtigen Punkt, unter äußerlich so schwierigen Verhältnissen, das begonnene Werk erfolgreich fortzusetzen. In anderer Beziehung freilich entsprach Petrus den Erwartungen Jesu nicht. Die von dem Meister empfangene Weisung, den neuen Wein auch in neue Schläuche zu füllen, fand bei ihm keine Beachtung. Es war sein Grundsatz, sich so viel als möglich an den Mosaismus anzulehnen und der Ansicht, daß es nur auf eine Reform des Judenthums abgesehen sei, Vorschub zu leisten. Die von ihm in Jerusalem bekehrten Juden standen immer noch mit Einem Fuße im Jehovahtempel und hatten keine Ahnung, daß die Brücke, welche sie mit dem Glauben ihrer Väter verbinden sollte, längst hinter ihnen abgebrochen sei. Mochte dieses behutsame, den Umständen Rechnung tragende Vorgehen des Petrus der ersten Ausbreitung der neuen Lehre günstig sein, später würde es ihr um so verderblicher geworden sein, wenn nicht ein anderer, mittlerweile herangebildeter Sergeant mit kräftiger Hand das Schwert erfaßt und durch sein wackeres Dreinschlagen jedem Schwanken ein Ende, jeden Rückzug unmöglich gemacht. Renan stellt die Behauptung auf, daß die Judenchristen des Petrus die verhängnißvolle Katastrophe unter Titus nicht überdauert haben würden, hätte nicht inzwischen Paulus der ganzen Sache bereits eine andere Richtung und mehr innere Festigkeit verliehen.

Paulus ist der eigentliche Heerführer der christlichen Kirche, dem diese ihre glänzendsten Siege verdankt, der wahre Begründer der ecclesia militans, die mit dem Schwert in der Rechten und dem Evangelium in der Linken unablässig vorwärts bringt und ihre Getreuen zum Siege führt. In ihm erblicken wir einen durchaus selbstständigen Geist, einen Ritter ohne Furcht und Tadel, einen Mann, der sich vor keiner Autorität beugt und nur Das als recht und wahr vertheidigt, was er selber dafür erkannt hat, dann aber auch sich diesem Rechten und Wahren mit einem Feuereifer widmet, für den keine Schranken existiren. Paulus erkennt mit scharfem Blick, daß die neue Lehre keine Zukunft hat, wenn sie sich nur an das Judenthum wendet, daß sie aber zur Weltreligion werden kann, wenn sie ihr Feld unter dem Heidenthum sucht, wenn sie sofort ihre Wirksamkeit auf das damals weltbeherrschende Römer- und Griechenthum ausdehnt. Ihm gilt der alte Autoritätenglaube nichts, er schüttelt den Mosaismus kühn ab und stellt sich auf eine völlig neue Plattform: auf die der schrankenlosen Freiheit, des unaufhaltsamen Fortschritts. Was fünfzehnhundert Jahre später die Männer der Reformation, was ein Luther, Hutten, Zwingli, Melanchton ꝛc. gewollt und erstrebt, das wollte schon Paulus; in seinem ganzen Wesen hatte er mit ihnen die größte Aehnlichkeit. „Der Protestantismus lebt wenige Jahre nach Jesu Tod," schreibt Renan überaus treffend, „Paulus ist sein berühmter Begründer."

Der dritte des glänzenden Dreigestirns, Johannes, ist gleichfalls eine durchaus eigenartige Natur; er hat etwas vom classischen Geist des Griechenthums, und wenn er ein Schüler Plato's wäre, würde er dem Meister alle Ehre machen. Sein ganzes Streben ist auf Erkenntniß und Ausübung des Wahren, Guten und Schönen gerichtet, und der erhabene Grundsatz des Meisters: „Gott ist die Liebe" ist ihm die Quintessenz und der Grundbegriff der neuen Lehre. Die Aufgabe des Johannes war es, die sich in Petrus und Paulus manifestirenden Gegensätze zu versöhnen, den schon in den ersten Decennien entbrennenden Zwist zwischen petrinischen und paulinischen Christen zu schlichten, ein Versöhnungswerk, das ihm freilich kaum gelungen, wenn nicht die Ereignisse zu Hülfe gekommen und der Fall Jerusalems in den äußeren Verhältnissen der Bekenner der neuen Lehre einen totalen Umschwung hervorgerufen. Nachfolger des Petrus wie des Paulus hat die Geschichte bereits in großer Zahl aufzuweisen. Dahingegen soll uns die Zukunft noch die würdigen Nachfolger des Johannes bringen, die, über dem Treiben der Parteien stehend, nur den wahrhaft göttlichen Grundsatz zu verwirklichen streben: „Gott ist die Liebe."

Völlig gleich sind sich die Drei in ihrem ächt demokratischen Wesen, ihren volksthümlichen Eigenschaften und ihrer Ausdauer, die Unannehmlichkeiten ihres Berufs zu ertragen, sich durch keine Mühsale und Leiden von dem guten Werke abbringen zu lassen. Paulus erzählt: „Fünfmal habe ich 39 Streiche empfangen, dreimal wurde ich gestäupt, einmal gesteinigt u. s. w." Es will etwas heißen, bei solchen Erfahrungen seinem Beruf treu zu bleiben. Für eine Sache sterben, ist vielleicht nicht so schwer; sich für sie prügeln und mißhandeln zu lassen, ungleich schwerer. Wären sie reiche, behäbige Leute gewesen, sie würden sich nicht zu Verkündigern des neuen Evangeliums geeignet haben, weil sie in beständiger Furcht geschwebt hätten, ihr Eigenthum zu verlieren. Da sie arm und ohne gesellschaftliche Prätensionen waren, hatten sie nichts zu verlieren. Als Handwerker, die sich ihr Brod durch ihrer Hände Arbeit verdienten, behaupteten sie eine unabhängige Stellung, und der hinter dem Webstuhl stehende, grobes Tuch aus Kameelhaaren webende Paulus giebt uns ein ebenso würdiges Bild vom philosophischen Handwerker und wirklich freien Menschen, wie der als Glasschleifer im Haag arbeitende Baruch Spinoza, der eine glänzende Professur in Heidelberg ausschlug, weil er seine Ueberzeugungen nicht verlaufen mochte.

Nicht mit derselben Vorliebe und Ausführlichkeit wie diese drei Hauptapostel hat Renan die übrigen Jünger Jesu behandelt. Was hätte er auch von ihnen sagen sollen? Sie mögen recht brave, würdige Leute gewesen sein, aber den Maßstab der Bewunderung an sie zu legen, haben wir nicht gerade Veranlassung. Einige werden nur sehr oberflächlich berührt. Renan besuchte kurz nach Erscheinen des Buchs einen seiner alten Freunde, einen Kanonikus des geistlichen Konvents, dem er früher selber angehört. Mit drohend erhobenem Finger und lächelnden Mienen empfing ihn der Geistliche. „Sie böser Mensch, nun haben Sie uns gar das heilige Corps der Zwölfe mit ihrer gottlosen Feder verarbeitet — was ist denn vor Ihnen noch sicher? Ich bin nur froh, daß Sie mir wenigstens Einen aus der heiligen Schaar in Frieden lassen mußten." — „Und welchen?" fragte der Autor neugierig. — „Nun, den Thomas!"

Das schönste Kapitel des Renan'schen Buches ist unstreitig dasjenige, welches uns das Leben und die Verhältnisse der ersten christlichen Gemeinde in Jerusalem schildert. Hier hat der Verfasser seine ganze Kunst der Darstellung bewährt, und was den Inhalt anlangt, so mag der Leser einem Glaubensbekenntniß, einer religiösen Richtung angehören, welcher er wolle, er wird darin nichts entdecken, was seiner Ueberzeugung entgegen wäre. Es ist ein hochpoetisches und doch zugleich strenghistorisches Idyll, welches Renan uns enthüllt. Die ersten Christen Jerusalems leben in Liebe und Eintracht wie eine große Familie zusammen. Am Tage ergehen sie sich in den Hallen des Tempels, wo sie den mosaischen Gebräuchen noch obliegen, sich jedoch von Jesu und seiner göttlichen Sendung unterhalten und dabei verkündigen, daß der Messias bereits gekommen. Niemand nimmt Anstoß an ihrem Treiben, höchstens die Priester und Pharisäer; sie gelten für die sanfteste, frömmste und liebenswürdigste unter all den zahlreichen Sekten und Schulen, die in den Galerieen des Tempels ihr Hauptquartier aufgeschlagen und dort ihren Disputationen obliegen. Der Abend vereinigt alle Glieder zu einem gemeinschaftlichen Liebesmahl; der Aelteste segnet Brod und Kelch und läßt sie dann herumgehen zum Andenken an Jesu, von dem man wissen wollte, daß er einst geäußert: „So oft ihr das Brod brechen werdet, thut es zu meinem Gedächtniß." Erst später wurden diese Mahlzeiten nur auf den Sonntag beschränkt. Eigenthum war unbekannt. Die Glieder der Gemeinde waren Ein Herz und Eine Seele, und Alles, was sie besaßen, war gemeinschaftlich. Wer sich zu Jesu bekannte, verkaufte sein Hab und Gut und schenkte es der Gesellschaft. Dem Aeltesten lag die Vertheilung ob. Es gab keinen Zank, keinen Streit. Der Gedanke an Jesu, den geliebten

Führer, stimmte diese Glücklichen stets zur Eintracht und Versöhnlichkeit. Von bestimmten Priestern wußte man nichts. Der Aelteste, Presbyteros, leitete die Angelegenheiten der Gemeinde und führte bei den Zusammenkünften den Vorsitz. Eine wichtige Rolle spielten in diesen Kreisen die von Jesu erwählten Apostel, die gerade zeitweilig in Jerusalem anwesend waren. Eine Verpflichtung, auf Missionen auszugehen, existirte für sie nicht; verhältnißmäßig nur wenige unterzogen sich diesem mühseligen Geschäft. Neben den Aposteln zeichneten sich noch die sogenannten „Brüder des Herrn" aus, und diese beiden Gruppen bildeten in der jungen Gemeinde eine Art Aristokratie, jedoch ohne jeden schlimmen Nebenbegriff dieser Bezeichnung. Von besonderen religiösen Ceremonien wußte die erste christliche Gemeinde nur wenig. Das Fasten ward als verdienstlich empfohlen und die Taufe galt im Allgemeinen nur als äußeres Zeichen des Eintritts in die Gemeinschaft. Höher als die Taufe hielt man die Gabe des heiligen Geistes, die einfach darin bestand, daß einer der Apostel unter angemessenen Gebeten seine Hände auf das Haupt des Neophyten legte.

Gern würden wir auch noch den prächtigen Schlußkapiteln des Buches, von denen das eine der Weltlage um die Mitte des ersten Jahrhunderts, das andere den Syrern und Juden als Mitarbeitern der christlichen Propaganda gewidmet ist, einige Berücksichtigung schenken, aber unser Raum ist zu Ende, wir müssen uns begnügen, dieselben der Aufmerksamkeit des Lesers zu empfehlen. Auch in diesen Schlußbetrachtungen bewährt sich Renan's tiefes Wissen, sein Scharfblick und seine unvergleichliche Darstellungsgabe. Das erste halbe Jahrhundert der christlichen Zeitrechnung ist bis dahin noch von keinem Historiker so meisterhaft geschildert worden.

New-Yorker Correspondenz.

New-York, im Juli. Bezeichnete ich in meinem vorigen Briefe das Erscheinen und den Genuß der Erdbeeren als das Merkmal des New-Yorker Juni, so knüpfen sich an den Juli minder angenehme Ideen-Associationen. Da hört jede Poesie, jede Lieblichkeit, jede Gemüthlichkeit auf. Wenigstens denke ich so, indem ich diesen Brief beginne; vielleicht würde ich über den gestrengen Herrn Julius ein milderes Urtheil fällen, wenn mich nicht eben jetzt die Atmosphäre eines Gluthofens umringte. Der Mensch ist nun einmal das Geschöpf der Eindrücke, welche er von der Außenwelt empfängt.

Aber so viel ist gewiß, wer nie einen ächten New-Yorker Juli mit durchgemacht, der sollte auch nicht darüber urtheilen und mit freundlicher Nachsicht den beurtheilen, welcher an diesem siebzehnten Tage des siebenten Monats nicht im Stande ist, ein mildes Urtheil über irgend Etwas zu fällen. In Italien muß wohl diese Zeit des Jahres dieselbe Physiognomie tragen wie hier; die Römer wären sonst schwerlich auf den Gedanken gekommen, ihn nach Dem zu nennen, welcher unter allen Söhnen der Siebenhügelstadt am wenigsten mit sich scherzen ließ. In der That, er gleicht dem Julius Cäsar; er lächelt und bekränzt sein Haupt mit Blumen, aber er ist ein kaltherziger, grausamer Tyrann, ein Willkürherrscher wie es keinen zweiten giebt. Er schmeichelt, los't und gaukelt, aber nur um zu betäuben und desto sicherer zu bewältigen.

Freundlicher Leser, wenn dir dies vor die Augen kommt, befindest du dich vielleicht in der gemüthlichsten Lage von der Welt, und wirst von milder, balsamischer, lustigender Luft umfächelt. Ach, wie mich diese Vorstellung erquickt; wie ich mich darauf freue, dir alsdann Gesellschaft zu leisten! Ich kann aber jetzt nicht anders, als dich von den Leiden des Juli zu unterhalten; der Tyrann hat mit allen andern das gemein, daß er, so lange sein Regiment dauert, nichts neben sich duldet und alle Aufmerksamkeit für sich allein beansprucht. Auch glaube ich mir nicht gerade dein Mißfallen zu erwerben, wenn ich dich an überstandene Leiden erinnere. Behauptet doch Göthe, daß Einem das gefällt, worin man sich selbst wieder findet. Schwelgt man nicht so gern im Bewußtsein dessen, was man leidet, — warum stehen, während ich dies schreibe, die Schwitzenden, Verzweifelnden überall vor den Thermometern und freuen sich der Gewißheit, daß das Quecksilber hundert Grade im Schatten zeigt? Hiernach zu urtheilen, müßte es einem Geprügelten Trost und Befriedigung gewähren, der Prozedur im Spiegel zuzuschauen und nicht nur zu fühlen, sondern auch obendrein noch zu sehen, wie scheußlich er behandelt wird.

Also vom New-Yorker Juli wollen wir reden, und da ist es denn natürlich, daß wir mit dem glorreichen Vierten beginnen. Gluth zur Gluth — Feuer zum Feuer — Aergerniß zum Aergerniß! Glorreiches Volk, welches den glorreichsten Tag der Weltgeschichte, der ihm zum speziellen Eigenthum verliehen, nur dadurch zu feiern weiß, daß es ihn sich und Allen unerträglich macht! Mit welchem Grauen wird diesem Freudentag entgegengesehen! Es läßt sich ohne Uebertreibung behaupten, daß on ihm sich alle Bande frommer Scheu lösen, daß das Gute dem Bösen den Platz räumt und alle Laster frei walten. Vielleicht würde ich am 4. Oktober milder über den 4. Juli urtheilen, aber wie gesagt, es ist hundert Grade im Schatten, und darum kann kein Mensch von mir verlangen, daß ich Nachsicht mit einem himmelschreienden Standal haben soll. Und absolut nur in einem bis zum äußersten Exzeß getriebenen Standal äußert sich an diesem Tage der Patriotismus des Amerikaners. Die gewöhnlichsten Klugheits- und Anstandsregeln gelten weder für Kinder, noch für Erwachsene. Mit Schießgewehren spielen sechsjährige Knaben, und zwanzigjährige Buben laufen mit Flinten durch die Straßen, lediglich um sie vor den Ohren von schüchternen Frauen oder scheuen Pferden abzuknallen. Improvisirte Höllenmaschinen werden zwischen das Geleis der Stadteisenbahnen gelegt, um die darüber fahrenden Wagen von den Schienen zu heben. Bündel von Feuercrackern werden den Pferden vor die Füße oder auf den Kopf, ja Frauenzimmern zwischen die Kleider geworfen. Dem bei der Jugend hier mehr als anderswo entwickelten Zerstörungstrieb wird der weiteste Spielraum geboten. Dort steht ein Knabe und schießt mit einem Schrot dem Hunde, welchen die kleine Herrin in das Haus zerren will, überlegt das Auge aus — ein Fall unter vielen ähnlichen. Wer am 4. Juli hier landet, muß die Amerikaner für echappirte Zucht- oder Tollhäusler halten. Was sonst als Verbrechen gilt — an diesem Tage ist es erlaubt. Was macht es aus, daß dort ein Kranker mit dem Tode ringt, dem die Ruhe das Leben retten könnte? Thöricht wäre es, um freundliche Rücksicht für ihn zu bitten, denn der vierte Juli kommt nur einmal im Jahre, ihm muß sein Recht geschehen, und wer's nicht ertragen kann, muß eben sterben. Was gilt's, daß dort eine halbe Stadt dem Vierten zum Freudenfeuer wird, daß e i n chinesischer Cracker Portland in Flammen aufgehen läßt, Tausende von Häusern einäschert, zehntausend Menschen obdachlos macht, ein Elend ohne Ende verbreitet, einen Schaden von vielen Millionen anrichtet? Die Feuerwerke kommen dadurch nicht in Mißkredit, denn es war ja der vierte Juli, und was damit verbunden, muß in den Kauf genommen werden. Ich aber behaupte, daß ein Volk, welches den Geburtstag seiner Republik, den größten Weihetag der Menschheit, nur s o zu feiern versteht, noch mit beiden Füßen in der Barbarei steckt, daß es noch kein civilisirtes Volk und einer solchen Republik nicht würdig ist.

Und so mag denn das, was der übrige Theil des Monats bringt, als gerechte Strafe für die Entweihung des Vierten betrachtet werden; nur schade, daß die Unschuldigen mit den Schuldigen, die Vernünftigen mit den Unvernünftigen leiden müssen. Seht Euch alle diese Jammergestalten an. Trübe, mit einem Mondring umgebene Augen, hohle Wangen, schlaffe Glieder, matte, träge Bewegungen; es ist zum Erbarmen. Apoll sendet seine Pfeile hernieder; Alle beugen sich vor ihnen, und Vielen sind sie tödtlich. Keine Ruh' bei Tag und Nacht. Selbst der Schlaf, der sanfte Bruder des Todes, muß sein wohlthätiges Scepter niederlegen; es giebt keinen Schlaf, oder wenigstens keinen erquickenden. Ach, lieber Leser, das ist ein gar trauriges Kapitel; es ist hier nicht von Unannehmlichkeiten, sondern von schrecklichen Leiden die Rede. Stelle dir die Armen vor, welche in schmutzigen Miethshäusern sechs bis zehn Personen in e i n e m Zimmer wohnen, worin, dicht unter dem Dach, gekocht wird und geschlafen werden soll. Da hallen Seufzer und Flüche, und jegliche Verzweiflung ist gerechtfertigt, jegliche Blasphemie entschuldbar. Schrecklich ist der Durst, welcher nicht gelöscht werden kann, schrecklich die Schwüle, für die es kein kühlendes Lüftchen giebt. Tritt einmal in heller Mondnacht mit mir auf's platte, um Mitternacht noch glühende Dach. Da empfängst du Eindrücke, welche mit venetianischen Nächten nichts gemein haben. Du bebst zurück, Du staunst und zitterst. Was du hier rings um dich schaust, hat deine Phantasie sich nie träumen lassen. Alle Dächer sind voll; sie bilden ein Nachtlager von verzweifelnden Menschen! In die Höhe, unter das Schutzdach des thauigen Himmels, flüchten sich die Tausende, welche es innerhalb ihrer vier Wände nicht aushalten können. Sie flüchten sich hinauf, um dem Erstickungstode zu entrinnen. Dort lagern sie unter den Sternen, auf die Gefahr hin, daß, während sie schlafen, ein Orkan über sie kommt und sie in wirren Massen hinabschleudert.

Im ungewissen Mondenlicht zeigen sich uns Gestalten und Gruppirungen, welche unter anderen Umständen lächerlich sein würden, aber jetzt keineswegs zum Lachen stimmen. Hart neben uns hebt ein Mann seine kranke Frau durch die Dachluke; hätte sie die Nacht im Zimmer zugebracht, so würde sie den Morgen nicht erlebt haben. Hüte sie sanft, du unbeschreiblich schöner Sternenhimmel! Diene ihnen als schützende Decke, du zauberhaft funkelnde Milchstraße! Fächle ihnen kühle Träume zu, du sonnig, aber mild strahlender Sirius! Und machen wir noch eine Wanderung durch die öffentlichen Parks, so begegnen wir dort denselben Scenen. Sie bieten Denen eine Zuflucht, welche sich aus den Häusern flüchten, und die polizeiliche Vorschrift, daß Niemand auf das Gras treten darf, wird jetzt nicht beachtet. Himmlische Wohlthat, dies Lager auf dem feuchten, kühlen, duftigen Rasen! Wenn auch ein gewitterlicher Platzregen die Schlummernden überschüttet, was schadet es? Alles, Alles ist der quälenden, tödtenden Hitze vorzuziehen.

Da haben wir ein Stück von New-York bei Nacht, ein ächtes Nachtstück. Es ließe sich noch Vieles von unserm Herrn Julius sagen, aber wir wollen es für heute dabei bewenden lassen. Es ist gut, wenn man sich einmal ausspricht. Bei der Betrachtung der viel größeren Leiden Anderer schämt man sich, über die eigenen zu klagen. Und so wollen wir denn in milderer Stimmung uns anderen, freundlicheren Gegenständen zuwenden.

Ganz prächtig ist es, daß der Kunst, zumal der heiligen Musika, jetzt mehr, als es früher geschah, auch im Sommer gehuldigt wird. Wie häufig haben wir uns nach den Gartenkonzerten der deutschen Heimath gesehnt! Jetzt werden sie uns auch hier geboten, und ebenso schön, wie wir sie jemals drüben gehabt. Der Besuch im Centralpark am Sonnabend Nachmittag ist das Interessanteste und Anregendste, was man sich denken kann. Ein treffliches Orchester giebt da, inmitten eines vielleicht von hunderttausend Menschen belebten Paradieses, Leistungen zum Besten, welche gewiß dadurch nicht an Werth verlieren, daß sie gratis geboten werden. Einen noch höheren Kunstgenuß bieten aber die Konzerte unter der Leitung von Theodor Thomas und Carl Bergmann. Diese Bereicherung des Sommer-Programms ist eine wahre Wohlthat, und bietet Entschädigung für manche Unannehmlichkeiten und Leiden. Die kühne Unternehmung findet außerordentlichen Anklang, nicht nur unter den Deutschen, sondern auch unter den Amerikanern, und da nun einmal die Bahn gebrochen, ist etwas Wesentliches zur Humanisirung der öffentlichen Belustigungen gewonnen.

Ein Theil der Sänger New-Yorks machte einen Abstecher nach Providence, um dem dortigen Sängerfest beizuwohnen. Es war ein Vergnügen mit Hindernissen, und die Befriedigung nur eine theilweise. Die Sänger von Providence waren wohl zu kühn gewesen, indem sie das Wagniß unternahmen, denn es fehlten die Elemente, welche dabei vorausgesetzt werden müssen. Einen New-Yorker Maßstab anzulegen, wäre thöricht; aber man muß doch wenigstens erwarten, daß das Publikum sich für das ihm Gebotene empfänglich und dankbar zeigt. Die deutsche Colonie jenes New-England-Städtchens war nicht groß genug, um ein imposantes Auditorium zu liefern; die Amerikaner aber hielten sich fern, und so begab sich denn das Unerhörte, daß bei einigen der schönsten musikalischen Aufführungen, welche jemals in Amerika stattgefunden, das Lokal jedesmal vergleichsweise leer war. Den Deutschen in Providence gebührt für die Mühe, welche sie sich gegeben, und für die Opfer, die sie gebracht, alle Anerkennung; die steifen, bornirten Yankees aber mögen sich gesagt sein lassen, daß sie das ihnen Gebotene nicht verdienten, daß man, indem man es ihnen offerirte, Perlen vor die Säue warf, und daß sie nicht leicht wieder in dieselbe Lage kommen werden. Man hofft und erwartet jetzt, sich auf dem großen Louisviller Sängerfest zu entschädigen.

Bei den Verdiensten, welche sich die deutschen Sänger und Turner um das öffentliche Leben in Amerika erworben, darf der Aufschwung nicht übersehen werden, den sie der Kunst auf einem andern Gebiet verleihen. Sehr löblich ist der unter ihnen bestehende Wetteifer in Bezug auf den Besitz von recht schönen Fahnen. Dadurch ist die Kunststickerei hier auf eine Weise entwickelt worden, von der man noch vor wenigen Jahren gar keine Ahnung hatte, und aus den New-Yorker Ateliers des Herrn Karl Mayer und der Frau Franziska Klein sind bereits wahre Meisterwerke hervorgegangen. Es kann nicht fehlen, daß dies der Pflege der bildenden Künste in Amerika überhaupt einen Impuls geben wird. Indessen scheint es mir, als wäre mit dem Besitz solcher Kunstwerke auch die Pflicht verbunden, sie eben als solche zu behandeln. Man sollte sie nicht überall mit herumschleppen, nicht Stickereien, in welchen ein unendlicher Fleiß und ächt künstlerischer Geschmack steckt, der Gefahr aussetzen, durch Fackeldunst, Straßenstaub und Regen beschädigt, beschmutzt, oder im Gedränge anderweitig verletzt und verdorben zu werden, so daß dem Künstler, wenn er seine Fahne einmal wieder sieht, jeder Stich, den er daran gethan, ein Stich durch's Herz wird. Da muß am Ende jede Inspiration, jeder Enthusiasmus schwinden, und nur der Erwerbssinn, welcher für sich allein auf dem Gebiete der Kunst nichts Großes zu Stande bringt, bleibt übrig. Die Fahne, welche einen Werth als Produkt des Genius hat, sollte das Lokal des Vereins gar nicht verlassen, mit zarter Sorgfalt gehegt und gepflegt und jeder öffentliche Aufzug mit einer minder werthvollen gehalten werden.

Da wir einmal bei der Kunst sind, so sei hier eines Künstlers gedacht, welcher, ein Deutsch-Amerikaner, unter seinen Berufsgenossen in erster Linie steht und durch seine Leistungen dem neuen wie dem alten Vaterlande im vollsten Sinne des Wortes Ehre macht. Ich meine den früher in Philadelphia, jetzt in Darmstadt ansässigen Landschaftsmaler Paul Weber, dessen Bilder in Deutschland und Amerika zu den geschätztesten gehören. Kürzlich hatte ich Gelegenheit, acht große Bilder von ihm zu sehen, die Jahreszeiten in Amerika vorstellend. An geistvoller Composition und feiner Ausführung stehen dieselben unübertroffen da, und sehr zu bedauern war es, daß sie hier nicht ausgestellt wurden. Paul Weber, im Jahre 1823 an einem sehr erhabenen Punkt, nämlich auf dem Kirchthurm zu Darmstadt, geboren, ist ein ächtes Genie, welches sich durch widrige Verhältnisse nicht von seinem Beruf abwendig machen ließ. Die erste, für seine Richtung bestimmende Anleitung erhielt er durch den Maler Lucas, welcher sich des neunzehnjährigen Jünglings annahm, ihn mit Liebe unterrichtete und ihm Aufnahme in die Kunstschule des Städel'schen Instituts zu Frankfurt verschaffte. Seine Inspiration suchte er stets in der Natur, welche er mit ächt poetischem Sinn auffaßte und deren zarteste Geheimnisse er immer mehr mit der Meisterschaft des ächten Künstlers wiederzugeben wußte. Von Frankfurt ging er nach München. Auf einer seiner Reisen lernte er den Prinzen Luitpold von Baiern und den Grafen Pallavicini kennen. Die hohen Herren gewannen Interesse an dem genialen Künstler und setzten ihn in den Stand, eine Reise nach dem Orient anzutreten, welche für seine Entwickelung von unberechenbarem Werth wurde. Nach seiner Rückkehr erwarben sich in München seine Bilder die entschiedenste Anerkennung des berühmten Malers Rottmann; aber wie jedes wahre Genie, konnte er nie sich selbst Genüge thun, sondern empfand stets mehr das, was ihm noch fehlte, als das, was er bereits erreicht hatte. So entschloß er sich denn, obgleich bereits auf einer hohen Stufe der Entwickelung stehend, zum Besuch der Antwerpener Akademie, wo ihm das lebhafte Interesse und die besondere Leitung des berühmten Veichmann zu Theil wurde. Das Jahr 1848 führte ihn nach Amerika. Die Kämpfe, welche hier dem Künstler mehr als Andern bevorstehen, blieben auch ihm nicht erspart; aber als Sieger ging er aus ihnen hervor, und bald befand er sich in den glänzendsten Verhältnissen. Er verließ Philadelphia um der großen Münchener Gemäldeausstellung im Jahre 1858 beizuwohnen, machte eine Reise durch die Schweiz, England und Schottland, und brachte einen unerschöpflichen Stoff zu künstlerischen Schöpfungen mit sich nach Philadelphia zurück, welches er aber, da sich ein Halsübel bei ihm entwickelte, bald meiden mußte, um sich wieder in Darmstadt niederzulassen. Das Uebel hat sich nach und nach gehoben, und immer kräftiger entfaltet sich das köstliche Talent des rastlos an seiner Entwickelung arbeitenden Künstlers. Noch im rüstigsten Mannesalter stehend, hat Paul Weber eine große Zukunft vor sich. Was seine Werke vor vielen andern auszeichnet, ist der poetische Duft, welcher über ihnen allen schwebt, eine äußerst glückliche Auffassung der zartesten Geheimnisse, welche die Natur nur dem aufmerksamen Blick eines liebenden Auges enthüllt, das herrlichste Kolorit, eine besonders glückliche Bearbeitung des Laubwerks und der Himmelsfärbung, eine vollendete Ausführung bis in die kleinsten Details. Ein Bürger Amerika's, hat Paul Weber das Interesse für die neue Heimath nicht verloren und keineswegs der Absicht entsagt, zu ihr zurückzukehren.   U n c a s.

Reisender Agent für die Monashefte:
Carl Wieland.

Das große Frühlings- und Sommer-Aperient.

TARRANT'S

Leidende an krankhaftem Kopfschmerz,
Leidende an Unverdaulichkeit,
Leidende an nervösem Kopfschmerz,

EFFERVESCENT

Leidende an versauertem Magen,
Leidende an biliösem Kopfweh,
Leidende an Hartleibigkeit,

SELTZER

Leidende an Sodbrennen,
Leidende an Piles,
Leidende an Seekrankheit,

APERIENT.

Leberleidende,
Leidende an Indigestionen,
werden durch

Tarrant's Effervescent Seltzer Aperient

sichere, angenehme und dauernde Weise hiervon sowie von ähnlichen Leiden geheilt werden.

Allein angefertigt von
TARRANT & CO.,
278 Greenwich-Street, New-York.
☞ Zu haben in allen Apotheken.

J. B. HOEKER,
PRACTICAL OPTICIAN,
312½ FULTON STREET,

Near Pierrepont.   BROOKLYN.

Staten Island.
FANCY DYING ETABLISHEMENT.
Barrett, Nephew & Co.,

No. 5 und 7 John Street, } New-York.
718 Broadway,

No. 269 Fulton-, Ecke von Tillary Street, Brooklyn,
und No. 47 North 8te Straße, Philadelphia.

fort. Damen- und Herrenkleider zu färben und zu reinigen; seidene, Sammt, Merino und re Kleider, Mäntel, u. s. w. werden mit Erfolg gereinigt, ohne aufgetrennt zu werden. Ebenso tenröcke, Hosen, Westen u. s. w.

Glacee-Handschuhe und Federn gefärbt oder gereinigt. Lange Erfahrung und Geschäftskenntnisse ßigen die Unterzeichneten, ihre Arbeiten mit Erfolg zu betreiben. Waaren werden per Expreß geholt zurückgeschickt.

Barrett, Nephew & Co.,
5 und 7 John Street, und 718 Broadway, New-York,
269 Fulton-, Ecke von Tillary Street, Brooklyn,
und 47 North 8te Straße, Philadelphia.

E. STEIGER,

Deutscher Zeitungs-Agent, Importer und Buchhändler,
Verleger und Buchdrucker,
17 und 19 North William-Street, New-York,

empfiehlt sich zur schnellen und billigen Besorgung

aller Bücher und Zeitschriften,

gleichviel in welcher Sprache und wo erschienen.

Hält ein vollständiges Lager billiger amerikanischer und eigener Publicationen in deutscher Sprache und bei hier gangbaren

Schulbücher, Jugend- und Volksschriften, Kalender,

überhaupt aller Bücher, wofür hier Bedarf ist. Was nicht vorräthig, wird schnell und billig besorgt

Cataloge von Büchern und von Zeitschriften gratis.

Importirt von Deutschland mit jedem Hamburger und Bremer Dampfer, und ist demnach im Stande

allwöchentlich

zu liefern.

Uebernimmt für eigene Rechnung oder commissionsweise die Herstellung und Verbreitung von deutschen Büchern, wobei ihm einerseits der Besitz einer mit den schönsten Typen ausgestatteten Druckerei andererseits aber die ausgedehntesten Verbindungen besondere Vortheile bieten.

Liberale Bedingungen für Agenten und Händler.

Die porösen Pflaster des Dr. Allcock.

Diese Pflaster werden jeden Tag mehr und mehr bekannt. Jedermann, der Schmerzen im Rücken oder in der Brust hat, wird nach Anwendung eines solchen sofort geheilt.

Ein Herr kam heute in die Office und erzählte, daß er mit vielen Schmerzen in der Brust geplagt war und mit einem einzigen Pflaster vollkommen geheilt wurde. Ein Anderer sagte dasselbe von Rheumatismus in seiner Schulter. Der letztere Herr kann in No. 15 Beekmann Street, New-York, obenauf, gesehen werden. Wir besitzen Zeugnisse von Tausenden von Doktoren, welche alle voll Lobes sind.

Heilung einer zerquetschten Brust.

Den 7. Mai 1865.

Meine Herren! — Im Dezember 1863 wurde mein Brustknochen von einem schwerem Riegel zerquetscht und schlimm verwundet. Ich wurde besinnungslos nach Hause geschafft, wo ich einige Wochen dem Tode nahe lag. Meine Aerzte konnten sehr wenig für mich thun und ich mußte unendliche Schmerzen leiden. Der Arzt dachte, daß das Rosenpflaster, auf die Brust gelegt, mir helfen würde, ich dachte aber, dafür eins von Allcock's porösen Pflastern zu versuchen. Ich legte eins auf meine Brust und Seite, und von da an fühlte ich besser und war in einer Woche gesund, frei von Schmerzen und fähig, mein Geschäft wieder zu besorgen. Jedermann kann kommen und meine Brust sehen, und ich will ihm ein neues Wunder von Heilung zeigen. J. K. Bud, No. 2 South Fifth Street, Williamsburg, N. Y., Thos. Allcock & Co., No. 4 Union Square. Hauptoffice Brandreth Building, New-York. Zu verkaufen in No. 4 Union Square bei allen Händlern und jedem respektablen Druggist.

Holloway's Pillen.

Was ist das Leben ohne Freude, und wie kann man sich eine Freude mit unreinem Blut vereinigt denken? Die Gesundheit ist die Schwester des Glücks. Das Eine hängt von dem Andern ab, wie die Existenz von einem gesunden, reinen Blut abhängt. Vier Fünftheile der Krankheiten, welche die Menschheit heimsuchen, entspringen aus Unreinheit und Entkräftung des Blutes. Das erste Geheimniß der Gesundheit besteht darin, die Lebenssäfte rein und kräftig zu erhalten, und Holloway's Pillen genügen, wie sehr es auch verdorben sein mag, diesem Zwecke vollkommen. Bedenkt man dies und handelt danach, so wird man sich nicht nur viele Leiden, sondern auch Kosten für Doktor und Apotheke ersparen, sowie auch von äußern Verunstaltungen, Finnen, Hautausschlägen, Sprossen, Geschwüren ꝛc. verschont bleiben.

Chs. Wehle,
Attorney, Counsellor at Law and Solicitor of Patents,
290 Broadway, Room No. 6, NEW YORK, and 200 Washington St., HOBOKEN.

C. F. ADAE,
Europäisches Bank- und Wechsel-Geschäft,
Cincinnati, Ohio.

CONSULAT fuer Preussen, Bayern, Wuerttemberg, Hannover, Sachsen, Baden, Oldenburg, Grossherzogthum und Kurfuerstenthum Hessen, Mecklenburg-Strelitz und Schwerin, Nassau, Sachsen-Meiningen und Altenburg und Frankfurt a. M.

C. F. ADAE, CONSUL.

Henry Greenebaum.   David E. Greenebaum.   Louis Kullmann.

Henry Greenebaum & Co.
Deutsches
Bank u. Passagegeschäft,
Ecke Lake und Lasalle-Straße,
CHICAGO,   ILLINOIS.

Wechsel in beliebigen Summen und Sichten auf alle bedeutenden Städte Deutschlands, Frankreichs, Norwegens, Schwedens, Dänemarks, Italiens und der Schweiz.

Passage per Dampfer und Segelschiff von Hamburg, Bremen, Antwerpen, Rotterdam, Havre, Christiania, Liverpool und Queenstown.

Incasso-Geschäfte werden durch unsere ausgedehnten Verbindungen in ganz Europa mit Schnelligkeit besorgt und eingezogene Gelder in Gold ausbezahlt.

H. Greenebaum & Co.,
Chicago, Ill.

HILLER & CO.,
Bank- u. Inkassogeschäft,
No. 3 Chamberstr., New York,

geben Wechsel und Creditbriefe auf alle größeren Plätze Europa's, versenden Gelder nach jedem Orte Deutschlands mittelst des deutschen Postverbandes, und besorgen den Einzug von Erbschaften und Vermögen vermittelst Vollmachten auf schnellste und billigste Weise.

☞ Anfragen aus dem Lande finden prompte Beachtung. ☜

Deutsch-Amerikanische Monatshefte
für
Literatur, Kunst, Wissenschaft und öffentliches Leben.

Redigirt von

Rudolph Lexow.

III. Jahrgang. II. Band.   1866.   September-Heft.

Mexiko.
Von W. Winckler.

Um die neuern Verhältnisse Mexiko's richtig zu beurtheilen, genügt die Lectüre der über jenes merkwürdige Land geschriebenen, theils sehr werthvollen Werke durchaus nicht. Es genügt nicht, den politischen Maßstab aus den Zeiten Iturbide's an das zweite Kaiserreich zu legen, denn das Land ist entschieden zurückgeschritten. Was war Iturbide, was ist Kaiser Max? — Was waren die Mexikaner damals, was sind sie heute? — Iturbide war, wie gesagt, ein Abentheurer und Verräther, der erst die Mexikaner schlachtete, dann die Spanier betrog und später die Spanier schlachtete und die Mexikaner betrog. Max ist dagegen ein Abentheurer und ein Mensch voll edler Grundsätze, die auf einen besseren Boden zu fallen verdienten, als das sterile Hochplateau ist. Mit dem Volke ist es umgekehrt; dasselbe war damals besser als heute, und ist nur durch politische Gauner verdorben worden. Damals gab es nur zwei Parteien in Mexiko; von diesen haßte eine die Spanier und die andere liebte sie; heute giebt es deren ein halbes Dutzend, wenn nicht mehr, und diese unter einen Hut zu bringen, dazu gehört mehr, als Kaiser Max leisten kann.

Betrachten wir uns einmal diese Parteien und das Volk selbst, um in der mexikanischen Politik von heute klar zu sehen.

Vor allen Dingen zerfällt das mexikanische Volk in drei Hauptgruppen, und zwar in die der Creolen (weiße Eingeborene), Mestizen (Mischlinge) und Indianer (Rothhäute). Die Ersteren bilden den bevorrechteten Hautadel, die Letzteren sind ein- für allemal die von Gott „in der Haut gefärbte" Canaille, und die Mestizen schämen sich des Indianerblutes in ihren Adern. Ist unter solchen Verhältnissen überhaupt eine republikanische Verfassung möglich, die auf der Gleichberechtigung Aller basirt, und wird in Mexiko je die geistige Sklaverei aufhören können, zu welcher die Indier verdammt sind? — Um sie in der Letzteren zu erhalten, ist von der Geistlichkeit nichts versäumt worden, und diese leitet daher auch den Kern des Volkes, welcher als furchtbare Waffe in ihrer Hand liegt. Die Creolen und die weiß sein wollenden Mestizen, welche sich selbst gente decente (anständige Leute) nennen, werden schon deshalb nicht für die Republik sein, weil sie sich eben besser dünken, als die Indianer; diese, geleitet von den Pfaffen, handeln nur nach deren Inspiration, der Clerus aber befolgt stets die Politik der Vortheilhaftigkeit. Der Clerus wird den Kaiser Max, den Dictator Santa Anna, aber nie Juarez unterstützen, denn der Letztere hat ihn zu empfindlich am Geldbeutel verletzt, und er würde nie gewählt worden sein, wenn man dergleichen von einem Repräsentanten der braunen, berotten Race erwartet hätte. Pfaffen und Indianer sind also die den Ausschlag gebende Reserve-Partei, und nur die der Creolen zerfällt in Fraktionen. Man kennt so viele Parteien als es Präsidenten gab, und noch heute schwärmen Diese für Miramon, Jene für Santa Anna, und noch Andere für Iturbide; eintheilen kann man sie jedoch in die beiden Hauptgruppen der Liberalen und der Kaiserlichen; zu den Letzteren haben sich auch die Indianer und die Geistlichen erklärt. Wo die Kirche ist, da ist das Recht, heißt es bei den stupiden Nachkommen der Aztelen, und sie haben für Juarez nur ein bedauerndes Achselzucken. Außerdem wollen wir die große Vergangenheit der Indianer nicht vergessen; wir wollen nicht vergessen, daß sich durch ihre Traditionen wie ein rother Faden die Geschichte ihrer Könige zieht, und daß am Ende dieses rothen Fadens plötzlich die kleine Indianerrepublik Tlaxcala mit Cortez steht und die Geschichte des aztekischen Dreikönigthums mit Blut beendet. Die Indianer Mexiko's sind nicht zur Republik geboren und werden nie die Segnungen derselben anerkennen.

Zu der liberalen Partei haben sich die meisten Fremden aller Nationen geschlagen; nicht aus Ueberzeugung, nicht weil sie Juarez achten und Max nicht mögen, sondern einfach weil sie als Kaufleute mehr oder minder in den Zeiten der Republik und Anarchie gewannen, denn die Früchte der Ordnung ernten sich später und saurer, als die der Unordnung und Corruption.

Um das zu erklären, könnte ich hier beispielsweise Firmen zur Genüge anführen, die durch Schmuggel reich wurden, jetzt erbost sind, daß das bei der neuen Ordnung der Dinge nicht mehr geht, und dafür Alles thun, um das Kaiserreich zu stürzen.

Ueber diese Versuche ist durchaus nicht zu lachen, wenn man bedenkt, welche Macht das Geld hat.

Eine andere Partei ist die anarchische, die weder Diktatur, noch Republik, noch Kaiserreich will, sich aber je nachdem für dieses oder jenes erklärt, um eine Devise zu haben, unter welcher sie ungestört rauben und morden kann. Diese Partei ist leider die gewaltigste, denn sie hat die meisten Sympathieen im Volk und die energischsten Kerle als Repräsentanten.

Zur Vereinigung dieser Parteien hat man nun den weichen Max ausgesandt, und er hat wirklich versucht, einen politischen Opodeldoc zusammenzubrauen, um die Schmerzen Mexiko's zu lindern. Wohin das geführt hat, weiß man bereits heute, denn das Durcheinander ist in Mexiko immer größer geworden, und wir sind jetzt am Anfang vom Ende.

Kaiser Max hatte nichts als christliche Liebe, Demuth und Duldung für ein Volk von Banditen, unter welchem die dritte Person wenigstens einmal im Leben „die Schwachheit hatte" zu stehlen, unter welchem es Niemanden giebt, der nicht für blutige Hinrichtungen, Stiergefechte und Hahnenkämpfe schwärmte, unter welchem kein Präsident seine Amtszeit ausdienen konnte.

Dieses Volk, welches weder in der Bildung noch in der politischen Reife auch nur mit den Türken zu vergleichen ist, behandelte Max mit dem Hute in der Hand, es schmeichelte ihm in der erbärmlichsten Weise, und der Mann, welcher als Tourist in einem jedenfalls geistvollen Werke Land und Volk richtig beurtheilt haben würde, glaubte, daß ihn dieses Volk lieben werde.

Mit dem vielen Deutschen eigenen „Aussichherausgeben" stellte er sich auf den Standpunkt der Mexikaner, und mexikanisirte sich nicht nur äußerlich, was lächerlich genug wäre, sondern so sehr innerlich, daß er die Franzosen zu hassen und dabei zu glauben begann, er sei nur der Franzosen wegen unpopulär. In diesem bedauerlichen Aberglauben befindet sich Max noch immer, und um ihn daraus zu erlösen, möchte ich vorschlagen, daß er einmal seine Würde niederlege und das Volk zur Neuwahl auffordere; wird er dann wieder gewählt, so will ich Alles zurücknehmen, was ich je gegen Max und sein Volk gesagt habe.

Max ist nicht gehaßt als Mensch und nicht als Kaiser; er ist gehaßt weil er der Repräsentant des Rechtes und der Ordnung ist, einerseits, und weil er andererseits das Recht und die Ordnung schlecht repräsentirt, d. h. nicht aufrecht erhält.

Das mag in einem so großen Lande schwer und nicht in wenigen Jahren zu erringen sein, aber jedenfalls hat es Maximilian falsch angegriffen. Er verwickelte sich in Widersprüchen, er schmeichelte allen Parteien, machte allen Complimente und trat dabei Denjenigen auf die Füße, welche hinter ihm standen. So verfeindete er sich mit Jedem, Franzosen und Fremde nicht ausgenommen, weil diese bei den Mexikanern mißbeliebt sind. Nicht einmal die Deutschen behielt Max auf seiner Seite, da er einmal behauptet haben soll, daß jeder Deutsche im Auslande ein Säufer und ein Lump sei.

So fehlte es nicht, daß die liberale Partei immer mehr erstarkte, und daß Max heute über einem Abgrund wandelt. Sein schwieriger Spaziergang durch die mexikanischen Auen ist ihm sehr wohl bewußt, und er arbeitet deshalb auch mit fieberhafter Hast daran, wenigstens einige Spuren seines Daseins in Mexiko zu hinterlassen. Er giebt Gesetze über Gesetze, errichtet Statuen seiner glorreichen Vorgänger, läßt den kasernenartigen Nationalpalast ausbauen, Straßen ausbessern, Eisenbahnen in's Leben treten, und beginnt mehr, als zehn seiner Vorgänger projektirten; aber was davon zu Ende geführt wird, müssen wir abwarten, was, wenn es zu Ende geführt ist, das Kaiserreich überdauert, muß die Zeit lehren.

Man kann beim Betrachten der mexikanischen Thätigkeit sagen: „Ist Alles schon dagewesen." Der Nationalpalast ist schon reparirt worden, aber nie im Stande erhalten; es sind schon Wege gebaut, aber immer wieder vernichtet; es sind Gesetze gegeben, aber nie befolgt worden; die Alameda ist zehnmal hergerichtet und zehnmal mit Gewalt ruinirt worden. In Mexiko ist nichts beständig, nichts von Dauer, und was Max aufbaute, wird zerfallen, wie das ganze Land zerfällt.

Der Verfall des Landes wäre nur durch eine massenhafte Einwanderung abzulenken, aber wie dieselbe dahin führen?

Die Emigrationsprojekte des Kaisers sind sämmtlich gescheitert. Er ist nach allen Seiten hin auf Widerstand gestoßen, und schließlich ist er doch ein zu ehrlicher Mensch, um die Leute in's Unglück zu locken. Er so wenig wie seine Beauftragten könnten Jemandem gerade in's Gesicht sehen, der sie fragen würde, ob Einwanderer in Mexiko Ruhe, Sicherheit, Schutz ihres Lebens und Eigenthums, oder auch nur Arbeit fänden, um zu leben. Alles das giebt es in Mexiko nicht und wird es unter der heute dort vorherrschenden Race nie geben. Wenn Mexiko ein Land für Emigration werden soll, so müssen es die Yankees 50 Jahre im Besitz haben. Sie müßten Zeit haben, die großen Landcomplexe der reichen Grundeigenthümer zu repartiren, um kleinere Parcellen abgeben zu können, müßten Bewässerungsarbeiten vornehmen, Wege bauen, Banditen ausrotten, und hundert Dinge thun, die nur Yankees in 50 Jahren fertig bekommen können. Passirte das, so würde ich zu Jemandem, d e r G e l d h ä t t e und Nordamerika nicht vorzöge, sagen: „Jetzt gehe nach Mexiko." Ehe wir in Mexiko so weit sind, wäre es Mord, wenn man Jemanden zum Auswandern nach dort rathen wollte.

Ich habe arme, verlockte Einwanderer in Mexiko gesehen, die halbnackt, hungrig und krank in den Straßen kleiner Städte herumlagen und Gott dem Herrn dankten, als man ihnen schließlich Zuflucht in einem elenden mexikanischen Hospital bewilligte.

Indessen abgesehen von alledem, Mexiko ist, selbst unter den günstigsten Verhältnissen, nicht das Land, nach welchem sich Auswanderungslustige sehnen sollten. Es ist ganz im Gegentheil ein wasserarmes, steriles Land, das nur an einigen Stellen sehr fruchtbar ist. Leider liegen diese Stellen, diese Oasen in der Wüste, zunächst in der tierra caliento, in der Region des Gelben Fiebers, der Giftschlangen und der reißenden Thiere.

Was den Mineralreichthum des Landes betrifft, so ist derselbe zwar ein bedeutender, aber nicht zu heben von dem einzelnen, mittellosen Mann, der, wenn sein Herz nach Gold sieht, dazu weit eher in Californien gelangt. Für Handwerker, Kaufleute, Lehrer, Künstler u. s. w. ist auch in einem Lande keine Aussicht auf Verdienst, wo kein Begehr nach solchen Kräften ist.

Alles das weiß Kaiser Max so gut wie Einer, und da er nicht den Muth hat, das zu leugnen, oder den, die großen Landbesitzer zu zwingen, gegen eine gewisse Vergütung Landparcellen an Einwanderer abzutreten, so hat er es vorgezogen, die Sache fallen zu laſſen, und die Emigrationscommiſſion iſt aufgehoben worden.

Fehlt es ihm aber an friſchen, europäiſchen Elementen, auf die er ſich im Falle der Noth ſtützen könnte, ſo ſteht er ganz iſolirt in einem Lande, deſſen Einwohner er falſch beurtheilt. Zerfallen mit allen Parteien, über die er ſich nicht ſtellen wollte, umgeben von elenden Speichelleckern und Emporkömmlingen, verlaſſen von Frankreich und ſeinen eigenen Soldaten, welchen er ſeine Verſprechungen nicht hielt, nicht halten konnte, im Strudel einer Finanzkriſis, und verachtet vom Volke ſeiner Schwäche wegen, wird er ſo ſicher untergehen, als er dieſes Schickſal für ſein redliches Streben nicht verdient.

Nach ihm — die Sündfluth, d. h. Santa Anna und Conſorten.

Was Max heute treibt und früher trieb, iſt Experimental-Politik. Wie ein Schiffer, der „von aller Welt verlaſſen" ohne Compaß auf dem Ocean treibt, ſchwimmt er in den hochgehenden Wogen der Politik. Nicht allein nicht ſtark genug, dem großen Corſarenſchiff „Louis Napoleon" zu imponiren, bettelt er beim Bockſchiff „Andrew Johnſon" um Aufnahme, und um Gnade bei dem kleinen himmliſchen Lootſenboot Pio IX. Seine Anſtrengungen, aus den Klippen einer Finanzkriſis herauszukommen, ſind unerhört, denn er verſagt ſich ſelbſt das Nothdürftigſte und lebt dürftiger als mancher reiche mexikaniſche Privatmann. Aber was nützt alles das, ein Faß ohne Boden iſt nicht zu füllen. Die 17 Prozent, mit welchen er kürzlich das Grundeigenthum beſteuerte, werden ihn zwar noch unpopulärer machen und ſeinen Fall beſchleunigen, aber von Nutzen werden ſie dem lecken Staatsſchiff ebenſo wenig ſein, wie die neueſten geheimpolizeilichen Verordnungen, welche gegen Banditen und geheime Verbindungen gut ſein ſollen.

Soll ich es aufrichtig geſtehen, ſo bedauere ich den Untergang des Kaiſerreiches in Mexiko, denn, wie geſagt, nur der abſoluteſte Abſolutismus iſt hier am Platze, und unter Santa Anna, dieſem einbeinigen politiſchen Seiltänzer, wird es die abſoluteſte Corruption ſein, die herrſcht.

Vielleicht wird man dieſen Ausſpruch für parteiiſch halten, aber ich habe keinen Grund, das zu ſein, denn Max der Erſte von Mexiko iſt es geweſen, der mich aus jenem Lande verbannte, und nicht Santa Anna.

Europäiſche Federzeichnungen.
Von Karl Blind.

III. „Preußens Beruf"; die Denkſchrift vom Jahre 1822, und die Bismarck'ſche Politik.

Despotiſche Regierungen und Oligarchieen haben ihre Staatsmaximen und ihre Ueberlieferungen. Der Berliner Hof beſitzt eine ſolche an der Denkſchrift eines preußiſchen Staatsmannes aus dem Jahre

1822. Sie findet sich abgedruckt in den „Wichtigen Urkunden für den Rechtszustand der deutschen Nation", mit eigenhändigen Anmerkungen von Johann Ludwig Klüber; aus dessen Papieren mitgetheilt und erläutert von C. Welcker. (Mannheim, 1845). Ließt man diese Denkschrift bei dem Lichte der heutigen Ereignisse, so wird man von dem scheinbaren Zusammenhange zwischen damaliger Maxime und heutiger Handlung betroffen.

Seit Jahren hat der Verfasser der gegenwärtigen Abhandlung auf jene Denkschrift ob und zu aufmerksam gemacht, um zu zeigen, welches Ergebniß die nationalvereinliche Idee der preußischen „Hegemonie", „Führerschaft" u. s. w. haben müsse; wie man damit nur dem Krieg zwischen Nord und Süd, den schlimmsten dynastischen Zwecken, der Spaltung Deutschlands vorarbeite. Die Warnung war vergebens. Heute jedoch ist keine Täuschung mehr möglich, ein Blick auf jene wichtige Urkunde mag jetzt von doppeltem Interesse sein.

Es sei hier nur kurz vorausgeschickt, daß die Denkschrift mit dem Zwecke geschrieben war, die Wege anzudeuten, auf denen die Hohenzollern'sche Dynastie zur Vergrößerung ihrer Hausmacht gelangen könne; oder, um die Worte der betreffenden Schrift selbst zu gebrauchen, wie es zu machen sei, damit allmälig Deutschland durch Preußen „wie mit einer Kette umzogen" werde. Wir wollen hier gleich eine Eingangsstelle anführen. Nachdem die Lage Deutschlands im Allgemeinen geschildert ist, wird gesagt:

„Das aus diesen verschiedenen Elementen herauszubildende System Preußens, hinsichtlich Deutschlands, müßte aber freilich noch immer wesentlich den Rücksichten der allgemeinen europäischen Politik untergeordnet werden; und wenn diese aus höheren Gründen, auf wahrscheinlich längere Zeit, eine enge Verbindung mit Oesterreich erheischt, so dürfte sich als Ziel des gegenwärtigen deutschen Systems für Preußen ergeben:

„Einmal, gemeinschaftlich mit Oesterreich dahin zu arbeiten, daß die nächste europäische Krisis Deutschland so viel als möglich einig und bewaffnet finde.

„Ferner dabei, doch allmälig und unter der Hand, den unmittelbaren Einfluß Preußens in Deutschland wiederherzustellen, zu begründen und zu erweitern."

In diesen Worten ist gewissermaßen der allerneueste Verlauf der Dinge vorgezeichnet. Den „Rücksichten der allgemeinen europäischen Politik" hat sich die preußische Regierung noch durch Aufrechthaltung des sogenannten Londoner Protokolls von 1852 untergeordnet. Und im Vorbeigehen mag hier erwähnt sein, daß die Angabe, Herr von Bismarck habe den schleswig-holsteinischen Krieg schlau herbeigeführt, eine ganz thörichte ist. Der Tod des Dänenkönigs, des letzten aus dem älteren Oldenburgerstamm, schuf die Lage. Preußen widerstand mit allen Kräften dem Drängen nach Benutzung dieser Gelegenheit; es erklärte sich, wie Oesterreich, am Bunde gegen die Execution. Der Berliner Hof fürchtete damals das Ueberschlagen der Nationalbewegung in eine revolutionäre. Als indessen die kleinen Fürsten — die in der Einsetzung des

Augustenburgers zugleich eine Gewähr für ihre eigene dynastische Existenz und ein Mittel, die Volksgunst sich zu erwerben, erblickten — trotz Preußen und Oesterreich in der schleswig-holsteinischen Sache vorgingen, da wandte die Regierung des Königs Wilhelm allmälig um. Sie drängte nunmehr den Bund zur Seite und handelte in Gemeinschaft mit Oesterreich. Selbst nach errungenen militärischen Vortheilen boten Preußen und Oesterreich jedoch auf der Londoner Conferenz vom Mai 1864 dem Dänenkönig den ungestörten Besitz der Herzogthümer wieder an, wenn er dieselben nur durch Personal-Union mit Dänemark verbinden wolle. Der König Christian war auch persönlich dazu geneigt. Die eiderdänische Partei in Kopenhagen jedoch wollte davon nichts wissen. Sie beharrte darauf, Schleswig als „skandinavisches Land" dem „gamle Danmark" (Alt-Dänemark!) einzuverleiben. Bei der gereizten Stimmung in Deutschland und namentlich auch unter den deutschen Heeren*) mußte der Krieg daher fortgesetzt werden, worauf denn Dänemark, vollkommen geschlagen, ganz zu den Füßen der verbündeten Mächte lag.

Indessen kehren wir von dieser Abschweifung zurück.

Kann die Periode des **Festhaltens am Londoner Protokoll von 1852** als eine Unterordnung der preußischen Politik unter die Rücksichten der allgemeinen europäischen Politik aufgefaßt werden, so stellte, während des letzten Dänenkriegs, die **Allianz mit Oesterreich** gewissermaßen die Erfüllung der Maxime dar, daß Preußen „gemeinschaftlich mit Oesterreich dahin zu arbeiten habe, daß die nächste europäische Krisis Deutschland so viel als möglich einig und bewaffnet finde." Oesterreich zog allerdings nur darum in den schleswig-holsteinischen Krieg, um Preußen zu verhindern, daß es allein die Früchte ernte. Es bleibt nichts desto weniger wahr, daß ohne die Einigung der beiden Mächte die fremde Einmischung erwartet werden mußte.

Auch der andere Punkt ist endlich in Erfüllung gegangen, nämlich daß Preußen, während es eine Zeitlang mit Oesterreich ging, doch „unter der Hand" seinen eigenen unmittelbaren Einfluß fest zu gründen und zu erweitern sich bemüht hat. Auf das Bündniß mit Oesterreich folgte nämlich die **Herausdrängung Oesterreichs aus Holstein und die Aufsagung alles Gehorsams an den Bund.**

So weit war die ganze preußische Prozedur im vollen Einklang mit der

---

*) Damals war unter andern von London aus eine Propaganda organisirt worden, die sich mit Aufrufen an die deutschen, ungarischen und polnischen Regimenter von Preußen und Oesterreich wandte, und zwar in den drei Sprachen. Den drei Nationalitäten war das Recht der Schleswig-Holsteiner als gleichbedeutend mit ihrem eigenen vorgestellt worden. Die deutschen Soldaten waren aufgefordert, im Falle eines versuchten neuen Verrathes mit Schleswig-Holstein die verrätherischen Offiziere niederzuschießen. Vor dem Danewerk und bei Düppel fanden sich viele dieser Proklamationen unter den Soldaten. Die Regierungen bemühten sich sehr, den Verbreitern auf die Spur zu kommen, und in Hamburg namentlich wurden strenge Nachforschungen veranstaltet, auch Geldbelohnungen ausgesetzt; jedoch vergebens. Gegenwärtig hat die preußische Regierung unter der Armee eine besondere **politische Polizei** eingerichtet. Das betreffende Dekret erschien vor einigen Monaten.

Denkschrift von 1822. Uebrigens muß auch hier bemerkt werden, daß der Verlauf der Dinge sich viel diplomatischer ansieht, als er von dem „leitenden Gedanken" Preußens beabsichtigt war. Bismarck entwickelte seine „Blut- und Eisentheorie" sofort nachdem er zum Premier ernannt worden war. Das war 1862 — ehe der Dänenkönig noch gestorben war. „Bleibe ich Premier, so haben wir den Krieg mit Oesterreich!" sagte er schon in den ersten Wochen. Auch muß man sich erinnern, daß es zwischen ihm und der österreichischen Regierung bereits vor dem schleswig-holsteinischen Kriege zu derselben Spannung gekommen war, wie kurz vor dem Ausbruch des jetzigen Krieges. Preußen verlangte damals die Reorganisation der deutschen Militär-Verfassung; es beanspruchte die Führung über alle Staaten nördlich vom Main. Als man sich in Wien darauf einzugehen weigerte, da rieth Bismarck der österreichischen Regierung höhnisch, sie sollte „ihren Schwerpunkt nach Pesth verlegen"! Nur der Säbel schien damals zwischen den unversöhnlichen Gegensätzen entscheiden zu können. Ueber dem kam die schleswig-holsteinische Verwicklung, mit ihr die Nothwendigkeit der preußisch-österreichischen Allianz. Es ist somit falsch, zu sagen, aus der schleswig-holsteinischen Sache sei der jetzige Krieg erwachsen. Er wäre auch ohnedies gekommen — weil eben Bismarck in Berlin am Ruder ist.

Die „Denkschrift eines preußischen Staatsmannes aus dem Jahre 1822" entwickelt, nach dem obenerwähnten Eingang, die deutsche Politik Preußens in den drei ihr durch die Natur der Verhältnisse gegebenen Beziehungen: 1) gegen die verschiedenen deutschen Höfe; 2) am Bundestage; 3) in Hinsicht der deutschen Nation überhaupt. Hier sagt sie:

„Was die einzelnen mittelbaren deutschen Höfe anbetrifft, so schiene es ganz dem preußischen Interesse angemessen, in die von dem Fürsten Metternich auf dem Wiener Congresse ausgesprochene Theilungs-Linie des Einflusses in Deutschland durch den Main einzugehen, und indem man laut jede Idee eines südlich des Mains auszuübenden direkten Einflusses weit wegweise, gerade dadurch den geeignetsten Schritt zur möglichen Erhaltung desselben zu thun."

Zur Ausführung dieses Gedankens weis't die Denkschrift darauf hin, daß der nördlich vom Main gelegene Theil Deutschlands militärisch von Preußen umfaßt, und daß „Sachsens und Hannovers Verhältnisse gegeben" seien. Hinsichtlich der übrigen kleineren nord- und mittelrheinischen Staaten müsse anfänglich „ein gewisses allgemeines, in die mildesten Formen gekleidetes Schutzrecht" aufgestellt werden, um der Souveränetäts-Citelkeit dieser Regierungen vorerst nicht allzu nahe zu treten." Dann heißt es weiter:

„Im südlichen Deutschland bestehen, dem Interesse nach, zwei Massen, wovon Baiern die eine, Würtemberg und Baden, obgleich nicht ohne wechselseitige Eifersucht unter einander, die andere bilden. Es schiene, daß Preußen hier vorzugsweise seine Augen auf Baiern zu richten hätte, und daß eine möglichst enge Verbindung mit diesem Staate, dessen wohlverstandenes

Interesse ganz damit übereinstimmte.... das unveränderliche Ziel der preußischen Politik sein müßte."

Auch diese Maxime ist bekanntlich in den dem baierischen Hofe vor Kurzem gemachten Anerbietungen verfolgt worden. Das Gerücht ist gegangen, der junge König Ludwig I. habe anfänglich nicht ganz entschieden abgelehnt. Die Haltung des Volkes in Baiern hat indessen den Ausschlag zum Gegentheil gegeben.

Zufolge der Denkschrift sollte Deutschland dergestalt wie mit einer Kette umzogen" werden. „Mit Baden", war gesagt, „könnte ein allgemeines freundschaftliches Verhältniß.... unterhalten und dazu benutzt werden, ein zu enges Anschließen Badens an irgend einen andern Staat zu hintertreiben." Auch in diesem Punkt bietet die neueste Zeit eine Parallele. In Folge der durch den jetzigen Preußenkönig bewirkten Niederwerfung der Revolution in Baden (1849), und der späteren Vermählung des jetzigen Großherzogs mit einer Tochter Wilhelms, ist allerdings jenes „freundschaftliche Verhältniß" mit dem Karlsruher Hofe eingeleitet worden. Großherzog Friedrich erklärte sich denn auch 1863 gegen das österreichische Bundes-Reformprojekt, 1866 für das Bismarck'sche. Bei der neuesten Abstimmung über die Mobilisirung gegen Preußen war sein Gesandter in Frankfurt „ohne Instruktionen!" Selbst nachdem Preußens Heer nach Sachsen, Hannover u. s. w. eingebrochen war, sandte Großherzog Friedrich seine Truppen nicht zum Schutze des bedrohten Frankfurt. Erst in Folge von Kundgebungen unter der Bevölkerung, zum Theil wohl auch weil, im Falle des Sieges der Bündischen, Baden mit einer Theilung unter Oesterreich, Baiern und Würtemberg bedroht war, ließ die Karlsruher Regierung endlich marschiren.

Zum System Preußens am Bundestage übergehend, empfiehlt die Denkschrift:

„Gemeinschaftlich mit Oesterreich über die Erhaltung der Ruhe in Deutschland zu wachen, zugleich das repräsentativ-demokratische System zu bekämpfen, und auf die übrigen Bundesstaaten thunlichst in dem Sinne einzuwirken, um sie zur Ergreifung und Verfolgung der angemessenen Maßregeln im Innern zu vermögen.

„Dabei aber doch möglichst Alles so vorzubereiten, daß, wenn einst eine Trennung Preußens von Oesterreich erfolgen und demzufolge eine Spaltung Deutschlands stattfinden sollte, der überwiegende Theil der Bundesstaaten sich für Ersteres erklärte und alsdann die vorhandenen Bundesformen nicht zu sehr zum Nachtheile der preußischen Partei benutzt werden könnten!"

Hier ist der heutige Sonderbund, der Abfall von Deutschland, die Zerreißung der Nation, bereits förmlich in Aussicht genommen!

Weiter entwickelt die Denkschrift, wie man es machen müsse, um den in Würtemberg und anderen süddeutschen Staaten sich zeigenden „demokratischrevolutionären Geist" zu dämpfen und zu bändigen. Auf die Frage der Bundesreformen übergehend, wird gesagt: — „Es bietet sich hier von selbst die wichtige, gewiß eine sehr reifliche Erwägung fadende Frage dar: ob es im Interesse Preußens liegt, besonders auf eine vollständige Entwickelung der Bundesgesetzgebung in Bezug auf die inneren Bundesangelegenheiten hinzuarbeiten? Sie scheint im Sinne des oben entwickelten Systems verneint werden zu müssen, weil, so lange die österreichische Allianz besteht, die von selber auszuübende faktische Supremat[i]e weit besser unter Begünstigung nicht ganz genau bestimmter und noch schwankender Formen zu ihrem Ziel gelangen kann, und im Gegentheil scharf vorgezeichnete Geschäfts-Normen von der Opposition bei allen Veranlassungen als Hemmungsmittel (wie die Erfahrung es schon lehrt) benutzt werden können, während in der Hypothese einer dereinstigen Spaltung Deutschlands sehr genau und scharf bestimmte Bundesreformen stets wesentliche Vortheile der im Besitz der formellen Geschäftsleitung befindlichen Macht gewähren, und die nöthigen Maßregeln unendlich erschweren könnten, welche Preußen dann im Bunde zu ergreifen angemessen finden dürfte, um eine Umwandlung des Bundesmechanismus gegen sich selbst zu neutralisiren."

Man sieht, wie der mit der Idee einer herbeizuführenden „Spaltung Deutschlands" sich tragende Verfasser die dereinstige Bundes-Mobilisirung gegen Preußen witterte und zum Voraus zu verhindern suchte.

Die Denkschrift führt weiter aus, wie es die preußische Politik vorerst sein müsse, zu Frankfurt ein „enges, in der Regel milderndes Anschließen an Oesterreich" zu zeigen, „wobei zuweilen, aber nicht zu oft, in populären Gegenständen ein berechneter, ostensibler und eklatanter Akt von Selbstständigkeit zu zeigen, übrigens die formelle und materielle Initiative systematisch Oesterreich zu überlassen, diese Letztere aber um jeden Preis von den Händen der mittleren Staaten entfernt zu halten wäre".... Sodann sei „ein anscheinend reger Eifer" für die Befestigung und Entwicklung von Reformen an den Tag zu legen, „die unter der Hand aber, mit Ausnahme derjenigen, welche auf die Militärverfassung und die Stellung des Bundes gegen das Ausland Bezug haben, so lose als möglich zu erhalten wäre." Endlich sei „eine freilich nur sehr allmälig mit der äußersten Vorsicht einzuleitende Bildung einer festen preußischen Clientelle in der Bundesversammlung" anzustreben.

Wie bei all diesem Machtstreben und dieser systematischen Erheuchelung liberaler Grundsätze nur der Despotismus befördert werden sollte, darüber giebt ein folgender Abschnitt genügenden Aufschluß. Es heißt darin:

„Wohl unbezweifelt dürfte es eine der Grundlagen der Politik Preußens sein, sich einen Einfluß auf die deutsche Nation überhaupt dadurch zu sichern, daß es als die eigentliche deutsche Macht und als der wahre Repräsentant Deutschlands angesehen werde.... Die Natur der einzigen Regierungsform, die allein Preußens Größe und Einfluß sichern kann, schließt schon, ohne andere Verhältnisse zu berühren, unwiderruflich die Begünstigung der demokratisch-präsentativen Ideen aus, welche jetzt noch so vielen Einfluß in Deutschland ausüben. Preußen kann sie wohl in allen ihren Nuancen und Folgerungen nur lebhaft bekämpfen."

Während Preußen so fest den „Grundsatz der Autorität" vertheidige, werde es immerhin „die Rolle des Chefs des Protestantismus in Deutschland" zu spielen, „d. h. als diejenige Monarchie aufzutreten haben, die, den populären Formen entgegengesetzt, doch die meiste „Aufklärung" vertrete. Um dies Spiel möglichst sicher durchzuführen, empfahl die Denkschrift zum Schluß die Waffe der Verleumdung gegen die Constitutionellen und gegen die eigentliche Volkspartei. Es heißt nämlich wörtlich:

„Es schiene wünschenswerth, und selbst beim Festhalten der österreichischen Allianz nicht unerreichbar, daß, wie es vor dem Beginn der französischen Revolution der Fall war, Preußen als der deutsche Musterstaat angesehen und seine Schriftsteller wieder die tonangebenden in Deutschland würden, und dies Resultat dürfte unvermeidlich sein, sobald, wie schon erwähnt, das demokratisch-revolutionäre Treiben und die süddeutsche Constitutionalität depopularisirt worden wäre. Es verdiente dabei eine reifliche Prüfung, ob, da jene Partei nun doch einmal an der Entwicklung und Geltendmachung ihrer Theorie von dem Publikum nicht gehindert werden mag, es nicht rathsam wäre, sie gleichfalls, nach dem Vorspiel der englischen und französischen Regierungen, in ihren Grundsätzen, in ihren Leitern und ihren Organen einer indirekten, oder kräftigen öffentlichen Discussion zu unterwerfen, als es nicht allzu schwer sein dürfte, gegen jene Grundsätze und Einrichtungen bei den besonnenen und richtig urtheilenden Deutschen die National-Eitelkeit und Ehre in's Spiel zu bringen, indem man dieselben als von einer nebenbuhlerischen Nation ausgehend, durch Bildung von Parteien im Sinne des Auslandes wirkend, darstellte."

Hier hat man ein Spiegelbild des königlich preußischen Macchiavellismus. Fast alle in dieser Denkschrift enthaltenen Rathschläge sind zu der einen oder andern Zeit in den letzten vierzig Jahren von dem Berliner Hofe befolgt worden. Die Verleumdung der gegnerischen Volkspartei mit Hülfe bezahlter Preßagenten ist im vollsten Maße geschehen. In neuester Zeit sind ganze Rudel von Renegaten zu diesem schnöden Zweck verwendet worden. Man wählte mit Vorliebe Leute, die ehemals im demokratischen Lager gestanden waren, die die Stichworte der früheren Partei umzudrehen, die etwaigen schwachen Seiten der leitenden Personen am besten hervorzuheben wußten. Unmerklich hat die preußische Regierung durch solche und ähnliche Mittel der ganzen öffentlichen Meinung des eigenen Landes einen Ton zu geben gewußt, der den Hegemonie- und Annexationsbestrebungen entsprach und die entschiedenste Opposition in Preußen zu einer blos dynastischen machte. Nur so erklärt es sich, daß das Preußen, das bis zum Jahre 1847 gar keine Verfassung hatte, während in süd- und westdeutschen Staaten die Ueberlieferung irgend einer verfassungsmäßigen Regierungsform seit Jahrhunderten nicht erloschen war — daß das Preußen, welches in seinem constitutionellen Leben dem Süden und Norden stets nachhinkte — das Preußen, welches nach der Februar-Revolution erst durch die Märzbewegungen in den kleineren Staaten den Anstoß zur Revolution erhielt — das Preußen, welches sich dem Manteuffel'schen Staatsstreich widerstandslos unterwarf, während es in Oesterreich einer förmlichen Belagerung und Einnahme der Hauptstadt durch Windischgrätz und die Jellacic'schen Croaten bedurfte, um die Revolution niederzuwerfen — daß das Preußen, welches die Revolutionen in Dresden, der Rheinpfalz und Baden blutig niederschlug — daß dies Preußen immer wieder mit Ansprüchen auf „Führerschaft" hervortreten konnte!

Der krönende Schluß all dieser Vorgänge aber ist jetzt durch den gegen den Willen des Volkes in Preußen, von einem budgetlos regierenden Monarchen unternommenen Krieg Deutscher gegen Deutsche geliefert, bei welchem eine widerwillig kämpfende und doch nicht zum Sturz eines verhaßten Systems sich ermannende Bevölkerung Heeresfolge einem Könige leistet, der die „Krone vom Tische des Herrn genommen", der dem Lande den letzten Rest von Freiheit gestohlen, und der schließlich — während seine Soldschreiber die Demokratie als eine „Partei des Auslandes" darstellten — im landesverrätherischen Einverständniß mit einem fremden Monarchen, dem Mörder dreier Republiken, jene „Spaltung Deutschlands" erstrebt, die in der Denkschrift von 1822 bereits so klar als das Ziel hingestellt ist. Unglückliches Deutschland! Verruchte Tyrannei!

Künstlernovelle.
Von Udo Brachvogel.
(Frau Adelaide Ristori zugeeignet.)

I.

Die Ouvertüre rauschte durch den Saal,
Auf Klangesschwingen Alles mit sich reißend,
Hinstürmend bald in ungestümer Qual,
Bald schmelzend eine Welt von Glück verheißend.
Fidelio war's. Des einz'gen Meisters Geist
Durchwebte des Theaters prächt'ge Räume.
Es war, als ob von Adlersflug umkreis't
Er selber lenke des Orchesters Zäume.

Dann hob der dunkle Vorhang sich empor,
Die blonde Frau erscheint im Männerkleide,
Vom Wamms bedeckt die Brust, die sonst von Flor
Von Atlas wird umschmiegt und Goldgeschmeide.
Sie singt, und alle Herzen singen mit
Der Frauenliebe gottgelüßte Schöne,
Ihr Blick ist Blitz, Bezaubrung jeder Schritt,
Und Seele ist ein jeder ihrer Töne.

Da sie im Kerker hebt den feuchten Stein,
Der den Geliebten soll für ewig decken,
Wie ächzt sie auf in blut'ger Seelenpein,
Daß Männerherzen selbst darob erschrecken.
Dann wieder, da im Wirbel höchster Lust
Die beiden Neugefund'nen sich umfangen,
Welch Jubel schmettert da aus ihrer Brust,
Welch Göttermorgen loht auf ihren Wangen!

Sie macht zum Sklaven jedes Hörers Sinn, —
Ach aber, ahnt Ihr: welchem Quell entsprungen
Die Liebespracht, die Alle riß dahin,
Die offenbarungartig Euch umllungen?
O, werft ihr nur die vollsten Kränze zu,
Begrabt in Rosen Schläfe ihr und Wangen, —
Ihr deckt mitleidig nur die Dornen zu,
Die eine bleiche Priesterstirn umfangen.

Sie sang ein Schicksal Euch. In jedem Ton
Kredenzte sie ein zuckend Frauenleben,
Und riß, was ihr in Wirklichkeit entflohn,
Aus seiner Gruft zu scheinbelebtem Beben.
Was sie von Liebe s a n g , — sie hat's g e l e b t ,
Mit diesen Händen hat sie es umschlossen,
Die Lippe hat am Taumelkelch gelebt
Und bis zur Wahnsinnshefe ihn genossen.

Erst war sie Weib, der Reiz ihr Diadem,
Darin als Herrin sie die Welt begrüßte,
Bis ihr der Tod den Gott der Kunst in dem
Gebroch'nen Herzen in das Dasein küßte.
Die Thränen, drin ihr Auge schwimmt und brennt,
Sind eines Frau'n-Martyriums Juwele,
U n d i h r e r K ü n s t l e r g r ö ß e P o s t a m e n t ,
E s s i n d d i e T r ü m m e r i h r e r W e i b e s s e e l e .

II.

Hört ihr Geschick. Sie war der Armuth Kind,
Das in der Wiege schon verwais't gelegen;
Nie hauchten Mutterlippen weich und lind
Auf ihre Kinderstirn den Abendsegen.
In strenger Klosterzucht wuchs sie empor,
Der Schönheit unbewußt, in der sie blühte.
Nur wenn sie sang im hohen Kirchenchor,
Dann regten sich ihr Flammen im Gemüthe.

Schön war sie; schön und rein, der Rose gleich,
Die sich in tiefster Waldesnacht erschlossen,
Ihr Kelch von Schnee ein ganzes Himmelreich,
Noch nicht einmal von Mannes blick genossen.
So kam sie in die Welt. Es nahm sie auf
In's kleine Haus der Ohm, der kinderlose;
Arbeit und Mühe ward ihr Lebenslauf,
Und kerkerhaft gehütet ward die Rose.

Dann ward sie Weib. Dem alternden Gemahl
Gab man sie hin, dem Reichen, Allgeehrten;
Sie folgte leicht, sie ahnte nicht einmal,
Daß Hunderte in Gluth nach ihr begehrten.
Sein Haar war grau, doch jugendfrisch sein Herz,
Sein nobler Geist von Tadel frei und Fehle;
Sie ehrte ihn, und legte halb im Scherz
In seine Hände ihre Kinderseele.

Und war sie glücklich? Wohl, ich nenn' es Glück,
Von Unbeseff'nem. keine Ahnung haben;
Sehnt man gesunkne Sonnen nicht zurück,
Wird Sternenschein noch zur Genüge laben.
Denn Dürftigkeit ist noch kein Ungemach, —
Erst schaudernd seine Dürftigkeit empfinden,
Weil frühere Seligkeit zusammenbrach,
Das ist's, was wenig Herzen nur verwinden.

Sie selbst beschwor dies Schicksal auf ihr Haupt,
Arglos gelockt vom weichsten Herzenstriebe;
Was aus Erbarmen sie zu thun geglaubt,
Die Brücke ward's zur unheilvollsten Liebe.
Es trat ein Mann in ihres Lebens Kreis,
Zu niedrig um die Sohle ihr zu küssen, —
Doch war er jung und schön, sein Auge heiß,
Er schien in Noth und weinte ihr zu Füßen.

Sie flehte bei dem mächtigen Gemahl,
Von Mitgefühl für Jenes Loos ergriffen, —
Ach, und sie übersah der Schande Mal,
Vom Laster seiner Stirne eingeschliffen.
Und heißer blickte er zu ihr empor,
Ein blühend Bild apollohafter Schöne. —
Der Warnung Wort verhallte ihrem Ohr,
Bestrickt vom Zauber seiner Schmeicheltöne.

Selbst weinend, schien er ihr auch thränenwerth,
Sie bat, — und alle Zweifel sind zerstoben;
Der Gatte nahm ihn an den eignen Herd,
Nicht ahnend, wen er da zu sich erhoben.
Es war ein ganz Gesunk'ner, sei's genug,
Gemeinheit war ein jeder seiner Triebe. —
Sie sah es nicht, riß ihn, bestrickt vom Trug,
Zur Sonnenhöhe ihrer ersten Liebe.

III.

So ging ein Jahr vorüber. Ob sie sank, —
Wie tief, — ein höhrer Richter mag's ermessen!
Sie floh die Welt, ihr Abgott trat zum Dank
Lautprahlend ihren Ruf in Staub indessen.
Zum Abscheu ward er Allen, sie blieb blind,
Sie ahnte nicht, daß sie mit Dirnen theilte,
Daß er im Schmutz lag, eh' er schmeichelnd lind
In ihre Königinnenarme eilte.

Sie fühlte nicht, daß Alles vor ihr wich,
Weil sie sich trotzend über Alle stellte;
Die ganze Welt stieß eisig sie von sich,
Indeß der Samum ihren Busen schwellte.
Und ihr Gemahl? Erst war sein Herz zu groß,
Sich darzubieten für des Argwohns Schneide;
Doch dann, als überzeugend, rettungslos
Die Stunde kam, — da, Wehe über Beide!

Und diese Stunde kam. O fragt nicht, wie!
Der ganzen Welt schien ihre Schuld besiegelt, —
Gott weiß allein, ob sie so schwer, wie sie
In des Verderbers Prahlen sich gespiegelt.
Den aber traf das erste Strafgericht:
Des Schützers Hand, der ihm sein Haus erschlossen,
Schlug blutig ihm das schöne Angesicht,
Stieß ihn in's Nichts zurück, dem er entsprossen.

Und nun, i h r Urtheil? — Ein erlauchter Geist
Kann auf der Roche Wolluft wohl verzichten.
Er braucht, was seines Daseins Kern zerreißt,
Nicht in demselben Kerne zu vernichten.
Doch weiter hegen? Nein! Und so geschah's:
Er hatte schnell den rechten Weg gefunden.
Er trat zu ihr, die bleich und wortlos saß,
Verblutend wie aus tausendfachen Wunden.

Verblutend! Denn um den sie litt, der Mann,
Er kämpfte nicht für sie, trotz aller Schwüre.
Er ließ sich schlagen, floh und lachte dann
Im nächsten Wirthshaus ob der Aventüre.
Daß wußte sie zwar nicht. Doch daß er ging,
Daß er sie einsam ließ in diesen Nöthen,
Das war der Dolch, der ob dem Haupt ihr hing,
Den sie herabbeschwor, sie ganz zu tödten.

So trat ihr Richter her. Er sprach dies Wort:
„Wir können nicht mehr bei einander säumen."
Und mit gebroch'ner Stimme fuhr er fort:
„Du wirst mein Haus bis heute Abend räumen!"
Er trat zum Tisch, darauf ein Taschenbuch
Von Golde und Papieren schwer; zu legen;
„Leb wohl! Und nimmer werde dir zum Fluch,
„Was Du umklammerst jetzt als höchsten Segen."

Er ging und schloß sich ein in sein Gemach,
Drei Tage lang für Niemanden zu sprechen;
Er war ein Mann, und seine Seele brach
Einsam und stolz, wie Männerseelen brechen.
Sie aber blieb hinstarrend und allein,
Bis von dem Thurme klang die Abendfeier
Da sprang sie auf, warf um den gold'nen Schein
Des blonden Lockenhaupts den schwarzen Schleier.

Sonst nahm sie nichts mit sich. Ja, das Geschenk —
Zur Erde stieß sie's, das er ihr gespendet,
Und floh, all seiner Huld uneingedenk,
Dem Falter gleich, in's Licht, das sie geblendet.
Geblendet, ja! In wilder Leidenschaft
War alle ihre Scheu emporgelodert,
Verbrannt in ihrem Hirn des Denkens Kraft,
Der Sitte Schranke in der Brust vermodert.

Sie floh zu ihm, der ihr Vernichter war,
Allein in finst'rer Nacht, auf rauhen Wegen —
Doch jauchzend, daß sie frei, um ganz und gar
Nun sich für immer an sein Herz zu legen.
Sich selbst nur bringend, wollte sie vor ihn
In ihrer Liebe ganzem Reichthum treten,
An seiner Hand in weite Fernen fliehn,
Und ihn nur kennen, und zu ihm nur beten.

Und so traf sie des Todesblitzes Streich
Aus diesem Himmel schwüler Schwärmereien!
Sie fand ihn — kalt, er bat verständnißreich,
Sich doch mit dem Gemahl nicht zu entzweien.
Ihr Kommen schreckte ihn, er wich zurück,
Statt glühend sie, die Glühnde, zu umfangen.
Er sprach ihr Trost, und dankte für das Glück,
Das er in schönerer Zeit von ihr empfangen.

Dann — Lebewohl. Schnell eilte er hinweg,
Verwünschend nur, daß sie ihn aufgefunden.
Sie stand und starrte auf den schmalen Steg,
Wo er im Dunkel ihrem Blick entschwunden.
Ein schreckliches Gefühl durchzuckte sie,
Sie hob die Hand wie träumend an die Stirne,
Des Wahnsinns grauenhafte Melodie
Erhob sich leise summend ihr im Hirne.

Dann ging sie heim, langsam, gebroch'nen Schritts,
Das thränenlose Aug' gespenstisch offen,
Leis' zitternd gleich der Espe, die der Blitz
Grab' in der Silberkrone Herz getroffen.
Ein Krampf durchwühlte schneidend ihre Brust,
Gesang und Kichern klang vor ihren Ohren,
Und klar ward ihr und grausenhaft bewußt,
Daß Alles und — für ewig sie verloren.

Sie war gerichtet. Schwankend glitt sie hin,
Das Herz von ihrer Sünde Pfeil getroffen;
Von einem Streich gemordet, sank dahin
Die hingegang'ne Zeit, der Zukunft Hoffen.
Zerfleischt von Jammer, fast bewußtseinsbaar,
Auf bläulich bleicher Stirn des Todes Schatten,
So sank sie einmal noch für immerdar
Zum Abschied auf die Schwelle ihres Gatten

IV.

Als Magdalena zu des Meisters Knie
Zusammenbrach in heißer Reue Beben,
Da fiel von seinem Mund wie Melodie,
Wie Hauch von Lilien, das Wort: „Vergeben."
Er hob sie an sein Herz in heil'ger Gluth,
Die Ausgestoß'ne von der Menschen Hohne,
Und flocht, wegküssend ihrer Augen Fluth,
Ihr in das blonde Haar die Heil'genkrone.

Und so geschah es auch, da Jene rang
Dahingeschmettert vor des Gatten Kammer.
Wie Lied von Auferstehungsglocken drang
Des Gottes Stimme auch in i h r e n Jammer.
Der Sonne gleich aus sturmgepeitschter Fluth,
Stieg er empor, der stets in ihr geträumet,
Der Gott der Kunst, doch dessen Altargluth
Um schnöd're Erdengluthen sie versäumet.

Die Schwelle wurde ihr Gethsemane,
Und da sie aufstand bei des Tages Grauen,
Da war ihr Antlitz bleicher zwar als je,
Doch wie getaucht in höh'res Licht zu schauen.
Nicht sollte dieser Seele Königspracht
Sich in des Wahnsinns gräßlich Dunkel betten.
Sie schritt, ein Held aus unerhörter Schlacht,
Sich in des Gottes Flammengluth zu retten.

So wurde sie was sie geworden ist,
Und bebt ein Lächeln jetzt um ihre Lippen,
Wie Mondlicht ist es nur, zur Herbstesfrist,
Hingleitend über bleiche Marmorklippen.
Zum Frauenglücke war's für sie zu spät,
Sie warf des Sanges erste Priestergröße,
Den Purpur künstlerischer Majestät,
Um des zermalmten Herzens blut'ge Blöße.

Ihr Alle aber, die ihr Schicksal wißt,
Wer von Euch wagte hier, nicht zu vergeben?
Ist Einer unter Euch, der sich vermißt,
Kalt gegen sie den ersten Stein zu heben?
Nein, Eure vollsten Kränze werft ihr zu,
Begrabt in Rosen Schläfe ihr und Wangen.
Mit Rosenopfern deckt die Dornen zu,
Die dieses schmerzgeweihte Haupt umfangen.

David Livingstone im südlichen Afrika.

Auszug aus einem Artikel der „Revue des deux Mondes."
Von Victor Ernst.

I.

David Livingstone — der kühnste aller Afrika-Reisenden, der Erfolgreichste und Verdienstvollste unter Denen, welche ihr Leben daran gesetzt haben, der Civilisation die Geheimnisse des unbekanntesten aller Welttheile zu erschließen — wurde in Schottland, an den Ufern des Clyde, geboren. Seine Familie war seit einer Reihe von Generationen durch einen scharf ausgeprägten Charakter und strenge Sitten bekannt - das einzige Erbtheil, welches ihm von den Vätern übermacht wurde. Schon als siebenzehnjähriger Knabe mußte er als Arbeiter in einer Baumwollen-Fabrik seinen Beitrag zum Unterhalt der Familie liefern. Mehr als elf Jahre blieb er in diesem Verhältniß, und desto bewundernswürdiger ist es, daß dennoch sein Geist einen Aufschwung zum Höhern nahm. Es erfüllte ihn ein so unbezähmbarer Wissensdrang, daß ihm nach zwölfstündiger Fabrikarbeit noch die Zeit übrig blieb, um Latein und Griechisch zu studiren und sich sonst auf dem Wege des Selbststudiums Kenntnisse zu erwerben. Er faßte den Entschluß, Missionär zu werden, und wählte China zum Felde seiner Wirksamkeit. Um aber völlig unabhängig dazustehen und für alle Fälle gerüstet zu sein, studirte er, von einflußreichen Gönnern unterstützt, in Glasgow zugleich mit der Theologie auch die Medizin. Mit Glanz durch das Examen gekommen und im Besitz eines redlich erworbenen Doktordiploms, wollte er eben nach China abreisen, als der Opiumkrieg ausbrach. Hierdurch von seinem ursprünglichen Reiseziel abgelenkt, beschloß er, sich unter den Auspicien der Londoner Missionsgesellschaft nach Afrika zu begeben, und schiffte sich im Jahre 1840 nach dem Cap der guten Hoffnung ein. Auf der ihm zugewiesenen Station, 700 Meilen von der Küste entfernt, angekommen, war seine erste Sorge, sich in einem nur von Eingebornen bewohnten Dorfe niederzulassen, wo er, von aller Berührung mit Europäern abgeschnitten, sechs Monate lebte und sich die Sprache sowohl wie die Sitten der Beschuaner geläufig machte. Die für seinen neuen Beruf unerläßlichen Eigenschaften — Geduld, Willensstärke und Beobachtungsgabe — fehlten ihm nicht; daß er aber auch Muth besaß, sollte sich sehr bald zeigen.

So eben hatte er sich im reizenden Thal von Mabotsa niedergelassen, um von dort seine Streifzüge zu machen, als er erfuhr, daß der Ort häufig durch eine Schaar von Löwen heimgesucht werde. Sie kamen nächtlicher Weile ins Dorf, rissen die Pfähle der Thierpferche nieder und trugen ein Stück Vieh nach dem andern fort. Livingstone entschloß sich, das Thal von diesen üblen Gästen zu befreien. Er wußte, daß in solchen Fällen die Tödtung e i n e s Löwen genügt, um die ganze Heerde zu vertreiben, und hierauf war sein Plan gegründet. Von der ganzen waffenfähigen Mannschaft der Gegend begleitet, rückte er ins Feld. Man fand den Löwen auf einem dichtbewachsenen Hügel, den die mit Lanzen bewaffneten Eingebornen in sich immer mehr verengendem Kreise umstellten. Livingstone hielt sich mit seinem gleich ihm mit einer Flinte bewaffneten schwarzen Sprachlehrer außerhalb dieses Kreises. Er legte auf einen der Löwen an, gab Feuer und fehlte. Die Kugel prallte gegen den Fels; das Thier biß wüthend den Platz, wo das Blei getroffen hatte, wie der Hund den nach ihm geworfenen Stein, that einen Satz, durchlief den Kreis und machte sich aus dem Staube. Der Kreis bildete sich aufs Neue und umschloß zwei andere Löwen, welche gleich dem ersten sich retteten ohne einen einzigen Lanzenstich bekommen zu haben. Entrüstet über die Feigheit der Neger, wollte der Missionär den Heimweg antreten, als er, um den Hügel wendend, dreißig Schritte von sich, halb von einem Gebüsch verdeckt, einen wunden Löwen gewahrte. Er zielte und jagte ihm zwei Kugeln in den Leib. Alle schrieen: „Er ist todt, er ist todt!" Livingstone sah durch das Laubwerk, wie der Löwe heftig mit dem Schweif um sich peitschte; er rief den Negern zu, sich nicht zu rühren bevor er wieder geladen habe, und hatte eben die Kugel in den Lauf gestoßen, als ein ängstliches Geschrei der Eingebornen ihn veranlaßte, sich umzuwenden. In mächtigen Sätzen sprang der Löwe auf ihn zu. Das Thier packte ihn beim Arm, und Beide rollten in den Staub. Wüthend schüttelte ihn der König der Wüste, daß ihm alle Knochen im Leibe krachten. Die Erschütterung betäubte den Missionär, ohne ihm die Besinnung zu rauben. Er war wie chloroformisirt; seine intellektuellen Kräfte waren bis zu einem gewissen Grade suspendirt, und er betrachtete das Thier, in dessen Gewalt er sich befand, mit völliger Gleichgültigkeit. Sollte es wirklich der Fall sein, daß, wie behauptet wird, die reißenden Thiere einen magnetischen, lähmenden Zauber über ihren Raub ausüben? Der Löwe hatte die Tatze halb auf den Kopf des Jägers gelegt; dieser machte eine instinktive Bewegung, um sie abzuwehren, und sah, wie das Thier seinen Neger, der eben die Flinte anlegte, mit wüthenden Blicken maß. Der Schuß ging los. Jetzt ließ der Löwe seinen Raub fahren, sprang auf den zweiten Angreifer los, biß ihm in den Schenkel, zerschmetterte die Schulter eines Eingebornen, der mit seiner Lanze herbeieilte, und brach zusammen, um sich nicht wieder zu erheben. Der Missionär ging mit zerbrochenem und von elf Bissen zerfleischtem Arm aus dem Kampf hervor. Dieser theuer erkaufte Triumph brachte ihm keinen großen Vortheil ein, denn er mußte das von einer furchtbaren Dürre heimgesuchte Thal von Mabotsa verlassen, um sich im Dorfe Kolombeg, etwas nordöstlich von dort am Ufer eines Flusses gelegen, anzusiedeln.

Das Leben eines Missionärs unter einer uncivilisirten Bevölkerung trägt ein ganz eigenthümliches Gepräge; er ist zugleich Landmann, Handwerker, Gelehrter und Geistlicher. Von den Hülfsmitteln des civilisirten Daseins abgeschnitten, muß er sich mit Allem versehen, was zu einer so complicirten Rolle nothwendig ist. Das Princip der Theilung der Arbeit existirt für ihn nicht, denn Alles muß er selbst thun; er ist gezwungen, zugleich Maurer, Zimmermann, Tischler und Dachdecker zu sein. Die Eingebornen konnten Livingstone in allen diesen Branchen nur sehr dürftige Hülfsleistungen bieten. Nie ist es ihm gelungen, ihnen beizubringen, wie man ein Stück Holz viereckig macht. Ihre Wohnungen und alle ihre Werkzeuge haben eine runde Form; das Viereck übersteigt ihr Begriffsvermögen. Sie können weder eine lothrechte Mauer aufführen, noch etwas kreuzweise fügen, noch rechte Winkel erzielen. Der Missionär muß ferner auch Ackerbau und Viehzucht treiben, und zuweilen leisten ihm hierbei die Eingebornen werthvolle Dienste, obgleich es schwer ist, sie zu veranlassen, der Hacke und dem Rechen zu Gunsten des Pfluges und der Egge zu entsagen. Das Tagewerk des Missionärs bietet das wunderlichste Gemisch unzusammenhängender Beschäftigungen. Am Morgen ist er Pädagog, unterrichtet Kinder, junge Leute und Erwachsene beider Geschlechter. Nach der Schulzeit nimmt er den Hobel oder die Säge, den Hammer oder das Beil, den Pfriemen oder Bohrer zur Hand. Er reparirt eine Leiter, eine Deichsel, ein schadhaft gewordenes Geschirr. Dann geht er in den Garten, säet, pflanzt, okulirt, beschneidet. Obendrein muß er seine häuslichen Anordnungen treffen, seine Notizen machen, sein Tagebuch führen, seiner kleinen Bibliothek die nöthige Aufmerksamkeit widmen, um nicht die eigene Sprache zu verlernen und inmitten der Wilden zu verwildern. Die Einwohner überhäufen ihn mit Besuchen und endlosen Fragen, deren Beantwortung oft nicht geringe Schwierigkeiten bietet. Ist er verheirathet, was bei den protestantischen Missionären fast immer der Fall ist, so bietet sich seiner Frau ein nicht minder reichhaltiges Repertoir von Pflichten. Abgesehen von den häuslichen Geschäften, wobei ihr Erfindungsgeist die glänzendste Gelegenheit hat, sich zu bewähren, muß sie die Erziehung der jungen Mädchen leiten, ihre eigenen Kinder erziehen, die Negerinnen katechesiren u. s. w.

Livingstone blieb sechs Jahre in Kolombeng; seine kräftige Natur sehnte sich nach einem weitern Wirkungskreise, nach neuen Erfahrungen und Entdeckungen. Seine Bemühungen waren übrigens nicht unfruchtbar geblieben; er hatte treffliche Schulen gegründet und mehrere Familien, namentlich aber Sescheles, den Häuptling des Stammes, für das Christenthum gewonnen. Dieser mit außergewöhnlicher Intelligenz begabte, aber sonst in eigenthümlichen Ansichten befangene Neger war höchst unzufrieden darüber, daß nicht sein ganzer Stamm ihm folgte. Eines Tages sagte er zu Livingstone: „Glaubst Du durch das bloße Wort meine Unterthanen bekehren zu können, wenn nicht einmal meine Drohungen ausreichen? Ist es Dir recht, so rufe ich alle meine Leute zusammen und bürge Dir dafür, daß ich sie an einem Tage Alle zusammen gläubig mache." Es fiel dem Missionär ziemlich schwer, seinem Proselyten begreiflich zu machen, daß eine eingeprügelte Religion nicht viel werth ist.

Eine noch furchtbarere Dürre als die vorige kam über das Land. Die Quellen versiegten, die Flüsse trockneten aus, die Felder boten einen trostlosen Anblick. Von einem Ackerbau konnte nicht die Rede sein, und die Jagd lieferte keinen Ertrag. Um in dieser Zeit des gezwungenen Müssigganges die Langeweile zu tödten, unterhielten sich die Eingebornen häufig über die reichlich bewässerten Gegenden, welche sich nordwärts erstrecken sollten, und den See Ngami, der ihnen zur Zierde diene. Sie wußten nicht genug zu erzählen von den unerhörten Reichthümern, die dort aufgehäuft seien. Das Elfenbein sollte in solchem Ueberfluß vorhanden sein wie Steine, und Elephantenzähne den Hürden zur Umzäunung dienen. Aus diesen Phantasieen glaubte Livingstone wenigstens schließen zu müssen, daß jene unbekannten, von den Geographen als Wüste bezeichneten Regionen nicht nur bewohnt, sondern auch von der Natur reich gesegnet seien, und bald war sein Entschluß gefaßt, sich davon zu überzeugen. Zwei Ereignisse, das eine sehr willkommen, das andere der traurigsten Art, beschleunigten die Ausführung des Planes. Der Missionär erhielt von seinem Obern die Einladung, ihn zu besuchen; kurz darauf aber wurde Kolombeg vollständig von den Boeren, den holländischen Ansiedlern am Cap, zerstört. Von jetzt an wurde der Missionär zum Entdecker.

Die Reisen Livingstone's im südlichen Afrika zerfallen in drei verschiedene Abtheilungen. In der ersten Periode ging er, von seiner Frau begleitet, nordwärts bis nach Lynianti, der Hauptstadt der Makololen. In der zweiten durchschnitt er, allein nach Lynianti zurückgekehrt, Afrika der Breite nach, von der Hauptstadt der Makololen an das Atlantische Meer und von dort an die Küsten von Mozambique. In der dritten, berühmtesten Periode durchforschte er, im Vaterlande mit der Würde eines Consuls bekleidet, das Becken des unteren Zambese und seines Nebenflusses, des Schiroe, auf einem Dampfboot der brittischen Marine.

Am 1sten Juni 1829 machte sich Livingstone an der Spitze einer kleinen Karawane von zwanzig Eingebornen, ebenso vielen Pferden, mehreren Wagen und achtzig Ochsen auf den Weg. Ein Offizier vom Cap, Herr Oswell, ein verwegener Jäger, hatte sich ihm angeschlossen, seine Frau und seine Familie begleiteten ihn. Es mußte wirklich eine hingebende und heldenmüthige Gattin sein, die sich auf ein solches Abentheuer einlassen konnte, und unmöglich wäre es gewesen ohne die im südlichen Afrika gebräuchliche, ganz eigenthümliche Reise zu Wagen, welche eine nähere Beschreibung verdient. Diese rollenden Häuser, stark genug gebaut um die heftigsten Stöße aushalten zu können, sind so hoch, daß man unbelästigt Flüsse von ziemlicher Tiefe mit ihnen durchfahren kann, groß genug, um Betten, Tische, Stühle, Küchengeräthe und was sonst noch in einer Haushaltung unentbehrlich ist, mit Einschluß von Lebensmitteln für mehrere Monate, zu enthalten. Von einem solchen Gefährt umschlossen, kann man unbesorgt das Gebrüll der Löwen, das Geheul der Hyänen oder Wölfe, das dumpfe Brummen des Nashorns, das Gebell des Schakals hören, und selbst die Elephanten halten sich beim Anblick dieses Ungethüms in respektvoller Entfernung. Sie werden von wenigstens fünf oder sechs Paar Ochsen gezogen, und schon die Länge des Gespannes verbietet ein schroffes Umwenden. Diese Reisemethode ist zum Verzweifeln langsam; jeden Augenblick muß

man anhalten, um Bäume umzuhauen oder zurückzubiegen, Vertiefungen auszufüllen, Erhöhungen zu ebnen, Sümpfe zu sondiren, Furthen aufzusuchen.
Am Abend werden die Ochsen ausgespannt und weiden, unter dem Schutz
eines Feuers, um den Wagen; aber die Gräser sind spärlich, das Wasser fehlt,
das Feuer erlischt, die Wächter schlafen ein, die wilden Thiere kommen und
reißen Lücken in die Gespanne oder zerstören sie. Am nächsten Morgen muß
man sie weit und breit wieder einfangen, und oft verstreicht der Vormittag,
ohne daß man sich wieder in Bewegung setzen kann. Trotz dieser Unannehmlichkeiten erklärt indeß Livingstone diese Beförderungsart für die allen
andern vorzuziehende. Der Forscher kann von seinem ambulanten Domicil
Ausflüge machen, sich ziemlich weit von ihm entfernen und bennoch sicher
sein, es wiederzufinden. Er hat vollauf Zeit, das Land zu studiren; die Flinte
auf dem Rücken, die Botanisirbüchse an der Seite, das Messer in der Tasche,
den Hammer in der Hand, kann er die Natur in ihren drei Haupt-Reichen
attaliren und kostbare Beute heimtragen. Unter sein Dach zurückgekehrt,
klassificirt er seine Reichthümer, ordnet seine Notizen, schreibt die Ereignisse des
Tages in sein Journal und berechnet die zurückgelegte Distance vermittelst eines
am Wagen angebrachten Apparats.

Um den See Ngami zu erreichen, mußte man den nordöstlichen Theil der
Wüste von Kalihari durchkreuzen. Der Anblick dieses Landstriches rechtfertigt
keineswegs den ihm beigelegten Namen. Das Gras schießt üppig empor, und
auch an sonstiger Vegetation fehlt es nicht. In der Regenzeit bedeckt sich diese
Wüste mit einer Unzahl kolossaler Melonen, welche Thiere aller Art, vom
Elephanten bis zur Maus, dem Menschen streitig machen. Die Reisenden wen-
deten sich zuerst direkt nordwärts, längs dem Bett eines ausgetrockneten Flusses.
Keine Erhöhung des Terrains unterbrach hier die Einförmigkeit der Landschaft.
Der Boden war mit einem weißen Kieselsand bedeckt, der das Sonnenlicht in
blendender Helle reflektirte. Die Baumpartieen und Gebüsche, von denen das
Land überstreut ist, folgen einander in so regelmäßigen Zwischenräumen und
sind einander so ähnlich, daß der Karavanenführer oft große Mühe hatte, den
Weg zu einer ihm bekannten Quelle oder einem Wasser-Reservoir wiederzufinden. In ihrer Ungewißheit kam den Reisenden die Fauna zu Hülfe.
Waren sie von den kleinen scharfklauigen Thieren umgeben, welche die Erde
aufwühlen und sich von den Wurzeln der Wasserpflanzen nähren, so wußten
sie, daß die Gegend wasserarm sei. Stießen sie auf einzelne Exemplare oder
Heerden des Rhinoceros, des Büffel oder Gnu, so hatten sie die Gewißheit,
daß das Wasser nicht fern sein könne. Das Elennthier und der Strauß hatten
für sie gar keine Bedeutung, weil diese Thiere, ohne darunter zu leiden, auf
längere Zeit den Durst ertragen können.

Zwei Monate nach ihrer Abreise erreichten die Reisenden das Ziel ihrer
Wanderung, den See Ngami, welcher unter 20 Grad 30 Minuten südlicher
Breite und 20 Grad 40 Minuten östlicher Länge, 2500 Fuß über der Meeres-
fläche, liegt und einen Umkreis von ungefähr 120 Kilometern hat. Wegen der

sumpfigen Ufer ist er schwer zugänglich. Die sich nördlich von dort erstreckende Gegend wird von einem im See entspringenden Fluß, dem Ambarrah, und mehreren Nebenflüssen des Zambese reichlich bewässert. Um Lynianti, den Wohnort Sebituane's, des Häuptlings der Makololen, an den er empfohlen war, zu erreichen, brauchte also Livingstone sich keinem Wassermangel auszusetzen, und überdies wußte er, daß die Häuptlinge dieses Landstrichs den Befehl erhalten hatten, ihm in jeder Weise beizustehen. Der furchtbarste Gegner, der ihm drohte, war eine Mücke, welche die Eingebornen Tsetseh nennen. Sie ist etwas größer als die gewöhnliche Mücke und hat in ihrer Form Aehnlichkeit mit der Biene. Für Ochsen, Pferde und Hunde ist ihr Stich tödtlich, für Kälber, Maulthiere, Esel, Ziegen, Zebra, Büffel und Antilopen merkwürdiger Weise total unschädlich, während den Menschen nur ein leichtes Unwohlsein befällt. Trotz aller Vorrichtungen gegen diese Gefahr, verloren unsere Reisenden nicht weniger als drei und vierzig ihrer stärksten Ochsen durch den Mückenstich.

Nach verschiedenen Kreuz- und Querzügen, um den Tsetsehs zu entgehen, erreichten die Reisenden wohlbehalten Lynianti, einen Ort von sieben bis acht Tausend Einwohnern, die Hauptstadt des Reiches Sebituane's. Der Häuptling war eben verreis't, beeilte aber, als er von der Ankunft der Weißen vernahm, seine Rückkehr. Livingstone ritt ihm entgegen und traf ihn auf der Insel Ebole, umringt von seinen Haupt-Beamten, denen er Singunterricht gab. Die Melodie, welche ihnen beizubringen er sich bemühte, war nicht ohne ihre Reize, und es machte einen kuriosen Eindruck, einen Potentaten auf diese Weise mit seinen Würdenträgern beschäftigt zu sehen. Sebituane empfing den Europäer mit der größten Herzlichkeit, versicherte ihn seines Schutzes und ertheilte ihm die Erlaubniß, sich niederzulassen wo es ihm gefalle. Dieser Häuptling, zum Stamme der Beschuaner gehörend, war durch das Schicksal des Krieges aus seinem früheren Reich vertrieben worden, und nur durch Energie, Gewandtheit und Beharrlichkeit gelang es ihm, sich ein neues Reich an den Ufern des Zambese zu gründen. Bald nach seinem Zusammentreffen mit Livingstone starb er und hinterließ das Reich seiner Tochter Mamolisane, welche sich beeilte, die durch ihren Vater dem Fremdling ertheilten Privilegien zu erneuern.

Mittlerweile hatte Livingstone die Unmöglichkeit erkannt, seine Entdeckungsreisen in Begleitung seiner Familie fortzusetzen, und entschloß sich, nach dem Cap zurückzukehren, von wo er seine Familie nach Europa sandte. Ihn selbst zog es unwiderstehlich zur Fortsetzung des begonnen Werkes.

Variationen über das Thema: Die Wissenschaft und die Grundsätze der Sittlichkeit.
Von Dr. Rud. Dulon.

Vor mir stehen zwei Mächte, der beschränkte Raum und eine Summe von Gedanken, die ich in die Welt hinein befördern möchte. Ich habe sie beide zu respektiren. So bleibt mir nichts Anders übrig, als zu Variationen meine Zuflucht zu nehmen. Es mag auch wohl das Beste sein.

Es bleibt immer eine auffallende Erscheinung, daß sich Zeiten, denen nicht ohne Grund hohe wissenschaftliche Cultur nachgerühmt wird, nach dem unwiderleglichen Zeugnisse der Geschichte wiederholt als Zeiten eines tief-sittlichen Verfalls erwiesen haben. Das Gegentheil sollte vermuthet werden. Die Wissenschaft ist der Quell und der Inbegriff der Wahrheitserkenntniß. Je mehr die Wissenschaft fortschreitet, desto mehr nähern wir uns der Identität unserer Vorstellungen mit der Wirklichkeit der uns umgebenden Dinge, mit der Wirklichkeit der in uns operirenden, strebenden und genießenden Welt. Sollte nicht die Wissenschaft in ihren Fortschritten den unverkennbaren Einfluß, die großartige Macht des sittlichen Gedankens in ein immer helleres Licht stellen? Sollte sie nicht, indem sie den Gedanken modificirt, berichtigt, mit der Wirklichkeit des Menschenwesens in immer gründlichere Uebereinstimmung bringt, seine Thatwerdung, sein Offenbarwerden in unseren Bestrebungen, in unseren Schöpfungen und Vollbringungen in immer höheren Grade sichern? Sollten nicht die Menschen in demselben Grade, in dem sie klüger und einsichtsvoller werden, auch besser, edler, tugendhafter, d. h. kräftiger und stärker werden?

Es ist das eine Frage, die ihre Bedenken, ihre Halen und Widerhaken hat. Ehe wir uns auf ihr Gebiet des Weitern einlassen, bedarf es einer Begriffsbestimmung. Zwar, der Begriff der Wissenschaft, der wissenschaftlichen Cultur darf vorausgesetzt werden, allein „tiefer, sittlicher Verfall", — was meint das Wort? Wie sieht das Ding aus? Welches sind seine wesentlichen Merkmale, die gleich Grenzpfählen sein Gebiet beherrschen? Sittlich, unsittlich, — du lieber Himmel, welcher Gedankenwirrwar! Was dem Hinz als prächtig erscheint, ist dem Kunz sehr bedenklich und Jenem dort eine Todsünde. Wo finde ich den Faden, der mich aus dem Labyrinthe an's helle Tageslicht führt?

Der Faden ist leicht zu finden. Wir haben es nicht mit Phrasen, sondern mit bestimmten Begriffen zu thun, und die erwähnten Grenzpfähle sind bei der Hand. Nur immer mit offenen Augen in's bunte Menschenleben hinein! Nur fleißig angeschaut, was sich jeden Tag dicht vor unsere sehenden Augen stellt! Aber wie, — ist die Sittlichkeit nicht ein Inwendiges, das sich dem Auge entzieht? Hat die Sittlichkeit nicht ihren Sitz in der Gesinnung, in den Motiven, die sich doch keineswegs auf öffentlicher Straße preisgeben? Ganz richtig, die Sittlichkeit steckt inwendig, und vor unsern Augen erscheinen nur Thaten, auch Bestrebungen nur so weit sie Thaten sind, und Gedanken nur so weit sie ihre schöpferische Kraft in Thaten an das Tageslicht befördern. Also Thaten! Aber was ist die That Anderes, als die Erscheinung, die Sichtbarwerdung des Motivs, als das Hervortreten der Gesinnung an die nackte Wirklichkeit? Was ist sie Anderes, als der inwendige Mensch, der sich dem sehenden Auge präsentirt? Heuchlerkünste, Entstellungen, Lügen helfen nach alter Erfahrung verzweifelt wenig, und auf die Dauer halten sie vor den scharfen Kritikern, — und jeder Bummler ist unter Umständen ein scharfer Kritiker, — niemals aus. Machen wir also nur die Augen recht weit auf, sehen wir nur scharf und tief und anhaltend genug, jede absichtliche Selbsttäuschung sorgfältig vermeidend, so kann es endlich nicht fehlen. In seinen Thaten haben wir den Menschen, den ganzen Menschen vor uns; — in besonderer Klarheit und Deutlichkeit das, was inwendig steckt.

Was ruft die That des Menschen hervor? Das Bedürfniß, der Trieb, der Wunsch, die Sehnsucht, — eine Summe wunderschöner Kräfte, — die Großes, Wichtiges, Hochbedeutendes hervorrufen und das Leben so unermeßlich reich gestalten. Sie sind, wie jedes Kind weiß, verschiedener Art und haben Zielpunkte, die weit auseinander liegen. Die Sinnlichkeit tritt auf, unsere alte, wohlbekannte, liebenswürdige Freundin. In ihr erscheint eine Summe von Kräften, die sich mit dem Organismus in eigener Machtvollkommenheit entwickeln, durchaus keiner guten Worte und keiner besonderen Pflege bedürfen und sich, falls nur dem Organismus für den Stoffwechsel sein Recht widerfährt, ohne Zögern mit einer Energie, einem Nachdruck, einer so rücksichtslosen Entschiedenheit geltend machen, daß wir vor besagtem Organismus doch großen Respect bekommen müssen. Die Sinnlichkeit ist eine der Großmächte des Menschenlebens, die überall mit gebührender Kraft für sich selbst einsteht.

Allein — der Mensch liebt im Allgemeinen so wenig Robinsonaden wie anhaltende Absonderung zu Zweien. Zum Menschen zieht es den Menschen, und die Anziehungskraft folgt dem ewigen Gesetze. — Kurze Zeit, wenige Hunderte von Jahrtausenden, und Genossenschaften, Gemeinden und Staaten in großer Zahl sind fertig. Im innigen Verkehr des Menschen mit dem Menschen, der stets zugleich ein fortschreitender Verkehr des Menschen mit der Natur ist, machen nun andere Bedürfnisse und Triebe ihre Erscheinung, tritt ein Wünschen und Sehnen in den Vordergrund, das doch wesentlich anders aussieht. Das Woher und Wodurch und Wozu faßt den Menschen an, und in der Anregung der Gemeinschaft hebt die Phantasie ihre kräftigen Schwingen. Sie schafft, von der Schönheit geleitet, eine Welt der Wunder und bricht der Kunst die verheißungsreiche Bahn. In der Mitte ihrer Schöpfungen kommt der Wissensdurst zu sich selbst. Die Forschung beginnt, der lichtvolle Gedanke offenbart seine Kraft, und eine Kette von Entwickelungen hebt an, die aus der Nacht zum Licht, durch Wahngebilde hindurch zur hellen Erkenntniß, an der Hand des Irrthums zur Wahrheit führt und in der modernen Wissenschaft das heutige Feld ihrer Arbeit gefunden hat. Kunst und Wissenschaft stehen verbündet als Großmacht da. Diese Großmacht schüttet ihre Gottesgaben über die Menschheit aus, aber in das Innere ihres Heiligthums führt sie neben den Auserwählten nur eine begrenzte Zahl eifriger Jünger. Neben den Grenzen steht überall in reicher Vertretung der Barbar.

Mit merkwürdiger Kraft sondert sich eine andere Gruppe von Bedürfnissen ab.

Der Mensch steht neben dem Menschen. Zur Freude am Menschen gesellt sich die Pflicht gegen den Menschen und die Besorgniß vor ihm. Der Mensch will sich, seine Haltung, sein Behagen, sein Glück, sein Recht. Da steht nun aber neben dem Ich das Du und das Er. Mein Recht und dein Recht, das ist die Frage, und die Antwort darf nicht fehlen. Meine Freiheit und deine Freiheit, das ist das Ding, das gebieterisch Ausgleichung fordert. Mein Behagen und dein Behagen, mein Glück und dein Glück, meine Geltung und deine Geltung, — sie sind das Ziel, das eins werden soll und muß, und — das Gemeinrecht, die Macht des Staates, die Blüthe des Vaterlandes wird dem Einzelnen ein Heiligthum, weil sie die Bedingung des Einzelglücks sind. Und darf ich sein Recht kränken, während ich das meinige geachtet sehen will? Darf ich seine Freiheit weiter beschränken, als ich die meinige in den Kauf zu geben geneigt bin? Dürfen wir uns Einer den Andern belügen und betrügen, während es bald klar wird, daß Lug und Trug zuletzt weder dem Einen noch dem Andern frommt? Darf ich die Treue brechen, da sein Treubruch mir den Fluch des Treubruchs zeigt? Darf ich den Verrath ins Leben hineinzerren, da der Verrath Elend und Tod bringt? Darf ich mich im Wortbruch mästen, da jeder Wortbruch ein Todfeind menschlichen Glücks ist? Die Antwort dieser Fragen liegt vor Jedermanns Thür, und so findet Jedermann leicht die Wahrhaftigkeit und Gerechtigkeit, die Treue und Redlichkeit als unerläßlich. Bedingungen des gemüthlichen und behaglichen Miteinanderlebens, sie werden selbstverständliches Gesetz, Regel in freier Uebereinkunft, Sitte, deren Vernachläßigung entehrt, und die Sittlichkeit, die sittlichen Grundsätze stehen da ehe man es sich versieht. Dicht neben sie stellt sich der ganze Staat, die ganze Gemeinde, die Familie und die Schule. Sie werden im Schutze ihrer Nothwendigkeit, ihrer Wichtigkeit für Alle, ihrer absoluten Unentbehrlichkeit zum fröhlichen Gedeihen des Gesammtwohls und des Einzelglücks mit Haut und Haar als gemeinsame Heiligthümer in die Genossenschaft der sittlichen Grundsätze aufgenommen. Die Sittlichkeit steht da als allgemein verstandene und allgemein in ihrer Berechtigung anerkannte Großmacht neben der Sinnlichkeit.

Die Sinnlichkeit und die Sittlichkeit, — wären sie klug genug, so müßten sie Hand in Hand gehen. Ist die Sittlichkeit ein Störenfried? Ist sie ihrer Natur nach ein Feind der vollberechtigten Sinnlichkeit? Nichts weniger als das! Hätte die Sinnlichkeit genügenden Verstand, so müßte sie in der Sittlichkeit die Bedingung ihres größten Genusses, die Bedingung ihrer Dauer und ihres Segens erkennen. Die Sittlichkeit schlägt zuweilen, von der Phantasie in die Irre geführt, über die Stränge. Hat sie indeß vor der Wissenschaft gebührenden Respekt, geht sie an mönchischen Verrücktheiten, an priesterlichem Wahnsinn, an pfarrherrlichen Sentimentalitäten und obrigkeitlichen Albernheiten weit genug vorüber, so kommt sie endlich doch dahinter, daß ihr Recht nicht um einen Deut wichtiger ist, als das der ursprünglichen und urkräftigen Sinnlichkeit. Dann aber ist Alles in bester Ordnung.

Sinnlichkeit und Sittlichkeit sind Großmächte von außerordentlicher Bedeutung. Daß sie hier und dort in Conflikt gerathen, kann nicht ausbleiben. Die Sinnlichkeit vertritt m e i n Behagen, m e i n e n Genuß, m e i n Glück. Die Sittlichkeit vertritt das Recht, die Wahrheit, die Freiheit Aller, den Staat, die Gemeinde, die Familie, vertritt Alles, was Jedem als Heiligthum gelten muß, weil es sich Jedem als unerläßliche Voraussetzung seiner Einzelwohlfahrt darstellt.

Es kann nicht fehlen, daß die Sittlichkeit der Sinnlichkeit zuweilen scharf entgegentreten, ihr ein rücksichtsloses Halt zurufen, ihr momentane Entsagung und Entbehrung zumuthen muß. In solchen Conflikten ist der Kampf oft heiß, aber der Sittlichkeit gebührt die Entscheidung. Sie bewahrt das gemeinsame Heiligthum und muthet der Sinnlichkeit die momentanen Opfer im Interesse der Gemeinschaft, also auch im Interesse und zum Schutz der Sinnlichkeit, zu. Sie rettet mit dem gemeinsamen Heiligthum auch das Einzelglück. Wird der Sinnlichkeit der Vorrang und die Entscheidung zugestanden, so gefährdet sie das gemeinsame Heiligthum, und mit demselben die Bedingungen ihrer eigenen kräftigen Bethätigung.

Wir haben jetzt den Punkt erreicht, an dem sich die Wege scheiden. Kraft und Schwäche, Menschenwürde und Fäulniß, Tüchtigkeit und elende Erbärmlichkeit, Rechtsachtung und feige Selbstsucht, Wahrheitsliebe und freche Lüge, gediegener Patriotismus und Großprahlerei gehen hier auseinander. Wenn in den Fällen des besprochenen Conflikts die Sinnlichkeit die herrschende Allmacht und Sittlichkeit die allgemeine Sitte ist; wenn Wahrheit, Gerechtigkeit, Treue und Redlichkeit als Quark gelten, und das Vaterland so leichtfertig verrathen, wie die Familie geschändet und die Schule entwürdigt wird: so haben wir die Zeit des tiefen sittlichen Verfalls. Der Verfall ist um so tiefer, je unbedingter die Obermacht der Sinnlichkeit und die Ohnmacht der sittlichen Ideen ist.

Zeiten des tiefen sittlichen Verfalls sind oft Zeiten gewesen, denen ein hoher Grad wissenschaftlicher Cultur nicht abgesprochen werden zu können scheint.

Um das zu erweisen, könnten wir auf die griechische Geschichte, könnten wir auf die römische Kaisergeschichte, auf die Zeiten der mächtigen Blüthe der weltberühmten Gelehrtenschulen, auf die das Römerreich erschütternden wissenschaftlichen Streitfragen und die massenhafte Gelehrsamkeit Aller, die staatlichen Einfluß erstrebten, hinweisen. Vielleicht sollten wir es thun. Wir hätten die beste Gelegenheit, aus der fernen Vergangenheit zarte Winke in das bedenkliche Heute hineinzuwerfen, ohne uns die Finger zu verbrennen. Allein es scheint uns, als ob dem Heute derbe Faustschläge verständlicher wären, als zarte Winke, und was das Fingerverbrennen anbelangt, so sind wir nicht sehr bedenklich.

Also — das große, übermächtige, überreiche Heute!

Auf das Heute fällt der strahlende Glanz einer Wahrheitserkenntniß, gegen die alle Erkenntniß vergangener Tage wie ein Nichts erscheint. Wer kann im Lichte dieser Wahrheitserkenntniß stehen, ohne von Bewunderung erfüllt und von Stolz ergriffen zu werden? Wer kann das Gebiet der Naturwissenschaften betreten, ohne unwillkürlich den Hut zu ziehen und diesem Scharfblick, der Tiefe dieser Forschung, der Gründlichkeit dieser Combination den Zoll der Ehrfurcht darzubringen? Wer vermag der Kritik auf ihren gewundenen, engen Pfaden zu folgen, ohne das ungeheure Gewicht ihrer Großthaten anzustaunen? wer die Geschichte auf den Pfaden ihrer Untersuchung, ohne dem Thucydides jeden anderen Vorzug als den der Kraft und der Malerei, dem Herodot und Livius jeden anderen als den reizender Harmlosigkeit und köstlicher Naivetät abzusprechen? Wer übersähe das Riesengebiet der philosophischen Arbeit, ohne die Allmacht anzustaunen, die eine Welt in Trümmer geschlagen, die Allmacht, die aus den Tiefen ihrer Forschung das Material genommen und eine Welt gebaut hat, so lichtvoll und sonnenhell, so mächtig und so wunderschön! Wer sähe die Thaten der Mechanik und verstummte nicht! Und was uns das Leben immer in seinen großen und kleinen Erscheinungsformen vor die Augen stellt, — Alles ist mit neuer Herrlichkeit umkleidet durch die Wundermacht des Heute. Der Staat und die Familie, die Schule und die Kunsthalle, das Gewerbe und das Ackerfeld, das Hospital und die Halle der Gerechtigkeit, — Alles erscheint neu schöner, beglückender, erhebender in dem Lichte, das diese Wundermacht ausstrahlt.

So — ? Ist es so schlimm?

Ohne Zweifel! Gieb nur dem Auge die rechte Richtung und gewöhne es daran, über Untiefen, über Nächte und Dämmerungen, über Schaaren aufgeblasener Dummköpfe, über zahlreiche Millionen hinfortzusehen und die rechten Punkte aufzufinden. Es ist ohne Zweifel gar nicht so schlimm, aber doch so wunderbar groß, so staunenswerth herrlich!

Das Heute ist allerdings etwas stark in der Selbstvergötterung. Es scheint von dem Vorwurfe der Aufgeblasenheit nicht ganz freigesprochen werden zu können! Aber es leistet Großes, schafft Großes, und selbst die Aufgeblasenheit wollen wir mit in den Kauf nehmen.

Wie steht aber das Heute, der vermeinte wissenschaftliche Riese, zu dem „tiefen sittlichen Verfall"?

Auf dem besten Fuße! Es scheint, als hätte sich der sittliche Verfall nie besser befunden, nie kräftiger gerührt, nie unverschämter ein tüchtiges Stück Herrschaft an sich gerissen, als unter den Strahlen des Heute mit seiner Wundermacht.

Es wird erlaubt sein, Erfahrungen heranzuziehen, die ein Stück Weltgeschichte sind.

Friedrich Wilhelm IV. ist, so zu sagen, eine weltgeschichtliche Person, und die vielbesprochenen rationalistischen Pfarrherren seiner Zeit sind auch eine weltgeschichtliche Person; — seine Zeit passirt aber ohne Zweifel als ein Moment des Heute.

Die rationalistischen Pfarrherren waren sehr gelehrte und äußerst intelligente Männer. Sie hatten viel studirt, Geschichte, Kritik, Philosophie, mancherlei Sprachen und nicht wenige naturwissenschaftliche Bruchstücke. Sie hatten ein schönes Amt. Das Amt weihte sie zu Knechten der Wahrheit. Die erkannte Wahrheit war das Banner, unter dem sie gegen Wahn, Irrthum, Lüge jeder Art zu kämpfen den ersten Beruf hatten. Und sie verkündeten die Wahrheit, so gut sie sie verstanden, nach besten Kräften. Sie predigten sie den Gemeinden und schärften sie jenen Kindern ein, die auf dem Wege waren, Jünglinge und Jungfrauen zu werden. Da commandirte Friedrich Wilhelm IV. plötzlich: „Halt! Kehrt Euch!" Was als Wahrheit gegolten, sollte nun Lüge sein; was als Lüge erkannt war, sollte plötzlich als Wahrheit gelten. Was thaten die Pfarrherren? Fuhren sie mit dem Schwerte des Wortes darein? Schleuderten sie heiligen Eifers dem anmaßenden Könige die Wahrheit in's Angesicht? Ihrer Ettliche, ja — und manche dieser armen Teufel haben bis heute daran zu kauen. Die Masse war klüger. Sie machte Kehrt und parirte Order. Sie bekannte, und wußte, daß ihr Bekenntniß eine Lüge war. Sie predigte, und wußte, daß sie dem verderblichsten Wahn den Stempel lauterer Wahrheit aufdrückte. Sie belehrte die Kinder und prägte ihnen in den Jahren voll furchtbarer Wichtigkeit schmähliche, in ihrer Verderblichkeit erkannte Wahngedanken mit dem Ausdrucke fester Ueberzeugung in den feierlichsten Momenten des Lebens als heilbringende Wahrheit ein. Ihre Amtsführung war eine große Lüge, eine Summe infamer Heuchelei. Das heilige Recht dieser verrathenen Kinder, das heilige Recht der Gemeinden, die Freihe't des Erkennens und Bekennens, die Treue gegen die beschworne Pflicht, die Wohlfahrt der großen Gemeinschaft, der sie angehörten, das Gedeihen des Staates, das Recht der Familie, — das Alles war nichts und galt nichts, war wie eine Masse von Seifenblasen und hatte nicht den Schatten einer Bedeutung für die That, für eine lange, lange Kette folgenreicher Thaten. Dort aber stand der Magen mit seinen geheiligten Ansprüchen, die gute Cigarre mit ihrem Wohlgeruch, die Weinkiste mit ihren anheimelnden Verheißungen, das ganze Meer süßer Behaglichkeit, — das Alles zusammengenommen war die Kraft der That, die einzige, die entscheidende Kraft der That. Die Sinnlichkeit Alles, die Sittlichkeit weniger als Null!

Ist eine größere Tiefe des sittlichen Verfalls denkbar?

Gewiß ist sie denkbar!

Die Lage der geplagten Pfarrherren war eine verzweifelte, und mich hat oft der armen, feigherzigen Männer gejammert. Ich war oft sehr unzufrieden mit dem lieben Herrgott, daß er ihnen nicht eine reichliche Gabe vertrauenden Muthes mit auf den Weg gegeben. Da standen die lieben, lieben Kinder, da stand sorgenschwer das brave, treue Weib! Es war eine dumme Geschichte, eine ganz verzweifelte Lage! In der Angst einer solchen Klemme geht, was von gutem Muthe noch da ist, gar leicht zum Teufel, und hat dieser böse Gesell erst den kleinen Finger, so hat er bald den ganzen Menschen, der daran hängt. Aber — die Herren Stadträthe, Bürgermeister und Geheimräthe, die Herren Uhrmacher, Brauer, Bäcker und Kaufleute, diese ganze riesengroße Schaar höchst respektabler Gemeindemitglieder, die dem armen Pfarrherrn behaglich auf die Schulter klopften und ihm durch ihr: „So ist's Recht, weshalb auch nicht!" über alle Gewissensskrupel hinforthalfen! Sie saßen behaglich vorne. Aus dem weichen Stuhle ihrer Behaglichkeit, aus ungetrübtester Seelenruhe heraus, durch die Zeitverhältnisse in einem äußerst geringen Grade alterirt, klatschten sie den Männern, die im Entsetzen vor dem drohenden Unwetter das Heiligste schnöde verriethen, seelenvergnügt ihren vollen und uneingeschränkten Beifall zu. „So ist's recht, Herr Pfarrer, — Recht, Wahrheit, Freiheit, Treue, Gemeinde, Staat sind ein Quark; — der Magen und was daran hängt ist zuletzt, und wenn es Ernst wird, doch das einzige Heiligthum. So ist's recht, Herr Pfarrer!"

Ich bestreite, daß selbst als ideale Möglichkeit das Beispiel einer größeren Tiefe des sittlichen Verfalles erdacht werden kann, als uns in der riesengroßen Schaar dieser äußerst respektablen, vornehmen, intelligenten und geistreichen Gemeindemitglieder entgegentritt. Aus voller Seelenruhe, aus voller Unparteilichkeit heraus, die Sinnlichkeit Alles, die Sittlichkeit weniger als Null!

Ein anderes Stück Weltgeschichte!

Recht und Freiheit waren vom Himmel gefallen. Der Rechtsstaat war eine Wahrheit, der Mensch über Nacht eine geachtete, mit Rechten versehene Person geworden. Aus der Kirche war die obrigkeitlich commandirte Lüge verschwunden, und die Schule stand ungehindert und ungehemmt im Dienste der Wahrheit. Ein Freiheitsrecht nach dem andern war den behaglichen Spießbürgern in den Schoß gefallen, und Jene standen haufenweise an allen Ecken und Enden. Sie exercirten und manövrirten, raisonnirten und renommirten, daß es eine Lust war. Es war eine große Zeit. Es galt dem Heiligsten und Erhabensten, was je in das Menschenleben hineingerathen war. Es galt dem unerschütterlichen Fundamente eines menschenwürdigen Lebens in Staat und Gemeinde, in Kirche und Schule. Eine große Zeit war es, und die Begeisterung entwickelte einen Wortreichthum, der viel und Vieles versprach. Alle Welt war entzückt, und Alles haschte nach dem Glorienschein, der das eigene werthe Haupt umgab. Die Herrlichkeit dauerte lange, länger als vier Wochen. Es handelte sich nur noch um eine Kleinigkeit. Was vom Himmel gefallen war, mußte mit Mannesmuth gesichert und vertheidigt, das begeisterte Wort mußte zur begeisterten That werden. Die Fürsten und ihre Rathgeber waren kluge Herren. Sie stießen mit vollen Backen in die Freiheitsposaune, deren mächtiger Ton über die Länder drang. Sie hatten honigsüße Worte im Munde. Sie versprachen und verhießen und gelobten und schwuren nach Herzenslust. Das war recht! Ein Mann ein Wort, und „Vertrauen!" rief es, „Vertrauen!" donnerte es aus zahllosen Studirstuben, aus mächtigen Schaaren Hochgebildeter und Hochgestellter, vor Allem aus den einflußreichen Kreisen wissenschaftlich und nicht wissenschaftlich gebildeter Handelsherren, Uhrmacher, Bäcker und Branntweinbrenner. Ja, Vertrauen war die Losung! Und sie bewiesen Vertrauen. Sie schenkten Vertrauen in kindlicher Gläubigkeit. Seiner Zeit wurde ihnen zur Belehrung das Fell über die Ohren gezogen.

Der Vertrauensruf war aus dem Inwendigsten ihres inwendigen Menschen gekommen. In dem inwendigen Menschen war Vielerlei zu finden, vorherrschend, in überreicher Vertretung, eine kraftvolle Sinnlichkeit und elende Feigheit. So war der Vertrauensruf, was er den Umständen nach sein mußte, eine anständig aussehende Form der Feigheit. Was Freiheit, was Recht, was Vaterland! — Das Geschäft stockt, die Actien fallen, das Vermögen nimmt ab, die Habe ist gefährdet, der Glanz des Lebens, die Behaglichkeit, der Weizen bedroht. Zum Teufel mit der Freiheit und dem dummen Menschenrecht, — wir wollen Handel treiben, wollen Geschäfte machen und Geld verdienen! Und — sie verdienten Geld. Das Gewerbe blühte. Der Handel nahm einen mächtigen Aufschwung. Die Geheimräthe schmausten mit aller Behaglichkeit, und die Professoren bewiesen mit einem großen Aufwande von Gelehrsamkeit, daß Alles in philosophischer Gesetzmäßigkeit gerade so gekommen sei, wie es gekommen. Es war eine schöne Zeit des goldenen Friedens nach den Donnerstürmen unruhiger Jahre. Die Freiheit lag freilich längst bei den Todten in den Standrechtsgräbern. Das Recht existirte nur noch dem Namen nach und hatte der wohlbegründeten Rechtlosigkeit das Feld geräumt. Die Wahrheit war des Landes verwiesen. Die Wissenschaft studirte sorgfältig die Mienen der Gewaltigen und wurde mit Orden und Titeln reichlich bedacht. Die hergebrachte unterthänige Unterthänigkeit und die ersterbende Demuth hatten die alten breitgetretenen Wege wieder eingeschlagen. Die Fürsten dachten nicht im Traume an ihre Eide, und die Volksrechte waren eine wächserne Nase. So war Alles in der schönsten Ordnung. Sie sangen und jubilirten und feierten Feste und waren überglücklich. Wurden sie mit außergewöhnlich derben Fußtritten regalirt, so erstickten sie den momentanen Schmerz in einem begeisterten „Hoch lebe der König," waren so seelenvergnügt, waren so artige, liebe Kinder, daß die Majestät ihre allerhöchste Freude daran haben mußte. Freilich, — freilich, Recht und Freiheit waren begraben, die Wahrheit geächtet, der Staat ein Zuchthaus, die Kirche eine Dirne, die Schule ein Augendiener, die Familie schrankenloser Willkür preisgegeben. Aber — sie hatten reichlich zu essen und zu trinken, sehr schöne Häuser, zahlreiche Gesellschaften, die von Kunst und Wissenschaft überflossen, verdienten sehr viel Geld und waren in ihrem Gott vergnügt. Was wollten sie mehr?

Auch als ideale Möglichkeit kann eine fürchterlichere Tiefe des sittlichen Verfalls nicht gedacht werden. Das glorreiche Heute findet in dem Damals, vor dessen Niedertracht Nero seinen Ekel aussprach, seinen ebenbürtigen Vetter.

Ein drittes Stück Weltgeschichte!

Der Sieg war errungen, der Süden unterworfen, der Rebellion der Kopf zertreten. Ein ungeheures Kapital war durch richtig angelegte Millionen gesichert, die gewonnene Herrlichkeit des vergossenen Blutes, der Hunderttausende edler Opfer werth. Seht das Land an, das ungeheure Land, für die Freiheit gewonnen, auch dem schönen, mächtigen Süden die Entwickelung gesichert, die im Norden in Zeitmomenten beispiellos Großes geschaffen, Alles unter dem Einflusse dieses Unternehmungsgeistes, dieser Thatkraft, dieser stolzen Sicherheit, dieser mechanischen Meisterschaft, dieser Handelsgröße, unter den Händen eines Volkes ohne Kriegslust, ohne Eroberungsgier, ohne Herrschsucht, ohne Ehrgeiz, mit Leib und Seele den Künsten des Friedens, dem Erwerbe, dem behaglichen Genuß nach kräftiger Arbeit ergeben. Das muß in Sturmeseile alles Dagewesene überragen. Das muß eine Macht, eine Größe, ein Reichthum, eine Welt der Behaglichkeit und des Genußes werden, ein goldenes Zeitalter, wie die kühnste Phantasie nichts herrlicher zu erträumen vermag. Hier ist ein ewiger Friede, eine ununterbrochene kraftvolle Entwickelung gesichert, kein Feind, dem das Wagniß des Angriffes im Ernste einfallen, kein Land, das die Eroberungslust nachhaltig aufstacheln könnte, selbst der Bürgerkrieg künftig aus der Zahl der möglichen Dinge verbannt. Wer kann Größeres, Erhabeneres denken?! Jeder Gedanke, jedes rüstige Streben gehört heute dem Vaterlande. Wer so Erhabenes, eine solche Welt der Freiheit, des Menschenrechts, der Wohlfahrt vor Augen sieht, den zwingt der Geist, mit seinem vollen Menschen für ihre schleunige Verwirklichung einzustehen. Aber in diesem heutigen Heute liegt eine furchtbare Macht der Entscheidung. Das Gewonnene muß gesichert, der Rebellion jede Hoffnung geraubt, dem frechen Uebermuthe die Möglichkeit genommen werden. Eine kurze Arbeit, eine kurze Spanne Zeit, eine tüchtige Kraft, und dann ein Sieg, der über alle Siege geht!

In der ganzen Geschichte ist kein Moment voll so furchtbaren Gewichts, voll so ungeheurer Entscheidungskraft gewesen, wie der gegenwärtige. Wer kann in Amerika heute etwas Anderes denken, als das Vaterland?

Wer? Du Narr, — was sollen die Phrasen? Komm' ein wenig zu dir und blicke um dich. Da sind sie! Sehen sie aus als ob sie sich des lieben Vaterlandes wegen graue Haare wachsen lassen würden? Lies diese Zeitungen, höre diese Reden, beachte diese Schimpfereien, diese Anklagen, diese Verleumdungen, diese offenbaren Lügen, dieses boshafte Verschweigen, Verstecken und Verdecken. Was wollen diese Menschen? Vaterland hin und her! Künftige Größe, ewiger Friede, — dummes Zeug! Was nach Jahrzehnten passirt, macht mich heute nicht fett und kümmert jeden Phantasten mehr als mich! Uns gehört das heutige Heute, wir wollen heute Geld verdienen, wir wollen heute das Ruder in der Hand haben, wir wollen Minister und Gesandte und Confuln fein, wir wollen uns die Taschen füllen, herrlich und in Freuden leben, Equipagen und Maitressen halten, als große Herren einherstolziren; — die großartigen Produkte einer künftigen Entwickelung überlassen wir vorläufig allen beliebigen Phantasten und zukunftschwärmenden Narren.

Geneigter Leser, — das amerikanische Heute hat an dem wissenschaftlichen Nutzen der großen Gegenwart ohne Zweifel auch seinen Antheil. Ja, sehen wir seine Riesenkanonen, seine Monitors, seine Meisterwerke der Mechanik näher an, so können wir es gar nicht ändern, ihm unseren Respekt zu vermelden. Und lassen wir den letzten Krieg mit seinen staunenswerthen Schöpfungen, mit seinen aus der Erde gestampften Armeen, seinen von den Bäumen geschüttelten Generälen und Admirälen, seinen wie durch Zaubermacht aus dem Nichts hervorgerufenen Flotten, mit seinen vollen Händen und kaltblütigen Herzen, seinen Riesenschlachten, seinen theuer bezahlten und durch die Macht einer eisernen Organisation zu Helden gestempelten Soldaten, — lassen wir das Alles an uns vorübergehen, so weht es uns an wie der Geist eines großartigen, mächtigen Patriotismus, der wahrlich kein Strohfeuer war. Trotz alledem! Hier machen gewisse zartfühlende und zärtliche Gestalten ihre Erscheinung. Man nennt sie, falls sie wirklich einmal in den Wurf kommen, Rechtsachtung, Gerechtigkeit, Wahrheitsliebe, Wahrhaftigkeit, Freiheit, Treue, Redlichkeit, Ehrenhaftigkeit, Gewissenhaftigkeit u. s. w. Aber ihnen gegenüber treten die Erwerbsgier, die Sucht nach den Mitteln eines zügellosen Genusses, der brutale Stolz, die Gelegenheit, die Liebe und anderweites schurkisches Gesindel macht, mit großem Nachdruck auf. „Tausende zu meinen Tausenden, — Millionen, großer Gott, wenn es möglich wäre!" Das ist der Stoßseufzer, der durch alle Herzen geht und allen Gehirnfluctuationen die Richtung giebt. Scheu treten zwar zartfühlende Gestalten zurück. Sie verstecken sich, und kaum mit der Laterne findet man ihre Schlupfwinkel. O, sie können auch Helden werden, sie können sich wappnen mit Riesenkraft. Aber hier, in dieser Welt, unter diesen Eindrücken, die auf Jung und Alt einstürmen? Sie verstecken sich, und - großer Gott — es scheint, als sollte selbst ihre Spur verschwinden! Dort eine Halle der Gerechtigkeit? Der Name sagt so, — die Thaten reden anders! Dort ein Tempel der Weisheit? Gewiß, ob auch das Ding einer Abrichtungsanstalt zum Gelderwerb sehr ähnlich sieht. Dort ein Amt, ein Dienst, den die Vaterlandsliebe im Allerheiligsten darbringt? Ohne allen Zweifel, — und der Träger des Allerheiligsten ist die eigene Tasche, — Alles wird verkauft, Alles, wofür kluge Leute oder Narren Geld zahlen wollen!

Wir machen dem großen, übermächtigen und überstolzen amerikanischen Heute unsere respektvolle Verbeugung und erkennen mit jedem beliebigen Wortschwalle seine Großthaten an. In aller Bescheidenheit erlauben wir uns aber einen freundschaftlichen Rath. Stopfe deiner tugendhaften Entrüstung über die europäischen Lumpereien den Mund! Solltest du die riesigen Balken im eigenen Auge nicht sehen, so müßtest du nicht ein Brett, sondern Dutzende von Hickorystöcken vor dem Kopfe haben.

Eine große Auswahl anderweiter Stücke Weltgeschichte steht zur Verfügung. Der Raum drängt jedoch und wir müssen weiter. Wir müssen noch an den rührenden Einzelgeschichten vorüber, die erst zusammengeballt ein Stück Weltgeschichte werden, an diesen Schurken, denen der glückliche Erfolg und die gute Aussicht den Stempel der Ehrenmänner aufdrückt, an diesen Filzläusen, vor deren Taschen alle Welt den Hut abzieht, an diesen ungezählten Schaaren, an allen diesen Millionen, die die Käuflichkeit der Herren Senatoren, die begehrlichen Taschen der Herren Aldermen und Councilmen, den schändlichen Verrath einer Sorte von Präsidenten und Gouverneuren durchaus in der Ordnung, durchaus selbstverständlich finden und in kühnen Träumen die Pforten gewinnreicher Schurkereien auch für sich geöffnet sehen; — wir müssen an Allem vorüber! Auch haben wir reichlich genug. Es ist ein Schreckenswort, das das Heute uns entgegendonnert. Stolze Größe hoher Wissenschaftlichkeit, — ja, ja, — und doch ein sittlicher Verfall, so grauenhaft wie ekelhaft! Es ist ein Schreckenswort.

Aber ist es denn möglich? K a n n es so sein?

Ist die Sittlichkeit zum Teufel gegangen, so mag auch die Wissenschaft zum Teufel gehen. Sie ist n i c h t eine größere Macht, hat n i c h t einen größeren Einfluß auf die Gestaltung des Menschenlebens, reicht n i c h t werthvollere Güter dar. Die Wissenschaft soll sein und muß sein in erster Linie eine Stütze, eine Macht der Sittlichkeit, eine Macht heilbringender Ordnung im Menschenleben. Ist sie das nicht, so ist sie werthlos! Werthlos? Hat die Wissenschaft ihren Werth nicht in sich selbst? Dummes Zeug! Hat der Generalbaß Werth ohne das Tönemeer und ohne die Ohren, die der Weg zum Herzen des Menschen sind? Da ist der Mensch, dieses so prächtig organisirte Wesen, da ist die wunderschöne, überreiche Erde, da ist das köstliche Leben, — mit tausend Banden der Liebe möchte ich mich anklammern an sein reiches Glück. Das ist der Werthmesser. Der „Werth in sich selbst", ist eines der dümmsten, inhaltlosesten zwei Schlagwörter, durch welche die landläufige Gelehrsamkeit sich zu blamiren liebt. Ist's mit der Sittlichkeit nichts, so ist es auch mit der Wissenschaftlichkeit nichts, und ich gehe zu Denen über, denen ich früher in ledem Muthe eine Todsünde an den Kopf zu schleudern pflegte. So ist's recht, ihr Väter! Abrichten zum Geldverdienen, das ist die Aufgabe der Schule. Kommt der Moment, in dem der denkende, wahre, reelle Mensch in das Bereich der Möglichkeit tritt, — hinaus mit den bartlosen Buben in das Geschäft, in die richtige Welt der praktischen Brauchbarkeit und zweckentsprechenden Logik! Da lernt er, was Nutzen bringt. Da lernt er handeln und schachern und gaunern. Da lernt er in verständiger Form rauben und stehlen, betrügen und lügen! Das ist nicht leicht, aber es verschafft dem Leben den rechten Inhalt, den Taschen die rechte Fülle, dem Herzen den rechten Genuß. Also — recht so, ihr Väter!

Hohe, gediegene Wissenschaft in nächster Nachbarschaft, ja, Hand in Hand, in trautem Bunde, mit sittlicher Verworfenheit, — ist es m ö g l i c h ?

Allen laut redenden Zeugen zum Trotz, — es ist n i ch t möglich. Es ist ein Unsinn, eine Lüge.

Die Wissenschaft steht im Dienste der würdigsten und angemessensten Gestaltung des Menschenlebens.

Die Wissenschaft kommt kräftig auftretenden, absolut veredelnden Bedürfnissen des Menschen entgegen, gewährt wohlthuende, absolut veredelnde Befriedigung und eine Summe von Genuß, die den Menschen nothwendig immer höher hebt. Keinesweges allen menschlichen Individuen gelingt es, das Firmament mit der Gedankenlosigkeit eines Stieres, die Erde mit den Augen eines Wüstlings, das Menschenleben mit der Calculation eines Rechenkünstlers anzusehen und Staat und Familie ausschließlich u nter das Nichtmaß thierischer Begierden zu stellen. Es gewinnen nicht alle menschlichen Individuen die hohe Wissenschaft, das Woher und Wozu lediglich in das richtige Verhältniß zu ihren Taschen zu bringen, die Frage nach Grund und Ursache, nach Wesen und Bedingung vornehm zu übersehen, formlos an allen den Schätzen vorüber zu rennen, die der Geist rings um das bewegte Leben aufgestellt hat, und ihre brutale Unwissenheit mit derselben Sorgfalt zu bewahren, mit der sie ihr Geld, ihre Handelsgüter, ihre Werthpapiere zu beschützen wissen. Nicht Allen gelingt diese hohe Meisterschaft, und eine furchtbare Macht der Verhältnisse ist erforderlich, um den Wissensdurst zu ersticken, der sich in den Fragen des Kindes andeutet und überall, wo nicht Teufel ihr Spiel haben, mit fortschreitendem Nachdruck auftritt. Ich schweige hier. Jene würden mich doch nicht verstehen. Wer aber selbst aus dem Borne der Wissenschaft getrunken, bedarf meines Wortes wahrlich nicht. Er weiß, daß jede Stunde ernster wissenschaftlicher Arbeit hohe Befriedigung, hohen Genuß bereitet, und müßte er Allem entsagen, was das Leben Schönes gewährt, an diesen Genuß würde er sich anklammern mit seinem ganzen Herzen.

Die Wissenschaft reist die stolzeste Menschenkraft. Sie sind reich, ja, aber ihrer nicht wenige — wie ungeheuer dumm! An diesen Begebenheiten voll furchtbaren Ernstes wandern sie vorüber, und verstehen ihre Bedeutung nicht. Mit den Schlagwörtern ihrer Partei werfen sie um sich, und wissen nicht, wohin der Gedankeninhalt ihrer Worte führen muß. Sie eifern für oder gegen Maßregeln, und sind unfähig, das Gebiet ihres Einflusses zu überschauen. Sie sind große Politiker und werden willenlos von dem Strome der Zufälligkeiten fortgerissen, bis sie das Narrenseil an den Ort ihrer Bestimmung schleppt. Und kennt ihr diese Zeitungen? Lej't ihr sie? Solche Dummheiten also sind gut genug! Solches Geschwätz reicht aus für diesen Verstand! Tausende und aber Tausende, eine Unmasse reicher Geschäftsleute, ungezählte Schaaren sehr intelligenter Arbeiter finden in diesem Klingklang die rechte Offenbarung! Es kann nicht anders sein. Ihr habt große Augen, aber richtig sehen, den Dingen auf den Grund und den Verhältnissen in das Herz schauen lernt ihr allein im Dienste der Wissenschaft. Im Dienste der Wissenschaft findet ihr den ungeheuren Reichthum an scharfbegrenzten Begriffen, in denen das Menschenleben seinen Reichthum offenbart, findet ihr den scharfen Blick, der sicher die Unterschiede auffaßt und die Verwandtschaft entdeckt und zu vertheilen befähigt, die den Nagel auf den Kopf treffen, findet ihr die rechte Gabe der Auffassung, des Verständnisses, der Einsicht, der Verknüpfung und Verbindung. Im Dienste der Wissenschaft reift die Kraft, die das Wesen des Menschen, die Bedingungen seines Glückes, die Größe seiner Würde schaut, die im Sichtbaren das Unsichtbare, in dem Strome der wechselnden Dinge das Ewige, in dem Heute sicheren Blickes die Gestaltung des Morgen findet. Die Wissenschaft gründet die stolzeste, erhabenste und mächtigste Menschenkraft. So reich ihr seid, so schön eure Häuser, so prächtig eure Pferde, so geschmackvoll eure Equipagen sind, — ihr seid, so weit ihr nicht selbst im Dienste der Wissenschaft stark geworden, ein gar kleines Völklein leichten Gewichts, und euer Stolz ist doch nur ein Herold eurer Dummheit und Impotenz.

Die Wissenschaft ist die allein sichere Grundlage jedweder **gediegenen Praxis**.

Ihr baut, ihr fügt Stein an Stein, Schnitzwerk an Schnitzwerk, ihr richtet und meßt und arbeitet unverdrossen, und kein Mensch kann eurer Geschicklichkeit das Lob versagen. Endlich ist das Bauwerk fertig. In schöner Vollendung steht es da, eine Freude und ein Stolz. Habt i h r es geschaffen? Ist e u r e geschickte Hand der glückliche Werkmeister? Nein! Eure Arbeit in hohen Ehren, aber der Werkmeister war der Gedanke des Künstlers, der in der Wissenschaft zu sich selbst gekommen und die Kraft der That gefunden. Ihr meißelt und dreht, ihr glättet und macht passend, ihr fügt aneinander, so geschickt und so vorsichtig, so sorgfältig der Vorschrift achtend und so gewissenhaft das Versehen vermeidend. Endlich arbeitet die Maschine, ein stolzer Zeuge menschlichen Scharfblicks, und Alles staunt über das Resultat kunstvollen Zusammenwirkens. Ist sie e u e r Werk? Nein! Der Gedanke hat sie gebaut, und den Gedanken hat der Mensch durch die Kraft der Wissenschaft gefunden. Im Staatsleben freilich ist's anders, auch in der Finanzkunst und in der Schule. Da geht's ohne Wissenschaft. Zum Politiker, zum Finanzmann, zum Schulmeister taugen Gevatter Schneider und Handschuhmacher, besser ohne Wissenschaft, als mit derselben. Gott sei's geklagt! Diese Politiker, diese Staatsmänner haben Wunder gethan. Eine furchtbare Macht der Verhältnisse hat die Staatsmaschine über alle Gefahren und Drangsale und Schwierigkeiten, über alle Dummheiten und alle Ausbrüche einer wundersamen Staatsweisheit glücklich hinübergebracht, und sie ist in Sicherheit gekommen, sie weiß selbst nicht wie. Ginge es immer so, so thäten es die erhabenen Gevattern immer, und die Wissenschaft könnte sich die Mühe sparen. Was kann uns aber die zweifelhafteste Finanzkunst schaden? Unser Reichthum gleicht Alles aus, und Schneider und Handschuhmacher sind reichlich gut genug. Und was hier von den Schulen erwartet wird, nun, das bringt zur Noth der Strohkopf fertig. Im Uebrigen aber ist kein Zweifel möglich. Keine Form des Lebens, kein Staat und keine Schule, kein Handel und kein Gewerbe, nichts in der weiten

Welt, in der die Grundlage einer **g e d i e g e n e n** Praxis etwas Anderes sein könnte, als die Wissenschaft. Auch in der Kunst ist es so. Die Geigen, die Pauken und Trompeten in Ehren. Aber soll die Macht der Töne dich ergreifen, dein Herz zur Freude oder zur Wehmuth stimmen, so muß der Meister gefühlt und gedacht haben. Sein Gedanke aber ist auf dem Boden der Wissenschaft zur völligen Klarheit und zum Verständniß der herzergreifenden Macht der Töne gekommen.

Die Wissenschaft giebt dem Menschenleben die würdige Gestalt. Sie durchdringt es nach allen Seiten und schaut dem Menschen bis in die tiefsten Tiefen seines Herzens hinein. Sie ist die mächtige Stütze der Sittlichkeit; ja, in stolzer Machtvollkommenheit giebt sie der Sittlichkeit den angemessenen Inhalt, **d e n** Inhalt, der den wahren Menschen vollständig an's Licht bringt.

Die Wissenschaft nimmt das **R e c h t** zur Hand. Das Bedürfniß hat es hervorgerufen. Aber nun erst tritt es in fortschreitender Klarheit aus einem Nebelmeere hervor, alle seine Züge erscheinen scharf und bestimmt, die Rechtsachtung bekommt den gebührenden Inhalt, und mit starker Hand zieht die Gerechtigkeit den schützenden Wall um meine Befugnisse und begründeten Ansprüche. Die Wissenschaft bringt in das Reich phantastischer Gestaltung, ruft mit siegender Macht die Wahrheit hervor, zwingt zur Wahrheitsliebe und lehrt mit den eindringlichsten Worten in der Wahrhaftigkeit die allein sichere Grundlage der Behaglichkeit und des Wohlseins kennen. Die Wissenschaft rühmt sich, heiligen Ernstes voll der Freiheit. Sie erst versteht sie. Sie ahnt, sie erkennt ihre nahe Verwandtschaft mit der Nothwendigkeit gesetzlicher Entwickelung. Sie stellt die strengen Forderungen fest, mit denen sie dem Menschen entgegentritt, aber auch den Segen, den sie ihm in den Schooß schüttelt. Sie allein verwandelt das gesunkene Haupt des Wüstlings in eine kraftvolle Gestalt voll Anmuth und Schönheit. Die Wissenschaft durchdringt und durchforscht das ganze Menschenwesen. Sie, sie offenbart die heilige Kraft des Manneswortes und die absolute Unentbehrlichkeit der Treue. Sie durchforscht alle Formen, in denen das reiche Leben erscheint. Sie lehrt den Staat bauen, die Familie gründen, die Schule einrichten, wie es recht und billig ist. Sie eben ist es, die diese Lebensformen als Heiligthümer auffassen und als sittliche Grundsätze begreifen lehrt. Sie ist es auch, die der Sinnlichkeit den rechten Segen und den höchsten Genuß abgewinnt. Sie öffnet ihr das Verständniß. Sie zwingt sie zu der Einsicht, daß sie erst an der Hand der Sittlichkeit eine Kraft wird, die noch dem Greise die Nachbarschaft des Grabes erhellt. Die Wissenschaft ist die stolzeste Macht der Sittlichkeit. Wie sie dastehen, die sittlichen Ideen, — sie sind wissenschaftliche Positionen und stehen zur Wissenschaft ähnlich, wie die Praxis zur Theorie. Ist die Praxis ein Anderes, ein Fremdartiges, das willkürlich dazu kommt? Nein! Die Praxis ist die Theorie in eigener Person, ist die Form, in der die Theorie sich selbst dem Auge präsentirt. So ist auch der sittliche Grundsatz gar nichts weiter, als ein Stück Wissenschaft, das in eigener Person auf dem Markt des Menschenlebens erscheint. Die Wissenschaft ist die stolzeste und wirksamste Macht der Sittlichkeit. Ihrem innersten Wesen nach muß sie es sein. Sie kann nicht anders.

Ist dem wirklich so?

Ohne den leisesten Zweifel. Prüfe selbst!

So stecken wir bis über die Ohren in einem argen Irrthum.

Sind jene Lobhudeleien in Betreff der riesenhaften Wissenschaftlichkeit unserer „Zeit" in der Wahrheit begründet, so ist das Gerede über unseren tiefen sittlichen Verfall nothwendig eine Lüge. Hat es mit dem tiefen sittlichen Verfall seine Richtigkeit, so sind jene Lobhudeleien eben — Lobhudeleien, d. h. ganz ordinäre Lügen.

Wie steht es?

Die Wissenschaft hat ihre Haken.

Die Wissenschaft ist nicht eine Summe von Brocken und Bruchstücken. Sie ist eine große, einheitliche Macht. Da steht die Wirklichkeit, die reiche Wirklichkeit, fern und nah. Sie soll in meine Vorstellungen hinein als treues Spiegelbild. Recht so, ihr Naturwissenschaften! Ihr habt den rechten Weg betreten. Ihr schafft ein Material herbei von großer Wichtigkeit und großer Herrlichkeit. Segne euch Gott für eure Großthaten, für das Heil, das ihr verbreitet. Allein — hier erlaubt sich der Mensch seine Erscheinung zu machen, — ein sehr respektables Stück Wirklichkeit und ein Stück Natur, das Beachtung verdient. Glück auf, ihr Anatomen, ihr Chemiker, ihr Physiologen, Glück auf! Wir hören mit beiden Ohren, und unsere Freude hat keine Grenzen. Hier aber ist die Logik. Sie zieht die ganze Welt der Gedanken, das ganze Geistesleben des Menschen in ihr Bereich, sieht alle Dinge auf ihr Wesen, alle Erscheinungen auf ihren Grund und ihren Zusammenhang an und studirt sorgfältig da, wohin die Messer und Gläser und Spaten der Naturwissenschaft nicht dringen. Hier ist das ganze, große Gebiet der philosophischen Wissenschaften, die die Kraft des Gedankens und die Macht des Denkens sehr nachdrücklich darthun und auf allen Gebieten des Menschenlebens Thaten errichtet haben, zu denen das Riesenteleskop so wenig wie das Microscop befähigt hätten. Alle diese Wissenschaften sind von ungeheurem Gewicht. Und ihr wollt sie vornehm ignoriren? Mit einer Leichtfertigkeit wollt ihr über sie aburtheilen, die als höchst unanständig bezeichnet werden muß? Selbst große Gelehrte machen die bedenklichsten Aussprüche, und ahnen die Haltlosigkeit derselben nicht? Eine große Zahl von Professoren und Doktoren, von Gelehrten aller Farben und Kategorieen an allen Ecken und Enden, und nicht im Traume ist's ihnen eingefallen, sich der leidigen Philosophie wegen gründlich zu incommodiren! Da ist eins der Dinge, die die Wissenschaft absolut nicht gestattet. Da ist die Einseitigkeit nach ihrer ganzen Länge und Breite. Einseitigkeit aber macht den Irrthum nicht möglich, nicht wahrscheinlich, sondern endlich zur absoluten Nothwendigkeit. Und ihr wollt mit der wissenschaftlichen Größe unserer Zeit prahlen? Sie schafft Materialien herbei von unberechenbarem Werthe. Allein — hier liegen die Marmorblöcke, dort ist die schön gedachte Zeichnung.

Die Werkmeister fahren blind auf einander los, und der Eine verhöhnt die Arbeit des Anderen. Ist da große Ursache des Rühmens und Prahlens? Schön sind die Marmorblöcke, schön die Zeichnung, aber der Kunstbau schreitet der Vollendung nicht entgegen. Wie neben den Griechen der Barbar, so steht neben der Wahrheit die verderbenschwangere Lüge.

Und wo ist die „Zeit", die sich so mächtiger Wissenschaftlichkeit rühmt? Wie sieht das Ding aus? Wie finde ich es? Die Zeit ist der Mensch! Welcher Mensch? Selbstverständlich der cultivirte Mensch. Also die Zeit ist der cultivirte Mensch. Welch' ein vielköpfiges Ungeheuer! Zu Millionen, in Völkern und Welttheilen, mit und ohne Perrüken, mit Zöpfen und ohne Zöpfe stürmt es an meinen Augen vorüber. Wie finde ich die „Zeit", den Ausdruck der Wissenschaftlichkeit? Dort jene Koryphäen, jene geringe Zahl, die gleich Riesen aus der Menge hervorragen? Oder jene größere Zahl Derer, die fleißig zuhören und studiren, daß ihnen der Kopf raucht, und manchen Brocken der Weisheit glücklich verdauen? Sind die Großmeister mit der Schaar der Kleinmeister die „Zeit", der Ausbund der Wissenschaftlichkeit? Der M e n s c h ist die Zeit. Sie Alle, jene ungezählten Millionen, sind die Zeit, unsere Zeit! So sieht es bedenklich aus. Mit dem zwölften, dem vierzehnten, dem sechszehnten Jahr hatte der wissenschaftliche Ernst sein Ende erreicht. Das Leben trat mit Macht auf. Es wurde viel gearbeitet, viel gelebt und geliebt, viel Wein und noch mehr Lagerbier getrunken. Zum Ernste der wissenschaftlichen Arbeit fehlte in der Regel die Zeit, die Lust, die Ausdauer. Hier blieb ein Brocken hängen, dort faßte eine Phrase Wurzel, dort wurde ein heilsamer Gedanke aufgeschnappt. Viel Keckheit zeigt sich, viel Zuversicht, viel Anmaßung, viel Selbstbereicherung. Der Ruhm großartiger Wissenschaftlichkeit hat für unsere „Zeit" k e i n e B e rechtigung. Die Künstler sind da, die des Werkes mächtig sind. Steht das Werk nun sofort in schöner Vollendung da? Der Selbstruhm unserer tausendköpfigen „Zeit" ist eitle Prahlerei. Baut Schulen und leitet sie mit V e r s t a n d, und lernt selbst mit Eifer, das ist der Weg. Jene Koryphäen machen uns nicht brevi manu zu Weisen, und zu Tugendspiegeln.

Die Wissenschaft ist Theorie. K a n n die Theorie zur Praxis werden? Nein, — sondern sie m u ß zur Praxis werden. Jede Theorie, die in dem vollen Bewußtsein ihrer Berechtigung auftritt, bringt die Nothwendigkeit ihrer Thatwerdung mit zur Welt. In G a l v a n i's Froschschenkeln lag die Nothwendigkeit der Telegraphendrähte, die Nothwendigkeit des atlantischen Kabels. Die Reformation m u ß t e den Untergang des mittelalterlichen Papstthums besiegeln und konnte nur einer schwächlichen Nachbildung, deren Donner nicht mehr schrecken, ein kurzes Dasein gestatten. Die Kritik m u ß t e die Kirche zerstören, und neben der Theorie des freien Staates m u ß t e sich das Grab der Despotenthrone öffnen. Der Gedanke regiert die Welt, d e r Gedanke, der in den Herzen brennt. Wäre der Gedanke der Freiheit in jenem Preußenvolke eine Macht, weder B i s m a r c k noch G r a b o w, noch die Masse der Nationalvereinler läge im Bereich der Möglichkeit. Ließe hohe Wissenschaft in den deutschen Straßen herum, sie würde wahrlich nicht an allen Orten mit der Feigheit und der nackten Erbärmlichkeit zusammengerathen, und wären wir halb so weisheitsgetränkt, wie wir es zu sein wähnen, wir schnitten nicht allen behäbigen Schurken freundliche Gesichter. Hohe Wissenschaftlichkeit geht mit sittlicher Würde Hand in Hand. Sie kann nicht anders.

So schrumpft der Ruhm hoher Wissenschaftlichkeit für das geehrte Heute gar sehr zusammen. Aber ein reicher, großer Trost liegt darin. Stehlt, schachert, gaunert, überstürzt euch in blinder Gier, — den Glauben an eine große Zukunft macht ihn doch nicht zu Schanden! Wundervolles Material der Wissenschaft schafft das Heute, hat das Heute vom reichen Gestern empfangen. Ein großes Morgen wird das Kunstwerk der Vollendung näher führen. Die Wissenschaft wuchert, weil sie muß, und schafft Menschenwürde, weil sie nicht anders kann. Im Anblick aller dieser Thorheiten, umringt von engherzigen Philistern, gebeugt durch Erfahrungen, niedergedrückt durch das Uebermaß elender Erbärmlichkeit an allen Ecken und Enden, halten wir unerschütterlich fest an einer großen Hoffnung. Dem Heute folgt ein großes Morgen, und unserer Arbeit folgt der Sieg!

Es wäre noch Manches zu sagen. Allein der geneigte Leser hat über genug, also für heute — Punctum.

Luxus und Gewerbe.
Von Dr. Friedrich Hoffmann.

Der Luxus ist von jeher von den verschiedensten Gesichtspunkten aus beleuchtet und verurtheilt worden. In unserer Zeit dürfte eine einseitige oder beschränkte Anschauung und eine darauf begründete Beurtheilung des Luxus und seiner sittlichen und moralischen Bedeutung um so weniger gerechtfertigt sein, als der Begriff des Luxus mit der Verallgemeinerung der Bildung und mit dem mächtigen und allseitigen Emporwachsen der Industrie, mit der Zunahme des Handels und des internationalen Verkehrs mehr und mehr seine ursprüngliche Bedeutung verliert. Sobald man den Luxus auf die Anklagebank sittlicher Verflachung und Verderbniß setzt, verwechselt man, wenn nicht immer, so doch nicht selten Ursache und Wirkung. In diesem Falle befand sich vor kurzer Zeit der Generalprokurator Dupin in Paris, der bei Anlaß einer beim französischen Senate eingegangenen Petition gegen die Prostitution, eine an sich meisterhafte Strafpredigt über den Luxus der Frauen hielt, in der er mit catonischer Schärfe die Laster der Zeit geißelte und speziell den Luxus der Toiletten als eine Hauptursache der Entsittlichung bezeichnete; die immer wechselnde Mode fordere sehr bedeutende Auslagen, welche die Tochter ihrer Mutter, die Gattin dem Manne nicht mehr aufzubürden wage; sie kleiden sich schließlich auf Kredit, unterschreiben Rechnungen und Wechsel, und suchen endlich (nach

Dupin's Angabe in Frankreich) für diese letzteren einen Indossanten, der immer der Tugend gefährlich wird. Deshalb hält der Prokurator es für nöthig, zunächst dem übermäßigen Luxus entgegen zu treten, dann werde auch die Entsittlichung eingedämmt werden.

Dupin hat durch diese Rede den Luxus selbst in so weiten Kreisen discreditirt, hat dessen demoralisirenden Einfluß in so pessimistischer Weise beleuchtet, daß es wohl werth sein dürfte, von einem mehr objectiven Standpunkte aus dieselbe Thatsache zu beurtheilen. Ist denn der Luxus der Frauen die einzige Form des modernen Luxus? Und ist wirklich die gegenwärtige Richtung des Luxus die Ursache der Entsittlichung oder nicht deren Wirkung? Ich denke, die Geschichte aller Zeiten, und namentlich die des untergehenden Römerreiches und des germanischen Mittelalters ist reich an Belegen, welche diese letztere Ansicht unterstützen.

Vor Allem sollte man zur richtigen Würdigung der ganzen Frage nicht übersehen, daß das Wesen des Luxus nach den Verhältnissen der Zeit, des Ortes und der Person wechselt, daß also wegen der Schwierigkeit einer allgemein gültigen Begrenzung dessen, was man in der einen oder anderen Richtung als Luxus bezeichnen mag, was es aber an sich nicht ist, und daß umgekehrt Manches noch als gewöhnlicher Aufwand gilt, was unter den obwaltenden Umständen als Luxus betrachtet werden muß. Eine französische Dame, welche dem Generalprokurator Dupin auf seine Philippica eine Antwort schrieb, sagt darin ganz richtig: Für den Wilden ist der Callicored, für die Weiber der Barbaren im Schaffelle ist das wollene Kleid ein Luxus. Die Geschichte bietet uns aber direkte Belege. Von Karl's des Siebenten Gemahlin wird erzählt, daß sie die einzige Französin des fünfzehnten Jahrhunderts war, die mehr als zwei leinene Hemden besaß, und noch vor drei Jahrhunderten soll ein englischer König nur ein einziges Paar seidene Strümpfe besessen haben, die er bei feierlichen Gelegenheiten auch seinen Gesandten lieh. Dandolus berichtet in der venetianischen Chronik von einer Dogenfrau aus Constantinopel, daß sie, statt mit den Fingern, mit goldenen Zweizacken gespeis't habe, zur Strafe dieses Luxus und dieser Unnatur sei sie aber elend zu Grunde gegangen. — Noch heute gilt in Deutschland der Gebrauch der Kamine und Teppiche für Luxus, während hier zu Lande kein Haus ohne diesen Comfort besteht. Das Tragen von Glacéhandschuhen Seitens der Männer ist in Deutschland und Frankreich, mit Ausnahme der gewöhnlichen Arbeiter und der ländlichen Bevölkerung, ganz allgemein, während es hier von der größeren Mehrzahl als Luxus angesehen wird. Das Tragen seiner Cylinderhüte beschränkt sich bei unserer arbeitenden Bevölkerung hauptsächlich auf den Sonntag, wie es ähnlich bei der ländlichen Bevölkerung europäischer Länder ist; in England und in allen Städten des Continents hat kein Cab- oder Omnibuskutscher je eine andere Kopfbedeckung.

Der Begriff des Luxus ist daher kein absoluter, sondern ein sehr relativer; seine wesentlichen Merkmale müssen im Vergleiche des Aufwandes von Personen der nämlichen Vermögens-Kategorie, des gleichen Zeitalters und der nämlichen Oertlichkeit gesucht werden, und man wird unter Annahme dieser völlig gleichartigen Verhältnisse nur denjenigen Aufwand als Luxus bezeichnen können, welcher relativ entbehrlich und lediglich in prunksüchtiger Absicht unternommen wird.

Prüft man nach dieser nothwendigen Abgrenzung die Wirkungen des modernen Luxus in seinen verschiedenen Formen, so zeigt sich keineswegs eine so ungünstige Rückwirkung desselben auf die sittlichen Zustände unserer Zeit. Der Luxus tritt hauptsächlich auf in drei großen Lebensbedürfnissen: Nahrung, Kleidung und Wohnung.

Der Luxus in der Nahrung, der in verflossenen Zeiten eine so hervorragende Stelle einnahm, ist gegenwärtig weit in den Hintergrund gedrängt; die geläuterte Auffassung von den der Civilisation noch würdigen Genüssen des Gaumens, die großen Fortschritte der Chemie und Technik der Kochkunst, die immer vollkommenere Arbeitstheilung und die Erleichterungen im Communikationswesen haben zur Folge, daß der Aufwand auf Nahrung nur in den seltensten Fällen die Höhe des Luxus erreicht. Die thörichten Ausschweifungen des verfallenden römischen Kaiserreiches, wo Kleopatra Perlen im Weine auflöste, nicht um ihn wohlschmeckender, sondern um ihn kostspieliger zu machen, wo der Schauspieler Aesopus seinen Gästen eine Schüssel mit solchen gebratenen Vögeln vorsetzte, die zum Singen oder Sprechen abgerichtet waren und einen erstaunlich hohen Preis kosteten — Ausschweifungen, die mit dem Kaiser Heliogabalus ihren Höhepunkt erreichten und die mit dem allgemeinen Sittenverfall jener Zeit von Lucian, Sallust, Juvenal und Anderen geschildert worden sind. Diese thörichten Ausschweifungen kennt man nicht mehr; und derjenige Luxus, der hin und wieder noch bei glänzenden Gastmälern getrieben wird, fördert nützliche Zweige der produktiven Arbeit, schafft nur, erhält bestehende Erwerbsquellen, und ist wegen der vernunftmäßigen Auffassung oft sogar selbst unproduktiv. Ich erinnere beispielsweise an die Fortschritte der Weinkultur, der rationellen Kochkunst, der damit zusammenhängenden Industriezweige und an die großen dadurch geschaffenen Werthe, an die künstliche Fisch- und Austernzucht, an die Viehmästung und Vieh-accen-Verbesserung, an den ausgebreiteten Eishandel u. s. w. als Resultate der durch den modernen Nahrungs-Luxus geschaffenen Bedürfnisse und als Beweise dafür, daß für die Volkswirthschaft in dieser Beziehung Nichts zu befürchten ist.

Aehnlich, ja noch günstiger steht es mit dem Luxus in der Kleidung. Hier hat gerade der Luxus den Anstoß geboten zur ästhetischen Geschmacksrichtung und zum Entstehen von Industriezweigen, die heute Millionen von Menschen Erwerb und Unterhalt gewähren. Zu allen Zeiten war es nur der Luxus, welcher den Gebrauch der feineren Gewebe, die Wahl schönerer Farben, Zeichnungen und Formen hervorrief. Rohe Völker, ohne alle Kultur oder in den ersten Anfängen einer solchen, ersetzten in den warmen Klimaten die Bekleidung durch Bemalen oder Einfetten des Körpers oder durch Tättowiren; in den Polarregionen und der gemäßigten Zone waren und sind Thierfelle und

Häute die gewöhnliche Körperbedeckung. Erst der Luxus hat zu den Geweben geführt, denen sich eine fast unbegrenzte Mannigfaltigkeit in Material, in Muster und in Farbe geben läßt. Schon die Indier, Egypter und Chinesen kannten früh die Kunst des Spinnens und Webens; dasselbe berichtet Tacitus von den Frauen der Germanen, und fügt hinzu, daß sie aus dem Gewebe Kleider verfertigt haben, die mit Scharlach gefärbt wurden. Später benutzte man außer der Wolle auch andere thierische Haare, dann die Seide und endlich Baumwolle. Mit den Geweben trat das Bedürfniß einer schönen Färbung auf, der Luxus wählte die kostbaren und seltenen Farbstoffe, und führte das Auffinden und Darstellen neuer herbei; dann schritt man zur Mannigfaltigkeit des Stoffes und der Bearbeitung und Zusammenstellung desselben, zur Pelzverbrämung und Stickerei, deren hoher Werth bald durch die Schönheit der Arbeit und Zeichnung, bald durch die Art und den Werth des Stoffes und der Schmuckgegenstände bedingt und erhöht wurde.

Wenn wir auch zugeben müssen, daß während dieses steten Steigens in der Pracht der Gewänder der Luxus vorübergehend einen volkswirthschaftlich nachtheiligen Einfluß nahm, indem er zu unproduktiver Consumption führte, so verringert das nicht die günstige Nachwirkung, welche sich in der Gegenwart fruchtbringend geltend macht; auf den Trümmern des Luxus jener verflossenen Zeiten ist die großartige Industrie der Gegenwart aufgebaut. Durch Erfindungen und durch technische Verbesserungen aller Art wurde dasjenige, was der Luxus als werthvollen Schmuck des Einzelnen erschaffen hatte, zum Gemeingut Vieler; dadurch wurde die Civilisation wesentlich gehoben und die Klassenunterschiede wurden minder fühlbar. Wenige Beispiele werden diese Ansicht bestätigen. Die Seide hatte stets durch die Pracht ihrer Seidenreflexe und durch ihren Glanz einen ebenso beliebten wie werthvollen Bekleidungsstoff gebildet, war aber durch den hohen Preis nur den wohlhabenden Klassen zugänglich. Dieser ist bedeutend gefallen, nachdem die Seidenproduktion selbst fortgeschritten, und namentlich nachdem es gelungen ist, jene werthvollen Eigenschaften der Seide gewissen Wollstoffen wie den Alpaccas, Mohairs u. s. w. in solchem Grade zu verleihen, daß auch minder Bemittelte sich einer Zierde bedienen können, die der Luxus herbeigeführt hat. Die gestickten wurden durch gedruckte Stoffe, der Purpur und andere früher außerordentlich theure Farben wurden nach und nach durch Krapp, Orseille, Cochenille und Murexid, durch Indigo, Berliner Blau und andere Stoffe, und in der neueren Zeit durch die unter den Collectivnamen der Anilinfarben bekannten Farbstoffe so vortrefflich ersetzt, daß der Reichthum der Dessins, die Pracht der Farben und die Mannigfaltigkeit der Nüancen, die ehedem als Luxus galten, jetzt Allgemeingut sind. Selbst der moderne Luxus, welcher in den Toiletten der Frauen unbestreitbar das werthvolle Spiel der Mode fort und fort erhält, ist für Gewerbe fördernd und fruchtbringend. Er schafft die Anregung zur Erfindung und zur Vervollkommnung, und trägt zugleich in sich die Belohnung für wirkliche Leistungen. Der Luxus in der Kleidung und den Bekleidungsstoffen jeglicher Art gewährt die nachhaltigste Aufmunterung zu stetem Fortschritt in der Technik, in der Färberei und in allen damit mehr oder minder nahestehenden Industriezweigen; er ist der Entgelt, von dem der Künstler lebt, der neue Formen, neue Stoffe und neue Ideen schafft, und dadurch den ästhetischen Sinn der Zeitgenossen fördert und anregt.

Betrachten wir endlich den Luxus in der W o h n u n g, so zeigen sich uns ganz analoge Erscheinungen. Von Alfred dem Großen erzählt Turner in einer History of the Anglo-Saxons, es seien dessen Paläste so undicht gebaut gewesen, daß man des Windes halber die Mauern mit Vorhängen bedecken, ja die Lichter in Laternen stellen mußte. Heutzutage hat eine bescheidene Haushaltung ihren comfortablen Parlor, Wohn- und Schlafzimmer, die Wände mit Oel bestrichen oder tapezirt, ein trauliches Kaminfeuer, bequeme Roll- und Wiegestühle, den Boden mit Teppich belegt, die Decke mit Gascandelaber, und dies Alles gewiß um weit weniger Geld, als der angelsächsische König sein luftiges Gemach im Palaste. Ist das etwa ein Nachtheil in volkswirthschaftlicher oder in socialer Beziehung? Und doch wird Niemand leugnen, daß wir diese Erfolge nur dem Luxus früherer Zeiten zu verdanken haben; denn auch hier haben zuerst Einzelne versucht, dasjenige sich zu verschaffen, was zu ihrer Zeit noch für entbehrlich galt, um ihrer Prachtliebe zu fröhnen. Das Beispiel Einzelner wurde nachgeahmt, die Industrie nahm die Kunst und Wissenschaft in ihren Dienst, und schuf jene Leistungen, in deren Vollgenuß wir heute stehen. Auch hier hat endlich das Streben nach Verallgemeinerung entbehrlicher Genüsse zu jenen Erfindungen geführt, die alle die großen und kleinen Bedürfnisse des Comforts und der Technik unserer Wohnungen aus machen, welche gegenwärtig auch den weniger Bemittelten das ermöglichen, was zuvor nur den Wohlhabenden für viel und dennoch oft in sehr mangelhafter Weise oder in bizarrer Form zu Gebote stand.

Eine unbefangene Beobachtung der geschichtlichen Thatsachen und ein flüchtiger Blick in die Kultur und Kunstgeschichte lehren im Allgemeinen, daß der Luxus ein wesentlicher Hebel und ein mächtiger Pionier des Fortschrittes in den Gewerben und Industrieen ist, weil er den Preisaufgaben und den gleich, zu einer Fülle von Erfindungen Anregung giebt, und weil er mit dem Vorhandenen bleibend nie zufrieden, stets Neues, Vollkommeneres herbeiziehen will; sie lehren ferner, daß eine große Anzahl von Gewerben nur dem Luxus ihr Entstehen und Bestehen verdanken, weil dieser neue Bedürfnisse geschaffen, und durch Vergrößerung der Consumption auch die Produktion vermehrt hat; sie lehren endlich, daß selbst die Kunst, namentlich in ihrer Anwendung auf die Gewerbe, den eifrigsten Mäcenas in dem Luxus eines blühenden Zeitalters findet, der nicht thörichte Verschwendung, sondern wahrhafte und gesittete Lebensgenüsse sucht.

Daß allerdings ein Mißbrauch möglich ist, daß der Luxus unsittlichen Zwecken nicht nur dienen, sondern auch eine krankhafte Prunksucht, eine Entfesselung der Sinnlichkeit in einem Volke hervorrufen und dadurch Entsitt-

lichung und große und allgemeine sociale Uebel herbeiführen, und die ächte
Kunstrichtung und das sittliche Maaß der Individuen wie der Gesammtmasse
verderben kann, ist deshalb keineswegs ausgeschlossen; es ist aber ein Aus-
nahme-Zustand und nicht die Regel, und gerade in unserer Zeit können wir
mit Befriedigung auf die Art und Richtung des modernen Luxus und auf
seinen Einfluß auf die gesammte Industrie und auf die volkswirthschaftlichen
und sittlichen Zustände blicken.

Die Feldlerche, der Vogel des Landmannes.
(Ein Lebensbild im Rahmen der deutschen Jahreszeiten.)
Von Herm. Bösche.

> Ist's auch schön im fremden Lande,
> Ach, zur Heimath wird es nie!
> Altes Volkslied.

So verschiedene eigenthümliche Naturbezirke es giebt: Wald, Wiese, Heide,
Feld 2c., so viele Arten Lerchen giebt es. Die Naturwissenschaft beschreibt
Wald- oder Heidelerchen, Wiesenlerchen, Sumpflerchen, Feldlerchen. Man
findet Lerchen sogar in den salzigen Steppen, den abscheulichen vom Nordwinde
ausgedörrten Ebenen der Tartarei. Wir sprechen hier nur von der Feldlerche,
der Poetin des Feldes, der intimen Freundin des deutschen Landmannes.

Im Winter ist die Feldlerche (Alauda arvensis L.) nicht bei uns.
Sie weilt jetzt weit, weit von uns in der Fremde, im wärmeren Spanien.
Dort giebt es freilich im Winter auch Eis. Aber auf dieses schauen die leuch-
tenden Augen der Goldorangen hernieder, und die gelben Citronen. Zahlreiche
immergrüne Pflanzen, denen selbst die Blüthen nicht ganz fehlen, streuen
dort über das winterliche Feld die grüne Farbe aus. Freilich giebt es in
Spanien auch sommergrüne Pflanzen, Bäume, wie z. B. Ulmen, Pappeln,
Akazien, Obstbäume u. s. w., deren Knospenaugen schlafen. Aber neben
diesen winterschlafenden Bäumen hinwiederum, können die Wintergerstenfelder
Anfangs März schon gelb und notreif sein und die Dattelpalmen in voller
Blüthe dastehen. — So ungefähr ist der spanische Winter beschaffen. Er ist,
wie gesagt, viel gelinder und wärmer als bei uns, und die vier Jahreszeiten
zeigen keinen durchgreifenden Wechsel, sondern gehen allmälig in einander über.
Von diesem schönen Lande hat unsere Lerche auf irgend eine uns noch unerklärliche Weise Kunde bekommen. Hier, in den grünen, hohen Saatfeldern
Spaniens, hat sie ihre Winterquartiere aufgeschlagen. Sie hat also einen
Wohnplatz bezogen, welcher völlig dem ihrer Heimath entspricht, und betreibt
dort die prosaischen Geschäfte für des Lebens Unterhalt wie daheim. Allein die
höheren, idealeren Lebensregungen äußert die Lerche in der Fremde nicht. Sie

weiß, daß sie in der Fremde ist und ihr Leben ist dort nicht das rechte Leben: sie singen selten und nisten nicht. Jedoch im Februar, es naht der deutsche Frühling, wird der Lerche, wieder für uns auf unerklärliche Weise, Kunde, daß die Zeit der Rückkehr gekommen, daß der Frühling eingezogen ist in der alten lieben Heimatv. Da erwacht mächtig in der Lerche die Sehnsucht derselben. Sie wird munter, fröhlich, und unser sonst stummer Fremdling auf spanischer Flur steigt singend in die Höhe. Bald sammeln sich die Genossen zu großen Heerden, und fliegen unverwandten Blickes und mit bewundernswürdiger Sicherheit so ziemlich gegen den Aufgang der Sonne (schärfer Nord-Ost) zu, — nach Deutschland.

Die Felsen erröthen; im Haine wird's wach;
Es säumet sich golden das Himmelsdach;
Es athmet wie Leben in Feldern und Au
Und öffnet die Kelche dem himmlischen Thau.
Da lebt es und schwebt es, ein Punkt in der Luft,
Und rührt sich und regt sich im lübligen Duft;
Was ist wohl das Pünktlein, so keck und so froh? —
Die Lerche, die schwebet und hebet sich so.

Seidel.

Kaum ist der strenge Wintermonat, der Januar zu Ende, kaum sind um Lichtmeß (2. Februar) die Tage auffällig länger geworden, so ist auch schon die Lerche wieder da. Noch ist der Winter nicht völlig in die Flucht geschlagen; noch bedeckt ein sogenannter Lerchenschnee die schon grünenden Auen und Saatfelder, — doch, da sitzt sie schon, die Lerche, auf einer Scholle, und läßt ihr Frühlingslied laut in die Luft erschallen:

„Kaum zerrinnt der Schnee und schon,
„Von des Alders Schollen
„Hört man süßer Lerche Ton.
„Was mag denn so früh sie wollen?
„Lauscht sie, wie die Erde träumt,
„Wenn ihr Nachts im Winde schauert?
„Hört sie, wie es unten keimt,
„Wenn sie sich in Furchen lauert? —
„Noch zu vollem Jubel nicht
„Wird sie sich in Lüften schwingen,
„Doch im warmen Mittagslicht
„Hört man leis' ihr Lied erklingen."

Cäs. v. Lengerke.

Da sitzt sie, sagten wir, auf der Scholle, da lauert sie in der Furche. Sehen wir uns den treuen Herold des Frühlings etwas genauer an. Da fällt uns zunächst auf, daß die Hinterzehe mit einem langen, pfriemenförmigen, spitzen Sporen bewaffnet ist, auch sonst der Lauf vorn und hinten getäfelt ist, und durchaus keine Stiefelschienen zeigt. Dieser Fußbau ist entscheidend für den Aufenthaltsort unseres Vogels; denn wegen der geraden und langen Hinterzehe können sie sich auch auf keinen Zweig setzen, und daher erklärt sich leicht, warum die Lerche ein ächtes Feldthier ist, auf der Erde und in der Luft lebt, auf der Erde nistet und nie in Wäldern oder Gehölzen auf Bäumen angetroffen wird, ausgenommen da, wo im Walde sich große, leere Plätze finden. Durch die unvollkommene Bekleidung des Fußes und den schrittweisen Gang schließen sie sich einigermaßen den Staaren und Raben an.

Das Gewand, sperlingsbraun und punctirt, ist, und hierin gleicht die Lerche der Nachtigall und dem Schmetterlinge, einfach und unscheinbar genug. Aber der ganze übrige Körper zeigt das Thier von edler Art. Sieh nur, wenn es sich aufrichtet! Mit gehobener Brust, schlankem, gestrecktem Halse läuft es graciös und hoch aufgeschürzt und mit stets glatt anliegendem Gefieder in der Furche dahin. Wie rasch, leicht und anmuthig ist die Bewegung, wie straff und nett die Haltung! Dieser feine und freie Hals, das niedliche und doch so bedeutende Köpfchen mit den dunkelbraun gezeichneten Schläfen, die schlanken, den mittellangen Schwanz fast ganz bedeckenden Schwingen, — alles Werkzeuge, einem herrlichen, ungewöhnlichen Sänger dienstbar zu sein. Bei näherer Betrachtung entdeckst du nun auch das Spiel eines leicht bewegten Gemüths, eines nur leise schlummernden, schnell erwachenden Affects, indem sich die Kopffedern (Haube, Kappe) bald senken und heben. Auch im stürmisch angesetzten und nun wieder besänftigten Gange prägen sich die Ebben und Fluthen des inneren Lebens äußerlich aus. Das lebendige Auge, verbunden mit den Sporen der schlanken Füße, geben Kunde von großer Rüstigkeit und frischem Muthe. Und diese Eigenschaften besitzt die Lerche. Das zeigt dir schon ihr rascher, entschiedener Flug beim Auf- und Wegstreichen, ihr fast senkrechtes Emporsteigen bis zu den Wolken, die Art ihrer Flucht vor gefährlichen Feinden, von denen wir nachher sprechen wollen. Der Schnabel ist gerad, walzenförmig, spitz zulaufend und hat gleichlange, unten an der Wurzel klaffende Kinnladen. Er ist wesentlich zum Körnerfressen eingerichtet, und Lieblingsspeisen der Lerche sind Weizen, Hafer, Hirse, Mohn u. s. w. Jedoch frißt sie auch zarte Saatspitzen, die Sprossen der Brunnenkresse, Insekten und Würmer. Besonders auch lieben sie die Ameiseneier und suchen selbe auf, wenn sie einen Ameisenhaufen finden. Ihre eigentliche und sehr reichliche Speisekammer sind aber die vielen Dunghaufen, die der Landmann, wohl schon im Winter oder Herbst, auf die Felder gebracht hat.

Auch Sandkörner verschluckt sie dann und wann, die ihr, wie den Hühnern, zur Verdauung zu dienen scheinen. — Der Schnabel nimmt das Futter auf; er dient der Prosa des Lebens, der Sorge um Nahrung. Der Schnabel gehört aber zu Zunge und Kehlkopf, und bildet mit diesen das köstliche Stimmorgan der Lerche, dienend der Poesie ihres Lebens. Vom Gesange der Lerche sprechen wir wohl ausführlicher.

Es ist wohl von Niemanden unbemerkt geblieben, daß Vögel, die in einem

Wohnzimmer im Käfig hängen, selten verfehlen, sobald Besuch kommt und die Unterhaltung sich belebt, auf ihre Weise daran Theil zu nehmen, zu zwitschern und zu singen. Das ist durchgehends ihr Instinkt, und erst recht in der Freiheit. Alle großen Vorgänge in der Natur, ihre großen Instrumentalconzerte, begleitet stets eine Vocal-Musik. So entspricht dem kommenden Frühlinge, dem Erwachen der Felder, der Fröhlichkeit der Natur, die Feldlerche durch ihren herrlichen Gesang und trägt den Jubel zum Himmel, wie Herder in seiner Weise so schön sagt:

„Und alle Schöpfung, die Braut der Sonne,
„Erwacht, verjüngt vom langen Schlafe;
„Die starren Bäume, sie hören wundernd
„Gesang von oben, und grünen wieder.
„Die Zweige sprießen, die Blätter leimen,
„Das Laub entschlüpft und horcht dem Liede,
„Die Vögel girren im jungen Neste,
„Sie üben zweifelnd die alten Stimmen.
„Denn du ermunterst sie, kühne Lerche,
„Beim ersten Blick des jungen Frühlings,
„Hoch über Beifall und Neid erhaben,
„Dem Aug' entflogen, doch stets im Ohre."

Ewig merkwürdig und bewundernswerth bleibt die Thatsache, daß die Lerche singt, indem sie fliegt, und umgekehrt:

„Auf ihren bunten Liedern klettert
„Die Lerche selig in die Luft."

C. Kerner.

Sie singt eine volle Stunde hinter einander, ohne sich eine halbe Sekunde zu unterbrechen, hebt sich senkrecht Tausende von Fuß in die Höhe, steigt vom Boden bis zu den Wolken und darüber hinaus, ohne daß einer ihrer Töne während dieser Fahrt verloren ginge. Welche Nachtigall könnte das leisten? Nur die Schwalbe vermag Aehnliches. Sie läßt aber nur beim Hin- und Herschwärmen an schönen Sommertagen ganz vereinzelte Töne hören. Welch' eine Spannkraft muß der Kehle unserer Sängerin gegeben sein! Welche Ausdauer und Leistungsfähigkeit müssen ihre Athmungswerkzeuge besitzen, um bei beständigem Schweben in der Luft solche lange, reizende Hymnen singen zu können! — Merkwürdig ist denn auch noch, wie die Flugbewegung gewissermaßen dramatisch und mimisch den Gesang begleitet. Jetzt flattert sie aus grüner Saat am frühen Morgen empor, schwebt dann droben in den Lüften oft Viertelstunden lang ausgebreitet; endlich, nachdem sie sich satt gesungen, läßt sie sich in leisen Absätzen hernieder, um zuletzt gleich einem Pfeil auf die Erde zu schießen. Indem sich die Lerche flatternd erhebt, erzeugt sie den arbeitenden, strebenden Triller des Liedes, das bald in der Höhe des Aethers in Flötentönen während des Schwebens wellenförmig zerfließen will, bald mit ihrem Kreisen sich wirbelnd wieder aufmacht, um endlich bei allmäligem Niedersinken in sanften Intervallen zu verstummen, ehe sie sich in das wogende Meer der Wolken stürzt. Ja bewundernswürdig übt unsere Sängerin ihre Kunst. Sie ist dirigirender Kapellmeister und ausführendes Orchester in einer Person. Ihre luftigen Schwingen sind ihr Tactstock, und in der Kehle nimmt sie ihr ganzes Orchester mit in die Höhe. Ist unser Vogel nicht die schönste verkörperte Musik in der Natur? Vom Herzen, aus ganzer Seele kommt ihr Ton: frisch, frei, kinderlautig, kreisend, unermüdlich! Ein jauchzend Schöpfungs-Halleluja!!

Was singt uns aber wohl die Lerche, was reizt, lockt und füllt ihre Seele? — Zwei Dinge sind es, die sie erhalten und beleben, und die sie aller Wahrscheinlichkeit nach besingt: Licht und Liebe. — Der kleinste Sonnenstrahl genügt, um ihr den Gesang wiederzugeben. Sie ist die Tochter des Tages. Sobald er beginnt, sobald der Horizont sich röthet, um das Erscheinen der Sonne zu verkünden, steigt sie aus der Furche pfeilschnell empor und trägt ihre Lust zum Himmel. Ihre mächtige schmetternde Stimme giebt dem Landmanne das Zeichen zur Arbeit. „Wir müssen aufbrechen, sagt der Vater, hört ihr nicht schon die Lerche?" Treu folgt sie dem pflügenden Landmanne in der Furche. Und kommt dann später, im Sommer, die Ernte, so ladet sie die Schnitter um die schwüle Mittagszeit zum Schlafen ein, und entfernt von den sanft Ruhenden die stechenden Insekten. Fast auf den Kopf des halbwachen jungen Landmädchens sich setzend, läßt sie in vollen Strömen das Lied aus ihrer Kehle sich ergießen. Und nun, nach diesen hellen, lauten Tages-Conzerten horche aufmerksam beim verglimmenden Abendhimmel auf, um einen interessanten Charakterzug unseres Vogels zu erspähen, seine heimlichste, eigenthümlichste Eigenthümlichkeit, auf die Wenige achten. Nicht lange, so vernimmst du Lerchengesang, so zart und leise, wie wenn er aus weiter Ferne käme. Es ist ihr Abendsegen, ihr Schlummerlied! — Doch auch der Liebe gilt ihr Sang. Die grüne, äußerlich stiefmütterlich bedachte Lerche nistet am grauen Boden, ganz nahe beim armen Hasen, und ohne anderen Schutz, als die Furche. Welch ein unsicheres gefahrvolles Leben, während sie brütet! Wie viel Sorge und Unruhe muß sie ausstehen, da kaum ein Stückchen Rasen ihre Brut der Gabelweihe, dem Blicke des Falken verbirgt. Sie brütet und erzieht ihre Jungen in Bangen und Furcht. Wer sollte da nicht meinen, Traurigkeit würde dem Thiere die Kehle zuschnüren? Aber nein, wie durch ein Wunder der Fröhlichkeit, leichten Vergessens des Leichtsinns, wenn man so sagen will, findet sie, sobald die Gefahr aufgehört hat, gleich ihre Heiterkeit, ihren Gesang, ihre unzerstörbare Lebenslust wieder. Und daß die Lerche auch in der Ferne noch sehnsüchtig die Heimath besingt, daß sie, wie alle Vögel in der Paarzeit musicirt, also insgesammt aus Heimaths-, Gatten- und Jungenliebe — das ist gewiß! Keine Kehle, bemerkt schließlich Tussenel zusammenfassend, ist im Stande mit der Lerche zu wetteifern, sowohl in Bezug auf Aushalten, Dauer und Weithinschallen des Tones, Geschwindigkeit und Unermüdlichkeit der Stimme, als auch was Fülle und Abwechselung des Gesanges betrifft.

„Und die Lerche?
„Aus den Wirbeln ihres Himmelsgesanges,
„Sinkt ermattet
„Zum Boden nieder, zur Erd' hernieder,
„Wo sie das Nest für die Nacht gebaut!"

Rückert.

In den Lüften hoch feiert die Lerche ihr hochpoetisches Frühlingsleben. Tief unten auf der Erde baut sie ihr Nest, brütet sie ihre Jungen im Sommer aus; an der Scholle haften ihre Sorgen für Nahrung und Leben, und der Sommer mit seinen Freuden bringt für Mensch und Thier auch manches drohende und vernichtende Ungewitter.

Bald nach ihrer Ankunft in der Heimath paart sich unser Liebling. In dieser Zeit ist die Lerche ein überaus munteres und erregtes Thierchen: fliegt, flattert, spielt und schwärmt in der Luft, jagt sich auch mit ihren Nebenbuhlern unter hellem Klang in der Flur herum. Denn da diese Vögel paarweise leben, so hält sich auch jedes Paar abgesondert von dem andern in einem kleinen Bezirke auf und duldet darin kein anderes Männchen. Diese Eigenthümlichkeit benutzen grausame Vogelfänger wohl, um im Frühjahre singende Lerchen zu fangen. Dazu ist eine zahme nöthig. Dieser bindet man die Flügel zusammen, und oben darauf ein kleines gabelförmiges Leimruthchen. Mit der zahmen Lerche geht man nun an den Ort, wo andere trillernd in der Höhe schweben und läßt daselbst die zahme Leimruthenträgerin laufen. Sobald die singende Lerche die unten auf der Erde gewahr wird, stößt sie, von Eifersucht ergriffen, auf sie herab und bleibt an der Leimruthe hängen. Armes Thier! Doch zu den sich Jagenden zurück. Nach beendeter harmloser Fehde, — denn das Jagen ist nichts weiter als eine launige, überlästige Neckerei, mehr Scherz als erbitterter Kampf und gehässige Rauferei, wie etwa bei den streitsüchtigen Stieglitzen, den eifersüchtigen Buchfinken, oder den wetternden Rothschwänzchen — stolzirt das Männchen unter zärtlichem Nicken mit aufgerichteter Holle und etwas gefächertem und gelüftetem Schwanze vor dem geliebten Weibchen einher. Unsere Himmelslerche ist durchaus das Bild einer friedlichen, musikalischen Natur. — Das Nest bauen sie in die grüne Saat, in die Sommerfrucht, auf's Brachfeld, in die Flur, in die Felsen u. s. w., und zwar immer in eine kleine Vertiefung. Es besteht aus Grashalmen und Haaren, die sie hineintragen und durch das Sitzen darauf mit ihrem Leibe ausrunden. Leicht ist es zu finden, wenn man nur in einiger Entfernung beobachtet, wo die Alten sich niederlassen oder vielmehr niederschießen. Jedoch vorsichtig muß man zu Werke gehen. Kommt man dem Thiere zu nahe, oder bleibt man stehen, so merken dies die Alten, fallen zwar ein, aber mehrere Schritte davon, und laufen dann erst, von der dichten Saatwand verdeckt, zum Neste. Die 3 bis 4 Eier sehen grauweiß aus und sind braun gefleckt. Während des vierzehntägigen Brütens wird das Weibchen emsig vom Männchen gefüttert. Oft findet man schon Ende April Junge im Neste. Diese werden zunächst mit Insekten, auch ihren Eiern und Larven, gefüttert. Sie verlassen, ähnlich den Hühnern, schon ehe sie fliegen können das Nest, und werden dann von den Alten noch bis zur völligen Flügge geätzt. Hat man ein Nest mit Jungen gefunden, so hüte man sich, sie anzufassen, wenn man sie nicht gleich mitzunehmen gedenkt, sondern sie von den Eltern noch füttern lassen will. Einmal von Menschenhänden angerührt, bleiben sie nicht im Neste, sondern laufen davon und zerstreuen sich nach allen Winden. Hören sie jedoch die Stimmen der Alten wieder, so antworten sie sogleich auf den Lockruf und finden sich gehorsam beim Neste ein. — Im Juli brütet die Lerche in der Regel zum zweiten Male und dann geschieht es nicht selten, daß der Knabe des Schnitters ein Nest mit Jungen findet, jubelnd sie heimträgt und sorglich aufzieht. Von der künstlichen Aufzucht der Lerche muß das Sommer-Kapitel wohl Einiges berichten.

Am liebsten entnimmt man die junge Lerche dem Neste, wenn ihr Schwanz ungefähr ⅞ Zoll lang ist. Hat das Thierchen Hunger, so ruft es mit eigenthümlich pipsendem Tone, und sperrt, wenn man es mit einer Federspule am Schnabel berührt, denselben weit auf. Man füttert sie dann mit einer selbst zu einem Schnabel geschnittenen Federspule mit Semmel und Mohn in Milch erweicht, dann und wann mit Ameiseneiern, die ihnen sehr gut bekommen. Am gelblichen Gefieder kann man schon beim Ausnehmen die Männchen erkennen, und früh schon kann man diesen Unterricht im Gesange ertheilen: man pfeift oder orgelt ihnen ein Liedchen vor, und bald ahmen sie dasselbe nach. Man muß sie dann auch, wenn sie den Gesang anderer Sänger nicht annehmen sollen, absondern, sonst eignen sie sich wegen ihrer Gelehrigkeit den Schlag der Nachtigall und des Finken vollkommen an. Im Käfig sind selbst die jung Aufgezogenen scheu und unruhig. Die angeborene Lust zum Ziehen in die Lüfte wird durch die Zähmung nicht vertilgt. Daher flattern sie umher, legen die Flügel so, als wollten sie sich zum Aufsteigen in die blauen Lüfte rüsten, und singen dabei, denn sie thun es einmal nicht anders, als beim Singen zu fliegen und beim Fliegen zu singen. Früher hielt man die Lerchen gern in runden Bauern, aus Weidenruthen geflochten, oben spitz zulaufend und mit einem Tischchen in der Mitte. Auf das Tischchen in der Mitte, das gewissermaßen die dunkle Scholle auf dem Felde vertritt, setzte sich nun die Lerche und sang, indem sie die Bewegung mit den Flügeln zum Fliegen machte. Die jetzt beliebten Lerchenbauer sind viereckig, aus Draht oder Holz, etwa 18 Zoll lang, 9 Zoll breit und 15 Zoll hoch. Unten auf dem Boden ist ein Kasten angebracht, den man ein- und ausschieben kann. Er wird mit Sand gefüllt und dient dem Vogel zum beliebten Sandbade. Die Decke besteht aus Tuch oder grüner Leinwand, damit die Vögel beim scheuen Aufflattern sich nicht den Kopf beschädigen.

Das Futter (Mohn, Ameiseneier, Mehlwürmer, Hanf, Hafer, Weizen, Brod- und Semmelkrume, im Frühlinge etwas Knoblauch, später geschabte Mohrrübe, Brunnenkresse, gekochtes, zerstücktes, mageres Fleisch ꝛc.) schiebt man in hölzernen Krippchen, das Trinkwasser in Blech- oder Porzellangefäßen an der Seite ein. — Beim Umherfliegen in der Stube werden sie sehr zutraulich und fressen wohl einen Mehlwurm aus der hingestreckten Hand. Abends suchen sie sich unter irgend einem Möbel ein dunkles Plätzchen als Schlafstätte aus. Da sie aber frei in der Stube fliegend viel Unheil anrichten, so bindet man ihnen wohl die Flügel oder kürzt mit der Scheere die Schwanzfedern. Der arme Vogel ist nun nicht blos ein Gefangener, sondern ähnelt dem gebundenen Verbrecher. Gebunden singt er auch nicht mehr, oder mindestens nicht mehr gut. — Im Sommer geschieht es wohl auch, daß man alte Lerchen auf eigenthümliche Weise einfängt, um sie als Zimmervögel zu halten. Man fängt sie beim hellsten Sonnenschein mit dem sogenannten L e r c h e n -
s p i e g e l und Schlagnetzen. Der Lerchenfänger setzt sich in eine ziemlich tief gegrabene Höhle, hat vor sich einen Spiegel auf einer Spindel stehen, der vermittelst einer Leine hin und her gedreht werden kann und von beiden Seiten Schlagnetze hat. Bemerkt nun der Lerchenfänger Lerchen, so dreht er den Spiegel so, daß sie ihr Bild erblicken kann. In ihrem Spiegelbilde glaubt aber die Lerche leibhaftige Gesellschafter zu finden, fährt auf den Spiegel los, die Schlagwände klappen zusammen und der Vogel ist gefangen. Wird so eine alt gefangene Lerche in den Käfig gesperrt, so geberdet sie sich äußerst unbändig. Immer nach der Decke flatternd, stößt sie sich bald den Kopf ein. Und tritt ein Fremder in das Zimmer, so will sie sich nicht eher beruhigen, bis der Bauer in ein anderes Zimmer gebracht wird, oder der Fremde wieder fortgegangen ist. Abends beim Lampenscheine scheucht sie jeder Schatten auf. — Wir haben gesehen, daß die Lerche sich leicht durch die List der Menschen bethören und fangen läßt. Sie fürchtet überhaupt den Menschen weniger, und läßt ihn, wie schon bemerkt, ziemlich nahe an sich herantreten, ohne daß sie aufstreicht. Gewöhnlich drückt sie sich dann eine Weile an die Erde, bis sie, vertraut geworden, sich erhebt und meist mit gesträubten Kopffedern davonläuft, um sich an einer andern Stelle entweder zu verbergen oder aufzufliegen. Wenn sie sich im warmen Sommersande badet, läßt sie sich oft ganz nahe kommen, weil sie sich in dieser Lieblingsleidenschaft nicht gern stören läßt. Welch' ein Genuß ihr das Sandbad sein muß, findet man an den vielen ausgescharrten Plätzchen an sandigen Feldwegen und Furchen, in welchen sie, wie die Hühner, durch ihre Flügel, die sie wie Schaufeln verwendet, einen Sandregen in ihr Gefieder zu schütteln versteht, und oft lange ohne Menschenscheu sich behaglich sonnt. Aber große Furcht hegt sie gegen ihre gefährlichsten Feinde unter den Vögeln, gegen Sperber, Falken, Kranichen. In der Abenddämmerung streicht die Kornweihe tief über die Felder und verfolgt die Lerche oft bis in das Gebüsch oder Getreide am Raine. Sowie nun die Lerche dieselbe sieht, drückt sie sich in die nächste Furche hinter Schollen und Raine. Ueberrascht sie beim Singen in

den Lüften der Sperber, so steigt sie höher, oder stürzt sich pfeilschnell aus der Höhe in das schützende Getreide. Zweimal stößt er in anderem Falle auf das behende ausweichende Thierchen fehl; doch das dritte Mal gelingt der Stoß und die Lerche wird über der Saat, in die sie sich retten will, eine Beute der tödtlichen Krallen.

„Feldeinwärts flog ein Vögelein,
„Und sang im muntern Sonnenschein,
„Mit süßem wunderbarem Ton:
„Ade! ich fliege nun davon!
„Weit! weit
„Reis' ich noch heut! —
„Ich horchte auf den Vogelsang,
„Mir ward so wohl und doch so bang;
„Mit frohem Schmerz, mit trüber Lust
„Stieg wechselnd bald und sank die Brust:
„Herz, Herz!
„Brichst du vor Wonne oder Schmerz?
„Doch als ich Blätter fallen sah,
„Da dacht ich: „Ach, der H e r b s t ist da! —

Im Anfange des Herbstes, August und September, wird die Lerche, diese unermüdliche fleißige Sängerin, auf einmal stiller, unmuthig, ja fast traurig. Es ist die Mauser eingetreten, die Zeit des Federwechsels. Die jungen Lerchen ziehen ihr Jugendkleid ab, und die Jungen und Alten bereiten sich zur Reise in die Fremde vor: sie ziehen ihr Reisekleid an. Aber dieser Wechsel geht nicht ohne Schmerz, ohne krankhaften Zustand vor sich. Die Lerche frißt Anfangs wenig, später ungemein viel, ohne dabei kräftiger zu werden, schläft nicht ordentlich, weil ihr das Ausfallen der alten und das Hervorsprossen der jungen Federn unangenehmes Juden verursacht, verbirgt und v e r e i n z e l t sich, löst sich aus der Kette der Genossen. So unangenehm ihr dieser Wechsel der Kleidung sein mag, so wichtig ist er für ihr ganzes Leben. Das Gefieder nutzt sich nach und nach ab, einzelne Federn verlieren ihre Gestalt und Farbe, und doch muß das Thier nun bald die weite Reise in fremde Länder unternehmen. Die jungen Vögel erhalten mit dem ersten Federwechsel das Gefieder der Eltern und heißen nun mit Recht „alte." — Die Mauser scheint im ersten Augenblicke eine Krankheit zu sein, ist aber in Wahrheit ein Fortgang zum neuen Leben. Denn wenn sie ausbleibt, siecht der Vogel dahin. Deshalb rupft auch der Lerchenfreund seinen Lieblingen, wenn die Mauser nicht rechtzeitig beginnen will, einige Schwung- und Steuerfedern aus, um neues Leben in den ihrem Tode Entgegengehenden zu wecken. So muß uns also die Mauser in der That als Verjüngungsvorgang erscheinen. — Nach der Mauser stellt sich große Freßlust ein, und da es jetzt, in und nach der Ernte, Futter in Fülle giebt, so werden die Lerchen bald wieder fett. — Im September und Oktober, wenn sie in den großen Ebenen und ihren Weizenfeldern sich gemästet haben und ehe sie ihre großen Wanderzüge beginnen, werden sie hier und da in großen Mengen gefangen. Der deutsche Bauer geht auf den Lerchenstrich und benutzt dabei genau die Sitten und Bräuche der streichenden Lerche. Der Lerchenstrich, ihr Fortzug, geschieht nun umgekehrt als der Herzug und ist bezeichnend genug für die herbstliche Jahreszeit: von Osten gegen Westen, vom Aufgang gegen den Untergang der Sonne.

Sie ziehen am liebsten g e g e n den Wind, und weht der richtige West (Süd-West), so ziehen sie eilig, aber niedrig über die Erde. Ja, sie sollen wohl auch 8 Tage lang still liegen und auf günstige Luftschifffahrt warten. Da giebt nun der Lerchenfänger ordentlich auf die Windfahne Acht und sieht genau zu, m i t welchem, oder eigentlich g e g e n welchen Wind die Lerchen streichen. Diesem Winde folgen sie fast alle. In der Regel streichen die Lerchen am Tage, ruhen um Mittag 2 Stunden und streichen dann wieder bis auf den Abend. Bei finsterer Nacht lagern sie sich in die Stoppelfelder. Ist aber die Witterung am Tage ungünstig gewesen, haben die Lerchen schon längere Zeit gewartet und ist dann die Nacht hell und günstig, so ziehen die meisten beim hellen Mondlicht hinweg.—Der Fang selber geschieht nun entweder am Tage oder bei Nacht, durch sogenannte Tag- oder Nachtgarne. Der Tagfang geschieht in der Weise, daß man eine große Anzahl Netze (Stellnetze, Taggarne) wie Wände in die Höhe stellt und die Lerchen in der Abenddämmerung mittelst eines Seils fängt, das auf den Stoppeln wegläuft und sie aufjagt. Dabei darf Niemand sprechen, weil sonst die Lerchen fortstreichen würden. Aber die Pfeife giebt gewisse Signale und hält sie fest. Nämlich die Lerche hat auch große Furcht vor den Nachtvögeln, den Eulen. Wenn sie nun pfeifen hört und glaubt, daß solches von den Nachtraubvögeln herrührt, so legt sie sich tiefer in die Stoppeln nieder. Um den an der Seite Streichenden die gerade Richtung nach dem aufgestellten Garne zu geben, werden 1 oder 2 Fuß von einander Reisigbündel in die Erde gesteckt. Diese Bündel haben für die Lerche merkwürdige Anziehungskraft. Sie zieht ihnen nach, zieht immer weiter bis zum Garne, zur tödtlichen Falle hin. Die armen Gefangenen flattern und stecken die Köpfe durch die Maschen des Netzes. Da kommt aber der grausame Fänger und drückt mit dem Daumen unsern Lieblingen die liederreichen, klugen Köpfe ein. — Das Nachtnetz gebraucht man nur bei finsterer Nacht. Der Lerchenfänger merkt sich vorher genau den Ort auf dem Felde, meist Haferstoppel, wo eine Heerde sich gelagert hat, schleicht sich dahin und bedeckt sie, wenn sie aufflattern wollen, sogleich mit dem Netze. Oft sind so mit einem Schlage viele Schocke gefangen. Es hat Jahre gegeben, wo allein nach Leipzig und dessen Umgegend: Halle, Merseburg, Weißenfels u. s. w. ¼ Million gebracht, dort verpackt und nach allen Himmelsgegenden Europas versandt worden sind. Sie werden gerupft, in sauberes, weißes Papier eingeschlagen, schockweise in Kistchen gepackt, so, daß eine Lerche fest an der andern liegt. Der Feinschmecker rühmt den winzigen Lerchenbraten besonders dann, wenn er nach Knoblauch schmeckt, wenn also das Thierchen bei Lebzeiten fleißig Knoblauch fraß. Manchmal werden sehr abgemagerte und kraftlose Lerchen gefangen. Das sind solche, die durch widrigen Wind (Nord-Ost oder Ost), den in der Reiserichtung wehenden, aufgehalten und beschwert wurden. — Die Heerden, die glücklich auf deutschem Boden Leipziger Lerchenschlachten entgingen, haben auf der Weiterreise nach Spanien noch unendliche Gefahren zu überstehen. Erst sind die Alpen zu überfliegen, welche ungemein hindernd entgegen treten; dann breitet sich das milde Italien aus. Aber hier lauert ihnen an jeder passenden Stelle das Verderben. Leider gleicht in dieser Beziehung noch ganz Italien einer Mörderhöhle. Der Bürger verläßt sein Gewerbe, der Pfaff und Mönch sein Haus und zieht hinaus, den Zugvögeln aufzulauern. Und kaum besser ist es in Spanien. Auch hier stellt man unbarmherzig wie den Zugvögeln überhaupt, so den Lerchen nach, die als Heerden in sich keinen Schutz finden, vielmehr gerade als Heerde die Habgier der Menschen erwecken, und so die Gefahr für den Einzelnen vermehren. — Einige Junge aus der zweiten Brut, in der Entwickelung zurückgeblieben, bleiben bei uns. Aber meist werden sie hier auch ein Raub der Kälte, der Menschen und feindlichen Thiere als da noch sind Fuchs, Marder, Iltis, Wiesel u. s. w. — Darum paßt sowohl für die in der Fremde Gezogenen als für die daheim Bleibenden gleichmäßig des Dichters Wort:

„Wir armen Vögel trauern sehr,
„Wir haben keine Heimath mehr!"

Die religiöse Sage im Lichte der Vernunft.
„Die Sklavenhalter des Menschengeschlechts."
Von C. Lübeling.

Von den Söhnen Noah's, die aus dem Kasten gingen, Sem, Ham, Japhet, leitet die Sage drei Familien ab, „von denen alles Land besetzt" ist, und „die Leute auf Erden nach der Sündfluth sich verbreitet" haben, die Einen zum Herrschen, die Andern zum Dienen kraft göttlichen Gesetzes bestimmt. Ebenso, wie die indische Satzung den Kasten- und Klassenunterschied auf das Wesen der Gottheit selbst zurückführte, aus deren Haupte die höhere Race zum Herrschen hervorging, während die niedere, zum Gehorchen bestimmte, dem Fuße Brahmas entsprang, hat die Bibel in der obigen Sage einen göttlichen Titel für die Rechtsungleichheit der Menschen erfunden, und dem Racen- und Klassenunterschied, der Aristokratie und Inferiorität der Geburt die höhere Weihe verliehen. Daß wir es in der vorliegenden Sage nicht mit einem „absichtslos dichtenden" Mythus einer kindlichen Phantasie, sondern einer recht absichtlichen Erfindung eines rohen, hab- und rachsüchtigen Volksthums zu thun haben, geht schon aus den Tendenz-Namen der sogenannten Stammhalter, „die aus dem Kasten hervorgingen", zur Genüge hervor. Ham, d. h. das Südland, wird durch den väterlichen Fluch dazu bestimmt, ein Knecht seiner Brüder zu sein, diese dagegen — Sem und Japhet — werden durch des Vaters Segen zu Ruhm, d. h. Sem, und zur Ausbreitung, d. h. Japhet, berufen. Nimmt man hinzu, daß der Egypter in seiner einheimischen Sprache den Namen Ham führte, so ist klar, daß wir hier einen ebenso wilden Ausdruck der tiefen Erbitterung des hebräischen Volkes gegen seinen Dränger und Peiniger, den Egypter vor uns haben, als die weitere Ausführung der Sage eine verschmitzte Auskunft enthält, um die bei der Besitzergreifung Palästinas begangenen Greuel zu rechtfertigen. Selbst eben erst aus der egyptischen Knechtschaft entkommen, ein Volk von Bedrückten und Rechtlosen, von dem ganzen Gefühl des erlittenen Unrechts erfüllt, wie wollte das hebräische Volk sich selbst rechtfertigen, um plötzlich die Rolle des Bedrückers, des Eroberers, des Peinigers, einem Volke gegenüber zu übernehmen, auf dessen Land es höchstens den schwachen Anspruch erheben konnte, daß vor so und so viel hundert Jahren seine Stammväter dort ihre Schafe geweidet und schließlich ausgewandert seien? Nicht anders, als daß es die Bewohner Palästina's zu Nachkommen der Egypter stempelte, daß es den vorgeblichen Stammvater des palästinischen Volkes, Kanaan, d. h. „Tiefland", zum Sohne Ham's, d. h. des Egypters, machte. Mit der Losung: „Verflucht sei Kanaan, der Sohn Ham's, der Knecht seiner Brüder!" war die Furie der Rachsucht entfesselt, jedes Greuel der Bedrückung und Ausrottung gerechtfertigt und der Rechtstitel auf das gelobte Land gefunden, „wo Milch und Honig" floß.

Von der gleichen Ehrfurcht gegen die heilige Tradition erfüllt, erklärte der fromme Ferdinand von Arragonien, als man nach Entdeckung einer neuen Welt ein „neues" Volk antraf, das man nicht recht im Noahischen Stammbaum unterzubringen wußte, während man sein Gold und seine Arbeitskraft gut genug gebrauchen konnte, den „Indianer von Gottes- und Rechtswegen für einen Sklaven." Und als man später die Entdeckung machte, daß es profitabler sei, die kräftigeren Neger in das harte Joch der Sklavenarbeit zu spannen, unter dem der Indianer erlegen, waren auch die Männer der heiligen Ueberlieferung mit der Entdeckung fertig, daß damit „nur die Schrift erfüllt" werde, welche den Neger, den Sohn Ham's, dazu bestimmt habe, „ein Knecht unter seinen Brüdern zu sein."

So hat diese fromme Tradition, wenn sie dem Geiste der Brutalität und Bedrückung, der Ausbeutung und Erpressung entsprungen, überall demselben Interesse als Schild gedient, wenn es galt, das Recht des Menschen an den Menschen als ein göttliches nachzuweisen, und die Lehre von untergeordneten Racen und Klassen, die durch ihre Abstammung ein für alle Mal dazu bestimmt seien, einem höheren Racen- und Geburtsadel dienstbar und unterthänig zu sein, als „von oben" angeordnet zu rechtfertigen. Und in der That, ist die Verschiedenheit der anderen und höheren Racen mit ihren entsprechenden Kulturformen das Erbtheil einer ein für alle Mal so bestehenden Schöpfung und festgestellten Ordnung, so fällt auch die Fähigkeit des „Ungebildeten", sich zu veredeln, die des „Dienenden", zu herrschen, des „Regierten", sich selbst zu regieren, des „Verstlavten" sich selbst zu versorgen an die Seite, und Nichts bleibt übrig, als das Recht des Vererbten, des Bestehenden mit seiner ewigen Bewunderung und Rechtsungleichheit.

Die Vernunft setzt an die Stelle der Phantasie von einer willkürlichen Schöpfung den Gedanken einer aufsteigenden Entwicklung, die Erscheinungen des organischen und Kulturlebens sind nicht mehr die wunderlichen Produkte einer schöpferischen Laune, eines ein für alle Mal gesetzten Keimes, sondern die nothwendigen Resultate einer durch veränderte äußere Einflüsse unmerklich vor sich gehenden Wandlung. Wie die Vernunft keinen Stammvater der Menschheit, keinen „ersten Menschen", kein erstes Menschenpaar, so kennt sie auch keine Stammväter von sogenannten Menschenracen. Ebenso wenig, wie der „Mensch" in einem ersten Paare fertig auftrat, sondern durch eine Reihe von Uebergangsstufen allmälig aus einer niederen Form des Thierlebens sich aufbaute, ebenso wenig können die verschiedenen sogenannten Racen einigen beliebigen Stammvätern, die den fertigen Urtypus an sich getragen, zugeschrieben werden. Wie der „Mensch", so sind die sogenannten Racen das Resultat einer durch Jahrtausende kaum merklichen Modification vorhandener Formen gewesen. An verschiedenen Ausläufern einer niederen Thierform anknüpfend, entwickelte die Natur Abarten und Abweichungen, die sich immer weiter von der bestehenden Ordnung entfernten, bis sie als ebenso viele transformirte Varietäten die neue Ordnung „Mensch" begründen konnten. Während die Mehrzahl dieser Varietät n in dem Bestreben, ihre Gattung zu erhalten, erlag, gelang es einzelnen, sich den Bedürfnissen einer veränderten Existenz entsprechend, zu behaupten. Diese einzelnen, noch schwebenden Varietäten des neuen Menschentypus prägten sich dann unter dem Jahrtausende hindurch beharrlich fortwirkenden Einflusse derselben günstigeren, oder ungünstigeren klimatischen und geographischen Verhältnisse zu bestimmteren Formen, sogenannten höheren und niederen Racen um. Die Vererbung der sogenannten Raceneigenthümlichkeit, hielt, ähnlich wie in Familien, mit der Isolirung, dem Verharren unter gleichen äußeren und Kulturverhältnissen und dergleichen, die „Ausartung" der Racen und Formen mit ihrer Verpflanzung unter veränderte äußere und Kultureinflüsse gleichen Schritt. So sind die sogenannten Racen, nachdem sie aus Varietäten sich fixirt hatten, stets wieder in neue Varietäten auseinander gegangen, oder auch, als nicht mehr modificationsfähig, im Kampfe mit lebensfähigen Concurrenten erlegen. Varietäten, welche den Uebergang von einer zur anderen Race vermittelten, fielen aus, und nur die scheinbar unvermittelten Gegensätze blieben stehen, oder auch Abarten bestehender Racen erhielten sich, während diese selbst zu Grunde gingen, so daß der Gegensatz der zur Herrschaft gelangten neuen Race zu der bestehenden noch verschärft wurde. Aus allem diesem erklärte sich die Sprachenverwirrung, die hinsichtlich des Begriffs und der Anzahl der sogenannten Racer, sowie des Unterschiedes von

Varietäten und Racen eingetreten ist. Während die Einen an der alten Satzung von den fünf Racen sich anklammern, als dem letzten Nothanker gegen die Fluth der „destructiven" modernen Wissenschaft, zählen Andere die Racen nach Dutzenden, bis schließlich alle und jede primitive Stammesunterscheidung in dem großen Strome einer aufsteigenden Entwicklung sich auflös't, das in buntem Spiel eine Reihenfolge mehr oder weniger fixirter Typen zu Tage fördert. Ist aber die Verschiedenheit dieser Typen das Produkt äußerer geographischer, klimatischer und Cultureinflüsse, und sehen wir in ihnen die mehr oder weniger scharf ausgeprägten Erscheinungen einer unendlichen Modification, so gilt dies ebenso und noch viel mehr von den verschiedenen Formen und Stufen der Cultur. Nur durch die Gunst oder Ungunst äußerer Verhältnisse wurden die sogenannten bevorzugten Culturvölker emporgehoben und die sogenannten „vernachlässigten Racen" niedergehalten, und es heißt dem großen Natur- und Culturgesetz einer unendlichen Wandlung und Entwicklung in's Angesicht schlagen, wenn man von civilisirten, halbcivilisirten, barbarischen und wilden Racen reden hört. Ebenso wie die Kasteneintheilung der Inder, schließt eine solche Klassification, der man in amerikanischen Schulbüchern oft genug begegnet, jede Entwicklung aus, bricht über jede außerchristliche Cultur den Stab und öffnet dem Rechte der Versklavung, der Erpressung und Ausrottung das Thor der brutalen Willkür. Anstatt auf vernünftige Begründung, stützt sich die christliche Mission im Contact mit „uncivilisirten" Racen auf die brutale Behauptung ihrer Unfehlbarkeit, anstatt vernünftiger Aufklärung und Mündigmachung, bezweckt sie Belehrung und Ausbeutung, hinter der Bibel auf dem Verdeck birgt das „christliche Handelsschiff" sein Contraband an Whisky und Schießpulver, und neben der Gleichberechtigung im „Himmel" verkündet die neue Botschaft die Rechtsungleichheit auf Erden. Kein Wunder, wenn die „uncivilisirten Racen" es vorziehen, in ihrer Rohheit ehrenvoll unterzugehen, als im vergeblichen Ringen, eine ihnen ewig fremde und feindliche Cultur sich anzueignen, schmählich zu erliegen. Eine Cultur, die den Neger zum Sklaven macht, weil es ihrem Interesse dient, die dem Neger die Freiheit giebt, weil sie ihn als Verbündeten braucht, die dem Neger politische Gleichberechtigung verheißt, weil er „die Partei" verstärkt, aber ihn in seine alte Rechtlosigkeit zurückstößt, sobald sie merkt, daß die öffentliche Meinung den Neger nicht für bildungsfähig und ebenbürtig hält. Wodurch aber sollte eine bisher unterdrückte und mißhandelte, vernachlässigte und in der Unwissenheit gehaltene „Race" ihre Bildungsfähigkeit und ihren Anspruch auf Rechtsgleichheit anders beweisen und unterstützen, als durch ihren Trieb zur Bildung und durch ihr Streben nach Gleichberechtigung? Eine „Race", die nach einer höheren Cultur verlangt, ist eine Culturrace, die, durch die geeigneten Mittel vorbereitet, befähigt ist, das Erbtheil einer bestehenden höheren Cultur anzutreten, befähigter und berechtigter jedenfalls zu politischer Gleichstellung, als Racen, die mit ihrer fertigen, sibirischen oder chinesischen Cultur, als Fremdlinge und Feinde einem Gemeinwesen gegenüberstehen, das auf dem

Grunde der freien Entwicklung und des vernünftigen Fortschrittes ruht. Wie in der Natur, ist im Contacte niederer und höherer Culturformen die Erhaltung und der Untergang derselben von ihrer Modificationsfähigkeit abhängig. Darum sollten in einem freien Gemeinwesen Allen die gleichen vernünftigen Bildungsquellen, Allen die gleichen Wege zur Erlangung gleicher Rechte offen stehen, damit in ungehinderter Concurrenz alle Kräfte sich versuchen und durch ihre Leistungen beweisen können, ob sie im großen Kampfe („struggle for existence") zur Fortentwickelung, oder zum Untergang berufen sind.

Der Briefkasten der Madonna.
Von Julian Werner.
(Fortsetzung.)

10. Das Rendezvous.

Es war ein ihm wohl bekannter Weg, den Eugen Hammer an diesem Morgen verfolgte. Eine kurze Strecke hinter den letzten Häusern der Stadt nahm auch der Tajamar sein Ende oder lief vielmehr in einen einfachen Steindamm aus, der sich, in geringer Entfernung von dem vielfach gewundenen Ufer des Mapacho, in ziemlich gerader Linie einige Leguas weit, erstreckte um die in der Tiefe der Thalsohle gelegenen, überaus künstlich angelegten Gärten und Landsitze wenigstens einigermaßen gegen die zeitweisen Verheerungen des wilden Bergstromes zu schützen. Es war ein Urwald des üppigsten Grüns, durch den sich die schmale, aber gutgehaltene Straße hinzog. Die zur Linken liegenden Gärten waren meist mit dichtem Buschwerk eingehegt, hinter welchem gar traulich und lauschig auf sammetartigem Rasenplan die zierlichen Villen mit ihren weiß angestrichenen Piazzas und Balkonen hervorlugten. Zwölf bis fünfzehn Fuß hohe Perescien, eine stachel- und astreiche Cactusart, bildeten eine fast ununterbrochene lebende Mauer. An den Hecken schlängelten sich die prächtig blühenden Passionarien und wilde Kürbisse empor, und aus den grünen Laubkronen vereinzelt stehender Fächerpalmen und Algaroben hingen, wie die bunten Gloden eines chinesischen Pavillions, in saftigen Farben prangende Orchideen-Blüthen hernieder, unter denen als wahre Königin die unvergleichliche flor del aire oder Luftblume, eine üppige Rose an fast unsichtbarem Stengel hoch und frei in der Luft schwebend, einen wahrhaft magischen Effekt erzielte. Wohlriechende Kräuter bildeten längs der Hecken mit ihren zierlichen Blüthen einen bunten Teppich wie ihn kein Künstler prächtiger malen kann, und der süße Duft des Trebols und Gaisblatts erfüllte die Luft. Obwohl die Mittagsstunde herannahte, war doch die Hitze nicht eben drückend. Die grüne Mauer und die dunkelen Laubkronen gaben stellenweise einigen Schatten; vom Mapacho, den man in weiten Strecken überblickte, wenn nicht gerade ein Dickicht oder vorspringender Hügel die Aussicht hemmte, und dessen gelbliche, schaumgekrönte Wogen in tollem Drängen unablässig über einander stürzten, als hätten sie es besonders eilig, die ländliche Stille mit dem Getümmel der Stadt zu vertauschen, wehte ein frischer Luftzug herüber, der, vermischt mit dem köstlichen Aroma der Pflanzen und Blüthen, eigenthümlich kräftigend und belebend wirkte.

Hammer, der in scharfem Trabe durch die Stadt geeilten, ließ jetzt, wo kein neugieriges Auge ihn mehr verfolgte, sein Pferd etwas langsamer gehen und weidete sich an der herrlichen Umgebung. Es war ihm nichts Neues, was er sah, schon gar manchmal hatte er sich dem Zauber dieser Eindrücke überlassen. Die zum Himmel strebenden Gebirgsriesen mit ihren dunkelen, wie im Nebel gehüllten Umrissen in der Tiefe und den sich im hellsten Sonnenlicht scharf abhebenden Zacken und Gipfeln, jene unermeßliche Bergkette, die in weiter Ferne jenseits des Mapacho den Hintergrund abschloß; der rauschende Fluß, zahllosen Windungen die ihn umschließenden felsigen Hügelwände durchbrechend; die Villen und Haciendas, wie leuchtende Punkte nah und fern, soweit das Auge reichte, aus dem schattigen Grün emportauchend; die wohlgepflegten Gärten zur Linken mit ihren dunkelen Laubgängen, ihren schillernden Blumenbeeten; jenseits des Flusses zur Rechten die weit ausgedehnten Mais- und Tabaksfelder; die bunten Kiesel des Wegs, die duftenden Blumen und die mit lautem Gekrächz aus den Büschen aufliegenden Papageien und sich zwitschernd verfolgenden Colibris — das Alles waren alte liebe Bekannte, denen Eugen schon gar oft begegnet und an die sich für ihn so manche süße Erinnerungen knüpften. Vor etwas länger als Jahresfrist war er gar häufig, mindestens ein- oder zwei Mal in jeder Woche, dieses Wegs gekommen. Wenn die Arbeitszeit auf dem Comptoire vorüber und die heißesten Stunden des Tages in träumerischer Siesta verbracht waren, ließ er sich sein Pferd satteln und sprengte hinaus vor die Stadt, dem Laufe des Mapacho nach aufwärts in derselben Richtung folgend, welche er auch jetzt wieder einhielt. Während sein Auge im Anblick der herrlichsten tropischen Natur schwelgte, beschäftigte er sich im Geiste mit dem Empfange, der seiner in der traulichen Hacienda harrte, die dort im Schatten eines Cypressenwäldchens hinter den felsigen Hügeln versteckt lag, welche das liebliche Thalpanorama in der Entfernung weniger Leguas abschlossen. Eine emsige Schülerin, die reizendste Blume dieses romantischen, auf vulkanischem Grunde ruhenden Landes, begrüßte in ihm stets den heiß ersehnten Lehrer, der ihrem nach Ausbildung strebenden Geiste den Schatz fremder Sprachen, bisher unbekannter Wissenschaften und Künste erschloß, mit dem sie ein immer innigeres Band vereinigte, und dem es nach und nach gelungen war, sich ihr Herz, ihr ganzes Fühlen, Denken und Sein zu eigen zu machen. In welch' wunderbarer Harmonie stand damals diese großartige, farbenprangende Natur zu den, von Glück und Hoffnung geschwellten Empfindungen seines Herzens, das so manchmal laut aufjauchzte im Jubel erster Liebeslust. Wie eitel Silber und Edelgestein schimmerten ihm die schneebedeckten ehrwürdigen Häupter der fernen Anden im flüssigen Golde der sinkenden Sonne; das längst verlorene Paradies glaubte er in diesem beneidenswerthesten Winkel des Erdkreises wieder gefunden zu haben; Luft und Himmel und Blüthenduft berauschten ihn, und aus dieser zauberhaften Gegenwart versetzte er sich im kühnen Fluge seiner Phantasie in eine noch herrlichere, alle seine kühnsten Hoffnungen verwirklichende Zukunft.

Eugen Hammer war auf einem Balle des Präsidenten Donna Uraca Mureno vorgestellt worden, die denselben mit ihrer eben in die Gesellschaft eingetretenen Tochter Leontica besuchte. Als Vertreter einer der angesehensten auswärtigen Handelsfirmen der Stadt hatte er vor den Augen der auf ihr altehrwürdiges Geschlecht und das in ihren Adern fließende calistische Blut nicht wenig stolzen Dame Gnade gefunden. Die beiden jungen Leute machten wohl gleich bei der ersten Begegnung einen tiefen Eindruck auf einander, obwohl keines sich desselben klar bewußt war und noch weniger der geheimen Empfindung des Herzens Ausdruck zu verleihen vermochte. Leontica hatte den Wunsch geäußert, sich in der französischen Sprache, deren Elemente sie erlernt hatte, zu vervollkommnen, und zugleich auch die deutsche, die ihr noch fremd war, kennen zu lernen; Eugen Hammer, der zwar des Spanischen vollkommen mächtig war, bewunderte die Grazie und Feinheit, mit der sich die junge Dame in ihrer Muttersprache ausdrückte und glaubte seine eigene Kenntniß derselben durch ihren Umgang wesentlich vervollständigen zu können. So begegneten sich die beiderseitigen Wünsche, und da die Duegna mit seltener Bereitwilligkeit ihre Einwilligung gab, nahm der Unterricht alsbald seinen Anfang. So ward der junge Kaufmann ein häufiger Gast in der einsam gelegenen Hacienda; die Mutter behandelte ihn stets mit gleicher Artigkeit und Zuvorkommenheit, die Tochter, von dem Edelmuth seines Herzens und der Fülle seines Geistes hingerissen, trug ihm unbewußt eine zarte Neigung entgegen, die bald von ihm mit feurigster Gluth erwiedert wurde.

Die Besuche Eugen Hammers auf der Hacienda, so sehr sie den zunächst Betheiligten zur Befriedigung gereichten, waren keineswegs nach dem Geschmack der geistigen Berather und Seelsorger Donna Murenos. Die frommen Väter von della compania, an ihrer Spitze der in Chili allmächtige Pater Ugarte, der sich des besonderen Vertrauens der würdigen Wittwe des für die Republik gefallenen Obersten erfreute, fanden es sehr unpassend, daß ein ungläubiger Fremdling solchen Einfluß im Hause einer rechtgläubigen Katholikin gewinne; ihr Scharfblick ließ sie erkennen, es werde sich ein Verhältniß zwischen der jungen Chilenin und dem protestantischen Kaufmann anspinnen, welches am Ende zu einem ketzerischen Bündniß, vielleicht gar zum Verlust einer dem allein seligmachenden Glauben angehörenden Seele führen möge. Noch im rechten Augenblick ward Ugarte inne, daß die Kirche und der wahre Glauben durch solchen Umgang in gefährlicher Weise unterminirt werde,—er säumte daher nicht, wirksame Gegenminen zu legen. Die alte Duegna, stolz auf ihre Gottesfurcht und ihren Glaubenseifer, ließ sich leicht gewinnen; das den Keim der Liebe bereits im Herzen tragende Mädchen war schwerer zu beeinflussen, doch die frommen Väter

Jesu würden ihren sprichwörtlichen Ruf der Schlauheit und Welterfahrung kaum verdient haben, wenn es ihnen nicht gelungen wäre, auch in solchem Falle schließlich den Sieg davon zu tragen. Eugen stellte seine Besuche nicht ein, doch sie wurden seltener; an die Stelle des früheren herzlichen Verkehrs trat ceremoniöse Höflichkeit und Befangenheit. Zu einer eigentlichen Erklärung war es zwischen den jungen Leuten nie gekommen; Leontica vermied dieselbe jetzt noch ängstlicher als zuvor, Eugen hätte nicht den Muth, sie unter den veränderten Verhältnissen herbeizuführen. Das Glück und die Ruhe Beider waren gestört; doch während Eugen wenigstens seinen treuen Freund Nagel hatte, dem er sein Herz ausschütten und sein Leid klagen konnte, mußte Leontica ihren Kummer in sich selbst verschließen, da sie bei der strengen, von Pater Ugarte beherrschten Mutter keine Unterstützung gefunden haben würde. Da kam der Brief des alten Herrn Hammer aus Hamburg, der Eugen nach der Heimath rief. Er hatte nicht den Muth, sich von Leontica zu verabschieden; einige schriftliche Zeilen, die ein glückliches Wiedersehen verhießen, hatten die Stelle des persönlichen Abschieds vertreten, fielen jedoch der Mutter in die Hände und wurden auf Anrathen Ugarte's, der bereits die Bewerbung des reichen Escovedo begünstigte, unterschlagen. Als nach Jahresfrist Eugen über das weite Meer zurückkehrte, überseelig in dem Gedanken, sein Wort einlösen und die Verheißung des glücklichen Wiedersehens zur Wahrheit machen zu können, kam er gerade im rechten Augenblick, um als Gast der Hochzeitsfeier Don Escovedos beizuwohnen.

Seit seiner Rückkehr aus Deutschland hatte Hammer den Weg nach Donna Uracas Hacienda nicht wieder betreten; mit welchen Empfindungen legte er ihn heute zurück, wo er der Heißgeliebten mit dem vollen Bewußtsein dessen, was sie ihm hätte sein können und was er an ihr verloren, gegenübertreten sollte! In saftiger Farbenfülle, vom azurnen Firmament überwölbt, lag die tropische Landschaft vor ihm ausgebreitet; wie ehemals leuchteten aus weiter Ferne die Silberzacken der Anden zu ihm herüber; Algaroben und Fächerpalmen wölbten ihre grünen Baldachine und spendeten kühlenden Schatten; der Mapacho rauschte sein einförmiges und doch ergreifendes Lied; die Kelche der blauen sinnigen Passionarien, der amaranthfarbenen Pampasrosen und der wie in dunkelem Purpur erglühenden Riesenkakteen nickten ihm gleich alten lieben Bekannten zu; die Papageien flatterten mit schrillem Gekreisch empor und die zwitschernden Colibris verfolgten sich durch das dichte Geäst — Alles das war wie ehemals, aber im Herzen des auf munterem Roß einhertrabenden Reiters war es anders geworden, und statt des Jubels und der Hoffnung auf nahes Glück hatte das namenlose Weh ewiger Entsagung seinen Einzug darin gehalten.

Die Straße, die sich in weiterer Entfernung von der Stadt bald zwischen Buschwerk, bald zwischen angebauten Feldern und Wiesengründen, stets aber dem Laufe des Mapacho folgend, hinzog, war sehr einsam. Um die Mittagszeit stockt ja gewöhnlich jeder Verkehr, und wer es irgend vermag, sucht den Schatten und die Ruhe auf. Nur hin und wieder schleppte sich eine mit Feldfrüchten beladene, von mächtigem Sonnendach überspannte Carreta in dem tiefen Geleise dahin; der Tropero lag lang ausgestreckt auf seinen Maiskolben oder Bataten, und sollte er auch in sanften Schlummer versunken sein, die geduldigen Wiederkäuer werden das schwerfällige Fuhrwerk doch glücklich an Ort und Stelle bringen. Im Schatten des Buschwerks oder eines vereinzelt stehenden Baumes hielt hin und wieder ein Gaucho-Schafhirt Siesta; seine wolligen Schützlinge hatten sich im Kreise um ihn gesammelt und der zottige Hund lag zu den Füßen des Herrn, von Zeit zu Zeit den Kopf erhebend, um die Häupter seiner Lieben zu überzählen oder mit der Nase in der Luft schnuppernd, ob sich nichts Verdächtiges nähere. Beim Herannahen des Reiters schlug der Hund kräftig an, die Schafe drängten sich ängstlich zusammen, der Hirt aber, aus den schlaftrunkenen Augen blinzelnd, wälzte sich nur von einer Seite auf die andere und erwiderte im günstigsten Fall das freundliche Kopfnicken des Reiters mit einem frommen Gruß.

Jetzt war Hammer auf dem Gipfel der felsigen Anhöhe angelangt; der Weg lief durch eine Schlucht; in geringer Entfernung lag seitlich auf einer Anhöhe, von stattlichen Baumgruppen beschattet, eine ziemlich ansehnliche Hacienda, der der sorgfältig umzäunte, weit ausgedehnte Garten das Ansehen eines Herrensitzes verlieh. Vom Fuß des Hügels zogen sich üppige Wiesengründe bis zu den sumpfigen Ufern des Flusses, dessen Bett hier felsig zu werden begann und der im Schatten dunkelgrüner Cypressen einherrauschte.

Am Ende der Schlucht verließ Hammer die Straße und ritt quer durch die Felder auf ein kleines Haus zu, welches einsam am Fuß des Hügels lag. Mit forschendem Auge spähte er in er Gegend umher, vermochte aber nirgends ein menschliches Wesen zu gewahren. Das einstöckige Häuschen mit seinem hochgiebligen, an den Seiten fast die Erde berührenden Hohlziegeldach konnte nur von einem armen Pächter bewohnt sein; die umliegenden Felder waren zwar sorgsam, jedoch nur mit den zur Fristung des Lebens unentbehrlichsten Produkten bebaut. Vor der Thür der Casa angekommen, stieg er vom Pferde, faßte dasselbe am Zügel und näherte sich dann der schmalen Pforte, die er fest verriegelt fand. Auf sein Klopfen blieb in der Hütte Alles still. Erst als er es zum zweiten Male und kräftiger wiederholt, ließen sich drinnen schwere Schritte vernehmen und der Riegel wurde zurückgeschoben. Ein grauköpfiger Alter erschien in der Thür; er schien etwas verschlafen und mußte die Hand schützend über die Augen halten, um in dem grellen Sonnenlicht sehen zu können.

„Grüß Dich Gott, Torillo! Wie geht es Dir, alter Knabe?" sagte Hammer, dem erschrocken zurückfahrenden Greise die Hand freundlich zum Gruß entgegenstreckend.

„Sanissima virgen Maria! Seid Ihr es denn wirklich und leibhaftig, Sennor Eugenio?" fragte der Alte, der seinen geblendeten Augen noch immer nicht recht zu trauen schien und in die dargebotene Rechte nur zögernd einschlug.

„Weshalb zweifelst Du, Torillo? Hast Du nie von meiner Rückkehr gehört?"

„Doch, doch, schon vor mehreren Wochen — es hieß aber, Ihr wäret erkrankt, Sennor Eugenio, gerade wie — —"

„Nun ja, ich war krank, mehr im Herzen als am Leibe — jedenfalls nicht so schlimm, daß Du, wie es der Fall gewesen sein mag, zu befürchten brauchtest, einen Besuch von meinem abgeschiedenen Geiste zu erhalten. Sieh mich nur recht an: — ich bin es, wenn auch vielleicht etwas verändert, denn es ist länger als ein Jahr, seit wir uns nicht gesehen, und in dieser Zeit hat sich ja, wie Du weißt, so Manches zugetragen...."

„Ja, ja, Sennor Eugenio, ein harter Schlag.... er mag Euch wohl recht erschüttert haben," sagte der Alte mit mitleidigem Kopfnicken. „Was aber führt Euch heute und zu dieser Stunde hierher?"

„Die alte Gewohnheit, mein Freund. Du sollst mir auf mein Pferd achten, während ich drüben in der Hacienda verweile, und dann bei meiner Rückkehr zum Lohn ein gutes Trinkgeld in Empfang nehmen, das Dich für meine lange Abwesenheit einigermaßen schadlos hält."

Der Alte fuhr höchlich erschrocken zurück. „Jesus Maria! Nach der Hacienda wollt Ihr, auf der die junge Sennora heute in der Frühe eingetroffen?"

„Eben deshalb. Ich denke doch, Torillo, Du wirst mir eine letzte Abschiedsunterredung mit ihr gönnen?"

„Ich? Ach, du gebenedeite Mutter Gottes! Hätte es denn für mich in meinen alten Tagen eine größere Freude gegeben, als wenn Don Eugenio und Donna Leontica ein glückliches Paar geworden? Aber es hat ja doch einmal nicht sein sollen.... Don Escovedo hatte das Glück, die Braut heimzuführen .... die junge Sennora ist jetzt seine rechtmäßig angetraute Gemahlin.... Sie wissen vielleicht nicht, daß er trotz seines Alters von furchtbarer Eifersucht heimgesucht ist, daß man sich haarsträubende Geschichten von ihm erzählt...."

„Ich weiß Alles, ehrlicher Alter, und dennoch werde ich Leontica sehen müssen. Eure himmlische Madonna, die Ihr so inbrünstig verehrt, hat mir einen Ihrer Engel gesandt, um mich hierher zu geleiten."

„Madonna, sagt Ihr — unsere gnadenreiche Himmelsmutter? Ja, Don Eugenio, das wäre ein Anderes, — dann müßtet Ihr gehorchen, — dann wäre es selbst für mich keine Sünde, meinem lieben guten Sennor Eugenio noch einmal zu Diensten zu sein. Madonna über Alles — ihr allein die Ehre im Himmel und auf Erden!"

„Wohlan denn, Torillo, so habe Acht auf mein Pferd. Bist Du noch im Besitz des Schlüssels für das kleine Pförtchen, welches zu dem Pavillon führt?"

„Ja, Sennor. Der Schlüssel hängt noch drinnen hinter dem Kamin. Es hat ihn Niemand gebraucht, seit Ihr uns verlassen habt, und wenn gar unser neuer Herr, Don Escovedo, darum wüßte — —"

„Gib mir den Schlüssel, guter Alter — es ist heute zum letzten Mal!"

„In Madonnas Namen! Wer könnte Euch etwas abschlagen, Don Eugenio?"

Der alte Torillo ging in die Casa und kam gleich darauf mit einem kleinen verrosteten Schlüssel zurück, den er Hammer einhändigte.

„Soll ich Euch bis zum Pförtchen begleiten, Sennor?"

„Meinst Du, ich sei hier fremd geworden? Keine Sorge; jeder Fuß breit Landes ringsumher ist mir wohl bekannt. Dennoch kannst Du mir noch einen wichtigen Dienst leisten, Torillo."

„Befehlt, Sennor!"

„Verweile vor Deiner Casa bis zu meiner Rückkehr. Von hier aus überblickst Du den Weg, der nach der Stadt führt. Niemand kann sich von dieser Seite der Hacienda nähern, ohne von Dir gesehen zu werden. Habe wohl Acht, und sobald sich etwas Verdächtiges naht, eile nach dem Pförtchen des Pavillons, um mir Nachricht zu geben. Gott befohlen, Alter! Madonna wird Dir durch mich Deine Treue lohnen!"

Hammer übergab dem Alten das Pferd, drückte ihm nochmals die Hand und schlug sich dann seitlich in die Büsche, wo er einen schmalen Pfad verfolgte, der zu dem Hügel aufstieg.

Torillo zog das Pferd in einen Schuppen hinter seiner Hütte, wo er es reichlich mit Futter und Wasser versah.

Kaum war Eugen Hammer in dem Dickicht verschwunden, als in geringer Entfernung hinter einem Felsenvorsprung eine zusammengekauerte Gestalt sich bedächtig und unter vorsichtigem Umherspähen erhob. Es war Pater Manuel, der hier versteckt gewesen und, wenn auch nicht die Unterredung zwischen Torillo und Hammer vernommen, so doch die Bewegungen des Letzteren genau beobachtet hatte.

„Meine List ist gelungen," murmelte er vor sich hin. „Ich habe mich glücklicher Weise vor die rechte Schmiede gewendet und werde jetzt aus dem frommen Alten leicht herausbringen, wo die Zusammenkunft stattfindet, um ihr als unberufener Zeuge beizuwohnen, sie im rechten Augenblick zu unterbrechen und zu meinen Zwecken auszubeuten.... Wenn aber die Sache doch nicht ganz ohne Gefahr für mich wäre? .... Diese Deutschen sind eine entschlossene Nation.... sie haben keine Achtung vor dem Priesterstand.... sie legen die profane Hand an das Heiligste. ——— Bah, Manuel, so nah am Ziele und noch unschlüssig? Gilt es nicht einen hohen, einen herrlichen Preis, und läßt sich ein solcher je ohne Einsatz erringen? Leontica winkt, die Himmlische, die meine Seele erfüllt, zu der allein ich noch zu beten vermag — kannst du zaudern, Manuel?"

Der junge Priester huschte behende hinter seinem sicheren Versteck hervor und eilte gleichfalls in das benachbarte Dickicht. Hier hatte er sein Pferd grasend zurückgelassen. Er schwang sich hinauf und ritt dann langsamen Schrittes bis vor Torillo's Hütte. Dort stieg er wieder ab und klopfte an die Thür.

Diesmal erschien der Alte ohne Zögern. Beim Anblick des Priesters fuhr er erschrocken zurück.

„Der Friede des Herrn und die Gnade unserer heiligen Jungfrau sei mit Dir, mein Sohn!"

„Amen, ehrwürdigster Pater! Was verschafft meiner schlechten Schwelle die hohe Ehre, von dem eifrigsten Diener Madonnas, dem ehrwürdigen Pater Manuel überschritten zu werden?"

„Ich wünsche mit Dir zu reden."

„Mit mir? Ihr kommt zu mir, dem armen Torillo, und nicht auf die Hacienda zu den beiden Senoras?"

„Kennt die Kirche einen Unterschied zwischen Arm und Reich, Hoch und Niedrig? Laß uns eintreten, mein Sohn, es handelt sich um eine Sache von Wichtigkeit."

Torillo öffnete ehrerbietig die Thür des einzigen Raumes der Casa und Pater Manuel schritt voran in das kleine Zimmer. Es war sehr ärmlich ausgestattet und empfing sein spärliches Licht nur durch ein hoch oben an der Decke angebrachtes, vergittertes Fensterchen. Da es an Stühlen gebrach, mußte der Alte seinen Gast zu einem Sitz auf dem einfachen Lager einladen, welches aus rohen Brettern bestand, die auf Holzpflöcke gelegt und über welche einige Büffelfelle und wollene Decken ausgebreitet waren.

„Mein wackerer Torillo, man rühmt Dich als einen treuen Sohn der Kirche und auch ich habe Dich stets als solchen erkannt."

Der Alte verbeugte sich voll Ehrfurcht.

„Madonna überhäuft Dich mit ihrer Gnade," fuhr Manuel fort, indem sie Dir Gelegenheit bietet, ihr einen großen Dienst zu leisten."

„Ich — Madonna? . . . . Wie das, ehrwürdigster Pater?"

„Sennor Hammer, der deutsche Kaufmann, der Dich soeben verließ, hat sich nach der Hacienda begeben, um mit Sennora Leontica eine geheime Zusammenkunft zu haben. Wo findet sie statt? Wohin muß ich mich wenden, um Beide zu treffen?"

Der ehrliche Torillo war so heftig erschrocken, daß er im Augenblick nicht zu antworten vermochte.

„Du bist betreten, mein Sohn, weil Du mich von Allem unterrichtet siehst," sagte der Pater in mildem einschmeichelndem Tone, aber doch mit einer gewissen Festigkeit, die keinen Widerspruch duldete. „Fürchte nichts, ich werde das Geheimniß weder zu Deinem, noch zu Sennor Hammers Nachtheil ausbeuten. Es ist Madonna, der ich die Kunde verdanke, und die mich zu ihrer Vervollständigung jetzt auf Dich verwiesen."

Torillo hatte sich inzwischen wieder etwas gesammelt. Daß er den Worten des Paters nicht trauen durfte, daß seinem Schützling in der That Gefahr drohte, wenn er der an ihn gestellten Forderung entsprach, war ihm klar. In demselben Augenblick, wo diese Ueberzeugung bei ihm feststand, hatte er auch den Beschluß gefaßt, seinen jungen Freund nicht zu verrathen.

„Ehrwürdigster Pater," versetzte der Alte, „Ihr irrt, wenn Ihr glaubt, daß ich von den Absichten des deutschen Kaufmannes näher unterrichtet sei. Ich kenne ihn aus früherer Zeit, wo er ein häufiger Gast in der Hacienda war, habe ihn aber seit Jahr und Tag nicht gesehen. Vor einer halben Stunde sprach er hier vor und übergab mir sein Pferd bis zu seiner Rückkehr, die bald erfolgen werde. Wohin er sich begeben, was er beabsichtigt — es ist mehr als ich zu sagen weiß, da ich ihn weder darum befragt, noch er mir freiwillig Auskunft darüber gegeben."

„Torillo, Du wagst Dich dem ausdrücklichen Befehl unserer heiligsten Mutter Gottes zu widersetzen?" fragte der Priester ernst.

„Ich war dem Befehl Madonnas gehorsam, Ehrwürdigster, dessen bin ich gewiß."

„So trotzest Du mir, Ihrem geweihten Diener?"

„Jeder Trotz liegt mir fern, aber wie soll ich Auskunft geben über Dinge, die mir gänzlich unbekannt sind?"

„Bedenke, daß Dein Ungehorsam schwere Strafen in dieser und jener Welt nach sich ziehen wird."

„Ich unterwerfe mich Allem, was Madonna über mich verhängt."

„Verlästere nicht ihren göttlichen Namen! Madonna hat keine Gemeinschaft mit einem Abtrünnigen und Ungetreuen. Mein Sohn, geh in Dich — noch ist es Zeit. Wenn Du Deinen Vortheil im Auge hättest, würdest Du nicht so thöricht handeln. Bedenke, daß es meine Pflicht ist, Deinem Herrn, Don Escovedo, von dem Verrath, den Du an ihm verübtest, in Kenntniß zu setzen. Sein ganzer Zorn fällt auf Dich. Du wirst Deines Dienstes hier auf der Hacienda verlustig gehen.... Du wirst Haus und Feld verlassen müssen.... Poche auch nicht auf die gütige Fürsprache der Sennoras.... sie sind machtlos.... der Herr führt jetzt das Regiment hier, Du weißt es, und er ist unnachsichtlich streng gegen Alle, die ihn hintergehen oder seinem Willen zuwider handeln."

„Ich hintergehe ihn nicht, ich hintergehe Niemanden!" rief der alte Mann, dem die gefahrvolle Lage, in die er sich plötzlich versetzt sah, immer deutlicher vor Augen trat. „Seit langen Jahren hab' ich redlich meine Pflicht erfüllt; mißtraut man mir dennoch, so muß ich eben das Schlimmste über mich ergehen lassen."

„Du beharrst bei Deinem Leugnen?"

„Seid barmherzig, Ehrwürdigster! Ihr werdet einen alten Mann nicht zu Grunde richten wollen...."

„Beantworte mir meine Frage: wo findet die Zusammenkunft statt?"

„Ich weiß es nicht, ehrwürdiger Pater!" rief Torillo mit erhobenen Händen.

„So trage die Folgen, Undankbarer, verliere Deinen Dienst und sei von der Kirche verflucht!"

Torillos Blicke schweiften, wie Hülfe suchend, durch den engen Raum und fielen auf die massive Thür und das eiserne Schloß, dessen Riegel zurückgezogen war und in welchem kein Schlüssel steckte.

In diesem Augenblick der Gefahr kam dem alten Manne ein glücklicher Gedanke.

„Haltet ein, Ehrwürdiger!" flehte er, hastig emporspringend. „Mir ist, ich höre Tritte draußen. Vielleicht kehrt der junge Deutsche bereits zurück und vermag Euch selber Auskunft zu geben. Einen Augenblick, frommer Vater, ich bin gleich wieder hier."

Er wollte hinauseilen, strauchelte jedoch, griff, wie um sich zu halten, nach der Thür und warf dieselbe mit Macht hinter sich in's Schloß. Pater Manuel kam die vermeintliche Unterbrechung höchst unerwünscht; er wollte dem Alten nacheilen, als er jedoch die Thür zu öffnen versuchte, fand er dieselbe fest verschlossen. Er pochte und rief Torillo bei Namen. Dieser kehrte augenblicklich zurück, vermochte aber von außen die Thür nicht zu öffnen.

„Es ist Niemand da, Ehrwürdigster.... Euer Pferd hat ungeduldig den Grund gestampft.... Aber diese Thür — — was ist das? Läßt sie sich nicht von innen öffnen?"

„Drehe den Schlüssel um, Torillo, das Schloß ist eingeschnappt."

„Den Schlüssel?.... Steckt er denn nicht drinnen?.... Wo hab' ich ihn doch gleich?.... Herr Gott, da fällt mir ein ——"

„Was? Was, mein Sohn?"

„Der Schlüssel ist oben auf der Hacienda — ich ließ ihn heute Morgen aus Versehen dort liegen, als ich bei der Ankunft der Herrschaft hinaufgerufen wurde."

„So nimm Dein Beil und brich die Thür auf!.... Du wirst doch irgend ein Werkzeug zur Hand haben".... rief der Priester ängstlich und erbebend bei dem Gedanken, hier eingesperrt bleiben zu müssen, während die für ihn so bedeutungsvolle Zusammenkunft zwischen Hammer und Leontica ungehindert vor sich ging.

„Unmöglich, frommer Vater! Ueberzeugt Euch selber: die Thür ist so fest und massiv, das Schloß so stark — sie würden meiner Anstrengung spotten. Aber geduldet Euch nur ein halbes Stündchen.... ich laufe über Hals und Kopf nach der Hacienda hinauf, um den Schlüssel zu holen.... vielleicht kann ich noch früher zurück sein.... Laßt euch die Zeit nicht lange werden, Ehrwürdigster! Ihr sollt so rasch als möglich erlös't werden."

„Ha! Halt! Torillo, so warte doch!.... Höre mich, mein Sohn!...."

Aber Torillo, der grauköpfige Sohn, hörte nicht oder wollte nicht hören. Schon war er zur vorderen Thür hinaus, die er so geräuschlos als möglich gleichfalls verschloß.

Pater Manuel saß wohlverwahrt hinter doppelten Schlössern; an Entkommen war nicht zu denken.

„Heilige Mutter Gottes vergib mir, wenn ich eine Sünde that!" murmelte der Alte in den Bart, indem er das Zeichen des Kreuzes machte. „Ich mußte

Deinen ehrwürdigen Diener einsperren, wenn ich meinen guten lieben Don Eugenio und die arme junge Sennora, die Du ja beide gleichfalls beschützest, retten wollte. Ihm wird in meinem traulich stillen Stübchen kein Haar gekrümmt, aber dem armen jungen Paar würde sein Dazwischenkommen übel mitgespielt haben. Verzeih meine Einfalt und sei uns Allen gnädig, santissima Virgen Maria."

Während der gute Alte dieses Stoßgebetlein emporsandte, näherte sich in seinem Rücken ein mit zwei Maulthieren bespannter Wagen der Casa. Die sandige Beschaffenheit des Weges, welche die Räder tief einsinken ließ, verhinderte jedes Geräusch, so daß erst ein kräftiges Peitschenknallen des Capataz Torillo veranlaßte, sich umzusehen. Er erschrak nicht wenig, da der Wagen bereits ganz in der Nähe war. Drinnen hatte er eine Gefahr glücklich beseitigt oder wenigstens aufgehalten, hier nahte vielleicht eine andere. Schon besann er sich, ob es nicht noch Zeit sei, nach dem Pavillon des Parks zu eilen, um die Liebenden zu warnen, als eine bekannte Stimme an sein Ohr schlug.

„He, Torillo! Kennst Du mich denn nicht? Ich glaube gar, Du drehst mir den Rücken und gehst nach der entgegengesetzten Richtung, während ich als Gast vor Deine Thür komme. Na warte, kehrst Du wieder in der Posada ein, werd' ich Dir Gleiches mit Gleichem vergelten."

Torillo hatte den in so herzlicher Weise sich Anmeldenden bereits erkannt und ging ihm jetzt mit hastigen Schritten entgegen.

„Sieh, sieh! Bist Du es, Mateo? Guten Tag, amigo! Was führt Dich mit Deinem Gespann zu dieser Mittagsstunde hierher?"

Der Capataz, ein wohlbeleibter, behäbiger Mann, mit einem mächtigen Strohhut auf dem Kopfe und sonst nach Art der städtischen Mittelklassen gekleidet, war vom Wagen gesprungen und begrüßte den Alten.

„Ich bin mit den Mädels herausgefahren. Sie sind hinauf auf die Hacienda zur Herrschaft; — derweile, dacht' ich, will ich be'm alten Torillo vorsprechen, damit wir bei einer Cigarretta und einem Glase Aguardiente oder Rosalio, das er ja wohl vorräthig haben wird, ein Bischen zusammen plaudern."

„Die Mädchen hier.... auf der Hacienda?" fragte Torillo verwundert.

„Ja, die Nola und die Pepa, alle beide sind sie da."

„Aber ich begreife nicht...."

„Hat man Dir denn nichts davon gesagt?"

„Was?"

„Daß Pepa, die Ballerina, deren Geschicklichkeit Du in unserer Posada bewundert, von Deiner Herrschaft eingeladen wurde, hier vor ihr zu tanzen."

„Heute ist sie eingeladen — heute? Und zum Tanzen?"

„Nun ja, warum denn nicht heute? Was ist denn da so merkwürdig? Ich dachte schon, sie hätte Deiner Empfehlung diese Auszeichnung zu danken... nun weißt Du nicht einmal eine Silbe davon!"

„Ich kann es Dir nicht sagen, Mateo, aber ich finde es fast unbegreiflich, daß — —"

„Daß Deine Herrschaft die Ballerina sehen will? Oho, ich denke, das ist begreiflich genug. Kennt und bewundert nicht bereits ganz Santiago die reizende Pepa? Wird nicht in den Cirkeln der Reichsten und Vornehmsten von ihr gesprochen? O, ich sage Dir, Torillo, die Pepa ist keine Ballerina gewöhnlichen Schlags, wie sie da auf den Straßen den Bolero und die Sambacueca tanzen, sie ist eine ächte, eine große Künstlerin, und wenn sie uns nächste Woche verläßt, um in ihre Heimath jenseits der Cordillere zurückzukehren, steht uns Allen ein großer Verlust bevor. Darum ist auch die Nola jetzt so versessen auf sie.... nicht einmal auf ein paar Stunden will sie sie entbehren.... ich mußte anspannen und alle Beide aufladen, als Pepa diesen Morgen erklärte, daß sie nach Donna Murenos Hacienda beschieden sei."

Der dicke Mateo, der Wirth der Posada, hatte seine Lobrede auf die Ballerina noch nicht beendigt, als Torillo's Aufmerksamkeit durch eine Staubwolke abgelenkt wurde, die sich in diesem Augenblick am Ausgange der Schlucht, auf dem von der Stadt nach der Hacienda führenden Wege erhob. Er hielt die Hand über die Augen und sah schärfer hinüber. Die Wolke ward durch zwei Reiter verursacht, die in sausendem Galopp herankamen.

„Was hat das zu bedeuten?" fragte er, erschrocken über die unverhoffte Erscheinung.

„Jedenfalls haben die es eilig," versetzte Mateo, der jetzt gleichfalls hinüberschaute.

„Glaubst Du, daß sie nach der Hacienda wollen?"

„Es sieht fast so aus.... Ja richtig; jetzt halten sie sich links — sie reiten gerade auf den Hügel zu."

Die Reiter kamen mit rasender Geschwindigkeit näher. Bald hatten sie festeren Boden erreicht und die Hufe ihrer Rosse wirbelten keinen dicken Staub mehr auf.

„Wenn mich nicht Alles täuscht," sagte der Wirth der Posada scharf ausspähend, „so ist der, der zunächst nach uns reitet, Gil Perez, der Gaucho, der in Diensten Deiner neuen Herrschaft steht. Ich kenne ihn an der Haltung, wie er zu Pferde sitzt, und an dem weiten Poncho, der hinter ihm im Winde flattert."

„Heilige Mutter Gottes!" schrie Torillo entsetzt — „dann erkenne ich jetzt auch den Anderen!.... Ja, ja — das ist sein schwarzer Hengst.... er reitet wie der leibhaftige Teufel!....Verzeih, Mateo, ich muß hinweg....muß fort, so schnell mich meine Beine tragen, sonst giebt's ein Unglück — ein entsetzliches Unglück!"

Torillo begann mit einer Geschwindigkeit zu laufen, wie sie selbst Mateo seinen alten Gliedern nicht zugetraut hätte. Ehe dieser noch recht wußte, wie ihm geschah, war sein Freund bereits in dem Dickicht verschwunden, welches dicht bei der Casa den Weg begrenzte und sich bis zum Gipfel des Hügels emvorzog, wo es die Mauer berührte, die den zur Hacienda gehörenden Garten umschloß.

Die beiden Reiter hatten inzwischen ihren eiligen Ritt fortgesetzt und waren jetzt fast am Fuße des Hügels angelangt.

Mateo schüttelte verwundert den Kopf und sah noch immer unverwandt nach der Stelle, wo Torillo verschwunden war.

„Was dem närrischen alten Burschen nur heute durch den Kopf geht," sprach er vor sich hin. „Erst will er mir durchaus nicht glauben, daß die herzige Pepa, die Perle aller Ballerinas, zu seiner Herrschaft beschieden ist, und nun jagt ihm Gil Perez, der doch gewiß kein so übler Bursche sein kann, da meine Nola ein Auge auf ihn geworfen, einen solchen Schrecken ein, daß er über Hals und Kopf davonrennt, ohne nur einmal die einem Gast meines Schlages schuldige Rücksicht zu beobachten. Es muß etwas dahinter stecken. Der Torillo ist heute wie umgewandelt... Na, mir kann's gleich sein; er wird ja wohl zurückkommen und dann soll er mir Rede stehen. Einstweilen will ich nur für meine Thiere sorgen. Die armen Grauschimmel werden durstig sein und ein Mäßchen Mais käme ihnen wohl auch nicht ungelegen.... ich will mich in Torillo's Scheune darnach umsehen."

Der wohlbeleibte Gastwirth trat in den Hofraum der Casa und ging nach dem am hintern Ende derselben gelegenen Stalle. Dort wieherte ihm Hammers ungeduldiges Roß entgegen. „Aha," dachte er, „es sind Gäste hier gewesen. Ein Pferd graf't vor der Thür, ein anderes steht im Stalle — vermuthlich haben sie dem alten Torillo, der nur an seine Einsamkeit gewöhnt ist, so ganz den Kopf verdreht. Aber bei Madonna! ...was ist das für ein Lärm drinnen im Hause? Sollten es die Gäste sein, die in der Abwesenheit des Wirthes so ungebührlich laut werden?"

Mateo horchte. Drinnen in der Casa vernahm man ein heftiges Klopfen und Poltern; dazwischen rief eine dumpfe ängstliche Stimme den Namen Torillo. Der Wirth trat näher an das Haus. Das Rufen war verstummt, aber das Klopfen und Poltern dauerte fort. In der Absicht, sich von der Ursache des Lärms zu überzeugen, ging Mateo wieder nach der Straße, um durch die einzige Thür in das Innere des Hauses zu treten. Die Thür war fest verschlossen. Jetzt begann es ihm doch unheimlich zu werden, besonders da das Geschrei im Hause sich wieder vernehmen ließ, und zwar jetzt noch kläglicher und unheimlicher als zuvor.

„Bei meiner Seele, da drinnen steckt entweder ein Mensch oder" — der wackere Gastwirth entfärbte sich und begann an allen Gliedern zu zittern — „es geht ein böser Geist um. Wäre das Letztere der Fall, so möchte es wohl besser für mich sein, ich machte mich auch aus dem Staube, wie Torillo, denn obwohl es heller Tag ist, läßt sich mit solchen Wesen doch einmal nicht spaßen, und an dem schieläugigen Muffo, den sie verwichenes Jahr todt und mit umgedrehtem Halse, das Gesicht nach hinten gekehrt, in der Mittagsstunde auf seinem Acker liegen fanden, habe ich ein schreckliches Beispiel erlebt, daß der Gottseibeiuns selbst das liebe Sonnenlicht nicht scheut, wenn es ihn gerade so in den Fingern juckt, daß er sein Müthchen an ein Paar menschlichen Halswirbeln kühlen muß!"

Die Erinnerung an den auf so schreckliche Weise abgemurcksten Muffo reduzirte die Courage des Gastwirths plötzlich auf ein solches Minimum, daß er, ohne weiter an den Hunger und Durst seiner geduldigen Grauschimmel zu denken, sich auf die Deichsel seiner Carreta schwang, die Peitsche erfaßte und so unbarmherzig auf die Thiere einhieb, daß diese mit gewaltigen Sätzen aufsprangen und davon trabten, wobei sie das schwerfällige Fuhrwerk mit unerhörter Geschwindigkeit durch die tiefen Sandfurchen des Weges nachschleppten.

Begann Mateos Angst schon mit der Entfernung von der unheimlichen Casa zu schwinden, so ward seine Stimmung vollends wieder eine muthigere, als er jetzt plötzlich einen der vorhin wahrgenommenen Reiter auf einem von dem Hügel herniederführenden Pfad im Galopp auf sich zusprengen sah. Nach dem flatternden Poncho zu urtheilen, mußte es Gil Perez, der Gaucho, sein. Die Furcht des Gastwirths kehrte jedoch bald zurück, als er beim Herankommen des Reiters die Aufregung desselben bemerkte und sich mit einer barschen Heftigkeit, die er nie an ihm gewohnt gewesen, anrufen hörte.

„Was zum Henker, Ihr seid es, Mateo? Caramba! was habt denn Ihr hier zu suchen? Sagt mir nur gleich wo er steckt? Ich will ihm den Unfug ein für allemal legen — Don Escovedo befiehlt es. Sagt mir Alles was Ihr wißt! Er muß Euch aufgestoßen.... muß dieses Wegs gekommen sein.... Ist er irgend wo versteckt?.... Hat er einen Schlupfwinkel gefunden?... So thut doch endlich den Mund auf und redet, Mateo! Ihr seht: ja, daß ich's eilig habe!"

Mateo hatte sein Gespann angehalten und wollte dem Gaucho freundschaftlich die Hand reichen, dieser aber nahm sich gar nicht die Zeit zu solchem Höflichkeitsaustausch, denn er war schon eine ganze Strecke weiter geritten und machte keine Miene umzukehren.

„Aber was habt Ihr denn, Gil? Warum seid Ihr so heftig und unwirsch? Ich denke, wenn sich ein paar Freunde begegnen — —"

„Denkt später, Mateo! Jetzt sagt mir wo er steckt? Ich muß ihn haben und kostete es etwas Anderes!"

„Also Ihr wißt wirklich davon, Gil?"

„Caraja! ja, Alles wissen wir! Macht nur schnell!"

„Mir ist die Sache gleich unheimlich vorgekommen."

„Unheimlich und höchst verdächtig! Wo steckt er?"

„Wenn die Mädchen, wegen deren ich herausgefahren, etwas davon gemerkt hätten — —"

„Was — die Mädchen? Pepa ist hier?"

„Freilich, um sie dreht sich Alles!"

„Um Pepa? Wie? Nicht um die Sennora oben auf der Hacienda?"

„Nun ja, auch um die; sie hat es eben bestellt."

„Alle beide also! Und bestellt? Entsetzlich! Pepa — —"

„Nein, umgekehrt, die junge Sennora."

„Das fordert Rache! Wo finde ich den Schuldigen? Wo steckt er? Ich werde diesen unsauberen Geist austreiben!"

„Wirklich, Gil? Das freut mich von Euch, wenn Ihr dazu die Courage hättet."

„Nur heraus mit der Sprache! Wo? Wo?"

„Dort!"

„In Torillo's Casa?"

Mateo nickte geheimnißvoll.

„Dacht' ich mir's doch, daß ihn der Alte versteckt habe! Ist Torillo daheim?"

„Nein, er lief davon."

„Natürlich, er hat kein gutes Gewissen."

„So schien es wirklich."

Der Gaucho wendete sein Pferd. Malodito! Mag er laufen. Der, den er versteckt, soll mir nicht entgehen."

„Aber das Haus ist verschlossen."

„Um den Schlüssel ist mir nicht bange."

„Seid nur vorsichtig Gil. Es ist doch keine Kleinigkeit. man hat da Beispiele...."

„Ich werde ein Beispiel aufstellen, das sobald nicht vergessen wird!"

Gil Perez hatte seinem Pferde die Sporen gegeben und sprengte davon.

„He, Gil! Gil! So hört doch! Soll ich Euch etwa meinen Beistand leihen? Zwei sind immer besser wie Einer —— Bah, da sauſt er hin und hört nicht. Ob ich die Sache hier ruhig abwarte oder ob ich ihm folge? Er hat meinen Beistand nicht gefordert — ich könnte mich also abseitens halten und die Sache aus der Ferne beobachten. Aber nein.... er ist ein junges hitziges Blut.... meine Nola hat ein Auge auf ihn.... das Mädchen thäte sich ein Leids an, wenn ihm ein Unglück passir.e.... aus Menschen- und Vaterpflicht werde ich ihm also beistehen müssen. Für seine Schnelligkeit kann ich freilich nicht.... meine Grauschimmel nehmen es mit seinem Renner nicht auf.... na, ein Schuft, der mehr thut als er kann!"

Mateo lenkte sein geduldiges Gespann um, was in dem tiefen Sandwege einige Zeit und Mühe kostete; dann folgte er dem Reiter, der bereits vor der Casa hielt und eben abstieg, im gemüthlichen Schritt seiner spitzohrigen Mulos.

Als der Gaucho die äußere Thür der Hütte verschlossen fand, eilte er spornstreichs nach dem Hofraum, um dort oder in der Scheune irgend einen Gegenstand, ein Werkzeug oder dergleichen zu finden, was ihm zum gewaltsamen Oeffnen jener dienen möchte. Das Erste, was ihm hier in die Augen fiel, war Hammers Pferd. Er kannte das Thier gut genug; hatte er doch den Eigenthümer erst wenige Stunden zuvor auf demselben durch die Stadt galoppiren sehen. Nun hegte er nicht den mindesten Zweifel, daß auch

Hammer selber in der Nähe sei. Er wußte, daß derselbe ehemals zu dem alten Torillo in freundschaftlichem Verhältniß gestanden und vermuthete daher ganz richtig, daß er auch heute wieder bei diesem abgestiegen und sich von hier aus nach der Hacienda begeben habe, um mit Leontica zusammen zu treffen. Dort durch die Ankunft Escovedos überrascht, den Gil Perez selber zur Stelle gebracht, mochte er sich durch den Garten und das anstoßende Gebüsch zurück nach der Hütte Torillos geflüchtet haben, der ihn nun versteckte, bis die Gefahr vorüber. Der Gaucho kam nämlich bereits von der Hacienda zurück, wo man von Hammer keine Spur gefunden. Der Umstand, daß offenbar Pepita bei Veranstaltung der Zusammenkunft thätig gewesen, und die überraschende Begegnung mit dem Gastwirth Mateo, der aus der Ankunft der Ballerina gar kein Geheimniß machte und sich sogar zu dem Geständniß herbeigelassen, daß in der Hütte Torillos, der selber die Flucht ergriffen, Jemand versteckt sei, bestärkte ihn in seiner Vermuthung, steigerte aber zugleich noch seine Erbitterung gegen den deutschen Kaufmann, von dem er nicht nur voraussetzte, daß er die ehelichen Rechte seines Gebieters beeinträchtige, sondern in welchem er für sich selber einen gefährlichen Nebenbuhler bei der ebenso reizenden wie spröden Pepa erkannte.

Das Suchen des Gaucho nach einem dienlichen Werkzeug war nicht vergeblich gewesen. Er hatte einen schweren Holzkloß und eine Axt aufgerafft und kehrte damit bewaffnet alsbald nach der vorderen Thür der Hütte zurück. Der Verschluß derselben war keineswegs dazu eingerichtet, einem energischen Angriff Stand zu halten. Einige derbe Stöße mit dem als Widder benutzten Holzscheit, und die morsche Thür bog sich in ihren Angeln, das alte verrostete Schloß fiel nutzlos zu Boden. Der Gaucho drang in den kleinen Vorplatz der Casa und wiederholte nun von hier ohne Aufschub seine Experimente an der zweiten, zu dem inneren Raume führenden Thür, die allerdings besser geeignet schien, seinen heftigen Angriffen Stand zu halten.

„Torillo, bist Du zurückgekehrt, mein Freund?" ließ sich drinnen eine Stimme vernehmen. „Ich sagte Dir es gleich, es würde besser sein, die Thür einzubrechen, als erst lange nach dem Schlüssel zu suchen. Nur noch einige Schläge, Torillo — sie kracht schon in allen Fugen!"

„Muy bien!" murmelte der Gaucho vor sich hin, den Holzkloß mit der Axt vertauschend, die er jetzt mit raschen Schlägen gegen die Thür sausen ließ. „Ich werde Dir noch früh genug kommen, schnöder Verführer, und meine Gesellschaft möchte sich für Dich als nicht ganz so angenehm erweisen, wie die des alten Kupplers Torillo!"

Die Thür begann nachzugeben. Gil Perez klemmte noch die Schärfe der Axt in den Spalt und suchte ihn zu erweitern. Krach! Krach! Das Schloß verlor seinen Halt — die Thür brach auf. Mit einem lauten Jubelschrei ließ der Gaucho die Axt fallen und griff nach dem langen Messer, welches er im Gürtel trug. Der Raum war fast finster; das kleine vergitterte Fenster ließ nur ein ganz spärliches Licht einströmen. Eine dunkle Gestalt eilte rasch auf die geöffnete

Thür zu.... Gil's blanke Klinge blitzte durch die Luft.... in der nächsten
Sekunde traf sie schon die Gestalt, die mit kläglichem Aufschrei zurückfuhr und
in die Kniee sank.

„Muerte! Muerte!*) Um der himmlischen Barmherzigkeit willen —
Gnade! Torillo, Gnade!" jammerte die am Boden liegende Gestalt mit flehentlich erhobenen Händen."

„Va en hora mala!**) Geh zur Hölle, elender Verführer!" schrie der
Gaucho und holte bereits mit der Hand zu einem zweiten Stoße aus.

Da fühlte er seinen Arm plötzlich von hinten gepackt.

„Haltet ein, Gil, haltet ein! Es ist doch ein Mensch und kein Geist, sonst
würde er nicht vor Euch auf den Knieen liegen. Um der heiligen Jungfrau,
Ihr werdet doch keinen Mord auf Euer Gewissen laden wollen!"

Es war Mateo, der gerade in diesem Augenblick dazwischen getreten und
den Gaucho von hinten so fest gepackt hatte, daß er sich seinen nervigen Armen
nicht zu entwinden vermochte.

„Ihr bekennt Euch zu Madonna", flehte der noch immer am Boden
Liegende, — „o so schützt um Madonnas willen einen ihrer Diener vor dem
Stahl des Mörders!"

„Was ist das? Die Stimme kommt mir ja bekannt vor...." sagte der
Gastwirth und beugte sich nieder zu der flehenden Gestalt. „Wer seid Ihr?
Was fehlt Euch? — Euer Kleid ist mit Blut befleckt...."

Aber keine Antwort erfolgte auf die Frage. Von Ohnmacht überwältigt,
war der Verwundete rücklings zu Boden gesunken.

„Heilige Jungfrau! Was habt Ihr gethan, Gil?" rief der Gastwirth
entsetzt.

„Caraja, nicht mehr als er verdient!" murmelte der Gaucho, setzte aber
dennoch hinzu: „Wenn es anders der Rechte ist."

Mateo hatte den Kopf des Verwundeten nach dem Lichte gewendet. „Ich
meine, daß ich diese Stimme und diesen Mann kennen sollte.... Wahrhaftig,
er trägt das Gewand eines Priesters.... Himmlische Gerechtigkeit! Das ist
ja Pater Manuel vom Convent della compania!"....

„Unmöglich! Sagtet Ihr mir doch selber, daß Torillo hier den deutschen
Kaufmann versteckt habe...."

„Ich? Ich hätte das gesagt? Was wußte ich von dem ehrwürdigen Pater?
Ich dachte ja nur, es sei hier nicht ganz richtig.... es gehe ein Geist um in
der Casa...."

„Demonio! Eure Aussage bestärkte mich in meiner Vermuthung....
Doch lassen wir den Streit auf sich beruhen. Vor allen Dingen muß dem
frommen Pater geholfen werden. Ich hoffe, daß ich ihn nicht gefährlich verletzt habe. Es war nur ein oberflächlicher Stoß in die Schulter, der durch die

---

*) Mord.
**) Fahr' zum Henker!

weite Kutte abgeschwächt wurde. Bleibt Ihr hier bei dem Verwundeten, Mateo; ich eile nach der Hacienda, um Hülfe zu holen. Wascht ihm einstweilen die Schläfen mit frischem Wasser und macht ihm einen kalten Ueberschlag auf die Wunde. Ich denke, es ist nur der Schreck, der ihn bewußtlos gemacht."

„Ihr wollt mich verlassen, Gil? Jetzt in diesem Augenblick? Nein, das geht nicht.... es geht wahrhaftig nicht!" flehte der Gastwirth, dem bei dem Gedanken, mit dem verwundeten, vielleicht gar sterbenden Priester allein zu sein, wieder allerlei ängstliche Befürchtungen aufstiegen.

„Ich sage Euch, daß ich in einer Viertelstunde zurück bin. Ihr werdet doch als Christ handeln, Mateo, und mich vor der schweren Sünde bewahren wollen, einem Diener der Kirche das Leben genommen zu haben. Was Ihr für den Pater thut, thut Ihr für die Kirche; bedenkt das, Mateo, und steht ihm bei bis zu meiner Rückkehr!"

Der Gaucho verließ die Casa, schwang sich hastig auf sein Pferd und jagte im Galopp den Berg hinan nach der Hacienda.

Eugen Hammer war im Schatten des Dickichts mit raschen Schritten den Hügel emporgestiegen. Fast auf dem Gipfel desselben stieß er auf die Mauer, welche den Garten der Hacienda umschloß. Sie war aus Ziegelsteinen gebaut, nur einige Fuß hoch und an manchen Stellen schon so baufällig, daß sie kaum das umherweidende Vieh abgehalten haben würde, wenn nicht gerade in den Breschen stachelige Perescien in solcher Ueppigkeit gewachsen wären, daß an ein Durchdringen oder Ueberklettern nicht zu denken war. Der Mauer folgend gelangte Hammer endlich an ein altes, schon sehr schadhaftes Gebäude, das, von den Laubkronen mächtiger Bäume beschattet, von wildem Wein und Schlingpflanzen umrankt, nach Außen nur eine einzige hohe Mauer sichtbar werden ließ, an deren Fuß ein sehr schmales, eisenbeschlagenes Pförtchen angebracht war. Das war der sogenannte Pavillon, zu welchem Hammer durch den alten Torillo den Schlüssel erhalten.

Der Pavillon stand in einem entlegenen Theil des Gartens, wo hohe buchenartige Inmilbäume den prächtigsten Schatten spendeten. Es war ein zweistöckiges Gebäude, mit windschiefen, zerbröckelnden, grün überwucherten Mauern, das den stolzen Namen, den es führte, freilich sehr wenig verdiente. Vor hundert und mehr Jahren, als die Hacienda von einem aus Spanien nach der neuen Welt übergesiedelten Hidalgogeschlecht erbaut worden, mochte es wohl, wie die mit Stukkaturarbeiten und Frescomalereien gezierten Wände andeuteten, einen Theil der herrschaftlichen Wohnung gebildet haben, vielleicht als eine Art Sommerwohnung benutzt worden sein; später, als die Hacienda die Besitzer wechselte, Einfachheit und Sparsamkeit da einkehrten, wo ehemals Prunk und Luxus geherrscht, ward das Gebäude theils der Dienerschaft überlassen, theils als Aufbewahrungsort für allerlei Geräthschaften und Gartenprodukte, für die es in der wohl einen Büchsenschuß entfernten Hacienda selbst nicht hinlänglichen Raum gab, benutzt. Diesem letzteren Zweck diente das untere Stockwerk noch immer; im oberen aber hatte der verstorbene Oberst Mureno die besten Räumlichkeiten in recht freundlicher und wohnlicher Weise herrichten lassen, und während der kurzen Ruhepausen, die ihm der Dienst des Vaterlandes auf seinem friedlichen Besitzthum zu verbringen gestattete, pflegte er sich hier mit besonderer Vorliebe aufzuhalten. Der vergoldete Stuck und die Deckenmalerei des Hauptraums, mythologische Gruppen darstellend, waren noch ziemlich erhalten; in sauberen Glasschränken stand eine kleine auserlesene Bibliothek, die dazwischen befindlichen freien Stellen der Wände aber waren mit Landkarten oder einfach eingerahmten Kupferstichen bedeckt; zwei große Glasfenster und eine in der Mitte befindliche Glasthür öffneten sich auf einen schmalen Stein-Balkon, der fast ganz im dichten Grün der Bäume verborgen war. Eine prächtige Allee hundertjähriger Schattenbäume erstreckte sich von dem Pavillon aus in gerader Richtung durch den Garten; der Balkon gewährte die Aussicht auf ein kleines schilfbewachsenes Bassin, in dessen Mitte einst ein Triton gestanden, aus dessen nach oben gewendetem Munde ein feiner Wasserstrahl quoll. Der Triton, dessen Fundament das Wasser unterhöhlt, war tiefer und tiefer gesunken, nur der Kopf ragte noch hervor und sprudelte wie früher seinen Strahl zu den über den Weiher hängenden Cypressen empor; duftende Lotosblumen und breitblätterige Wasserlilien wiegten sich auf der krystallhellen Fluth, und um die Mittagsstunde, wenn die senkrechten Strahlen der Sonne ihren Weg durch das schillernde Laub fanden und sich im Wasser widerspiegelten, huschten in Schaaren bunte Libellen darüber hin, und das Schnurren ihrer Flügel, das muntere Gesumm der Käfer und Insekten bildete dann ein passendes Accompagnement zu dem melancholischen Plätschern des Wassers.

Nach dem Tode des Obersten hatte man die oberen Räume des Pavillons verschlossen und Jahre lang wurden sie von keinem Fuß betreten. Donna Uraca fühlte sich hier von so vielen schmerzlichen Erinnerungen überkommen, daß sie jenen Theil des Parks fast gänzlich mied. Die alten Jumils und Cypressen grünten üppig fort, der Pavillon verschwand fast unter dem wuchernden Wein und Epheu, der Springbrunnen plätscherte Jahr aus Jahr ein, die Libellen summten — Niemand kümmerte sich darum, die Einsamkeit war noch einsamer, die Wildniß noch undringlicher geworden. Erst als Leontica heranwuchs, kam der Pavillon und dessen Umgebung wieder zu Ehren. Die Vorliebe des Vaters für diesen abgelegenen Winkel seines Besitzthums schien auf die Tochter übergegangen. Die kleine Bibliothek, die Kupferstiche, Karten und wissenschaftlichen Apparate, Alles genau in dem Zustand wie es der Oberst verlassen, als er zum letzten Mal die stille Heimath mit dem Kriegsleben vertauscht, boten dem regen Geist des Mädchens erwünschte Nahrung; das zerfallende Gemäuer, der undurchdringliche Schatten und der plätschernde Weiher paßten vortrefflich zu ihrer Stimmung. Donna Uraca sah sich bald genöthigt, ihre frühere Scheu zu überwinden, sie kehrte mit der Tochter nach den so lange gemiedenen Gemächern des Pavillons zurück, sie durchwanderte an ihrer Seite die schattigen Alleen und sie ruhte auf der steinernen Bank, die in der Nähe des Bassins angebracht war.

In dem oben beschriebenen Raum der Hacienda war es, wo Eugen Hammer fast während eines ganzen, für ihn so unaussprechlich glücklichen Jahres mit seiner eifrigen Schülerin zusammen zu kommen pflegte. In Torillos Hütte, wo er sein Pferd zurückließ, nahm er den Schlüssel zu dem Pavillon in Empfang, der ihn ohne Aufsehen zu erregen an den Ort der Zusammenkunft brachte. Leontica erwartete ihn, Bücher, Karten und Zeitungsblätter lagen bereit — die Stunden entflohen unter Lektüre und anregender Unterhaltung, so daß die ab- und zugehende, mit ihrer Arbeit häufig in einem der anstoßenden Cabinette oder auf dem Balkon sitzende Duegna daran erinnern mußte, daß die Sonne längst gesunken und es wohl an der Zeit sei, einen kleinen Imbiß einzunehmen oder noch einen Spaziergang durch den Garten anzutreten. Es war ein trauliches, für beide Theile unendlich genußreiches Zusammenleben, das den, halb unbewußt, im Busen glühenden Funken reichlich nährte, ohne ihn doch zur hellen Lohe aufflammen zu lassen.

Eugen hatt: das schmale Pförtchen der Mauer erreicht; nicht ohne einige Mühe drehte er den alten rostigen Schlüssel in dem lange nicht geöffneten Schlosse, die Angeln knarrten — er befand sich in dem dunkelen hinteren Raum des Pavillons, der zu der nach dem oberen Stockwerk leitenden Stiege führte. Sein Herz pochte mit raschen heftigen Schlägen; der so heiß ersehnte und doch auch gefürchtete Augenblick war da. Daß ihn Leontica nirgends anders als gerade hier im Pavillon erwarte, deß war er gewiß. Es war der sicherste, zugleich aber auch der ihrer wechselseitigen Stimmung angemessenste Ort. Wie oft war er leichten Sinnes und hoffnungsvollen Herzens denselben Weg gekommen, im Geiste schon in dem Genusse schwelgend, den ihm der durch keine lästigen Schranken eingeengte innige Verkehr mit ihr, die allmälig seine ganze Seele erfüllte, gewährte. Wie war er, das Roth der Freude auf den Wangen, die gewundenen Stufen der engen Stiege emporgeflogen und nun, hoch aufathmend, mit einem freundlichen, herzlichen Gruß in das trauliche Gemach getreten, wo sie, neben der Mutter im duftenden Grün des Balkons sitzend, seiner harrte und ihn mit dem ihr eigenen unaussprechlichen Liebreiz willkommen hieß. Alle diese trauten Erinnerungen huschten im Fluge an seiner Seele vorüber; er sah sie vor sich stehen die unvergleichlich ebenmäßige, elfenartige Gestalt, sah ihr großes feuriges Auge, aus dem ihm der Himmel entgegenlachte, auf sich gerichtet, und — da stand er wirklich und leibhaftig in dem wohl bekannten Raume, worin sich auch nicht das Geringste geändert; da lagen die Bücher noch geöffnet auf dem Tische, als hätten sie Lehrer und Schülerin erst gestern verlassen; da kreuzten sich die Zweige der alten Jumils über dem Balkon und lugten so freundlich durch die Scheiben; da trat eine schwarz verhüllte, göttergleiche Gestalt durch die weit geöffnete Flügelthür des Balkons; ein dunkles Augenpaar, mild und thränenfeucht, doch in überirdischem Glanze erstrahlend, begegnete dem seinigen; „Leontica!" — „Eugenio!" hauchten zwei Stimmen, während zwei verwandte Herzen zum ersten Mal in heißer Umarmung an einander schlugen, zwei gleich gestimmte Seelen im inbrünstigen Kuß der stummen Lippen ineinander flossen.

Dem ersten mächtigen Ausbruch des Gefühls folgte ein Rückschlag. Beschämt und verwirrt standen sich die Beiden gegenüber; der erste Augenblick des Wiedersehens und unbehinderten Zusammenseins hatte die weite Kluft, die sie trennte, im Rausch des Entzückens kühn übersprungen; nun handelte es sich darum, den abgerissenen Faden des Verkehrs wieder aufzunehmen und das in Worte zu fassen, was die Seelen längst empfunden und sich in jenem feierlichen Augenblick jubelnd und doch auch voll bitteren Schmerzes gestanden. Es war viel, sehr viel, was sich die Beiden zu sagen hatten, und es kostete einige Mühe, ehe sie es sich zu sagen vermochten. Auch Donna Uraca war zugegen. Sie begrüßte den alten Freund des Hauses in der ihr eigenen würdevollen Weise; sie bat ihn, diesen Schritt ihrer Tochter sowie ihr eigenes Verhalten keiner falschen Deutung zu unterziehen. Nur mit Widerstreben und nach schwerem Kampfe habe sie in diese Zusammenkunft gewilligt, da sie die Ueberzeugung gewonnen, daß dieselbe dazu beitragen werde, ihre Tochter zu trösten und zu beruhigen, sie zur Erfüllung der Pflichten, welche ihre nunmehrige Stellung von ihr erheischten, tüchtiger zu machen. Gleichwohl, fügte sie hinzu, würde sie niemals einem so gewagten, die unbefleckte Ehre ihrer Familie leicht compromittirenden Schritt ihre Zustimmung gegeben haben, wenn sie nicht zu Sennor Hammer das unerschütterliche Vertrauen hege, daß er ihrer wie ihrer Tochter eigenthümliche Stellung richtig zu erfassen vermöge und als ächter Cavalier stets im Auge behalten werde.

Nachdem die Duegna dergestalt ihr mütterliches Herz erleichtert, begab sie sich hinunter in den Garten, die jungen Leute wie ehemals sich selber überlassend.

„Ich verkannte Ihre Mutter, Sennora," sagte Hammer, fast froh, eine Gelegenheit zu haben, dem Gespräch eine etwas andere Wendung geben zu können. „Ich hielt sie für eine strenge Frau, die ohne Rücksicht auf die Gefühle Anderer ihren eigenen Weg verfolgt; nun bewundere ich ihre Milde und Güte, die sie dem Herkommen und ihrer innersten Ueberzeugung selbst ein so schweres Opfer bringen läßt, wo es sich um die Ruhe und das Glück ihrer geliebten Tochter handelt."

„Sie ist gut und edel, Sennor, sie liebt mich mit wahrhaft mütterlicher Zärtlichkeit, und was sie auch gethan, mein Wohl, die Ehre unserer Familie, der Ruhm unseres alten Namens und die religiöse Ueberzeugung ihres Herzens bildeten für sie stets die allein maßgebende Richtschnur ihres Handelns. Verzeihen Sie ihr, Eugenio, wenn Sie sich durch sie verletzt glaubten, wie Sie ja auch mir, der ungleich Schuldigeren, verziehen haben!"

„Würden Sie sich keine Schuld auf, Leontica! Giebt es einen Schuldigen, so war ich es, der Sie verließ, ohne Ihnen ein offenes Geständniß abzulegen, ohne Sie einen klaren Blick in ein Herz werfen zu lassen, das Ihnen ja schon damals ganz zu eigen gehörte. Doch wir Beide waren ja nur Werkzeuge in höherer Hand — wie wäre es möglich gewesen, daß wir dem Geschick widerstehen konnten? Verhehlen wir es uns nicht: unser Loos ist fernerhin das der

Entsagung, des geduldigen Unterwerfens unter die starke Macht des Schicksals. Jeder Widerstand — ich fühle es nur zu gut — wäre nutzlos; ich würde das Vertrauen Ihrer Mutter nicht verdienen, würde Ihre eigene Achtung nur aufs Spiel setzen, wollte ich Sie dazu ermuntern."

Leontica's schöne Augen schwammen in Thränen. „Es ist, wie Sie sagen, Don Eugenio," versetzte sie, ihm die Hand reichend, die er inbrünstig an die Lippen führte. „Ich schätze und achte Ihre edle hochherzige Gesinnung, ich fühle um so schmerzlicher den unersetzlichen Verlust!"

„Wir haben den ersten schweren Stoß überstanden, Sennora, lassen Sie uns nun auch der Zukunft mit Fassung und Ergebung entgegen gehen. Die Erinnerung an diese Stunde, die schönste meines Lebens, soll mir Kraft geben, alle kommenden Leiden zu tragen!"

„An dieser Stelle werden wir uns nie, nie wieder sehen dürfen!" sagte die junge Frau, bebend und mit von Thränen erstickter Stimme.

„Ich weiß es, Sennora, und zähle nicht darauf. Schon in einigen Tagen verlasse ich die Stadt, um eine Reise über die Cordillere anzutreten."

„Sie reisen, Eugenio, — und über die Cordillere?" rief die Dame erschrocken. „Mein Gott, die Ueberschreitung des Gebirges soll mit so großen Gefahren verknüpft sein!"

„Ich fürchte sie nicht; — überdies: was würden Sie verlieren, Sennora, wenn ich nicht zurückkehrte?"

„Einen Freund, den theuersten, meinem Herzen am nächsten stehenden Freund!" versetzte Leontica mit Nachdruck. „Glauben Sie, es sei das ein Verlust, der sich so leicht tragen ließe?"

„Ich danke Ihnen, Madonna! Mich dieses Namens würdig zu zeigen, wird mein eifrigstes Bemühen sein. Hegen Sie keine Besorgniß für meine Sicherheit. Ohne diese beseligende Stunde würde ich vielleicht mein Leben leichtsinnig in die Schanze geschlagen haben, denn für mich besaß es keinen Werth mehr; seit ich weiß, daß es für Sie Werth besitzt, will ich leben und wäre es auch nur um Ihnen in meiner Entsagung die Aufrichtigkeit meiner Freundschaft darzuthun."

„Auf wie lange gedenken Sie Santiago zu verlassen, Sennor?

„Meine Karawane kehrt vor Eintritt des Winters über die Cordillere zurück. Ich werde mich ihr anschließen müssen, weil ich sonst wohl genöthigt wäre, bis zum Eintritt des Frühlings in den argentinischen Provinzen zu verweilen und mein Geschäft eine so lange Abwesenheit kaum duldet. Es sind über vier Monate, die mir noch zur Verfügung bleiben. Kehre ich nach Ablauf dieser Frist zurück, so ist es mir hoffentlich gelungen, so viel Ruhe und Fassung zu finden, um der theuern Freundin nicht den geringsten Grund zur Unzufriedenheit zu geben, wenn uns ein freundliches Geschick draußen an anderen Orten auf Augenblicke zusammenführen sollte."

„Gott und die heilige Jungfrau mögen Sie schützen, Sennor! Mein Gebet begleitet Sie!"

„Das Gebet eines Engels ebnet alle irdischen Pfade! Noch eine Bitte, Madonna!"

„Reden Sie, Sennor Eugenio!"

„Ein Andenken von Ihrer Hand.... ein noch so geringfügiger Gegenstand, den Sie besessen, und der mich für die Dauer meines Lebens Glück dieser Stunde erinnert..."

„Nehmen Sie dieses Medaillon, Eugenio", versetzte die junge röthend, indem sie den Schmuck von ihrem Halse löste; „sein Werth ist aber ich trug es seit früher Jugend.... Sie werden sich seiner erinnern.... ich hielt es hoch und werth als ein Geschenk meines früh benen Vaters.... möge es künftig Sie an eine Freundin erinnern, welch in Ihrer Nähe verlebten Stunden stets zu den glücklichsten ihres Lebens z wird."

Eugen nahm das Andenken in Empfang und drückte es leidenschaftlich an seine Lippen. „Dank, Dank, Madonna! Es sei der Talisman, der mich durch's Leben begleite, von dem mich der Tod selbst nicht trenne!"

Durch den Garten näherten sich Schritte und kamen hastig die Stiege empor.

„Mama kehrt zurück, doch nicht allein wie mich deucht!" rief Leontica aufspringend und nach der Thür eilend.

Es waren Donna Utaca und Pepita, die in das Gemach traten. Beim Anblick der Letzteren flog ein Freudenstrahl über Leonticas bleiches Antlitz. Sie ergriff das Mädchen bei der Hand und zog die schüchtern Widerstrebende in ihre Arme.

„Mein Schutzengel, sei mir gegrüßt! Sieh, Du hast zweien Herzen, die der Verzweiflung nahe waren, den Frieden wieder gegeben. Wie sollen wir Dir danken?"

„Ich bin reich belohnt, Sennora, wenn Sie mich meine Rolle zu Ende spielen lassen!" erwiderte die Ballerina. „Noch that ich nicht genug für Sie, um Ihren Dank zu verdienen, doch mit Madonnas Hülfe will ich das Werk vollenden. Ich komme, um Sie zu warnen. Ein unglücklicher Zufall, der mich Gil Perez, Don Escovedos vertrautem Diener, in den Weg führte, als ich diesen Morgen Sennor Hammer verließ, hat Alles verrathen. Es müßte mit wunderbaren Dingen zugehen, wenn nicht Don Escovedo schon in den nächsten Minuten hier erschiene." Dank unserer himmlischen Schutzpatronin gelang es mir inzwischen, vor ihm hierher zu kommen, was gewiß keine Kleinigkeit ist, da das schwerfällige Gespann des guten Mateo mit den flüchtigen Rennern Don Escovedos sicher keinen Vergleich aushält und wir nur einen kurzen Vorsprung hatten."

„Don Escovedo hier?" rief die Duegna zu Tode erschrocken. „O fliehen Sie, Sennor! Der bloße Gedanke, daß er uns überrascht, läßt mein Blut erstarren!"

„Ich gehe Sennora, um Sie keiner Gefahr auszusetzen", entgegnete Hammer. „Fürchten Sie inzwischen nichts. Der alte Torillo, Ihnen wie mir treu ergeben, hält Wache und wird uns von der ersten drohenden Gefahr, und das Kenntniß setzen."

„Auch ich habe einer Ueberraschung vorgebeugt", fiel Pepa beschwichtigend ein. „Meine Freundin Rosa, die mit uns herausfuhr, erwartet mich auf der Piazza der Hacienda, von wo sich eine weite Strecke des Weges zur Stadt überblicken läßt. Sie hat keine Ahnung, um was es sich hier handelt, doch sie wird mich augenblicklich benachrichtigen, sobald sich irgend etwas Verdächtiges auf jenem Wege zeigt."

Eugen Hammer hatte sich Pepa genähert und drückte ihr dankbar die Hand. „Wunderbares Mädchen, was bewegt Dich, so innigen Antheil an dem Geschick zweier Dir fremden Wesen zu nehmen?"

„Sie sind mir nicht fremd, Sennor", entgegnete Pepa etwas schüchtern. „Erinnern Sie sich nicht der freundlichen Worte, die Sie damals in der Esquina an mich richteten? Sie nahmen Antheil an der armen Ballerina — warum sollte ich Ihnen nicht Gleiches mit Gleichem vergelten?"

„Aber wer entdeckt Dir ein Geheimniß, das im tiefsten Winkel unserer Herzen verborgen schlummerte?"

„Madonna schaut in die Herzen der Menschen und kennt ihre verborgensten Geheimnisse. Sie hat mich zu ihrem Werkzeug auserlesen, und ich leistete ihrem Ruf Folge. Lassen Sie mich gewähren, Sennoras, und ich werde Don Escovedos Argwohn zu beseitigen wissen, ihn sogar beschämen, daß er sich von blinder Eifersucht hinreißen ließ."

„Vollende Dein Werk, theure Freundin, wir Alle vertrauen Dir und Deiner Sendung!" rief Leontica, das Mädchen leidenschaftlich umarmend.

In diesem Augenblick ließ sich ein gellendes, lang anhaltendes Pfeifen vernehmen, das aus einiger Entfernung herüber zu dringen schien.

„Das ist Torillo!" sagte Hammer, die erschrockenen Damen beruhigend, und eilte dann, der Lokalität wohl kundig, rasch durch den dunkelen Corridor nach den hinteren Räumen des Pavillons, wo er ein in der äußeren Mauer befindliches, ganz mit Wein umranktes Fensterchen öffnete. Ein ähnliches Pfeifen benachrichtigte den im Dickicht verborgenen Torillo, daß sein Warnungssignal vernommen worden.

„Eilt, eilt, Sennor Eugenio!" ließ sich die ängstliche Stimme des Alten vernehmen. „Don Escovedo und der Gaucho sprengen im Galopp den Hügel hinan; sie müssen schon fast vor der Hacienda sein!"

„Nun, hab' ich Recht?" fragte Pepita, als Hammer das Fenster geschlossen hatte und nun wieder vor den ihm in ängstlicher Spannung gefolgten Damen stand. „Flink von dannen, Sennor, Ihr Weg steht offen!"

„Fliehen Sie! Fliehen Sie, Sennor!" drängte abermals die Duegna.

„So leben Sie wohl, Leontica, — für jetzt und immerdar!" rief der junge Mann. „In der Nähe unseres Schutzengels, den ich Ihnen zurücklasse, haben Sie nichts zu fürchten!"

Leontica bot ihm die zitternde Rechte, sie neigte sich ihm entgegen und wollte reden, doch die Duegna zog sie rasch in das Zimmer, während die Ballerina Eugen die Stiege hinab drängte.

„Keinen langen Abschied, Sennor! Bedenken Sie, Ihre Sicherheit ist zugleich die der Sennora!"

(Fortsetzung folgt).

Wer im Kriege reich geworden.

Von Rudolph Lerow.

Es galt als ein stehender Satz während der Kriegsjahre, daß man nur mit den Rebellen zu sympathisiren brauche, um mit Glücksgütern gesegnet zu werden. Darin lag auch viel Wahres. Alle Diejenigen, welche mit solchen Neigungen behaftet waren und auf ihre Zuflüsterungen hin ihr Geld anlegten, sahen dies sich rasch vermehren. Wer an der Kraft der Republik zweifelte oder gar ihre Lebensfähigkeit in Frage zog, wurde, wenn er darauf hin seine Kapitalien verwendete, ein reicher Mann. Wer den Muth und die Ausdauer der Bewohner des Südens höher stellte als die Entschlossenheit und Zähigkeit des Nordens; wer die verzweifelten Anstrengungen des Verbrechens als kräftiger und wirksamer erachtete, denn das mehr systematische, wenn auch etwas langsame Ringen der Gerechtigkeit; wer der Prahlerei und Selbstüberschätzung mehr Geltung gab als dem stillen Bewußtsein der innewohnenden Kraft: Dem räumten die Verhältnisse während mehrerer Jahre die beste Gelegenheit ein, sich durch eine pekuniäre Verwerthung dieser Ansichten zu bereichern. Aber die aus dem Kriege hervorgegangene Geldaristokratie zählt auch Viele, die, ohne von solchen Neigungen behaftet gewesen zu sein, sich zu Mitgliedern dieser republikanischen Adelsklasse hinaufschwangen, und dieser sollen unsere Bemerkungen gelten.

Wir haben es zunächst mit Denjenigen zu thun, welche ohne die leisesten Regungen zu Gunsten der Rebellen, und nur den Mahnungen der Gewinnsucht folgend, der sie dadurch fröhnen konnten, ihre gefährlichen, aber auch so verheißenden Handelsverbindungen mit dem Feinde anknüpften. Während des ersten Kriegsjahres war das Feld ein beschränktes. Der Schleichhandel ging damals noch auf Krücken umher, und es währte lange, bis er sich Adlerschwingen anlegte. Der Potomac war sein fast ausschließliches Gebiet; am Ohio führte er nur eine kränkliche Existenz, und am Mississippi wagte er sich nur selten über das Unbedeutende hinaus, weil man dort mit dem Schmuggler etwas ernster verfuhr, als in der Nähe der Bundeshauptstadt. Am Potomac aber blühte er, wenn auch immer nur in bescheidenen Grenzen. Die Conföderation fühlte damals noch keinen Mangel an Mundvorräthen, aber um so empfindlicher war ihr der Mangel an Kriegscontrebande, sowie auch an Kleidern und medizinischen Waaren. Zündhütchen, von denen Millionen in eine Bootladung gingen, Chinin, von der das Pfund seine hundert Dollars brachte, daneben auch Seidenstoffe, welche die Frauen des Südens mit Gold aufwogen — denn der Süden hatte während der letzten Hälfte von 1860 nur schwachen Kredit im Norden genossen und seine Luxusgegenstände waren fast erschöpft — das waren die Artikel, in denen die Kaufleute Baltimore's im Verein mit ihren New-Yorker Freunden ihre Kapitalien anlegten und Hunderte von Prozenten an ihnen verdienten. Die Potomacflottille that diesem Handel endlich Abbruch, als er sich an andere, schwerfälligere Sachen, an Flinten, Säbel und sogar Geschütze machte. Viele Ladungen wurden abgefaßt, Arretirungen fanden statt, und das „Geschäft" wurde, dem Risiko gegenüber, welches es in sich schloß, nicht nutzbringend genug, um es fortzusetzen. Aber der einmal erzeugte Reiz ließ sich nicht so leicht unterdrücken. Die Gewinnsucht kann nur auf andere, auf bedeutendere Mittel, sich Geltung zu verschaffen. Statt des Potomac wählte man den Cape Fear Fluß, die Bay von Charleston, die Buchten von Georgia und Florida und den Rio Grande, statt der Nachen bediente man sich der Segelschiffe und der Dampfer. Bermuda wurde ein Stapelplatz der Schmuggler, Nassau ihre Börse, und Matamoras machten sie zu einem Welthafen. Fort mit der erbärmlichen Hökerei mit Chinin und Zündhütchen. In dem Dunkel jeder Nacht wurden fortan große Schiffsladungen von Contrebande von jedem erdenklichen Luxusartikel in die Häfen der Conföderation gebracht, Ladungen, deren Werth nicht selten nach Millionen gerechnet wurde, für die kein baares Geld die feindlichen Gestade verließ, wohl aber Baumwolle zu Hunderttausenden von Ballen, deren Einkaufspreis in England verdoppelt und verdreifacht wurde.

Glaube man nicht, daß die Engländer im Verein mit den kaufmännischen Koryphäen der secedirten Staaten diesen Handel allein betrieben. Philadelphia, New-York, Boston, Providence und andere atlantische Städte des Nordens warfen ihre Kapitalien mit vollen Händen auf dieses Feld, und zogen aus ihm unglaubliche Reichthümer. Aus mancher stolzen Equipage, die heutigen Tages durch den Centralpark rollt, blickt das Gesicht des verschmitzten Spekulanten in jener Prüfungszeit hervor. Dieselben Züge sah man einst in den Versammlungen, welche die ernsten Stunden des Krieges hervorriefen, und in denen patriotische Männer zusammen traten, um ihrem festen Willen, die Regierung in allen Maßnahmen gegen den gemeinschaftlichen Feind zu unterstützen, neuen Ausdruck zu geben. Gegen den Freund, Bruder und Sohn, welchen sie im Felde stehen haben mochten, um mit seinem Blute die Neugestaltung der Republik zu besiegeln, drückten diese Spekulanten dem Feinde die Waffen in die Hand. Die Habsucht erdrückte alle Mahnungen des Gewissens, erstickte die Zuflüsterungen der Pflicht und die Stimme der Liebe. Jetzt ruhen sie auf ihren leicht erworbenen Schätzen. Sie bilden nicht die zahlreichste Klasse Derjenigen, die reich aus dem Kriege hervorgegangen, aber jedenfalls die verächtlichste.

Der ehrliche Handel bot während der Kriegsjahre nicht weniger verlockende Chancen als das eben beschriebene verrätherische Bündniß mit dem Feinde, und die Zahl der durch ihn Reichgewordenen ist ungewöhnlich groß. Es liegt nur eine richtige Würdigung der mit dem Sommer von 1861 sich gestaltenden Geldverhältnisse in der Behauptung, daß von da an jeder klar blickende Kaufmann, selbst ohne die Gold- oder Fondsbörse zu protegiren, sich leicht zu etwas Erkleckllichem hinaufschwingen konnte. Die Münzwährung hatte schon zu existiren aufgehört. Heer und Marine forderten Summen, die voraussichtlich nicht aufzubringen waren, wenn die Regierung nicht zu dem Hülfsmittel griff, dessen sie sich später in so gefährlich hohem Grade bediente. Thal sie dies aber, so mußten die Werthverhältnisse jedes Artikels tief berührt werden und die Preise eine künstliche Höhe erreichen, um der Gefahr zu begegnen, der man sich durch die Annahme eines durch Zwangscours befestigten Austauschmittels aussetzte. Noch kam der Umstand hinzu, daß, um wenigstens einen Theil der gigantischen Kriegskosten aufzubringen, ebenso voraussichtlich die höchsten Steuern auf alle Einfuhren gelegt werden würden, was abermals zur Steigerung der Preise beitragen mußte. Alles dies erkannte das weder durch sanguinische Loyalität, noch durch rebellische Neigungen getrübte Auge des denkenden Kaufmannes auf den ersten Blick. Die Geschäftslosigkeit des ersten Kriegsjahres entlockte ihm daher auch keine Klagen. Er wußte, was da kommen mußte, und behielt seine Vorräthe lieber, als daß er sie zu den damals gangbaren noch nicht durch Geldfülle beeinflußten Preisen verkaufte. Er legte lieber noch mehr auf's Lager, wenn er sich zu dem Zweck nicht nach Europa zu wenden brauchte, denn bei dem Schwanken der Goldpreise, trotzdem dies seine Spekulation begünstigte, kontrahirte er nicht gern Schulden, die in Münze ausgeglichen werden mußten. Mit dem Sommer von 1862 brach endlich die Zeit seiner Ernte an, und sie währte bis an das Ende des Krieges, ja noch über dies hinaus, und während dieser ganzen Periode gab es nur wenige kurze Wochen, in denen die rechtmäßige Spekulation durch neu sich gestaltende Verhältnisse Abbruch erlitt. Sachkundige schätzen den Verdienst, welchen die Kaufmannschaft New-Yorks allein während der drei letzten Kriegsjahre aus dem Handel zog, der uns jetzt in allen Zweigen des Lebensunterhalts Preise aufgezwungen hat, die, obwohl zuerst durch die Entwerthung des Papiergeldes hinaufgezwängt, doch durch dessen Steigen im Werth nicht wieder herabgedrückt wurden, auf die ungeheure Summe von zweihundert und fünfzig Millionen. Es klebt kein Blut, es hängt nicht eine Thräne an diesen Tonnen Goldes. Wer durch seine Arbeit sein tägliches Brod verdient, verdankt den künstlich hinaufgeschwungenen Preisen, die jene Millionen als Ueberschuß zurückließen, einen Lohn, der noch lange über die Periode hinausreichen wird, wo die Bedürfnisse des Lebens zu ihren früheren Werthverhältnissen wieder herabgesunken sein werden. Wer früher arbeitslos war, wird durch die Unternehmungen, welche durch das Vorhandensein dieser großen Kapitalien in's Leben gerufen wurden, in Thätigkeit gesetzt. Wir sehen ihr Wirken in den riesigen Erscheinungen auf jedem Felde der Spekulation, überall, wo sich dem Unternehmungsgeist auf unserm an Hülfsmitteln so reichen Lande eine Aufmunterung bietet. Im Gegensatz zu dem durch den Schleichhandel zu großem Reichthum Emporgeschnellten, steht diese Klasse der Begüterten geachtet und geehrt da. Das, was von enthusiastischen Söhnen Merkurs als kaufmännisches Gewissen bezeichnet wird, hat sie nie verletzt. Sie kaufte, wie sie es zu Zeiten des Friedens gethan haben würde, wenn andere Konjunkturen ein Steigen der Preise in Aussicht stellten, und hielt der Berechnung bei ihrer Spekulation selbst das fern, was sonst zum Nachtheil der Gesammtheit den Ausschlag zu erhöhten

Werthverhältnissen giebt, Mißernten, ein sich ergebender Mangel dieses oder jenes Artikels, oder allgemeine Noth. Die Regierung hatte in ihr eine Stütze statt eines feindlichen Elementes. Denn in dem Grade wie ihr Reichthum stieg, trug sie auch das Ihrige zur Befriedigung der kolossalen Geldforderungen bei, die der Krieg erheischte — vielleicht nicht aus patriotischen Gründen allein, sondern wohl auch um dem Ertrag ihrer Unternehmungen durch unser nationales Fortleben einen höheren Werth zu geben. Mögen sie sich es wohl gefallen lassen, diese Reichen, in ihren Palästen. Sie brauchen sich ihrer Glücksgüter nicht zu schämen.

Wir gehen jetzt zur dritten Klasse der neuen Geldaristokratie über, deren Mitglieder, was bloße Zahl betrifft, wohl zwischen den beiden ersten stehen, und auch mit Bezug auf die Stellung, welche sie genießen, ein justo milieu zwischen ihnen einnehmen. Diese Klasse zerfällt in mehrere Unterabtheilungen. Wir finden in ihr den erfolgreichen Contraktor, den geschmeidigen Lieferanten, einige wenige Quartiermeister, die den Gefahren des Verlustes des im Felde Erworbenen entronnen sind, eine noch geringere Anzahl früherer Sutler, endlich auch Spekulanten in Fonds, Gold und Oelländereien. Unter den Contraktoren und Armeelieferanten möchten wir noch Diejenigen mitverstanden haben, welche die Regierung mit europäischen Fabrikaten während der Kriegsjahre versorgten. Denn wir betrachten ihre Stellung nicht als über die des gewöhnlichen Händlers erhaben, welcher der Regierung durch Hülfe eines gewissenlosen Inspektionsbeamten eine Partie kranker Pferde, faulen Fleisches oder sauern Mehls anbing. Es sind uns Fälle bekannt, wo Contraktoren von Waffen, Uniformtuchen u. s. w. einen besseren Artikel, als contraktmäßig übernommen wurde, ablieferten, aber sie bilden nur Ausnahmen von der Regel. Dieser zufolge suchte der Contraktor den Verdienst nicht darin, daß er den Preis für die zu liefernde Waare möglichst hoch hinaufschraubte, sondern eher darin, daß er, wie der etwas niedriger zielende Pferdehändler, durch Bestechung eine durchaus unbrauchbare Waare in die Hände der Regierung zu spielen wußte, ohne daß ihm am Preise etwas gekürzt wurde. Während der ersten zwei Jahre des Krieges machte sich dieser Betrug nicht selten in der verhängnißvollsten Weise geltend. Er äußerte seinen Einfluß in der mangelhaften Bewaffnung unserer Truppen, ihrer noch schlechteren Kleidung, und endlich in dem absoluten Mangel, dem sie durch die Lieferung ungenießbarer Mundvorräthe ausgesetzt waren. Die Bewegungen der Armeen wurden sogar in mehreren Fällen durch diesen systematischen und todeswürdigen Frevel beeinflußt, bis scharfe Schritte der Regierung, sowie eine durchgreifendere Controlle der Inspektionsbeamten, ihm Schranken setzten. Es ist wohl möglich, daß der Verdienst der an diesem sündlichen Geschäft Betheiligten größer schien, als er es wirklich war. Es liegen nicht allein Beweise vor, daß die zur Bestechung verwendete Summe manchmal eine enorme Höhe erreichte, sondern auch die Erlangung des Contraktes kostete, wie einer der Lieferanten sich bei einem Verhör ausdrückte, a pile of money. Vorausgesetzt selbst, daß die mit dem Abschluß von Lieferungscontrakten betrauten

Bureauchefs der Bestechung nicht zugänglich waren, oder daß man einem Cabinetsminister nicht mit offener Börse nahen durfte (?), gab es doch unzählige Individuen, die sich zwischen diese Beamten und den Ansuchenden stellten, ihm entweder den Weg vertraten oder ihm denselben bahnten, ihm ein gutes oder böses Wort redeten, ihm den Einfluß eines Congreßmitgliedes oder Generals versprachen, oder ihn mit dessen Feindschaft bedrohten, kurz es waren der Anzapfungen so viele, daß, da kein übertriebener Preis für zu machende Lieferungen gestattet werden konnte, die Qualität der Waare schon im Voraus durch diese Opfer bestimmt wurde. Gab es dennoch Contrakte, die von dem Originalbesitzer für Hunderttausende von Dollars an einen Andern übertragen wurden, so liegt darin der Beweis, daß in manchen Fällen trotz der dargebrachten Opfer noch ein Vermögen aus der richtigen Ausbeutung des Regierungsauftrages zu erzielen war.

Die Zahl der als Sutler und Quartiermeister Reichgewordenen ist wohl eine sehr geringe. Die Karriere der Ersteren trug nur für kurze Zeit ein verheißendes Aussehen, wurde aber bald durch Verhältnisse, die jedem unserer Leser bekannt sein dürften, dieses Nimbus beraubt. Unter der größern Anzahl der Quartiermeister mochte sich wohl der beste Wille regen, sich möglichst schnell auf Kosten der Soldaten oder der Regierung zu bereichern; aber gewissenhafte und wohl auch neidische Obristen und Hauptleute waren rasch bei der Hand mit Denunciationen, und die glänzende Karriere des Quartiermeisters dauerte selten über die der Eintagsfliege. Nur Wenige von ihnen genießen des Reichthums, dessen man sie allgemein verdächtigt, und diesen Wenigen sicherten die günstigsten Konjunkturen, zumal der Umstand, daß sie mit den Aufsichtsbeamten unter einer Decke zu spielen vermochten, diese Errungenschaften. Fremden gegenüber verheimlichen sie es gern, daß sie einst im Felde standen, und entsagen der Selbstbefriedigung, von ihren Heldenthaten zu reden, damit nicht eine indiskrete Frage ihnen das Nähere über ihre Vergangenheit entlocke; denn sie fühlen instinktmäßig, was man von einem Manne halten muß, der als Quartiermeister reich geworden.

Die glücklichen Spekulanten in Aktien, Gold und Oelländereien bilden eine unendlich viel geringere Zahl, als man gemeiniglich annimmt. Was die Ersteren betrifft, so reicht der schärfste Verstand und die richtigste Beurtheilung des Einflusses, welchen die Tagesereignisse auf den Stand des Marktes äußern sollten, nicht aus, um den Einzelnen gegen einen aller Logik entbehrenden Umschwung der Preise zu sichern. Die notorisch schlechte Administration amerikanischer Eisenbahnen und die Korruption, welche sich so häufig in der Verwaltung anderer auf Aktien ruhender Unternehmungen entfaltet, übertrifft alle Berechnungen und bringt trotz der günstigsten Konjunkturen die verhängnißvollsten Umwälzungen hervor. Noch fataler greifen die früher schon in diesen Heften erklärten Vereinbarungen großer Kapitalisten zur Hebung oder Drückung dieser oder jener Aktien ein, in Folge deren ein mühsam erworbenes Vermögen häufig in Stunden verloren geht. Die Aktienbörse weis't daher nur Wenige auf, die sich eines großen Reichthums und eines durchaus gesicherten Besitzes desselben erfreuen. Die Zahl der glücklichen Spekulanten in Gold ist dahingegen eine viel größere, aber auch sie ist überschätzt. Wir brauchen nur an das Schicksal der sogenannten Woshington Clique zu erinnern, um die Umgestaltungen in ihrem vollen Grade zu würdigen, welche das während des Krieges so selten sich einstellende Sinken der Münzpreise in der Stellung der Spekulanten hervorrief. Jene Clique bestand aus Kapitalisten, Beamten, Militairs und Attachees einflußreicher Zeitungen, kurz aus Elementen, die nicht allein die ausreichendsten Mittel zur Durchsetzung eines spekulativen Projektes besaßen, sondern sich auch während des Krieges zuerst über alle Ereignisse die beste Nachricht verschaffen, diese einer gründlichen Beurtheilung unterwerfen und sie endlich durch einen Theil der Presse zur Förderung ihrer Pläne modeln konnten. Während die Potomac-Armee ihre verschiedenen Invasionen Virginiens bewerkstelligte, wurde sie von den Agenten dieser Clique begleitet, die entweder durch reitende Boten oder durch die Taubenpost ihre Berichte nach Washington sandten und häufig dem nicht überall verwendbaren Telegraphen ein Schnippchen schlugen. Der Gewinn dieser Vereinbarung soll sich einmal auf acht Millionen belaufen haben; aber trotz ihrer Informationsquellen und der unausgesetzten Wachsamkeit verlor sie Alles, und ihre Mitglieder betrachteten es für ein großes Glück, gegen ein kärgliches Salair in den Regierungsbüreaus zu dienen. Doch ist dies Beispiel nichts weniger als maßgebend für die größere Klasse der Goldspekulanten. Unter den Glücklichen finden wir eine geringere Zahl Derjenigen, die vor dem Kriege schon der Wohlhabenheit genossen, als Derjenigen, die damals gar nichts besaßen und, mit einer Kleinigkeit anfangend, rasch die Stufen der güldenen Leiter erklommen — meist junge Leute, die neben dem wenigen Gelde noch weniger Reputation zu verlieren hatten, und denen das nächtliche Spiel der Goldbörse in dem 5. Avenue Hotel nur den Appetit nach der Aufregung schärfte, der sie nachher in den Salons und Freudenhäusern der obern Stadt fröhnten. Manche haben das Erworbene bei Seite gelegt und floriren jetzt, wahrscheinlich aus Hang zu der früheren Aufregung, als Aktienmakler; Viele aber haben es über sich vermocht, den demoralisirenden Einfluß der Vergangenheit zu erdrücken und sich einer minder bewegten Karriere zu widmen. Die jüngere kaufmännische Generation New-Yorks weis't gar Manchen auf, der sich als Kommis eines angesehenen Handlungshauses, und ohne daß seine Prinzipale davon eine Ahnung hatten, an der Abendbörse die Mittel zu seiner eigenen Etablirung erwarb. Auch diese bringen das Gespräch nicht gern auf die Ursachen, welche ihrem plötzlichen Hervorgehen aus einer bescheidenen Vergangenheit zu Grunde liegen. Man schämt sich nicht geradezu des durch Goldspekulationen Erworbenen, aber man spricht doch nicht gern von ihm. Wir erblicken darin eine durchaus vernünftige Diskretion.

Es sind noch Andere reich aus der Kriegszeit hervorgegangen, und auch diese bilden eine besondere Klasse. Es sind die Provostmarschalls, denen in der

Handhabung ihres verantwortungsvollen Amtes nur die Füllung ihrer Taschen am Herzen lag; die Rekrutirungsbeamten, die den Rekruten drei- und vierfach verkauften; die Menschenhändler, die das dazu nöthige Material auftrieben, und viele Andere, deren Gewerbe ein so komplizirtes war, daß wir ihnen vielleicht später ein besonderes Kapitel widmen werden. Und neben diesen Reichen giebt es auch Viele, die arm, blutarm aus der Kriegszeit hervorgegangen sind, während sie früher wohlhabend waren; arm, weil sie mit dem Herzen statt mit dem Kopf spekulirten, weil sie durch sanguinische Hoffnungen ihren Blick trüben ließen und die Preise von Aktien und Gold durch die Erfolge der Bundesheere ebenso gedrückt zu sehen erwarteten, wie sie durch deren Niederlagen in die Höhe geschnellt waren; arm, weil sie selbst inmitten des Börsenspieles nicht der Ueberzeugung entsagen konnten, daß jedes Goldstück, das auf Spekulation gekauft, die Münze nur vertheuern und die unsichere Lage des Landes steigern werde. Sie wurden und blieben arm, aber sie sind auch die Einzigen, die gern von ihren Goldspekulationen erzählen, denn jetzt, wo ihr Blick geklärt, erblicken sie in ihren Verlusten ein Opfer, das sie den Zuflüsterungen des Patriotismus gebracht. Doch diese unschuldige Renommage ist ihnen gefährlich, denn in Wall-Street ist der unglückliche Spekulant das bête noir, gleichviel wodurch er sein Unglück hervorgerufen, und umsonst sucht er nach Credit oder auch nur nach Mitgefühl.

Musikalische Revue.
Von Theodor Hagen.

Wenn wir an diesem Platze des kürzlich in Louisville stattgefundenen Sängerfestes erwähnen, so geschieht dies nicht blos deshalb, weil dasselbe mehr musikalische Momente hat, als wir im Sommer erwarten können, sondern weil es unserer Ansicht nach auch eine nationale Bedeutung hatte. Wenn wir teutsche Freunde der Musik weite Reisen unternehmen, um uns gegenseitig zu begrüßen und durch Musik und gesellige Freuden das Leben für einige Tage zu verschönern, so kann dies auf die Nationalentwickelung der Amerikaner nur von dem wohlthätigsten Einflusse sein. Allerdings war der Westen am stärksten vertreten; aber die Thatsache, daß der Osten überhaupt Theil nahm, ist an und für sich schon genügend, zu den besten Hoffnungen für die Entwickelung dieser Feste in musikalischer Beziehung zu berechtigen. Warum kann es nicht Musikfeste geben, zu denen das ganze Land seine besten Kräfte steuert? Es giebt fast in allen Hauptstädten der Union tüchtige, strebsame Musiker, es giebt auch gute Gesangskräfte, mit denen sich schon etwas anfangen ließe; man muß überhaupt nur anfangen. Aber dies scheint man ziemlich allgemein zu fürchten. Die Feste wiederholen sich von Jahr zu Jahr und sehen sich ähnlich wie ein Ei dem andern. Von einer erfreulichen Entfaltung, von einem Fortschritte ist keine Rede. Da ist der übliche Aufzug mit Fahnen und Bechern, da ist das sogenante Preisconzert, dann das Hauptconzert, dann das Pic=Nic, dann Fackelzug, und endlich am Schlusse das ziemlich allgemeine Gefühl der Nichtbefriedigung, das man auch wohl mit einem anderen Ausdrucke zu bezeichnen pflegt. In musikalischer Beziehung hat man nichts gewonnen, und in gesellschaftlicher am Ende auch nicht viel. Wie ganz anders aber könnte das sein, wenn man mit den im Lande vorhandenen Damenchören und den besten musikalischen Kräften sich an die großen Vokalwerke eines Bach und Händel, eines Beethoven, Schumann, Mendelssohn, Gade, Hiller und anderer Componisten hielte! Die Befürchtung, daß der gesellige Charakter der Feste darunter leiden würde, kann gewiß nicht gelten. In den rheinischen Musikfesten weiß man sich auch zu amüsiren, trotzdem oder vielleicht eben w e i l man nur durch die Hinzuziehung der Damen die Ausführung großer Werke ermöglichen kann. Dann werden auch alle die Mißtöne wegfallen, die sich in die jetzigen Feste immer einschleichen, und die ihnen in der Regel einen höchst traurigen Ausgang geben. In Louisville war es auch nicht besser, trotz alles Erfreulichen, welches das Fest bot, trotz der außerordentlichen Hospitalität, mit welcher die Gäste unterhalten wurden. Das unglückliche Preissingen namentlich war wieder die Veranlassung zu manchen Streitigkeiten, und so harmonisch auch mindestens in den Augen der Amerikaner Alles zu Werke zu gehen schien, in der inneren Organisation der am Feste betheiligten Vereine herrschte nichts weniger als Harmonie.

Die folgenden Vereine waren durch die dabei gesetzte Anzahl von Sängern vertreten:

Nashville Turner Männerchor	15
Cincinnati Männerchor	23
Chicago Concordia Männerchor	19
Chicago Männerchor	20
West Cleveland Männerchor	23
Wheeling Männerchor	22
Cincinnati Junger Männerchor	24
Columbus, Indiana, Männerchor	7
Columbus, Ohio, Männerchor	36
Laporte Männerchor	3
Cincinnati Alter Männerchor	40
Tell City Männerchor	17
Indianapolis Männerchor	31
New Albany Männerchor	40
Buffalo Liedertafel	7
Lafayette Liedertafel	9
New-York Liederkranz	22
Evansville Liederkranz	50
Sidney Liederkranz	17
West Cleveland Liederkranz	4

Akron Liederkranz	26
Aurora Sängerbund	10
Wyandotte Sängerbund	9
Cincinnati Sängerbund	25
Jeffersonville Sängerbund	30
Bedford Gesang-Verein	1
Cleveland Gesang-Verein	7
Pittsburg Frohsinn	5
Tiffin Bruderbund	21
Cincinnati Druiden Sängerchor	23
St. Louis Arion des Westens	24
St. Louis Musikalisches Kränzchen	4
Chillicothe Eintracht	13
Cincinnati Harmony	20
Wheeling Harmony	18
Alleghany Teutonia	5
Louisville Gesellschaften	120
Nicht registrirt	40
Zusammen	821

Sie sangen gar manche Weisen, eine nach der andern, wie aus dem folgenden Programm des ersten Concertes zu ersehen ist:

Erster Theil.

Ouvertüre zu Wilhelm Tell .... Rossini
                Orchester.
Nacht-Wanderungen .... Fr. Abt
            Cincinnati Männerchor.
Das jüngste Gericht .... Zöllner
            Cincinnati Sängerbund.
In dem schönen Monat Mai .... Zimmermann
            Arion des Westens.
Stille, Stille .... C. A. Weber
            Wheeling Harmonia.
Waldabendschein. Dem Liederkranz gewidmet von .... Fr. Abt
            New-Yorker Liederkranz.
Morgendämmerung .... H. Weyd
            Sidney Liederkranz.
Frühlings-Landschaft .... Julius Otto
            Chicago Concordia.
Sängergruß .... Fr. Abt
            Cincinnati Harmonia.
Ob, juch' ich auf der Heide dort .... F. Kücken
            Cincinnati Druiden-Chor.

Zweiter Theil.

Larghetto aus der Symphonie in D-dur..................Beethoven
         Orchester.
Junge Liebe..L. Grosch
        Tiffin Bruderbund.
Still ist die Nacht......................................Fr. Abt
        Alton Liedertafel.
Den Schönen..A. Reinhardt
      West Cleveland Männerchor.
Morgenlied...Fr. Abt
      Indianapolis Männerchor.
Ständchen..Julius Otto
      Nashville Turner-Chor.
Wie hab' ich sie geliebt...............................Möhring
      Evansville Liederkranz.
Nachklang und Sehnsucht..............................Kreutzer
      Wheeling Männerchor.
Des Schiffers Traum....................................Fr. Abt
     Columbus, Ohio, Männerchor.
Der frohe Wandersmann.............................Mendelssohn
     Cincinnati Junger Männerchor.
Ouverture zu Tannhäuser.............................R. Wagner
         Orchester.

Was die Herren Leiter veranlaßte, die Reihenfolge des Programms zu ändern und das sogenannte Preissingen ohne Unterbrechung vor sich gehen zu lassen, wissen wir nicht. Der Effekt war auf keinen Fall ein brillanter. Einige zwanzig Männerquartette ohne Unterbrechung anzuhören, dürfte denn doch ein bischen zu stark an den bekannten Ausspruch erinnern: „Was ist langweiliger als eine Flöte? Antwort: zwei Flöten."

Die Ausführung der Gesänge war eine recht gute und brachte einige Male eine zündende Wirkung im Saale hervor. Allerdings waren manche Leistungen durchaus nicht erfreulicher Natur; aber im Ganzen sind wir auf recht tüchtige Kräfte gestoßen. Nur hätte die Auswahl der Lieder besser sein müssen. Wenn auch das Repertoire der Männerquartette kein großes ist, so herrscht Abt doch nicht ganz allein darin; Schumann, Liszt, Mendelssohn haben auch Quartette geschrieben. Wenn die Herren Sänger à tout prix preissingen wollen, dann sollten sie sich auch Aufgaben stellen, deren Lösung eines Preises werth ist. Wegen eines leichten Liedchens sollte man sich nicht in die Aufregung stürzen, welche bei dieser Preissingerei nicht zu umgehen zu sein scheint. Sich in die Brust zu werfen, weil man ein paar Takte leichter Musik heruntergesungen hat, ist der Würde selbst bescheidener Dilettanten nicht angemessen. Wie wenig aber die Preisrichter ihre Aufgabe erkannt hatten, mag daraus hervorgehen, daß gerade der Verein, der das leichteste Lied fang, mit dem Preise beschenkt wurde. Es wurde glücklicherweise in der Geschäftsversammlung beschlossen, das Preissingen abzuschaffen. Dadurch ist eine Quelle höchst unnötiger Aufregungen gestopft, und dennoch der Ambition der Vereine, sich auszuzeichnen, durchaus kein Einbruch geschehen. An den gebildeten Theil des Auditoriums zu appelliren, dürfte in mancher Beziehung besser sein, als sich dem Ausspruche der Preisrichter zu unterwerfen.

Was die Ausführung der Orchestercompositionen anbetrifft, so konnte sie natürlich selbst gemäßigten Ansprüchen nicht genügen. Ein Orchester, aus allen möglichen Richtungen zusammengestoppelt, würde selbst unter einer besseren Leitung als bei dieser Gelegenheit vorhanden war, und selbst mit mehr Proben, kein genügendes Resultat hervorgerufen haben.

Das zweite oder sogenannte Haupt-Conzert bot das folgende Programm:

Erster Theil.

Ouvertüre zu Egmont....................... Beethoven
Festgesang — An die Künstler................ Mendelssohn
Es-dur-Conzert (vorgetragen von Carl Wolfsohn).... Beethoven
Jubel-Ouvertüre........................... Weber
Jauchzend erhebt sich die Sonne .... Mohr

Zweiter Theil.

Ouvertüre zur Fingalshöhle................... Mendelssohn
Die Geisterschlacht.......................... Kretzschmar
Ouvertüre zu Robespierre.................... Lotolf
Das deutsche Schwert........................ C. Schubert
Des Sängers Parole........................ Beethoven

Es war in diesem Conzerte, daß Herr Wolfsohn das Es-dur-Conzert spielte und zwar unter den obwaltenden Umständen recht brav. Der Flügel (und zwar ein ausgezeichneter von Steinway) konnte in der Bretterbude nicht zur rechten Geltung kommen. Aber auf jedem Fall war das, was gespielt wurde, der Art, daß es dem Conzert einen erhöhten Charakter gab. Es war die einzige Solopiece des Abends, und zwar eine solche, deren Wahl dem Vortragenden zur höchsten Ehre gereichte. Die Begleitung des Orchesters war übrigens so schwankender Natur, daß es uns Wunder nahm, wie der Künstler dagegen Stand halten konnte. Was die Ausführung der übrigen Stücke anbetrifft, so stand sie auf der Höhe alles dessen, was überhaupt von den Sängern und dem Orchester bei dieser Gelegenheit geleistet wurde.

Wenn wir nun auf das Endresultat dieses Festes blicken, so müssen wir es doch trotz der mannigfachen Schattenseiten, welche auf dasselbe geworfen wurden, als ein ziemlich günstiges betrachten. Die Uebelstände, die bei allen diesen Festen obwalten, haben sich diesmal den Betheiligten so überzeugend aufgedrungen, daß eine Reform, und zwar eine baldige, mit Sicherheit zu erwarten sein dürfte.

Das Jahr der Deutschen.
Von Friedrich Legow.

Wir leben in einer großen Zeit. So gewaltig und erhaben ist die Scenerie, in deren Mitte wir uns befinden, daß das Auge nur schwindelnd zu den himmelan strebenden Gipfeln emporschaut. So überwältigend sind die Eindrücke, welche uns von allen Seiten bestürmen, daß es dem Geiste schwer fällt, ihnen Stand zu halten. So schnell folgen die Ereignisse auf einander, daß es fast unmöglich ist, jedem volle Gerechtigkeit widerfahren zu lassen. Wie die harmonischen Formationen eines Gebirges sich nur aus der Ferne beurtheilen lassen, so wird es einer spätern Zeit vorbehalten bleiben, die Größe der jetzigen Periode zu würdigen.

Blind sind die Gewalten, welche unter der Oberfläche der Erde ihr Wesen treiben; aber die verborgenen Gluthen heben aus dem öden Ocean Inseln empor, auf denen sich ein blühendes Leben entfaltet, und alles Schöne, welches wir um uns sehen, es ist das schließliche Resultat chaotischer Kämpfe, welche den Untergang drohten und dennoch Harmonieen erzeugten. Verheerend braus't der Orkan durch Berg und Thal; die Eiche beugt zitternd vor ihm das Haupt, und das Herz des Muthigsten erbebt. Aber das Ungewitter hatte im Haushalte der Natur seinen bestimmten, segenvollen Zweck, welcher binnen kurzer Zeit freudig von uns erkannt wird. Verheerende Stürme ziehen auch durch das Völkerleben. Verwüstung bezeichnet ihren Pfad, tausend Herzen müssen brechen, und Verwünschungen hallen ihnen nach. Aber auch sie haben ihre Mission, und schneller als wir es uns gedacht, verwandelt sich der Fluch in Segen. Für das Reich der Geister gelten andere Regeln als für die ihrer selbst unbewußten Naturgewalten. Letztere dienen willenlos dem Geiste der Natur, der Nothwendigkeit, oder wie wir es sonst nennen wollen; wir können sie an und für sich weder preisen, noch ihnen zürnen. Was sich in der Menschenwelt ereignet, geht von selbstbewußten Persönlichkeiten aus, welche für das, was sie thun, ihren Zeitgenossen und der Nachwelt verantwortlich sind, und entweder auf ihren Dank Anspruch haben, oder ihren Fluch über sich ergehen lassen müssen. Aber auch sie bilden Werkzeuge in der Hand einer höheren Gewalt; während sie die Menschen wie eine Heerde vor sich her zu treiben glauben, werden sie selbst getrieben. Hinter ihnen steht der **Geist der Menschheit**, welchem sie, in den meisten Fällen ohne es selbst zu ahnen, **dienen müssen**. Dank sind wir nur Denen schuldig, welche dies freiwillig, mit edlem Bewußtsein und persönlicher Aufopferung, thun; unser Fluch gilt Denen, welche von verwerflichen Motiven geleitet werden; aber ohne es zu wollen oder zu ahnen, nützen diese oft mehr als die Andern.

Blicken wir nur um wenige Jahre zurück, so sehen wir eine Reihe von Ereignissen vor uns, von denen jedes zum Heile der Menschheit ausgefallen ist, während sie von ihren Urhebern nur bestimmt waren, dem Ehrgeiz von Individuen Vorschub zu leisten, denen es um Freiheit und Fortschritt, um Glück und

Segen nicht im Mindesten zu thun war. Der Krimkrieg sollte den Glanz des Napoleonischen Adlers erneuern; das war sein alleiniger Zweck. Noch jetzt wird es dem oberflächlichen Urtheil schwer, zu erkennen, was er der Welt genützt hat. Blicken wir aber nur ein klein wenig tiefer, so finden wir, daß er Italien zum Leben erweckte. Nur mit Cavour, dem sardinischen Minister, wurde damals ein Bündniß abgeschlossen, und die Sendung eines sardinischen Contingents zum Kriege gegen eine Macht, welche dem Besitzthum des Hauses Savoyen nie etwas zu Leide gethan, schien absurd. Aber von jenem Augenblick an forderte das fast vergessene, von fürstlichen Banden gefesselte Italien, wieder in den Kreis der Nationen aufgenommen zu werden. — Die nächste logische Folge war der lombardische Krieg, von seinen Urhebern wiederum nur aus Motiven persönlichen Ehrgeizes unternommen. Wurde die Devise „Frei bis zur Adria" nicht zur Wahrheit, so lag doch ein praktischer Erfolg in der Erlösung der Lombardei vom fremden Joch. Es gesellte sich die Vertreibung der mittelitalienischen Fürsten, die Befreiung der Romagna hinzu — Ereignisse, welche nicht im Plane Napoleons gelegen hatten, die zu verhindern er sich der öffentlichen Meinung gegenüber aber nicht im Stande sah, und aus denen er Vortheil ziehen zu können hoffte. Dann aber kam — als weiter liegende Consequenz — Garibaldi's Odyssee, die schönste Episode in der neueren Geschichte. Diese lag am wenigsten in der Berechnung Dessen, welcher ahnungslos den ersten Anstoß dazu gegeben; aber auch sie konnte er nicht verhindern; er, der Verworfene, mußte das anerkennen, was ein Besserer zu Stande gebracht, und es blieb ihm nur die eitle Hoffnung, eines Tages auch hieraus Vortheil zu ziehen. Seine Livree sollte das Zeitalter tragen; was er aber herbeigeführt, war das Jahr der Italiener. Wer erinnert sich nicht noch, wie damals Garibaldi die sechste Großmacht genannt wurde und es Niemandem einfiel das Treffende dieser Bezeichnung in Abrede zu stellen? Garibaldi aber repräsentirte den ins Gebiet der That übergetretenen Geist der Freiheit. Ihm den Weg zu bahnen, war gewiß am wenigsten die Absicht Napoleons gewesen, und doch hatte er's thun müssen.

Der Schauplatz der Weltgeschichte wurde jetzt über den Ocean verlegt. Amerika war es vorbehalten, das Schauspiel einer Republik zu liefern, welche in starrer Abgeschlossenheit, jede fremde Hülfe oder Einmischung stolz von sich wehrend, an sich selbst einen Entwicklungsprozeß vollzog wie die Welt noch keinen gesehen. Finstere Gewalten führten den Friedensbruch herbei, und frohlockend sahen die Monarchieen und Aristokratieen die Axt an den Baum der Freiheit gelegt. Brauchen wir diese Periode dem Leser ins Gedächtniß zu rufen? Ist es nothwendig, hier nachzuweisen, welches Heil die Dämone über uns gebracht haben? Ihre Absicht war es nicht, daß der Natter der Sklaverei vom Genius der Freiheit der Kopf zertreten wurde. Sie schürten den Verrath, und hell loderte die heilige Flamme der Treue. Sie stiegen empor, um desto tiefer zu fallen. Sie siegten, um desto furchtbarer gestraft zu werden. Sie triumphirten, damit ihr Fall desto vernichtender werde. Ewig wird die Menschheit mit Stolz und Freude zurückblicken auf die vier Jahre der Amerikaner.

Kaum war hier der letzte Kanonendonner verhallt, so hieß es drüben "er zu gelös't!" und der Krieg entbrannte an den Gestaden der Nord- und Ostsee. Das Schwert wurde gezogen nicht um einen bedrängten Bruderstamm zu erlösen, sondern um eine sich vorbereitende Volksbewegung im Keime zu ersticken. Hätten selbst weitere Pläne nicht vorgelegen, Hohenzollern und Habsburg m u ß t e n ihre Truppen marschiren lassen. Der durch die Nothwendigkeit herbeigeführte Dynastenkrieg wurde zu einem Eroberungskampfe. Möglich und nicht unwahrscheinlich ist es, daß dem Leiter dieser „Bewegung" alle die Consequenzen vor Augen schwebten, welche sich seitdem — bis zur Schlacht bei Sadowa — entwickelt haben. A l l e s aber hatte er n i c h t berechnet, und mit Befremden mag er jetzt eine Situation vor sich sehen, welche nicht von i h m geschaffen wurde. Er wollte eine Ruhmespyramide bauen für sich selbst und das Haus Hohenzollern. Trügen aber nicht alle Anzeichen, so gestaltet sich das Jahr 1866 zum J a h r e d e r D e u t s c h e n.

Entsprechen die seit der Abfassung unseres vorigen Artikels eingetretenen Ereignisse den von uns ausgesprochenen Hoffnungen insofern im Kampfe zwischen Preußen und Oesterreich Ersteres den Sieg errang und dadurch der Gefahr einer österreichischen Suprematie in Deutschland vorgebeugt wurde, so ist unser Wunsch, daß dieser Sieg dem Hohenzoller schwer und nur durch Anspruch der theuer erkauften Hülfe des deutschen Volkes möglich gemacht werde, zu Schanden geworden, und wir stehen einer Entwicklung gegenüber, welche sich wohl Niemand hat träumen lassen. Wie sollen wir uns diese ununterbrochene Reihe von Siegen auf der einen, von Niederlagen auf der andern Seite erklären? Es lohnt sich wohl der Mühe, diese Frage des Nähern zu erörtern.

Man sucht die Erklärung in den Zündnadelgewehren und in der Ungeschicklichkeit des Generals Benedek. Der eine Grund genügt so wenig wie der andere. Die Zündnadelgewehre sind keine neue Erfindung. Sie kamen schon früher ins Spiel, ohne daß sie Wunder bewirkten. Trotz dieser Waffe leistete die preußische Infanterie in Baden und Schleswig-Holstein nichts Außerordentliches, und im letzten Kriege gegen Dänemark wurde sie weniger gerühmt als die österreichische. Benedek machte allerdings einen Fehler über den andern; aber seine Unfähigkeit als Führer eines großen Heeres und die Ueberlegenheit der preußischen Generäle war nicht in dem Grade hervortretend, daß ein so furchtbarer Zusammenbruch dadurch allein herbeigeführt werden konnte. Der Grund lag tiefer; er wurzelte in der Verschiedenheit der Elemente, welche einander im blutigen Kampfe gegenüberstanden.

So ungern zog das preußische Heer in den Kampf, daß daran die schlimmsten Befürchtungen geknüpft wurden. Als derselbe aber einmal entbrannt war, als jede Wahl aufhörte, als man sich der bittern, unerbittlichen Nothwendigkeit gegenüber sah, da fuhr ein Geist in die Mannschaft, welcher selbst ihre Führer in Erstaunen setzte, und es entstand ein Zusammenwirken, wie es vielleicht nie zuvor in einem Heere stattgefunden. Alle beseelte der feste Entschluß, die Sache,

gegen mich doch einmal nicht mehr ändern lasse, so schnell wie möglich zu Ende
Napoleons, und dazu trat ein Bewußtsein des Zusammengehörens, wie es in
den Reihen der Gegner naturgemäß nicht vorhanden sein konnte. Zur Geltung kam die überwiegende Intelligenz der Mannschaft, die mit ihr ver-
bundene persönliche Initiative, das dem Preußen eigene Selbstgefühl, welches — dessen halten wir uns versichert — in diesem Fall mehr einen deutschen als einen preußischen Anstrich trug. Die Soldaten der Linie und
der Landwehr waren gebildet genug, um ebenso tief wie wir zu empfinden, daß
von diesem Kampf die Zukunft nicht nur des preußischen, sondern des deutschen Vaterlandes abhänge, daß sie keine Sünde begingen, wenn sie die Macht
des Hauses Habsburg brächen. Wir glauben nicht zu weit zu gehen, wenn
wir den diese Legionen erfüllenden Geist als deutsches Nationalge-
fühl kennzeichnen und wenn wir ihm die Macht der Entscheidung zuschreiben.
Welcher Preuße birgt nicht das Bewußtsein in seiner Brust, daß Preußen bestimmt ist, Deutschland zu vereinigen? Trägt dies Gefühl bei dem Könige, seinen Ministern und Vasallen den Charakter des Ehrgeizes und der Herrschsucht,
so zeigt er im Volke ein edleres Gepräge. Man müßte dasselbe sonst für sehr
beschränkt halten, und der Instinkt eines Volkes läßt sich nicht so weit irre führen, daß ein so natürliches Verhältniß ihm fremd bleiben könnte.

Im Heere der Oesterreicher war das Alles anders. Von einem National-
oder Vaterlandsgefühl konnte dort nicht die Rede sein. Die Disciplin wie sie
im österreichischen Heere herrscht, duldet keine Selbstständigkeit, keine Initiative.
Die preußische Devise lautet: „Mit Gott für König und Vaterland." Es läßt
sich viel an ihr aussetzen; aber dennoch ist sie dem österreichischen Wahrspruch
vorzuziehen, denn dort kommt kein Vaterland in Betracht, es handelt sich nur
um einen Kampf für den Kaiser! Die Beschränktheit mag sich für diesen en-
thusiasmiren; aber Niemand wird behaupten wollen, daß in der Dummheit dieselbe Zauberkraft liegen könne wie in der Intelligenz, und daß selbst die stupi-
deste Begeisterung für den Kaiser im Stande wäre, das Vaterlandsgefühl zu
ersetzen. Wie hätte sich der Ungar, der Kroat, der Böhme, oder gar der Italiener, einbilden können, daß er, indem er dem preußischen Heere gegenüberstand, für sein Vaterland kämpfe? Vielmehr erfüllte sie das Bewußtsein
des direkten Gegentheils. Und wie konnte sich andererseits bei den
deutschen Oesterreichern, denen gerade jetzt eine so schimpfliche Behandlung zu
Theil geworden ist, ein solches Gefühl geltend machen? Nur die Uniform
war den österreichischen Soldaten gemeinsam; ein Band der Sympathie bestand
unter ihnen nicht. Eine solche zusammengewürfelte Phalanx mußte sich gegen
ein Heer wie das preußische in einem Nachtheil befinden, welcher selbst durch die
geschickteste Führung kaum hätte aufgewogen werden können. Das österreichische System ist darauf gerichtet, im Soldaten den Menschen total zu unterdrücken
und nur die Maschine übrig zu lassen. Bei der bunten Zusammensetzung des österreichischen Heeres ist dies auch das allein Zuläs-
ge. Bei em Bildungsgrade des preußischen Volkes wäre es dagegen

trotz aller Bemühungen unmöglich, im Soldaten den B ü r g e r zu
ertödten. Wir leben aber nicht mehr in einer Zeit, welche selbst bei Heeres-
körpern den G e i st überflüssig macht, und wo dieser am hervorragendsten vertreten ist, da muß sich der Sieg einstellen.

Im Kampfe zwischen den preußischen und den Bundes-Truppen war das
Verhältniß ein anderes. Dort war wie die Tapferkeit, so auch das National-
gefühl auf beiden Seiten in gleichem Grade vorhanden. Aber gerade die Intelligenz mußte den Bundestruppen den Arm lähmen. Man muthete ihnen
Unmenschliches zu, wenn man von ihnen verlangte, daß sie sich mit Begeisterung für ihre Fürsten und den Bundestag in den Kampf stürzen sollten. Es
mußte sich ihnen gebieterisch die Frage aufdrängen, weshalb und wofür sie denn
eigentlich kämpften, und rechnet man noch den totalen Mangel an einheitlicher
Leitung, die mit dem Bundessystem verknüpfte trostlose Zerfahrenheit hinzu, so
wird man es sehr natürlich finden, daß die schlecht gefügte Maschinerie zusammenbrechen mußte.

Was wir gewünscht, ist eingetreten, wenn auch nicht auf die Weise wie es
uns vorschwebte, und die Summe des Gewonnenen ist nicht gering. Gebrochen ist die Macht des Hauses Habsburg, und nie kann es wieder in Deutschland ein Bollwerk der Reaktion, ein Werkzeug der Zerrissenheit und der Gei-
stesknechtung, sein. Mit Schimpf und Schande zum Tempel hinausgejagt und
auf immer beseitigt ist der Bundestag. Nie werden wieder von der Eschenheimer Gasse Dekrete zur Knebelung der Presse, zur Unterdrückung jeder freien
Regung, ausgehen. Eine Reihe von Fürsten ist von den Thronen geworfen,
um sie nie wieder zu besteigen. Deutschland hat sein Ziel nicht erreicht, aber
es ist ihm um ein Wesentliches näher gerückt.

Und vergessen wir nicht die Consequenzen, welche sich sonst noch an diese
Entwickelung knüpfen. Deutschland — jetzt und in nächster Zukunft durch Preußen vertreten — nimmt unter den Nationen eine ganz andere Stellung ein
als zuvor. Nur die Vollendung des Werkes fehlt, um Deutschland politisch dahin zu stellen, wo es geistig schon längst stand — an die Spitze der Nationen.
Niemand wird mehr von deutscher Langsamkeit, von deutscher Schwerfälligkeit
und Thatenlosigkeit zu reden wagen. Daß d i e s e r Vorwurf geschwunden, ist
unstreitig das Verdienst der jetzigen preußischen Regierung, wenn wir ihr auch
keinen Dank dafür schuldig sind.

Nehmen wir hier Rücksicht auf die künftige Stellung Deutschlands zum
Auslande, so dürfen wir das veränderte Verhältniß nicht unerwähnt lassen,
welches fortan zwischen der deutschen und der italienischen Nation obwalten
wird. Erfüllt ist unsere in der vorigen Nummer dieser Hefte ausgesprochene
Hoffnung, daß der Italiener nicht länger ein Recht haben möge, den Deutschen
als seinen Feind zu betrachten. Wir wollen wahrlich die Italiener nicht geringer schätzen, weil ihnen in diesem Kriege das Glück nicht günstig war. Nur
zwei große Treffen haben sie bestanden — eines zu Lande und eines zur See.
Ihre Tapferkeit in beiden Engagements wird, obgleich sie unterlagen, nicht be-

stritten, und in kleinern Affairen haben sie vollauf Gelegenheit gehabt, dieselbe mit günstigerm Erfolg glänzend zu bewähren. Aber Thatsache ist es, daß sie die Befreiung Venetiens weniger ihren eigenen, als deutschen Waffen zu verdanken haben. Was Oesterreich an Italien verschuldet, das hat Preußen sühnen müssen. Deutsche und Italiener sind ehrliche Waffenbrüder gewesen, sie haben einander redlich unterstützt, und eine gegenseitige Dankesschuld wird sie fortan zu Freunden und Brüdern machen.

Großes ist geschehen, aber Größeres steht noch bevor. Zu leicht wurde dem Hohenzoller der Sieg über das Haus Habsburg, aber ein Anderer nimmt dessen Stelle ein und verspricht das zu leisten, was wir von österreichischen Siegen über Preußen erwarteten. Unserm Wunsche gemäß, sollen wir die Einigung Deutschlands, die Vernichtung alles dessen, was als schwarze Klippe dem Aufschwung des edelsten Volkes im Wege steht, nur dem Volke zu verdanken haben. Ein günstiger Stern leuchtet über der deutschen Nation. Abermals kommt ihr zu Hülfe ein Theil von jener Kraft, die stets das Böse will und stets das Gute schafft. Louis Napoleon ruft dem Einigungswerk ein „Bis hierher und nicht weiter!" zu, und am Rhein droht ein Kampf, welcher unter der Devise der modernen Kreuzritter „Mit Gott für König und Vaterland" nicht zu Ende zu führen ist. Wir sagten im vorigen Heft, daß die preußische Politik nothwendiger Weise einen nationalen Charakter annehmen müsse, daß Preußen bestimmt sei, für Deutschland zu kämpfen, und dieser Bestimmung unmöglich entgehen könne. Und schon jetzt macht sich der Spruch des Verhängnisses geltend: „Durch das preußische Thor zur deutschen Einheit und Freiheit!" Wir würden die Wolke, welche sich jenseits des vaterländischen Stromes zusammenballt, mit Bangen betrachten, wenn Oesterreich noch in seiner früheren Stärke dastände. Da aber Deutschland dem drohenden Ungewitter unter preußischer Führung zu begegnen hat, sehen wir dem Ausfall mit freudiger Zuversicht entgegen.

Nichts könnte Deutschland in diesem Moment heilbringender, nichts nothwendiger sein, als ein Krieg zur Vertheidigung seiner Grenzen fremden Anmaßungen gegenüber. Es würde damit in der That einem dringenden Bedürfniß abgeholfen. Das natürliche Verhältniß würde zur augenblicklichen Entwickelung kommen. Ein trauriges Hülfsmittel ist immerhin jeder Krieg; aber lieber ist es uns doch, daß der unvermeidliche Kampf von Deutschen gegen den Erben des Mannes, dessen Galeere auf dem deutschen Fels scheiterte, als unter Deutschen ausgefochten werde.

Ein Unabhängigkeitskrieg kann nur unter dem Banner der Einheit geführt werden und muß sich nothwendiger Weise zum Freiheitskriege gestalten. Preußen wird dabei der Führer sein, aber unausbleiblich in Deutschland aufgehen, denn in solcher Sache kämpft sich's nur gut unter nationalem Banner. Es ist nothwendig, daß das Verhältniß zwischen den beiden Nachbarnationen geklärt werde. Der französischen Tradition zufolge ist es Deutschlands Pflicht, ohnmächtig und zerrissen zu bleiben, damit die Herren Franzosen ruhig schlafen können. Läßt sich dieser eigenthümliche Wahn nicht anders austreiben, so muß es eben durch Blut und Eisen geschehen. Wir sagten im vorigen Artikel: „Wessen wird das deutsche Volk fähig sein, wenn alle Herzen zusammen schlagen, wenn alle Kraft nach demselben Ziele hinarbeitet, wenn es zum Kampfe fürs Vaterland und für die Freiheit, für die Vertheidigung heimischen Bodens, wenn es zum wahrhaft h e i l i g e n Kampfe geht!" Der Moment, in welchem die Welt sehen wird, wessen unter s o l c h e n Umständen Deutsche fähig sind, scheint nahe heranzurücken. Aber sollte selbst die Donnerwolke sich verziehen — schon die D r o h u n g, schon die G e f a h r ist genügend, um das Einigungswerk zu fördern, dem Volke das Bewußtsein dessen, was vor allen Dingen Noth thut, den jetzigen Gewalthabern die Erkenntniß dessen beizubringen, was sie zu thun haben, wenn sie nicht wie ein schwaches Rohr vom Sturme der Volkswuth zerbrochen sein wollen. Möge Napoleon kommen, um sich die Rheingrenze zu holen. Von einem erbarmungslosen Fatum getrieben, wird er sich selbst den Untergang bereiten, für Deutschland aber die heiligen Kleinodien der Einheit und Freiheit erobern.

Die Lavine ist im Rollen, und sie läßt sich nicht aufhalten. Seit dem Jahre 1848 gährt überall der Wein, und mag man ihn durch eiserne Bande zu fesseln suchen, doch wirft er die Perlen empor. Wie winzig klein sind auf dem Ocean der Völkerentwicklung Die, welche Alles zu lenken wähnen und doch nur unbewußte Werkzeuge des waltenden Geistes der Menschheit sind! Große Ereignisse liegen in der nächsten Zukunft. Das d e u t s c h e Volk aber ist bestimmt, aus dem Chaos die Harmonie zu gestalten, und das Jahr der Erlösung, es wird das J a h r d e r D e u t s c h e n sein.

New-Yorker Correspondenz.

N e w - Y o r k, im August. Es gilt in New-York vielleicht noch mehr als unter andern Himmelsstrichen der Grundsatz, daß jeder Tag seine eigene Plage hat. Eigentlich sind uns die Plagen hier ein Bedürfniß; sie machen einen viel tiefern Eindruck als die Freuden dieses Lebens, und Aufregung muß der New-Yorker haben, oder er geht zu Grunde. Da ist es denn eine wahre Freude, wenn für passende Abwechselung gesorgt wird. So giebt es ganze Monate, in denen große Feuersbrünste an der Tagesordnung sind und keine andere Heimsuchung neben sich aufkommen lassen. Der Juli wurde durch die Hitze in Anspruch genommen, welche ebenso wenig Nebenbuhler in der Gunst des verehrten Publikums duldete. Diese Plage war aber auf die Länge nicht auszuhalten, und für die in hohem Grade wünschenswerthe Veränderung sorgte der August, welcher uns bis jetzt mildere Lüfte, zugleich aber auch die Cholera gebracht hat. Das ist ein Gegenstand, welcher so wenig wie möglich besprochen werden sollte, und von dem ich nur deshalb im Anfange meines Briefes Notiz nehme, um schnell darüber hinwegzukommen, denn ignoriren läßt er sich doch nicht. So sei denn kurz gesagt, daß der gefürchtete Gast uns in Folge der Hitze wirklich einen Besuch abgestattet hat und noch jetzt in unserer Mitte weilt, daß er sich aber, da man ihn nicht fürchtet und ihm zu Ehren, gleich als wäre er eine hochgefeierte Persönlichkeit, Haus, Hof und Straße reinigt, viel manierlicher benimmt, als es sonst seine Gewohnheit ist. Wird es nicht ärger, so kann New-York sich gratuliren, denn die Anzahl der wirklichen Cholerafälle ist im Verhältniß zur Bevölkerung eine so geringe, daß nur in solchen Stadttheilen, welche die nöthigen Vorsichtsmaßregeln verabsäumen, von einer Epidemie die Rede sein kann, und ohne die heißen Sommermonate wären wir wahrscheinlich ganz verschont geblieben. Durch die Furcht vor der Cholera braucht Niemand sich vom Besuch New-Yorks abhalten zu lassen; in den meisten größern Städten der Union grassirt sie viel ärger als hier. New-York hat eine so überaus gesunde Lage, daß eine Seuche, welche zu ihrer Förderung auf Lokalverhältnisse angewiesen ist, hier gar nicht Platz greifen kann, wenn Volk und Behörden nur einigermaßen ihre Pflicht erfüllen. Und so sei denn hierüber genug gesagt und nur noch der fromme Wunsch hinzugefügt, daß im nächsten Monat von der Cholera nicht mehr die Rede sein möge.

    Mit diesem unerquicklichen Thema steht indessen ein anderes in Verbindung, welches eine tief gewurzelte, schwer zu beseitigende Krankheit am Gesellschaftskörper verräth. Der deutsche Theil New-Yorks jubelte, als ein richterlicher Einhaltsbefehl (injunction) das neu erlassene Accisegesetz vor der Hand thatsächlich entkräftete; man dachte aber nicht an die Konsequenzen, welche sich an die mißbräuchliche Beanspruchung einer solchen richterlichen Machtbefugniß knüpfen. Das Wesen der injunction ist, daß der Richter die Constitutionalität des angefochtenen Gesetzes, oder der Verfügung, über welche man sich bei ihm beklagt, in Frage stellt und bestimmt, daß bis zum Moment der Entscheidung hierüber der gesetzliche Erlaß oder die polizeiliche Anordnung für den gegebenen Fall außer Wirksamkeit treten solle. Herr Paul Fall konnte in Folge dessen bis auf Weiteres am Sonntag Lagerbier ausschenken; das nützte ihm selbst und schadete Anderen nicht; aber derselben Praxis hätten in New-York leicht Tausende von Menschenleben zum Opfer fallen und von hier aus hätte sich eine Pestilenz über das ganze Land verbreiten können. Es handelte sich darum, die gesundheitsgefährlichen Etablissements aus der Stadt zu entfernen und gemeinschädlichen Gebräuchen ein Ende zu machen. Daß dies geschehen, davon hing das Wohl Aller, die Sicherheit jedes Individuums, das Gedeihen der Stadt ab. Rüstig machten sich die Gesundheitsräthe an's Werk. Unbeirrt durch Proteste und Lamentationen, rückten sie unter Anderm gegen die Fettsiedereien, welche einen bestialischen Gestank um sich her verbreiten, und gegen die nicht minder schädlichen Schlachtereien innerhalb der Stadt in's Feld. Sofort aber wendeten sich die Bedrohten an einen Polizeirichter, von dem sie wußten, daß er mehr sein eigenes Interesse als das der Commüne in Betracht ziehe. Ein solcher Polizeirichter wird in diesem freien Lande g e w ä h l t; neigt sein Amtstermin sich dem Ende zu, so wünscht er wieder gewählt zu werden, und danach richtet er, falls er gewissenlos ist, seine amtliche Handlung ein. Ob er das von ihm Erbetene bewilligen will, hängt von ihm selbst ab, denn kein Gesetz zwingt ihn dazu. Sein Entschluß wird nicht durch Rücksichten auf das öffentliche Wohl, sondern durch den Gedanken an das bestimmt, was ihm persönlich nützlich oder schädlich ist, und liegt die Neuwahl noch in so weiter Ferne, daß der Hinblick auf sie ihn nicht beeinflussen kann, so läßt er sich vielleicht durch n ä h e r liegende Argumente bestimmen. So geschah es denn auch in diesem Fall. Ueberall traten der Behörde Einhaltsbefehle entgegen, bis sie erklären mußte, daß ihr die Hände gebunden seien und daß für die Folgen Die verantwortlich gemacht werden müßten, welche die ihnen anvertraute Gewalt in so schmählicher Weise mißbrauchten. Die Folge davon war, daß die Cholera es in einer Woche auf über 200 Opfer brachte. Da merkten aber die Herren Richter doch, daß dies nicht das geeignetste Mittel sei, sich populär zu machen, und daß sie bedeutend klüger handeln würden, wenn sie ehrlich zu Werke gingen. Schnell hoben sie die von ihnen selbst erlassenen Befehle auf, und jetzt konnte wieder mit Erfolg für die Gesundheit der Stadt gesorgt werden. Auch dem schlichtesten Verstande leuchtet es ein, daß hier ein radikal verkehrtes System vorliegt. Die A u s l e g u n g des Gesetzes bis zu einem gewissen Grade muß allerdings zu den Befugnissen des Richters gehören; aber ein Gesetz temporär völlig zu annulliren, geht denn doch zu weit, und absurd im höchsten Grade ist es, einen einzelnen, vielleicht seiner Capacität nach sehr untergeordneten oder nach seiner Qualität sehr schlechten Menschen über die gesetzgebende Gewalt des Landes zu stellen. Doppelt gefährlich wird dies da, wo das Wahlsystem so große Versuchungen mit sich bringt. Ob letzteres System mit Bezug auf den Richterstand und die kurze Amtsdauer der gewählten Richter sich überhaupt mit der öffentlichen Sicherheit und Sittlichkeit verträgt, ist eine Frage, welche bei reiflichem Nachdenken wohl eher zur Verneinung als zur Bejahung auffordert. Die Wächter und Ausleger des Gesetzes sollten vor allen Andern so gestellt werden, daß die Gefahr der Corruption für sie am wenigsten vorhanden wäre. Eine Beschränkung des Wahlrechts in d i e s e m Fall würde keine Beschränkung der Freiheit, sondern eher eine neue Gewähr für dieselbe sein. Man braucht nur einmal die Polizeigerichtshöfe zu besuchen, um ganz eigenthümliche Begriffe von den Früchten der Volkssouverainität auf d i e s e m Gebiet zu bekommen. Ein Richter sollte jedenfalls nicht durch einen k l e i n e n Bezirk gewählt werden. Mit der Ernennung durch den Gouverneur mögen Gefahren verbunden sein, aber nicht so große als wenn der Polizeirichter in der Schnapskneipe gewählt wird.

Wollen Sie mir gestatten, die Qualität unserer niedern Richter durch ein grelles, aus dem Leben gegriffenes Beispiel zu illustriren? Lehrreich ist es jedenfalls, wenn auch nicht erquicklich. Einer unserer angesehensten Kaufleute wird Morgens dringend gebeten, nach einem der Polizeigerichtshöfe zu kommen, wo ein junges Frauenzimmer, welches früher bei ihm gedient und sich stets durchaus respektabel benommen hat, unter dem Verdacht des Diebstahls sitzt. Er folgt dem Rufe und findet sie in einer Gesellschaft von Diebinnen und andern verwahrlos'ten Frauenzimmern. Aber selbst unter diesen Auswürflingen erhebt sich, als er kommt, ein Jubelgeschrei. Alle haben sich bescheiden von Der, welche sie sofort als eine nicht zu ihnen Gehörende erkannt, zurückgehalten, sind, mit dem Scharfblick der Erfahrung begabt, fest von ihrer Unschuld überzeugt, und freuen sich über das Erscheinen des Retters. Auf Befragen vernimmt er, daß sie von ihrer jetzigen, am Abend gewöhnlich betrunkenen Herrin des Diebstahls eines Gegenstandes, welchen diese ihr eben zuvor gegeben und dessen Werth sie selbst auf 25 Cents schätzt, angeklagt, von einem Polizisten fortgeschleppt und ins Gefängniß gebracht worden, wo sie die Nacht in einem schmutzigen, von Ungeziefer wimmelnden Raume zugebracht. Der Kaufmann fragt nach dem Polizeirichter und erhält vom Sekretär die Antwort, daß derselbe beschäftigt sei und sich nicht stören lasse. Auf näheres Befragen ergiebt es sich aber, daß er im benachbarten Wirthshause sitzt, wo er sich allerdings nicht gern stören läßt. Dennoch nimmt der Menschenfreund sich diese Freiheit heraus. Er findet den Richter — es ist jetzt gegen Mittag — betrunken inmitten seiner Zechgenossen. Das Erste, woran er zu denken hat, ist ein treat. Ohne diesen läßt sich schlechterdings nichts anfangen. Als der Richter noch betrunkener und unzurechnungsfähiger geworden, läßt er sich von Dem, welcher auf diese Weise sich seine Gunst erwerben mußte, den Fall vortragen und nimmt, ohne sich weiter nach der Sache oder nach der Persönlichkeit des Kaufmanns zu erkundigen, die schriftliche Bürgschaft desselben an, worauf das Mädchen entlassen wird. Was wäre aus der Unglücklichen geworden, wenn sie nicht einen solchen Freund gefunden hätte? Und wie leicht ist es andererseits, wirklichen Verbrechern die Freiheit zu verschaffen, wenn ein betrunkener Richter ohne Weiteres die Bürgschaft von Personen annimmt, die er gar nicht kennt! So steht es mit unseren Polizeirichtern. Ich könnte die Betrachtung auf die Strafanstalten ausdehnen, welche sich in dieser Saison als Pesthöhlen erwiesen haben, wenn ich nicht befürchten müßte, durch Vorführung noch mehrerer Schattenbilder dieser Art die Geduld Ihrer Leser gar zu arg auf die Probe zu stellen.

 Jedoch kann ich nicht umhin, die hiesigen Verhältnisse auch noch von einer andern unvortheilhaften Seite zu betrachten. Ein Correspondent muß eben die Ausbeute der jüngsten Vergangenheit nehmen wie sie sich ihm bietet. Es ist die gerade nicht unerwartete, aber jedenfalls höchst unangenehme Entdeckung gemacht worden, daß unsere geheime Polizei zum Theil aus den abgefeimtesten Spitzbuben besteht, daß sie sich bestechen läßt, mit den Verbrechern unter einer Decke steckt, und, weil man ihr vertraut, noch viel gefährlicher ist, als die Elemente, die sie bewachen soll. Daß es auch in der Republik eine geheime Polizei — in Zeiten des Krieges sogar, wie drüben, auch auf dem Felde der Politik — geben muß, ist einleuchtend. Die Verbrecher sind in der Mehrzahl zu gerieben, um nicht mit Leichtigkeit den ihnen bekannten Verfolgern aus dem Wege gehen zu können, und das Ungeregelte der hiesigen Verhältnisse ist ihnen so günstig, daß es in vielen Fällen unmöglich sein würde, ohne Spionage, ihren Schlichen auf die Spur zu kommen. Da das Institut durchaus nur die Wahrung des öffentlichen Wohls, nicht die Beförderung der Interessen einer Regierung zum Zweck hat, entbehrt es hier an und für sich des Makels, der ihm in monarchischen Ländern anklebt. Aber damit es nicht ausarte, ist unbedingt nothwendig, daß dieser Zweig des öffentlichen Sicherheitsdienstes nur den bewährtesten, unverdächtigsten Händen anvertraut werde, und das ist leider, wie die Erfahrung lehrt, bei weitem nicht immer der Fall. Man denke nur an den Chef der politischen geheimen Polizei während des Krieges, den Obersten Baker. So lange man seiner bedurfte, hat er gute Dienste geleistet, sich aber so wenig die allgemeine Achtung zu erwerben gewußt, sich so arge Dinge zu Schulden kommen lassen, daß er eine nichts weniger als ehrenvolle Entlassung erhielt und nur aus besonderen Rücksichten dem Dienst in einer Strafanstalt entging. Aehnliches ist es uns hier in New-York ergangen, und dieselben Entdeckungen wird man auch wohl anderswo machen, wenn man sich Mühe giebt. Es scheint mir in dem System ein radikaler Fehler zu liegen. Die Mannschaft wird demoralisirt durch die Art und Weise, wie sie unter Instruktion oder aus eigenem Antriebe ihre Manipulationen betreibt. Um die Qualität verdächtiger Individuen zu ermitteln, wird nur zu häufig zur P r o v o k a t i o n gegriffen, und eine solche Praxis ist nur in sehr seltenen Ausnahmefällen zu entschuldigen. Um einen Verbrecher zu Enthüllungen zu verlocken, mag ein geheimer Polizist sich mit ihm einsperren lassen, oder sonst sich in sein Vertrauen schleichen; aber er darf nicht selbst Verbrechen h e r v o r r u f e n, um sie alsdann zu b e n u n c i r e n. Es ist doch immerhin möglich, daß er sich in seinem Manne irrt, daß Der, den er zum Gesetzbruch verleitet, rein geblieben wäre falls man ihn nicht in Versuchung geführet hätte. Jedenfalls muß ein solches Verfahren auf Die, welche sich ihm hingeben, eine demoralisirende Wirkung äußern, und daraus mag sich die Gesunkenheit bei einem großen Theil unserer geheimen Polizeimannschaft erklären.

Es mag sonderbar scheinen, daß ich Sie von Cholera und Spitzbuben unterhalte, während doch im atlantischen Telegraphen ein so erhabener Gegenstand vorliegt. Aber was ließe sich über diesen sagen, was nicht eine Wiederholung von längst Gesagtem wäre? In hohem Grade komisch waren die Bemühungen der amerikanischen Blätter, noch neue Ideen darüber zum Vorschein zu bringen; mit dem besten Willen wollte es ihnen nicht glücken, und selbst die illustrirten Zeitungen konnten nur die alten, schon einmal gebrauchten Holzschnitte wieder hervorrücken. Man hat sich damals, als der Erfolg nur ein scheinbarer war, bermaßen dafür enthusiasmirt, daß darauf eine Blasirtheit folgte, welche selbst jetzt, da ein wirklicher Sieg vorliegt, noch nicht gewichen ist. Nie hat ein hochpoetischer Moment eine so prosaische Stimmung angetroffen. Sogar der in den ersten Lebensäußerungen liegende Humor wollte nicht fangen. Man bemerkte nicht einmal, daß die Königin Victoria während der paar Jahre bedeutend vorsichtiger in der Wahl ihrer Freunde geworden ist. Damals telegraphirte sie an Buchanan: „Mein guter Freund!" Jetzt war ihr pflichtschuldiger Glückwunsch adressirt an „Seine Excellenz Andrew Johnson, Präsidenten der Vereinigten Staaten." Verdenken kann man's der Frau wahrlich nicht.

Und jetzt, als harmonischen Schluß eines ziemlich disharmonischen Briefes, noch die Kunde von der Grundsteinlegung des deutschen Hospitals von New-York. Mit dem Grundstein war es eine schwere Geburt; hoffentlich wird der Aufbau leichter und schneller von statten gehen, und es uns vergönnt sein, den Lesern der Monatshefte von Zeit zu Zeit recht Erfreuliches darüber mitzutheilen.

U n c a s.

Reisender Agent für die Monashefte:
Carl Wieland.

Inhalts-Verzeichniß
der
Deutsch-Amerikanischen Monatshefte.

Dritter Jahrgang. Erster Band.
1866.

Januar-Heft.

	Seite
An das Publikum	1
Wallstreet. Von Hermann Raster	2
Ueber das Fieber. Von Dr. W. Bertram	11
Zur Erinnerung. Von Rudolph Lexow	17
Prinzessin Saba. Ein östliches Märchen mit nordischer Deutung. Von Marie Westland	27
Thorwaldsen. Skizze von Friedrich Lexow	31
Giebt es eine vom Gehirn unabhängige Seele? Von K. G. Kane	36
In Westminster. Von Caspar Butz	45
Der Heimathlose	49
Das Jahr 1865 für Amerika und Europa. Von Victor Ernst	64
Musikalische Revue. Von Th. Hagen	70
Literarisch-artistisches Feuilleton. Von J. W.	76
New-Yorker Correspondenz	84
Aus dem Gebiete der Chemie. Von Professor Adolf Ott	94
Zur Sittengeschichte	95

Februar-Heft.

	Seite.
An die Leser	97
Europäische Federzeichnungen. Von Karl Blind	98
Die Religions-Philosophie Göthe's erläutert am 2ten Theile des Faust. Von Dr. G. Blöde	106
Der Briefkasten der Madonna. Von Julian Werner	114
Die Wüste und ihre Oasen. Von Victor Ernst	126
Börsengeschäft und Börsenschwindel. Von Hermann Raster	132
Die wohlriechende Kerze. Von Udo Brachvogel	142
Das verlorene Paradies. Von C. Lüdeking	144
Die Deutschen in Amerika. Von Friedrich Lexow	149
Die Jahresberichte. Von Rudolph Lexow	154
Alba's Abschied. Von Caspar Buy	168
Musikalische Revue. Von Th. Hagen	171
Literarisch-artistisches Feuilleton. Von J. W.	176
Reinhold Solger. Von Friedrich Kapp	182
New-Yorker Correspondenz	189

März-Heft.

Der Ursprung der germanischen Race. Von Adolph Douai	193
Zwei Frauen der Revolution. Von Victor Ernst	205
Mager und Fett. Ursachen dieser Zustände und Beseitigung derselben. Von Dr. G. Tiedemann	211
Der Briefkasten der Madonna. Von Julian Werner	223
Die Widersprüche in der deutschen Politik. Von * * *	235
Der Untergang. Von Reinhold Solger	242
Ist das „Drummen" eine Licht- oder Schattenseite des amerikanischen Großhandels? Von C. L. Bernays	244
Die Deutschen in Amerika. Von Friedrich Lexow	255
Die Religions-Philosophie Göthe's. Von Dr. G. Blöde	261
Eine deutsche Nordfahrt. Von Theodor Pösche	273
Literarisch-artistisches Feuilleton. Von J. W.	278
Musikalische Revue. Von Theodor Hagen	285
New-Yorker Correspondenz	289

III

April-Heft.

Seite.

Spanische Silhouetten. Von * * *.	297
Die Schlacht auf dem Eise. Von Caspar Butz.	306
Ueber die Popularisirung der medicinischen Wissenschaft. Von Dr. * * *.	308
Skizzen aus Missouri. Von Friedrich Münch.	313
Indianische Legenden. Von Dr. Waldheim.	319
Das verklagte Deutschland. Von Carl Rümelin.	327
Der Briefkasten der Madonna. Von Julian Werner.	332
Andrew Johnson. Von Rudolph Lexow.	349
Vittoria. (Erzählendes Gedicht.) Von W. Westland.	361
Ein europäisches Urtheil über die amerikanische Volksschule. Von Friedrich Lexow	366
Vierzig Acres Stadt. Von Hermann Raster.	373
Literarisch-artistisches Feuilleton. Von J. W.	383
Musikalische Revue. Von Th. Hagen.	392
Der Treasury-Clerk. Von Auguste Bergen.	399

Mai-Heft.

Die Indianer als Bundesgenossen der Deutschen im nordamerikanischen Freiheitskampfe. Von Max von Eelking.	403
Napoleon der Zweite. Von Bella J.	412
Europäische Federzeichnungen. Von Karl Blind.	418
Licht und Wärme. Von Dr. G. Blöde.	424
Der Briefkasten der Madonna. Von Julian Werner.	431
Zur Racenfrage. Von Theodor Pösche.	446
Ueber die Cholera. Von Dr. Bertram.	451
Schleswig-Holsteinische Skizzen. Von Friedrich Lexow.	457
Lieder. Von Mathilde Franziska Anneke.	463
Die Situation. Von Rudolph Lexow.	465
Der Guerillakrieg in Mexiko. Von Victor Ernst.	473
Literarisch-artistisches Feuilleton. Von J. W.	480
Das verklagte Deutschland. Von Carl Rümelin.	490
New-Yorker Correspondenz.	495
Musikalische Revue. Von Theodor Hagen.	502

IV

Juni-Heft.

	Seite:
Der deutsche Sonntag in Amerika. Von C. L. Bernays	509
Der Nicaragua-Transit. Von Theodor Kirchhoff	519
Die Lücken im Sonnensystem. Von Victor Ernst	535
Freie Gemeinden. Von Dr. Auk. Dulon	540
Der Brieftasten der Madonna. Von Julian Werner	554
Licht und Wärme. Von Dr. G. Blöde	568
Der Blumen Tod. Von William Cullen Bryant. Deutsch von Carl Theodor Eben	575
Die Indianer als Bundesgenossen der Deutschen im nordamerikanischen Freiheitskampfe. Von Max von Eelking	576
Schleswig-Holsteinische Skizzen. Von Friedrich Lexow	585
Die verlorene Ursprache. Von C. Lübeking	592
Literarisch-artistisches Feuilleton. Von J. W.	599
Musikalische Revue. Von Th. Hagen	608
New-Yorker Correspondenz	610

E. STEIGER,

Deutscher Zeitungs-Agent, Importer und Buchhändler,
Verleger und Buchdrucker,
17 und 19 North William-Street, New-York,

empfiehlt sich zur schnellen und billigen Besorgung

aller Bücher und Zeitschriften,

geschrieben in welcher Sprache und wo erschienen.

Hält ein vollständiges Lager billiger amerikanischer und eigener Publicationen in deutscher Sprache und der hier gangbaren

Schulbücher, Jugend- und Volksschriften, Kalender,

überhaupt aller Bücher, wofür hier Bedarf ist. Was nicht vorräthig, wird schnell und billig besorgt

Cataloge von Büchern und von Zeitschriften gratis.

Importirt von Deutschland mit jedem Hamburger und Bremer Dampfer, und ist demnach im Stande

allwöchentlich

zu liefern.

Uebernimmt für eigene Rechnung oder commissionsweise die Herstellung und Verbreitung von deutschen Büchern, wobei ihm einerseits der Besitz einer mit den schönsten Typen ausgestatteten Druckerei, andererseits aber die ausgedehntesten Verbindungen besondere Vortheile bieten.

Liberale Bedingungen für Agenten und Händler.

Die porösen Pflaster des Dr. Allcock.

Diese Pflaster werden jeden Tag mehr und mehr bekannt. Jedermann, der Schmerzen im Rücken oder in der Brust hat, wird nach Anwendung eines solchen sofort geheilt.

Ein Herr kam heute in die Office und erzählt, daß er mit vielen Schmerzen in der Brust geplagt war und mit einem einzigen Pflaster vollkommen geheilt wurde. Ein Anderer sagte dasselbe von Rheumatismus in seiner Schulter. Der letztere Herr kann in No. 15 Beekman Street, New-York, ebenauf, gesehen werden. Wir besitzen Zeugnisse von Tausenden von Doktoren, welche alle voll Lobes sind.

Heilung einer zerquetschten Brust.

Den 7. Mai 1865.

Meine Herren! Im Dezember 1863 wurde mein Brustknochen von einem schweren Riegel zerquetscht und schlimm verwundet. Ich wurde besinnungslos nach Hause geschafft, wo ich einige Wochen dem Tode nahe lag. Meine Aerzte konnten sehr wenig für mich thun und ich mußte unendliche Schmerzen leiden. Der Arzt dachte, daß das Nasenpflaster, auf die Brust gelegt, mir helfen würde, ich dachte aber, dafür eins von Allcock's porösen Pflastern zu versuchen. Ich legte eins auf meine Brust und Seite, und von da an fühlte ich besser und war in einer Woche gesund, frei von Schmerzen und fähig, mein Geschäft wieder zu besorgen. Jedermann kann kommen und meine Brust sehen, und ich will ihm ein neues Wunder von Heilung zeigen. J. N. Buck, No. 2 South Fifth Street, Williamsburg, N. Y., Thos. Allcock & Co., No. 4 Union Square. Hauptoffice Brandreth Building, New-York. Zu verkaufen in No. 4 Union Square bei allen Händlern und jedem respektablen Druggist.

Holloway's Salbe.

Eine Stimme aus der Wildniß. — Schwären, Geschwüre, skrofulöse und Drüsenanschwellungen. — Livingstone, der berühmte afrikanische Reisende erzählt, daß er ebenso erstaunt war, eine Büchse von Holloway's Salbe im Innern von Afrika zu finden, als Robinson Crusoe, bei der Spur eines nackenden Fußes im Sande. — Auf Befragen entdeckte er, daß sie in gewöhnlichem Gebrauche sei und portugiesische Kaufleute den Vorrath besorgten — er sah sie später häufig und fand sie sehr wohlthätig für Heilungen von skrofulösen Geschwüren, Drüsenanschwellungen und anderen Hautkrankheiten, die die nomadischen Horden dieser trockenen und unermeßlichen Wildnisse zu leiden haben.

Chs. Wehle,
Attorney, Counsellor at Law and Solicitor of Patents,
290 Broadway, Room No. 6, New York, and 200 Washington St., Hoboken.

C. F. ADAE,
Europäisches Bank- und Wechsel-Geschäft,
Cincinnati, Ohio.

CONSULAT fuer Preussen, Bayern, Wuerttemberg, Hannover, Sachsen, Baden, Oldenburg, Grossherzogthum und Kurfuerstenthum Hessen, Mecklenburg-Strelitz und Schwerin, Nassau, Sachsen-Meiningen und Altenburg und Frankfurt a. M.

C. F. ADAE, Consul.

Henry Greenebaum.   David S. Greenebaum.   Louis Nußmann.

Henry Greenebaum & Co.
Deutsches
Bank u. Passagegeschäft.
Ecke Lake und Lasalle-Straße,
CHICAGO,   ILLINOIS.

Wechsel in beliebigen Summen und Städten auf alle bedeutenden Städte Deutschlands, Frankreichs, Norwegens, Schwedens, Dänemarks, Italiens und der Schweiz.

Passage per Dampfer und Segelschiff von Hamburg, Bremen, Antwerpen, Rotterdam, Havre, Christiania, Liverpool und Queenstown.

Incasso-Geschäfte werden durch unsere ausgedehnten Verbindungen in ganz Europa mit Schnelligkeit besorgt und eingezogene Gelder in Gold ausbezahlt.

H. Greenebaum & Co.,
Chicago, Ill.

HILLER & CO.,
Bank- u. Inkassogeschäft,
No. 3 Chamberstr., New York,

geben Wechsel und Creditbriefe auf alle größeren Plätze Europa's, versenden Gelder nach jedem Orte Deutschlands mittelst des deutschen Postverbandes, und besorgen den Einzug von Erbschaften und Vermögen vermittelst Vollmachten auf schnellste und billigste Weise.

☞ Anfragen aus dem Lande finden prompte Beachtung. ☜

Das große Frühlings- und Sommer-Aperient.

TARRANT'S
Leidende an krankhaftem Kopfschmerz,
Leidende an Unverdaulichkeit,
Leidende an nervösem Kopfschmerz,

EFFERVESCENT
Leidende an verlagertem Magen,
Leidende an billigem Kopfweb,
Leidende an Hartleibigkeit,

SELTZER
Leidende an Sodbrennen,
Leidende an Piles,
Leidende an Seekrankheit,

APERIENT.
Leberleidende.
Leidende an Indigestionen,
werden durch
Tarrant's Effervescent Seltzer Aperient
auf sichere, angenehme und dauernde Weise hiervon sowie von ähnlichen Leiden geheilt werden.

Allein angefertigt von
TARRANT & CO.,
278 Greenwich-Street, New-York.
☞ Zu haben in allen Apotheken.

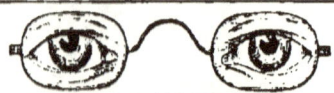

J. C. HOEKER,
PRACTICAL OPTICIAN,
312½ FULTON STREET,
Near Pierrepont, BROOKLYN.

Staten Island.
FANCY DYING ETABLISHEMENT.
Barrett, Nephew & Co.,

No. 5 und 7 John Street, } New-York.
718 Broadway,

No. 269 Fulton-, Ecke von Tillary Street, Brooklyn,
und No. 47 North 8 e Straße, Philadelphia.

fahren fort, Damen- und Herrenkleider zu färben und zu reinigen; seidene, Sammet, Merino und andere Kleider, Mäntel, u. s. w. werden mit Erfolg gereinigt, ohne aufgetrennt zu werden. Ebenso Herrenröcke, Hosen, Westen u. s. w.

Glacee-Handschuhe und Federn gefärbt oder gereinigt. Lange Erfahrung und Geschäftskenntnisse befähigen die Unterzeichneten, ihre Arbeiten mit Erfolg zu betreiben. Waaren werden per Expreß geholt und zurückgeschickt.

Barrett, Nephew & Co.,
5 und 7 John Street, und 718 Broadway, New-York,
269 Fulton-, Ecke von Tillary Street, Brooklyn,
und 47 North 8te Straße, Philadelphia.

Deutsch-Amerikanische Monatshefte

für
Literatur, Kunst, Wissenschaft und öffentliches Leben

Redigirt von
Rudolph Lexow.

II. Jahrgang. II. Band.   1866.   October-Heft.

Ueber Volkswirthschaft
Von Carl Rümelin. (Heilbronn.)

Geld.

Ein Artikel über Geld! wird wohl Mancher ausrufen, und damit andeuten wollen, daß genug über diesen Gegenstand geschrieben worden ist. Nun ja, wir wollen uns dem Vorwurf aussetzen, eine abgedroschene Streitfrage zu besprechen, und wir thun dies um so mehr, weil wir uns nicht zu irren glauben, wenn wir Geldfragen jetzt gerade für interessanter als je halten; denn sie werden nicht allein zwischen pekuniär betheiligten oder politisch aufgeregten, also von Vorurtheilen befangenen Männern erörtert, sondern auch zwischen den rein wissenschaftlich denkenden Lehrern der politischen Oeconomie. In Folge hiervon brechen sich jetzt geläutertere Ansichten Bahn, und dieses reifere Urtheil dem geneigten Leser vor Augen zu führen, ist unser Hauptzweck.

Und um dieser Absicht bestmöglichst entsprechen zu können, wollen wir die entgegengesetzten Ansichten zweier amerikanischer Schriftsteller über den Gegenstand in ihren eigenen Worten anführen, wie wir solche in der "Social Review", April-Nummer, angeführt finden.

Professor Perry sagt in seinem neuen Werke über politische Oeconomie: "Papier-Geld ist Credit-Geld; es liegt in ihm ein unseliges, ein unsicheres "Element, das, wie die Menschen einmal sind, es immer einigem Verdachte "aussetzt, das Element nämlich: daß es jetzt verspricht, was es erst in der "Zukunft bezahlt. Papier-Geld circulirt auf Glauben hin und nicht durch "seinen wirklichen Werth. Es ist das Zeichen eines Dinges und nicht das "Ding selbst. Es repräsentirt dieses Ding, ist es aber nicht selbst. Es ist "das Versprechen zu zahlen, und nicht die Bezahlung selbst. Es ist ein Credit "und nicht ein geleisteter Dienst. Und was dies ganz unzweifelhaft macht, ist, "daß das Papier-Geld es von sich selbst sagt. Es trägt die Wahrheit auf der "Stirne. Es giebt sich gar nicht für auf eigenen Füßen stehend aus, sondern "lehnt sich selbstbewußt und offenkundig auf eine solidere Stütze. Die französ-

„ſiſchen Aſſignaten verſprachen ſich in Land einzulöſen, die Continental-Zettel
„der amerikaniſchen Revolution ſollten alle in "spanish minted Dollars"
„bezahlt werden; eine Hundert-Dollar-Note der ſ. g. „Conföderirten Staaten
„Amerikas", die gerade vor mir liegt, ſpricht gelaſſen von einer Einlöſung
„ „zwei Jahre nach einem Friedensſchluß mit den Ver. Staaten"; die Bank-
„Zettel der Bank von England geben vor, in Gold und Silber eingelöſ't zu
„werden, und werden es; die jetzigen uneinlösbaren, unter Zwangs-Cours cir-
„culirenden, Noten der Ver. Staaten ſind fundirbar in einem ſechsprocentigen
„Regierungs-Staatspapier, von dem Zinſen und Intereſſen in Münze zahlbar
„ſind; und die Bankbillette des Landes, ſowohl der National- als Staats-
„Banken, ſind nominell oder wirklich in baarem Geld zahlbar; da alſo die ver-
„ſchiedenen Sorten von Papier-Geld, ſogar die beſten davon, nur Verſpre-
„chungen ſind, auf Verlangen zu zahlen, ſo muß zugeſtanden werden, daß ſie
„nur Credit-Geld ſind."

Herr Moran dagegen ſagt: „Geld iſt ein Werkzeug zum Umſatz, deſſen
„einziger Nutzen darin beſteht, den Verkehr in Waaren und Gütern zu erleich-
„tern, das als ſolches Werkzeug aufhört, den Geſetzen, die das Capital regieren,
„zu folgen, und im wiſſenſchaftlichen Sinne auch nicht als Capital zu betrachten
„iſt.' Metall-Geld, ſo lange es als Geld gebraucht wird, iſt keine dem Menſchen
„direkt nützliche Waare (commodity), ſondern ein theures und beſchwerliches
„Werkzeug, welches man durch ein billigeres und leichteres erſetzen ſollte. Das
„Papier-Geld befriedigt dieſes Bedürfniß. Es hat den großen Vortheil über
„Metall-Geld, daß ſein Vorrath je nach Bedarf vermehrt oder vermindert wer-
„den kann. Papier-Geld alſo (ſo lange der Glaube in ſeine Einlösbarkeit ob-
„waltet) verſieht alle nöthigen Dienſte des Geldes wohlfeiler und wirkſamer als
„Metall-Geld, und es iſt deshalb wünſchenswerth und rathſam, es ſtatt des
„Metall-Geldes einzuführen." Es iſt jedoch billig, hier beizuſetzen, daß Herr
Moran mit Papier-Geld nicht unſere jetzigen Staaten-Banknoten, noch Regie-
rungs-Papiergeld überhaupt meint, denn er iſt ein entſchiedener Gegner ſolcher
Papiergeld-Syſteme, ſondern ſolches Papiergeld, das von Bankiers aus freier
Hand ausgegeben wird und ohne allen Zwangs-Cours circulirt. So hätten
wir die beiden ſchroff ſich begegnenden Anſichten zweier ſehr achtungswerther
volkswirthſchaftlicher Schriftſteller.

Es wird nun Jedem ſogleich einleuchten, daß die große Schwierigkeit zum
richtigen Verſtändniß der Sache in unſerer Gewohnheit liegt, unſeren Regierungen die von ihnen angemaßte Supremacie über Münzweſen und Papiergeld ohne Weiteres zuzugeſtehen, wodurch es ſchlechten Menſchen leicht wurde,
nicht allein ſchlechtes Papiergeld, ſondern auch vertümmertes Metallgeld in
Umlauf zu ſetzen, und wodurch ferner die ganze Frage aus dem Bereiche der
natürlichen Geſetzlichkeit in das der Willkür der öffentlichen Verwaltun-
gen gebracht worden iſt.

Der erſte Schritt, den wir in der Auffaſſung der Sache thun müſſen, iſt aber
die Erkenntniß, daß Geld kein zufälliger, noch willkürlicher menſchlicher

Begriff ist; daß im Gegentheil das Geld und die Urbegriffe in Betreff desselben, ihre Quellen in unabweislichen menschlichen Bedürfnissen haben, denen weder der einzelne Mensch, noch die Gewaltigen der Erde sich entziehen können, und diese Bedürfnisse kann man füglich in folgende zwei Punkte zusammenfassen:

1) braucht der Mensch ein Mittel, durch das er sein „Vermögen", sein „Können" messen kann, denn es ist ihm Bedürfniß, dieses sein Vermögen in seinen Proportionen zu dem Vermögen außer ihm zu kennen und in Zahlen auszudrücken. In amerikanischem Wortlaute würde man sagen: „Er will wissen, was er werth ist."

2) bedarf er einer Waare, eines Umsatz- oder Zahlungsmittels, dessen Werth so wenig wie möglich fluktuirt; theils um damit Kauf und Verkauf zu betreiben, aber auch, und dies ist nie zu vergessen, um darin sein Erspartes niederzulegen, und seine Sorge für die Zukunft am sichersten zu befriedigen.

Aus diesem gewöhnlich allen Menschen innewohnenden Verlangen ist alles Geld entstanden, und zwar in erster Reihe Metallgeld, erst in neuerer Zeit Papiergeld; und je nachdem diese beiden Arten von Geld die besseren Werthmesser oder den zuverläßigeren Anker für die Zukunft darboten oder darbieten, hielten und halten sie sich auch auf die längste Zeit und auf weitester Fläche in Circulation. Dies wären also die Grenzen der Nützlichkeit, die den Maßstab bilden für die Beurtheilung alles Geldes, und liegt innerhalb derselben das Recht, außerhalb derselben das Unrecht.

Wer nun gerecht ist, wird beiden Geldarten ihre Berechtigung zuerkennen, ja er wird ebenso wenig die Vortheile leugnen, die in gewissen Beziehungen das Papiergeld über Metallgeld hat, als die Vorzüge, die das Metallgeld über Papiergeld in sich trägt. Es bedarf auch hierüber keiner weitläufigen Auseinandersetzungen, denn jeder unserer Leser kann sich leicht selbst erklären, warum er z. B. für Reisezwecke theils Gold mitnimmt, theils Wechsel (auch eine Art Papiergeld), und warum er manchmal Gold in seine Sparbüchse legt, ein anderesmal Staats-Papiere, oder Bankzettel, oder sonst Papiergeld. Die menschlichen Bedürfnisse sind so vielseitig, daß sie sich jeder Aufzählung entziehen, und man sich nur zurechtfindet indem man die verschiedenen Hauptrücksichten in Betracht zieht, die den Menschen in der Wahl des Geldes bestimmen. Bald ist's Unzerstörlichkeit durch Säuren, Motten oder Feuer, das ihn anzieht, bald Sicherheit des Geldbesitzes für alle Eventualitäten, bald Leichtigkeit des Transports, bald Circulation in den weitesten Kreisen, bald der in dem Gelde liegende positive Werth als Waare; dann auch Münzrücksichten; und je mehr man die Sache überlegt, desto mehr wird man zur Einsicht gelangen, daß die Verschiedenartigkeit der Geldbedürfnisse auch Verschiedenartigkeit in den Geldarten mit sich bringt, und daß Papier- und Metallgeld sich gegenseitig ergänzen. Sobald beide von den willkürlichen Regulationen der politischen Gewalt befreit sind, wird jedes auf die beste und einfachste Weise die Zwecke erfüllen, denen sie überhaupt ursprünglich ihr Dasein verdanken.

Der Weg der Freiheit ist somit auch hier der Weg vom Dunkel zum Licht, und so wie wir ihn betreten, gelangen wir zur Auffindung der natürlichen Gesetzlichkeit in diesem Verhältniß und haben damit den Faden aus dem Labyrinth falscher Geldgesetze. — Gleich auf der Schwelle begegnen wir allerlei Regierungsmaßregeln, die beinahe ohne Ausnahme auf falschen Gründen und willkürlichen Anmaßungen beruhen. Man beraubte Gold und Silber ihres Gewicht-Geldwerthes und steckte sie in die Livrée von confusen Münzsystemen. Gulden, Franken, Schillinge, Dollars, Scudi heißen die Gelder je nach dem Lande, wo sie in Umlauf sind, und verwirren durch die Willkürlichkeit ihrer Namen die Werthbegriffe. Die alten Namen nach Pfunden, Unzen oder Drachmen sind theilweise noch da, aber sie figuriren nur noch um uns so recht deutlich zu machen, wie viel mehr die Neuzeit lügt als die Vorzeit. Aehnliche Fehlgriffe geschahen mit Papiergeld; man war nicht zufrieden mit seiner natürlichen Eigenschaft, der leichteren Vermittlung von Bezahlung und Rechnungstilgung oder Ausgleichung von Bilancen, die es in seinen verschiedenen Formen als Checks, Depositen-Scheine, Wechsel oder Zettelgeld überhaupt hatte; sondern man versuchte und versucht noch, denselben einen Charakter anzugesegnern, den der Sicherheit und Stabilität, den sie nie besessen haben und nie besitzen können. Unter dem Vorwand, zu bessern, fand damit die moderne Finanz Ecken für ihre Spinnengewebe und die Börsen-Speculation Schlupfwinkel für ihre krummen Wege. Man will eben durchaus nicht begreifen, daß in Geld, wie in allen andern Sachen, nur dem Geltung gebührt, was nach Erfahrung sich durch Gewohnheit und Gebrauch zur Gesetzlichkeit emporgerungen hat, und daß alle Gesetzes-Willkür nur Dummheit ist und massenhaften Unfug im Gefolge hat.

Fassen wir nochmals die obengenannten zwei Hauptbeweggründe für die Schöpfung von Geldmitteln zusammen: 1) das Bedürfniß eines Werthmessers und 2) das eines Zahlungs- und Sparmittels, und wir werden den Kampf besser begreifen, in dem die Menschheit ihre Geldbegriffe entwickelt und trotz aller Verwirrungen der Regierungen sich doch, wenn auch kümmerlich, erhalten hat.

Nach Carus mißt der Mensch die Zeit am Raume, den Raum an der Zeit; Zeit- und Raumbegriffe sind also die Grundlagen aller Meßbegriffe. Auf ähnliche Weise mißt der Mensch sein Vermögen am Geld, sein Geld am Vermögen, und das Verständniß dieses Doppelmessens ist sehr wichtig zur richtigen Beurtheilung der ganzen Frage. — Regierungen wollen immer nur das Messen des Vermögens an einem von ihnen willkürlich festgestellten Maßstabe anerkennen, und glauben, daß, weil sie ihrem Geld Namen gegeben haben, es auch ein stabiler Werthmesser sei; aber wenige Blicke ins Geschäftsleben könnten sie belehren, daß trotz aller ihrer Gewalt der Mensch fortwährend nicht allein sein Vermögen am Gelde, sondern auch das Geld am Vermögen mißt, und daß also das Führen der Bücher und Rechnungen, sowie aller Käufe und Verkäufe in einem bestimmten Nennwerth nur eine scheinbare Stabilität beweis't; denn gar viel wird im Geschäftsleben ausgemacht, wobei gar kein Geld in Umlauf gesetzt wird.

Das Streben des Menschen nach einem möglichst stabilen Werthmesser und nach einem am wenigsten fluktuirenden Zahlungsmittel entfließt seinem Ehrlichkeitssinn und ist völlig gerechtfertigt; nur darf es nicht in den Wahn ausarten, daß dies vollständig erreichbar sei; aus diesem Wahne erwachsen die vielfachen falschen Münz- und Papiergeld-Gesetze, durch welche Völkern oft große Nachtheile entstehen. Man befreie sich doch so bald als möglich von der Idee, daß etwas nur Geld sein kann wenn es in ein Münz- oder Banksystem eingerahmt ist. Gold und Silber blieben Geld wenn morgen alle Münzgesetze widerrufen würden, wie sie Geld waren ehe es Münzen gab, und Rothschilds Wechsel circuliren als Geldmittel ohne alle gesetzliche Autorisation, ja sie würden es thun wenn sie verboten würden. Einer unserer Finanz-Minister war dumm genug, zu sagen: "Gold and Silver is demoneytized"! eine Behauptung, die er jeden Tag auf der Börse widerlegt finden konnte, wo die zwei Geldsorten (Greenbacks und Gold) gegenseitig gemessen wurden und werden und das Metallgeld immer noch den Sieg davontrug. —

Werthveränderungen sind in keinem Gelde, wie in keinem Vermögen zu vermeiden, und selbst wenn es einer Regierung gelänge, das Quantum des Geldes absolut festzusetzen, so wären doch Wechselfälle darin möglich, denn nicht das Vorhandensein dieses oder jenes Quantums Geldes bestimmt dessen relative werthmessende Kraft, sondern vielmehr, wie viel davon zur Zeit circulirt, und das Verhältniß des circulirenden Quantums richtet sich nach den verschiedenartigsten Verhältnissen, die keiner Regierungs-Controlle zu unterwerfen sind Sich über Fluktuationen zu beklagen, die in Folge natürlicher Veränderungen in Werthen entstehen, ist Unsinn, und alle Maßregeln, die eine Stabilität solchen Schwankungen gegenüber anstreben, sind dem innersten Wesen alles Verkehrs zuwider. Auch Metallgeld fällt und steigt, nicht allein in dem vorhandenen Vorrath, sondern in dem Betrage, das circulirt; es thut das zwar in kleineren Dimensionen als Papiergeld, und ist überhaupt in seiner Zufuhr weniger der Willkür der Einzelnen unterworfen, als jenes; aber gerade dies gibt ihm in gewissen Zeiten einen Werth über Papiergeld, der unschätzbar ist. Oft aber auch ist es, wie Herr Moran richtig bemerkt, im Nachtheil. Dann muß Papiergeld den Bedarf ersetzen. Daraus jedoch zu schließen, daß man Metallgeld ganz entbehren kann, ist ein Sprung ins Blaue, dem wir nicht zu folgen vermögen. Ebenso wenig können wir aber Professor Perry beipflichten, wenn er beweisen will, daß deswegen Papier nicht Geld ist, weil es erst später in klingender Münze einlösbar wird. Die ganze Wahrheit ist, daß Papiergeld des Metallgeldes bedarf, und Metallgeld des Papiergeldes, denn das Erstgenannte ist ohne Renne des Werthes, in dem es zu bezahlen ist, rein nichts, das Andere ohne seinen leichteren Begleiter unnöthig schwerfällig und kostspielig.

Was bei beiden Sorten Geld zu vermeiden wäre, ist Zwangs-Cours jeder Art. Metallgeld circulire nach Gewichtsbenennungen und Papiergeld nach dem Credit, den es im Publikum verdient! — Wollen die Regierungen absolut bei der Sache mithelfen und können wir uns vom Münzbegriffe noch nicht ganz emancipiren, so mögen die Regierungen nach Gewichts-Regulationen und Namen münzen und stempeln und so ein paar Beamte unnöthig füttern; aber sonst enthalte man sich jeder Einmischung. — Sobald Metallgeld nach Gewichtsverhältnissen benamt ist, fällt jeder Zwangs-Cours von selbst weg, denn jedes Versprechen und jede Obliegenheit, zu zahlen, würde dann auf ein gewisses Gewicht Gold oder Silber lauten; auch bei Klagen auf Schadenersatz oder Strafen würde das Gericht seine Entscheidung in Gewichts-Namen für Gold eintragen, und so fielen die vielen Schandflecke von selbst weg, die so oft und in so beträchtlichem Maße das Volk durch gesetzliche Falschmünzerei betrügen.

Zwangs-Cours für Papiergeld ist nicht allein ein widersinniges, sondern auch betrügerisches Verfahren, denn das Volk und die Regierung leiden doppelten Verlust, der weit größer ist als die Schwierigkeiten, die durch Zwangs-Cours vermieden werden sollten. Franklin meinte zwar in seinem Briefe, in dem er die Repudiation des während der Revolutionskriege herausgegebenen Papiergeldes billigt, daß ein unter Zwangs-Cours emittirtes Papiergeld, das nach und nach zu nichts sinke, das beste Steuersystem sei, weil sich seiner Wirkung Niemand entziehen könne und also der Verlust gleichmäßig vertheilt werde, daß aber das Heben dieses selben Papiergeldes zu pari ein Verbrechen sei, weil es das Volk doppelt besteuere, und zwar in den meisten Fällen für Menschen, die dasselbe unter pari laufen; aber ich muß gestehen, daß ich weder die Steuer-Gerechtigkeit, noch Gleichheit eines solchen Zwangs-Courses einsehe, ob ich gleich die Scharfsinnigkeit Franklins gern anerkenne.

Um nun unsere Ansichten kurz zusammenzufassen, so bestehen wir darauf, daß die edlen Metalle nothwendiger Weise die Grundlage aller Geldbegriffe bilden, daß es aber unrecht wäre, unserer Verkehrswelt die Hülfsmittel zu rauben, die sie in den verschiedenen Formen von Papiergeld gefunden hat. Eine jede Münze, wie jedes Stückchen Papier und jeder Urtheilsspruch der Gerichte laute auf ein bestimmtes Gewicht der edlen Metalle, und weiter nichts. Alle Suspendirung der bestehenden Einzugsgesetze von Forderungen sind selbstverständenermaßen verwerfliche Gesetze, und den Bankier treffen die nämlichen Schadenersätze, welche alle anderen Bürger für Nichterfüllung ihrer Versprechen treffen. Die Einnahmen und Ausgaben der Regierungen müssen natürlich in Gold und Silber geschehen und durch Schatzkammerscheine und Anweisungen, die darauf berechnet sind, so wenig als möglich Metallgeld hin und her zu schlagen, und dies kann, wenn wirkliche Geschäfts-Capacitäten am Ruder der Finanz eines Landes stehen, auf eine Weise geschehen, daß beinahe gar kein Metall von einem Platz zum andern zu transportiren ist. Frankreich ist der Musterstaat in dieser Beziehung, und auch in England wird viel in dieser Hinsicht geleistet; die Ver. Staaten stehen hierin am weitesten zurück, wie sie überhaupt ihre Fiskalien schlecht verwalten. Eine Regierung kann, ohne ungerecht zu sein,

Reisebilder aus Süd-Amerika.
Von S. Wanderer.

Am 3. October Morgens um 5 Uhr lief unser kleiner Steamer, von Monte Video kommend, im Hafen von Buenos Ayres ein, welches, von der Morgenröthe bestrahlt, einen imposanten Anblick gewährte. — Schöne, solide Häusermassen ziehen sich am Strande des La Plata entlang, während die Kuppeln der Kirchen hoch über Alles emporragen. Diese Kirchen und auch viele Häuser sind mit Porzellanplatten von verschiedenen Zeichnungen belegt, und macht der Anblick der Kuppeln im strahlenden Sonnenschein einen durchaus orientalischen Eindruck. Das Panorama von Buenos Ayres kann sich jedoch keineswegs mit dem von Rio messen, indem in jenem keine Erhöhung des Bodens das Auge anzieht, denn die ganzen Gegenden des La Plata sind flache Strecken, welche natürlich wenige malerische Scenerieen aufzuweisen haben. Ferner fehlt auch die herrliche Vegetation Brasiliens, und am Strande von Buenos Ayres ruht das Auge nur auf einigen verkrüppelten Weidenbäumen, den einzigen Vertretern der Baumwelt in dieser Gegend. Ehe wir in die Stadt eintreten, werfen wir erst einen Blick auf den Hafen. Oestlich von unserm Ankerplatz und wohl drei englische Meilen entfernt, liegen circa 300 Schiffe vor Anker, welche die Producte der Argentinischen Republik nach allen Ländern ausführen.

Die Seichtheit des La Plata, welche tiefgehenden Schiffen nicht erlaubt, näher zu kommen, macht den Hafen von Buenos Ayres sehr ungünstig und kostspielig, denn das Verladen von Waaren muß in kleinen Lastbooten geschehen und geht auf diese Weise viel Zeit und Geld verloren. Ferner ist der Ankerplatz der Schiffe durch die Flachheit des Festlandes allen Winden ausgesetzt, und kein Pampero vergeht ohne mehr oder weniger Unglück anzurichten. — Diese Pamperos sind südwestliche Winde, über die enormen Ebenen oder Pampas kommend, und obgleich man hier schon 60 Meilen von der See entfernt ist, so peitscht dieser Wind dennoch die Fluthen des La Plata, daß sie in stolzer Größe die Wogen des Meeres erreichen, und es kam schon oft vor, daß Schiffe, selbst von drei Ankern gehalten, dennoch die Ketten rissen, und die Fahrzeuge, so mit andern in Collision gerathend, an einander zerschellten.

Ich schiffte mich in einem guten Wallfischboot aus, indem hier oft eine ziemlich starke Brandung herrscht, die kleinere Fahrzeuge umwerfen würde, und kam nach kurzer Fahrt bei dem 450 Yards langen Landungsplatz an. Bei gewissen sehr niedrigen Ebben ist jedoch selbst an diesen so langen Landungsplatz nicht anzukommen, und man schifft sich alsdann aus dem Boot aus und besteigt einen von Pferden gezogenen Karren, der den Ankommenden bis auf die Terra Firma zu dem Zollhause bringt, welches in Form von zwei, wie chinesische Häuser aussehenden Pavillon's am Ausgange des Landungsplatzes steht. Die Douaniers sind höfliche und nachsichtige Leute, und sollten sich ihre brasilianischen Collegen an ihnen ein Muster nehmen. Beim Eintritt in die Calli nicht des einen Bürgers Versprechen zu zahlen annehmen und das Gleiche einem andern verweigern. Solche Bevorzugungen stehen auf gleicher Stufe mit Gesetzen, die der einen Classe Bürger durch Bank-Freibriefe Credit zusichern und sie andern verweigern. Ein Jeder stehe auf seinen eigenen Füßen, und die Regierung stärke weder des Einen Credit, noch mindere sie denselben am Andern. Ebenso verwerflich sind alle Zins- und Wuchergesetze, denn Freiheit der Vermögensverwerthung ist nicht mehr wichtig als Freiheit der Creditverwerthung, und in unserer Zeit ist Credit oft das wichtigste Vermögen eines Mannes. In den meisten Fällen ist ein Anlehen bei einer Bank oder bei Privat-Bantiers ja nur ein Tausch des niederen Credits des Schuldners für dem höheren Credit des Gläubigers, und nur wenn die öffentliche Autorität weder den Einen hilft noch dem Andern, also die Credite Beider ihren natürlichen Einflüssen überläßt, kann der Borgende sowohl als der Darleiher den rechten Preis für das erhalten, was er bietet. Anstatt daß, wie bei Kauf und Verkauf von Waaren, Geld am Vermögen und Vermögen am Geld gemessen wird, wird hier Credit an Credit in doppelter Beziehung gemessen, und es ist leicht ersichtlich, daß nur dann recht gemessen und gerechnet wird, wenn beide Theile frei und gleich sich gegenüberstehen.

Schließlich erlaube man uns die Bemerkung, daß wir in diesem Artikel nichts weniger beabsichtigten, als den geneigten Leser glauben zu machen, als ob mit Hinwegnahme von falschen Münz- und Bankgesetzen auch Geschäfts-Crisen wegfallen würden, oder daß dann Allen die Hülle und Fülle an Geld zufiele. — Mit nichten! Auch unter den einfachsten, freiesten Verkehrsverhältnissen wird es commercielle Krankheiten (Crisen) geben, weil eben der Mensch sich oft irrt in seinen Spekulationen, und weil es eben immer wieder Menschen giebt, die ihren Credit verscherzen, also kein Geld geliehen bekommen und keines geliehen bekommen sollten. — Wir würden dies nicht ändern, selbst wenn wir könnten, und besteht überhaupt unsere härteste Klage gegen die jetzigen Bankgesetze darin, daß unter ihnen sehr oft gerade Diejenigen Credit und Geld erhalten, welche beides nicht verdienen, und es dadurch Anderen vorenthalten wird, denen es rechtmäßig gebührt.

Auch wird man mir die weitere Bemerkung erlauben, daß ich vorstehende Ansichten nicht erst neuerdings aus politischer Tendenz-Süchtelei aufgenommen habe, sondern daß ich solche seit länger als dreißig Jahren hege und nie verhehlt habe. Freiheit dem Capitalisten; Freiheit dem Borgenden; Freiheit in aller Geld-Circulation; Freiheit dem Credit; Freiheit in allem Verkehr! Das war Washingtons, Jeffersons und Jacksons Idee, es ist die der am weitesten vorangeschrittenen Oekonomen unserer Zeit, und ich gebe sie als solche und nicht als eigenes Machwerk.

die Schlinge in die erschreckten Thiere hinein, daß jedesmal eines davon gefangen und seitwärts geführt wird, um den bereit gehaltenen Sattel aufgelegt zu bekommen, was selten ohne einen Kampf seitens des Pferdes abgeht, indem die Thiere recht gut ahnen, daß ihnen ein harter Gallopp von circa acht Leguas bevorsteht. Doch der Gaucho versteht sein Geschäft, und liegt erst einmal der aus zwei Schaaffellen bestehende Sattel, so sitzt er dem sich bäumenden Thiere im Nu auf dem Rücken. Trotz verzweifelter Sprünge und Ausschlagens bleibt der Mann ruhig sitzen, und das wüthende Thier fügt sich bald willig. Auf diese Weise waren die nöthigen acht Pferde schnell gesattelt und eingespannt, und nun ging es wieder im Sturm davon. So ging es mit Uebernachten und Pferdewechsel fort durch fünf Tage, bis wir am Abend des 23. Oktober das Städtchen St Louis erreichten und nun wieder zum ersten Mal seit wir Rosario verlassen hatten, in einer Art von Haus übernachten konnten. Eine Französin, die Eigenthümerin des Hotels, trug viel zu unserem Comfort bei, und bei einem Fricandeau, avec de la Salado, und einem Glase Mendoza-Wein vergaßen wir bald die Mühseligkeiten der vergangenen fünf Tage.

Da wir die Post nach Mendoza mitzunehmen hatten, zeigte uns der Conducteur an, daß erst um 10 Uhr die Weiterreise beginnen würde, und somit blieb mir genügende Zeit, die Merkwürdigkeiten von St. Louis zu betrachten. Die Hauptattraction aller spanischen Städte ist immer die Plaza, ein Square, mit Bäumen bepflanzt und mit Bänken ausgestattet, woselbst die Bewohner des Städtchens wenn sie des dolce far niento in den Häusern müde sind, dasselbe auf der Plaza bis zur späten Abendstunde ausdehnen. — Die Cathedrale darf natürlich nie in der Nähe des Platzes fehlen, und so auch hier in St. Louis, weshalb ich meine Schritte vom Hotel aus direct nach der Plaza richtete. — Die Cathedrale war ein sehr bescheidenes Gebäude von Backsteinen, mit viereckigem, sehr niedrigem Thurm, auf welchem ein jugendlicher Gaucho zwei kleine Glocken in wüthender Cadenz hin und her schwang und so den Gläubigen anzeigte, daß der gute Padre bereit sei, die Morgenmesse abzuleiern. Schwarzäugige Senoras, die Gesichter mit großen schwarzen Tüchern verhüllt, in der Hand das mit Gold verzierte Meßbuch und den nie fehlenden Rosenkranz, schwebten aus allen Theilen des Städtchens herbei, und bald war die kleine Kirche mit andächtig knieenden Frauen angefüllt. Männer sah ich keine. — Der dicke Cura, oder Priester, kam auch bald aus seiner Wohnung und wälzte sich nach dem Hochaltar, und bald hörte man seinen etwas demoralisirten Baß durch die Hallen der Kirche, den Dienst der Messe begehend. — Da mir die Ausstattung der Kirche nichts sehr Bemerkenswerthes bot, so entschloß ich mich, auf einer Bank auf der Plaza den Ausgang der Andächtigen abzuwarten, und fand zu meiner Satisfaction einen meiner Reisegefährten bereits dort sitzend. Ein wüthendes Anschlagen der Glocken verkündete auch bald die Beendigung der Messe, und nun kamen die schönen Andächtigen aus dem Gotteshaus, um ihrer Heimath zuzuschweben. Wir ließen die ganze Gemeinde die

Revue passiren, und manches schelmisch schwarze Auge glänzte ziemlich weltlich, und manche stolze Form drehte sich noch einigen Schritten nach uns um, einen Abschied zuwinkend, wenn auch nur mit den Augen. — Diese spanisch-amerikanischen Völker sind sich überall gleich in Sitten und Gebräuchen; von der stolzen Senora in Buenos Ayres bis zur bescheidenen Bewohnerin des Inlandstädtchens haschen Alle gern nach Schmeicheleien und erwiedern solche mit Wohlgefallen. Wir lenkten unsere Schritte nun wieder dem Hotel zu, denn obgleich die Augen gesättigt waren, wollte doch auch der Magen sein Opfer haben. — Ueberall glotzten uns neugierige Gesichter mit erstaunten Mienen an, denn die Ankunft von Fremden in diesen abgelegenen Städtchen ist immer eine Quelle der lebhaftesten Verwunderung, und manches hübsche Frauengesicht schaute verstohlen aus den mit Eisenstäben verwahrten hohen Fenstern heraus, und ließ ihre feurigen Blicke uns lange nachschweifen.

Nach beendigtem Frühstück blies das fatale Horn unseres Postillons zum Einsteigen in unser ambulantes Gefängniß, und nun ging es, auf schnurgrad durch bevölkertes Land ausgehauenem Wege, mit Sturmeseile davon. Die Pampa wird hier schon mehr wellenförmig, und dann und wann sieht man in weiter Ferne die Spitze einiger Hügel heraufsteigen. Im Südwesten, aber fern, fern am Horizont, schwebt eine leichte weiße Wolke im klaren blauen Aether, und dies ist einer jener Bergriesen der Andesgebirge, der Gipfel des Tupungato, mit ewigen Schnee gekrönt. Die Entfernung von hier nach den Cordilleras ist noch 140 Leguas, und man schätzt die Höhe dieses Riesen auf circa 24,000 Fuß. — Den Abend kamen wir an einen erbärmlichen Rancho, aus Luftbäuten und Lehm verfertigt, Desagradero genannt, an, und hier improvisirte unser freundlicher Conducteur ein frugales Abendmahl, indem er ein großes Stück Ochsenfleisch, an einem Spieß gebraten, uns vorsetzte. Vorsetzen bedingt einen Tisch, mit Tellern und Messern und Gabeln darauf; da jedoch in einem Umkreis von wenigstens 40 Leguas derartige Utensilien nicht zu finden waren, so wurde das Serviren des gebratenen Stückes Fleisch nach Gaucho-Art vollbracht; nämlich der Spieß wurde in den Boden gerannt, und nun fiel ein jeder der Anwesenden mit seinem Messer über das noch halb rohe Fleisch her, und bald waren alle Kinnladen in emsiger Thätigkeit begriffen — Da kein Brod mehr zu haben war, so mußten wir uns ohne solches behelfen, und tranken dafür tüchtig aus Kürbißflaschen den hier zu Lande gebräuchlichen Yerba Mate, oder Paraguay-Thee, ein bitteres Gebräu, das mir nie munden wollte, obgleich der Argentiner ohne diesen Thee nicht leben möchte. Die Nacht war kalt, denn der Wind kam von den nun schon ziemlich nahen ewigen Schneefeldern der Andes herunter; dennoch lagen wir, in unsere Ponchos fest eingerollt, unter dem herrlichen sternbesäeten Himmel der südlichen Hemisphäre, und träumten dem morgenden Tage fröstelnd zu.

Der nächste Morgen tagte in voller Glorie eines wonnigen Frühlings. — Die Pampa ruhte in unendlicher Größe, am westlichen Horizont aber und von den ersten Strahlen der Sonne begrüßt, thronten hoch in blauer Luft die

Spitzen und Hörner der Cordilleras. Im Purpurlichte der Sonne strahlten die Eisfelder in tausendfachen Nuancen und Tinten wieder; die niedrigern Gruppen waren aber in jene schwimmende Violett-Bläue gehüllt, die so herrlich gegen den reinen Himmel absticht. Das ganze imposante Panorama war wie immer, wenn man den Cordilleras naht, würdig der großen Meisterin Natur, und in tiefe Anschauung ihrer Werke versunken, vergaß ich unsere prosaische Umgebung, bis das vermaledeite Horn des Postillons mich wieder zur Wirklichkeit zurückrief. Wieder saus't unsere Diligence den Weg entlang, dann und wann tauchen einige elende Hütten am Horizont auf und fliegen an uns vorüber, — und so wechselt es ab, bis wir endlich am Abend in unser letztes Nachtquartier kommen, denn morgen Mittag haben wir das Ziel der Reise, die Stadt Mendoza, erreicht.

Offenes Schreiben an Dr. Rudolph Dulon, betreffend „Freie Gemeinden".
Von Friedrich Münch.

Ihre Bemerkungen über „Freie Gemeinden" in den „Monatsheften" vom Juni und Juli habe ich mit besonderem Interesse gelesen, und da es mir passend scheint, daß irgend Jemand ein Wort darüber sage, so will ich es thun, obwohl die vielbewegte Gegenwart und meine eigene vielfach in Anspruch genommene Zeit mir kein tiefes Eingehen gestattet.

Wie Sie selbst, war ich zum Prediger bestimmt; aber nicht meine theologischen, sondern meine philosophischen Studien, verbunden mit eigenem Denken und Beobachten, haben meine Lebensansicht gebildet. In meiner Jugendzeit (sie liegt bereits weit hinter mir) waren es hauptsächlich nur Kant, Fichte und Fries, an deren tiefergehenden Forschungen ich mein Denken zu üben hatte, und als ich nun etwa zu Hegel hätte übergehen sollen (um nach Faust's Art Alles „durchaus zu studiren mit heißem Bemüh'n"), warf mich mein Loos in den Urwald von Missouri und machte mir für eine längere Reihe von Jahren hartes Arbeiten für die Existenz zur Aufgabe. So mußten denn Hegel größtentheils, Ruge u. A. überschlagen werden, und ich hatte genug zu thun, mit der fortschreitenden Naturforschung, sowie mit den von L. Feuerbach ausgehenden Lichtfunken mich vertraut zu machen und zu erhalten.

Hier angelangt, fand ich vor allen Dingen ein verknöchertes, verdummendes und hochmüthiges Kirchenthum (Pfaffenthum) vor, welchem ich mit allen Kräften entgegen trat. Dann aber, nach 1849, trat ein — wie es mir schien — unverbauter und unverdaulicher Materialismus so stolz, diktatorisch und siegesbewußt absprechend hervor, daß ich dessen Beleuchtung einige der mir knapp zugemessenen freien Stunden widmen zu müssen glaubte, womit ich von der einen Seite Anerkennung fand, von der anderen Hufschläge erntete. Ich fuhr fort zu forschen und zu beobachten; 1859 suchte und hatte ich eine längere Unterredung mit Feuerbach (er sagte mir, daß die Meterialisten ihn nicht verständen, und daß er nichts mit ihnen gemein habe, da sie einseitig das ganze menschliche Wesen nur physikalisch erklären wollten, daß er noch immer in der Hauptsache Kantianer sei u. s. w.); aber politische und andere praktische Aufgaben, welchen ich mich nicht entziehen zu dürfen glaubte, hielten mich so vollständig beschäftigt, daß ich an der Besprechung der höchsten Lebensfragen mich nur wenig betheiligen konnte.

Ich will auch jetzt nicht in pholosophische Forschungen eingehen, sondern Einiges aus meinen äußeren und inneren Erfahrungen mittheilen.

Das alte Kirchenthum ist überall wenigstens am Rande des Verfalles angelangt, der Geist ist ihm ausgegangen, seine Lebensfähigkeit sinkt mehr mit jedem Tage, und es erhält sich hauptsächlich nur darum noch immer, weil man nichts Besseres an dessen Stelle zu setzen weiß. Und womit sollte man es ersetzen? Mit gar nichts! — sagt man uns von einer gewissen Seite; laßt die Menschen ihrem natürlichen Verlangen nach Genuß fröhnen, laßt sie außerdem Naturwissenschaft, Mathematik und Politik treiben, sich an Statuen und Gemälden, an Musik und Drama ergötzen, und scharrt sie ein, wenn die Maschine ausgedient hat und damit das Individuum vernichtet ist. — Man hat es vielfach mit der Ausführung dieser Lehre versucht, und in der That werden die Kirchen leerer, die Bierhäuser füllen sich, die Mittel und Wege zu Genüssen aller Art haben in kurzer Zeit sich vervielfacht; aber eine vermehrte allgemeine Befriedigung trat nicht ein, eine allgemeine Sittenveredlung ist nicht zu bemerken, die Menge befindet sich schwerlich besser, namentlich giebt die allein unter „materialistischen" Eindrücken erwachsene und erzogene Jugend (Jungamerika) sogar Anlaß zu gerechter Klage und Besorgniß.

Wir Aelteren, die wir später von uns warfen, was von innigen Religionssätzen uns eingeprägt worden war, behielten doch — vielleicht unbewußt — einen Theil der mit jenem Unterricht uns eingeflößten Stimmung dauernd bei, schlossen unsere innere Rechnung leichter ab und vermißten weniger den Mangel einer ferneren Anregung von außen; unsere Gesinnung war festgestellt, während die Vorurtheile verflogen. — Soll es nun aber ganz dem Zufall überlassen bleiben, wie diese Feststellung bei den Jüngeren, und ob sie überhaupt erfolgt? Wie viele Eltern haben mir schon geklagt: ich selbst bin zwar vollständig emancipirt, aber ich sehe, daß meinen Kindern bei dem Unterrichte, welchen sie erhalten, eine Lücke bleibt, daß kein achtbarer Charakter sich in ihnen ausbildet; ich muß sie zum Religionsunterrichte schicken, wenn ich auch selbst an den Inhalt der ihnen mitgetheilten Lehren nicht glaube; mögen sie später wegwerfen, was sie nicht billigen können, wie ich selbst es gethan habe!

Das ist jedenfalls verkehrt. Man soll nicht der Kinderseele einprägen, was vielleicht mit Kampf wieder entfernt werden muß, und man soll nicht Grundsätze an im feierlichsten Ernste vorgetragene Fabeln knüpfen wollen; aber im verzweifeltsten Falle sind am Ende etle Grundsätze mit Zugabe der Fabel noch besser, als keine Grundsätze und keine Fabel.

Man braucht mir nicht zu sagen (denn ich weiß es längst), daß altfränkischer Religionsunterricht auch zur Verdummung führt, glaubensstolz, unduldsam und heuchlerisch machen kann; dann sind dies Alles aber die Menschen, welche den Unterricht geben, was jedoch, selbst wenn die Lehre irrig ist, nicht nothwendig so sein muß, bei vielen unserer Lehrer gewiß nicht so war, wie wir noch jetzt zu bezeugen bereit sind. Wir konnten nicht zweifeln an ihrer Ueberzeugungstreue, und gerade das wirkte bleibend.

Aber kann man denn nicht an die Stelle eines mit Fabeln und Widersinnigkeiten verknüpften Religionsunterrichtes etwas Besseres setzen? — Da unsere gesammte moderne Geisteskultur mit der Religionsgeschichte der Hauptnationen in unlösbarer Verbindung steht, so gebe man im Geschichtsunterricht auch einen Ueberblick der religiösen Entwickelung, der Hauptdata (Mosaismus, Stiftung des Christenthums, Reformation ꝛc.) der wichtigsten Religionssysteme — Alles im Geiste unbefangener historischer Forschung, aber dem kindlichen Fassungsvermögen angepaßt. Dann aber fülle man eine wesentliche Lücke in den bisherigen Unterrichtsfächern aus: man trage den Kindern eine verständliche Seelenlehre vor, wohin ich Alles nehme, was der tiefere Forscher in eigentlich philosophischen Studien sucht. Mir ist Philosophie die Wissenschaft dessen, was durch folgerechtes Denken zum geistigen Bewußtsein kommt, — im Gegensatze zu der vermittelst der Sinne erlangten Erkenntniß (den sogenannten exakten Wissenschaften). Ich glaube, daß man darin schon dem kindlichen Sinn — etwa vom 12. Jahre an — nachhelfen, diesen Sinn zu künftigem eigenen Forschen vorbereiten sollte. Damit gehe ich freilich über den Materialismus hinaus, rede aber langer und sorgfältiger Beobachtung gemäß.

Ja, von innen heraus, nicht durch Eintrichterung, muß die Seele des Kindes entwickelt und gehoben werden zur Ahnung einer geistigen Welt (findet sich doch diese Ahnung unter allen Völkern und zu allen Zeiten, freilich mit mehr oder weniger sinnlicher Beimischung), zum Verständniß der sittlichen Gesetze, zur Anerkennung der höheren Menschenwürde, zur Ausbildung fester Grundsätze für's Handeln, woran zugleich eine Einsicht in das innere Seelengetriebe, in die Denkgesetze ꝛc. ꝛc. sich knüpfen soll, was Alles bekanntlich die physikalischen Wissenschaften nicht geben können, aber durchaus anziehend für die Schüler sich machen läßt.

Ich habe es wohl im Sinne, welcher Art solche Lehrer sein müßten; aber sie mögen schwer zu finden sein, weil wir die Sache zu lange vernachlässigt haben, weshalb auch bequeme Hülfsmittel fehlen.

Doch damit ist es nicht genug. — Durch seine gesellschaftlichen Anlagen ist der Mensch nothwendig zur Gemeinschaft hingewiesen, der Erwachsene nicht weniger als das Kind. Alles Kirchenwesen beruht darauf; die Menschen wollen sich gemeinschaftlich erheben, anregen lassen, „erbauen", d. h. innerlich ausbauen, weil sie fühlen, daß die bloße Alltäglichkeit sie herunter bringt. Hätte nicht das Kirchenthum in der Hauptsache einem solchen Bedürfnisse entsprechen, es hätte mit seinen vielen Auswüchsen längst überall untergehen müssen. — Um die Auswüchse zu beseitigen und die Hauptsache zu retten, gründete man denn in neuester Zeit die sogenannten freien Gemeinden. Das Bedürfniß dazu ist unbestreitbar und wird von Tausenden zugestanden; aber die Sache hatte bis jetzt einen geringen Erfolg, entweder weil neuerdings (vielleicht nur zeitweilig, da wir uns in einer Uebergangsperiode befinden) den Menschen der Sinn für das Nichtmaterielle und der Lebensernst abhanden gekommen sind, oder weil die Sache nicht richtig angegriffen wurde, oder aus beiden Ursachen zugleich.

Ist freilich die Stellung des Priesters und des orthodoxen Predigers darum leicht und bequem, weil die gläubige Gemeinde ihm eine Art von himmlischem Berufe zuerkennt, selbst bei unvollkommenen persönlichen Leistungen, so werden dagegen zu Sprechern freier Gemeinden Männer erfordert, wie sie allerdings nur selten getroffen werden, frei von Einseitigkeit, hochbegabt und hochgebildet human durch und durch. Daß es zahllose, aus dem Leben aufgegriffene und tief in das menschliche Wesen eingreifende Gedanken giebt, welche der geschickte Redner behandeln und womit er seine Zuhörer fesseln kann, sollte Jeder wissen; aber geistreich, beredt und in das weite Gebiet des Menschlichen vollständig eingeweiht sein, ist nichts Leichtes oder häufig Vorkommendes.

Es soll jedoch nicht allein der Verstand angesprochen, es muß auch das Gemüth angeregt, das ganze menschliche Wesen gleichsam neu belebt und emporgetragen werden, und dazu gehört noch mehr, als Worte thun können. Es muß also das Gebiet des Schönen zu Hülfe genommen werden; die Rede selbst muß ein Kunstwerk sein, — und andere ästhetische Hülfsmittel dürfen nicht fehlen. Das Gebäude muß würdig verziert sein (nicht mit Venusbildern, welche hierher nicht gehören, auch nicht mit Bildern der Kreuzigung, die an sich unschön sind). Wir haben ganz vortreffliche Kirchenmusik, welche selbst auf den Ungläubigsten unwiderstehlich einwirkt; aber freilich, an passenden Gesängen ist ein großer Mangel. Kein Wunder! die Musik erhöht die Stimmung in einer Weise, für welche jedes Menschenherz empfänglich ist, die weniger gekünstelte am meisten, ohne daß es einer Auslegung bedarf; das Lied aber enthält Gedanken, und da entsteht die Schwierigkeit, das für Alle Passende zu treffen.

Ich erwarte kaum, daß Ihre oder meine Gedanken über freie Gemeinden bald und allgemein in Ausführung kommen. Noch haben die Gemüther nicht hinlänglich von den Stürmen der Zeit sich gesammelt; noch hat das Neuerrungene nicht völlig sich abgeklärt; noch bietet das Veraltete das, was die Meisten suchen, in einer wenigstens gewohnten und deshalb bequemeren Form dar, — so daß nicht Viele die Neuerung wagen mögen. So bleibt denn leider vorerst Jeder noch auf sich selbst angewiesen, wie er zwischen dem abgelebten Alten und dem noch ungeklärten Neuen hindurch steuere. Wer immer im Stande ist, uns auch in dieser Sache einen Schritt vorwärts zu bringen, dem werde ich aufrichtig Glück wünschen.

In der ausgesprochenen Ansicht kann mich auch die Abhandlung von Dr. Schüller über die Frage: „Giebt es eine vom Gehirn unabhängige Seele?" nicht irre machen. Ich würde die Frage gar nicht stellen; denn — ganz abgesehen davon, ob eine Präexistenz der Seele, oder eine Fortdauer derselben nach dem Tode angenommen wird, oder nicht — kann kein verständiger Beobachter leugnen wollen, daß in der jetzigen menschlichen Existenz, von welcher allein die Rede ist, ein enger Verband zwischen den Aeußerungen der seelischen Vermögen und dem Gehirne, also eine gewisse Abhängigkeit der Ersteren von dem Letzteren besteht; — lehrt dies doch der tägliche Augenschein. Nicht ohne guten Grund gebrauchen wir gar oft das Wort: „Hirn" statt Denkkraft, und meinen unter „hirnlos" eigentlich verstandlos. So ist denn die Frage leicht gestellt, da sie ohne Weiteres mit nein beantwortet werden muß. (Wogegen wir protestiren, ist der Ausdruck: „Das Gehirn denkt," während man richtig sagt: Die Leber bereitet die Galle; wir behaupten: Die Seele denkt mit dem Gehirn oder mittelst des Gehirns, ebenso wie nicht das Klavier spielt, sondern der Pianist auf dem Klavier ꝛc. ꝛc.)

Es wird dagegen niemals allgemein zugestanden werden, daß Anatomie und Physiologie allein das Wesen der Seele erklären sollen und erklären könnten; auch sind alle Versuche der Art bis jetzt gescheitert. Die unmeßbare Gedankenwelt, die Welt des Idealen entschlüpft nothwendig den Hülfsmitteln des Physiologen, und nur das Bewußtsein und — bei tieferer Betrachtung — die Wissenschaft des Bewußtseins, die Philosophie, giebt von ihr Kunde. Dieses einheitliche, eine ganz neue Welt aufschließende Bewußtsein selbst mit seinem wunderbaren Inhalte wird man nimmermehr construiren aus den organischen Arbeiten von Millionen von Gehirnfächern und aus der Kraft und dem Stoffe, woraus sie bestehen, oder welche das Blut immer neu ihnen zuführt, oder aus allen Körperorganen zusammen genommen. Das Bewußtsein ist eine Thatsache, gerade so unerklärbar wie das Dasein der Welt. Von der Thatsache der Weltexistenz geht der Physiker aus, von der Thatsache des Bewußtseins der Philosoph. — Jeder hat sein besonderes Gebiet.

Die Hauptarbeit der Organe besteht im Aufnehmen, Verarbeiten und Ausscheiden von Stoffen, welche sich chemisch untersuchen lassen, oder in hervorgebrachter Bewegung, deren Stärke sich messen und mit mechanischer Bewegung vergleichen läßt; so weit also haben wir es rein mit physikalischen Erscheinungen zu thun. Das „geistige Geschehen" dagegen ist weder eine Stoffausscheidung, noch eine maschinenartige und darum meßbare Bewegung, vielmehr etwas, das gar keinen physikalischen Werkzeugen, Gesetzen und Beobachtungs- und Beurtheilungsweisen sich unterwirft, worauf, wie Jeder wissen kann, die Ausdrücke „hart, scharf, hoch, tief, eng, weit, schwer, leicht" ꝛc. ꝛc. nur in figürlichem Sinne angewandt werden können. — Es giebt ein Seelenleben, welches durchaus nicht mit derselben Nothwendigkeit an das Gehirn erinnert, wie etwa die Galle an die Leber. (Urin — sagt man mir — kann jetzt auf chemischem Wege gemacht werden, vielleicht künftig auch Galle, Speichel, die

Thräne ꝛc. ꝛc.; wann aber wird ein shakespearisches Drama aus dem Laboratorium des Chemikers oder aus der Werkstätte des Technikers hervorgehen?)

Die organischen Wirkungen sind wie die unorganischen dem Gesetze der Nothwendigkeit unterworfen, vom physikalischen Standpunkte aus freilich auch das „geistige Geschehen"; aber ist für irgend einen Menschen die Sache damit abgemacht? Glaubt irgend Einer, daß er auch geistig eine bloße M a s c h i n e sei? Haben wir nicht in unserem Bewußtsein unsere volle F r e i h e i t, als das Gewisseste von allem Gewissen? Und erklärt sich befriedigend die Geistesfreiheit, das einzig wahre und ausschließlich Menschliche, der Adel und die Krone des menschlichen Wesens, erklärt sich, sage ich, die geistige Freiheit und Jedem bewußte Selbstständigkeit als faßliche Ausscheidung, oder als mechanischer Anstoß, bewirkt durch organische Gebilde? — Die Worte „Selbstständigkeit und Freiheit" müßten wir aus jeder Sprache, ihren Sinn aus jedem menschlichen Bewußtsein austilgen, wenn wir keine andern Wirkungen als die vom Stoffe ausgehenden, keine andern Kräfte als die, welche des Stoffes Eigenschaften sind, annehmen wollen. Es wird niemals geschehen. Man wird in dem g e i s t i g e n W e s e n eine weitere höhere Lebensäußerung erkennen müssen, d. h. eine solche, die etwa so hoch über den blos organischen Lebensäußerungen steht, wie diese über den blos chemischen und mechanischen Gesetzen zu stehen scheinen.

Aber damit wäre der „D u a l i s m u s" des Menschenwesens zugegeben, und das eben ist zwar eine sehr alte, aber neuerdings in den Bann gethane Lehre. Ich kann es nicht ändern, — ich werde als Ketzer endigen müssen, immer meinen Freunden sagend: Erzieht Geist und Gemüth durch Lehre, Vorbild und Uebung, — für die Ausbildung des Gehirnes laßt die Natur und eine verständige Diät (ich meine damit die ganze physische Lebensweise) sorgen. Sit sana mens in corporo sano! also immer wieder Dualismus.

Ich kann Alles zugeben, was Dr Schüller auf dem Standpunkte seiner Wissenschaft bemerkt, und bleibe doch consequent auf dem meinigen; er behandelt die e i n e Seite der Frage, womit aber deren ganzer Inhalt nicht abgethan ist.

Daß diese Frage öffentlich besprochen werde, ist gewiß sehr zweckmäßig und erwünscht.

Der Klimawechsel als Heilmittel.
Von * * *

Unter den verschiedenen Heilmitteln und Heilverfahren, welche die ärztliche Kunst zur Bekämpfung der Krankheiten in der Neuzeit angewandt hat, nimmt der Wechsel des Klimas eine sehr bedeutende Stellung ein, eine Stellung, deren Wichtigkeit bis jetzt weder von den Aerzten, noch von den Laien in ihrer ganzen Bedeutung richtig gewürdigt worden ist. Bis vor Kurzem war eine bedeutende

Veränderung des Klimas mit einer Reise verknüpft, die sich durch Unbequemlichkeiten und Beschwerden aller Art auszeichnete. Erst die Eisenbahnen und die Dampfschiffe haben es Gesunden und Kranken möglich gemacht, mit Leichtigkeit und Bequemlichkeit große Reisen zu machen und in wenigen Tagen aus den Schneestürmen des nordischen Winters in den sonnigen, warmen Süden zu entfliehen. Schwer entschließt sich der Kranke, aus dem Kreise der Seinen, aus einer gemüthlichen Häuslichkeit in die Ferne zu wandern, um dort sich neue Kräfte, neues Leben zu holen. Die Hoffnung ist ja doch nur eine zweifelhafte, Zwischenfälle mancherlei Art können störend die Heilung beeinflussen, und so siechen jährlich viele Tausende in der Heimath dahin, die in der Fremde Genesung finden würden. Der Arzt entschließt sich schwer, einen Kranken, den er mit Sorgfalt beobachtet, an dem er alles Wissen, alles Können aufgewandt hat, dem launischen Zufall eines fremden Klima's zu überlassen; bald ist die Krankheit im ersten Anfange und auch noch in der Heimath Hoffnung auf Genesung, bald ist der Tod nahe, und leicht könnten kleine Reisenunfälle das Ende der langen Krankheit herbeiführen. Der heilkünstelnde Geldmacher denkt natürlich gar nicht daran, einen von einer schleichenden Krankheit befallenen Mitmenschen fortzuschicken. Das sind ja gerade die Unglücklichen, an denen Geld gemacht wird, die durch jahrelang dauernde Marter zu Tode gequält werden. Man denke an die armen Brustkranken, die monatelang, in das dumpfe Zimmer gesperrt, mit Inhalationen (Einathmen verschiedener gasartiger Medicamente), Espectorantien (Mittel die den Auswurf befördern) u. s. w. gequält werden. Diese wenigen Andeutungen werden genügen, um die dürftige Bearbeitung und die sparsame Anwendung unseres Heilverfahrens zu erklären. — Klimawechsel ist Austausch eines Ortes mit einem gewissen Klima gegen einen anderen Ort mit einem anderen Klima. Es kann also ein Klimawechsel auch schon in geringen Entfernungen stattfinden und auch von Wirkung sein, wenn auch eclatante Erfolge gewöhnlich erst durch bedeutende Veränderungen der meteorologischen Vorgänge bewirkt werden. Viele Kranke mit Asthma werden sich z. B. in New-York schlecht, in Albany ganz gut befinden; ja für manche dürfte schon das Klima der oberen und der unteren Stadt New-York Verschiedenheiten genug besitzen, um einen merklichen Einfluß auf das Wohlbefinden auszuüben. Kinder mit chronischer Sommerdiarrhöe erholen sich oft schon durch einen Klimawechsel, der nur eine Reise von wenigen Stunden beansprucht, wie hier in New-York jährlich Tausende von Beobachtungen lehren. — Bis jetzt ist es vom ärztlichen Standpunkte aus noch nicht möglich, die verschiedenen Klimate zu gruppiren; denn die Eintheilung in kalte, gemäßigte und heiße Zone genügt dem Arzt ebenso wenig, wie die Eintheilung in verschiedene Isothermen, Isochimenen u. s. w. Darum wollen wir nur einige der wichtigsten Krankheitsgruppen betrachten und sehen, wie sich die Heilerfolge bei denselben unter verschiedenen Klimaten und durch Veränderung der Klimate gestalten, eine Betrachtung, die trotz ihrer Dürftigkeit die Wichtigkeit des Klimawechsels genügend zeigen wird.

Einen sehr mächtigen Einfluß auf das Wohlbefinden unseres Körpers haben die verschiedenen chronischen Leiden des Verdauungsapparats, eines Organsystemes, das wohl am häufigsten erkrankt, weil es am häufigsten durch Schädlichkeiten, unpassende Nahrung u. s. w. heimgesucht wird. Jedem wird es aufgefallen sein, wie im Sommer die Klagen über gestörte Verdauung, über unregelmäßigen Stuhlgang, über langandauernde Diarrhoen unendlich viel häufiger sind als im Winter, wie die größere Zahl der Todesfälle durch Krankheiten des Verdauungsapparates herbeigeführt wird. Ueberall in der gemäßigten Zone werden wir diese Beobachtung bestätigt finden, besonders da, wo Winter und Sommer stark in der Temperatur differiren. In der heißen Zone finden wir die Krankheiten der Verdauungsorgane noch mehr vorherrschend, besonders in Gegenden, die sich durch große Luftfeuchtigkeit und niedrige Lage auszeichnen. Die ostindischen Niederungen, der ost- und westindische Archipelagus, Centralamerika bis zu Höhen von 4000—5000 Fuß und der waldreiche tropische Theil von Südamerika sind wegen solcher Krankheiten übel berüchtigt. Ja selbst die vielgepriesene Insel Madeira wird von Diarrhoen und Dyssenterien so stark heimgesucht, daß diese Affectionen bei Neuangekommenen mal do Madeira genannt werden. Es würde zu weit führen, für alle diese Länder den Modus anzugeben, wie am häufigsten die betreffenden Störungen eingeleitet werden; es genüge die Bemerkung, daß die Vertheilung der Blutmenge im Körper bei beträchtlicher äußerer Hitze eine andere wird, daß die Gasausscheidung der Haut bei feuchtwarmer Temperatur bedeutend beschränkt, daß die Nerventhätigkeit zuerst überreizt, dann erschlafft wird bei längerer Einwirkung der Hitze, daß endlich durch Unvorsichtigkeit viel leichter Erkältungen hervorgerufen werden, wie in einem kalten Klima. Wer Gelegenheit gehabt hat, in den genannten Ländern Dyssenterien zu beobachten, wer gesehen hat, wie die geschickteste ärztliche Behandlung, die sorgfältigste Schonung Monate hindurch ohne allen Erfolg blieb, wie vielmehr der Kranke täglich matter und matter wurde; wer dann gesehen hat, wie eine Seereise von wenigen Tagen bedeutende Besserung bewirkte, wie wenige Wochen auf dem Meere genügten, um Genesung herbeizuführen, der wird den Wechsel des Klima's für solche Krankheiten als unser wirksamstes Heilmittel anerkennen. Alle an tropischen Diarrhoen Leidenden können durch eine Seereise, durch den Aufenthalt in milden, mäßig warmen, wo möglich trocknen Gebirgsgegenden Heilung erreichen, wogegen dieselben bei fortdauerndem Aufenthalt in den ihnen schädlichen Klimaten einem sicheren Tode entgegengehen. — Wie wir schon erwähnt haben, geht im Allgemeinen die Verdauung in gemäßigten Klimaten, besonders im Winter, besser und oft so gut von Statten, daß die Norm der Stoffaufnahme überschritten wird. Reichlicher Genuß von Spirituosen und Bier, sowie fetter Bratensaucen, befördert diese Fettzunahme des Körpers; und bald ist der Arzt genöthigt, einzuschreiten. In solchen Fällen wird oft ein vorübergehender Aufenthalt in heißen Klimaten bei mäßiger Diät von den schönsten Erfolgen gekrönt. So bringt derselbe Ort Tod und Genesung, je nachdem der einzelne Mensch den äußeren Einflüssen Widerstand leisten kann oder nicht. Aber auch eine Wanderung in das andere klimatische Extrem, in die kalte Zone, dürfte für Leute mit zu reichlicher Fettablagerung von großem Nutzen sein, besonders wenn die nöthige körperliche Uebung damit verbunden wird. Es ist bekannt, daß die Polarbewohner colossale Mengen von Fett vertilgen, um das nöthige Wärmematerial für ihren Körper zu schaffen. Fährt nun ein Fettleibiger in den Polarländern weniger Fett seinem Stoffwechsel zu als zur Erzeugung der Körperwärme erforderlich ist, so wird nothwendigerweise das Reservematerial angegriffen werden müssen, und das überflüssige Fett verläßt als Kohlensäure und Wasser den von seiner schweren Last befreiten Dulder. — Als Sommeraufenthalt dürften Leuten mit gestörter Verdauung hier in den Ver. Staaten die Alleghanys, Minnesota und die westlichen Prairieen an den Orten, wo sie sich 3—5000 Fuß über den Meeresspiegel erheben, zu empfehlen sein. Gute Wohnung, gute Kost werden natürlich die Wahl des Ortes bedeutend beeinflussen; vor allen Dingen aber wird die Individualität jedes Kranken zu berücksichtigen sein. Dem Einen wird eine Seereise die besten Dienste leisten, dem Anderen der Aufenthalt in einer waldigen Gebirgsgegend, dem Dritten ein Ritt durch die weite Prairie, obgleich die Krankheitserscheinungen bei allen Dreien ganz gleich zu sein scheinen. Da gilt es eben, eine genaue Analyse des betreffenden Falles anzustellen, genau alle Organe des Körpers zu untersuchen; da kann der Arzt zeigen, daß er ein Arzt ist und nicht ein Pfuscher, der Abführen mit Stopfmittel, Stuhlverstopfung mit Abführmittel u. s. w. behandelt. — Eine Krankheit, bei welcher der Klimawechsel von ungemein günstigem Einfluß ist, ist die Bright'sche Nierenkrankheit. Dieses gefährliche Uebel, in den nördlichen Küstenstaaten Amerikas ziemlich häufig, besteht in einer Erkrankung der Nieren der Art, daß durch dieselben Eiweiß aus dem Blute ausgeschieden wird, ein zur Ernährung des Körpers sehr nöthiger Stoff, dem normalen Harn durchaus fehlend. Durch diesen Eiweißverlust entsteht nach längerer oder kürzerer Zeit, je nachdem die Ernährung eine gute oder schlechte ist, Wassersucht, die endlich sicheren Tod zur Folge hat. Gehen solche Kranke in die Tropen, wo die Haut einen großen Theil der Nierenthätigkeit übernimmt, so tritt in vielen Fällen bedeutende Besserung, ja Heilung ein. Panama dürfte in dieser Beziehung ganz besonders zu empfehlen sein, aber auch die westindischen Inseln haben gute Resultate aufzuweisen. In der alten Welt hat Aegypten einen großen Ruf, den Eiweißgehalt des Urins in kurzer Zeit zu vermindern und bald ganz zum Verschwinden zu bringen.

Noch häufiger wendet man die klimatischen Kuren bei Störungen in den Functionen der Nierenapparate an, besonders bei solchen, die durch Störungen in der Blutbildung, im Stoffwechsel herbeigeführt sind. Allgemeine nervöse Reizbarkeit, Hypochondrie und Hysterie werden, wenn dieselben durch Störungen der vegetativen Vorgänge bedingt sind, durch den Aufenthalt in Gebirgsgegenden, durch Reisen, besonders durch Seereisen, in milden Breiten, wo der Aufenthalt in der freien Luft den ganzen Tag hindurch angenehm ist, bedeutend gebessert, ja oft geheilt. — Am häufigsten wurde Klimawechsel als Heilmittel bei Krankheiten der Athmungsorgane, der Lungen und des Kehlkopfes empfohlen und mit Recht gepriesen, wenn auch oft übertriebene Hoffnungen nicht in Erfüllung gingen. Es kommen bei den krankhaften Affectionen dieser Organe besonders zwei Formen in Betracht, der chronische Katarrh der Kehlkopfes- wie der Luftröhrenverzweigungen und die knotige, tuberculöse Lungenentartung, Schwindsucht. Der einfache Kehlkopfs- und Bronchialkatarrh (Katarrh der Verzweigungen der Luftröhre) besteht in einer Entzündung, d. h. Röthung, Schwellung und übermäßiger Absonderung von Schleim der diese Organe auskleidenden Schleimhaut, eine Entzündung, die regelmäßig mehr oder weniger Husten erzeugt. Röthung, Schwellung, Absonderung, Husten können sehr verschiedene Qualität und Quantität zeigen, und dadurch werden bedeutende Verschiedenheiten der Krankheitserscheinungen und ihrer Folgen bedingt. Die tuberculöse Lungenentartung besteht in der Bildung kleiner, etwa Hirsekorn großer Knötchen in verschiedener Anzahl in verschiedenen Theilen der Lunge, besonders aber in den obersten Partieen derselben. Bald werden viele Knötchen in fast allen Bezirken der Lunge zu gleicher Zeit gebildet; es entsteht das Krankheitsbild der acuten Tuberculose, der „galloppirenden Schwindsucht;" bald tritt mit Unterbrechungen die Bildung kleiner Knötchengruppen auf, und diese Form, die fast ohne Ausnahme in den oberen Lappen der Lunge beginnt, zieht sich meistens in ihrem Verlauf durch mehrere Jahre hin. Durch den Reiz, den die Entwickelung der Tuberkeln auf die benachbarte Luftröhren-Schleimhaut ausübt, entsteht ein Katarrh derselben, also Husten; oder vielmehr meistens ein trocknes Hüsteln, das bei jungen Leuten als ein verdächtiges Symptom zu betrachten ist. Die Körpertemperatur des Kranken wird erhöht, es entsteht Fieber. Im weiteren Verlauf stellen sich Ernährungsstörungen ein, die Verdauung wird gestört, die Kranken klagen über „Magenhusten". Der Körper wird beträchtlich magerer, „schwindet", und bald ist die „Schwindsucht" Jedermann leicht kennbar. Denke man sich diese verschiedenen Störungen in den verschiedensten Combinationen und der verschiedensten Intensität, so wird man leicht begreifen, wie eine große Zahl besonderer Krankheitsbilder vorzüglich im Anfang die Erkennung des wahren Leidens bedeutend erschwert. Ich habe die Symptome des Anfangs der Tuberculose, der Schwindsucht, etwas genauer geschildert weil eine Kenntniß dieser Erscheinungen nothwendig ist, um ein Verständniß des klimatischen Kurverfahrens zu gewinnen. Als man begann, die Krankheiten verschiedener Gegenden mit einander zu vergleichen, fand man bald aus, daß hier diese, dort jene Krankheit vorherrsche, und so fand man denn auch Gegenden, wo die Schwindsucht sehr häufig, andere, wo sie relativ sehr selten oder gar nicht vorkam. Dies leitete natürlich auf den Versuch, Kranke, die an Schwindsucht oder einer anderen chronischen Lungenkrankheit litten, nach solchen von Schwindsucht wenig heimgesuchten Gegenden zu schicken, meistens südlich gelegene Orte. England ist von den drei Ländern Europa's, welche die wissenschaftliche Medicin ausgebildet haben, Frankreich, England, Deutschland, das von Schwindsucht am meisten heimgesuchte, und in England sind auch die meisten

Beobachtungen und Erfahrungen über Klimawechsel gemacht. Die glänzenden Erfolge, welche man von Madeira, Rom, Neapel, Nizza berichtete, wurden durch eine strenge Kritik in sehr enge Grenzen gebannt; eine Reihe von Aerzten trat auf, welche den Winteraufenthalt in südlichen Klimaten ganz verwarfen, oder doch für sehr wenig heilbringend hielten, und erst jetzt wird durch mühevolle und genaue Arbeit eine sichere Kenntniß über Heilerfolge aller jener vielgerühmten Kurorte angebahnt. Man hat bei London ein großes Hospital ausschließlich für Brustkranke gebaut, und mit verschwenderischer Freigebigkeit alle Einrichtungen getroffen, um die bestmöglichsten Heilungen zu erreichen, und man hat bessere Resultate erreicht, als mit dem Winteraufenthalt im Süden. Dieses Resultat, obgleich es scheinbar gegen den Klimawechsel spricht, fordert im Gegentheil dazu auf, den Klimawechsel noch häufiger zu benutzen, aber mit Verstand und Kritik. Die guten Resultate des Brustkranken-Hospitals in London beruhen im Wesentlichen darauf, daß man sehr sorgfältig Temperatur, Luftfeuchtigkeit, Kleidung, Ernährung regulirt, die einzelnen Fälle sehr genau in ihren Eigenthümlichkeiten auffaßt und danach behandelt. Die Ursache der Schwindsucht, die Bildung der Knötchen selbst, ist nicht zu verhindern, wenn diese einmal in der Bildung begriffen sind; wohl aber können wir viel thun, um einen neuen Vorgang dieser Art zu verhindern. Wir wissen, daß in der Mehrzahl der Fälle schlechte Ernährung ihre Bildung begünstigt. Bessern wir also die Ernährung, ordnen wir Klimawechsel an, der, wie schon auseinandergesetzt wurde, oft sehr günstigen Einfluß auf die Veränderung und Besserung des Stoffwechsels hat, so werden wir in vielen Fällen unseren Zweck erreichen. Ebenso wird im weiteren Verlauf der Krankheit, wenn Fieber die Körperkräfte unaufhörlich verzehren, durch möglichst gute Bedingungen für die Ernährung, also durch Aufenthalt in einem die Ernährung begünstigenden Klima, noch das Möglichste erreicht werden. Der durch die Knötchenentwickelung bedingte chronische Katarrh wird, wie der einfache chronische Katarrh durch Erkältungen, durch Einathmen von kalter, rauher Luft verstärkt. Solche Schädlichkeiten müssen also vermieden werden, entweder durch mehrmonatlichen Stubenaufenthalt im Winter, oder durch eine Reise in milden Breiten, wo ewiger Frühling lacht. Stubenaufenthalt ist einer guten Ernährung des Körpers nicht sehr förderlich, also ist Klimawechsel dringend nöthig. In den späteren Stadien der Schwindsucht, wenn sich durch den eitrigen Inhalt der Tuberkeln Höhlen in den Lungen gebildet haben, ist von einem südlichen Aufenthalt meistens nur Linderung der Leiden, selten vollständige Heilung, zu erwarten.

Milde, gleichmäßige Temperatur mit mehr trockener als feuchter Luft, wo möglich in einer Bodenerhebung von mehreren Tausend Fuß über dem Meer, sind also wesentliche Erfordernisse für einen climatischen Kurort, der natürlich auch die dem Kranken nöthigen Bequemlichkeiten bieten muß. Wir wollen nun einige der wichtigsten Kurorte durchgehen und sehen, wie weit sie den nöthigen Bedingungen entsprechen. In den verschiedenen Gebirgsgegenden Europas, besonders in der Schweiz, giebt es eine Reihe von Sommercurorten, die den Anforderungen in jeder Weise entsprechen, wenn der Sommer ein regenfreier ist; denn oft sind in der nördlichen Schweiz die Sommermonate regenreich, und dann ist natürlich für Brustkranke dort nicht viel zu erwarten. Weit trockner und regenfreier sind die Südabhänge der Alpen, von denen besonders das südliche Tyrol in Höhen von 3—5000 Fuß zu empfehlen ist. Hier in Amerika ist der Wechsel der Witterung in den Gebirgsgegenden noch häufiger, wenigstens in den Gebirgsgegenden, welche von der Cultur erobert sind; es ist also ein glücklicher Zufall, wenn der Kranke eine andauernd angenehme Witterung findet. Nur die westlichen Abhänge der Sierra Nevada in Californien haben ein gleichmäßiges Klima, sind aber leider noch Wildnisse. Wenn wir die verschiedenen Winterstationen in der alten Welt durchgehen, so finden wir nur sehr wenige, die wirklich genügen. Nizza, Mentone, Meran, Pisa, Florenz, Rom, Neapel haben Winter und oft sehr unangenehme Winter; selbst in Neapel fällt regelmäßig Schnee. Palermo auf Sicilien ist schon mehr zu loben, doch sind auch hier im Februar und März die kalten Nordwinde dem Kranken sehr unangenehm. Algier hat sehr unregelmäßige und stürmische Winter. Madeira hat oft lang anhaltende Winterregen und ist wegen seiner großen Feuchtigkeit überhaupt nur mit Vorsicht zu empfehlen, obgleich es den großen Vortheil englischen Comforts hat. Aegypten mit seiner reinen, trockenen Wüstenluft hat trotz der oft ziemlich bedeutenden Differenzen der Tagestemperatur bis jetzt die besten Resultate in der Heilung von Brustkranten aufzuweisen; aber die dort heimischen Ruhren dürften für viele Kranke gefährlich werden. Es kommen außerdem in Aegypten Winter vor, wo Schnee fällt, und da dort gar keine Einrichtungen zum Heizen der Zimmer gemacht sind, so wird der Kranke in solchen allerdings seltenen Wintern sehr von Kälte zu leiden haben. Bis jetzt noch wenig besucht, aber mit sehr gutem Erfolge und den theoretischen Anforderungen am meisten entsprechend in der alten Welt, sind die Canarischen Inseln. Die Nähe der Sahara macht das Klima trocken und die Regen selten, die Nähe von den Wendekreisen bedingt ein Vorherrschen des regelmäßigen Passatwindes und eine große Gleichmäßigkeit der Temperaturverhältnisse. In dem von Humboldt gepriesenen Thale von Orotava auf Teneriffa leben mehrere Brustkranke mit ihren Familien; um diese glücklichen Inseln als besten Kurort in der Nähe Europas zu empfehlen, fehlen nur ordentliche Gasthöfe. In den Vereinigten Staaten können Florida mit den anliegenden Inseln und besonders das südliche Californien als geeignete Winterresidenzen bezeichnet werden. Wenn man wirkliche Gleichmäßigkeit des Klimas haben will, wenn man sicher sein will, jedes Jahr dasselbe Klima zu finden, so muß man in die Tropen gehen und dort, weil die Niederungen zu warm sind, Höhen von 2—5000 Fuß aufsuchen. Die tropischen Gebirge Afrikas sind zu unbekannt, um in Frage zu kommen. In Asien sind die Südabhänge des Himalaya und die Kaffeeregionen Ceylons und Javas sehr zu empfehlen. Im Stillen Ocean bieten die vulkanischen Sandwichinseln einen trefflichen Aufenthaltsort. Für die Vereinigten Staaten haben natürlich nur die tropischen Theile Amerikas Bedeutung. In diesen Ländern aber liegen auch die herrlichsten Klimate der Erde. Das Klima von Centralamerika erfüllt alle Bedingungen, die wir oben gestellt haben. In den Höhen von 3—5000 Fuß herrscht ein ewiger Frühling, und da die trockene Zeit regelmäßig Ende November beginnt und Anfang Mai aufhört, so haben Kranke dort immer mit der größten Sicherheit schönes Wetter zu erwarten. Die Städte Guatemala und San Tore de Cortavica liegen in den entsprechenden Höhen und bieten in deutschen Gasthöfen die nöthige Bequemlichkeit. Der einzige Uebelstand ist der, daß die Reise in diese Länder ziemlich theuer ist. Wenn einmal Cortavica in demselben Verhältniß zu den atlantischen Küstenstaaten stehen wird, wie Madeira zu England, dann wird das herrliche Klima dieses Landes vielen Brustleidenden die langersehnte Genesung bringen. — Kranke, die an Brustkrankheiten von weniger ernster Bedeutung leiden, also besonders chronischer Katarrh, werden natürlich viel leichter an den genannten klimatischen Kurorten Genesung finden. Noch Vieles ließe sich über die günstigen Einwirkungen des Klimawechsels sagen, über die Art und Weise, wie er zu bewerkstelligen, über die Vorsichtsmaßregeln, welche zu beachten sind; das würde aber die Grenzen dieser Betrachtung überschreiten, die nur bezweckt, anzuregen, nicht Rathgeber zu sein. Eine Reise für die Gesundheit erfordert ernste und genaue Berathung mit einem gewissenhaften Arzte über viele Einzelnheiten, die kaum in einem wissenschaftlichen Werke, geschweige denn in einer populären Abhandlung, berücksichtigt werden können.

Die Volksschule
Von C. Beyschlag. (St. Louis.)

I.

Fortschritt! — welch ein großes, viel bedeutendes Wort! Und doch schrumpft dasselbe zu einem so kleinen, unmerklichen und unbedeutenden Dinge zusammen, wenn wir in unserer nächsten Umgebung um uns herblicken. Wir leben hier in einem freien Lande; alle Mittel und Gelegenheiten sind dem Einzelnen geboten, sich emporzuheben, sich frei zu entwickeln und zu bilden. Millionen werden auf und für Erziehungszwecke und Bildungsanstalten verwendet Tausende von niedern und höhern Schulen finden wir in jedem Staate, und doch noch welche Unbildung und Rohheit, welcher Aberglaube und Wahnglaube, welche geistige und sittliche Verkommenheit und Verworfenheit, welche religiöse Verschrobenheit, kirchlicher Autoritätsglaube, Betrug und Heuchelei! — Ich gehe von den mir gerade zunächst liegenden Kreisen einer Landbevölkerung aus, und finde unter dreißig Menschen kaum einige, die über den gewöhnlichen Köhlerglauben in religiöser oder kirchlicher Beziehung hinaus sind, oder die nur einen Anflug von allgemeiner, ihre beschränkte Anschauung befreiender Bildung haben. Sie mögen politisch ein wenig über den Stumpfsinn und die Indolenz des deutschen Pfahlbürgerthums hinaus sein; sie mögen durch Wahlagitationen etwas hineingerissen werden in den Strudel des politischen Parteilebens, und für politische Discussionen und Erörterungen etwas mehr empfänglich und zugänglich sein; aber dies ist auch, wenn wir die Volksmasse in's Auge fassen, Alles, und beschränkt sich auf gewisse Zeiten und Verhältnisse. Außerdem sind sie im Durchschnitte, wenn sie auch Zeitungen halten und lesen, selten politischen Erörterungen zugänglich, und zeigen so wenig Interesse daran und so wenig Verständniß in solchen Dingen, daß auch hier nur eine ungeheure Armseligkeit und Beschränktheit mit Bedauern von dem aufmerksamen Beobachter wahrgenommen werden muß. Ein schlechter Spaß, ein Spiel Karten, irgend ein ganz gewöhnlicher Klatsch kann sie Stunden lang beschäftigen und unterhalten und ihre Aufmerksamkeit in Anspruch nehmen, während sie über politische Fragen, wenn sie nicht gerade speciell davon berührt werden, gar nicht oder kaum einige Augenblicke sich unterhalten können. Allgemein menschliche Bildung, ruhend auf einiger Kenntniß der Geschichte, Naturgeschichte, Geographie, Literatur u. s. w. — wie selten findet man das in diesen Volksschichten! Die Meisten bewegen sich im Durchschnitte nur in einem engbegrenzten Kreise des geistigen Lebens und sind von diesem fest umschlossen und gleichsam hineingebannt, und das ist ihr jeweiliger sectionell oder kirchlich religiöser. Ich sage ausdrücklich „sectionell oder kirchlich religiöser"; denn von dem eigentlichen Wesen der Religion haben sie so wenig Begriff, wie von Philosophie, Aesthetik, Physik oder sonst etwas dieser Art. Und was ist der Grund dieser Wahrnehmung? denn es ist wohl werth, daß wir demselben nachspüren und wenn wir ihn aufgefunden haben ohne Rückhalt und Scheu, ihn ohne Beschönigung und Bemäntelung angeben. Ist doch das Uebel und der Nachtheil groß genug; bringt sich doch das Volk dadurch selbst um einen gesunden, freien und schönen Lebensgenuß; würde es doch sonst gewiß viel angenehmer und glücklicher leben; würden sich ihm doch ganz andere Quellen seines geselligen und familiären Lebens eröffnen, ganz andere, weitere und schönere Kreise sich ihm aufthun. Würde die Armseligkeit seines Lebens dadurch doch verschwinden und Mannigfaltigkeit, Vielseitigkeit und erhebende und stärkende Abwechslung an die Stelle derselben treten. Würde doch gewiß seine Thätigkeit und Arbeitsamkeit, sein Fleiß und seine Strebsamkeit dadurch sich nicht vermindern und erlahmen, sondern vielmehr nur zunehmen und erstarken!

Wir finden die Quelle von all dieser Armseligkeit und Beschränktheit des geistigen und gemüthlichen Lebens des Volkes in seiner kirchlich sectionellen Beschränktheit. Laßt uns die Sache durch ein Beispiel veranschaulichen. Da stehen vielleicht hundert Häuser, und die Bewohner dieser hundert Häuser theilen sich in nicht weniger als drei oder vier Secten, mit deren Leitern an der Spitze, dem jeweiligen Prediger oder Priester. Hier ist eine reformirte, dort eine unirte, hier eine methodistische und dort eine lutherische Gemeinde und hat ihre Kirche und vielleicht auch ein armseliges Schulhaus daneben. Ich greife dies Beispiel nicht aus der Luft, sondern aus der Wirklichkeit. Die eine Gemeinde zählt vielleicht 30 bis 40 Mitglieder, die nächste 20 bis 30, und ebenso die anderen. Sie müssen einen Prediger erhalten, der wenigstens einigermaßen anständig leben will, vielleicht nebenher auch noch einen Lehrer. Diese haben die Verpflichtung, nur das zu lehren und zu predigen, was in der Constitution der betreffenden Secte als Plaform gleichsam hingestellt ist. Der Mann selbst (Prediger oder Lehrer) mag glauben, denken und wissen was er will. Er kann nicht über die Constitution seiner Gemeinde hinaus, und versucht er es, so geräth er mit der Letztern in Conflict. So bewegt er sich mit der Gemeinde Jahr aus, Jahr ein in einer Tretmühle; Jahr aus, Jahr ein muß dasselbe gepredigt, gelehrt und gethan werden. Ist die Gemeinde reformirt, so muß er danach lehren; ist sie alt=lutherisch, so steht er ohnedies gewöhnlich unter Synodalverband oder unter bischöflicher Autorität, wie zum Beispiel die Methodisten. Ich spreche hier gar nicht von der katholischen Kirche, die ja bekanntlich in aller Welt nur ein Oberhaupt und eine Kirchenordnung und einen Glaubens=Codex hat, und die den Fortschritt von jeher verdammt und die Fortschrittsmenschen verketzert, verbrannt und verflucht hat. Ich rede nur von den andern Kirchen=Secten, den Ketzern, wie sie die „Alleinseligmachende" sammt und sonders nennt. Diese Ketzerkirchen und Secten aber verdammen und verfluchen sich wieder gegenseitig unter einander; wenigstens thun es die Fanatiker darin. Dies ist ein Beispiel von tausend solchen Zuständen. Und da soll es möglich sein, daß unter solchen Verhältnissen das Menschenthum, die Freiheit — die wahre geistige — gedeiht, und die Bildung ihren veredelnden Einfluß übt?

II.

Man muß solche Uebel und ungenügende Zustände nie dadurch beschönigen wollen, daß man sagt: „Die Menschen werden sich schon allmälig herausarbeiten. Sie sind hier nicht beschränkt, nicht gebunden, sind frei. Laßt die Dinge immerhin gehen, wie sie gehen; der Fortschritt und die Bildung greifen doch immer weiter um sich, und das Volk, das keine Zeit hat, philosophische Studien zu machen, muß etwas haben, was es vor geistiger und sittlicher Verkommenheit schützt." Als ob wir das leugneten! Freilich muß es etwas haben, das es geistig und sittlich hebt und bildet; aber sind denn diese Kirchen= und Sectenreligionen wirklich wirksame Mittel dazu? Ist es ein Mittel, den Kindern und der heranreifenden Generation immer wieder den abgestandenen Kohl vorzukauen, indem man sie ihren sectionellen Katechismus auswendig lernen läßt und sie mit Bibelsprüchen und sinnlosen Gebetsformeln vollstopft? Seht diese Menschen an! Sie mögen von Natur recht gut sein, mögen gute Regungen, gute Empfindungen haben, und ihre angelernte Religion und ihre Furcht vor der Strafe mag sie so weit zu ordentlichen und redlichen Menschen machen. Es kann sein; bei Hunderten und Tausenden ist das aber nicht einmal der Fall, obgleich sie in ihre Kirche pilgern, alle Gebräuche mitmachen, zum Abendmahl gehen und sich gute Christen nennen. Aber betrachtet ihren

Bildungsgrad, ihr Leben und Treiben! Wie beschränkt ist ihr Wissen, wie niedrig und geistlos ihr Familien- und geselliges Leben! Wie ist jeder höhere geistige Aufschwung von ihnen ausgeschlossen, und wie armselig und nichtssagend ist ihre Lectüre! Sie kennen nur, was in einiger Beziehung zur Bibel und zum Katechismus steht. In diesen Kreisen allein bewegen sie sich; das ist der ganze Inhalt ihres geistigen und gemüthlichen Lebens, und zwar mit der Färbung, dem Beigeschmacke und der Beschränktheit, die eben ihre Sectenreligion mit sich bringt. Alles, was damit nicht im Zusammenhange ist, steht ihnen als rein Weltliches, Irdisches, Fremdes und Sündiges gegenüber; von Poesie, Kunst, Geschichte — allgemeiner, Natur- und Literaturgeschichte u. s. w. — wissen sie sehr wenig, zusammenhangslos, unklar, und getrübt durch ihre Kirchenbrille, ihre kirchliche Anschauung und ihr positives Christenthum aufgefaßt. Der Pfarrer, Prediger und Priester ist ihr Lehrer, Dollmetscher und Uebersetzer aller Eindrücke und Vorkommnisse; was er sagt, das hat Gewicht und Einfluß; das ist unumstößlich, wahr, gewiß, ewig, göttlich; alles Andere ist wandelbar, ungewiß, von geringem Werthe, vergänglich, irdisch, sündig. Die Welt liegt ja im Argen, und — sagen die Lutheraner — „Gotteswort und Luthers Lehr' vergehet nie und nimmermehr." Daß dabei ihre sinnliche Natur, ihre Liebe zum Irdischen, zum Besitz, Erwerb und Vergnügen doch nicht unterdrückt werden kann, sehen wir täglich und stündlich. Aber ihre Anschauung, ihre Denk- und Gefühlsart und Weise ist doch der Art, daß sie sich zum freien Menschenthum nicht erheben können, daß sie immer wieder auf die Kirche und deren Lehren und Gebräuche zurückfallen, und wäre es am Ende auch nur der Gewohnheit und des Herkommens, oder der geschäftlichen und Familien-Verbindungen wegen. Sie gehen zur Kirche, sie lassen ihre Kinder taufen, lassen sie später durch den Geistlichen unterrichten, gehen zur Beichte und zum Abendmahl, lassen sich vom Pfarrer trauen und ihre Grabreden halten. So kommen sie nicht aus den Netzen, womit sie von Jugend auf gefangen gehalten werden, heraus, es sei denn, daß spätere Lectüre oder sonstige Verhältnisse sie zum Zweifel und zum Entschlusse bringen, Kirche und Sectenwesen gänzlich bei Seite liegen zu lassen. Gewaltsam und ohne innern Drang und Trieb von ihr losgerissen, und ohne den Ersatz, den Bildung und Moralität ihnen bieten, verfallen sie leider nur zu oft dem rohesten, geist- und gemüthlosesten Materialismus und Egoismus.

III.

Ich habe schon oft sogenannte freisinnige Geistliche und Lebemenschen sagen hören: „Wir sind keine Pfaffen, das Volk macht sie höchstens aus uns. Es will einmal dieses und jenes von uns gelehrt und gepredigt haben; es bezahlt uns dafür und schafft uns eine angenehme Existenz. Warum sollen wir es verschmähen, ihm zu geben, zu lehren und zu predigen, was es gern haben will? Thun wir es nicht, so thun es eben Andere" Dadurch suchen sie ihr Gewissen und ihre Stellung gegen besseres Wissen und bessere Impulse zu rechtfertigen. Wir aber sagen euch: Nur wenn ihr und Andere, die nur deshalb gegen besseres Wissen und Gewissen das Volk nasführen, weil es ihnen um eine angenehme und gesicherte Existenz zu thun ist, davon absteht, wird der Volksbetrug, dessen ihr euch schuldig macht, aufhören: denn ihr werdet dann nicht mehr gezwungen sein, zu lehren, zu predigen und zu bekennen was ihr selbst nicht glaubt, und euch formellen Gebräuchen und einer Anschauungsweise zu fügen und ihrer zu bedienen, die für euch selbst überwundene Standpunkte sind. Damit hören allerdings die Geistlichen und Priester noch nicht auf; es wird immer noch solche geben, die wirklich über ihren und ihrer Gemeinde kirchlich-sectionellen Standpunkt noch nicht hinaus sind, die selbst noch glauben, was sie lehren, predigen und thun; aber die Zahl der Heuchler, der Accommodationsmenschen, der geistlichen, selbst ungläubigen Taglöhner und Volksbetrüger wird dadurch um ein gut Theil vermindert werden, und ebenso die Zahl der Kirchen und Kirchengemeinden, die ihr nur als Milchkühe benutzt und als ergiebigen Boden für eure eigenen selbstsüchtigen Zwecke ausbeutet. Mit Recht sagen das euch auch die bornirt und beschränkt gläubigen Collegen in ihren Reden und Schriften. Mit Recht wenden sie auf euch den Spruch an: Ihr seid weder warm noch kalt und werdet ausgespieen werden. Warum entschließt ihr euch nicht, den Standpunkt des Predigers und des Dieners einer Gemeinde, die einmal an ihrem sectionellen Kirchenwesen und ihrer Constitution festhalten will, aufzugeben und euch auf den Standpunkt des freien und freisinnigen Jugendlehrers zu stellen? Weil dies euch Opfer kostet; denn eure Stelle ist vielleicht dann nicht mehr so einträglich, nicht mehr so bequem und angenehm, nicht mehr so geehrt, wie ihr leider thörichterweise glaubt. Und doch ist sie dann erst geehrt, und so, wie ihr sie jetzt einnehmt, ist sie ein unehrliches, unredliches, heuchlerisches und selbstsüchtiges Gewerbe, und ihr stellt gegen besseres Wissen und Gewissen euer Licht unter den Scheffel, wie der große und aufrichtige Lehrer aus Israel, den ihr als Herrn und Meister so sehr preiset und erhebt, mit Recht sagte. Diese Gemeinden aber, die ihr „bedient", würden, wenn die Extreme der Gläubigen und Fanatiker an sie herankämen, unter sich zerfallen; denn ihr habt doch schon, ohne daß ihr es wollt oder vielleicht mit jesuitischen Reservationen, Unkraut (wie jene Gläubigen und Fanatiker sagen) unter den Weizen gesäet, und das Heiligthum des Herrn mit unreinen Händen berührt. Der Eine oder der Andere aus eurer Gemeinde ist doch schon hinter euer Geheimniß gekommen und hat ausgefunden, daß ihr nur eurer Existenz, nur eures angenehmen Lebens wegen, lehret und prediget, daß ihr selbst dies und jenes nicht mehr glaubt oder anders glaubt und auslegt, als es das alte Glaubensbekenntniß und die Gemeinde-Constitution will und verlangt. Ihr habt doch schon zu viel rationellen Saamen unter der Maske des orthodoxen Kirchenglaubens ausgestreut, und er wird dann erst recht aufgehen, wenn ihr selbst abgeht. Auf diese Weise würde aus vielen bisherigen Kirchengemeinden das werden, was allein den alten überwundenen Glaubensstandpunkt bis in die untersten Schichten des Volks erschüttert und umstürzt, nämlich Schulgemeinden mit einem fähigen, freigebildeten und freisinnigen Lehrer, der nun den bisherigen Grund und Boden ganz anders und mit ganz anderen Saamen und Schößlingen bebaut. Das Ganze müßte auf sittlich-ästhetischer Basis ruhen, und das Gute und Wahre, das Wissenschaftliche und Schöne müßte mit sorgfältiger, kunstgeübter Hand gehegt und gepflegt werden. Und dies sollte kein angenehmeres, kein schöneres, kein ehrlicheres und ehrenvolleres — wenn auch allerdings mühsameres — Geschäft sein, als das, was ihr jetzt betreibt? Dies sollte nicht eine peoples savings bank im wahren und rechten Sinne des Wortes sein, dies nicht des Volkes Fonds sicher anlegen und gut und fruchtbringend verwerthen heißen, euren jetzigen Volksschwindel-Anstalten gegenüber? Zürnet mir immerhin, daß ich euch so hart anfasse, aber Recht müßt ihr mir, wenn ihr es auch Niemandem gegenüber gesteht, euch selbst gegenüber doch geben; denn ihr wißt dies Alles selbst, so gut wie ich es euch sage, aber eure Selbstsucht, Eitelkeit und euer durch Gewohnheit und Herkommen erzeugter Schlendrian läßt euch dazu nicht kommen, eure bisherige Position aufzugeben und euch eine andere, die eurem Wissen, euren Fähigkeiten und eurer Neigung entsprechen, durch energisches und geistig frisches, offenes und ehrliches Handeln zu erringen.

IV.

Nur dann, wenn fast an allen Orten, im kleinsten Dorfe wie in den größten Städten, aus den bisherigen sectionellen Kirchengemeinden Schulgemeinden entstehen, wird der Fortschritt zusehends gefördert werden und ein merkbarer Ruck auf der Bahn zum Bessern bis in die tiefsten Schichten des Volkes herab stattfinden. Sage man uns nicht, daß die amerikanische Freischule ja bereits dieses Ziel anbahne. Es ist nur Schein, was etwa eine solche Behauptung rechtfertigen könnte. Die amerikanische Freischule ist eben kirchlich-sectionell nicht frei, wenn sie auch einen bestimmten sectionellen Religions-Unterricht ausschließt. Abgesehen davon, daß in vielen Staaten noch in den Freischulen der Schulunterricht mit dem Lesen eines Capitels aus der "Holy Bible" — was der katholischen Kirche so viel Aerger bereitet und sie immer in einer feindseligen Stimmung gegen die Freischulen erhält — oder einer „geistlichen Hymne" beginnt, ist der Geist, der sie alle durchdringt, ein unfreier, kirchlich sectioneller; denn die meisten oder alle Schulvorsteher sind Mitglieder irgend einer Kirche oder Secte, sie stellen ebenfalls der Mehrzahl nach als Lehrer oder Schulmann nur solche Personen an, die Mitglieder solcher religiösen Secten sind, wählen zu ihrem Superintendenten gewöhnlich einen Pfarrer oder doch gewesenen Geistlichen, der es dem Glauben nach noch ist, und führen in den Schulen nur solche Lehr- und Textbücher ein, die ganz bestimmt nichts g e g e n den kirchlich-sectionellen Glauben und das in dieser Weise abgezapfte und zurechtgemachte Christenthum enthalten, sondern vielmehr direct und ganz bestimmt sectionell beeinflußt sind. Ich will aus jedem der verschiedenen Lesebücher, die in den meisten Freischulen eingeführt sind, unter manchen wirklich gut und trefflich ausgewählten wenigstens 10 — und ich greife diese Zahl sehr niedrig — auswählen, die kirchlich-sectionell inficirt oder am Schlusse wenigstens so zugestutzt sind. Da soll das Kind nur deswegen lesen lernen, damit es bald in der Holy

Bibel lesen und desto besser und eher zu den Engeln im Himmel und zu dem Herrn kommen könne. Da soll es nicht lügen und stehlen weil es in der Holy Bible steht: Du sollst nicht lügen und stehlen, indem es sonst nicht in den Himmel kommen kann. Da soll es täglich zum Herrn beten, daß er es vor Sünde bewahre. Da soll es den Sabbath heilig halten, weil der Herr das Gebot gegeben: Du sollst den Sabbath heilig halten, und von allen alltäglichen Geschäften ruhen weil Gott auch am siebenten Tage vom Schöpfungswerke ausgeruht hat. Da soll es sich vor dem ersten Trunk von Spirituosen oder geistigen Getränken in Acht nehmen, weil es sonst ein Trunkenbold werde und den Himmel verliere. Da soll es sich einer Temperenz-Gesellschaft anschließen, weil dies das beste Mittel sei, den verderblichen Wirkungen des „Liquors" sich zu entziehen. Da soll es fleißig die Kirche besuchen, weil da das Lob und die Ehre des Herrn allein verkündet werde, und es s e i n heiliger Wille sei, daß der gläubige Christ jeden Sabbath die Kirche besuche und dort seine Wohnung aufschlage, indem er dort von seinen weltlichen Geschäften, Bestrebungen und bösen Neigungen sich am besten befreien könne. Und so werden diese Ideen in den verschiedensten Modulationen und Melodieen in diesen Schulbüchern, mit gehörigen Exempeln und abschreckenden oder ermunternden Beispielen ausgestattet, abgespielt. Ist dies Emancipation von kirchlich-sectionellem Glauben? Ist dies Befreiung und Ausschluß von kirchlich-sectionellen Einflüssen? Ist die religiöse Sectirerei unter solchen Umständen von der Freischule ausgeschlossen? Hat die katholische Kirche in dieser Beziehung Unrecht, wenn sie ihre Anhänger und Gläubigen vor der sectionell inficirten Freischule dieses Landes warnt? Können Anstalten, in denen solche Principien von unten bis oben herauf sich geltend machen, freie und befreiende genannt werden? Wer kann dies behaupten, ohne ein Jesuit zu sein? Die deutsch-radicale Partei, besonders durch die deutschen Turnvereine vertreten, hat dies auch längst gefühlt und ausgesprochen, und hat auch in neuester Zeit durch Herausgabe besonderer Lehr- und Lesebücher, die für wirklich freie und sectionell unabhängige Schulen redigirt und zusammengestellt sind, diesem Uebel abzuhelfen gesucht. Jedenfalls ist es gewiß ein sehr nützliches und gutes, den Fortschritt förderndes Unternehmen, und besonders geeignet, die halb und inconsequent freien Schulbücher-Compilationen, die der Geschäftsgeist und die Speculation ins Leben gerufen, zu verdrängen.

V.

Es giebt viele freisinnige, gute, aber ängstliche und besorgte Menschen, die uns sagen, daß wir doch zu weit gehen, wenn wir alles Kirchen- und Sektenwesen als gemeinschädlich und als den bedeutendsten Hemmschuh im menschlichen Fortschrittsprozesse erklären. Sie sagen dies und fragen uns, ob wir denn nicht wissen, daß man auch unter andern Formen, als die unsrigen sind, Gutes wirken und für den Fortschritt thätig sein kann; daß das Volk diese Art und Weise der Erziehung durch positive Religionsbekenntnisse, Dogmen, Ceremonieen und Predigen der Priester brauche, da es sonst der geistigen und sittlichen Verwahrlosung, dem sicheren Ruin und der Auflösung aller gesellschaftlichen und staatlichen Ordnung entgegengehen würde, und daß, wenn das Kirchenthum und Sektenwesen viele schädliche Auswüchse habe, es doch da sein müsse, bis man eben für das Volk von unten herauf ein besseres Erziehungsmittel gefunden habe. Nun, das sagen wir in gewisser Beziehung auch. Wir glauben auch, daß Leute, die sich vom Kirchen- und Sektenwesen losgerissen blos um zügelloser sich geben lassen zu können, oder aus gemeinem Geize, oder weil sie in Hader mit dem oder jenem „Pfaffen," wie sie sich ausdrücken, geriethen, welche in sich selbst weder geistigen noch sittlichen Halt haben, deren Geist leer und deren Gemüth roh und verwildert ist, daß solche Menschen und deren Familien bedeutend schlimmer daran sind, als die Derer, welche in den alten Schranken und Grenzen ihres jeweiligen Sektenwesens sich bewegen und durch Sitte, Herkommen und Gewohnheit wenigstens vor Ausschweifungen, Verlommenheit, Verwilderung und Verbrechen bewahrt werden. Aber sagt ihr Vorsichtigen nicht selber: so lange bis man eben für das Volk ein besseres Erziehungsmittel gefunden hat? Wenn dies aber aufgefunden ist? Wenn es blos angewandt und benutzt zu werden braucht? Nun, ist dies nicht die freie und von allem Sektenwesen unabhängige Schule, und kann der Lehrer, der fähig, eifrig und geschickt genug ist, eure Kinder nach der neuen Ordnung der Dinge zu unterrichten, nicht auch für euch etwas thun? Kann er euch nicht anregen und aufmuntern, Lese-, Bildungs- und Gesang-Vereine zu gründen, und so dazu beitragen, daß euer geistiges und sittliches Leben und Streben darin reichen Ersatz findet oder vielmehr erst die rechte und geeignete geistige Nahrung erhält? Hat nicht dieser Lehrer eure Vorurtheile, euren Aberglauben, eure dummen oder einfältigen Sitten und Gewohnheiten, eure geistige Unmündigkeit und sittliche Rohheit zu beschönigen und zu bemänteln, und weiß zu nennen was schwarz, süß was sauer ist, blos damit er nichts bei euch einbüßt und seine Kindtaufe oder Kopulation ihm entgeht? Muß er nicht zu all' eurem ungeschickten und unbeholfenen Benehmen, euren armseligen Einrichtungen, eurem geschmack- und taktlosen Wesen, ja sogar eurer Unordnung und Unreinlichkeit, die ihn selbst persönlich anwidern (denn er soll mit euch essen und trinken und fröhlich sein), eine Schaafsmiene oder das Gesicht eines Fuchses schneiden, der denkt, ich lasse es euch hingehen; erhalte ich doch meinen Lohn dafür. Ist dies doch das Werk meiner Hände; seid ihr doch Machwerke aus meiner geistigen oder geistlichen Werkstätte! Ich lebe ja von eurer Dummheit, Unbildung und Rohheit, sowie von eurer Hände Arbeit und dem Schweiße eures Angesichts! Und würdet ihr bei solchen und ähnlichen Gelegenheiten reformatorisch auftreten und dies und jenes eingerissen haben wollen, so sagen sie hinter eurem Rücken: Der Pfaff hat gut schwätzen; er hat nichts zu thun und braucht nicht hart wie wir für sein tägliches Brod zu arbeiten; auch spricht er anders, als er predigt; denn er sagt: Trachtet vor Allem nach dem Reiche Gottes und seiner Gerechtigkeit. Er aber trachtet vor Allem nach unseren Dollars. Und, sagte Einer, als ich ihm unlängst für die Taufe, bei der er sich noch dazu in theuerem Weine Eins angetrunken hatte, zwei Dollars bot, sagte er mir mit größter Gleichgültigkeit: „Mein Lieber, das will es bei dieser Zeit nicht mehr thun; ich taufe jetzt im Hause nicht unter drei bis vier Dollars." — Nun, und ist es nicht wahr, was das Volk mit Recht seinen geistigen und geistlichen Vormündern in diesem Falle sagen kann? Sehet es an, wie hart es einige Dollars zu verdienen hat, die ihr geistlichen Berather mit der fröhlichsten Miene, ohne euer Gehirn anzustrengen, bei fröhlichem Schmause einsteckt. Ist der Mensch denn weiser und besser geworden, wenn der geistliche Herr davon geht, als er vorher war? Ist etwas dadurch erzielt, etwas wieder gewonnen? Ist es so, als wenn der Lehrer dir oder einem seiner Angehörigen eine gute und nützliche Lektion ertheilt, dich oder die Deinigen über etwas, was dir bisher unbekannt war, aufgeklärt und deinen Wissenkreis erweitert, dein Gemüth erwärmt und mit guten Impulsen angefüllt hat? Ist ein Vorurtheil, ein Wahn, eine Unwissenheit, ein schädliches oder albernes, unhaltbares Herkommen dadurch gefallen, sind die Lebenskreise und Blicke deiner Zöglinge, seien sie ältere oder jüngere Leute, dadurch erweitert, ist ein verständiger, guter, berechtigter Lebensgenuß dadurch erhöht worden? Bist du vielleicht in deinen Geschäften und Arbeiten, in deinem Erwerbe und deinem Streben, das Glück deiner Familie zu vermehren und zu erhöhen, gefördert worden? — Mit nichten; es bleibt Alles beim Alten, aber ihr habt dem Herkommen Rechnung getragen und der geistliche Herr hat etwas davon getragen, das ihr ihm natürlich sonst nicht gegeben hättet. Er kann in einem, zwei, drei Jahren wieder kommen, wenn sich dein Kindersegen vermehrt. Er streicht sein Geld ein, sagt schmunzelnd: seid fruchtbar und mehret euch, und ihr seid zwar nicht gescheiter, aber um einige Dollars ärmer geworden, die euch früher oder später, wenn ihr sie für ein gutes und nützliches Buch oder zur Unterstützung einer guten Anstalt, z. B. einer freien Schule, angewandt, wenigstens in irgend einer Weise Nutzen und Vortheil bringen würden. Aber — euer Vorurtheil und Wahn, euer Autoritätsglauben und eure Muthlosigkeit läßt sie euch lieber in das Danaiden-Faß eurer geistlichen Führer werfen.

VI.

Unsere aufgeklärte deutsche Geistlichkeit hier zu Lande, die gern die Nothwendigkeit und Zweckmäßigkeit ihrer Stellung uns plausibel machen möchte, rühmt sich besonders, der Träger der deutschen Sprache, Sitte und des deutschen Wesens zu sein. Was würde, sagt sie, aus der deutschen Sprache und der deutschen Sitte geworden sein, wenn nicht von der Kanzel und in unsern Gemeinde-Schulen die deutsche Sprache gehegt und gepflegt worden wäre und noch würde? Die Masse des Volkes hätte sie längst über Bord geworfen und man würde kaum hier zu Lande noch deutsch sprechen hören. Wir sagen ihr dagegen: Abgesehen, daß es eine deutsche Presse hier giebt, die in mehr als einigen hundert deutschen Zeitungen zu den deutsch sprechenden Bewohnern dieses Landes spricht und zum größern Theile der Fortschrittspartei angehört, giebt es freie, unabhängige Schulen, in denen die deutsche Sprache in derselben Weise und mit derselben Berechtigung, wie die englische, gelehrt wird, die der deutschen Sprache und Sitte, der deutschen Wissenschaft und Kunst zehnmal bessere Dienste leisten, als ihr mit euren Predigten und Reden leistet, und die sie vor Verfall und Corruption der englischen Sprache gegenüber am besten sichern. In unsern Schulen, wie wir sie haben wollen, wird nur die hochdeutsche, classisch-deutsche Sprache gelehrt und gesprochen werden, mit Zugrundlegung der deutschen Grammatik, und zugleich mit der englischen Sprache in Vergleich gebracht, sowohl durch vergleichenden grammatikalischen Unterricht, wie durch Uebersetzungsübungen in beiden Sprachen. Der gebildete deutsch-amerikanische Lehrer wird ebenso in deutscher, wie englischer Sprache unterrichten, und in den mit solchen Schulen verbundenen Lese- und Bildungs-Vereinen wird die deutsche Sprache die Geschäfts- und Verhandlungssprache bilden, wenn man es nicht vorziehen sollte, ebenso auch abwechselnd in englischer Sprache zu reden und zu debattiren. Deutsche und englische Literatur soll und wird in den zu diesem Zwecke gegründeten Bibliotheken in gleicher Weise vertreten sein. Dieser Einwurf ist daher völlig haltlos. Oder empfehlt ihr von euren Kanzeln die Lectüre unserer deutschen Classiker? Empfehlt ihr euren Gläubigen die Lectüre eines Göthe, Schiller, Lessing, Humboldt u. s. w.? Gewiß nicht. Ihr les't sie vielleicht und habt sie gelesen. Aber ihr recommendirt sie euren Gemeindegliedern gewiß nicht, denn ihr wißt zu gut, daß die Genannten moderne Heiden mehr als specielle Christen waren, und daß sie, statt die Gläubigen in ihrem Glauben und ihrer Anschauung zu befestigen, diese vielmehr von denselben nur abbringen und loslösen würden. Die Frommen im Herrn, jene Glaubensängstlichen und Fanatiker unter euren Collegen (die euch aber nicht einmal als solche anerkennen) predigten längst den Kreuzzug gegen diese modernen Heiden, gegen diese Apostaten des Christenthums, die so viel Unheil gerade durch ihre höhere Begabung im Weinberge des Herrn anrichteten, und wenn sie sie auch gerade nicht in die tiefste Hölle zu verdammen wagen, so sehen sie dieselben doch für die verlorenen Schafe in Israel an und warnen ihre Gemeindeangehörigen in Schrift und Wort davor. Was hat auch die Anschauungs- und Denkweise dieser Matadore der deutschen Literatur mit dem specifischen Christenthum und dem Sectenkirchenthum zu thun? Sie waren demselben gänzlich entwachsen, und ihre Grundidee ist die der Menschlichkeit oder Humanität, die des Kosmopolitismus und Idealismus, die der allgemeinen Bildung, fußend auf der Erkenntniß der Natur und des Geistes der Geschichte, und wenn sie auch das Ur-Christenthum, wie es aus den Worten und dem Geiste des Stifters zu entnehmen ist, als ein weltgeschichtliches Moment anerkennen und achten, so ist es ihnen doch nur eine Phase im großen und allmäligen Fortschrittsprozesse der Menschheit. Sie wollen die Menschheit durch Erkenntniß und Bildung aus den engen Kreisen des Kirchen- und Sectenthums zur Humanität und Weltreligion führen, und sie sind gerade die Bahnbrecher und Wegweiser der Zukunft und der modernen Anschauungsweise, der wir huldigen.

VII.

Ihr haltet uns Nachfolgendes entgegen: ob wir denn unter dem christlichen Volke und unter den Sectengläubigen nicht auch gute, rechtschaffene, brave, freiheitsliebende und sonst intelligente und gebildete Menschen treffen? Als ob wir dies leugneten; die Güte der menschlichen Natur, die Macht der Verhältnisse, die Combination derselben und der Fortschritt der Zeit im Allgemeinen, so wie besonders auch das Glück einer guten Erziehung und der Einfluß guter Schulen — alles dies wirkt zusammen bei manchen Menschen und bringt sie in glückliche und gute Verhältnisse, indem es sie ohne ihren Willen oft, oft mit ihrem Willen, beeinflußt. Der Einzelne kann sich ohnedies nicht abschließen; er lebt und verkehrt mit Menschen, und nimmt äußere Einflüsse und Eindrücke oft unwillkürlich auf. Er athmet die Luft des Jahrhunderts und wird mehr oder weniger dadurch in seinem Fühlen, Denken und Handeln beeinflußt. Aber das ist so gewiß, als zweimal zwei vier ist: Keiner, der unter den Dogmen und Glaubensprincipien seiner Kirche und Secte steht, und nicht über denselben, kann sich über eine beschränkte, einseitige und mit der allgemeinen Bildung und dem allgemeinen Fortschritt in Widerspruch stehende Anschauung erheben, und ist, so lange er diesen Bann nicht gebrochen, beschränkt und befangen. Du magst irgend eine Frage, und liege sie dem eigentlich religiösen oder kirchlichen Gebiete noch so fern, mit ihm behandeln, du wirst ihn immer wieder auf seiner Beschränktheit und Befangenheit ertappen. Irgend ein Glaubenssatz seiner Kirche, irgend ein altes Herkommen, irgend ein Aberglaube und Stück von beschränktem sogenanntem Köhlerglauben, irgend ein Bibelspruch hält ihn gefangen und läßt ihn über einen gewissen Kreis nicht hinauskommen. Er mag sich sogar selbst frei dünken und behaupten, er sei frei von Glaubensschrullen: er ist es doch nicht; in irgend einem Theile seines geistigen Wesens ist er gebunden, und die unsichtbare und fast unfühlbare Kette des Autoritätsglaubens hängt ihm noch an. Er springt unwillkürlich aus der Welt der Wirklichkeit, aus den Kreisen der Natur und Vernunft in das der blauen Nebel, Phantasmagorieen, der Unnatur und Unvernunft; denn — und dies ist ja gerade die Basis seines Glaubens — „bei Gott ist kein Ding unmöglich." Der einzige Spruch enthält den ganzen Autoritätsglauben mit Wundern und übernatürlichem Theaterhimmel, Coulissen und Maschinerieen. Weil Vieles dem menschlichen Auge und Geiste noch verschlossen und er in alle Tiefen der Natur und des Seins noch nicht gedrungen ist, so kann ja auch dieses und jenes Unbegreifliche und Wunderbare, das Kirchen und Secten als Glaubensnorm annehmen, dem menschlichen Geiste unerforschlich sein; es wird für ihn im Dieffeits immer ein Geheimniß bleiben, und im Jenseits erst seine Lösung finden: denn ein Jenseits giebt es, das steht wieder als Glaubenssatz fest und bedarf nicht erst eines vernünftigen und wissenschaftlichen Beweises. Eine diesseitige Bestimmung des Menschen kann ja gerade durch die Beeinflussung solcher Dogmen und Autoritätsprincipien nicht begriffen und verstanden werden, und das menschliche Gemüth, das ein so kleinliches, verzagtes und selbstsüchtiges Ding ist, läßt sich die Aussicht in die nebelgraue Ferne und in die allgemeine Verschwommenheit nicht so leicht nehmen, wenigstens nicht das vom Kirchen- und Sectenglauben beeinflußte. Es genügt ihm nicht, dieses Leben verständig sich zurecht zu machen, es richtig aufzufassen, sich in die Verhältnisse als Individuum zu fügen, seinen Beruf zu erfüllen, seinem Ideale nachzustreben, seine Fehler und Mängel einzusehen und mehr und mehr mit denselben aufzuräumen, in einer guten und dem Allgemeinen nützlichen Beschäftigung seine Zeit und seine Kräfte abzuarbeiten, seinen Lebensantheil mit Vernunft zu genießen, seinen Geist zu bereichern und sein Gemüth zu veredeln, in der Kunst und Wissenschaft den Triumph des Geistes über die Materie zu feiern oder feiern zu sehen, seinen Theil als Individuum zum Ganzen und Universellen beizutragen, seine Befriedigung und sein Glück im Glück des Ganzen und Allgemeinen zu suchen und zu finden, und so der Idee der allgemeinen Verbrüderung der Menschheit Rechnung zu tragen und seinen Theil auch zur allmäligen Verwirklichung desselben beizusteuern.

VIII.

Unlängst sagte mir ein Bekannter, der sich auch als Prediger oder Priester an eine Gemeinde mit positivem religiösem Glaubensbekenntniß verdingt hatte: „Ich würde längst meine Stellung als Prediger aufgegeben haben, wenn ich etwas Anderes wüßte, was mir meine Existenz sicherte." Ich sagte ihm geradezu, daß dies mir bloß wie eine faule Ausrede vorkomme, und daß es ihm mit seinem Vorhaben keineswegs Ernst sein müsse, denn er könnte leicht irgendwo eine Lehrerstelle antreten. Nun, sagte er, ich muß gestehen, ich habe keine Lust, den Bauern den Schulmeister zu machen, wenn ich ihr Prediger gerade so gut sein kann. Ihr habt wohl gut reden, ihr radicalen, außerhalb der Gemeinde stehenden Leute. Wenn ich den sogenannten Schulmeister der Gemeinde machen muß, so stellt mich das Volk nicht bloß um eine, sondern gleich um zehn Stufen tiefer, als wenn ich ihr Prediger bin. Dann bin ich ihr Dutzbruder; dann heißt es: komm her, Schulmeister, trink auch eins mit; du wirst's brauchen können. Und wenn ich zur Essenszeit zu einem der Leute komme, so sagt er seinem Weibe leise: Stell dem hungrigen Schulmeister auch einen Teller hin. Kurz, sie behandeln mich Alle ebenso kameradschaftlich, wie sie mich als armen Schlucker ansehen, der ohnedies seine Noth mit ihren bösen „Rangen" und „Mädels" habe, und dessen Loos hinter dem des „Sauhirten" noch weit zurückstehe. — Ueberdies darf ich ja doch nicht frei lehren, sondern habe den Pastor als Inspector oder Superintendenten über mir. Was ist dann für mich und für die Sache des Fortschritts gewonnen? — Ich antwortete: „Allerdings ist so nichts gewonnen, doch dürfen Sie eben nicht Lehrer einer christlichen Gemeinde- und Sectenschule werden. Werden Sie Lehrer an einer unabhängigen und freien Schulgemeinde, und deren giebt es jetzt schon sehr viele hier zu Lande; oder gehen Sie an eine englische Freischule, oder gründen sie eine Schule für sich. Was Sie über die Stellung des Lehrers an einer Gemeindeschule sagen, ist ganz richtig. Er hat eine erbärmliche Stellung, hat sie aber durch euch sogenannte geistliche Herren so im Lauf der Zeiten erhalten, besonders im alten Vaterlande. Ihr ließet ihn nie aufkommen, wart seine Superintendenten und oft seine Chikaniren, Tyrannen und Quäler, besonders wenn ihr merktet, daß der Schulmeister ein fähiger Kopf und ein tüchtiger Charakter war. Die blasse Furcht, er möchte euch über den Kopf wachsen, und der geistliche Hochmuth, der sich in euch Allen regt, mit dem ihr euch nicht als vielseitig gebildetere Männer, sondern als „Geistliche" über den „Schulmeister" stellet, dessen allerdings nicht beneidenswerthes Loos es ist, jedes Jahr wieder von Neuem mit seinen neuen Schülern das A B C zu beginnen und sich mit all den Ungezogenheiten, Rohheiten und Dummheiten der Dorfjugend herumzuschlagen, — der Dünkel, daß der Schulmeister nur ein „Seminarist", ihr aber ein flotter Studio, der den Hegel las, waret: — alles dies hielt den Schulmeister unten und sollte ihn unten halten, und diese Ansicht bringt unser Volk auch mit herüber in das Land der bürgerlichen Freiheit und Gleichheit, wo sie zwar des Bösen, das heißt, des drückenden monarchischen Systems und alles dessen, was damit zusammenhängt, los sind, wo aber leider das Böse, der Unsinn, die Dummheit, das Vorurtheil, der Aberglauben, der Autoritätsglauben und die innere, geistige Unfreiheit doch geblieben sind. Denn nur die volle, offene, ungeschminkte Wahrheit, die auf Kunst und Wissenschaft sich basirt, und in der die freie und unabhängige Schule ihre Wurzeln schlagen muß, wird das Volk von den untersten Schichten bis nach oben herauf, wo so viel Humbug und Firniß die bestechende Außenseite bildet, wahrhaft frei machen.

XI.

Aber nicht blos frei, geistig frei wird die von jedem Seiteneinflusse freie Schule das Volk machen, sondern es auch auf eine höhere sittliche Stufe erheben, als die ist, auf der es jetzt im Durchschnitte steht. Wenn die Grundlage der sittlich-religiösen Volksbildung, wie sie die freie und unabhängige Schule geben soll, Moral und eine tiefere und umfassendere Weltanschauung, die von selbst auf einem religiösen Hintergrunde ruht (denn wir werden immer beim Unbegreiflichen und Unerforschlichen Halt machen müssen, wenn diese Haltpunkte auch selbst noch für den Einen oder Andern weit auseinander liegen sollten) bildete, so wird die sittlich religiöse Anschauung des Volkes schon deshalb eine bessere und vollkommnere, weil sie auf reinern Motiven oder Beweggründen ruht, als die kirchlich und sectionell religiöse. Warum erfüllt der sectionelle Christ die Gebote, die ihm seine Kirche als göttliche vorschreibt? Der letzte Grund ist immer: jenseitige Belohnung oder Bestrafung. Der Stifter der christlichen Religion, wie ihn die Evangelisten uns schildern und beschreiben, geht durchweg von der dualistischen Ansicht von Gott und Satan, von Diesseits und Jenseits aus, so sehr wieder andere Aussprüche und Aeußerungen von ihm mit diesen Ansichten im Widerspruch zu stehen scheinen. Dies aber ist eben die Achillesferse des Christenthums; dies gerade sein sterbliches, irdisches Erbtheil, durch das es noch mit der Anschauungs- und Bildungsweise seiner Zeit und der geschichtlichen Verhältnisse zusammenhängt und denselben Rechnung tragen mußte; dies gerade ist das Vergängliche an demselben neben dem Unvergänglichen und Bleibenden, das es in mancher Beziehung enthält, vor allem aber darin, daß es den Geist über die Materie, das wirklich Geistige über das schlechtweg Sinnliche stellt. Die Moral, die in der freien und unabhängigen Schule gelehrt wird, stützt sich auf den Grundgedanken, daß das Gute um des Guten willen gethan werden müsse; daß gut sein und gut denken und handeln zum Wesen und zur Bestimmung des Menschen gehöre; daß das Glück und Wohlsein des einzelnen Menschen, wie der Menschheit, auf das Gute, die Tugend, nicht auf das Böse und das Laster sich gründe; daß der Mensch nur wahrhaft geistig gesund sein kann wenn er gut ist und wenn er thut was ihm Vernunft, Gewissen und gute Lehren sagen, daß er dagegen sich im Zustande geistiger Krankheit und Abnormität befindet wenn er bös, lasterhaft und verbrecherisch handelt. Das Gute muß ihm überall und durch alle möglichen Beispiele in Geschichte und Natur als das Wahre und Schöne, das Böse als das Häßliche und Verwerfliche vor Augen geführt werden. Naturgeschichte und allgemeine Geschichte müssen in diesem Sinne auch in dem Unterricht behandelt werden; zugleich aber muß das Gefühl der Unabhängigkeit und Unzulänglichkeit des Einzelnen und Individuellen dem Allgemeinen und Universellen gegenüber dem jugendlichen Gemüthe eingeprägt werden, was seine Willenskraft und Strebsamkeit nicht hemmen, wohl aber es vor Hochmuth, Uebermuth und Selbstsucht bewahren und schützen soll. Der Zweck des menschlichen Daseins muß als solcher hingestellt werden, der in der Thätigkeit, Kraftübung, Entwickelung aller Fähigkeiten, Genuß an den Gütern der Erde, aber auch im richtigen Maßhalten und in der Ertragung dessen, was dem Einen oder Andern ohne oder mit eigenem Zuthun zu Theil wird, besteht, wobei immer das Geistige über das blos Materielle und Körperliche gestellt und demselben der Vorzug zugesprochen werden muß; denn der Geist, nicht der Leib ist die höchste Potenz des menschlichen Daseins; der Körper ist ein nothwendiges Mittel zum Zweck, das Instrument, auf dem die herrlichsten Melodieen hervorgezaubert werden können, aber nicht die Melodie und die Composition selbst, die den Hörer entzückt. Das Böse und Schlechte muß als ebenso verderblich dem kindlichen Gemüthe dargestellt werden, wie das Gift für den Körper, oder ein Abgrund, der Den vernichtet, welcher in denselben stürzt, oder eine Naturgewalt, die Dem Verderben droht, der sich derselben aussetzt, oder ein Stoff, der Den verletzt und zerstört, der denselben sich aneignet. Wenn Moral und Religion in dieser und ähnlicher Weise gelehrt werden, so wird nicht nur der Einzelne und die Gesammtheit dadurch nicht schlechter und sinkt in Verwilderung und Barbarei, wie die Zionswächter und Baalspfaffen predigen und schreien, sondern sie wird vielmehr über die eigennützige und selbstsüchtige Belohnungs- und Bestrafungstheorie im Jenseits hinausgehoben, wird, da sie edlern und bessern Motiven, als diese sind, entspringt, in ihren Folgen und Früchten bei weitem das Bisherige übertreffen, und auch in dieser Beziehung den Einzelnen ebenso wie die Gesellschaft auf eine höhere Entwicklungsstufe, nicht blos des geistigen, sondern auch des gemüthlichen Lebens zu bringen im Stande sein.

X.

Es könnte scheinen, als wollten wir in der freien und von allen sectionellen Einflüssen unabhängigen Schule der körperlichen Ausbildung neben der geistigen und gemüthlichen keine Aufmerksamkeit und Beachtung geschenkt wissen, da wir noch nichts davon erwähnten. Im Gegentheil aber glauben wir, daß gerade die Schule wie wir sie haben wollen, der körperlichen Ausbildung und den körperlichen Uebungen den Platz anweis't, der ihnen gebührt. Die einseitig-spirituelle Richtung des Christenthums, wonach der ächte Christ sich sehnen muß, aus diesen leiblichen Verhältnissen, aus diesem Jammerthale, aus dieser Art Gefängniß oder wenigstens Vorschule, aus diesem Vorbereitungsplatz für ein höheres jenseitiges Leben und Dasein zu kommen, um bei Christo zu sein, — war von jeher der körperlichen Entwicklung entgegen, wenigstens in der Theorie, wenn die Praxis und das Leben auch wenig danach fragten. Wir sehen den Körper nach unsern Principien und unserer Weltanschauung für etwas ganz Anderes an. Er ist uns der Träger des Geistes, die unbedingte Ursache und das unentbehrlichste Werkzeug geistiger Strebsamkeit, Bildung und harmonischen Wohlbefindens, und ein gesunder Geist ist uns nur die nothwendige Consequenz eines gesunden Leibes. Die Beachtung der Naturgesetze, worauf sich die Gesundheitslehre stützt, und die Ausbildung aller körperlichen Kräfte und Fähigkeiten gehen daher bei uns Hand in Hand mit der geistig gesunden und regulären Entwicklung, und wir wollen weder den Geist auf Kosten des Leibes, noch den Leib auf Kosten des Geistes ausgebildet und entwickelt sehen. Wie die alten Griechen die Gymnastik des Körpers pflegten, so wollen wir sie ebenfalls gepflegt sehen, und unsere Turnübungen sind uns daher, so weit sie dieses Ziel im Auge haben und nicht in bloße Kunststückübungen und nutzlose Spielereien übergehen, so nothwendig und heilsam für unsere Jugend, wie es die freie und frische Luft für das Wohlsein Aller ist. Mit jeder freien und unabhängigen Schule sollte daher nothwendig ein Turnplatz und Turnübung unter der Leitung eines sachkundigen Turnlehrers verbunden sein, und unsere Turnvereine schlagen, nach den jüngsten Beschlüssen des amerikanischen Turnerbundes, diesen Weg, wenn auch in umgekehrter Ordnung, ein, indem sie mit ihren bisherigen blos körperlichen Uebungsplätzen auch geistige, nämlich freie Schulen, in Verbindung zu bringen suchen, sowie von dieser Seite gerade auch der oben gerügte Mißstand bezüglich der puritanisch und überhaupt kirchlich infizirten Schulbücher durch Herausgabe solcher Bücher, die von diesen Auswüchsen gereinigt sind, beseitigt werden soll, — ein Unternehmen, dem wir unsere volle Anerkennung zollen und das wir schon früher bei verschiedenen Gelegenheiten in Vorschlag brachten. Eine unter solchen Principien heranreifende Jugend muß einen höheren Standpunkt in geistiger und materieller Beziehung nach allen Lebensrichtungen hin einnehmen, muß Unwissenheit, Aber- und Wahnglauben, Rohheit, geistige und leibliche Unbeholfenheit und Trägheit, geistige und leibliche That- und Energielosigkeit verdrängen, und die Zöglinge des Kirchen- und Sectenthums in allen Branchen und Beziehungen weit hinter sich lassen. Bricht sich die freie, unabhängige Schule überall Bahn, nicht blos in unsern Städten, sondern auch auf dem Lande und in allen Schichten der Bevölkerung, so werden die Träger der geistigen Bevormundung, Niederhaltung und Verjumpfung immer weiter und weiter nach dem Urwalde, wie der Indianer vor der Cultur und Civilisation des weißen Mannes, zurückgedrängt werden, und der Fortschritt wird sicher und unaufhaltsam seinen Eroberungszug antreten, und zwar nicht blos scheinbar, auf der Oberfläche, in politische Phrasen und politische Schlagwörter gehüllt, wo er so leicht wieder Reactionen ausgesetzt und unterworfen ist, sondern in der That und Wahrheit, weil er von der Wurzel, von innen heraus kommt. In jedem Orte, in jedem Dörfchen, wo jetzt ein geistlicher Vormund und Lichtverdränger oder Lichtdämpfer sitzt, wird dann ein intelligenter, strebsamer, geistig und sittlich tüchtiger Lehrer seinen Sitz aufschlagen, die Keime der Kultur und Bildung ausstreuend, pflegend und hegend, und so seinen Einfluß auch unter den ältern Gemeindegliedern geltend machend, indem er diesen selbst anregend, aufklärend, belehrend und berathend zur Seite steht. Die freie, von jedem kirchlichen und sectionellen Einfluß unabhängige Schule allein vermag das Volk von unten herauf und von innen heraus wahrhaft geistig frei, und jede Reaction und jeden Rückfall unmöglich zu machen. Alle sonstigen Anpreisungen unserer vortrefflichen Schulen und Lehranstalten und der segenreichen Wirksamkeit derselben schrumpfen der von allen sectionellen Einflüssen freien und unabhängigen Schule gegenüber, wie wir das Wesen und die Bedeutung derselben in Vorstehendem darzuthun suchten, zur puren Phrase zusammen. —

Enoch Arden.
Von Tennyson.
Im Versmaß des englischen Originals übersetzt von
Marie Westland.

I.

Die lange Klippenzeile barst und brach —
Und in dem Bruch sind Schaum und gelber Sand,
Jenseitig rothe Dächer, dicht gedrängt
Auf schmaler Abed', ein Kirchlein alt, und dann
Zur hochgeleg'nen Mühle klimmt der Weg.
Und hinter ihr liegt himmelhoch ein Plan,
Rings mit durchbroch'nem Zaun; ein Haselwald,
Gesucht im Herbst von Nüsse-Sammlern, grünt
Gedeihlich in der Hohlschlucht jenes Plans.

Vor hundert Jahren spielten hier am Strand
Drei Kinder aus drei Häusern: Anna Lee,
Des Hafenstädtchens lieblichste Gestalt,
Und Philipp Ray, des Müllers einz'ger Sohn,
Und Enoch Arden, rauh Matrosenblut,
Verwais't durch winterlichen Schiffbruch; sie
Ergötzten zwischen Ufer-Schwimmholz sich
Mit hartem Takelwerk, mit Netzen, auch
Mit rost'gen Ankern und manch altem Boot;
Sie bauten Schlösser sich aus flücht'gem Sand,
Sie weggespült zu seh'n, und folgend gern
Der weißen Brandung hin und wieder, ward
Der Füßchen Spur alltäglich frisch verweht. —
In einer Höhlung unter'm Riff
Ward von den Kindern „Haushalt" oft gespielt;
Enoch war Herr zuerst, Philipp zunächst,
Doch immer Annie Herrin; manchmal wohl
Hielt Enoch eine Woche den Besitz:
„Dies ist mein Haus, dies meine kleine Frau!"
„„Auch mein! sprach Philipp, mache was du willst!""
Wenn dann im Streiten Enoch herrischer
Den Meister spielt', schwamm Philipp's blaues Aug'
Wohl oft in Thränen unterdrückten Zorns...
Er schrie: „„Ich hass' dich, Enoch!"" und darauf
Weint' wohl die kleine Frau aus Sympathie,
Und bat sie, nicht zu zürnen ihrethalb,
Und sagt': „Sie wolle Beider Frauchen sein......
Doch als entwich der Kindheit Morgenroth,
Und ihrer Lebensonne höh're Gluth
Von Beiden ward gefühlt, hing Beider Herz
Sich an die Maid, und Enoch sprach es aus.
Doch Philipp liebte schweigend, und die Maid
Schien freundlicher zu Philipp als zu ihm;
Doch liebt' sie Enoch, wußte sie's auch nicht,
Und leugnet's wenn man fragte. Enoch hielt
Den einen Vorsatz fest in seinem Geist:
Das klein Erworb'ne sorglich einzuthun,
Ein Boot zu kaufen, eine Heimstatt auch
Für seine Ann; und so gedieh es ihm,
Daß endlich Keiner an der Küste, rings
Auf Meilen weit, den Schiffer übertraf.
Nicht Einen gab's, so muthig, so geschickt,
Wie Enoch, der ein volles Jahr gedient

Auf einem Kauffahr-Schiff, und dadurch ganz
Des Handwerks Meister wurde; dreimal auch
Rafft' er ein Leben aus der Tiefe auf,
Und Alle sah'n ihn an mit günst'gem Blick.
Und eh' er einundzwanzig Lenze zählt,
Kauft er sein eigen Boot und macht ein Nest
Für Annie, nett und warm, halbwegs hinauf
Die enge Gasse, die zur Mühle führt. —
Dann einst, bei gold'ner Abendzeit im Herbst,
Macht einen Feiertag das junge Volk,
Und geht mit Sack und Körben groß und klein
Nach Nüssen in den Busch. Nur Philipp blieb
(Da just sein Vater krank und sein bedarf)
Um eine Stunde aus; als er den Berg erklomm
— Da wo des Waldes Eck' sich tiefer senkt,
Die nied're Schlucht bestreifend — sah er sie,
Enoch und Annie, sitzend Hand in Hand,
Sein graues Aug', sein wetterbraun Gesicht
Erleuchtet durch ein heil'ges Feuer, das
Still brennt wie auf dem Altar. Philipp schaut',
Und las sein Schicksal in des Paares Blick;
Dann, da sie sich zusammenneigten, stöhnt
Und schleicht bei Seite Philipp; gleich dem Wild,
Das blutet, schleppt er sich in's Dickicht hin.
Dort, als die Andern sich belust'gen laut,
Hat er sein trübes Stündlein — dann verläßt
Er rasch den Ort, fortan an Lieb' verzweifelnd. —
So freiten sie bei frohem Glockenklang,
Und froh entschwanden Jahre — sieben Jahr',
Ja, sieben Jahr in Wohlsein und Gedeih'n,
Gleichmäß'ger Lieb' und ehrenhaftem Fleiß.
Auch Kindersegen kam — ein Mägdlein erst,
Und mit des Kindes Schrei wuchs Enoch's Wunsch,
Streng hauszuhalten mit erspartem Gut,
Und seine Kinder klüger zu erzieh'n
Als es den Eltern wurde; dann erneut
Derselbe Wunsch mit einem Knäblein sich.
Einsamer Stunden rosiges Idol
Ward er, wenn Enoch auf dem wilden Meer,
Oft auch landeinwärts, reis'te... Denn gewiß,
Sein weißes Pferd und mitgebrachtes Gut:
Seeduft'ge Weidenruthen, sein Gesicht,
Rauh-roth von manchem winterlichen Sturm,

War nicht nur auf dem Markte wohlbekannt,
Auch in den laub'gen Lehnen ob dem Plan,
Weit bis zum jungen Löwen am Portal
Und Pfauschweif-Eibenbaum des Herrenhofs,
Deß' Freitags-Kost Enoch's Besorgung war. —
Dann kam ein Wechsel, wie auf Erden stets.
Zehn Meilen nördlich von dem engen Port
That sich ein größ'rer auf, und dorthin ging
Enoch manchmal zu Land' und auch zur See;
Und einst geschah's, als dort auf einen Mast
Er klomm, daß er hinunterglitt und fiel...
Ihm war ein Glied gebrochen, als man ihn
Vom Platz trug — und indeß man dort ihn pflegt',
Gebar sein Weib ein Söhnlein klein und schwach,
Und eine fremde Hand nahm sein Gewerb'
Und somit auch ihr Boot; und ihn befiel —
Wiewohl er treu und gottesfürchtig war —
Doch in den müß'gen Stunden dunkle Angst.
Ihm schien, er säh' — gleich einem Alp der Nacht —
Die eig'nen Kinder in der Armuth Joch
Ein Leben führen, nur von Hand zu Mund,
Sie, die er liebte, eine Bettlerin!....
„Was auch aus mir werd', Herr, beschütze sie!"
So betet' er — und sieh, bald kam der Herr,
Auf dessen Schiff er einst gedient, der hat
Gehört von Enoch's Fall — er schätzt ihn hoch;
Jetzt sprach er ihm vom Schiff, nach China ging's,
Und braucht' noch eine Hand — wollt' Er nicht geh'n?
Nicht gleich, in Wochen erst, stech' es in See
Von diesem Port. Möcht' Enoch nicht den Platz?...
Und rasch entschlossen, willigt Enoch ein,
Erfreut durch die Erfüllung des Gebets. —
Und jener Schatten eines Unfalls schien
Nicht größer jetzt, als wenn ein Wölkchen klein
Der Sonne Feuerbahn durchschneiden will,
Ein flüchtig Inselchen im Meer des Lichts.
Die Kinder... Wer versorgt sie, ging er fort?
Dann über seine Pläne sann er lang'....
Das Boot verkaufen —? doch er liebt' es sehr
— Wie manchem bösen Sturm hat es getrotzt!
Er kennt es wie der Reitersmann sein Roß —
Und doch verkauft er's wohl, mit dem Ertrag
Vorräth'ges Gut zu kaufen; Annie könnt'

Mit Hausbedarf das Schiffervolk verseh'n —
So ging' die Wirthschaft fort, auch ohne ihn.
Sollt' er nicht selbst da unten handeln? Ja,
Noch mehr als einmal reisen, manches Mal,
So oft wie nöthig; denn als reicher Mann
Zurückgekehrt mit größ'rem Fahrzeug einst,
Noch mehr gewinnen, voller leben, und
Die hübschen Kinder unterrichtet seh'n —
Dann — friedlich enden seinen Lebenslauf...
So hatt' es Enoch fest bei sich bestimmt. —
Als er nun heimging, fand er Annie — blaß —
Mit ihrem schwachen Kind, dem zweiten Sohn;
Mit lautem Freudenschrei begrüßt sie ihn
Und legt das kleine Kind in seinen Arm.
Und Enoch nahm's, besah es überall,
Lobt sein Gewicht und liebkos't väterlich..
Doch von dem großen Vorsatz sprach er Nichts
Zu Annie, — erst am Morgen faßt' er Muth.
Zum ersten Mal, seit Enoch's gold'ner Ring
Den Finger Ann's umschloß, wagt Widerspruch
Das junge Weib, nicht lärmend oder bös,
Nein, nur mit Bitten und mit Thränen lind.
Mit manchem heißen Kuß bei Tag und Nacht
(Gewiß, daß Uebles daraus kommen müßt'),
Fleht sie ihn an, daß wenn er sorg' um sie
Und um die theuern Kinder, er nicht geh'.
Doch er, der sich bewußt, daß selbstisch nicht
Er an den Seinen handelt', ließ umsonst
Sie bitten, trug es standhaft und hielt aus. —
Und Enoch trennte sich vom treuen Boot,
Kauft' Annie Waaren-Vorrath an, und dann
Verwandelt' er das kleine Stübchen vorn
Zum Laden für den Kram, mit Bord und Fach.
So machte Enoch bis zum letzten Tag
Das hübsche Häuschen zittern von dem Schlag
Des Beils und Hammers, Säg' und Bohrers Lärm;
Ann fürchtet' sich als wär's ihr Blutgerüst,
So schrill erklang's; — und als es war gethan
— Der Raum war klein — (er mit geschickter Hand
Fügt' Alles fast so eng, wie die Natur
So Blüth' als Saamen packt) — dann hielt er an.
Müd, ob er gern auch immer mehr geschafft —
Stieg er hinauf und schlief bis an den Tag.

Und Enoch sah dem Abschiedsmorgen kühn
Und frisch entgegen — Annie's Zweifel all',
Von Annie abgetrennt, verlacht' er sie.
Doch Enoch, als ein gottesfürcht'ger Mann,
Versenkt sich in das Wunder des Gemüths,
Wo Gott und Mensch in Eins zusammenschmilzt.
Um Segen betet er, nur für sein Weib
Und seine Kinder, was auch ihn befall'.
Dann sagt er: „Ann, durch Gottes Gnade wird
Uns diese Reise sonn'ge Tage bringen!
Wahr' Du daheim das Feuer und den Herd,
Denn ich werd' bei Euch sein eh' Ihr es denkt....
Dann stieß er leicht des Säuglings Wiege an.
„Und er, der kleine liebe Schwächliche,
— Ja, der mir deshalb um so lieber ist —
Ihn segne Gott, ich schaukl' ihn auf den Knien,
Erzähl' ich, heimgekehrt, von fernem Land,
Und mach' ihn fröhlich mit der selt'nen Mähr.
Komm' Ann, sei munter, komm' — bevor ich geh'!"
Da sie ihn also hoffend reden hört,
Hofft sie fast selbst; doch als er wieder dann
Den Lauf der Red' auf ernst're Dinge lenkt,
Nach Seemanns-Art in rauhem Predigt-Ton
Von Gottvertrau'n und von Bestimmung spricht,
Hört sie, und hört auch nicht, dem Mägdlein gleich,
Das seinen Krug am Brunnen hingesetzt
— Nur Dessen denkend, der ihn sonst gefüllt —
Hinhört und n i c h t hört, bis er überfließt....
Doch endlich sprach sie: „Enoch, Du bist klug,
Und doch — trotz Deiner Klugheit weiß ich's wohl:
Nie werd' ich wiederseh'n Dein lieb Gesicht."
„Wohl denn, sagt Enoch, nun — so seh' ich Deins!
Ann, Unser Schiff geht hier bei Euch vorbei
(Er nennt den Tag) — hol' Dir ein Seemanns-Glas,
Und späh' mich aus und lach' ob Deiner Furcht!" ....
Doch als der allerletzte Augenblick
Gekommen — „Annie, sprach er, sei getrost!
Sieh' nach den Kleinen, bis ich wiederkehr',
Schiff's-Ordnung halte D u , denn ich muß geh'n!
Sorg' nur nicht mehr um mich, und wenn Du's thust,
Wirf Deine Furcht auf Gott — d e r Anker hält!
Ist er nicht dort im fernen Osten auch?
Und zög' ich mit der Morgenröthe Flug,

Könnt' ich von ihm wohl geh'n? Das Meer ist **sein**,
Ja **sein**, Er hat's gemacht!".... Enoch stand auf,
Umschlang mit kräft'gem Arm sein wankend Weib
Und küßt' die süßen Kinder, die erstaunt
Umblickten; nur das kranke Kind, das schlief
Nachdem's in Fiebergluth die Nacht durchwacht —
Weckt Enoch nicht.... „Wie soll' es dessen auch
— So sagt er — sich entsinnen?" leise küßt'
Er's nur im Bettchen.... aber Annie schnitt
Ein Löcklein von des Kindes Stirn, und gab's
Dem Vater, der es sorglich wahrt; dann greift
Er rasch nach seinem Bündel, winkt — und geht. —
Und als der Tag, den Enoch nannte, kam,
Borgt sie ein Glas — Doch ach, umsonst! vielleicht
Paßt sie's den Augen nicht recht schicklich an,
Vielleicht war trüb' und zitternd ihre Hand —
Sie sah ihn nicht!.... Indeß er ihr vom Deck
Vergeblich winkte, schwand so Zeit als Schiff.
Und bis des Segels letzte Spur entwich,
Blickt' sie ihm nach — und weinte dann um ihn. —
Erscheint ihr auch die Trennung wie sein Grab,
Doch soll ihr Thun nach seinem Willen sein.
Allein das Glück war nicht mit ihr — der Kram
Ihr ungewöhnt, und weder Lug noch List
Verstand sie aufzubieten nach Begehr;
Doch immer fragend: was würd' Enoch thun?
Schlug sie die Waaren los an manchem Tag,
Bedrängt von Schwierigkeiten, für ein Geld,
Geringer als der Preis den sie gezahlt.
Da ihr Geschäft mißlang, betrübt sie sich,
Und harrend auf den Brief, der nimmer kam,
Gewann sie kärglich nur ihr täglich Brod,
Und lebt' ein Leben, trüber Ahnung voll.
Das schwache Kind, das dritte, ward indeß
Nur schwächlicher; wie sehr sie auch gesorgt
Mit mütterlicher Liebe, doch geschah's....
— War's deshalb, daß sie oft mußt' von ihm geh'n,
Vielleicht, daß es entbehrte was es braucht' —
Daß Ann die Stimme nicht erkaufen konnt',
Die ihr gesagt hätt', was dem Kleinen fehlt —
Wie es auch war — nach kurzem Siechthum flog,
— Gleich dem gefang'nen Vogel, der entschlüpft —
Die kleine unschuldsvolle Seele fort. —

David Livingstone im südlichen Afrika.
Von Victor Ernst.

II.

Am 1sten Juni 1852 trat der Doctor Livingstone vom Cap der guten Hoffnung aus eine neue Entdeckungsreise an. Indem er die Colonie durchstreifte, schöpfte er aus den Namen verschiedener Bezirke und Localitäten die Ueberzeugung, daß sie einst die reichste Fauna umfaßte, welche durch das Feuergewehr theils zerstört, theils gen Norden getrieben wurde. Diese Emigrationen finden stets in einer regelmäßigen Reihenfolge statt. Die intelligentesten Thiere, und zwar an ihrer Spitze der Elephant, entfernen sich zuerst, und die stupidsten oder faulsten, wie das Gnu und der Strauß, bilden die Nachhut. Unser Reisender, selbst ein passionirter Waidmann, läßt der Kühnheit und Geschicklichkeit der englischen Jäger volle Gerechtigkeit widerfahren, beklagt aber die entsetzlichen Verheerungen, welche sie unter Thierarten angerichtet haben, die, meistentheils total harmlos, einst die Zierde dieser Gegend bildeten. Es wird getödtet aus purem Muthwillen, nicht um sich ein Nahrungsmittel zu verschaffen, wissenschaftliche Sammlungen zu bereichern oder die öffentliche Sicherheit zu befördern, sondern nur der angenehmen Aufregung wegen und um prahlen zu können. In den meisten Fällen begnügt man sich damit, das Thier niedergeschossen zu haben, und überläßt den ganzen Kadaver der Hyäne oder dem Geier. Selbst das schönste Exemplar bildet nur eine Zielscheibe, auf die man anlegt um die Befriedigung des Treffens zu haben.

Abermals durchreis't Livingstone die Wüste von Kalihari und läßt diesmal Nyanti zur Rechten liegen. Er zieht, als wissenschaftlicher Reisender, die Kreuz und Quer, läßt sich Zeit und benutzt jede Gelegenheit um das Land zu studiren. Wir verdanken ihm neue und interessante Beobachtungen über die verschiedenen Ameisen-Arten, von denen es in diesem Theil des südlichen Afrika wimmelt. Die Ameisen unterziehen sich durch die Hügel, welche sie in der Ebene errichten und von denen viele dreißig Fuß hoch sind, der Bearbeitung und Aufwühlung des Bodens, denn die Erde, welche ihre Nester deckt, ist durch ihren Fleiß über alle Maßen fruchtbar geworden. Livingstone hat es durch seine Beobachtungen jedem Zweifel entrückt, daß die Ameisen sich unter einander auffressen. Nicht um sie als Sklaven zu benutzen, sondern um sie zu verzehren, führt eine gewisse Art grauer Ameisen einen erbitterten Krieg gegen die weißen. Letztere werden übrigens auch von den Negern als Leckerbissen betrachtet, geröstet und mit großem Appetit verzehrt. Aber unser Reisender hat nicht nur den Ameisen seine Aufmerksamkeit gewidmet, sondern auch unter den Löwen verkehrt. Er studirte mit aller Muße ihre Sitten, und die Prüfung fiel nicht sehr zu ihrem Vortheil aus. Der König der Thiere wird durch Livingstone unbarmherzig des Nimbus der Noblesse und Majestät entkleidet, mit dem man ihn so gern umgiebt. Der Löwe fürchtet, wie alle fleischfreſſenden Thiere, den Menſchen; begegnet er ihm, ſo ſteht er einige Sekunden ſtill und blickt den Herrn der Schöpfung ſcheu an; dann macht er ruhig Kehrt, trollt einige Minuten langſam weiter, durch fortwährendes Umſchauen ſich überzeugend, ob er verfolgt wird oder nicht, ſetzt ſich alsdann in Trab und entflieht ſo ſchnell er kann. Man hat ſogar geſehen, daß Löwinnen ihre Jungen zerriſſen, um nicht durch dieſelben in der Flucht aufgehalten zu werden. Nur zu gewiſſen Zeiten des Jahres, wenn das Alter ihn an der Verfolgung ſeines Raubes hindert oder wenn er in die Enge getrieben wird, iſt der Löwe gefährlich. Nie greift er ein Thier von vorn an; ſtets liegt er im Hinterhalt und ſitzt dem Opfer mit einem Sprung auf dem Nacken. Im Punkte der Nobleſſe ſteht er tief unter dem Neufundländer Hunde. Uebrigens hat er mit Letzterem die Naſe und einen großen Theil der Bewegungen gemein. Sein Gebrüll nimmt ſich auch bei weitem nicht ſo fürchterlich romantiſch aus, wie phantaſiereiche Touriſten es uns einreden wollen; vielmehr hat es ſo große Aehnlichkeit mit dem Geſchrei des Strauſzes, daß es eines ſehr geübten Ohres bedarf, um beide Geräuſche von einander zu unterſcheiden.

Die Wüſte von Kalihari hat auch einen bedeutenden Reichthum an Schlangen, in der Größe von fünf bis zu zwanzig Fuß. Glücklicherweiſe ſind die größten harmlos und ſogar eßbar, und werden von den Eingebornen oft bündelweiſe heimgetragen. Unter den kleinen aber befinden ſich ſehr giftige. Eine unter ihnen, die Pikakuli, welche man überall findet, iſt ſo reichlich mit Gift verſehen, daß, wenn ſie von einer Anzahl von Hunden angegriffen wird, der zuerſt gebiſſene ſofort, der zweite nach fünf Minuten, der dritte nach einer Stunde, der vierte nach wenigen Stunden ſtirbt.

Nachdem er drei Monate auf die Durchforſchung des Diſtriktes von Kalihari verwendet, kam Livingſtone an das Ufer des Sanskhurch, eines Nebenfluſſes vom Chobee. Er war hier nicht weit von Lynianti entfernt, kannte aber den Weg dorthin nicht und vermochte ringsum nirgends eine Spur von Menſchen zu entdecken. Unter den Erinnerungen aus den Streifereien an den Ufern jenes Wüſtenſtromes ſtoßen wir auf die Schilderung einer Nacht, welche Livingſtone in einer verlaſſenen Hütte zubrachte, als er ſich ſeit mehreren Tagen von ſeinen Gefährten getrennt und nur einen Neger mit ſich genommen hatte. Die ganze impoſante Größe dieſer menſchenleeren Einöden tritt uns mit geheimnißvollem Zauber daraus entgegen. Gegen Abend kommen er und ſein Neger, auf einem ſchwachen Kahn den Fluß hinabfahrend, an den Fuß eines koloſſalen Ameiſenhügels, auf deſſen Gipfel eine Hütte ſteht. Sie finden dieſelbe verlaſſen, und ihr erſter Gedanke iſt, ſie niederzureißen, um aus den Holztrümmern Feuer zu machen; aber Myriaden von Mücken ſetzen ihnen mit ihren unerträglichen Stichen dermaßen zu und ein durchdringender Nebel macht ſich auf ſo unangenehme Weiſe fühlbar, daß ihnen ſehr bald eine andere Verwendung viel zweckmäßige ſcheint. Es iſt eine riskante Sache, ſich in die Hütte zu begeben, denn Niemand kann wiſſen, welche Bewohner ſie hat; dennoch aber ſchlüpfen ſie hinein, um wenigſtens die Nacht unter ſchützendem Dach zuzubringen. Ein dumpfes Brüllen, wie aus einer tiefen Höhle kommend, dringt von dem dichten Röhricht des Ufers zu ihnen empor. Ungeheure Wasserschlangen, Fischottern, unbekannte Vögel erfüllen die Luft mit tausend geheimnißvollen Tönen. Zuweilen hören Livingstone und sein Gefährte etwas, was große Aehnlichkeit mit der Menschenstimme hat, begleitet von Klappern, Gluden, und andern sonderbaren Lauten. Einmal scheint es ihnen als nähere sich ein von mehreren Ruderern fortgeschnelltes Boot. Sie erheben sich, lauschen, rufen, feuern Schüsse ab, die aus allen Richtungen wiederhallen. Als endlich diese lange, schlaflose Nacht überstanden war, gingen sie unverletzt aus ihrem verdächtigen Aufenthalt hervor, und Livingstone gewahrte einen Ameisenhaufen von ungeheurer Größe, welchen er bestieg um einen Rückblick zu halten. Er sah, daß der Chobee in der Ferne eine Biegung mache, und rufe dorthin, während er seinem Neger empfahl, sich fest an das Boot geklammert zu halten. Der Rath kam eben zur rechten Zeit, denn fast in demselben Augenblick tauchte dicht neben ihnen ein Hippopotamus empor und schleuderte die armselige Barke weit von sich fort. Sie ruderten abwechselnd von Mittag bis zum Untergang der Sonne, stets von hohem Schilf wie von einer undurchdringlichen Mauer eingeschlossen, und erblickten endlich am Abend ein Malololen-Dorf auf einer Insel des Flusses. Die Eingebornen glaubten anfänglich, Gespenster zu erblicken, erkannten aber bald Livingstone und riefen verwundert: Ist er aus den Wolken gefallen, kam er auf einem Hippopotamus geritten, oder kann er fliegen wie ein Vogel? Sie verschafften ihm am nächsten Morgen ein Gespann und gaben ihm Führer nach Lynianti mit. Seleletu, der Häuptling der Malololen, ein achtzehnjähriger Knabe, zu dessen Gunsten Mamolisane abgedankt hatte, empfing Livingstone mit unzweideutigen Freudenbezeugungen. Als Ehrentrunk reichte er ihm Bier, und ein Herold oder Kämmerling mußte ihn in einer feierlichen Rede willkommen heißen.

Die Mühseligkeiten dieser Reise, welche über ein Jahr gedauert hatte, hielten Livingstone nicht von der Verfolgung seines ursprünglichen Planes ab. Es handelte sich für ihn um nichts Geringeres, als die Mitte des südlichen Afrika, wo er sich befand, mit dem Atlantischen Meere im Westen und dem Indischen Ocean im Osten in Verbindung zu bringen und diese unbekannten Gegenden dem Eifer und der Thatkraft der Pioniere der Civilisation zu öffnen; aber um dies Projekt zu realisiren, bedurfte er der Hülfe Seleletu's, dessen Herrschaft sich über einen großen Theil vom Becken des Zambese erstreckte. Es wurde ihm nicht schwer, diesen Beistand zu erlangen. Der gutherzige und aufgeweckte junge Mann interessirte sich lebhaft für ein Unternehmen, dessen Nützlichkeit für sein Land er sehr wohl erkannte. Die Malololen konnten ihr Elfenbein jetzt nur zu einem sehr niedrigen Preise absetzen, während sie große Opfer bringen mußten, um sich Seilerwaaren und andere europäische Erzeugnisse zu verschaffen. Schon ahnten sie auch, daß diese Opfer bald noch schwerer werden möchten, denn seit kurzer Zeit waren arabische Kaufleute bis zu ihnen gedrungen und hatten den Sklavenhandel unter ihnen einzuführen gesucht, ein Uebel, dem die Malololen dadurch zu entgehen hofften, daß sie direkte Verbindungen mit der Küste anknüpften. Sie billigten aus diesen Gründen das Projekt Livingstones sofort, und auf einer Rathsversammlung, bei welcher Sekeletu den Vorsitz führte, wurde mit allen Stimmen gegen eine, nämlich die des Priesters, beschlossen, daß sieben und zwanzig Malololen den Fremdling bis zum Ziele seiner Reise geleiten sollten. Bald waren die Vorbereitungen getroffen. Livingstone wußte sehr wohl, daß viel Gepäck nur die Reise schwieriger machen und die Habgier der Eingebornen reizen könne. Er nahm deshalb nur einige Pfunde Thee und Zucker, eine Quantität Kaffee, die nöthigen Kleidungsstücke, seine kleine Apotheke, die unentbehrlichsten Bücher und Instrumente mit. Das Pulver wurde aus Vorsicht unter sämmtliche Packete vertheilt. Die einzuschlagende Route wurde ihm von vornherein durch einen zwingenden Umstand vorgezeichnet. Die Nachbarschaft von Lynianti war, mit alleiniger Ausnahme des Thales von Barotse, durch die früher erwähnte Mückenart heimgesucht, und da ein großer Theil der Provisionen durch Ochsen repräsentirt war, mußte um jeden Preis den gefährlichen Insekten aus dem Wege gegangen werden. Das Thal von Barotse erstreckte sich nordwestlich in der Richtung von Saint Poul de Loanda, und mit einer portugiesischen Karte ausgerüstet, machte also unser Reisender diese Stadt zum Zielpunkt seiner Entdeckungsfahrt.

Die ersten Regen, welche die Atmosphäre erfrischten, waren das Signal zum Aufbruch. Livingstone überließ seinen Wagen der Obhut der Malololen und schiffte sich am 11. November 1853 auf dem Chobee ein, welcher seinen Lauf in nordöstlicher Richtung nimmt. Nach vier und zwanzig Stunden hatte er den Zambese erreicht.

Der Zambeie, zu Deutsch „Fluß aller Flüsse", also ungefähr dasselbe wie bei uns der Vater der Ströme, ist am Punkt seines Zusammenflusses mit dem Chobee so breit, daß das Auge nicht von einem Ufer zum andern blicken kann; weiter unten aber wird er schmäler. Je weiter die Reisenden nordwärts kamen, desto üppiger und kräftiger wurde die Vegetation. Das Land war ziemlich bewaldet, und der köstlichste Duft paarte sich mit wohlthuendem Schatten. Büffel, Zebras, Elenthiere und verschiedene Arten von Antilopen weideten friedlich heerdenweise in den schrankenlosen Ebenen. Eine Menge unbekannter Vögel ließ ihren tausendstimmigen Gesang ertönen, und dazwischen klang der schrille, unharmonische Ruf der grünen, gelbgezeichneten Papageien. Livingstone bemerkte Schildkröten, welche sich durch die Reisenden nicht aus ihrer träumerischen Ruhe aufschrecken ließen, und Fischottern, deren Flötenton melodisch durch die Wildniß drang. Eine von diesen griff der Doktor; sie hatte sich so voll gefressen, daß sie sich nicht bewegen konnte. Auch beobachtete er mehrere Arten von Tauchern, unter ihnen den, welcher für den Zahnarzt des Krokodills gilt, indem er die Kauwerkzeuge desselben von den Insekten reinigt, die sich darin festgesetzt haben. Die Einwohnerzahl hätte hier unendlich viel zahlreicher sein können; aber es war doch schon eine ziemliche Anzahl von Dörfern und Städten vorhanden. Die Reisenden durchschifften mehrere Stromschnellen und mußten anhalten bei dem Fall von Gray, welche zu regnerischen Zeiten eine Höhe von sechszig Fuß erreicht. Die Ruderer luden die Boote auf ihre Schultern und ließen sie jenseits des Falles wieder ins Wasser gleiten, während die übrige Karawane langsam mit der Heerde am Ufer des Flusses weiter zog. Am 17ten December kamen sie nach Libonta, der letzten Stadt im Reiche der Malokolen. Bisher hatten Livingstone und seine Begleiter im Ueberfluß gelebt. Die Höflichkeit und Zuvorkommenheit der Eingeborenen ließ nichts zu wünschen übrig; von allen Seiten brachten sie ihm ihren Tribut, und er lernte dabei eine Menge köstlicher Früchte kennen, von denen er nie eine Ahnung gehabt.

Jetzt sah Livingstone sich abermals dem völlig Unbekannten gegenüber. Nichts konnte ihn fortan vor den etwaigen bösen Absichten der Häuptlinge schützen. Er besaß keinen andern Talisman, als seine gewinnende Persönlichkeit und die redliche Absicht, welche in Afrika ebenso wie anderswo stets die beste Politik ist. Der Londa, das eigenthümliche Land, welches er jetzt betrat, bildet eine Zusammenwürfelung verschiedener Stämme, unter der Oberherrschaft eines Häuptlings, welcher den Titel Matiamwo führt. Die Residenz dieses Häuptlings war um etwa zweihundert Meilen nordwärts gelegen. Der Missionair glaubte eines unbestimmten Schutzes wegen keinen so weiten Abstecher machen zu dürfen, und beschloß, seine Reise ohne officielle Erlaubniß fortzusetzen. Er überschritt kühn die Grenze und kam wohlbehalten bis an den Zusammenfluß des Liba mit dem Zambese. Letzterer macht hier eine Biegung nach Osten, und Livingstone mußte ihn deshalb verlassen, um seine Fahrt auf dem Nebenflusse fortzusetzen. Nachdem er eine kurze Strecke stromaufwärts gefahren, wurde ihm durch einen weiblichen Häuptling, Namens Manento, Halt geboten. Der fürstliche Anzug dieser noch jungen, stattlich gebauten Dame war ziemlich eigenthümlicher Art; er beschränkte sich auf eine stark mit Oler gemischte Fett-Einreibung. Sie erklärte ihm, daß wenn er nicht vorher die Erlaubniß ihres Oheims Schinthe einhole, er ohne Zweifel von der Bevölkerung der Flußufer umgebracht werde. Diese Drohung war Livingstone schon so häufig geboten worden, daß er ihr auch jetzt kein großes Gewicht beilegen wollte. Als die Malokolen sich weigerten, ihm zu folgen, wollte er den Weg allein fortsetzen; die große Manento aber legte ihm die Hand auf die Schulter und sagte im Tone mütterlicher Sorgfalt: „Komm, kleiner Mann; sei nicht thöricht und mach' es wie die Andern." Livingstone fügte sich einer so glänzenden Ueberredungskunst, und schlug also mit seinem Gefolge den Weg nach der Residenz Schintha's ein. Dort gab es einen glänzenden Empfang, bei dem nicht weniger als neun Standreden gehalten wurden, und nach einem Aufenthalt von zehn Tagen wurde im strömenden Regen die Reise über Land wieder angetreten. Es war dies eine der schwierigsten Episoden dieser Expedition. Das Land war überschwemmt, und jeden Augenblick wurden die Reisenden durch einen Fluß aufgehalten, den sie oft bis an den Hals im Wasser durchwaten mußten. Seinen Chronometer mußte Livingstone fortwährend in der Achselhöhle halten, um ihn vor Feuchtigkeit zu bewahren. Das Wechselfieber, welches er sich im Becken des Zambese geholt, nahm jetzt vollends von ihm Besitz. Er ritt auf einem Ochsen — eine Beförderungsart, welche ihre großen Unbequemlichkeiten hatte, aber unter obwaltenden Umständen doch jeder andern vorzuziehen war. In den Wäldern wurde er durch die Zweige, um welche der Ochs sich wenig kümmerte, herabgerissen, in Ortschaften durch die Sprünge seines edlen Rosses, welches sich den Verfolgungen der Hunde entziehen wollte, außer Fassung gebracht; denn die Sprünge eines Ochsen sind etwas ganz Anderes und viel Ernsteres als der Gallopp eines Pferdes. Das Oberhaupt der Stadt Catowa, durch welche er kam, hatte einen sehr hohen Begriff von seiner eignen Wichtigkeit. „Ich bin der große Häuptling von Catowa, sagte er in der Empfangs-Audienz, und ebenso viel wie der Matlamwo. Kein Anderer als er läßt sich mit mir vergleichen. Meine Ahnen haben stets über dieses Land geherrscht; dieses Reich war das meines Vaters und wird das meines Sohnes sein. Du kannst ruhig sein; bei deinen Lagerplätzen wirst du keine menschliche Gebeine gefunden haben, denn nie ließ ich Reisende tödten. Alle stellen sich unter meinen Schutz, denn sie wissen, daß nur mein starker Arm sie schirmen kann. Ich bin der große Möna von Catowa, dessen Ruhm bis in deine Heimath gedrungen ist." Trotz seiner Prahlerei war übrigens der Möna ein seelenguter Kerl; er versah die Reisenden mit Lebensmitteln, gab ihnen Führer und that überhaupt für sie was er konnte. Eine kurze Strecke von dieser Stadt entfernt, entdeckte Livingstone einen kleinen See, der von den Eingeborenen Dilolo genannt wurde. An dessen südlichem Ende entspringt der Lotombowa, Hauptnebenfluß des Liba.

Am entgegengesetzten Ende giebt es einen Fluß desselben Namens, und Livingstone schloß daraus, daß beide identisch seien; aber die Eingebornen versicherten ihm, daß sie in entgegengesetzter Richtung flössen. Jetzt erkannte unser Reisender, daß der Dilolo und die ihn umringenden überschwemmten Ebenen die kulminirenden Punkte zwischen den beiden Becken des Zambese und des Congo sind und ein Reservoir bilden, welches seine Gewässer zwischen dem Atlantischen und dem Indischen Ocean theilt. Und in der That, kaum hatte er das Gebiet dieses Sees hinter sich, als er eine hügelige, von der vorigen durchaus verschiedene Landschaft vor sich sah. Die Ströme flossen hier nordwärts und waren von reizenden Thälern umsäumt. Am dritten Tage nach seinem Eintritt in diese Zone wurde er durch einen drei- bis vierhundert Fuß breiten Strom aufgehalten. Die Eingebornen liehen ihm ihre Kähne zum Uebersetzen und gaben ihm die Versicherung, daß er während eines Monats darauf fahren könne ohne das Ende zu sehen. Es war der Casai, der bedeutendste Nebenfluß des Congo. War die Natur hier schöner und heiterer als im obern Becken des Zambese, so ließ sich ein Aehnliches nicht von den Eingebornen behaupten, welche, obgleich derselben Familie angehörend, sich viel weniger gastfreundlich zeigten. Livingstone bemerkte bald, daß er sich jetzt in einer Gegend befinde, auf welche die Gährungen des civilisirten Lebens nur zu oft ihren Abschaum geworfen. Der Sklavenhandel hatte auch hier seine verpestende Wirkung geäußert. Je weiter er nach Westen kam, desto mehr vergrößerten sich die Schwierigkeiten. Lebensmittel wollte man ihm nur noch um den zehnfachen Preis liefern; ja man verlangte von ihm als Aequivalent das, was er unmöglich bewilligen konnte, einen Ochsen, eine Flinte, Pulver, oder gar einen seiner Leute, um denselben zum Sklaven zu machen. Die Jagd bot keine Ausbeute, und überdies wäre er zu schwach gewesen, um sich ihr hingeben zu können, denn das Fieber hatte ihn bereits in einen Zustand allgemeiner, von Schwindel begleiteter Schwäche versetzt. Die sonst so heitern Makolokos hatten alle ihre Munterkeit eingebüßt und sehnten sich bitterlich nach der Heimath. Wie ihr Herr, hatten auch sie der Habgier der Eingebornen Alles opfern müssen, was sie möglicherweise entbehren konnten. Und mit welcher Indignation sprachen sie sich über dieselben aus! Der treffliche Boden blieb völlig unbenutzt. Das Klima gestattet den Bewohnern dieses gesegneten Himmelsstrichs, den Bajchinges, zwei Ernten, und sie könnten ungeheure Massen von Baumwolle, Tabak, Mais ꝛc. ziehen; aber sie mögen nicht arbeiten. Das Land ist stark bevölkert; die Dörfer wimmelten von Kindern, welche mit der Behendigkei der Affen auf die Bäume kletterten, um die Reisenden zu sehen. Diese mußten ihr Lager in Vertheidigungszustand setzen, um sich der Invasion der Weiber zu erwehren, welche, mit großen Pfeifen im Munde, sich einstellten und tausend Indiskretionen begingen. Die Männer brachten Stunden damit zu, die Reisenden anzustarren, und stießen dabei dicke Rauchwolken aus.

Der Briefkasten der Madonna.
Von Julian Werner.

(Fortsetzung.)

Diese Mahnung genügte, um Hammer zur äußersten Eile anzutreiben. Im Nu war er bei dem Pförtchen angekommen, das er behutsam öffnete und wieder schloß. Draußen nahm ihn Torillo in Empfang und zog ihn in das dichteste Buschwerk, unter dessen Schutz sie ihren Weg nach abwärts verfolgten. Während des Hinabsteigens theilte der Alte Eugen das soeben in seiner Casa erlebte Abenteuer mit und erzählte, in welcher Weise es ihm gelungen, den Pater von einer Störung der Zusammenkunft abzuhalten. Eugen war hoch erfreut und dankte dem treuen Verbündeten für sein entschlossenes Verfahren, obwohl es ihm räthselhaft blieb, auf welchem Wege Pater Manuel von seinem Zusammentreffen mit Leontica Kenntniß erhalten und was seine Absicht in Bezug auf dasselbe gewesen sein mochte.

Ohne von einem Auge gesehen zu werden, erreichten die beiden Wanderer den Fuß des Hügels und eilten mit raschen Schritten auf die Hütte zu. Torillo führte seinen Schützling nach einer Lücke in der Einzäunung, durch welche sie in den Hofraum krochen. Das Pferd wieherte noch lustig im Stalle. Torillo band es los und zog es am Zügel durch den schmalen Durchgang, der nach der Straße führte. Hier drückte Hammer dem ehrlichen Alten seine wohlgefüllte Börse in die Hand, schwang sich in den Sattel und ritt dann im Trabe davon, nachdem er vorher noch von Torillo ermahnt worden, die entgegengesetzte Richtung von derjenigen einzuschlagen, aus welcher er gekommen, dann aber auf Umwegen, die ihm aus früherer Zeit hinlänglich bekannt waren, nach der Stadt zurückzukehren.

Torillo blickte dem Reiter nach so lange er es irgend vermochte. Als dieser zuletzt bei einer Senkung des Weges verschwunden und an seiner Sicherheit nicht länger zu zweifeln war, kehrte der Alte leichten Herzens nach der Casa zurück, um nun endlich seinen Gefangenen in Freiheit zu setzen. Das Pferd des Paters gras'te noch immer am benachbarten Rain; auch das Gespann Mateos stand noch vor der Hütte, obwohl von diesem selber nichts zu sehen war. Als sich der Alte dem Eingang zuwendete, erschrak er nicht wenig beim Anblick der gewaltsam erbrochenen Thüren; sein Schrecken sollte sich inzwischen noch steigern, als er, in die Casa eintretend, Pater Manuel auf seinem Lager ausgestreckt entdeckte, und über ihn gebeugt, den dicken Gastwirth, der sich bemühte, die Gewänder des noch immer bewußtlosen Geistlichen zu öffnen, während er neben sich auf dem Tisch eine große Schüssel mit kaltem Wasser hatte. Niemand war froher als Mateo, daß er sich der alleinigen Pflege des Verwundeten überhoben sah; mit beredter Zunge theilte er Torillo das Vorgefallene mit, und beide Männer vereinigten darauf ihre Bemühungen, den jungen Geistlichen in's Leben zurückzurufen. Mit einiger Mühe gelang es ihnen, die verwundete Schulter zu entblößen; Torillo, der in solchen Dingen bewandert schien, wusch die Wunde aus und untersuchte sie mit Kennermiene. Sein Ausspruch lautete dahin, daß die Verletzung zwar schmerzhaft sei und längere Zeit zu ihrer Heilung erfordern möge, im Uebrigen aber höchst wahrscheinlich keine schlimmen Folgen haben werde. Unter den in der Hütte angesammelten Vorräthen hatte der Alte einige schmerzstillende und heilende Kräuter, die er sogleich hervorsuchte, um daraus Ueberschläge für die Wunde zu bereiten.

Endlich gab der Pater wieder ein Lebenszeichen von sich. Er erwachte wie aus einem tiefen Schlummer und es bedurfte einiger Zeit, ehe er sich des Vorgefallenen zu entsinnen wußte. Mit geläufiger Zunge erzählte Mateo den Hergang der Verwundung, er betheuerte, daß der Vorfall nur die Folge eines von dem Thäter tiefbeklagten Mißverständnisses gewesen, was schon daraus hervorgehe, daß Gil Perez selber sogleich nach der Hacienda geeilt, um Hülfe herbeizuschaffen. Torillo, der sich im Stillen Vorwürfe machte, weil er durch sein Einsperren des Paters die erste Veranlassung zu dem Mißverständniß und dem daraus hervorgegangenen Unglücksfall gegeben, stellte seine Hütte und Alles was sie nur enthielt zur Pflege des Verwundeten zur Verfügung, meinte aber doch, es sei rathsamer, ihn nach der Hacienda zu schaffen, wo man besser im Stande sei, für seine Bedürfnisse Sorge zu tragen. Der dicke Gastwirth pflichtete dieser Meinung bei und bot sein bereitstehendes Gespann an, falls der Pater sofort nach der Hacienda gebracht zu werden wünsche. Nach einigem Hin- und Herreden gab Pater Manuel endlich seine Einwilligung, und alsbald wurden von den beiden Männern alle Vorkehrungen getroffen, um ihn so behutsam als möglich auf den Wagen zu heben und weich zu betten, damit die Schmerzen der Wunde durch den Transport auf dem unebenen, bergaufwärtsführenden Wege nicht gesteigert würden. Mateo schwang sich auf die Deichsel und trieb die Maulthiere an, während Torillo, neben dem Pater sitzend und ihn theilweise umschlingend, diesen gegen die Stöße des Wagens zu sichern suchte, wobei er ihm die brennende Wunde mit seinen schmerzstillenden Umschlägen kühlte.

Eugen Hammer hatte den Pavillon durch das hintere Pförtchen kaum wenige Minuten verlassen, als durch die sonst so stillen Alleen des Gartens sausender Hufschlag ertönte. Es war Don Escovedo, der, nachdem er vor der Hacienda erfahren, daß die Damen schon seit mehreren Stunden im Pavillon verweilten, gestreckten Gallopps hierher jagte. Zum ersten Mal, seit er die Hacienda besuchte, ritt er geradeswegs in den Garten; bisher hatte er sein Pferd stets im Hofraum zurückgelassen und jenen nur zu Fuß betreten. Höchlich verwundert schaute ihm der alte Mayodomo nach und murmelte etwas in den Bart, was darauf hinauszulaufen schien, daß es seit der Vermählung des Herrn nicht mehr ganz richtig mit ihm sein könne. Schweiß- und schaumbedeckt erreichte das ermüdete Roß das Ende des Gartens, wo der Springbrunnen des Weihers plätscherte und der epheuumrankte Pavillon hinter den stolzen Laubkronen der Bäume hervorlugte.

„Ich hätte dieses verwünschten Versteck längst der Erde gleich machen sollen!" murmelte der ebenfalls in Schweiß gebadete, vor Aufregung zitternde Banlier, als er den Zügel scharf anzog und sich zugleich aus dem Sattel schwang. „Daß ich das verwünschte Nest stehen ließ, hieß so recht die Untreue herausfordern und ihr Gelegenheit bieten, sich in diesem finsteren Schlupfwinkel ein erwünschtes Asyl zu suchen."

Ohne weiter auf sein Pferd zu achten, dem er den Zügel über den Hals warf, mit der Rechten in den Busen fassend und den Griff eines dort versteckten Pistols umklammernd, eilte er durch die offenstehende Thür in den Pavillon und die Stiegen empor. Die Thür des vordern Zimmers, aus welchem ihm Zitherklang und Castagnettenschlag entgegenschallte, stand offen, und höchlich verwundert über den Anblick, der sich ihm bot, und der von dem erwarteten so himmelweit verschieden war, machte Don Escovedo wie angedonnert auf der Schwelle Halt.

Donna Uraca und ihre Tochter saßen auf dem Divan. Leontica hielt eine Cither, ihr Lieblingsinstrument, im Schooße, und indem ihre zarten Finger mit erstaunlicher Fertigkeit durch die Saiten fuhren, ließ sie die verlockenden Töne einer chilenischen Nationalmelodie erklingen. Ihre Wangen glühten vor Freude, ihr feuriges Auge aber hing unverwandt an den wunderbar zierlichen Bewegungen einer Tänzerin, die, in beiden erhobenen Händen die Kastagnetten schwingend, in der Mitte des Zimmers die Sambacueca tanzte. Auf den äußersten Spitzen der Zehen dahinfliegend, wiegte sich die Ballerina unmittelbar darauf wieder bald auf dem rechten, bald auf dem linken Fuße, indem sie den zierlichen, fast wagerecht ausgestreckten Oberkörper mit Leichtigkeit und Sicherheit in der Luft balancirte. Jetzt drehte sie sich pfeilschnell im Kreise, erst auf dem rechten, dann auf dem linken, zu etzt auf beiden Füßen, schwankte, sich leicht und zierlich in den Hüften wiegend, hinüber und herüber, führte allerlei malerische Biegungen und Verschlingungen mit den Armen aus und lächelte bei allen diesen, eine seltene Gelenkigkeit und Gewandtheit erheischenden Produktionen so holdselig und herzgewinnend, daß man ihr nicht zuschauen konnte, ohne sie sofort lieb zu gewinnen und für sie begeistert zu sein.

Ein jäher Schrei von den Lippen der Ballerina, die jetzt mit einem Mal ihren Tanz unterbrach und nach einem der entferntesten Winkel des Zimmers floh, änderte plötzlich die heitere Scene. Auch Leontica hielt mit ihrem Saitenspiel inne; die Blicke der Damen richteten sich nach dem Eingang und begegneten hier der auffallenden Erscheinung Escovedos, der, in bestaubten Kleidern, das Gesicht geröthet und von Schweiß bedeckt, die Rechte noch immer den aus dem Gewand hervorschauenden Griff des Pistols umklammernd, mit den weitgeöffneten Augen unheimlich umherspähend, allerdings Furcht und Entsetzen einzuflößen geeignet war.

Die Duegna faßte sich zuerst und trat dem Schwiegersohn mit ehrerbietigem Gruße entgegen.

„Sie hier, Sennor, und zu dieser Stunde? Das nenne ich in der That eine Ueberraschung. Seien Sie uns herzlich willkommen und zürnen Sie nicht über die unschuldige Unterhaltung, der wir uns hier überließen."

Escovedo ließ die Hand vom Griff des Pistols sinken und trat, unschlüssig, was er thun und wie er sich benehmen solle, näher. Seine mißtrauischen Augen spähten in allen Winkeln umher und durchforschten in raschem Ueberblick die anstoßenden Räume, in denen jedoch ebenso wenig etwas Verdächtiges zu sehen war als in dem größeren Zimmer.

„Was geht hier vor, Sennoras?" fragte er kurz und barsch. „Warum haben Sie sich nach diesem einsamen Winkel der Hacienda zurückgezogen, der zu wirklicher Erholung und Zerstreuung so wenig geeignet ist? Was soll die Fremde hier? Wer ist sie?"

Pepita schien sich von ihrem Schrecken rasch erholt zu haben. Ohne den Damen Zeit zu lassen, die in finsterem Unmuth gestellten Fragen zu beantworten, trippelte sie behende näher, verneigte sich mit zierlichem Anstand und versetzte erröthend:

„Pepa, die Ballerina ist's, Senner, und Eure ganz ergebenste Dienerin. Verzeiht, gestrenger Herr, daß ich bei Eurem Anblick so ungeschickt davon lief, aber ich fürchtete mich.... Ihr kamt ja so unverhofft und blicktet gar so finster drein..."

Escovado faßte jetzt das Mädchen schärfer in's Auge und schrak unwillkürlich zurück — es war die geheimnißvolle Erscheinung, die ihn schon gestern in der Kirche so außer Fassung gebracht. Unverwandt hing sein Auge abermals an diesen reizend schönen, kindlich naiven Zügen, und ein Glück war es, daß sie ihn so ausschließlich fesselten, sonst würde ihm das aufgeregte, ängstliche Wesen Leonticas, die, bald erröthend, bald erbleichend, an allen Gliedern zitternd, an der Seite ihrer Mutter Schutz suchte, nicht entgangen sein.

„Eine Tänzerin?" fragte der Bankier, sein graues stechendes Auge auf das Mädchen gerichtet, die demselben jedoch mit solcher Offenheit begegnete, daß er sich scheu einige Schritte vor ihr zurückzog. „Was soll diese seltsame Gesellschaft, Sennora?" wandte er sich barsch an seine Gattin, die bei dieser Frage heftig zusammenschrack und sich mit beiden Händen krampfhaft an die Lehne eines Sessels anklammerte, um nicht zu Boden zu sinken. „Was hat die Dirne hier zu suchen? Weßhalb — ich wiederhole meine Frage—zogen Sie sich nach diesem einsamen, unheimlichen Orte zurück?"

Die Duegna wollte der Tochter zu Hülfe kommen. „Erlauben Sie mir, Ihnen zu erklären, mein Sohn ——"

„Gedulden Sie sich einen Augenblick, Schwiegermama! Ich rede mit Sennora Leontica, meiner Gattin."

Pepita, die Gefahr der jungen Dame, die vielleicht schon eine Verdacht erregende Antwort auf der Zunge hatte, erkennend, fiel ihr rasch in's Wort.

„Ach Verzeihung, gestrenger Herr! Ich allein bin die Schuldige und will ja gern Alles bekennen, wenn Ihr Euch nur nicht gar so heftig erzürnen wolltet und keine so strenge Miene machtet, daß ich mich wahrhaftig fürchte, nur ein Wort zu Euch zu reden."

„Was ist es, Mädchen? Was hast Du zu gestehen?" forschte der Bankier neugierig.

„Es ist nichts, Sennor, gar nichts.... das unschuldigste Vergnügen von der Welt.... wäret Ihr nicht ein so abgesagter Feind des Tanzes — eine Ausnahme von allen andern Caballeros in diesem Lande, die meinen Bolero, meine Cachuca, meine Sambacueca so gern mit ansehen, mir Beifall und wohl auch etwas kleine Münze spenden — hätte man gar nicht nöthig, Euch ein Hehl daraus zu machen. Warum seid Ihr auch ein solcher Sonderling? Giebt es diesseits und jenseits der Anden einen zweiten Mann, der der Macht des Tanzes zu widerstehen vermöchte? O ich könnte nicht leben, Sennor, wenn ich nicht tanzen dürfte zu Citherspiel und Castagnetten."

„Zur Sache, Ballerina! Was soll das Geschwätz? Wer sagt Dir, daß ich ein Feind des Tanzes sei?"

„Bi allen Heiligen, gestrenger Herr, man braucht Euch nur ins Gesicht zu sehen, braucht nur Eure finstere, menschenfeindliche Miene zu betrachten, um es zu wissen. Wer den Tanz liebt, geht heiter und sorglos durch's Leben, — Ihr aber, so reich und groß Ihr auch seid, verbittert Euch Euer Dasein durch Unmuth und üble Laune."

„Noch einmal, Mädchen, komm' zur Sache!"

„Ja, ja doch, ich bin schon dabei! Laßt mich doch nur ausreden. Die junge, schöne Sennora, Eure Gattin, und die würdige Duena, ihre Mutter, hörten von der armen Pepa, die tanzend und spielend durch die Welt zieht, die ihr Brod auf den Straßen und in den Pulperias mit ihrer Kunst verdient, in der sie sich von früher Jugend geübt, dabei aber doch reicher und glücklicher zu sein wähnt, als mancher Krösus, der sich nicht zu freuen versteht und Andern keine Freude gönnt. Da es sich für die vornehmen Sennoritas nicht geziemt haben würde, die öffentlichen Orte aufzusuchen, wo Pepa ihre Kunst zum Besten giebt, hatten sie die Güte, sie zu sich zu bescheiden, wählten aber natürlich eine Zeit und einen Ort, wo sie ungestört zu sein glaubten und nicht zu fürchten hatten, von dem gestrengen Sennor, der die arme Ballerina nicht in seiner Nähe duldet, überrascht zu werden. Das ist nun freilich mißlungen... unsere unschuldige Tanzunterhaltung ist durch Euch so unbarmherzig unterbrochen worden... laßt es nun wenigstens die lieben, wackeren Sennoras nicht entgelten, werft vielmehr Euren ganzen Haß auf die zudringliche Ballerina, die es wagte, diese Hacienda ohne ausdrückliche Erlaubniß des Herrn zu betreten, sich aber jetzt schleunigst auf und davon machen will, weil sie sonst wohl Gefahr liefe, ohne viele Complimente vor die Thür befördert zu werden."

Das unbefangene Geplauder des Mädchens zerstreute Escovedo's Argwohn; er begann einzusehen, daß er hier eine sehr lächerliche Rolle gespielt, und im Stillen verwünschte er schon den Gaucho, der die Veranlassung gewesen, daß er sich in den Augen seiner jungen Gemahlin und deren Mutter eine so gefährliche Blöße gegeben.

„Nicht doch, Mädchen," sagte er in milderem Tone, „ich bin kein so abgesagter Feind Deines Berufs und werde sicher nichts dagegen haben, wenn die Sennoras, die hier allein zu gebieten haben, an Deinem Tanze Behagen finden. Sage mir nur noch, was war es, was Du gestern in der Kirche della compania während des Gottesdienstes mit Sennora Leontica zu besprechen hattest?"

„Ihr wißt, Sennor — —?"

„Alles weiß ich: — rede die Wahrheit, Mädchen!"

„Warum sollte ich nicht, Sennor? Ich habe Euch ja das ganze schreckliche Geheimniß schon gestanden, und wenn Ihr überhaupt nichts dagegen habt, daß ich hier bin, werdet Ihr am Ende auch verzeihen können, daß es gerade jener heilige Ort war, an dem wir die heutige Zusammenkunft verabredeten. Madonna wird uns die Sünde vergeben. Könntet Ihr nicht ihrem Beispiel folgen, Sennor?"

„Und das wäre Alles?" fragte Escovedo mit durchbohrenden Blicken.

„Alles! Entsetzt Euch nur nicht über das schreckliche Geheimniß."

„Es ist außer Dir Niemand hier im Pavillon gewesen?"

„Wer sollte hier gewesen sein, Sennor? Ich wagte nicht einmal meine Freundin Nola, die mich begleitete, bei den Sennoras einzuführen; sie erwartet mich draußen auf dem Vorplatz der Hacienda. Und Mateo, der uns in seinem Gespann aus der Stadt hierher brachte, hält unten am Fuße des Hügels; er hat ganz gewiß die Hacienda und den Garten nicht betreten."

„Schon gut, Du kannst bleiben, Mädchen, und wenn es die Sennoras wünschen, setze Deinen Tanz nur immer fort. Auch ich liebe Deine Kunst, und wenn man sich bewogen gefunden, mich zu der hier beabsichtigten Unterhaltung einzuladen, würde ich mit Freuden daran Theil genommen haben."

Pepa eilte herzu und drückte dem Bankier die Hand, was dieser ruhig geschehen ließ. „Tausend Dank, Sennor! Dacht' ich mir es doch, daß Ihr gar nicht so schlimm wäret, und daß die Sennoras gar nicht nöthig hätten, Euch so sehr zu fürchten. Haben Eure Landsleute allerwegen die arme Pepa freundlich aufgenommen, ihr so viel Liebes und Gutes erzeigt, warum solltet Ihr sie gerade hassen und nicht einmal Euren Sennoras erlauben wollen, ihre lustigen Tänze mit anzusehen?"

Don Escovedo hatte sich eben an die Damen gewendet, und sein unerwartetes Eintreffen, sowie sein auffallendes Benehmen durch einen Vorwand zu entschuldigen gesucht, als er plötzlich durch Gil Perez, der athemlos und in großer Aufregung durch die Alleen des Gartens stürzte, bei Seite gerufen wurde. Schon in der nächsten Minute kehrte er, sichtbar betroffen und verwirrt, zu den Damen zurück.

„Man meldet mir soeben einen unglücklichen Zufall, der sich auf unserer Hacienda zugetragen. Der ehrwürdige Pater Manuel von della compania, vermuthlich im Begriff, hier oben einen Besuch abzustatten, liegt in Folge eines unglücklichen Mißverständnisses schwer verwundet in Torillos Hütte am Fuße des Hügels. Wir werden ihn schleunigst heraufschaffen lassen, und Ihnen, Sennoras, liegt es ob, den frommen Mann auf's Beste zu verpflegen."

Die Damen waren sichtlich erschroden, erklärten sich aber sogleich bereit, Alles was in ihren Kräften stehe für den jungen Geistlichen zu thun. Die ganze Gesellschaft brach sogleich nach der Hacienda auf, um die nöthigen Anordnungen zur Aufnahme und Verpflegung des Verwundeten zu treffen. Donna Uraca hatte soeben Befehl ertheilt, ihren eigenen Wagen anzuspannen, um den Pater nach der Hacienda abzuholen, als bereits der Mayordomo mit der Nachricht kam, daß ein Wagen langsam den Hügel heraufsahre, auf dem sich der Verwundete zu befinden scheine. Sogleich eilte man auf die Piazza. Schon nach wenigen Minuten hielt Mateos Gespann vor der breiten Treppe, und sofort legte man von allen Seiten Hand an, um den verwundeten Pater, der durch den Blutverlust sehr erschöpft schien, mit äußerster Vorsicht ins Haus und nach dem für ihn in Eile hergerichteten Zimmer zu schaffen.

———

11. Die Wahnsinnige.

Eine seltsame Karavane zog bei einbrechender Nacht durch das öde Hügelland am Fuße der Cordillere.

Auf einem Maulthiere, welches von einem schon ziemlich bejahrten, kahlköpfigen Mönche in brauner, zerrissener Kutte am Zügel geführt wurde, saß oder lag vielmehr ein weibliches Wesen, das, nach seinem abgezehrten Aussehen und der äußersten Hinfälligkeit seines ganzen Wesens zu schließen, sehr krank und leidend sein mußte. Mit halbgeschlossenen Augen und nur selten durch eine leise Bewegung ein Zeichen des Lebens von sich gebend, ruhte die Kranke, den Oberkörper über den Hals des Thieres ausgestreckt, auf einem Bündel von Decken und Kleidungsstücken, von allen Seiten so eingehüllt, daß nur das blasse, abgezehrte Gesicht unter einem zum Schutz gegen die Sonne turbanartig um den Kopf geschlungenen Tuche hervorsah. Bei ihrer großen Schwäche würde es ihr unmöglich gewesen sein, sich auf dem Rücken des Thieres zu erhalten, hätte man nicht die Vorsicht gebraucht, sie auf demselben fest zu binden; daß unter den Decken und Gewändern auch noch die Hände und Füße der Frau so fest zusammengebunden waren, daß ihr jede freiere Bewegung zur völligen Unmöglichkeit wurde, davon konnte freilich der oberflächliche Beobachter nichts wahrnehmen. Dicht hinter dem ersten Maulthier schritt noch ein zweites, mit Bündeln, Fässern und Körben hoch beladen, und auch dieses wurde von einem barfüßig einherschreitenden Manne in alter abgetragener Mönchskleidung geleitet, der zum Schutz gegen die Sonne einen breitrandigen, freilich von Wind und Wetter stark zerzausten und durchlöcherten Strohhut trug und sich am Wege einen knorrigen Stab abgeschnitten hatte, der ihm als Stütze und wohl auch zugleich als Peitsche diente, wenn der Grauschimmel mit den Disteln an den benachbarten Felsenabhängen liebäugelte und in gar zu säumseligen Schritt verfiel. Die Karavane gewährte einen recht trübseligen Anblick, denn man sah den beiden Männern wie den Thieren deutlich genug an, daß sie nicht nur mit den Mühseligkeiten des Weges, der Hitze des Tages, den rauhen, unheimlichen Nächten und den um diese Jahreszeit am Fuße der Cordillere so häufigen Regenstürmen, sondern auch mit Hunger und Durst, mit Entbehrungen aller Art zu kämpfen hatten. Unter solchen Umständen auch noch eine schwache, schwer erkrankte Frau durch diese Wildniß, wo man oft Tage lang kaum auf einen elenden Rancho, eine kümmerliche Estancia stieß, zu geleiten, hieß sicher menschliche Ausdauer und Geduld auf eine der schwierigsten Proben stellen.

Die Sonne war längst gesunken, und die Nacht mit ihren dunkelen Schatten zog herauf. Der Himmel war mit Wolken schwer behangen, ein scharfer, eisiger Wind wehte aus den unwirthlichen Schluchten der Anden herüber, und das heisere Geträchz der in der Ferne kreisenden Flamingos, sowie der trotz der eingebrochenen Dämmerung noch fortgesetzte Flug der Schwalben dicht über dem Boden und die Beweglichkeit der zwischen dem Geröll hin- und herhuschenden Bergbiscachas, ließ auf einen herannahenden Sturm schließen, der bei dem Dunkel der Nacht um so grausiger und entsetzenvoller sein mußte. Die Gegend, durch welche sich der Zug bewegte, war im höchsten Grade unwirthlich und öde. Felsige Hügel, die nur eine spärliche Baum- und Strauchvegetation zeigten, wechselten mit sandigen oder grasbewachsenen Flächen; nur in der unmittelbaren Nähe der vereinzelt liegenden Ranchos zeig'en sich Spuren von Bodenkultur, die freilich nur im Anbau von etwas Mais, Haidekorn oder Bataten bestanden. Es waren jetzt schon mehrere Stunden verflossen, seit man die letzte dieser menschlichen Wohnstätten passirt hatte, und bei der rasch hereinbrechenden Dunkelheit blieb wenig Aussicht, eine andere zu erreichen. Die Wahrscheinlichkeit, daß man die Nacht unter freiem Himmel zubringen und dem herannahenden Unwetter ohne jeden Schutz Trotz bieten müsse, wuchs mit jeder Minute und war allerdings wohl geeignet, die Reisenden zu verstimmen, sie mit Angst und Schrecken zu erfüllen.

Eine geraume Weile waren die beiden Männer neben ihren Thieren einhergeschritten, ohne daß eine Sylbe zwischen ihnen gewechselt worden wäre. Endlich hielt es der hintere nicht länger aus; mit einigen Schlägen trieb er sein Thier zu größerer Eile an und rief dabei seinem Vordermann ermuthigend zu:

„Vamos! Vamos!*) Nur immer rüstig voran, Pedro! Noch ist es nicht spät und es wäre immerhin möglich, daß wir irgendwo ein Licht erspähen."

„Gieb die Hoffnung auf, Crescentio!" antwortete der vorausgehende Begleiter in ziemlich niedergeschlagenem Tone, wobei er inzwischen doch den ihm ertheilten Rath befolgte und, etwas rascher voranschreitend, auch das unter seiner Last leuchtende Thier zu beschleunigterem Gange antrieb. „Die wenigen Rancheros, die in dieser gottverlassenen Einöde wohnen, gehen mit den Hühnern zu Bette und gestatten sich den Luxus eines Lichts nur äußerst selten. Wir werden für diese Nacht wohl wieder, wie gewöhnlich, in der Posada zum grünen Baum oder zum grauen Felsen einkehren müssen, wobei uns diesmal wenigstens noch die Hoffnung bleibt, daß wir diese Gastfreundschaft zum letzten Mal beanspruchen, da wir morgen doch mit aller Sicherheit in La Recoleta eintreffen müssen."

„So hoffen wir nun schon seit drei Tagen," versetzte der Andere seufzend, „aber das Kloster will nicht erscheinen! Wenn Du es nicht schwarz auf weiß gelesen hättest, daß es wirklich in dieser Wildniß existirt, ich würde nimmermehr daran glauben. Uebrigens ist es mit der einzigen Nacht, die wir noch unter freiem Himmel zuzubringen haben, ein ziemlich schlechter Trost, denn allem Anschein nach wird diese Nacht eine der unbehaglichsten, die wir je durchgemacht haben."

„Das drohende Unwetter kann sich noch verziehen," meinte Pedro. „Der Wind weht vom Gebirge herüber, und da soll er in diesen Gegenden selten Regen bringen, wie uns auch gestern der Capataz versicherte."

„Caro Dios, sie mögen mir alle vom Halse bleiben, die Wetterpropheten! Was sie mit ihrer ganzen Weisheit ausbrüten, das sagt mir mein kleiner Fin-

 *) Vorwärts

ger. Wenn der Himmel kohlschwarz ist und die ersten Tropfen fallen, wird man bald von Außen nach Innen eingeweicht, und wenn die Sonne glühend heiß am Firmament brennt, geht die Einweichung von Innen nach Außen vor sich. Doch Scherz bei Seite — es wird finster und finsterer, und von einem Licht ist nirgends eine Spur zu sehen. Wir werden uns doch wenigstens nach einem natürlichen Obdach umthun müssen, denn die arme kranke Schwester Inez dem tobenden Unwetter auszusetzen, das jeden Augenblick über uns hereinbrechen mag, wäre wirklich grausam."

„Vielleicht finden wir irgendwo einen vorspringenden Felsen, unter welchem wir wenigstens für sie ein trockenes Lager zurecht machen könnten. Strenge Deine Augen an so sehr Du irgend kannst, Crescentio, und schaue nach links aus, ich will hier rechts hinüber spähen. Wenn uns nur die Dunkelheit nicht so plötzlich über den Hals käme!"

„Sie erträgt alles Ungemach mit solcher Ruhe und Gelassenheit, die arme Schwester, ich habe sie noch niemals wild und tobsüchtig gesehen, wie sie nach der Versicherung unseres ehrwürdigen Pater Priors — Gott sei seiner Seele gnädig! — zuweilen sein soll. Die schreckliche Sturmnacht, die wir neulich unter freiem Himmel zu verbringen hatten, entlockte ihr keinen Laut der Klage. Und doch glaub' ich kaum, daß sie bei ihrer großen Schwäche und Erschöpfung eine zweite solche Nacht durchzumachen im Stande wäre."

„Du hast Recht, Crescentio, sie ist so still, so matt geworden, daß es mich selber beunruhigt. Nachdem wir uns so große Mühe gegeben, sie glücklich an's Ziel zu bringen, nachdem wir drei Wochen lang mit ihr die Strapazen dieser Reise durch die unwegsamsten Gegenden ausgestanden, sollt' es mich doch verdrießen, wenn sie uns noch zu guter Letzt erläge. Der mächtige Pater Prior Ugarte zu Santiago, die Stütze und der Stolz unserer heiligen Kirche in diesem Lande, würde es uns großen Dank wissen, könnten wir sie sicher und wohlbehalten zu Recoleta abliefern."

„Auf Ugartas Befehl also befand sie sich zu San Rosario?"

„So hörte ich stets von unserem Prior."

„Was in aller Welt aber konnte den mächtigen Pater veranlassen, ihr gerade die trostloseste Wildniß zum Aufenthalt anzuweisen?"

„Gewiß nur die Sorge für ihr leibliches und geistiges Wohl, die Hoffnung, daß eben jene Einsamkeit und Abgeschiedenheit einen günstigen Einfluß auf ihren zerrütteten Gemüthszustand äußern werde."

„Hm, seltsame Idee, die Menschenscheu und Neigung zum stillen Hinbrüten durch gänzliches Abschließen von jedem Verkehr heilen zu wollen. Ich meine, der Zustand der armen Schwester hätte sich dort oben, und zwar besonders unter der Pflege und Aufsicht unseres nicht allzu fein fühlenden und rücksichtsvollen Pater Priors nicht eben bessern können."

„Lästere die Todten nicht, Crescentio. Requiescat in paco!"

„Amen! ich gönne ihm den himmlischen Frieden, wahr muß aber deshalb doch wahr bleiben."

26

„Vermessen wir uns nicht, weiser zu sein als unsere frommen und erleuchteten Vorgesetzten. Pater Ugarte ist eine mächtige Säule der Kirche. Der Herr spricht: was meine auserlesenen Diener thun in meinem Namen, das ist Gottes Werk."

Ein heftiger Windstoß sauste über den felsigen Hügel, dessen Kamm man gerade erreicht hatte; er schüttelte die Laubkronen der vereinzelten Jumils und neigte die schlanken Stämme der Tannen und Fichten.

„Ich will Schwester Inez noch eine Decke überhängen", sagte Pedro, „um sie vor der rauhen Luft zu schützen." Er näherte sich bei diesen Worten wieder der Kranken, die er während der Unterredung mit seinem Begleiter dem in gleichmäßigem Schritt und ohne einen Fehltritt auf dem steinigen Geröll seinen Weg verfolgenden Maulthier überlassen, und machte sich einige Augenblicke mit ihr zu schaffen. Dann stand er wieder am Wege still, um den einige Schritte hinter ihm folgenden Gefährten zu erwarten.

„Schläft die arme Schwester?" fragte Crescentio.

„Sie liegt wie gewöhnlich mit halbgeschlossenen Augen und giebt auf die an sie gerichteten Fragen keine Antwort."

„Ich begreife nicht, wie sie leben und die Anstrengungen der Reise ertragen kann, da sie doch so wenig Nahrung zu sich nimmt."

„Ja, es ist seltsam, man muß ihr jeden Bissen förmlich aufdringen."

„Pedro, willst Du mir nicht Deine ehrliche Meinung sagen?"

„Worüber, Crescentio?"

„Glaubst Du, daß die Schwester wirklich wahnsinnig ist?"

„Heilige Jungfrau — welche Frage!"

„Eine sehr nahe liegende, da wir nun doch einmal durch eine seltsame Fügung der Umstände zu ihren ausschließlichen Wächtern und Pflegern bestellt wurden."

„Aber sie setzt voraus, daß Du an den Angaben und der besseren Einsicht Deiner Oberen zweifelst."

„Habe ich kein Recht dazu?"

„Nein, wahrhaftig nicht, was sollte sonst aus der kirchlichen Autorität und Disciplin werden?"

„Bah, hier handelt sich's nicht um Glaubens- und Gewissensfragen, sondern um eine einfache Beobachtung und Schlußfolgerung, wozu ich Dir und mir dieselbe Fähigkeit zutraue, wie irgend einem unserer geistlichen Vorgesetzten."

„Gott erbarme sich Deiner Seele, Crescentio!" rief Pedro erschrocken. Das ist ketzerischer Frevel!"

„Laß doch die Phrasen, Pedro, wir sind ja hier unter uns und brauchen uns keinen Zwang anzuthun. Ich meine, wenn ein Mensch wahnsinnig ist, so zeigt sich das in seinem verwirrten Thun und Reden, in seinen wilden, leidenschaftlichen Geberden, in seinem ganzen Benehmen, das aller menschlichen Bildung und Gesittung Hohn spricht. Thut Schwester Inez, die seit zehn langen

Jahren als Wahnsinnige zu San Rosario eingesperrt wurde, irgend etwas der Art? Nicht daß ich es bemerkt hätte. Sie spricht so wenig, daß seit drei Wochen, seit wir die Ruinen des Klosters verließen, täglich nur etliche Worte über ihre Lippen kamen, die sich stets auf ihre augenblicklichen Bedürfnisse bezogen, übrigens aber so vernünftig waren wie die Rede irgend eines Menschen, der mir je vorgekommen."

„Ihre Schweigsamkeit ist eben ihr Wahnsinn", versetzte Pedro. Würde sie der Versuchung zu reden so lange haben widerstehen können, wenn sie die Fähigkeit dazu besäße?"

„Vielleicht behagt ihr unsere Gesellschaft nicht."

„Das wäre erst recht ein Zeichen, daß es mit ihr nicht richtig ist."

„Aber Du wirst doch nicht alle Menschen für verrückt erklären, die nicht mit Dir reden mögen oder überhaupt lieber schweigen als reden? Und nun gar ihr Benehmen — ist es nicht so ruhig und anständig, so ergeben und harmlos, wie es sich nur irgend von einem seiner Verstandeskräfte mächtigen Menschen erwarten läßt? Hat sie uns je den geringsten Widerstand entgegengesetzt, obwohl wir sie mehr als Gefangene, denn als eine unserer Sorge anheimgegebene Kranke durch das Land schleppen? Wurden wir je durch Ausbrüche von Wuth und Leidenschaft oder durch irgend eine der Aeußerungen belästigt, welche von wirklichem Wahnsinn unzertrennlich zu sein pflegen? Ich habe nichts davon gesehen, mir ist sie immer so vernünftig vorgekommen, wie es in ihrer traurigen Lage nur möglich ist. Zehn lange Jahre in den unterirdischen Gewölben des einsamen Klosters eingesperrt, mit keiner menschlichen Seele verkehrend als mit dem rauhen, gegen jede Gefühlsregung abgehärteten Prior — ich möchte den Menschen, Weib oder Mann, sehen, der da seine gewöhnliche Gemüthsverfassung beibehalten könnte!"

„Silentium, Amigo", sagte Pedro sehr leise und scheu nach allen Seiten umherblickend, „Du äußerst da schreckliche Dinge, die ich noch kaum zu denken, geschweige denn über meine Zunge zu bringen wagte."

„Einerlei, Du mußt mir doch einräumen, daß ich Recht habe, daß sich Alles wirklich so verhält, wie ich es Dir geschildert."

„Stt! Sch! Nur nicht so laut! Auch diese Einöde könnte Ohren haben."

„Was blickst Du denn so starr dort hinüber nach den Bäumen? Glaubst Du etwa ein Licht bemerkt zu haben?"

„Ein Licht nicht, aber — eine menschliche Gestalt schien sich dort zu bewegen."

„Impossible! Was hätte ein Mensch bei dunkler Nacht in dieser Einöde zu suchen? Wäre es ein einsamer Wanderer wie wir, würde er gerade auf uns zukommen und sich unserer Begegnung freuen, statt dort hinten zwischen Bäumen und Felsen umherzuschleichen. Es war ein Baumstamm, den Du gesehen......in der Dunkelheit malt uns die Einbildungskraft allerlei abenteuerliche Gestalten vor."

„Aber ich glaubte wirklich einen Menschen zu bemerken, der in gebückter Haltung nach den Bäumen schlich."

„Unsinn! Nur die Diebe verstecken sich, und für die wäre es hier gewiß das undankbarste Feld, auf das sie sich verirren könnten. Um wieder auf Schwester Inez zu kommen — wenn sie mich manchmal mit ihren großen dunkeln Augen so durchdringend und jammervoll anblickt, wenn ich sehe, wie elend und schwach sie ist, so mein' ich, wir thäten eine rechte Sünde, sie so rauh und kalt zu behandeln, wir sollten ihr wenigstens die Stricke abnehmen, die Du ihr immer so sorgfältig um Arme und Füße schlingst, sollten ihr liebevoll zusprechen, sie unseres Schutzes, unserer Theilnahme versichern und — und ——"

„Nun, was noch, Crescentio?"

„Sie nicht nach La Recoleta bringen, wo das schreckliche Unrecht von San Rosario, gegen das sich sogar die Natur in dem verheerenden Erdbeben auflehnte, wahrscheinlich nur fortgesetzt wird, wo sich für die Unglückliche nur ein neuer Kerker öffnet."

„Crescentio — Mensch — valgamo dios!*) — welche Reden führst Du da!" rief Pedro höchlich erschrocken. „Weißt Du, daß Dein Leben keinen Maravedi werth wäre, wenn Du es wagtest, diese sauberen Vorschläge zur Ausführung zu bringen? Ugartes mächtiger Arm würde Dich erreichen und zerschmettern, wohin Du Dich auch wendetest, und wenn Du über das Meer schifftest oder die Cordillere überstiegest — ihm könntest Du nicht entgehen."

„Er hat also ein so großes Interesse daran, daß das arme Frauenzimmer als Gefangene behandelt wird?"

„Wähle einen besseren Ausdruck, Bruder; nicht um Gefangenschaft, nur um sichere Aufbewahrung, um gute Verpflegung handelt es sich hier. Kann man eine Wahnsinnige nach Belieben sich selber überlassen? Wäre das klug und menschlich?"

„Aber sie ist nicht wahnsinnig, sie ist so vernünftig wie Du und ich; und wenn mir zehn Ugartes gegenüberständen — ich wollte das Sakrament darauf nehmen!"

In diesem Augenblick packte Pedro, der in seinem ängstlichen Umherspähen nicht nachgelassen, seinen Begleiter fest am Arm und deutete mit der Hand nach der Seite in die Finsterniß hinaus.

„In aller Heiligen Namen, was ist das? Steh still, Crescentio! Sahst Du nicht den hellen Schein und wie es sich dort wieder bewegte?"

„Vordaderamento!†) es schien mir jetzt auch, als ob dort ein heller Schein aufblitzte, der aber im Augenblick wieder verschwand. Vielleicht sind wir doch ganz in der Nähe eines Rancho."

„Das Licht bewegte sich......es war auf keine fünfzig Schritte von uns entfernt......"

---

*) Gott steh mir bei!
†) Wahrhaftig!

„An Irrlichter ist wohl hier nicht zu denken; es sind keine Sümpfe in der Nähe."

„Hörst Du nichts in den Steinen rascheln?"

„Nein, es regt sich nichts....."

Die Beiden standen still und lauschten; sie hörten nur die Tritte ihrer eigenen Maulthiere, das Rauschen des Windes über die felsige Höhe und das Krächzen eines Nachtvogels. Eben wollten sie ihren Weg etwas beruhigter fortsetzen, als dicht vor ihnen eilig mehrere dunkele Gestalten auftauchten, deren Flinten im nächsten Moment auf die kleine Karavane angeschlagen wurden.

„Alto ahi, camaradas!*) Keinen Schritt weiter, oder ihr seid des Todes!" rief eine kräftige Baßstimme, und zugleich knackten mehrere Hähne.

„Sancta virgo Maria, ora pro nobis!" betete der an allen Gliedern zitternde Pedro und sank mit flehend ausgestreckten Händen auf die Kniee. „Gnade, Caballeros, ladronos, †) Gnade! Wir sind nur arme Diener der Kirche, und das bischen Habseligkeit, was wir bei uns führen, lohnt sich für solche Herrschaften gar nicht der Mühe des Ansehens."

Der Anführer der Männer, der soeben Halt geboten, eine große, stattliche Figur, mit einer Fülle von grauem, wirrem Haar, das ihm unter dem flachen Hut hervorquoll, setzte die Flinte ab und trat näher.

„Steh auf, Pfäfflein", sagte er, „ängstige Dich nicht gar zu sehr. Es soll Dir ja den Kopf nicht kosten. Wer sagt Dir, daß wir als Räuber über Euch und Eure Habseligkeiten herfallen? Du mußt anständige Reisende nicht gleich beleidigen."

Pedro erhob sich; seine Furcht war durch die zwar derbe, doch freundliche Anrede des Fremden etwas verringert worden; gleichwohl betrachtete er die Männer — es waren ihrer fünf, während zwei andere das um etwa zwanzig Schritte voraus schreitende Maulthier angehalten — mit ängstlichem Mißtrauen.

„Verzeihung, nehmt meine Worte nicht für ungut, Senneres Caballeros ....Ich wußte ja nicht, wer uns die Ehre erzeigt.... Ihr hattet ein so eigenes Etwas in Eurem Auftreten .... und dann sind da diese Carabiner, die Ihr in den Händen tragt und mit denen ihr uns ein gewisses, nicht mißzuverstehendes Zeichen gabt....wenn sie geladen sein sollten, Caballeros. so dürft Ihr mir meine Furcht nicht verargen, denn man hat doch bekanntlich Beispiele...."

„Daß solche Dinger losgehen und einem Hasenfuß eins auf's Fell brennen· ja, solche Beispiele hat man allerdings. Doch Ihr müßt Euch beruhigen, diesmal wird's nicht so schlimm. Ich bin zwar kein Freund von Euch Kahlköpfen und Kuttenträgern, was Ihr gleich von vorn herein wissen sollt, doch ein unbewaffneter Mensch, der mir keinen Widerstand zu leisten vermag, hat von mir nichts zu fürchten."

---

*) Halt, Bursche!
†) Räuber.

„Die heilige Jungfrau lohn' es Euch, Caballero!" rief Pedro und wollte die Hand des Fremden ergreifen, die ihm dieser indessen entzog. „So erlaubt Ihr uns wohl, unseren Weg fortzusetzen, um vielleicht noch vor Hereinbrechen des Sturmes eine Hütte zu erreichen, die uns ein Obdach gewähren könnte."

„Halt, keinen Schritt von der Stelle! Wegen des Obdachs braucht Ihr nicht bange zu sein, Ihr könnt es zur Noth bei mir haben."

„Aber Sennor Caballero, wenn Ihr bedenken wolltet, daß unsere heilige Pflicht ——"

„Bleibt mir mit allem Heiligen vom Leibe, wenn Ihr mich bei guter Laune erhalten wollt. Sprich Du, Bursche", wandte sich der Bandenführer, denn ein solcher mußte er doch sein, an den jüngeren Crescentio. „Du hast bisher den Mund auch nicht aufgethan, ich aber möchte Eure beiderseitige Bekanntschaft machen. Wo kommt Ihr her? Kurz und bündig — keine Flausen!"

„Von San Rosario, Herr", versetzte Crescentio offen und ohne jede Aeußerung von Furcht. „Ein Erdbeben hat vor drei Wochen das dortige Kloster San Ignazio von Grund aus zerstört. Unsere Brüder und sämmtliche Bewohner fanden ihren Tod unter den Trümmern; nur wir Beide, Bruder Pedro und ich, der ich als Laienbruder und Pförtner im Kloster diente, sowie eine kranke Schwester wurden wie durch ein Wunder gerettet. Jetzt befinden wir uns mit unseren wenigen Habseligkeiten auf dem Wege nach —"

„Nach Santiago", fiel Pedro hastig ein, „um bei unseren Brüdern in einem der dortigen Klöster ein Asyl zu finden."

„Wart Ihr nicht auf dem Wege nach La Rocoleta?" fragte der Fremde streng.

„So ist es, Herr", versetzte Crescentio.

„Nur um dort kurze Rast zu halten und dann unsere Wanderung nach der Hauptstadt fortzusetzen", schaltete Pedro rasch ein.

In diesem Augenblick kamen die beiden andern Männer, welche Laternen trugen, deren Licht sich verdunkeln ließ, heran.

„Capitano, auf jenem Maulthier liegt eine ganz entkräftete, an Händen und Füßen gefesselte Frau", meldete einer derselben.

„Eine Frau — und gefesselt?" rief der Führer überrascht. „Was soll das heißen, Ihr frommen Brüder? Wer ist die Frau?"

„Eben jene kranke Schwester, die mit uns bei der Zerstörung des Klosters gerettet wurde", versetzte Pedro schnell.

„Warte bis ich Dir zu reden befehle, alter Glatzkopf!" herrschte Jener den Pater an. „Deine Zunge ist zu vorlaut, um wahrhaft sein zu können. Laß hier Deinen Begleiter, den Laienbruder, reden. Als Pförtner hat er nur auf der Schwelle des Klosters gestanden und sich daher von Euren pfäffischen Schlichen wohl noch nicht allzu viel angeeignet."

Pedro machte eine unterthänige Verbeugung und war plötzlich stumm wie ein Fisch geworden; dabei drückte er sich aber so nahe als möglich an Crescentio.

„Es ist Schwester Ines, Herr, eine arme Irrsinnige, die wir bei uns führen," versetzte dieser. „Seit vielen Jahren lebte sie zu San Rosario; ihr näheres Schicksal war nur dem Pater Prior bekannt und ist wohl mit diesem begraben worden. Sie würde in der öden Wildniß des Nordens elend umgekommen sein, wenn wir uns ihrer nicht erbarmt und sie mit uns geführt hätten, um vielleicht ihre Angehörigen aufzufinden oder sie einer wohlthätigen Anstalt zur Verpflegung zu überlassen."

„Aber das Weib ist gefesselt, — weshalb?"

„Pedro meinte, sie möchte sich leicht einen Schaden zufügen, auch würden wir sonst nicht im Stande sein, sie eine so weite Strecke mit uns zu führen."

„Hat sie sich widerspenstig und heftig gezeigt?"

„Seit wir auf der Reise sind, war sie ruhig wie ein Lamm."

„Aber früher, im Kloster, dort äußerte sich ihr Irrsinn durch Wuth und Tobsucht?"

„Der ehrwürdigste Pater Prior versicherte rc. Wir bekamen sie nur selten zu Gesicht, da sie in den unteren Gemächern eingeschlossen gehalten wurde."

„In den unteren Gemächern eingesperrt? Also doch als Gefangene behandelt?... Ich will das Weib sehen. Folgt mir!"

Der Hauptmann schritt voran; seine Begleiter faßten die beiden Mönche an den Schultern und folgten ihm mit denselben auf dem Fuße. Das Maulthier, welches die Kranke getragen, war bereits seiner Bürde entledigt worden; es graß'te munter zwischen den Felsen. Die Decken waren auf den Boden ausgebreitet und die Frau so bequem als möglich darauf gebettet. Die Kleidungsstücke und sonstigen Habseligkeiten, welche das Thier getragen, lagen zerstreut umher.

Die beiden Männer hatten die Schieber ihrer Laternen geöffnet und ließen deren volles Licht auf die Kranke fallen. Es war ein Weib in mittleren Jahren und sogar nicht ohne Spuren ehemaliger Schönheit, sonst aber so bleich und abgezehrt, als wenn sie eben aus dem Grabe erstanden. Das ehemals rabenschwarze Haar war zur Hälfte ergraut und hing wirr und zerzaus't auf die Schultern herab. Die scharf geschnittenen Züge machten einen geisterartigen Eindruck, der durch das stiere, in mattem Glanze schimmernde Auge noch erhöht wurde.

Der Fremde näherte sich der Kranken mit Ehrfurcht und Theilnahme. Seine Gefährten standen in respektvoller Entfernung im Halbkreis umher. Es war eine seltsame Gruppe, welcher der dunkle Nachthimmel, die grelle Beleuchtung, die öde Felsenlandschaft und das Rauschen des Windes das Gepräge des unheimlich Schaurigen verlieh.

„Lös't die Bande der Frau!" befahl der Führer.

Die Männer traten näher und durchschnitten die Stricke, welche die Glieder der Unglücklichen umschlungen hielten. Sie bewegte sich nicht und gab kein Zeichen der Theilnahme für das, was um sie vorging.

„Sennora," sagte der Hauptmann, den Hut lüftend und seinen Kopf etwas näher an ihr Ohr beugend, „fürchten Sie sich nicht; so lange Sie unter meiner Obhut stehen, wird Ihnen nichts Unangenehmes widerfahren. Man hat Sie mit unnöthiger Härte behandelt und Ihrem Willen Zwang angethan — das wird aufhören. Für heute und so lange Sie es wünschen, sind Sie mein Gast; sobald Sie sich zur Genüge erholt, haben Sie völlige Freiheit und mögen sich wenden wohin es Ihnen beliebt."

Die Kranke hob den Kopf etwas und schien den fremden Mann, der zu ihr redete, zu betrachten; sie verharrte jedoch dabei in Schweigen, der Capitain erhielt keine Antwort.

„Wer ist die Frau?" fragte er gebieterisch die beiden Mönche.

„Sennor Caballero, wir kennen sie nur unter dem Namen Schwester Inez," ließ sich Pedro vernehmen. „Ich vermuthe wohl, daß unserm in Gott ruhenden Prior von San Rosario das Schicksal der Unglücklichen nicht ganz fremd war — doch sein Mund ist verstummt, er wußte nicht, daß er so plötzlich von hinnen gerufen werden möchte, er hätte sich sonst vielleicht bewegen gefunden, uns das Geheimniß anzuvertrauen. Von der Kranken selber ist keine Auskunft zu erlangen, wie Ihr Euch soeben überzeugt habt. Seit wir unsere Wanderung angetreten, sind nur unverständliche Laute über ihre Lippen gekommen."

„Und zu welchem Ende wolltet Ihr sie auf so weiten und beschwerlichen Wegen gerade nach La Recoleta bringen, da doch Copiapo oder irgend eine der nördlichen Küstenstädte in wenigen Tagereisen zu erreichen gewesen wäre?" fragte der Capitain mit starkem Nachdruck.

„Unser heiliger Orden della compania zählt im Norden nur wenige Freistätten, in denen wir Aufnahme zu finden hoffen durften."

„Ist das der einzige Grund? Denk nach, Pfaffe, oder ich muß Dir das Gedächtniß schärfen."

Der Häuptling zog bei diesen Worten einen kleinen Revolver aus dem Gürtel, den er im Schein der Laterne wie spielend hin und her drehte.

„Gracia, Sennor Capitano, Gracia!" riefen die beiden Mönche zitternd und sanken abermals auf die Kniee.

„Sprich Du, portoro,*)" wendete sich der Hauptmann an Crescentie. „Du scheinst mir der Unbefangenste, und ich möchte Dein Leben gern sparen. Glaubtet Ihr, daß es für irgend Jemanden von Interesse sei, diese arme Frau gerade hierher zu bringen? Durftet Ihr erwarten, durch Euer sorgfältiges Hüten derselben Euch von irgend einer bestimmten Seite besonderen Dank zu verdienen?"

„Ach, Sennor Capitano, wenn Ihr denn doch einmal Alles wißt .. wir rechneten allerdings darauf, daß der ehrwürdige Prior Pater Ugarte — —"

„Wir glaubten, er möchte der Unglücklichen vielleicht nützlich sein können," fiel Pedro hastig ein.

---

*) Pförtner.

„Pater Ugarte!" rief der Hauptmann mit Heftigkeit. „Also an Pater Ugarte gedachtet Ihr sie zu überliefern?"

Dieser Name, laut und vernehmlich ausgesprochen, brachte auf die bis dahin so stille, theilnahmlose Kranke eine mächtige Wirkung hervor. Sie hob den Kopf mühsam empor und stützte sich dabei auf die mageren Hände; ihre Brust begann sich zu heben, ihr matter, gläserner Blick flog unstät von Einem zum Andern, ihre Gesichtszüge nahmen einen verzerrten, abschreckenden Ausdruck an.

„Ugarte!" rief sie mit hohler, geisterartiger Stimme. „Wo ist Ugarte?... der Räuber, der mir meine Esmeralda gestohlen... der Mörder, der das schöne Kind getödtet!... wo ist er?... wo?... Ugarte!... Misericordia!... Ugarte!"

Die Aufregung war zu groß für das arme, schwache Wesen. Sie wollte sich weiter emporraffen, aber die Kräfte verließen sie... marmorbleich und wie todt sank sie wieder auf das Lager zurück.

Der Auftritt, so flüchtig, aber doch so ergreifend, hatte selbst auf die rauhen Söhne der Steppe und des Waldes seine Wirkung nicht verfehlt; die beiden Mönche lagen vollständig zerknirscht am Boden.

„Vamos, companeros!" rief der Capitan befehlend. „Hebt die Frau sorgfältig auf das Thier; zwei von Euch halten sich ihr zu jeder Seite, damit sie keinen Schaden nimmt. Ihr Andern nehmt mir diese Bursche in den braunen Kutten in Acht, die ich mir für die Nacht zu Gaste geladen. Es ist freilich kein stattliches und mit allen guten Dingen ausgerüstetes Kloster, wohin wir sie führen können, als Nachtquartier aber immerhin doch besser als hier das freie Hochland, über das der Sturm bald hinwegsausen und das der Regen reichlich tränken wird."

Der Befehl des Hauptmanns ward pünktlich vollzogen. Vier seiner Begleiter legten sofort Hand an und hoben die Kranke, die nur durch ein ganz schwaches Athmen verrieth, daß das matte Lebensfünkchen noch glühte, auf den Rücken des Maulthiers, nachdem sie ihr vorher wieder ein möglichst bequemes Lager zurecht gemacht. Vorsichtig ward das Thier in Bewegung gesetzt, während die Männer an seiner Seite blieben, mit ihren kräftigen Armen die Bewußtlose stützend. Das zweite Maulthier ward herbeigetrieben und folgte instinktmäßig dem ersten. Pedro und Crescentio wurden von ihren Begleitern bereitet, sich unverweilt anzuschließen, eine Aufforderung, der sie mit aller Pünktlichkeit nachkamen. Der Hauptmann, seinen Carabiner wieder über den Rücken hängend, machte langsam den Schluß, indem er dem Zuge in einiger Entfernung folgte.

Der Weg, auf welchem die beiden Mönche dahingezogen, wurde verlassen. Man schlug sich seitlich zwischen die Felsen und verfolgte einen schmalen Pfad, der bergabwärts lief und bald nach einer engen Schlucht führte, in welcher be-

reits solche Finsterniß herrschte, daß das Vordringen über Steingeröll und durch dichtes Buschwerk äußerst schwierig gewesen wäre, wenn nicht die beiden Laternen ein nothdürftiges Licht verbreitet und die Wanderer sammt den Thieren wenigstens vor gefährlichen Fehltritten bewahrt hätten. Das Gewölk am Firmament schien immer dichter und dichter zu werden; kein Stern, nicht der leiseste Lichtschimmer ließ sich wahrnehmen. Der Wind, der oben auf dem Hügel so scharf gewebt, hatte hier in der Tiefe keine Gewalt oder war gänzlich erstorben. Kein Lüftchen rührte sich; die tiefste Stille herrschte ringsum, unterbrochen nur durch das widerliche Gekrächz des Aasgeiers, der selbst in der Nacht seiner Beute nachgeht — eine Stille, zu unheimlich, um sie nicht für den bloßen Vorboten eines gewaltigen Aufruhrs der Elemente zu halten.

„Vamos! Vamos!" ermahnte der Hauptmann, der die Obigen jetzt dicht auf den Fersen folgte. „Wir haben noch ein ganzes Stück Wegs vor uns, und wenn wir uns nicht sputen, wird uns das Unwetter über die Köpfe platzen. Links hinauf, Gratiano! Der Pfad ist steil, aber wir schneiden ein tüchtiges Stück ab, und das ist jetzt die Hauptsache."

Die Karavane wendete sich nach links. Man hatte einen Bach zu durchwaten, der glücklicherweise nicht tief war. Gleich am anderen Ufer zog sich der Pfad zwischen Felsen so steil aufwärts, daß es für die von langen Märschen ermüdeten Mönche wirklich des Aufgebots aller Kräfte bedurfte, um sich vorwärts zu arbeiten. Das hohe Gras und die vielen stacheligen Pflanzen, welche Hände und Füße verwundeten und deren Berührung sich in der Dunkelheit unmöglich vermeiden ließ, machten das Fortkommen noch unendlich beschwerlicher. Pater Pedro stieß einen schweren Seufzer nach dem anderen aus, hütete sich aber gar wohl, seinem Unmuth in Worten Luft zu machen, während selbst Crescentio, dem das Abenteuer bisher noch nicht viel Kummer verursacht zu haben schien, der es sogar nicht ganz ungern sehen mochte, daß dieser Zwischenfall die arme Schwester Inez vor einer Fortsetzung ihres traurigen Schicksals von San Rosario zu bewahren versprach, selbst er begann den Kopf zu hängen und ziemlich niedergeschlagen drein zu schauen.

(Fortsetzung folgt.)

Graf Bismarck.

Charakterstudie von Friedrich Lexow.

Zweiter Artikel.

Der erste Theil dieser Studie wurde geschrieben kurz nachdem der junge Blind seine Schießübung unter den Linden angestellt, die Kleider des Grafen Bismarck durchlöchert, seinen Körper jedoch wunderbarer Weise unverwundbar gefunden hatte. Seitdem ist viel geschehen. Preußen hat einen Krieg geführt, den es nicht gesucht und zu dem es dennoch die Initiative ergriffen, auf den es sich nicht vorbereitet und der es dennoch in allen Stücken vorbereitet traf. Robert Prutz hat seine ersten und seine zweiten Terzinen gesungen, und zwischen beiden lag ein Aufenthalt im Gefängniß — auf Veranlassung des Grafen Bismarck, der bei allen seinen wichtigen Geschäften noch Zeit übrig behielt, sich um Terzinen und Poeten zu kümmern, was gewiß für seine Vielseitigkeit zeugt. Etliche hunderttausend Menschen sind erschossen oder verstümmelt, etliche Millionen in Trauer gestürzt — Alles auf Veranlassung des Grafen Bismarck. Die Weltlage ist in der kurzen Zeit einigermaßen umgestaltet. Die Eschenheimer Gasse hat aufgehört, ein Gegenstand nationaler Langenweile zu sein. Der Angestammte hat weinend Abschied genommen von seinen Stammverwandten, und sie aufgefordert, ihm stets treu zu bleiben — eine Zumuthung, welche für sie jedenfalls mehr Genirendes hat als für ihn. Das Reich der Welfen, welches laut allerhöchsten Beschlusses bis ans Ende aller Tage dauern soll, hat aufgehört, von d i e s e r Welt zu sein. Der große Kurfürst der Gegenwart residirt nicht mehr in Kassel, sondern in Stettin, wo der Herzog von Nassau sich augenblicklich aufhält, ist uns nicht bekannt, und — auf daß es den Fürsten nicht an Leidensgefährten fehle — ist Frankfurt nicht länger eine f r e i e Stadt. Oesterreich ist nicht mehr in Teutschland oder in Italien, sondern nur noch mit einiger Mühe in Oesterreich selbst zu finden. Louis Napoleon hat Venetien besessen und es doch nie in Besitz genommen. Po und Mincio haben aufgehört, Grenzflüsse zu sein, wogegen der Main zur Würde eines solchen erhoben worden ist. Es giebt ein Nord- und ein Süddeutschland, aber D e u t s c h l a n d ist mehr denn je zuvor ein geographischer Begriff. Stalitz, Trautenau und Sadowa; Langensalza, Kissingen und Aschaffenburg: sie alle haben eine Wichtigkeit erlangt, welche ihnen noch vor Kurzem fremd war, und theuer mußten sie diese Auszeichnung erkaufen. Kontributionen ohne Zahl haben dem großen Wort: „Wenn ich Krieg führen will, so nehme ich das Geld wo ich es finde", die Weihe der That aufgedrückt, und ihnen eine solche Deutlichkeit verliehen, daß jetzt ein Jeder sie versteht. Herr v. Beust ist seiner Schulden ledig geworden und hat abgedankt, und der König Johann mag nicht mehr mitspielen. Krieg ist geführt und Frieden geschlossen, die Anfertigung neuer Landkarten zum dringenden Bedürfniß geworden, und der Held aller dieser schönen Dinge ist der Graf Bismarck, welcher unterdeß sein Lächeln auf keinen Augenblick eingestellt hat. Da bedarf es gewiß keiner Entschuldigung, wenn wir ihm einen zweiten Artikel widmen.

Graf Bismarck ist ein großer Mann. Es giebt Leute, die durch ihn in eine gehobene Stimmung versetzt worden sind und ihn als den Messias Deutschlands preisen. Die, deren Parole früher war, diesem Minister keinen Deut anvertrauen, nichts mit ihm zu thun haben zu wollen, finden ihn jetzt unentbehrlich und fügen sich in das Unvermeidliche. Wenn sich die Frage erhebt, welcher augenblicklich der Mächtigere ist — der Kaiser an der Seine oder der Minister an der Spree — so ist man nicht abgeneigt, sich für Letzteren zu entscheiden. Haben wir ihm in unserem ersten Artikel Unrecht gethan? Wir wollen's untersuchen.

Die Anerkennung, welche ihm gebührt, sei ihm nicht vorenthalten. Große Energie, großer Muth, große Consequenz, große Combinationsgabe — wer könnte ihm dies Alles absprechen? Vor allen Dingen aber ist er ein unübertrefflicher Meister in der Intrigue, ein Meister in d e r Kunst. Andere zu hintergehen und sie zu seinen Werkzeugen zu machen. H i e r i n hat er alle seine Concurrenten überflügelt und so Außerordentliches geleistet, daß es fast ein Genuß ist, ein wenig dabei zu verweilen. Wir hörten neulich von einem Manne, welcher unter Zusicherung völliger Straflosigkeit den Dieb, der ihm auf höchst geniale Weise seine Uhr gestohlen, zu sich entbot, um ihm seine Bewunderung auszudrücken und sich von ihm das Kunststück erklären zu lassen. Einen ähnlichen ästhetischen Genuß empfinden wir bei der Betrachtung von Bismarcks Intriguenspiel.

Wir wollten, Graf Bismarck schriebe seine Memoiren. Vielleicht thut er's eines Tags, falls sich auch an ihm das Sprichwort bewähren sollte, daß Undank der Welt Lohn ist, und bleibt er dabei in allen Stücken der Wahrheit treu, so muß es ein köstliches Buch geben. Das interessanteste Kapitel würde jedenfalls das vom Könige Wilhelm sein. Wie es ihm gelungen ist, sich das Vertrauen dieser Persönlichkeit zu erwerben, wie er sie immer mehr in seine Gewalt bekam, wie er sie nie aus den Augen ließ, wie er den gemüthmäßigen Widerstand Hohenzollernscher Halsstarrigkeit brach, wie er Schreckgespenster heraufbeschwor, die dem armen Könige Tag und Nacht keine Ruhe ließen, wie er den Einfluß Anderer paralysirte — meisterhaft hat er in dieser Beziehung seine Sache gemacht, und wir möchten viel darum geben, wenn wir das Nähere darüber wüßten. Es wird erzählt, wie Bismarck, sich unbelauscht glaubend, in einem kritischen Moment ärgerlich ausrief: „Bis an den Graben hab' ich das Luder, und jetzt will's nicht springen!" Ob dieser zarte Gefühlsausbruch eine Mythe ist oder auf Wahrheit beruht — jedenfalls bezeichnet die Anekdote auf schlagende Weise das Verhältniß zwischen dem Könige und seinem Minister.

Bismarck wollte Krieg — Krieg um j e d e n Preis; der König aber wollte ihn nicht. „Ich mag keinen Krieg mit Oesterreich!" rief der Inhaber der Krone vom Tisch des Herrn vor dem Gasteiner Vertrag. „Majestät, es wird auch keinen geben; wir müssen nur so thun!" lautete die Antwort; und der

König ließ seinen Minister gewähren, in der Ueberzeugung, daß er, der kluge Mann, schon Alles gut machen werde. In Gastein wurde ein Arrangement getroffen, welches den edlen Hohenzoller durchaus beruhigte. Bismarck aber war auch beruhigt, denn er wußte, daß ein solcher Vertrag die Verträglichkeit unmöglich mache. Schritt für Schritt verfolgte er seinen Zweck; tropfenweise wurde dem friedliebenden Könige die Milch der frommen Denkungsart in gährend Drachengift verwandelt. Demokraten mit langen Bärten und struppigem Haar mußten wie Kobolde den armen König umtanzen, daß er sich schon dem Schicksal des Karl Stuart verfallen glaubte, und die Rolle des Häuptlings, des Cromwell oder Robespierre, spielte kein Geringerer als der unschuldige Herzog von Augustenburg. Und wollten die Demokraten nicht mehr verfangen, da wurden die Fürsten aufgeboten. Der Kurhesse, der Welfe, der Nassauer, der Darmstädter, der Mittelsbacher — sie Alle wollten im Verein mit dem Habsburger über den armen Hohenzoller herfallen, seine Erblande unter sich theilen, ihm die Krone vom Haupt reißen, und wenn sie ihn in ihre Gewalt bekamen, ihm aus Gnade die Würde eines Markgrafen von Brandenburg lassen. Wie viele schlaflose Nächte mögen dem guten Wilhelm diese Schreckgespenster bereitet, wie mögen sie ihm seine Tage verbittert haben! Was nicht vorhanden war, das mußte herbeigeschafft werden. Bismarck schuf die Gefahr; Wilhelm aber merkte es nicht. In einer Note nach der andern wurden Oesterreich, Sachsen, die beiden Hessen 2c. beschuldigt, daß sie Rüstungen vornähmen um Preußen mit Krieg zu überziehen. Sie hatten gar nicht daran gedacht; aber die Drohnoten zwangen sie, das zu thun, dessen sie fälschlich beschuldigt wurden, und der Zeitraum, welcher zwischen den imaginären und den wirklichen Rüstungen lag, der Zusammenhang zwischen Ursache und Wirkung, entging dem nicht sehr scharfsichtigen Auge des Königs. Dann kamen die Prinzen und die Weiber dazwischen, zeigten dem Monarchen, wie er hintergangen werde, und beschworen ihn, sich dem Einflusse des gefährlichen Menschen, der selbst ein verkappter Demokrat sei, zu entziehen. Oft schwankte der König, oft hing das Schicksal Bismarcks und seiner Intrigue an einem Haar; aber dann spielte er seinen Haupt-Treffer aus: er reichte seine Resignation ein. Das Mittel schlug n i e fehl. So unbedingt hat dieser überlegene Geist den beschränkten Monarchen in seiner Gewalt, daß dieser überzeugt ist, ohne ihn ein verlorner Mann zu sein. Alle Welt staunte über die Frechheit, mit welcher Bismarck eine handgreifliche Lüge nach der andern in der Form von Staatsdokumenten in die Welt hinaussenden konnte; aber alle diese Noten waren nur für den Einen bestimmt, welcher allein von Allen zu beschränkt war, um die Wahrheit zu verkennen. Und sie erfüllten ihren Zweck — „das Luder sprang", weil ihm in der That zuletzt nichts Anderes mehr übrig blieb.

In Wahrheit unübertrefflich wurde diese und noch eine andere, mit ihr in engem Zusammenhange stehende Intrigue gespielt. Welche Mühe, welche Künste mag es Bismarck gekostet haben, das Bündniß mit Italien zu Stande zu bringen! Der König wollte durchaus nichts davon wissen; selbst als der

Vertrag bereits ausgefertigt war, wollte er ihn nicht unterzeichnen. Eine Allianz mit dem Kronenräuber Victor Emanuel, ein militärisches Zusammenwirken mit dem Banditen Garibaldi und seinen Strauchdieben — unerträglicher Gedanke! Und als er endlich auch hierin seinen Willen durchgesetzt — wohl mochte die Hand zittern, welche den Namenszug unter das verhängnißvolle Dokument setzte. Wilhelm, Wilhelm! Reicht man dem Bösen nur einen Finger, so nimmt er bald die ganze Hand. Ohne diesen ersten Schritt auf dem Wege des Umsturzes wären schwerlich die späteren erfolgt. Hannover, Nassau, Kurhessen sind annektirt; aber wo bleibt dabei das Recht von Gottes Gnaden, wo die heilige Legitimität? Es ist bekannt, daß nichts Bismarck schwerer geworden ist, als in diesem Punkte die widerstrebenden Einflüsse zu paralysiren, denn wohl erkannten die heller sehenden Anhänger des Königthums die darin für das monarchische Prinzip liegende Gefahr. Aber Bismarck wußte seinen Mann zu nehmen; es überwog zuletzt die Raublust und Gewaltthätigkeit, welche der Urquell fürstlicher Herrschaft ist und von ihr ungetrennt bleibt. Im Hohenzoller erwachte wieder der Geist des Raubritterthums, welcher sein Geschlecht emporgehoben. Man wird bemerkt haben, daß das Annexionswerk nur auf solche Gründe hin betrieben wird, welche sich auf die Gewalt und die Nothwendigkeit des Habens beziehen; unter einer andern Fahne hätte Bismarck den Widerstand des Königs nicht brechen können. Der Raubritter überfiel und plünderte den Kaufmann, oder legte ihm Contributionen auf, weil er das, was das Eigenthum des Kaufmanns war, gebrauchte. Genau auf dieselbe Weise sagt jetzt Wilhelm durch den Mund seines Bismarck: Ich gebrauche jene Lande, und darum habe ich ein Recht auf sie, darum nehm' ich sie. Das ist ein Argument, welches dem Verstande eines Königs von Gottes Gnaden faßlich ist.

Nicht minder interessant als das Kapitel über König Wilhelm, würden in Bismarcks Memoiren die Aufschlüsse über sein Verhältniß zu Louis Napoleon sein. Napoleon der Dritte besitzt das Verdienst, ihn gewissermaßen entdeckt zu haben; ob es ihm aber jetzt nicht lieber wäre, diese Perle am Meeresgrund gelassen zu haben, statt sie aufzufischen und den Händen des Königs von Preußen anzuvertrauen, bleibe dahingestellt. Wir haben es hier mit zwei im Punkte der Intrigue und der moralischen Qualität sehr ähnlichen Karakteren zu thun; ihre Laufbahn ist noch nicht abgeschlossen, und sie müßten Stümper in ihrem Fach sein, wenn sie nicht mehr oder weniger im Stande wären, ihre Karten dem Auge des Beobachters zu verbergen. Daß sie einst unter einer Decke spielten, ist gewiß, daß sie's noch thun, möglich. Man darf aber nie vergessen, daß solche Naturen nur zusammenwirken um einander zu benutzen und zu überlisten, daß von einem Vertrauen zwischen ihnen nicht die Rede sein kann, und bei ihrer Beurtheilung fragt es sich allein, wer von Beiden der Geriebenste ist, welchem es gelingt, über den Andern den Sieg zu erringen. Selbst wenn sie jetzt noch Verbündete wären, könnten sie's doch auf die Länge der Zeit nicht mehr sein. Wir sind sehr geneigt, anzunehmen, daß die Ueberlistung bereits stattgefunden hat und daß Bismarck der Gewinnende war. So= gar eine abermalige Zusammenkunft zwischen den beiden schönen Seelen wäre mit dieser Annahme nicht unverträglich, denn Intriguanten von Profession wissen einander zu schätzen, und ist das eine Spiel beendet, warum sollte nicht ein neues eingefädelt werden, wobei der Unterlegene sich der Hoffnung hingäbe, Revanche zu erhalten, während der Andere sich dem Gegner mehr als zuvor gewachsen fühlte? Wie gesagt, wir sind zu der Annahme geneigt, daß im Fach der Intrigue Louis Napoleon in dem Manne, den er emvor= gehoben, seinen Meister gefunden und bereits von ihm überlistet worden ist. Wenigstens wissen wir für das bekannte Compensations=Verlangen und sein Re= sultat keine andere plausible Erklärung zu finden. Aber abgesehen hiervon, möchten wir die Gespräche kennen, welche zwischen den Beiden stattgefunden haben — die Unterhaltungen, welche sie über d e n Mann gepflogen, der sich bei dem Einen derselben Werthschätzung erfreuen mußte wie bei dem Andern, nämlich über den König Wilhelm. Wir möchten wissen, auf welche Weise es dem damaligen preußischen Gesandten in St. Petersburg gelang, sich das Wohlwollen des Kaisers in dem Grade zu erwerben, daß er auf dessen Veran= lassung nach Paris versetzt und dann auf den Rath desselben hohen Gönners zum Ministeramt erhoben wurde. Wir möchten ihre Gespräche in Biarritz ken= nen. — Und endlich jene Zusammenkunft in Gastein, wo auf so cordiale Weise jede Veranlassung zu ferneren Conflikten aus dem Wege geräumt und eben dadurch der Krieg unvermeidlich gemacht wurde!

Der Gegenstand ließe sich noch weiter verfolgen; wir glauben ihm aber schon Gerechtigkeit angethan und den Beweis von der Größe Bismarcks in d i e s e r Beziehung geführt zu haben. Der Graf Bismarck ist ein g r o ß e r Intrigant; in d i e s e m Fach hat er sich als Meister Aller gezeigt. Und ebenso doch stellen wir seinen Muth, seine Beharrlichkeit, seine Consequenz, seine Combinationsgabe. Auf dem Gebiet, welches er sich erwählt, hat er in der That Außerordentliches geleistet Schon während der Zeit da er nur noch als junkerlicher Harlekin bekannt und in seiner Unbedeutenheit nicht verhaßt, sondern nur verachtet war, stand ihm das Ziel vor Augen, welches er jetzt er= reicht hat. Seine ganze öffentliche Thätigkeit war dem Verfolg dieses Zieles gewidmet. Um sich des Königs vollständig bemächtigen, sich in ihm ein gehor= sames Werkzeug erziehen zu können, kam ihm der Konflikt mit der Kammer eben recht. Mußte dadurch doch die Demokratenfurcht und der Republikanerhaß des ehemaligen Kartätschenprinzen genährt und bis zum partiellen Wahnsinn gestei= gert werden. Nicht den g a n z e n Weg konnte Bismarck überblicken; war es doch unmöglich, zu wissen, wie Eines sich aus dem Andern entwickeln würde, und zumal den fabelhaften Erfolg der preußischen Waffen im letzten Stadium vorauszusehen! Aber er mußte jeden günstigen Umstand, der sich ihm bot, geschickt zu benutzen, j e d e s Mittel war ihm willkommen, und namentlich setzte er sich über jedes Vorurtheil, über jeden persönlichen Widerwillen hinweg. Sein glänzendster Coup war zum Beispiel das Bündniß mit Italien, welches ihm persönlich gewiß nicht behagte. Betrog er alle Andern, so hat er gegen Italien allein redlich gehandelt, nicht aus Loyalität, denn eine solche Empfindung ist ihm fremd, sondern weil er erkennt, welche wichtige Dienste ihm diese Macht ferner leisten kann, wie nützlich sie ihm nicht nur gewesen ist, sondern auch später noch sein wird. Der M u t h hat ihm in keinem Augenblick gemangelt. Er wagte Alles, weil nur dadurch Alles gewonnen werden konnte. Er selbst war sich klar, und dem Könige ließ er keine Zeit zum Nachdenken. „Was man von der Minute ausgeschlagen, bringt keine Ewigkeit zurück." Dieses erst kürzlich von ihm im Abgeordnetenhause citirte Dichterwort bezeichnet die Maxime, welche ihn bis hieher geführt hat. Unter seiner Leitung überstürzten sich die Ereignisse und überstürzen sich noch heute. Er glaubte an die Fähigkeit Preußens, die sich ihm entgegenstellende Coalition zu schlagen; er konnte sich irren, es war sehr möglich, ja sogar wahrscheinlich, daß er's that, aber der Erfolg k o n n t e nur durch diese Ueberstürzung erzielt werden. Für i h n stand A l l e s auf dem Spiel. Die Niederlage hätte ihm nicht nur die Macht und den Ruhm, sondern auch den Kopf gekostet. Er war sich dessen bewußt, aber er hatte den Muth der T h a t. Darin liegt das Geheimniß seines Erfolgs, im äußern und im innern, im großen und im kleinen Kampfe. Wer wagt, mag verlieren, aber jedenfalls kann nur der Wagende gewinnen. H i e r i n könnten sich Bessere Bismarck zum Vorbild nehmen.

Nach Obigem wird uns schwerlich der Vorwurf der Parteilichkeit gemacht werden können. Was an Bismarck zu loben ist, das haben wir gelobt. Wer die Aufgabe des Politikers lediglich in der Intrigue, in der Fähigkeit, Andere zu überlisten sucht, wird Bismarck als Politiker über alle Andern stellen müssen. Wer die Größe des Staatsmannes lediglich in der consequenten, muthigen Verfolgung eines Zieles erkennt, wird den Grafen Bismarck als einen großen Mann verehren. Wer aber nur das Gute als g r o ß anerkennen mag, der wird m e h r verlangen und w e i t e r fragen.

„Wehe Dem, welcher eine andere Politik verfolgt, als die der Ehrlichkeit!" Das ist ein altes, hausbackenes Wort; aber wir scheuen uns nicht, es hier zu wiederholen und als d i e Maxime hinzustellen, welche wir für die richtige halten. Nur schlechte Ziele bedürfen der krummen Wege. Der Diplomat mag seine Stirn in geheimnißvolle Falten legen, seine Worte abwägen und mit seinen Plänen hinter dem Berge halten; aber zu Lug und Trug, zur Intrigue im Bismarck'schen Sinne, braucht er nicht zu greifen, und darf es nicht, wenn er Redliches im Schilde führt. Eine gute Sache k a n n sich solcher Mittel gar nicht bedienen. Die europäische Staatsweisheit findet diese Ansicht sehr philisterhaft; aber der Erfolg lehrt denn auch, was sie zu Stande bringt. Erhebt sich in Europa stets eine Verwicklung nach der andern, ist dort der Friede nie garantirt, können sich dort die Völker nie des Gefühls der Sicherheit hingeben, so liegt dies eben darin, daß Alles auf Lug, Trug und brutale Gewalt begründet ist. Amerikanische Staatsmänner haben es mit Bezug auf das Verhältniß zum Auslande nie nothwendig gefunden, zur Intrigue ihre Zuflucht zu nehmen, und amerikanische Staatsdokumente unterscheiden sich regelmäßig dadurch auf eklatante Weise von europäischen, daß sie stets nur Wahrheit enthalten. Um des Contrastes zwischen europäischer und amerikanischer Staatskunst eingedenk zu werden, braucht man nur den Depeschenwechsel der letzten Jahre zu verfolgen, und derselbe Unterschied hat sich während des Bestehens der Republik nie verleugnet. Der Erfolg aber liegt in der Thatsache vor, daß in diesem Weltkampfe zwischen amerikanischen und europäischen Diplomaten stets die Erstern den Sieg errangen — einfach weil sie das Recht für sich hatten und unlautere Mittel verschmähten. Herrscht in häuslichen Angelegenheiten hier vielfach eine andere Maxime, so zeigt es sich, daß dieselbe da, wo sie maßgebend ist, in Amerika dieselben verderblichen Folgen heraufbeschwört wie in Europa. Auf europäisch-monarchischem Standpunkte mag Bismarck der Matador aller Staatsmänner, der Inbegriff aller Staatsweisheit sein; vor der amerikanischen Kritik aber muß sein Ruhm erblassen, und wir bedauern Jeden, welcher sich von demselben blenden läßt. — Ebenso verhält es sich mit dem Muth und der Consequenz, wie sie in Bismarck ihre Vertretung finden. Wir sehen nicht recht ein, wie Jemandem die muthige, konsequente Verfolgung eines Zieles zum Lobe gereichen kann, wenn das Ziel kein löbliches ist. Der kühnste, hartnäckigste Bösewicht verdiente ja sonst dieselbe Bewunderung wie Der, welcher aus Liebe zum Guten Glück und Leben in die Schanze schlägt.

Verfolgte Bismarck ein löbliches Ziel, so könnte man ihm möglicherweise, da er nun einmal ein **europäischer** Staatsmann ist, verzeihen, daß er es auf dem Wege niedrigster Intrigue zu erreichen sucht. Nothwendig ist daher, sich über das, was er will, klar zu werden, und dabei muß man eben nach dem vorhandenen Material urtheilen. Den Ehrgeiz halten wir ihm gern zugute. Es ist dies eine Triebfeder, welche man sich von einem öffentlichen Charakter nicht wohl getrennt denken kann und die nicht leicht durch etwas ebenso Wirksames ersetzt werden könnte, obgleich es allerdings darauf ankommt, **worin** der Betreffende seine Ehre sucht. Aber von ihm selbst abgesehen, will Bismarck **Macht** — Macht für sein Königshaus, Macht für Preußen. Macht, Macht! Das ist sein steter Refrain. Nun, ein mächtiges Preußen können wir uns schon gefallen lassen, vorausgesetzt daß seine Macht als identisch betrachtet wird mit der Macht **Deutschlands**. Aber selbst wenn dies zuträfe, wäre es mit der Macht allein nimmermehr gethan; soll sie etwas werth sein, so muß sie die **Freiheit** zur Seite haben, mit der Freiheit Hand in Hand gehen, in der Freiheit wurzeln, und davon will Bismarck ein- für allemal nichts wissen.

Bismarck stellt sich als läge ihm die nationale Entwicklung Deutschlands sehr am Herzen; die That stimmt aber hierin nicht mit den Worten überein. Während des Krieges stellte er fortwährend die Berufung des deutschen Parlaments als eines seiner Ziele hin; dasselbe ist aber jetzt bereits zu einem **norddeutschen** zusammengeschmolzen, und das nationale Band, welches wenigstens in der Form ganz Deutschland zusammenhielt, hat einer Trennung

Deutschlands in zwei Theile Platz gemacht, während der dritte Theil, das deutsche Oesterreich, vollends abgerissen ist. Offenbar will Bismarck kein vereintes Deutschland, weil dasselbe nothwendiger Weise unter der Aegide der Freiheit stehen und die Macht, die H a u s m a c h t, wie er sich neulich ausdrückte, nur beeinträchtigen würde. Hätte er Deutschland einig machen w o l l e n, so hätte er's g e t h a n, denn er k o n n t e es unbedingt. An einer Macht, welche die Negation der Freiheit ist, hat aber das Volk nicht nur durchaus kein Interesse, sondern muß sie als eine große, Verderben drohende Gefahr für sich betrachten. Die Gründung oder Stärkung einer H a u s m a c h t, die Zerreißung Deutschlands, die Knechtung des Volkes zu Gunsten der Dynastie Hohenzollern — das sind die Ziele des Grafen Bismarck, und sie sind der angewandten Mittel würdig.

Möge man sich doch um des Himmels willen nicht durch den Glanz des Sieges und Erfolgs blenden lassen. Man verfällt sonst der Demoralisation, der Verwirrung aller Sittlichkeits- und Rechtsbegriffe, welche Frankreich so tief herabgewürdigt hat und der Fluch eines jeden Volkes ist, das ihr anheimfiel. Bismarck ist derselbe, der er immer gewesen. Er verachtet, er verhöhnt und verlacht sein Volk, und eine Schande ohne Gleichen wäre es, wenn das Volk i h n dafür e h r e n wollte. Im Interesse der von ihm angestrebten M a c h t hat er Deutschland auf den Weg der Einigung geführt, aber nur um es auf I r r w e g e zu leiten und an der wirklichen Erreichung des Zieles zu h i n d e r n. Jeder Deutsche schäme sich des Einwurfs, als könne d i e s e r M a n n dem deutschen Volke u n e n t b e h r l i c h sein. Unter der Führung Preußens muß das Erlösungswerk vollbracht werden; aber nur über die Trümmer der von Bismarck geschaffenen H a u s m a c h t führt der Weg zur deutschen F r e i h e i t.

New-Yorker Correspondenz.

N e w - Y o r k, im September. Auf die Schwüle des Sommers folgen die Stürme des Herbstes, und wer nicht vom Einen, wie vom Andern berührt würde, müßte mehr oder weniger als ein Mensch sein. Ihr Correspondent liebt es, die Eindrücke, welche an ihn herantreten, treu wiederzugeben. Er hat New-York im Sommer so geschildert wie es sich in jener Jahreszeit zeigt, und muß auch jetzt der Sturm-Saison Gerechtigkeit widerfahren lassen.

Der gescheite Leser wird schon wissen, daß hier von p o l i t i s c h e n Stürmen die Rede ist; sie umbrausen uns, früher als gewöhnlich, mit solcher Heftigkeit, daß es nothwendig ist, „den Fuß fest niederzusetzen", um nicht von ihnen fortgerissen, sich tüchtig zusammenzunehmen, um nicht von ihnen betäubt zu werden. Der erste Sturmvogel war der Präsident Johnson, und die Windsbraut folgte ihm auf dem Fuß. Es wäre wohl unmöglich, über diesen Johnson'schen Besuch etwas zu sagen, was nicht bereits gesagt worden i s t, und die Repetition ist nicht meine Sache. Der Empfang war eine Demonstration, welche je nach dem verschiedenen Standpunkte dem Einen als gelungen, dem Andern als verfehlt erscheinen muß, hinsichtlich deren aber Niemand in Abrede stellen kann, daß sie ganz und gar auf e i n e Fraktion der Bevölkerung beschränkt war, also durchaus keinen a l l g e m e i n e n Charakter trug. Es war nicht der Empfang des Präsidenten, an dem Alle sich zu betheiligen pflegen, sondern der des Parteimannes, zu dem sich die Genossen drängen. Nicht New-York zog dem Herrn Johnson entgegen, sondern der Theil New-Yorks, welcher mit ihm einverstanden ist, und da zeigte es sich denn bis zur Evidenz, daß seine Freunde jetzt nicht mehr in denselben Kreisen zu suchen sind wie früher, mit andern Worten: daß er von der einen zur andern Partei hinübergetreten ist. Wer sich in dieser Beziehung noch einer Illusion hingab, mußte durch den New-Yorker Empfang eines Andern belehrt werden. Es war in der Geschichte dieser Stadt das erste Mal, daß bei einer solchen Gelegenheit der Präsident im Parteimann verschwand, daß nicht die Vertreter a l l e r politischen Richtungen es für ihre Pflicht hielten, beim officiellen Empfang zu erscheinen, und da ein Volk sich in so wenigen Jahren nicht zu ändern pflegt, so liegt der Schluß nahe, daß eben Herr Johnson ein Präsident ganz anderer Art ist als irgend einer seiner Vorgänger. Dieser Demonstration sind andere gefolgt. Sie sollen h er nicht specificirt und geschildert werden; passend möchte es jedoch sein, darauf hinzuweisen, daß eigentlich in der Stadt New-York solche politische Demonstrationen durchaus überflüssig sind. Welche politische Richtung hier die vorherrschende ist, weiß Jedermann und braucht es also nicht erst zu erfahren. Hört Jemand, daß die in New-York maßgebende Partei sich in großer Masse versammelt und eine Reihe sehr entschiedener Resolutionen gefaßt hat, so findet er das nicht auffällig und denkt sich gar nichts dabei. Die Bevölkerung New-Yorks selbst wird dadurch nicht klüger als sie vorher war; durch alle Reden, Umzüge, Pauken, Trompeten, Feuerwerke, Kanonenschüsse und Keilereien wird die Stimmenzahl schwerlich um ein einziges Votum geändert. Mit Bezug auf Andere kann von einer Macht des Beispiels auch nicht die Rede sein. Die Stadt New-York steht zum Staate in einem so gespannten Verhältniß, daß sie ihn noch nie beeinflußt hat, und ihre Tugend strahlt auch nicht so sehr in die Welt hinaus, daß Entferntere dadurch zur Nacheiferung angespornt werden könnten. Die Führer aber müssen doch wohl wissen, daß sie Elemente unter sich haben, welche berauscht werden müssen, wenn man sich auf sie will verlassen können. Wäre dies nicht der Fall, so hätten hier jegliche politische Demonstrationen in den Reihen der herrschenden Partei gar keinen Sinn.

Eine Anzahl der Deutschen hat sich durch den Sturm auf eine Weise hinreißen lassen, welche sehr zu bedauern ist. Wie Einer stimmen will, hat er mit sich selbst abzumachen und ist weder hierfür, noch für seine Motive Jemandem Rechenschaft schuldig. Posaunt er aber diese Motive in die Welt hinaus und sucht er damit Propaganda zu machen, so hört die Unverantwortlichkeit auf und die Kritik tritt in ihre Rechte. Weil die jetzige Legislatur ein unvernünftiges Sonntagsgesetz passirt und der Gouverneur dasselbe unterzeichnet hat, wollen diese Leute sich von der Partei trennen, und nicht allein den Gouverneur und die Legislatur stürzen, sondern sich auch in Dingen, welche mit dem Sonntagsgesetz nicht das Mindeste zu thun haben, der andern Partei anschließen. Mit andern Worten: Weil am Sonntag in New-York nicht öffentlich Bier verschenkt werden darf, soll der Staat New-York der Partei in die Hände fallen, welche die Unzufriedenen selbst als freiheitsfeindlich, deren Principien sie selbst als verwerflich erkennen. Weil am Sonntag die Wirthschaftslokale geschlossen sind, sollen Leute in den Congreß gesandt werden, hinsichtlich deren die Herren selbst wissen oder glauben, daß ihre Wirksamkeit dem Lande sehr zum Schaden gereichen wird. Weil in New-York ein Gesetz erlassen ist, welches sich bereits als unhaltbar erwiesen hat und sehr bald an dieser Klippe scheitern muß, soll in einer Zeit großer und gefährlicher Krisis, so weit es von diesen Leuten obhängt, die Republik der Gefahr des Untergangs ausgesetzt werden. Durst über Republik, Bier über Freiheit! so lautet die Parole. Es ist sehr zu wünschen, daß diese sonderbare Begriffsverwirrung sich auf enge Kreise beschränke, und daß dies der Fall sein wird, bezweifle ich nicht im Geringsten. Von Deutschen wird erwartet, daß ihnen das Princip über Alles gehe und die ihnen angeborne Besonnenheit, gepaart mit sittlicher Würde, sie vor Fehlgriffen bewahre, welche ihren Ursprung im Mangel an Bildung, Gesittung und Ueberzeugungstreue haben. Gehen aber Deutsche trotz der Vorzüge, welche sie besitzen, mit Ostentation auf der Bahn der Unvernunft, Gewissenlosigkeit und Engherzigkeit voran, so sinken sie u n t e r die Elemente herab, welche durch den Mangel an allen diesen Vorzügen auf eine falsche Bahn gelenkt werden. Das sollten doch gescheite Männer einsehen, und sich selbst zu sehr achten, um den Glauben zu erwecken, als lasse der Deutsche sich zu Allem bringen, wenn man ihm nur Bier genug zu trinken gebe. Der, welchem der materielle Genuß über Alles geht, steht auf der niedrigsten Stufe der socialen Leiter, und muß erwarten, daß er danach behandelt wird. Wie gesagt, wegen seines Votums wollen wir mit Niemandem rechten; protestirt sei aber im Namen der deutschen Gesittung und Intelligenz gegen die Insulte, welche in der Zumuthung liegt, für den Biergenuß am Sonntag Freiheit und Ehre zu opfern. Ich bin überzeugt, daß alle Leser der Monatshefte mit diesem Protest übereinstimmen.

Ein Gegenstand, über den ich mich hier viel lieber verbreite, ist das deutsche Hospital, dessen Grundsteinlegung in meinem vorigen Briefe schon kurz angedeutet wurde. Es ist mit dieser Ceremonie, mit dem bloßen Beginn des Baues, noch so wenig geschehen und es bleibt noch so viel zu thun übrig, daß es gewiß nicht als überflüssig erscheinen wird, wenn ich auf den Kern der Feier, die Festrede des Doktors Kralowitzer, hier des Nähern eingehe. Dieselbe athmet den vortrefflichsten Geist, fordert aber in mehr als einer Beziehung zu einer das Wesen der Sache berührenden Kritik auf. Das Hospital, zu dem die Corporation der Stadt New-York achtzehn Bauplätze auf fünfzig Jahre zu einem nur nominessen Miethzins überlassen hat, soll 320 Kranke aufnehmen können. Vorläufig kann mit dem vorhandenen Kapital nur e i n, für 80 Kranke ausreichender Flügel gebaut werden; der Redner ist indessen überzeugt, binnen f ü n f Jahren den ganzen Bau vollenden zu können, obgleich er die Kosten desselben auf eine Million anschlägt. In dieser Beziehung sagt er unter Anderem: „Wie wir hier versammelt sind, sind wir zehnmal reicher als George Peabody. Dieser konnte zwei Millionen den Armen Londons und unlängst eine Million den Armen Bostons außer mehreren andern beträchtlichen Schenkungen geben. Warum? Weil geregelter Wohlthätigkeitssinn sein ganzes Wesen in Besitz genommen hat. Er hat sich dadurch nicht arm gemacht. Sollten wir dadurch an den Bettelstab kommen, daß wir kaum den dritten Theil dessen thun, was e i n edler Menschenfreund als leuchtendes Beispiel hingestellt hat? Ich appellire an alle Schichten der deutschen Bevölkerung. Kein Scherflein ist so klein, daß es nicht die Gesamtsumme anschwellen macht. Wenn die Reichen viel geben, sollen sich dadurch die weniger Bemittelten nicht der Pflicht entbunden halten, nach ihren Kräften beizutragen. Wenn der Arme von seinen Ersparnissen giebt, so soll dies für den Reichen eine Aufforderung sein, nicht blos von seinem Einkommen, sondern von seinem Capitale etwas abzutreten. Das deutsche Hospital wird nur zu Stande kommen und eine kräftige Existenz behaupten können, wenn das deutsche Publikum sich so besteuert, daß es die Gabe an sich selbst spürt." — „Aber nicht blos in der Stadt New-York und der unmittelbaren Umgebung allein muß gesammelt werden, sondern in der ganzen Union. Die Deutschen in der ganzen Union haben ein Interesse daran, daß das erste deutsche Hospital in New-York errichtet wird. Die deutsche Presse kann hierbei dem Unternehmen die wichtigsten Dienste leisten. Keiner soll einen Freund, der New-York besucht, fortziehen lassen, ohne ihm etwas für das deutsche Hospital abgenommen zu haben. — Wer von einem Freunde weiß, der sich hier ein Vermögen erworben hat, von dessen Ertrage er in Europa lebt, soll ihn in Contribution setzen. Es ist nur einfache Gerechtigkeit, dem Lande, von dem man nur Gutes empfangen hat, einen kleinen Vergelt zu geben, indem für dessen Wohlthätigkeits-Anstalten Beiträge gesandt werden. Kurz und gut, Peter von Amiens müssen unter Ihnen aufstehen, Jeder muß sich das Zeichen auf die Brust heften, und der Kreuzzug im Dienste der Humanität darf nicht ruhen bis das Werk vollendet ist. — Wenn ich mir erlauben dürfte, dem Geschlechte einen Rath zu geben, das sich immer am besten selbst zu helfen weiß, so möchte ich die bescheidene Meinung aussprechen, daß die Nützlichkeit der Frauen noch einer Steigerung fähig wäre, wenn sie nicht nur unter sich sammelten, sondern wenn sie ihre Augen auch etwas auf die säumigen Männer richten würden." — Das ist nun Alles ganz vortrefflich; aber die Hauptsache bleibt immerhin, daß man sich keiner idealistischen Anschauung hingebe, daß man keiner Illusion verfalle, sondern möglichst praktisch zu Werke gehe. Es ließe sich noch verschiedenes Andere namhaft machen. Die Prediger zum Beispiel können von der Kanzel und sonst in ihren Gemeinden sehr viel wirken; sie können es

leicht dahin bringen, daß keine Hochzeit, keine Kindtaufe und kein anderes
freudiges Familienereigniß stattfindet ohne daß dabei etwas für das Hospital
abfällt. Aber Der müßte die Menschennatur und zumal die Verhältnisse in
Amerika schlecht kennen, welcher sich dem Glauben hingeben wollte, daß alle
vom Redner namhaft gemachten Mittel einschlagen werden und daß sich auf die
Länge der Zeit eine Begeisterung wird wach halten lassen. Den Deutschen
außerhalb New-Yorks und der Umgegend wird es zum Beispiel gar nicht einfallen, etwas für das New-Yorker deutsche Hospital zu thun. Mit Fug werden
sie antworten, daß New-York reich genug ist, um die Sache für sich allein zu
Stande zu bringen, und daß es für sie Pflichten in Fülle giebt, die ihnen
viel näher liegen. Auch von den in Europa Weilenden möchten wir nichts erwarten; die Pietät für das Land, in dem sie reich wurden, pflegt bei ihnen nur
sehr spärlich vertreten zu sein. Es muß nicht auf die Begeisterung gerechnet,
sondern die Sache gründlich systematisirt werden, wenn auf die Dauer
ein erfreulicher Fortgang gesichert sein soll. Warum sollten zum Beispiel nicht
sämmtliche deutsche Vereine einen Beschluß dahin fassen, daß Contributionen
zum deutschen Hospital zu der regulären Pflicht der Mitglieder, ein- für allemal,
gehören und mit der regelmäßigen Vereinsgebühr eincassirt werden? Es braucht
für den Einzelnen nicht viel zu sein, um etwas Erkleckliches zu ergeben, und
damit wäre eine regelmäßige, dauernde Einnahme geschaffen, welche, wegen der
Unbedeutenheit der einzelnen Leistungen, dennoch Denen, welche mehr thun
können, keine Entschuldigung irgend einer Art böte. Die Vereine sind fast ohne
Ausnahme aus Angehörigen der verschiedensten Lebensstellungen zusammengesetzt, und der Reiche kann, wenn ihm eine Extra-Leistung zugemuthet wird,
sich unmöglich darauf berufen, daß er bereits als Mitglied eines Vereins dasselbe leistet wie die Unbemittelten. Geben einige der bedeutendsten Gesellschaften voran, so werden die übrigen nachfolgen, und kein Verein braucht zu befürchten, daß ihm dadurch Mitglieder entfremdet werden. Warum sollte zum
Beispiel nicht die Deutsche Gesellschaft jedem ihrer Mitglieder eine jährliche
Contribution von einigen Thalern für das Hospital auferlegen, und warum
sollten Arion, Liederkranz und andere Vereine, denen es sonst auf das Geld gar
nicht ankommt, nicht dasselbe thun?

Aber man darf sich auf den Wohlthätigkeitssinn allein überhaupt
nicht verlassen; das Hospital muß Geld verdienen, es muß Einnahmen aus
sich selbst schöpfen, denn es ist nicht nur für den Bau, sondern nachher auch für
die Unterhaltung zu sorgen; selbst die in Aussicht gestellte Million bildet nur
einen Bruchtheil dessen, was überhaupt erforderlich ist. Es scheint mir ein
großer Fehler zu sein, wenn man das Hospital ausschließlich als eine Wohl-
oder Milothätigkeitsanstalt betrachtet, und unter keinem andern Gesichtspunkte
wurde es vom Redner beleuchtet. Wer irgend dazu im Stande ist, muß für
die Pflege im deutschen Hospital bezahlen, und die Einrichtung desselben
muß in jeder Beziehung eine so vortreffliche sein, daß man es in vielen Fällen
vorzieht, sich dort statt im eigenen Hause verpflegen zu lassen. Wenn der Plan

sich nicht darauf basirt, daß das Hospital zum großen Theil sich selbst erhält, so ist er verfehlt, was natürlich die Wohlthätigkeit im weitesten Sinne nicht ausschließt. Regelmäßige, nicht von fortwährender Agitation abhängige Einnahmen — nur d i e können den Bestand und das dauernde Gedeihen des Hospitals sichern.

Der Redner möge es mir gestatten, ihn auch noch auf einen historischen Schnitzer aufmerksam zu machen, in welchen er verfiel als er unter Anderem sagte: „Wenn das deutsche Hospital zu Stande kommt — in würdiger, nutzstiftender Weise zu Stande kommt — und es muß zu Stande kommen — so hoffe ich, daß Sie demselben dieselbe Theilnahme bewahren werden, welche Sie bewiesen haben von dem Augenblick an, als eine Anzahl human gesinnter Männer den Gedanken faßte, ein Hospital zu errichten, und am 13. April 1861 einen Freibrief von der Legislatur des Staates New-York erwirkte." Der Redner vergißt hier, daß im Jahr 1861 der Gedanke, ein deutsches Hospital in New-York zu errichten, und die Agitation für dasselbe schon etwa zehn Jahre alt war, daß schon seit zehn Jahren ein Theil der deutschen Presse New-Yorks beharrlich dahin wirkte, und daß durch jene konsequenten Bemühungen schon der Grund gelegt war, welcher es überhaupt möglich machte, bei der Legislatur um einen Charter einzukommen. Der Herr Redner wollte gewiß Niemandem Unrecht thun; daß ich hier auf seinen Irrthum hinweise, geschieht nur der Richtigkeit wegen.

Es ist gut, daß ein Arzt, es ist gut, daß ein Enthusiast an der Spitze steht. Die Aerzte haben bis jetzt durch ihre Meinungsdifferenzen mehr zur Hinderung als zur Förderung des Unternehmens beigetragen, und es ist deshalb erfreulich, daß einer ihrer Collegen ihnen das Beispiel zum Bessern giebt. Der Enthusiasmus kann allein das rechte Leben in die Sache bringen, und so rufen wir dem Doctor Kralowitzer unser Bravo, Bravo! zu, so danken wir ihm und fordern ihn auf, mit demselben feurigen Eifer fortzufahren wie er begonnen — zum Ruhme deutschen Gemeinsinns und deutscher Wissenschaft.

Bevor ich von diesem Gegenstand Abschied nehme, darf ich nicht unterlassen, der Wahrheit gemäß hervorzuheben, daß die Wirksamkeit der Frauen für das Hospital noch immer die beharrlichste und erfolgreichste gewesen ist. Durch die vor einigen Jahren von ihnen veranstaltete Ausstellung und Verloosung haben sie den ersten b e d e u t e n d e n Beitrag zum Fond geliefert, und seitdem sind sie nie müde geworden, die Sache zu betreiben. Die Kranken, welche später im vollendeten Hospital freundliche Pflege und Heilung finden, werden die edlen Frauen segnen, durch deren Vermittlung ihnen diese Wohlthat zu Theil wurde. Was sie ferner für die Sache thun können, ist unberechenbar. Mögen sie das Zustandekommen und Gedeihen des Hospitals als eine Ehren- und Herzenssache der deutschen Frauen New-Yorks betrachten.

Die Saison, während welcher man sich in geschlossenen Räumen zu amüsiren und der Kunst zu huldigen pflegt, beginnt für New-York unter glänzenden Auspicien. Zwei Sterne erster Größe, Adelaide Ristori und Bogumil Dawison, sind gekommen um über Amerika die Sonne ihres Talentes leuchten

zu lassen, und Beide werden hier manche Erfahrungen machen. Daß die Ankunft der Ristori hier dieselbe Sensation erregte wie einst die der Rachel, ist kaum zu behaupten; man hat seitdem viel erlebt und verbindet mit dem Wort „Ereigniß" einen etwas andern Begriff; dennoch aber wird sie in amerikanischen Kreisen der Stern des Tages und der Nächte sein, und wie viele Huldigungen ihr auch zu Füßen gelegt werden — es kann nicht fehlen, daß sie mancherlei bemerkt, was nicht den erhebendsten Eindruck auf sie macht. Die Musik spricht zu allen Herzen; die dramatische Kunst aber bedarf der Vermittelung, welche im Worte liegt. Die Sprache der Ristori wird von den Amerikanern nicht verstanden; aber das macht keinen Unterschied, denn sie wollen eben nur die berühmte Ristori sehen und bewundern. Durch die Oper ist der musikalische Sinn welcher überhaupt den Amerikanern durchaus nicht abzusprechen ist, schon bedeutend entwickelt; sie wissen, was gut und was schlecht ist, und lassen sich mit nichts Mittelmäßigem mehr abspeisen; wie übel es aber mit der dramatischen Kunst, dem Sinn und Verständniß für diese, hier bestellt ist, zeigt eben der Stand der amerikanischen Bühne, welche besser sein würde wenn das Publikum die nöthige Bildung besäße um Besseres zu schätzen und zu fordern. Von der Ristori verlangt Amerika Sensation; erwartet sie in Amerika etwas Anderes als Geld, so wird sie nicht das finden, was sie sucht. Erinnere man sich nur der Rachel und der Erfahrungen, welche diese hier machen mußte! Ein Beispiel genügt. In einem großen geschichtlichen Moment — im unvergeßlichen Februar 1848 — war die Rachel begeistert mit dem Banner der Republik auf die Bühne gestürzt, hatte die Marseillaise gesungen, und begeistert, knieend, weinend hatte man ihr zugehört. Es war der größte Augenblick im Leben der Künstlerin. Hier hatte man davon gehört und verlangte, daß sie hier auf dieselbe Weise die Marseillaise singe. Sie war empört über diese Zumuthung, erklärte, es fehle ihr die Inspiration, und weigerte sich. Aber man ließ ihr keine Ruhe, und so folgte auf die Pariser Apotheose des ewigen Freiheitsanges die New-Yorker Entheiligung desselben. Möge die Erbin der Rachel sich ähnliche Erfahrungen nicht anfechten lassen; es wird daran nicht fehlen. Ueberhaupt wünschen wir ihr in Amerika mehr Glück als ihrer Vorgängerin, welche sich hier den Tod holte. Weil die mangelhafte Heizung eines amerikanischen Theaters ihr eine Erkältung zuzog, mußte die Rachel sterben. Theuer erkauft war das Geschäft, welches der Bruder Felix hier mit ihr und der Marseillaise machte. — Herr Dawison betritt zuerst die Bretter des Stadttheaters. Es ist erfreulich, daß die deutsche Bühne New-Yorks im Stande ist, einem weltberühmten Künstler das fürstliche Honorar von tausend Dollars für den Abend zu bieten. Ein intelligentes Publikum wird Dawison begrüßen und seine Leistungen würdigen; aber es kann nicht fehlen, daß er in der Haltung dieses Publikums etwas findet, was dasselbe von allen andern, vor denen er jemals auftrat, unterscheidet. Es wäre gewiß nicht unpassend, wenn der Deutsche hier wie im alten Vaterlande das Theater als einen Kunsttempel betrachtete, dem man es schuldig ist, sich ihm nur im hochzeitlichen Kleide zu nahen. Es liegt hierin durchaus keine unbillige, aristokratische Zumuthung. Bei der Kunst ist nun einmal das Aeußere die Hauptsache, und auch der Hörer hat im Theater eine Rolle zu übernehmen. Zwischen Publikum und Künstler muß eine Wechselwirkung stattfinden; Letzterer bedarf einer gehobenen Stimmung, welche wesentlich gefördert wird wenn die Scene in jeder Beziehung den Eindruck des Festlichen macht. Der Amerikaner erkennt dies, und der viel höher stehende Deutsche sollte es nicht außer Acht lassen.

Uncas.

Musikalische Revue.
Von Th. Hagen.

Die Saison hat im Ernste begonnen. Die Theater und Schulen sind wieder geöffnet, die Lehrer geben wieder ihre Stunden und in den Concertsälen tönt es wieder nach Noten, wenn auch nicht immer nach den rechten. Die musikalischen Unterhaltungen während der Sommermonate sind natürlich am Absterben begriffen. Was dem Einen Leben giebt, ist dem Andern Tod. Der Herbst macht den Garten-Concerten ein Ende. Nun, sie haben ihren Beruf erfüllt und im Ganzen Gutes gewirkt. Herr Theodor Thomas hat die Programme der Terrace-Garden-Concerte auf einer ehrenwerthen künstlerischen Stufe zu halten gewußt. Die Ausführung hätte allerdings manchmal etwas sorgfältiger sein können; aber die Auswahl der Stücke war im Ganzen gut zu nennen. Als eine Art Fortsetzung dieser Concerte mögen die von Herrn Harrison in Irving Hall introducirten Sonntags-Concerte betrachtet werden, nur mit dem Unterschiede, daß Herr Theodor Thomas die Tanzmusik an diesem Orte ausschließt. Wenn irgend etwas, so zeigt der Erfolg dieser Concerte, welche bereits im vorigen Jahre inaugurirt wurden, den großen Umschwung in der Anschauungsweise, welcher beim Publikum in musikalischen Angelegenheiten stattgefunden hat. Vor einigen Jahren war jeder Versuch, Sonntags-Concerte auf eine längere Zeit zu geben, ein fruchtloser. Der amerikanische Theil des Publikums hielt sich fern, und der deutsche stellte sich nicht in dem Maße ein, um auf die Dauer vor Verlusten zu sichern. Jetzt ist es anders. Irving Hall füllt sich von Sonntag zu Sonntag mehr mit dem anständigsten amerikanischen wie auch deutschen Publikum, das augenscheinlich den Sonntag nicht besser beschließen kann, als durch Anhören guter Musik. Anstatt daß wir früher blos ein Institut dieser Art hatten, haben wir jetzt schon zwei. Herr Grover im Olympic Theater hat bereits mehrere sogenannte sacred concerts oder wohl besser Sonntags-Concerte gegeben, und zwar mit Erfolg. In diesen Concerten treten einige Mitglieder der alten deutschen Operntruppe auf, unter Andern Madame Friderici, die zwar noch immer eine schöne Stimme hat, aber auch noch immer nicht singen kann. Es scheint fast, als wenn einige Opernsänger und Sängerinnen der Ansicht sind, daß das viele Ueben die Stimme ruinire. Allerdings würde das Ueben einer mangelhaften Methode sehr bald von den schädlichsten Folgen für die Stimme sein; aber ein sorgfältiges, anhaltendes Studium einer künstlerischen Methode ist das einzige Mittel, die Stimme zu erhalten. Es ist schon oft ausgesprochen worden, daß das Leben kurz, aber die Kunst lang ist. Es ist die Kunst, welche dem Material des Sängers die Lebenskraft verleiht, welche eben sein Leben als Sänger verlängert. Alle kunstgebildeten Sänger wissen noch im vorgerückten Alter einen in der Ausübung ihres Berufs wohlthuenden Eindruck hervorzurufen, während stimmbegabte, aber uncultivirte Sänger sehr bald am Ende ihrer Carriere anlangen. Wir haben so manche höchst betrübende Illustrationen dieser Wahrheit erlebt, daß es uns wundert, warum nicht die jugendlichen Kunstjünger und Kunstjüngerinnen sich dieselben besser zu Herzen nehmen. —

Unter den neuen Sängern, welche ihr Heil in Amerika versuchen wollen, nimmt Herr Pollak vom Dresdener Hoftheater einen ehrenvollen Platz ein. Er hat zwar keine große, aber eine sehr angenehme Baritonstimme, die unter Stockhausen's Leitung einen höchst achtbaren Grad der Ausbildung erreicht hat. Als Conzertsänger dürfte ihm hier eine brillante Zukunft bevorstehen. Er machte sein Debut in dem Conzerte, welches Herr Eduard Mollenhauer unter der Aegide seines musikalischen Institutes oder Conservatoriums veranstaltet hatte. Dieser Conservatorien haben wir jetzt leider schon drei, ein Beweis, wie schnell hier zu Lande die lukrative Idee ausgebeutet wird. Das von Herrn Carl Anschütz gegründete (in dem Lokale des Klavierfabrikanten George Steck & Co.), dürfte noch die meisten Chancen eines künstlerischen Erfolges für sich haben. Herr Anschütz ist ein tüchtiger Musiker, aus einer guten Schule hervorgegangen, und zwar aus einer solchen, in der sich eine solide Disciplin geltend zu machen wußte. Wendet er dieselben Prinzipien bei der Ausübung seines hiesigen Lehramtes an, und weiß er sich namentlich mit tüchtigen Hülfslehrern zu umgeben, die noch etwas mehr als ihr Instrument kennen, so kann vom pädagogischen Standpunkte aus betrachtet, mit Recht Tüchtiges erwartet werden.

In der Oper hatten wir bis daher blos einige spasmodische Versuche, von einem Manne ausgehend, dessen ganzes Leben sich in derartigen Versuchen zersplittert hat. Herr Drayer hatte nämlich schon wieder einmal eine Compagnie zusammengetrommelt, und damit in dem französischen Theater sein Unwesen getrieben. Das letztere Wort ist gewiß passend, wenn man die theilweise scandalösen Aufführungen berücksichtigt, mit welchen er das Publikum zu behelligen suchte. Die Compagnie hatte einige tüchtige Mitglieder, zumal Mad. Boschetti und die Herren Tamaro und Carl Fermes, welcher Letzterer trotz seiner Mängel als Gesangskünstler und trotz seiner Stimmlosigkeit noch jetzt ein Koloß genannt werden muß, wenn man seine Leistungen mit den ohnmächtigen Kraftäußerungen seiner Collegen vergleicht. Die Oper, die am meisten gegeben wurde, war Rossini's „Barbier von Sevilla", ein Werk, das man mit Recht das gelungenste bon mot des alten Schwätzers nennen könnte. In keinem seiner Werke spiegelt sich die Individualität des Componisten so wieder wie in diesem, in keinem giebt er sich so ganz selbst in seiner Frivolität, Gewissenlosigkeit, seiner Genialität und seinem göttlichen Leichtsinne. Jeder einzelne Charakter ist ein Stück von ihm selbst, und daher die große Wahrheit des Ganzen. Ueberall sprudelt es, als ob es direkt aus dem Urquell eines großen Genius käme, überall herrscht Frische, Lebendigkeit und dennoch eine feine Charakteristik; wahrlich, Schumann hatte Recht, als er den „Barbier" die beste komische Oper des Jahrhunderts nannte.

In Betreff der Oper des Herrn Maretzek verlautet vor der Hand noch nichts Bestimmtes. Sie wird in Brooklyn anfangen, dann im Wintergarten ihren Fortgang nehmen, bis die neue Academy of Music erstanden sein wird. Wann das Letztere der Fall sein wird, dürfte schwer zu sagen sein, wahrscheinlicherweise wohl nicht vor dem nächsten Frühjahre. Die Truppe des Herrn Maretzek soll gut sein; laßt uns nur hoffen, daß sein Repertoire auch ein gutes sein wird. Warum könnte er nicht einmal einen Versuch mit einer Gluck'schen Oper machen? Gluck wird jetzt in Europa überall wieder zu Gnaden angenommen; wir sollten ihm auch hier ein Pförtchen öffnen. Der musikalische Geschmack kann sich dadurch nur heben, wenn wir damit auch keineswegs sagen wollen, daß unsere Componisten Opern wie die Gluck'schen schreiben sollen. Aber die Prinzipien, die er anwandte, die sollen sie sich zu Herzen nehmen, weil es die einzig wahren und gültigen sind. — Mit der Eröffnung des großen Conzertsaales der Herren Steinway dürfte wohl so recht erst die musikalische oder vielmehr die künstlerische Bedeutung der Saison an's Licht treten. Wir hören, daß dieser Saal bald beendet sein wird, und dann wird nicht bloß Herr Bateman mit seiner sehr tüchtigen Sängerin Parepa seinen Einzug halten, sondern wir können auch den Philharmonischen Conzerten, den Symphoniesoireen des Herrn Theodor Thomas, den Quartettsoireen der Herren Mason und Thomas, kurz allen solchen Lebensäußerungen der musikalischen Kunst entgegensehen, die von wirklicher Bedeutung für die Entwickelung eines reinen Geschmacks und einer wahren Bildung in diesem Lande sind. Es wird zwar jetzt auch schon viel Musik gemacht, aber die rechte Musik muß doch noch erst kommen. Die Kraftanstrengungen unserer kleinen Componisten, die am Ende doch nichts weiter als eine Reclame für so und so viele Lectionen sind, wollen wir deshalb auch nicht weiter berücksichtigen.

Oeffentliche Danksagung.

In dem Bestreben, der deutschen Intelligenz in Amerika ein Organ zu schaffen, haben wir wohl bei der transatlantischen, nicht aber bei der deutsch-amerikanischen Presse die Unterstützung gefunden, auf welche die Schwierigkeit des Unternehmens uns Anspruch erwarb. Den New-Yorker Collegen ist es namentlich sehr wohl bekannt, daß wir die Monatshefte nur übernahmen um einerseits ihren Untergang oder andererseits' ihren Uebergang in unlautere Hände zu verhindern, und desto mehr durften wir uns auf ein freundliches Entgegenkommen gefaßt machen. Darin haben wir uns verrechnet. Die trefflichen Arbeiten eines Werner, Raster, Blind, Münch, Bernays, Dulon, Pösche, Lüdeking, einer Marie Westland und Anderer wurden mit so beharrlichem Schweigen entgegengenommen als hätte man es darauf angelegt, dem Publikum die Existenz der Monatshefte zu verheimlichen. Wir entschlossen uns deshalb zu einem Experiment, welches zwar etwas gewagt und außergewöhnlich war, aber von dem glänzendsten Erfolg gekrönt wurde. Im vorigen Hefte veröffentlichten wir ein Gedicht sehr zweifelhaften Werthes, und sofort schwand die bisher beobachtete studirte Gleichgültigkeit, sofort wurde über den unglücklichen Poeten mit einer Vehemenz hergefallen, welche ihm zur Erlangung der Selbstkritik, an der es ihm bis jetzt gebrach, behülflich war, uns aber die erfreuliche Gewißheit gab, daß in literarischen Kreisen doch noch einiges Interesse für die Monatshefte vorhanden sei. Die gediegene Abhandlung desselben Verfassers über Petöfi wurde ignorirt, seine verfehlte Künstlernovelle aber mit wahrer Wollust zerzaus't. Wir danken den Herren Collegen dafür, daß sie unsere List gelingen ließen, und hoffen, daß sie hinfort auch ohne solche Kunstgriffe unserm Bestreben einige Aufmerksamkeit schenken werden.

Die Redaction.

☞ Die Herren Agenten werden gebeten, uns die noch restirenden Exemplare des September-Heftes schleunigst zugehen zu lassen.

Reisender Agent für die Monashefte:
Carl Wieland.

Deutsch-Amerikanische Monatshefte
für
Literatur, Kunst, Wissenschaft und öffentliches Leben.

Redigirt von

Rudolph Lexow.

III. Jahrgang. II. Band.   1866.   November-Heft.

Die Sünden der österreichischen Militair-Verfassung
Von Edmund Carl Preiß.

Keine der größeren Armeen Europas hat innerhalb der beiden letzten Dezennien mehr experimentirt und organisirt als die österreichische, keine — die französische ausgenommen — hat mehr Gelegenheit gehabt, den Werth ihrer Neuerungen zu prüfen und aus den Resultaten geschlagener Schlachten zu lernen, als eben diese. Und doch hat die Erfahrung gezeigt, daß aus all den blutigen Kriegen, die Oesterreich geführt, die Armee der Habsburger wenig oder gar nichts gelernt hat, dennoch ist sie, die sich mit seltenem Stolze ihrer gewaltigen Macht gerühmt hat, von einer anderen, die seit mehr als einem halben Jahrhundert verhältnißmäßig fast gar keinen Schuß gethan hat und vor der sie den bedeutenden Faktor wirklicher Kriegserfahrung voraus hatte, in immerwährender Reihenfolge geschlagen und bei Königgrätz schließlich fast vernichtet worden.

Das klingt traurig, aber es ist wahr, und wenn es für diese geschlagene Armee irgend welchen Trost im Unglücke geben kann, so mag sie ihn aus dem Bewußtsein schöpfen, daß sie ehrenvoll unterlegen ist.

Die Ursachen und der Verlauf dieses unseligen Krieges gehören der Geschichte an, aber der Gegenwart hat sich ein Feld reichlicher und lohnender Betrachtungen erschlossen.

Wir finden, daß in diesem Kriege menschliche Berechnung und Voraussicht gänzlich zu Schanden geworden, daß die ebenso unerwartete als vollständige Zerschmetterung einer großen, achtunggebietenden Armee eine enorme Aufregung in ganz Europa erzeugt und zu einer fieberhaften Reorganisationswuth in den Wehrsystemen aller Staaten geführt hat. Die Ueberlegenheit des einen Theiles der kriegführenden Mächte über den anderen war — so erkennt man immer deutlicher und deutlicher — nicht Ergebniß zufälliger Ereignisse oder Umstände; sie war eine schon lange bestehende, wenn auch faktisch nicht constatirte Thatsache und Resultat jener energischen und einsichtsvollen Leitung, welche die preußische Armee wenigstens momentan zur ersten in Europa gemacht hat. Der Schwerpunkt ihrer Leistungen ruht in nichts Anderem als in der Verkörperung jenes Satzes, den Clausewitz an die Spitze aller seiner kriegswissenschaftlichen Werke geschrieben, jenes Satzes, der wie ein glänzendes Meteor aus den Wirren des Kampfes emporgestiegen und der da sagt:

„Die Form ist todt,
Nur der Geist macht lebendig."

Die österreichische Heeresverwaltung hat für die Realisirung dieses obersten Grundsatzes moderner Kriegstüchtigkeit wenig oder gar nichts gethan; sie hat es nie verstanden, die Massen moralisch zu erziehen und in ihr jene Gefühle zu wecken, die — sobald sie in Fleisch und Blut übergegangen — unbedingt zum Siege führen.

Die Menge der Vorwürfe, mit welchen ihr nun überall begegnet wird, trifft sie nicht unverdient; aber man muß, ehe man den Stab über sie bricht und den größten Theil dessen, was sie geschaffen, verdammt, auch gerecht sein und erwägen, daß die Elemente, über welche sie verfügt, mitunter auf der niedersten Stufe geistiger Kultur stehen und jedes eigentlichen inneren Kittes entbehren. Oesterreich ist keine Nation, sondern ein Conglomerat von Völkern, die in Sprache, Sitten und Charakter von einander abweichen und deren besondere Interessen verschieden sind; Preußen ist dagegen ein vollständig centralisirter Staat und seine Armee ist eine nationale. Die Aufgabe der österreichischen Heeresleitung ist daher eine ungleich schwierigere, allein sie ist demungeachtet erfolgreich zu lösen, sobald den besonderen Verhältnissen Rechnung getragen und vor Allem ein intelligenter, freisinniger Geist an die Spitze gestellt wird. Daß Oesterreich fähige Generale besitzt, weiß Jeder, der die Armee kennt; daß es Offiziere hat, welche neben hoher Intelligenz auch Energie und Thatkraft aufweisen können, ist ebenso gewiß; allein es versteht die Ersteren weder zu verwerthen, noch die Letzteren zu ermuntern, und hat daher zu wiederholten Malen die überaus schmerzliche Erfahrung machen müssen, daß mit dem unstreitig guten Material so wenig geleistet worden ist.

Die Intelligenz in der Armee wird, wenn sie nicht bei besonders bevorzugten Personen offenkundig zu Tage tritt, in den seltensten Fällen gewürdigt und unterstützt, ja sie wird sogar manchmal zur Quelle des Unglückes Einzelner, weil ein beschränkter oder mißgünstig gestimmter Vorgesetzter die alleinige Autorität im Denken und Handeln beansprucht und das junge Talent statt zu fördern, zu unterdrücken strebt. Man glaube durchaus nicht, daß in dieser Behauptung nur persönliche Meinung Ausdruck findet; sie ist eine Erfahrung, die allgemein bekannt ist. Trotz den zahlreichen Militair-Bildungsanstalten, die in den letzten Jahrzehnten gegründet und deren größte Zahl auch bereits wieder aufgehoben worden ist, hat das geistige Element in der Armee wenig Zuwachs erhalten; die fähigen Offiziere sind meist in den subalternen Chargen geblieben; mitunter haben sie sich durch höheren Einfluß auch bis zu Stabsoffizieren emvorgeschwungen, allein die Masse hat nichts erreicht und nichts gewonnen, und die Leitung und Führung blieb in den Händen der Gamaschenknöpfe.

So kommt es, daß die Armee in ihren höheren Sphären — einzelne Generale ausgenommen — verhodnet und verknöchert repräsentirt ist, daß die höchsten Stellen ein förmliches Privilegium kaiserlicher Prinzen oder aristokratischer Familien sind, daß die Protektion über dem Verdienste, die Servilität über dem Freimuth, der Kastenstolz und Eigendünkel über der Aufklärung stehen, daß die besten Kräfte der Völker nutzlos verschleudert werden, daß die Armee immer unzufrieden und in gedrückter Stimmung ist und schließlich den Ruin und den Zerfall des Reiches nicht mehr wird aufhalten können.

Wir haben es erlebt, daß ein Krieg, von Haus aus durchgehends unter nicht ungünstigen Verhältnissen begonnen, schmählich geendet hat, daß weder der Patriotismus, noch die Opferwilligkeit eines ganzen Reiches genügt haben, eine schwere, aber gerechte Katastrophe aufzuhalten. Hätte man nicht gesündigt, oft und schwer gesündigt, sowohl an sich selbst als an Anderen, man hätte sich diese schimpflichen Demüthigungen alle ersparen können; aber man stützte sich immer und immer nur auf die zahlreiche Armee und auf die Möglichkeit, sie im Falle des Bedarfes in kürzester Frist ansehnlich verstärken zu können; man stützte sich auf die Menge der Hülfsquellen, die ein von der Vorsehung reichlich bedachter Staat aufweisen kann, und vergaß zu bedenken, daß die Brauchbarkeit einer Armee nur dann Zuversicht auf Erfolg geben darf, wenn sie ebenso sehr auf moralischer und intellektueller als auf physischer Basis ruht, und daß die Hülfsquellen eines Landes nur dann einen erheblichen Faktor in der Kriegsführung bilden, wenn eine selbstherrschende Hand mit Geschick sie erschließt.

Alles Unheil, welches aus diesem Kriege für Oesterreich hervorgegangen ist und zweifelsohne noch hervorgehen wird, trifft nicht die einzelnen Glieder der Armee, sondern Jene, die mit fast unumschränkter Gewalt jahrelang über sie geherrscht haben.

Ihnen folgt der Fluch Tausender selbst in's Grab nach. Möge die Regierung, die Millionen auf Millionen nutzlos in das Heerwesen geschleudert, laut ihr pater peccavi beten. Wer seine Fehler erkennt, macht den ersten Schritt zur Belehrung. Oesterreich hat eine gewaltige Mission zu erfüllen. Die Stunde, in der es der Welt wird zeigen müssen, ob es bestehen kann und soll, wird auf Windesflügeln herangeeilt kommen. Möge das Feldgeschrei der Armee dann so oder so lauten: sie wird Solferino und Königgrätz auszuwetzen, sie wird jene ruhmvolle Stelle in der Geschichte zu erringen haben, die ihr für die Vergangenheit nicht bestritten werden kann.

1.
Steht die österreichische Militair-Organisation mit den richtigen Staatsprinzipien im Einklange?

Die Kriegsorganisation oder Kriegsverfassung eines Staates ist wesentlich das Produkt seiner geographischen, ethnographischen und historischen Vorbedingungen, seiner Industriekultur und allgemeinen Volksintelligenz. Demnach ist die Fähigkeit des Staates, eine Armee von dieser oder jener Stärke in's Feld stellen zu können, zum großen Theile von seinen politischen Einrichtungen abhängig. Die Macht eines Staates stützt sich ferner mehr auf den Gebrauch, welchen er von seinen Kräften zu machen versteht, als auf die Kräfte selbst. Derjenige, welcher mit Wenig Viel leistet, ist unstreitig der Geschicktefte. So viele große Staaten es in Europa giebt, so viele Armee-Organisationen giebt es auch. Zwischen allen existirt eine gewisse Analogie, zwischen keinen derselben eine Gleichheit. Die militairischen Einrichtungen Oesterreichs und Frankreichs sind sich am ähnlichsten, jene Rußlands und Schwedens differiren am meisten von einander. Es wäre der Systemgeist zu weit getrieben, wollte man jeder Art von Regierung eine gleiche militairische Organisation oktroyiren. Eine Armee ist nur das Abbild des Staates und seiner Verfassung, sie und ihre Einrichtung gehen nur aus dieser hervor.

Im Allgemeinen beruht jede Heeresorganisation: a) auf einem entsprechenden Heeres-Ergänzungsgesetze, b) auf der richtigen Auswahl und Eintheilung der Mannschaft zu den verschiedenen Truppenkörpern, c) auf einer logischen Gliederung der einzelnen Truppenkörper und Zusammenstellung dieser in große Truppenkörper zu einem taktischen Ganzen.

a) Was das Heeres-Ergänzungsgesetz anbelangt, so steht es außer Zweifel, daß es die erste Pflicht jedes Staatsbürgers ist, zur Vertheidigung des Staates mit seiner Person einzustehen. Die allgemeine Wehrpflicht ist daher auch der einzige gerechte und richtige Weg zur Heeres-Ergänzung. Wir geben diesem Gesetze unsere vollste Zustimmung, müssen aber dabei erwähnen, daß in der Durchführung desselben so viele Willkürlichkeiten liegen und so viele Ausnahmen stattfinden, daß es einer gründlichen Revision zu unterziehen wäre. Dieser Ansicht waren in jüngster Zeit auch sehr viele der Landtagsabgeordneten; allein es blieb immer beim Alten, weil die besitzende Klasse den größten Vortheil daraus zieht. Man frage nur die Assentkommissionen und Ergänzungs-Bezirkskommandanten, welche Mittel bei den Stellungen angewendet werden, um sich der Militairpflicht zu entziehen, und man wird staunen, daß so etwas in einer Zeit noch möglich ist, wo mit den Phrasen von gleichen Rechten und Pflichten der Staatsbürger so freigebig herumgeworfen wird. In der Theorie nehmen sich derlei Phrasen allerdings sehr gut aus, und kosten wenig um sich populär zu machen, aber die Praxis giebt ein anderes Bild.

Wen trifft das Loos, Soldat zu werden? Das Proletariat des Ackerbaues, der Industrie und der Intelligenz, voilà tout! Gut genug zum Kanonenfutter. Der bemittelte Staatsbürger hingegen sucht das Gesetz auf alle mögliche Weise zu umgehen, ja er macht sich kein Gewissen daraus, sich dem Erlag der Befreiungstaxe zu entziehen, obgleich er in der Lage ist, seinen Kindern eine bessere Erziehung zu geben, und im Stellungsalter durch ein entsprechendes Maturitätszeugniß dieser schweren Pflicht enthoben wird.

Die Vertreter auf den Landtagen wünschten und befürworteten ein möglichst mildes, die Kräfte des Landes schonendes Heeres-Ergänzungsgesetz, kurze Dienstzeit, recht viele Befreiungsrücksichten und unbehinderte Entwicklung aller jungen Leute, welche dem Studium der Kunst, der Wissenschaften und der Gewerbe obliegen. Mit anderen Worten: Jeder soll befreit sein, der etwas besitzt, Jeder der etwas gelernt hat, Jeder, der einer Kunst oder Wissenschaft sich widmet, endlich auch Jeder, der ins Kloster tritt und dort im beschaulichen Nichtsthun sein Leben zubringen will. Was nun übrig bleibt aus diesem Materiale, sollen die Offiziere sich bemühen, als Helden für die Vertheidigung des Vaterlandes zu erziehen. Was das heißen will, wird jeder Offizier aus eigenen Erfahrungen bezeugen können. Man muß im vollen Sinne des Wortes erst Menschen aus diesen Leuten machen, sie an Ordnung, Reinlichkeit und Gehorsam gewöhnen, mit einem Worte, sie erst erziehen. Vom militairischen Standpunkte und mit Rücksicht der Kräftigung und Vervollkommnung der Armee und Gleichstellung mit anderen Heeren, muß man wünschen, daß auch Diejenigen, die wohlhabender sind, eine bessere Erziehung und Bildung genossen, sowie Die, welche bildungsfähig sind, so zahlreich wie möglich in die Armee treten.

Von den größeren Städten, die solches Material wohl liefern könnten, ist aber die stellungspflichtige Altersklasse schon derart physisch und moralisch zu Grunde gerichtet, daß nicht viel Taugliches mehr zu finden ist. Schwierig ist es unter solchen Verhältnissen, diese entgegengesetzten Anschauungen zu vereinbaren, aber noch schwieriger, allen Anforderungen zu genügen, welche den vielseitigen Ansprüchen und Auslegungen entsprechen könnten, die man an die mit den Ergänzungen betrauten Organe stellt. Es sind in dieser Beziehung zahlreiche, mitunter wahrhaft patriotische Vorschläge gemacht worden; allein es bleibt, wie schon Radetzky in seinen Denkwürdigkeiten bedauernd anführt, viel zu viel auf dem Papier stehen, und es bedarf ganz anderer Hebel, um österreichische Generäle aus ihrer gemüthlichen Indolenz aufzurütteln!

Eine Million Seelen giebt erfahrungsmäßig 7—8000 Conscribirte, was fast 1|135 der Bevölkerung ist. Die Hälfte ist nothwendig, um die Bedürfnisse der Verwaltung, der Kirche, der Künste und Handwerke zu decken.

Nach Abrechnung der Sterbefälle giebt eine jährliche Aushebung von 3500 Mann in 10 Jahren 30,000. Bei 34 Millionen Einwohnern, welche Oesterreichs Population zählt, sollte das jährliche Aushebungscontingent demnach 120,000 Mann betragen, was bei 10 unter den Waffen stehenden Altersklassen 1,200,000 Mann ausmachen würde. Da Oesterreich jedoch die Ziffer 85,000 als Grundzahl für die jährlichen Rekrutenaushebung bestimmt hat, so sollte sich die in zehn Jahren à 85,000 Mann ausgedrückte Stärke seiner Heeresmacht auf 850,000 Mann belaufen.

Zieht man jedoch in Betracht, daß im Monate Februar die Assentirung und im Monate Juni die Entlassung im Heere gesetzlich stattzufinden hat, daß in dieser Zeit die Armee am stärksten ist — einer Epoche, in welcher die Diplomatie ihr Calcul fertig gemacht haben kann — so findet man, daß die Regierung eventuell über 11 Altersklassen oder 735,000 Mann, und wenn man eine a conto Rekrutirung von 85,000 Mann noch hinzu addirt, über 1,020,000 Mann zu disponiren hat. Führt man hingegen diese Grundzahl der Sollstärke auf ihr richtiges Maß zurück, indem man von ihr 10—15 Procent für Sterbefälle, Entlassungen ꝛc. in Abschlag bringt und 40—50,000 Grenzer dazu rechnet, so erhält man eine Kriegsstärke von 900—950,000 Mann — eine Macht, welcher kein europäischer Staat eine gleiche entgegenstellen kann.

Angenommen, die Infanterie einer Armee wäre 1, so würde die Reiterei 1|6, die Artillerie 1|8, das Genicorps einschließlich der Pioniertruppen 1|40, das Trainwesen 1|30 und das Ganze bei 12|30 ausmachen.

Wenden wir dieses Exempel auf eine Armee von 600,000 Mann an, auf welche Stärke ein mobiles österreichisches Heer jederzeit gebracht werden kann, so stellt sich das Verhältniß der Waffengattungen ungefähr wie folgt zu einander:

  Infanterie.........................450,000 Mann
  Reiterei.......................... 70,000 „
  Artillerie......................... 55,000 „
  Genietruppen inclusive Pioniere........... 10,000 „
  Trainwesen.... .... 15,000 „

         Zusammen 600,000 Mann.

Ohne zu übertreiben, kann man die Behauptung aufstellen, die österreichische Armee sei das Volk in Waffen, indem der 34ste Mann der Bevölkerung Soldat ist. Frankreich gebietet eventuell über 8 Altersklassen à 95,000 Mann, oder 760,000 Mann, von welchen jedoch der zehnte Theil an die Marine abgegeben wird, und hat keine andere Reserve als jene, die es sich aus diesen schafft; Preußen hatte bis jetzt bei 17 Millionen Einwohner 525,000 Mann und die Landwehr ersten Aufgebotes, während Oesterreich außer der Feld- oder mobilen Armee noch eine Reserve von 3—400,000 Mann ausgebildeter Truppen zur Disposition hat, die nur unter die Waffen gerufen und in Rahmen gefaßt zu werden brauchen, um Dienste zu thun.

Bei der gegenwärtigen österreichischen Heeresorganisation kann es nur immer 85,000 und im Falle eines Krieges die doppelte Anzahl unabgerichteter Rekruten geben, welche sich in einer großen Armee von 600,000 Mann ebenso verlieren, wie einzelne Regentropfen in einem großen Wasserbassin. Ein weiterer Vorzug dieses Systems besteht in dem nicht hinwegzuleugnenden Faktum, daß ein großer Theil der in die im Bedarfsfalle zu errichtenden Depots einzureihenden Mannschaft aus gedienten Leuten besteht, die jederzeit vor den Feind geführt werden oder die Abrichtung der Rekruten übernehmen können. Zur Ausbildung eines Rekruten genügen 6 Wochen, wenn die Noth Eile gebietet und der gute Wille entgegen kommt, zur Erziehung eines Soldaten sind 3 Jahre eine kaum zu lange Frist. Was waren die amerikanischen Freiwilligen — diese Intelligenz einer großen Nation — im ersten Jahre des Krieges?

Man kann aus dem Gesagten ersehen, daß die Größe der österreichischen

Streitmittel in einem richtigen Verhältniß zu dem Umfang des Reiches und der Stärke der Streitkräfte anderer europäischer Militairstaaten steht.

Lasse man daher die Behauptung unwissender Zeitungscorrespondenten, „daß das österreichische Militairsystem der Größe des Staates und seinen Bedürfnissen nicht entspreche", bei Seite oder lieber noch gänzlich fallen. An Massen hat es — wie Jedermann zugeben wird — sicherlich niemals gefehlt, in Schnelligkeit der Ausrüstung und Mobilmachung verdient Oesterreich Bewunderung. Denn, wenn — wie es heute notorisch erwiesen — vom Monate März bis zum Monate Juni 1859 über 800,000 Mann einberufen, equipirt und ins Feld gestellt werden konnten, so ist dies etwas, das über jedes Lob erhaben ist. Keine Armee der Welt hat so etwas Großartiges und Wundervolles aufzuweisen, niemals hat ein europäischer Staat ein Heer von 900,000 Mann unter seinen Fahnen gehabt; einzig in der Kriegsgeschichte steht dieses Factum. Das Maximum der Truppenzahl, die das erste französische Kaiserreich jemals unterhalten hat, ist 600,000 Mann gewesen. Frankreich und Italien waren Oesterreich im Jahre 1859 an Streitkräften numerisch unterordnet, an Finanzen, Verkehrsmittel und Intelligenz ihm bedeutend überlegen. Dies erklärt ihre Vortheile und die momentane Verschiebung des Machtgleichgewichtes. Ende Mai 1859 standen 180,000 Franko-Italienern 120,000 Oesterreicher gegenüber, in der zweiten Hälfte des Juni war das Verhältniß 160,000 zu 160,000, Anfangs Juli hätte die Proportion 200,000 zu 300,000 Mann werden müssen. Das Verhältniß der Streitkäfte im Jahre 1866 zwischen der preußisch-italienischen und der österreichischen Armee läßt sich dermalen noch gar nicht bestimmen, weil beide Theile die lügenhaftesten Angaben über ihre Stärke in die Welt hinausposaunt haben. Keinesfalls wird man jedoch irren, wenn man das numerische Verhältniß zu Gunsten jener Mächte annimmt, welche zu Preußen gehalten. Die österreichische Armee, in Italien vom Anbeginn bis zum Ende, und zu Wasser wie zu Lande entschieden siegreich, unterlag im Norden. Hier wie dort war ihre Organisation, ihr Material dasselbe; hier unterlag sie der höheren Intelligenz, dort siegte sie durch entschlossene und brillante Führung. Von der Misere der Bundestruppen ist es besser, zu schweigen. Auch hier ließ das Material nichts zu wünschen übrig, die Lauheit und Kopflosigkeit der Führer verdarb jedoch Alles.

Nach dem Feldzuge im Jahre 1859 war man bestrebt, jene Fehler, welche während der Kampagne zu Tage getreten, aus dem Militairsystem zu verbannen. Es ist hierdurch unstreitig Vieles besser geworden; bis zur Stunde fehlen jedoch alle näheren Anhaltspunkte zur ferneren Beurtheilung.

Die Mängel, welche in der Heeresorganisation damals wahrgenommen wurden, waren folgende:

Erstens fehlte auf dem completen Kriegsstand, da man per Regiment nur für 6 Bataillone oder 32 Compagnieen die Augmentationsvorräthe hatte, die Equipirung für 80 siebente Bataillone oder für 100,000 Mann, und da für die 200,000 Mann starke Reserve keine besondere Vorräthe bestehen, für 300,000 Mann.

Nach dem Gesetze sollten die 7ten und die folgenden im Kriege neu zu errichtenden Bataillone mit dem Ueberschuß der Montur und Rüstungssorten der Feldabtheilungen und mit der Armatur aus den Zeughäusern betheilt werden. Die zweiten und dritten Monturen, welche die Regimenter hatten und die bei Ausbruch des Krieges zu den Depots abgeführt wurden, um dort vom Aerar gegen Vergütung für die Bekleidung der neu zu formirenden Körper mit Beschlag belegt zu werden, würden vielleicht für jene 100,000 Mann hingereicht haben, wenn nicht dem Gesetze entgegen bei den Unterabtheilungen eine eigene Manipulation Platz gegriffen hätte. Mit den besten und reinsten Absichten und lediglich im Interesse seiner Compagnie sorgte der Hauptmann vor dem Kriege für den Frieden. Letzterer war ihm drückender als der Erstere. Ganze Kisten von Monturen wanderten unter dem Namen eines Eigenthums des Commandanten zu den Depots, wo sie deponirt und selbstverständlich nicht angetastet wurden. So assecurirte der vorsorgende Hauptmann die Montur seiner Compagnie ohne ihr und sein Leben zu versichern.

Welchen Trost mußte der aus dem Kriege mit einer zerrissenen Unterabtheilung zurückgekehrte Commandant an den Bekleidungsgegenständen finden, die er sich klugerweise reservirt hatte, und welches peinliche Gefühl mußte den nicht vorsorgenden Hauptmann ergreifen, der aus den im ersten Momente leer stehenden Montursmagazinen nichts erhalten konnte? Man sieht, daß überall die Administration diejenige ist, welche die Friction der Maschine vermehrt.

Zweitens: Durch ein gleichfalls ungesetzliches Vorgehen im Urlaubermodus bekamen die Regimenter der mobilen Armee eine Unzahl Urlaubermannschaft, die seit 4 bis 6 Jahren assentirt und weder bei den Depots abgerichtet, noch einen einzigen Tag im Stande der Truppen war.

Wie erklärt sich eine so außerordentliche Erscheinung bei einem strikten und deutlichen Gesetz?

Die Regimenter, welche für Friedensübungen, namentlich für Paraden in größeren Garnisonen, tüchtige und gut dressirte Soldaten brauchten, nahmen nur wenige Rekruten an und behielten die alte Mannschaft unter den Fahnen.

Drittens: Das Verwaltungssystem war insoweit sehr unvollkommen, als die einschlägigen Verwaltungszweige nicht schon im Frieden feldmäßig errichtet waren. Der Verpflegsmechanismus darf, soll er seinem Zwecke entsprechen, bei einem Uebergange vom Friedens- auf den Kriegsfuß nicht ins Stocken gerathen und die Schlagfertigkeit der Armee beeinträchtigen.

Wir haben während des jüngsten Krieges diese Fehler nicht wieder auftauchen sehen, wissen auch aus persönlichen Erfahrungen, daß die Controlle über die Standesevidenz im Frieden eine bedeutend strengere geworden, und das Verwaltungssystem eine gänzliche, dem französischen Verpflegsmodus sehr ähnliche Umgestaltung erfahren hat. In dieser Beziehung ist es auch Pflicht, zu erwähnen, daß der gegenwärtige Verpflegsapparat der österreichischen Armee in der Person des kaiserlichen Genie-Hauptmannes Artmann seinen wesentlichsten Begründer und Organisator besitzt. Artmanns in der österreichischen militairischen Zeitschrift von Streffleur erschienene Studien über die Feldverpflegung sind epochemachend geworden, und zeugen nicht nur von enormer, durchaus gründlicher Fachkenntniß, sondern verrathen auch ein eminentes Talent und eine durchwegs praktische Lebensfähigkeit. Mit ihnen Hand in Hand gehen die Studien des Regimentsarztes Doctor Michaelis, über die Conservation des Soldaten, die in demselben Journal, und wenn wir nicht irren, fast gleichzeitig erschienen sind. Beide sind unabhängig von einander entstanden und gehören doch wesentlich zusammen. Das ist ein erneuerter Beweis, daß das Talent überall vorhanden ist, und es nur eines glücklichen Momentes oder einer genauen Beobachtung bedarf, um es zu erkennen und zu verwerthen.

Man kann im Ganzen ruhig behaupten, daß, wie wir bereits erwähnt, die Basis der österreichischen Heeresorganisation eine richtige ist, und daß sie, weil sie eben alle Keime des Fortbestandes und der Entwicklung in sich trägt, auch gar keiner Veränderung bedarf. Mag es auch immerhin Leute geben, welche dem Milizgesetze vor dem Reservesystem den Vorzug geben und die behaupten, daß das Milizwesen die einzig richtige Grundlage der österreichischen Heeresformation wäre, weil dieses System vielleicht anderswo ein bewährtes ist — wir stimmen dieser Ansicht nicht bei und wiederholen, daß es in dieser Richtung in Oesterreich gar nichts zu reorganisiren giebt.

Wir haben ferner sub b gesagt, daß die Heeresorganisation auch in der richtigen Auswahl der Mannschaften nach Nationalitäten und sonstigen Eigenschaften beruht, welche sie speciell für die verschiedenen Waffengattungen qualificiren.

Was das Material zur Ergänzung der Armee anbelangt, so ist nicht zu leugnen, daß die verschiedenen Stufen der Volksbildung und die vielen gangbaren Sprachen der Ausbildung manche, nicht zu übersehende Schwierigkeiten entgegensetzen, weil erst das einheitliche deutsche Commando erlernt werden muß, was bei anderen Armeen wegfällt. Dagegen haben die verschiedenen Nationalitäten wieder den Vorzug der Stammes-Eigenthümlichkeiten, welche, wenn richtig benutzt, vorzügliche Soldaten für jede Waffengattung abgeben, die bei Armeen gleicher Nationalität nicht in demselben Maße vorgefunden werden. Die österreichische Armee hat eine nationale leichte Cavallerie an den Ungarn und Polen, welche gleichsam auf den Pferden geboren werden, eine vorzügliche schwere Reiterei aus Böhmen und Deutschen; geborne Schützen, wie sie Tirol, Salzburg, Steiermark, Nieder-, Ober- und Inner-Oesterreich, Böhmen und die Militairgrenze liefern, kann wohl keine Armee Europas so leicht erziehen. Auch die Artillerie und die anderen technischen Truppen, welchen zum größten Theil das slavische und deutsche Element als Grundlage dient, haben sich von jeher, und die Artillerie vielleicht nie mehr als eben in den jüngsten Kämpfen, was Ausdauer, Pflichtgefühl und Ausbildung betrifft, einen Ruhm erworben, der beneidenswerth ist. Was die Zähigkeit und Ausdauer der Infanterie anbelangt —

„des Kerns der Armee" — so ist sie im Unglücke von keinem anderen Heer übertroffen worden. Die Oesterreicher haben Schlachten verloren, aber „total" aufgerieben wurde das kaiserliche Heer niemals. Es hat 1859 die Schlacht von Solferino „mit hungrigem Magen", und 1866 jene von Königgrätz mit einer Ausdauer und Hartnäckigkeit geschlagen, die ein besseres Schicksal verdient hätten. Die Armee kann mit Stolz auf ihre Vergangenheit zurücksehen; denn wenn auch der Erfolg, der allein entscheidende Faktor im Kriege, nicht immer auf ihrer Seite war, so hat sie doch Prüfungen überstanden, wie nicht bald irgend ein Kriegsheer Europas, und hat dem Unglück zu trotzen gewußt.

Bei der Organisation des Heeres muß daher vor Allem den Stammes-Eigenthümlichkeiten der verschiedenen Nationalitäten mit besonderer Umsicht Rechnung getragen werden, damit jeder Mann da stehe, wo er stehen soll: am rechten Platze.

Im Allgemeinen ist dieses Ziel wohl angestrebt worden, aber im Detail der Ausführung bleibt noch Vieles zu wünschen übrig, und wir werden bei Besprechung der einzelnen Waffengattungen wohl noch auf diesen Gegenstand zurückkommen.

a) Beruht endlich die Heeresorganisation auf einer logischen Gliederung der einzelnen Truppenkörper und Zusammenstellung dieser in größere zu einem taktischen Ganzen.

Bezüglich der Organisation des Heeres, zur Erhaltung der Schlagfertigkeit im Frieden, gilt als Regel, daß sie derart vorbereitet werden sollte, daß die Armee im Kriegsfalle so schnell als möglich auf den Kriegsstand ergänzt und wohl ausgerüstet ins Feld rücken kann. Um hierin gründlich vorzugehen, glauben wir vor allem einen Rückblick in die Geschichte der Heeresorganisationen machen zu sollen, denn Geschichte und Erfahrung — wie Pönitz in seinen „Träumereien" bemerkt — haben in dieser Beziehung mehr geleistet, als alle Theorieen. Wir nehmen Akt davon und werden uns, um nicht in Abschweifungen zu gerathen, blos auf die Geschichte dieses Jahrhunderts beschränken. Es steht uns hierbei eine so vorzügliche Quelle zu Gebote *), daß wir im Interesse der vorliegenden Studien reichlich aus derselben schöpfen wollen, und dabei die Aufmunterung empfinden, den ungenannten Verfasser stellenweise unverkürzt sprechen zu lassen.

Nach dem unglücklichen Ausgange des Feldzuges von 1800 wurde erst erkannt, daß mit der bestandenen Lascy'schen Organisation des Heeres, gegenüber Frankreich, nichts zu machen sei; es sollte eine neue ins Leben treten und den Bedürfnissen der Zeit Rechnung tragen.

Erzherzog Carl, zum Feldmarschall und Hofkriegsraths-Präsidenten ernannt, ward beauftragt, einen Plan zur Regulirung des Militairsystems der ganzen Monarchie vorzulegen. Mit rastlosem Eifer und großer Einsicht gab

---

*) Siehe Nro. 101 der Oesterreichischen Militair-Zeitung von Ehrenfeld, vom Jahre 1865 bis Nro. 4 vom Jahre 1866.

sich der Prinz diesem Wirkungskreise hin und wurde bei Lösung der Aufgabe durch Erzherzog Johann, den damaligen General-Genie-Director, auf das Beste unterstützt. Es wurde für die Organisation und Ausbildung der Armee, für Herstellung des Materials, Vereinfachung der Administration und Ausbildung der Armee, Beschleunigung des Dienstganges, des Staatsvertheidigungs-Systems u. s. w. manche Reform durchgeführt; aber auch viel Nützliches scheiterte an Vorurtheilen und Kastengeist, zumeist aber an finanziellen Schwierigkeiten.

Bei Ausbruch des Krieges 1805 gelang es dennoch dem Erzherzoge, eine Armee von 360 Bataillonen zu 4 Compagnieen in der Stärke von 267,000 Mann Infanterie, dann 278 Schwadronen Cavallerie bei 50,000 Mann, endlich in Tirol und Voralberg 26,000 Mann Landwehr in 4 Regimentern zum Schutze der Grenzen aufzustellen, so daß die österreichische Gesammtstreitmacht, mit Hinzurechnung der Artillerie, der technischen Truppen und des Fuhrwesens, nahezu 400,000 Mann betragen hatte.

Leider waren die Reformen noch nicht durchgeführt und consolidirt. Die Armee bestand zum Theile aus nicht einexerzirten Rekruten aller Nationalitäten. Das neue Exercir-Reglement war noch nicht durchgedrungen, ja traf sogar auf Widerstand. Wir erinnern z. B. nur an die Zöpfe! Welche Mühe und Strenge kostete es, sie vollends zu beseitigen! Trotzdem daß die Armee solche schon 1805 abschnitt, hielt die Artillerie, wie an einem Privilegium, an dem Zopf fest. Erst 1809 verschwand „diese Zierde des Mannes", wie General von Lindenau den Zopf höchst launig bezeichnete. Die Gliederung der Armee in Corps war nicht durchgedrungen, vielmehr war man gezwungen, die Divisionen auseinander zu reißen und neue Divisionen und Brigaden zu formiren. Unter solchen Umständen mußte das gegenseitige Vertrauen von Truppen und Führern fehlen. Dabei war die Feldausrüstung äußerst mangelhaft; namentlich fehlten die Pferde zur Bespannung der Artillerie und des Trains noch größtentheils, und sowohl Munitionscolonnen als Feldgeschütze mußten durch Vorspann aufgebracht werden. Für die Verpflegung endlich waren innerhalb der Grenzen wohl Anstalten getroffen; aber bei dem schnellen Vorrücken der Armee in Deutschland gewährten sie keinen Nutzen, denn es fehlte an ausreichenden Transportmitteln.

Was war die Folge davon?

Die Katastrophe von Ulm, durch Mack, den gelehrten Systematiker, herbeigeführt, der, in den theoretischen Vorstellungen aus der Zeit Friedrichs des Großen befangen, in seinen Theorieen so selbstsüchtig war, daß er den begründeten Vorstellungen Bianchi's, und selbst den dringenden Bitten Schwarzenbergs, die Stellung von Ulm zu verlassen und den Rückzug rechtzeitig anzutreten, kein Gehör schenkte, daher Napoleon die Vernichtung der österreichischen Armee bei Ulm nicht den eigenen genialen Combinationen, sondern lediglich der beispiellosen Verblendung Macks verdankt. Die Armee in Italien hingegen war, ungeachtet ihrer mangelhaften Ausbildung, unter der persönlichen Führung des Erzherzogs Carl siegreich an die Etsch vorgedrungen, hatte die Schlacht bei

Caldiero geschlagen und die Franzosen zum Rückzuge nach Verona gezwungen — mußte jedoch in Folge der unglücklichen Nachricht von Ulm den Rückzug aus Italien antreten. Bei der vereinigten österreichisch-russischen Armee führte der General Weyrother — bekannt durch den verunglückten Abzug der Russen unter Suwarow 1799 durch die Schweiz — ein Theoretiker wie Mack, das große Wort, entwarf auf Andringen des Kaisers Alexander den Plan zur Schlacht von Austerlitz, welchen er den Generälen von 1—3 Uhr Morgens vordemonstrirte und allen begründeten Vorstellungen derselben, und sogar des erfahrenen Kutusoff, kein Gehör schenkte, der übrigens seine Mißstimmung dadurch zu erkennen gab, daß er, während Weyrother seine gelehrten Vorlesungen hielt, in einen sanften Schlaf verfiel. Der mit theoretischer Spitzfindigkeit ausgeklügelte Umgehungsangriff wurde zu Schanden, die Schlacht von Austerlitz, auf falschen Voraussetzungen basirt, trotz des tapfern Verhaltens der Truppen, verloren.

Dieses Festhalten an starrer Theorie kam sehr theuer zu stehen.

Napoleon hingegen, durch keine Rücksichten und Hindernisse gebunden, hatte sein für den Krieg bestimmtes System der Gliederung der französischen Armee in Corps, Divisionen und Brigaden, sammt der Creirung eines Reservecorps in Garden, der Formirung der Depotkörper zur Deckung des Abganges im Felde, der Artillerie-Reserve, Vermehrung der technischen Truppen u. s. w. im Frieden durchgeführt.

Die gesammte französische Armee war daher in diesem Feldzuge als glänzendes Muster eines wohl organisirten und disciplinirten Heeres aufgetreten. Der Kern ihrer Truppen hatte in den Standlagern an der Küste bei gesunder Lebensweise, körperlicher nützlicher Thätigkeit eine kräftigende Schule der Kriegsgewöhnung und Abhärtung durchgemacht, und sich in Verbände eingewöhnt, die nun die Feuerprobe bestehen konnten, hatte dieselben Führer genau kennen gelernt, die jetzt im Kriege an ihre Spitze treten sollten. Letztere ihrerseits hatten eine nicht minder tüchtige Schule in der Führung der Truppen durchgemacht und sich die Fertigkeit angeeignet, Divisionen und Corps mit der Leichtigkeit zu leiten, mit der ein geübter Bataillons-Commandant seine Truppen nach Bedarf und Zweck handhabt.

Dieser wohlorganisirten und disciplinirten Armee gegenüber, geführt von einem Feldherrn, der nicht, von Theorieen befangen, zum Systematiker ward, sondern mit scharfem Blicke und den vorhandenen Umständen gemäß handelte, konnte die österreichische Armee in der mangelhaften Organisirung, trotz Tapferkeit und sonstiger guten Eigenschaften, freilich keine Erfolge erringen.

Kaiser Franz, welcher bekanntlich der sogenannten Dreikaiserschlacht persönlich anwohnte, hatte Gelegenheit, diese Wahrnehmung zu machen. Die militairischen Bedürfnisse zur Erhaltung des Staates zu schaffen, trug bei ihm über die bureaukratischen Einflüsse den Sieg davon. Erzherzog Carl wurde unter dem 10. Februar 1806 Generalissimus der Armee und gleichzeitig Kriegsminister mit unumschränkten Vollmachten. Von diesem Augenblick an datiren sich die herrlichen und kraftvollen Institutionen der Armee für ihre intellektuelle Bildung, für die Vervollkommnung der großen Elemente des Krieges. Der humane, echt ritterlich soldatische Geist, der das von ihm verfaßte, bis zur Stunde unerreichte Dienstreglement durchweht, wäre allein geeignet, seine Unsterblichkeit zu bewahren. Unter den vielen zweckentsprechenden Institutionen, welche er zur Hebung der Armee einführte, wollen wir für unseren Zweck blos bei der Organisation des Heeres und der Befestigung des Staates verweilen.

Zur Grundlage des Ersteren wurde ein Heeres-Ergänzungsgesetz geschaffen, welchem die allgemeine Wehrpflicht, mit wenigen Ausnahmen, und zehnjähriger Dienst zu Grunde lag. Zum Aufgebot in Massen wurde das Landwehr-Institut eingeführt, die Armee in Corps, Divisionen und Brigaden eingetheilt, ein Reserve-Infanteriecorps aus zwei Divisionen mit vier Brigaden aus den Grenadier-, und ein Reserve-Cavalleriecorps aus den Kürassier- und Dragoner-Regimentern formirt. Die Artillerie wurde um ein viertes Regiment vermehrt und das Handlangercorps zur Aushülfe bei der Geschützbedienung errichtet; die technischen Truppen, Mineur-, Sappeur- und Pontoniercorps zu je ein Bataillon, dann das Pioniercorps zu zwei Bataillons im Mannschaftsstande vermehrt, endlich das Militair-Fuhrwesencorps in Transportsdivisionen, außer der Artilleriebespannung, für den Krieg formirt u. s. w.

Mit einem Worte, wunderthätig wirkte der allgemein verehrte Feldherr auf den Geist der Armee; viel war ihm an der Organisation gelungen, doch an Manchem scheiterte sein Streben — an Vorurtheil, financiellen Schwierigkeiten und Einflüssen anderer Art. So zum Beispiel wurde das Heeres-Ergänzungsgesetz von den Civilorganen auf alle mögliche Weise zu umgehen gesucht; nur die untersten Klassen des Volkes traf das herbe Loos, Soldat werden zu müssen. Die Drohung, unkurable Individuen „in den weißen Rock zu stecken", war daher volksthümlich. So war es in den deutsch-erbländischen Provinzen. Ungarn sammt Nebenländern, durch ihre Constitution geschützt, welche ihnen das Recht der Rekrutenstellung zugestand, kehrten sich wenig an das humanere Heeres-Ergänzungsgesetz; sie fuhren fort, die Leute lebenslänglich anzustellen, und gebrauchten haarsträubende Mittel, um ihr Contingent aufzubringen. War es ein Wunder, daß unter solchen Verhältnissen die Desertion und Verbrechen aller Art in der Armee einrissen und nur durch drakonische Strenge niedergehalten werden konnten?

Mit diesem Materiale mußte sich der Erzherzog bei der Organisation des Heeres begnügen. Dennoch gelang es ihm, bis zum Ausbruche des Krieges 1809 eine wohlorganisirte, logisch in Armeecorps, Divisionen und Brigaden eingetheilte Armee von 220,965 Mann Infanterie, 28,570 Mann Cavallerie mit 791 Geschützen vorzubereiten; ferner waren bei Ausbruch des Krieges 154 Landwehrbataillone, 162 Depotcompagnieen und 34 Depotschwadronen mit einem Gesammtstand von 185,027 Infanteristen und 3318 Reiter vorhanden, davon 60,000 Mann Landwehr und 3000 Reiter bei der mobilen Armee eingetheilt, während der Rest sammt 20,000 Mann Cavallerie noch im Lande in der Errichtung begriffen war.

Was diese Armee 1809 geleistet hat, bedarf keiner Anpreisung; sie hat sich mit Ruhm bedeckt, und wenn auch dieser Feldzug nicht nach Wunsch ausfiel, so trug wahrlich die Tapferkeit und Opferwilligkeit der Armee und des Volkes keine Schuld daran. Einflüssen anderer Art muß dies zugeschrieben werden.

Die schönen Tage von Aranjuez für die Armee waren vorüber. Der erprobte Führer schied; die Armee hatte ihre mächtigste Stütze verloren — sie wurde reducirt. Das Jahr 1811 war ein bitterer Kelch des Leidens für sie. Mit Resignation wurde er geleert. Die Besitzenden hatten in ihrem Interesse einen glänzenden Sieg errungen. Nicht genug damit, trat die Reaktion gegen die Institutionen des großen Feldherrn hervor. Das Heeres-Ergänzungsgesetz wurde zu Gunsten der Besitzenden abgeändert. Eine vierzehnjährige Dienstzeit, sammt Landwehrverpflichtung bis zum 45 Lebensjahre, wurde eingeführt. Der Hofkriegsrath mit seinem Apparate von Civilhofräthen erhob keine Einsprache dagegen. Es begann die alte Wirthschaft. Die Civilverwaltung führte wieder das große Wort im Staate.

Die Armeeorganisation wurde dahin modificirt, daß die Corpsverbände aufgehoben und nur die Divisions- und Brigadeeintheilung aufrecht erhalten blieben und diese den Generalcommandanten unterstellt wurden. Das wäre übrigens das Geringste gewesen, denn bei der Beibehaltung des Divisions- und Brigadeverbandes konnten im Kriegsfalle wieder mit Leichtigkeit Armeecorps formirt werden, wie es auch 1812 und 1813 geschehen ist.

Die Armee, in ihren theuersten Interessen gekränkt, hat sich 1813 und 1814 zwar nicht mit dem Enthusiasmus von 1809 geschlagen, nichtsdestoweniger aber ihren alten Ruf bewährt und sich Lorbeeren errungen, die einen besseren Lohn verdient hätten. Kaiser Franz versprach es auch nach dem Tage der Entscheidung von Leipzig dem Feldmarschall Fürsten Schwarzenberg, aber sein Wort einzulösen wurde im Interesse der Besitzenden unterlassen. Statt Belohnung trat eine sehr ernste Zeitepoche für die Armee ein. Die Hungersjahre 1816 und 1817 waren eine sehr harte Prüfung. Dazu kam noch die großartigste Reduzirung und gänzliche Einstellung des Avancements. Zum Glücke gingen zur rechten Zeit die rückständigen, noch nicht buchhalterisch geprüften Akten über die Feldzüge zu Stadel Enzersdorf in Flammen auf, und so wurde die Armee wenigstens von diesem Damollesschwert befreit.

Die größte Unbilligkeit wurde aber dadurch begangen, daß man den italienischen Regimentern eine achtjährige Capitulation ohne Landwehrverpflichtung zugestand, während man sogar das Gesetz rückwirken ließ und die zum Feldzuge 1809 in die Armee mit zehnjähriger Dienstzeit eingereihte Mannschaft, die also drei Feldzüge mitgemacht hatte, die vierzehnjährige Dienstzeit zu vollstrecken zwang. Und warum? Weil diese an Ordnung und militairische Gerechtigkeit gewöhnten Soldaten sich zu Hause den Willkürlichkeiten der Civilobrigkeiten nicht unterwerfen wollten. Jeder Widerstand gegen offenbare Ungerechtigkeiten wurde von den Behörden als Auflehnung gegen die bestehenden Gesetze denuncirt und auf das Empfindlichste gestraft. Das war der Segen der Patrimonial-Bureaukratie! Das war das Loos der Soldaten, welche ihre Haut für die Besitzenden zu Markte getragen! Aber nicht genug damit. Als im Jahre 1831 in Folge der Revolution in Frankreich die Armee auf den Kriegsstand gebracht wurde, mußten die alten Soldaten wieder einrücken. Ihre Stimmung war derart, daß man sich beeilte, sie bald wieder zu entlassen.

Zur Ergänzung der ungarischen Regimenter, deren Bedarf durch die Werbung nicht mehr aufgebracht werden konnte, bewilligte der Landtag zu Preßburg 1840 eine Aushebung mit achtjähriger Dienstzeit. Dessen ungeachtet wurde der Armee diese Begünstigung erst 1846 allgemein, jedoch nicht ohne die Landwehrverpflichtung, zu Theil.

(Schluß folgt.)

Texaner Reiterlied.
Von Theodor Kirchhoff.

Texaner reiten geschwinde,
Wie der Wind, wie der Wind, hurrah!
Ueber schimmernde Präriegründe
Im großen Columbia.
Vom Rothen Flusse zum Rio Grand,
Vom Felsengebirge zum Meeresstrand,
Wie der Wind, wie der Wind, hurrah!

Die Büchse am Sattelknopfe
Und den Gurt von Revolvern schwer,
Courage im Herzen und Kopfe —
Wie ein König sprengt er daher.
Wohl zittert der Indianer bang,
Wenn er schaut die Büchse, so schwer und lang,
Und den Gurt von Revolvern schwer.

Hell klingen am Sporen die Schellen,
Und es bäumt sich das schäumende Roß.
Scharf knallt es; den rothen Gesellen
Trifft sicher des Rangers Geschoß.
Wie im Fluge hat er den Feind skalpirt;
Um die Ohren sausend der Pfeilschwarm schwirrt,
Und es bäumt sich das schäumende Roß.

Er zielt nach der Karte Mitte
Mit dem sichern Revolver genau,
Durchschießt sie auf fünfzig Schritte
Im Gallopp an des Eichbaums Grau.
Vom Boden hebt er die Münze geschwind,
Wirft hoch sie empor, und trifft sie im Wind
Mit dem sichern Revolver genau.

Hoch schlagen die Lohen zusammen,
Auf der Prärie, vom Sturme gejagt:
Er spottet der prasselnden Flammen,
Ein Reiterheld, unverzagt;
Fort wirft er den Sattel in wilder Carriere,
Und entflieht erleichtert dem Flammenmeer,
Auf der Prärie, vom Sturme gejagt.

Er fängt den Mustang alleine
Mit dem Lasso im rasenden Lauf;
Um die Nüstern schlingt er die Leine,
Ohne Sattel springt er hinauf.
Fort geht es im Flug, bis der Renner erliegt,
Vom Ritt zerbrochen, gefangen, besiegt
Mit dem Lasso im rasenden Lauf.

Seht fliehende Büffel sich drängen,
Wie ein schwarz aufwallendes Meer!
Texanische Reiter sprengen
Dazwischen mit blinkender Wehr.
Hell blitzt die Büchse, laut donnert die Jagd,
Dumpf braus't es und zittert und tobt und kracht,
Wie ein schwarz aufwallendes Meer.

Texaner reiten geschwinde,
Wie der Wind, wie der Wind, hurrah!
Ueber schimmernde Präriegründe,
Im großen Columbia.
Vom Rothen Flusse zum Rio Grand,
Vom Felsengebirge zum Meeresstrand,
Wie der Wind, wie der Wind, hurrah!

David Livingstone im südlichen Afrika.
Von Victor Ernst.

III.

Unter dem 10ten Grade südlicher Breite und dem 17ten östlicher Länge angelangt, erblickte Livingstone plötzlich ein Thal zu seinen Füßen, welches an Schönheit alles bisher Gesehene übertraf. Da, wo es sich vor ihm öffnete, war es mehr als dreißig Meilen breit, verengte sich aber nach Süden hin. Mitten hindurch schlängelte sich malerisch ein Fluß erster Größe. In dem Augenblick als sich ihm dies Thal zum ersten Mal zeigte, hing ein dicker Nebel über der Mitte, aus dem dumpfes Donnergeroll zu ihm emporhallte, während oben der Himmel in voller Pracht strahlte. Während dies Thal, von oben aus gesehen, eine ununterbrochene Fläche zu sein schien, fand er es unten von einer Menge von Flüssen und Strömen durchfurcht, deren Quellen sich hinter den schattigen Wänden des Beckens verbargen und welche durch ihre tausendfachen Krümmungen der Landschaft eine reizende Abwechselung verliehen. Von der Mitte aus gesehen, zeichnete sich der östliche Rand des Plateaus in unzähligen Zackungen ab, und von jeder Schlucht liefen Abhänge voll üppiger Vegetation aus, welche den Eindruck einer ungeheueren, von der Höhe herabhängenden Draperie machten. Dies Thal ist maritimen Ursprungs und bildet eine höchst interessante geologische Erscheinung.

Es kostete den Reisenden noch drei Tage, um den Fluß zu erreichen, den die Eingeborenen Cuango, wir Còngo nennen, eine der Arterien des südlichen Afrika, die einer westlichen Provinz des Continents den Namen gegeben hat. Sind die von Livingstone gesammelten Informationen zuverlässig, so entspringt der Congo unter 12 Grad südlicher Breite und 16 Grad 10 Minuten östlicher Länge und fließt in gerader Linie bis zum 5ten Grade, wo er den Casai aufnimmt, sich alsdann westwärts wendet und ins Atlantische Meer ergießt. Seine Ufer sind schwer zugänglich; die Gräser ragten zwei Fuß über den auf seinem Ochsen sitzenden Reiter empor. Der Bambus hatte die Dicke eines Armes, und nur die Bäume trugen ein kränkliches Aussehen, gleich als wäre das Wasser des Flusses ihnen schädlich. Der Häuptling des Stammes der Baschingas, welcher das rechte Ufer beherrscht, verlangte für die Erlaubniß zur Ueberfahrt einen bedeutenden Tribut, worunter auch einen Sklaven. Als Livingstone sich hieran nicht kehrte und ohne seine Erlaubniß übersetzte, ließ er auf die Karavane feuern, aber so ungeschickt, daß Niemand getroffen wurde.

Auf dem linken Ufer des Congo angelangt, befand der Missionair sich in einem Lande, welches der portugiesischen Krone unterworfen ist; er erkannte dies sofort aus der Sicherheit, mit der er weiter reisen konnte. Nach drei Tagen erreichte er Cassenge, die erste portugiesische Station in diesem Theile Afrika's. Es ist eine Gruppe von etwa vierzig Häusern, welche ohne Ausnahme von europäischen Kaufleuten bewohnt werden. Sein Einzug war nichts weniger

30

als imposanter Art, denn die Kleider hingen in Fetzen an ihm herab. Der erste Europäer, welcher ihm begegnete, fragte nach seinem Paß und forderte ihn auf, ihm zum Commandanten zu folgen. Er hütete sich wohl, Widerstand zu leisten, denn wie er sagt, befand er sich in einem Zustande, in dem man sich glücklich preis't, selbst im Gefängniß Obdach und Nahrung zu bekommen. Der Commandant nahm ihn nach sorgfältiger Prüfung seines Passes freundlich auf und behielt ihn zum Essen bei sich. Einer der Tischgenossen, der Capitain Neves, nahm ihn später in sein Haus, erwies ihm die wärmste Gastfreundschaft, verehrte ihm einen neuen Anzug und nahm sich auch seiner sieben und zwanzig Reisegefährten an. Auf diesem vorgeschobensten Posten der europäischen Civilisation blieb er, von allgemeinem Wohlwollen umgeben, vierzehn Tage, während die Einwohner über die seltsame Persönlichkeit, welche auf unbegreifliche Weise unter ihnen erschienen war, gar nicht recht ins Klare kommen konnten. Er nannte sich Missionair; war er aber ein Geistlicher, wie konnte er alsdann fortwährend von seiner Frau und seinen Kindern sprechen? Daß er ein Gelehrter war, zeigten seine Instrumente und die astronomischen Beobachtungen, bei denen man ihn häufig überraschte. Er mußte auch ein Doktor sein, denn er verschrieb Arzneien; aber hatte man je zuvor gesehen, daß ein Doktor einen mächtigen Schnurrbart trug und so wie er mit der Flinte umzugehen wußte? Trotzdem aber hatte man ihn gern und ließ es ihn auf jede Weise merken. Bei seiner Abreise gab der Commandant ihm einen Corporal und zwei Soldaten mit, um ihn über die Hälfte des Weges, nach Ambaca, zu geleiten. Hätte nicht das Fieber doppelte Gewalt über ihn bekommen und sich auch der Malololen bemächtigt, so wäre es eine angenehme Reise gewesen. Die Eingeborenen zeigten sich überall freundlich gesinnt, die Behörden äußerst zuvorkommend. Am Wege waren in regelmäßigen Zwischenräumen Stationen angebracht, wo man hölzerne Bänke zum Schlafen, Stühle, einen Tisch und einen Wasserkrug fand. Für Leute, welche seit sechs Monaten auf nacktem Boden geschlafen und aus der hohlen Hand getrunken, war dies ein köstlicher Luxus. In Ambaca wurde die Escorte durch zwei Ordonnanzen ersetzt. Ambaca war einst eine bedeutende Stadt, ist aber jetzt auf die Proportion eines Dorfes reducirt, in dem außer der Wohnung des Commandanten, einem Gefängniß und einer Kirche nichts den früheren Glanz verräth. Am 24sten Mai erreichte Livingstone Golongo Alto, herrlich inmitten eines Bergsystems gelegen, welches den ersten Vorsprung vom Plateau des südlichen Afrika zu bilden scheint. Es ist ein Labyrinth von Felsen, schroffen Anhöhen, Zacken, Nadeln, welche stufenförmig abfallen bis zur Ebene, deren Unfruchtbarkeit und düsteres Aussehen die in den oberen Regionen herrschende üppige Vegetation schmerzlich vermissen läßt. Endlich, am 31sten Mai, sechs Monate nach der Abreise von Lyniante, befand unser Reisender sich mit seinem Gefolge in Saint Paul de Loando am Atlantischen Meere, der Hauptstadt von Angola und dem Hauptort der portugiesischen Besitzungen im südwestlichen Afrika.

Livingstone blieb hier über vier Monate, um seine durch das Fieber und die beschwerliche Reise arg angegriffene Gesundheit wieder herzustellen. Er wurde von den Beamten und den angesehensten Familien der Stadt, welche sich auch seiner Makololen annahmen, mit der größten Höflichkeit aufgenommen. Diese, die Makololen, wußten ihre Zeit so gut anzuwenden, daß sie eine beträchtliche Menge von Sämereien ankaufen konnten, womit sie ihre Heimath beglücken wollten. Sobald man erfahren, daß der englische Reisende sich wieder auf den Weg machen wolle, um Afrika von Westen nach Osten zu durchstreifen und wiederum Lynianti zu berühren, beluden die Kaufleute zwei Esel mit den Handelsartikeln der Colonie, welche Sekeletu zum Geschenk gemacht werden sollten. Die Junta der öffentlichen Arbeiten fügte ein Pferd mit eine Obersten-Uniform hinzu, und der Bischof war so freundlich, dem Doktor Empfehlungsbriefe an die portugiesischen Behörden in Mozambique mitzugeben. Am 20sten September machte er sich wieder auf den Weg, und diese Rückreise sollte ein volles Jahr in Anspruch nehmen. Beim Abschied von Angola gesellten sich einige Neger-Kaufleute zu ihm, welche nach Matiamvo, der Hauptstadt der Balondas, wollten. Sie reis'ten jedoch so entsetzlich langsam, daß er sich bei Cabargo, einem der Haupthandelsplätze des Distrikts Londa, wieder von ihnen trennte, um eine südöstliche Richtung einzuschlagen und so schnell wie möglich das Becken des Zambese zu erreichen. Die Dörfer waren nur spärlich über das Land verstreut und schwer zugänglich, die Pfade, welche sie unter einander verbanden, sehr eng und oft durch ein Gestrüpp überwuchert, dessen Dornen den Makololen die Füße zerrissen. Der Anblick eines Weißen war in diesen von der Civilisation noch völlig unerreichten Gegenden etwas ganz Neues und flößte namentlich den Frauen ein wahres Entsetzen ein. Sie lugten zwischen den Pallisaden ihrer Gärten hindurch, und nahte sich die Karavane, so flohen sie in ihre Hütten. Begegnete unserm Reisenden ein Kind, so schrie es dermaßen, daß es dem Ersticken nahe kam. Die Hunde standen, wenn sie ihn erblickten, stutzend still und liefen alsdann mit bängendem Schweif davon, gleich als hätten sie einen Löwen gesehen. Die Esel waren in diesem Lande gleichfalls unbekannte Größen, und als einer von denen, welche Livingstone dem Häuptling Sekeletu zuführte, sein eigenthümliches Geschrei ausstieß, gab es ein allgemeines Entsetzen. Sobald er aber in das Land der Makololen kam, gestaltete sich die Reise zum Triumphzug. Die Bewohner der Dörfer kamen den kühnen Reisenden, welche man für unrettbar verloren gehalten hatte, in Schaaren mit lautem Jubel entgegengezogen, und die Fragen und Antworten wollten kein Ende nehmen. In Libonta hielt einer der Begleiter Livingstone's, Pitsane, eine mehr als stundenlange Rede, in welcher er seinen Landsleuten von den gesehenen und erlebten Wunderdingen erzählte. Den Verwandten und Freunden wurden die in Loando gekauften Sämereien ausgetheilt; der Jubel war grenzenlos. Im Oktober 1855, zwei Jahre nachdem sie Abschied genommen, trafen die Reisenden wieder in Lynianti ein. Sekeletu berief eine allgemeine Versammlung, um das Ereigniß zu feiern und beim Empfang der Geschenke zugegen zu sein. Wiederum ergriff Pitsane, der große Redner, das Wort und zog sich trefflich aus der Affaire. Nach einer lebhaften Schilderung der Wunder des Westens versicherte er allen Ernstes, daß sie noch viel mehr geschaut haben würden, wenn sie nicht unglücklicher Weise gerade ans Ende der Welt gekommen wären. Am nächsten Sonntage erschien Seleletu beim Gottesdienst in der portugiesischen Obersten-Uniform, was die Andacht der Gemeinde nicht gerade erhöhte.

Livingstone hatte nur erst die Hälfte seiner Aufgabe gelös't. Er wollte nicht allein das Mittlere des südlichen Afrika mit dem Westen, sondern auch im Osten mit der Küste von Mozambique in Verbindung bringen, und gewissermaßen eine Route öffnen, welche einen Gürtel um diesen Theil des Continents lege. Dieser Theil seines Werkes war indessen minder schwierig als der erste. Es gab hier keine Ungewißheit hinsichtlich des einzuschlagenden Weges. Er hatte einfach dem Zambese zu folgen, um Quillimane, an der Mündung dieses Flusses und unter demselben Breitengrade wie Lynianti liegend, zu erreichen. Seleletu, welcher die Nützlichkeit dieses Unternehmens vollkommner zu würdigen im Stande war als die des früheren, zeigte sich noch bereitwilliger, den Reisenden zu unterstützen, und stellte ihm einen Trupp von hundert und vierzig seiner Unterthanen, unter den verschiedenen Stämmen der Uferbewohner des Zambese ausgewählt, zur Verfügung. Es befanden sich darunter zum Beispiel Schwimmer, deren Aufgabe es war, zur Nachtzeit vom entgegengesetzten Ufer der Flüsse die Boote zu holen, welche übelwollende Häuptlinge ihm etwa nicht zur Disposition stellen würden; diese führten Ruder in Gestalt von Köchern bei sich. Auf dem Marsch bildete jeder Stamm eine bestimmte Gruppe, und im Lager ergab sich die Trennung von selbst, da jeder seine eigene Manier zur Bereitung der Speisen hatte. Für den Abend war Allen im Voraus eine bestimmte Beschäftigung zugewiesen. Die Einen, deren Aufgabe die specielle Bedienung Livingstone's war, schlugen sein Zelt auf, bereiteten ihm die Speisen und das Kräuterbett, während Andere Holz suchten und das Feuer unterhielten. Ein Trupp baute Hütten, deren Oeffnungen wegen der vorherrschenden scharfen Ostwinde stets gen Westen liegen mußten, und Andere verpallisadirten das Lager, um es vor ungebetenen Gästen zu schützen.

Am 3ten November 1855 wurde die neue Reise angetreten. Der Weg führte zuerst durch eine von den giftigen Mücken heimgesuchte Gegend. Um Menschen und Thiere vor ihnen zu schützen, mußte dieser Theil der Route zur Nachtzeit zurückgelegt werden, und kaum hatte die Karavane sich in Bewegung gesetzt, als einer der furchtbarsten Orkane losbrach. Es herrschte eine Finsterniß, die nicht durch den leisesten Schimmer unterbrochen wurde. Die Neger verirrten sich oder purzelten über einander hin. Die Kenntniß der Gegend wäre ihnen völlig überflüssig gewesen, wenn nicht grelle Blitze dann und wann ein flüchtiges Licht über den Weg geworfen hätten. In wenigen Tagen wurde der berühmte Katarakt des Zambese erreicht, welchen die Malolosen das brennende Feuer nennen. Er verkündet sich zuerst durch ein dumpfes Geräusch gleich dem entfernten Rollen von Wagen, dann, so wie man näher kommt, durch ein donnerähnliches Getöse und Dampfsäulen, deren Spitzen, als Livingstone sie sah, sich mit den Wolken vereinigten. Unten weiß, nahmen diese Säulen, indem sie oben zerflossen, eine schwärzliche Färbung an. Das herrliche Ufer war voll von wunderschönen Bäumen, von denen einer, der Cypresse ähnlich, mit scharlachrothen Früchten bedeckt war. Ueber Alles aber streckte der imposante Baobab seine schützenden Riesenarme.

Unser Reisender ließ sich unterhalb des Falles nach einer kleinen Insel rudern. Diese Fahrt ist, obgleich sehr kurz, mit großer Gefahr verbunden, und die Eingeborenen unternehmen sie nicht ohne das Boot mit einem gewissen Pulver zu bestreuen, welches seine Wirksamkeit verliert sobald ein einziges Wort gesprochen wird — ein sehr schätzenswerther Aberglaube, da er für die nöthige Sammlung und Vorsicht sorgt, denn die geringste Zerstreuung des Ruderers würde das Boot in den Abgrund führen. Keine Sprache und kein Pinsel wäre im Stande, einen Begriff von diesem Wunder der Natur zu geben. Der Bruder Livingstone's, welcher diesen Fall im Jahre 1860 besuchte, nimmt keinen Anstand, zu behaupten, daß selbst der Niagara nicht mit ihm verglichen werden könne. Der Fall ist zweihundert Fuß breit, und das Wasser stürzt sich senkrecht aus einer Höhe von vierhundert Fuß herab. Der Name, den die Neger diesem Katarakt geben, erklärt sich durch das wunderbare Farbenspiel der stürzenden, spritzenden, stäubenden, donnernden Gewässer. Livingstone war der erste Europäer, welcher den Fall des Zambese geschaut, und hielt sich deshalb für berechtigt, ihn nach der Königin Victoria zu benennen.

Das Terrain wurde hier so schwierig, daß Livingstone dem Lauf des Zambese nicht weiter folgen konnte und sich nordöstlich in das Land der Balotas wenden mußte, einer Fraktion der Negerrace, welche in jeder Beziehung als die am niedrigsten stehende bezeichnet werden muß. Die Balotas rauchen vom Morgen bis zum Abend das Kraut der cannavis sativa, einer Pflanze, welche in ihren Wirkungen Aehnlichkeit mit Haschich und Opium hat, indem sie den Raucher in Hallucinationen versetzt und seine Sinne überreizt. Die Grenzen dieses Landes sind mit Ruinen bedeckt, welche von einer beträchtlichen Größe der zu Grunde gegangenen Ortschaften zeugen. Da der Reisende sich an der Spitze einer wohlbewaffneten Gesellschaft befand, hielt er es für klug, in jedes Dorf vorher zwei Herolde zu senden, welche den Einwohnern verkündeten, daß er in friedlicher Absicht zu ihnen komme und ihr Freund zu sein wünsche. Diese ungewohnte Sprache fand ein Echo in allen Herzen, und die Aufnahme ließ nichts zu wünschen übrig.

Es ging fortwährend bergan, und am 30sten November erreichte unser Reisender den höchsten Punkt der Hügelreihe, welche die östliche Grenze des großen südafrikanischen Plateaus bildet. Der Gipfel dieser Bergkette liegt 5278 Fuß über der Meeresfläche. Ohne Schwierigkeit stieg die Karawane von dieser Höhe in das Thal des Zambese hinab, welches dieselbe Schönheit, dieselbe Ueppigkeit und Lebendigkeit zeigte, die Livingstone anderswo an ihm bewundert hatte.

Vierfüßler, vor denen man sich sonst zu fürchten pflegt, waren so zahm und harmlos, daß sie die Karavane an sich vorbeipassiren sahen oder sich ihr gar in den Weg stellten, und oft mußten die Reisenden, um sich Platz zu verschaffen, die Thiere der Wildniß durch in die Luft abgefeuerte Flintenschüsse verscheuchen. Man kam jetzt in das Land der Banyanis, welche sich von ihren Nachbarn, den Batolas, durch die eigenthümlichen Verunstaltungen unterscheiden, denen die Frauen ihr Gesicht unterziehen. Sie durchbohren sich die Oberlippe und machen die Oeffnung so weit, daß sie eine Muschel hindurchstecken können. Es kostete Livingstone einen nicht geringen Aufwand von Klugheit und Selbstbeherrschung, einen Conflikt mit den Eingeborenen zu vermeiden; es gelang ihm jedoch, und er kam am 14ten Januar 1856 nach Zambo, einer ehemaligen portugiesischen Niederlassung, von der jetzt nur noch Ruinen übrig geblieben sind.

Obgleich Livingstone sich jetzt den europäischen Etablissements näherte, behielt doch das Land seinen wilden Charakter bei. Die gestreiften Hyänen waren so zahlreich, daß die Einwohner ihre Häuser auf hohen Gerüsten bauen mußten. Die Hyänen haben die üble Gewohnheit, auf die Schlafenden loszuspringen und ihnen das Gesicht zu zerfleischen; auf diese Weise verlor ein Mann vom Gefolge des Doktors seine Oberlippe. Am 8ten Mai 1856 erreichte er Tete, die erste portugiesische Niederlassung in Mozambique, und gab den Brief des Bischofs von Saint Paul de Loando an den Platzkommandanten, Major Sicart, ab. Dieser Offizier empfing ihn auf die freundlichste Weise, nahm ihn in sein Haus und sorgte für seine Reisegefährten. Die Stadt Tete ist am Abhang eines Hügels gebaut, dessen Fuß vom Zambese bespült wird; ein mit guten Kanonen besetztes Fort schützt sie gegen die Angriffe der Eingebornen. Sie könnte leicht viertausend Einwohner beherbergen, hat aber höchstens die Hälfte, und unter diesen befinden sich nur zwanzig Portugiesen. Früher war diese Colonie eine Quelle großen Reichthums für das Mutterland, welches von hier Getreide, Kaffee, Zucker, Oel, Indigo, Elfenbein und Goldstaub bezog; aber der Sklavenhandel machte die Eingebornen mißtrauisch und verdarb Alles. Wiederholt wurde ein Versuch zur Vertreibung der Fremden gemacht; einmal fiel die Stadt den Eingebornen in die Hände und wurde vor ihnen mit Ausnahme der Kirche, in welche sich die Frauen und Kinder geflüchtet hatten, zerstört. Von jenem Schlag hat sich der europäische Handel hier nie erholen können; das Vertrauen war geschwunden und wollte nicht wieder Wurzel fassen.

Die Umgegend, bergig und waldig, könnte nicht schöner und fruchtbarer sein; besonders zeichnet sie sich aber durch ihren Reichthum an Metallen aus. Der Sand der meisten Flüsse ist goldhaltig; in kurzer Entfernung von der Stadt sind sechs Goldwäschereien in voller Thätigkeit. Die Felsenmasse des Berges Mancoa ist so weich, daß die Frauen sie pulverisiren, um ihr das kostbare Metall zu entreißen. Der Sand von Maniva, östlich von Tete, gilt als der ergiebigste, und man findet in ihm häufig Goldstückchen von der Größe eines Weizenkorns. Einige Reisende gehen so weit, zu behaupten, daß dies das Ophir der Alten sei. Die Goldwäscherei befindet sich ausschließlich in den Händen der Eingebornen, welche nur so viel Gewinn daraus ziehen, daß sie sich nothdürftig dafür kleiden können. Außer dem Gold ist auch Eisen von solcher Güte zu finden, daß es dem europäischen vorgezogen wird. Endlich sind aber auch noch Kohlenlager vorhanden, so daß die Natur diesem Lande nichts versagt hat, was zum Blühen und Gedeihen erforderlich ist.

Livingstone ließ seine Makololen in Tete zurück und schiffte sich am 22sten April 1856 auf dem Zambese ein, um nach Europa zurückzukehren. Am 24sten erreichte er die Schlucht von Lupata, gebildet durch eine Felsenkette, welche sich gespalten hat, um zwischen Wänden von 700 Fuß Höhe dem Fluß eine Oeffnung von 750 Fuß Breite zu lassen. Nach viertägiger Fahrt kam er nach Sena, der zweiten portugiesischen Station. Es ist ein armseliges Dorf, welches durch ein verfallenes Fort nur nothdürftig gegen die Angriffe der Eingebornen geschützt wird. Letztere kommen bis vor die Mündungen der Kanonen, um einen Tribut zu fordern, und der Kommandant muß ihnen nachgeben, weil er sehr wohl weiß, daß die unter seinem Befehl stehende Neger-Compagnie beim ersten Flintenschuß Reißaus nehmen würde. Uebrigens ist der ganze Landstrich zwischen Tete, Sena und Quillimane unabhängig von der portugiesischen Herrschaft. Statt ihnen unterthan zu sein, betrachten die Eingebornen die Portugiesen als *ihre* Unterthanen, und erheben einen Tribut von jedem Boot, welches den Fluß heraufkommt. Am 20sten wurde Quillimane an der Küste von Mozambique erreicht, von wo Livingstone sich am 12ten Juli nach England einschiffte. Fünf Monate darauf erholte er sich im Kreise seiner Familie und Freunde von den ausgestandenen Gefahren und Strapazen.

―――

Die Engländer halten aus nahe liegenden Gründen große Stücke auf die Geographie und begrüßen jede Bereicherung der Kenntnisse in diesem Fach mit besonderer Freude, woraus sich die Wärme des Empfangs erklärt, welche dem kühnen Reisenden bei ihnen zu Theil wurde. Die geographische Gesellschaft, die religiösen und gelehrten Körperschaften zogen ihn zu sich heran und bezeigten ihm ihre Dankbarkeit. Selbst die Regierung schloß sich diesen Demonstrationen an, und um ihn beim weitern Verfolg seiner Entdeckungen zu unterstützen, ernannte sie ihn zum Consul in Quillimane. Lord Clarendon, welcher sich damals an der Spitze des auswärtigen Departements befand, ertheilte ihm den Auftrag, seine geographische Kenntniß vom mittlern und östlichen Afrika zu vervollständigen, die mineralen und agrikulturen Schätze des Landes genau zu studiren und die Eingebornen zum Acker- und Minenbau zu ermuntern, damit sie ihre Rohprodukte gegen brittische Gewebe vertauschen könnten. Ueberdies stellte ihm der Minister ein Dampfboot und die Mittel zur Verfügung, sich mit Männern zu verbinden, welche ihm beim Verfolg seiner schwierigen Aufgabe förderlich sein konnten. Jetzt war also Livingstone nicht mehr der arme, isolirte Reisende, welcher keine andern Hülfsmittel als seinen Feuereiser, seine andern Gönner als Häuptlinge wilder Stämme hatte und für seinen Unterhalt auf die Jagd oder die milden Gaben der Eingebornen angewiesen war, sondern er begab sich als mit amtlichen Würden bekleidete, unter dem Schutz eines mächtigen Landes stehende Persönlichkeit wieder auf den Schauplatz seiner Wirksamkeit.

Diese letzte Reise Livingstone's dauerte von 1858 bis 1864. Obgleich sie unter so günstigen Auspicien begonnen wurde, erklärt er selbst, daß der Zweck der Regierung nicht habe erreicht werden können. Das Uebelwollen der portugiesischen Behörden und die durch den Sklavenhandel entzündeten Kriege haben alle seine Anstrengungen vereitelt. Ueberdies hemmte das zahlreiche Personal, welches er mit sich nehmen mußte, seine Bewegungen, kostete ihm viel Zeit und absorbirte einen großen Theil seiner Kräfte. Sein Dampfboot war ein miserabler Kasten und leckte überall, die Maschine taugte auch nichts, kurz es gab überall Schwierigkeiten und Verdruß. Livingstone verlangte von der Regierung einen andern Dampfer, welcher erst nach zwei Jahren eintraf. Dieser hatte fünf Fuß Tiefgang und gerieth häufig auf den Strand; einmal blieb er sechs Wochen lang sitzen. Auf dem Zambese änderu sich die Strömungen fortwährend; da es auch an eigentlichen Lootsen fehlte, gebot die Klugheit, nur bei sehr hohem Wasserstand den Fluß hinaufzufahren und das nächste Hochwasser zur Rückfahrt abzuwarten, was oft ganze Monate fortnahm. Natürlich lag es Livingstone ob, über das Wohlergehen aller seiner Begleiter zu wachen. Oft grassirte das Fieber unter ihnen, und während einiger Tage war nur ein einziger seiner Leute gesund. So wurde er durch tausend kleinliche Schwierigkeiten dermaßen gehindert, daß er den an ihn geknüpften Erwartungen unmöglich gerecht werden konnte.

Wir wollen ihm auf dieser seiner größten Reise nicht folgen, sondern nur noch einige der Prüfungen namhaft machen, welche ihm und den Seinigen zu Theil wurden. Von den Makololen, die Livingstone in Tete zurückgelassen hatte, waren dreißig an den Blattern gestorben und sechs ermordet. In den ersten Tagen des Jahres 1862 gesellte sich seine Frau wieder zu ihm. Im südlichen Afrika geboren und erzogen und an das Klima gewöhnt, hoffte sie ihrem Gatten seine Aufgabe erleichtern und sein Loos verschönern zu können; aber kaum hatte sie den Fuß ans Land gesetzt, als der Tod sie dahinraffte; sie fand ihre letzte Ruhestätte unter einem riesigen Baobab am Ufer des Zambese. Und dies war nicht der einzige Verlust, den die Expedition zu beklagen hatte. Herr M. R. Thornton, ein verdienstvoller Geolog und ausgezeichneter Reisender, unterlag den Strapazen und Entbehrungen. Von neun durch die Missionsgesellschaft in London gesandten Missionären erlagen sieben den mörderischen Einflüssen des Klimas und den Mühseligkeiten ihres Apostelthums. Endlich starb der Chef einer Expedition von Missionären und Gelehrten, welche die Universitäten von Oxford und Cambridge zur Gründung einer Niederlassung im herrlichen Thal von Schire, dessen Entdeckung ganz England in Aufregung verseßte, abgesandt hatten, der Bischof Mackenzie, mit einem seiner Gefährten auf einer Reise, die er im Interesse der werdenden Colonie unternommen.

Elf Gräber in weniger als drei Jahren, als Opfer der Pflicht, der Wissenschaft, des Glaubens. Vergebliche Opfer, fruchtlose Hingebung! wird die alltägliche Klugheit sagen. Und doch macht nur vermittelst solcher Opfer die Civilisation ihre Eroberungen. Die Gräber dieser Märtyrer öffnen den Völkern des Abendlandes Horizonte, von denen sie nie eine Ahnung gehabt hatten, und noch manches Opfer wird fallen müssen, bis das mittlere Afrika, dessen überreiche Natur Livingstone dem staunenden Auge der Welt erschlossen hat, der Segnungen höherer Gesittung theilhaftig wird.

Gußstahl.
Von Theodor Pösche.

Die Archäologie nimmt drei Zeitalter an, welche bei den höher civilisirten Nationen auf einander folgten: das Stein-, Bronze- und Eisenzeitalter. Es ist gewiß interessant und lehrreich, sich über die Aufeinanderfolge jener Zeitalter zu unterrichten; aber nach meinem Dafürhalten muß es unendlich interessanter und lehrreicher sein, das Eintreten eines neuen, vierten Zeitalters in unsere Gegenwart zu beobachten. Daß ein solcher welthistorischer Vorgang sich vor unsern Augen vollzieht, dafür sollen im Folgenden einige Belege beigebracht werden.

Bronze, eine Mischung von Kupfer mit Zinn und Zink, wurde gegen Eisen aufgegeben, weil das Letztere fester und härter ist. Genau aber wie Bronze zu Eisen verhält sich in der angegebenen Beziehung Eisen zu Gußstahl, und wird deswegen für viele Zwecke gerade so aufgegeben werden, wie einst Bronze aufgegeben wurde.

Stahl ist bekanntlich Eisen mit einer geringen Beimischung von Kohle. Diese geringe Beimischung von Kohle erzeugt die wunderbaren Eigenschaften, welche den Stahl vor dem Eisen auszeichnen, seine Festigkeit, Zähigkeit, Härte und Elasticität. Die Erfindung des Stahles ist in vorhistorischen Zeiten in Asien gemacht worden; die Alten nannten denselben nach einem Volk in der Nähe des Schwarzen Meeres, den Chalybäern, die sich mit seiner Anfertigung beschäftigten. Die Darstellung des gewöhnlichen Stahls, d. h. die Verbindung von Schmiedeeisen mit einem Procenttheil Kohlenstoff, ist seiner Natur nach so schwierig und langwierig und das Produkt daher so theuer, daß Stahl der alten Art stets nur eine beschränkte Anwendung finden konnte. Es hängt ihm aber außerdem noch ein Uebelstand an, der von der Natur des Schmiedeeisens herrührt. Dieses ist der Weise seiner Darstellung gemäß nicht durchaus gleichartig, sondern aus einzelnen Theilen zusammengeballt, die stets eine Neigung zum Abschälen und Zerbröckeln haben. Homogenität ist nur durch den Durchgang eines Metalls durch den flüssigen Zustand zu erwarten. Man mußte also Gußstahl haben.

Vor ungefähr hundert Jahren lebte in England ein Quäker, Namens Huntsman, der sich mit der Verfertigung von Wanduhren beschäftigte. Da er dieselben auf das Vorzüglichste anzufertigen sich bemühte, sah er sich nach dem besten Material für sie um. Der gewöhnliche Stahl war nicht ganz geeignet für seine Zwecke; er brauchte Gußstahl. Aber wie Gußstahl machen? Schmiedeeisen ist bekanntlich so gut wie unschmelzbar. Das Problem war schon vor einem Jahrtausend im fernen Osten gelös't. Die vermehrte Verbindung der Engländer mit Ostindien hatte dieselben mit dem Wutz von Bombay bekannt gemacht, einem feinen Gußstahl, aus dem Schmiedewerkzeuge von unübertroffener Vortrefflichkeit hergestellt wurden. Englische Verehrer des deutschen Physikers Lichtenberg in Göttingen schenkten demselben ein Federmesser aus diesem Material, mit dem man eiserne Nägel gleich Bleistiften zu schneiden vermochte. Unausgesetzte Bemühungen ließen endlich Huntsman sein Ziel erreichen; die Erzeugung von Gußstahl wurde in geringem Umfang in England eingebürgert.

Vor fünfzig Jahren lebte in dem kleinen Städtchen Essen an der Ruhr ein wackerer Schmiedemeister, dessen klares Auge die Wichtigkeit erkannte, die Production des Gußstahls in Deutschland einzubürgern. Sein einziger Sohn wurde von ihm nach England geschickt, um dort die Methode gründlich zu erlernen. Aber Gußstahl, dieses wichtigste aller Metalle, ist auch das schwierigste in Bezug auf Herstellung. Verschiedene Erze und verschiedene Kohlen verlangen verschiedene Behandlung. Die Erze der Ruhr und des Siegener Landes eignen sich ganz besonders zur Stahlbereitung; die dortigen Kohlen gehören zu den besten. Unter solchen Umständen ließ der treffliche Meister nicht ab bis ihm der Proceß vollständig gelang, und aus so unscheinbaren Anfängen entstand das größte Fabrik-Etablissement der Welt, Friedrich Krupps Gußstahlfabrik in Essen. Dort sind 10,000 Arbeiter beschäftigt, Gußstahl und Fabrikate daraus anzufertigen. Beim Ausbruch des jetzt eben beendigten Krieges wurden 1500 Arbeiter zur Fahne gerufen; die preußische Regierung schickte dieselben jedoch wieder heim, mit dem Auftrag, Kanonen für sie zu machen. Und die Regierung war sicher vor die rechte Schmiede gegangen; Krupp konnte, wenn es gefordert wurde, täglich 40 Kanonen fertig machen. Die ganze Welt bestellt gußstählerne Kanonen bei Krupp. Neulich schmiedete er eine riesige für die Regierung von Japan; für die Pariser Ausstellung des nächsten Jahres steht er im Begriff, die größte moderne Kanone mit 25zölligem Bohrloch zu schmieden. Nur flüchtig kann ich hier den Proceß für so große Operationen beschreiben. Der Stahl wird im Wesentlichen auf die alte Weise gemacht; dann wird derselbe in Töpfen aus Graphit geschmolzen, deren jeder ungefähr vierzig Pfund faßt. Zu einer großen Kanone gehören aber vielleicht 30,000 Pfund Metall. Dies muß also zu gleicher Zeit geschmolzen und dann von den Arbeitern auf Commando in die Form gebracht werden. Noch heiß, kommt dann die

Masse unter den Hammer, welcher wegen des größern Widerstandes, den Stahl leistet, verhältnißmäßig schwerer als ein Eisenhammer sein muß. Krupp besitzt einen Dampfhammer von 50 Tonnen, der Tag und Nacht arbeitet (der größte Hammer in England wiegt ungefähr 15 Tonnen), und dessen Herstellung durch ihn selber 800,000 Thaler kostete. In diesem Augenblick baut er einen Hammer von 125 Tonnen, der die neuen Kanonen für die Festungen und die deutsche Flotte schmieden wird.

Diese martialistische Thätigkeit ist nur eine Seite des Etablissements, das für die Werke des Friedens ebenso thätig ist. Wenn ein Schiff, wie z. B. alle Bremer und Hamburger transatlantischen Dampfer, mit doppelter Sicherheit die Wellen durchfurchen soll, dann bestellt man die Welle für dasselbe bei Krupp. Der gefährliche Transport auf den Eisenbahnen ist unendlich sicherer für das Leben der Passagiere geworden, seit Krupp und seine westphälischen Kollegen Räder, Reifen und Achsen der Eisenbahnwagen und Locomotiven aus Stahl schmieden. Ein Radeisen für eine Locomotive, 2½ Zoll dick, wird von ihm aus einem Stück ohne Schweißen gearbeitet!

Ueber die enorme Zunahme dieses Riesen-Etablissements legen folgende Zahlen Zeugniß ab. Es wurden dort erzeugt und zum größten Theil verarbeitet im Jahre

1852......1½ Millionen Pfund Gußstahl,
1861......10 „ „ „
1862......13 „ „ „
1863......25 „ „ „
1864......54 „ „ „

Die Eisenbahnen verdanken dem Gußstahl jedoch noch mehr, als sichere Räder und Achsen. Ganze Brücken lassen sich mit Gußstahl fester und mit kühnerem, weiterem Schwung über die Flüsse schlagen, und endlich werden jetzt die Schienen selber aus Gußstahl hergestellt. Erinnern wir uns, wie viele Unglücksfälle von zerbrochenen Schienen herrühren, und wir werden sogleich sehen, wie sehr die Sicherheit einer Bahn durch stählerne Schienen gewinnen muß. Die Abnutzung einer Stahlschiene beträgt nach angestellten Proben nicht die 25ften Theil wie bei einer Eisenschiene.

Wenn nun aber Stahl in solchen gewaltigen Massen gebraucht wird, da reicht das alte Verfahren kaum aus. Nach vielen Versuchen gelang es einem Westphalen im Jahr 1848, Stahl aus Roheisen durch Puddeln herzustellen. Der Prozeß besteht kurz in Folgendem: Roheisen enthält 4 oder 5 Prozent Kohle; Stahl soll den Bruchtheil eines Prozentes Kohle enthalten. Wenn man nun dadurch, daß man das flüssige Roheisen in eigenthümlicher Bewegung erhält, immer neue Theile der Masse der Action des Sauerstoffes der Luft aussetzt, so vereinigt sich dieser mit der Kohle und dem Schwefel des Roheisens; diese verbrennen, und wenn man mit dem Prozeß innehält, wenn nur der gewünschte Theil Kohle noch im Eisen enthalten ist, so hat man Stahl. Es ist leicht einzusehen, wie schwierig diese Operation sein muß, da von dem Prozenttheil der bleibenden Kohle der ganze Charakter des Stahls abhängt; diesen aber zu treffen, erfordert die größte Aufmerksamkeit und lange Erfahrung. Westphalen und England sind bis jetzt die einzigen Länder, welche in ihrer Art vortrefflichen Puddelstahl liefern. Das Produkt läßt sich an Güte nicht mit dem Topfstahl vergleichen, ist aber vollkommen ausreichend für größere Werkzeuge und Maschinentheile. Da sein Preis immer noch ziemlich hoch ist, und die Qualität besser, als sie für gewisse massenhafte Gegenstände verlangt wird, so war noch Raum gegeben für die Entdeckung eines Verfahrens, ganz billigen, groben Gußstahl herzustellen. Dieses Verfahren entdeckte der Engländer Henry Bessemer vor 10 Jahren. Nach seinem Prozeß, der schnell überall Aufnahme fand und jetzt in England, Deutschland, Schweden, Frankreich und den Vereinigten Staaten benutzt wird, wird eine große Masse flüssigen Roheisens, 3 bis 12 Tonnen, in ein riesiges Gefäß, aus einer feuerfesten Erde mit eisernen Rippen hergestellt, gethan. In dieser Masse wird durch den Boden des Gefäßes vermittelst eines starken Gebläses ein Strom atmosphärischer Luft getrieben. Da entsteht nun für einige Minuten ein Höllenlärm, man glaubt einen kleinen Vulkan vor sich zu sehen; unter gewaltiger Flammenentwicklung, mit Zischen und Brausen, vereinigt sich der Sauerstoff der Luft mit dem Kohlenstoff und Schwefel des Roheisens, das nach 7 oder 8 Minuten vollständig von letzteren Stoffen gereinigt ist und also reines Eisen darstellt. Um nun den nöthigen Kohlenstoff hinein zu bringen, setzt man der Masse geschmolzenes Spiegeleisen hinzu, welches denselben in der gewünschten Quantität enthält. Dies giebt einen Stahl, der kaum theurer als Schmiedeeisen zu stehen kommt und für viele Zwecke gut genug ist. So haben sich zum Beispiel Eisenbahnschienen vortrefflich bewährt, und es ist ausgemacht, daß alle Eisenbahnen denselben adoptiren und also in Zukunft Stahlbahnen sein werden. Niemals ist ein Erfinder reichlicher belohnt worden, als Henry Bessemer. Seine Erfindung ist erst 10 Jahre alt, und im vorigen Jahr schon produzirte England 300,000 Zentner Bessemerstahl. Nun erhält aber Bessemer von jeder Tonne so gemachten Stahles aus jedem Lande der Welt ein, zwei oder drei Pfund Sterling, je nach der Qualität.

Nach dieser flüchtigen Uebersicht über das ganze Feld will ich genau die Punkte angeben, auf die sich die Behauptung im Eingang stützt, daß der Gußstahl ein viertes Zeitalter begründe.

Erstens. Der Gußstahl liefert uns Schneid-Werkzeuge besserer Qualität, als irgend ein anderes Material es kann.

Zweitens. Eine Dampfmaschine und ein Schiff von Gußstahl (Beides ist schon vielfach daraus hergestellt) sind bei dem halben Gewicht um Vieles fester, als wenn sie aus Eisen gemacht werden. Um die enorme Wichtigkeit dieses Punktes in's gehörige Licht zu setzen, will ich nur erwähnen, daß die Schifffahrt auf zahllosen seichten Strömen, die aber von der größten merkantilen Wichtigkeit sind, wie z. B. auf dem Missouri, durch Schiffe aus Gußstahl allein in praktischer Weise zu ermöglichen ist. Dies heißt aber unzähligen Ländern der Erde neues Leben einflößen. Von Stahlbahnen, Lokomotiven und Brücken aus Stahl war schon oben genügend die Rede. So komme ich denn zum dritten, bis jetzt am wenigsten beachteten Punkt. Ohne Gußstahl war der oceanische Telegraph nicht möglich. Wie bekannt, besteht ein oceanischer Telegraph aus drei Theilen: aus dem kupfernen Conductor, dem isolirenden Material und der schützenden Hülle. Diese Letztere besteht aus einer Anzahl gewundener Drähte, die zugleich äußerst biegsam und äußerst zäh sein müssen. Gußstahl allein, unter allen bekannten Stoffen, vereinigte diese beiden Qualitäten, und so wählte man eine Sorte desselben, die ihres geringen Kohlengehaltes wegen homogeneous iron genannt wird, zur Herstellung des Oceantelegraphen. Giebt es aber Jemanden, der bestreitet, daß die gesicherte Einführung des Oceantelegraphen, d. h. die Reduction der ganzen Erdoberfläche, so weit es Gedankenaustausch betrifft, auf den Umfang einer großen Stadt, ein neues Zeitalter bedingt?

Der Briefkasten der Madonna.
Von Julian Werner.

(Fortsetzung.)

Auf der Höhe des Hügels gelangte man in einen Wald. Größere Bäume erhoben sich nur vereinzelt, aber das Buschwerk und der niedere Baumschlag standen so dicht, daß es ohne die genaueste Ortskenntniß fast unmöglich war, sich hindurch zu arbeiten. Ein dumpfes Rauschen lief durch die Laubkronen, und der Wind, der sich wieder eingestellt, schüttelte das Geäst. Die ersten schweren Regentropfen fielen rasselnd auf das Blätterdach, vermochten jedoch den Boden noch nicht zu erreichen. Abermals beschleunigte man seine Schritte und trieb die Thiere kräftiger an. Das Ziel mußte wohl erreicht sein, denn bald blitzten aus dem Dunkel des Waldes einzelne Lichter auf, und das kräftige Anschlagen von Hunden verrieth, daß man sich menschlichen Wohnungen nähere. Im nächsten Augenblick tauchten aus dem Walddickicht mehrere nur nothdürftig aus Brettern zusammengefügte Ranchos auf, aus deren geöffneten Thüren der helle Lichtschein des in der Mitte des Raumes flackernden Feuers hervordrang. Etliche Männer, kräftige Gestalten, wie wir sie bereits in der Begleitung des Hauptmanns kennen gelernt, und eine gebrechliche Alte, die übrigens an ihrer Krücke ganz munter umherhinkte, kamen zur Begrüßung der Ankommenden zum Vorschein, während zwei große Hunde in freudigen Sätzen an ihnen emporsprangen und ihr munteres Gebell weithin durch die finstere Nacht erschallen ließen. Der Regen prasselte jetzt schon mit Macht hernieder, und der Sturm schüttelte die kräftigsten Stämme als ob es Haselruthen wären.

„Das heißt zur rechten Zeit heimgekehrt!" rief die heisere Stimme der hinkenden Alten, als sie des Capitans ansichtig geworden, der eben herbeigeeilt war, um seinen Leuten Befehl zu ertheilen, die Kranke in seine eigene Hütte zu schaffen. „War schon den ganzen Abend recht in Sorge, daß Euch das Unwetter weit weg in den Pampas ereilen möchte, so daß Ihr am Ende gar nicht heimkehren könntet. Aber was ist denn das? Was habt Ihr denn da, in Tücher und Decken eingepackt, auf dem Maulthier?... Jesus Maria! Ich glaube gar, es ist ein Weib!"

„Eine arme kranke Frau, deren Geist durch grausame Behandlung gelitten hat. Ich wünsche, daß Du es ihr an nichts fehlen läßt, Witerba, und ihrer Pflege ganz besondere Aufmerksamkeit schenkst. Sie soll in unserer Hütte wohnen... Du magst ihr ein Lager in der kleinen Kammer zurecht machen, in der ich selber schlief; meine eigene hamaca *) findet schon an irgend einer anderen Stelle Platz."

Die Alte konnte sich in den seltsamen Besuch nicht recht finden. „Eine kranke Frau und gar eine Wahnsinnige in unserer Hütte — heilige Madonna, was ist das wieder für ein Einfall! Euer gutes Herz spielt Euch einen Possen über den anderen; Ihr könnt nun einmal schlechterdings Niemanden leiden sehen, und um Anderen zu helfen, legt Ihr Euch selber die größten Beschwerden auf."

„Nicht lange geplaudert, Alte, sondern eifrig Hand angelegt! Hoffentlich hast Du eine gute cena **) für uns in Bereitschaft... wir sind Alle hungrig ... auch ein Glas aguar diente caliente †) wird gut thun... nur flink, flink, damit wir dann zur Ruhe kommen!"

„Nur gemach, gemach, nicht gleich so stürmisch ins Haus gefallen! Die alte Witerba hat nur zwei Hände, und das ist bei ihrem lahmen Fuß zur Bedienung so vieler ungestümen Gesellen wahrhaftig zu wenig — geschweige denn, wenn man noch so unverhoffte Einquartierung erhält. Na, es wird auch noch gehen. Das Essen ist fertig, das warme Getränk ist gleich gemacht, und für die Fremde soll gesorgt werden, so gut es eben in unserer Waldeinsamkeit angehen will. Mit der Ruhe werdet Ihr aber noch ein Weilchen warten müssen. Es ist Jemand angekommen, der Euch sehen will...."

„Mich sehen?" fragte der Hauptmann überrascht. „Ein Kundschafter etwa — ein Spion — und Ihr wart so unvorsichtig, ihn aufzunehmen, statt ihm gleich den Weg zu weisen, daß er das Wiederkommen vergessen hätte?"

„Immer so ungestüm! Wartet doch erst ab, wer es ist."

„Quion? Quion? Rede, Witerba!"

„Ein alter Bekannter... ich verrathe nichts... er möchte Euch überraschen... Geht nur in die Hütte, und ich denke, Ihr werdet ihn doch wohl über Nacht als Gast behalten."

Die Männer hatten inzwischen die Kranke vorsichtig von dem Maulthier genommen und nach der kleineren, aber am gefälligsten aussehenden Hütte gebracht.

---

*) Hängematte.
**) Abendessen.
†) Branntweinpunsch.

„Führt die Thiere in den Stall, und nehmt dann auch diese da mit Euch." sagte der Häuptling, als seine Gefährten umkehrten, auf die beiden Mönche deutend. „Gebt ihnen zu essen und zu trinken nach Herzenslust, und eine Schütte Stroh, so gut wie wir es eben selber haben. Seid mir aber auf der Hut, Camaradas, daß sie Euch nicht etwa über Nacht zu frommen H..iligen bekehren; sonst liefen für die Zukunft unsere Wege auseinander, und das würde Euch so wenig wie mir gefallen."

Die Männer lachten. „Viva el capitan!" riefen sie, die Hüte schwenkend, und drängten dann gegen die offenstehende Thür des größten der Ranchos, um gegen den strömenden Regen Schutz zu finden und sich beim behaglichen Feuer von den Strapazen des Tages auszuruhen.

Biterba war von dannen gehumpelt, um der Kranken ein ordentliches Lager zu bereiten und ihr etwas Nahrung anzubieten. Der Hauptmann, gefolgt von den beiden Hunden, die ihm begierig die Hände leckten, trat jetzt gleichfalls in die Hütte, wo vor dem in einer Vertiefung brennenden Feuer ein Tisch in zwar sehr einfacher, aber doch gefälliger Weise hergerichtet war. Ein alter Mann mit langem weißen Haar, der vor dem Feuer gesessen, hatte sich bereits erhoben und trat dem Ankommenden entgegen.

„Seid Ihr ungehalten, Pasquale, daß Ihr mich zu so später Stunde als zudringlichen Gast in Eurer Wohnung findet? Ich habe einen weiten Weg gemacht und hatte nicht geringe Noth, Euch in diesem abgelegenen Versteck zu finden — wollt Ihr mich bis morgen früh beherbergen?"

Der Capitan betrachtete den alten Mann beim Schein des flackernden Feuers; plötzlich streckte er beide Hände nach ihm aus und rief in herzlichem Tone:

„Was seh' ich? Ist es möglich?... Mein alter Freund Toribio! Welches Ungefähr führt Dich hierher in diese Einsamkeit?"

„Kein Ungefähr, das Verlangen, Euch nach so vielen Jahren wieder zu sehen... mit Euch zu reden...."

„Woher wußtest Du von meiner Rückkehr?"

„Ein Priester, der von La Recoleta kam und den das Unwetter vor ein paar Abenden auf meiner Hacienda ein Nachtlager suchen ließ, brachte mir die Kunde. Er erzählte, daß der gefürchtete Räuber Pasquale aus den fernen Schluchten der Cordillera, wo er seit Jahren gehaus't, in die Ebene zurückgekehrt und in der Gegend von La Recoleta erschienen sei. Ich wollte anfangs nicht daran glauben, aber Tags darauf bestätigte mir ein Capataz dasselbe Gerücht."

„So sind die Pfaffen doch zu Etwas gut!" lachte der Häuptling, indem er seinen Karabiner von der Schulter nahm und sorgfältig in eine Ecke lehnte. „Es scheint, ich soll mich mit den geistlichen Herren ganz aussöhnen. Zwei Mönche, die ich heute Abend auf dem Wege nach La Recoleta abfing und soeben hierher brachte, haben mich in den Besitz eines wichtigen Geheimnisses meines alten Herzensfreundes Ugarte gesetzt, das mir unter Umständen sehr

gute Dienste thun mag. Nun verdanke ich einem anderen Gliede der hoch=
würdigen Zunft auch noch das Vergnügen, meinen alten braven Toribio schon so
bald nach meiner Rückkehr in das Tiefland bei mir zu sehen. Muy bien, ich will
es ihnen gut schreiben und ehrlich abrechnen, wenn wir einmal die Bilanz zie=
hen. Na, behalte Platz, Alter! Es wird Dir wohl auch gehen wie mir: die
Jahre fangen an zu drücken und die Beine werden wackelig, wenn sie einen
ganzen Tag lang Dienste gethan. Oh, ich sehe, Viterba hat schon für einen
guten Trunk gesorgt... Eine Flasche vino anejo *), mit Mendozas vulkani=
schem Rebenblut gefüllt — so ist's recht — das wärmt und mundet! Wir
haben vor drei Tagen einem reichen Kaufmann, der eine ganze Ladung nach
Santiago führen ließ, ein paar Dutzend Flaschen abgenommen — ihm thun sie
nicht weh, aber uns ganz gewaltig wohl!"

Toribio leerte einen Becher, den ihm der Capitan kredenzte.

„Ihr lebt also behaglich auf Eurer Hacienda, Amigo? Vo ahi **), das
ist gar nicht übel!"

„Bin nicht so reich, Pasquale. Haus und Boden gehört meinem alten
Herrn, dem steinreichen Escovedo, der mir's nur in Pacht gegeben. Er hat
sich unlängst mit einer jungen, schönen Sennora vermählt und will die Flitter=
wochen bei uns auf der Hacienda zubringen. Als ich nun von Eurer Ankunft
hörte, machte ich mir die Sache zum Vorwand und sagte Ventura, meiner
Alten — Ihr wißt doch, daß ich Ventura, die ehemalige Dienerin im Hause
Escovedos, zum Weibe genommen — es sei noch allerlei zum Empfang der
Herrschaft vorzubereiten und aus der Stadt zu besorgen. Doch statt nach
Santiago, macht' ich mich flugs auf die Beine hierher zu Euch. Der Himmel
wird mir die Notlüge verzeihen; ich hätte sonst auf das Vergnügen, Euch zu
sehen, verzichten müssen, denn wenn Ventura wüßte, daß ich mit dem gefürch=
teten Räuber Pasquale in Verbindung stehe — voto a dios! †) sie ließe mich
heute noch im Stich."

„Und das wäre ein Unglück, welches mein alter Freund Toribio, scheint's,
nicht überleben würde!" entgegnete Pasquale lächelnd.

„Diablo! nein, so ist's nicht gemeint... ich bin nun aber einmal an
die alte Hexe gewöhnt... im Grunde ist sie auch gar nicht so übel... und
dann — was sollte aus meiner Pacht werden ohne sie? Sie gilt etwas beim
Herrn... ihre Zunge hält ihn im Zaum... o, Ihr glaubt nicht, Pasquale,
was diese Zunge der Alten vermag!"

„Eine Weiberzunge — ich kenne das, Amigo, obwohl dieses verteufelt
spitze Instrument mich nie aus dem Rosenmündchen einer besseren Hälfte
kitzelte! Selbst meine alte Viterba macht mir hin und wieder höllisch zu schaffen;
treibt sie's aber gar zu bunt, so brauch' ich nur den Arm etwas zu rühren, und

---

*) Alter Wein.
**) Sieh einmal!
†) Wahrhaftig!

nach dem Stock in der Ecke zu schielen, um ihr das geläufige Mundwerk gleich mit sieben Siegeln zu verschließen. Bei einer eheleiblichen Hälfte macht sich das nicht so leicht, — weiß wohl, pobro camarada *), deshalb — ha, ha, ha! — bemitleide ich Dich von ganzem Herzen! Doch — caramba! das ist ja eine ganze Zeitung voll artiger Neuigkeiten, die Du mir bringst! Escovedo, der graue Sünder, hat sich vermählt... in seinen alten Tagen zum zweiten Mal vermählt? Wer ist denn die Glückliche, der er seine Hand gereicht?"

„Leontica Mureno, die schönste Blume im ganzen Thal des Paradieses."

„Leontica Mureno, die Tochter Juanos, des tapferen Obersten der Republik?"

„Dieselbe."

„Ein Mädchen, das kaum achtzehn Sommer zählt, einem Manne vermählt, der die Schwelle des Greisenalters längst überschritten?"

„Die arme Tochter aus edlem Hause dem greisen Millionär. O, Geld gleicht ja die Unterschiede der Jahre und Stände vortrefflich aus!"

„Maldito! Der schlechteste Kerl, der Mensch, der mir, nächst dem Pfaffen Ugarte, auf Gottes weiter Erde am verhaßtesten ist, die Tochter des bravsten Mannes in ganz Chili, der sich nicht schämte, dem Räuber Pasquale seine Hand zu reichen und ihn Freund zu nennen?... Toribio, stärke Dich erst durch einen tüchtigen Schluck, und dann erzähle, wie war das möglich?"

Der alte Pächter leistete dieser Aufforderung sofort Folge. Er erzählte, wie es sich begeben, daß Don Escovedo die schöne Sennora Leontica heimgeführt, wie Pater Ugarte und die frommen Väter von della compania die gottesfürchtige Donna Uraca so lange bestürmt, bis sie ihre Tochter überredet, in die glänzende Verbindung mit dem reichsten Manne Santiago's zu willigen, wie endlich Sennora Leontica, obwohl sie eine andere Liebe zu einem jungen deutschen Kaufmann im Herzen getragen, den Bitten der Mutter und den Vorstellungen der geistlichen Herren nachgegeben und den greisen Bewerber mit ihrer jugendlichen Hand beglückt hatte. Schließlich vergaß er auch nicht, des umlaufenden Gerüchts zu erwähnen, daß die junge Sennora am Tage der Vermählung ihren Geliebten, der von einer weiten Reise zurückgekehrt, wieder gesehen, daß sie in Folge dieser Erschütterung mehrere Wochen gefährlich krank gelegen und nun von ihrem eifersüchtigen Gatten aufs strengste bewacht werde, weshalb sie sich doppelt unglücklich fühle.

Pasquale hatte während dieser Erzählung öfters Zeichen der Ungeduld und des Unwillens gegeben. „Daß ich mich so lange dort oben in den Bergen vergraben mußte!" rief er, mit der Faust kräftig auf den Tisch schlagend, daß die Flaschen und Becher klirrten. „Hätte ich eine Ahnung gehabt von dem, was hier unten vorgeht, ich wäre längst zurückgekehrt, und wahrlich! es hätte den geistlichen Wölfen nicht gelingen sollen, das unschuldige Lamm in ihre

---

*) Armer Camerad.

Schlingen zu ziehen und der schlechtesten ihrer Creaturen zur Beute werden zu lassen!"

„Was hielt Euch so lange dort oben in den Bergen, Pasquale, und was führt Euch jetzt wieder hierher zurück?" fragte Toribio.

„Eine kurze Frage, die eine lange Antwort erheischt. Wohl, sei es darum! Du bist ein alter Freund, vor dem ich keine Geheimnisse habe. Beim vollen Glase plaudert sich's ja so gemüthlich, zumal wenn draußen der Sturm durch den Wald saus't und der Regen zur Erde gießt. Laß uns denn plaudern, Toribio! Du kennst zwar meine Geschichte, aber es sind viele, viele Jahre her, seit wir nicht mit einander verkehrt, und so werd' ich Dir denn doch Eins und das Andere in's Gedächtniß rufen müssen."

„Alte Geschichten, das ist so recht meine Leidenschaft!" rief Toribio, sein Glas füllend und näher zu dem Capitän rückend, der sich's, nachdem er die Speisen flüchtig berührt, in einer Hängematte bequem gemacht, die in der Nähe des Feuerplatzes von einem der Deckbalken herniederhing. „Aus Eurem Munde, der Ihr so viel gesehen und erlebt, lauscht man ihnen mit besonderem Vergnügen."

„Viel gesehen und erlebt — ja, Du hast Recht, Toribio! ist mir's doch, als ob ich in einem dicken, dicken Buche mit vielen bunten Bildern geblättert hätte, nun aber so ziemlich auf der letzten Seite angelangt wäre und entweder aufhören oder — wieder von vorn anfangen müßte! Wir waren Jugendgespielen, Toribio, und wuchsen neben einander, wenn auch unter äußerlich verschiedenen Verhältnissen, in herzlicher Freundschaft auf. Ich bewohnte die schmucke Hacienda, die sammt den umliegenden Ländereien und einem reichen Viehstand meinen Eltern gehörte; Deine Heimath war die bescheidene Casa der braven Tagelöhnerfamilie, die auf unsern Gütern ihren kärglichen Unterhalt fand. Die Mutter starb früh, die übrigen Geschwister folgten ihr, zuletzt blieb nur ich und die jüngste Schwester Isabella übrig, um dem Vater die Einsamkeit des Hauses erträglicher zu machen und ihn in der Führung der ausgedehnten Wirthschaft zu unterstützen. Der Verlust seiner Lieben, schwere Schläge des Schicksals hatten den Vater umgewandelt; der ehemals heitere, lebenslustige Mann ward finster, in sich gekehrt, menschenscheu. Sein liebster Verkehr war der mit dem Prior und den Mönchen eines benachbarten Klosters, und so innig schloß er sich nach und nach diesen an, daß er darüber sein Hauswesen, seinen Viehstand, seine Feldwirthschaft — die einzigen ihm gebliebenen Kinder sogar vergaß. Um es kurz zu machen: der Vater ging zuletzt in's Kloster und beredete die Schwester, ein Gleiches zu thun. Der Prior von della compania zu Santiago, Pater Ugarte, kam damals öfter nach jenem Kloster; er trat in ein näheres Verhältniß zu meinem Vater, an dem er besonderes Wohlbehagen zu finden schien. Um ihm gefällig zu sein, erbot er sich, Isabella mit nach der Hauptstadt zu nehmen und sie in einem Stift seines Ordens erziehen zu lassen; nur für den Fall, daß sie bei ihrem Beschluß beharre und auch nach Beendigung der Prüfungszeit einen wirklichen Beruf fühle, sich der Kirche zu vermählen, sollte sie später die Weihe empfangen. Ein Jahr verstrich — die Verwaltung der großen Wirthschaft, der ich mich kaum gewachsen fühlte, ruhte allein auf meinen Schultern — da starb der Vater. Aus seinem Testament ergab sich, daß er all sein Hab und Gut dem Kloster vermacht und seinen beiden Kindern nichts als seinen Segen und den Wunsch, daß sich auch für sie der Weg des Heils eröffnen möge, hinterlassen hatte. Ugarte kam in eigener Person nach der Hacienda und ergriff im Namen der Kirche Besitz von dem Vermächtniß. Ich bat ihn, mich als Pächter auf dem väterlichen Grund und Boden zu lassen — er antwortete mir, daß die Bewirthschaftung dieses Gutes kräftigere Hände als die meinigen erfordere; ich fragte ihn nach dem Aufenthalt meiner Schwester, um sie noch einmal zu sehen, ehe ich hinaus in die weite Welt zog — er verweigerte mir jede Auskunft, da Isabella sich schon bereit erklärt, den Schleier zu nehmen, und die Regeln des Ordens einer Himmelsbraut nicht gestatteten, sich noch um weltliche Dinge oder leibliche Angehörige zu kümmern. Aus meiner Heimath vertrieben, arm, ohne Freunde, ohne Verwandte, ein Verächter von Recht und Gesetz, die sich mir gegenüber als leerer Schall erwiesen, im Herzen den glühenden Haß gegen Alles, was mit der Kirche und ihren unheiligen Dienern in Verbindung stand, zog ich von dannen — ewige unversöhnliche Rache schwörend Denen, die mich und die Meinigen ins Elend gebracht! Der Zufall — ich möchte es lieber eine Fügung des rächenden Schicksals nennen — führte mir mehrere gleichgesinnte Gefährten entgegen; wir thaten uns zusammen, wir bildeten eine Bande, Pasquale ward zu ihrem Capitan erwählt, und bald war sein Name der Schrecken aller Reichen von den Anden bis zum Gestade des Meeres, ein wahrer Popanz für die gesammte heilige Clerisei der Pfaffen und Mönche. Unsere kühnen Thaten erregten immer größeres Aufsehen, verbreiteten Furcht und Besorgniß durchs ganze Land. Die Geistlichkeit, der wir am übelsten mitspielten, da ihre Stifte, ihre Klöster den Hauptschauplatz unserer Thätigkeit abgaben, bestürmte die Regierung mit Klagen und bot ihren ganzen Einfluß auf, Pasquales und seiner Bande habhaft zu werden. War es meinen tapferen Gefährten um die Schätze der Mutter-Kirche zu thun, bestrebten sie sich, den an Geld und Gut hängenden Dienern in's Gedächtniß zu rufen, daß die Stifter ihrer Religion gepredigt: Mein Reich ist nicht von dieser Welt! so galt es mir hauptsächlich um eine Spur der geliebten Schwester, die mir Ugarte entrissen, und über deren Schicksal ich in völligem Dunkel schwebte. Doch meine Bemühungen blieben vergeblich; so eifrig ich auch spürte, so viele Klöster ich nächtlicher Weile überfiel und ihre Bewohner die Musterung passiren ließ — Isabella blieb verschwunden. Ich schwor dem ganzen Pfaffenthum Urfehde; ich plünderte Kirchen, Klöster und Konvente; ich schleuderte die Brandfackel in die heiligen Gebäude; ich nahm hervorragende Priester gefangen und bedrohte sie mit dem Tode, wenn man mir nicht meine Schwester zurückgebe — Isabella blieb verschwunden. Einmal wäre es mir fast gelungen, Ugartes selber habhaft zu werden, und dann — Dios y Santa

Virgen estaran mis testigos! *) — würde ich ihn so lange der qualvollsten Folter unterworfen haben, bis er mir gestanden, was aus Isabella geworden. Doch im Rathe des Schicksals war es anders beschlossen. Nicht er sollte in meine Hände fallen, ich aber fiel in die meiner Feinde. Bei einem allzu kühnen Ueberfall gerieth ich mit mehren meiner Genossen in Gefangenschaft. Der reiche Escovedo, dem meine Gefährten einige Wagenladungen werthvoller Güter weggenommen, vereinigte seinen Einfluß mit dem der Pfaffen, um meine Verurtheilung herbeizuführen. Dem edlen Juano Mureno verdankte ich damals meine Rettung. Er warf sich zum Vertheidiger des verfolgten Räuberchefs auf und machte zu meinen Gunsten geltend, daß ich einst der Republik in ihren Kämpfen gegen die wilden Araucaner einen mächtigen Dienst geleistet und gewissermaßen eine empfindliche Demüthigung vom Staate abgewendet. Mit solcher Beredtsamkeit wußte er meine Sache zu führen, daß man mich endlich frei ließ, während zwei meiner Gefährten zum Tode verurtheilt und mittelst der scheußlichen Garotte öffentlich hingerichtet wurden. — Ugarte und Escovedo schnaubten Rache gegen mich; Letzterer setzte einen Preis von 5000 Pesos auf meinen Kopf — ich trotzte ihrer Wuth und begann aufs Neue meinen Vernichtungskrieg gegen das Pfaffenthum und seinen Anhang. Abermals ward ich gefangen und prozessirt. Diesmal erstand kein Freund in der Noth, mich zu retten; das Todesurtheil war gesprochen, das Mordinstrument schon aufgeschlagen, als es mir am frühen Morgen des zur Hinrichtung festgesetzten Tages durch Bestechung des Kerkermeisters gelang, meine Flucht zu bewerkstelligen. — Meine Feinde waren abermals um ihr Opfer betrogen, Escovedo hatte seine 5000 Pesos vergeblich bezahlt. Auf einem dritten Versuch mochte ich's jetzt doch nicht ankommen lassen. Ein neuer Präsident war erwählt worden, der seine Ergebenheit gegen die Kirche und seine Energie für das Wohl des Landes bethätigen wollte, indem er umfassende militärische Vorkehrungen zur Ausrottung aller Räuberbanden traf. Unter solchen Umständen wäre es Tollkühnheit gewesen, den Kampf fortzusetzen. Ich entließ den größten Theil meiner Bande und schlug mich mit dem Rest in die unzugänglichen barrancas **) der Cordillera. Es war ein wildromantisches Leben dort oben, die Jagd vortrefflich, mit dem Geschäft aber nicht viel zu machen. An die großen Karavanen der reichen Kaufleute konnten wir uns selten heranwagen, denn die befanden sich gewöhnlich unter dem Schutz gutbewaffneter Escorten, und die kleineren Reisegesellschaften zu plündern — pfui, das ist ein schofeles Handwerk, zu dem sich wohl ein bandido, kein salteador †) herbeiläßt, es sei denn, daß ihn die äußerste Noth dazu zwänge. Als die Neuheit des Lebens in den Bergen ihren Reiz verloren, begann es mich anzuekeln; ich legte den Oberbefehl über die Bande in die Hände meines tüchtigsten Ofisials nieder, verabschiedete mich von den Burschen und zog gen Sonnenaufgang über die Cordillera hinab in die

---

*) Gott und die heilige Jungfrau seien meine Zeugen!
**) Schluchten.
†) Straßenräuber.

Pampas der Argentina. Eine Zeit lang nahm ich meine Heimath bei den Gauchos der Steppe, half ihnen die rothen Gesichter bekriegen und den Bufalo und Strauß erjagen; dann zog ich weiter in die Banda hinab, nahm Dienste bald bei den Rothen, bald bei den Blauen und begleitete dann eine Gesellschaft von Diamantensuchern bis tief in die brasilianische Cordillera. So vergingen zwölf, fünfzehn Jahre. Des zwecklosen Herumstreifens ward ich zuletzt auch müde, ich sehnte mich wieder nach einer soliden Arbeit, am meisten nach einer Gelegenheit, meinen alten Freunden, den Pfaffen, Eins am Zeuge zu flicken, und so kehrte ich denn über Mendoza nach den diesseitigen Barrancas der Cordillera zurück. Meine Bande hatte sich fort und fort erhalten und trieb noch immer ihr Wesen in derselben Weise wie dazumal, als ich sie verlassen. Kaum war ich in der Mitte meiner alten Gefährden angelangt, als sie mich wieder zum Capitän ausriefen und ihre Geschicke, die sich in den letzten Jahren etwas trübselig gestaltet, abermals in meine Hände legten. Das ist mit kurzen Worten die Geschichte meines bewegten Lebens, Toribio, und sage was Du willst: — wenn ich heute nochmals die Wahl hätte, ich würde mir kein anderes wünschen, sondern zum zweiten Mal da beginnen, wo ich jetzt wohl bald aufhören muß."

Pasquale schenkte sich einen Becher voll von dem feurigen Mendozawein und leerte ihn dann mit einem Zuge. Toribio hatte sich erhoben und reichte dem Jugendfreunde herzlich die Hand. „Gott sei mit Euch, wackerer Capitän, und schenke Euch noch viele frohe Tage. Das ist mein aufrichtiger Wunsch, allen Ugartes und Escovedos zum Trotz!"

„Erinnere mich nicht an diese!" rief der Räuber, und stieß den leeren Becher klirrend auf den Tisch. „Es wird ein Tag der Abrechnung kommen; jedenfalls sollen sie bald inne werden, daß der Pasquale wieder da ist und seine alten Freunde nicht vergessen hat."

„Wollt Ihr noch immer nach der Schwester forschen?"

„Und ob ich es will! In den Schluchten der Cordillera, in den Pampas der Argentina, an den Ufern des La Plata und tief im Herzen Brasiliens, wo der Parana aus unzugänglichen Felsenthälern entspringt — überall gedacht' ich ihrer. Der Gedanke an die arme Isabella hat mich in die Heimath zurückgeführt — ich will sie erlösen oder rächen!"

„Sie wird längst zur ewigen Ruhe eingegangen sein."

„Beim heiligen Jago, dann sollen doch Die keine Ruhe finden, die ihren frühzeitigen Tod verschuldet!"

„Glaubt Ihr eine Spur zu haben?"

„Bis jetzt noch nicht. Doch ich werde nicht ruhen noch rasten, bis ich sie finde und zugleich auch ein anderes Geheimniß enthüllt habe."

„Ein anderes — und welches?"

„Die Herkunft meines Kindes."

„Eures Kindes? Habt Ihr ein Kind, und wißt selber nichts über seine Herkunft?"

„Ein süßes, reizendes Kind — jetzt wohl eine liebliche Jungfrau! Nicht meine Tochter, aber meinem Herzen so lieb, als ob ich ihr Vater wäre."

„Nicht Eure Tochter, und doch nennt Ihr Euch ihren Vater — das klingt ja recht wunderbar!"

„Wunderbar ist Alles an diesem Kinde — am wunderbarsten seine Lebensrettung."

„Ah, ich verstehe, Ihr habt einem Kinde das Leben gerettet und es dann als das Eurige angenommen."

„Ich kann nicht an den seltsamen Vorfall denken, ohne daß sich mir das Herz bewegt und der Wunsch in mir auftaucht, die Herkunft des Kindes zu erforschen, seine beabsichtigte Tödtung zu rächen."

„Man wollte das Kind tödten?"

„Zu welchem anderen Zweck hätte man es in der Wildniß des Gebirges ausgesetzt?"

„Wie? das Kind war ausgesetzt worden?" fragte Toribio sehr aufmerksam.

„In der Einöde von El Mayas, wo nur kahle Felsen gen Himmel starren und die wilden Gebirgswasser in unergründliche Höllenschlünde stürzen."

„Da, da, sagt Ihr?" rief der Pächter, die Hand ausstreckend und mit einer Betonung, als ob ihm plötzlich ein Gedanke käme, der auf jenes Ereigniß Bezug habe.

„Was ficht Dich an, Toribio?" fragte der Capitan verwundert. „Kennst Du die schreckliche Gegend hoch oben im Gebirge?"

„Nein, nein! Aber sagt: wann war es? Wann fandet Ihr das Kind?"

„Laß sehen — es war zur Winterszeit... auf den Felsen lag der erste leichte Schnee... das Weihnachtsfest war nicht fern... wenn ich recht bin, werden es bald siebenzehn Jahre."

„Ganz recht. So lange ist's — und das war die Zeit!" rief Toribio, vor Aufregung zitternd.

„Du weißt von jenem Vorfall?" fragte Pasquale mit wachsendem Erstaunen.

„Nicht doch, Amigo, noch weiß ich nichts... es ist nur eine Ahnung... eine seltsame Ahnung... Eure Mittheilung ruft mir ein ähnliches Ereigniß ins Gedächtniß — —"

Aber Pasquale ließ sich nicht irre machen. „Doch, doch, viejo companero*), Du weißt etwas, was Du mir zu verhehlen suchst. Heraus mit der Sprache! So entkommst Du mir nicht."

„Wir sind einmal im Plaudern — erzählt mir den ganzen Vorfall, Pasquale, dann sollt Ihr wissen, ob ich Euch vielleicht eine Spur über die Herkunft des Kindes anzugeben vermag."

„Sei es darum! Unter allen Umständen zähle ich auf Deine Verschwie-

---

*) Alter Kamerad!

genhabt. Die Enthüllung dieses Geheimnisses war einer der Gründe, die mich bewogen, noch einmal auf diesen Schauplatz früherer Kämpfe zurückzukehren; diese Absicht würde vereitelt werden, wenn Diejenigen, deren Verbrechen ich zu enthüllen suche, vorzeitig Wind davon bekämen. Ich war auf der Jagd. Mehrere Tage war ich bereits in der Wildniß umhergestreift und von der Gegend, in welcher meine Kameraden ihr Handwerk auszuüben pflegten, ziemlich weit abgekommen. Es war eine trostlose Einöde, in der ich mich befand; des Weges selber unkundig, mußte ich mit äußerster Vorsicht über die Felsen klimmen, die durch den frisch gefallenen Schnee schlüpfrig geworden. Ein einziger Fehltritt, ein Ausgleiten — und ich hätte zerschmettert in den jähen Tiefen gelegen, in denen die wilden Wasser wie in einem Höllenkessel brodelten und brausten. Da plötzlich streicht vom Tiefland her ein Condor über die Felsen; in seinen Klauen trägt er eine Beute, ein Schaf, eine Ziege oder etwas dergleichen, was er vielleicht in weiter Entfernung, aus den auf den Ausläufern des Gebirges weidenden Heerden geraubt. Angelockt durch das den Jäger reizende Schauspiel, verfolgt mein scharfes Auge den in pfeilschnellem Fluge sich nähernden Vogel. Jetzt schwebt er senkrecht über meinem Haupte.... die im Westen sinkende Sonne beleuchtet den majestätisch dahin schwebenden Beherrscher der Lüfte, und im hellen Sonnenlicht unterscheide ich ganz deutlich, daß es ein in weiße Gewänder gehülltes Kind ist, was der Raubvogel in seinen Krallen trägt, und zu Eis will das Blut in meinen Adern erstarren, als schrill und wehklagend hoch aus den Lüften eine Kinderstimme an mein Ohr schlägt. Noch ist das unglückliche Wesen am Leben.... der geringste Zufall mag es zerschmettert in die Tiefe senden! Wohl ihm! ein qualvollerer Tod würde ihm dadurch erspart. Meine Hand greift hastig nach der Büchse.... ich schlage an.... der Finger berührt schon den Drücker — da läßt sich der Vogel auf einer Felskuppe nieder, der höchsten und steilsten der ganzen Gegend. Jetzt ist mein Entschluß gefaßt — ein wohl gezielter Schuß mag das Leben des Kindes retten; ohne denselben ist es wohl schon im nächsten Moment eine Beute des Todes. Mein Herz schlägt krampfhaft, aber das Auge zielt sicher und die Hand zittert nicht. Ein Druck — ein Knall.... schauerlich dröhnt das Echo von den himmelstrebenden Felsen — Triumph! die Kugel hat ihr Ziel erreicht! Der Räuber macht einen Versuch sich zu erheben — er kann es nicht — er dreht sich nur im Kreise. Wehe! Seine Flügel peitschen den Felsen; treffen sie das Kind, so mögen sie es jeden Augenblick in den gähnenden Abgrund stürzen. Da verläßt das Ungethüm glücklicherweise die Kraft — die riesigen Flügel vermögen es nicht länger zu tragen — verendend stürzt es rückwärts in die Tiefe.

Ich hatte manchen Schrecken kühn und unbewegt in's Auge gesehen — das Schicksal jenes hülflosen Wesens machte mich starr vor Angst und Entsetzen. Ich war zur Erde gesunken, meine Büchse umklammernd, und eine geraume Weile verging, eh' ich wieder meine volle Fassung erlangte. Da drang dieselbe Kinderstimme, diesmal nur matter und ferner, zu mir herüber. Es lebt! Es lebt! rief ich jubelnd, und sprang empor, mein Rettungswerk zu vollenden. Doch bald ward ich inne, daß das Schwierigste noch vor mir lag. Wie war es möglich, die schwindelnde Höhe des fast senkrecht emporsteigenden Felsens zu erklimmen? Die Sonne neigte sich zum Untergang, in einer halben Stunde war sie vielleicht schon gesunken — dann senkte sich die finstere Nacht über die schaurigen Felseneinöde und unmöglich war es, die schwindelnden Pfade zu finden, die vielleicht zu jenen höchsten Zacken führen mochten. Hier galt es rasche That — der geringste Verzug konnte das Rettungswerk vereiteln. Meiner Ermüdung nicht achtend, eilte ich, so rasch es der schlüpfrige, steinige Boden gestattete, auf weiten Umwegen nach der Rückseite jenes Felsens, hoffend, dort einen Pfad zu finden, auf dem sich die Höhe erklimmen ließ. Bald ward ich zu meiner Freude gewahr, daß sich an jener Seite eine Reihe minder steiler Felsen an den schroff abfallenden Gipfel anlehnten. Ohne große Anstrengung gelang es mir, sie zu erklimmen; nun aber ward das Vordringen mit jedem Schritt schwieriger: über Steingeröll, scharfe Felskanten und tiefe Spalten mußte ich meinen Weg suchen, hatte aber doch die Freude, mich dem Gipfel immer mehr zu nähern. Jetzt war der letzte Absatz erreicht — fast senkrecht erhob sich die Spitze in einer Höhe von etlichen zwanzig Fuß über meinem Haupte — da traf auch die Stimme des Kindes, nun ganz nahe und kräftig, wieder mein Ohr. Nach diesem Schreien zu urtheilen, konnte es kaum erheblich verletzt sein. In ängstlicher Hast kletterte ich hin und her, nach allen Seiten ausspähend, um eine Stelle zu finden, die das Emporklimmen möglich mache. Die Vorsehung lenkte meine Schritte nach einer Spalte, wo kleinere Felsstücke terrassenförmig über einander gethürmt waren. Ein gefahrvoller Steg war es, denn rechts und links gähnte der Abgrund — doch es galt die Rettung eines zarten Lebens, und ich zögerte nicht. Einem minder geübten Kletterer würde das Wagstück kaum gelungen sein; ich aber langte wohlbehalten auf dem Gipfel an, als die Sonne eben im Westen untergetaucht war, und stürzte jählings nach der Stelle, wo ich das Kind vermuthete. Da lag es, lebend und wohlbehalten, zwischen den Steinen, nur wenige Schritte von dem fürchterlichen Abgrund, in welchen meine gute Kugel den befiederten Räuber hinabgesandt. Es war ein reizendes kleines Mädchen, etliche Monate alt, sorgsam eingehüllt in dichte, kostbare Gewänder. Diesem letzteren Umstande verdankte es seine Rettung. Die Klauen des Raubvogels hatten sich tief in die Umhüllungen eingegraben, dem Kinde selbst aber nur am linken Oberarm eine Wunde beigebracht, die allerdings stark blutete, sonst aber offenbar gänzlich gefahrlos war. Bei meinem Anblick schrie es nicht länger; es war als ob das kleine Wesen bereits eine Ahnung davon habe, daß ich allein es vom Untergang errettet, daß es elend verkommen müsse, wenn ich mich nicht ferner seiner annehme. Mit einem Gefühl namenloser Seligkeit hob ich es empor, verband ihm seine Wunde so gut es sich in der Eile thun ließ, und befestigte dann das Kind mittelst meines Flintengürtels und der es umhüllenden Tücher um meinen Nacken, so daß ich beim Hinabsteigen die Hände frei behielt. Ohne Säumen trat ich den Rückweg an, um noch vor einbrechender Dunkelheit wieder sicheren

Grund unter meinen Füßen zu fühlen. Obwohl ich mich des Kindes wegen mit äußerster Vorsicht bewegte, erreichte ich doch noch vor Ablauf einer halben Stunde, als es eben so dunkel geworden, daß jede Fortsetzung meiner Wanderung unmöglich wurde, den Grund der Felsenschlucht, und fand auch glücklich noch unter vorspringendem Gestein eine geschützte Stelle, wo ich mir aus etwas zusammengescharrtem Moos eine Lagerstätte für die Nacht bereitete."

„Das nenn' ich eine wunderbare Rettung!" rief Toribio, der sich abermals von seinem Sitz erhoben und mit der größten Spannung der Erzählung des Capitans gelauscht hatte. „Doch redet weiter, Pasquale! Was ward aus dem Kinde? Ihr zogt es auf?... Es lebt noch?..."

„Ich erquickte seine trockenen Lippen mit geschmolzenem Schnee und ein wenig Wein aus meiner Jagdflasche, ich theilte mit ihm die für einen Säugling freilich kaum geeignete Nahrung, wie ich sie bei mir führte, und hatte die Freude, daß es weder das Eine noch das Andere verschmähte, sondern bald, gestärkt und gesättigt, in einen festen Schlaf verfiel. Auch ich konnte der Müdigkeit zuletzt nicht widerstehen, und — Du magst es mir glauben, Toribio — in meinem Leben schlief ich nicht so süß als in jener Nacht, das gerettete Kind, mit zufriedenem Lächeln auf dem kleinen Antlitz, an meiner Seite. Mit dem anbrechenden Morgen freilich begann meine Noth auf's Neue. Ich hatte meine Richtung verloren und war nicht ganz sicher, wo ich mich befand; jedenfalls waren es mindestens drei Tagemärsche bis zu unserem Lager, und in dieser einsamen Gebirgsgegend, weit ab von jedem Paß und jeder Straße — wie sollte ich das zarte Wesen so lange ernähren? Der nächste Punkt, wo ich auf Menschen zu stoßen hoffen durfte, war nach meiner Berechnung die hoch oben im Gebirge liegende Essanica von St Mazas, doch bis dorthin waren es wohl etliche zwanzig Leguas; inzwischen mochte es mir vielleicht schon in geringerer Entfernung gelingen, eine der Ziegenheerden zu finden, die mitunter in dieser Jahreszeit noch tief in die Gebirge eindringen. Den ganzen Tag über marschirte ich eifrig in dieser Richtung, mein kleines Kind im Arm, das sich schon recht an mich gewöhnt und selbst die ungeeignete Nahrung nicht verschmähte, die ich ihm nur zu bieten vermochte. Meine Ortskenntniß hatte mich glücklicherweise nicht betrogen. Noch desselbigen Abends, nachdem die starren Felsenregionen längst hinter mir lagen und grüne Weidegründe erreicht waren, stieß ich auf das Lager eines Ziegenhirten, bei dem ich reichliche Nahrung für meinen kleinen Schützling und ein gutes Nachtlager fand. Welche Wonne, zu sehen, wie das arme kleine Wesen gierig nach dem vollen Euter einer Mutterziege schnappte, wie es den nährenden Trank mit wonnigem Behagen einsog! Das kluge Thier hielt still und regte sich nicht, als wüßte es, daß es ein zartes Leben zu erhalten berufen sei. Der Hirt ließ sich leicht bereit finden, mir die Ziege gegen gute Bezahlung zu überlassen, und am nächsten Morgen, als im Osten kaum der erste Tagesschimmer graute, machte ich mich schon wieder auf den Weg, von meiner guten Amme begleitet, diesmal in der Richtung nach unserem Lager. Jetzt waren alle Schwierigkeiten überwunden, dem Kinde fehlte es nicht an trefflicher Nahrung, und obwohl ich es in meinen Armen oder auch, in die Tücher eingebunden, auf dem Rücken tragen mußte — die Last drückte mich nicht, und fröhlichen Herzens verfolgte ich meinen Weg. Am Abend des dritten Tages war unser Lager erreicht. Die Genossen machten große Augen, als sie mich mit der wunderlichen Jagdbeute heimkehren sahen; die alte Viterba aber, damals schon unsere treue Gefährtin, nahm sich des Kindes an und widmete ihm eine wahrhaft mütterliche Pflege. Ich wollte die Kleine anfangs nach meiner Schwester Jsabella benennen, aber Viterba litt es nicht, sie fürchtete, die fortwährende Erinnerung an die Verlorene und ihr unbekanntes Schicksal möchten mich zu tief zu Boden drücken. Sie selber gab daher der Kleinen den Namen Pepita, und die ganze Bande nannte sie so. Die liebliche, in wunderbarer Schönheit erblühende Pepa wurde zum Liebling Aller. So verstrichen drei Jahre. Das Banditenleben in den Bergen hatte mir nie behagt, ich bekam es nach und nach herzlich satt; auch fürchtete ich, es möchte auf das heranwachsende Kind, das ich mit Gefahr meines Lebens errettet und daher auch liebte wie mein eigenes, eine schädliche Wirkung äußern. So trennte ich mich denn von der Bande und nahm das Kind mit mir. Drüben, jenseits der Cordillera, in der argentinischen Provinz Catamarca, überließ ich meine Kleine einem ehrlichen kinderlosen Hirtenpaar, das mir versprach, sie zu erziehen und als seine Tochter zu halten. Ich hatte die Absicht, schon nach Jahresfrist zurückzukehren, um mich von dem Wohlergehen des Kindes zu überzeugen, doch der Mensch denkt, Gott lenkt — das Schicksal fügte es anders. Nur einmal während der langen Zeit erhielt ich durch einen Zufall die Nachricht, daß der brave Hirt mit Tode abgegangen, die Kleine aber, die ein allerliebstes Mädchen geworden, bei der Pflegemutter geblieben sei und ihr treulich die Wirthschaft führen helfe."

„Per dios! wenn Ventura erfährt, daß das Kind lebt, daß sie seinen Tod nicht auf dem Gewissen hat — die Alte wird halb närrisch vor Freude!" rief Toribio, in dessen Mienen sich die lebhafteste Erregung zu erkennen gab.

Pasquale war nicht wenig erstaunt über diese Worte. „Ventura, Dein Weib — was hat sie mit der kleinen Pepa zu schaffen?" fragte er im Tone höchster Verwunderung.

„Mehr als Ihr denkt. Wenn mich nicht Alles trügt, war es Ventura, die das Kind aussetzte."

Der Capitan sprang mit einem mächtigen Satz aus seiner Hängematte und faßte Toribio an beiden Händen. „Also doch! Du weißt darum?... Rede! Rede! Wer sind des Kindes Eltern?"

„Gemach, gemach, Pasquale! Ich bin über die Einzelnheiten nicht so genau unterrichtet, aber Ventura wird uns die sicherste Auskunft zu geben wissen."

„Dann rasch zu ihr! Ich muß Licht haben in dieser Sache!"

„Wenn Ihr so stürmisch auftretet und mit der Thür ins Haus fallt, werdet

Ihr blutwenig bei ihr ausrichten. Wißt Ihr nicht, daß man den Weibern und den Füchsen auf Schleichwegen beikommen muß?"

„Wohlgesprochen, Alter! Pasquale muß am Ende bei Dir noch in die Schule gehen. Was soll ich thun?"

„Vor allen Dingen — was ist Eure Absicht? Zu welchem Ende forscht Ihr nach der Herkunft des Kindes?"

„Por mi honor *), fragst Du seltsam! Es gehört wohl kein übermäßiger Scharfblick dazu, um zu errathen, daß es sich hier um ein schweres Verbrechen handelt. Dieses Verbrechen will ich sühnen, ich will die Mörder zur Verantwortung, zur Strafe ziehen, und dann dem ohne die sichtbare Hand der Vorsehung dem Tode geweihten Kinde zu seinem Recht verhelfen."

„Aber Ihr wißt ja nicht, ob das Kind noch am Leben, und wenn auch, es ist weit weg in fernem Lande."

„Ich werde es zur Stelle schaffen, verlaß Dich darauf. Sobald ich die richtige Spur gefunden, eile ich über die Cordillera, um meinen Eid zu lösen und das gute Werk zu vollenden, das ich vor siebenzehn Jahren unter so wunderbaren Umständen begann."

„Wohlan denn! Auf meinen Beistand dürft Ihr zählen. Nur um Eins bitt' ich Euch: laßt mich aus dem Spiele. Verrathet keiner Seele, daß ich es war, der Euch auf die Spur des Geheimnisses half, denn es könnte mir sonst meine Pacht, meinen Hausstand, mein Alles kosten. Der unnatürliche Vater des von Euch geretteten Kindes ist nämlich kein Anderer als mein Herr, Don Escovedo."

„Wie, sagst Du?... Wer?... Escovedo!" rief der Räuber mit einer Stimme, die wie der rollende Donner klang, während seine Augen unheimlich funkelten und seine Fäuste sich ballten.

„Hört mich an, Pasquale. Ihr sollt ein Geheimniß erfahren, das bisher niemals über meine Zunge kam. Es sind siebenzehn Jahre her, als Don Escovedo, damals mit der stolzen Donna Ximene vermählt, die in seinem Haushalt beschäftigte Ventura, nachdem er sie vorher in Gegenwart Ugartes auf das Evangelium schwören ließ, daß sie das Geheimniß unverbrüchlich bis an ihr Grab bewahren wolle, nach der ihm gehörigen, einsam im Gebirg gelegenen quinteria †) von El Majas beordert, um einer jungen Frau, die der Ankunft ihres Erstgeborenen entgegen sah, in dem schweren Stündlein ihre Hülfe zu leihen und für die Pflege des Kindes zu sorgen. Zu El Majas haus'te ein bildschönes junges Frauenzimmer, Innocentia genannt, von der Ventura bald inne ward, daß sie eine dem Himmel verlobte Braut, die jedoch ihrem Gelöbniß ungetreu geworden und den Schmeichelworten eines Verführers ihr Ohr geliehen. Innocentia genas eines Mägdleins, und Ventura übernahm

---

*) Bei meiner Ehre!
†) Meierei.

dessen Pflege. Niemand besuchte die einsame quinteria außer Ugarte, der zu verschiedenen Malen in El Mazas vorsprach und mit Innocentia lange geheime Unterredungen pflog. Eines Tages schüttete die unglückliche Innocentia Ventura ihr Herz aus und gestand ihr, unter dem Siegel der Verschwiegenheit, daß Escovedo, der sich unter dem Versprechen, sie aus den Mauern des Klosters zu erlösen und zu seinem Weibe zu machen, in ihre Gunst eingeschlichen, der Vater des Kindes sei, dem sie das Leben gegeben, und wie sie erst jetzt zu ihrem Schrecken inne geworden, daß er vermählt und niemals im Stande sei, die ihr unter den heiligsten Schwüren gegebenen Versprechungen zu erfüllen. Bald darauf kehrte Ugarte in Begleitung Escovedos zurück. Beide hatten eine Unterredung mit Ventura, in welcher sie dieselbe zu bewegen suchten, das Kind heimlich von der Mutter hinweg zu nehmen und oben in den Bergen auszusetzen. Der Priester gab ihr die Versicherung, daß sie ein Gott wohlgefälliges Werk verrichte, indem sie den unseligen Sprossen einer geweihten Himmelsbraut zu beseitigen helfe; Escovedo aber machte ihr glänzende Versprechungen und gelobte, zeitlebens für sie zu sorgen und sie vor Mangel zu schützen, wenn sie ihm zu Willen sein werde. Ventura schwankte, endlich unterlag sie der Versuchung. Escovedo gab ihr eine bedeutende Geldsumme, Ugarte aber ließ sie nochmals schwören, das tiefste Geheimniß über diesen Vorgang zu beobachten, und ertheilte ihr zum Voraus Absolution und seinen Segen. Noch desselbigen Tages reis'ten die beiden Verbündeten wieder ab, und am folgenden schon kam das Verbrechen zur Ausführung. Gegen Mittag, als Innocentia und das Kind in sanften Schlummer verfallen, schlich sich Ventura in das Zimmer, nahm das Kind von der Seite der Mutter.... ein Maulthier stand schon bereit.... sie schwang sich mit ihrer kleinen Last darauf, und fort ging es über kahle Berge und durch dunkle Schluchten in die schauerliche Einöde des Gebirges. Lange war sie nicht im Stande, sich von dem Kinde zu trennen, das ja in dieser Einsamkeit bald eine Beute des Todes werden mußte; aber die Furcht vor dem Zorn Escovedos und des allmächtigen Ugarte, dem sie es auf's Evangelium zugeschworen, befestigte sie wieder in ihrem Vorsatz. Sie ritt viel weiter als ihr befohlen worden, um einen der Gebirgspässe zu erreichen, wo hin und wieder Reisende vorüberpassirten, also doch noch eine schwache Hoffnung blieb, daß das Kind gerettet werden möchte; endlich gemahnte sie die sinkende Sonne, daß es Zeit sei, sich ihrer lebenden Bürde zu entledigen. Sorgsam legte sie das Kind, das sie in warme Gewänder gehüllt, unter einem Felsenvorsprung nieder, damit es wenigstens für die Nacht einigermaßen geschützt sei; dann setzte sie ihr Thier in eiligen Trab und verließ den Ort so rasch sie konnte, gehetzt von den Furien ihres bösen Gewissens, das sie vergeblich durch die Versprechungen Escovedos und die glatten Worte Ugartes zu beschwichtigen suchte. Auf dem nächsten Gipfel machte sie Halt, um noch einmal einen Blick nach rückwärts zu werfen. Da drang der klagende Schrei des erwachten Kindes an ihr Ohr; Verzweiflung packte ihr Herz; schon war sie halb und halb gewillt, zurückzukehren und das Kind wieder mit sich zu nehmen, als plötzlich ein furchtbares Schauspiel ihr Blut erstarren machte und den leider zu spät gefaßten besseren Vorsatz vereitelte."

Toribio war so bewegt, daß er einen Augenblick inne halten mußte.

„Vollende, Toribio!" rief Pasquale zitternd. „Mir ahnt, was Du zu erzählen hast, doch — vollende!"

„Das Schreien des Kindes hatte einen der Riesengeier, wie sie droben im Gebirge hausen, angelockt. Ventura bemerkte zuerst nur einen schwarzen Punkt, der in den Lüften kreis'te; plötzlich stürzte das Ungethüm gerade auf die Stelle hernieder, wo das Kind unter dem Felsenvorsprung lag; im nächsten Augenblick erhob es sich wieder mit kräftigen, majestätischen Flügelschlägen — in seinen Krallen hing das bemitleidenswerthe kleine Wesen, das der befiederte Räuber in unabsehbare Fernen trug. Alles das war das Werk eines Augenblicks gewesen; ehe sich Ventura noch von ihrem Schrecken zu erholen vermochte, ehe nur ein Schrei über ihre Lippen kam, war in den Lüften nur noch ein schwarzer Punkt sichtbar, der mit jeder Sekunde mehr im blauen Aether zerrann!"

„Es war das Kind, das ich rettete! Weh mir — Escovedos Kind!" rief der Hauptmann händeringend und zurücktaumelnd, wie von einem schweren Schlage getroffen.

Das unschuldige Kind einer armen, schändlich betrogenen Mutter!" sagte Toribio, seine Worte scharf betonend.

„Du hast Recht, Toribio", versetzte der Hauptmann rasch, als ob er sich jener Aeußerung schäme; „einer Mutter, die ich an dem nichtswürdigen Verführer zu rächen berufen bin, auch wenn sie nicht — — Ira do dios! *) welcher Gedanke taucht da plötzlich in mir auf!.... Heiland der Welt, wenn es möglich wäre!...."

„Was habt Ihr, Pasquale? Was bewegt Euch so heftig?"

„Toribio, wer war diese Schwester Innocentia? Hast Du sie je gesehen? Führt sie nicht noch einen andern Namen? Woher stammt sie? O sprich, sprich, mein alter Freund!"

„Was ficht Euch an, Pasquale? Ich kannte sie nicht.... ich sah sie nie.... Ventura möchte vielleicht genauere Auskunft über sie zu geben vermögen. Ich hörte sie sagen, daß Escovedo im Besitz eines Bildnisses der armen Innocentia sei."

„Ein Bild! Ich muß es sehen. Dieses Bild würde mir Alles enthüllen ...Hin zu ihr — hin zu Ventura, und dann zur Stadt! Ich muß diese Schwester Innocentia näher kennen lernen, muß erfahren, was aus ihr geworden —"

„Das kann ich Euch sagen. Sie ist verschwunden. Ein Gerücht ward ausgestreut, daß sie mit Tode abgegangen. Ventura aber ist der Meinung, man habe sie ins Kloster zurück gebracht."

„So soll mir Ugarte Rede stehen! Er allein weiß, was aus Isabella,

---

*) Gott steh mir bei

was aus Innocentia geworden; mir aber sagt eine schreckliche Ahnung, daß es meine unglückliche verlorene Schwester war, die dieser Satan im Priestergewande dem rochen Wüstling Escovedo in die Hände gespielt, daß ich durch eine wunderbare Fügung der allwaltenden Vorsehung das Kind meiner eigenen geliebten Schwester vom Tode errettet, dem es diese ehrlosen Schurken, diese verruchten Mörder geweiht hatten!"

„Eure Schwester?... Eurer Schwester Kind?" fragte Toribio überrascht. „Ach, das ist eine Vermuthung, die Euch Eure lebhafte Phantasie vorspiegelt, für die es aber doch schwer halten möchte, die nöthigen Beweise aufzutreiben. Vor allen Dingen müssen wir Ventura ausforschen. Es wird keine leichte Aufgabe sein, ihr die Zunge zu lösen, denn einen so umfassenden Gebrauch sie auch sonst von derselben macht, was diesen Punkt anlangt, ist schwer etwas aus ihr herauszulocken. Wenn es nicht das böse Gewissen wäre, was sie beunruhigte, sie würde selbst mir nie das Geheimniß anvertraut haben."

„Theile ihr meine Geschichte mit, setze sie von der wunderbaren Rettung des Kindes in Kenntniß — die Dankbarkeit wird sie vielleicht schon bewegen, meine Pläne zu fördern und das Kind rächen zu helfen."

„Ihr Schwur, ihr Schwur — Ihr wißt nicht, wie fest sie an ihrem Schwure hält!" versetzte der Pächter kopfschüttelnd. „Aber vielleicht gäbe es doch ein Mittel, sie mittheilsam zu machen und ganz auf unsere Seite zu bringen. Der junge Priester, der neulich auf meiner Hacienda übernachtete, hat einen mächtigen Stein bei ihr im Brette. Er gehört zum Convent von della compania, steht aber, wie mir inzwischen von gut unterrichteter Seite mitgetheilt wurde, mit dem Prior Ugarte auf sehr gespanntem Fuße. Wenn wir einen Versuch machten, ihn zu gewinnen, um dann mit seiner Hülfe Ugarte um so wirksamer anzugreifen... Der Priester müßte Ventura ihres Schwurs entbinden, ihr Verzeihung ihrer schweren Sünde verheißen, wenn sie uns Alles entdecken und ihren vollen Beistand leihen will.... O, diese Schwarzröcke haben eine unbedingte Gewalt über die Weiber, und jedes Wort aus ihrem Munde gilt mehr als eine ganze Predigt, die ihnen unsereiner hält!"

„Gut, gut, Toribio, wir wollen Deinen Plan prüfen und sehen, was sich daraus machen läßt. Wenn es nicht anders ist, treiben wir einen Teufel mit Hülfe des anderen aus. Jedes Mittel ist mir recht... ich opfere jede Summe ... nur Gewißheit will ich, ein Ende dieser schrecklichen Zweifel!"

„Pasquale! Pasquale!" ertönte eine heisere Stimme, und zugleich humpelte die alte Viterba an ihrem Krückstocke durch die offenstehende Thür. „He, da seid Ihr ja noch beisammen — giebt's so viel zu plaudern und zu erzählen? Gelt, sagt' ich Euch nicht, Pasquale, daß ein alter lieber Freund auf Euch warte, dem ich nicht als Spion den Weg weisen durfte? — Aber Pasquale, mein Söhnchen, was habt Ihr da wieder gemacht, daß Ihr uns das närrische Weib über den Hals schafft! Kommt nur selber herüber und seht, was sie treibt. Erst liegt sie wie todt auf ihrem Lager und regt sich nicht, dann aber, während ich drüben in der Küche bin, um den Leuten einen warmen Trunk zurecht zu machen, steht sie auf und holt den kleinen Alfonso, den Ihr neulich aus der brennenden Mühle gerettet und mit hierher genommen, weil die arme Waise keinen Menschen mehr hat, der für sie sorgt — den kleinen schlafenden Alfonso holt sie aus seinem Bettchen und setzt sich mit ihm an's Feuer, wo sie ihn streichelt und liebkos't und mit ihren abgezehrten Armen so fest umklammert, daß ich nicht im Stande bin, ihr das Kind wegzunehmen. Der Junge schläft glücklicherweise noch fest; wenn er aufwachte und das fremde, todtbleiche Gesicht sähe, es würde ein schönes Geschrei geben. Kommt nur mit, Pasquale, und nehmt ihr das Kind; ich fürchte, sie thut ihm noch ein Leids an!"

Die Männer folgten der Alten nach einer im hinteren Raume der Hütte befindlichen Kammer. Gleich auf der Schwelle bot sich ihnen der seltsame Anblick, den Viterba soeben beschrieben hatte. Die Wahnsinnige kauerte vor dem in der Mitte des Raumes flackernden Feuer an der Erde; auf ihrem Schooß hielt sie einen schlummernden Knaben, den sie behutsam hin und her wiegte, und dessen Stirn sie zuweilen ganz leise mit ihren Lippen berührte, während ihr struppiges graues Haar über das liebliche Gesicht des Kindes fiel und sich mit den goldblonden Locken desselben vermischte.

Die rauhen Männer betrachteten die seltsame Erscheinung mit inniger Theilnahme.

„Auch ein unglückliches Opfer der Tücke und Grausamkeit Ugartes!" flüsterte der Capitan seinem Begleiter in's Ohr. „Die Unglückliche ward seit vielen Jahren auf Befehl des ehrwürdigen Priors in den Gewölben eines Klosters gefangen gehalten.... vielleicht war es diese schreckliche Gefangenschaft, die ihren Geist in die Nacht des Wahnsinns stürzte. Ihre Geschichte ist mir noch ein Geheimniß, doch ich hoffe es zu ergründen. Viterba, nimm ihr das Kind sorgfältig aus den Armen; sie wird ihm nichts zu Leide thun, aber die ungewohnte Aufregung möchte ihr selber schaden."

Die Alte wollte dieser Weisung folgen. Sie trat vorsichtig an die Irre heran und machte einen Versuch, ihr den Knaben wegzunehmen.

„Gebt mir das Kind, gute Frau," bat sie schmeichelnd. „Ich will es zu Bette legen; es ist so müde."

„Ach ja, sehr müde!" antwortete die kranke Fremde, ohne den Kopf zu erheben oder sich nach der Sprechenden umzusehen. „Sie hat auch so lange nicht geschlafen, meine kleine süße Esmeralda."

Dabei umklammerte sie den schlummernden Knaben fester als zuvor.

„Besinnt Euch, wo Ihr seid, Sennora," erinnerte Viterba sanft. „Es ist ja unser Alfonso, den Ihr da im Schooße haltet."

Die Fremde richtete sich etwas empor und blickte der Alten in's Gesicht. Ein flüchtiges irres Lächeln jagte über ihre todtbleichen, ausdruckslosen Züge.

„Bist Du wieder da, Ventura? Warum bliebst Du so lange?.... Es ist nicht recht, daß Du mich so lange allein läßt.... Ich habe geschlafen.... fest geschlafen.... wohl ein paar Stunden.... und mir träumte, sie hätten

mich in einen dunkeln Kerker gesperrt und mir Ketten und eiserne Ringe um
Hände und Füße gelegt — ach, das schmerzte!.... und in den Gewölben
war es so schaurig dunkel, so kalt!.... Wie gut, daß Du wieder da bist, Ventura! Die kleine Esmeralda hat immer geschlafen... erst jetzt nahm ich sie auf—
sieh, wie sie lächelt! Gute Nacht, mein Kind! gute Nacht! Ventura macht Dich
schlafen!...."

Sie ließ die Hände schlaff heruntersinken und lehnte sich nach rückwärts,
das Kind fiel von ihrem Schooße, es erwachte und begann zu weinen. Die
alte Viterba hob es hastig empor und brachte es nach seinem Lager in einem
Winkel des Raums.

Pasquale stand mit übereinander geschlagenen Armen in der Thür; sein
lebhaftes Auge funkelte; das Zucken seiner Gesichtsmuskeln deutete auf einen
heftigen inneren Kampf.

„Hast's Du's gehört, Toribio? Welchen Namen nannte sie?.... Mein
Ohr hat mich doch nicht getäuscht?"

„Sie gab Eurer Alten den Namen meiner Frau, nannte sie Ventura——"

„Und Ventura hatte sie verlassen... sie träumte einen schweren Traum von
Kerker und Fesseln.... sie freute sich Ventura's Wiederkehr....Hörtest Du es,
Toribio?....Kam Dir kein Gedanke?"

„Seltsam, sehr seltsam! Und sie hielt den Knaben für ein kleines Mädchen, das sie Esmeralda nannte ——"

„Hast Du diesen Namen aus Ventura's Munde gehört?"

„Nicht daß ich mich entsinnen könnte. Sie sprach nur von dem Kinde
der unglücklichen Innocentia — einen Namen gab sie ihm nicht."

Pasquale legte seine Lippen dicht an Toribio's Ohr und sprach mit flüstern-
der Stimme, damit die Alte es nicht vernehme:

„Wenn dieses jammervolle, an Geist und Körper zu Grunde gerichtete
Weib jene Innocentia, wenn Pepa Esmeralda, die durch pfäffische Arglist
und Verworfenheit in's Elend gestürzte Innocentia meine unglückliche Schwester Isabella wäre —— Toribio, wird es nicht plötzlich helle, furchtbar
helle vor Deinen Augen?"

„Ihr seht Gespenster, Pasquale;—laßt doch die Todten ruhen!"

„Bis zum Tage des Gerichts, aber dann müssen sie aus den Gräbern her-
vor!" sagte der Räuber mit dumpfer, unheimlich tönender Stimme. „Gute
Nacht, Toribio! Viterba wird Dir ein Lager drüben an unserm verglimmenden
Feuer zurecht machen, da Du unsere Hängematten doch wohl nicht gewohnt bist.
Morgen sprechen wir weiter, und in wenigen Tagen beginnen wir gemeinsam
in der Stadt unser Werk. Du stehst mir doch bei?"

„Von Herzen gern, und so viel ich's vermag!"

„Ich zähle auf Deine wie auf Ventura's Hülfe. Jetzt zur Ruhe! Buenas
noches, viejo companero, espero que duermas bien!"*)

———————
*) Gute Nacht, alter Kamerad, ich hoffe, Du schläfst gut!

12. Enthüllungen.

Die Wunde Manuels war doch bedeutender gewesen, als sie von Torillo im ersten Augenblick gehalten worden. Es waren zwar keine edlen Theile verletzt, doch die Spitze des Dolches, der mit kräftiger Hand geführt, war tief in die fleischigen Theile der Schulter gedrungen und hatte das Gelenk verletzt, was erhebliche Schmerzen verursachte und die Heilung sehr verzögerte. Starke Entzündung und Fieber hatten sich hinzugesellt, und mehrere Wochen lang schwebte der junge Priester, dessen zarte Constitution ungleich heftiger ergriffen wurde, immerhin in einiger Gefahr. Was gute Pflege und liebevoller Zuspruch thun konnten, um seine Schmerzen zu erleichtern, das geschah im vollsten Maße. Donna Uraca und ihre Tochter hatten sogleich erklärt, daß sie es für eine Verletzung der Gastfreundschaft erachten würden, wenn sie sich nicht in eigener Person der Verpflegung des Paters unterzögen, und von einem Verlassen der Hacienda, von einer Rückkehr nach der Stadt oder gar von einer Reise nach irgend einem andern Orte könne für's Erste nicht die Rede sein. Obwohl Escovedo's Plan, seine junge Gattin für längere Zeit nach der einsamen Hacienda in den Pampas zu bringen, dadurch vereitelt wurde, blieb ihm doch kaum etwas Anderes übrig, als sich dem bestimmt ausgesprochenen Willen der Sennoras zu fügen. Ein Versuch, durch Ugartes Vermittelung eine Aenderung dieses Entschlusses herbeizuführen, war theils an dem festen Willen Manuels, theils vielleicht auch an der Lauheit des Priors gescheitert. Ugarte hatte den Kranken gleich in den ersten Tagen besucht und den Wunsch ausgedrückt, ihn nach dem Convent schaffen zu lassen, wo es die frommen Brüder an sorgfältiger Verpflegung gewiß nicht fehlen lassen würden; Manuel aber hatte sich diesem Vorschlag auf's Entschiedenste widersetzt und erklärt, er wünsche nichts sehnlicher, als unter der Obhut seiner liebenswürdigen Wirthinnen verbleiben zu können, da er an keinem andern Orte so rasch und sicher seine vollständige Heilung zu erlangen hoffen dürfe.

Obwohl Ugarte Einsprache that und sich sogar durch diese Erklärung einigermaßen verletzt stellte, mochte ihm im Grunde eine längere Abwesenheit Manuels aus dem Convent gar nicht so unerwünscht sein. Wir wissen, daß er ihm mißtraute und ihn für einen von den Oberen des Ordens zu seiner eigenen Ueberwachung entsandten Spion hielt. Nun war aber in der letzten Zeit wieder mancherlei vorgefallen, was den zahlreichen Gegnern des Priors Veranlassung zu Anfeindungen und Angriffen gab, und selbst im Schooße des Convents, wo bisher sein Wille der einzig maßgebende gewesen, hatte sich eine Partei erhoben, die mit seinen Anordnungen nicht einverstanden war und ihm im Stillen entgegen arbeitete. Ganz besonders war es die Einführung des Briefkastens der Madonna, die in weitesten Kreisen Mißfallen zu erregen begann, die den Apfel der Zwietracht selbst unter die Diener der Kirche zu werfen drohte. Ugarte hatte sich von diesem Mittel zur Befestigung und Ausbreitung seiner Herrschaft vortreffliche Dienste versprochen, jedoch nicht bedacht, daß die selbst unter dem Krummstab und in einem entlegenen Winkel der Erde unaufhaltsam fortschreitende Bildung und Aufklärung des Volkes in der Mitte des 19. Jahrhunderts keine Rückkehr zu den pfäffischen Schlichen und Kniffen früherer Zeiten duldet. Die öffentliche Meinung Santiagos und des ganzen Landes begann, sich mit Entschiedenheit gegen solchen handgreiflichen Betrug und Mißbrauch der geistlichen Gewalt auszusprechen. Die Gatten und Väter, die Brüder und Verlobten murrten, sie verboten den weiblichen Gliedern ihrer Familien, der Vorschrift Ugartes nachzukommen; unaufhörliche Zwistigkeiten und ärgerliche Spaltungen in den Familien waren die unvermeidliche Folge; die Unzufriedenheit wuchs, und sogar in der Gesetzgebung des Staates waren bereits Drohungen laut geworden.

Ugarte war klug und umsichtig genug, die Gefahr einzusehen, die er heraufbeschworen, allein sein Stolz, seine Hartnäckigkeit erlaubten ihm nicht, der selbst von priesterlicher Seite an ihn gestellten Forderung zu willfahren, den Briefkasten der Madonna eingehen zu lassen und die on die Frauen und Jungfrauen erlassene Aufforderung zu widerrufen. Er hoffte, daß sich die rasch entstandene Aufregung bald wieder legen und er dann doch im Stande sein werde, seinen Willen, wenn auch in etwas mehr versteckter Weise, durchzusetzen. Einstweilen hatte er sich damit begnügt, den Briefkasten von der Außenseite der Kirche zu entfernen und dafür im Inneren derselben aufstellen zu lassen, so daß wenigstens den häufigen Beraubungen, der gang und gäbe gewordenen Entweihung von Familiengeheimnissen und den daraus entstehenden Streitigkeiten einigermaßen vorgebeugt war; auch sollte die Eröffnung der Lade fortan öffentlich, an gewissen Kirchenfesten erfolgen, die darin enthaltenen Briefe aber sollten vor den Augen der Gemeinde auf dem Hochaltar verbrannt werden, damit der aufsteigende Rauch die verschiedenen Geheimnisse, Anliegen und Wünsche der schönen Briefstellerinnen direkt zur Madonna emportrage. Bei einem solchen Stand der Dinge und unter solchen Kämpfen war es wohl begreiflich, daß Ugarte die zeitweilige Entfernung Dessen, den er für seinen gefährlichsten Gegner hielt, aus den Mauern des Convents und aus dem Bereich des städtischen Verkehrs nicht eben ungern sah, und daher auch dem Wunsche seines Freundes und Verbündeten Escovedo, den jungen Padre von der Hacienda zu entfernen, nicht mit dem Eifer nachkam, wie er es vielleicht zu anderen Zeiten und unter anderen Verhältnissen gethan haben würde.

Es war eines Morgens im Oktober, der Zeit, wo die tropische Natur des Thales des Paradieses in voller Blüthe steht, als Padre Manuel, der zum ersten Mal das Lager verlassen, am geöffneten Fenster seines Zimmers im oberen Stockwerk der Hacienda saß und hinaus schaute über das unvergleichliche Panorama, welches sich vor seinen Blicken ausbreitete. Ueppige Wiesengründe und gut bebaute Felder umrahmten die Ufer des Flusses, der in vielfachen Windungen das Thal durchzog und seine gelblichen Wogen rasch dahin wälzte; Johannisbäume, die ihre stacheligen Aeste weit ausstreckten, und Weiden, so dicht und üppig verschlungen, daß sie förmliche Wälder bildeten, beleideten die Ufer des Mapacho, höher und höher stieg das Land jenseits des Flusses empor, freundliche Haciendas erhoben sich allenthalben gar malerisch auf den Gipfeln der grünen Hügel, bis zuletzt die Erhöhung so beträchtlich wurde, daß der magere, steinige Boden und die rauhe Luft dem Landbau keinen Spielraum mehr ließen, daß die Vegetation allmälig erstarb, und die schneebedeckten Felsriesen vorrückten, die, im Chaos der Urzeit übereinander gethürmt, den Trümmern einer Welt glichen. Die Luft war klar und rein, und selbst die aus der Tiefe des Thales zeitweilig aufsteigenden feinen Nebelwölkchen vermochten ihre Durchsichtigkeit kaum zu beeinträchtigen; ein scharfes Auge schweifte ungehindert über die ganze paradiesische Landschaft bis in die weiteste Ferne, klomm an den nackten Felsgipfeln der Cordillera empor, bis es endlich, vom Demantglanz der blitzenden Gletscher und Eisfelder geblendet, wieder zu dem labenden Grün der nächsten Umgebung zurückkehrte.

Der junge Priester, dessen natürliche Farblosigkeit der Gesichtszüge sich zu einer fast geisterartigen Blässe gesteigert, sog mit innerstem Entzücken diese lang entbehrten Eindrücke ein; sinnend saß er da, den ausdrucksvollen Kopf in die mageren Hände gestützt, und schaute hinaus in die Weite, während vor seiner Seele dunkele Bilder der Vergangenheit aufstiegen, denen er aus dem Schatz seiner Erinnerungen Farbe und Leben zu verleihen bemüht war. Er bemerkte es nicht, daß Donna Uraca seitlich eingetreten war und ihn schon eine geraume Weile halb mitleidsvoll, halb neugierig betrachtet hatte, indeß er noch immer gedankenvoll in die Ferne starrte. Endlich trat die Duegna näher, erfaßte die Fingerspitzen ihres Gastes und führte sie mit ehrfurchtsvoller Verneigung zu ihren Lippen.

„Wie fühlt Ihr Euch heute, ehrwürdiger Pater?" fragte sie mit herzlicher Theilnahme. „Sollte Euch das ungewohnte Aufsitzen nicht angreifen und ermüden? Der Arzt warnte bei seinem letzten Besuch vor jeder Aufregung... es wäre am Ende besser, wenn Ihr Euch jetzt wieder zur Ruhe begeben wolltet."

„Nicht doch, Sennora," erwiderte der Pater mit freundlichem Kopfnicken, „ich fühle mich stark und wohl, viel wohler als in den letzten Tagen. Diese balsamische Luft kräftigt das geschwächte System... die Gegend ist mir niemals so wunderbar reizend erschienen wie eben heute."

„Ihr habt ihr noch nie so viel Aufmerksamkeit geschenkt."

„Wohl möglich; sind es ja doch erst kaum sechs Monate, seit ich die Küsten dieses schönen Landes betrat, das wohl viel Aehnlichkeit mit meiner portugiesischen Heimath haben muß. Je mehr ich mich in diese Landschaft vertiefe, um so bekannter und vertrauter wird sie mir. Ist es mir doch, als hätten in meiner frühesten Kindheit schon jene schneebedeckten Gebirgsriesen auf mich hernieder gelächelt, als hätte ich als Kind auf diesen blumigen Wiesen, an den schattigen Ufern jenes schönen Stromes gespielt; ja selbst Euer Haus, Sennora, diese Hacienda, heimelt mich so wunderbar an, mich deucht, ich sei hier in meiner eigenen Heimath. Es muß wohl die gastliche Aufnahme sein, die Ihr, Sennora, und Eure liebenswürdige Tochter mir zu Theil werden ließet, was diese Stimmung hervorruft, die treue Pflege, die mir hier gewidmet wurde und für die ich ewig in Eurer Schuld bleiben, Euch segnen und in mein Gebet einschließen werde so lange ich athme!"

„Es macht uns glücklich, ehrwürdigster Bruder, einem treuen Diener der Kirche unsere Liebe und Verehrung beweisen zu können. Hätten wir Euch in Eurer hülflosen, gefahrvollen Lage fremder Pflege überlassen dürfen? Ihr steht ja doch in diesem Lande einsam und verlassen, habt keine Angehörigen — —"

„Keine — nur meine Brüder in Christo!"

„O, alle Achtung und Ehrerbietung vor den hochwürdigen Herren! Ob sie aber im Stande gewesen, Euch so zu warten und zu pflegen wie Ihr es bedurftet, das will mir doch kaum glaublich scheinen."

„Vermag die treueste Bruderhand die zarte Liebe einer Mutter, einer Schwester zu ersetzen? Und wie von Mutter- und Schwesterhand bin ich in dieser schweren Prüfungszeit verpflegt worden."

„Eure Mutter in der fernen Heimath wird uns dafür segnen, frommer Pater."

„Meine Mutter? Ich kannte nie eine andere Mutter als die heilige Kirche."

„Ihr spracht doch davon, daß Eure Heimath in Portugal liege... Sind Eure Eltern todt?"

„Todt oder lebend, — ich weiß nichts von ihnen! Nur eine dunkle Erinnerung an den Ort, wo ich meine ersten Lebensjahre verbrachte, und der dieser Gegend glich, die ich hier vor mir ausgebreitet sehe, lebt noch in meiner Erinnerung... wohl auch das Bild einer schönen, schwarzgekleideten Frau, die mich oft auf ihren Armen trug und liebkos'te. Ob sie meine Mutter gewesen...?"

„Armer Padre, Ihr habt sie nicht gekannt! So jung schon wurden Euch Eure Lieben entrissen?"

„Sie mir oder ich ihnen — wer vermag es zu sagen?"

„Aber man mußte Euch doch später irgend eine Aufklärung darüber zu Theil werden lassen?"

„Die Kirche, Sennora, giebt solche Aufklärungen nicht. Ich wuchs in einem spanischen Kloster zu Cordova auf. Der ehrwürdige Prior, der mich in Portugal als verlassenes Kind gefunden, hatte mich zu Schiff dorthin gebracht, und da er Gefallen an mir gefunden, unter seinen Augen für den geistlichen Beruf erziehen lassen. Meine erste deutliche Erinnerung ist die weite Seereise von der Mündung des Tajo bis zum Hafen von Cadix; was darüber hinausreicht, besteht nur in einem dunkelen Bewußtsein, von dem ich nicht weiß, ob es auf wirklichen Eindrücken oder nur auf den Vorspiegelungen einer lebhaften Phantasie beruht."

„Die Vorsehung ließ Euch aller Bande der Familie und Verwandtschaft ledig sein, auf daß Ihr um so eifriger und unbehinderter dem Erlöser und der gebenedeiten Himmelsmutter dienen solltet."

„So ist es, Sennora, und um mein Herz den sanften Gefühlen der

Freundschaft und Menschenliebe nicht ganz zu entfremden, ließ sie mich auch im fernen Lande treue, liebende Herzen finden, an deren Geschicken ich den innigsten Antheil nehme, die ich so gern ganz glücklich machen, für die ich selbst mein noch soeben bedrohtes Leben freudig hingegeben hätte, wenn ein solches Opfer im Stande gewesen, den Kummer, der jetzt auf ihnen lastet, die Reue, welche sie verzehrt, auf immerdar zu entfernen."

Die Duegna wich bei diesen in äußerst mildem, vertrauenerregendem, zugleich aber auch bestimmtem Tone gesprochenen Worten verlegen zurück. „Was meint Ihr, ehrwürdigster Padre? Von welchem Kummer, welcher Reue redet Ihr?"

„Seid Ihr mit der Verbindung Eurer Tochter zufrieden, Sennora? Ist Leontica glücklich?"

„Mein Bruder — —"

„Faßt Vertrauen zu mir, edle Donna. Schüttet Euer Herz aus — es ist der dankbare Freund, nicht der Priester, der jetzt zu Euch spricht."

„Don Escovedo ist ein hoch achtbarer Mann: ich darf stolz sein, ihn meinen Eidam zu nennen."

„O, wer zweifelt daran!"

„Seine Stellung, seine Reichthümer retteten die Ehre unseres Hauses, beschützten den Ruf unseres alten Namens, den widrige Verhältnisse gefährdet hatten."

„Das ist es, Sennora, das ist es! Nur aus diesem Grunde begünstigtet Ihr diese Verbindung, deren Vortheile Euch Ugarte in so glänzendem Lichte darstellte. Aber heute — seid Ihr zufrieden mit Eurer Wahl? Würdet Ihr diesen Schritt zum zweiten Male thun?"

„Was denkt Ihr von mir, ehrwürdigster Vater?"

„Daß Ihr die beste, liebevollste Mutter seid, der es tief zu Herzen geht, bei aller Sorge ihr geliebtes Kind nicht so glücklich zu sehen, wie es zu sein verdiente."

„Leontica ist eine beneidenswerthe Gattin."

„Um was uns die Welt beneidet, das erfüllt oft das eigne Herz mit tiefstem Jammer."

„Sie kennt ihre Pflichten gegen einen achtbaren, hochangesehenen Gatten."

„Aber die Liebe zu ihm kennt sie nicht, denn das Herz gehörte bereits einem Anderen, als sie ihm die Hand reichte."

„Urtheilt nicht zu streng über eine flüchtige Jugendneigung, Ehrwürdigster!"

„Sie muß tief und innig gewesen sein, diese Neigung, wenn sie noch die Gattin Don Escovedos zu bewegen vermochte, dem Manne ihres Herzens eine heimliche Zusammenkunft zu gewähren."

„Um Jesu willen, ehrwürdigster Padre...!" rief Donna Uraca entsetzt.

„Besorgt nichts, Sennora! Ich sagte Euch, daß es der ewig dankbare Freund sei, der zu Euch redet."

„Wer enthüllte Euch das Geheimniß?" fragte die Duegna zitternd.

„Madonna selber, auf deren Geheiß ich mich an dem verhängnißvollen Tage hierher begab, um Euch meinen Rath, meinen Schutz angedeihen zu lassen. Was Ihr und Eure Tochter zu fürchten gehabt, wenn nicht Madonnas sichtbare Huld über Euch gewacht, lehrt Euch mein Schicksal, welches die Eifersucht des gekränkten Gatten dem verhaßten Nebenbuhler zugedacht hatte. Der Stahl, der mich verwundete, war für das Herz Don Eugenios, vielleicht für das der herrlichen Leontica, geschliffen."

„Entsetzlich! Aber Ihr habt Recht, Ehrwürdigster, meine arme Tochter schwebt in fortwährender Gefahr; die Eifersucht ihres Gatten kennt keine Grenzen, obwohl er gewiß nicht die geringste Ursache hat, ihr zu mißtrauen."

„Kein Engel des Himmels kann reiner sein als Eure holde Tochter, Sennora!"

„Gottlob, daß Ihr davon überzeugt seid, frommer Padre! Ihr werdet nun auch mich nicht verdammen, daß ich so schwach war, meine Einwilligung zu jener Zusammenkunft zu geben. Es galt einen Abschied — vielleicht für ewig. Sennor Eugenio hat eine weite Reise über die Cordillere angetreten... Leontica war ihm eine Erklärung schuldig... sie durfte ihn nicht ohne ein Wort der Versöhnung ziehen lassen."

„Don Escovedo sollte ihr Zartgefühl ehren, statt sie durch schnödes Mißtrauen zu kränken."

„Er weiß, daß Don Eugenio schon seit Wochen die Stadt verlassen hat; gleichwohl läßt er nicht nach in seinem Argwohn. In diesem Augenblick wieder hat er seiner Gattin eine neue Wächterin bestellt."

„Unter den Augen einer solchen Mutter gewiß ein höchst überflüssiges Beginnen."

„Es war seine Absicht, Leontica für mehrere Monate nach einer einsamen Hacienda in den Pampas zu bringen," fuhr die Duegna, durch des Paters Zustimmung dreist gemacht, fort. „Der Unglücksfall, welcher Euch betraf, Ehrwürdigster, verhinderte ihn daran, da Leontica mit Recht verlangen konnte, daß man ihr erlaube, zur Verpflegung eines so werthen Gastes hier zu verweilen."

„So ist mein Blut nicht ganz umsonst geflossen," sagte der Pater mit einem freudigen Lächeln. „Es hat Leontica den verhaßten Aufenthalt in einer Einöde erspart."

„Don Escovedo ließ dafür die Gattin des Pächters jener Hacienda, die einstmals in seinem Hause in Diensten stand und ihm ein gefügiges Werkzeug scheint, hierher kommen, angeblich zu unsrer Unterstützung in Führung der Wirthschaft und Eurer Verpflegung, in Wahrheit aber, um in unserer Nähe eine zuverlässige Wächterin, eine Spionin zu besitzen, die ihn von Allem in Kenntniß setzt, was hier vorgeht."

„Die Frau des Pächters, Sennora, des Pächters auf Don Escovedos Hacienda in den Pampas?" wiederholte der Pater, angenehm überrascht. „Heißt sie nicht Donna Ventura?"

„Ich glaube, so ist ihr Name. Erst heute Mittag langte sie auf unserer Hacienda an. Kennt Ihr die Frau?"

„Ich bürge für sie, Sennora! Don Escovedo soll sich dießmal in der Wahl seines Werkzeuges getäuscht haben."

„Wie? Ihr denkt, daß sie uns nicht verrathen werde?"

„Ganz sicher nicht, wenn Ihr mir die Gelegenheit einer Unterredung mit ihr verschaffen könntet."

„Ich gehe, sie sogleich zu rufen, Ehrwürdigster. O, wie mich Euer Zuspruch getröstet und beruhigt hat! Darf ich Leontica wissen lassen, daß wir an Euch einen treuen Freund, einen geistlichen Berather gefunden, auf den wir zählen dürfen, auch wenn uns der ehrwürdigste Prior Ugarte zürnend den Rücken kehrte?"

„Thut, was Ihr für gut findet, würdige Sennora! Ich habe eine schwere Schuld an Euch und Eure holde Tochter abzutragen; verlaßt Euch darauf: ich werde deß stets eingedenk sein. Laßt mich jetzt mit der wackeren Donna Ventura reden."

Die Herrin des Hauses entfernte sich. Manuel war allein. Sein dunkles Auge schweifte abermals sinnend in die weite Ferne, doch sein Geist schien jetzt mit ganz anderen Dingen beschäftigt als kurz vorher. Auf den bleichen Wangen zeigte sich schon wieder eine leichte Röthe, und der Ausdruck seines Auges hatte etwas von der ihm sonst eigenen Lebhaftigkeit angenommen. Nicht allzu lange blieb er seinen Gedanken überlassen. Ein leises Pochen an die Thür kündigte ihm an, daß Donna Uraca seinem Wunsch bereits nachgekommen, und als er den Kopf wendete, trat Donna Ventura mit der ihr eigenen Schüchternheit und Förmlichkeit, ehrfurchtsvoll knixend, in's Zimmer.

„Ehrwürdigster Herr, Sennora hat mir befohlen — —"

„Warum so schüchtern und fremd, gute Frau?" fragte Manuel in seiner herzgewinnenden Weise. „Gebt mir Eure Hand.... laßt mich Euch willkommen heißen.... wir sind ja alte Bekannte."

„Jesus Maria! Ihr seid es, Padre Manuel, zu dessen Verpflegung ich hierher beschieden wurde?" rief die Duegna höchlichst überrascht, indem sie zugleich die ihr dargebotene Hand des Priesters ergriff und inbrünstig küßte. „Was ist Euch zugestoßen, Ehrwürdigster Herr? Welche verruchte Hand wagte es, das Blut eines geweihten Dieners der heiligen Kirche zu vergießen? Ach, hätte ich eine Ahnung gehabt, was Euch begegnet sei, daß Ihr meiner Dienste bedürfen möchtet, ich wäre ja längst hierher geeilt, ich hätte Haus und Hof und den alten Toribio im Stich gelassen, der gut genug eine Weile ohne mich auskommen kann, um Euch zu pflegen und zu warten, Eure Schmerzen zu mildern .... Ach, du heilige Jungfrau! Verwundet von der Hand eines höllischen Schurken, der ewig verdammt sein möge, ein Gesalbter des Herrn, und dazu so ein wackerer, lieber, schöner, junger Padre!"

„Laßt es gut sein, meine brave Frau, es war ein Mißverständniß....

ich habe dem Thäter längst verziehen. Ihr seht, ich bin schon wieder ganz munter und auf dem besten Wege zur Genesung."

„Gott sei's gedankt! Es wäre ja auch ewig schade gewesen für ein so junges Blut!"

„Als ich durch Donna Uraca von Eurer Anwesenheit hörte, konnte ich den Wunsch nicht unterdrücken, Euch zu sehen. Ich bin Euch ja noch Rechenschaft schuldig über den Auftrag, den Ihr mir ertheiltet."

„Wegen des Briefes meint Ihr, Ehrwürdigster?" sagte Donna Ventura leise und sich verlegen umsehend. „Ach ja, ich habe oft daran gedacht und bin schon recht traurig gewesen. Madonna zürnt ihrer armen niederen Magd.... sie kann die schweren Sünden, die auf ihr lasten, nicht verzeihen.... sie würdigte mich keiner Antwort!"

„Doch, doch, Sennora! Die Antwort harrt Eurer aus meinem Munde; sie wäre Euch längst geworden, hätte mich nicht dieser Unfall betroffen, der mich nun schon seit Wochen an das Lager fesselt."

„Ist es möglich? Die Himmelskönigin gedenkt meiner? Sie hält meine Sünden nicht für so schwer, daß sie mir nicht verzeihen könnte?"

„Der schwerste Sünder kann durch aufrichtige Buße eingehen in das Reich der himmlischen Gnade! Hört, was Euch Madonna durch ihren unwürdigen Diener zu wissen thut: Sie verlangt von Euch ein vollständiges reumüthiges Bekenntniß Eurer Schuld, worin auch nicht der kleinste Umstand vergessen und Niemand geschont wird, stehe er noch so hoch und hättet Ihr ihm mit noch so heiligen Eiden Verschwiegenheit zugelobt. Dieses offene Bekenntniß soll der Prüfstein Eurer aufrichtigen Reue sein. Habt Ihr es abgelegt, so wird Euch die gnadenreiche Jungfrau ein Zeichen geben, daß sie Euch verzeiht, daß Eure Schuld gesühnt ist."

„Habt Dank, aufrichtigen Dank, ehrwürdigster Herr, Ihr nehmt eine schwere Last von meinem Herzen! Wie mild, wie gütig ist doch die Gnadenreiche, daß sie nur ein so geringes Opfer von mir sündiger Creatur verlangt! Gern will ich ihr ein aufrichtiges Geständniß ablegen... nicht das Kleinste soll verschwiegen bleiben.... ich will mein Gewissen jeder Bürde entledigen —— doch wie soll ich mich der heiligen Jungfrau nahen? Wie vermag ich ihr alles das mitzutheilen, was sie zu wissen verlangt?"

„Ihr könntet Euch der Vermittlung Eures Beichtvaters bedienen — doch vielleicht hindert Euch daran ein Eid. Besser, Ihr wendet Euch geradezu an die Himmelskönigin und legt ihr ein schriftliches Geständniß ab."

„Ich bin des Schreibens wenig kundig, frommer Vater; es wird Alles so verwirrt und ungeschickt zu Papier kommen ——"

„Laßt Euch das nicht anfechten, gute Frau. Schüttet der Himmlischen in einer stillen Stunde der Nacht ungescheut Euer Herz aus und achtet nicht auf die Worte, in die Ihr Eure Gedanken kleidet. Ist Euch damit gedient, so werde ich wiederum die Bestellung übernehmen und Sorge tragen, daß der Brief pünktlich in die Lade unserer heiligen Kirche dolla compania niedergelegt wird."

„Ihr macht mich zu Eurer ewigen Schuldnerin, Ehrwürdigster! So werde ich denn versuchen, was ich heute Nacht, wenn Alles im Hause sich zur Ruhe begeben, in meinem stillen Kämmerlein zu Stande bringe."

„Und morgen erwarte ich einen meiner Brüder aus der Stadt, der Euren Brief bestellen mag. Noch Eins, Donna Ventura, Ihr seid von Don Escovedo nach dieser Hacienda beschieden worden?"

„Ja, ja, der Herr hat einen expressen Boten hinaus nach den Pampas geschickt, um mich hierher zu bringen."

„Wohl nicht allein zu meiner Verpflegung, denn ich möchte Eurer Dienste kaum noch bedürfen. Man hat Euch befohlen, ein wachsames Auge auf die Sennoras, hauptsächlich auf Donna Leontica, zu haben?"

„Ihr wißt es?" fragte die Duegna überrascht.

„Und bin von Eurem guten Herzen überzeugt, daß Ihr Euch nie dazu hergeben werdet, dem Herrn nachtheilige Gerüchte zuzutragen. Was Ihr auch mit ihm zu verhandeln habt, laßt es mich zuvor wissen, ich werde Euch dann schon sagen, was Ihr zu thun und was zu unterlassen habt. Versprecht Ihr es mir, Ventura?"

„Gott sei Dank, daß Ihr mir auch diese Sorge vom Herzen nehmt! Der Auftrag des Herrn hat mich schon in nicht geringe Verlegenheit gebracht. Ich muß seinem Befehl gehorchen, denn ihm gehört die Hacienda und der ganze Viehstand, wovon wir nur die Nutznießung haben, und wenn er es wollte, könnte er uns das Alles wegnehmen; auf der anderen Seite möchte ich aber auch den Sennoras nicht zu nahe treten... das Schnüffeln und Spioniren ist mir im Grund der Seele zuwider, und unter Eheleuten Streit zu erregen durch Zutragen und Klatschen — das thut nimmer gut und bringt dem allzu Dienstfertigen schlechten Lohn von beiden Theilen. Da kommt mir Euer Antrag just wie gerufen. Ja, mit Euch ist es ein ganz Anderes, Ehrwürdigster, Euch will ich Alles anvertrauen, und bei Euch will ich mich gern in allen zweifelhaften Fällen Raths erholen."

Die Alte küßte dem Priester dankbar die Hand, und nachdem er ihr seinen Segen gespendet, trippelte sie behende hinaus, um ihren neu übernommenen Geschäften nachzugehen.

Fast zwei Wochen waren seit diesen Unterredungen verstrichen, und die Besserung im Befinden des jungen Priesters hatte ihren ununterbrochenen Fortgang genommen. Er war jetzt vollkommen hergestellt und erging sich täglich im Garten der Hacienda, ja unternahm sogar zu Fuß oder auf dem Rücken eines Maulthiers kleine Ausflüge in die Umgebung. Ugarte war mehrmals zu seinem Besuch herausgekommen, schien es aber mit seiner Zurückberufung nach dem Convent durchaus nicht mehr eilig zu haben, sondern äußerte sogar, scheinbar besorgt um sein Wohlbefinden, den Wunsch, er möge noch länger auf der Hacienda verweilen, da dieser Aufenthalt seine Genesung am sichersten zu fördern scheine. Manuel erhob seinerseits keine Einsprache. Die Nähe Leonticas hatte seinem Geist eine Heiterkeit, eine Elasticität verliehen, wie er niemals empfunden; er fühlte sich von einem himmlischen Zauber befangen, dessen

frühere oder spätere unvermeidliche Lösung ihn mit Angst und Furcht erfüllte, die er selber herbeizuführen nicht den Muth hatte. Seit vielen Wochen
war jetzt kein Tag vergangen, an dem er Leontica nicht gesehen, nicht eine oder
mehrere Stunden in ihrer Gesellschaft verbracht hätte. So lange er noch an
das Lager gefesselt war, kam sie oft mit der Mutter, oft auch allein, um sich
nach seinem Befinden zu erkundigen und nachzusehen, ob auch alle seine Bedürfnisse nach Wunsch befriedigt würden; seit er sich erhoben und sein Zimmer
verlassen hatte, traf er sie noch häufiger, bald im Gesellschaftszimmer des Hauses, bald auf der breiten Veranda, bald im Garten oder in der nächsten Umgebung der Hacienda, die sie zu durchstreifen liebte. Der Verkehr zwischen der
jungen, schönen Wirthin und ihrem nur um wenige Jahre älteren geistlichen
Pflegebefohlenen war ein freier und herzlicher geworden; es hatte Manuel
keine große Ueberwindung gekostet, sich ihr gegenüber des priesterlichen Tones
allmälig immer mehr zu entäußern, und auch Leontica schenkte dem Priestergewande ihres jungen Hausgenossen keine allzu große Beachtung, sie behandelte
ihn mehr als einen Freund, als Genossen ihrer Einsamkeit, der es aufrichtig
wohl mit ihr meinte, denn als strengen geistlichen Berather, so daß sogar die
Mutter sie hin und wieder an die dem frommen Padre schuldige Ehrfurcht ge-
mahnen mußte.

Manuels Liebe zu Leontica war so heiß, so leidenschaftlich als je; doch er
hatte sein Ziel fest und unverrückt im Auge, er wog jedes Wort, jede Miene sorgfältig ab, um sich nicht vorzeitig zu verrathen und da den Samen des Argwohn's
auszustreuen, wo er eines unerschütterten Vertrauens bedurfte. Es war eine
schwere Aufgabe für einen jungen Mann vor der Intensität seiner Empfindungen, er aber zeigte sich ihr gewachsen; seine priesterliche Erziehung, die Schule,
welche er im Orden der Gesellschaft Jesu durchlaufen, hatte ihm die beste Anleitung dazu gegeben. Sein Plan, die Geheimnisse Ugartes und Escovedos
zu ergründen, den innigen Beziehungen beider Männer zu einander immer
mehr auf die Spur zu kommen und die Motive zu erforschen, welche sie zum
Anknüpfen dieser Verbindung mit der Familie Mureno bewogen hatten,
um durch rechtzeitige Enthüllung Leontica für sich zu gewinnen, zugleich aber
aus dem unermeßlichen Reichthum Escovedos die Mittel zu schöpfen, sich unabhängig vom Besitze der Geliebten erfreuen, ihr eine ihren Vorzügen entsprechende glänzende Stellung bieten zu können — dieser Plan stand noch so fest
als damals, wo er ihn in jener stürmischen Nacht in der einsamen Hacienda
gefaßt. Rastlos und mit eiserner Beharrlichkeit hatte er an seiner Verwirklichung gearbeitet, ja selbst der Dolchstoß des Gauchos hatte nur dazu dienen
müssen, ihn seinem Ziele näher zu bringen. Mit Hülfe jener, durch einen
Schieber verschlossenen Oeffnung im Mauerwerk der Nische hinter dem Muttergottesbilde, welche ein früherer Prior zur „größeren Ehre Gottes" im Re-
fektorium des Convents hatte anbringen lassen, und deren Geheimniß ihm von
dem altersschwachen Pater Diego in einer vertraulichen Stunde mitgetheilt
worden, war es ihm gelungen, die wichtige Mittheilung zu belauschen, welche
Ugarte aus dem Munde Gil Perez' über die früheren Schicksale der Familie
Mureno, hauptsächlich die Ursache ihrer Verarmung, erhalten hatte. Auf eine
nicht minder wichtige Spur war ihm durch den zu La Recoleta aufgefangenen
Brief Pedros, und dann durch das ihm von einem glücklichen Zufall in die
Hände gespielte Schreiben Venturas an die Mutter Gottes verholfen worden.
Letzteres hatte seine Ergänzung inzwischen durch das umfassende Geständniß der
guten Alten erhalten, welches, statt in die von Ugarte so scharfsinnig ausge-
dachte Brieflade der Madonna, in die Tasche Pater Manuels gewandert war.

(Schluß folgt.)

Reisebilder aus Süd-Amerika.
Von E. Wanderer.

II.

Das Posthaus von Santa Rosa, woselbst wir diese Nacht zubrachten, war das bis jetzt gesehene anständigste Gebäude dieser Art, und ein großer Saal stand zu unserer Verfügung, worin wir uns denn auch ganz heimisch fühlten. Das uns auf einem saubern Tisch servirte Nachtessen war ganz im Verhältniß zu unserm Nachtquartier, und so legten wir uns auch bald zufrieden auf leidlichen Feldbetten zur Ruhe. — Der nächste Morgen fand uns schon einige Leguas von St. Rosa, und nun ging es mit Sturmeseile unserem Reiseziele zu. — Der Weg wurde hier immer interessanter, indem allenthalben schon angebaute Felder, alle mit Mauern eingezäunt, und unendliche Alleen von Pappelbäumen das Auge erfreuten. Die Provinz Mendoza ist übrigens auch eine der reichsten der Argentinischen Republik, und von hier geht der Haupt-Export der verschiedenen Produkte nach dem benachbarten Chili. Das Land eignet sich hauptsächlich zum Weinbau, indem das Klima heiß und trocken ist; jedoch verstehen die Leute die Manipulation des Weinmachens noch sehr unvollkommen, und ziehen vor, die Trauben zu trocknen und so als Rosinen nach Chili auszuführen. Der Wein, wie er hier fabricirt wird, ist jedoch ganz trinkbar, und da er sehr billig ist (1 Real oder 12 Cents per Flasche), so verconsumirt man ziemliche Quantitäten in Mendoza selbst.

Die Cordilleras rückten jetzt merklich näher, das Panorama der monotonen Pampa war gänzlich verschwunden, und eine malerische Bergregion gab dem Auge hinreichenden Stoff, alle ihre grotesken Formen zu bewundern. — Die seither einzeln stehenden Häuser und Gehöfte wurden nun immer dichter, Alleen wechselten mit Alleen, wo uns Thiere und Menschen in buntem Treiben entgegenkamen, und alle Anzeichen deuteten darauf hin, daß wir in die Umgegend von Mendoza gekommen sein müßten. Um 3 Uhr Nachmittags rollte denn auch endlich die Diligence durch die breiten Straßen der Stadt, unter den scheußlichen Tönen des Horns unseres Postillons fuhren wir an dem Posthaus vor, und mit einem tiefen Seufzer des Wohlbehagens ob der glücklichen Ankunft entwischte ich unserm neuntägigen Gefängniß. In dem schmutzigen Hotel de Chili angelangt, war meine erste Sorge, nach Wasser zu rufen, denn die neuntägige Staubdecke auf meinem Körper fing an sehr beschwerlich zu werden, und nach zweistündigen constanten Bemühungen gelang es mir einigermaßen, des Staubes Herr zu werden, und somit mir wieder ein civilisirtes Aussehen zu verschaffen. — Von herrlichem Sonnenschein begünstigt, unternahm ich einen Spaziergang durch die Straßen von Mendoza, welcher ziemlich interessant ist, wenn man sich der am 20. März 1861 stattgehabten Katastrophe des schrecklichen Erdbebens erinnert, welches den vollständigen Ruin der Stadt zur Folge hatte.

Die Straßen des jetzigen Mendoza sind ca. 150 Fuß breit, und die Häuser, obgleich nur einstöckig, doch recht niedlich aussehend. Man beugt durch diese neue Anlegung der Stadt eben den Folgen einer abermaligen Catastrophe etwas vor, denn die alte Stadt war wie alle älteren spanischen Plätze mit nur sehr engen Straßen versehen; so kam es, daß 10,000 Menschen plötzlich ihr Grab fanden. Die Ruinen der zerstörten Stadt liegen noch heute so wie damals, als die Wuth der vulkanischen Action so viele Opfer forderte, und deshalb war auch mein erster Gang nach jener Scene so vieler unnennbarer Qualen und Schrecken. Seit zwei Jahren hat man angefangen, den Schutt wenigstens aus den Straßen wegzuräumen, indem das Erdbeben die ganze Stadt zu einem überall gleich hohen Haufen zusammengerüttelt hatte, und durch diese nunmehr wieder freien Straßen lenkte ich meine Schritte. Ueberall, wohin man blickt, nur Ruinen, ein Chaos von Backsteinen mit Schutt vermischt, im wildesten Durcheinander. Hier und da widerstand noch eine gewölbte Thür oder ein mit Eisenstäben versehenes Fenster der fürchterlich zerstörenden Kraft. Alles Andere liegt danieder, und unter diesen Ruinen, vormals Wohnungen von 10,000 lebensfrohen Menschen, liegen sie jetzt in der kalten, starren Umarmung eines gewaltsamen Todes. — Todtenstille herrscht ringsum, Alles scheint noch erstarrt von den Schrecken der fürchterlichen Catastrophe, und mit beklommenem Herzen setzte ich meinen Weg in dieser Stadt der Todten fort, bis die Trümmer der Kirche von St. Domingo meine Aufmerksamkeit in Anspruch nahmen. Hier kann man sich einen lebhaften Begriff von der fürchterlichen Kraft des Erdbebens machen, denn nicht nur sind diese 6 Fuß dicken Mauern geborsten, sondern das ganze Backsteingebäude scheint vollständig in Stücke gerissen zu sein, und nach allen Richtungen hin sieht man enorme Blöcke von der Kirche weit, weit hinweggeschleudert. Die hintere Wand, wo der Hochaltar früher stand, zwar überall geborsten, ist noch nicht gefallen, und die Nische, welche die Monstranz bewahrt, ist noch wohl erhalten. Ueber der Nische ist ein Gottesauge gemalt, und es ist zu verwundern, daß seitens der Priester, welche diese Catastrophe als wohlverdiente Strafe hinzustellen suchen, keine Legende über jenes Auge erfunden wurde. Allein da das Erdbeben weder Priester noch Laien verschonte und Alle ins gemeinsame Grab stürzte, so finden die überlebenden Priester wohl irgend welche Legende über jenes Auge außer Platz. In kurzer Entfernung von dieser Kirche sind die Ruinen von St. Augustin, einem anderen Tempel der katholischen Gottesverehrung. Auch hier ist ein Bild der vollkommensten Zerstörung vorhanden. Die mächtigen Mauern sind alle geborsten und halten sich nur noch mit Mühe aufrecht, und in ihrem Schatten ruhen Hunderte von Menschen und schlummern der Ewigkeit zu. — Den traurigsten Eindruck machte jedoch die Plaza. Die Ruinen der zusammengestürzten Häuser lagen bis weit in die Mitte hinein; nur hier und da warf eine krankhafte Pappel einen bleichen Schatten auf den Platz, wo sonst das regste Leben und Treiben herrschte. Eine in der Mitte stehende Fontaine war ausgetrocknet. Auf diesem Platze forderte die Catastrophe die meisten Opfer. Man feierte nämlich zur Zeit die Feste der Leidenswoche. Da der Abend schön und mondhell war, so hatten sich hier Tausende lebensfroher Menschen versammelt, um die bei allen katholischen Festen üblichen Einkäufe von Heiligen-Bildern und sonstigen Gegenständen, der Kirche geweiht, zu machen. In den Läden, welche den Platz rings umgaben, drängte sich ein emsiges Gewühl, wenig ahnend, daß so plötzlich diese Scene der Freude in eine des unsäglichsten Jammers und Schreckens verwandelt werde. Unbekümmert um den nächsten Augenblick, lebten Alle nur der fröhlichen Gegenwart. — Da kam die Catastrophe, unwiderstehlich, fürchterlich, in ihrer ganzen Macht, mit der Schnelle des Blitzes. Ein heftiger Stoß riß die Gebäude aus den Fugen,—ein zweiter, unmittelbar folgender warf Alles in wildem Chaos nieder. Eine dichte, schwarze Staubwolke verdunkelte den hellen Mond zu undurchdringlicher Nacht, und nun folgte eine Scene, dem jüngsten Gericht ähnlich; eine Scene, unmöglich zu beschreiben, denn wer könnte eine Idee von den Höllenqualen der lebend unter den Ruinen Vergrabenen geben? — Heute noch, nachdem schon vier Jahre dahingeschwunden sind und der schreckliche Augenblick gleichsam mit den hier so schauerlich Umgekommenen vermodert ist, heute noch fühlt man eine Beklemmung des Herzens, und eine Zähre tritt ins Auge, wenn man auf diesen Trümmern stehend den Erzählungen von Augenzeugen der Catastrophe zuhört. — Trauernden Herzens verließ ich den Platz des Schreckens, und wandte meine Schritte durch Ruinen und Trümmer zurück zum neuen Mendoza, das nach und nach sich aus dem Schutt erhebt. Ehe ich aus der öden Todtenstadt schied, weilte ich noch einen Moment auf den Ruinen des Klosters von San Francisco, dessen gebrochene Bogen und einige Pfeiler des Portals noch hoch gen Himmel ragen. Auch hier schlummern Hunderte im kühlen Schooße der Kirche, indem sie das Erdbeben inmitten der Begehung der Leidensmesse überraschte. Doch nicht Alles ist todt inmitten dieser Ruinen, denn hier und dort ragt eine lebensgrüne Pappel hoch über Trümmern empor, und Rosensträuche mit frischen Knospen ranken von Baum zu Baum. Es scheint als wollte die Natur ihre Verwüstung verschämt vor dem hellen Auge der freundlichen Sonne zu verdecken suchen. Ich suchte nun einen zuverlässigen Arriero oder Maulthiertreiber auf, der mir als Führer über die Cordilleras nach Chili dienen sollte, und nachdem ich solchen gefunden und über dem Preis für zwei Maulthiere mit ihm einig wurde, traf ich meine Vorbereitungen zur Cordilleren-Reise.

Den 31. October Abends 5 Uhr war unsere Karavane marschfertig. Sie bestand aus 20 Maulthieren, dem Arriero und seinen 5 Peonen (Dienern), 3 Franzosen und einer Französin mit zwei kleinen Kindern und mir selbst. Die Thiere waren im besten Zustande, und so ging die Karavane in lustigem Trab unter den freundlichsten Begrüßungen und Wünschen der beim Marsch um uns versammelten Mendozines über den Camino Real nach Chili zu. Den drei Franzosen schien das Scheiden von Mendoza ziemlich schwer zu werden, und um ihres Gefühls der Trauer mächtig zu bleiben, hielten sie vor jeder Schnapsbude inne und suchten durch starke Libationen von Wein und Aguar diento jenen Zustand der Indifferenz heraufzubeschwören, der alle feineren Regungen des Herzens betäubt, was ihnen denn auch vollständig gelang. — Die Franzosen sind im Allgemeinen schlechte Reiter; kommt nun aber noch eine dem Gesetz der Gravitation entgegenstrebende Tendenz zu der unsicheren Haltung, dann wird das gerade Sitzen im Sattel noch bedeutend erschwert, und so kam es auch, daß die mit den Franzosen beladenen Thiere, den Zustand der Reiter richtig begreifend, sich jeden Augenblick der so sehr den Schwerpunkt verachtenden Fracht entledigten. Dies verursachte natürlich langweilige Aufenthalte, und vieles Fluchen von Seiten der Franzosen, sowie der sie wieder in den Sattel hebenden Peonen. Jedoch ging der Marsch schon besser, sobald wir das letzte Haus von Mendoza hinter uns hatten und nun unser Weg über eine Pampa den Bergen zuführte. Der Mond schien zwar; aber er war durch dicke, drohende Wolken verfinstert, welche uns keine sehr angenehme Nacht versprachen. Schon fingen auch einige schwere Regentropfen an, unsere Befürchtungen zu bestätigen, und dieser trübselige Zustand, vereint mit der uns umgebenden Einöde, machte auf alle Gemüther einen ziemlich niederschlagenden Eindruck, so daß keine Silbe sich hören ließ und wir einer gespensterhaften Cavalcade gleich lautlos durch die Dunkelheit glitten. — Jetzt erhob sich auch noch ein kalter Südwest, mit zeitweiligen Regenschauern vermischt, und unter solchen Auspicien kamen wir Nachts um die zwölfte Stunde bei dem ersten Haltpunkt, Los Hornos de Cal, an. Die Peonen sattelten nun die Thiere ab, während wir uns bestrebten, aus grünen Reisern ein Feuer anzumachen, um unsern erstarrten Körper durch etwas Kaffee zu laben. Wind und Regen hatten inzwischen für die Nacht Posto gefaßt, und da außer einem elenden Strohdach, unter welchem bereits eine Kallbrenner-Familie schlief, kein anderes Obdach vorhanden war, so wickelten wir uns gestiefelt und gespornt in unsere Cordilleren-Ponchos und ließen Wind und Regen ruhig über uns hereinbrechen, indem das Strohdach weder Schutz gegen das Eine, noch das Andere bot. Die drei Franzosen waren inzwischen durch die herrschende Temperatur ziemlich abgekühlt worden und stießen unter ihren dünnen Ponchos, welche den schneidenden Wind nicht abhalten konnten, Flüche aus, während Madame mit den beiden Kindern, welche bitterlich weinten, ein recht kläglisches Concert veranstaltete.

Mir waren derartige Nachtlager noch von meinen früheren Cordilleren-Reisen in Peru bekannt, und da ich mir zwei sehr dicke Ponchos gekauft hatte, war es leicht, Wind und Wetter ruhig Trotz zu bieten. Die Nacht verstrich langsam, denn wir verbrachten sie Alle wachend, indem bei dem herrschenden Skandal, von meinen gallischen Reisegefährten herrührend, an Schlaf nicht zu denken war. Mit der Morgenröthe erhoben wir uns rasch von unserm feuchten Lager, und, o Himmel, welches Schauspiel bot sich unseren Augen dar! Die Hügel in unserer Nähe, gestern noch so grün und sommerlich, waren während der Nacht mit einem weißen Gewande überzogen worden, und die ganze fürchterliche Bergregion starrte uns in Schnee gehüllt theilnahmlos an.

Schlechte Aussichten für eine Cordilleren-Reise, wenn unten im Thale bei einer Höhe von erst 2000 Fuß überm Meere schon Schnee beginnt; wie mußte es da auf dem Paß von Uspallata aussehen, den wir bei 13,000 Fuß zu überschreiten hatten! Visionen von Schneegestöbern mit dem ganzen Gefolge unsäglicher Leiden, als Erfrieren, Verhungern ꝛc. hoch oben im Gebirge, beschäftigten meine ängstlichen Reisegefährten, welche, wenn der Arriero eingewilligt, stracks wieder Mendoza zugeeilt wären. Doch da der Tag sich klar ankündigte und die Sonnenstrahlen bald den Schnee von den Bergen fegen, sezten sich Alle wieder zu Maulthier, und fort ging die Reise, gerade auf die Berge los. Bergauf und bergab ging der Weg, bald über loses Geröll, bald durch Strecken von Sand hindurch, den Bergen immer näher, bis wir endlich Nachmittags 3 Uhr in eine immer enger werdende Schlucht einbogen, und nun die ganze Umgegend den Charakter einer Bergregion annahm; dann höher und immer höher stiegen wir, und je höher wir kamen, desto steiler, wilder und finsterer wurden die starren Gebirgshäupter. — Durch Flußbetten, über starre Felsen und steile Ausläufer von Bergen ging der Saumpfad, bis endlich, auf kleiner Anhöhe, uns einige Holzhütten entgegen winkten. Dies ist Villa Vecencia, und hier war unser Nachtquartier No. 2. Wir faßten Posto mit unsern einfachen Betten in der Veranda einer der Hütten, und ließen von den Peonen unser frugales Mahl aus den Lebensmitteln bereiten, welche wir uns von Mendoza mitgenommen hatten, denn in diesen Einöden ist Nichts, gar Nichts für menschliche Bedürfnisse, und Jeder muß seinen Vorrath bis Chili bei sich führen. Nach eingenommenem Mahle verkrochen wir uns in unsere Ponchos, denn durch die Schlucht pfiff ein schneidender Wind herab, so daß selbst ich in meinen dicken Decken das Fröstlen bekam. Meine gallischen Gefährten ergingen sich nun wieder in Jeremiaden über noch ferner auszustehende Strapazen und zweifelten schon vollständig am jemaligen Hinkommen nach Chili. Unter solchen Auspicien schliefen wir vor lauter Müdigkeit ein, denn seit gestern Abend hatten wir schon 50 engl. Meilen zurückgelegt, was für Novizen zu Pferde ein ganz respektabler Anfang ist.

Der nächste Morgen war trübe, und von den Berghäuptern war nichts zu sehen; alle hatten ihre Nebelgewänder angelegt, und einige Schneeflocken verkündeten einen scharfen, beißenden Ritt über die Höhen. Ziemlich melancholisch gestimmt, ritten wir die Schlucht hinauf, welche jetzt so steil wurde, daß unsere Thiere große Felsstücke, wie Treppen ausgehauen, hinanklettern mußten. Höher, immer höher, über starre Felsen, über kleine Wasserfälle, führt der Weg, und leuchend schleppen sich die armen Thiere weiter, bis wir endlich auf einer Höhe ankommen, wo die Schlucht weiter und der Weg weniger steil ist. Aber hier empfängt uns ein eisiger Föhn, so kalt, daß Mann und Maulthier, bald über und über mit Reif bedeckt, ein grimmiges Bild des starren Winters darstellen. Der Nebel wird immer dichter und feuchter, und nur mit Mühe können wir den schmalen Pfad verfolgen, der uns am Abgrund entlang führt. Kein Wort entfährt unserm mit einem dicken Comforter verschlossenen Munde, und Phantomen gleich glitten wir lautlos durch den einförmigen Nebel. Erst gegen 1 Uhr Nachmittags, nachdem wir wieder bergab ritten, klärte sich das Wetter auf, und vor uns auf weiter Ebene entrollte sich das herrliche Panorama der Cordilleras in ihrer ganzen fürchterlichen Majestät. Der Arriero, welcher gerade mir zur Seite ritt, flüsterte mir zu: Sennor, sehen Sie jene beiden schneegekrönten Hörner hoch oben im blauen Aether thronen? Dort ist der Paß von Uspallata, dort müssen wir nach Chili hinüber. — Gerechter Himmel, was wird das werden, dachte ich bei mir selbst, wenn hier unten schon solch bittere Kälte unsere Glieder erstarrt! — Um 3 Uhr sattelten die Peonen unsere Thiere ab, um ihnen eine Stunde Ruhe zu gönnen, und um 4 Uhr waren wir wieder im Sattel und ritten nun in scharfem Paß über die von fern erspähte Hochebene, der Hacienda von Uspallata zu. Bei den Aguas de Huanaco, einem kleinen Bach, kamen wir an die ersten Ausläufer der Cordilleras. Granitfelsen mit Porphyr- und Sandstein-Formationen bilden den Hauptzug dieser Gebirge, und vulkanische Kräfte waren hier thätig, denn kraterähnliche Kegel mit schroffen Vertiefungen begegnen allenthalben dem Auge. Die Sonne war inzwischen gesunken; an einem wolkenlosen Horizont stieg der Vollmond auf und beleuchtete mit magischem Lichte die grandiosen Berge, auf welche wir immerwährend zuritten. Um 9 Uhr Abends kamen wir todmüde, denn wir hatten weitere 60 Meilen seit dem Morgen zurückgelegt, endlich auf der Hacienda von Uspallata an. Nach der gewöhnlichen Fütterung legten wir uns unter der Verandah eines Hauses zur Ruhe nieder, welcher wir so sehr bedurften, und schlummerten bis zum klaren, aber bitter kalten Morgen. Eine kleine Lagune in der Nähe des Hauses war mit einer Eisdecke überzogen. O, wie sehnte ich mich zurück nach den lieblichen warmen Tagen in Westindien, wo der Thermometer 94 Gr. im Schatten zeigte! Doch weg mit den sonnigen Erinnerungen der schönen Tropen; hier gilt es, die Schwierigkeiten der arktischen Zone zu überwinden. Herausfordernd blickte ich zu den eisgekrönten Bergen empor, welche rosig dem jungen Morgen entgegen leuchteten, und erinnerte mich meiner früheren Cordilleras-Reisen, welche ich zweimal über den Paß von Morococha in Peru glücklich bestanden hatte. Aus diesen kühnen Betrachtungen riß mich die zornige Stimme eines meiner französischen Reisegefährten, welcher mit hochgerötetem Antlitz (ich dachte erst, es sei der Reflex der eben aufgehenden Sonne), und in fieberhafter Erregung auf mich zukam, indem er mir kurz anzeigte, daß während der Nacht einige zur Hacienda gehörende Hunde sich unseres ganzen Proviants bemächtigt hätten, und als Beweis seiner Angabe zeigte er mir unsere zerfetzten Proviantsäcke, in denen noch einige Fragmente unserer Mundvorräthe von den gefräßigen Bestien zurückgelassen waren. Obgleich dieses Ereigniß nichts zum Lachen bot, so konnte ich doch nicht umhin, in ein solches auszubrechen, als ich nunmehr die heftigen Zornausbrüche und die Mimik der tiefsten, rathlosesten Verzweiflung des gallischen Trios mit anzusehen hatte. Die Sache wurde noch pikanter dadurch, daß die ganze Scene in spanischer Sprache von den Franzosen aufgeführt werden mußte, damit der Eigenthümer der Hunde die Einzelheiten der namenlos schrecklichen Catastrophe ordentlich verstehe, und, da die Gallier das Castilische nicht sehr fließend schon in kaltblütigem Zustande sprachen, so verwickelte sie ihr jetziger rabiater Ausbruch in solche Labyrinthe, daß kein Faden der Ariadne sie herausziehen konnte. Die ungewöhnliche Kälte des Morgens und die unüberwindlichen Schwierigkeiten des Castilischen trugen indessen bedeutend zur Beruhigung unserer Leidensgefährten bei, und als ich ihnen vorschlug, auf unsere Kosten zwei Schafe und hinreichende Quantitäten Brod zu kaufen, auf daß bis Chili keine Hungersnoth zu befürchten sei, da klärten sich die zornerregten Gesichter wieder auf und Ruhe kehrte in die Gemüther zurück. Die Sonne stand schon im Zenith als wir die Weiterreise begannen.

Die Freischaaren in Schleswig-Holstein.
Von Friedrich Lezow.

„Nun wohlan zum frohen Singen,
Denn vergangen ist die Nacht.
Ueberall herrscht lautes Klingen,
Und die Morgenröthe lacht.
Denn ein Frühling ist im Lande,
Wie die Welt noch keinen sah,
Und es springen alle Bande,
Und die Freiheit, sie ist da!

Ja, das Schwert hüpft in der Scheide,
Und die Kugel rollt im Lauf.
Selber schärft sich Spitz' und Schneide,
Und die Lanze hebt sich auf.
Und es richtet sich die Sense,
Und von selber sie sich schleift,
Denn in solchem mächt'gen Lenze
Alles lebt und Alles reift.

Noch ist Polen nicht verloren,
Und Italia erwacht.
Unser Deutschland, neu geboren,
Wird zur Republik gemacht.
Denn ein Frühling ist im Lande,
Wie die Welt noch keinen sah,
Und es springen alle Bande,
Und die Freiheit, sie ist da!"

Ob dies schlichte, frische Liedchen mit seiner einfachen, kräftigen Melodie im weiten deutschen Vaterlande bekannt geworden ist, weiß ich nicht und zweifle daran. In Schleswig-Holstein aber klang es hell und rein zu einem Himmel empor, der sich über einer bräutlich geschmückten, von tausend Hoffnungsstrahlen verklärten Erde wölbte, und es wurde von Männern und Knaben gesungen, welche wohl ein Recht darauf hatten, zu den besten Söhnen des Vaterlandes gerechnet zu werden. Es klang wie ein Lerchenjubel, wie ein Adlerschrei. Wer es damals vernommen, wird mit wehmüthigen Empfindungen an jene Zeit zurückdenken. Das Lied gehörte zu denen, welche den rechten Ton treffen und — man weiß selbst nicht wie es zugeht — von einem ganzen Volke aufgefangen und angestimmt werden. Indem ich dies schreibe, steht mir ein bildschöner, achtzehnjähriger Freund vor Augen. Als ich ihn zum letzten Mal sah, zog er unter den Klängen des „Nun wohlan zum frohen Singen!" mit der ersten Freischaar über die Eider. Die Eltern gaben ihm das Geleit; sie waren stolz auf den herrlichen Jungen, und hielten ihn nicht zurück. Acht Tage darauf waren ihm beide Beine fortgeschossen, und den Eltern war die einzige Hoffnung und Freude ihres Lebens geraubt. Eine Zeit des thörichten Rausches wird das Jahr 1848 von Vielen genannt. Mir aber will es vorkommen, als wären die Menschen damals besser denn vorher und nachher gewesen. Wohl war das, was uns damals erfüllte, ein Traum, der nicht zur Wahrheit werden sollte; aber wer möchte sich die Erinnerung an diesen Traum rauben lassen, wer sich des Wahnes schämen, für den so Viele ihr Blut hingegeben?

Ohne Sang und Klang zog die Schaar dahin, welche am Morgen des 24sten März 1848 sich vom Bahnhof verstohlen den Wällen der Festung Rendsburg näherte. Sie kam aus Kiel, wo über Nacht der Aufstand proklamirt war, und bestand aus dem dort garnisonirenden, vom Glücksburger Prinzen Karl kommandirten Jägerbataillon und den Kieler Turnern. Auf ein von der höchsten Bastion der Festung, der „hohen Kay", gegebenes Signal wurde durch das Ausfallthor gerückt, die Wache besetzt und still, im Sturmschritt, gegen die Hauptwache marschirt, welche ohne Schwertstreich der kleinen Invasionsarmee in die Hände fiel. Der dänische Kommandant der Festung wurde, während dies geschah, von einem schleswig-holsteinischen Offizier im Gespräch aufgehalten, bis plötzlich, zu seinem höchsten Erstaunen, eine Deputation erschien und ihm seinen Degen abforderte. Die Sturmgloden wurden angezogen; blitzschnell verwandelten sich die Marktzelte in Barrikaden, und die Bürger eilten bewaffnet auf den Paradeplatz. Aber die Barrikaden waren überflüssig, denn sofort schloß sich das Militair den Bürgern an, und die Festung Rendsburg, das alte Bollwerk der Elblande, war genommen. Das war der Anfang des schleswig-holsteinischen Krieges, und jene Turner, die mit den Jägern zusammen das Wagniß, welches immerhin anders hätte ausfallen können, unternahmen, waren die erste Freischaar, welche Deutschland gesehen seit Lützows wilde, verwegene Jagd von den Franzosen während des Waffenstillstandes überfallen und vernichtet wurde.

Noch an demselben Tage ergriff der Prinz Friedrich von Noer (Bruder des damaligen und Oheim des jetzigen Herzogs von Augustenburg) das Commando der Festung Rendsburg und der schleswig-holsteinischen Armee. Nie anders als „Prinz Fritz" genannt, war dieser Mann beim Volke sowohl wie namentlich beim Militair beliebt, weil er, ein ritterliches, derbes Wesen zur Schau tragend, so viel vom M e n s ch e n hatte wie es bei einem P r i n z e n denkbar ist. Es stellte sich bald heraus, daß er weder ein militairisches Genie, noch liberal war; aber in der Grobheit hatte er's weit gebracht, und da er sich nie anders gab als er war, läßt sich jedenfalls von ihm behaupten, daß er mehr Achtung verdiente als sein durch und durch intriguanter Bruder. Von allen Seiten strömte jetzt die Jugend zu den Waffen. An Uniformen war noch nicht zu denken; ihre Stelle ersetzte die Blouse, und während sich in der Festung die reguläre Armee organisirte, wurden die Freischaaren vorgeschoben. „Sie werden den ersten Stoß abzuhalten haben, meine Herren!" sagte der Prinz zu ihnen. Und so geschah es.

Schleswig-Holstein kann der Ruhm nicht bestritten werden, daß es in jenen Jahren wacker und ausdauernd für seine Unabhängigkeit gekämpft hat. Nur ungern, das, was jetzt gekommen ist, instinktiv voraussehend, ließ es sich die preußische Hülfe gefallen, und als es, wie es geahnt, verrathen wurde, da setzte es den Kampf gegen die Uebermacht auf eigene Faust fort, und legte die Waffen nicht nieder bevor sie ihm von den „deutschen Brüdern" aus den Händen gerissen wurden. Aber nachdem Olshausen aus der provisorischen Regierung geschieden war, standen nur ultra-konservative Männer an der Spitze, der Geist, welcher aus dem an den Anfang dieser Skizze gesetzten Liede weht, wurde nicht begünstigt, sondern systematisch niedergehalten, der Kampf erhielt immer mehr das Gepräge eines Cabinetskrieges, und es wäre ihm der frische, kräftige Charakter eines Freiheitsstraußes gänzlich abgegangen ohne die Freischaaren — welche den ersten Stoß abzuhalten hatten.

Jauchzend zogen sie dahin, die Büchse auf der Schulter, den Hirschfänger an der Seite, die Feder auf dem Hut. I h n e n war es gleichgültig, ob die Leiter sich hinter der Fiktion vom „unfreien Herzog" verkrochen oder nicht. Für sie gab es weder einen freien, noch einen unfreien Herzog, sondern nur die F r e i h e i t. Sie kämpften nicht nur für Schleswig-Holstein, sondern für Deutschland, nicht nur für Deutschland, sondern für Alles was nach Freiheit rang. Mit Lust trotzten sie allen Strapazen, und schliefen in den kalten nordischen Frühlingsnächten auf feuchtem Boden. Mäntel hatten sie auch nicht; statt ihrer gab es weißwollene Decken, in welche Löcher für Kopf und Arme geschnitten wurden, und standen sie so auf nächtlicher Wache, da glichen sie Gespenstern.

Die ersten Scharmützel ließen nicht lange auf sich warten, und obgleich wenige der Freischärler vorher Waffen in den Händen gehabt hatten, zogen sie sich doch wacker aus der Affaire. Die kleine Armee sammelte sich bei Flensburg. „Am Tage der Ehre werde ich bei Euch sein!" hatte der Prinz, als er die bunt zusammengewürfelte, des rothen dänisches Rockes entkleidete und dafür in blaue Jacken gesteckte Mannschaft nach dem Norden entließ. Der Tag der Ehre kam — im Anfang des April, bei Bau, eine kurze Strecke nördlich von Flensburg. Die Freischaaren ließen sich den „ersten Stoß". nicht nehmen. Sie bildeten die Vorhut und hatten jedenfalls den besten Willen, Wunderthaten zu verrichten. Bald waren sie von der regulären Armee abgeschnitten, und der Befehl zum Rückzug gelangte nicht bis zu ihnen. Ein Theil von ihnen hatte sich in die Kupfermühle geworfen und wurde dort umzingelt. Sie wurden aufgefordert, sich zu ergeben, aber sie wollten nicht. Die Mühle wurde in Brand geschossen, und da war das Ergeben doch immerhin noch vorzuziehen. So kam es, daß reichlich Tausend Mann Freischärler gefangen genommen, nach Kopenhagen geführt und dort auf der „Dronning Maria" in Quartier gegeben wurden — einem alten abgetakelten Linienschiffe, welches in üblem Andenken steht. Das war der erste Stoß, und mit ihm endete das erste Kapitel in der Geschichte der schleswig-holsteinischen Freischaaren. Als die Armee sich in nicht sehr geregeltem Rückzuge gen Süden bewegte, begegnete ihr der durch den Kanonendonner aus Schleswig herbeigelockte Prinz Fritz und stellte sich an die Spitze der Retirade. Wollte man ihn später foppen, so rief man ihm zu: „Am Tage der Ehre werde ich bei Euch sein!"

Mittlerweile hatte der Herzog von Augustenburg sich in Berlin aufgehalten und den von den Schrecken der Märztage noch an allen Gliedern zitternden König zur Unterzeichnung einer Erklärung bewogen, worin er die Sache Schleswig-Holsteins als eine gerechte, der Unterstützung Preußens würdige anerkannte. Es war eine vortreffliche Gelegenheit, die im Straßenkampf besiegten Garderegimenter wieder zu Ehren zu bringen. Die ersten Flüchtlinge von Bau wurden an den Thoren Rendsburgs bereits von preußischen Schildwachen in Empfang genommen. Aber nicht nur ein meineidiger König kam dem „bedrängten Bruderstamm" zu Hülfe, sondern ganz Deutschland sandte Schaaren seiner Söhne nach dem Norden — zumal Baiern, welches auf dem Würzburger Sängerfest die Schleswig-Holsteiner besonders lieb gewonnen und dort heilig gelobt hatten, ihnen im Kampfe die Hand zu reichen.

Zu einer erschöpfenden Geschichte des Freischaaren-Kampfes in Schleswig-Holstein ist hier nicht der Platz; diese Skizze soll lediglich ein flüchtiges Bild ihrer Schicksale geben. Zwei Namen ragen besonders hervor — von der Tann und Aldosser. Beide baierische Offiziere, wurden sie an die Spitze von Freikorps gestellt und leisteten in dieser Eigenschaft Außerordentliches. Ein Schützenkorps, unter dem Befehl des Herrn Bracklow, bestand aus lauter Waidmännern von Profession, zeichnete sich durch besondere Mannszucht aus und zählte ganz vorzügliche Schützen unter sich. Von der Tann und Aldosser kamen eben mit dem Bahnzug in Rendsburg an, als in der Nähe von Eckernförde, drei Stunden von der Festung entfernt, ein Kampf mit den Dänen erwartet wurde. Sie warfen sich auf's Pferd, und fort ging es im Galopp. Bei Altenhof waren die Freischaaren bereits mit den Dänen handgemein. Unsere beiden Baiern sprangen vom Pferde, brachten die Wankenden wieder in Ordnung, stellten sich an ihre Spitze, mit dem Bayonnett ging es darauf los, und die erstaunten Dänen wurden in die Flucht getrieben. Auf der Stelle wurden die Unbekannten von den jauchzenden Siegern promovirt, und Beide hatten fortan eigene Korps unter sich; das von der Tann's machte 600, das Alvosser's 300 Mann zählen.

Ein hübscher Mann, von feinem Anstand, war der Freiherr v. d. Tann vorzüglich zum Parteichef geeignet. Seine feurigen Augen leuchteten von Thatenlust, und sein freundliches Wesen gewann alle Herzen, während zugleich seine aristokratische Weise im' edlern Sinne die nöthige Disciplin beförderte. Er war der Kamerad Aller, aber auch zugleich der Vorgesetzte, vor dem Jeder Respekt, sowie der Führer, zu dem der Untergebene ein unbegrenztes Vertrauen hatte. Alvosser war ein kuriofer Kauz, ein Original wie es deren wenige giebt. Glänzte von der Tann durch feine klug ausgesonnenen Manöver, so errang Alvosser feine Erfolge durch rücksichtslose Verwegenheit. Sein Wahlspruch war: „Ich führe Euch hinein; wie Ihr wieder herauskommt, das ist Eure eigene Sache." Hatte er etwas besonders Gewagtes vor, so stellte er's Allen, die „kein Schneid" hätten, vorher frei, zurückzubleiben, versicherte aber Jedem, der mitzog, hoch und heilig, daß er ihm eine Kugel durch den Kopf schießen werde falls er sich im Kampfe feig zeige. Einmal hatte er herausgebracht, daß die Dänen, während sie sich mit den schleswig-holsteinischen Truppen herumschlugen, ihre Bagage und Kriegskasse fast unbeschützt am Ufer der Schlei zurückgelassen hätten. Um Letztere zu überfallen, mußte nächtlicher Weile mitten durchs dänische Lager marschirt werden. Es war eine dunkle Nacht. Vorher wurde die übliche Frage gestellt. Keiner fand sich, der „kein Schneid" hatte. Dann drückte der Führer Jedem die Hand und sagte ihm für den Fall, daß die Sache mißlingen sollte, Lebewohl. Einer hinter dem Andern, schlich man sich, bald auf den Zehen gehend, bald auf allen Vieren kriechend, an schläfrigen Schildwachen und schlafenden Feindesschaaren vorbei. Der Streich gelang. Mit Tagesanbruch wurde der Train überfallen, genommen und glücklich in Sicherheit gebracht. Einmal kam, kurz vor dem Kampf, ein Freischärler zu Alvosser und klagte ihm, daß er sein Bayonnett verloren. „Kerl! fuhr dieser ihn an. Kannst nicht mit dem Kolben schlagen? Hast kein Schneid; darfst nicht mit!" — Der arme Schelm ging doch mit, und der Kolben leistete gute Dienste. Die Freischaaren wirkten, wie solche Korps es stets müssen, durch ihre Verwegenheit. Im nördlichen Schleswig stieß eine Patrouille von sechs Mann auf eine Schwadron dänischer Husaren. Es war eine delikate Situation. Schnell gefaßt, forderte der Führer der Patrouille den dänischen Rittmeister auf, sich mit seinen Leuten zu ergeben. Dieser findet den Spaß vortrefflich und antwortet lachend: „Meine Herren, wir haben keine Zeit zu verlieren. Seien Sie doch so gut, Ihre Waffen abzuliefern und uns zu begleiten." Statt der Antwort schießt der Führer den Rittmeister vom Sattel. Die Schwadron, fest überzeugt, daß eine bedeutende Feindesmacht im Hinterhalt steht, sprengt eiligst davon.

Der hübscheste Coup, welcher von den Freischaaren ausgeführt wurde, war das Gefecht bei Hoptrup. Von der Tann und Alvoffer hatten sich mit einem Trupp von reichlich 300 Mann von der schleswig-holsteinischen Hauptarmee getrennt, um ihr Glück auf eigene Faust zu versuchen. Bei Hoptrup an der Ostküste trafen sie auf das die Vorhut der nordwärts gedrängten dänischen Armee bildende Juell'sche Corps, 1400 Mann stark, Infanterie, Artillerie und Kavallerie, und griffen dasselbe bei Tagesanbruch an. Mehrmals wurden die Freischärler, welche es besonders auf eine die Höhe okkupirende Batterie abgesehen hatten, zurückgeworfen, aber nach mehrstündigem Kampfe war ein vollständiger Sieg errungen. Etwa fünfhundert Gefangene, viele Pferde, zwei Kanonen, Vorräthe in Menge — das war das Ergebniß eines tollkühnen, nur durch den Ausfall gerechtfertigten Wagstückes. Wir können uns nicht enthalten, hier folgendes Gedicht einzuschalten, welches damals über diese kleine brillante Affaire veröffentlicht wurde:

> Es steigt am blauen Himmel
> Herauf der Sonnenball.
> Rings wildes Schlachtgetümmel,
> Kampfruf und Trommelschall.
> Die Lerche hört's verwundert,
> Und schmettert fröhlich aus:
> Drei- gegen vierzehnhundert,
> Das ist ein Heldenstrauß'
>
> Im ersten Morgengrauen
> Der grimme Streit begann.
> Trotz in den busch'gen Brauen,
> Rückt eine Schaar heran,
> Kommt in zerfetzten Blousen,
> Kommt in zerschoss'nem Hut;
> Doch wogt im warmen Busen
> Der stolze Männermuth.
>
> Der Männermuth, der sprühend
> Die finstre Nacht durchbricht,
> Der Männermuth, der glühend
> Sein Heiligthum versicht,
> Und von den Lippen schallt es:
> Dir, Freiheit, Herz und Hand!
> Und aus den Büchsen knallt es·
> Gott, Ehre, Vaterland!
>
> Das ist die Schaar der Tanner,
> Stark wie der Sturmwind braus't.
> Die schwingt ihr trotzig Banner,
> Daß es den Feind durchgraus't. .

Und wenn die Schwerter klirren,
Flicht sie den Erntekranz,
Und wenn die Kugeln schwirren,
Ist's ihr Musik zum Tanz.

Hurrah, Ihr wilden Löwen!
Wild tobt des Kampfes Gluth!
Wild kreischen scheue Möven
Auf von der Ostsee Fluth.
Wild wie die Möven stieben
Die Feinde auseinand' —
Doch Mancher ist geblieben,
Liegt blutend auf dem Sand

Cornell, junge Eiche,
So früh wardst du geknickt!
Dein Antlitz noch, das bleiche,
Der Siegesjubel schmückt.
Da liegst du auf den Matten,
Viel' Feinde um dich her.
Die Freude trübt ein Schatten,
Kein Auge thränenleer!

Es strahlt vom blauen Himmel
Herab der Sonnenball.
Rings freudiges Getümmel,
Rings Siegesliederschall.
Die Lerche sieht's verwundert,
Und schmettert fröhlich aus:
Drei- gegen vierzehnhundert,
Das war ein Heldenstrauß!

Am Abend nach diesem Heldenstrauß wurde, beiläufig bemerkt, auf dem Kampfplatz ein Getränk gebraut, welches den Namen „Hoptrup" erhielt. Ist das Recept nicht auf die Gegenwart gekommen, so kann ich der Gegenwart dazu nur gratuliren und will das Geheimniß nicht verrathen. Unter den Vorräthen der Dänen befand sich eine Quantität köstlichen Rums, guten Zuckers und Weines, und diese Ingredienzien waren bei dem neuen Getränk vertreten. Wasser aber befand sich nicht darunter; vermuthlich war es an Ort und Stelle nicht zu haben. Aber das war nicht die einzige denkwürdige Folge des Gefechtes bei Hoptrup. Die Dänen räumten eiligst die Gegend. Apenrade wurde von den Freischaaren besetzt, verbarrikadirt und zum zweiten Saragossa proklamirt. Allnächtlich wurde wenigstens viermal Generalmarsch geschlagen. Die Apenrader denken noch heute an die Zeit, wo ihnen eine Heldenrolle zugemuthet wurde. Die „Tanner" hatten sich jetzt die **Pferde erkämpft**, um die sie wiederholt vergebens gebeten hatten. Auf ihre Applikation hatte der Prinz Fritz stets erwidert: „Wenn die Tann'schen reiten wollen, können sie Besenstiele nehmen." Die eroberten Kanonen wurden in Flensburg eingebracht. Als sie mit den Gefangenen dort an dem Prinzen vorbeigeführt wurden, setzten sich Freischärler auf dieselben und riefen ihm zu: „Durchlaucht, so reiten die Tann'schen auf Besenstielen!"

Es konnte nicht fehlen, daß mit der Ueberhandnahme der Reaktion das in den Freischaaren vertretene Element den bestehenden Gewalten immer lästiger wurde. Den Preußen konnten unmöglich Waffenbrüder gefallen, welche Deutschland zur Republik machen wollten und auf ihren Märschen durch die Städte Lieder sangen gleich dem vom „Hufschmied", in dem es heißt:

> Wenn im Dorf schon Alles ruht,
> Schür' ich eifrig noch die Gluth,
> Schmiede bei verschloss'nen Thüren
> Waffen, die mein Volk soll führen,
> Für das heil'ge deutsche Recht,
> Wider Fürst und Fürstenknecht! —

Im Herbst des Jahres 1848 wurde die Auflösung der Freischaaren verfügt. Aus Denen, die bleiben wollten, wurde das 9te Bataillon gebildet. Die aber, welche abgingen, wurden — zur ewigen Schande sei's gesagt — so weit sie nicht Schleswig-Holsteiner waren, unter polizeilicher Begleitung, wenn auch mit vom Volke verliehenen und von zarter Frauenhand angehefteten Ehrenkreuzen auf der Brust, über die Grenze gebracht! Jedem Schleswig-Holsteiner tritt die Röthe der Scham und des Zornes auf die Wangen, wenn er daran denkt, und die Nemesis sollte nicht ausbleiben. Von der Tann und Aldosser traten in die reguläre Armee über und bewiesen bei dem von ihnen geleiteten unglückseligen Angriff auf Friedrichstadt, daß sie nicht auf allen Feldern mit gleichem Erfolg zu verwenden seien. Aber der republikanische Geist der „Tanner" lebte fort in der schleswig-holsteinischen Armee, welche sich nie zu einem Werke der Reaktion gebrauchen ließ, und die Thaten der Freischaaren in Schleswig-Holstein verdienen den stolzesten Erinnerungen der deutschen Nation eingereiht zu werden. Von andern Waffen ist jetzt das Dänenjoch in Schleswig-Holstein gebrochen; aber Deutschland wird nicht frei, nicht einig, nicht wahrhaft groß und mächtig werden, bis die deutsche Jugend abermals im Geist der Helden von Hoptrup die Waffen ergreift —

> Für das heil'ge deutsche Recht,
> Wider Fürst und Fürstenknecht!

Enoch Arden.
Von Tennyson.
Im Versmaß des englischen Originals übersetzt von
Marie Westland.

II.

Zur selben Zeit, als Ann das Kind begrub,
Regt Philipp's Herz sich, das ihr Glück ersehnt,
(Seit Enoch fort war, sah er sie nicht an),
Und hart bedünkt's ihn, daß er sie verließ.
Gewiß, sagt Philipp, jetzt könnt' ich sie seh'n,
Vielleicht ihr Tröstung bringen; — und er ging,
Durchschritt das öde vord're Zimmer erst,
Hielt dann den Schritt an vor der innern Thür,
Pocht dreimal an, und da noch Niemand kommt,
Tritt er hinein.... doch Ann in ihrem Schmerz,
Frisch vom Begräbniß ihres Kindes her,
War stumpf für jedes menschliche Gesicht.
Das eig'ne wendet sie zur Wand — und weint.
Philipp steht fern und harrt, und stammelt scheu:
„Annie, ich bitte Dich um eine Gunst!"
Er sprach's — und da sie schwer aufseufzend wiederholt:
„„Gunst!? Ach, von mir, die so verlassen ist —
So traurig?!"".... steht er wieder fast beschämt,
Denn in ihm kämpfen Scheu und Zärtlichkeit...
Dann setzt er ungefragt sich zu ihr — „Ann,
Ich kam zu Dir, von Deines Mannes Wunsch
Mit Dir zu reden; sagt' ich's immer doch:
Den Besten wähltest Du — Enoch ist stark,
Denn was sein Herz beschlossen, thut die Hand,
Und was er will, das führt er männlich durch!
Und warum ging er diesen schweren Weg,
Und ließ Euch einsam? Nicht, die Welt zu seh'n
Zur Kurzweil — nein, allein um den Verdienst,
Der seinen Kindern Ehre bringen soll!
Sie sollen lernen, was Ihr nicht gelernt, —
So wünscht er's. Kommt er heim, wird ärgerlich
Er auf verlor'ne Morgenstunden seh'n;
Es wird ihn kränken — selber noch im Grab —
Wüßt er's, daß seine Kinder ohne Zucht
Umirren wild, gleich Füllen auf der Flur.
Sieh Ann, wir haben uns so lang' gekannt —

So bitt' ich Dich bei Deiner Zärtlichkeit
Für Enoch und die Kinder — sag' nicht Nein!
— Und willst Du's so — wenn Enoch wiederkehrt,
Mag er's zurückbezahlen — nur wenn Du so willst..
Laß mich, denn ich bin reich und sorgenlos —
Dein Kinderpaar zur Schule bringen, Ann —
Dies ist die Gunst, die ich zu bitten kam!"
Und Annie, immer blickend nach der Wand,
Sprach: „„Sieh, ich kann Dir nicht in's Antlitz seh'n —
Ich bin so närrisch, ach, und so geknickt!....
Erst, als Du herkamst, beugte mich mein Schmerz,
Und jetzt — ist's Deine Güte, die mich beugt......
Doch Enoch lebt, das trag' ich klar in mir,
Er wird Dir Alles wiederzahlen; — G e l d
Kann man bezahlen, solche Güte nicht!"" —
„Läßt Du mich's thun, Ann?" und sie wandte sich.
Stand auf, und blickt' durch Thränen auf ihn hin —
Nur einen Augenblick sah sie ihn an —
Dann, Segen flehend auf des Freundes Haupt,
Erfaßt sie seine Hand und preßt sie heiß
Und ging zum kleinen Vorhaus still hinaus..
So im Gemüth erhoben, ging er fort. — —
Drauf kam ihr Kinderpaar zur Schule bald;
Philipp kauft Bücher, und in Allem sonst
Paßt er sich ihnen an, als wär' es Pflicht,
Für sie zu sorgen; zwar, für Annie wohl
Befürchtet er des Hafenvolks Geschwäz —
Und so entsagt' er oft des Herzens Wunsch,
Und mied des Hauses Schwelle; doch er schickt
Geschenke durch die Kinder — Pflanz' und Frucht,
Allzeit'ge Rosen von der Heckenwand,
Auch Häschen von dem Plan; und dann und wann
— Mit Vorwand großer Feinheit in dem Korn —
(Der Wohlthat Kränkung ihr nicht anzuthun)
Der Mühle Mehl, die des Verlustes pfiff.
Und Philipp forschte nicht nach Annie's Herz...
Kaum bracht' sie's über sich, kam er zu ihr,
Aus dem Gemüth, von tiefem Dank bewegt,
Ein Wort zu finden, das ihm lohnen sollt'.
Doch Philipp war den Kindern Alles bald;
Vom fernsten Winkel rannten sie herbei,
Und boten ihm Willkommen, wo er ging;
Sie waren Meister, so von Mühl' als Haus,

Und sein geduldig Ohr ward oft erfüllt
Von Leid und Lust der Kleinen, die im Spiel
Gern Vater Philipp suchten; er gewann,
Wie Enoch mehr verlor — denn dieser schien
So ungewiß wie Schein und Traumgesicht.
Schwach sah'n sie ihn, gleich wie in Dämmrungslicht
Sich eine Form in grauer Ferne zeigt
Und räthselhaft dahingeht.....
      So entfloh'n
— Seit Enoch ließ die Heimath und den Heerd
Zehn Jahr' — und ach! von Enoch kam kein Wort.
Und einmal fügt sich's, da die Kinder gern
Mit andern in die Nüsse wollten geh'n —
Daß Annie mitgeh'n will; dann baten sie
Um Vater Philipp (wie sie ihn benannt).
Sie fanden, gleich der Bien' im Blüthenstaub
Ihn bei der Arbeit, weiß von Mehl; und als
Sie baten: „Komm' mit uns, versagt er's erst...
Allein sie zogen ihn und zupften ihn
Und lachend gab er ihrem Wunsche nach —
Denn war nicht dort auch Ann — ? So gingen sie;
Doch da sie auf dem Plane vorwärts schritt,
Dort, wo des Waldes Eck sich tiefer senkt,
Die nied're Schlucht bestreifend, — da gebrach
Ihr alle Kraft;... sie seufzt: „O laß mich ruh'n!"
Zufrieden setzt sich Philipp neben sie.
Da riß mit Jubelschrei die kleine Schaar
Sich von den großen Führern, und mit Lärm
Einstürmend auf die weiße Haselfrucht,
Zerstreuten sie im Wald sich, das Gezweig
Rasch hin und wider biegend und herab
Die rauhen Büschel reißend; laut ertönt
Ihr heller Ruf vereinzelt durch den Busch.
Philipp vergaß es fast, daß Annie ihm
Zur Seite saß; der Stunde dacht' er nur
Damals im Wald — da gleich dem wunden Wild
Er in den Schatten schlich.... doch endlich blickt
Er ehrlich auf und spricht: „Horch', Annie, horch',
Wie fröhlich sie im Busch da drüben sind! —
Bist müde, Annie? — (denn sie sprach kein Wort)
Müd'?"... doch sie barg ihr Antlitz in die Hand..
Dann, wie in Aergers Anflug, sprach er fort:
Das Schiff ging unter, Ann, verloren ist's!

Mag' nicht mehr d'rum! „Zu Waisen machte bald
Dein Gram die armen Kinder".... Annie sprach:
„„Ich dachte nicht daran, doch machten mich
— Weiß nicht warum — die frohen Stimmen trüb!""
Und Philipp rückt ihr näher, und spricht leis:
„Hör, Ann, es liegt mir Etwas schwer im Sinn,
Und schon so lang' liegt's auf dem Herzen mir —
Daß — ob ich gleich nicht weiß wie lange schon -
Ich dennoch weiß: es muß heraus einmal!
O Ann — 's ist hoffnungslos, wahrscheinlich nicht
Daß Er, der Dich zehn Jahr zurück verließ,
Noch leben sollte.'... laß mich reden denn!
Es schmerzt mich, daß Du hülfsbedürftig bist,
Und helfen kann ich nicht — wie gern ich möcht' —
Wenn nicht — — sie sagen: Frauen sind so schnell,
Vielleicht schon weißt Du, was Du wissen sollst...
Ich möchte Dich zum Weib!.... Ich würde gern
Ein Vater Deinen Kindern sein — ich denk',
Sie lieben mich wie einen Vater — ich —
Gewiß, ich lieb' sie eig'nen Kindern gleich!
Wir könnten nach so manchem trüben Jahr
Noch jetzt so glücklich sein, wie's Gott bescheert
Manch einem seiner Wesen.... Ueberleg's. —
Mir geht es wohl, hab' Kind noch Kegel nicht,
Noch Bürde, nur die Sorg' um Dich — und sie...
Wir haben uns gekannt seit frühster Zeit,
Und länger liebt' ich Dich, als Du es ahnst."...
Darauf sprach Annie — sprach's mit Weinen aus:
„„Wie Gottes Engel warst in meinem Haus!
Gott segne Dich dafür, belohne Dich,
Philipp, mit größ'rem Glück, als ich's gewähr'!
Kann man denn zweimal lieben? kannst Du je
Geliebt wie Enoch sein? Was forderst Du?""
„Geliebt zu sein, sprach er, bescheid' ich mich —
Ein Wen'ges weniger als Er!".... Und sie,
Erschreckt fast, sprach: „„O Philipp, warte doch —
Wenn Enoch kommt — ach, Enoch kommt ja nicht!...
Doch — wart' ein Jahr, ein Jahr ist nicht so lang —
Ich werde klüger sein in einem Jahr —
O wart' ein wenig!"".... Philipp sagte trüb':
„Der lebenslang gewartet, kann wohl auch
Ein wenig länger warten!" — „„Nein, rief sie
Gebunden bin ich, meine Hand: Ein Jahr —

Willst Du ein Jahr nicht harren, so wie ich?"„
Und Philipp sagte: „Ja, ich halt' mein Jahr!" —
Dann waren Beide stumm, bis Philipp sah
Aufblickend — die verlosch'ne Gluth des Tags
Durch das Geheg' hoch über ihnen zieh'n..
Für Annie Nachtthau fürchtend, stand er auf
Und ließ sein Rufen schallen durch den Wald.
Die Kinder kamen, ganz voll Beutelast,
Und Alle gingen heim zum Port; und da
Vor Annie's Schwelle, reicht' er ihr die Hand
Und sagte sanft: „Ann, als ich zu Dir sprach
-Wut's Deine schwache Stunde — o verzeih',
'S war Unrecht! ich bin Dein — doch Du — bist frei!"
Da flüstert weinend Ann: „„Auch ich bin Dein!"„
Sie sprach's........
              Und wie es schien im Augenblick
— Indeß sie emsig für die Wirthschaft sorgt,
Bedenklich nachsinnt seinem letzten Wort:
Daß er sie länger liebt als sie gewußt —
Geschah's daß Herbst an Herbst sich wieder fügt,
Da stand er schon vor ihrem Angesicht
Und lös't sein Wort. Sie fragt: „Ein Jahr schon um?"
„„Ja, wenn die Nüsse — sagt er — wieder reif!
Komm selbst und sieh!"„... doch sie vertröstet ihn —
„So viel zu thun" — „die Aend'rung" — nur ein Mond
Ein Monat nur — sie weiß, daß sie's versprach —
Ein Mond — gewiß nicht mehr! — Und Philipp sprach
Mit jenem liebedürft'gen Blick, sein Ton
Ein wenig zitternd, gleich des Trinkers Hand:
„Nun, nimm Dir Zeit, ja Annie, nimm Dir Zeit!"...
Und Ann hätt' fast vor Mitgefühl geweint.
Doch immer hielt sie ihn mit Aufschub hin,
Prüft' seine Treu' und männliche Geduld,
Sprach manch entschuldigend, kaum glaublich Wort —
Bis endlich hinging noch ein halbes Jahr. —
Indeß begann des Oertchens müssig Voll,
Das jede falsche Rechnung bitter haßt —
Schwatzhaft zu schelten über Schlechtigkeit;
So Manche dachten, Philipp spiele nur,
Und And're: sie sei spröd', um anzuzieh'n, —
Noch And're lachten über Beide wohl,
Wie Leute thun, die unklar in sich selbst.
Und Einer, dessen böse Phantasie'n

Zusammenhängen, Schlangen-Eiern gleich —
Sprach Schlimm'res lachend. — Annies eig'ner Sohn
Drückt ihr mit Blicken seine Wünsche aus,
Und immer bringt in sie das Töchterlein:
Den Mann zu frei'n, der Allen wohlgethan,
Von Armuth zu erlösen Haus und Herd.
Und Vater Philipp's frisches Antlitz zog
Sich ernst zusammen, müd' und sorgenvoll....
Und all' das traf sie wie ein Vorwurf; da
In einer Nacht, als sie nicht schlafen konnt'
Um Zeichen bittend, ob ihr Enoch todt —
— Dumpf eingedämmt vom finstern Wall der Nacht, —
Trug sie nicht länger ihres Herzens Kampf.
Rasch stand sie auf vom Beet und schlug ein Licht,
Dann griff sie ängstlich nach der heil'gen Schrift
Und öffnet sie, damit ihr Antwort werd';
Da trifft ihr Finger plötzlich auf den Text:
„Unter dem Palmenbaum!" ach, das war Nichts,
Kein Sinn darin... sie schloß das Buch — und schlief.
Da sah sie Enoch hoch auf einem Berg
Im Palmenschutz, die Sonne über ihm...
Ja er ist dort, ist glücklich, dachte sie —
Er singt: Hosianna in der Höh'. — Dort scheint
Die Sonne der Gerechtigkeit — die Palmen sind's
Davon die Sel'gen unter Lobgesang
Rings Zweige streu'n — Hosianna! — ....
                                Sie erwacht,
Drauf schickt sie rasch nach Philipp, und sie spricht
In hast'gem Ton: „Kein Grund mehr, nicht zu frei'n!"
„„In Gottes Namen denn, zu uns'rem Glück,
Sagt Philipp — laß uns frei'n und sei es gleich!""
...... So freiten sie bei frohem Glockenklang,
Bei frohem Glockenklange freiten sie!
Doch nimmermehr schlug fröhlich Annie's Herz...
Ein leiser Schritt ging immer neben ihr
— Sie wußte nicht woher — und dunkel fiel
Ein Flüstern in ihr Ohr; sie liebte nicht
Allein zu sein im Haus, noch anderswo.
Was fehlt ihr wohl, daß eh' sie eintrat, oft
Die Hand lag unentschlossen auf dem Griff,
Als fürchte sie den Eintritt.... Philipp dacht'
Solch banges Fürchten sei zu solcher Zeit
Gewöhnlich wohl, denn Mutter wurde sie.
Doch als das Kind geboren, schien erneut
Die neue Mutter. Glück zog in ihr Herz;
Ihr guter Philipp war ihr Alles jetzt,
Und jener dunkle Zug erstarb in ihr.

Ein Neger.
Skizze aus dem Sonderbundskriege.
Von Rudolph Lexow.

Von Galatin im nördlichen Tennessee führt eine gute Landstraße in östlicher Richtung nach Carthage. Die Gegend ist wild, aber nicht öde, denn es liegt dort zwischen den Wäldern ein fruchtbarer Boden, dessen Werth die Nähe des Cumberland und der von Nashville nach Louisville führenden Eisenbahn noch erhöht. Zieht man diese Straße entlang, so kommt man ungefähr drei Stunden von Galatin auf einen Kreuzweg, der den Wanderer durch ein hügeliges und waldiges Terrain nach dem obengenannten Flusse bringt. Rechts von diesem Wege, der dort so enge ist, daß er für Fuhrwerke kaum passirbar, stand vor dem Ausbruch des Krieges das Blockhaus von Terence Lalor.

Damals, und jetzt! Kaum achtzehn Monate waren verflossen, seitdem Tennessee sich den insurgirten Staaten angeschlossen, aber in dieser kurzen Periode hatte die entfesselte Kriegsfurie das verhängnißvollste Geschick auf das Haus von Terence Lalor geladen. Ihn selbst hatte schon während des ersten Monats des mörderischen Ringens, welches sich gleich nach der Unabhängigkeitserklärung des Staates zwischen Denen entspann, die für und gegen das Verbleiben in der Union gewesen, die Kugel eines Meuchlers getroffen, und dort oben am Waldsaume, nahe bei der Hütte des Sklaven Ned, war er begraben. Dort konnten die Söhne sich ungesehen um sein Grab versammeln, konnten an dem frischen Rasen ihren Schmerz lebendig erhalten, konnten laut den Schwur der Rache wiederholen, den sie geleistet als sie den Vater zuerst in seinem Blute fanden, und dort lag endlich die Leiche unter der Obhut des zuverlässigsten Wächters, des armen, schwarzen Ned, des treuen Ned.

Henry Lalor, der älteste Sohn, und James, der zweite, waren wenige Monate später über die Grenze nach Kentucky geflüchtet, um als Freiwillige unter die Bundesfahne zu treten. Charles allein blieb zurück, aber nur weil er ein junges Weib, das erst von dem Kindbette erstanden, zu ernähren, sowie für die altersschwache Mutter zu sorgen hatte. Nur er und Ned wußten, was aus den Beiden geworden. Wurde es bekannt, daß sie gegen die Rebellen die Waffen ergriffen, so waren auch seine und des Sklaven Tage gezählt. Wohl wußte Charles dies, wohl sah er ein, wie schwer es ihm werden würde, das Verschwinden der Brüder zu verheimlichen, oder, wenn es entdeckt würde, sich vor den Folgen des Verdachts zu schützen, daß er um ihr Vorhaben gewußt; aber das Gefühl der Pflicht war überwiegend, und er blieb, weil er nicht anders konnte. Die Mutter hatte den Abziehenden ihren Segen gegeben. Jane weinte den Schwägern, die ihr Brüder gewesen, bittere Thränen nach. Ned hatte sie auf entlegenen Pfaden bis an die Grenze geführt, und dann waren stille, bange Tage über das Haus Terence Lalor's dahingeflossen, während welcher man vergeblich auf Nachricht von den Abwesenden hoffte.

Und wie sollte sie kommen? Die Verbindung mit Kentucky war abgebrochen. Briefe gelangten nicht über die Grenze; aber selbst hätten die Brüder die Post benutzen können, sie hätten es nicht gewagt, weil sie dadurch die Zurückgebliebenen kompromittiren würden. Einen Dritten auf Schleichwegen von ihrem Schicksal zu benachrichtigen, war nicht minder gefährlich, denn wo der Sohn gegen den Vater, der Freund gegen den Freund in Waffen stand, konnte man dem Dritten nicht trauen. Auch war es ruchbar geworden, daß zwei der Lalors die Farm verlassen, und daß Charles es zu verheimlichen suchte, war den Nachbarn Beweis genug, daß sie zu dem Feinde übergegangen. Und tauchten hier und da noch Zweifel auf, so war die Vergangenheit der Familie genügend, diese zu beseitigen. Wenige nur hatten es gewagt, im nördlichen und mittleren Tennessee ihre Stimme für die Union zu erheben, und unter diesen waren die Lalors die Lautesten gewesen. Deshalb war Terence von des Meuchlers Kugel getroffen, deshalb waren Henry und James jetzt verschwunden.

Bei Nacht und Nebel schlichen die Nachbarn auf Lalors Farm. Bald fehlte ein Pferd, bald eine Kuh. Der Unionist hatte ja keine Rechte! Glaubte er deren zu besitzen und vermaß er sich gar, sie geltend zu machen, würden da nicht Fragen auftauchen, was aus Henry und James geworden, Fragen, die, wenn sie nicht zur Zufriedenheit Aller beantwortet, den Diebstahl von Pferd und Kuh rechtfertigen, Haus und Hof der Brandfackel aussetzen und selbst das ärmliche Leben verwirken würden?

Der Winter kam, und im Hause der Lalors sah es trüb aus. Immer noch waren keine Nachrichten von den Brüdern da. Die Mutter wurde schwächer und gebrechlicher, denn der Kummer wich nicht mehr von ihrer Seite; blasser wurden die Wangen des jungen Weibes, und Charles war düster und verschlossen. Die Noth war wie ein finsterer Schatten an den Herd getreten; der Hunger stand vor der Thür. Nur auf Ned, den Schwarzen, brachten die bedrückenden Verhältnisse keine sichtbare Wirkung hervor. Er fühlte nicht die Noth, denn seine geringen Bedürfnisse hatten sie ihn niemals kennen lassen; ihn quälte nicht der Hunger, denn sein kleiner Vorrath von Maiskolben war noch nicht erschöpft, und er ging haushälterisch mit ihm um, damit er bis zum Frühling ausbalte; aber der Kummer war auch Ned nicht fremd, und wenn man statt des zufriedenen Gesichts, das er den Lalors zeigte, ihn gesehen, nachdem er in seine Waldhütte zurückgekehrt und das Grab seines Herrn mit feuchten Blicken betrachtete, da hätte man schon geglaubt, daß in seiner Brust der Gram nicht minder wach sei als in der von Frau, von Tochter und von Sohn.

Denn Terence Lalor war Ned ein freundlicher, nachsichtiger Herr gewesen. Als Kinder hatten sie zusammen gespielt, und sie waren zu Jünglingen mit einander aufgewachsen. Der Tod des Vaters von Terence machte Ned zum Sklaven des Sohnes, aber Sohn und Sklave blieben Freunde bis in ihr Greisenalter.

Am Weihnachtstage wurde Familienrath im Hause der Lalors gehalten. Die Dringlichkeit der Verhältnisse ließ kein längeres Schweigen zu. Die letzte Kuh war in der verflossenen Nacht aus dem Stalle genommen. Wohl hatte Charles die drei Männer gesehen, die beim hellen Mondschein, als spotteten sie seines Besitzrechts und fürchteten nicht seinen Widerstand, gekommen und sie davon= getrieben, und seine Büchse war angelegt gewesen; aber er hatte nicht gewagt, den Finger an den Drücker zu legen.

Es wurde Familienrath gehalten, und auch Ned war gegenwärtig. Von dem Winkel aus, in den er sich gedrückt, warfen seine glotzenden Augen Blicke des Mitleids auf Mutter, Sohn und Tochter. Lange schon hatten diese be= rathschlagt, aber noch hatte Ned nicht gesprochen. Jetzt aber, als Charles seinen letzten, ernsten Redesatz vollendet, schnellte er empor aus seiner gebeugten Stellung und trat in die Mitte des kleinen Zimmers.

„Massa Charles muß nicht gehen," rief er in einer Erregung, die seine dicken Lippen beben machte; „es ist zu gefährlich für Massa Charles — Ned wird nach 'tucky gehen." —

Ein fast jugendliches Feuer brannte in seinen Augen, und er stieß mit den hageren Armen um sich, wie wenn er im Kampf mit einem unsichtbaren Wider= sacher begriffen sei. Er wollte die Kraft bekunden, die ihn trotz seines Alters zu der Ausführung eines solchen Vorhabens befähige.

„Und wenn Du nach Kentucky kommst, was wolltest Du da wohl anfan= gen, armer, alter Ned?" fragte Charles Lalor in dem freundlichsten Tone. „Der schwarze Mann darf nicht Haus und Hof verlassen ohne daß er den Erlaubnißschein seines Eigenthümers mit sich trage, und ich kann ihn Dir nicht geben." —

Der Neger sah ihn fragend an.

„Hier bist Du unser Freund, Ned," fuhr Charles fort, „dort bist Du der entlaufene Sklave und wirst als solcher behandelt." —

„Ned wird dennoch gehen, Massa Charles," war die im bestimmtesten Ton gegebene Antwort. „Weiß Massa noch, was unser Nero that?"—

„Unser Hund Nero, Ned?" —

„Ja, Nero, der Hund. Als wir Massa Terence fanden, da lag auch Nero todt nicht weit von ihm, und hatte das Maul voll von der Jacke des Seceßh, der Massa Terence umgebracht hatte. Und Nero hatte nur ein Bischen Maismehl oder einen Knochen von Massa Terence erhalten; warum soll Ned, der so viel bekommen hat, sich nicht in Gefahr begeben für die Freunde seines Herrn, wenn er diesem nicht mehr nützen kann?"

Charles drückte dem Sklaven die Hand.

„Du würdest Dich in unnütze Gefahr begeben, Ned," antwortete er, „und unter keinen Umständen könntest Du das vollbringen, um dessen willen ich nach Kentucky gehe. Du hast gehört, was meine Absicht ist. Ich will sehen, ob's drüben, jenseits der Grenze, besser leben ist als hier, und ist's so, dann werd' ich Jane und die Mutter abholen, und auch Du sollst mit mir gehen." —

„Und Henry und James!" murmelte die Alte.

„Ja, auch nach Denen werd' ich sehen—wenn's nicht schon zu spät ist."—

„Und wenn sie Dich anhalten sollten, Charles, was wird aus Dir werden?" warf zagend die junge Frau ein.

Da trat Ned abermals vor. Ein Gedanke, der seine von getäuschter Hoffnung überschatteten Züge wieder erhellte, schien ihm plötzlich gekommen zu sein.

„In Tennessee," sagte er rasch und eifrig, „reis't schwarzer Mann mit weniger Gefahr, denn weißer Massa. So kann Massa Charles sich nur Gesicht und Hände schwarz färben, und wird er angehalten, so sagt er, daß er zu Lalors Farm gehört. Kommt er nach 'tucky zu den Federals, so ist weißer Massa wieder sicher."—

Der alte Neger wurde ganz jugendlich in den Kundgebungen der Heiterkeit, mit welcher er das Unternehmen Charles Lalor's unter diesen Vorsichtsmaßregeln zu betrachten schien; aber während seines Lachens und der Verrenkungen seines ganzen Körpers warf er scharfe und gespannte Blicke auf seinen jungen Herrn.

„Der Gedanke ist gut," meinte Charles nach längerem Sinnen. „Ned kann sich hier bei Euch verborgen halten, und sehen die Nachbarn ihn nicht, so würde das schon, wenn die Sache jemals zur Sprache käme, mindestens Zweifel über den wirklichen Zusammenhang hervorrufen. Die Idee ist gut, und ich werde ihr folgen." —

Die Stunde der Gefahr ließ ihn nur an sich selbst und an die ihm zunächst Stehenden denken. Das Bild des Negers zeigte sich nicht dem Blick, der in die dunkle Zukunft zu spähen suchte. Vielleicht daß der Ausdruck maßloser Freude, der bei seinen Worten über das Gesicht Ned's dahinflog und von diesem ebenso rasch unterdrückt wurde, ihn nochmals zur Erwägung des Vorschlags angeregt haben würde; aber er sah ihn nicht, denn sein Blick hing an der jungen Frau, die er mit der Ungewißheit des Wiedersehens so bald schon zu verlassen hatte.

Das war der letzte Abend, den Ned in seiner Waldhütte zubrachte. Trotz der bittern Kälte verweilte er lange an dem Grabe von Terence Lalor. Und als er auf dem Rasen knieend laut zu ihm sprach, als er die gefalteten Hände emporhob und Rache herab beschwor auf das Haupt der Meuchler, da sah er plötzlich Charles neben sich stehen, der gekommen war um des Vaters Grab den letzten Besuch abzustatten. Aber der Wind hatte den Laut der Stimme des Betenden übertönt, und nur daß auch s e i n Name dort auf dem einsamen Grabe genannt sei, wußte Charles Lalor.

———

Er war gegangen und wieder zurückgekehrt. Traurige Kunde brachte er an den Familienherd. Henry und James waren, obgleich sie die Grenze von Kentucky schon überschritten, von südlich gesinnten Landbewohnern als der Absicht verdächtig, sich dem Bundesheere anschließen zu wollen, verfolgt und der älteste Bruder dabei so stark verwundet worden, daß er, wie James später erfahren, im Hospital zu Nashville, wohin er gebracht, gestorben. James, dadurch von tausendfach stärkerem Grimm gegen Alle, welche der Insurrektion angehörten, erfüllt, hatte sich der Kavallerie Woolford's angeschlossen und es bereits bis zum Sergeanten gebracht.

So lautete die trübe Nachricht. Die Züge der Mutter wurden schärfer, ihr Gang wurde unsicherer. Jane weinte dem dahingeschiedenen Schwager verstohlen ihre Thränen nach, um der Mutter Gram nicht zu erhöhen. Die Lippen des Schwarzen blieben verschlossen; aber er schlich fort nach dem Grube um Waldsaum und kehrte erst spät zurück.

Und was sagte Charles über eine neue Heimath jenseits der Grenze?

Er schien dieser Frage, die doch den Hauptzweck der unternommenen Reise bildete, nur die oberflächlichste Berücksichtigung geschenkt zu haben. Er regte keine Hoffnungen an, war wortkarg und verschlossen. Dennoch warf er Andeutungen über eine freudigere Zukunft hin als er früher zu hoffen gewagt hatte. Aber inmitten dieser dunkeln Worte hielt er dann plötzlich inne und warf scharfe Blicke nach allen Seiten, als fürchte er belauscht worden zu sein von Jemandem, dem seine Gedanken fremd bleiben sollten. Gewahrte er dann Ned, so lagerte auch wohl ein prüfender, sorglicher, vielleicht gar argwöhnischer Ausdruck auf seinen Zügen; aber das offene, freundliche Gesicht des Negers ließ ihn wieder verschwinden. Einmal, als Charles von Obersten und Generälen gesprochen hatte, die er in Kentucky gesehen, und Jane ihn fragte, wie er zu diesen gekommen und was er mit ihnen zu thun gehabt, da schien ihren Gatten ein wahres Entsetzen zu beschleichen; aber eine Antwort gab er nicht, und sprach auch nicht wieder von Denen, die er im Bundeslager gesehen.

Ein Monat war verflossen, als Charles Lalor seine Absicht verkündete, noch einmal nach Kentucky zu gehen. Während der letzten Tage war er düsterer und verschlossener gewesen als je zuvor. Den Fragen, die jetzt an ihn gerichtet wurden, wich er aus. Er m ü s s e gehen, war seine Antwort, und je weniger man ihn ausfrage, um so besser werde es für Alle sein. Schweren Herzens ließ Jane ihn ziehen. Die Mutter war so alt und stumpf geworden, daß sie sich seiner Abwesenheit kaum bewußt war; aber Ned ließ traurig den Kopf hängen, denn die Verschlossenheit seines Herrn ließ ihn Böses ahnen.

Aber Charles kam ungefährdet zurück. Er war lebhafter, hoffnungsvoller und doch noch wortkarger über seine letzten Erlebnisse. James war wieder avancirt und jetzt schon Lieutenant geworden, und durch diese Nachricht suchte Jener seine schwunghafte Stimmung zu erklären. Und als Jane an dem Abend seiner Rückkehr schlaflos im Bette lag, grübelnd über das unerklärliche Wesen ihres Mannes, da sah sie ihn, als er zu ihr getreten war und ihre Augen vom Schlaf geschlossen glaubte, ein Stück Papier hervorziehen, es mit freudestrahlenden Blicken betrachten und dann unter einen Balken der Zimmerecke schieben, tief, tief hinein, wo Niemand es sehen konnte.

———

Die Kriegsfackel war bis nach Tennessee getragen. Ueber Nashville wehte wieder die Bundesfahne.

Charles Lalor hätte den Seinigen jetzt eine sichere Heimath geben können, aber er blieb auf der alten Farm. James, dessen Regiment zu Nashville lag, hätte kommen können, um den Segen der ihrer Auflösung entgegen gehenden Mutter zu empfangen, aber er kam nicht. Bald jedoch war die ihm dazu gebotene Gelegenheit vorüber. Die nach der Mitte des Staates zurückgedrängten konföderirten Truppen rückten allmälig wieder gegen den nördlichen Theil desselben vor, und das dreißig Meilen westlich von Nashville sich erstreckende Terrain wurde der Schauplatz wilder Kämpfe.

Während der Periode, wo die Umgebung der Hauptstadt von Tennessee von der Bundesarmee beherrscht war, verließ Charles Lalor seine Farm nur selten. Zogen Truppen des Nordens durch die Nachbarschaft, so sahen die mit Argus-Augen wachenden Landbewohner, daß er sie mit derselben Zurückhaltung und Kälte behandelte, die sie selbst entfalteten. Kamen konföderirte Flüchtlinge unter dem Dunkel der Nacht an sein Haus, so stillte er mit dem Wenigen, was er selbst besaß, ihren Hunger und wies sie den kürzesten Weg nach dem Fluß. Auch dies wurde ruchbar unter den Nachbarn, und das Mißtrauen und der Haß, den sie gegen die unionistisch gesinnten Lalors empfanden, schwand vor diesen Kundgebungen der erwachenden Sympathie für die Sache des Volkes. Oft sah Jane staunend in das Antlitz ihres Mannes, denn nur zu frisch war noch ihr Kummer, zu frisch lebten noch in ihrer Erinnerung die Gelübde der Wiedervergeltung, die Charles geleistet. Und er verstand ihren Blick, aber kein Wort der Erklärung kam über seine Lippen.

Als aber die Konföderirten zurückgekehrt waren und häufig bei den Lalors versprachen, die sie jetzt zu den Ihrigen zählten, als die Straße so unsicher war, daß weder bei Tag noch bei Nacht die Landbewohner ihre Häuser verließen, da sah Jane ihren Gatten wieder häufig davongehen. Erst spät in der Nacht schlich er hinaus, und niemals ohne das Papier unter dem Ballen hervorzuziehen und sorgfältig in seinem Hutfutter zu verbergen; doch wenn er vor Tagesanbruch zurückkehrte, versteckte er es immer wieder an dem alten Platz. Bald ereigneten sich stürmische Dinge in Galatin und auf der Straße nach Carthage, aber sie hielten Charles nicht ab, seine nächtlichen Wanderungen fortzusetzen. Hier war eine Reiterpatrouille der Konföderirten plötzlich von Bundestruppen, die im Hinterhalt gelegen, aufgerieben, dort war ein ganzes Regiment von großen Massen Yankees überfallen und hatte furchtbare Verluste erlitten. Ueberall zeigten sich Streifschaaren des nördlichen Feindes, denen die Kreuz- und Querwege der dortigen Gegend ebenso gut bekannt schienen wie den Einwohnern selbst. Wer diese führte, wer die Bundestruppen in den Hinterhalt gestellt, wer die Ueberfälle vermittelt und wer endlich mit der Brandfackel durch das Land zog, um sie an die Häuser Derjenigen zu legen, die sich als Befürworter der Rebellion hervorgethan, wußte Niemand. Das Gefühl der Unsicherheit äußerte sich in der schärfsten Bewachung der nach Nashville, Lebanon und

Galatin führenden Straßen durch konföderirte Reiter, und mancher Spion wurde in die Städte und Dörfer gesandt, um die unsichtbare Hand auszukundschaften, welche die Bewegungen der Unionstruppen leitete; aber vergebens, der gefährliche Feind blieb unerkannt.

In dem Hause der Lalors hörte man viel von diesen Errungenschaften der Unionisten über die Konföderirten, aber nur wenig wurde über sie gesprochen, denn Jane trug ein Geheimniß im Herzen, das ihr den Muth nahm, mit Charles über die Prüfungen der Gegenwart zu reden bis er sich ihr selbst vertraut habe. Ein Geheimniß, von welchem Leben und Tod abhing, war es, das sie in sich trug, und es war ihr durch das Papier verrathen, das sie Charles so vorsichtig hatte verbergen gesehen. Eines Tages, als ihr Blick den Gatten weit auf dem Waldpfad, der nach des Vaters Grab führte, verfolgte, hatte sie das Papier hervorgezogen und es gelesen. Was dort geschrieben stand, erfüllte sie mit Entsetzen; dann aber bemächtigten sanfte Gefühle sich ihrer, und mit einem „Gott sei Dank — der Himmel segne Dich, Charles!" schob sie das Papier wieder unter den Balken. Und als Charles Lalor zurückkehrte, schien es ihm daß sein Weib ihn liebender und zärtlicher anblicke als seit langen Monaten, und der Hand, welche sich um die seinige schmiegte, mußte er sich fast gewaltsam entziehen.

Dennoch aber hatte Jane einen Vertrauten. Ihr Herz war zu voll, als daß sie dem Bedürfniß, sich mitzutheilen, hätte länger widerstehen können, und indem sie dadurch das Geheimniß ihres Gatten verrieth, hoffte sie ihm nur zu nützen. Es war an einem der langen Herbstabende, als Charles bereits das Haus verlassen und Jane mit der jetzt gänzlich tauben und äußerst hinfälligen Mutter und Ned, dem Schwarzen, zusammen saß. Lange und eindringlich sprach sie zu ihm. Als sie geendet, hob der Neger die rechte Hand empor und seine Lippen sprachen der Herrin die Eidesformel nach, mit der sie ihn zur Bewahrung dessen verpflichtete, was sie ihm anzuvertrauen im Begriff stand. Dann hub sie zu erzählen an, sprach von dem veränderten Wesen ihres Gatten, von seinem Dortbleiben, obgleich er anderswo eine glückliche Heimath finden könne, klagte ihm, wie Jener allem Anschein nach den Tod des Vaters und des Bruders vergessen, wie er Feinden Obdach gegeben und mit ihnen sein Brod getheilt. Jetzt fuhr sie leiser zu sprechen fort. Auf des Negers dunklen Zügen nahm die Spannung den Platz der Trauer ein. Sein alter Körper erzitterte unter der gewaltigen Erregung, welche des Weibes Worte in ihm anfachten; als aber Jane Lalor geendet und gleichsam zur Bestätigung des Gesagten den Papierstreifen aus seinem Versteck hervorzog, da bedeckte der Schwarze das Gesicht mit den Händen, und schluchzte und weinte als wollte das Herz ihm brechen; aber es waren Freudenthränen, die er vergoß, denn schon stand er auf und lachte und jubelte, und warf die Arme empor, und seine nackten Füße bewegten sich in wunderlichen Bewegungen, als versuchten sie den Tanz, den sie seit fünfzig Jahren nicht gewagt, bis er endlich erschöpft inne hielt und weinend und lachend Jane zuflüsterte: Das muß Ned an Massa Terence dort oben sagen, und der wird sich freuen. God bless Massa Charles.

Der Weihnachtstag war wiederum da, und die ihm vorangehende Woche war Zeuge blutiger Kämpfe in der Nähe von Gallatin gewesen, in denen die Conföderirten wiederum durch die auf unbewachten Wegen herankommenden Bundestruppen geschlagen wurden. So stark waren ihre Verluste, daß sie sich, wie es unter den Landbewohnern berichtet wurde, in den letzten Tagen zurückgezogen hatten, um sich diesen Heimsuchungen zu entziehen.

Charles Lalor schien seit dem Morgen, in dessen Frühe er nach einer längeren Abwesenheit zurückgekehrt, in der lebhaftesten und heitersten Stimmung zu sein. Um Mittag setzte er sich an das Bett der Mutter und winkte auch Jane, dort Platz zu nehmen.

„Es steht Euch eine große Ueberraschung bevor," sagte er dann, laut genug, um von der fast Stocktauben gehört zu werden.

„Was ist es, mein Sohn?"

„James kommt heut zum Weihnachtsfest nach Hause, und in einer Stunde schon kann er hier sein."

„James ist mir willkommen," antwortete die Alte; „aber er hätte früher kommen sollen. Ich glaubte schon, er hätte die alte Mutter vergessen."

„Er konnte nicht kommen, Mutter. Gründe, deren Aufzählung Dich nur ermüden würden, hielten ihn davon ab."

„War es nicht, Charles," warf Jane unvorsichtig ein, „weil sein Kommen es Dir den Nachbarn und den Conföderirten gegenüber vielleicht unmöglich gemacht haben würde —"

Der scharfe, prüfende Blick des Gatten machte sie schweigen.

„Sprich nicht von Dingen, die Dir fremd bleiben sollten," sagte er, vergeblich versuchend, in einem strengen Tone zu sprechen. „Laßt uns zufrieden sein mit den Dingen wie sie jetzt stehen, und uns des Kommens unseres James freuen."

Ned, der draußen gestanden, steckte den Kopf in die Thür.

„Fünf, sechs Mann zu Pferde kommen vom Südwesten her, Massa Charles," sagte er; „es scheint, als kämen sie gerade auf das Haus zu."

„Es ist mein Bruder James, Ned, der uns heute besuchen wird; nur glaubte ich nicht, daß er in so geringer Begleitung kommen würde. Geh' ihm nur entgegen, Alter!"

Mit einem Ausruf der Freude schloß der Neger die Thür.

„Vielleicht, Mutter," fuhr Charles Lalor fort, „daß wir jetzt in die Stadt ziehen oder uns anderswo ansiedeln. Ich fürchte, hier werden wir doch niemals in Ruhe leben können."

Sein Auge traf das der jungen Frau, aus welchem ein Blick des Verständnisses ihm entgegenleuchtete.

„Du hast Recht, Charles," antwortete sie statt der Mutter. „Laßt uns ziehen. Gott weiß, was uns hier noch bevorstehen möchte."

Ned öffnete wieder die Thür. Der Ton seiner Stimme verrieth Unruhe und Besorgniß.

„Es sind nicht Föderals, Massa," rief er, „und sie kommen quer über's Feld, statt auf dem Wege von Galatin."

Charles Lalor trat an das Fenster. Die Reiter waren schon nahe. Nein, sie gehörten nicht dem Bundesheere an. An ihrer verschiedenartigen Kleidung erkannte er sie sofort als einen Trupp Guerillas; doch hatten deren schon zu viele bei seinem Hufe vorgesprochen, als daß er sie fürchtete.

Als sie sich dem Hause bis auf einige hundert Schritt genähert, schwenkten zwei der Reiter zur Rechten, zwei zur Linken ab, und die Uebrigen ritten geradeswegs auf das Haus zu. In wenigen Sekunden war es umzingelt.

Charles hatte regungslos das Manöver bewacht, und verstand es erst als es vollendet war. In der offenen Thür stehend, erkannte er jetzt neben dem Führer dieses Trupps einen seiner Nachbarn, dem erst vor Kurzem Haus und Scheune eingeäschert worden, einen Derjenigen, die den Sonderbestrebungen des Südens am lautesten das Wort geredet hatten. Nicht das Manöver der Reiter allein, sondern auch das schadenfrohe Gesicht dieses Mannes ließ Charles Lalor ahnen, was ihm bevorstehe.

Jane stand hinter ihm und blickte schüchtern zu den Reitern hinaus. Mit Mühe nur hielt sie Ned zurück, der sich seinem Herrn zur Seite stellen wollte.

„Das ist er!" rief der Führer dem Commandanten der Reiter zu. „Das ist Charles Lalor."

„Ich komme Sie zu verhaften, Mr. Lalor," sagte der Offizier, „und ich hoffe, Sie werden mir gutwillig folgen."

Charles warf einen scheuen Blick den Weg hinab. Von dort, wo der Kreuzweg in die Galatin-Straße mündet, mußte James kommen; aber nichts zeigte sich ihm dort.

„Mich verhaften?" wiederholte er. „Und weshalb, meine Herren?"

Der Führer drängte sich vor.

„Ich klage Sie, Charles Lalor, des geheimen Einverständnisses mit dem Feinde an; ich behaupte, daß Sie Derjenige sind, der dem Feind als Wegweiser diente, nachdem er ihm die Stärke und Stellung unserer Truppen verrathen — denn ich selbst habe Sie bewacht und bin Ihnen gefolgt, bis ich der Beweise genug zu haben glaubte. Sie sind ein Bundesspion!"

Charles Lalor lachte, aber zugleich erbleichte er.

„Das ist mir Alles ganz neu, meine Herren," antwortete er; „aber in Zeiten wie diese muß man sich kleine Unannehmlichkeiten schon gefallen lassen, wenn die Sicherheit des Vaterlandes es erheischt. Ich werde sofort mit Ihnen gehen, meine Herren."

Als er sich umwendete, raunte er Jane zu:

„In dem Futter meiner Mütze — ein Papier — vernichte es."

Die zitternde Hand der Frau griff nach der Mütze. Hundert Mal hatte sie gesehen, wie Charles das Papier verbarg, und so wurde es ihr nicht schwer, den Papierstreifen zu entdecken. Dort hinten loderte ein Feuer in dem Kamin; konnte sie den Streifen dorthin bringen, so mochte Charles gerettet sein; aber argwöhnische Augen bewachten sie, als sie dem Gatten die Mütze bot, und sie durfte sich nicht regen. Plötzlich fühlte sie eine dicke, grobe Hand an der ihrigen, die ihr das Papier entzog.

Es war Ned. Die flüsternden Worte hatten auch sein scharfes Ohr erreicht. Jane hörte noch sein unterdrücktes Lachen, und dann glaubte sie das verhängnißvolle Papier vernichtet.

„Rasch, rasch!" herrschte der Führer des Trupps seinem Gefangenen zu; „wir müssen weiter — nur hinten aufgestiegen!"

„Hinten aufsteigen, ohne mich zu binden, trotzdem ich ein Hochverräther sein soll?" fragte er lächelnd, in der Hoffnung, Zeit zu gewinnen, denn James konnte nicht mehr fern sein.

Nichts da; wir sind unserer genug und werden Sie nicht entwischen lassen!"

In diesem Augenblick hörte man den Hufschlag eines Pferdes hinter dem Hause. Ein Neger sprengte feldeinwärts. Das Pferd gehörte Charles Lalor; in dem Neger erkannte man Ned.

„Schießt ihn — schießt ihn!" rief der Anführer der Bande, und mehrere Schüsse wurden gewechselt, aber keiner traf den Sklaven. Dann, während zwei Mann zur Bewachung des Gefangenen zurückblieben, sprengten die Andern dem Flüchtling nach.

Charles Lalor sah nach seiner Doppelflinte, die geladen an der Wand hing. Er glaubte das Motiv der Flucht Neds zu erkennen; schon wollte er sich umwenden, um durch einen Sprung der Flinte sich zu bemächtigen; aber er sah Revolver auf sich gerichtet und fühlte, daß des Schwarzen List nutzlos sei.

Es war eine wilde, aber kurze Jagd. Schien es Charles doch, indem er den Flüchtling bewachte, daß dieser das Pferd nur schwach antrieb, als spotte er der Verfolgung. Ja, es waren die Gebote der List, welche Ned so langsam reiten ließen, um die Verfolger nach sich zu ziehen, während Charles sich seiner Hüter entledigte; denn was hatte wohl der arme Schwarze von den Conföderirten mehr zu fürchten, als jeder Andere seiner Race? Der Neger wirft einen Blick hinter sich; er sieht, daß Charles unthätig geblieben; dann reitet er weiter, reitet aber dahin, wo eine hohe Felswand sein Entrinnen unmöglich macht, und in wenigen Augenblicken ist er in den Händen der Verfolger.

„Seine Rolle ist ausgespielt," sagt sich Charles. „Er weiß, daß ich mir nicht helfen kann, und so läßt er sich fangen. Armer, guter Ned!" —

Der Sklave reitet jetzt in der Mitte des Trupps einher. Als er sich dem Hause nähert, sieht man ihn die Hand in die Tasche stecken, und er zieht einen Gegenstand hervor, den er verstohlen zum Munde führt. Im nächsten Moment ist eine Hand an seiner Kehle, und augenblicklicher Tod wird ihm angedroht, wenn er nicht das von sich giebt, was er zu verschlingen versucht.

Es ist ein eng zusammengefaltetes Papier, das seinem Munde entfällt.

Charles und Jane werfen sich besorgte Blicke zu. Beide erkennen den verhängnißvollen Faden, an welchem ihr Geschick hängt.

Das Papier wird entfaltet. Ned schlägt die Blicke zu Boden, während der Offizier den Inhalt des Papiers laut vorträgt.

Hauptquartier des Departement des Ohio.
Vor Munfordsville, 28. Dec. 1861.

Der Träger Dieses ist mir als ein zuverlässiger Kundschafter und wegekundiger Führer empfohlen. Die militairischen Behörden des südlichen Distrikts von Kentucky sind hiermit angewiesen, ihm jede Hülfe angedeihen zu lassen, deren er benöthigt sein mag, und sich seiner vorkommenden Falls als Kundschafter oder Führer zu bedienen.

Der commandirende Brigade-General
D. C. Buell.

Laute Verwünschungen, wilde Flüche, darunter auch eine weiche, stockende Stimme, die Ned anruft; aber dieser hebt den Blick nicht empor, ein Bild der tief empfundenen Schuld, steht er da.

„Ich kenne die Unterschrift," sagt der Offizier, „sie ist echt." —

„Und nun entsinne ich mich auch wohl," wirft der Führer ein, „daß im vorigen Jahre, ungefähr um dieselbe Zeit, als dies geschrieben sein muß, es hier verlautete, daß eine Schwarzhaut mehrmals bei Nacht in dieser Gegend gesehen und den Weg nach der nördlichen Grenze eingeschlagen habe. Das muß dieser alte Schurke gewesen sein." —

Charles Lalor tritt hervor und nähert sich dem Schwarzen. Auch Jane kommt auf ihn zu. In ihrem Blick paaren sich Ehrfurcht und Bewunderung.

„Ned," flüstert Charles, „ich durchschaue Alles, aber ich will nicht, daß Du Dich für mich opferst. Ich bin ohnedies verloren; bleib' Du bei Jane und Mutter." —

Jane ist sprachlos. Sie kann nur den Arm des Negers erfassen, kann sich nur bemühen, ihm einen Blick abzugewinnen, aber Ned getraut sich's nicht — er sieht starr vor sich hin, als wisse er nicht, was um ihn her vorgehe.

„Das ist der Schwarze," wirft nochmals der Führer ein, „der dort oben in der Waldhütte wohnt und das Grab des alten Abolitionisten Terence bewacht."

„So soll er dort auch gestraft werden," fügte der Offizier hinzu. „Bindet ihm die Hände, aufs Pferd, und fort! Drei Mann bleiben bei Mr. Lalor, bis ich zurückkomme. Rasch, Du räudiger Schuft, die Hände her! Mit den Schwarzen sadeln wir nicht — die weißen Verräther mögen sich vor einem Kriegsgericht verantworten." —

Charles Lalor tritt auf den Offizier zu. Jeder Schritt in dem Selbstopfer, das der Neger zu bringen im Begriff steht, steht ihm jetzt deutlich vor Augen. Er will es verhindern.

„Ich bezeuge auf meine Ehre —"

„Später, Mr. Lalor — erst wollen wir mit Diesem abrechnen. Den Gefangenen in die Mitte, vorwärts — marsch!" —

Der Trupp setzt sich in Bewegung. Der Neger sitzt jetzt stolz und fast

elaſtiſch auf dem Pferde. Noch einen Blick auf die Straße, auf der ſich immer
noch nichts zeigt, einen zweiten auf Charles und Jane, voll Liebe und Ergebung,
und dann geht's fort in ſcharfem Trab, die ſteile Bergſtraße hinauf zu dem
Grabe von Terence Lalor.

Jane iſt niedergeſunken; Charles beugt ſich rathlos über ſie. Kaum ſind
fünf Minuten verfloſſen. Abermals ertönt lauter Hufſchlag. Drunten an der
Straße nach Galatin ſauſ't ein Reiterhaufen dahin, ſchlägt den Kreuzweg ein
und ſtürmt dem Hauſe zu. Die drei Wächter, welche bei dem Blockhauſe zu-
rückgelaſſen ſind, eilen raſch davon, quer ins Feld hinein, wie vor einigen Augenblicken noch Ned es gethan. Der Führer der Bundesreiter iſt ſeinen Leuten
voraus. Er ſpringt vom Pferde — es iſt James.

„Raſch nach des Vaters Grab, James! Gieb mir ein Pferd, damit ich
Ned rette; folgt mir — folgt mir!" —

Jane liegt noch bewußtlos vor dem Blockhauſe, als im raſenden Gallopp
der Trupp den Weg entlang ſprengt. Die Brüder ſprechen nicht. Sie blicken
nach dem Waldſaum, nach des Vaters Grab.

Dort ſteht eine Gruppe Männer, die ſich um einen Einzelnen ſchaart.
Ein lauter Ruf entwindet ſich der gepeinigten Bruſt von Charles Lalor. Man
ſieht und hört ihn, denn von drüben antworten ihm höhnende Stimmen. Dann
theilt ſich der Haufe, die Männer ſteigen zu Pferde und verſchwinden im Walde.

Der Bundestrupp hat endlich den Waldſaum erreicht. Er kommt zu ſpät.
An dem Aſt der Eiche, die das Grab von Terence Lalor überragt, hängt der
Körper des Negers. Er regt ſich nicht; nur der Sturmwind bewegt ihn leiſe
hin und her.

Ned ruht jetzt unter der Eiche neben dem Herrn, deſſen Grab er bewacht,
und treue Hände ſchmücken Beider Hügel.

Muſikaliſche Revue.
Von Th. Hagen.

In England giebt es verſchiedene Leute, die es ſich zur Aufgabe gemacht
haben, die Bühne in den Salon zu verſetzen. Das iſt eine alte Geſchichte, ſo
alt wie die Civiliſation, nur daß man früher ſich nicht dazu bekannte, ein Ge-
ſchäft daraus zu machen. Wenn das Leben einmal eine Komödie ſein ſoll, ſo
iſt es recht, daß wir die Komödie in's Leben verſetzen. Unter Denen, die dies
als ihre Profeſſion erfaßt haben, nehmen Mad. Howard Paul und Gemahl
wohl den erſten Rang ein. Mindeſtens genießen ſie eines ausgezeichneten
Rufes in England. Ob ſie denſelben hier bewähren werden, iſt eine andere
Frage. Nach ihrem bis jetzt in Irving Hall gehabten Erfolge zu ſchließen,
ſcheint es uns, als wenn die Amerikaner keinen rechten Geſchmack an derlei
Miniaturbildern finden. Sie wollen die Bühne mit dem vollen Apparat; es

geht ihnen wie dem Berliner, der ein Stück verdammte weil es „nichts als Stuben" enthielt. Auf jeden Fall wollen sie mehr wirklichen Wechsel der Personen, als eben zwei Schauspieler bieten können, trotzdem daß diese in allen möglichen Kostümen und Charakteren auftreten. Der Mann erscheint als alter und junger Mann, als Militair und Civilist. Die Frau giebt uns ebenfalls Charakterbilder allen möglichen Alters und aus den verschiedensten Phasen der Gesellschaft. Beide singen; Herr Paul schon mehr als Dilettant, Mad. Paul hingegen hat manches Künstlerische in ihrem Vortrage. Ihre Stimme hat den doppelten Charakter von Alt und Mezzosopran, was allerdings Mangel an einer künstlerischen Verbindung des Registers genannt werden muß. Aber abgesehen hiervon, weiß die Dame schon damit zu wirken, selbst wenn wir die volle Klangfarbe der Stimme nicht in Betracht ziehen wollen. Wenn sie nur etwas bessere Weisen als die von Russell und Consorten fingen, und vor allen Dingen, wenn sie nur nicht als Sims Reeves erscheinen wollte. So sehr sie uns in der Personification der irländischen Kinderwärterin gefiel, so sehr mißfiel uns ihr Erscheinen als der berühmte englische Tenor Sims Reeves. Es ist wahr, der Mann trägt ungefähr so seine Jacke, seine Weste, seine Hosen, sein Haar, seinen Schnurrbart, er sieht ungefähr so aus, er trägt auch ungefähr das Notenblatt so wie Mad. Paul es uns vorführt; aber was soll uns alles dies? Singen thut Mad. Howard Paul nicht wie Sims Reeves, wie denn überhaupt in musikalischer Beziehung sie sowohl wie ihr Gemahl weit hinter dem Draytons zurücksteht, die vor einigen Jahren hier ihre Vorstellungen gaben, und zwar ebenfalls ohne Erfolg. —

Zu den bisherigen Sonntags-Concerten in Irving Hall und Olympic Theater haben sich jetzt auch noch die des Herrn C. Anschütz in den Germania Assembly Rooms gesellt. Die Tendenz der Concerte scheint sich nicht bloß ausschließlich dem Alten, schon Bekannten zuzuwenden, sondern auch das Moderne zu berücksichtigen. So war Herr Anschütz der Erste im Felde, das Vorspiel Wagner's „Die Meistersänger von Nürnberg" zur Aufführung zu bringen. Wir gehen von dem Grundsatze aus, daß das Werk eines bedeutenden Mannes nach einmaligem Hören nicht völlig gewürdigt werden kann. Wir enthalten uns deshalb jedes Urtheils über diese Production, zumal da wir in der ersten Symphonie-Soirée des Herrn Theodor Thomas Gelegenheit haben werden, die Composition noch einmal zu hören. Wir können übrigens nicht verhehlen, daß zur Aufführung derartiger Werke denn doch ein größeres Orchester gehört, als Herrn Anschütz zu Gebote steht. Wir fügen hier das Programm eines der letzten Concerte des Herrn Anschütz bei, um den Charakter dieser Unterhaltungen anzudeuten.

Erster Theil.

1. Sinfonie „Jupiter" . . . . W. A. Mozart.
Allegro vivace, Andante, Menuetto, Finale.
Orchester.
2. Arie für Alto . . . . A. Anschütz.
Madame Zimmermann.
3. Solo Fagotto . . . . Jacobi.
Herr Sohst.
4. „Wanderers Nachtlied" für Sopran und Männerquartett . . . . . . F. Hiller.
Mad. Zimmermann und Männerquartett.
5. Gratulations-Menuetto . . . . L. v. Beethoven.
Orchester (zum ersten Male).

Zweiter Theil

6. Ouverture „Melusine"...................Mendelssohn.
   Orchester.
7. Lied................................Keller.
   Herr Sobst.
8. Solo Piano { a) Polonaise in Es-moll............F. Chopin.
               { b) Walzer in Es-dur..............W. Großcurth.
   Herr W. Großcurth.
9. Lied.................................Gumbert.
   Mad. Zimmermann.
10. Festmarsch „Nürnberger Sängerfahrt"..........W. Lachner.
    Orchester.

In Betreff der Oper müssen wir eines ziemlich erfolgreichen Versuches erwähnen, die opera comique bei uns wieder ins Leben zu rufen. Derartige Versuche sind bekanntlich schon oft gemacht, aber mußten in der Regel bald wieder aus Mangel an genügender Unterstützung, nicht blos des Publikums, sondern auch der Ausführenden selbst, aufgegeben werden. Es verlangt eben keine Kunstform so viele tüchtige Kräfte, wie die komische Oper. Die Ausführenden müssen nicht blos vollendete Darsteller sein, sondern auch eine vollständige künstlerische Controle über ihre Stimmen haben. Wir haben sogenannte große Künstler, d. h. solche, die in der großen Oper recht gut durchzudringen wußten, vollständig scheitern sehen, sobald sie mit dem tändelnden und oft complicirten Rhytmen der Musik der komischen Oper zu thun hatten. Für einen stimmbegabten Sänger ist es gewissermaßen leicht, mit einer Verdi'schen Arie einen ziemlich günstigen Eindruck zu machen, selbst wenn er nicht viel vom Singen versteht; aber derselbe Sänger wird sehr bald zu Schaden kommen, so wie er sich in den Opern Boildieu's oder der neueren Meister der Opera comique zu bewegen hat. Es ist dieser Umstand, der die Etablirung einer komischen Oper erschwert, die überhaupt eine längere kulturhistorische Entwickelung voraussetzt, als dieses Land bis jetzt durchlebt hat. Aber das Streben, eine solche Oper anzubahnen, zumal wenn mit demselben einiges Geschick verbunden ist, muß anerkannt und unterstützt werden, und von diesem Gesichtspunkt aus betrachtet, können wir das neue Unternehmen nur mit Freuden begrüßen.

Die bis jetzt aufgeführten Opern waren Halevy's „Les Mousquetaires de la Reine" und Auber's „Les diamants de la couronne", beide reizende Gebilde verschiedenartiger Genres der komischen Oper. Während die Erstere mehr an unsere Intelligenz appellirt und uns hin und wieder durch Gedanken unterhält, die tiefer in unser Seelenleben hineingreifen, appellirt das Auber'sche Werk mehr an unser Ohr und erinnert uns an die Sprache, die in den meisten Pariser Salons geführt wird. Leicht, tändelnd, schillernd, voll von Laune und esprit, piquant, fortwährend blos die Oberfläche berührend: das ist Auber in dieser Oper, die, was Melodieenfluß anbetrifft, noch eine der gelungensten ist, die der Mann in seinen alten Tagen geschrieben hat. Wie ein echter Philosoph, fürchtet er sich vor zu starken Aufregungen; er will nicht erschüttern, er will blos angenehm berühren. Das Leben ist ohnehin schon kurz; warum es also noch durch starke Passionen und Gemüthserregungen verkürzen? Laßt uns lachen und scherzen, auch etwas sentimental sein; aber immer nur mit Anstand! Die Falten unseres Kleides, die Tournüre unserer Haare oder auch Perrüke — alles dies muß ja nicht darunter leiden! Das ist die Maxime, wonach der alte Herr gelebt hat, und sie hat ihm wahrlich schon beinahe zu neunzig Jahren heitern Lebens verholfen. Weigl sagte einst am Ende seiner Carriere: „Ich schreibe blos noch Kirchenmusik, ich habe keine Ideen mehr." — Auber schreibt heute noch, was er immer gethan hat — komische Opern (denn selbst in seiner „Die Stumme von Portici" ist wenig ernste Musik), auch er hat keine Idee mehr; aber er greift deshalb doch nicht zur Kirche; ist ihm doch seine komische Oper Kirche genug. Und überdies, wozu eine neue Aufregung, und wozu aus dem gewohnten Schlendrian heraustreten?

Mit Halevy stand es anders. Er war ein ernster Mann, dem seine „Jüdin" gewiß ein gutes Stück seines Lebens gekostet hat. Der beste Beweis hierfür ist wohl der, daß die meisten seiner Opern, die er nachher schrieb, keine Lebensfähigkeit mehr hatten. Eigenthümlicherweise gehört das einzige Werk, das nach der „Jüdin" sich auf dem Repertoir erhalten und sich eines wirklichen, andauernden Erfolges zu erfreuen hat, einem Genre an, das dem Componisten seinem ganzen Wesen nach fremd sein mußte, nämlich dem komischen. Die Oper „Musquetaires de la Reine" wird noch jetzt mit Vergnügen in der Opera comique in Paris gehört. Der Text ist dem bekannten gleichnamigen Roman Alexander Dumas' nachgebildet. Was nun die Musik anbetrifft, so unterscheidet sie sich von der Auber'schen durch eine feinere, geschliffene Arbeit, durch geistreichere Combinationen und durch einen weniger freien Ton. Auch Halevy ist Franzos in seinem Werk, auch er hat die Salonsprache, aber es ist weniger die der Bourgeoisie, als der Künstler und Gelehrten. Es ist die Sprache eines feingebildeten Mannes, der erst überlegt, ehe er irgend eine Idee äußert. Wir möchten das Werk mehr in das Bereich der feinen Komödie stellen, zum Unterschiede von den meisten modernen komischen Opern, die in der Regel nichts weiter als Possen sind. —

Die italienische Saison hat denn endlich auch einen Anfang gemacht. Herr Maretzek gab mit seiner Truppe vier Vorstellungen, und zwar in Ermangelung eines passenden Hauses in New-York, in Brooklyn. Die erste Oper, die er uns vorführte, war „Il Crispino e la Comare", auch eins von jenen Werken, die nur Posse als komische Oper genannt werden müssen. Die Besetzung war die frühere, mit Ausnahme der Rolle des Tenors und der des Schusters. Die Erstere war in den Händen des Herrn Testa, der aber nicht viel daraus zu machen wußte. Die Stimme ist klein, und die Behandlung scheint uns nicht über das Gewöhnliche hinauszugehen. — Einen andern Eindruck machte Ronconi als „Schuster". Wir sprechen natürlich hier nicht von seinem Gesange. Bekanntlich excellirt Ronconi in zwei Dingen, in seinem Spiele und in seinem Detoniren. Schon vor fünfzehn Jahren entsetzte man sich über das Letztere, und erfreute sich an dem Ersteren.

Er ist trotzdem nicht bloß der größte lebende Buffo, sondern überhaupt einer der größten Darsteller unserer Zeit. Er sucht die Effekte nicht im Aeußerlichen; seine Komik quillt aus ihm heraus, wie aus ihrem natürlichen Born. Er poltert nicht und tobt nicht, er hält sich stets in den Grenzen des menschlich Wahren, und dies ist eben die Aufgabe der echten Schauspielkunst. Wir wünschen, daß Fräulein Kellogg, welche wie früher die Rolle der Frau des Schusters spielte, jene Aufgabe etwas besser verstände, als es mindestens an jenem Abende der Fall zu sein schien. Sie trippelte hin und her und bewegte die Arme in einer Weise, daß wir einmal fast zu dem Gedanken kamen, sie sei von großen Schmerzen heimgesucht. Das sollte wahrscheinlich komisch sein, machte aber mindestens auf uns einen sehr ernsten Eindruck. Auch war sie im Gesange nicht so gut wie früher. Wir fürchten, auch bei ihr bestätigt sich die Lehre von dem verzogenen Kinde. Möge sie nicht vergessen, daß es in der Kunst keinen Stillstand giebt. Der wahre Künstler arbeitet und lernt fortwährend; wenn nicht, so muß er bald den ehrenvollen Posten aufgeben, den er bis dahin bekleidet hat.

Die andern Opern, welche Herr Maretzek uns verführte, waren Il Trovatore, Fra Diavolo und La Somnambula. In den ersten beiden war die Besetzung zum großen Theil wie früher. Roncini spielte in dem Auberschen Werke den Lord, und zwar wiederum mit seinem Maßhalten und ohne jene Uebertreibung, die wir bei uns den meisten Darstellern dieser Rolle zu beklagen haben. In der „Nachtwandlerin" trat eine neue Sängerin auf, Fräul. Hauck, eine Holländerin, mit einer hohen Sopranstimme begabt, die in einer vortrefflichen Schule gebildet worden ist. Die Dame hat früher in dem Privattheater des Herrn Jerome gesungen, und mag dort vielleicht jene Sicherheit und Gewandheit im Spiele erlangt haben, die wir bei ihrem Debut wahrnahmen. Sie berechtigt überdies zu den allerhöchsten Erwartungen, und wir wünschen nur Gelegenheit zu haben, sie noch in anderen Rollen zu sehen, um unser Urtheil über sie zu präcisiren.

Herr Theodor Thomas wird am 20. d. M. seinen Cyclus von Symphonie-Soireen eröffnen. Er verspricht sehr viel Neues und sehr viel Gutes. Wenn die Ausführung nur einigermaßen gut ist, so stehen uns wirklich ausgezeichnete künstlerische Genüsse bevor. Das Programm der ersten Soirée ist wie folgt:— Vorspiel „Die Meistersänger von Nürnberg", Wagner; Klavierconcert aus Ddur, Beethoven; Symphonie aus Cdur, Schubert. — In der zweiten Soirée werden die Jupiter-Symphonie Mozart's und die neunte Symphonie Beethoven's zur Aufführung kommen. Für die übrigen Soireen sind die Symphonie Eroica von Beethoven, die Dmoll Symphonie von Schumann, die Columbus-Symphonie von Abert, Beethoven's Ouvertüre aus C, Op. 115, Reff's Suite aus C, Grimm's Suite, Op. 10, zwei Episoden aus Lenau's „Faust" von Liszt, und Fragmente aus Beethoven's Missa solemnis in Aussicht gestellt. Es ist schlimm, daß diese Messe nicht ganz gehört werden kann. Wir haben in New-York so vieles gehört, was selbst in Deutschland noch an vielen Plätzen nicht aufgeführt wurde; aber diese kolossale Messe Beethoven's ist den Musikern wie dem Publikum bis jetzt noch eine terra incognita. Hoffentlich wird auch diese schwierige Aufgabe bald gelös't werden.

Die Philharmonische Gesellschaft hat auch ihren Prospectus veröffentlicht. Danach zu schließen, scheint allerdings die diesjährige Thätigkeit derselben eine sehr hervorragende werden zu wollen; die neue Schule ist ebenfalls nicht unberücksichtigt gelassen, und wir glauben darin eben mit Recht den günstigen Einfluß des Dirigenten Herrn Carl Bergmann zu erkennen.

Reisender Agent für die Monatshefte:
Carl Wieland.
Julius Gosch.

Deutsch-Amerikanische Monatshefte
für
Literatur, Kunst, Wissenschaft und öffentliches Leben.
Redigirt von
Rudolph Lexow.

III. Jahrgang. II. Band.   1866.   December-Heft.

Die Tugendhaften in der Politik.
Von C. L. Bernays.

Noch zwei oder drei Jahre, und der Papst wird den Kirchenstaat an den König von Italien abgetreten oder sich irgendwo anders hin geflüchtet haben, und das ganze italienische Gebiet wird dann wieder einmal dem italienischen Volke gehören. Man sagt, der Papst denke sich in Cincinnati niederzulassen. Soll mich außerordentlich freuen. Ich werde gewiß nicht zu den gesinnungstüchtigen Zeterern gehören, die sich ob der Ankunft des heiligen Greuels im Lande der Freien die tugendhafte Brust zerschlagen. Wenn er kommt, wird er da sein. Wenn es ihm gelingt, durch seine Gegenwart diesen Continent katholisch zu machen, so geschieht diesem Continent ganz recht. Wer weiß; der Alp, der er für Italien war, wird für die Union vielleicht ein Ferment des inneren Lebens. Jedenfalls ist ihn Italien los; und dann mag dort noch einmal ein schönes und großes Stück Weltgeschichte spielen. Tugendhafte Leute sagen zwar, von diesen tüchischen, matten, altersschwachen Welschen sei nicht viel zu erwarten. Dafür giebt es minder Tugendhafte, für welche gerade das Schauspiel einen großen Werth hat, wie sich ein abgelebtes und abgehaus'tes Volk im Zustande der Unabhängigkeit benimmt, sich vielleicht darin wieder verjüngt, und möglicher Weise sogar noch manche süße Frucht und manchen kecken Gedanken für seine zähen Nachbarn übrig haben wird. Denk' Einer an das Zeitalter Michel Angelos! Ein einziges Jahr aus jenem Jahrhundert wiegt an Schlechtigkeit im Sinne unserer Tugendhaften das ganze Säculum des heutigen Italiens auf. Und doch erwähnt man die Schandthaten der Borgias, Alexanders und Cäsars nur darum, weil die bleibende Arbeit, die sie vollbracht, kaum Maulwurfshügel waren, gegen die zum Himmel starrenden Denkmäler ihrer Verbrechen. Cosimo und Lorenzo Medici, Giulio II. und Leo X. fallen Alle in dasselbe Jahrhundert. Sie Alle wußten den Dolch meisterhaft zu handhaben, und auch auf den Gebrauch eines stillmachenden Pulvers kam es ihnen im Moment der Noth gerade nicht an. Ruchlos in der Wahl

35

ihrer Mittel; gewissenlos in Anwendung der Gewalt; schlecht und verderbt bis in die Nieren, wenn ein rechter Tugendspiegel von 1866 über ihre Mittel und Wege zu Gericht sitzt, waren sie Alle; aber trotzdem sind keine größeren und für die ganze Nachwelt folgenreicheren und auch segensreicheren Thaten geschehen, als deren sich Lorenzo und Giulio, ja zum Theil sogar Cosimo und Leo, rühmen dürfen. Ein Jahrhundert wie das von Michel Angelo durchleben zu können, war ein so großes Glück, als unser eigenes Jahrhundert mit zu durchleben; nur durfte man damals nicht in einem Kloster begraben, und darf man heute nicht unter den Tugendhaften eingemustert sein, — sonst lebte man gerade so gut zu irgend einer beliebigen andern Zeit.

Ins Kloster oder unter die Tugendhaften gehen ist eins und dasselbe. Im Kloster heißt die Tugend Regel; unter den Tugendhaften heißt sie Gesinnungstüchtigkeit. Ein langes, schwerfälliges, aus lauter teutoburger Wurzelholz gezimmertes Wort. Wer es sich hat, wie die Nonne ihre Ordensregel, ins Herz hinein brennen lassen, für den ist die große, freie, herrliche Welt künftig mit Brettern vernagelt. Er kann nur noch mit seines Gleichen verkehren. In Gedanken, in Gefühlen, im Ausdruck und in der Sprache muß Jeder, den er Bruder nennt, sein Zwillingsbruder sein. Er verzichtet total auf das eigene Handeln. Der Vormann seines Centralcommittees thut alles entscheidende Handeln für ihn. Aber wie die Nonne zu den Horen, und in die Messe und in die Beichte, und zur Communion, so geht er in seine Meetings und in seine Wahlclubs und in seine Ratificationsversammlungen. Wie dem Pater sein Brevier, so ist ihm seine Zeitung die einzige Quelle echter Tugendbelehrung. Eher noch läse der Mönch ein auf den Index gesetztes Buch, als daß der Gesinnungstüchtige jemals die Zeitung eines schurkischen Gegners in die Hände nähme. Er möchte die Sache von zwei Seiten sehen — und das wäre ein todsträfliches Uebel. Mit derselben kaltblütigen Sicherheit, mit welcher der fromme Fanatismus den Irrthum im Glauben verbrannte, würde er den nicht auf seine Weise Gesinnungstüchtigen an den Galgen hängen. Für ihn ist nur das wahr, was sein Organ als wahr gestempelt; nur das zweckmäßig, recht und pflichtgetreu, wofür er sicher ist von irgend einem politischen Klosterbruder gelobt zu werden. Und wie er dann glücklich ist, und verklärt um sich schaut, wenn ihm gar in öffentlicher Localspalte ein Orden für irgend eine gesinnungstüchtige Kümmelspalterei, oder der Rang eines Vicepräsidenten, oder eines Ausschußmitgliedes ertheilt wird! Und wie er klüger als der klügste seiner Gegner, braver als der unbescholtenste Andersdenkende ist; ja wie er schwört, einzig im Besitz aller Staatsweisheit, ausschließlich befähigt zur Hebung aller Schwierigkeiten, allein berechtigt zum Urtheil in politischen Dingen zu sein, aus dem einzigen Grunde, weil er mit dem Stempel der Gesinnungstüchtigkeit versehen ist; gegen diesen felsenfesten Glauben an seine politische Tugend ist Fetischdienst Aufgeklärtheit und die bockfteifste Orthodoxie Gedankenfreiheit. Tausende von Mönchlein haben schon mit zierlichen Nonnen über einen dickwanstigen Abt oder eine bärtige Aebtissin gescherzt; über einem guten Glase

Wein hat schon manch' aufgewecktes Pfäffchen über das Wunder auf der Hochzeit von Kanaan gespöttelt! Dem Gesinnungstüchtigen dagegen sitzt der Hocuspocus so tief im Herzen, daß ihm weder Wein noch Liebe jemals die Lippen zu einem Scherze spitzt. Kein Mensch hätt's geglaubt, daß es möglich wäre — aber der Fortschritt des Gesinnungstüchtigen ist bereits versteinert, seine ausschweifendsten Freiheitsbestrebungen mißt er schon mit einem ellenlangen Zopf, und seine Nase ist lupfriger als die des reaktionärsten Stammgastes irgend einer Zunftkneipe im gesegneten Baierland. Ein gesinnungstüchtiger Fortschrittler bis auf anno Bismarck in Deutschland und bis auf diese Stunde in den Ver. Staaten ist der Inbegriff Bassermann'scher Phantasie, Welcker'scher Klarheit und nationalvereinlicher Diplomatik. Dabei ist er gemüthlich, wie sich's gehört; ausdauernd bis der Wirth das Licht ausbläst; ein Jakobiner, wie's deren n i e m a l s gegeben; aufgeklärt über alle Dummerjahns, die Religionen gestiftet, gerade als hätte er ihnen all die Schnörkel erfinden helfen; und vor allem ist er ein Jesuitenfeind und Königsmörder von Profession. Ich hatte es einmal auf der Zunge, einem der Allergesinnungstüchtigsten unter ihnen zu erklären, daß es eigentlich gerade die „verdammten Jesuiten" gewesen seien, die den modernen Königsmord erfunden hätten; daß der Pater Mariana in Toledo im Jahr 1599 ein ganz vortrefflich geschriebenes und durch und durch demokratisch gedachtes — natürlich trotzdem im Dienste der Hierarchie verfaßtes — Buch herausgegeben habe, das den Königsmord anempfiehlt; daß drei andere Jesuiten, unter ihnen der berühmte Molina, öffentlich als Vertheidiger der That Ravaillacs auftraten; und daß zuletzt noch ein deutscher Jesuit, der Pater Keller, unter Zustimmung des Chefs der Jesuiten in Norddeutschland, des bekannten Pater Busäus, Marianas Buch gegen die Angriffe calvinistischer Prediger vertheidigte; — da es mir aber plötzlich einfiel, welch schreckliches Durcheinander ich im Kopfe eines Menschen anstiften würde, für den der junge Blind das Modell eines Gesinnungstüchtigen, Graf Bismarck dagegen der Urtyp eines politischen Jesuiten sei, so behielt ich mein bischen Weisheit für mich, da es ja ohnehin Leute genug giebt, denen diese Thatsachen nicht fremd sind und die Demagogen und gehänselte Ignoranten im 16ten so gut wie im 19ten Jahrhundert unter allen Kostümen herauszufinden wissen.

Ein anderes Mal begegnete ich einem der gesinnungstüchtigsten Mitglieder eines sogenannten Reform-Vereins. Die Reform, die von diesem Vereine angestrebt wird, und zu deren Durchsetzung sich circa 4—500 Bierwirthe verbunden haben, besteht in dem tugendhaften, uneigennützigen Bestreben, die Staatslegislatur auf eine solche Weise zu beeinflussen, daß es in Zukunft Jedermann freistehen sollte, am Sonntage gerade so viel und gerade so öffentlich und ungestört Bier trinken zu dürfen, wie an den Wochentagen. Ich wollte, nebst vielerlei Anderem, dem Biedermann gerade begreiflich machen, daß die Kansas-Nebraska-Bill, indem sie der Sklaverei die Thore zu den Territorien öffnete, ohngefähr so reformatorischer Natur, in Bezug auf jenen Greuel, war, als das Bestreben seines Vereins, der ja ein ohnehin schon allzu verbreitetes Uebel auch noch zum wesentlichen Charakterzug des einzigen Tages in der Woche zu machen gedenke, an dem jeder Einzelne, der Ruhe Aller wegen, seinem Leib und seinem Geist durch freigewählte Beschäftigung, also gerade durch eine andere als die erzwungene Spannung der Wochentage, die höchste Erquickung beschaulicher Meditation zu Theil werden lassen könnte. Aber ich entschloß mich rasch zum Schweigen. Denn den Zweifel, den ich möglicher Weise in einem der 500 erweckt, hätte ein einziger Labetrunk im Kreise der übrigen 499 Apostel des Bierevangeliums ja doch wieder die tugendhafte Kehle hinabgeschlemmt.

Ein Anderer — o, nie gab es noch seines Gleichen an Tüchtigkeit der Gesinnung — erklärte den Rebellen-General Lee, seiner öffentlichen Thätigkeit wegen, für einen niederträchtigen, ehrlosen Schurken. Ich wollte dem Manne, dessen Gewissen unendlich weniger sein zu züngeln glaubte, wenn er das stupende Verbrechen des Hochverraths gegen die Republik in die hausbackene Schurkerei niedriger Ehrlosigkeit verwandelte, als wenn er einem reich gewordenen Landwucherer treuherzig die Hand schüttelte, Tausende von Beispielen in der Geschichte anführen, in denen Hochverräther selbst gegen Republiken, ja gegen theokratische Gemeinwesen geköpft und verbrannt, aber niemals auf eine seinen Aeußerungen nur nahe kommende Weise beschimpft worden wären. Das Revolutionstribunal, wollte ich ihm sagen, habe viele Hunderte wegen Hochverraths auf die Guillotine geschickt; frommer Fanatismus habe Tausende von Ketzern auf Scheiterhaufen verbrannt; Empörer gegen jede nur denkbare Art von Regierungsformen seien geköpft, gerädert, gekreuzigt und gesteinigt worden; aber trotzdem seien sie von gebildeten Menschen, ja von der öffentlichen Meinung aller Zeiten, deshalb nicht gemeinen Mördern, Räubern, Schuften und Ehrlosen gleichgestellt worden. Ich wollte ihm sagen, daß General Lee den Tod, aber nicht seine Beschimpfungen verdient habe; daß er eines großen, aber keines gemeinen Vergehens schuldig sei; — aber ich bedachte mich und schwieg. Denn es giebt Stimmungen, die man nicht stören soll; Stimmungen, von der die Zeit die davon Befallenen besser heilt, als es die besten Argumente vermögen; Stimmungen, die sich zum gesunden Denken und Fühlen verhalten, wie der Katzenjammer zwischen zwei Räuschen zum normalen Zustande eines nüchternen Menschen; Stimmungen, die man auswächs't, wie Entwicklungskrankheiten. „Wüßten wir nicht, was nach dem Yankeethum und nach dem südlichen Baronenthum kommen wird, was über ihnen beiden steht, und was am Ende den Uebermuth der westlichen wie der südlichen Barone brechen muß, sagte einmal der jüngst verstorbene Weidemeyer zu mir, unsere Freude wäre nicht von größerem Werth, als die Freude der Preußen über ihre Siege über die Oesterreicher." Die patentirten Tugendhaften sind die Letzten, die in allen menschlichen Bestrebungen das Menschliche herauszufinden und zu achten verstehen.

Aber auch Jene stellen sich viel, unendlich viel tugendhafter an als sie sind, die erst rebelliren, und wenn sie geschlagen sind, Großmuth und Vergeben als die höchsten, wesentlichen Tugenden bezeichnen. Von allem Anfang an nannte sie mit Recht die Welt Rebellen. Nicht einen einzigen Augenblick konnte ihnen ihre Stellung zweifelhaft sein. Sie mußten siegen, oder sich als Besiegte, die Lage von besiegten Rebellen gefallen lassen. Für die Sieger, nicht für sie konnte die Politik des Vergebens und des Vergessens sich als Tugend, d. h. als die tauglichste Politik, darstellen. Sie mußten daher den Krieg auf eine Weise führen, entweder daß ihnen der Sieg gewiß war und daß sie dann Großmuth üben konnten, oder daß sie, wenn besiegt, auf jene Großmuth gegründete Ansprüche machen konnten. Es ist nicht leicht nachzuweisen, daß sie Eins von Beiden gethan. Sie haben weder ihren letzten Mann, noch ihren letzten Dollar an die Sache gesetzt, für die sie stritten, sonst möchten sie vielleicht heute noch streiten; sondern Die, welche in ihrem Interesse den Krieg unternehmen zu müssen glaubten, haben hauptsächlich die Leute ins Feuer gestellt, die ihr System im Frieden zu Armuth und Unwissenheit verdammte, und die niemals aus dem Siege der Rebellion Nutzen gezogen haben würden. Ihre Tugend ist nicht einen Spahn mehr werth, als die Tugend unserer Gesinnungstüchtigen. Wenn's plötzlich kalt wird, schneidet der Fuhrmann ein Loch in seine Pferdedecke und steckt den Kopf durch — wir aber, die wir im Warmen sind, könnten den steifen Rauchmantel wohl entbehren, und menschlich und einfach die Dinge betrachten, die immerhin noch lange nicht so sehr unser eigen sind, daß wir ihnen und sie uns vollkommen angehören. Je dicker wir die Tugendfarben auf sie tragen, desto fühlbarer wird es, daß sie nur von außen an die Dinge geklebt sind.

Da sind wieder Andere, deren tugendhafte Entrüstung jeden Augenblick sich für bereit ausgiebt, alle Kirchen in Schulhäuser oder Heumagazine zu verwandeln, alle Geistlichen zum Lande hinaus zu jagen, und Jeden, der auf irgend eine Weise seinen Gott verehrt, zum Heuchler zu erklären. Sie sind die Tugendhaftesten von Allen. Sie üben das Gute in der höchsten Form des Vernünftigen, abgestreift von jeder Nebenabsicht; das Gute ohne Maß und ohne Beziehung. Sie kennen von allen Dingen die Wahrheit, und niemals verleugnen sie sie. Nicht wie das Wahre und Gute ihnen unmittelbar erscheint, oder wie sie es persönlich mit ihrem Gewissen erforscht, sondern wie es an sich wahr und gut ist, und für alle Menschen wahr sein muß; das Gute und das Wahre jedesmal in der Form, die der höchsten Erkenntniß zukommt. Daß Gott erbarme! Aber sie sind es, die schon heute das jüngste Gericht halten. Dies sind die Guten — Jene die Schlechten. Und die Guten sind wir. Aber sie sind es, die auf die strengste Orthodoxie halten. Die Einen sind Katholiken in ihrem politischen Glauben. Sie denken wie es die Platform vorschreibt, und handeln wie die Partei diktirt. Die Andern sind Protestanten. Sie prüfen Alles, aber sie behaupten, allein das Beste behalten zu haben. Wieder Andere sind Juden. Für sie ist z. B. das deutsche Volk der ausschließliche Inhaber aller demokratischen Tugend und Weisheit. Die amerikanischen Gojim sind corrupt, wetterwendisch, unwissend und ohne einen einzigen gesunden Begriff von Demokratie. Sie sind tolerant; d. h. sie dulden jede frivole Lebensanschauung und jede Spötterei über ein ernstes Streben, das sie nicht verstehen. Aber ihre Toleranz erstreckt sich nicht auf die Angehörigen irgend einer religiösen Sekte. Der Glaube irgend eines Bekenners ist ihnen auch für Jenen selbst eine Lüge, und jeder Bekenner eines andern Dogmas als des Indifferentismus oder der Frivolität ist ihnen daher ein Heuchler. Ich sprach von einer frivolen Anschauung des Lebens! Etwa wie sie Voltaire hatte? Wie Hafis? Wie der Prince de Ligne? Wie Heinrich Heine? Laßt sie Alle „Barkeeper" werden im Olymp, Ihr Götter, wenn sie ihrem ganzen Leben so viel Lust und Witz abgewinnen, als ein Einziger von den Vieren ihrer Todesstunde! Der Pennsylvanier Deutsche sagt von sich selber: Fette Küh' und dumme Leut'! Ich hab' noch den ersten Witz zu hören, den ein Gesinnungstüchtiger über sich selbst gerissen hätte! Und ach, was giebt es Herrlicheres, als einen braven Mann!

Wenn Einer jenes große, halb dem 15ten, halb dem 16ten Jahrhundert angehörige Zeitalter der mächtigen italienischen Persönlichkeiten studirte, da erscheint ihm Michel Angelo, so oft er ihm begegnet, wie eine Gedenksäule männlicher Tugend inmitten dieser Tummelplätze der empörendsten, schändlichsten Leidenschaften. Wie wohl es Einem thut, wenn sich an seine Tugend die Mächtigsten nicht wagen! Wenn er bei der geringsten Ungebühr, die der heftige Papst Giulio an ihm versucht, den Meißel niederlegt, und jedesmal sein Recht ertrotzt, ehe er für den allen Anderen so Gefürchteten weiter arbeitet! Wie er, ein guter Sohn und Bruder, fest zu seiner Familie steht; wie er ihr in allen Lebenslagen räth, nur ehrenhafte Wege zu wandeln; wie er der Bosheit und der Intrigue niemals mit Gleichem vergilt, sondern alle Unbill an seiner Riesengröße abprallen läßt. Und wenn er dann gar, auf's Aeußerste getrieben, seine Feinde fühlen läßt, wo sie sind und wer er ist, wie ergreift uns dann die Freude, einen Mann von sich mit Recht sagen zu hören: er sei ein braver Mann!

Und wenn in uns so naher Zeit der edle Camille von Samson angegriffen wird, weil ihn der lede Journalist einen Henker geheißen, während doch sein offizieller Name „Bürger Gerichtsvollstrecker der Todesurtheile" sei, und Desmoulins sich nun mit Samson vergleicht, dem Henker den Fuß in den Nacken setzt, und sich freudestrahlend daran erinnert, wie er im Palais Royal als erstes Freiheitszeichen einen grünen Zweig an seinen Hut gesteckt, und dann plötzlich alle Bäume ihres grünen Schmuckes von den Tausenden beraubt worden seien, die er durch seine Rede begeistert hatte, — wie wohl dies Selbstlob thut!

Und wie dumm, wie über alle Maßen albern ein Buch, das vor wenigen Tagen ein Gesinnungstüchtiger in Paris veröffentlichte, und worin der historische Beweis versucht wird, daß Danton im Privatleben ein solider, bocksteif-tugendhafter, unbestechlicher, schuldenzahlender, buchführender, sentimental-pedantischer Pfahlbürger gewesen sei! Danton, der kühnste, leidenschaftlichste Revolutionär, der Alles was bürgerlich, zopfig, gewohnheitsmäßig gewesen, zu Staub unter seinen Füßen zertrat; dem das Ziel Alles, die Mittel Nichts galten; der die ganze Welt gen Himmel gesprengt haben würde, hätte er sie nur auf diese Weise vom Königthum, vom Privileg und aus der Knechtschaft befreien können! Und ein Anderer, der aus Marat einen sentimentalen Tugendschwärmer macht, und auf diese Weise seine Ehre vor dem tugendhaften Stande der Pariser Aerzte, Advokaten, Notare, Priester und Agioteurs zu retten versucht! Doch hätten weder Camille noch Michel Angelo Gerechtigkeit vor den Gesinnungstüchtigen gefunden, denn die Tugend dieser Klasse von Leuten ist mit der Breitaxt zugehauen; so und so lang, so und so breit. Wie sie neulich fragten, ob wohl D a n t e sich bei der heutigen italienischen Bewegung betheiligt hätte, so käme es sehr darauf an, zu welchem Reconstructionssystem sich Marat, Danton, Camille oder Michel Angelo bekannt haben würden. Die Tugend ist allemal ein Zopf, sobald sie sich zur casuistischen Richterin aufwirft, sie ist allemal ein Greuel, sobald sie ihre Unfehlbarkeit zu ihrem wesentlichen Prädicat macht, und der verächtliche Blick des Gesinnungstüchtigen wenn er einem politischen Andersdenkenden begegnet, und sein biederer Händedruck wenn er einen Getreuen anerkennt, sind um nichts verschieden von dem Näseln und Augenverdrehen des Methodisten und von seinen Verzückungen, wenn der Geist über ihn kommt. Tugend ist die Blüthe der Menschheit in jeder Epoche, aber nicht der ausschließliche Hebel ihrer Entwicklung. Das Zeitalter, in welchem die Menschen mehr wissen und mehr für das Glück der Mehrzahl leisten, ist auch das bessere Zeitalter. Die Menschen werden besser je mehr sie wissen und je glücklicher sie sind, und nur Pfaffen-Gesinnungstüchtige verlangen zuerst die Tugend, und zwar ihre eigene Tugend, und denken dann niemals an die höhere Erkenntniß und an das größere Wohlergehen ihrer Mitmenschen. Ihre Tugend ist das Dogma einer politischen Kirchengemeinde; der unfehlbare Test zum Seligwerden in der Partei; das Leben außer dieser Kirche, die Wohlfahrt ihrer Mitmenschen, das rein Menschliche und Vernünftige in allen ihren Verhältnissen ist ihnen so fremd, wie es allen Sektenpredigern ist, für welche die Sekte Selbstzweck ist; daher befassen sich denn auch die deutschen Gesinnungstüchtigen n i e m a l s mit der Herstellung guter Schulen und höherer Bildungsanstalten für ihre Landsleute; daher sind die Spalten ihrer Zeitungen wohl für die Kritik von deutschen literarischen Scharteken, Schweizer Bergbesteigungen, antiquarischem Gefasel aus allen Weltgegenden, fabelhaften Reiseberichten und den möglich dümmsten Romanen aus der deutschen Ritterzeit offen, aber noch hat der Erste von ihnen den Verwandlungsprozeß der Deutschen in Amerikaner, das Verhältniß der deutschen Ansichten über Industrie zu den einheimischen und tausend ähnliche Gegenstände zu berühren, ja es hat sich auch noch nicht ein Einziger bemüht, die gesellschaftlichen Unterschiede der verschiedenen Gruppen von Deutschen in der Union zu charakterisiren. Dabei wäre etwas zu lernen, und dazu gehört d i e Tugend, die das K ö n n e n bedeutet, d a s Wahre, von dem Göthe sagt, es prüfe sich stets in der That. Ihre ganze Arbeit ist das Ummodeln der G e s i n n u n g e n Anderer nach dem Maßstabe ihrer eigenen Gesinnungen; die Bildung einer religiös-politischen Sekte, und dem Inhalte nach die Verewigung des Fremden, Unamerikanischen.

Doch selbst **wenn** dieser Standpunkt der richtige wäre, ist noch Manches zu bedenken. Damit man nämlich überhaupt ein Recht habe, die Tugend zu oberst an seine Fahne zu heften, muß man aus anderm Zeug gemacht sein als all' die Leute sammt und sonders, die mit ihrer Gesinnungstüchtigkeit heut' zu Tage bide thun. Da darf man weder mit beiden Pferdefüßen in Eisenbahnspeculationen stecken, in die man sich durch seine gesinnungstüchtige Stellung hineingeschwindelt, noch darf man sein Gewissen damit besudelt haben, daß man den Deutschen den Ruf eines auf's Saufen vor Allem erpichten Volkes verschaffte, und es selber im Glauben erhielt, es sei das Schlemmen seine höchste Tugend, damit man die ununterbrochen Halbbedudelten dorthin an der Leine führen könne, wohin man immer will. Damit man vor der Welt auf die eigne Brust schlagen, und sich vor Jenen bekreuzigen könne, muß man vor Allem selber als ein absolut uneigennütziger Charakter dastehen; keinen Cent, weder für sich, noch für Verwandte, jemals begehrt haben und zu begehren beabsichtigen; muß man vor Allem an Alles selber glauben, was man Andere glauben machen will; darf man keine schlechte Maßregel, keine Lumperei jemals gutheißen, beschönigen oder durch stillschweigendes Uebergehen seinen Mitbürgern verheimlichen; darf man keinen Vorfall anders darstellen als er sich zugetragen; keine Mücke in einen Elephanten verwandeln, noch aus einem unbedeutenden oder zufälligen Vorfall eine beabsichtigte folgenreiche That machen; darf man von geringfügigen politischen Handlungen nicht behaupten, daß von ihrer Entscheidung in diesem oder jenem Sinne die Zukunft und das Heil des Staats und der Bürger abhänge; darf man nicht die Schöpfung von Aemtern vertheidigen und als nothwendig für das Wohl des Volkes anpreisen, die bles zur Belohnung eines Getreuen oder zur Förderung bestimmter Parteizwecke geschaffen sind!

Aber daß ja Keiner glaube, ich verlange das Alles von irgend Einem! Im Gegentheil! Ich weiß, daß es ein ungerechtes und ein thörichtes Verlangen wäre! Eine Gesellschaft, die wesentlich auf dem Begriffe des materiellen Wohlergehens der Bürger aufgebaut ist, für die das Sich-Bereichern der wesentlichste, ja vielleicht selbst der moralischste Grundgedanke und Hebel aller Thätigkeiten ist, eine solche Gesellschaft wäre total aus ihrem Gleichgewicht gebracht, wenn man auf einmal das Postulat der Tugendhaftigkeit an sie stellte. Alle Menschen sind so gut, wie sie es im Kampfe um ihre Existenz und von einer Stufe auf die andere **in ihrer Existenz** sein können. Niemand ist des Bösen wegen schlecht, sondern immer nur wegen Zwecke, die er für gut hält. Aber daß er dort, wo er wesentlich seine Interessen im Auge hat, behauptet, er handle ausschließlich so weil er **gesinnungstüchtig** sei, während er bei Denen, die anders handeln als er, Gesinnungstüchtigkeit oder schlechte Gesinnungen voraussetzt, das ist eine Heuchelei, deren sich selbst unter den religiösen Tugendheuchlern von jeher nur die allerniedrigste Klasse schuldig gemacht hat. Der heutige Gesinnungstüchtige behauptet ausschließlich tugendhaft zu sein. Sein Gegner ist ihm ein Sünder, ein Schurke, ein Auswürfling. Alle seine Motive

sind ihm schlecht von vorn herein, seine Absichten verwerflich, seine Gründe
unlauter, seine Bedenken Ausflüchte, seine Ueberzeugungen erheuchelt. Für
den tugendhaften Politiker gilt es als unmöglich und undenkbar, daß eine
Sache zwei Seiten habe und von mehreren Seiten angesehen werden dürfe.
Für ihn haben die Minoritäten kein Recht, als das Recht, zu dulden, zu schweigen und Gegenstand der Majoritäten zu sein. Dies ist der Standpunkt,
auf den die Georgier und die Südcaroliner Fanatiker nicht weniger stehen als
der deutsche Gesinnungsfanatiker. Doch ist Jener unfrei, und die demüthigende
Lage entschuldigt die schlechte Politik seines Herzens. Er ist nicht sicher und
frei genug, um mit seinem Verstand politisiren zu können. Der Deutsche dagegen gehört der herrschenden Partei an. Er ist frei, ist in der Majorität; er
könnte wenigstens, wollte er nicht a n e r k e n n e n, was selbst im Feinde
anerkennens- und achtenswerth ist, so doch tolerant sein. Aber er ist noch
unfreier, noch unsicherer, als der gewesene Rebell. Das Herrschen ist ihm in
der Praxis neu. Er kennt es von der Theorie her nur als das absolute Recht-
haben, als das schrankenlose Gebieten. Dies faßt er, tugendhaft wie er ist,
mit seinem Gemüth, und zwar rein subjectiv auf, und wird daher zum Despoten,
der von Jedem verlangt, er müsse sich auf den Plan aller seiner Launen, Be-
sonderheiten und Idiosyncrasieen stellen! Wehe, dreimal wehe irgend einem
Lande, in welchem sich diese subjective, gemüthsame Ansicht über die objective
Herrschaft der Gesetze erheben kann!

Die deutsche Tugend- und Gesinnungsprahlerei ist daher um kein Haar
breit besser als der südliche Adelstolz. Beide beruhen auf antiamerikanischen
Gedanken; auf dem Hervorheben des persönlichen Gewissens über das menschliche Gattungsgewissen; auf Gewissensdünkel und auf Gewissensschrullen, auf
einem aristokratischen, hochfahrenden und dabei bettelstolzen Gewissen. Die
Gattungstugend des amerikanischen Volkes ist seine Macht, ist sein Können;
die Tugend des amerikanischen Individuums ist das Erkennen dieser Macht
und seine Theilhaberschaft an derselben. Wir thun Alles in der That, was
uns zu thun möglich ist, und wer phantastische Postulate an uns stellt, die
also unausführbar sind, der ist ein Narr oder ein Fanatiker. In St.
Joseph verlangte vor einigen Wochen solch ein Tugendfanatiker, unsere Regierung sollte eine „kleine Flotte" nach Europa schicken, um die am jenseitigen
Ufer harrenden Millionen Auswanderungslustiger nach den amerikanischen
Gestaden herüber zu führen. Zu gleicher Zeit würde Graf Bismarck dadurch
verhindert werden, die freiheitsdurstige Jugend Deutschlands auf brudermör-
derischen Schlachtfeldern hinzumorden! Außer allem Andern übersah der Tugendhafte, daß die „kleine Flotte", mit der er nur zwei (denn zwei ist die geringste Mehrzahl) Millionen Einwanderer in einem Jahr den Klauen der
deutschen Despoten entreißen wollte, größer sein müßte als die Flotte von
England und Frankreich zusammen; — was aber fragt die Gesinnungstüchtigkeit nach dem Einmal eins oder der Regel de Tri, zumal wenn sie in Missouri am
Ruder ist, und im Hinterwald nur eine lange Tugendstange zu fällen braucht,
um die ganze Welt damit aus ihren Angeln zu heben?

Der sädliche Adelstolz verkümmert und verengt das Feld der amerikanischen Macht. Er setzt der Gesammtheit des Volkswillens und der Tendenzen der Nation seine Besonderheit entgegen, und hemmt dadurch die Gesammtentwickelung gerade so, wie es die deutsche Gesinnungstüchtigkeit thun würde, könnte sie sich als Maßstab der Thätigkeit des amerikanischen Volkes aufwerfen. Für unsere Freiheit ist die höchste Macht auf Erden gerade so das absolut nothwendige Substrat, als die Entwicklung der Macht Deutschlands in Mitten der europäischen Großmächte eine unabweisbare, allem Anderen vorgängige Bedingung seiner inneren freiheitlichen Entwicklung gewesen ist. Dort wie hier war die Frage der Macht die wesentliche, und ist es immer noch; dort stemmt sich die deutsche Gesinnungstüchtigkeit gegen die Machtentfaltung, weil sie nicht dem Gewissen und der Tugendhaftigkeit Derer entspricht, die dem Volk ein halbes Jahrhundert lang vorgeredet, sie seien im ausschließlichen Besitze der ächten, deutschen Staatstugend! Hier ist das Machtbedürfniß nicht zu leugnen; aber der Deutsche faßt es als bloße Renommage, und nicht als das erwartete zahl-, wäg- und meßbare Facit unserer ganzen Thätigkeit. Für den Deutschen ist die amerikanische quantitative Entwicklung inhaltsleer, weil sie nicht mit deutschem Inhalt erfüllt ist, während sie für den Amerikaner und auch an sich in qualitativer Hinsicht ganz ebenso bedeutend ist als in Hinsicht ihrer numerisch berechenbaren Ausdehnung. Ihre Größe bestimmt ihren Werth. Wäre die Bildung der Bewohner von Massachusetts zehnmal so innerlich als sie ist, es gäbe aber keine Eisenbahnen und keine Dampfboote, die die Kreuz und Quer durch alle Staaten Tausende von Meilen durchliefen; gäb' es in Boston bessere Universitäten als in Deutschland, aber es fehlte an den zahllosen Primärschulen, die über das ganze Gebiet der Vereinigten Staaten verbreitet sind, und wäre die Bundesverfassung noch unendlich besser als sie ist, es gäbe aber keine Friedensrichter, wo in tiefster Wildniß eine Handvoll Menschen beisammenwohnt; dies Land wäre an weltkulturhistorischer Bedeutung kaum einem europäischen Staat dritter Größe zu vergleichen. Die Breite seiner Bildung ist gerade seine Tiefe. Dieser letzte Krieg hatte ganz dieselbe Tendenz. Er breitete das nördliche, wahre amerikanische Wesen über den Süden aus, und so weit es das Klima gestattet, wird ohne Zweifel das Experiment gelingen. Da ist ein neues Feld für nördliche Ingenieure, Baumeister, Farmer, Fabrikanten, Lehrer, Prediger und Advokaten. Gehen sie in genügender Zahl nach dem Süden und modeln der Süden nicht sie um, so werden sie den Süden ummodeln. Für deutsche Moralisten und Gesinnungstüchtige wird noch lange da unten nichts zu thun sein, während deutsche Bauern und Handwerker, wenn sie ihr Terrain von der Peripherie aus erobern und nicht gleich mitten ins Centrum hineinspringen, nirgends mehr Arbeit und eine schönere Zukunft vor sich haben. Der deutsche Pedant allein bleibe weg; bekommt er auch nicht gerade das Gelbe Fieber, so riskirt er doch die Gelbsucht. Der deutsche Tugendpedant geht am besten dorthin, wo die meisten Deutschen beisammen wohnen. In der ersten Generation findet er noch naive Seelen genug, in die er seinen Schmerz über die Ruchlosigkeit des amerikanischen Volkes aushauchen kann. Er kann es unter ihnen sogar so weit bringen, daß man ihn nach seinem Tode zu den Verklärten zählt, vorausgesetzt, daß es seiner Gesinnungstüchtigkeit gelang, bis zu seinem Tode am Hungertuch zu nagen, und seine Familie lieber in Noth und Entbehrung zurückzulassen, als daß er vernünftig gelebt hätte und auf eigene Kosten gestorben wäre. Daß sich dann Einige finden, die das Portefeuille, in welchem sie ihre Fünfzwanziger aufbewahren, mit seinem Nimbus überziehen lassen, das versteht sich von selbst.

Sobald die Menschen den Glauben haben, daß ihre eigenen politischen Ansichten über bestrittene Punkte die einzig richtigen sind, ohne die Möglichkeit eines Irrthums von ihrer Seite, und daß die moralischen Gesinnungen ihrer Gegner durch ihre ketzerischen politischen Ansichten nothwendiger Weise böslich afficirt werden müssen, sobald wird dieser Glaube mit Nothwendigkeit, im vollen Maße der jenen Fanatikern zu Gebote stehenden Macht, in politische Verfolgung ausarten. Der politische Tugendfanatismus ist der Zwillingsbruder des religiösen Fanatismus für die Reinheit des Dogmas. Der politische Tugendheld glaubt nicht an die Möglichkeit eines aufrichtigen Irrthums, geschweige denn einer wohlbegründeten verschiedenartigen Ansicht von der seinigen. In seinem politischen Dogma steht der Haß gegen religiöse Intoleranz oben an. Aber trotzdem haßt und verfolgt er seinen politischen Gegner mit derselben tiefen Gluth, mit der der religiöse Schwärmer den Andersglaubenden verabscheut und verfolgt. Sein Gegner steht in seinen Augen nicht etwa aus wirklichem oder falsch verstandenem Interesse zu seinem eigenen politischen System, sondern er gilt ihm als ein verstockter Sünder, der, trotzdem er es besser weiß, am Schlechten festhält, und der, wäre er ein guter Mensch, augenblicklich zu seiner Partei übergehen würde, während er aus moralischer Versunkenheit und Verderbtheit zu dem eigenen sündigen politischen Glauben steht.

Sowohl hier als in Deutschland hat sich diese entsetzliche politische Anschauungsweise in den letzten Jahren mächtig entwickelt. Viel mächtiger aber hier als in Europa. Ich nehme an, daß sich die deutschen Fortschrittsmänner in Deutschland nicht weniger als hier auf absolut freiem Boden befanden. Nur lag dort ihr Boden im Gebiete der absoluten Sterilität, in so weit es die Praxis anging. Losgelös't von aller und jeder praktischen Möglichkeit, ihre Pläne unter lebendigen Umständen und mit lebendigen Menschen auszuführen, hanthierten sie mit ihren Fortschrittsgedanken im absoluten Nebel herum, ohne daß es irgend Jemand wünschenswerth geschienen hätte, daß der Nebel gefallen und ihre Luftschlösser demaskirt worden wären. Weder für ihre Tugendhaftigkeit noch für ihren Verstand gab es da irgend eine Grenze; im absoluten Nebel ihrer Gesinnungen waren sie allmächtig! Aber ihre Allmacht glich der Ohnmacht auf ein Haar, bei der die Gedanken schwinden und sich verschleiern, Arme und Beine ihren Dienst versagen und das Auge sich dem irdischen Licht zu entziehen strebt. Unschuldige Verklärte! Ein preußischer Kübel voll Wasser in's Gesicht erweckte die hysterisch gewordene Germania.

Ganz anders war das Alles hier. Hier war auch ein absolut freies Terrain, und zwar ein wirklicher solider Boden unter den Füßen und lebendiges Material für die höchste Staatsweisheit. Und was geschah hier? Wie entwickelte sich hier der deutsche Genius? Abermals einseitig nach der Gefühlsseite hin. Der Deutsche ward zum Phantasten, zum politischen Moralisten, zum tugendhaften Politiker, zum Tugend-Despoten, zum Gesinnungstüchtigen. Die Mittel der Agitation verwandelten sich unter seinen Fingern in Zwecke. Seine Schrullen wurden ihm Gesetze. Er liebte und haßte, und wühlte sich mit Liebe und Haß tief hinein in das Material der amerikanischen Zukunft, daß es ihm über seiner Vernunft zusammenschlug und ihn vollständig darunter begrub. Deutsche und amerikanische Radicale verstehen einander nicht mehr, sind sich vollständig entfremdet. Der Deutsche haßt den amerikanischen Radicalen; er läßt kein gutes Haar mehr an ihm; er ist ihm verächtlich, weil er ihm nicht tugendhaft genug ist. Er verbaut und verbeißt sich in seiner Gesinnungstüchtigkeit wie in einem Dachsbau, ja er begreift den Amerikaner nicht einmal, der, eine Willensnatur, fortwährend herumexperimentirt, dort nachgiebt, hier selber zurückweicht, bis er einen praktischen Weg gefunden hat, auf dem eine Verständigung, ein Auskommen möglich. Mehr noch, der Deutsche begreift gar nicht, warum ihn der Amerikaner nicht wieder haßt. Warum sollte er? Er betrachtet nichts mit dem Auge des Gemüths, also auch den Deutschen nicht; und mit seinem Verstand übersieht er ihn weit.*) Dazu weiß er, daß die zweite Generation den Deutschen schon zum Theil, die dritte ihn ganz amerikanisirt hat. Aus Liebe und Haß ein Prinzip machen, wo der Gegenstand ihm zusehends unter den Fingern wegschlüpft, wäre die größte Thorheit. Der Amerikaner begeht sie nicht. Und so geschieht es, daß der deutsche Radicale mitten in der universellen Transformation dieses Volkes, statt ein lebendiger Bestandtheil mit Bewußtsein zu werden, ein politischer Sektirer wird, der erst von seiner falschen Position wieder losbrechen muß, ehe er ein Amerikaner werden kann.

Der moralische Standpunkt, den wir Deutschen zum größten Theil in der jetzigen Bewegung einnehmen, der uns in den Rebellen Schurken, in abweichenden politischen Ansichten Ketzer, in Opponenten Feinde, ja persönliche Feinde sehen läßt, dieser Katechismusstandpunkt politischer Kinder wird uns noch sehr wehe thun. Er wird uns für lange hinaus an der Theilnahme an der wirklichen, nicht scheinbaren Bewegung des amerikanischen Geistes und Lebens hintern und uns fort und fort isoliren. Es ist dies um so bedauerlicher, als es nicht die Massen sind, die sich dieser Theilnahme entziehen, sondern gerade Diejenigen, die sich berufen glauben, den Massen als Führer zu dienen. Die Massen stürzen sich direkt in das Meer des hiesigen Lebens. So weit ihr Verständniß reicht und so weit es ihre Mittel gestatten, arbeiten sie an amerikanischen Zwecken auf amerikanische Weise mit. Nur in der Politik werden sie ganz von denselben Menschen geleitet, die das deutsche Volk ein halbes Jahr-

---

*) Wir möchten nicht, daß diese Behauptung als durch uns endossirt aufgefaßt würde.
D. R.

hundert lang in Deutschland im Nebel herumgeführt und die nun hier gerade so mit dem lebendigen Staats- und Menschenmaterial hausen, als gälte es immer noch die deutschen Nebel zu spalten, die deutschen Böcke von deutschen Schafen zu scheiden und irgend eine von den Millionen deutscher Theorieen durchzusetzen.

Die amerikanische Tugend ist das Können. Hätte die deutsche Tugend in St. Louis z. B. zwei deutsche Congreßrepräsentanten durchgesetzt, statt dieses nicht zu thun und nebenher auch nicht eine einzige ihrer deutschen Pointen durchzusetzen, so wäre dadurch die deutsche Tugend mit einem Schlage amerikanisirt worden. Sie hätte dann im amerikanischen Strom des öffentlichen Lebens mit schwimmen müssen, und wäre ersoffen, hätte sie sich nicht über Wasser halten können.

Wie sich in Pennsylvanien das Deutschthum sprachlich und gesellschaftlich abgeschlossen hat, so droht es sich hier im Westen außerdem auch noch politisch und moralisch abzuschließen, um am Ende ein bloßes passives Maschinenstück im öffentlichen Mechanismus zu werden, das amerikanische Politiker einhängen werden wenn sie's brauchen, und leer laufen lassen wenn sie's entbehren können. Die Demuth der ersten drei christlichen Jahrhunderte hat das Römerreich zerstört, der Uebermuth der christlichen Kirche im darauf folgenden tausendjährigen Reiche ihrer eigenen Existenz wurde ihr selbst zum Verderben. Der Muth der Erkenntniß ist gleich weit entfernt von Demuth und Uebermuth. Von Demuth mag man in den Uebermuth plötzlich hineinspringen. Zum Muth der Erkenntniß führt ein weiterer, beschwerlicher Weg. —

Enoch Arden.
Von Tennyson.
Im Versmaß des englischen Originals übersetzt von
Marie Westland.

III.

Und wo war Enoch? Glücklich segelte
Das Schiff: „Out Glück" — obgleich zu Anfang wohl
— Scharf-östlich kreuzend — es Biscaya's Fluth
Erschüttert und bewältigt fast; und doch
Streicht's unbeschädigt durch die Tropen;
Dann tummelt's hin und wider sich am Cap,
Und nach so manchem Wechsel, gut und bös,
Passirt es wiederum die Tropenwelt,
Und Balsamduft strömt ihm entgegen lind,
Bis es in Ostens Hafen schweigend ruht. —
Dort handelt Enoch für sich selbst; er kauft

Seltsame Ungeheuer für den Markt,
'Nen gold'nen Drachen für die Kinder auch.
.... Doch minder glücklich war der Heimweg. Erst
Blickt friedlich Tag um Tag, durch manch Gebiet,
Die kräftige Gestalt am Bug die Furchen an,
Die sich von ihm fortspannen, weit hinaus; —
Dann Stille folgt, dann Winde mancherlei,
Ungünstig, friedlich, eine ganze Reih',
Und endlich Sturm, der sie in finst'rer Nacht
Umhertrieb, dann der Schrei: „Ein Riff! Ein Riff!"
Der Krach des Untergangs — verloren All' —
— Nur Enoch und zwei Mann erhielten sich. —
Die halbe Nacht, an Sparr' und Takelwerk
Sich hängend, schwammen sie — und landeten
Im Morgenlicht bei einem Eiland an,
Einsam, doch reich; kein Nahrungsmangel dort,
Denn Nüss' und Frücht' und Wurzeln wuchsen rings,
Noch war's, sei's nicht um Mitleids willen, schwer,
Das Wild zu tödten, das aus Wildheit zahm.
In einer Bergschlucht, blickend auf die See,
Erbauten sie ein Häuschen, laubgedeckt,
Halb Hütt', halb Höhle. Und die Drei, versetzt
In Edens Ueberfluß, verweilten doch
Im ew'gen Sommer nur mit schlechter Lust. —
Einer, der Jüngste, fast ein Knabe noch,
Beschädigt in des Schiffbruchs feuchter Nacht,
Lag schmachtend sich drei Jahre, lebend-todt –
Man durft' ihn nicht verlassen; als er todt,
Sah'n einen umgefall'nen Stamm die Zwei,
Und Enoch's Bruder, sorglos für sich selbst,
Brannt' aus dem Stamm nach Indianer Art
Und fiel am Sonnenstich. Enoch — allein —
Las in dem Unglück Gottes Wink: Geduld! —
Er sah die waldgekrönten Berge, sah
Die Wiesenpfade, strebend himmelan —
Der Cocospalme schlanken Federkranz,
Des Glühwurms Blitz, der Vögel Farbenschein,
Der schlanken Schlinggewächse tiefe Gluth,
Die sich um starke Stämme wanden, ja
Bis zu des Landes Grenze ging er selbst,
Und sah des Erdengürtels Herrlichkeit!....
Das sah er — doch wonach sein Sehnen stand —
Das hatt' er nicht —: ein freundliches Gesicht

Und eine helle Stimme, — hörte nur
Myriaden Seegeflügel kreischend schrei'n,
Der langen Wogen Donner auf dem Riff,
Das Flüstern großer Bäume, vielverzweigt
Und blüthenreich hoch im Zenith, den Sturz
Des Berg-Gewässers, das der Fluth zuschießt....
Indeß am Strand er hinging, tagelang
Dann wieder seewärts in der Hütte saß,
Schiffbrüchig harrt' auf eines Segels Spur,
Schwand Tag um Tag dahin — kein Segel noch! —
Nur gleich gebroch'nen Scharlach-Pfeilen stieg
Die Sonne zwischen Palm' und Fern empor;
Es flammt ihr Licht im Osten auf der Fluth,
Es flammt von oben auf sein Eiland hin,
Es flammt im Westen wieder auf der Fluth.....
Dann endlich ballen sich am Himmelszelt
Die großen Sterne, hohler braus't das Meer —
Auf's Neu' der Scharlach-Pfeile Gluth — kein Schiff!!
.... Oft, wenn er wach saß, oder nur so schien —
— So still, daß ihm ein schimmernd Schlänglein lauscht' —
Sah vielgestalt'gen Spuk er vor sich zieh'n,
Den er wohl selbst beschwor — und Vielerlei,
— Ihm aus dem fernen Norden wohl bekannt,
Stieg vor ihm auf: der Kinder leicht Geschwätz,
Der hochgewund'ne Pfad, die Mühle, Ann,
Die laub'gen Lehnen, und der Eibenbaum
Am öden Schloß, sein Pferd, sein Boot, — der Frost
Am Wintertag, die thaubedeckte Flur,
Der leichte Regen, dürrer Blätter Duft,
Das athmende Gestöhn bleifarb'ger Fluth...
.... Einstmals auch tönt' es seltsam an sein Ohr —;
Leis', aber fröhlich — wie aus fernstem Raum,
Hört er des heim'schen Kirchleins Glockenklang;....
Rasch stand er auf, er wußte nicht warum —
Ihn fröstelte, und als er sich besann
Auf sein gehabtes schönes Eiland hier —
O hätte nicht sein armes Herz alsdann
Zu Dem gesprochen, deß' Allgegenwart,
Ruft man ihn an, uns niemals einsam läßt —
Gestorben wär' der Mann an Einsamkeit! —
.... So zog ob Enochs frühem Silberhaupt
Gleichmäßig Sommer hin und Regenzeit
Jahrein, Jahraus. — Die Seinen noch zu seh'n,

Die altbekannten heil'gen Felder auch
Einst zu betreten, hofft' er; .... plötzlich kam
Ein schnelles Ende seiner Einsamkeit:
Ein and'res Schiff, — in Wassersnoth — verweht
Von Sturm (dem ihren gleich) aus seiner Bahn —
Hielt an daselbst, nicht wissend, wo es lag;
Der Steuermann, der eben früh am Tag
— Da wo der Insel Nebelschleier riß —
Das Wasser von den Bergen rieseln sah,
Hatt' eine Schaar Matrosen ausgeschickt,
Zu suchen Quell und Strom; der Strand erscholl
Von ihrem Lärm. Aus seiner Hohlschlucht stieg
Der Eremit mit langem Bart und Haar,
Braun, kaum noch menschenähnlich — seltsamlich
Gekleidet, stotternd wie ein Idiot,
Voll blindem Zorn — so schien's — durch Zeichen nur
Und unverständlich sprechend; doch er zeigt'
Dem Volk den Weg zu süßer Wasser Fluß, —
Und da er sich den Schiffern beigesellt
Und ihnen zuhört, ward gelös't ihm selbst
Die lang gebund'ne Zunge, bis sie ihn
Verstanden, — und als ihre Fässer wohlgefüllt,
An Bord ihn nahmen. Dort, was er erlebt,
Erzählt er nach und nach, kaum glaubten sie's —
Doch endlich rühret es Alle, die's gehört.
Man gab ihm Kleider, ließ ihn frei nach Haus,
Doch theilt' er gern der Andern Arbeit, um
Der Einsamkeit entwöhnt zu werden. Hier
War nicht ein Einz'ger aus demselben Ort,
Der ihm gesagt hätt', was er wissen wollt'.
Trüb' war durch manchen läst'gen Aufenthalt
Die Reise, — morsch das Schiff, doch immer flog
Sein liebend Herz dem trägen Wind voraus,
Heimkehrend — bis bei dunkler Nacht einmal
Er in sich sog, gleich einem Liebenden,
Alt-Englands thauig feuchten Wiesenduft,
Der geisterhaft vom Wall der Küste weht'....
...... Am selben Morgen sammelt' unter sich
Die Mannschaft eine Steuer für den Mann,
Der so geprüft durch Einsamkeit; darauf
Zur Küste segelnd, landeten sie ihn
Im selben Hafen, den sein Schiff verließ.
Dort sprach zu Keinem er ein einzig Wort,

Nur heimwärts wollt' er. — Heim? — Hatt' er ein Haus?
Sein eig'nes — dorthin ging er! — Sonnig war
Und klar, doch kühl der Tag, — bis durch den Bruch
Wo beide Häfen öffnen nach der See —
Sich Nebel drängte, der mit Schleiern grau
Die Welt verhüllt, bis selbst der Weg vor ihm
Verschwindet, nur ein schmaler Streif verbleibt
Von welkem Buschwerk, Haid'- und Weideland.
Rothkehlchen pfiff auf dem entlaubten Baum
Ein kläglich Lied, und durch den Nebeldunst,
Den todten Laubes Fall herniederträgt,
Wächs't mit dem Regenstaub die Dunkelheit;
Doch endlich schien's daß ihm entgegenstadt
Ein halb umflortes Licht — da kam er zu dem Platz.
Und als er langsam schritt den Weg entlang,
Mit übeln Ahnungen im Herzensgrund,
Den Blick zu Boden senkend, kam er an,
Wo Ann gelebt und liebend ihm geschenkt
Die Kinder all' in jener fernen Zeit....
Doch nicht Geräusch noch Lichtschein fand er dort
(Ein Kaufes-Angebot durch's Dunkel scheint) —
Da schlich er fort. Todt, dacht' er, todt für mich!? —
Zum Teich hinab, zur schmalen Rhed' er ging,
Ein Wirthshaus suchend, das er sonst gekannt:
Vorn künstlich Schnörkelwerk aus morschem Holz,
Gestützt, zerfressen und gebrechlich-alt; —
Er glaubt' es sei zerfallen, doch es war
Zerfallen der's einst hielt — und Miriam Lane,
Die Wittwe, hielt bei schmaler Rechnung Haus.
Sonst war's von lärmend munt'rem Schiffsvolk voll,
Jetzt still, mit einem Bett für Wandersleut'.
.... Und dort blieb Enoch schweigsam manchen Tag; —
Doch Miriam Lane war gut und schwatzhaft auch,
Ließ ihn nicht ruhig, sondern stört' ihn oft.
Und mit viel and'rer Chronik aus dem Ort
Erzählt sie ihm, der so gebeugt und braun
Und schwach (sie kennt ihn nicht) — des Hauses Loos;
Des Säuglings Tod, vermehrte Dürftigkeit,
Dann wie die Kinder auf die Schule schickt
Der brave Philipp, der sie lang' umwirbt.
Ihr langsam Ja, die Heirath und Geburt
Von Philipp's Kind; und über sein Gesicht
Kein Schatten schlich, kein Zeichen.... Jedermann,

Der zugeseh'n, konnt denken, daß er selbst
Weit weniger empfand, als Die's erzählt.
Doch als sie schloß: „Der arme Mann ist todt —
Im Meer verloren" — schüttelt feierlich
Sein graues Haupt er, murmelnd: „Er ist todt —
Verloren!.... leiser flüsternd todt!"......
Doch Enoch schmachtet nach dem Anblick Ann's —
Noch einmal ihr in's liebe Antlitz seh'n
Und wissen: sie ist glücklich! — Dieser Wunsch
Verfolgt und quält ihn; und es trieb ihn fort
Am Abend, eh' der trübe Wintertag
Zum trübern Zwielicht wurde, — nach dem Berg.
Dort sitzend, blickt auf Alles er herab,
Und tausend Bilder der Erinnerung
Bestürmten da unsäglich traurig ihn....
Doch endlich lockt des Fenster-Vierecks Schein,
Das roth-licht fern aus Philipp's Hause fällt,
Ihn weiter — wie des Leuchtthurms Licht verführt
Den Wandervogel, bis unsinnig er
Daran schlägt und sein Leben selbst zerstört....
Denn Philipp's Haus, der Straße zugekehrt,
War landwärts grad' das letzte; hinten lag
Mit einem Thor, das nach der Wiese ging,
Ein blühend Gärtchen, ringsum eingehegt.
Drin wuchs nebst üppig altem Immergrün,
Ein Eibenbaum; am Rande lief dahin
Ein Schindelweg; ein zweiter mitten durch.
Doch Enoch scheut' den mitt'len Weg, und schlich
Entlang der Mauer hinterm Eibenbaum....
Dort sah er was er meiden hätt' gesollt —
— Wenn Unglück seinem gleich, noch Grade hat —
Denn von dem blankgeputzten Borde da
Schien Porcellan und Silber; dieser Herd
War gar so traulich — und zur Rechten saß
Er Philipp, den verschmähten Mann von einst,
Stark, rosig, mit dem Kind auf seinen Knie'n;
Und bei dem zweiten Vater lehnt die Maid,
Die junge, doch die größ're Annie Lee,
Blond, fein und schlank; in der erhob'nen Hand
Hielt sie ein flatternd Band mit einem Ring,
Dem Kind zur Lust, das mit dem wulst'gen Arm
Vergeblich danach greift.... Gelächter schallt..
Und Enoch sieht zur Linken des Kamins

Die Mutter, wie sie nach dem Kinde schaut,
Manchmal sich wendend im Gespräch mit ihm,
Dem starken, großen Sohn, der bei ihr steht,
Gefäll'ges sagend, denn er lacht sie an......
...... Als nun der todte auferstand'ne Mann
Sein Weib erschaut, das nicht mehr sein — das Kind,
Ihr Kind, nicht seines, auf des Vaters Knie'n,
Des Hauses Frieden, Lieb' und volles Glück,
Und seine eig'nen Kinder, groß und schön,
Den Andern, herrschend ganz an seiner Statt:
Herr seiner Rechte und der Kinder Lieb',
(Denn ob ihm Miriam Alles auch gesagt —
Mehr Macht hat was man sieht, denn was man hört)
— Da wankt und zittert er, hält sich am Strauch,
Voll Furcht, er müß' entsetzt und gellend schrei'n —
Und jener Schrei, gleich Sturmwind des Gerichts,
Zertrümmerte mit Eins der Erde Glück....
Drum sacht sich rückwärts wendend, gleich dem Dieb,
Damit das Holz nicht knarr' von seinem Tritt,
Hintappend ängstlich an des Gartens Zaun,
Daß strauchelnd nicht er falle und man ihn
Aufhöbe dort — schleicht er zum Thor und schließt
Es wieder, wie des Krankenzimmers Thür,
Leis' hinter sich — da stand er auf dem Feld,
Und dort hätt' er gekniet, nur waren ihm
So schwach die Knie', daß er zusammenbrach,
Die Finger bohrend in den feuchten Grund.
Er betet: „Allzu hart!! O, warum hat
Man mich hierher gebracht? allmächt'ger Gott!
Der mich auf öder Insel aufrecht hielt,
Halt' aufrecht mich in meiner Einsamkeit
Ein wenig länger! Hilf mir, gieb mir Kraft,
Ihr Nichts zu sagen, nie ein einzig Wort —
Hilf mir, daß nie ich ihren Frieden stör'!
Und meine Kinder — sollt' ich diese seh'n?
Kein's kennt mich mehr — ich sollte niemals mich
Verrathen — ach, kein Vaterkuß für mich!
Der Mutter gleicht die Maid, der Sohn — mein Sohn!"....
Bewußtlos lag er;.... als er aufstand, beim
Nach dem verlaß'nen Hause wieder ging
Die ganze enge, lange Gass' entlang,
Versucht er's einzuprägen seinem Sinn
— Als wär's das stet'ge Ende eines Lied's —:

Ihr Nichts zu sagen, nie ein einzig Wort! —
So war er nicht ganz trostlos; — der Entschluß
Erhob und stärkt' ihn wie sein Gottvertrau'n.
Gebet, aus jenem innerlichen Born,
Der ewig aufquillt in der bittern Welt
— Gleich süßen Wassers Quelle in der See —
Erhielt am Leben ihn. — „Von der Du sprachst
— Sagt er zu Miriam — Eures Müllers Frau,
Hat sie nicht Furcht, es leb' ihr erster Mann?"
„„Je nun, die arme Seele — Furcht? ja wohl,
Sagt' Einer ihr, er hab' ihn todt geseh'n,
Das wär' der beste Trost!"" — Und Enoch nahm sich vor:
Sie soll's erfahren gleich, wenn Gott mich rief —
Ergeben wart' ich's ab. — Und Enoch ging
Bald an die Arbeit, die ihn nähren sollt'.
Almosen mocht' er nicht; doch vielgewandt,
War Küfer er und Zimmermann, und spann
Den Fischersleuten Netze, oder half
Der Barken Fracht zu laden, ein und aus,
Die jener Tage kleiner Handel bracht'.
So nimmt er täglich ein, was er bedarf, —
Doch da er für sich selber stets nur schafft,
— Werk ohne Hoffnung — war kein Leben drin,
Von dem er leben konnt'.... Und als das Jahr
Nun wieder um war bis zum selben Tag,
Da Enoch heimgekehrt — fühlt er sich schwach,
Mattherz'ge Krankheit schleicht sich bei ihm ein —
Ihm sank die Kraft,... bald konnt' er Nichts mehr thun,
Und hütete das Haus, in Stuhl und Bett.
Doch Enoch trug sein Siechthum heitern Sinn's;
Denn der Gestrandete sieht fröhlicher
Gewiß nicht durch des Wasserwirbels Flor
Das Boot, das neu ihm Lebenshoffnung bringt
— Da er verzweifeln wollt' — als Enoch jetzt
Den Tod andämmern sah, des Leidens Schluß.
Denn durch die Dämm'rung schien ein hell'res Licht
Auf Enoch, der sich sagte: Bin ich todt,
Dann wisse Sie's — ich liebte sie noch jetzt!...
Laut rief er dann nach Miriam Lane und sprach:
„Weib, höre mein Geheimniß — schwöre mir,
Es nimmer zu enthüllen, bis ich todt"....
„„Todt!? schrie die gute Frau — hört, wie er spricht!
Ich wette Dir, wir bringen Dich herum!""....

„Schwör' auf die heil'ge Schrift!" sagt Enoch ernst —
Und furchtsam schwur da Miriam auf die Schrift.
Die grauen Augen nach ihr hingewandt,
Sprach er: „Hast Enoch Arden Du gekannt?"
„Gekannt — ? sagt sie — vor langer, langer Zeit....
Ich sah ihn oft vorübergeh'n — und dann
Trug er den Kopf so hoch — sah Niemand an!"
Langsam und traurig kam die Antwort da:
„Jetzt senkt er ihn und Niemand sieht ihn an!" —
Ich denk', ich hab' nur noch drei Tage Zeit —:
Ich bin der Mann!" Worauf die Frau lautauf
— Ungläubig halb, halb in Bestürzung, schrie:
„Du Arden, Du — ?! Nein wahrlich, größer war
Um einen Fuß der And're noch als Du!""
„Gott, sprach da Enoch, beugte mich so tief —
Unglück und Einsamkeit hat mich geknickt;
Und dennoch wisse: daß ich wirklich Der,
Der freite — — doch ihr Name ward vertauscht
Zum zweiten Mal — Sie, die jetzt Philipp's Weib.
Still, hör' mich an!".... Dann von der Reise sprach,
Vom Schiffbruch er, von seiner Einsamkeit,
Von jenem Blick auf Ann, — von dem Entschluß
Und wie er ihn gehalten. Wie sie hört,
Fließt reichlich ihrer leichten Thränen Fluth,
Und doch im Herzen fühlt sie heißen Durst:
Schnell durch den Ort zu eilen, überall
Enoch zu melden, und sein großes Leid.
Doch scheu gemacht durch des Versprechens Band,
Sagt sie nur: „„Sieh die Kinder, eh' Du gehst —
Laß mich sie holen, Arden!"" Sie stand auf,
Begierig, sie zu bringen; Enoch hing
An ihren Lippen erst, doch sprach er dann:
„Weib, störe mich nicht jetzt, am letzten Tag ..
Laß mich den Vorsatz halten, bis zum Tod!
Setz Dich .. und merk' wohl auf, versteh' mich recht,
So lang' ich sprechen kann.... Dein Auftrag ist:
„Wenn Du sie siehst, so sag' ihr, daß ich starb
Sie segnend im Gebet, und liebend noch
Als da sie erst ihr Haupt an mein's geschmiegt...."
Sag' meiner Tochter Annie, die ich fand
So gleich der Mutter, .. daß mein letzter Hauch
In Segen und Gebet für sie verweht.
Sag' meinem Sohn: ich segnet' ihn im Tod ..

Und Philip sag': ich segnete auch ihn —
Hat er's doch immer gut mit uns gemeint! —
Doch wollen mich im Tod die Kinder seh'n,
Die lebend mich nicht kannten — laß sie's thun, —
Ich bin ihr Vater! doch S i e bleibe fort,
Ihr Leben trübte wohl mein todt Gesicht. —
Und so ist nur ein Einz'ger meines Stamm's,
Der in der Welt des Jenseits mich begrüßt:
Dies ist sein Haar — sie schnitt es ab für mich,
Und ich trug's bei mir all die lange Zeit,
Und mit mir nehmen wollt' ich's auch in's Grab....
Jetzt ist mein Sinn verändert, denn ich werd'
Mein Kind da oben seh'n — drum, nach dem Tod
Nimm, gieb ihr dies, und Tröstung bring' es ihr!
Und überdies wird's ihr ein Zeichen sein,
Daß ich der Rechte....Miriam, als er schwieg,
Verspricht es ihm mit so viel Wortgeschwätz,
Daß wieder er die Blicke nach ihr schickt
Und Alles wiederholt;.... und abermals
Versprach sie's. — In der dritten Nacht von da,
Als Enoch schlummert, regungslos und blaß,
Und Miriam, wachend, auch zuweilen nickt —
Tönt solch ein lauter Ruf vom Meere her,
Daß in dem Port erzittert jedes Haus....
Erwachend streckt er seine Arme aus,
Und setzt sich auf und ruft: „Ein Schiff! ein Schiff!
Gerettet bin ich!".... sank zurück, und schwieg.
....So schied von hier das starke Heldenherz....
Und selten wohl sah solch ein kleiner Ort
So prächt'gen Leichenzug, wie dieser war!

Das Feuerwerk von Santorin.
Von Victor Ernst.
(Nach einem Artikel von Fouqué.)

Die Vulcane des Mittelländischen Meeres haben in neuerer Zeit eine ungewöhnliche Thätigkeit entwickelt. Zu Anfang des Jahres 1865 öffnete sich plötzlich der nördliche Abhang des Aetna, und während eines Zeitraums von fünf Monaten ergoß sich daraus ein mit Wasser-Dampf und flüssigen Gasen vermischter Lavastrom. Um dieselbe Zeit hatte sich des Besuvs eine außergewöhnliche Unruhe bemächtigt, und die feurige Materie stieg bis zum obern Rande des Kraters, ohne jedoch überzufließen. Auch in der Nähe des Aetna zeigten sich eine Menge vulkanischer Erscheinungen. Die interessantesten Manifestationen ereigneten sich jedoch in der Bai von Santorin, wo seit hundert und fünfzig Jahren ununterbrochene Ruhe geherrscht. Im Mittelpunkt dieser Bai liegen drei kleine Inseln vulkanischen Ursprungs, über deren Ursprung genaue Ueberlieferungen vorhanden sind. Diese Inselchen werden Kameni (Feuerberge) genannt, und bei einer derselben trugen sich Phänomene zu, welche die regste Aufmerksamkeit der Naturforscher und das tiefste Interesse aller Gebildeten erregten. Herr Fouqué, von dessen Artikel wir hier einen Auszug liefern, gehörte zu einer Commission, welche die Academie der Wissenschaften zu Paris an Ort und Stelle sandte.

Der Haupt-Herd des jetzigen Ausbruchs befand sich auf und bei der Insel Nea Kameni, entstanden durch eine Eruption, welche von 1707 bis 1712 dauerte. Die einzige Erscheinung, welche auf eine erneuerte vulkanische Thätigkeit schließen ließ, bildeten eigenthümliche Ausdünstungen der ins südliche Ufer von Nea Kameni einschneidenden Bucht von Vulcano. Das Wasser war hier fortwährend bewegt und von grünlich-gelber Färbung, welche, besonders bei vorherrschendem Nordostwinde, in ein gelbliches Roth überging. Die Farbe rührte unzweifelhaft von aufgelös'tem Eisensalz her, während ein starker Schwefelgeruch sich nie verkennen ließ. Die Beschaffenheit des Wassers dieser Bucht war dem animalischen Leben in dem Grade schädlich, daß die Schiffe nur eine kurze Zeit dort zu verweilen brauchten, um von den Schaalthieren, welche sich an ihrem Kiel festgesetzt hatten, befreit zu werden; für Menschen entfaltete es medicinische Eigenschaften, welche die kleine Bucht zu einem gesuchten Badeort machten. Aus diesem Grunde waren auf der sonst nicht sehr frequentirten Insel eine Anzahl von Häusern errichtet worden, und für die religiösen Bedürfnisse der Gäste sorgten eine griechische und eine katholische Kirche. Gegen das Ende des Jahres 1865 lagen nur noch wenige der Reinigung bedürftige Schiffe in der Bucht. Die Badegäste waren zum heimischen Herd zurückgekehrt, und es blieb auf der Insel Nea Kameni nur noch e i n e Familie, deren Obhut die Häuser anvertraut waren. Von der Welt abgeschieden, wohnten diese Leute in einem Häuschen am Ufer des Meeres, dicht neben dem ehemaligen Kraterkegel der Insel. Bis zum Ende des Januar 1866 bemerkten sie nichts Außergewöhnliches. Wären sie schärfere Beobachter gewesen, so würde ihnen freilich wohl mancherlei aufgefallen sein; es konnte zum Beispiel nicht fehlen, daß das Wasser einen erhöhten Wärmegrad zeigte. Erst am 30sten Januar wurde die Aufmerksamkeit des Wächters rege gemacht durch einen Umstand, dem er Anfangs wenig Bedeutung beilegte. Er gewahrte nämlich am Morgen einen Riß im Dach seiner Wohnung, und als er die übrigen Häuser inspicirte, fand er, daß sie alle mehr oder weniger gespalten waren. Auch der ungefähr 100 Meters hohe Kegel zeigte Spuren einer unterirdischen Erschütterung. Große Lavablöcke hatten sich vom Gipfel gelös't und waren bis zu den unten gelegenen Wohnungen gerollt.

Der Wächter schrieb dies Alles auf Rechnung einer während der Nacht stattgefundenen Erderschütterung, erstaunte aber nicht wenig, als, ohne daß ein Stoß fühlbar war, der Riß an seiner Wohnung sich zusehends erweiterte. Gegen das Ende des Tages waren die zunächst liegenden Häuser dem Einsturz nahe, und schwere Massen rollten donnernd vom Kegel herunter. Bald ließ sich ein unterirdisches, dumpfes Geräusch vernehmen, begleitet von sehr bemerkbaren Stößen. Das Geräusch wurde immer lauter, und die Stöße nahmen mit jeder Minute an Heftigkeit zu. Namentlich schien die Bucht von Vulcano unter dem Einfluß der verborgenen Feuer zu stehen. Das Wasser wurde heiß, und unzählige Gasblasen kamen darauf zum Vorschein, als befände es sich im Zustande des Siedens. Zugleich wurde der Schwefelgeruch fast unerträglich. Ueberdies wurde der Landungsplatz am südöstlichen Ufer der Insel zusehends niedriger; es war unverkennbar, daß der Boden sich langsam senkte. Die Familie verbrachte den Tag in namenloser Angst, konnte sich aber noch nicht zum Verlassen ihrer Wohnung entschließen. In der darauf folgenden Nacht wurden die unterirdischen Donner und die Erschütterungen so furchtbar stark, daß die armen Leute unter den Trümmern ihres Hauses begraben zu werden fürchteten. Eine Stunde vor Sonnenaufgang sahen sie über der Bucht von Vulcano Flammen, welche aus dem Schooß des Meeres emporzutauchen schienen und deren gelbliches Licht den Lava- und Bimssteinmassen vom Ausbruch des Jahres 1707 eine fremdartig unheimliche Färbung verliehen. Jetzt kannte ihre Furcht keine Grenzen mehr, und sie beeilten sich, vermittelst ihres Bootes nach Santorin überzusetzen. Was sie bei ihrer Landung im Hafen von Thira erzählten, brachte die ganze Bevölkerung in Allarm. Man fürchtete nicht allein die beiden Kameni, sondern obendrein noch die ganze Insel Santorin von einem feurigen Abgrund verschlungen zu sehen. Viele flüchteten sofort, und Andere schafften ihre werthvollen Habseligkeiten nach Syra. Nicht wenige Unerschrokkene aber zogen es vor, das, wovon man ihnen erzählt, selbst zu schauen, und fuhren nach Nea Kameni. Der Doktor Decigalla, dem wir viele werthvolle Aufschlüsse über den Verlauf der Eruption verdanken, gehörte zu den Ersten, welche an Ort und Stelle kamen. Er fand sowohl die hohe Temperatur des Meeres, wie die Gase, welche sich von ihm losrangen, und seine röthliche Färbung bestätigt. Außerdem machte er eine auffallende Entdeckung. Am Fuße des Kegels von Nea Kameni hatten sich vier kleine Süßwasser-Seen gebildet, und zwar auf einem Punkte, wo sich früher nicht die Spur einer Quelle gezeigt hatte. Am Abend sah er auch die in der Nacht zuvor bemerkten Flammen aus dem Wasser emporsteigen. Diese Erscheinungen dauerten während des folgenden Tages (2. Februar) mit stets vermehrter Heftigkeit fort. Die Senkung des Bodens hatte in dem Grade zugenommen, daß schon Häuser, welche mehrere Meter hoch gelegen hatten, vom Meere bespült wurden.

Alles dies war aber nur noch die Andeutung einer bevorstehenden Eruption. Am 3. Februar sah man auf der Oberfläche des Meeres, in der Bucht von Vulcano, ein Riff zum Vorschein kommen, welches aus Lavamassen gebildet war, die aus den Eingeweiden der Erde hervordrangen und die Trümmer des Grundes vor sich her stießen. Das Riff vergrößerte sich so schnell, daß man den Fortschritt von Minute zu Minute gewahren konnte. Offenbar hatte sich der Grund am Boden des Meeres gespalten, und es drang aus der Oeffnung unaufhaltsam ein glühender Lavastrom hervor, welcher, indem er mit dem Wasser in Berührung kam, erkaltete und sich zu unregelmäßigen Blöcken formirte, von denen fortwährend die früher gekommenen durch den Nachschuß bei Seite geworfen wurden. Am 3. Februar war die eine Insel schon 70 Meter lang, 30 breit und ungefähr 10 Meter hoch. Die Lavamassen, welche durch ihre Anhäufung die erhitzte Temperatur länger beibehielten, glühten während der Nacht wie Feuer. Gelbliche Flammen drangen aus den Ritzen und namentlich aus dem die Mitte bildenden Krater hervor, so daß das Ganze das Aussehen eines Scheiterhaufens hatte.

Bis hierher hatte die Eruption noch kein eigentliches Unglück zur Folge gehabt und keine heftige Katastrophe herbeigeführt. Die Bewohner von Santorin beruhigten sich, und täglich kam eine Menge von Neugierigen nach Nea Kameni. Man setzte sich am Ufer der neuen Insel gegenüber, bewunderte die schöne Erscheinung und erging sich in lebhaften Besprechungen über ihre Ursachen. Eine der wichtigen Fragen, welche sich erhoben, betraf den Namen der Insel. Man entschied sich, sie nach dem Könige Georg zu nennen; dabei ist es geblieben und Alle schienen damit zufrieden zu sein, außer Georg selbst, welcher mit der Bemerkung dagegen protestirte, daß ein friedliebender, konstitutioneller König unmöglich einem Vulkan zum Pathen dienen könne. Am 6ten Februar war die Insel Georg schon mit Nea Kameni vereinigt; einige Tage später nahm sie die ganze Bucht von Vulcano ein und rückte weiter in's Meer hinaus. Sie bildet jetzt ein Vorgebirge, welches vom südlichen Ufer von Nea Kameni ausgeht. Bald hörte man jetzt auch Detonationen, zuerst selten und schwach, dann häufiger und heftiger.

Während sich dies bei der Bucht von Vulcano zutrug, wurde auch am südöstlichen Ufer der Insel die vulkanische Thätigkeit immer auffallender. Schon am 8. Februar fand man das Wasser dort sehr heiß und grüngelblich gefärbt. Am folgenden Tage sah man plötzlich, in südwestlicher Richtung, das Wasser in den Zustand des Siedens übergehen, große Dampfblasen platzten in der Luft, und es wurden auch kleine Bruchstücke von Lavaschlacken emporgeschleudert. Am 13. Februar kam ungefähr 50 Meter von der Küste eine neue Insel zum Vorschein, welche die Mitglieder der von der griechischen Regierung gesandten wissenschaftlichen Commission nach dem Dampfschiffe, welches sie nach Santorin führte, Aphroessa nannten. Dies wie das andere Eiland bestand aus unregelmäßig zusammengewürfelten Lavablöcken, auf welchen sich theilweise Mollusken und andere Erzeugnisse der Meerestiefe zeigten. Aphroessa vergrößerte sich langsamer als die Insel Georg. Am ersten Tage tauchte der Gipfel mehrmals wieder unter, und erst gegen Abend gewann das Eiland einige Stabilität.

Bis zum 20. Februar nahm Alles den oben geschilderten regelmäßigen Verlauf, und nur gelegentliche starke Explosionen brachten einige Abwechslung in die Scene. Am 19ten warf die griechische Commission Anker in dem Kanal zwischen Micra Kameni und Nea Kameni. Die Nacht verfloß ohne Störung; kein Erdbeben, keine ungewöhnlich starke Detonation unterbrach die Ruhe. Die Lavamasse der Insel Georg leuchtete wie gewöhnlich und warf eine röthliche Helle über die Häusertrümmer am Ufer. Früh Morgens gingen die Mitglieder der Commission mit ihren Instrumenten ans Land. Bald stießen ihnen Zeichen auf, aus welchen sie schließen mußten, daß etwas Außerordentliches bevorstehe. Das Wasser hatte in der Nähe des Ufers eine Temperatur von 85 Grad; seit dem vorigen Abend war sie um 10 Grad gestiegen. Aus dem Gipfel der Insel Georg stiegen stärkere Dämpfe empor, und das Zischen derselben mischte sich mit tieferem und längerem unterirdischen Grollen. Rings um den Mittelpunkt der Eruption entrangen sich Schwefeldämpfe dem Boden. Die Gelehrten beschlossen jedoch, sich durch diese drohenden Symptome nicht in ihrer Arbeit stören zu lassen. Der Eine von ihnen, Herr Palaska, blieb am Ufer, um dort einige Untersuchungen vorzunehmen; die vier Andern, Schmidt, Mitzopulos, Bujuka und Christomanos, erstiegen den Kegel von Nea Kameni, um die Eruption in ihrer Totalität zu beobachten. Als sie den Gipfel erreichten, war es etwa neun Uhr. Sie fanden dort oben tiefe, neu gebildete Risse, aus denen schwefelhaltige Wasserdämpfe entschlüpften, und als sie an den südlichen Rand des ehemaligen Kraters kamen, sahen sie, daß das Aeußere der beiden neuen Inseln sich wesentlich verändert habe. Obgleich Alles eine Krisis vermuthen ließ, setzten sie doch ruhig ihre Beobachtungen fort. Der Eine maß die barometrische Höhe; die Anderen setzten sich auf Lavablöcke und machten Notizen oder Zeichnungen. Plötzlich erfolgte eine furchtbare Explosion. Eine dichte, schwarze Rauchwolke stieg mit erschreckender Schnelligkeit empor, hüllte sie völlig ein und tauchte Alles um sie her in finstere Nacht. Einige Minuten darauf umprasselte sie ein Stein- und Aschenregen. Tausende glühender Steine fielen wie ein brennender Hagel herab. Instinktiv suchten Alle ihr Heil in der Flucht und stoben, ihre Karten und Instrumente im Stich lassend, nach Nordwesten auseinander. Aber es war fast ebenso gefährlich, zu fliehen, wie am Platze zu bleiben, denn deckte man sich nicht auf irgend eine Weise, so war man fast bestimmt dem Tode verfallen. So suchte denn Jeder, so gut es sich machen ließ, Schutz unter vulkanischen Felsen. Einige konnten sich nur nothdürftig und theilweise decken. Herr Christomanos hatte zum Beispiel ein zerklüftetes Felsstück erwischt, unter welchem er nur den Kopf verbergen konnte; der übrige Theil seines Körpers war schutzlos dem Stein- und Aschenregen ausgesetzt. Glücklicherweise wurde er von keiner schweren Masse getroffen; aber die glühenden Steinchen setzten seine Kleider in Brand und verursachten ihm eine tiefe, schmerzhafte Wunde im Nacken. Rings um ihn her stand Alles in Flammen; die Steine hatten die Häuser und Gebüsche, welche den alten Krater umkränzten, in Brand gesteckt. Ein schwerer Block platzte wie eine Bombe auf den Fels nieder, der ihm zum Schutzdach diente, und zersprang dort in tausend Fragmente. Geschunden, verwundet, mit zersetzten, halb verbrannten Kleidern, mußte er sich, den Rand der Kraters hinab stürzend, durch das Flammenmeer wagen, um einen sichern Zufluchtsort zu erreichen. Glücklich gelangte er zu einem Fels, der ihm hinreichende Deckung gewährte. Die zweite Explosion war noch entsetzlicher als die erste. Zwischen Felsen, welche unter gewöhnlichen Verhältnissen den Berg fast unzugänglich machten, ließ er sich den Kegel hinab rollen. Als er endlich das Ufer erreichte, hingen die Reste seiner Kleider in Fetzen von ihm herab, seine Füße waren nackt und blutig, sein ganzer Körper war mit Brandwunden bedeckt und durch scharfe Felsenzacken zerfleischt. Seine Gefährten, welche sich schon dort befanden, waren nicht viel besser davongekommen. Sehnsüchtig sahen sie einem Boot von ihrem Dampfer entgegen, um sie der ungastlichen Insel zu entführen; aber die Aphroessa hatte nur zwei Boote, von denen eines nach Santorin gesandt und das andere von einem fallenden Lavablock zerschmettert war. Um an Bord zu gelangen, mußten sie deshalb die Rückkunft des einen Bootes von Santorin abwarten.

Das Dampfschiff war auch übel zugerichtet. Ein glühender Stein war aufs Verdeck gefallen, durch dasselbe geschlagen und hatte die Kajüte des Ingenieurs in Brand gesteckt. Mehrere Matrosen und ein Steuermann waren verwundet; der Letztere hatte in dem Versuch, das Feuer zu löschen, eine schwere Verletzung am Kopf davongetragen. Herrn Palasla, der am Ufer blieb, war die Hand verwundet. Endlich aber war der Kapitän eines Kauffahrers, welcher bei der Insel vor Anker lag, von einem fallenden Stein auf der Stelle todt niedergestreckt worden.

Das Vorstehende wird genügen, um dem Leser einen Begriff von den vulkanischen Erscheinungen des Golfs von Santorin, von ihrem Verlauf und ihrer Großartigkeit zu geben. Noch jetzt haben sie nicht aufgehört. Sie geben Zeugniß von den Kräften, welche im Mittelpunkt unseres Planeten in ununterbrochener Wirksamkeit befindlich sind und an seiner Vollendung oder seiner schließlichen Zerstörung arbeiten.

Die Sünden der österreichischen Militair-Verfassung.
Von Edmund Carl Preiß.

(Schluß.)

Dem Kaiser Franz Joseph war es vorbehalten, dem Verdienste der Armee gerecht zu werden. Ein den Forderungen der Zeit angemessenes Pensionsgesetz für die Offiziere und ein entsprechendes Heeres-Ergänzungsgesetz für die ganze Monarchie wurden der Armee verliehen; den Schlußstein sollte ein Gesetz für die Wittwen und Waisen der Offiziere bilden. Es war bis zur Publizirung fertig, da trat die Neujahrsgratulation von 1859 dazwischen. Seither ist

Oesterreich eine conſtitutionelle Monarchie geworden; das Militairbudget wurde wiederholt eingehenden Prüfungen unterzogen, aber den Forderungen der Armee iſt keine Berückſichtigung geworden. Man ſprach vielmehr zu wiederholten Malen von Revidirungen des Penſions-Normales und des Heeres-Ergänzungsgeſetzes, aber natürlich nur im Intereſſe der Beſitzenden, zu deren Schutze die Armee eigentlich da iſt.

Ein geleſenes Wiener Blatt plaidirte erſt noch vor Kurzem für ein milderes Heeres-Ergänzungsgeſetz mit herabgeſetzter Dienſtzeit und ermäßigtem Einſtandsgelde von 700 bis 800 Gulden. Mit Erſterem würden wir uns leicht einverſtanden erklären, Letzteres aber iſt nahezu eine Unverſchämtheit. Für eine Bagatelle von 700 bis 800 Gulden kann nicht gefordert werden, daß gewiſſe Leute in Wohlbehagen ſich ohne Störung dem Vergnügen hingeben ſollen. Was dem Einen recht, muß dem Anderen billig ſein, und da man heute Intereſſen-Politik zu treiben als bewährtes Mittel anräth, ſo wird man es doch auch genehm finden müſſen, wenn die Armee nicht immer nur an ihre Pflicht, ſondern manchmal auch an ihre Intereſſen denkt. Nach dem Feldzuge von 1815 wurde das von Napoleon beſtimmte Syſtem der Gliederung der Armee in Corps, Diviſionen und Brigaden, welches ſich 1809 auch in Oeſterreich bewährt hatte, zuerſt in Preußen und ſpäter in Rußland eingeführt und für den Frieden beibehalten.

Feldmarſchall Graf Radetzky, welcher bei der drohenden politiſchen Lage im Jahre 1831 den Befehl über ſämmtliche im lombardiſch-venetianiſchen Königreiche ſtehende Truppen erhalten hatte, war nicht allein bemüht, die taktiſche und geiſtige Heranbildung dieſer derart zu fördern, daß ſie allen Eventualitäten die Spitze bieten konnten, ſondern hatte auch in reifer Vorausſicht den Corpsverband wieder hergeſtellt, wonach das erſte Armeecorps mit dem Sitz in Mailand für das lombardiſche, das zweite mit dem Sitz in Padua für das venetianiſche Königreich beſtimmt war, das Landes-Generalcommando aber als adminiſtrative Behörde in Verona belaſſen wurde. In dieſer Eintheilung befand ſich die Armee im Jahre 1848 bei Ausbruch der Revolution. Nach dem Eintreffen der Verſtärkungen beſtand die Armee aus vier Armeecorps und dem erſten Reſervecorps, außer den Feſtungsbeſatzungen, und einem zweiten Reſervecorps vor Venedig und im Venetianiſchen als Beſatzungen. Dieſelbe Eintheilung wurde auch 1849 beibehalten und bei der Armee in Ungarn durchgeführt. Es war ein Glück für Oeſterreich, daß es 1831 einen ſo befähigten Mann, wie Radetzky es war, an die Spitze des Heeres ſtellte. Er hatte das Zeug dazu, der Armee wieder auf die Beine zu helfen und ein tüchtiges, ſchlagfertiges Heer, wenigſtens für Italien, die Achillesferſe Oeſterreichs, heranzubilden. Mit Ausnahme der Occupations-Armee Oeſterreichs in Neapel unter Frimont, einem zwar ſehr harten, aber erprobten Haubegen der alten Schule, war der übrige Theil der Armee, mit Ausnahme der Cavallerie und der techniſchen Truppen, ſeit 1815 auf einen Minimalſtand reduzirt. Ihre Hauptaufgabe beſtand darin, den Garniſonsdienſt in den größeren Städten des Landes zu beſtreiten, ſich im

Schildwachstehen zu langweilen oder zur Abwechslung das beliebte Detailthema der Glieder- und Zugsabrichtung mit den alten Soldaten abzuleiern. Die Paraden und das Defiliren wurden aber auch mit einer kaum glaublichen Präcision ausgeführt. „Man muß diese stolzen, bronzenen Heldengestalten der alten ungarischen Grenadiere, welche die Schlachten von Aspern, Leipzig rc. ruhmvoll mitgeschlagen, bei Paraden befiliren gesehen haben, um sich einen Begriff von dieser Präcision zu machen." Besser ging es der Cavallerie auf ihren Landstationen. Die lange Dienstzeit der Mannschaft, die gute Wartung der Pferde mit verhältnißmäßig geringer Abnutzung des Materiales, ließen wenigstens für den Laien nichts zu wünschen übrig. Es war ein Hochgenuß, solche Regimenter bei Paraden zu sehen! Aber wie stand es mit den technischen Waffen? Der Artillerie, vom Hofkriegsrath mehr unabhängig, standen Fonds zu Gebote, mit welchen sie die Bedürfnisse für die technische Ausbildung zu bestreiten vermochte; den anderen technischen Truppen hatte diese Behörde aus Ersparungsrücksichten selbst den unbedeutenden Betrag von kaum 1000 Gulden jährlicher Dotation zur technischen Ausbildung verringert. Was daher nicht bei der Herstellung der Festungswerke zu Wien oder zur Erhaltung anderer Festungen der Monarchie zur Verwendung kam, wurde, wie die arme Infanterie, zum Schildwachstehen und Detaildrillen verurtheilt. Das nannte man Sparen. Wo blieb da die Schlagfertigkeit?

An der Spitze des bureaukratischen Hofkriegsrathes stand zwar eine Persönlichkeit, der wir als Soldat unsere vollste Anerkennung zollen, ein General, der die blutigen Schlachten gegen Napoleon ruhmvoll mitgekämpft und sich durch hohe Bravour vielfach ausgezeichnet hatte; aber zu diesem Posten taugte er nicht. Dahin gehörte ein anderer Charakter, um Herr im Hause zu sein. Der Zopf von anno 1805 kam wieder in volle Blüthe, und es geschah mehr als genug, um in der Armee allgemeinen Mißmuth hervorzurufen. So wurden z. B. die bei der Occupation in Neapel auf eigene Kosten angeschafften, von dem strengen Frimont geduldeten weißen Sommerpantalons, sowie die von den Offizieren getragenen Reithosen, welche bei deren Rückkehr nach Oesterreich beibehalten und auch bei den Truppen des Inlandes angeschafft wurden, strenge untersagt, dafür die grauen, engen Stiefelhosen zu kleinen Diensten zu tragen anbefohlen; ferner mußten die bisher getragenen Hüte mit wallendem Hahnenfederbusch den Sturmhüten mit 14 Zoll hohem Federbusch mit kleinen aufrecht stehenden Federn — wahren Kanonenwischern — weichen. Ja sogar die Lichtenstein-Degen, nach dem allgemein beliebten tapferen General, Aloys Fürsten zu Lichtenstein, so benannt, wurden zu tragen verboten, ein Hauptaugenmerk aber wurde dem Bartwuchs, den bisher geduldeten russischen Backenbärten, zugewendet. Sie mußten in gleicher Richtung mit dem Ohrläppchen auf ein Zoll abgeschoren werden, welche höchst geniale und drollige Anordnung noch heute im Jahre des Heiles 1866 mit entschiedener Strenge wiederholt in Erinnerung gebracht wird. Wie peinlich diese unzeitgemäßen Maßregeln die Offiziere trafen, weiß man; auch ließe sich in dieser Richtung manches höchst Pikante erzählen, was wir aber lieber verschweigen wollen. Es genügt, zu sagen, daß die Corruption in dieser Zeit allgemein und systematisch betrieben wurde.

Das Lager von Traiskirchen 1828 lieferte den Beweis, wie weit es der Hofkriegsrath mit seinen kleinlichen Maßregeln und seinem blödsinnigen Sparsystem gebracht hatte. Kaiser Franz war ungehalten über Manches, was er gesehen hatte. Es sollte anders werden. Eine Commission aus Generalen sollte die Zustände untersuchen, und war beauftragt, die Mittel zur Abhülfe anzugeben.

Die Commission tagte sehr lange, wenn wir nicht irren, jahrelang. Viel Papier wurde beschrieben, von ihrem Wirken aber hat man bei der Armee wenig oder nichts verspürt. Es blieb so ziemlich beim Alten. Nur die bisher von der deutschen Infanterie länger als bis an's Knie getragenen Kamaschen wurden verkürzt. Das waren die Resultate.

Der Feldmarschall Radetzky ließ sich dadurch in seiner energischen Thätigkeit zur Heranbildung einer schlagfertigen Armee in Italien nicht beirren. Die Erfolge, die dort erzielt wurden, blieben nicht ohne Rückwirkung auf die Armee. Alle Blicke waren nach Italien und dem Retter in der Noth gerichtet. Von dort kam alles Gute und Nützliche, nicht vom Hofkriegsrathe, dem, in seinem Sparsystem verrannt, die Mittel förmlich abgerungen werden mußten.

Die großen Conzentrirungen in Italien erhielten einen europäischen Ruf. Von allen Seiten strömten fremde Offiziere herbei, um sich zu unterrichten. Sie wurden von dem Feldmarschall auf das Herzlichste empfangen, selbst die zweifelhaften nächsten Nachbarschaft wurden mit wahrhaft aristokratischer Munificenz bewirthet. Obwohl der „schlaue Alte" schon damals wußte, woher der Sturm kommen würde, ließ er es doch nie an Aufmerksamkeit und Höflichkeit fehlen. Man schien entzückt über das Gesehene und Geschehene. Der Soldat, als der Hauptträger des conservativen Prinzipes, bleibt sich in allen Aemtern gleich, und daß dieses Prinzip trotz aller Ausschreitungen des re ga'antuomo in der italienischen Armee noch immer vorherrschend ist, zeigt die Abneigung gegen die Garibaldianer und sonstiges „Gelichter".

Die Erfolge, welche der Feldmarschall erzielte, bestanden nicht allein in Vereinfachung zur schnelleren Entwicklung und Bewegung der Colonnen zur Fechtart in geschlossener, sondern auch in geöffneter Ordnung. Besonders für letztere Fechtart erschien schon 1834 eine Detail-Instruktion. Weitere Instruktionen zur Führung größerer Truppenkörper verschiedener Waffengattung und größerer Cavalleriemassen u. s. w. wurden lithographirt und zur Belehrung vertheilt, jede Mißhandlung, jede Gewaltthätigkeit bei der Abrichtung auf's Strengste untersagt und dem Grundsatze: „Strafe bessert, aber Mißhandlung empört", volle Rechnung getragen. Man lernte den Soldaten die Strenge des Gesetzes ehren, seinen Stand lieb gewinnen und ihn nicht als ein unerträgliches Joch betrachten. Das Talent wurde hervorgehoben, Leute, die ihre Unwissenheit durch rauhes Benehmen auf die bekannte Art zu bemänteln suchten, zur Genugthuung der Armee entfernt, dagegen Führer gebildet, die an Humanität, gründlicher Sorgfalt für das Wohl des Soldaten und gründlichen Kenntnissen der eigenen Berufspflichten nichts zu wünschen übrig ließen, wie es die Folge gezeigt hat.

Man fand in Italien nicht jene Sorte gewisser Platz-Commando-Offiziere vertreten, die noch heut zu Tage in der kaiserlichen Residenzstadt Wien so häufig sind, Jedermann anschnurren, Protektionen austheilen und mißliebige Personen willkürlich antichambriren lassen; sie waren höflich, und es ging damit ganz gut und noch besser als hier. Mit einem Worte, Alles kam von Italien her, Ausbildung und Hebung des wahren Soldatengeistes, bessere Verpflegung, zweckmäßige Adjustirung und Ausrüstung, und wurde von der Armee im Inlande nicht nur freudig begrüßt, sondern ohne Befehl von Oben mit Hast ergriffen und von einsichtsvollen Vorgesetzten eingeführt und nachgeahmt.

Dessen ungeachtet hat es im Inlande nicht an Mißgünstigen gefehlt, die das Gebahren Radetzky's mit scheelen Blicken sahen. Maulhelden, die ihre Unwissenheit in selbstgefälliger Ueberschätzung ihrer Erhabenheit hinter tief verletzenden Witzen zu verbergen suchten, war freilich die Hebung des wahren Soldatengeistes ein Dorn im Auge. Sie fühlten es instinktmäßig, daß auf solche Weise ihre Willkürlichkeiten, mit welchen sie die ohnehin sehr strengen Gesetze zur Aufrechthaltung der Disciplin handhabten, von unten herauf den Widerstand heranbilden würden. Das schlechte Beispiel wirkte ansteckend, und es fehlte nicht an mißliebigen Vorgesetzten, die ihren Untergebenen in dieser Richtung das Leben auf alle mögliche Weise verbitterten und nur gefügige Werkzeuge duldeten. Ja es war so weit gekommen, daß dem gerechten Sinne des Kaisers Franz, der von diesen Zuständen auf indirektem Wege Kenntniß erhielt, die Sache zu stark wurde. Auf einer Morgenpromenade mit seinem General-Adjutanten fand er Gelegenheit, die Unzukömmlichkeiten eines solchen brutalen Stabsoffiziers vor der Front seines Bataillons am Glacis zu Wien mit anzuhören. Nach seiner Rückkehr in die Burg ließ er sogleich den Commandirenden zu sich bescheiden. Die gerechte Ahndung folgte auf dem Fuße, während die Willkürlichkeiten des Commandanten eines in der Nähe von Wien dislocirten Husarenregimentes, welche zu des Kaisers Ohren gelangten, gehörig in die Schranken zurückgewiesen wurden.

An gutem Willen und selbst an Thaten, der Gerechtigkeit Geltung zu verschaffen, hat es Kaiser Franz wahrlich nicht fehlen lassen; manchem Regimentsinhaber sind gewisse Willkürlichkeiten in jener Zeit theuer genug zu stehen gekommen.

Radetzky fand später in seinem Wirken eine mächtige Stütze in dem General-Adjutanten des Kaisers Ferdinand, dem Grafen Clam-Martinitz, einem geistreichen, sehr unterrichteten, der Armee wohlwollenden, dem Fortschritte huldigenden Manne, einem Manne, an dem, im vollen Sinne des Wortes, jeder Zoll Cavalier war. Viel Gutes ward von diesem Ehrenmann für die Armee vorbereitet, und auch an Energie, es durchzuführen, hat er es nicht fehlen lassen;

aber er verschied noch vor der Vollendung seiner hohen Mission, zum tiefsten Bedauern der Armee, im besten Mannesalter.

Zur Ehre der damals an der Spitze des Hoffriegsrathes gestandenen Persönlichkeit müssen wir übrigens bekennen, daß dort die Bestrebungen des Feldmarschalls nicht nur endlich Eingang, sondern auch Unterstützung fanden. Das — wenn wir nicht irren — 1837 oder 1838 erschienene Rescript über „humanere" Handhabung des Disziplinär-Strafrechtes zur Aufrechthaltung und Belebung des wahren Soldatengeistes, wird diesem Herrn für immer zum Ruhme gereichen.

Seit der Uebernahme des Commandos verfolgte der Feldmarschall ruhig und unverwandt auch die geheimen politischen Bewegungen der Umsturzpartei in Italien. Seinem Scharfblicke war trotz der Loyalitäts-Kundgebungen bei Gelegenheit der Krönung Kaiser Ferdinands in Mailand 1838 nicht entgangen, daß diese Partei bereits einen mächtigen Anhang gewonnen hatte. Seine Thätigkeit beschränkte sich daher nicht allein auf die Ausbildung und die militärischen Verwaltungszweige der Armee, sondern es wurden auch die politischen Verhältnisse scharf ins Auge gefaßt. Er suchte die Sorglosigkeit der Regierungsorgane zu wecken, und da stieß er mit seinem Warnungsruf in das Wespennest. Um diese zum Handeln zu bewegen, war er nicht mächtig genug. Nur in der letzten Zeit, als diesen Unglücklichen das Licht aufging, geschah etwas — aber zu spät. Erst als die Berichte des Erzherzog Vicekönigs über die ernstlich bedrohte Lage der Dinge in Italien eintrafen, fand man sich veranlaßt, dem Feldmarschall Verstärkungen zuzusenden. Nur wenige Truppen wurden dahin in Marsch gesetzt, und diese größten Theils zu Fuß, da die Eisenbahn nur bis Marburg ging. Mittlerweile traten die Märztage in Wien ein, und die Revolution in Italien brach in hellen Flammen aus. Der Löschapparat, welchen das in Wien ans Ruder gelangte Ministerium zu einer friedlichen Schlichtung dieser Angelegenheiten dahin sandte, kam zu spät.

War es zu verwundern, daß die Revolution in Oesterreich einen gut bestellten Boden traf? Das Proletariat der Intelligenz à la Mirabeau, Kossuth an der Spitze, führte das große Wort im Staate, reichlich unterstützt von einem talentirten, bisher unterdrückten, durch eine eigene Fügung des Schicksals über die ganze Erde verbreiteten Volksstamme, und die Massen brodloser Arbeiter lieferten das Material zum Barrikadenkampfe, mit welchem die Auflösung des Staates im Sinne des Nationalitätsprinzipes durchgesetzt werden sollte.

Die entfesselten Revolutions-Elemente hatten die Rechnung ohne den Wirth gemacht. Es war ein Faktor da, der Träger des Prinzipes für Recht und Ordnung — die Armee, dem Rechnung zu tragen vergessen wurde.*) In ihrem Lager war Oesterreich, und daß sie die Ehre und den Bestand Oesterreichs gegen die Feinde zu vertheidigen verstanden — erzählt die Geschichte. Wenn die Armee 1848, ungeachtet der Mängel in der Armirung und Aprovisionirung

---

*) Die Leser dürfen nicht vergessen, daß hier ein österreichischer Offizier zu ihnen spricht.
D. R.

der italienischen Festungen, glänzende Resultate erzielte, so müssen diese dem vortrefflichen Geist und dem Vertrauen und der Zuversicht zu ihren Führern zugeschrieben werden. Die Festungen Mantua, Peschiera und Legnano befanden sich in einem schauderhaft vernachlässigten Zustande. Selbst Verona hatte außer den neuen Forts auf den Höhen am linken Ufer der Etsch, auf der Angriffsfront des rechten Etschufers nur die sturmfreie Hauptumfassung und das nahegelegene Vorwerk Procolo, während die anderen Vorwerke zur Ergänzung des verschanzten Lagers noch gänzlich fehlten, welche erst nach der Schlacht von Santa Lucia in Angriff genommen und als Erdwerke provisorisch am Niveau von Tomba bis Croce Bianca hergestellt wurden.

Der Feldmarschall hatte eben seine Leute zu wählen und dorthin zu stellen verstanden, wo sie ihren Platz ehrenvoll auszufüllen im Stande waren. Die Festungs-Commandanten von Mantua, Peschiera und Legnano waren keineswegs Männer in den besten Jahren; sie waren durchgehends hochbetagte Greise, aber gelungene Exemplare von Festungs-Commandanten, in Waffen mit Ehren ergraute, erprobte, hartgesottene, energische alte Soldaten.

Das elende Peschiera setzte mit dem schwachen Häuflein seiner treuen Besatzung so lang ausdauernden Widerstand entgegen, als die kargen Mittel der Aprovisionirung ausgereicht hatten; Mantua hingegen glich einem alten Weibe, das nur nothdürftig mit einem geflickten Mantel — dem verschanzten Lager — umgeben war, hatte aber einen Commandanten, der der Revolution mit persönlicher Energie entgegentrat. Die mangelhafte Aprovisionirung durch Requisitionen war ausreichend ergänzt, das Hauptvertheidigungsmittel dieser Festung, die Inundation, gespannt und die Armirung bereits vollzogen, als der Feldmarschall auf seinem Rückzuge von Mailand in Verona eintraf, und es fiel Letzterem ein schwerer Stein vom Herzen.

Karl Albert setzte alle Hebel, selbst die unehrenhaftesten für ächte Soldatenherzen, in Bewegung, um in den Besitz von Mantua zu gelangen. Seine Anträge wurden verachtungsvoll zurückgewiesen, und die für ihren Führer begeisterte treue Besatzung verstand dem ungetreuen König so lange Stillstand zu gebieten, bis der Wendepunkt seines Glückes eintrat. Nach einem furchtbaren Gewitter in der Nacht, an einem schönen, klaren Sonntagsmorgen, als dieser König eben in der Kirche von Marmirolo dem Gottesdienste beiwohnte, wurde er zur Schlacht von Custozza abberufen, um dort nach dreitägigem, heißem Kampfe für seine zweifelhaft-ehrenhaften Thaten gründlich gezüchtigt zu werden.

Wenn bei der Durchführung der Schlacht auch nicht Alles wie am Manövrirplatze abging, so hatte die Tapferkeit, Ausdauer und Siegeszuversicht der Soldaten diesen Fehler zu verbessern gewußt, und der damals aus eigenem Antriebe ganz überraschend ausgeführte Ausfall der Besatzungscommandanten von Verona zur Ausgleichung des Unfalles, den der linke österreichische Flügel am zweiten Tage der Schlacht erlitten, war ein ebenso glücklicher als verwegener Zug, und die erste That, die den künftigen energischen Feldherrn kennzeichnete. Karl Albert wäre unrettbar verloren gewesen, wenn der Führer der Kavallerie,

dem die Beobachtung von Villafranca übertragen war, seine Aufgabe besser
gelös't hätte. Die Reiterei war im gehörigen Momente nicht zur Hand, um
die Resultate der heißen Schlacht auszubeuten.

Nicht minder glänzend und tapfer hat die Armee von Italien die geniale
Kombination des Feldzuges von 1849 durchgeführt. Der Weg nach Turin war
offen, die Sehnsucht dahin und die Versprechungen der Proklamation vom 26.
März 1849 wurden aber nicht erfüllt. Karl Albert hatte abgedankt, und dem
neuen König glaubte der Marschall Rücksichten zu schulden, zumal die treuen,
alten Alliirten an der Themse nichts Eiligeres zu thun hatten, als ihre diplo-
matischen Creaturen in's Hauptquartier zu senden, um den Siegeslauf der Armee zu hemmen und ihr Stillstand zu gebieten. Der alte Blücher hatte Recht
mit seiner Behauptung, daß das, was das Schwert gut mache, in der Regel von
den Diplomaten verstümmelt und verdorben werde. Dem Marschall Radetzky
müssen wir nachrühmen, daß er es nicht nur verstanden, ein schlagfertiges Heer
mit Führern heranzubilden, für die jeder Soldat begeistert in den Tod ging,
sondern er hatte es auch, wie Keiner, gewußt, seine Soldaten durch vortreffliche
Uibungen und materielle Vorsorge bei Muth und guter Laune zu erhalten.
Dort ging man nicht mit leerem Magen und leeren Taschen in's Feuer. Die
Goldfüchse im Vereine mit den beliebten Maria-Theresia-Thalern und den schön
geprägten „Italia libra — Dio lo vuolo' circulirten ausreichend in der
Armee; der Alte kannte das „Leben und leben lassen" und wußte die Wälschen
gebührend abzuzapfen. Geschadet hat ihnen dieser unblutige Aderlaß wahrlich
nicht.

Wie stand es dagegen im Winterfeldzuge in Ungarn? Dort war der
alte bureaukratische Schlendrian zu Hause. Nicht nur, daß die Truppen mangelhaft ausgerüstet und noch mangelhafter verpflegt wurden, so waren sie auch
blos aus den Resten jener Armee, deren Kerne in Italien standen, zusammen-
gewürfelt. Die Infanterie zählte nur wenige Regimenter mit den schlagfertigen beiden ersten Bataillonen in ihren Reihen, während der größere Theil derselben aus dem dritten und Landwehrbataillon mit Rekruten und neu creirten
Chargen auf den Kriegsstand gebracht und aus dem Aufgebote der Militär-
grenze gleichfalls mit neuen Chargen dotirt und womöglich noch elender ausgerüstet bestand. Die Kavallerie, zumeist aus schweren Regimentern zusammengesetzt, war für die Ebene zwischen Donau und Theiß nicht ausreichend,
daher es auch in diesem Kriege gerade an jenen verläßlichen Parteigängern
fehlte, welche in einem insurgirten Lande zur Aufklärung der feindlichen Maßnahmen so nothwendig sind. An Artillerie und bespannten Geschützen war
gleichfalls Mangel, an technischen Truppen, namentlich Pionieren und Genie-
Truppen, eine so geringe Anzahl vorhanden, daß weder die Armee in Siebenbürgen, noch die Festungen damit dotirt werden konnten, während bei der
Armee in Ungarn kaum das Minimum des Bedarfes zu finden war. An der
Spitze des Ganzen stand noch dazu ein General, der selbst heute noch nicht
vollständig gerechtfertigt dasteht und der die weltbekannte, seine persönlichen

Ansichten hinlänglich bezeichnende Aeußerung gethan, „daß der Mensch eigentlich erst beim Baron anfange". Nichtsdestoweniger that der Soldat auch hier seine Schuldigkeit und hat es an tapferen Thaten wahrlich nicht gefehlt. Aber der Sieg von Kapolna wurde nicht ausgenützt, und die Schuld hiervon auf einen Mann geschoben, welcher als Hauptträger des alten Systems allgemein bekannt war.

Die Uebereilung, mit der man auf solche Voraussetzungen hin die blutig errungenen Vortheile aufgab, mußte deprimirend auf die Armee wirken, das Vertrauen in die Führung verloren gehen. — Das hatte man in Olmütz eingesehen und den energischen Commandanten des zweiten Reservecorps, der die Belagerung von Malghera mit kräftiger Hand leitete, zur Uebernahme des Armee-Commandos nach Ungarn berufen. Mit diesem kamen andere erprobte Generale und ein anderer strategischer Apparat aus Italien an.

Ueber Haynau's Leistungen sind namentlich im Auslande sehr absprechende Urtheile gefällt worden. Wahr ist es, daß sein rasches Vorgehen nach der Schlacht von Komorn von Pesth abwärts mehr ein wildes Drauflosgehen mit den Truppen, als eine nach den Regeln der Kunst ausgeführte Operation war. Die feindliche Armee muß schon in einer üblen Verfassung gewesen sein, wenn sie die sich ihr mehrmals bietende Gelegenheit nicht besser benützte und unvermuthet über den Gegner herfiel, statt denselben in weitläufigen Defensivstellungen wie vor Szegedin zu erwarten und ihm dadurch erst Zeit zum Sammeln zu geben. Die Sache hätte etwas schief gehen können, aber der Feldherr kannte seine Gegner besser als die Methodiker vom Fach, und daß seine Operationen durchaus nicht ohne Plan waren, kann aus dem Feldzuge von 1849 ersehen werden, aus dem hervorgeht, daß in den drei Schlachten von Szegedin, Szöreg und Temeswar so ziemlich Alles klappte. Man muß die Sandwüste zwischen Donau und Theiß kennen, wo nur wenige Ortschaften oasenartig und auf meilenweite Entfernungen zu finden sind, und wissen, welche Vorkehrungen getroffen werden mußten, um die Gewaltmärsche durch diese Steppen in einer Augusthitze und bei Wassermangel zu vollbringen. Die Verpflegung war aber so gut geregelt und die Ortsbehörden wurden auf weit und breit unter Androhung von freilich terroristischen Maßregeln so an ihre Pflicht gemahnt, daß trotz der Gewaltmärsche aus Erschöpfung niedersinkende Leute nur selten zu sehen waren. Zudem that ein rasches Vordringen Noth, denn die Russen unter Paskiewitsch, der sich zu jener Zeit bereits ganz überlebt hatte, leisteten nur als Treiber bei dieser Jagd Dienste. Paskiewitsch wich dem Zusammenstoß sorgfältig aus, ließ sich an der Theiß unnöthiger Weise festhalten und ging überhaupt nur zögernd vor, weil er seine Russen schonen wollte. Wäre Haynau nicht so blitzschnell vorgedrungen, so hätte sich Temeswar ergeben müssen, die auf diesen Platz dirigirten feindlichen Colonnen hätten sich vereinigt und zwischen dieser Festung und Arad Stellung genommen. Der kriegserfahrene Bem hätte dann zuerst die Oesterreicher mit vereinter Macht erdrückt und sich sodann auf die Russen geworfen. Die Folgen wären unberechenbar gewesen.

Haynau's Zug nach Temesvar bleibt eine geniale und kühne Unternehmung, und wenn er später als Staatsmann oft unpolitisch und eigensinnig handelte, so hat er als Feldherr militärische Befähigung, Energie und den mit dem Bewußtsein physischer Kraft gepaarten Muth, dann, was zur Hauptsache eines Feldherrn gehört, Scharfblick, um die Blößen des Gegners zu entdecken und blitzschnell zu benutzen, im hohen Grade besessen, vereint mit Glück, auf welches vertrauend ihm selbst die gewagtesten Unternehmungen vollständig gelangen.

Nach Beendigung des Feldzuges in Ungarn und Italien hatte die Armee in Ungarn unter Autorität des Feldherrn die Anerkennung und Auszeichnung in vollem Maße erhalten; aber die Armee von Italien, die doch den kräftigsten Impuls zur Wahrung des Bestandes der Monarchie gegeben und die zu allerletzt vom Kampfplatze abgetreten war, wurde in ihren vom Feldmarschall durch eine Commission geprüften Ansprüchen per Bausch und Bogen auf eine bestimmte Zahl reduzirt und empfand diese Zurücksetzung tief.

Nun begann eine neue Aera für die Armee. Sie hatte einen jungen, thatkräftigen Monarchen, der vor Allem Soldat und mit den Greueln des Krieges aus eigener Anschauung bekannt war, erhalten.

Erzherzog Karl sagt in seiner Einleitung zum Revolutionskriege 1792 mit echt soldatischem Freimuth ein wahres Wort zur rechten Zeit: „Jeder große Monarch sollte auch Feldherr sein. Mit den Greueln des Krieges bekannt, würde er zu diesem schrecklichsten aller Mittel nur in äußerster Noth greifen, dann aber auch die größten Anstrengungen machen, daß die Fehde kurz und ihr Resultat die möglichst lange Ruhe verbürge."

Zum Belege seiner Ansicht führt er noch folgendes Beispiel aus dem Leben und Streben Kaiser Josephs des Zweiten an: „Maria Theresia hat durch eine feste, gerechte und milde Regierung Oesterreich beglückt. Sie hinterließ ihrem Nachfolger zufriedene Unterthanen, volle Kassen und eine brauchbare Armee. Kaiser Joseph II. hingegen wollte Reformator, Gesetzgeber und Feldherr sein. Anstatt die durch Alter ehrwürdigen und nützlichen Einrichtungen zu verbessern, warf er sie gänzlich über den Haufen, weil sie nicht ohne Fehler waren. Er eilte dem Geist der Zeit voran, seinen Unterthanen fehlte das Verständniß dazu, daher seine Entwürfe, sowie seine Kriege — die nur dazu dienten, die herrschsüchtigen Absichten einer Macht, die einst Oesterreich gefährlich werden konnte, zu begünstigen — ohne Kraft und Entschlossenheit geführt — mißlangen. Ihr einziges Resultat war: Verwirrung im Inneren, Erschöpfung des Schatzes, Schwächung der Bevölkerung. Er starb am gebrochenen Herzen."

Es ist nicht zu leugnen, dieses Beispiel hat manche Analogie mit den jüngsten Zuständen. An wohlwollenden Absichten, gutem Willen und Thatkraft, das Beste durchzuführen, hat es dem Kaiser Franz Joseph nie gefehlt. Aber es fehlten, so wie dort, theils das richtige Verständniß, theils aber die Männer, solches im Sinne des Monarchen durchzuführen.

Der alte bureaukratische Apparat war der Armee abhold, weil der Kaiser Soldat war, und legte den Verbesserungen Hindernisse entgegen, die faktisch, wie wir schon erwähnt, abgerungen werden mußten. Die Organisation der Armee wurde den Bedürfnissen der Zeit angepaßt, aber manche altehrwürdige historische Einrichtung über den Haufen geworfen und statt dessen fremdes Reis auf den alten kräftigen Baum gepfropft, das später böse Früchte trug. Die Armee erhielt ein von Freund und Feind als vorzüglich anerkanntes Exercier- und Abrichtungsreglement; aber wie wurde es in den Händen der Methodiker und Pedanten in der Ausführung verstümmelt!

Statt den freien Geist der Selbstbestimmung, der darin vorwaltet, zu pflegen, wurde Alles in starre, pedantische Form gezwängt; es mußte linea recta gehen, und an ausgiebigen Hülsen am Exercierplatz hat man es wahrlich nicht fehlen lassen.

Zahlreiche Unterrichtsanstalten mit luxuriösen Bauten und Einrichtungen hatte man zur Erziehung des Nachwuchses der Armee mit enormen Kosten geschaffen, aber es auch hier an Formalismus und Pedanterie nicht fehlen lassen. Der belebende Geist war selten zu finden. Ziffermäßige Einheiten bildeten das Hauptkriterium des Talentes, während gefügige, fleißige Büffler, aber mittelmäßige Köpfe, dem minder fügsamen Talent vorangesetzt wurden. Es wurde viel Theorie getrieben, aber ins praktische Leben gelangt, mußten die jungen Leute manchmal sehr unliebsame Erfahrungen machen.

Die früheren Anstalten der Kadettencompagnieen, der Pionier-, Bombardier-, Mineur- und Sappeur-Corpsschulen haben dem Staate sehr wenig gekostet, und wie überaus zahlreiche Beispiele lehren, nicht die schlechteste Waare geliefert. Freilich wurden die jungen Leute nicht mit Theorieen übersättigt; aber was gelehrt wurde, war praktisch, indem Theorie und Praxis Hand in Hand gingen und dem Talente der richtige Weg gezeigt wurde, auf welchem, ins wirkliche Leben übergetreten, die Vervollkommnung der Ausbildung gefördert werden konnte.

Die Armee erhielt auch ein Gebührenreglement und 1857 ein Organisationsstatut, die beide viel Gutes enthielten. Dem bureaukratischen Centralapparat war aber trotzdem eine nie dagewesene Ausdehnung eingeräumt, und dem dehnbaren Verordnungsstil wurde so sehr gehuldigt, daß gewiegte Geschäftsmänner es an Anfragen und Erläuterungen nicht fehlen ließen.

Die Vielschreiberei, die man durch Vereinfachung des Geschäftsbetriebes zu beseitigen wähnte, wurde derart vermehrt, daß die Truppencommandanten nahezu das Dreifache von Geschäftsnummern jährlich zu erledigen hatten, ja es den größten Theil ihrer verfügbaren Zeit in Anspruch nahm, nicht in die Hände der mit Recht gefürchteten Ziffergrübler zu fallen.

Wo blieb da dem Commandanten Muße, sich mit den Fortschritten der Zeit bekannt zu machen, zumal selbst das treffliche, vom Erzherzog Carl hinzugeschaffene Organ der Militairzeitschrift seit dem Jahre 1848 einging, überdies Offizieren, die auf eigene Kosten das Ausland bereisen wollten, um ihre Kenntnisse zu erweitern, der Urlaub kategorisch verweigert wurde? Der Centralapparat war und wird wie zu vermeiden sein, um dem Grundübel der Corruption, an dem jede Armee leidet, Schranken zu setzen. Wer mit Civilcontrahenten bei Lieferungen für das Aerar zu thun gehabt hat, wird wissen, welche raffinirte Mittel diese Leute anwandten, um die allgemeine Melkkuh — Aerar genannt — gründlich auszubeuten. Nicht allein im Verpflegs- und Monturwesen, auch bei der Fortifikation und im Artilleriewesen wurde das Aerar trotz aller Controlle gründlich übervortheilt. Die Schwierigkeiten, welche sich hierbei ergaben, haben mehrere eklatante Fälle neuerer Zeit dargethan, wie z. B. die Geschichte im Verpflegswesen bei Aufstellung der Armee in Galizien 1854—1855, die Unterschleife in einer Monturcommission, die Bauten der Unterrichtsanstalten zu Kralau und Hermannstadt, die großartigen Veruntreuungen an Artilleriematerial, und schließlich 1860 der famose Proceß Cynatten-Richter und Consorten.

Die ehrenwerthen Männer, welche diesem Unfug gründlich und mit aller Energie steuern wollten, sind theils darüber vor Aerger gestorben, wie der Commandant jener Monturcommission, oder mußten es aufgeben, den Augiasstall gründlich zu säubern. Ja es hat sich erst vor Kurzem ein Fall ergeben, wo das Kriegsministerium aus Ersparungsrücksichten ein Filialverpflegsmagazin aufgeben wollte, die Contrahenten zur Lieferung bei der Licitation sich einverstanden und Preise angeboten wurden, die wirklich empörend waren, so daß man sich wieder zur Beibehaltung dieses Filiales verstehen mußte.

Dessen ungeachtet wird Manches trotz alledem auf dem Papier als richtig nachgewiesen; wenn nur dabei die Formalität eingehalten wird, so können selbst die gewandtesten Zifferhelden nicht dahinter kommen. Wehe aber dem in die Geheimnisse der Administration nicht eingeweihten Offizier, der bei dem dehnbaren Verordnungsstil unter ihre Scheere kam! Er wurde trotz Erläuterungen und Supererläuterungen verurtheilt, und bevor der Rechnungsproceß endgültig entschieden war, auf Gageabzug gesetzt.

Um diesem Unfug und den gerechten Klagen vorzubeugen, wurde ein Mann an die Spitze der Verwaltung berufen, dem es an Talent und Erfahrung im Administrationsfach wahrlich nicht fehlte, der aber mit hochmüthiger, unfehlbar absprechender Energie Alles einzuschüchtern verstand und dessen uncorrektes Treiben bei der Armee in Italien allgemein bekannt war.

Das große, mit ungeheueren Kosten erbaute Kriegshospital zu Verona, welches trotz aller begründeten Vorstellungen von technischer Seite und der von Wien eingelangten Befehle, es auf das linke Etschufer auf der Rückzugslinie an passender Stelle zu erbauen, wozu der Platz außer der Porta San Giorgia, unmittelbar an der Straße, durch dominirende Forts geschützt, angezeigt war, wußte er dahin zu bringen, daß es unmittelbar an der Angriffsfront auf das rechte Etschufer zu liegen kam, und hat sich damit, den ersten Grundsätzen der Fortifikation Hohn sprechend, selbst ein bleibendes Denkmal seiner unfehlbaren Energie setzen lassen. Er war nahe daran, selbst das Arsenal an eine ähnliche Stelle zu placiren, wenn nicht der damalige Artilleriedirektor die Selbstständigkeit der Entschlüsse mit der von jeher bekannten traditionellen Energie der Artillerie zu wahren verstanden hätte. Es mußte die Katastrophe von 1859 eintreten, damit diesem hochgebornen Herrn, dem im Vertrauen auf seine Geschäftskenntniß und Energie die höchste Stelle in der Armee eingeräumt wurde, die gerechte Nemesis erreiche.

Die Resultate der Gyulai'schen Kriegsführung 1859 in Italien leben noch zu frisch in dem Gedächtnisse der Zeitgenossen, als daß sie besonderer Detaillirung bedürften.

Wer in diesen Tagen des Kaisers Rock trug, weiß von Manchem zu erzählen und Manches wird ihm unvergeßlich bleiben. Bezeichnend für den Geist, der die Spitzen der Armee damals beseelte, und den Hochmuth dieser aristokratischen Creaturen vollends kennzeichnend, ist eine Episode, die sich kurz vor dem Ausbruche des Krieges in Seiner Majestät Centrallanzlei zu Wien zutrug. Als nämlich Gyulai, der sich trotz seiner unfehlbaren Energie doch nicht dem hohen Posten eines obersten Feldherrn gewachsen fühlte, dem Generaladjutanten Grafen Grünne zu verstehen gab, daß er sich nur sehr ungern und nicht ohne Besorgniß zur Uebernahme des Armee-Commandos entschließe, erhielt er von diesem die denkwürdige Antwort, daß seine Bedenken lächerlich seien und er das, was der alte Esel (Radetzky) getroffen habe, auch werde treffen können.

Freilich, „der alte Esel" war todt und hat sich über diese Aeußerung eines frechen Günstlings auch in seinem Grabe zu Wetzdorf nicht umgedreht; aber der große Herrgott im Himmel „hing die Zuchtruthe herunter", und Magenta und Solferino waren die Antwort auf die Infamie dieser eisenfresserischen Salongenerale.

Die Armee hat 1859 das Möglichste geleistet; immer in der Minderzahl kämpfend, hungernd und barfuß von Schlachtbank zu Schlachtbank geführt und dabei dennoch ungebrochnen Geistes, hat sie sich ein nie verwelkendes Blatt des Nachruhmes gepflückt, aber auch doppelt schwer die Schuld Jener gekennzeichnet, denen die Verachtung der Zeitgenossen und der Schimpf in der Geschichte nicht ausgeblieben sind.

Wir kommen nun auf ein anderes, sehr wichtiges Thema, auf die Förderung des echten Soldatengeistes in der Armee, zu sprechen. Es ist nicht zu leugnen, daß nach Beendigung der Feldzüge 1848 und 1849 der Soldat im Bewußtsein seiner Treue, Tapferkeit, Ausdauer und äußersten Pflichterfüllung die einzige verläßliche Stütze in der höchst bedrängten Lage des Staates gewesen ist, und daß Jeder wußte, wo ihm Abhülfe zu Theil werden mußte.

Dieses unverhohlene, bei der Armee in Italien zu Tage getretene Bewußtsein während des Feldzuges war mißliebigen Männern — und wo giebt es deren nicht? — ein Dorn im Auge. Es sollte ein Dämpfer aufgesetzt werden, und dieser wurde in einer Institution gefunden, welche aus der Zeit der harten Willkür Friedrichs des Großen in der preußischen Armee eingeführt war und wonach Jeder ungehört dem Damoklesschwert seines Vorgesetzten verfallen konnte: „dem blauen Bogen"! (der Pensionirung). Freilich waren die alten Conduitlisten und der durch die Verordnung des Generalissimus 1808 aufgestellte Grundsatz: „daß darin nichts Nachtheiliges aufgeführt werden dürfe, bevor der Betreffende nicht gewarnt und bestraft und es ihm nicht vorher zur Kenntniß gebracht worden", nicht mehr für opportun (beliebter Ausdruck statt des deutschen „genehm") gehalten, daher die Individualbeschreibung der Preußen angenommen wurde, wozu eine mehr als psychologische Kenntniß und ein blumenreicher Stil gehört, um die Rubriken nur richtig auszufüllen.

Diese Maßregel, verbunden mit kabbalistischer Geheimnißthuerei, war das geeigneteste Mittel, den guten Geist in der Armee herabzustimmen und der Willkür Thür und Thor zu öffnen. Jedes freimüthige Wort wurde unterdrückt, und gerade selbstständige Charaktere und im Pulverdampf ergraute Offiziere traf dieses herbe Loos.

Namentlich sendete man zur Armee in Italien einige anerkannt sogenannte energische Männer von Wien, um den dort herrschenden Geist zu säubern. Ein solcher Regimentscommandant, an die Spitze eines ausgezeichneten Regimentes, welches in allen Schlachten mit großer Bravour gefochten hatte, gestellt, wurde von diesem Manne in der Antrittsrede an das Offizierscorps auf eine Art behandelt, die empörend war. Nach zweijähriger Duldung wurde er endlich, aber erst dann entfernt, als bei der erneuerten Bewegung der Altionspartei in Italien dieses brave Regiment durch die über alles Maß gehandhabte, brutale Behandlung beinahe zur Meuterei gebracht war. Ein ähnlicher Fall trug sich erst vor kaum drei Jahren mit einem Regimente zu, das in Kärnthen in Garnison lag. Hier war es jedoch der Oberst selbst, der — gleichfalls ein sogenannter energischer Mann — durch seine brutale Willkür nicht nur alle besseren Elemente des Regimentes und mit ihnen alle Intelligenz zu erdrücken strebte, sondern auch durch seine barbarische Rohheit die armen Soldaten, Stabs- und Oberoffiziere an der Spitze, fast zur Verzweiflung trieb. Auch hier halfen weder Klagen noch Beweise. Das Regiment verlor allen inneren moralischen Kitt und verkümmerte förmlich.

Daß aber ein treuer, tapferer und hingebender Geist in seinen Reihen wohnte, und daß es unter anderen Verhältnissen Unglaubliches zu leisten vermochte, hat es in der Schlacht bei Königgrätz bewiesen, in welcher es, die wichtige Position Chlum gegen die ganze feindliche Armee des Kronprinzen vertheidigend, drei Stabs-, fünfzig Oberoffiziere und 2500, sage: Zweitausend fünfhundert Soldaten verlor! Freilich war es an diesem Tage von der Tyrannei seines „energischen" Obersten bereits erlöst und stand unter intelligenter, humaner Leitung; aber statt irgend welcher Satisfaktion mußte es erleben, daß jener Mann zum General ernannt und an die Spitze einer Brigade gestellt wurde, über welche er, trotz großartigster Munitionsverschwendung, nicht zu disponiren verstand.

Die häufig nicht unbegründeten Klagen, die nach Oben drangen, waren

Urſache der Republikation der Verordnung des Generaliſſimus vom Jahre 1808, welche Zeugniß giebt, daß eine leitende hohe Perſon dieſes rechtloſe Gebahren auf das richtige Maß zurückgeführt wiſſen wollte. Die Sache war aber zu bequem, die Machtfülle der Vorgeſetzten zu groß, als daß von der bereits feſtgewurzelten Praxis mit einem Federſtreiche abgegangen werden konnte. Es blieb, wie gewöhnlich, beim Alten. Um den Schein des Rechtes zu wahren, wurden jährlich Oberprüfungscommiſſionen von Generalen nach Wien berufen; aber was ſchwarz auf weiß geſchrieben ſtand, war ſelten zu ändern und dies, wohl auch nicht möglich, ſo lange dem Beklagten nicht das Recht zuſtand, ſein Recht zu ſuchen. Daß die Erkenntniß des Bedürfniſſes, der Willkür bei der Armee in dieſer Beziehung Schranken zu ſetzen, vorhanden war, haben die Verhandlungen im Reichsrathe wiederholt zur Genüge dargethan. Es war vor Allen der Abgeordnete Skene ſelbſt, ein früheres Glied der Armee, der für die unterdrückten Elemente in die Schranken trat, auf die Erfahrungen des Feldzuges 1859 hinweiſend, eine entſchiedene Reorganiſation der Armee und vor Allem ein neues, dem Verdienſt und Talent Spielraum laſſendes Avancementgeſetz verlangte. Das Erſtere hat man theils mit Geſchick, theils mit Ungeſchick durchgeführt, Letzteres aber blieb gleichfalls beim Alten. Aber ſelbſt dann, wenn auch dieſes anders geworden wäre, könnte dem Unfug dadurch nicht geſteuert werden. Man muß, um den Anſprüchen gerecht zu werden, volle Gerechtigkeit üben, d. i. Kläger und Beklagten hören und unparteiiſch richten, dem Verurtheilten aber, wie es im Strafgeſetze jedem Staatsbürger erlaubt iſt und wie es ſelbſt im Dienſtreglement jedem Soldaten zugeſtanden wird, geſtatten, an höhere und wenn es ſein muß ſelbſt an die höchſte Inſtanz zu appelliren. Dann wird Jeder wiſſen, daß er in ſeinem Rechte geſchützt iſt, und wenn das Schickſal ihn nicht unverdient trifft, ſelbiges mit Genugthuung zu ertragen lernen müſſen.

Die Verſetzung in den Ruheſtand würde nicht als eine Strafe angeſehen werden, wie es der beliebte Ausdruck: „Wieder Einer weggedrückt" bezeichnet, ſondern als eine Belohnung für geleiſtete gute Dienſte, und in dieſer Beziehung auch das franzöſiſche Syſtem mit den Alterszulagen umſomehr dem harten preußiſchen vorzuziehen ſein, als der Erſatzmodus der Offiziere in Oeſterreich weit eher dem franzöſiſchen als dem preußiſchen entſpricht.

Die der Kataſtrophe von 1859 bis zu jener von Königgrätz folgenden Jahre wurden, wie wir bereits angedeutet, ſowohl auf Drängen des Reichsrathes als auf Befehl des Kaiſers mit fortwährenden Experimenten bezüglich der Gliederung, Ausrüſtung, Bewaffnung, dann der taktiſchen und ſcientifiſchen Heranbildung der Armee ausgefüllt, und es kann nicht geleugnet werden, daß in dieſer Periode mehr Gutes geſtiftet wurde als während der verfloſſenen letzten Decennien. Der Verluſt der Lombardei, verbunden mit der gänzlichen Vernichtung des öſterreichiſchen Einfluſſes in Italien, war für die Habsburger ein zu empfindlicher Schlag, als daß ſie das Verlangen nach Rache nicht hätten verſpüren ſollen; daher ihr ernſtliches Beſtreben, die Armee auf den beſten Fuß zu bringen und ſie in aller und jeder Beziehung tüchtig zu machen. Da abe

— trat wieder ein anderer unseliger Faktor hemmend und störend entgegen — die Geldnoth. Von Jahr zu Jahr wurde das Armeebudget immer gründlicher und gründlicher von den beiden Häusern des Reichsrathes beschnitten; mit wahrhaft fanatischer Wuth fielen einzelne Glieder dieser ehrwürdigen Versammlung über die Armee, die dort nur durch einen einzigen General, den Kriegsminister, vertreten war, her, und machten ihrem lang verhaltenen Grimm in fulminanten Expektorationen Luft. Da war aber auch kein einziger Posten im Budget der Armee, an welchem nicht mäkelnd und handelnd herumgezogen worden, keine einzige Institution, die altehrwürdig und erprobt genug gewesen wäre, diesen Herren instinktmäßig ein voto zuzurufen. Wir hatten Recht, wenn wir damals schrieben, daß wenn man auf Alles, was zur Hebung der Finanzlage des Staates vorgeschlagen, auf Alles, was vom Militairbudget verlangt worden sei, hätte eingehen wollen, schließlich nur die Grabeshügel gefallener Krieger und deren verwais'te Söhne übrig geblieben wären, um an ihnen zu weinen!

Freilich hatte die Armee in der Person des Kriegsministers einen warmen Vertreter, aber was konnte er der Versammlung gegenüber anders thun, als sich der Majorität fügen?

So war die Regierung abermals in ihrem Wirken nicht nur nicht unterstützt, sondern sogar gelähmt; so war die Geldfrage abermals der Punkt, in welchem die Armee zu wiederholten Malen die Erfahrung machen mußte, daß ihre Ansprüche nur so lange gut befunden werden, als die Kanonen donnern und man sie braucht.

Wir werden in dem nächsten Abschnitte die Organisationsergebnisse während der genannten Periode ausführlicher schildern. Vor der Hand wollen wir, den historischen Theil unserer Arbeit schließend, nur erwähnen, daß, wie aus dem bisher Gesagten hervorgeht, jedes Versäumniß, jeder Stillstand im Fortschritte sich bitter rächt, daß wie im Leben des Einzelnen, so und noch viel mehr im Leben der Staaten, kleine, unscheinbare Ursachen oft die gewaltigsten Folgen nach sich ziehen und die Reue gewöhnlich zu spät kommt.

Wenn wir in der Kriegsgeschichte Oesterreichs viele höchst beklagenswerthe Vorfälle verzeichnet finden, ja wenn wir ersehen, daß die Armee sich in den weitaus meisten Fällen mehr Bewunderung als Ruhm, mehr Ehre als Glück errungen, kann man, ohne in Vorurtheile zu fallen, diese so vielfältig und zu so verschiedenen Zeiten ihr gewordenen Schläge immer nur den Launen des Schicksals zuschreiben? Gewiß nicht. Sie hat eine Menge krankhafter Stellen; aber ihr verwundbarster Fleck ist ihr Mangel an Intelligenz und an wahrhaft nationalem Selbstgefühl.

Der Briefkasten der Madonna.
Von Julian Werner.

(Schluß.)

Durch alle diese aus so verschiedenen Quellen stammenden Nachrichten war es dem jungen Priester zur Gewißheit geworden, daß schon seit langen Jahren zwischen Ugarte und Escovedo ein Einverständniß bestehe, daß sich beide wechselseitig zur Erreichung ihrer ehrgeizigen und verbrecherischen Zwecke zu benutzen und auszubeuten bemüht seien. Durch eine seltsame Fügung der Umstände war es ihm gelungen, die Geheimnisse dieser Männer noch weit rascher und vollständiger zu durchschauen, als er es für möglich gehalten; es fehlten nur noch wenige Glieder, die seiner Forschung nicht lange verborgen bleiben konnten, und die ganze lange Kette wichtiger Beziehungen, geheimnißvoller und verbrecherischer Begebenheiten, welche Ugarte und Escovedo so innig umschlang und Beide wiederum an das Haus Mureno fesselten, dessen letzte Erbin der reiche Banquier nicht blos um ihrer Schönheit und edlen Abkunft willen zu seiner Gemahlin ausersehen, lag in seinen Händen. Jetzt galt es, die erforschten Geheimnisse geschickt zu benutzen. Sein vertrautes Verhältniß zu Donna Uraca und ihrer Tochter erleichterte ihm diese an und für sich kaum minder schwierige Aufgabe. Indem er sich allen ihren Ideen und Wünschen auf's Innigste anzuschmiegen wußte, die stille Neigung Leonticas zu dem jungen deutschen Kaufmann sogar begünstigte und rechtfertigte, dagegen die Eifersucht und das herrische Wesen Escovedo's beklagte, erwarb er sich in immer vollerem Maße das Vertrauen der Frauen und hatte bei ihnen das Feld bald so vollständig vorbereitet, daß er beginnen konnte, den Samen auszustreuen, von dem er mit Recht erwarten durfte, daß er binnen kürzester Frist zu reicher, üppiger Saat emporsprießen werde.

Er begann damit, der alten Donna leise Andeutungen zu machen über gewisse verborgene Absichten, die Escovedo zu der Verbindung mit ihrer Tochter bewogen haben möchten. Ohne das eigentliche, ihm selber durch des Gauchos Erzählung klar gewordene Geheimniß vom Verschwinden des Mureno'schen Vermögens zu enthüllen, wozu es ihm noch nicht an der Zeit schien, wußte er doch durch geschickt hingeworfene Fragen und Anspielungen die Duegna dahin zu bringen, ihm nach und nach jene Geschichte von der Tödtung Felippo Murenos, des Bruders ihres verstorbenen Gatten, mitzutheilen, eine Geschichte, die ihm zwar schon hinlänglich bekannt, von der er jedoch zu wissen wünschte, ob sie auch der Wahrheit entspreche. Er erfuhr, daß jener Freund des Gauchos Gil Perez in jeder Hinsicht vortrefflich unterrichtet gewesen. Ganz wie durch Zufall ließ er darauf im Lauf des Gesprächs die Bemerkung fallen, daß er gehört zu haben glaube, jener Balzado, der Filippo Mureno im Duell getödtet und von dem man damals angenommen, daß er dessen beträchtliches Vermögen unterschlagen, sei einst ein Freund und Geschäftstheilnehmer Escovedos gewesen, fügte aber gleich die Bemerkung hinzu, daß das Gerücht auch ein unbegründetes sein könne und jedenfalls keine weitere Beachtung verdiene. Das hartnäckige Verlangen ihres reichen Schwiegersohns, die ausschließliche Verwaltung des an und für sich unbedeutenden Mureno'schen Vermögens und das Recht, nach Gutdünken über dasselbe verfügen zu dürfen, in seine Hände zu bekommen, hatte Donna Uraca bereits ein gewisses Mißtrauen eingeflößt, und es bedurfte nun nur noch dieser Anspielungen und versteckten Aufreizungen von Seiten Manuels, um den Funken anzufachen und statt des bisherigen Mißtrauens bei der alten Dame förmlichen Argwohn rege zu machen.

Bei Leontica schlug der jugendliche, aber offenbar viel versprechende Jünger des heiligen Ignatius einen anderen Weg ein. Ganz vorsichtig suchte er die Gleichgültigkeit der jungen Frau gegen den bejahrten Gatten in Abneigung umzuwandeln, von der er überzeugt war, daß sie sich später leicht bis zum Haß steigern lassen werde. Ohne gerade ihres ehemaligen Verhältnisses zu Eugen Hammer zu erwähnen, ließ er doch deutlich durchbliden, daß er von demselben unterrichtet sei und, weit entfernt, ihr einen Vorwurf daraus zu machen, sie um ihrer getäuschten Hoffnungen willen vielmehr bemitleide, ihre Entsagung bewundere. Escovedo stellte er als den Zerstörer ihres Glückes dar, den bei Abschließung seines Ehebündnisses nicht einmal aufrichtige Neigung, sondern nur der Ehrgeiz, sich mit einer der ältesten Familien zu verbinden und die schönste Frau Santiagos zu besitzen, geleitet, schilderte ihn als einen Mann, der fast in jeder Beziehung ihrer unwürdig sei und noch obendrein bemüht scheine, sich den letzten Rest ihrer Achtung durch abstoßendes, rücksichtsloses Benehmen zu verscherzen. Solche Reden aus dem Munde eines Priesters konnten ihren Eindruck auf die junge Frau nicht verfehlen. Erst jetzt begann Leontica die ganze Schwere ihres verhängnißvollen Schrittes zu fühlen, und da nicht einmal die Mutter mehr geneigt schien, die Partei des in ihren Augen immer tiefer sinkenden Gatten zu ergreifen, vielmehr auch sie den Mißgriff einzugestehen anfing, den sie begangen, indem sie die Verbindung des reichen Banquiers mit ihrer Tochter befürwortet, verfiel die Gattin Escovedos allmälig in eine Stimmung, bei der es nur noch eines geringen Anstoßes bedurfte, um den völligen Bruch mit dem verhaßten Gemahl herbeizuführen.

Der alte Toribio war inzwischen seines dem Jugendfreunde Pasquale ertheilten Versprechens eingedenk gewesen. Bei seiner Rückkehr nach der Hacienda in den Pampas hatte ihn Donna Ventura mit der Nachricht überrascht, daß ihr von Escovedo der Befehl zugegangen, sich zur Unterstützung seiner Gattin und Schwiegermutter in der Pflege eines schwer verwundeten Priesters ohne Aufschub nach Donna Uracas Hacienda, unweit Santiago, zu begeben. Dieser Auftrag kam Toribio erwünscht, denn er bot ihm eine treffliche Gelegenheit, Pasquale den versprochenen Beistand zu leisten. Zu seiner Ueberraschung erfuhr er bei der Ankunft in der erwähnten Hacienda, wohin er Ventura begleitet, daß der verwundete Priester eben jener Pater Manuel sei, der einst bei ihm übernachtet und auf dessen Beistand er gerechnet, um Ventura zu bestimmen, die Pläne Pasquales fördern zu helfen. So war es denn vor allen

Dingen seine Aufgabe, den jungen Padre zu gewinnen, von dem er wußte, daß er ein geheimer Gegner Ugartes sei. Schon die erste Unterredung mit demselben führte das erwünschte Einverständniß herbei. Für Manuel war die Bekanntschaft eines Mannes, der über Ugartes Vergangenheit so gut unterrichtet schien, von großem Werth, und als ihm Toribio das Versprechen gab, ihm einen alten Bettelmönch zuzuführen, der seit vielen Jahren oben in den Gebirgen gehaus't, ehemals aber in der Nähe Ugartes gelebt und in viele Geheimnisse des Priors eingeweiht sei, nahm er vollends keinen Anstand, ihm sein Vertrauen zu schenken und seine Unterstützung zuzusagen, wo irgend dieselbe ihm von Nutzen sein möchte. Toribio hatte die Hacienda wieder verlassen, jedoch versprochen, vor Ablauf weniger Wochen mit jenem Mönche zurückzukehren.

Manuels Gesundheit war mittlerweile so vollständig hergestellt, daß für sein längeres Verweilen auf der Hacienda schlechterdings kein Grund vorhanden war. Ugarte, der den kranken Ordensbruder ganz vergessen zu haben schien und schon seit Wochen nicht nach ihm gesehen, drang auch jetzt noch immer nicht auf dessen Rückkehr nach dem Convent; dahingegen hatte Escovedo wiederholt den Wunsch ausgesprochen, daß seine Gattin nach der Stadt zurückkehren möge. Da aber Leontica nicht ohne ihre Mutter gehen wollte und Donna Uraca erklärt hatte, daß sie die Hacienda nicht verlassen könne bis sie die Pflicht der Gastfreundschaft gegen den verwundeten Padre vollständig erfüllt, so blieb wohl Manuel zuletzt nichts Anderes übrig, als sich selber für die Rückkehr nach dem Convent zu entscheiden. Nur noch den Besuch Toribios und des Mönches wollte er abwarten, da der Verkehr mit diesen Beiden, wenn sie ihn drinnen in der Stadt aufsuchen sollten, die Aufmerksamkeit Ugartes erregt und dessen Mißtrauen sofort wieder neue Nahrung gegeben haben würde. Ventura hatte ihm versichert, daß Toribio in den nächsten Tagen aus den Pampas eintreffen müsse, um allerlei Vorräthe nach der Hacienda zu liefern, und in der That, der alte Pächter ließ nicht auf sich warten.

Es war eines Morgens, als sich der junge Pater, seiner Gewohnheit folgend, nach dem äußersten Ende des Parks begeben hatte, wo der Springbrunnen zwischen den Trauerweiden melancholisch plätscherte und das alterthümliche Gemäuer des Pavillon aus der grünen Blätterhülle hervorlugte. Dort, auf einem zwischen Cactusheden und wuchernden Schlingpflanzen tief versteckten Plätzchen, pflegte er stundenlang zu sitzen und seinen Gedanken nachzuhängen; nicht selten ward er hier von Leontica oder Donna Uraca aufgesucht, die beide in den letzten Wochen ein immer größeres Vertrauen zu ihm gewonnen hatten, und denen seine Unterhaltung fast unentbehrlich geworden. Nicht lange hatte er in seinem sicheren Versteck gesessen, als sich durch die breite Allee Schritte näherten und einige Stimmen vernehmen ließen, die er sofort erkannte.

„Eine Fügung des Himmels, Ventura! Du mußt uns die Dose mit dem Bilde verschaffen."

„Heilige Jungfrau, wie ist das möglich?"

„Nur auf einen Augenblick!"

„Der Augenblick könnte uns theuer zu stehen kommen, Toribio."

„Du sagtest mir, daß Du Dich nicht vor ihm fürchtest. Was kann er Dir anhaben, Alte?"

„Fürchten — nein! Da müßt' ich lügen. Ich fürchte mich nicht vor ihm, nicht vor Dir, vor keinem Menschen. Aber mich an etwas vergreifen, was mir nicht gehört — —"

„Narrenspossen! Er soll ja die Dose zurück erhalten; es handelt sich nur um einen einzigen Blick auf das Bild. Mein Freund, der fromme Bruder, hat den weiten Weg aus dem Gebirge hierher gemacht — auf Deiner Hülfe beruht seine ganze Hoffnung — Du wirst sie ihm nicht zerstören wollen — —"

„Aber, Mann, denk' doch, was für uns selber auf dem Spiel steht! Der Herr würde außer sich sein vor Wuth, wenn er eine Ahnung hätte — —"

„Er soll keine Ahnung haben. Die Dose kann verlegt, verloren sein. Bringt man sie ihm wieder, verdient man sich wohl noch obendrein seinen Dank."

„Einen saubern Dank! Er würde die List durchschauen."

„Einerlei! Um sich nicht selbst zu verrathen, muß er schweigen."

„Ich mag mir die Finger nicht verbrennen, Toribio. Zu Donna Ximene's Zeiten war die Dose einst abhanden gekommen. Die Sennora, die das Geheimniß des Bildes ergründet, mochte sie selber beseitigt haben. Es gab einen schrecklichen Auftritt — die Dose kam wieder zum Vorschein — einige Wochen später aber trugen sie die Sennora zu Grabe — — brr, mir schaudert die Haut, wenn ich daran denke!"

„Also doch Furcht! Pfui, Alte!"

„Er ist schrecklich in seinem Zorn!"

„Du hast ihn in der Hand; er kann uns nichts anhaben!"

„Aber ich mag einmal mit der Sache nichts zu schaffen haben! Nein, ich mag nicht, Toribio!"

„Was geht hier vor? Was habt Ihr, meine Freunde?" fragte Pater Manuel, der plötzlich aus seinem Versteck hervorgetreten.

„Gott zum Gruß, Ehrwürdigster!" versetzte Toribio, sich verneigend. „Euch suchten wir eben."

„Ja, Ihr sollt entscheiden, hochwürdigster Herr!" fiel Donna Ventura ein „Sagt selber, kann ich dergleichen wagen?"

„Was? Was, meine Liebe? Um was handelt es sich zwischen Euch?"

„Um das Bildniß Innocentias, Herr, jener unglücklichen Schwester, mit der Don Escovedo einst, von Ugarte begünstigt, ein sträfliches Verhältniß unterhielt, deren Kind er durch Ventura in der Wildniß aussetzen ließ. Bruder Asmodeo, mit dem ich Euch bekannt zu machen versprach, ist hier angelangt und Ihr sollt ihn heute noch kennen lernen. Er ist der Einzige, der uns eine Spur über die Herkunft der unglücklichen Mutter zu geben vermag, da er einstmals ihre Familie gekannt zu haben glaubt. Nun fügt es ein glücklicher Zufall, daß Don Escovedo gerade hier auf der Hacienda anwesend ist und jene

Dose bei sich führt, in deren Deckel, unter einem Muttergottesbild verborgen, welches beim Druck auf eine geheime Feder aufspringt, ein Portrait Innocentias angebracht ist. Können wir Asmodeo nur einen einzigen Blick auf dieses Bild werfen lassen, so wird er uns sagen, ob Ugarte bei jenem schmählichen Verbrechen die Hand im Spiele hatte, ob es Innocentia war, die der ehrwürdigste Prior, nachdem er sie ihrer Heimath, ihrer Angehörigen, ihres Vermögens beraubt und für ihr geistliches Wohl zu sorgen versprochen, der Schande und Verführung in die Arme fallen ließ."

„Ja, und dazu soll ich helfen," fiel Ventura ein; „ich soll die Dose mit dem Bildniß auf die Seite schaffen und den ganzen Zorn des Herrn auf mich nehmen, wenn er etwa die Falle merkt, die man ihm gestellt; — sagt selber, frommer Herr, ist das nicht ein gefährliches Wagstück?"

„Es läßt sich ja so leicht ausführen," fuhr Toribio fort. „Don Escovedo pflegt nach der Mittagsmahlzeit zu schlafen — die Dose liegt vor ihm auf dem Tische oder sie steckt in der Seitentasche seines Kleides — Ventura hat zu allen Räumen des Hauses Zutritt — es kostet sie nur einen einzigen Griff — —"

„Einen Griff, ja, aber wenn er über dem Griff erwachte, so möchte es am Ende auch mein letzter gewesen sein!"

„Er wird nicht erwachen. Sein Schlaf ist fest. Zur Noth könnte man ihm ja einige unschuldige Tropfen unter den Wein mischen."

„Sobald er erwacht, wird er die Dose vermissen."

„Nun, er hat sie eben irgendwo verloren. Man sucht im ganzen Hause, im Garten — man findet sie und giebt sie zurück — was ist einfacher als das?"

„Er will mich in meinen alten Tagen zur Diebin machen!" klagte die Duegna. „Und ich habe all mein Lebtage nicht mit dergleichen gefährlichen Dingen zu thun gehabt!"

„Aber ein unschuldiges Kind — das konntest Du stehlen, Alte! Einer schlafenden Mutter konntest Du es von der Seite nehmen und hinaus in die Wildniß tragen, wo es den Raubvögeln zur Beute wurde."

„Toribio — Mann!.... Heilige Jungfrau, erbarme dich meiner!" rief die alte Frau händeringend.

„Sie hat sich Eurer erbarmt, meine Freundin," versetzte Pater Manuel, indem er Ventura seine Hand reichte. „Ist es nicht ein Zeichen ihrer Gnade, daß sie Euch Gelegenheit giebt, an der Mutter zu sühnen, was Ihr einst an dem Kinde verbrochen? Ist es nicht ein Priester, ein Geweihter des Herrn, der das Bildniß zu sehen verlangt? Er glaubt jene unglückliche Mutter gekannt zu haben — das Bild würde ihm einen ersehnten Aufschluß über ihr Schicksal geben — warum solltet Ihr ihm nicht Eure Hülfe leihen, einen edlen und menschlichen Zweck zu erreichen?"

„Da hörst Du es, Ventura," sagte Toribio. „Der ehrwürdigste Pater ist ganz meiner Meinung. Wirst Du jetzt Deinen thörichten Widerstand aufgeben und uns das Bild verschaffen?"

„Ihr meint also wirklich, daß es ein Madonna wohlgefälliges Werk wäre?" fragte die Duegna, noch immer zögernd.

„Frag' doch nicht so lange, Alte! Du wirst Se. Ehrwürden kränken!"

„Ja, ja, wenn Ihr es sagt, frommer Padre — — Ich gedachte nur meines feierlichen Schwures, den ich einstmals dem hochwürdigsten Prior Ugarte geleistet...."

„Kein Schwur, sei er noch so heilig, kann Euch zu einer Handlung verpflichten, die Ihr weder vor Gott noch dem eignen Gewissen verantworten könntet."

„Euer Wille geschehe! Ich bin, wie immer, Eure ganz ergebenste und gehorsame Dienerin."

„Recht so, Ventura!" rief Toribio, vergnügt, daß er endlich zum erwünschten Ziele kommen sollte. „Sobald sich also der Herr heute Mittag zur Ruhe zurückgezogen, schleichst Du in sein Gemach und suchst Dir die Dose zu verschaffen. Trifft der fromme Bruder Asmodeo noch rechtzeitig hier ein, so kannst Du sie vielleicht augenblicklich zurückbringen, ohne daß Don Escovedo den Verlust auch nur gewahr wird. Im anderen Falle behalten wir sie etliche Stunden oder bis morgen und verdienen vielleicht gar eine Belohnung, die dem ehrlichen Finder ausgesetzt wird."

„Darf die junge Sennora darum wissen?" fragte die Pächterin.

Toribio warf einen zweifelhaften Blick auf den Pater.

„Verschont sie mit unnützen Sorgen," fiel dieser hastig ein. „Die Zeit ist nicht fern, wo ihr manches Geheimniß der Vergangenheit klar werden und der Kummer ohnehin ihr junges Haupt schwer belasten wird; bis dahin kreuzet nicht die Wege der Vorsehung!"

„So treffen wir uns am Mittag, wenn auf der Hacienda Alles Siesta hält, hier an derselben Stelle," sagte Toribio.

„So sei es! Gott und die heilige Jungfrau schützen ihre Getreuen!"

Toribio und Ventura kehrten nach dem Hause zurück, während Pater Manuel wieder sein einsames Plätzchen zwischen den dichten Cactushecken aufsuchte, um sich seinen Studien oder, noch eifriger wohl, seinen verlodernden Plänen für die Zukunft zu überlassen. Nicht allzu lange hatte er, ein aufgeschlagenes Buch auf dem Schooße, den Kopf jedoch sinnend und mit geschlossenen Augen an den moosbewachsenen Stamm einer Jumilbuche gelehnt, hier gesessen, als seine Aufmerksamkeit plötzlich wieder durch Schritte in der Allee rege gemacht wurde. Diesmal waren es nur die eines einzelnen Mannes, auch näherten sie sich nicht mit ungewöhnlicher Hast. Manuel erhob sich nicht, sondern bog nur die dornigen Zweige und die Ranken der Schlinggewächse etwas auseinander, um nach der Allee spähen zu können. Er hielt den Athem an sich und nahm eine etwas gebeugte Haltung an, damit er seine Gegenwart ja nicht verrathe. — Don Escovedo selber war es, der in diesem Augenblick in der geringen Entfernung weniger Schritte an ihm vorüber wandelte. Der Bankier ging nach dem Pavillon, zu dessen Thür er den Schlüssel bei sich führte. Ehe er aufschloß, spähte er nach allen Seiten umher und lauschte eine Weile, ob nichts Verdächtiges wahrzunehmen sei. Tiefe Stille lagerte über dem schattenreichen Park. Plätschernd fielen die Tropfen des Springbrunnens in das Baſſin, und hoch in den Wipfeln der Bäume rauschte es leise und traulich. Von den fernen Wieſen herüber tönte das Brüllen der weidenden Stiere.

Escovedo öffnete die Thür, die er hinter ſich offen ließ, und trat in das Innere des Pavillons. In der engen Halle des alterthümlichen Gebäudes war es finſter; das durch den Schatten der Bäume ohnehin gedämpfte Sonnenlicht erleuchtete nur eine kurze Strecke derſelben. Manuel ſtrengte ſein ſcharfes Auge an, um den Bewegungen Escovedos möglichſt zu folgen. Er ſtieg nicht die Treppe zu dem oberen Stockwerk hinan, ſondern ſchritt gerade aus nach den hinteren Räumen. Abermals klirrte ein Schlüſſel, und eine Thür drehte ſich knarrend in den roſtigen Angeln. Es war das hintere Pförtchen des Pavillons, welches hinaus in's Freie führte. Ein heller Lichtſchein, der von der entgegengeſetzten Seite einfiel, überzeugte den Pater, daß jene ſelten benutzte Thür, die ihm jedoch ſchon bekannt geworden, geöffnet ſei. Zugleich erſchienen im Inneren der Halle mehrere Geſtalten. Escovedo hatte dieſelben heimlich dort eingelaſſen. Wer war es? Und zu welchem Ende beobachtete er, der Herr des Hauſes, der Niemanden zu ſcheuen hatte und ganz nach Gutdünken ſchalten konnte, ſolche Vorſicht?

Manuels Neugier war auf's Höchſte geſteigert. Offenbar handelte es ſich hier um eine geheime Zuſammenkunft, in der jedenfalls Dinge von beſonderer Wichtigkeit verhandelt wurden. Escovedo mochte mit dieſen Leuten weder in der Stadt, noch auf der Hacienda reden, weil er keinen dieſer Orte für ſicher genug hielt. Nur der entlegene Pavillon bot ihm dieſe Sicherheit.

Das hintere Pförtchen war wieder geſchloſſen worden. Die Männer — es ſchienen ihrer drei zu ſein — ſtiegen jetzt nach den oberen Räumen empor; der letzte jedoch ging, ehe er den übrigen folgte, nach der vorderen Thür, um dieſelbe von innen zu ſchließen. Indem er die Klinke erfaßte, ſtand er einen Augenblick in heller Beleuchtung. Manuel konnte ihm in's Geſicht ſehen und erkannte Gil Perez, den Gaucho, der einſt in einer Sendung Escovedos zu Ugarte gekommen und dieſem ſo erbauliche Dinge über die Vergangenheit ſeines Herrn enthüllt hatte.

Was hatte das zu bedeuten? Weshalb verſchloß ſich Escovedo mit den beiden Männern ſo ſorgfältig im Inneren des Pavillons? Wer war der Dritte?.... Der junge Prieſter war entſchloſſen, das Geheimniß zu ergründen. Bei ſeinen täglichen Wanderungen durch dieſen Theil des Parks hatte er ganz zufällig einen Zugang zu dem Pavillon entdeckt, der wohl den Bewohnern der Hacienda nicht bekannt ſein konnte, da man ihn ſonſt längſt verſchloſſen haben würde. Zur Seite des alterthümlichen Gebäudes, im dichteſten Geſtrüpp, befand ſich nämlich eine Grube, die der Regen ausgewaſchen zu haben ſchien. Die Grube hatte ungefähr die gleiche Tiefe wie das Stein-Fundament des Pavillons, das an dieſer Stelle ziemlich ſchadhaft geworden. Bei heftigen Regengüſſen hatte ſich das in die Grube ſtürzende Waſſer einen Weg in den daneben befindlichen Kellerraum gebahnt. Mehrere große Steine waren in dem Mauerwerk so locker geworden, daß es nur eines Ruckes bedurfte, sie zu entfernen und eine hinlänglich große Oeffnung zu machen, um bequem aus der Grube in den Keller zu schlüpfen. Aus dem Keller führte eine morsche Stiege nach dem Erdgeschoß, und da die Verhandlungen jener drei Männer innerhalb des verschlossenen, gänzlich isolirten Gebäudes vermuthlich nicht in gar zu leisem Ton geführt wurden, bedurfte es wohl nur eines Vordringens bis zu jener Gegend, um Alles zu vernehmen, was im Hause gesprochen wurde.

Alle diese Gedanken hatten Manuel mit der Schnelle des Blitzes durchzuckt. Gil Perez, der die äußere Thür geschlossen, war den Anderen wohl kaum nach dem oberen Stockwerk gefolgt, als sich Jener auch bereits in der Grube befand und hastig die lockeren Steine aus dem Mauerwerk entfernte. Behende schlüpfte er durch die Oeffnung in den Kellerraum und tastete sich hier, bei dem schwachen Lichtscheine, mit beiden Händen längs der Mauer bis zur Stiege, die nach oben führte. Als er das untere Stockwerk erreichte, vernahm er schon das Gemurmel verschiedener Stimmen. Die Männer oben waren in einer eifrigen Unterhaltung begriffen. Leise schlich er die Treppe zum zweiten Stockwerk empor. Immer vernehmlicher schlugen die Stimmen an sein Ohr, bis er endlich, nur wenige Schritte von der offen stehenden Thür des oberen Zimmers entfernt, jedoch durch eine vorspringende Wand vor plötzlicher Ueberraschung geschützt, jedes Wort deutlich verstehen konnte.

„Das Beste ist, Ihr geht Beide," sagte Don Escovedo. „Es ist mein Wille, daß weder der deutsche Kaufmann noch die junge Tänzerin je lebend nach Santiago zurückkehrt. Nur wer mir dafür einzustehen vermag, erhält den ausbedungenen Preis. Wie Ihr es erreicht, gilt mir völlig gleich; erreichen aber müßt ihr es, sonst ——"

„Es ist kein Hexenstück, Balzado — Escovedo, wollt' ich sagen. Alte Gewohnheit macht mich noch immer in Eurem Namen irre," versetzte eine rauhe, ungeschlachte Stimme.

„Eine sehr üble Gewohnheit, Robriquez; Ihr müßt sie ablegen, wenn wir Freunde bleiben sollen."

„Nun ja doch! Nur nicht gleich ärgerlich! Was liegt an einem Namen?"

„Wenn es Euch recht ist, Sennor, so übernehme ich die Ballerina," ließ sich der Gaucho vernehmen, dessen Stimme Manuel noch zur Genüge bekannt war. „Habe ich doch ohnehin eine kleine Rechnung mit ihr in Richtigkeit zu bringen."

„Was ist es, Gil?"

„Ich will es Euch nur gestehen: das Mädchen war mir nicht ganz gleichgültig. Anfangs schien sie mir gut; später aber, als sie ihr Auge auf den Carcaman geworfen —— Maldito! ich hätte trotz ihrer engelgleichen Schönheit kein Mitleid mit ihr, wenn ich wüßte, daß sie die Seinige geworden!"

„Bravo! So gefällſt Du mir, Gil! Die Eiferſucht wird Dir Muth einflößen — Du biſt mein Mann!"

„Und wenn das Liebchen lockt und ſchön thut — bei, da ſind alle guten
Vorſätze flugs vergeſſen!" ließ ſich die rauhe Stimme wieder vernehmen.

„Peſt und Tod über Dich, Burſche, wenn Du Dich durch die Dirne bethören ließeſt!" rief Escovedo auffahrend.

„Fürchtet nichts, Herr, ich gehorche Eurem Befehl: die Ballerina wird
Santiago nie wieder betreten. Liebt ſie mich noch, kann ſie ſich von dem Deutſchen losmachen, ſo wird ſie mir ohne Widerſpruch nach unſerer gemeinſamen
Heimath, den Steppen der Argentina, folgen, wo uns Eure Großmuth Alles
reichlich gewährt, was zu unſerem Glücke erforderlich. Die himmelſtrebende
Cordillera zieht eine ewige Schranke zwiſchen uns und den Thälern Chilis; Pepa
wird nie nach Santiago zurückkehren. Iſt ihr aber der Deutſche feſt an's Herz
gewachſen, will ſie ſein Schickſal theilen, dann — bei der heiligen Jungfrau
ſchwör' ich's! — kenn' ich kein Erbarmen, und in demſelben Augenblick, da
Rodriquez den verhaßten Nebenbuhler beſeitigt, ſoll meine gute Klinge ſich tief
in ihr treuloſes Herz bohren!"

„Gut, ich bin mit Dir zufrieden, Gil Perez; der Lohn wird Deiner That
entſprechen."

„Macht's kurz! Wann brechen wir auf?" fragte die heiſere Stimme.

„Noch in dieſer Stunde!" antwortete Escovedo raſch. „Ihr überſchreitet
die Cordillera, und am jenſeitigen Fuße des Gebirges harrt Ihr der Ankunft des
Deutſchen und ſeiner Begleitung. Ich habe guten Grund zu der Vermuthung,
daß die Tänzerin mit ihm zurückkehrt. Trefft ihr Beide zuſammen, dann thut
Euer Werk, wo und wie Ihr wollt. Hätte ihn die Dirne verlaſſen, um vorläufig in der Heimath zu bleiben, ſo müßt Ihr Euch gleichfalls trennen. Gil
Perez hätte dann die Ballerina aufzuſuchen, während Rodriquez den Spuren
des Deutſchen folgt. Jeder iſt mir für den ihm zufallenden Theil der Arbeit
verantwortlich, und wehe Dem, der ſich läſſig zeigt, wenn der entſcheidende Augenblick gekommen!"

Manuel hatte genug gehört. Was weiter verhandelt wurde, war jedenfalls nur von geringerer Wichtigkeit. Geräuſchlos glitt er die Stiege
hinab und entfernte ſich auf demſelben Wege, den er gekommen. Kaum hatte
er den Keller erreicht, ſo hörte er Schritte von oben. Escovedo öffnete das
hintere Pförtchen und ließ die beiden Anderen hinaus; dann entfernte er ſich
ſelber wieder durch die Vorderthür, die er ſorgfältig verſchloß. Manuel ſchlüpfte
durch die Maueröffnung in die Grube; er athmete freier, als er wieder das
Grün der Sträucher und Bäume und den blauen Himmel über ſich ſah. Sein
lauſchendes Ohr vernahm noch deutlich die Schritte Escovedos, die allmälig in
der Ferne verhallten. Erſt als Alles ſtill geworden, verließ er ſeinen Schlupfwinkel und kehrte auf ſelten begangenen Seitenpfaden gleichfalls nach der
Hacienda zurück.

In Manuels Innerem erhob ſich ein mächtiger Kampf. Das Geſpräch, welches er so eben belauscht, enthüllte ihm ein Geheimniß, das in seiner Hand zu einer vernichtenden Waffe gegen Escovedo sowohl wie gegen dem ihn unterstützenden Ugarte zu werden vermochte, und von dem er zugleich erwarten durfte, daß es ihn seinem heiß ersehnten Ziel, dem Besitze Leonticas, wesentlich näher bringe. Doch wie sollte er es ausbeuten? Escovedo hatte zwei zum Aeußersten entschlossene Mordgesellen gedungen, die sich bereits auf dem Wege befanden, ihre Opfer in fernen Gegenden aufzusuchen. Sollte er einen Versuch machen, den schändlichen Plan zu vereiteln, den Stoß der schon gezückten scharfen Klingen aufzuhalten? Die Tänzerin zu retten, deren Verhältniß zu Escovedo er dunkel zu ahnen begann, war für ihn von höchster Wichtigkeit, denn es ließ sich erwarten, daß sie in den geheimen Beziehungen Ugartes und Escovedos eine bedeutungsvolle Rolle spiele und in irgend welcher Weise in das Geschick jener Unglücklichen verwoben sei, die auf Ugartes Befehl so lange Jahre in einem entlegenen Kloster eingekerkert worden, und von deren glücklich bewerkstelligter Rettung durch den Räuber Pasquale er aus Toribios Munde Kenntniß erhalten. Wie aber stand es um den deutschen Kaufmann? Lag es in seinem Interesse, auch diesen zu retten, der von Leontica so heiß geliebt wurde, zu dem sie sich nur um so inniger hingezogen fühlen mußte, je mehr sie die Vergangenheit Escovedos kennen und je tiefer sie den ihr aufgezwungenen Gatten verabscheuen lernte? Würde nicht die Beseitigung Hammers den Plänen Manuels mächtigen Vorschub geleistet haben? Der junge Priester erschrak, als er sich auf solchen Gedanken ertappte. Er liebte Leontica mit überschwänglicher Gluth, er arbeitete mit aller Macht darauf hin, sie zu besitzen, allein er wollte diesen Besitz nur mit Entlarvung eines Bösewichts, mit Lösung eines durch Betrug und falsche Vorspiegelungen geknüpften Bandes, nicht mit dem Leben eines unschuldigen Menschen erkaufen. Und dann — mußte nicht gerade der Umstand, daß Hammers Leben durch ihn gerettet worden, auf Leonticas Herz einen tiefen Eindruck machen? Hatte er dann nicht Ansprüche auf ihre Dankbarkeit? Gewann er dadurch nicht vielleicht ihre Gunst in solchem Grade, daß es ihm selbst möglich wurde, eine ohnehin hoffnungslose Liebe allmälig aus ihrem Herzen zu vertilgen? Wie z. B. — wenn er den Funken der Eifersucht bei ihr nährte? Nach den Andeutungen des Gauchos unterlag es kaum einem Zweifel, daß die Ballerina Hammer liebte; sie hatte sich seiner Obhut auf der weiten Reise anvertraut und das längere Zusammensein machte s wahrscheinlich genug, daß auch der junge Mann unter solchen Umständen an dem reizenden Mädchen Gefallen zu finden begann. Dieser Umstand ließ sich Leontica gegenüber vortrefflich benutzen; er konnte auf die junge, lebhaft empfindende Frau unmöglich ohne Wirkung bleiben. Endlich durfte sich Manuel noch der Hoffnung hingeben, daß seine Pläne längst zur Reife gediehen und sein eigenes Verhältniß zu Leontica die ersehnte Wendung genommen, ehe sein Nebenbuhler, dessen Leben in diesem Augenblick in seine Hand gegeben, wieder auf dem Schauplatz erscheinen und ihm selber gefährlich werden konnte. Es war jetzt Ende October, und erst in den letzten Wochen des Jahres wurde

Hammer zurück erwartet. Vor Ablauf dieser Frist hoffte Manuel am Ziel seiner Wünsche zu stehen. In der ersten Woche des December feierte der Convent dolla compania ein glänzendes Fest zu Ehren der Madonna, an welchem die Frauen und Jungfrauen der Stadt den regsten Antheil zu nehmen pflegten. Um diese Zeit beabsichtigte Manuel den entscheidenden Schlag zu führen, den allmälig vorbereiteten Frauen des Hauses Mureno zu entdecken, wie sie nur Werkzeuge gewesen in den Händen des herrschsüchtigen Priors und des verruchten Bösewichts Escovedo, zugleich aber die beiden Letzteren durch die Drohung, ihre Geheimnisse der Oeffentlichkeit zu übergeben, dergestalt einzuschüchtern, daß sie sich zu allen ihnen auferlegten Opfern bequemten. In der diesen Enthüllungen folgenden allgemeinen Bestürzung und Verwirrung glaubte Manuel ohne Schwierigkeit sich einen beträchtlichen Theil des Vermögens Escovedos, zugleich aber auch den Besitz der schönen Leontica sichern zu können, und ehe noch diese oder jene so recht zur Besinnung gekommen, hoffte er bereits seine köstliche Beute an Bord eines sicheren Fahrzeuges der fernen Heimath zuzuführen. Dies war, in den wesentlichsten Zügen, sein Plan. Nach reiflicher Erwägung gelangte er zu der Ueberzeugung, daß derselbe durch die Rettung Hammers, insofern dieselbe durch seine Vermittlung herbeigeführt werden konnte, vielleicht noch eher gefördert als beeinträchtigt werde. Sofort stand sein Entschluß fest, nicht nur die Ballerina, sondern auch Eugen Hammer zu retten.

Es war um die Mittagsstunde, und die senkrechten Strahlen der Sonne drangen selbst durch das dichte Laubdach des Parks, als Toribio seinen Freund Pasquale, der in die Kutte eines Bettelmönchs gehüllt war und die gebückte Haltung eines solchen vortrefflich nachahmte, nach der verabredeten Stelle in der Nähe des Weihers geleitete. Pater Manuel harrte ihrer bereits. Toribio stellte ihm seinen Freund, den ehrwürdigen Bruder Asmedeo, vor, der seit fünfzehn Jahren in der Einsamkeit des Gebirges gelebt, ehemals aber in häufige Berührung mit Ugarte gekommen und über dessen Vergangenheit genauer unterrichtet sei als irgend ein anderer Angehöriger des geistlichen Standes im ganzen Gebiet der Republik Chili. Pasquale verstand seine Rolle so trefflich zu spielen, daß nicht einmal der scharfsichtige Manuel den geringsten Argwohn schöpfte. Er berichtete, daß ihn hauptsächlich der Wunsch, ein Verbrechen zu rächen, welches Escovedo, von Ugarte unterstützt, vor vielen Jahren an einem jungen Mädchen aus angesehener, ihm nahestehender Familie begangen, veranlaßt habe, seine einsame Klause hoch oben im Gebirge zu verlassen und noch einmal in das Getümmel der Welt zurückzukehren, dem er bereits für immer entsagt. Könne er zur Erreichung dieser Absicht in dem hochwürdigsten Pater Manuel, von dessen Frömmigkeit und Eifer für die heilige Sache er sogar in seiner fernen Abgeschiedenheit gehört, der ungleich würdigere sei, den erhabenen Orden dolla compania zu vertreten, als dessen jetziger Vorsteher, einen gleichgesinnten Bundesgenossen finden, so schätze er sich überglücklich und betrachte dies als die Fügung einer höheren Macht, die ihn zu ihrem Werkzeug ausersehen, Hoffart, Ehrgeiz und Bosheit zu demüthigen.

Das Gespräch, in dessen weiterm Verlauf der angebliche Bruder Asmodeo die Geschichte jener unglücklichen Isabella mittheilte, von der er vermuthete, daß sie keine Andere sei als jene Schwester Innocentia, zu deren Ruin sich einst Escovedo und Ugarte brüderlich die Hand geboten, und die später von Letzterem in dem einsamen Kloster San Rosario gefangen gehalten worden, wo sie unheilbarem Wahnsinn verfallen — dieses Gespräch hatte bereits geraume Weile gedauert, als sich plötzlich leichte, hastige Schritte auf dem Kieswege des Gartens vernehmen ließen, und Toribio, der unabläßig in der Richtung nach der Hacienda ausgeschaut, mit einem Ausruf der Freude das Herannahen Ventura's verkündigte. Schon von weitem winkte die Duegna mit der Hand und deutete auf einen kleinen Gegenstand, den sie in derselben verborgen hielt.

„Das Bild! Das Bild!" rief Toribio hoch erfreut. „Ventura bringt uns das Bild!"

Manuel bemerkte, wie der Mönch erblaßte, wie er mit fieberhafter Spannung dem Augenblick entgegensah, der ihm Gewißheit geben sollte, ob Schwester Innocentia mit jenem jungen Mädchen identisch gewesen, deren Familie er einstmals gekannt und deren unglückliches Schicksal ihn selbst nach so langen Jahren noch mit aufrichtiger Theilnahme erfüllte.

„Hier, hier ist die Dose!" rief athemlos die Pächterin, die sich, von ihren Kräften verlassen, auf Toribio stützen mußte, der ihr das ersehnte Kleinod hastig aus der Hand nahm, um es Bruder Asmodeo zu überreichen. „Ich habe sie dem schlafenden Herrn aus der Tasche gezogen — Madonna lieh mir ihren gnädigen Beistand, sonst wär' ich dazu nicht im Stande gewesen. Macht jetzt nur flink und gebt mir die Dose zurück. Ich bringe sie wieder an Ort und Stelle, eh' Don Escovedo erwacht."

Asmodeo hielt die Dose zitternd in der Hand; seine Augen blickten starr und unheimlich, und seine Gesichtsmuskeln zuckten.

„Ein Muttergottesbild!" murmelte er, das auf dem Deckel angebrachte Bildniß betrachtend. „Muß diese himmlische Hülle ein unglückliches Opfer irdischer Verworfenheit bergen?"

„Drückt auf die Feder, frommer Vater, so kommt das Bild der armen Schwester Innocentia zum Vorschein", sagte Ventura, näher hinzutretend. „Ich habe die Dose oft in Händen gehabt, als Innocentia noch lebte —"

„Wohl ihr, wenn sie todt wäre!" murmelte der verkappte Räuber und ließ den Deckel der Dose aufspringen. Das Bild eines weiß gekleideten Mädchens, in jugendlicher Schönheit prangend, kam darunter zum Vorschein.

Asmodeo taumelte zurück, als ob ihn ein heftiger Schlag getroffen; dann führte er das Bild an seine Lippen und bedeckte es mit heißen Küssen. „Isabella! Isabella! Sie ist's!.... Meine unglückliche Schwester!" rief er schluchzend, und über sein gefurchtes, von der Sonne verbranntes Antlitz strömten helle Thränen.

„Eure Schwester, mein Bruder?" fragte Manuel verwundert.

„Eine Schwester in Christo, meinem Herzen so theuer wie eine leibliche

Schwester", versetzte der nach Fassung ringende Mönch. „Des Himmels schwerster Fluch treffe Diejenigen, die einst das irdische Glück der armen Dulderin zerstörten!"

„Die böse That wirkt fort und fort, sie treibt die Schuldigen zu immer größeren Verbrechen", fügte Manuel hinzu. „Täuscht mich nicht Alles, so steht der neueste Anschlag, den Escovedo auf das Leben zweier, in weiter Ferne weilender Personen gemacht, zum Theil wenigstens in nahem Bezuge zu jenem alten Frevel, der Euch, mein Bruder, so mächtig erschüttert."

„Was meint Ihr, Ehrwürdigster?" fragte Toribio. „Von welchem Anschlag redet Ihr?"

„Laßt mich einen Blick auf das Bildniß werfen, mein Bruder", sagte Manuel, indem er die Dose ergriff, welche Asmodeo krampfhaft umklammert hielt. „Ha! Sie ist es! Auch ich kenne dieses Antlitz!"

„Ihr? Unmöglich, frommer Padre! Es sind fast zwanzig Jahre, seit jene Aermste so erschien, wie Ihr sie auf diesem Bilde seht."

„Und ich sage Euch, daß kaum zwei Monde verstrichen sind, seit ich diese Züge im vollen Reiz der Jugend strahlend erblickte. Wenn nicht Isabella, so war es Isabellas Tochter, die in Santiago weilte. Doch hört, was ich Euch noch mitzutheilen habe."

Der junge Pater erzählte jetzt das Gespräch, welches er am Vormittag im Pavillon belauschte; sein treffliches Gedächtniß ließ es ihn fast Wort für Wort wiedergeben. Asmodeo nahm den lebhaftesten Antheil an dieser Erzählung; er horchte mit athemloser Spannung, nur zuweilen kam ein Ausruf des Staunens oder der Entrüstung über seine Lippen. Als Manuel geendigt und zuletzt noch seine Ueberzeugung ausgesprochen, daß die Ballerina, nach der Escovedo nach dem Leben trachtete, deren Rückkehr er um jeden Preis zu verhüten suchte, zu jener unglücklichen Isabella, deren Züge sie trage, in naher Beziehung stehen müsse, da vermochte Pasquale die ihn mächtig bestürmenden Empfindungen nicht länger zu bemeistern, und die Leidenschaft seines Wesens stand mit dem geistlichen Gewande, in welches er sich gehüllt, keineswegs im Einklang.

„Beim Blut unseres Heilands!" rief er, die geballten Fäuste hoch erhebend — „der elende Schurke soll seine mörderische Absicht nicht erreichen! Noch giebt es starke Arme, die seine Verbrechen zu verhindern, seine Opfer zu schützen wissen! Dank Euch, ehrwürdiger Herr, Ihr habt mir und der guten Sache einen Dienst geleistet, der nicht vergessen werden soll! Ich hefte mich an die Sohlen der gedungenen Meuchelmörder, ich folge ihnen über die schneebedeckten Gipfel und durch die unwegsamen Schluchten der Cordillera — dort glauben sie ihr Verbrechen ungestraft vollführen zu können, doch gerade dort soll sie der Arm des Rächers ereilen! Sind erst die unschuldigen Opfer gerettet, dann komme die Reihe an die feigen Mörder, die nicht den Muth hatten, ihre teuflischen Pläne selber in Vollzug zu setzen — dann halten wir mit Escovedo, mit Ugarte furchtbare Rechnung!"

13. Im Schnee der Cordillera.

Die gigantische Andenkette, welche den südamerikanischen Continent der ganzen Länge nach durchschneidet und die Länder der Ostküste von denen der Westküste in wirksamerer Weise trennt, als wenn ein breiter Ocean zwischen ihnen läge, erhebt sich, unähnlich allen Gebirgsformationen der alten Welt, nicht als einzelne, aneinandergereihte Bergriesen, die sich zu einer soliden Mauer vereinigen, sie steigt vielmehr terrassenartig, von Stufe zu Stufe, gleichsam als übereinander gethürmte, sonst aber ganz unabhängige Gebirgsmassen, empor, so daß der sie zum ersten Mal durchwandernde Reisende voll gespannter Erwartung dem Erscheinen der mächtigen Cordillera entgegen sehen mag, während er sich doch in Wahrheit schon mitten in derselben befindet. Die fürsorgliche Natur hat durch diese weise Anordnung das Ueberschreiten des Riesengebirges wesentlich erleichtert, denn stieße man hier, in diesen weit entlegenen, dünn bevölkerten Regionen, auf steil ansteigende, schnee- und eisbedeckte Bergcolosse, wie in der europäischen Alpenwelt, so möchte wohl jeder menschliche Verkehr zur Unmöglichkeit werden. Tritt diese terrassenförmige Anordnung schon auf der chilenischen Seite des Gebirges charakteristisch hervor, so daß der Reisende, der soeben einen tausend Fuß hohen Bergkegel erstiegen, in geringer Entfernung wieder einen ganz ähnlichen Kegel vor sich sieht, ein Schauspiel, welches, je nach der Höhe der betreffenden Gebirgsstelle, zehn bis zwanzig Mal wiederkehrt, so zeigt sie sich noch ungleich ausgebildeter und großartiger auf der argentinischen Seite, wo es weit hingestreckt, mit mehr oder minder üppiger Vegetation ausgestattete, von Schluchten durchzogene, mit Felsen und Gletschern, erloschenen oder zuweilen auch noch thätigen Vulkanen im chaotischen Durcheinander besäete Bergplateaus sind, auf denen es nicht selten einer halben oder ganzen Tagreise bedarf, um von einem Ende bis zum andern zu gelangen. Verglichen wir an einer andern Stelle die Cordilleren mit einer Riesenleiter, welche die Erde mit dem Himmel zu verbinden scheint, so haben wir hier hinzuzufügen, daß die Stufen dieser Leiter an der westlichen Seite kurz und steil, an der östlichen aber breit und nur ganz allmälig ansteigend sind.

Wir führen den Leser auf eines der mittleren Plateaus der argentinischen Seite, welches sich am westlichsten Rande der Provinz Catamarca erhebt. In weitem Halbkreis stehen die ehrwürdigen Häupter der Puertas Negras, riesige Bergkegel von schwarzer Färbung, deren Gipfel meist mit Schnee bedeckt sind. Mächtige Felsgeschiebe aus Sandstein, Schiefer und Granit, die in ihrer goldenen, orangefarbenen und dunkel karmosinrothen Färbung prächtig in der Sonne glitzern, wechseln mit weiten Sandflächen und ödem Haideland. Die Vegetation ist schon sehr spärlich; vereinzelte Jumilstämme ragen empor, verkrüppelte Cactussträucher und grüne Mimosen bedecken stellenweise den Boden, dazwischen blüht die rosa do monto, eine prächtige gelbe Alpenrose, die allein unter allen Kindern Floras hier oben noch gedeiht. Unheimlich kreischende Raubvögel kreisen pfeilschnell in den Lüften, Myriaden von Muskitos, die den des Weges reisenden Caravanen sehr zur Last fallen, spielen im Sonnenschein, buntbefiederte Finken fliegen zwitschernd von Baum zu Baum, und von den benachbarten Felsenabhängen gellt der schrille Pfiff des Guanaces, eines Lamathieres, welches diese Gebirgsregionen in zahlreichen Heerden bewohnt.

Die Guanaces waren es wohl, die den rüstigen jungen Jägersmann, der, die Büchse über dem Rücken, den hohen spitzen Bergstock in der Rechten, über die Hochebene dahin schritt, in diese Gebirgseinöde gelockt hatten. Mit raschem, elastischem Schritt war er ihren Spuren schon seit geraumer Weile gefolgt, sein scharfes Auge hatte die Fliehenden von Zeit zu Zeit immer wieder entdeckt und auf den mit niederem Tannenschlag bewachsenen Felshügeln, die sich jetzt in geringer Entfernung vor ihm erhoben, hoffte er endlich dem scheuen Wild, welches dorthin geflüchtet, so nahe zu kommen, daß seine Kugel wenigstens eines der Thiere zu erreichen vermochte. Die ersten der gelblich schimmernden Felsmassen lagen dicht vor ihm, in der Tiefe öffnete sich eine enge Schlucht, die von zackigem Gestein überragt wurde, als plötzlich wieder das wohlbekannte Pfeifen aus der Höhe an sein Ohr schlug und seine Blicke nach den schroffen Felsengipfeln lenkte, über welche zwei ausgewachsene Guanaces, in einer Entfernung von kaum zweihundert Schritten, mit gewaltigen Sprüngen hinwegsetzten. Rasch ließ der Jäger den Stock zur Erde sinken und riß die Büchse vom Rücken; schon war das Rohr angeschlagen und die Spitze des Fingers berührte fast den Drücker, als ein von der Seite ertönendes verdächtiges Brummen plötzlich die Blicke des Jägers nach dieser Richtung lenkte und — der Schreck lähmte ihm fast die Glieder — aus dem grünen Tannengebüsch zu seiner Linken blitzten ein paar glühende Augen, leuchtete ein hellgelbes Fell — ein Puma lag dort auf den Vordertatzen, behaglich knurrend, mit dem geringelten Schweif die Luft peitschend und eben zum Sprunge auf sein ihm ahnungslos nahe gekommenes Opfer ausholend. Noch war es Zeit, der Büchse eine andere Richtung zu geben, doch nicht mit Bedacht zu zielen. Ein gewandter Sprung brachte das Raubthier dicht an die Seite des Jägers; der Schuß knallte — die Bestie war unverletzt und duckte sich abermals zu Boden, um im nächsten Augenblick über den nun fast wehrlosen Gegner, dem keine Zeit zum Laden blieb, herzustürzen. Die glühenden Augen schienen die Beute schon verzehren zu wollen, aus dem geöffneten Rachen quoll ein heißer Athem, die stachelige Zunge leckte wie im Vorgeschmack des sicheren Genusses — da ermannte sich der Jäger aus seiner Betäubung, es galt einen verzweifelten Kampf und er wollte sein Leben wenigstens nicht allzu billig losschlagen. Mit einem hastigen Griff drehte er die Büchse um, so daß er den Lauf in den Händen hielt, holte mit aller Kraft aus und führte mit dem Schaft einen gewaltigen Schlag nach dem Kopf des Raubthiers, der, wenn er getroffen, dasselbe wahrscheinlich betäubt zu Boden gestreckt haben würde. Aber der Puma wich mit einer leichten Wendung dem Schlage aus, der Schaft prallte auf den felsigen Boden und — zersplitterte in zahllose Atome.

Ohne jede Waffe, das lechzende Raubthier nur wenige Schritte entfernt, schien der Jäger im nächsten Augenblick verloren. Da erinnerte er sich gehört zu haben, daß der Puma eigentlich ein feiges Thier sei, welches durch entschlossenes Begegnen sich nicht selten in die Flucht jagen lasse. Er nahm alle seine Kräfte zusammen und stieß ein lautes Geschrei aus, welches schauerlich von den Felsen widerhallte. Die gehoffte Wirkung blieb nicht aus. Das Raubthier, nach Katzenart auf allen Vieren an den Boden geschmiegt und mit dem Schweif kreisend, wich einige Schritte zurück und ließ gleichfalls ein besseres Gebrüll erschallen, welches nicht unbeutlich Angst und Bestürzung verrieth. Diesen Augenblick benutzte der Jäger, sich langsam nach einem nahen Felsen zurückzuziehen, wobei er jedoch das Thier stets im Auge behielt. Auf der Höhe des Felsens, die er leicht erklomm, erhob sich eine schlanke Tanne. Rasch machte er sich daran, sie zu erklettern. Es gelang ihm, sich bis zu den ersten Aesten emporzuarbeiten. Jetzt kam aber auch der Puma heran und war mit einigen behenden Sätzen am Fuße des Baumes. Die Bedeutung des Manövers war ihm klar geworden: es handelte sich um eine Flucht und dem Fliehenden ist der Puma stets auf den Fersen. Brummend umschnupperte er den Baum und legte die Vordertatzen an den Stamm, als ob er zeigen wolle, daß er im Klettern auch nicht so ganz ungeschickt sei.

Es war ein kritischer Moment, dem Jäger flimmerte es vor den Sinnen und sein Herz klopfte vernehmbar. Da erschien eine ganz unerwartete Hülfe — freilich eine Hülfe, in deren Fähigkeit, ihn aus seiner bedrängten Lage zu erlösen, man auf den ersten Blick gerechte Zweifel setzen mochte.

Ein junges Mädchen hatte die Hochebene erklommen und flog jetzt wie ein Pfeil über den bald grasigen, bald steinigen Boden dahin, gerade auf die Felsenhügel zu. Ihr spähendes Auge hatte schon aus weiter Entfernung den Jäger entdeckt und auch den Feind, der ihn belagerte. Sie trug keine Waffe, sie besaß nichts, womit sie im Stande gewesen wäre, das Raubthier anzugreifen, dennoch eilte sie mit der größten Unerschrockenheit auf dasselbe zu, als ob sie ihres Sieges im Voraus gewiß sei.

Der Puma, des langen Wartens müde, war eben mit einem mächtigen Satz bis zur Mitte des Stammes gesprungen, den er fest umklammert hielt, und schob sich nun bis zu den ersten Zweigen hinauf. Natürlich hatte ihn der Jäger hier nicht erwartet, sondern war bereits so weit emporgeklommen, als es die schwanken Aeste der nicht eben mächtigen Baumkrone nur irgend gestatteten. Jetzt hatte das junge Mädchen den Fleck erreicht, wo der Jäger zur Büchse gegriffen; vor sich auf den Boden blickend, sah sie den Bergstock und den Flintenlauf liegen. Ohne lange nachzusinnen, wie sie diese Gegenstände gebrauchen könne, raffte sie dieselben auf und klomm mit einer Behendigkeit, die sie den Guanacos abgelauscht zu haben schien, den steilen Felsen empor. Ein gellender Schrei aus ihrem Munde, der ängstliche Ausruf: „El leon! el leon!" *) veranlaßte den Puma, der sie bis jetzt nicht bemerkt zu haben schien, sich nach ihr umzuwenden. Der schrille Ton ihrer Stimme, ihr rasches Herannahen und die in beiden Händen drohend geschwungenen Waffen — dies Alles schien das an und für sich feige Thier stutzig zu machen; statt höher emporzuklettern, wollte es durch einen Seitensprung entfliehen. Das beherzte Mädchen stand jedoch bereits am Fuße des Baumes, sie hielt den mit einer starken eisernen Spitze beschlagenen Stock mit beiden ausgestreckten Armen empor, und im Sprunge stürzte das erschreckte Thier mit weit geöffnetem Rachen gerade in jene Spitze. Die Heftigkeit des Stoßes hatte das Mädchen zu Boden geworfen und der dicke Stock war in ihrer Hand wie ein Strohhalm abgeknickt. Der Puma stieß ein schauerliches Gebrüll aus; schwarzes Blut träufelte aus seinem Rachen. Im Nu war das Mädchen wieder auf den Füßen und hielt nun den abgebrochenen Flintenlauf, der in ihren Händen geblieben, in derselben Weise ausgestreckt vor sich hin, wie vorher den Bergstock. Diese Demonstration genügte, um dem offenbar nicht unerheblich verletzten Gegner Respekt einzuflößen. Statt auf das Mädchen zu stürzen, zog sich der Puma heulend zurück, setzte mit einigen gewaltigen Sätzen den Felsen hinab und verschwand in dem benachbarten Tannengestrüpp

---

*) Man belegt den an den argentinischen wie chilenischen Abhängen der Cordillere nicht selten vorkommenden Puma, eine kleine Tigerart, mit dem Namen des Löwen, da er ein hellgelbes Fell besitzt, ohne alle Streifen oder Flecken, und in der That einer jungen Löwin sehr ähnlich sieht.

In demselben Augenblick, da das Mädchen zu Boden gesunken, hatte sich der Jäger rasch zu ihrem Beistand herabgelassen, doch ehe er unten angelangt, war der Feind bereits in die Flucht geschlagen. Mit ausgebreiteten Armen umfing er die Muthige, die erst jetzt der Zartheit ihres Geschlechts den schuldigen Tribut entrichtete, indem der rosige Schimmer ihrer Wangen einer tödtlichen Blässe Platz machte und sie nicht länger die Kraft hatte, sich aufrecht zu erhalten.

„Pepa, meine Retterin! Um Gotteswillen, was fehlt Dir? . . . Bist Du verwundet?" fragte er, die Wankende stützend und seine Lippen mit leidenschaftlicher Gluth auf die ihrigen pressend.

Ob die Anwandlung von Ohnmacht nur eine so leichte, ob das Belebungsmittel ein so kräftiges — die Ballerina schlug alsbald die Augen auf, und da sie sich in den Armen Eugen Hammers fand, da sie sah, wie er voll inniger Theilnahme über sie gebeugt stand, kehrte auch sofort die Röthe ihrer Wangen zurück.

„Mir ist wohl, Sennor, ich bin nicht verletzt, aber Sie — Sie hatten schon einen Kampf mit dem Löwen zu bestehen — sollten Sie keine Wunde davon getragen haben?"

„Nicht die kleinste Schramme! Das Abenteuer, welches uns Beiden so gefährlich werden konnte, hat eine überraschend glückliche Wendung genommen."

„Sie kennen den Löwen nicht, Sennor. Wir, die wir in diesen Bergen aufgewachsen, wissen ihn besser zu behandeln. Er ist ein heimtückisches, durch seine Stärke und Gewandtheit gefährliches Thier, zum Glück aber auch feige und selten zum Angriff schreitend, wenn man ihm ohne alle Scheu entgegentritt. Vielleicht war es gerade Ihre Flucht auf den Baum, die ihn so eifrig in der Verfolgung machte."

„Das heißt, wenn ich Deine Courage besessen, Pepa, würde ich gar nicht in die Patsche gerathen sein," versetzte Hammer lachend. „Nun ich gestehe, daß ich da oben in den Zweigen nicht die tapferste Rolle gespielt; meiner Haut hab' ich mich aber deshalb doch gewehrt, nur schienen mir die bloßen Fäuste, den Zähnen und Krallen dieser Bestie gegenüber, etwas ungleiche Waffen. Du freilich, Mädchen, hast ihr mit einem Heldenmuth Trotz geboten, den ich nicht genug bewundern kann. Ohne Dein Dazwischenkommen hätte mein Jagdabenteuer einen sehr tragischen Ausgang finden mögen."

„Ich rieth Ihnen, sich nicht so weit zu entfernen."

„Aber was bewog Dich, mir zu folgen?"

„Ihr langes Ausbleiben machte mich besorgt. Mir ahnte, es würde Ihnen ein Unfall zustoßen. Enrico, der Capataz, und zwei der Peons begleiteten mich. Wir schlugen auf's Gerathewohl die Richtung ein, in welcher Sie sich entfernt hatten. Ihr Schreien, Sennor Eugenio, und das Geheul des Löwen führte uns auf die rechte Spur. Dort kommen die Leute, denen ich voraneilte. Madonna sei gepriesen — alle Gefahr ist überstanden!"

Ein Capataz der Caravane, mit einer Flinte bewaffnet, und zwei von den Fuhrknechten kamen herbei und hörten mit Staunen, was sich zugetragen. Sie untersuchten den Boden und fanden starke Blutspuren bis zum Gebüsch, woraus sie auf eine bedeutende Verwundung des Löwen schlossen, der wohl unter solchen Umständen seine Flucht nicht allzu weit fortgesetzt haben konnte. Man entschloß sich, das Dickicht zu durchsuchen. Die Blutspuren leiteten zwischen das Gestein, und ein röchelndes Schnaufen verrieth die Nähe des verwundeten Thieres. Unter den bleifarbenen, wie verdorrt aussehenden Blättern eines aus dem kargen Felsenboden hervorgewachsenen Metamostrauches, der auf tiefer gelegenen Bergplateaus als stattlicher Baum gedeiht und einen der

letzten Ausläufer der an den Anden emporklimmenden Vegetation bildet, lag das
verendende Pumathier, das sich krampfhaft wand und den harten Boden mit dem
Schweife peitschte. Ein wohlgezielter Schuß aus der Büchse des Capataz machte
seinem Leiden rasch ein Ende. Hammer mochte die kostbare Jagdbeute, an die
sich für ihn so merkwürdige Erinnerungen knüpften, nicht gern im Stich lassen.
Die beiden Peons luden den Löwen auf ihre kräftigen Schultern, doch der Capataz
und Hammer selber mußten ihnen noch zu Hülfe kommen, so ist würden sie
kaum im Stande gewesen sein, die Last bis zu der wohl eine halbe Legua entfernten Karavane zu schleppen.

    Eugen Hammers Reise über die Cordillere war glücklich von Statten ge-
gangen. Drei mächtige Carretas und wohl ein Dutzend Maulthiere waren mit
chilenischen Produkten befrachtet, von denen sich erwarten ließ, daß sie in den
jenseitigen Staaten einen günstigen Markt finden würden; zwei weitere Fuhrwerke
dienten der Bequemlichkeit der Passagiere. Die Reisegesellschaft hatte sich nämlich
noch um sechs bis acht Personen vermehrt, darunter etliche Frauen. Eine
regelmäßige Personenbeförderung über die Cordillere besteht noch bis auf den
heutigen Tag nicht. Die Reisenden pflegen sich den Handelskarawanen anzuschließen oder thun sich zu größeren Gesellschaften zusammen, die ihre eigenen
Transportmittel, Führer, Knechte ꝛc. miethen. Der Uebergang über die eigentliche Cordillere erfordert etwa sieben bis zehn Tage, je nach der Jahreszeit und
den Wegen, welche man einschlägt.

    Einer der ersten größeren Orte, die man in den argentinischen Staaten
erreichte, war Cachicuca, die Heimath Pepitas. Die alte Frau, welche die
Ballerina erzogen, war noch am Leben, aber so krank und schwach, daß sich
vorhersehen ließ, sie werde sich des Wiedersehens ihrer Pflegetochter nicht lange
zu erfreuen haben. Die Trennung von dem liebenswürdigen Mädchen, deren
heiteren Sinn und treffliches Gemüth Hammer während des täglichen Zusammenseins auf der Reise kennen und schätzen gelernt, fiel ihm schwer, und groß
war seine Freude, als ihm Pepa selber beim Abschied die Bitte vortrug, auch
die von ihr beabsichtigte Rückreise nach Chili unter seinem Schutze ausführen
zu dürfen, falls sich ihre Verhältnisse in der Heimath so gestalten sollten, daß
sie bei der Rückkehr der Karavane nach Cachicuca im Stande wäre, sich derselben
wieder anzuschließen.

    Drei volle Monate verblieb Eugen Hammer in den argentinischen Staaten;
er durchzog dieselben nach allen Richtungen, kam bis nach Buenos Ayres und
Montevideo hinunter, und indem er ganz seiner Muße und Erholung lebte,
erinnerte er sich doch auch der Spekulationen Nagels und behielt stets
die geschäftlichen Zwecke im Auge. In letzterer Hinsicht schien die Reise
vom vollständigsten Erfolg gekrönt. Die mitgebrachten Waaren wurden mit
bedeutendem Vortheil abgesetzt; allenthalben wurden Verbindungen angeknüpft,
die einem späteren geschäftlichen Verkehr sehr zu Statten kommen mußten; endlich fiel es nicht schwer, neue Waarenvorräthe zu sammeln, von denen sich erwarten ließ, daß sie in Chili mit beträchlichem Gewinn zu verwerthen seien.

    War es die Freude über diesen unerwartet günstigen commerziellen Erfolg,
der das in Nagels Augen einigermaßen gesunkene geschäftliche Ansehen des
jungen Principals vollständig restituiren mußte, war es der Wechsel des Klimas, in
Verbindung mit einem sorglosen, ungebundenen Leben: — auch jener Hauptzweck
der Reise, sich zu zerstreuen und aufzuheitern, einer gänzlich hoffnungslosen,
verzehrenden Leidenschaft Herr zu werden, schien vollständig erreicht zu sein.
Eugen Hammer kehrte in den letzten Tagen des November als ein völlig
umgewandelter Mensch nach Cachicuca zurück. An die Stelle der früheren
Melancholie und fieberhaften Erregung, der Neigung zur Abgeschiedenheit, der

Gleichgültigkeit gegen alle Lebensgenüsse, war eine wohlthuende Heiterkeit und Ruhe, ein geselliges Wesen, eine Empfänglichkeit für alles Schöne und Angenehme getreten. Er lebte nicht länger in der Vergangenheit, sondern in der Gegenwart und Zukunft. Hand in Hand mit dieser geistigen Veränderung war eine körperliche gegangen: er sah ungleich gesunder und kräftiger aus als früher, auf seinen bleichen, eingefallenen Wangen erblühten wieder die Rosen des Lebens. Ob vielleicht die Freude, Pepa wiederzusehen, und die Hoffnung, den Rest der Reise in ihrer Gesellschaft zurückzulegen, etwas mit dieser Umwandlung zu schaffen hatte — wer möchte darüber entscheiden?

Die Ballerina war reisefertig. Vor einem Monat hatte sie die Pflegemutter begraben, und die kleinen Angelegenheiten des Hausstandes und der Erbschaft waren längst geordnet. Die Heimath hatte jetzt für Pepa keine Reize mehr; alle ihre Hoffnungen, ihre Wünsche waren auf das Land jenseits der Cordillere gerichtet.

Statt der schon von Tag zu Tag erwarteten Handelskaravane Hammers stellte sich zu Pepa's nicht geringer Verwunderung ein anderer Besuch in Cachicuca ein. Wenige Tage nachdem sie die Pflegemutter zu ihrer letzten Ruhestätte geleitet, erschien Gil Perez, der Gaucho, mit welchem sich Pepa — es fiel ihr erst im Augenblick des Wiedersehens ein — seit der Abreise aus Santiago wirklich nur sehr flüchtig in ihren Gedanken beschäftigt. Er erinnerte sie daran, daß er längst sehnlichst gewünscht, seine argentinische Heimath zu besuchen; die Trennung von ihr habe die Sehnsucht verstärkt, und da ihm sein Herr einen Urlaub angeboten, habe er ohne Säumen die Reise über die Cordillere angetreten. Seine Zeit sei übrigens knapp zugemessen, er habe Don Escovedo das Versprechen gegeben, schon anfangs December in Santiago zurück zu sein, weshalb er in seiner Heimath Chacras, von Cachicuca wenige Tagereisen entfernt, nur einen ganz kurzen Aufenthalt nehmen könne. Pepa hatte gefürchtet, daß ihr der Gaucho wieder mit seinen Werbungen und Liebesbetheuerungen lästig fallen werde; in der That machte er auch einen abermaligen Versuch, ihr Herz zu erstürmen; als ihm aber, fast noch entschiedener als früher, kräftiger Widerstand und entmuthigende Kälte entgegengesetzt wurde, ließ er in diesen Bemühungen alsbald nach und hielt sich wieder durchaus in den Schranken freundschaftlichen Verkehrs. Der Ausflug nach seiner Heimath nahm kaum zwei Wochen in Anspruch. Vergeblich hatte Pepa von Tag zu Tag auf die Ankunft von Hammers Karavane gehofft, da sie vor der Begleitung des Gaucho eine unheimliche Scheu fühlte. Doch Hammers Eintreffen verzögerte sich noch immer. Nach Ablauf der angegebenen Frist kehrte Gil Perez in Begleitung eines anderen Mannes, den er als einen Freund vorstellte, der gleichfalls nach Santiago zu reisen wünschte, nach Cachicuca zurück. Zufällig passirte schon in den nächsten Tagen eine große, nach Chili bestimmte Karavane den Ort. Der Gaucho bestürmte Pepa, sich in seiner und seines Freundes Begleitung derselben anzuschließen; er stellte ihr vor, daß Hammers Rückreise wahrscheinlich eine Verzögerung erlitten, daß er sich vielleicht längst schon in Buenos Ayres, zur Vermeidung der beschwerlichen Landreise, eingeschifft, um mit seinen Waaren zur See nach Chili zurückzukehren, wodurch es für sie, der vorgeschrittenen Jahreszeit halber, in den nächsten vier bis fünf Monaten leicht zur Unmöglichkeit werden möchte, die Cordillere zu kreuzen. Als sich alle diese Vorstellungen fruchtlos erwiesen, als Pepa darauf bestand, die Ankunft Sennor Hammers zu erwarten, erklärte endlich Gil, daß er sammt seinem Freunde nicht länger zögern werde, da jede weitere Woche das Passiren der in Schnee begrabenen Gebirgspässe bedeutend gefahrvoller mache. Pepa wünschte ihnen glückliche Reise, und die beiden Männer brachen mit der Karavane auf.

Kaum eine Woche später erschien Eugen Hammer. Auch diesmal führte er einen ansehnlichen Troß mit sich: mehrere schwer beladene Wagen und Maulthiere, sowie die zu deren Bedienung erforderlichen Capataz, Arrieros und Peons. Das Wiedersehen war freundlich und herzlich, doch ohne jede Beimischung von Aeußerungen, die auf innigere Beziehungen hätten deuten mögen. Die Ankündigung, daß Pepa bereit sei, in seiner Begleitung den Rückweg nach Santiago anzutreten, schien Hammer zu erfreuen; inzwischen möchte ihn wohl auch eine gegentheilige Nachricht nicht eben in ungewöhnlicher Weise ergriffen haben. Die glückliche Veränderung, welche in seinem ganzen Wesen vor sich gegangen, bemerkte die Ballerina fast auf den ersten Blick, und freute sich derselben im Stillen. Der Aufenthalt in Cachicuca währte nur zwei Tage, da der Capataz und die Arrieros auf Eile drangen; Pepa hatte ihre wenigen Habseligkeiten längst in Ordnung, sie bedurfte keiner längeren Frist. Ein letzter Besuch an den Gräbern der guten Pflegeeltern, ein kurzer Abschied von den Nachbarn, die sie doch meist nur als eine Fremde betrachtet — dann folgte sie leichten Herzens der Karavane, die sich nach den Bergen in Bewegung setzte.

Die Strapazen und Entbehrungen der Reise wurden jetzt schon leichter ertragen, da man ihrer mehr gewöhnt war. Der größte Theil des Weges ward auf den Rücken der auch auf den gefährlichsten Pfaden sicher einherschreitenden Maulthiere zurückgelegt; die wenigen Frauen der Gesellschaft fanden übrigens, des anstrengenden Reitens müde, wohl auch einen Platz in einem der zweirädrigen Karren, deren Fortschaffung freilich mitunter nicht geringe Schwierigkeiten machte. Zwei Tagereisen hinter Cachicuca hörten alle Ansiedlungen auf, und die Nachtquartiere mußten fortan unter freiem Himmel genommen werden. Mit Sonnenuntergang wurden dann an einem gegen etwaige Regengüsse und den in diesen Gebirgsschluchten schneidend kalten Wind möglichst geschützten Punkte einige Zelte für die Reisenden aufgeschlagen; die Wagen standen, mit den Deichseln nach außen, dicht beisammen, und die der Halfter und Sättel ledigen Maulthiere weideten frei auf den benachbarten Abhängen und suchten sich ein Nachtlager wo es ihnen beliebte. In dem von den Zelten und Wagen eingeschlossenen Kreise prasselten lustige Feuer, über welchen bei großen Kesseln brodelte und die mitgenommenen Vorräthe, zu denen sich wohl eine am Wege geschossene Antilope, einige Berghasen, Vögel oder Biscachas gesellten, in kunstgerechter Weise von den in diesen Arbeiten wohl erfahrenen Arrieros zubereitet wurden. Die Frauen genossen das Vorrecht, auf dem für sie so bequem als möglich hergerichteten, mit einem Leinwanddach überspannten Wagen zu schlafen; die Männer, in ihre wollenen Decken und warmen Ponchos gewickelt, lagerten um die Feuer oder suchten bei rauhem Wetter Schutz unter den Zelten; die Führer, Maulthiertreiber und Peons endlich schoben sich einen Sattel unter den Kopf und gebrauchten einen anderen als Decke, worauf sie, mochte der Wind auch noch so eisig kalt über die Berge pfeifen oder der Regen herniederprasseln, wie zwischen den weichsten Eiderdaunen schliefen.

Auf dem Herüberzuge hatte Hammer häufig die Ballerina aufgesucht, um mit ihr von Leontica und dem kurz vor ihrer Abreise auf der Hacienda bestandenen Abentheuer zu plaudern; er hatte sie gefragt, was sie eigentlich veranlaßt, die Rolle einer Vermittlerin zwischen ihm und der Gattin Don Escovedos zu übernehmen, und sie hatte ihm geantwortet, daß ihr Madonna in einem Traume den Auftrag dazu ertheilt; er habe sich freundlich und theilnehmend gegen sie gezeigt, sie aber habe ihre Dankbarkeit nicht besser beweisen zu können geglaubt, als daß sie sich zur Beschützerin seiner unglücklichen Liebe zu der schönen Sennora aufgeworfen. Dieses Bedürfniß der Mittheilung, damals so rege und mächtig, schien jetzt auf der Rückreise nicht mehr vorhanden; Hammer wich Pepa mehr aus als er sie aufsuchte; gelegentlich unterhielt er sich zwar mit ihr in der früheren herzlichen und ungezwungenen Weise, doch die Vertraulichkeit schien mit der Niedergeschlagenheit seines Wesens verschwunden, und der früheren Ereignisse zu Santiago, insbesondere jenes Verhältnisses zu Leoutica, war seit der Rückkehr aus den argentinischen Staaten noch mit keiner Sylbe gedacht worden.

Am Abend des dritten Tages, als man bereits zu den höheren Gebirgsregionen vorgedrungen, ward die Gesellschaft in ziemlich eigenthümlicher Weise verstärkt. Auf dem Vorsprung eines Felsens bemerkte man schon aus weiter Entfernung zwei einsame Reisende, die jenen erhabenen Punkt gewählt zu haben schienen um nach den des Weges ziehenden Karavanen Ausschau zu halten. Als man sich ihnen näherte, erkannte Pepa mit Erstaunen den Gaucho und seinen Freund, von denen sie vorausgesetzt, daß sie bereits einen zu bedeutenden Vorsprung hätten, um jetzt noch ein Zusammentreffen mit denselben besorgen zu müssen. Es währte nicht lange, so erschien der Gaucho und erzählte, daß sie durch eine Krankheit seines Freundes genöthigt gewesen, hinter der Karavane, mit der sie Cachicuca verlassen, zurückzubleiben. Schon am Tage nach der Abreise habe sich Jener sehr unwohl gefühlt, und es seien die Symptome eines bösartigen Fiebers zum Vorschein gekommen; sein Zustand habe sich rasch verschlimmert, so daß es ihm unmöglich geworden, die Reise fortzusetzen. Als Freund habe er, der Gaucho, es für seine Schuldigkeit gehalten, bei dem Kranken zurück zu bleiben und ihn zu pflegen. Die nöthigen Lebensmittel, Decken 2c. seien ihnen von der Karavane zurückgelassen worden, und eine kleine Felsenhöhle habe ihnen ein Obdach gewährt. Im Verlauf einer Woche habe sich nun der Zustand des Kranken so weit gebessert, daß er ohne Gefahr weiter reisen könne. Wenn man es ihnen gestatte, wünschten sie, sich dieser Karavane anschließen zu dürfen; für alle ihre Bedürfnisse würden sie aus eignen Mitteln Sorge tragen.

Eugen Hammer, an welchen dieses Gesuch gerichtet wurde, konnte es natürlich nicht abschlagen, obwohl ihm Pepa schon zu Cachicuca ihre Besorgnisse hinsichtlich des Eintreffens des Gauchos mitgetheilt, und ein verstohlener Blick, den er, während Gil Perez zu ihm sprach, auf sie richtete, ihn auch jetzt wieder überzeugte, daß dieses abermalige Zusammentreffen ihre Unruhe wesentlich gesteigert. Er selber setzte übrigens in die Darstellung des Gaucho, dem er, als in Don Escovedos Diensten stehend, immerhin einige Rücksicht schuldig zu sein glaubte, nicht das geringste Mißtrauen; war doch auch die Erscheinung des in mehrere Decken und Ponchos eingehüllten Freundes so hinfällig, daß sich an seinem leidenden Zustande durchaus nicht zweifeln ließ. Die nachgesuchte Erlaubniß wurde daher ertheilt und die beiden Männer schlossen sich, unter Versicherungen ihrer Dankbarkeit, der Karavane an.

Am Mittag des folgenden Tages war es, als Hammer ohne alle Begleitung und nur mit seiner Büchse bewaffnet, den Zug verlassen hatte, um auf die Guanacos Jagd zu machen, welche sich wie neckische Kobolde unablässig auf den selsigen Gipfeln zeigten, an denen man vorüber passirte. Kaum war er hinweg, als Pepita bemerkte, wie sich der Gaucho und sein sonst so schweigsamer, tief vermummter Freund eifrig unterhielten und Letzterer eine Gelegenheit abzulauern schien, dem Vorausgegangenen heimlich zu folgen. Sogleich brachte die Ballerina, die Jenen etwas voraus war, ihr Maulthier zum Stillestehen und that als ob etwas am Sattelzeug des Thieres beschädigt sei, um den Verdächtigen nahe zu kommen und sie besser beobachten zu können. Der Gaucho und sein Freund merkten jedoch, daß sie das Mädchen ins Auge faßte; sie brachen die Unterhaltung ab und setzten ihren Weg weiter fort. Hammer war einer Gefahr entronnen, um einer andern entgegen zu gehen; doch auch aus dieser rettete ihn, wie wir bereits erfahren, Pepas Sorglamkeit und Heldenmuth. Wäre es ihm bis dahin noch nicht zum klaren Bewußtsein gekommen, jetzt konnte er nicht länger zweifeln: es war das Auge der Liebe, welches über ihm wachte, — Pepa war sein guter Engel, sein Schutzgeist.

Das nächste Nachtlager ward in einer felsigen Schlucht aufgeschlagen. Die Thiere waren ausgeschirrt, die Wagen im Halbkreis zusammengestellt, und die Feuer loderten. Die Sonne war hinter den schneebedeckten Bergkuppen gesunken, aber der Vollmond stieg dafür herauf und übergoß mit seinem Silberlicht das wilde Gebirgspanorama. Die Maulthiertreiber und Peons saßen beim Nachtmahl und ließen die mit Aguardiente gefüllten Becher kreisen. Pepa war seitwärts nach einem Abhang gewandelt; sie blickte hinab nach den von nächtlichen Schatten bedeckten Thälern, über welche die Mondstrahlen flüchtig hinweg glitten. Ein Rascheln an ihrer Seite bewog sie zum Umblicken. Es war Eugen Hammer, der sich ihr genähert hatte.

„So einsam, Pepita? Woran denkst Du?"

„An meine Heimath, Sennor, an das stille Dörfchen dort in der fernen Ebene, wo die guten Pflegeeltern begraben liegen, das ich als meine Heimath liebte, obgleich ich es kaum so nennen durfte. Ach, die arme Pepa hat keine Heimath mehr auf dieser weiten Erde!"

„Tröste Dich mit mir, Kind," sagte Hammer weich und des Mädchens Hand voll Theilnahme ergreifend. „Geht es mir denn besser? Die alte Heimath dort im fernen Osten, die ich vor Jahresfrist nach langer Trennung wieder sah, ist mir fremd geworden; sie erkennt mich nicht mehr als den Ihrigen, und in der neuen Heimath hier im Westen — ach, ich soll das Glück nicht finden, das allein sie mir wahrhaft heimisch zu machen vermöchte!"

Pepa zog leise ihre Hand zurück; sie fühlte einen warmen Druck, der sie mächtig durchschauerte.

„Das ist Ihre Schuld, Sennor, Sie könnten sich eine glückliche Heimath gründen, ich aber — wer sagt mir, wo meine Wiege stand? wo die Menschen leben, denen ich durch die heiligsten Bande der Natur verknüpft bin?"

„So hat Deine Reise nicht den gewünschten Erfolg gehabt? Hast Du aus dem Munde der Pflegemutter nichts erfahren, was über Deine Herkunft Aufschluß giebt? Hast Du in ihrem Nachlaß keine Spur gefunden, die Dich auf den rechten Weg leiten möchte?"

Die Ballerina schüttelte wehmüthig den Kopf. „Meine Hoffnung war eine trügerische. Die Mutter kannte das Geheimniß nicht, sie würde es sonst nicht mit in's Grab genommen haben."

„Und wußte sie Dir nichts, gar nichts zu sagen? Verzeihe, Pepa, es ist nicht aufdringliche Neugier, die mich so fragen läßt. Habe ich Dir mein Leben zu danken, warum sollte ich nicht die Genugthuung haben, daß Du mir Deine Eltern, Deine Heimath dankst? Vertraue mir Alles, Pepa! Laß mich Dein Freund, Dein Bruder sein, der für Dich strebt und arbeitet!"

„Haben Sie Dank, Sennor, für Ihre Liebe! Sie thut der armen Waise wohl, und Madonna wird Sie tausendfach dafür segnen. Was ich aus dem Munde der alten Pflegemutter über meine Herkunft erfuhr, war mir bereits bekannt. Sie gab mir die Kleider und ein kleines goldenes Medaillon, das ich trug als mich der fremde Reiter als dreijähriges Kind in ihren Händen zurückließ. Die Kleider tragen kein Zeichen, und auf dem Deckel des Medaillons befindet sich nur ein Namenszug eingravirt, der schwer zu enträthseln sein möchte.

Der einzige werthvolle Anhaltspunkt, den ich behielt, war ein Brief, welchen jener Fremde in den Händen meiner Pflegeeltern zurückließ."

„Ein Brief? Und was enthält er?"

„Nur wenige Zeilen; doch wenn es mir gelingt, den Schreiber aufzufinden, dürfte ich wohl mit Sicherheit darauf zählen, aus seinem Munde mehr zu erfahren."

„Willst Du mir den Brief zeigen, Pepita?"

„Gern, Sennor. Ich trage ihn bei mir; alle meine Hoffnungen knüpfen sich an ihn."

Die Ballerina zog ein zusammengefaltetes, vergilbtes Papier aus dem Busen, welches sie Hammer überreichte, der es neugierig entfaltete. Die Schrift war etwas blaß, zeigte aber derbe Züge und war in der Abenddämmerung und beim hellen Schein des Vollmonds deutlich genug zu lesen. Die Zeilen lauteten:

„Pepa stammt aus Chili und ist aller Wahrscheinlichkeit nach die Tochter reicher und hochstehender Eltern. Als sie kaum das Licht der Welt erblickt, ward ein schweres Verbrechen an ihr verübt, welches sie ihrer Angehörigen und der ihr gebührenden Lebensstellung beraubte. Der Tag wird kommen, der die jetzt in Dunkel gehüllte Unthat aufklärt und die Schuldigen zur Rechenschaft zieht. Sollte sie, zur Jungfrau herangewachsen, bereinst gewillt sein, den Schleier zu lüften, so wende sie sich nach Santiago, der Hauptstadt Chilis, und frage dort nach Pasquale Melinas oder seinen Erben, die ihr zu jeglichem Beistande die Hand bieten werden."

„Eine seltsame Anweisung," sagte Hammer, das Schreiben zusammenfaltend und Pepa zurückstellend, „von der wir nur hoffen wollen, daß sie gewissenhaft honorirt wird."

„Als ich Santiago zum ersten Mal betrat, sagte mir eine innere Stimme, daß sich hier das Geheimniß meines Lebens enthüllen werde," fuhr Pepa fort. „Wie nahe mag ich vielleicht dieser Enthüllung gewesen sein, ohne es zu ahnen!"

„Pasquale Melinas," wiederholte Hammer sinnend; — „hm, ich lebe fast zehn Jahre in Santiago, glaube es zu kennen wie meine Vaterstadt, doch diesen Namen erinnere ich mich nie gehört zu haben. Einerlei — es sind fünfzehn Jahre, seit er die Anweisung schrieb — der Mann kann inzwischen gestorben sein und wir werden uns an die Erben zu halten haben, auf die er fürsorglich verweist. Muth, Muth, Pepa! Die Reise nach der Heimath war doch nicht ganz vergeblich; wir haben eine Spur, und daß sie kräftig verfolgt werde, laß meine Sorge sein."

„Wären wir nur erst wieder glücklich in Santiago!" wünschte Pepa.

„Noch fünf, sechs Tage günstige Witterung, so ist unser Ziel erreicht."

„Mir ist, als ob uns noch eine Gefahr drohte."

„Die Gefahr ist überstanden — mit Deiner Hülfe, Du heldenmüthiges Mädchen!"

„Die Gesellschaft der beiden Männer, die sich zu uns gesellt, gefällt mir nicht."

„Mir ebenso wenig, doch durfte ich sie zurückweisen?"

„Wenn sie Schlimmes im Schilde führten — —"

„Gegen Dich, Pepa? Wohlan, sie sollen an mir ihren Mann finden!"

„Nicht doch, Sennor — was könnten sie mir anhaben? Aber gegen Sie selber — bedenken Sie, der Eine ist der Vertraute Don Escovedos, derselbe, der an jenem Tage des Abschieds auf der Hacienda den Priester verwundete — —"

„Deine alte Befürchtung — Du glaubst, daß jener Dolchstich eigentlich mir gegolten?"

„Wem sonst, Sennor? Der Gaucho setzte voraus, daß Sie in der Hütte versteckt seien — er erbrach die Thür — er sah die Gestalt eines Mannes — die Finsterniß des Raums machte es ihm unmöglich, seine Züge zu unterscheiden — mit gezücktem Dolch stürzte er sich auf ihn.... Können Sie zweifeln, daß es Ton Escovedo war, der alles dies veranlaßte, der Ihren Tod wollte....?"

„Dein Argwohn führt Dich zu weit, Pepa. Der Gemahl Sennora Leonticas mag eines solchen Weibes nicht würdig sein, doch er ist nicht so schlecht, sich zum Meuchelmord zu erniedrigen. Wie dem auch sei — er wird sein Unrecht längst eingesehen haben, wenn er je einen Groll gegen mich hegte. Er hat keinen Grund zur Eifersucht auf mich, und bei meiner Rückkehr nach Santiago will ich ihm beweisen — —"

Hammer ward in seiner Rede durch ein Geräusch im Lager unterbrochen. Viele Stimmen sprachen dort durcheinander. Die um die Feuer gelagerten Männer hatten sich erhoben und waren etwas seitwärts getreten, wo sie in einem Kreise zusammenstanden. Es mußte sich offenbar etwas von Wichtigkeit zugetragen haben, was die allgemeine Aufmerksamkeit in Anspruch nahm.

Schon im nächsten Augenblick näherte sich Enrico, der Capalaz, dem jungen Kaufmann.

„Sennor, wenn es so fort geht, wird unsere Gesellschaft noch sehr zahlreich werden, eh' wir in's Thal von Valparaiso hinunter kommen. Schon wieder ein Zuwachs von drei Köpfen."

„Wie? Hier in der Wildniß?" fragte Hammer überrascht.

„Es sind drei Mönche, die auf ihren Mulos zu uns gestoßen und Euch bitten, sich uns anschließen zu dürfen. Sie bewohnten eine einsame Klause hier im Gebirge, wo sie den vorüberziehenden Reisenden geistlichen Trost spendeten. Der Sturm hat jüngst ihre Wohnung so hart mitgenommen, daß sie es nicht wagen, dort zu überwintern. Die frommen Väter sind auf den Tod ermüdet und hungrig obendrein, da ihre Vorräthe knapp geworden. Wir haben sie schon zu Gast gebeten — natürlich mit Eurer Erlaubniß, Sennor!"

„Laßt es ihnen an nichts fehlen, ich will sie selber willkommen heißen," versetzte Hammer.

„Ein gutes Zeichen!" flüsterte ihm Pepa zu, ehe er sich von ihr wendete. „Wo die Diener Gottes weilen, da hat der Böse keine Macht. Gil Perez und sein unheimlicher Freund dünken mich nun nicht länger gefährlich."

Die nächsten Tage brachten die Karavane auf die Höhe des Gebirges. Der Weg ward fast von Stunde zu Stunde beschwerlicher, und nur sehr langsam bewegte man sich vorwärts. Die letzten Spuren der Vegetation waren längst verschwunden, nicht der kümmerlichste Grashalm vermochte sich hier noch zu erhalten. So weit das Auge schaute, war der Boden mit blendend weißem, fest gefrornem Schnee bedeckt, auf dem sich die Sonnenstrahlen mit solcher Macht brachen, daß die Reisenden ihre Augen gegen die grelle Einwirkung des Lichts schützen mußten; nicht einmal die schwarzen Basaltfelsen brachten mehr einige Abwechslung in das einfarbige Gemälde — sie hatten sich sämmtlich in blitzende Gletscher verwandelt. Die für die Gebirgspassage eingerichteten Wagen waren durch Entfernung der Räder in Schlitten umgestaltet worden, deren Fortschaffung den geplagten Zugthieren ungleich leichter gefallen wäre, wenn nicht gerade die letzte Tagereise vor Erreichung des höchsten Passes einen so entsetzlich steilen Weg gebracht hätte, daß sämmtliche Mulos der Karavane als Vorspann benutzt werden mußten, wobei noch die Treiber und Peons, sammt dem männlichen Theil der Reisegesellschaft, durch Nachschieben zu helfen hatten, was bei der schneidenden Kälte, die in diesen starren Regionen herrschte, in welchen von allen lebenden Wesen nur die stolz die Lüfte durchschneidenden Corderen und die krächzenden Geier ihre gewöhnliche Lebhaftigkeit bewahrten, sicher nicht zu den angenehmsten Beschäftigungen gehörte. Ein Glück, daß sich die zu dieser Jahreszeit zu erwartenden Schneefälle noch nicht eingestellt hatten; sie würden die Schwierigkeit des Fortkommens wesentlich erhöht haben. Der fest gefrorene Schnee, über welchen die Hufe der Thiere und auch der menschliche Fuß leicht hinweggleiten, ist kaum als Hinderniß zu betrachten, wohingegen frisch fallender Schnee, in welchen der Fuß versinkt, wobei sich ihm noch obendrein schwere, zähe Ballen anhängen, den der durch die Pässe wirbelnde Wind nicht selten zu Triften von Menschenhöhe zusammenhäuft, mit Recht als der gefährlichste und unerbittlichste Feind der Gebirgsreisenden gefürchtet ist.

Der höchste Gipfel war glücklich überschritten, und schon senkte sich der Weg nach dem heimischen Tiefland. Da stellten sich neue Mühseligkeiten, neue Gefahren ein. War das Emporklimmen beschwerlich und ermüdend gewesen, so war es das Herabsteigen fast in noch höherem Grade. Der Weg senkte sich sichtbar steil nach abwärts, Menschen und Thiere glitten auf dem hart gefrorenen Boden aus, die Wagen mußten an manchen Stellen an Seilen hinabgelassen werden. Das Wetter änderte sich. Die Sonne, die bisher hell und glänzend am Firmament gestanden, hüllte sich in einen dunkelen Wolkenschleier, die Luft wurde feucht und wärmer. Dichte Nebel stiegen aus der Tiefe empor und erzeugten eine solche Finsterniß, daß man fast während eines ganzen Tages rasten mußte. Als endlich der Nebel wich, brachte er jenen neuen Feind, den gefürchtetsten von allen: — frischen Schnee.

Fein und fast unmerklich kamen die ersten Flocken hernieder, aber schon nach Verlauf einer Stunde wurden sie dichter und dichter, und lange ehe der Tag zur Neige ging, erfüllten sie die Luft zu völliger Undurchsichtigkeit und bedeckten den Boden schon in solcher Höhe, daß die Thiere nur mit äußerster Mühe fortkamen, und die Treiber und Peons tüchtige Arbeit hatten, die Schlitten flott zu erhalten. Um das Uebel schlimmer zu machen, gesellte sich mit einbrechender Nacht ein wirbelnder Sturm hinzu, der den leichten Schnee stellenweise zu hohen Wehen zusammentrieb, die zu vermeiden selbst die größte Geschicklichkeit und das kundigste Auge nicht im Stande war.

Eine ziemlich geräumige Felsenhöhle, die man noch vor Einbruch der völligen Dunkelheit erreichte, bot einen höchst willkommenen Schutz für die Nacht. Im Hintergrunde derselben wurden die Thiere untergebracht, die bei Kräften zu erhalten jetzt eine der wichtigsten Aufgaben war. Die gesammte Reisegesellschaft lagerte sich um ein am Eingang angezündetes Feuer und erlabte sich mit Speise und Trank für die während des Tages überstandenen Mühsale. Nachdem man erwärmt und hinlänglich gestärkt war, besprach man die Aussichten für den folgenden Tag. Die Schneestürme im Gebirge halten selten länger als vierundzwanzig Stunden an, aber wenn auch das Wetter am nächsten Morgen wieder völlig klar sein sollte, mußte der tiefe, weiche Schnee das Fortkommen fast zur Unmöglichkeit machen.

„Es wird nichts Anderes übrg bleiben," meinte Enrico, der Capataz, „wir müssen den geraden Weg, der zu steil abfällt und bei diesem Schnee unmöglich zu passiren ist, aufgeben und uns südlich wenden, um den Paß von Murcina aufzusuchen, der in viel schrägerer Linie in's Thal ausmündet und gegen Norden durch den hohen Murcinagipfel so geschützt ist, daß sich dort selten tiefer Schnee ansammelt."

„Aber unsere Ankunft in Santiago wird sich dann verzögern," wendete Hammer ein.

„Mindestens um drei bis vier Tage; wir müssen einen weiten Halbkreis beschreiben."

„Heute ist der siebente December. Ich hoffte mit aller Bestimmtheit, vor Ablauf des Festes der heiligen Madonna, das übermorgen schon zu Ende geht, in der Stadt einzutreffen."

„Die Entfernung kann, wenn man zu Fuße wandert, kaum noch anderthalb Tagereisen betragen," meinte Gil Perez, der sich der Gruppe genähert hatte und aufmerksam lauschte.

„Könnte man die Felswände hinabklettern, möchte es vielleicht kaum so weit sein," versetzte Enrico.

„Nichts leichter als das," fuhr der Gaucho fort. „Ich habe den Weg bereits früher zurückgelegt, er ist so wenig beschwerlich und ganz gefahrlos, daß selbst die Sennoras leicht hinabsteigen können. Jedenfalls ist er dem weiten Umwege durch den Murcinapaß vorzuziehen."

„Könntet Ihr mir als Führer dienen, Amigo?" fragte Hammer. „Es ist mir viel daran gelegen, so bald als möglich nach Santiago zu gelangen."

„Eso me da mucho gusto, Señor!"*) Wollt Ihr Euch mir anvertrauen, so nennt mich einen Lügner, wenn wir nicht bis übermorgen um die Mittagsstunde in Santiago einziehen. Meinst Du nicht auch, Rodriquez, daß es kein Hexenstück sein wird?"

„Es giebt nichts Gewisseres!" mischte sich der Angeredete in das Gespräch. „So nahe am Ziel und noch einen Umweg einzuschlagen — lo quo es contra la razon!" †)

„Aber der tiefe Schnee.... Wie wollt Ihr über die Abhänge kommen?" fragte der Capataz.

„Bah! Ein paar tausend Fuß arbeitet man sich schon hinab, und dann — ich wollte viel verwetten — liegt uns die Schneeregion längst im Rücken!"

„Wohlan, ich wage es! Wer von der Gesellschaft uns begleiten will, ist willkommen!" rief Eugen Hammer.

„Ich werde mit Ihnen gehen, Sennor!" erklärte die Ballerina mit großer Entschiedenheit.

„Nicht doch, Pepa! Enrico wird für Dich sorgen. Weshalb solltest Du Dich den Mühen und Gefahren aussetzen?"

„Ich habe Ihr Wort, Sennor, unter Ihrem Schutze nach Santiago zu gelangen. Ihr Weg ist daher auch der meinige."

„Bravo! So spricht eine ächte Argentinerin!" rief der Gaucho. „Laßt die Sennora gewähren, Herr, ich stehe für ihre Sicherheit."

„Und ich!" fiel eine tiefe Stimme aus dem Hintergrund der Höhle ein. Es war die eines der Mönche, der sich Bruder Asmodeo nannte.

„Wie? Ihr wolltet uns auch begleiten, frommer Vater?" fragte Hammer überrascht.

„Ich und meine beiden Brüder, ganz gewiß, Sennor. Auch wir kennen den Pfad und sind ihn mehr als einmal gewandert. Laßt die Sennora in Gottes Namen mitziehen, es ist keine Gefahr!"

Das Wort des Mönches gab den Ausschlag. Hammer erklärte, daß er am nächsten Morgen, wenn der Schneesturm vorübergezogen, zu Fuß aufbrechen werde, um so rasch als möglich nach Santiago zu gelangen. Er übergab

---

*) Mit größtem Vergnügen, Herr!
†) Unsinn!

Enrico die ausschließliche Leitung der Karavane und beauftragte ihn, mit Wagen und Maulthieren den sicheren Weg durch den Muricinapaß einzuschlagen. Zwei der Peons wurden auserwählt, die Fußwanderer zu begleiten und ihnen den nöthigen Proviant, sowie einige sonstige unentbehrliche Gegenstände nachzutragen. Als Alles geordnet war, begab man sich zur Ruhe. Gil Perez bettete sich dicht an die Seite seines Freundes, und wer den Beiden nahe genug gekommen, der hätte wohl leicht beobachten mögen, wie sie sich noch eine kurze Weile im leisesten Flüsterton mit einander unterhielten.

Der Sturm tobte sich während der Nacht aus. Als es zu tagen begann, lag wieder dichter Nebel über Berg und Thal, aber es schneite nicht mehr. Flink wurden die Vorbereitungen zum Abmarsch getroffen. Hammer und Pepa, der Gaucho und sein Freund, die drei Mönche und die Peons stiegen am Abhang des Berges hinab, während die Karavane, von Enrico geleitet, eine andere Richtung einschlug, und bald zwischen den Felswänden verschwand. Der Schnee war wieder etwas fester geworden, so daß sich, trotz der Höhe desselben, dem Fortkommen keine so erheblichen Hindernisse entgegenstellten als am vorhergehenden Tage. Von den steilen Felsenterrassen, welche der Gaucho seine Reisegesellschaft hinabsteigen ließ, hatte der Sturm den frisch gefallenen Schnee meist gleich wieder weg in die Schluchten und Vertiefungen geführt, so daß der vorausgegangene Schneefall wenigstens nicht wesentlich dazu beitrug, das Herabsteigen zu erschweren. Freilich war dies an und für sich schon eine hinlänglich schwierige Arbeit. Die Felsen, meist noch mit einer Rinde von Eis überzogen, waren so schroff, daß oft nichts Anderes übrig blieb, als sich auf den Knieen und Ellenbogen hinabzulassen oder zum Rutschen seine Zuflucht zu nehmen. Man sah keinen Himmel, keine Erde, sondern nur ein wogendes Dunstmeer und ein endloses Leichentuch, gleichmäßig ausgebreitet über Thal und Hügel, über Felsen und Abgründe, und die kümmerliche Strauchvegetation einhüllend, welche nach Verlauf mehrer Stunden, als man sich wohl gegen 800—1000 Fuß hinab gearbeitet, zum Vorschein kam. Es war nichts Seltenes, daß man auf dem glatten Boden ausglitt und in Gefahr gerieth, in die Abgründe hinabzurutschen, an denen man sich oft ganz dicht hinwinden mußte, und in deren Tiefe tosende Bergströme unter dünner Eisdecke dahinbrausten. Es war eine schauerliche Einsamkeit, eine Todtenstille ringsum, unterbrochen nur durch das Gekrächz der Geier, welche den Reisenden in Schaaren folgten, als seien sie überzeugt, daß für sie eine Beute abfallen müsse, und durch die rauschenden Flügelschläge einzelner Condors, welche die Lüfte durchsegelten oder sich gemächlich auf den beeis'ten Felsenzacken niederließen.

Die Gesellschaft stieg emsig weiter. Eugen und Pepa waren den Uebrigen gewöhnlich beträchtlich voraus; sie mochten Beide die Ermüdung spüren, aber sie suchten sie sich zu verhehlen, und Eines bemühte sich, das Andere aufzuheitern und die Strapazen vergessen zu lassen. Pepa hatte sich ganz in einen dichten Shawl gehüllt und verstand den spitzen Bergstock trefflich zu handhaben. Wenn es galt, sich an einem steilen, schneebedeckten Felsen hinabzuarbeiten, eilte sie lachend und scherzend der übrigen Gesellschaft voraus, und nicht zufrieden, am Fuße desselben angelangt zu sein, kam sie nicht selten nochmals empor, um abermals die Wanderung in die Tiefe anzutreten. Vergebens warnte sie Hammer, sich nicht in Gefahr zu begeben, vergebens mahnte Bruder Asmodeo, ihre Kräfte zu schonen, da sie derselben noch sehr benöthigt sein werde— sie ließ sich nicht irre machen, denn sie hatte sich einmal vorgenommen, die Erste zu sein, welche die grünen Matten des lachenden Thals von Valparaiso aus lustiger Höhe erschaute.

Man stieg tiefer und tiefer, doch des Gauchos Versicherung, daß man bald die Grenze der Schneeregion erreichen werde, wollte sich noch nicht erfüllen. Die Sträucher waren höher geworden, und schon hatte man einige bewaldete Stellen passirt; doch der Schnee wollte noch nicht verschwinden; so weit das Auge reichte, streckte er seine weiße Decke. Am Mittag hellte sich die Luft auf .... der Nebel ward flüssiger und dünner.... hier und da kam ein Stück blauen Himmels zum Vorschein.... endlich brach die Sonne durch das dustige Gewölk und die weiten Schneeflächen rings umher glitzerten und blitzten, daß die Wanderer geblendet die Augen schließen mußten. Unter einem überhängenden Felsen ward Mittagsruhe gehalten. Man zündete ein Feuer an, erwärmte, um die erstarrten Glieder aufzuthauen, den Wein, welchen die Peons in Ochsenhörnern mitgenommen, und stärkte sich an den mitgenommenen Vorräthen. Nach Verlauf einer Stunde brach man auf und wanderte eifrig weiter. Abwärts, immer abwärts ging es. Die Aussicht war weit und frei geworden, aber die ersehnten grünen Thäler wollten noch nicht auftauchen. Mit Schnee gefüllte Schluchten, eisbedeckte Felsen, von weißen Crystallen behangene Bäume und Sträucher — andere Gegenstände, andere Farben wollten sich dem Auge nicht bieten.

Im Westen sank die Sonne. Der Gaucho, der seit einiger Zeit vorausgeschritten war, um sichere Pfade aufzufinden, hatte einen weit über einen Abhang vorragenden Felsen erklommen, um von da aus die Gegend zu erforschen. Pepa war ihm am nächsten und den Uebrigen wohl um fünfzig Schritte voraus. Hammer hatte sich in ein Gespräch mit den Mönchen vertieft, die über ihre in den Gebirgen bestandenen Abentheuer viel zu erzählen wußten.

„Acá, hacia acá!"*) ertönte plötzlich die Stimme des Gauchos vom Gipfel jenes nicht allzu hohen und mäßig steilen Felsens, indem er mit der ausgestreckten Hand nach der Tiefe deutete. „Dort sind die grünen Thäler Chilis!"

„Muchas gratias, santa Madonna!" †) jubelte Pepa und flog trotz ihrer Müdigkeit und ihres etwas schleppend gewordenen Ganges, alle Kräfte zusammenraffend, behende, wie ein Antilope der Berge, den Felsen hinan.

Dem scharf ausspähenden Blicke Pater Asmodeos waren diese Bewegungen nicht entgangen. Mitten in der Unterhaltung mit Hammer brach er plötzlich ab und eilte mit einer Behendigkeit, die man seinem Alter kaum hätte zutrauen mögen, über den glatten Boden, in derselben Richtung dahin.

„Oho, habt Ihr es so eilig? Sehnt Ihr Euch so sehr nach dem fröhlichen Leben der Welt dort unten, ehrwürdiger Pater?" rief ihm Hammer scherzend nach; aber der Mönch gab keine Antwort, er war bereits eine weite Strecke voraus.

Der nächste Augenblick entwickelte auf der Höhe des Felsens ein wunderbares Schauspiel.

Gil Perez stand dort oben auf seinen Bergstock gelehnt, die linke Hand über den Augen, als wolle er sich gegen die ihm schräg ins Gesicht fallenden Strahlen der sinkenden Sonne schützen, mit der Rechten hinab in das Thal deutend. Pepa hatte den Felsen erklommen und trat ihm zur Seite. Plötzlich hörte man sie einen gellenden Schrei ausstoßen, der schauerlich durch die weite Schneewüste tönte und von den gletscherbedeckten Felsen wiederhallte. Sollte sie sich zu weit vorgewagt haben und auf der abschüssigen Fläche ausgeglitten sein?.... Der Gaucho hatte sie mit beiden Armen umfaßt.... er schien mit ihr zu ringen.... in seiner Rechten blitzte ein Messer.... „Eugenio! Eu-

---

*) Hierher!
†) Gott sei Dank!

genio, hilf!" schallte es mit dem Angstschrei der Verzweiflung von dem Felsen
.... Da knallte eine Büchse.... der Gaucho bäumte sich auf und taumelte ... er ließ das Mädchen los.... seiner Rechten entfiel das Messer...
er taumelte nach vorwärts und — war verschwunden.

Hammer hatte alle diese Vorgänge in der grellen Beleuchtung des Abend-
lichtes deutlich beobachtet; sie waren jedoch so blitzschnell auf einander gefolgt,
daß ein vermittelndes Einschreiten von seiner Seite undenkbar gewesen wäre,
auch wenn ihn nicht andere, gleich merkwürdige Vorgänge in seiner unmittelbaren Nähe daran gehindert hätten. In demselben Augenblick, als Pepa's
erster Schrei durch die Einöde hallte, fühlte er sich selber von einer kräftigen Faust
im Genick gepackt. Es war Rodriquez, der Freund des Gauchos, der gleichzeitig einen Dolch auf seine Brust zückte. Doch ehe er den verhängnißvollen
Stoß führen konnte, sah er sich bereits an beiden Armen von den zurückgebliebenen Mönchen gepackt und mit einem Lasso, den sie behende nach ihm
geschleudert, zu Boden geworfen.

Erst jetzt begann Hammer den Zusammenhang zu ahnen. Es handelte
sich hier um ein mörderisches Attentat auf Pepa's, auf sein eigenes Leben, zu
dessen Vollführung der Gaucho und sein Begleiter sich der Reisegesellschaft aufgedrängt, welches jedoch von den Mönchen, die von den Absichten Jener Kenntniß erhalten, glücklich vereitelt worden war. Ohne sich Zeit zu nehmen, seinen
eigenen Rettern Dank abzustatten, eilte er spornstreichs nach dem Felsen, wo
sich das schreckliche Drama zugetragen, dem Pater Asmodeo's wohlgezielte Kugel
aus einer Büchse, die er bis dahin unter seiner Kutte verborgen, eine blutige
und doch so glückliche Lösung gegeben. Der Pater war ihm bereits zuvorge-
kommen, als er den Gipfel des Felsens erreichte. Er kniete auf dem eisigen
Gestein und hielt die ohnmächtige Pepa in seinen Armen. Das Messer des
Gauchos lag daneben, von diesem selber war keine Spur mehr zu sehen — der
Abgrund hatte ihn verschlungen.

„Pepa! Meine theure Pepa!" rief Hammer, sich leidenschaftlich über das
bewußtlose Mädchen werfend und sie in seine Arme schließend. „Herr des
Himmels, sie ist verletzt — sie blutet — sie stirbt!"

„Es ist nichts", sagte der Pater, einen Blutfleck von Pepas bleicher Stirn
wischend. „Eine unbedeutende Schramme, die sie beim Fall auf den Stein
davon getragen. Die gnadenreiche Himmelsmutter hat über ihr gewacht. Seht,
sie schlägt die Augen auf.... sie erholt sich schon wieder — —"

Die Ballerina erhob das Haupt; sie blickte auf und schien sich auf das
Vorhergegangene zu besinnen; ihr Auge traf Hammer.

„Mein Freund! Mein Retter!" rief sie leise, die Arme nach ihm ausstreckend.

„Nicht ich!" versetzte Eugen. „Hier steht der edle Mann, dem wir Beide
unser Leben danken."

Es war eine rührende Gruppe. Hammer und Pepa hielten sich innig
umschlungen. Pater Asmodeo stand seitswärts; in seinem vor Freude blitzenden Auge glänzten Thränen. Die letzten Strahlen der scheidenden Sonne
schmiegten sich goldig um die drei auf hoher Felsenkuppe stehenden Gestalten.

Die Aussicht von dem Felsen war für die seit vielen Tagen nur an Eis
und Schnee gewöhnten Blicke der Reisenden entzückend. Die nächste Terrasse,
auf welche man in einer Tiefe von wenigen hundert Fuß hinabschaute, zeigte sich
fast frei von Schnee. Ein freundliches Gebirgsthal, mitten darin ein dunkler
Bergsee, umgeben von üppig grünem Graswuchs, eröffnete sich den Blicken;
nur die hohen Felsen, welche das Thal umschlossen, waren, gleich denen, auf
welchen die Wanderer standen, noch von dünnem Schnee bedeckt. Die schräg

in das Thal fallenden Strahlen des untergehenden Tagsgestirns ließen die eine Hälfte des Sees in flüssigem Golde erglänzen, während die andere dunkel, unheimlich, fast schwarz dalag. Im Thalkessel grünten Tannen und Fichten; nur die hin und wieder auf den Kämmen der Felsen stehenden Nadelhölzer zeigten sich noch etwas schneebereift. Weiter in der Tiefe fielen die Blicke auf die dicht bewaldeten Vorläufer der Cordillere und in die ferne grüne Ebene. Es war eine Grenzscheide zwischen Frühling, Sommer und Leben auf der einen, und Winter und Tod auf der andern Seite.

Hammer, die von dem entsetzlichen Ereigniß noch an allen Gliedern zitternde Pepa stützend, begleitet von Pater Asmodeo, stiegen von dem Felsen hernieder. In flüchtigen Zügen theilte Letzterer seinen erstaunten Begleitern den Mordanschlag mit, und wie er sammt seinen Gefährten nur zu dem Zweck zu der Reisegesellschaft gestoßen, das Vorhaben der Mordgesellen zu vereiteln.

„Aber wer hat sie gedungen? Welche Absicht lag der That zu Grunde? Und wer seid Ihr, edler Sennor, dem wir unsere Rettung danken?" fragte Hammer erstaunt. „Verhehlt es mir nicht, diese Mönchskutte ist nur eine Verkleidung, die Ihr gewählt, um Euer Rettungswerk desto sicherer vollführen zu können."

„Einen Augenblick Geduld, Sennor Hammer, und Sie sollen Alles erfahren", erwiderte Asmodeo.

Die Mönche hatten Rodriquez entwaffnet und trieben ihn jetzt, die Arme mit dem Lasso umwunden, vor sich her.

„Sollen wir kurzen Prozeß mit ihm machen, Capitan, und ihn am nächsten Baume in die Höhe befördern?" fragte einer derselben, als man sich der Gruppe näherte.

Asmodeo trat dicht vor den Gefangenen hin, und indem er die Kapuze zurückwarf, die sein üppiges, schon stark ergrautes Haar verhüllt hatte, rief er ihm mit Donnerstimme zu:

„Elender Schurke, erkennst Du Pasquale Melinas? Erinnerst Du Dich, daß ich Dir einst mit dem Strick drohte, wenn Du es wieder wagen solltest, meinen Weg zu kreuzen?"

Rodriquez sank in die Kniee und bat um sein Leben.

„Pasquale Medicas?" wiederholte Pepita erstaunt. „War das nicht der Name des Mannes, der mich einst bei meinen Pflegeeltern zu Cachicuca zurückließ?.... Ihr — Ihr seid es?.... Mein Vater vielleicht — —?"

„Nicht Dein Vater, mein Kind, doch Dein Oheim, der Bruder Deiner unglücklichen Mutter, Isabella Melinas."

„Meiner Mutter! So ist es ihr Namenszug, der auf diesem Medaillon eingegraben?"

„Es war einst das ihrige — ein Andenken unserer theuren Mutter!" versetzte Pasquale gerührt, das kleine goldene Andenken an seine Lippen führend, während er Pepita umarmte.

„Aber mein Vater — wo ist mein Vater?" forschte das Mädchen weiter.

Pasquale machte eine abwehrende Bewegung. „Frage nicht nach ihm; Du wirst ihn bald genug kennen lernen." Dann, sich an Rodriquez wendend, sagte er: „Ich will Dir das Leben schenken, Bursche, aber nur unter der Bedingung, daß Du mir ein offenes Geständniß ablegst. Ich weiß bereits, wer Dich und Deinen Kameraden, den meine Kugel in jenen Abgrund sandte, zu dem mörderischen Werk gedungen; doch ich höre, Du standest schon früher zu Tem, der euch den Doppelmord vollbringen ließ, in naher Beziehung, und ich muß Alles wissen, was mir über seine Vergangenheit Licht verbreiten kann."

Man setzte den Weg in's Thal fort, obwohl die Sonne bereits gesunken war und die Schatten der Dämmerung sich über die Höhen zu legen begannen. Pasquale, der die Gegend genau kannte, versicherte, daß man vor Ablauf einer Stunde eine Quinteria erreichen werde, wo immerhin auf ein bequemeres Nachtlager zu zählen sei, als unter freiem Himmel.

Es war jetzt ganz dunkel geworden, aber der Weg bot keine Schwierigkeiten und das allmälig verglimmende Abendroth gab auch in Abwesenheit des Mondes ein hinlängliches Licht, um ihn verfolgen zu können. Plötzlich flammte tief unten ein heller Schein empor.

„Welche merkwürdige Erscheinung!" rief Pepa lebhaft. „Ist es nicht als ob die Sonne da wieder emporsteigen wollte, wo sie vor einer Weile unterging?"

„Es ist nicht die Sonne", versetzte Hammer. „Das letzte Flimmern des Abendroths verglüht dort im fernen Westen — dieses Licht ist uns näher — es lodert fast am Fuße des Gebirges."

Alle schauten aufmerksam hinab. Die Erscheinung ward heller und glänzender; wie ein Flammenball leuchtete es aus dem Dunkel der Ebene herauf.

„Bei der heiligen Jungfrau!" rief Pasquale lebhaft, „das ist ein Feuer in Santiago.... genau in dieser Richtung liegt die Stadt.... es ist als ob sie ganz in Flammen stände!"

„Barmherziger Gott! Es wäre entsetzlich!" klagte Hammer, fast starr vor Schrecken.

Die Lichterscheinung nahm noch immer an Stärke zu. Eine mächtige Feuersäule zuckte zu bedeutender Höhe empor und erlosch wieder, um schon im nächsten Augenblick abermals grell aufzuleuchten. Trotz der weiten Entfernung glänzte der helle Schein im Dunkel des Abends weithin über die Ebene.

„Das ist ein schweres Unglück", meinte Pasquale nach einer Pause, während welcher Alle unverwandt nach dem Feuer ausgeschaut. „Gott sei Denen gnädig, die es betroffen!"

Hammer stand tief versunken im Anblick des grausigen Schauspiels; wie um zu retten, streckte er die Arme aus nach der weiten Ferne. Pepita war neben ihm auf die Kniee gesunken und faltete die Hände, während sich ihre Lippen zum Gebet bewegten, das ein linder Lufthauch, der über die Höhe flog, zum Throne der himmlischen Gnade empor trug.

14. Das Flammenopfer.

Santiago feierte das dreitägige Fest der heiligen Mutter Gottes. Von früh bis spät in die Nacht ertönte das Geläute der Glocken, feierliche Processionen bewegten sich durch die Straßen, eine festlich geputzte Menge, hauptsächlich Frauen und Jungfrauen, wogte hin und her und ergoß sich durch die stets geöffneten Pforten in das Innere der Kirchen, aus denen fast ununterbrochen Orgelklang, Chorgesang und volltönende Musik erschallten, während die daraus hervorquellenden Weihrauchsdüfte in weitem Umkreis die Luft erfüllten. Es war vorwiegend ein Fest des weiblichen Geschlechts, welches der göttlichen Gnadenmutter seine Huldigungen darbrachte, nebenbei aber auch weltlichen Neigungen und Lustbarkeiten einen hinlänglichen Tribut zollte. Die Frauen und Jungfrauen, mit ihrem kostbarsten Schmuck angethan, besuchten täglich dreimal den Gottesdienst der verschiedenen Kirchen, und am zahlreichsten drängten sie sich zu den großartigen Hochämtern, den Processionen und musikalischen Aufführungen, welche in den Hallen der Kathedrale Madonna do la compania stattfanden, wo der Clerus des Convents einen Pomp entfaltete, der ganz geeignet war, den leicht aufgeregten, an Aeußerlichkeiten hängenden Sinn eines südlichen Volkes zu fesseln, ja förmlich zu bezaubern. Sie pflegten ferner an diesen Tagen zur Beichte zu gehen und sich Absolution zu holen für alle großen und kleinen Sünden, die sie etwa im Laufe des Jahres begangen, und da sich die Priester gegen die schönen Sünderinnen gewöhnlich nicht allzu hart zeigten, ward das bereinigte Gewissens-Conto mitunter noch vor Ablauf des Festes auf's Neue belastet und der Kred t der himmlischen Gnade in noch ungleich höherem Grade in Anspruch genommen, wozu die mancherlei Lustbarkeiten und Ausschweifungen, die in diesen Tagen stattfanden, die willkommenste Veranlassung boten.

Das Fest der heiligen Madonna war nämlich nicht nur ein kirchliches, sondern auch ein weltliches, und in dieser letzteren Beziehung nahm natürlich der minder fromme männliche Theil der Bevölkerung den lebhaftesten Antheil daran. Einem alten Herkommen gemäß genossen die Frauen während der Dauer des Festes gewisser Freiheiten und Privilegien, aus denen dann natürlich auch die männliche Welt den entsprechenden Gewinn' zu ziehen wußte. Die Frauen und Mädchen durften sich an jenen drei Tagen der Kapuze der Mantilla entledigen, von der sonst die Sitte verlangte, daß sie bei jedem öffentlichen Erscheinen über den Kopf gezogen werde, so daß nur die Augen sichtbar blieben; sie hatten ferner völlige Freiheit, sich da- oder dorthin zu bewegen, sie durften frei über ihre Zeit verfügen, und weder Eltern noch Vormündern, ja selbst den Gatten war es nicht erlaubt, irgend welche Controle über ihre Töchter, Mündel oder Gattinnen zu üben. Alle diese Umstände dienten dazu, dem Fest der Madonna ein höchst eigenthümliches Gepräge zu verleihen und seiner jährlichen Wiederkehr von Priestern und Laien, von Alt und Jung, vom schönen und am Ende wohl auch — mit Ausnahme einiger allzu scrupulöser Väter und wahnsinnig eifersüchtiger Ehemänner — vom starken Geschlecht mit Sehnsucht entgegenbliden zu lassen.

Pater Manuel war seit Monatsfrist in den Convent zurückgekehrt, hatte aber auch von hier aus seine uns bekannten Pläne mit nimmer rastendem Eifer verfolgt. Seine Bemühungen waren, was die Frauen des Hauses Mureno anlangte, vom vollständigsten Erfolg gekrönt gewesen. Tropfenweise hatte er ihnen das schreckliche Gift eingeträufelt, welches so niederschlagend auf sie wirkte und ihren Geist dergestalt verwirrte, daß sie sich als willenlose Werkzeuge seiner Führung anvertrauten; Schritt vor Schritt hatte er sie mit der verbrecherischen Vergangenheit Escovedos und der Falschheit Ugartes, der aus eigennützigen Absichten Jenen beschützt und ein Gehülfe seiner Verbrechen geworden, bekannt gemacht; hatte ihnen die Geschichte der unglücklichen Ysabella und ihres Kindes mitgetheilt und das Geheimniß jenes Duells in der Spielhölle Valparaisos aufgedeckt, welches dazu dienen mußte, dem damals unter dem Namen Balzado auftretenden Escovedo das ganze Vermögen Felippe Murenos in die Hände zu spielen, ein schlau angelegter Schurkenstreich, der seine eigentliche Vollendung erst in der Heirath mit Leontica Mureno gefunden, durch welche Escovedo seinem räuberischen Besitz den Schein der Rechtmäßigkeit zu verleihen und, indem er das anscheinend verschuldete Mureno'sche Vermögen auf sich übertragen ließ, alle Ansprüche des einstmals — vielleicht durch seine eigene Hand — verschwundenen männlichen Erben zu beseitigen suchte; endlich hatte er nicht versäumt, den entsetzten Frauen das jüngste Mordkomplott Escovedos gegen Eugen Hammer und die Ballerina Pepita, in der er vermuthlich sein eigenes Kind, die Tochter der unglücklichen Ysabella, erkannt, zu enthüllen, wobei er jedoch zu ihrer Beruhigung auch des Umstandes nicht vergaß, daß dieser Mordanschlag durch die von ihm veranlaßte Absendung Bruder Asmodeos hoffentlich vereitelt wurde.

Leontica, von Abscheu, Schreck und Gram erfüllt, ließ sich durch den ihr

Trost zusprechenden Geistlichen leicht zu dem Entschluß bewegen, das Band, welches sie an diesen verhaßten, unwürdigen Gatten knüpfte, zu lösen, indem sie sich der Kirche in die Arme werfe und ihren verlorenen Herzensfrieden in der Abgeschiedenheit eines fernen Klosters suche; Donna Uraca, empört über Escovedos schändliches Spiel, erbebend vor der Verworfenheit seines Charakters und von Reue erfüllt über die eigene Kurzsichtigkeit, welche sie ihr einziges Kind einem solchen Scheusal opfern ließ, gab, widerstrebend zwar und unter Thränen, ihre Einwilligung, die einzige Bedingung stellend, daß man ihr erlaube, ihre Tochter zu begleiten und wenigstens in ihrer Nähe ihr Leben zu beschließen. Alle Vorbereitungen zur Ausführung dieses Planes waren getroffen. Manuel hatte den Frauen vorgestellt, daß sie auf chilenischem Boden vor den Nachstellungen Escovedos und des mit ihm im Einverständniß handelnden Ugarte niemals sicher sein würden; eine wirksame Trennung sei nur durch eine Flucht nach der alten Welt zu bewerkstelligen, wo die Heiligkeit des Klosters noch unangetastet bestehe und wohin sie, wenn es ihnen wünschenswerth erscheine, unter seiner Führung zu reisen Gelegenheit hätten, da auch er sich entschlossen, diese Stätte des Verbrechens zu verlassen und nach seinem portugiesischen Vaterlande zurückzukehren. Sein Anerbieten war freudig angenommen worden. Am dritten Tage des Festes der heiligen Madonna, in der Dämmerstunde, wollte man in einem bereit gehaltenen Wagen die Stadt verlassen und den Weg nach Valparaiso einschlagen, welches man mit Tagesanbruch zu erreichen hoffte. Im dortigen Hafen lag ein segelfertiges Fahrzeug, mit dessen Capitain bereits die Verabredung getroffen war, daß es sogleich nach Ankunft der Reisenden in See steche. So hoffte man um die Zeit, wo in Santiago, nach Ablauf des Festes, die Flucht entdeckt werden würde, bereits einen solchen Vorsprung zu haben, um vor jeder Verfolgung gesichert zu sein. Glaubte Manuel in dieser Weise Leonticas sicher zu sein, so blieb ihm jetzt nur noch übrig, Escovedo durch Einschüchterung zur Herausgabe einer hinlänglichen Geldsumme zu veranlassen, um in der alten Welt, an der Seite des angebeteten Weibes, sich den Freuden des Lebens, die er in seiner priesterlichen Stellung bis dahin nur in der Phantasie kennen gelernt, sorglos und nach Herzenslust überlassen zu können. Dies zu bewerkstelligen, sollte ihm Ugarte behülflich sein, dem ja, nächst Escovedo selber, an dem Verborgenbleiben der von Manuel erkundeten Geheimnisse am meisten gelegen sein mußte.

Es war der zweite Tag des Festes der Madonna. Santiago befand sich in der üblichen Bewegung. Am Abend sollte in der Kirche Madonna de la compania ein feierlicher Gottesdienst stattfinden, zu dem der Zudrang voraussichtlich um so größer werden mußte, da, wie Ugarte bekannt gemacht, die feierliche Verbrennung der an die Madonna eingelaufenen Briefe auf dem Hochaltar stattfinden sollte, ein Akt, dem die schönen Briefstellerinnen mit besonderer Spannung entgegensahen, da sie sich des frommen Glaubens nicht entschlagen konnten, daß die von ihren Wünschen und Herzensgeheimnissen dergestalt in Kenntniß gesetzte Himmelsmutter sich nun alsbald in direktes Benehmen mit ihnen setzen und die betreffenden Anliegen sofort erledigen werde. Das Innere der Kirche war in prachtvoller Weise geschmückt, und alle Mitglieder des Convents hielten sich in Bereitschaft, da sie vollzählig und im Ornat des Ordens zu erscheinen hatten, um an den Ceremonien Theil zu nehmen, die von Ugarte in eigener Person geleitet wurden. Es war um die fünfte Abendstunde. Mit dem Glockenschlag Sechs sollte sich die feierliche Procession aus dem Conventsgebäude hinüber nach der Kirche bewegen. Manuel, der seine Angelegenheit heute noch zur Entscheidung zu bringen entschlossen war, begab sich nach dem Privatgemach des Priors, zu dem die Väter des Convents nur in wichtigen Angelegenheiten zugelassen wurden. Der dienstthuende Laienbruder hatte ihn auf sein bringendes Verlangen gemeldet, und Ugarte, im Begriff, sich mit dem vollen Ornat seiner Würde zu schmücken, empfing ihn mit sichtlicher Ueberraschung und mühsam verhaltenem Unwillen ob der unzeitigen Störung.

„Hätte ich in den Anordnungen zur bevorstehenden Feier irgend etwas Wesentliches vergessen, Bruder Manuel, was eine besondere Besprechung erheischt?" fragte der Prior gespannt, nachdem der junge Pater an seiner Seite Platz genommen.

„Es ist nicht die heutige Feier, was mich zu Dir führt, ehrwürdigster Bruder," versetzte Manuel in seiner gewöhnlichen ruhigen Weise, jedoch mit einem Ausdruck von Festigkeit, der auch Ugarte keineswegs entging.

„Eine sonstige Ordensangelegenheit also?" fragte dieser erstaunt. „Nun, dann muß ich Dir gestehen, daß ich es lieber gesehen haben würde, Du hättest sie bis zur morgenden Zusammenkunft im Refectorium verschoben."

„Unfehlbar hätte ich es gethan, wenn es sich um eine Ordensangelegenheit handelte. Es ist eine uns Beide und einen Dritten betreffende Privatsache, die ich mit Dir zu besprechen wünsche."

Ugartes Auge schoß finstere Blitze; auf seiner Stirn zeigten sich die Vorboten eines zornigen Ausbruchs.

„Zu dieser Stunde und an diesem Tage?" fragte er schroff.

„Verzeihung, hochwürdigster Bruder, Du wirst mein Erscheinen gerechtfertigt finden, wenn Du erfährst, was mich zu Dir führt. Ich stehe im Begriff, diesen Convent, dieses Land zu verlassen."

Der Prior war im höchsten Grade überrascht. Sein Auge heftete sich mit stechendem Ausdruck auf den jungen Priester, der jedoch seine ruhige, feste Haltung bewahrte.

„Du — ein Bruder des Ordens — ohne vorherige Anzeige bei Deinem Vorgesetzten?"

„Ich mache Dir diese Anzeige in aller schuldigen Demuth, ehrwürdigster Pater Prior."

„Ohne meine Erlaubniß einzuholen?"

„Du vergißt, mein Bruder, daß das Schreiben, welches ich Dir von dem hochehrwürdigsten Pater-General unseres Ordens überbrachte, mir völlige Freiheit des Handelns und beliebige Rückkehr nach dem Schauplatz meines früheren Wirkens vorbehält."

Der Prior biß sich auf die Lippen. „Du hast Recht; ich gedachte im Augenblick nicht dieses Vorbehalts, der in unserem Orden ein so ganz ungewöhnlicher ist. Es steht Dir frei, nach Belieben zu gehen. Gott und die heilige Jungfrau mögen Dich auf allen Deinen Wegen geleiten!"

„Amen, mein ehrwürdigster Bruder! Eh' ich jedoch meine weite Reise antrete, wünsche ich mich mit den nöthigen Mitteln, mit einem kleinen Zehrpfennig zu versehen."

„Was die schwachen Mittel des Convents vermögen, steht zu Deiner Verfügung."

„Nicht doch, mein Bruder, diese schwachen Mittel möchten meinem etwas starken Bedürfniß kaum genügen, und wozu auch dem Convent zur Last fallen, so lange die Kirche noch aufrichtig ergebene Söhne besitzt, über welche ein launisches Geschick ein reichstes Füllhorn des irdischen Segens ausgegossen?"

„Ich verstehe Dich nicht, Bruder Manuel!"

„So erlaube mir, deutlicher zu reden. Zur Gemeinschaft unserer heiligen Kirche Madonna de la compania gehört ein Mann, der seine unermeßlichen

Reichthümer einer Kette verabscheuungswürdiger Verbrechen verdankt. Ich wüßte nicht, wie ein solcher Mann der Wohlthaten des Glaubens und der kirchlichen Gemeinschaft theilhaftig werden könnte, wenn er nicht, zur Sühne seiner schuldbefleckten Vergangenheit, bereit wäre, den sündlichen Mammon zur höheren Ehre Gottes, zur Verherrlichung seiner sichtbaren Kirche auf Erden zu verwenden."

Ugarte bot ein Bild der Ueberraschung und des Schreckens; seine Selbstbeherrschung drohte ihn zu verlassen.

„Weiter! Weiter!" stotterte er. „Nenne diesen Mann!"

„Escovedo!"

„Ha!"

„Escovedo, der seine Laufbahn begann indem er sich mit Spielern und Raufbolden vereinigte, um arglose Opfer in seine Schlingen zu ziehen und sie dann von jenen gewissenlosen Schurken beseitigen zu lassen, damit er sich ihr Hab und Gut anzueignen vermöge."

„Wer sagt das? Wer kann es beweisen?"

„Ich erinnere meinen ehrwürdigsten Bruder an die Geschichte Felippe Murenos, von der ich mit Sicherheit weiß, daß sie ihm bereits zu Ohren gekommen."

„Meine Ahnung!" murmelte der Prior zwischen den Zähnen.

„Und diese verjahrte Geschichte hat in der Heirath des schlauen Betrügers mit der rechtmäßigen Erbin des entwendeten Eigenthums, eine Verbindung, die, wenn ich nicht irre, von dem ehrwürdigsten Prior eines hochangesehenen Convents eingeleitet und befürwortet wurde, neuerdings einen recht überraschenden Abschluß gefunden."

Ugarte fuhr wüthend empor. „Mir das? Mir — dem Prior — von einem meiner Untergebenen — dem jüngsten Bruder des Convents — ?"

„Fern sei es von mir, einen Namen zu nennen," versetzte Manuel mit schneidendem Hohn, „ich halte mich nur an unleugbare Thatsachen, und wenn es sich dabei fügen sollte, daß mein hochwürdigster Bruder — —"

„Wohlan, Unglücklicher!" rief Ugarte zitternd und aufgeregt — „Du sollst es erfahren, daß Du nicht allein das Privilegium besitzest, Dich in die Geheimnisse Anderer einzudrängen, sie mit frevelnder Hand und eines Priesters unwürdiger Niedrigkeit der Gesinnung blos zu legen, sie zu Deinen selbstsüchtigen Zwecken auszubeuten; — Du sollst es erfahren, daß dieselbe Waffe gegen Dich gekehrt werden kann, und daß es tausendmal schimpflicher und beklagenswerther ist, wenn die Brust eines Gesalbten des Herrn, die gegen alle niedrigen Leidenschaften, gegen die Sünden und Verlockungen des Fleisches, gepanzert sein sollte, denselben ebenso zugänglich ist wie die gewöhnlicher Weltkinder. Glaubst Du, einen Stein auf Andere werfen zu dürfen, wenn Du selber der himmlischen Barmherzigkeit bedarfst, um Deiner Sünden gegen die Gebote Gottes und seiner heiligen Kirche ledig zu werden? Oder dachtest Du etwa, Dein Spiel im Verborgenen treiben zu können, ohne daß ich es durchschauen würde? Armer Thor, Du weißt nicht, was Ugarte ist, was er hier vermag — doch Du sollst es erfahren! Dein Herz, das Herz eines Priesters, der das Gelöbniß der Reinheit und Keuschheit abgelegt, hat sich mit einer sträflichen Neigung erfüllt für das Weib eben jenes Mannes, den Du verleumdest und verdächtigst, nach dessen Besitzthum Du Deine Hände ausstreckest. Mein väterliches Auge, das mit rastloser Sorge über alle meiner Pflege anvertrauten Seelen wacht, sah diese Neigung keimen und wachsen — ich hätte sie zur Stelle mit unnachsichtlicher Hand ausreißen sollen, doch ich setzte Vertrauen in Dich, ich hoffte, daß die Stimme des Gewissens und der Pflicht die Oberhand gewinnen werde über jene unselige Neigung, daß Du Dich selber wiederfinden und den Verlockungen des Bösen mit männlicher und christlicher Entschlossenheit widerstehen würdest. Doch ich hatte mich in Dir getäuscht — Du warst, Du bliebst verloren — von Stufe zu Stufe sankst Du in den Abgrund — Du hattest aufgehört, zu den auserwählten Rüstzeugen des Herrn zu gehören. Kam jene Verwundung auf der Hacienda Donna Uracas etwa von ungefähr? O nein, die Leidenschaft, die Eifersucht — Schande, daß ein Priester ihnen zugänglich! — hatten Deine Schritte geleitet und zogen Dir eine wohlverdiente Züchtigung zu. Doch selbst da gingst Du nicht in Dich, selbst da noch beharrtest Du in Deiner Sünde! Du wolltest es auf's Aeußerste treiben und das Weib Deiner verruchten Leidenschaft dem Manne entreißen, dem es Gottes Wort zu eigen gegeben, — der Priester, der Bewahrer und Vollstrecker göttlicher Gesetze, wolltest Du sie selber brechen, mit Füßen treten! Du hast Deine Vorkehrungen getroffen, um mit Leontica Mureno zu fliehen — doch ein einziges Wort von mir wird genügen, diese Flucht zu vereiteln, Dir das Entsetzenvolle Deines Beginnens klar zu machen, Dich als reuigen Sünder mir zu Füßen zu führen!"

Ugarte hatte sich beim Beginn seiner Ansprache erhoben, sank aber jetzt wieder, von der Aufregung übermannt, in seinen Sessel zurück. Seine anfangs mit wilder Heftigkeit und erst am Schluß wieder im Tone priesterlicher Milde und Versöhnung gesprochenen Worte schienen übrigens auf Manuel keineswegs den beabsichtigten Eindruck hervorzubringen. Die Haltung des jungen Priesters war fest, fast trotzig, wie zuvor, seine Miene zeigte keine Spur einer besonderen Erregung.

„Es sind harte Worte, die Du mich vernehmen läßt, hochwürdigster Bruder," versetzte er mit völliger Gelassenheit; „inzwischen bist Du glücklicherweise nicht Richter meiner Handlungen, sondern wirst mir wohl das Recht und die Fähigkeit zugestehen müssen, selber zu entscheiden, was sich für mich geziemt. Sollte es jedoch wirklich Dein Wille sein, wohlerwogene Pläne, deren Ausführung bei mir eine beschlossene Sache ist, durch mittelbare oder unmittelbare Einmischung zu durchkreuzen, so würde ich mich, ganz gegen meine sonstige Neigung, gezwungen sehen, die vorerwähnten und noch so manche andere Ereignisse der Vergangenheit an's Licht zu ziehen, die sowohl Don Escovedo wie den Prior des Convents vor den Augen der Welt in einem wenig beneidenswerthen Lichte erscheinen lassen würden. Es lebte da z. B. vor etwa zwanzig Jahren im Kloster der Carmeliterinnen in der Calle Valverde eine junge Novize, Isabella Melinas, der man bei ihrer Einkleidung den Namen Schwester Innocentia ertheilte —für sie eine schlimme Vorbedeutung, denn ihre Unschuld sollte selbst in den geheiligten Räumen des Klosters nicht gesichert sein...."

„Verworfener, Du beharrst in Deinen Drohungen?" rief Ugarte auffahrend.

„Ich drohe nicht, es ist ja nur eine unverfängliche Geschichte, die ich erzähle. Daß sie meinem hochwürdigsten Bruder so sehr zu Herzen geht, macht seinem Gewissen alle Ehre. Was würde nun wohl heute die Welt dazu sagen, wenn ihr vollgültige Beweise beigebracht würden, daß sich der reiche Verführer und sein geistlicher Beschützer vereinigten, um das neugeborene Kind der unglücklichen Innocentia aus dem Wege zu räumen, daß der Prior seine Freundschaft für den wackeren Verbündeten so weit trieb, die Mutter in den unterirdischen Gewölben eines einsamen Klosters einzusperren, wo sie der Nacht des Wahnsinns anheim fiel — — —"

„Märchen! Abenteuerliche Gerüchte!.... Wer würde ihnen Glauben beimessen?" entgegnete mit gezwungener Gleichgültigkeit der mächtig erschütterte Prior.

"Vollgültige Beweise, sagte ich, mein Bruder, und meine Worte pflege ich sorgfältig zu erwägen. Die wackere Frau, die sich einstmals bereden ließ, das Kind in der Wildniß auszusetzen, wo es durch ein Wunder des Himmels gerettet wurde, lebt noch heute, nicht sehr fern von hier; sie hat seit jener Zeit viel von Gewissensbissen zu leiden gehabt und würde sich durch ein offenes Geständniß wesentlich erleichtert fühlen. Doch nicht nur die Wärterin und das Kind, auch die Mutter lebt, um in ergreifender Jammergestalt ein stummes, aber furchtbares Zeugniß abzulegen gegen Den, der sie durch seine unmenschliche Behandlung dem Wahnsinn anheim fallen ließ. Nicht in den sicheren Mauern eines Klosters, nicht in den Händen gefügiger Werkzeuge des Verführers und seines geistlichen Freundes befindet sie sich; nein, die rächende Nemesis hat sie eine Zuflucht finden lassen bei dem eigenen Bruder — Pasquale Melinas wird ihren Verderber zu furchtbarer Rechenschaft ziehen!"

Ugarte fuhr mit verzerrten Mienen zurück. Die erdfahle Färbung seines Gesichts trat noch weit auffälliger hervor. Seine Hände ballten sich und sein graues, stechendes Auge schoß einen vernichtenden Blick auf den jungen Priester, der den Meister übertreffen zu wollen schien.

"Bube, das sollst Du mir büßen!" murmelte er so leise vor sich hin, daß es das Ohr Manuels kaum erreicht haben mochte.

"Um das Maß der erstaunlichsten Neuigkeiten voll zu machen," fuhr dieser, der sich durchaus nicht irre machen ließ, fort, "bedarf es dann nur noch der weiteren Mittheilung, daß der Verführer, nicht zufrieden mit dem ersten mißlungenen Mordversuch auf das Leben seines Kindes, nicht zufrieden mit dem nur allzu gelungenen Ruin und der geistigen Vernichtung der bejammernswerthen Mutter, jüngst zum zweiten Mal seine Mordgesellen aussandte, damit sie ihn von dem verhaßten Dasein der inzwischen erwachsenen Tochter und von dem eines, trotz des heiligen Gelöbnisses seiner Gattin, noch immer gefürchteten Nebenbuhlers befreien sollten, ein Auftrag, der freilich nicht besser gelingen wird als der frühere, da er durch meine Vermittlung zur Kenntniß Pasquale Melinas gelangte, dessen schützender Arm in diesem Augenblicke bereits die Werkzeuge des Mörders unschädlich gemacht haben wird!"

Manuel hielt einen Augenblick inne; auf seinen Mienen lag der bitterste Hohn, der unbeschreiblichste Triumph. Eben schickte er sich zum letzten entscheidenden Anlauf an, um den errungenen Sieg über den gedemüthigten, einst so furchtbaren Gegner zu dem gewünschten praktischen Resultate zu führen, als ihm Ugarte zuvorkam.

"Wozu diesen leidenschaftlichen Ton, diese Heftigkeit des Wesens, mein Bruder?" fragte er mit einer Milde und Sanftmuth, die zu seiner eigenen vorherigen Aufregnng in seltsamem Contrast stand. "Als Brüder eines heiligen und hoch angesehenen, zur Ehre Gottes wirkenden Ordens, als gemeinsame Arbeiter auf dem Felde des allein selig machenden Glaubens, geziemt uns nicht Hader, Haß und Streit, sondern brüderliche Verständigung, liebevolle Nachsicht, christliche Vergebung. Mir, dem gereifteren Vorgesetzten, kommt es zu, dem jungen, leidenschaftlichen Bruder mit gutem Beispiel voranzugehen. Ich biete Dir die Hand zur Versöhnung, Bruder Manuel. Wir sind allzumal Sünder und ermangeln des Ruhms, den wir vor Gott haben sollen — laß uns deshalb nicht mit einander rechten. Hättest Du Vertrauen zu mir gehabt, wie es zu Dir meine Stellung und der zwischen uns bestehende Unterschied der Jahre einflößen sollte, wärest Du mir entgegengekommen wie ein Sohn dem Vater, wenigstens wie ein Bruder dem Bruder — wir würden uns nie so gegenübergestanden haben, wie es noch vor wenigen Augenblicken der Fall war. Du erhebst Ansprüche auf einen Theil von Don Escovedos Besitzthum — wozu sie gewaltsam geltend zu machen suchen, da ihnen ohnehin auf friedlichem und natürlichem Wege Genüge geleistet werden muß? Dein liebebedürstendes Herz sehnt sich, in nähere Beziehungen zu Leontica Mureno zu treten — wozu ein sträfliches Verhältniß anspinnen und sie zur Verletzung ihrer ehelichen Pflichten zu verleiten suchen, da du ein unbestreitbares Recht auf ihre liebende Umarmung besitzest und sie offen vor aller Welt die Deinige nennen magst? Ich sagte Dir, daß es nur eines einzigen Wortes bedarf, um alle Deine Pläne zu Nichte zu machen — um Dich zu schonen, wünschte ich dieses Wort nicht plötzlich und unvorbereitet auszusprechen. Doch Du selber zwangst mich, diese Rücksicht bei Seite zu setzen. So vernimm denn, mein beklagenswerther, verblendeter Bruder, ein Geheimniß, welches mir selber erst der gestrige Tag enthüllte: — nicht das ferne Portugal, Chili ist Deine Heimath, — Du bist der erstgeborne, als todt beweinte Sohn Donna Uraca's und Juano Mureno's, der Bruder Leontica's, zu der Dich die Stimme des Blutes hinzog!"

Wenn Manuel sein Todesurtheil und den Befehl zu augenblicklicher Vollstreckung desselben vernommen hätte, so würde dies kaum eine mächtigere Erschütterung hervorgebracht haben als die Worte Ugartes, die wie die Posaunen des Weltgerichts, wie der drakonische Richterspruch ewiger Verdammniß in sein Ohr schallten. Einer Antwort war er nicht fähig; seine Zunge schien gelähmt, sein Hirn vertrocknet, sein Geist umnachtet. Bleich, zitternd, hinfällig, mit beiden Händen auf die Lehne des Sessels gestützt, mit dem Rücken gegen die Wand gelehnt, um nicht zu Boden zu sinken, bot er ein Bild des Jammers und der völligen Zermalmung.

Vom Thurme der Kathedrale läuteten sämmtliche Glocken. Das kleine helle Conventsglöckchen stimmte ein und rief die Brüder zur feierlichen Procession.

Ugarte hatte sich einige Augenblicke mit triumphirendem Stolze an der furchtbaren Niederlage seines Gegners, der den Blick nicht zu ihm zu erheben wagte, dessen Augen wie erloschen in ihren Höhlungen lagen, geweidet. Jetzt schritt er in fester, stolzer Haltung nach der Thür.

„Die Glocken rufen zur heiligen Handlung," sagte er. „Folge mir, Bruder Juano Mureno, und wenn das Fest vorüber ist, sollst Du erfahren, wie mir das Geheimniß Deiner Herkunft offenbart wurde."

Der Prior schritt voran. Mechanisch folgte ihm Manuel, seinen Weg mit beiden Händen längs der Wände hin tastend und dann beim Hinabsteigen das Geländer der breiten Wendeltreppe krampfhaft umklammernd. Es flimmerte ihm vor den Sinnen, er fürchtete jeden Augenblick zu straucheln, und nur mit dem Aufwand aller seiner Kräfte vermochte er den ihm angewiesenen Platz in der Procession einzunehmen.

Eine unabsehbare Menge drängte von allen Seiten durch die Straßen und über die Plätze nach der Kathedrale. Wie zu einer Lustbarkeit geschmückt, eilten die Frauen und Jungfrauen, nur hin und wieder in männlicher Begleitung, einzeln oder in Gruppen herbei und verschwanden in dem Strom, der sich durch die weit geöffneten Portale in das Innere des heiligen Gebäudes wälzte. Eine glänzende Lichtfülle strahlte daraus hervor, die mächtigen Klänge der Orgel vermischten sich mit dem Sausen und Brausen der Menge, mit dem feierlichen Geläute der Glocken, und die hell erleuchteten hohen Bogenfenster, schon aus weiter Ferne sichtbar, stachen prächtig ab gegen das tiefe Dunkel des Decemberabends.

Da nahte die Procession und hielt durch das Hauptportal ihren Einzug in die Kirche. Chorknaben mit Weihrauchgefäßen gingen voran; bunt gekleidete Priester trugen allerlei Insignien, Figuren, Standarten und Heiligenbilder; unter einem prächtigen Baldachin, getragen von vier Laienbrüdern, schritt der Großprior Ugarte in vollem Ornat, ein Muttergottesbild in der Rechten, einher; dicht hinter ihm folgten die Brüder des Convents dolla compañia, an ihrer Spitze der greise, ehrwürdige Diego, auf den Arm seines Lieblings und jüngsten der Brüder, des um seiner feurigen Beredtsamkeit willen bewunderten und von allen Besuchern der Kirche hochgeschätzten Pater Manuel, gestützt. Manuel hätte heute wohl selber einer Stütze bedurft; wankenden Schrittes wandelte er des Wegs, Todtenblässe bedeckte das feingeschnittene Antlitz, sein ganzes Ansehen war fast so greisenhaft und hinfällig, als das seines hochbetagten Begleiters. Hinter den Mitgliedern des Convents folgten die Brüder sonstiger Orden, die Angehörigen der Klöster und Stifte, Deputationen der Geistlichkeit der übrigen Kirchen der Stadt und des Landes, ein langer Zug, der die Neugier der Menge in hohem Grade fesselte. Am Hauptportal ward die Procession von fünfzig weißgekleideten Jungfrauen empfangen, die den Weg derselben mit Rosen und duftenden Blumen bestreuten. Wo sie vorüber passirte, da kniete die Menge in langen Reihen andächtig nieder und richtete die vorgeschriebenen Gebete an die heilige Mutter Gottes. Kaum hatte der ganze Zug die Schwelle der Kirche überschritten, so wurden die Thüren fest verschlossen, um jeder äußeren Störung der heiligen Handlungen vorzubeugen.

Wer möchte es unternehmen, mit Worten den überwältigend großartigen Anblick zu schildern, den die mit vielen tausend Menschen gefüllte Kathedrale beim Beginn der gottesdienstlichen Ceremonie gewährte? Das ganze Schiff der Kirche war eine compacte Masse, Kopf an Kopf gedrängt, die Elite der schönen und eleganten Welt Santiagos, eine solche Vereinigung von Jugend, Liebenswürdigkeit, Anmuth und Schönheit, wie sie sich wohl selten zusammengefunden. Jene die natürlichen Reize der Chileninnen neidisch verdeckenden, von der tyrannischen Sitte vorgeschriebenen schwarzen Mantillas waren heute verschwunden; statt ihrer gewahrte man meist helle, bunte Gewänder, die glänzendsten Toiletten und reizendsten Haarputze, ein Flimmern von Gold und ächten Steinen, das dem fremden Beschauer alsbald die Thatsache in's Gedächtniß gerufen haben würde, daß er sich auf dem an solchen kostbaren Producten unermeßlich reichen Boden Südamerikas befand.

Die Kirche selbst war in der prachtvollsten Weise ausgeschmückt. Wohin das Auge fiel, leuchtete ihm ein bunter Farbenschimmer entgegen, ward es geblendet von dem Glanz und der Pracht, die freilich mehr auf den äußeren Schein und augenblicklichen Effekt berechnet war, als daß sie einer genaueren Untersuchung hinsichtlich ihrer Solidität Stand gehalten hätte. Der ganze gewaltige Raum schwamm in einem Meer von Licht. Viertausend Wachskerzen erhellten das Schiff, während zweitausend Lampen mit bemalten Schirmen oder gefärbten Glocken die Kuppel bestrahlten und ihr Licht in buntem Farbenreflex hernieder sandten auf die andächtig knieende Menge. Die Säulen waren fast vom Sockel bis zum Knauf mit Blumenguirlanden umwunden; das Netzwerk der Lampenschnüre, welches die mächtige Kuppel erfüllte, war gleichfalls mit Festons und Hunderten bunter Flaggen geschmückt, die in solcher Höhe einen doppelt imposanten Eindruck machten. Die größte Sorgfalt war auf die Ausschmückung des Hochaltars und des hintern Theils der Kirche verwendet worden. Ueber ersterem erhob sich, in einer Höhe von etlichen zwanzig Fuß, ein colossaler, reich vergoldeter Baldachin, der von vier zierlichen, blumenumwundenen Säulen getragen wurde; eine Anzahl von Wachskerzen und Lampions beleuchteten in dem mit seidenen Draperieen eingehüllten Hintergrund ein wunderthätiges Bild

40

der Mutter Gottes, vor welchem die üppigsten Spenden Floras in Gestalt von Sträußen, Guirlanden und Kränzen in so verschwenderischer Fülle angehäuft waren, daß es den Priestern, die vor dem Bilde ihre Gebete zu verrichten hatten, schwer fiel, sich zu demselben heran zu arbeiten. Nimmt man zu der festlich geschmückten Menge der schönen Andächtigen, zu dieser imposanten Decoration und Beleuchtung der Kirche, noch den im höchsten Glanz erscheinenden Klerus, die Hunderte der in vollem Ornat und entsprechender Ordenstracht anwesenden Geistlichen, Laien- und Ordensbrüder, Mönche, Chorknaben u. s. w., das von mehrstimmigem Chor erschallende, von brausendem Orgelklang und den schmetternden Harmonien eines vollen Orchesters begleitete „Do profundis", den köstlichen Duft des Weihrauchs, der sich aus den Kohlenbecken in leichten Wölkchen kräuselnd über den Häuptern der Menge erhob — dann hat man ein freilich noch sehr schwaches, doch in seinen flüchtigen Umrissen correctes Bild der wunderbaren Eindrücke, die das Auge des Beschauers im Innern der Kathedrale Madonna della compania an jenem Abend bestürmten, ein Bild, welches die alle Sinne bestrickende Pracht jener orientalischen Mährchenwelt, die uns in unserer Jugend mit wonnigem Entzücken durchschauert, zu verwirklichen schien.

Endlich war der Augenblick gekommen, welcher die für den größten Theil der Andächtigen interessanteste Ceremonie bringen sollte. Ein Zug von Geistlichen näherte sich dem Hochaltar, auf einer mit seidenen Draperieen und Blumenguirlanden bedeckten Bahre den Briefkasten der Madonna tragend. Der Großprior erwartete die Ankommenden auf den Stufen des Altars. Die Bahre wurde zu seinen Füßen niedergesetzt. Aus einer silbernen Schaale nahm er den Schlüssel und öffnete eigenhändig den buzon. Einige dienstthuende Brüder nahmen auf seinen Wink die darin enthaltenen Briefschaften, etliche große Körbe füllend, heraus und schütteten sie in ein metallenes Becken, welches zu diesem Zweck auf dem Hochaltar selbst niedergesetzt worden. Nachdem Ugarte seine Kniee gebeugt und ein Gebet an die Himmelskönigin gerichtet, worin er ihr in beredten Worten die gnädige Erfüllung der in diesen Briefen frommgläubiger Seelen enthaltenen Wünsche und Anliegen an's Herz gelegt, nahm er eine der geweihten Kerzen von den den Hochaltar umstehenden Candelabern und setzte damit die Briefschaften in Brand. Aus dem Becken erhob sich alsbald ein dichter Rauch. Vom hohen Chor herab erschallte eine feierliche Hymne, begleitet von den Klängen der Orgel. Die Priester lagen betend auf den Stufen des Hochaltars, während die Chorknaben, ab- und zuwandelnd, die silberhellen Glöckchen erklingen ließen. Zwischen dem schwarzen Rauch züngelten jetzt einzelne Flämmchen empor, und bald ward der ganze Briefwechsel der Madonna von lichter Gluth verzehrt, die höher emporschlug als man es wohl berechnet hatte.

Halb neugierig, halb in gläubiger Andacht versunken, hafteten die Augen der Menge auf dem wunderlichen Schauspiel. Da plötzlich — die von der heißen Luft emporgewirbelte glühende Papierasche mochte es entzündet haben — leckte ein Flämmchen an der Decke des den Hochaltar überspannenden Baldachins. Nur wenige Augen bemerkten es; ein Griff mit der Hand oder wenige Becher Wassers hätten es zu löschen vermocht. Das brennbare Material und der durch ein offenstehendes Fenster dringende Luftzug gaben ihm reichliche Nahrung und begünstigten seine Verbreitung. Ehe nur die in unmittelbarer Nähe befindlichen Priester aufmerksam geworden, brannte bereits der Baldachin lichterloh, und die Flammen schlugen bis zu den Draperieen der gewölbten Decke empor, die gleichfalls fast mit der Schnelligkeit des Blitzes von ihnen ergriffen wurden.

Jetzt hatte die Andacht der versammelten Menge ganz der Neugier, dem

Erstaunen, der Schaulust Platz gemacht. Aller Augen waren auf den brennenden Baldachin und die hell lodernden Draperieen gerichtet; — an Gefahr dachte Niemand, man wollte eben diese so unerwartete Abänderung des Festprogramms gleichfalls genießen, so weit es irgend thunlich war. Es wäre für die ganze versammelte Menge, wenn man alle Thüren geöffnet hätte, ein Leichtes gewesen, in einem Zeitraum von fünf bis zehn Minuten die Kirche zu räumen — aber in diesem Fall hätte man ja auf das sehenswerthe Schauspiel verzichten müssen. In jedem anderen Lande der Welt würde der bloße Ausbruch eines Feuers in einem geschlossenen Raume hinreichen, eine zum großen Theil aus Frauen bestehende Versammlung in Schrecken aufzulösen; bei den Chileninnen überwog diesmal die Neugier die Furcht; sie blieben ruhig am Platze, schauten, staunten und beklagten den Verlust der geschmackvollen Verzierung — bis es zu spät war.

Ehe wenige Minuten vergingen, war es zu spät. Wie schlängelnde Blitze liefen die Flammen an dem die Kuppel erfüllenden Netzwerk der Stride hinan, die Lampen stürzten herab — erst eine — dann die andere — in wenigen Augenblicken zu Dutzenden, zu Hunderten — sie explodirten im Falle, und das brennende Oel ergoß sich über die dicht gedrängte Masse der unglücklichen Zuschauer.

Jetzt begann ein Drängen, ein verzweifeltes Ringen nach den Ausgängen. Alle Seitenpforten waren fest verschlossen; Niemand zeigte sich, der sie zu öffnen im Stande gewesen. Die Fenster waren zu hoch — es hätte der Leitern bedurft, um sie zu erreichen. Ein furchtbares Menschenknäuel blockirte das Hauptportal; doch die schweren eisernen Thürflügel öffneten sich unglücklicherweise nach Innen, und sie auch nur um einen Fuß breit zurück zu schieben, um die zunächst dagegen Gepreßten durchzulassen, kostete die furchtbarste Anstrengung und war erst nach langem Arbeiten zu bewerkstelligen. Die jetzt plötzlich allen in der Kirche Eingeschlossenen zum Bewußtsein gekommene Todesgefahr, der Schmerzenschrei der durch das umherspritzende brennende Oel der Verbrannten, der zu Boden Getretenen oder gegen die Säle und Thüren Gequetschten, herzbrechend durch den allgemeinen Tumult schrillend, raubte selbst Denen alle Besinnung und ruhige Ueberlegung, die sie sich bis dahin noch glücklich bewahrt hatten. Man machte einige verzweifelte Anstrengungen zum Löschen des Feuers, zur Erzwingung eines Ausgangs; doch kaum in's Werk gesetzt, erwiesen sie sich schon als ganz fruchtlos oder wohl gar verderblich. An einer Stelle hatten einige entschlossene Männer begonnen, die Kirchenstühle loszureißen und übereinander zu thürmen, um auf diese Weise ein Fenster zu erreichen. Die nach Rettung schreienden Frauen kletterten jedoch im Nu zu Hunderten daran empor — die Stühle und Betschemel stürzten übereinander und Alles lag zu einem unentwirrbaren Knäuel zusammengehäuft, wobei es nicht an schweren Verletzungen fehlte, die den Betroffenen jede weiteren Rettungsanstrengungen unmöglich machten. Die Unglücklichen hatten nicht daran gedacht, daß, wenn es ihnen auch wirklich gelungen, ein Fenster zu erreichen und zu öffnen, doch wohl nur die Wenigsten aus der Höhe von etlichen zwanzig Fuß wohlbehalten auf das Straßenpflaster hinabgelangt sein würden, da von Außen nichts geschehen konnte, ihnen hierin behülflich zu sein.

Inzwischen hatte das Feuer reißende Fortschritte gemacht. Die Draperieen und Verzierungen, zum größten Theil nur aus den leichtesten Stoffen, aus Pappe oder Holz bestehend, worüber man buntes Papier, Seidenstoffe oder Vergoldung gedeckt, waren längst verzehrt. Die Flammen, genährt durch diese Massen brennbaren Materials, das Oel der zerschmetterten Lampen und das Wachs der viertausend Kerzen, das brennend umhersprühte oder in glühenden

Bächen am Boden hinfloß, hatten die Säulen und die Kuppel ergriffen. Jene wie diese waren nur nothdürftig aus Holz hergestellt worden, nachdem eine frühere Feuersbrunst die ursprünglich massive Kirche schon vor einer Reihe von Jahren in Trümmer gelegt. Ach hier fand das Feuer die reichlichste Nahrung. Von der Kuppel aus theilte es sich dem Dachstuhl des Hauptthurmes mit, der gerade über dem Portal der Kirche zu beträchtlicher Höhe emporragte. Prasselnd schlugen die Flammen durch das dürre Holzwerk; das Innere der Kirche erfüllte sich immer mehr mit einem dicken Qualm, der die unglücklichen Opfer dem Erstickungstode nahe brachte, ehe sie noch von den verzehrenden Flammen erreicht wurden. Aus tausend Kehlen ertönte ein unerhört schreckliches, Mark und Bein erschütterndes Angst- und Wehgeheul.

Das in der Kirche ausgebrochene Feuer war natürlich alsbald von außen bemerkt worden, und ehe eine Viertelstunde verstrich, eilten namentlich die männlichen Angehörigen der in dem brennenden Gotteshause eingeschlossenen Frauen von allen Seiten herbei, um zu retten und zu helfen. Doch die Retter außen erwiesen sich fast als so kopf- und hülflos wie die Opfer drinnen. Die Löschmannschaften waren zur Stelle, konnten jedoch mit ihren schwerfälligen Apparaten *) dem Feuer nicht beikommen und thaten zur Rettung der vom Feuertode bedrohten Menschen so gut wie nichts, da es ihnen an Leitern, Aexten und Brechwerkzeugen fehlte, um die Fenster zu erklimmen, die Seitenpforten zu öffnen, oder einen Versuch zur Erbrechung des Mauerwerks zu machen. Der einzige Punkt, auf den man seine Anstrengungen richtete, war das Hauptportal. Als es endlich nach langen Bemühungen gelungen, dasselbe theilweise zu öffnen und den Haufen Verwundeter und Zerquetschter, auf den man zunächst stieß, hinwegzuräumen, da stürzte, wenige Augenblicke nachdem die Glocke die siebente Stunde angeschlagen, unter furchtbarem Getöse das brennende Gebälk des Thurmdachstuhls hernieder und verbarrikadirte den eben gewonnenen Ausgang so vollständig, daß selbst für die zunächst Befindlichen an kein Entkommen mehr zu denken war.

Auch die Polizei war sofort nach der Brandstätte geeilt und hatte, wie es ihr zur Pflicht gemacht war, alle Zugänge zu derselben besetzt, Niemanden in die Nähe des brennenden Gebäudes lassend, der nicht zur officiellen Löschmannschaft gehörte. So ward die Hülfe, die etwa noch im Bereich der Möglichkeit gelegen, gerade durch Diejenigen vereitelt, die sie selber zu leisten berufen gewesen, dazu aber weder die Fähigkeit noch die Hochherzigkeit der Gesinnung besaßen. Einige Gruppen von Ausländern, getrieben durch das Gebot der Menschlichkeit, vielleicht auch in der Angst der Verzweiflung, theure Wesen zu retten, bahnten sich mit Gewalt ihren Weg durch die Reihen der Alguazils und begannen Thüren und Fenstern des brennenden Gebäudes zu erbrechen. Kaum aber waren sie in der besten Arbeit und hatten bereits einige Rettungen glücklich vollbracht, als die Gensdarmen mit blanker Waffe auf sie einstürmten und sie zurücktrieben, da zu einer gewaltsamen Oeffnung der Kirche gesetzlich erst die Zustimmung des hochwürdigsten Pater Ugarte eingeholt werden mußte, dieser hohe kirchliche Würdenträger aber unglücklicherweise im Augenblick mit der Rettung weit wichtigerer Gegenstände so ausschließlich beschäftigt war, daß seine Mitwirkung zu der Rettung etlicher hundert Menschenleben unmöglich zu beschaffen war.

Die in der Kirche so zahlreich versammelte Geistlichkeit hatte sich im Au-

---

*) Santiago, eine Stadt von 120,000 Einwohnern, mit vorwiegend hölzernen Häusern, hatte notorisch am 8. December 1863 nur drei schwerfällig arbeitende Feuerspritzen aufzuweisen, genau nach demselben vortrefflichen Muster gebaut, welches die Spanier vor mehr als 200 Jahren nach der neuen Welt gebracht.

genblick des Ausbruchs des Feuers ebenso ratlos und unentschlossen gezeigt, wie die übrige Menge. Hätten die Priester, hätte vor Allen Ugarte Geistesgegenwart an den Tag gelegt und durch seine Entschlossenheit die Menge ermuthigt, so würde es sehr gut möglich gewesen sein, sämmtliche Ausgänge, deren die Kirche eine genügende Zahl besaß, zu öffnen und die ganze Versammlung wohlbehalten das Freie erreichen zu lassen. Aber die Priester waren die Ersten, die die Flucht ergriffen, und ihnen war sie nicht so hoffnungslos abgeschnitten wie den Uebrigen. Hinter dem Hochaltar mündeten zwei nicht so dicht mit Menschen angefüllte Seitengänge, deren jeder seine Thür besaß. Auch war ein dem Clerus wohl bekannter Ausgang durch die Sacristei vorhanden. Kaum hatten die Flammen die Draperieen der Decke ergriffen, kaum begannen die Lampen zu stürzen, als die Geistlichen in wilder Flucht durch diese Ausgänge stürzten. Ugarte, nur auf die eigene Sicherheit bedacht, unbewegt von dem Jammergeschrei seiner zarten Pflegebefohlenen, deren Seelen er ohnehin dem Himmel bereits gerettet zu haben glaubte, ertheilte den untergebenen Ordensbrüdern, die noch bei ihm Stand gehalten, den Befehl, auf die Rettung des kostbaren Kirchenschatzes bedacht zu sein, und ging selber mit gutem Beispiel voran, indem er von den in der Sacristei aufgestellten goldenen und silbernen Gefäßen, Reliquien ꝛc. so viel als er nur zu fassen vermochte, zusammen raffte und sich damit seinen Weg aus dem mit Rauch und Flammen erfüllten Gebäude bahnte.

Unter den in der Kirche versammelten Priestern befand sich einer, den die furchtbare Katastrophe anfangs kaum zu berühren schien. Vor dem Muttergottesbilde im Hintergrunde stehend, hatte er die Ceremonien theilnahmlos und wie geistesabwesend an sich vorübergehen lassen. Das plötzlich ausbrechende Feuer äußerte auf ihn schlechterdings keine Wirkung. Er sah den Baldachin über dem Hochaltar so gleichgültig in Flammen aufgehen, wie er vorher der Verbrennung des Briefwechsels der Madonna gleichgültig zugeschaut. Als die Priester zu fliehen begannen, als Ugarte, voll zärtlicher Sorgfalt für die Schätze der Kirche, die Brüder ermahnte, so viel als irgend möglich davon in Sicherheit zu bringen, da behauptete Jener noch immer regungslos seinen Platz und starrte kalt und unbewegt auf das ihn umgebende Getümmel.

Es war Bruder Manuel, der allein eine Ausnahme von seinen Standesgenossen bildete, der muthig auf der Stätte der Gefahr ausharrte — freilich ohne auch nur das Geringste zu deren Verminderung oder Beseitigung beizutragen. Plötzlich aber schien auch ihm die Größe der Gefahr deutlich zu werden. Das Jammergeschrei der durch die stürzenden Lampen verbrannten oder im wilden Durcheinander zu Boden getretenen Frauen weckte ihn zum vollen Bewußtsein der schrecklichen Lage. Es war ihm, als ob eine bekannte Stimme an sein Ohr schlüge, als ob er unter der Masse der händeringenden, sich die Haare zerraufenden und in wilder Verzweiflung bald auf den Knieen anflehenden, bald in der Hoffnung auf Rettung nach den Ausgängen oder Fenstern stürzenden Frauen ein bleiches, bezaubernd schönes Antlitz wahrgenommen, dessen thränenfeuchte Blicke mit dem Ausdruck unbeschreiblicher Sehnsucht auf ihn gerichtet gewesen; — rasch vor den Hochaltar tretend, stürzte er sich mit dem Muth der Verzweiflung hinein in die drängende, planlos hin und her wogende Menschenfluth, als sei er entschlossen, der Tod zu suchen.

Dennoch war es nicht der Gedanke an Tod und Untergang, es war vielmehr die Hoffnung auf das Leben, auf Rettung aus der schrecklichen Gefahr, was ihn, Rauch und Flammen mißachtend, unaufhaltsam vorwärts trieb. Er hatte zweier Wesen gedacht, die sich, kämpfend und ringend, inmitten jenes schrecklichen Menschenknäuels befanden, die rettungslos verloren waren, wenn es ihm nicht gelang, sie diesem Ort des Schreckens, der sich bald in ein großes gemeinsames Grab verwandeln mußte, zu entreißen.

Mit furchtbarer Anstrengung brach sich Manuel Bahn durch die der grasfesten Verzweiflung anheim gefallene Menge. Er mußte sein Auge verschließen und sein Ohr taub machen gegen die gräßlichen Jammerscenen und herzbrechenden Klagen, denen er von allen Seiten begegnete. Hier hörte er sich beim Namen gerufen; da hing man sich an seinen Hals, seine Arme; dort umfaßte man flehend seine Kniee; Bitten und Gebete, Flüche und Verwünschungen schallten um ihn her — er durfte die einen so wenig beachten wie die andern, sein Weg ging vorwärts, immer vorwärts, durch Rauch und Flammen, über Todte wie über Lebende!

Manuel kannte genau den Platz, an welchem er Donna Uraca und Leontica suchen mußte. Als sich die Procession nach dem Hochaltar bewegt, hatte er sie beide wahrgenommen. Jetzt freilich, in diesem allgemeinen Chaos, mochten sie sich von jener Stelle hinweggebegeben haben oder vom Strome fortgerissen worden sein. Sein Auge flog suchend über alle die angst- und schmerzverzerrten Gesichtszüge hin, von denen er umringt war; er bemühte sich, die unentwirrbaren Knäuel menschlicher Leiber zu durchdringen, die da und dort aufgehäuft waren — doch nur zu bald ward er inne, daß es eines göttlichen Wunders bedürfe, um seinen Zweck zu erreichen. Er fragte hier und da, ob man die Gesuchten nicht gesehen — wer war jetzt im Stande, ihm Auskunft zu ertheilen? Hundert Gegenfragen waren die Antwort; Jeder dachte nur auf die eigene Rettung, sann auf Mittel, wie er dem schrecklichen Feuertode entgehen möge.

Je tiefer er in das Schiff der Kirche eindrang, um so gefahrvoller wurde sein Weg. Das brennende Oel der zu Boden gestürzten Lampen, das geschmolzene Wachs der Kerzen hatte einen furchtbaren Qualm erzeugt, der nicht nur jede Umschau verhinderte, sondern auch das Athmen im höchsten Grade beschwerlich machte. Die hölzernen Säulen zur Rechten und Linken standen bereits in Flammen, und eine unerträgliche Gluth herrschte im mittleren Theil der Kirche. Aus der Höhe stürzten fortwährend brennende Fahnen, Draperieen oder große Stücke des Deckengetäfels hernieder und drohten jeden Augenblick die schrecklichsten Verletzungen.

Da, als Manuel um eine der hell lodernden Säulen bog, um in dem an die Mauer stoßenden Bogengang etwas Schutz vor der entsetzlichen Hitze und dem erstickenden Qualm zu finden, hörte er wiederum seinen Namen rufen. Blitzschnell folgte sein Auge der Richtung des Schalles, denn diesmal war es keine Täuschung, — er hatte die Stimme sogleich erkannt. Inmitten einer Schaar hülfloser Frauen, die theils schon betäubt oder verwundet am Boden lagen, theils sich wie zu gegenseitiger Hülfeleistung fest umklammert hielten, gewahrte er Donna Uraca und Leontica. Sie hatten ihn längst entdeckt und streckten sehnsüchtig die Arme nach ihm aus. Mit dem letzten Aufwand seiner schwindenden Kräfte suchte er sich zu ihnen Bahn zu brechen; doch das Chaos der umgestürzten Stühle und Bänke, die hoch aufgeschichteten Wände menschlicher Leiber ringsumher — auch die riesigste Kraft, auch die übermenschlichste Anstrengung mußte da zu Schanden werden! „Mutter, meine Mutter! Schwester, ich komme!" schallt es von seinen Lippen .... Der schwache Laut der Stimme verhallt in dem grausigen Getümmel. Da erfolgt ein kräftiger Ruck von der Seite .... eine der lebenden Wände wankt .... hundert jammervolle Gestalten stürzen zu Boden .... es entsteht eine Bresche, die ihm um etliche Schritte vorzudringen gestattet .... er streckt die Arme aus und glaubt die theuren Wesen fast schon erreichen zu können .... Krach, krach! stürzt es

aus der Höhe.....zischend und prasselnd fuhr es durch die Luft und kam mit versengender, mit zerschmetternder Donnergewalt hernieder...............
Die Kuppel der Kirche war eingestürzt....mehr als tausend menschliche Wesen lagen unter ihren glühenden Trümmern begraben.

Manuel, der eben wieder aus dem seitlichen Bogengang nach der Mitte vorzudringen versucht, hatte genau auf der Grenze gestanden, wo die herniederstürzenden Massen dem schrecklichen Kampf um Leben und Tod von mehr als einem Drittel der in der Kirche Eingeschlossenen ein jähes Ende machten. Ein brennender Balken hatte ihn am Kopfe getroffen und bewußtlos zu Boden geworfen....der Tod schien mitleidig genug, ihn mit Denen vereinigen zu wollen, die ihm allein auf Erden noch theuer waren.

In demselben Augenblick, da Manuel von den brennenden Trümmern niedergeschlagen wurde, hatte sich schon ein Arm ausgestreckt, um ihn an fernerem Vordringen zu hindern und von der graußigen Stätte hinwegzuführen, die sich der grimme Tod in seinen fürchterlichsten Gestalten zum Tummelplatz auserloren. Als der greise Pater Diego, von den Ordensbrüdern geleitet, die Kirche verlassen hatte, war seine erste Frage nach Bruder Manuel. Er befand sich nicht unter den geretteten Priestern — Niemand wußte, was aus ihm geworden. Entsetzt über das seinem Liebling drohende Schicksal, rief Diego die Hülfe der Umstehenden an, um nach Manuel zu suchen und ihm beizuspringen. Seine Bitten und Aufforderungen begegneten nur bleicher Furcht und stummem Achselzucken. Keiner hatte den Muth, in das brennende Gebäude zurückzukehren, so flehentlich auch der greise Bruder bat, so eindringlich er versicherte, daß er selber keinen Augenblick säumen werde, das Rettungswerk zu versuchen, wenn es ihm nicht seine Altersschwäche zur Unmöglichkeit mache. Da trat Felippe, der Meßner, der sich zu Manuel stets besonders hingezogen gefühlt, hervor, bereit, sein eigenes Leben zu wagen, um das des Freundes zu retten. Den noch immer offenen Weg durch die Sakristei benutzend, eilte er in das Innere der Kirche zurück. Erstickende Rauchwolken erfüllten die engen Gänge — er achtete ihrer nicht, sondern drang muthig weiter. Jetzt stand er bereits vor dem Hochaltar, rechts und links von züngelnden Flammen umgeben, vor sich das schauerliche Schauspiel des Todeskampfes Tausender von Menschen. Durch Rauch und Flammen spähte sein scharfes Auge umher, und wirklich gelang es ihm, Manuel zu entdecken, der in diesem Augenblick in nicht allzu beträchtlicher Entfernung inmitten des Getümmels auftauchte. Sogleich stürzte er ihm nach — seine kräftigen Arme zertheilten die Menge — schon hatte er sich bis ganz dicht zu ihm herangearbeitet, als jene schauerliche Katastrophe, der Einsturz der brennenden Kuppel, erfolgte. Nur wenige Schritte vor Felippe ward Manuel von dem stürzenden Gebälk niedergeschlagen. Im nächsten Augenblick schon zog der treue Freund den Bewußtlosen unter den Trümmern hervor, lud ihn auf seine Schultern und schleppte ihn, mit der freien Rechten sich durch das Gewühl arbeitend, auf demselben Wege, den er gekommen, dem Ausgange zu. Schon hatten die Flammen den Kreuzgang des Seitenschiffs erreicht, schon begann es in dem hölzernen Getäfel der Sakristei unheimlich zu knistern, und das Innere derselben füllte sich mit schwarzem Rauch; Felippe, von Todesangst erfüllt und fürchtend, daß es ihm nicht gelingen werde, seine Bürde in Sicherheit zu bringen, verfehlte mehrmals die Richtung und war nahe daran, betäubt niederzusinken. Mit dem Muth der Verzweiflung raffte er sich jedoch empor, hielt den geretteten Freund krampfhaft umschlungen, und indem er suchend weiter tappte, gewann er endlich glücklich das Freie, wo er den leise athmenden, aber noch immer bewußtlosen und offenbar schwer verletzten Pater zu den Füßen des greisen Bruders Diego niederlegte. Wenige

Augenblicke später schlugen bereits helle Flammen durch die enge Pforte, deren Schwelle der Meßner eben überschritten hatte.

*

Der letzte Tag des Festes der heiligen Madonna war zu einem Trauer- und Jammertag geworden, wie Santiago, wie vielleicht keine andere Stadt der Welt je einen ähnlichen erlebt. Als die Sonne des 9. December hell und freundlich emporstieg, beschien sie an der Stelle, wo zur Stunde ihres letzten Unterganges die Kathedrale Madonna della compania gestanden, einen rauchenden Trümmerhaufen, der die verstümmelten und verkohlten Leichen von mehr als dreitausend menschlichen Wesen bedeckte, die Blüthe und Zierde der Stadt. Da war fast kein Haus, das nicht dem unerhört gräßlichen Flammenopfer seinen Tribut entrichtet hätte; es gab Familien, die ihrer sämmtlichen erwachsenen weiblichen Glieder beraubt waren. Weinen, Jammern und Wehklagen, wohin man sich wendete; Aller Augen schwammen in Thränen; die schauerliche Größe der Katastrophe hatte die Ueberlebenden dergestalt erschüttert, daß sie sich wie erstarrt und gelähmt fühlten und das Ungeheure kaum zu fassen vermochten.

Es war um dieselbe Abendstunde, zu der das Feuer am vorhergehenden Tage ausgebrochen. In einem kleinen Gemach des Convents lag Manuel, todtenbleich und schlummernd, auf einfacher Ruhestätte; an seiner Seite kniete der treue Felippe und neben ihm saß der ehrwürdige Pater Diego, die kalte Hand des Verletzten in der seinigen haltend und ängstlich nach den Schlägen seines Pulses fühlend. Seit einer Stunde hatten sich die ersten Zeichen des wiederkehrenden Bewußtseins kundgegeben; gleichwohl versicherte der Arzt, daß an Rettung nicht zu denken sei, da Manuel nicht nur eine schwere Erschütterung des Gehirns erlitten, sondern auch durch Einathmung glühender Dämpfe die bedenklichsten inneren Verletzungen davongetragen.

Der Prior Ugarte, beunruhigt durch die wachsende Aufregung der Bevölkerung, die wohl nicht ganz mit Unrecht in ihm den Urheber der schrecklichen Katastrophe erblickte, zugleich aber auch die Erbitterung fürchtend, welche das herzlose Benehmen der Priester in allen Kreisen der Gesellschaft zu erregen begann, hatte, angeblich in dringenden Geschäften des Ordens, am Vormittag plötzlich die Stadt verlassen. Pater Diego, durch sein hohes Alter wie durch sein mildes menschenfreundliches Wesen Ehrfurcht einflößend und allgemein beliebt, war als zeitweiliger Vertreter des Priors mit der Leitung der Angelegenheiten des Convents betraut worden.

Tiefe Stille herrschte in dem kleinen Krankenzimmer. Der dienstthuende Laienbruder ging, auf den Zehen schleichend, ab und zu; Niemand wagte ein Wort zu reden, nur die angstersfüllten Blicke waren gespannt auf das Antlitz des Kranken gerichtet, der jetzt hin und wieder die Augen aufschlug und leise stöhnte. Vor einem zu Häupten des Lagers aufgestellten Muttergottesbilde brannten drei Kerzen und verbreiteten, sammt der von der Decke herabhängenden Lampe, ein helles Licht in dem Raum.

Da öffnete sich die Thür und herein trat ein in einen Mantel gehüllter Mann, hoch und robust gebaut, doch gebeugten Hauptes und mit wankenden Schritten einherschreitend. Er blieb in der Mitte des Raumes stehen und warf einen fragenden Blick auf den Kranken. Diego, der zu dem Eintretenden emporgeschaut, schüttelte traurig das kahle Haupt mit den spärlichen silbernen Locken.

„Habt Ihr mit Ugarte geredet, Sennor?" flüsterte er im leisesten Tone.

„Er war bei mir ehe er die Stadt verließ," antwortete eine tiefe Stimme.

Der Mann schlug den Mantel etwas auseinander — es war Escovedo.

„So wißt Ihr auch — —?"

„Alles. Ich kam, seine Verzeihung zu erflehen, wenn er noch einmal zum Leben zurückkehren sollte."

„Und seine Mutter — seine Schwester — Eure Gattin....?" fragte der Greis, das Haupt nach Escovedo wendend und so leise, daß es sicher nur dieser vernommen haben konnte.

„Ihre Leichen wurden soeben unter den Trümmern hervorgezogen. Man schafft sie nach meiner Wohnung. Bei ihnen ist es zu spät — hier kann vielleicht noch etwas gut gemacht werden."

Der Kranke schlug die Augen auf; sie waren matt, ersterbend, doch wie von einem überirdischen Glanze verklärt. Er athmete tief und schwer — seine Hände falteten sich zum Gebet.

„Stille! Stille!" flehte Felippe ängstlich. „Er hat Alles vernommen!"

Escovedo trat an das Lager des jungen Priesters und beugte sich theilnahmsvoll über ihn. Da erschien der Laienbruder und brachte Pater Diego leise eine Meldung. Dieser nickte mit dem Kopfe. Der Laienbruder kehrte nach der Thür zurück und ließ zwei Männer und ein junges Mädchen eintreten. Schweigend und schmerzbewegt näherten sie sich dem Lager. Escovedo stand ihnen gerade gegenüber, blickte aber noch immer unverwandt auf den Kranken, der die Augen wieder aufgeschlagen hatte und die zuletzt an seine Lagerstätte Getretenen zu erkennen schien.

„Hochwürdiger Vater," sagte der ältere der beiden Männer, während Thränen über seine Wangen rannen und er die kalte Hand des Kranken in die seinige nahm, „hier stehen unsere beiden Geretteten, die Euch ihren Dank abstatten möchten und tief erschüttert sind, Euch so zu finden!"

Escovedo hob erschrocken das Haupt — er hatte den Sprechenden, er hatte seinen jüngeren Begleiter und das Mädchen erkannt.

„Herr des Himmels!... Pasquale Melinas!" murmelte er zurückfahrend, und streckte entsetzt und wie um sich zu schützen die Hände aus.

„Ich bin es, Escovedo," versetzte der Räuber mit halblauter Stimme, um den Kranken nicht zu stören, zugleich aber mit einem weichen Ausdruck, der seine versöhnliche Stimmung andeutete. „Hätten wir uns gestern so gegenüber gestanden, ich zweifle, daß einer von uns Beiden lebend den Platz verlassen; — heute ist es anders, ein Höherer hat die Rache und Vergeltung in seine Hand genommen.... sie ist mit furchtbarer Schwere auf Euer Haupt niedergefallen. Im Angesicht des namenlosen Elends, welches diese Stadt betroffen, kann von unserer Rechnung nicht länger die Rede sein. Hier steht Eure Tochter — sucht an ihr gut zu machen, was Ihr an der Mutter verbrochen."

Pepita hatte sich ängstlich Escovedo genähert; sie kniete nieder und hob wie bittend die Hände empor. Escovedo beugte sich zu ihr nieder, er zog sie an sich und küßte sie auf die Stirn.

„Sie liebt diesen wackeren jungen Mann," setzte Pasquale hinzu, „Sennor Hammer, dem Ihr gleichfalls eine schwere Schuld abzutragen habt."

Escovedo ergriff Hammers Hand und legte sie schweigend in die Pepitas. Dann wendete er sich wieder zu Pasquale.

„Und Isabella?" fragte er schüchtern. „Wo ist sie? Habt Ihr sie mitgebracht?"

„Dort oben!" murmelte Pasquale dumpf. „Sie starb während ich zum zweiten Mal ihr Kind vor den Nachstellungen des eigenen Vaters rettete, gehütet, gepflegt von der alten Viterba."

Ein schwerer Seufzer entrang sich Escovedos Brust; er schien aufs Tiefste erschüttert.

Da flog es wie ein ganz schwaches, seliges Lächeln über die Züge des Kranken. Er hatte Eugen Hammers und Pepitas Hände erfaßt und legte sie jetzt ineinander, während seine Blicke Escovedo aufzufordern schienen, den Bund zu segnen. Escovedo faßte mit seiner Rechten die vereinigten Hände der Liebenden. Dann aber kniete er an dem Lager nieder und erfaßte die Hand Manuels.

„Kannst Du auch mir verzeihen, mein Bruder? Ich war es, der Dich einst in unseliger Verblendung und aus schnöder Habgier der Mutter, der Schwester, der Heimath beraubte, zu welcher Dich eine wunderbare Fügung der Vorsehung endlich zurückführte. Vergieb, vergieb mir! Gott wird es Dir lohnen!"

Manuel drückte ihm leise die Hand. „Mutter! Leontica!" murmelte er kaum vernehmbar und schloß die Augen wieder, während es sich wie ein Schimmer der Verklärung über seine todbleichen Züge legte.

Der Arzt trat ein und ersuchte die Anwesenden, den Kranken allein zu lassen, da die Aufregung den Zustand desselben leicht verschlimmern möge. Seinem Wunsche ward sofort entsprochen. Pater Diego war der Letzte, der hinaus wankte.

„Kann er leben?" fragte er mit zitternder Stimme den Arzt.

„Vielleicht bis morgen," antwortete dieser achselzuckend.

Eine volle Woche hindurch bewegten sich von Sonnenaufgang bis spät in die Nacht Leichenzüge durch die Straßen Santiagos. Die Trauermusik und das Glockengeläute wollten nicht verstummen, und des Weinens und Wehklagens war kein Ende. Aus Don Escovedo's stolzem Palast wurden zwei Leichen herausgetragen, und als sich der Trauerzug am Convent dolla compania vorüber bewegte, brachte man auch aus dessen Pforten einen Sarg, der sich unter dem feierlichen Gesang der ihn begleitenden Brüder jenem anschloß. Manuel ward zugleich mit Mutter und Schwester zu Grabe getragen; er war nicht wieder zum Bewußtsein gelangt, und vor Tagesanbruch noch hatte ihn der Tod von allen Leiden erlös't.

Escovedo's Reue schien keine erheuchelte zu sein. Die schreckliche Heimsuchung führte eine völlige Umwandlung seines Charakters herbei. Er verkaufte seinen Palast und sein sämmtliches Eigenthum in Santiago und gab seinen Entschluß kund, das Land für immer zu verlassen. Von seinem beträchtlichen Vermögen bestimmte er den größten Theil zur Aussteuer Pepitas, einen andern Theil erhielten die Armen und die Kirche, einen dritten entfernte Anverwandte der Familie Mureno; für sich selber behielt er nur eine verhältnißmäßig geringe Summe, genug, um bis an sein Ende vor Mangel geschützt zu sein. Eines Tages war er ohne Abschied verschwunden, und in Santiago hat seitdem Niemand wieder von ihm gehört.

Auch Pasquale's Aufenthalt in der Stadt war nicht von langer Dauer. Es schwebten noch von früher her eine Anzahl schwerer Anklagen gegen ihn, und obwohl unmittelbar nach der schrecklichen Katastrophe Niemand daran dachte, ihn zu belästigen und wegen des Vergangenen zur Rechenschaft zu ziehen, durfte er doch nicht hoffen, daß dies immer so bleiben werde. Sein Wandertrieb, sein durch die Jahre noch nicht geschwächter Hang zu einem freien, ungebundenen Leben, duldeten ihn ohnehin nicht lange an Einem Ort. Er verabschiedete sich von Hammer und Pepita, und nach einem kurzen Aufenthalt bei seinen ehemaligen Gefährten in den Bergen schiffte er sich im Hafen von Valparaiso nach Rio Janeiro ein. Es zog ihn wieder nach den schon früher besuchten fernen Diamantenbezirken Brasiliens, wo seine Neigung zum Abentheuerlichen die reichste Nahrung fand.

Mit der Entfernung Ugartes legte sich allmälig die Erbitterung, welche die Bevölkerung gegen den Orden della compania ergriffen, und die unmittelbar nach der Katastrophe so heftig gewesen, daß die Regierung den von den Vätern beabsichtigten Wiederaufbau der zerstörten Kirche untersagen mußte, da ein stürmischer Ausbruch des öffentlichen Unwillens zu fürchten stand. Der verhaßte Prior war klug genug, ein volles halbes Jahr fern zu bleiben, und als er endlich zurückkehrte, trat er mit einer Vorsicht und Mäßigung auf, die geeignet war, seine Gegner zu versöhnen und einen Schleier über das Vergangene zu breiten.

Einen Monat nachdem man Donna Uraca und ihre Kinder zu Grabe getragen, als Escovedo und Pasquale die Stadt bereits verlassen, feierte Eugen Hammer in aller Stille seine Vermählung mit Pepita. Das junge Paar schlug seine Wohnung in der Hacienda Mureno auf, die ihnen von Escovedo zum Geschenk gemacht worden war, mit der einzigen Bedingung, den Leichen der drei letzten Glieder jener Familie eine Ruhestätte zu gewähren. Hammer hatte den Pavillon des Parks entfernen und an dessen Stelle ein kleines Mausoleum errichten lassen, in welchem die Mutter zwischen ihren beiden Kindern schlummerte. Torillo hatte das Amt eines Major domo auf der Hacienda angetreten, da Toribio dasselbe ausgeschlagen und es vorgezogen, sein Leben an der Seite Donna Venturas auf der einsamen Hacienda in den Pampas zu beschließen, die ihm durch Hammers Vermittelung als Eigenthum zugefallen war.

Dorthin, in die Stille des Parks, wo der Springbrunnen plätscherte, wo die alten Trauerweiden im Winde seufzten und die Jumils traulich flüsterten, als ob die Stimmen seliger Geister aus ihnen sprächen, wandelte das junge Paar fast täglich Hand in Hand, um der Abgeschiedenen in Liebe zu gedenken. Dort, vor dem Mausoleum, war es, wo Pepa ihrem Eugen gestand, daß es stille, heiße Liebe zu ihm gewesen, was sie einstmals bewog, als Beschützerin seines Verhältnisses zu Leontica anzutreten, da sie geglaubt, daß ihn nur dieses zu beglücken vermöge, sein Glück aber schon damals ihr einziger Gedanke gewesen. Tief gerührt zog Hammer sein junges Weib ans Herz und versicherte ihr, daß er sein wahres Glück erst jetzt gefunden.

Doch das junge Paar war es nicht allein, was sich so namenlos glücklich fühlte. Auch der wackere Nagel befand sich nach so mancher ausgestandenen Angst, nach so manchen Sorgen in demselben Falle. Sein junger Principal und Freund war wieder ein vernünftiger Mensch geworden, mit dem sich über Geschäfte reden ließ, der nicht länger träumte und seufzte und weinte, sondern wacker auf dem Comptoir arbeitete, und dabei stets guten Muths war; die Firma „Hammer, Zang und Compagnie" florirte, ihre Geschäfte wurden immer ausgedehnter, und namentlich erwiesen sich die in den argentinischen Staaten angeknüpften Verbindungen von großem Nutzen.

„Das Alles verdanken wir der Reise über die Cordillere, — meiner Idee!" pflegte er stolz zu sagen.

„Deiner Idee und — der schönen Reisegefährtin", setzte Hammer lachend hinzu.

„Auch meine Idee!" versicherte Nagel.

Der Briefkasten der Madonna war natürlich mit der Kirche und ihrem ganzen Inhalt von den Flammen verzehrt worden. Ugarte hatte das Experiment satt bekommen und dachte nicht an seine Wiederbelebung. Doch wenn der Prior längst zu seinem Herrn und Meister, dem heiligen Ignatius von Loyola, versammelt ist, wenn die Schöpfung desselben, der Orden della compania, vielleicht nur noch der Geschichte angehört: — so lange es einen Staat Chili giebt und so lange in der Hauptstadt Santiago ein Stein auf dem andern steht, wird man dort des 8. December 1863 und des Briefkastens der Madonna gedenken.

New-Yorker Correspondenz.

New-York, im November. Gilt der Herbst in Amerika als die lieblichste Zeit des Jahres, so machte er diesmal seinem Ruf Ehre. Ein schöneres Kleid hat er nie angelegen, reinere Lüfte, einen blaueren Himmel hat er uns nie gebracht. Jedes Gebüsch war ein Bouquet, jeder Hain lächelte uns gleich einer geschmückten Braut entgegen. Es war als hätte jeder Baum und jeder Strauch es darauf angelegt, noch einmal in voller Glorie zu prangen, bevor er sich in das graue Nonnengewand des Winters hüllte. Man brauchte sich nur hier und dort ein Reis abzubrechen, um den herrlichsten Strauß zu bekommen. Es war ein Lenz, welcher als Spätling dem Sommer folgte, schöner als der Frühling, der ihm vorangeht und den man hier nur so selten genießen kann.

Aber es fehlte auch nicht an Genüssen anderer Art. Mit den rauheren Lüften tritt die Kunst wieder in ihre Rechte — die Kunst, welche das Heitere zum ernsten, den Ernst zum heitern Genuß macht — die Kunst, welche, nur an das Höchste und Reinste appellirend, den Menschen nicht über sich selbst erhebt, wohl aber ihn dessen eingedenk macht, was er sich selbst schuldet, was er ist und sein soll. Und nie hat sie sich edlere Priester erkoren, als die, welche jetzt unter uns weilen. Ristori und Davison! Ich darf wohl annehmen, daß die Redaktion diese beiden Sterne am Kunsthimmel den Lesern in einer eigenen Besprechung vorführen wird, und kann mich deshalb auf die Wiedergabe des Totaleindrucks beschränken. Da müssen wir uns denn vor allen Dingen jeglicher Illusion erwehren. Eine volle, ganze Wirkung kann auf die Masse des sich herbeidrängenden Publikums nur Davison äußern, weil nur er zu einem Auditorium spricht, auf das er unmittelbar influirt. Es ist absurd, bei dem Drama die Sprache, in der es uns vorgeführt wird, als Nebensache betrachten und in einem übertragenen Libretto Ersatz für das unmittelbare Verständniß finden zu wollen. Da sehen wir, wie Hunderte, während die Scenen der Tragödie sich vor ihnen entrollen, lesend dasitzen und durch Vermittlung des englischen Textes der Handlung zu folgen suchen, welche ihnen sonst unverständlich wäre. Ihre Augen sind auf das gedruckte Buch geheftet und wandern nur dann und wann einmal zu der Künstlerin hinüber, welche, falls man ihre Größe ermessen will, alle Aufmerksamkeit beansprucht, von der man, um ihr Spiel wahrhaft zu genießen, nicht für einen Moment den Blick abwenden darf. Mitten in einer effektvollen Scene entsteht im Hause ein Rauschen, gleich als hätte sich plötzlich ein Sturmwind erhoben. Es rührt vom gleichzeitigen Umwenden des Blattes her, denn es ist eben eine Seite zu Ende. Wer aber dadurch nicht in der Illusion gestört wird, muß dieselbe gar nicht an sich herantreten lassen. Die Wirkung der Ristori kann also nothwendiger Weise in Amerika nur eine beschränkte, mittelbare sein; Den, welcher mir sagt, daß er durch die Unbekanntschaft mit dem Italienischen nicht gestört wird, halte ich für einen Heuchler oder sehr beschränkten Menschen. Aber so weit die Impression reicht, ist sie dennoch gewaltig und unschätzbar. Es würde sich der Mühe lohnen, Italienisch zu lernen, um die Ristori genießen zu können. Schön ist an ihr nur die majestätische Gestalt und das wundervolle Organ zu nennen; aber denken wir, indem sie als Künstlerin vor uns steht, an die Ristori? Geht diese nicht auf in dem Charakter, welchen sie uns darstellt? Sehen wir nicht leibhaftig Medea, Phädra, Maria Stuart, Elisabeth, Judith vor uns, und macht nicht die Gewalt, welche sie über ihr Mienenspiel hat, jede von diesen Figuren hinreißend schön? Die Größe der Ristori liegt eben darin, daß sie uns sich selbst in Vergessenheit bringt, daß sie als Individualität vor uns verschwindet, daß sie auf den Brettern nicht Ristori, sondern Die ist, welche sie uns vorführen will, daß sie mit der hinreißenden Zauberkraft des Genius uns in eine andere Zeit, an einen andern Ort versetzt. Ein solches Spiel hat man in Amerika selten oder nie gesehen, tief wird der Unterschied empfunden, und wohl darf man sich der Hoffnung hingeben, daß auf der verwahrlos'ten amerikanischen Bühne fortan nicht mehr das befriedigen wird, was bisher maßgebend war. — Dawison ist eine ebenso hervorragende, aber ganz andere Erscheinung. Ihn als künstlerische Größe mit der Ristori vergleichen zu wollen, wäre absurd. Man weiß, daß sie einander gegenseitig bewundern und verehren, aber sie haben nichts mit einander gemein. Daß in Dawison die K u n st zur N a t u r geworden, möchte ich nicht behaupten. In der Kunst hat er es unendlich weit gebracht; aber wir müssen an ihm stets eben die K u n st bewundern; wir können nie vergessen, daß uns eine dramatische Leistung vorgeführt wird. Ob Mephistopheles, Othello oder Richard der Dritte — wir sehen immer Dawison vor uns. Wir müssen ihn bewundern, können uns aber nicht von seiner Individualität trennen. Dawisons Charakter-Darstellung ist das Produkt eines gewaltigen Denkprozesses und colossalen Talents; aber selbst bei der Vorführung der Leidenschaft gebt die Persönlichkeit des Künstlers nicht verloren; er schildert sie correct, wird aber nicht selbst von ihr gepackt. Er spielt mit dem Verstande. Das hat die Folge, daß er stets Herr seiner selbst bleibt und sich nie zu einer Ueberbreitung hinreißen läßt; aber auch das Publikum kann er nicht hinreißen, sondern nur fesseln und bannen.

Aus den Kritiken der amerikanischen Blätter ist leicht zu entnehmen, daß die Ristori hier im Allgemeinen mehr anspricht, als einst die Rachel. Hoffen wir, daß sie auf die Entwicklung des Geschmacks einen größern Einfluß äußert als Jene, denn die Rachel ließ in dieser Beziehung keine bemerkbare Spuren hinter sich zurück. Was Dawison betrifft, so hätte hier kein Passenderer auftreten können, um die Amerikaner zum Bewußtsein dessen zu bringen, was ihnen fehlt. Im Maßhalten mag er etwas zu weit gehen; aber seine Darstellung bildet einen so grellen Contrast zu dem vier Gangbaren, daß Jeder dadurch frappirt werden muß. Höchst interessant ist es, zu beobachten, wie er sich nach und nach in der Schätzung der Amerikaner Bahn bricht. Erst stutzten sie und fanden ihn langweilig; aber schon in der nächsten Zeit imponirte er ihnen dermaßen, daß sie's nicht mehr verhehlen konnten, bis sie endlich bei seinem Richard in lauten Beifall ausbrachen und offen gestanden, daß dies der einzige ächte Richard sei, der ihnen jemals vorgekommen.

Schon habe ich die Grenze, die ich mir zur Besprechung der beiden großen Erscheinungen zog, überschritten, und doch muß ich mir noch einige Worte über Dawison erlauben. Stets geistvoll und imponirend, macht er im Lustspiel mehr den Eindruck der Vollkommenheit als im Trauerspiel. Wir bewundern die Vielseitigkeit, welche ihn mit Erfolg in den verschiedensten Rollen auftreten läßt, finden aber, daß er uns im Lustspiel am nächsten steht, weil er sich nur in diesem uns ganz hingiebt, weil er in ihm am w a h r st e n ist, weil bei ihm in komischen Rollen die Kunst zur Natur wird, was er in tragischen Rollen nie erreicht. Zu seinen entschiedensten Bewunderern gehörend, will ich für meine Person ihm den Zoll der Wahrheit, wie sie mir erscheint, nicht vorenthalten. Der größte Beweis der Achtung ist ja eben die Aufrichtigkeit. Und so sei ihm denn gesagt, daß er zu viel Anspruch auf unsere B e w u n d e r u n g erhebt. Der Beweis hierfür liegt in seinem Repertoir. Er führt uns Stücke vor, welche an und für sich nichts werth sind, die aber eine Rolle enthalten, in welcher er Großes leistet. Das scheint mir eine falsche, des Künstlers unwürdige Politik zu sein. Es ist nicht seine Aufgabe, uns durch seine Kunst zu b e st e ch e n, uns durch die Virtuosität seiner Exekution das als werthvoll erscheinen zu lassen, was in der That keinen Werth besitzt. Dabei können wir unmöglich zu einem Vollgenuß kommen, den doch die Kunst gewähren soll. Wir entfernen uns mit einem unbehaglichen Gefühl. Der Eine hat uns imponirt, meinetwegen auch begeistert — wie zum Beispiel in „Bettelstab und Lorbeerbaum"; aber wir sind uns bewußt, daß uns Gewalt angethan worden.

Da ich einmal ins Fahrwasser der Aufrichtigkeit gerathen bin, mögen hier noch einige Worte über Richard den Dritten Platz finden. Kein Stück zog unter Dawison's Mitwirkung stärker als dieses; aber ist es werth, Shakespeare's **Meisterwerk** genannt zu werden — wie ein hiesiges Tageblatt, welches mit l e b e n d e n Schriftstellern nicht sehr nachsichtig zu Werke geht, es that? Ich glaube das auszusprechen, was Viele sich selbst nicht recht gestehen mögen, wenn sie dies entschieden verneine. Ich halte Richard den Dritten für Shakespeare's s c h w ä c h s t e s Produkt, für eine Schöpfung, welche, historisch und psychologisch unwahr, sittlich unschön, des Schöpfers nicht würdig ist. Ich rechne dies Stück zu denen, welche nur geduldet werden weil sie eine Effektrolle enthalten, deren Wirkung aber dennoch keine wohlthuende und berechtigte ist. Shakespeare's Richard der Dritte hat gar keine Aehnlichkeit mit dem historischen. Der Dichter darf zur Noth einen Charakter idealisiren, aber er darf nicht, der Wahrheit zum Trotz, ein Zerrbild schaffen. Nur das K o l o s s a l e läßt in dieser Rolle Shakespeare hervortreten; im Uebrigen aber erkennen wir ihn nicht wieder. In seinen Haupteffekten erinnert Richard der Dritte auffallend an Macbeth; aber wie tief steht er unter diesem! Die schauerlichen Traumgesichte im Richard sind im Grunde dasselbe wie die analogen Hexenscenen im Macbeth; auch die Prophezeihung kehrt, wenn gleich in einer andern Form, wieder. Aber wie flach ist dies Alles im einen, wie tief im andern Fall! Die Scene vor der Leiche des Königs Heinrich — wo die Wittwe, welche dem ihr entgegentretenden Mörder zuerst flucht, sich nach einem kurzen Gespräch in ihn verliebt, und zwar in Gegenwart der Hofleute und Leichenträger — ist unmöglich und ein Insult gegen die Menschennatur, die Ermordung des Clarence im Kerker unschön bis zum Ekel. Sollen wir dies Alles bewundern weil Shakespeare es geschrieben hat? Sollen wir uns dies Alles gefallen lassen wegen der bestechenden Größe des „Ein Pferd, ein Pferd, ein Königreich für ein Pferd"? Der ist ein unwürdiger Verehrer des großen Britten, welcher selbst seine Fehler preis't. Stellen wir uns vor, daß gegenwärtig ein solches Drama erschiene. Würde nicht die Kritik den Verfasser steinigen, und wäre es möglich, daß das Monstrum zur Aufführung käme?

Ristori, wie Dawison hatte hier jedesmal ein volles Haus, aber Erstere besaß in der Wahl des Lokals den Vorzug. Man wird mir gestatten, mich hier wiederum eines Vergleichs zu bedienen, welcher sofort die Sache klar macht. Hätte man es passend gefunden, Ristori in einem Lokal der Bowery auftreten zu sehen? Und warum nicht? Ist Bogumil Dawison nicht ebenso gut wie Adelaide Ristori? Es ist ein Glück, daß ein anderes deutsches Theater, in einer passenden Gegend, im Entstehen begriffen ist. Sich im jetzigen Stadttheater gemüthlich zu fühlen, ist unmöglich; es erscheint wie eine Menschenfalle, und mit Schrecken denkt man unwillkürlich an die Catastrophe, welche unvermeidlich sein würde wenn Feuer ausbräche. Unzweckmäßiger wurde nie ein Haus gebaut, und große Ueberwindung kostet es, sich demselben nur auf kurze Stunden anzuvertrauen. Da ist es denn doch im kleinen Thalia-Theater traulicher. Man nimmt sich dort nicht mehr vor als man leisten kann, das Ensemble ist vortrefflich, das Lokal freundlich und sauber, der Ausgang leicht erreichbar und breit. Möge das hübsche Institut durch das eben dort beginnende Gastspiel des Herrn Dawison mehr in Aufnahme kommen als bisher. Uncas.

C. F. ADAE,
Europäisches Bank- und Wechsel-Geschäft,
Cincinnati, Ohio.

CONSULAT fuer Preussen, Bayern, Wuerttemberg, Hannover, Sachsen, Baden, Oldenburg, Grossherzogthum und Kurfuerstenthum Hessen, Mecklenburg-Strelitz und Schwerin, Nassau, Sachsen-Meiningen und Altenburg und Frankfurt a. M.

C. F. ADAE, Consul.

HILLER & CO.,
Bank- u. Inkassogeschäft,
No. 3 Chamberstr., New-York,

geben Wechsel und Creditbriefe auf alle größeren Plätze Europa's, versenden Gelder nach jedem Orte Deutschlands mittelst des deutschen Postvereinsbandes, und besorgen den Einzug von Erbschaften und Vermögen vermittelst Vollmachten auf schnellste und billigste Weise.

☞ Anfragen aus dem Lande finden prompte Beachtung. ☜

Die porösen Pflaster des Dr. Allcock.

Diese Pflaster werden jeden Tag mehr und mehr bekannt. Jedermann, der Schmerzen im Rücken oder in der Brust hat, wird nach Anwendung eines solchen sofort geheilt.

Ein Herr kam heute in die Office und erzählt, daß er mit vielen Schmerzen in der Brust geplagt war und mit einem einzigen Pflaster vollkommen geheilt wurde. Ein Anderer sagte dasselbe von Rheumatismus in seiner Schulter. Der letztere Herr kam in No. 15 Beekmann Street, New-York, ebenauf, gesehen werden. Wir besitzen Zeugnisse von Tausenden von Zeugen, welche alle voll Lobes sind.

Heilung einer zerquetschten Brust.

Den 7. Mai 1865.

Meine Herren! — Im Dezember 1863 wurde mein Brustknochen von einem schweren Riegel zerquetscht und schlimm verwundet. Ich wurde besinnungslos nach Hause geschafft, wo ich einige Wochen dem Tode nahe lag. Meine Aerzte konnten sehr wenig für mich thun und ich mußte unendliche Schmerzen leiden. Der Arzt dachte, daß das Rosenpflaster auf die Brust gelegt, mir helfen würde, ich dachte aber, dafür eins von Allcock's porösen Pflastern zu versuchen. Ich legte eins auf meine Brust und Seite, und von da an fühlte ich besser und war in einer Woche gesund, frei von Schmerzen und fähig, mein Geschäft wieder zu besorgen. Jedermann kann kommen und meine Brust sehen, und ich will ihm ein neues Wunder von Heilung zeigen. J. R. Buck, No. 2 South Fifth Street, Williamsburg, N. Y., Thos. Allcock & Co., No. 4 Union Square. Hauptoffice Brandreth Building, New York. Zu verkaufen in No. 4 Union Square bei allen Händlern und jedem respektablen Druggist.

Holloway's Pillen und Salbe.

Der Anfang des Endes. Alte Wunden, wunde Gliedmaßen, Geschwüre ec. Vielen paßirt durch ihr ganzes Leben das Mißgeschick, daß sie da enden wo sie hätten anfangen sollen, und dies bericht sich namentlich auf die Behandlung von Krankheiten. Wie Viele studiren Zeitlebens darauf, ihre Gesundheit zu konserviren, während Tausende von einer Kur zur andern greifen, um endlich auf das zu verfallen, was sie gleich Anfangs hätten gebrauchen sollen, nämlich Holloway's Pillen und Salbe, das einzige sichere Mittel, wo alle anderen fehlschlugen. Für die schleunige und vollständige Heilung von Geschwüren, wunden Gliedmaßen, alten Verletzungen, Beulen ec. ist die Salbe die beste im Gebrauch, und die Pillen helfen mit, indem sie das Blut reinigen, die Absonderungen der Leber säubern und der ganzen Konstitution neue Spannkraft verleihen. Dies wird von Tausenden bestätigt.

TARRANT'S
EFFERVESCENT SELTZER APERIENT

Ist eine leichte und schöne cathartische und purgative Medizin, in der Form eines Pulvers, angenehm zu nehmen, und wird von den besten Aerzten im Lande als das zuverlässigste und wirksamste Heilmittel gebraucht.

EFFERVESCENT
Es heilt Dyspepsia,
Heilt Sodbrennen,
Heilt krankhaften Kopfschmerz.

SELTZER
Beseitigt Unverdaulichkeit,
Beseitigt Beklemmungen,
Beseitigt Biles.

APERIENT
Entfernt Magensäure,
Entfernt nervösen Kopfschmerz,
Entfernt Leberleiden.

Ein Pulver
Heilt blöden Kopfschmerz,
Heilt rheumatische Schmerzen,
Heilt Gelbsucht.

Es ist eine treffliche Medizin für Frauen und Kinder, deren Magen oft gewöhnliche purgative Medizin nicht annimmt. Lest das Pamphlet, in dem unsere Zeugnisse enthalten sind, und schöpft Ihr Leben und Gesundheit, so zögert nicht einen Augenblick, Euch eine Flasche von diesem wundervollen Heilmittel zu verschaffen.

Allein angefertigt von
TARRANT & CO.,
278 Greenwich-Street, New-York.
☞ Zu haben in allen Apotheken.

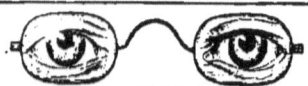

J. B. HOEKER,
PRACTICAL OPTICIAN,
312½ FULTON STREET,

Near Pierrepont.   BROOKLYN.

Staten Island.
FANCY DYING ETABLISHEMENT.
Barrett, Nephew & Co.,
No. 5 und 7 John Street, } New-York.
718 Broadway,
No. 269 Fulton-, Ecke von Tillary Street, Brooklyn,
und No. 47 North 8te Straße, Philadelphia,

fahren fort, Damen- und Herrenkleider zu färben und zu reinigen; seidene, Sammet, Merino und andere Kleider, Mäntel, u. s. w. werden mit Erfolg gereinigt, ohne aufgetrennt zu werden. Ebenso Herrenröcke, Hosen, Westen u. s. w.

Glacee-Handschuhe und Federn gefärbt oder gereinigt. Lange Erfahrung und Geschäftskenntnisse befähigen die Unterzeichneten, ihre Arbeiten mit Erfolg zu betreiben. Waaren werden per Expreß geholt und zurückgeschickt.

Barrett, Nephew & Co.,
5 und 7 John Street, und 718 Broadway, New-York,
269 Fulton-, Ecke von Tillary Street, Brooklyn,
und 47 North 8te Straße, Philadelphia.

www.ingramcontent.com/pod-product-compliance
Lightning Source LLC
Chambersburg PA
CBHW021226300426
44111CB00007B/443